科学教育研究手册

本手册的卷 I 对科学教育领域的研究进行了里程碑式的综合，基于前一卷的基础，卷 II（即本扩增版，下同——出版者注）是一部内容全面的、最高水平的、强调新兴研究视角的新卷。

卷 II 的特点：

- 国际范围内该领域最为杰出的学者们担任作者
- 主要关注研究范式及其与学习理论、研究设计、数据收集和数据分析的关系
- 同时涵盖全球问题（如政策）以及特定学科的教与学
- 平等对待教学研究和学习研究

为本卷做出贡献的都是各自研究领域的专家，代表了科学教育研究群体的国际化和性别多样性。本卷围绕六个主题展开：科学教育研究的理论与方法，科学学习，文化、性别、社会和科学学习，科学教学，科学课程与测评以及科学教师培养。每一章都是对其论述主题所在领域的综合性回顾——整合现有的研究；努力理解该学术体系的历史趋势和模式；描述该问题在文献中如何被概念化，方法和理论如何影响研究结果，以及文献中的优势、劣势和差距。

《科学教育研究手册》卷 II 为科学教育工作者和研究生们提供指导，为未来的研究带来新的见解、指引新的方向，是整个科学教育领域的重要资源。

诺曼 · 莱德曼（Norman G. Lederman），美国伊利诺伊理工大学数学与科学教育系首席教授。

桑德拉 · 埃布尔（Sandra K. Abell，已故），曾任美国密苏里大学博物馆馆长，密苏里大学科学教育专业教授。同时她也是海内外著名的研究员兼作家，曾是美国科学促进会（AAAS）、美国教育研究协会（AERA）和美国科学教师协会（NSTA）的会员，因教学工作和对学生的指导获得过众多奖项。

科学教育研究手册
(扩增版)

翻译委员会

主持：李秀菊　刘　晟　姚建欣

秘书：黄　瑄

第 I 编	李秀菊*　黄　瑄　潘瑶珍
第 II 编	赵　博*　王笑梅　李　诺
第 III 编	杨文源*　徐　月　刘彦林　郭亮亮　李树玲　董　倩　刘　晟
第 IV 编	刘　晟*　马　蕊　张春雷　张　超　付　鑫　王　硕　周瀚洋　杨　洁　倪　川　邵　慧　杨文源
第 V 编	姚建欣*　张　静　杨　杰　陈　洁　周伟华　陈　翠　肖　洋　陈敏华　王　鑫　韩思思　潘瑶珍
第 VI 编	佘建云*　马冠中　王　健　何翠玲
索　引	李秀菊*　季　娇　潘瑶珍　杨文源　黄　瑄

编辑委员会

主持：何　铭

第 I 编	郭思彤*　顾海成
第 II 编	刘雨佳*
第 III 编	贺舒雅*　顾海成　刘雨佳　陈思原
第 IV 编	周少贞*　郭思彤　陈思原
第 V 编	陈思原*　刘雨佳　顾海成　周少贞　贺舒雅　郭思彤
第 VI 编	郭思彤*　顾海成
辅　文	何　铭*　郭思彤　周少贞

注：星号标志指示对应部分的负责人

科学教育研究手册

扩增版

上卷

[美]诺曼·莱德曼(Norman G. Lederman)
[美]桑德拉·埃布尔(Sandra K. Abell)
主编

李秀菊　刘晟　姚建欣　主持翻译

外语教学与研究出版社
FOREIGN LANGUAGE TEACHING AND RESEARCH PRESS
北京 BEIJING

京权图字：01-2021-3357

图书在版编目（CIP）数据

科学教育研究手册 ：扩增版．上卷 ／（美）诺曼·莱德曼（Norman G. Lederman），（美）桑德拉·埃布尔（Sandra K. Abell）主编 ；李秀菊，刘晟，姚建欣译．-- 北京 ：外语教学与研究出版社，2021.12（2022.10 重印）
ISBN 978-7-5213-3184-4

Ⅰ．①科… Ⅱ．①诺… ②桑… ③李… ④刘… ⑤姚… Ⅲ．①教育科学－研究－手册 Ⅳ．①G40-034

中国版本图书馆 CIP 数据核字（2021）第 259177 号

出 版 人　王　芳
项目负责　刘晓楠　丛　岚
项目策划　丛　岚
项目统筹　何　铭
责任编辑　周少贞　刘雨佳
责任校对　郭思彤　贺舒雅　陈思原
封面设计　李　高
版式设计　范晔文
出版发行　外语教学与研究出版社
社　　址　北京市西三环北路 19 号（100089）
网　　址　http://www.fltrp.com
印　　刷　河北文扬印刷有限公司
开　　本　889×1194　1/16
印　　张　49
版　　次　2022 年 7 月第 1 版　2022 年 10 月第 2 次印刷
书　　号　ISBN 978-7-5213-3184-4
定　　价　298.00 元

购书咨询：（010）88819926　电子邮箱：club@fltrp.com
外研书店：https://waiyants.tmall.com
凡印刷、装订质量问题，请联系我社印制部
联系电话：（010）61207896　电子邮箱：zhijian@fltrp.com
凡侵权、盗版书籍线索，请联系我社法律事务部
举报电话：（010）88817519　电子邮箱：banquan@fltrp.com
物料号：331840001

记载人类文明
沟通世界文化
www.fltrp.com

中译版序

当前，全国各族人民在中国共产党带领下，开启全面建成社会主义现代化强国、实现第二个百年奋斗目标，以中国式现代化全面推进中华民族伟大复兴的历史征程。习近平总书记在党的二十大报告中深刻指出："必须坚持科技是第一生产力、人才是第一资源、创新是第一动力，深入实施科教兴国战略、人才强国战略、创新驱动发展战略。"科学教育是立德树人工作的重要组成部分，是提升全民科学素质、建设创新型国家的基础，也是科普融入教育的基本方式。只有加强科学教育，才能从源头上提高人的科学素质和综合素质，促进人的全面发展，实现人的现代化，为实现中华民族伟大复兴提供基础支撑。

面对时代赋予的历史使命，中国科普研究所深入贯彻落实习近平总书记关于教育、科普的一系列重要指示，深切把握科普赋能中国式现代化的时代内涵，加强科普能力建设，建设高水平科普智库，以组织推动高水平科学教育研究为抓手，积极为全国科学教育研究者、实践者服务，提升青少年科学素质，搭建学术交流平台。近年来，中国科普研究所与联合国儿童基金会及北京师范大学、上海交通大学、华东师范大学、西南大学等高校，中国教育科学研究院等科研机构开展合作，组织实施了"青少年创造力调查""小学科学教育现状调研""青少年科学素质监测评估研究"等一系列重要项目，出版了《中国科学教育蓝皮书》等一批兼具学术影响和社会影响的著作，为推动科学教育高质量发展发挥了积极作用。

纵览全球科学教育研究的发展历程，系统化的科学教育研究是近100年才逐步发展起来的。1927年哥伦比亚大学培养了第一位科学教育专业的博士，1929年第一个科学教育研究的专业组织美国国家科学教学研究学会(National Association for Research in Science Teaching [NARST])成立，其会刊《科学教学研究杂志》(*Journal of Research in Science Teaching* [*JRST*])1963年才问世，第一个专业研究机构莱布尼茨科学与数学教育研究所(Leibniz-Institut für die Pädagogik der Naturwissenschaften und Mathematik [IPN])于1966年在德国创办。20世纪中后期是科学教育研究与实践"狂飙突进"的时代，英国里兹大学于1971年成立"科学与数学教育研究中心"，美国、日本、澳大利亚等国也在20世纪80年代成立了一批科学教育研究所或研究中心，以在国家级研究基金项目资助科学教育研究。此后，科学教育研究领域建立稳定的研究团队、活跃的学术交流平台，形成了日渐成熟的学术共同体，持续推动发达国家科学教育和科学普及工作。包括我国在内的发展中国家，科学教育研究在20世纪末才逐渐兴起。

“教育兴则国家兴，教育强则国家强。”党的十八大以来，以习近平同志为核心的党中央高度重视教育问题，习近平总书记在不同场合多次强调发展教育的重要意义，为教育强国的建设指明了方向。2017年，教育部修订《义务教育小学科学课程标准》，当年9月小学一年级开始增设科学课，并将其作为基础性课程，经过十多年的实践探索，小学科学课程对培养学生科学素质发挥了重要作用。随着教育改革不断深化，从基础教育到高等教育，我国科学教育不断加强，正在为教育现代化发挥日益重要的基础性、战略性作用。但是不可否认，我国在科学教育方面仍有很大提升空间，在相关研究领域仍是后起之秀，学术话语权、标志性成果、关键技术标准等仍有待进一步突破。

作为世界性的研究事业，高水平科学教育研究离不开借鉴国际高水平研究成果。以《科学教育研究手册》(*Handbook of Research on Science Education*)为代表的工具书，汇聚全球顶尖科学教育研究者的智慧，系统诠释了科学教育的基本理论、研究方式、学术流派，是全球各国科学教育和科学普及专业的硕士、博士研究生的必读书目。此书编译、出版、传播的历程，正是21世纪初我国科学教育研究工作快速发展、与国际接轨的缩影。早在2007年，埃布尔和莱德曼等学者组织编写了《科学教育研究手册》卷Ⅰ。彼时此书只在我国部分高校和科研院所产生了一定影响。时隔7年，莱德曼和埃布尔等学者组织编写了《科学教育研究手册》卷Ⅱ，我国已经有越来越多的科学教育研究者开始将此书摆在案头，但囿于语言，国际高水平科学教育研究成果的传播仍然受限。又是一个7年，中国科普研究所安排业务骨干和版权方反复沟通，组织青年学者精心翻译、协调专业出版机构全力编校，终于得使《科学教育研究手册》卷Ⅱ中译版面世。

希望以《科学教育研究手册》卷Ⅱ(即本扩增版)的翻译出版为契机，带动更多的国内科学教育研究者、实践者深刻把握“坚持教育优先发展、科技自立自强、人才引领驱动，加快建设教育强国、科技强国、人才强国”的战略要求，关注国际前沿、吸收先进经验，以全球视野审视我国科学教育发展，以期取得更丰硕的理论成果和实践成效，不断提高我国科学教育水平，为提升全民科学素质、实现高水平科技自立自强、全面推进中华民族伟大复兴夯实科学根基！

中国科普研究所所长、研究员

周忠和序

近几年，世界各国都越来越重视科学教育的发展，我国也在不断进行科学教育方面的探索。怎样的科学教育才能培养出具备良好科学素质的公民？如何提升科学教育的质量？科学教师的质量如何提升？中国科普研究所组织翻译出版的《科学教育研究手册（扩增版）》一书或许提供了部分可以参考的答案。该书综述了世界范围内科学教育领域的前沿进展，反映了科学教育研究群体的国际化和多样性，在理论和实践两个方面，均对提高我国科学教育理论建设以及提高青少年的科学素养具有重要的借鉴价值。

当前，科技革命向纵深发展，人工智能扑面而来，工业4.0时代渐成现实，各国的竞争也日益加剧。为实现2035年跻身创新型国家前列的战略目标，《“十四五”规划纲要》明确要求坚持创新在我国现代化建设全局中的核心地位，把科技自立自强作为国家发展的战略支撑。科技实力，特别是创新能力，决定着未来中国的命运和世界的格局。

科教兴国战略、人才强国战略、创新驱动发展战略的顺利实施都离不开高水平的科学教育。当今世界的竞争说到底是人才竞争、教育竞争。唯有大力提升基础教育阶段科学教育水平，才能保护青少年好奇心，激发青少年求知欲和想象力。增强青少年科学兴趣，培育创新能力、批判性思维，并且在全社会营造尊重科学、崇尚科学的风尚，让更多的青少年心怀科学梦想，激励青少年树立投身建设世界科技强国的远大志向，是我国加快建设科技强国夯实人才基础的必由之路。

如果你稍加留心就能发现，无论是与青少年，还是成年的朋友交流，人们常常会提出许多新奇的问题或一些天马行空的想法，这源自每个人身上都或多或少保留了的人类（乃至动物）的天性——好奇心。科学研究特别是基础研究的出发点往往是科学家探究自然奥秘的好奇心。古往今来，许多成就斐然的科学家，他们的事业大多萌生于青少年时的兴趣，沿着兴趣的指引走下去，最终开拓出成功的路径。一定程度上，一部科学发展史，就是人类在好奇心驱使下不断向前探索的历史。

我认为成功的科学教育一定是有助于呵护和引导人们的好奇心。科学教育的目的并不仅仅是为了培养未来的科学家。当更多的青少年热爱科学、理性思维、批判质疑、勇于探究，不论未来他们是否选择从事科学研究，所培养出的科学素养，一定会让他们在各自岗位上受益良多。当看到青少年因追求科学知识而闪光的双眼时，看到青少年为满足好奇心的一步步求真的举动时，我相信这才是创新型国家未来的希望之所在。

鉴于本书内容全面、科学性和实用性强等特色，我认为它应当成为国内科学教育领域相关研究者的必备和必读基础性工具书，为未来的研究带来新的思路，指引新的方向。

中国科学院古脊椎动物与古人类研究所学术委员会研究员
中国科学院院士

郑永和序

习近平总书记指出“好奇心是人的天性，对科学兴趣的引导和培养要从娃娃抓起”。对青少年科学素质的培养是全民科学素质提升的基础。全民科学素质是国家综合实力的重要表征，全民科学素质的提高对形成全社会热爱科学、崇尚创新的文化土壤，建设高素质的科技劳动者大军，提升科技创新能力，实现高质量发展具有重要意义和价值。科学教育是国家科技竞争力的根基，是培养公民科学素质的重要途径和关键环节，世界各国都高度重视科学教育与国家发展的关系，将发展科学教育与国家民族利益紧密地联系在一起。

守护青少年的好奇心和创造力，要把教育摆在更加重要的位置。怎样的科学教育才能培养出具备良好科学素质的公民？如何不断提高科学教育的质量？科学教育，尤其是基础教育阶段的科学教育，面向的是青少年，将盲目的、劣质的，抑或是从零开始的研究用于指导实践，有可能对青少年的长远发展造成不可挽回的损失。因此，探索和回答这些问题必须十分谨慎。科学教育研究者应广泛阅读已有的高质量文献，在学习前人智慧基础上深思熟虑，科学拟定研究方案，收集可靠证据，形成研究结论，进而指引科学教育的发展方向。

2018年，中国科普研究所科学教育课题组普查了2009至2018年间我国大陆学者参与国际科学教育研究领域最具影响力的五大科学教育组织——美国国家科学教学研究学会（National Association for Research in Science Teaching [NARST]）、欧洲科学教育研究学会（European Science Education Research Association [ESERA]）、东亚科学教育学会（East-Asian Association for Science Education [EASE]）、美国科学教师协会（National Science Teachers Association [NSTA]），以及澳大利亚科学教育研究学会（Australian Science Education Research Association [ASERA]）——的官方学术年会并做发言报告的情况。普查结果显示，十年间，在国际科学教育研究交流的12大主题中，有9大主题大陆学者做报告交流的人数未超过个位数。此外，这十年间在东亚科学教育学会以外做过科学教育报告交流的大陆学者仅有不足20人次。与此相似的是，我国大陆学者在国际高质量科学教育研究期刊中发表实证研究论文的人数也不多。我国的科学教育领域急需宽广的国际视野、高质量的实证研究和广泛的对外交流，这就要求我们首先要了解国际科学教育研究的前沿与发展动态。

《科学教育研究手册》卷II是科学教育研究领域国际顶尖学者的智慧结晶，它以高质量的科学教育研究成果为素材，对该领域已有研究进展进行了全方位回顾和综述。读者从本书中既可以看到研究者在探索和回答科学教育研究问题过程中所采用的研究范式与方法，也可以找到科学教育中一些关键问题的答案，以及仍有待进一步探索的问题。

《科学教育研究手册》卷II共包含六大部分。

第一编聚焦于科学教育研究理论与方法，对科学教育研究的范式进行回顾，并针对定量研究和定性研究分别撰写了专门的章节予以综述。未来，研究方法将不断发展，吸纳新的问题和想法，研究者将面临的挑战不是如何把定性和定量的研究方法相结合，而是如何整合不同的、看似矛盾的多种范式理论。

第二编聚焦于科学学习，围绕学生的概念与概念转变，对科学的态度、身份认同与抱负，课堂学习环境，校外科学学习和国际视野下的学习进阶教学这五大研究主题展开了综述。

第三编聚焦于科学教育的多样性和公平问题，从科学教育中种族与民族相关文献的批判性综述入手，继而从性别差异、语言背景、先天条件、城乡差别、文化传统等角度，关注了科学教育中普遍存在的多样性，尤其是在现代教育视角下弱势群体的公平问题。虽然国外的相关情况并不能与我国的现状一一契合，但他山之石，可以攻玉，国外的研究依然可以对我国的科学教育和科学教育研究提供借鉴和思路。

第四编对科学教学这一研究者十分关注的研究领域的相关研究进展进行了综述，从一般教学方法与策略、科学教学中的话语实践、学习科学的技术出发，先关注综合性的科学教学——小学科学教学、跨学科科学教学，然后聚焦分科教学——高中生物、物理、化学、地球科学与环境科学领域的教学，最后讨论了科学课堂上的探究与科学实践。

第五编聚焦于科学课程与测评，论述了与科学素养、美国科学课程改革史、科学课堂中的科学实践与探究、科学本质的教与学研究、科学本质测评的演变、科学教育的文化视角、本土科学中的文化相关教育、社会性科学议题、项目评估、工程教育、科学教育项目评价、测评在教学法中的中心引领作用、科学教育中的大规模测评等有关的话题。

第六编聚焦于科学教师教育，提出教师学习需要发展对实践的理解，探讨在教育改革下科学教师的态度与信念，建议不断深入研究教师知识，不仅要重新认识科学教学，还要重新审视如何学习教授科学，并对科学教师专业化发展等问题综述了已有的研究进展。

对于科学教育研究人员来说，本书无疑是科研工作的必备和必读书目。对于正在攻读科学教育领域相关学位的本科生和研究生来说，阅读本书有助于初窥科学教育研究进展，思考研究选题方向。对于科学教育政策制定者和各级管理人员来说，阅读本书有助于快速了解校内外科学学习、教学、课程、评价、教师教育、教育公平等问题的相关规律，进而为科学决策提供参考。对于科学教育从业者而言，阅读本书有助于跳出个人经验和感受，尝试遵循科学教育规律指导和改进自己的教学。

本书由中国科普研究所团队组织翻译出版。近年来，中国科普研究所科学教育研究团队在青少年科学素质、校外科学教育领域出版了较多研究成果，为青少年科学素质的提升和推动我国科学教育发展做出了积极的贡献。为使中译版尽可能精准地呈现出原文的含义，中国科普研究所组织我国一批具备良好中英文阅读与表达能力的科学教育研究人员承担翻译工作。全书的翻译由李秀菊、刘晟、姚建欣、杨文源、赵博、佘建云、黄瑄等37位青年学者共同完成。他们均具有良好的专业背景，在大学或者研究院所长期从事科学教育研究工作，并以高度负责的态度全情投入翻译和审校工作，充分保证译作的质量。我认为，本书的翻译工作能够高效完成，在一定程度上也反映出我国科学教育研究经过近几十年的发展，与国际话语体系、研究主题、技术方法充分接轨，人才储备日益充沛。中国科普研究所组织本书的翻译工作，可以算得上是对我国科学教育研究力量的整合与检阅，也期待这些青年学者为我国科学教育发展做出更大的贡献！

衷心希望本书成功出版，并助力中国科学教育不断发展！

郑永和

北京师范大学科学教育研究院院长

献 词

本手册卷 I 源自桑迪和当时任职于劳伦斯 · 埃尔鲍姆联合公司的娜奥米 · 西尔弗曼（Naomi Silverman）的一次对话，后来桑迪找到我共同担任主编。桑迪对这个领域的研究及随后卷 I 的出版影响巨大，其影响至今依旧强劲且深远。因此，若不将桑迪作为卷 II 的合编者会是一种罪过。在桑迪不幸去世前，我和她就已经在讨论这部新卷了。在整个职业生涯中，桑迪既是教师培训领域的优秀学者，又是强有力的导师（我记得她的一名博士生称她是“严厉之爱的大师”），更是全球科学教育的领导者，是我们所有人的榜样。她在理论与实践之间取得了完美的平衡，而这正是我们中的许多人所渴望的。就我个人而言，我一直很尊重桑迪的工作，每当涉及我的工作以及其他各种专业或个人话题时，我也同样可以信赖她的诚实和正直。我非常怀念桑迪，并且诚挚地希望《科学教育研究手册》卷 II 有助于延续她的研究，而并非她的研究需要任何额外的补充。我们怀念你，桑迪！！

目　录

上　卷

前　言 …… i
致　谢 …… iii

第 I 编　科学教育研究的理论与方法

第 1 章　科学教育研究范式 …… 3
第 2 章　定量研究的设计与方法 …… 24
第 3 章　当代定性研究：趋向整合研究视角 …… 50

第 II 编　科学学习：总论

第 4 章　学生所持概念与概念转变：三个互有重叠的研究阶段 …… 75
第 5 章　对科学的态度、身份认同和抱负 …… 109
第 6 章　课堂学习环境：历史和当代观点 …… 141
第 7 章　在校外学习科学 …… 164
第 8 章　国际视野下的学习进阶教学 …… 202

第 III 编　科学学习：多样性和公正

第 9 章　与种族和民族议题相关的科学教育文献的剖析和批判性综述 …… 233
第 10 章　性别问题：立足过去、着眼现在、展望未来 …… 260

第 11 章　科学教育中的英语学习者 …… 285
第 12 章　有特殊需求和有特殊天赋学生的科学学习 …… 312
第 13 章　城市环境中的科学教育：新概念工具和可能性故事 …… 345
第 14 章　农村科学教育：新理念、新方向、新定义 …… 373
第 15 章　原住民及少数族裔学生的文化回应型科学教育 …… 398

第 IV 编　科学教学

第 16 章　一般教学方法和策略 …… 425
第 17 章　科学教与学中的话语实践 …… 451
第 18 章　利用学习技术促进学生学习科学的机遇与挑战 …… 473
第 19 章　小学科学教学 …… 504
第 20 章　跨学科科学教学 …… 556
第 21 章　高中生物学课程发展：从 20 世纪至 21 世纪的实施、教学与评价 …… 581
第 22 章　物理学教学 …… 610
第 23 章　高中化学多面观 …… 643
第 24 章　地球系统科学教育 …… 675
第 25 章　环境教育 …… 698
第 26 章　科学课堂中从探究到科学实践 …… 726

前　言

本卷是在卷 I 的基础上编撰的。卷 I 将继续刊行，因为本卷以卷 I 为基础但又不仅仅是重复已出版的内容。本卷更新了卷 I 的各章。这些章并不是前者的重复，我们仅在需要了解该领域当前和新兴的趋势时才有所复述。大多数章是由前一卷中对应的作者写的，但也加入了一些新的作者。卷 I 出版后，泰勒–弗朗西斯出版集团（Taylor & Francis）和我就哪些主题被卷 I 忽略以及哪些主题需要扩展或删减，对科学教育研究领域的人员进行了调查。作为回应，本卷仍然包含许多章，由顶尖的学者撰写，所涉及的主题对科学教育研究者和理论家而言至关重要。

与卷 I 一样，本卷的编撰者都是各自研究领域的专家，代表着科学教育研究群体的国际化和性别多样性。本卷围绕六个主题展开：科学教育研究的理论与方法，科学学习，科学学习中的多样性与公平，科学教学，科学课程与测评以及科学教师培养。每一章都是对其论述主题所在领域的综合性回顾——整合现有的研究；努力理解该学术体系的历史趋势和模式；描述该问题在文献中如何被概念化，方法和理论如何影响研究结果，以及文献中的优势、劣势和差距。

前面提到的每一个主题都由一名该领域内知名的编辑负责组稿和监控质量，他们要审查每一份稿件，并综合考虑至少两名外审的审读意见。最后，作为手册的主编，我对各章都进行了审核。至此，对各章的汇编都经过了细致的同行评议。

自卷 I 出版以来，科学教学研究一直是个高度活跃的研究领域。近年来，国际间比较的激增和世界各地众多教学标准的出现进一步推动了我们对改进科学教学的不断探索。主要目标仍然是科学素养，但这一概念的定义一直在变化，关于如何实现这一目标，观点也各不相同。科学学习的浪潮不断涌现，改变了研究者对课堂实践、课堂环境和学生学习的理解。理查德·莱勒（Richard Lehrer）责编的有关科学学习的拓展部分体现了这一点。

前一卷没有对科学教育研究的理论和方法进行深入讨论。在自己责编的部分，戴维·特雷古斯特（David F. Treagust）将这些观察纳入手册的开篇，他试图创建一个整体的视角来解释接下来的内容。这部分同时论及定性方法和定量方法，未表现出突出或者偏爱哪一种的倾向，也没有单列一章专门讨论混合方法，但研究定性和定量方法的作者们都提到了将两者混合的前景。

为了回应审稿人的意见，也为了体现科学教育群体的日益重视，有关科学学习中的多样性与公正的部分，在科里·巴克斯顿（Cory A. Buxton）和李玉姬（Okhee Lee）的组织下，得到了极大的扩展和提升，特别是对于乡土知识和英语学习者给予了更多的关注。科学教学的部分增加了一个有关探究教学的章，这部分由简·范德里尔（Jan H. van Driel）担任责编。此外，由保罗·布莱克（Paul Black）编写的科学课程与测评部分也有新内容——增加了两章，一章关于社会性科学议题，另一章关于大学前的工程教育。科学教师培养部分由约翰·洛克伦（J. John Loughran）编写，主要工作是对卷 I 的章进行改进和更新。正如你所期望的，对教学知识本质和发展的强调仍然是一个重要的主题。

在前一卷手册前言的末尾，桑迪和我纳入了一个题为《科学教育的未来》的部分。在这一部分，我们提供了一些与总体目标相关的指导建议供研究者思考：改进教与学，保持开放的心态对待其他理论观点，将我们的研究建立在真实世界中，与教师交流我们的研究。前两项指导建议在此不再复述，但我想重复后两项建议。我想桑迪会同意这个决定。

科学教育和通识教育是一个应用领域。我知道有些人会坚持认为理论研究很重要，而不管理论在未来会不会得到应用。毕竟一些现在看起来理论性很强的研究可能在十年后得到实际应用。现实地说（考虑到可操作性和公众授权），我们的研究和研究得出的建议必须植根于教师和学生所在的真实世界。我们的研究必须解决教师和学生关心的问题，必须适用于我们的学校系统和社会。为了获得认可，我们的研究必须解决具有教育价值的问题。每一章都有一段文字论述主题的含义。我们需要仔细考虑这些文字的意义，而不能仅将其视作一篇论文必须包含的部分。我们仍然存在研究和实践之间有差距的问题，我在读博士的时候就有耳闻。我们需要更多地与教师和政策制定者交流我们的研究。往往我们的会议和日志都被设定好，导致我们只和研究者交流。就我个人而言，当我参加美国国家科学教学研究学会（NARST）或其他研究会议并展示我关于科学本质的工作时，观众对我的研究设计、数据分析和结论非常感兴趣，很少有时间或者兴趣来讨论我实际上是如何传授科学本质的。当我参加美国科学教师协会（NSTA）或其他面向从业者的会议时，听众的兴趣点主要是我与学生和老师的实际交流，而不是研究设计和数据分析的细节。你肯定注意到印于“教师”期刊和“研究者”期刊的文章也有类似的趋势。这个问题由多方面原因造成，但我们必须继续努力向教师宣传我们的研究，这是我们的责任。

《科学教育研究手册》是为研究者编写的，几乎只有研究者阅读。它可能不是职前或在职教学策略课程的最佳选择。我们需要做出有意识的努力，把这部手册中呈现的内容翻译成教师容易理解和使用的形式，最终目的是帮助他们的学生。这是一个不常被提及的话题，但我们必须致力于发展教师教育的学科教学知识。

致 谢

对一个想做事的人来说，承担一卷的编辑可是劳动密集型工作。然而，没有来自他人的有效帮助，各种各样的重要工作可能无法完成。我要感谢伊利诺伊理工大学的研究助理狄奥尼修斯·格纳纳坎（Dionysius Gnanakkan），感谢他在实质性编辑、文书编辑、篇章格式制定、手册数据库开发与应用等方面提供的帮助。由于狄奥尼修斯在科学教育和科学教育研究方面见识广博，他的帮助远超我对一般编辑的预期。没有他的帮助，这部手册是不可能成书的。我真希望他不要毕业得太早！

Section I

Theory and Methods of Science Education Research

SECTION EDITOR: DAVID F. TREAGUST

第I编

科学教育研究的理论与方法

本部分主编：戴维·特雷古斯特

1

Paradigms in Science Education Research

DAVID F. TREAGUST, MIHYE WON, AND REINDERS DUIT

第1章
科学教育研究范式

黄瑄　译　　李秀菊　审校

为什么要讨论研究范式？

就科学研究的本质而言，科学教育研究者对托马斯·库恩（Thomas Kuhn, 1962）的范式转变理论都很熟悉。尽管库恩的主要关注点是科学探究和科学共同体，而不是社会或教育研究，但他的术语“范式”为讨论教育研究中的不同信仰、价值观和方法论提供了一个合适的参考（Schwandt, 2001）。教育研究范式被认为是一种世界观，它设定了研究的价值，并提出了如下的问题（Guba & Lincoln, 1994）：什么能被看成社会知识、行动和意义？教育研究的主要目标是什么？教育研究者的职责是什么？我们如何开展研究项目？正如安德森（Anderson, 1998）所指出的，“你如何看待这个世界，很大程度上取决于你从何处来观察它”（p. 3）。因此，从设定研究目标到选择数据收集方法，再到分析数据和报告研究结果，研究范式对研究者的指导贯穿整个实证研究过程。

尽管研究范式很重要，但它们相当隐蔽，并非一目了然，尤其对于教育研究的新手来说。除了提及定性研究和定量研究的程序性差异外，许多介绍研究方法的书籍并没有对研究范式及哲学背景进行广泛的讨论（Creswell, 2012；Fraenkel, Wallen, & Hyun, 2012；Punch, 2005；Wiersma & Jurs, 2005）。相反，这些书籍关注数据收集和分析的“实用”方面，也就是一步一步如何操作的过程，比如如何表述调查问题，如何使用统计软件包，或者如何进行有效的访谈。在类似这样的关于研究过程的讨论中，教育研究者主要是从技术层面来看待他们的研究，他们没有意识到用世界观来塑造和证实其认识主张（Kincheloe & Tobin, 2009）。对许多人在没有认真考虑研究范式的情况下便进行研究这一事实，可能的解释是确定研究范式的实践方面并非像一些研究者所认为的那样重要（Bryman, 2008）。有些研究者甚至认为，对范式的讨论是纯粹的哲学实践，这也是20世纪80年代和90年代范式战争下的遗留（Morgan, 2007）。盖奇（Gage, 1989）发表了一篇影响深远的文章，从20年后（写的似乎是2009年）的观点来描述范式论战的情况。正如该文中所述，实证主义和后实证主义研究繁盛于20世纪80年代，其后受到了其他范式（即解释主义和批判主义范式）的挑战。盖奇文中所写到的大部分都被证明已在实践中发生了。不管怎样，随着混合方法研究的发展和使用，不同范式的支持者彼此之间最初的敌对情绪有所缓和（Bryman, 2008），不同范式研究对教育界的贡献也得到广泛认可（Bredo, 2009）。

不过，近年来，我们目睹了针对研究范式的多样性及其在教育研究实践中的意义的激烈讨论（Moss et al., 2009）。许多教育哲学家和研究者发现，美国国家研究理事会（National Research Council）和其他研究资助机构于2002年发布的教育研究指导方针和政策，借基于证据和科学的研究之名，武断地推动某种特定类型的研究。这些教育者认为，将思维局限于什么样的“其他”类型的研究有助于建立更好的教育，那是十分危险的。（更多关于该问题的详细讨论，请参考2002年第31卷第8期和2009年第38卷第6－7期的《教育研究者》，以及2004年第10卷第1期的《定性研究》。）

如果没有分析理解每一种研究范式，就很容易对研究的质量和价值做出误判，错过从中学习的机会（Moss et al., 2009）。在教育界，特别是在科学教育界，存在着忽视/拒绝考虑在其他研究范式下进行研究的倾向（Kincheloe & Tobin, 2009）。后实证主义者可能认为解释主义研究是逸闻趣事、不够系统和严谨，批判理论研究过于政治化；解释主义者可能认为后实证主义研究是肤浅的或有局限性的；而批判理论家则可能认为后实证主义研究正在加剧教育的不平等。但是，我们很有必要以开放的心态从这些差异中学习（Maxwell, 2004; Moss et al., 2009）。教育研究界中哲学及实践层面的多样性，不仅有助于在教育中建立更加均衡的认识（St. Pierre, 2002），而且为基于共同目标所做出的更全面的研究尝试提供了途径（Bredo, 2009）。

在本章中，我们将概述三种研究范式，并描述每种范式在科学教育的各种研究中是如何实现的，最后对混合方法研究者所采取的实用主义方法进行讨论。这并不是试图将研究工作固定在某种范式类别上，而是通过描述不同范式在科学教育研究领域如何发展，来试图反思我们自己的研究实践，促进科学教育研究者之间的跨范式对话。研究范式有许多不同的分类方法和范围界定（Clandinin & Rosiek, 2007; Lincoln & Guba, 2000; Moss et al., 2009; Taylor, Taylor, & Luitel, 2012），我们使用了实证主义/后实证主义、解释主义和批判理论这一分类，并说明了每种范式与其他范式相比之下的特征。本章中我们有意地不使用定量研究和定性研究这一常见分类，因为它们可能会产生误导——好像范式仅限于数据收集方法的选择。如前所述，我们认为一个研究范式远比数据类型的选择更加包罗万象。

实证主义/后实证主义研究范式

实证主义研究的哲学背景

实证主义被认为是“将科学方法应用在人类行为研究的任何方式”（Schwandt, 2001, p. 199）。实证主义研究者遵循经验科学的传统，认为为了得出有意义的认识主张，研究应具备逻辑推理和实证数据的牢固支撑，且逻辑推理和实证数据是不证自明的、可验证的（Schwandt, 2001）。这种实证主义思想可能对于许多科学教育研究者来说很常见，因为它与西方学术文化很好地融合在一起，例如把客观的、科学的、符合逻辑的、基于证据的研究视为最理想的研究形式（Howe, 2009; Kincheloe & Tobin, 2009）。然而在当代语境中，实证主义因其与朴素实在论的关联而承载了一些负面含意，但实证主义的修正形式盛行于教育领域并且具有影响力。然后，我们将后实证主义描述为实证主义（逻辑经验主义）的一个变体，而不是实证主义的副本。

与实证主义者不同，后实证主义者确实承认我们的文化、个人价值体系和其他环境以积极和消极的方式影响着我们对世界的认知（Phillips & Burbules, 2000）——积极影响是由于可以引导我们发现要找寻的是什么，以及如何做出合理的、合乎逻辑的解释；而消极影响则是由于可能导致视野狭隘，限制我们以最真实的形式理解现象。由于偏见所带来的消极影响，我们不能确定我们的认识主张是否真的反映了真理。但这并不意味着真理不存在，或者真理不重要。例如，某些教师可能因个人经验更喜欢说教式的教学方法，且不愿意认可其他教学方法，但这并不意味着一定存在某种更有效、对学生产生更好效果的教学方法。这时，后实证主义研究者扮演着客观研究者的角色，要尽可能系统地接近事实。研究者不再单纯依靠以往的经验，而是力求系统地收集全面的实证数据，客观地比较不同的教学方法。后实证主义研究者认为通过系统的实证探究，他们能够接近事实，并将其告知感兴趣的人（教师、决策者、家长、学生等），从而帮助这些人做出明智的决定，例如决定一项新的教育项目或教育改进计划（在这种情况下，告知教师哪种教学方法更好）。

后实证主义研究案例

与自然科学或心理学的研究类似，后实证主义传统着眼于寻找科学的因果关系，或者至少是相关的解释。例如，一种新的教学方法对学生成绩的影响，学生的家庭背景与学生对学校教育的态度之间的关系，或学生对科学的认知对其学业成绩的影响。通常，后实证主义研究者采用比较实验或调查来寻找因果关系或相关解释。为了帮助读者理解后实证主义研究的显著特征，我们将介绍科学教育文献中的三项研究。

刘基贤（Kihyun Ryoo）和马西娅·林（Marcia Linn）（2012）遵循后实证主义的研究传统，通过前测和后测研究了一个教育项目在提高学生概念理解程度方面的有效性。这项研究与自然科学领域的实验报告极为相似。作者们提前对研究进行严谨的设计，严格遵循研究方案，并在报告中系统阐述研究步骤，以使读者相信他们已经达到了后实证主义实验设计的质量标准。在报告的开头，他们提出了研究问题：“与静态插图相比，动态可视化如何提高中学生对光合作用中能量转换的理解？”研究者将学生分为动态可视化实验组和静态可视化对照组。研究者努力使实验过程中的教育课程具有吸引力（在本例中指动态可视化），除教学材料（即动态可视化相对于静态可视化的自变量）外，他们尽可能地使对照组和实验组的条件相似。为了平衡这两种情况，研究者采取了一些措施：选择两位教学经验相似的教师（5年）；每位教师班级里的学生在前测后被随机分成两组；除可视化模式外，学生所接受的课程和评价完全相同；学生人数足够多，满足基于统计获取分析主张的人数要求（共200名学生）。在课程和评价结束后，研究者根据评价量规对学生的书面答案进行分类，来判定学生对概念理解的提高程度。一旦录入了数据，研究者就会使用一套统计软件包来分析数据，并使用不同来源的数据和三角验证以支撑他们的研究结果。为了让读者相信研究过程如实执行，研究者对研究过程进行了详尽的解释，包括研究的统计显著性、内部效度和外部效度。数据分析后，研究者向读者介绍研究结果的教育启示和研究的局限性，如研究结果的应用范围，以及未来研究中可能提高教学效果的方法。

第二项后实证主义研究案例是苏妮塔德维·韦

拉尤坦(Sunitadevi Velayutham)、吉尔·奥尔德里奇(Jill Aldridge)和巴里·J.弗雷泽(Barry J. Fraser)(2011)关于情感领域的调查。研究者开发了一种测量学生科学学习动机和自我调节的调查工具。在文献综述的基础上，研究者确定了影响学生科学学习动机的几个关键因素，如学习目标取向、任务价值、自我效能和自我调节。在这里我们注意到，研究者坚定地认为，充分利用以往的研究成果，是构建可靠工具以测量学生自我认知的有效方法(Jaeger, 1997)。他们精心确定可能的影响因素，并编写了问卷题目，因为问题的措辞对于获得相应的回答非常重要。他们进行了预调查，并访谈了一些教师和学生。这些访谈并不是研究的重要组成部分，而是用来验证学生在调查中的回答是否与他们在访谈中所说的相符。经过确认后，研究者将调查分发给大量学生(来自78个班级的1360名学生)。学生是数据来源，为了做出公正、科学的主张，任何与他们的个人联系都是非必需的，也是不可取的。在收集数据之后，研究者进行了一系列统计分析来验证该工具。根据这些数字制成的表格，研究者系统地表明其调查工具具有内部一致性信度、同时效度和预测效度。他们还表明，在研究过程中，他们采取了严格的措施来防止产生系统误差。研究者在报告中总结了该调查工具在未来研究中的可能用途。

另一个适用后实证主义研究范式的研究领域是关于评价美国国家标准或学习能力的研究。美国国家标准已在世界范围内推广(Waddington, Nentwig, & Schanze, 2007)。为了评价这些标准，已针对其提出的多种能力制定了定量措施并展开评估(DeBoer, 2011)。这些能力包括理解和应用科学概念、科学原理、科学本质观的能力，以及评价和判断科学知识在理解社会和生活世界关键问题中的作用的能力。在德国，尤利娅·霍尔斯腾巴赫(Julia Holstenbach)、汉斯·菲舍尔(Hans Fischer)、亚历山大·考尔茨(Alexander Kauertz)、于尔根·迈尔(Jürgen Mayer)、埃尔克·萨姆费莱特(Elke Sumfleth)和迈克·瓦尔普斯基(Maik Walpuski)(2011)基于理论构建了一个关于这些能力的模型，并通过大规模评估测试进行了实证验证，评估测试由不同试题组成。该模型包含以下几方面的能力:(1)科学知识，(2)关于科学的认识，(3)沟通交流，(4)评价和判断。该研究借鉴了埃格特(Eggert)和伯格霍尔茨(Bögeholz)关于生物学教育领域评价和判断能力的早期工作(2006)，他们曾提出一种基于理论的可持续发展领域决策能力模型。该研究讨论了为指导学生获得复杂能力而设置教学情境和准备材料时的困难。

后实证主义研究的共同特征

共同的研究主题。实证主义/后实证主义研究的主要关注点在于为各种教育现象提供合理的解释，但它往往与科学性的测试相关联，测试是为了验证教学大纲或教育系统的有效性或效率。换言之，调查基于证据的教育实践中什么是有效的以及为什么是有效的（Feuer, Towne, & Shavelson, 2002）。典型的后实证主义范式研究包括：干预性研究，例如刘和林（2012）的研究；其他教育软件研究，例如范博尔库洛（van Borkulo）、范佑琳（van Joolingen）、萨韦尔伯格（Savelsbergh）和德容（de Jong）（2012）所做的研究；大规模评价研究，例如在美国开展的研究“不让一个孩子掉队”（No Child Left Behind [NCLB]; Dee & Jacob, 2011）和在澳大利亚开展的国家评价项目——读写和计算能力（National Assessment Program—Literacy and Numeracy [NAPLAN]; Dulfer, Polesel, & Rice, 2012）；国际比较研究，例如国际数学与科学教育成就趋势研究（Trends in International Mathematics and Science Study [TIMSS]; Thomson, Hillman, & Wernert, 2012）和国际学生评估项目（Programme for International Student Assessment [PISA]; 经济合作与发展组织[Organisation for Economic Cooperation and Development], 2010）。

共同的研究设计。后实证主义者以逻辑实证主义为基础，致力于构建正规的研究设计和数据，以便明确解释教育项目/体系中正在发生的事情及其原因。为使其认识主张更科学和更能类推到其他教育系统，后实证主义者可能会采取多种研究设计，但通常会选择实验（Ryoo & Linn, 2012）或大规模调查（Velayutham et al., 2011）。在这类研究设计中，研究者采用综合的抽样策略（如分层抽样、系统抽样或整群抽样）来代表目标群体，并努力通过各种方式控制变量（如因变量、自变量或混淆变量）来建立明确的因果关系（Porter, 1997）。他们还花费大量时间系统地开发一个定量工具或量规来记录研究参与者的理解、认知或行为（Jaeger, 1997）。定量研究的一般标准，如信度、内外部效度、统计精度，都得到了保证（Cohen, Manion, & Morrison, 2011）。虽然定性数据是通过这类研究设计中的访谈、观察或学生作业收集的，但这些数据可转换为数字以符合预先设定的类别（Ryoo & Linn, 2012），或作为三角验证的形式来支持或阐释定量数据（Velayutham et al., 2011）。

研究者与参与者之间的关系。后实证主义教育研究者的目标与自然科学家相似——成为在一定距离之外思考教育现象的公正的、知识渊博的专家（Schwandt, 2001）。研究者主要依靠先前建立的知识体系、理智的推理能力以及对待研究的公正性来提出认识主张（Moss et al., 2009）。个人价值观/信仰或者与研究参与者的关联可能会损害研究的客观性，后实证主义研究者尽量避免与参与者过多的牵连，从而公正地进行研究。在刘和林（2012）的研究中，研究者自己并没有直接参与教学；他们是以课堂外来者身份来核对干预方案并收集必要数据的。他们不会试图与任何参与的学生建立私人联系。同样地，在韦拉尤坦及其同事（2011）和霍尔斯腾巴赫及其同事（2011）的研究中，研究者与参与者之间建立了相同的基本关系，也就是说与参与者之间没有私人联络。

由于与参与者的联系有限，后实证主义研究者对被研究者的伦理义务似乎是显而易见的。他们遵循机构审查委员会（Institutional Review Board）或伦理委员会（Ethics Committee）提出的伦理准则（建议参见2011年美国教育研究协会[Educational Research Association]和2005年澳大利亚教育研究协会[Australian Association for Research in Education]或类似机构部门的伦理审批流程）。指导原则包括自愿参与、提前告知参与者研究流程、确保对参与者不造成身心伤害、保护参与者的匿名信息、如实地报告数据（Fraenkel et al., 2012）。

共同的质量标准。虽然许多研究者用严谨的研究方法和可验证的数据来描述实证主义/后实证主义（Kincheloe & Tobin, 2009），但D. C.菲利普斯（D. C. Phillips, 2005）认为，在这种传统下研究者不仅重视方法，而且重视整体案例的形成。他解释道，一项研究应该以客观、全面的数据为坚实基础，但研究的论证也应该精心组织，提出令人信服的重要论点。罗伯特·弗洛登（Robert Floden; Moss et al., 2009）关注的是研究与研究共同体，以及研究与已建立的知识体系之间的联系，并列出三条判断这种传统研究质量的重要标准：（a）明确界定研究中使用的概念/结构；（b）从文献综述到实验数据的解释，再到得出结论，整个研究过程贯穿强有力的逻辑推理；（c）研究结果对教育工作者或决策者有重大贡献。

共同的报告风格。大多数后实证主义研究者遵循传统的科研报告格式：以文献综述开头，接着是研究问题、研究设计、数据分析、研究结果的讨论，最后以局限性和教育启示结尾。报告的行文组织具有逻辑性，展示了研究是如何科学地进行的。研究过程描述详尽，使其得以重复。报告通常用被动语态或第三人称叙述，比如“数据被收集”而不是“我收集了数据”，呈现出客观的语气。

解释主义研究范式

解释主义研究的哲学背景

解释主义源于对流行的“科学的”实证主义研究的一种反抗。与实证主义者及其对世界客观的、可概括的真理的探索不同，解释主义者关注的是人类经验的局部意义。由于解释主义起源于相对主义本体论和建构主义认识论，该传统的研究者关注的是基于经验、文化和环境构建其理解的事实。甚至一个简单的握手动作也能被理解为不同的意思，例如愉快的、过于正式的或冷淡的，这些理解取决于社会习俗、地点、时间和同伴。同样地，当一个教育大纲颁布时，年轻、热情、讨人喜欢的艾莉森女士（Ms. Alison）与经验丰富、有魅力的巴克利先生（Mr. Buckley）可能会以不同的方式去解读和实施这个教育大纲。因此，鉴于当地的教育环境，该教育大纲“已证实”的效果可能与艾莉森女士班上的学生没有太多关联。因此，解释主义研究者对实证主义研究者试图掩盖细节以推广研究成果的做法嗤之以鼻。他们认为，如实证主义研究那样去测量和归纳人类的理解和行为，并不能说明人类行为中更重要的部分，即人们从社会、教育交互作用中理解的情境意义。因此，解释主义传统下的研究者不会过度地宣称他们的发现可应用于其他情境，因为人们的含义和意图是与语境相关的，是暂时的和特殊的。尽管学术研究者通常迫切地希望能得出概括性的认识主张——可以超越研究的直接背景、广泛地适用于解释目前的各种情况，但解释主义者的目的是详细描述人们关于教育现象的生活经历（Dewey, 1925/1981）。如果研究的受众认为研究者的解释可信、能够提供有用的信息或发人深思，那么这项研究就是有价值的（Wolcott, 2009）。

然而，研究人们对社会现象的局部化、主观化解读，涉及多重复杂的层面。例如，我们如何知道研究者识别出了真正的局部意义？理解人们的生活经历并不等同于访谈后将每个字转述到研究论文中。研究者需要阐明研究参与者与他们分享了什么，而参与者只会分享他们想要与研究者分享的东西。研究者自身的个人、社会和文化经历的不同，可能导致对参与者所分享的信息有不同的理解。为深入理解教育现象或参与者的生活经历，研究者们通常会花很长一段时间与参与者在一起，建立融洽的关系，与参与者产生共鸣，以便更好地了解情况，并与参与者一起回顾他们自己的解读，同时与文献相对照。尽管解释主义研究者努力通过参与者检核、审计跟踪和其他方法来检验他们自己的价值观和经验，从而更好地了解情况（Guba & Lincoln, 1989; Merriam, 2009），但并没有声称他们的认识主张是完整的或是正确的，这些认识主张只是对情况的合理解释。

考虑到研究报告的受众，主观化问题变得更加复杂。在解释主义研究者描述其对教育现象的理解和对研究参与者的理解时，受众必须重新解释研究结果。个人生活经历不同，从研究报告中解读的意义也会有所不同。从社会交互作用到研究参与者、从研究参与者到研究者、从研究者到受众，该传统的研究者意识到主观化的多重层次，因此常常对情境进行“深描”以传达自身的解释（Geertz, 1973）。

解释主义研究案例

与民族志的研究者相似，解释主义范式中的科学教育研究者细致地陈述研究个体深入理解经验和活动的方式，无论研究个体是教师、学生、管理者还是家长。因此，研究者花费大量时间研究参与者，并主要从观察、访谈、描述性叙述等方面收集大量定性数据。解释主义研究在结构的数量、时间的长度以及研究者与参与者的接触程度上千差万别。下面的例子为解释主义研究的多样性提供了一些证据。

一个更有条理的、基于解释主义研究立场的案例是由戴维·特雷古斯特（David Treagust）、罗伯塔·雅各博维茨（Roberta Jacobowitz）、詹姆斯·L.加拉格尔（James L. Gallagher）和乔伊丝·帕克（Joyce Parker）（2001）所做的研究。该研究调查了一名中学教师如何在声音主题的教学中使用嵌入式评价。加拉格尔曾在弗雷德·埃里克森（Fred Erickson）的指导下研究过民族志研究方法，通过国内与国际交流，促进了解释主义研究方法在科学教育领域中的传播。在一次学术休假中，特雷古斯特同加拉格尔一起实施了该个案研究，并定期前往研究现场——一个有23名学生的8年级科学课堂——来探查教师如何“将评价任务作为一个基本的组成部分纳入声音主题教学中”（p. 140）。尽管共同作者之一（雅各博维茨）是这个班级的老师，但其他研究者都尽量减少对课堂活动的干扰。在用3周时间深入观察科学课堂，并对教师和学生进行访谈后，研究者进行了数据梳理以确定评价策略是如何被使用的，是否有助于或不利于课程中声音概念的学习。与埃里克森（1986, 2012）所倡导的定性研究设计相一致，对数据的分析使得5种聚焦嵌入式评价任务的主张得到发展。每一个主张都有来自课堂观察和访谈的详细数据，以及对学生在课堂上所完成的教学材料分析的支持。研究表明：

> 几乎每项活动都包含一个评价环节作为活动组成部分，学生有很多通过写作任务和口头提问来表达认知和理解的机会，每个学生都以不同的方式回应并受益于不同的评价方法。
>
> （p. 137）

贝丝·沃伦（Beth Warren）、辛西娅·巴伦杰（Cynthia Ballenger）、马克·奥戈诺斯基（Mark Ogonowski）、安·罗斯伯里（Ann Rosebery）和乔西安·胡迪科特-巴恩斯（Josiane Hudicourt-Barnes）（2001）在知识探索中心（Cheche Konnen Center）以更具哲学意味的观点阐述了海地移民小学的孩子是如何在日常交往中建构科学话语的。在社会文化传统下，科学教育研究者往往把科学看作一个科学共同体的话语，把科学学习看作跨越多重话语的边界或者获得对多重话语的控制（C. W. Anderson, 2007）。然而，沃伦和她的同事认为，儿童的日常话语和科学话语并不是对立的，而是一个连续统一体。在本研究中，研究者详细描述了学生与科学家的互动来支持自己的观点。研究中的一个人物是让-查尔斯（Jean-Charles），他是一名海地移民学生，以海地克里奥尔语（该语言不包含技术、科学和抽象术语）为母语。研究者很早以前就认识这个学生，了解他所在的班级，能够描述出让-查尔斯与他的同龄人互动的通常模式，他如何花费很长时间来谈论他的想法，他的绘画如何受到他人的赞赏，等等。在分析一段关于变态的课堂对话时，研究者分析了学生每句话的语义——课堂成员所理解的这些句子的字面意义和上下文含义——以及如何使用非正式语言，如何使课堂环境有助于说明昆虫变态与人的成长之间的关系。通过分析对让-查尔斯的一次访谈，研究者发现了他作为一个小孩子是如何以一种独特的方式使用日常语言来帮助自己区分成长和变态的。通过质疑日常语言和科学语言的二分法价值，研究者得出结论：教育者需要更深入、更仔细地观察学生对价值的商讨是如何帮助他们形成科学的意义建构的。

海迪·B.卡洛内（Heidi B. Carlone, 2004）进行了一项民族志个案研究，她带着一个研究问题进入该领域：学生，尤其是女孩，是如何理解科学并在基于改革的物理课堂上成为一名优秀的科学课堂参与者的？其重点放在女学生的经历上——她们从所受的教育和当地文化中构建的意义。科学学习不是一种认知活动，而是一种整合学生身份、话语和价值观的社会文化活动。与后实证主义研究者不同，卡洛内主动去了解学生，并花费大量时间在他们的自然环境（物理课堂）中。6周的研究时间可能不足以将这项研究定性为民族志研究，但她留在学校参与观察，并利用民族志实践收集了大量数据——就像特雷古斯特及其同事（2001）所做的那样。她在课堂上记录观察笔记、与学生进行非正式交谈和访谈、收集学生的文档资料、访谈教师和学校管理者。所有语言或行为数据都被录入到数据集中。她可能制订过初步的研究设计，但随着数据的积累，她根据数据分析的初步结果调整了研究方向。卡洛内没有总结学生对访谈问题的回答，而是努力通过参与者自己的言行来描绘他们的经历、价值观和思维方式。她在论文中用大量篇幅直接引用参与者的话，以展示参与者的经验是如何巧妙地融入他们的交流方式中的。由于对情境的深描，读者会觉得自己好像坐在教室里，或是看透了参与者的思想。总之，卡洛内并没有明确给出研究问题的答案，而是展示了面对不同学生实施具有包容性的科学课程的复杂性，并呼吁大家更细致地理解学生参与科学学习的情况。

赖因德斯·杜伊特（Reinders Duit）及其同事在德国物理课堂上进行的解释主义研究涉及对非线性系统的考察，非线性系统在当代科学中发挥着重要作用，但在学校的科学课中很少被讨论。一项研发项目调查了这个新课题的教育意义，并进行了探索性研究，以找出非线性系统中哪些概念可以教授给10年级的学生。在其中一项主要研究中，25名学生分为不同小组，试图研究简单混沌系统的主要特点。其中3个小组的工作有视频记录。利用融合概念转变和话语视角的方法论方法，研究者可以从概念变化和学生语言游戏的细微变化两方面描述和分析学生的学习轨迹（Duit, Roth, Komorek, & Wilbers, 1998）。这项研究在教学计划理论模型的框架下进行，即教育重构模型（Model of Educational Reconstruction; Duit, Gropengießer, Kattmann, Komorek, & Parchmann, 2012）。该模型具有基于设计的研究的主要特征（Cobb, Confrey, diSessa, Lehrer, & Schauble, 2003）。调查的第一步是，到目前为止尚未纳入课程的主题是否应该被教授，以及是否可以在普通的课堂环境中教授，其结果显示了解释主义研究的设计是强有力的。这个教学计划对所涉及主题的教育意义（理解非线性系统）进行了分析和（解释性的）实证研究，并对学校教授新主题的方法进行了（定性的）实证研究，得出了初步的教与学的顺序。此外，通过对类比运用精细结构的深入了解，在随后的解释主义研究中得出了类比运用的模型。简而言之，这些研究对非线性系统关键问题的教学做出了初步设想，并为精细结构的类比运用提供了新的见解，在一定程度上挑战了占主导地位的认知科学方法（Duit, Roth, Komorek, & Wilbers, 2001）。最后，另一项相关的探索性研究得出了一个“启发式”的类比运用模型（Wilbers & Duit, 2005），解释了为什么教师提供的类比往往达不到预期的目的。

解释主义研究的共同特征

共同的研究主题。解释主义研究的重点在于文化（Carlone, 2004），语言运用（Warren, Ballenger, Ogonowski, Rosebery, & Hudicourt-Barnes, 2001），课堂互动（Gallas, 1995; Paley, 1981; Treagust et al., 2001），以及学生、教师、科学家和社会成员的生活经历（Wong, 2002）。通过对参与者的移情认同，以及通过对研究者与社会的信仰、价值观的反思，研究者旨在了解研究参与者在科学教学和学习过程中的意义建构。即使在实施新的教育干预项目时，该传统的研究者也会强调项目与地方环境之间的动态互动，并考虑当地的参与者如何与新项目进行互动和如何理解新项目（Erickson & Gutierrez, 2002）。解释主义者并不期望他们的研究成果能够容易地或直接地转化为常规科学教育的相关政策或战略（Bryman, 2012）。

共同的研究设计。由于解释主义研究被认为是一个有研究者参与的意义建构过程，杜伊特及其同事（2001）的研究表明，研究设计本身亦可以不断发展，这与扎根理论是一致的。当研究者沉浸在情境中，他们会更好地了解“显著的”研究问题，焦点更加清晰，并可以相应地改变研究设计。不断发展的研究设计并不像在后实证主义研究中那样令人不悦，而是解释主义研究中一个自然而然的过程。解释主义研究者倾向于采用定性研究的设计，如个案研究、民族志、叙事和现象学研究。定性数据的收集方法往往是访谈、观察和文本分析。为了捕捉研究参与者的日常经验，研究通常发生在自然环境中，而不是像后实证主义研究那样的实验比较环境。

研究者与参与者之间的关系。解释主义范式中，研究者并不力求达到那些声称公正、无偏见的研究者所要的客观性。由于解释主义者认为意义并不是预先给定的，而是通过解释主义对话共同建构的（Schwandt, 2000），研究者通常通过参与研究参与者的活动来进行研究（Clandinin & Rosiek, 2007; Guba & Lincoln, 2005; Wolcott, 2009）。作为研究情境的感知者和叙述者，研究者可能会征求研究参与者的意见，有时也会沉浸于情境中去亲自体验这个情境。鉴于与参与者的密切关系，研究者有义务考虑机构审查委员会指导方针之外的许多伦理问题，比如如何在读者感兴趣的故事和过于私密而无法深入窥探或过于重要而无法报道的故事之间划定界限，或者在参与者没有完全理解参与研究项目的意义时，如何尊重他们分享自己故事的意愿（Clark & Sharf, 2007; Einarsdottir, 2007; Etherington, 2007; Jones & Stanley, 2008）。

共同的质量标准。解释主义研究者承认，研究的质量取决于研究者的技能、敏感和诚实，因为研究本身就是一个意义建构的过程。埃里克森（Moss et al., 2009）将评判解释主义研究质量的标准分为两个领域：技术和教育想象力。技术包括：(a) 与该领域长期的、有意义的互动，(b) 对数据仔细、反复的筛选，(c) 对数据的反思性分析，(d) 清晰、丰富的报告。然而，与严谨的方法本身相比，解释主义者更注重本质，这就是埃里克森所说的教育想象力。大多数解释主义研究者赞成的标准之一是结晶化（Denzin & Lincoln, 2011）。就像一块可以投射多种颜色的透明水晶，研究者通过全面的思考和有说服力的陈述，努力创造出参与者生活经历的鲜明图像（p. 5）。特蕾西（Tracy, 2010）提出了八个标准作为解释主义研究的一般指导原则：有价值的、相关的、重要的主题，丰富的数据和合理的理论构建，研究者在价值和偏见方面的反思性和透明度，通过深描和受访者验证所得到的可信数据，研究结果的审美再现，理论与实践层面的重要贡献，道德伦理，研究的意义连贯性。有趣的是，其中一些标准听起来与前文列出的后实证主义的质量标准非常相似。

共同的报告风格。解释主义研究最显著的特征是数据为定性数据，其中大部分是对情境（个人、语境或事件）的深描。冗长的文字记录或者对某一情境丰富的字面描述通常是解释主义研究的特征。研究报告可以采取传统实证研究的形式，包括文献综述、方法说明和数据分析（Carlone, 2004）。或者可以采用叙述形式来描述教师或孩子们在课堂上讨论的日常过程（Gallas, 1995, 1997; Paley, 1981）。在这些叙述性报告中，研究者并没有做出长期有效的主张或方法论上的论证；他们只是简单地描述其所做的事情并解释原因。然而，对于解释主义研究者来说，写作并非易事。它具有“无穷无尽的创造性和解释性”（Denzin & Lincoln, 2011, p. 14）。研究者经常会问类似的问题：多少语境描述才足以满足读者的需求？多大程度的分析和描述才恰当？这个故事是通过谁的口吻来讲述的？（Wolcott, 2009）。研究者需要在解释中巧妙地融入对研究参与者生活经历的丰富描述，所以写作能力（或者讲故事的能力）至关重要。解释主义研究者并不认为他们对情境的解释是绝对真实的，所以他们倾向于不提供研究的最终结语（或结论）（Wolcott, 2009）。

然而，在科学教育研究期刊中，这种深描往往受到期刊篇幅要求的限制，只能报告较短的情节。这些简短的深描或对话可能被视为不符合标准，这取决于论文的评审者。此外，许多研究报告缺少详细的描述：研究者是如何选择参与者的？为什么选择关注某些方面？为什么选择这类数据收集方法？如何确保数据分析的质量？如何考虑其他的解释？然而，近年来，对社会文化和解释主义的研究越来越频繁地出现在《科学教学研究杂志》《科学教育》等重要的科学教育期刊中（Carter, 2007; Hammond & Brandt, 2004）。《科学教育中的文化研究》发表了一些带有这类特殊关注点的文章，大大拓宽了旨在更好地理解科学作为一种文化实践的研究的范围。该传统的研究目的是将学生的认知与语境结合起来（Hammond & Brandt, 2004）。

批判理论[1]研究范式

批判理论研究的哲学背景

与解释主义研究者相似，批判理论研究者承认，人们的价值观、意见和现实由社会、政治、文化、经济、性别和种族等因素塑造。然而，批判理论研究者更关注人类相互影响中的不平等和权力动态，因为他们认识到所有观念和社会相互影响“从根本上由权力关系通过中介作用促成”(Kincheloe & McLaren, 2005, p. 304)。在探索不平等的权力关系和权力斗争方面，该传统可以追溯到马克思主义。他们认为“社会现实并不总是它应该或可能成为的样子”，但是社会安排让人们对现状感到舒适(Kincheloe & McLaren, 2005)。学术界促成的社会安排使人们产生错误的意识，让人们认为现有的知识体系是中立的、科学的(而不是服务于某一群体的工具)，从而有效地阻止了人们对现状的质疑(Kincheloe & Tobin, 2009)。克兰迪宁(Clandinin)和罗谢克(Rosiek)(2007)评论说：批判理论研究者认为，“大范围的社会安排不仅在身体层面剥夺了个人和群体的权力，而且在认识论层面剥夺了人们的权力”(p. 47)。

因为社会叙事就是这样被概念化的，研究者努力审视历史、文化背景下当前社会的价值与角色，并对许多事关社会边缘人群利益的、被认为是理所当然的想法提出质疑。比如，科学学习或教育改革真的对每个人都有益吗(Barton & Osborne, 2001; Eisenhart, Finkel, & Marion, 1996)? 为什么少数族裔学生或女性学生不像他们的白人男性同学那样十分广泛地参与学校的科学学习呢(Lee, 2002; Noddings, 1998)? 有没有什么内在的东西阻止他们在学校学习科学(Aikenhead & Jegede, 1999; Allen & Crawley, 1998; Brickhouse, Lowery, & Schultz, 2000; Harding, 1991)?

通过提出这样的哲学问题，该传统的研究者专注于揭示社会和制度中不平等的权力关系。他们的目的不只是为了扩大对社会的认知，也为改造社会和解放被剥夺权力的人民做贡献(Kincheloe, 2003)。卡特(Carter, 2007)认为，“科学教育不仅应该致力于加深对我们行星系统的理解，而且应该朝着创造更加公平、公正和可持续的世界这一明确目标而努力”(p. 175)。研究者扪心自问：“如果社会或科学教育不开放、不民主、不平等，作为教师、教育研究者或相关社会成员，我们应该做些什么来改变它呢？”(Bouillion & Gomez, 2001; Elmesky & Tobin, 2005; Fusco, 2001; Roth & Désautels, 2002; Tan & Barton, 2008)。为了改变社会、经济和历史上处于边缘地位的人群的生活，他们经常进入位于低收入少数族裔街区的学校，并参与到某些类型的行动项目之中。

批判理论研究案例

批判理论研究可能在以下几方面看起来与更加“传统”的研究有很大的不同：(1)对社会话语/结构的批判，(2)对社会行动与变革的适应，(3)对研究者身份、价值观和意图的分析，(4)实验性的研究报告撰写方式(Kincheloe, 2003)。将要介绍的前两项研究(由布荣和戈麦斯[Bouillion & Gomez]，埃尔梅斯基和托宾[Elmesky & Tobin]完成)说明了科学教育研究者试图用什么方式来改变学校教育或社会研究。他们首先指出现状的局限性，然后制定替代方法。他们的主要目标不仅在于观察，还在于改变现状，使学生及其团体都能够更好地帮助相关人员。第三项研究(由坦和巴顿[Tan & Barton]完成)与前两项研究思路相同，但就作者对研究方法的辩解、结果的呈现和解释而言，这项研究可能与解释主义研究非常相似。最后一项研究(由艾森哈特[Eisenhart]完成)是一项批判性的自传式民族志研究，在研究中作者把自己的经验和反思作为“数据”表达出来。作者明确表示，她对社会现象的批判性解释具有社会和政治动机。这些研究遵循不同的研究方法和报告风格。尽管存在差异，但由于它们明确关注对不平等现状的质疑和对社会变革的贡献，我们将它们归于批判理论研究传统（Maulucci, 2012）。

莉萨·布荣（Lisa Bouillion）和路易斯·戈麦斯（Louis Gomez）（2001）在位于美国伊利诺伊州芝加哥市某个低收入街区的一所小学中，进行了一项以行动为导向的改革研究。研究者没有遵循传统的学校学习模式，而是与学校的教师一起实施了一个科学项目，在该项目中，科学教学是在校外进行的，这促进了学校与社区的伙伴关系。这个项目被称为芝加哥河流项目（Chicago River Project）。由于学生认识到非法倾倒垃圾是一个重大的社会问题，他们从河流污染和水安全的角度对环境问题进行了科学调查。他们通过书面材料与其他社区成员分享了调查结果，还组织了一系列活动来改变现状。对师生而言，这个项目不只是一项有趣的学校活动。他们发现，这是与他们自己密切相关，而且需要采取行动的社会问题。随着项目的进行，研究者不仅为研究报告收集了数据，还为师生们成功实施行动计划提供了帮助。研究者旨在改变学校现有的科学教学实践，并通过研究打破一些现有的权力关系或界限：学生和科学之间，在当地社区积极的科学家的帮助下学生们成为科学知识的使用者和生产者；师生之间，学生的想法被有意识地纳入活动的策划与执行中；教育研究者与学校教师之间，双方平等地为合作项目做出贡献；学生与市政府之间，学生们代表社区不懈地劝说市政府采取相关行动。虽然研究报告可能看起来类似于定性研究，但该研究的主要目标是改变社区，以及师生在教学环境中的身份。

在常规教育研究中，当研究者设计、实施和分析研究时，学生往往通过填写问卷、完成能力测试或回答访谈问题来为研究项目提供数据。罗希亚·埃尔梅斯基（Rowhea Elmesky）和肯尼思·托宾（Kenneth Tobin）（2005）进行了一项研究，试图改变研究过程中的权力失衡。他们没有沿袭传统的将学生想法具象化的模式，而是让学生作为合作研究者而不是研究对象参与进来。埃尔梅斯基和托宾将他们的研究设计为美国城市中心（低收入少数族裔社区）学校教育研究现状的替代研究。他们从质疑教育项目在提高属于社会边缘群体的学生的科学素养的有效性或真正意图出发，从而开始研究。他们看到边缘群体的文化逆差是压制性的、霸权性的，所以采取了一种重视学生文化资源并赋予其权力的研究方法。根据乔·金奇洛（Joe Kincheloe）和雪利·斯坦伯格（Shirley Steinberg）（1998）的模型，研究者招募高中生作为合作研究者，使他们具备关键的研究技能，并挑战学生作为被研究对象的传统角色。学生们不仅获得了多个研究机会来反思他们自己的想法和学校生活，还作为一种资源，为理解他们的文化以及指导低收入社区学校如何进行教学提供了新的思路。在展示研究项目时，研究者使用文本记录格式（犹如他们是研究参与者）来对学生进行解释，有时也使用研究叙事格式（犹如他们是权威研究者）。混合格式的使用让人感觉他们只是在讲述自己的故事，而不是做权威的解释。

埃德娜·坦（Edna Tan）和安杰拉·巴顿（Angela Barton）（2008）批驳美国国家科学素养计划的实施，以类似于埃尔梅斯基和托宾的风格开始他们的研究。坦和巴顿认为，目前的教育计划把重点放在考试成绩上，边缘化低收入的少数族裔学生，把他们定性为“问题”或“失败”，剥夺他们的学习机会，使他们无法与科学建立有意义的个人联系。在讨论了全球知识经济中的女性主义立场之后，研究者仔细描述了两位来自低收入社区的6年级少数族裔女孩如何通过学校科学活动以及与老师和同龄人的互动来确定自己的身份认同。研究者采用民族志个案研究的形式分析、呈现学生的互动，目的是将学校科学与教育研究的现状问题化。

在自传式民族志、反思研究的批判性框架下，玛格丽特·艾森哈特（Margaret Eisenhart, 2000）讲述了她自己出版的一本书，这本书是关于女性参与各种科学领域活动的。在文章的开头，她明确指出自己的故事不是价值中立的，正相反，故事带有一定的价值和目的。她试图批判性地反思，作为一个得到认可的学者，她是如何对科学教育研究进行概念化与实践，以及更大的社会文化话语是如何塑造或限制她的实践的。她分两部分复述故事，直截了当地描述为什么她想调查女性成功参与的各种与科学相关的活动，以及她如何设计了一个多重个案研究，包括一个支持堕胎和反堕胎活动团体使用科学的案例。她描述说，支持堕胎和反堕胎活动团体的参与者受过高等教育，具有政治责任感，并坚定地致力于学习和使用科学，但他们对科学的使用是“不成熟的”和“分裂的”（p. 48）。在故事的第二部分，她描述了在书中融入支持堕胎和反堕胎活动团体的故事时，遭遇到的一系列强烈抗议。出版商和审稿人坚决指出，这些团体的故事并没有为这本书增加任何新的或有价值的东西。起初，她责备自己没有能力写出有说服力、令人信服的论点，并试图对文字进行修改。然而，由于害怕不能出版这本书，她选择了迎合出版商和社会。艾森哈特后来反思了人们将支持堕胎和反堕胎活动团体的故事孤立起来的原因，被视为科学活动的无形边界是如何在人们的不作为中发挥作用的，以及她本可以采取什么样的不同做法。在这篇文章中，艾森哈特不断地提醒读者，她在做什么以及为什么。例如，为什么她用一种更学术的传统方式来构建她的故事，以及当涉及她的合著者时，如何将责任归咎于更大的社会话语，从而减轻自己的内疚感。这篇具有反思性的、内容诚恳的文章，让我们以新的眼光重新思考我们在研究过程中所做的事情的社会意义。

批判理论研究的共同特征

共同的研究主题。大部分科学教育研究集中在从技术层面探讨如何更好地教授科学，而批判理论研究则集中在从政治和历史层面探讨教育和教育不平等，并试图挑战现状。对于批判理论研究者来说，一个显而易见的主题是，研究各种试图阻止或边缘化社会弱势群体参与学校教育或科学活动的微妙方式。例如，桑德拉·哈丁（Sandra Harding, 1991）质疑科学和科学教育是如何在我们的社会中形成的，以及它们如何系统性地阻碍了妇女的参与和贡献。艾伦（Allen）和克劳利（Crawley）（1998）研究了学校科学如何不接纳印第安学生和年长学生的世界观，以及这是如何阻碍他们成功学习的。巴顿和她的同事（Barton, 1998; Barton & Osborne, 1998; Barton & Yang, 2000）调查了生活在无家可归者收容所的家庭是如何被阻碍在学校科学上取得成功的。

共同的研究设计。批判理论研究的设计往往与解释主义研究的设计非常相似，但前者更明确地强调更大的社会意识形态和权力关系。批判理论研究者认为，无论研究方法多么严谨，实证研究及其数据都无法逃脱社会主流叙事（Kincheloe, 2003）。由于这种局限性，该传统下的研究者试图对自己的假设和他们与被研究者的关系进行批判。解释主义研究者通常在他们与研究参与者的关系中表现出反思性，从他们理解参与者时表现出的价值观和经验就可以看出来。另一方面，批判理论研究者在研究者和被研究者之间，甚至在研究参与者分享他们的经验时，都表现出了他们在权力动态方面的反思性。

在批判民族志中，“[研究者]将通过自己的经验倾听一个人的故事，从而聆听塑造此故事的更广泛的社会话语的运作”(Clandinin & Rosiek, 2007, p. 55)。倾听人们的故事是一种揭示更大的社会话语和虚假意识的方式，从而启发大众。

另一种常见的研究设计是参与性行动研究，积极地设法解决学校和社区中的不平等现象。研究者进入低收入社区，让学生和社区成员认识到社区的问题，并采取行动来改变社区状况及他们的身份认同。布荣和戈麦斯(2001)以及埃尔梅斯基和托宾(2005)的研究可以作为例子。

研究者的角色。研究的主要目标不是扩大知识的范围，而是质疑和改变社会及制度，使其更好地服务于相关的民众。批判理论研究者声称，他们是开明的知识分子和活动家，而不是冷漠的、没有偏见的学者，他们服务于社会正义以及那些在社会上、政治上被剥夺权力的人(Fine, Weis, Weseen, & Wong, 2000)。

共同的质量标准。由于批判理论研究者对使用严格的、有条理的方法进行的无偏见研究持怀疑态度，他们没有提供一套如何确定质量研究的指导方针。相反，他们认为，通过明确讨论研究者和社会的偏见，他们即正在进行更“客观”的研究，因为他们没有在任何“隐藏的议程”下运作，也没有加剧社会不平等。然而，他们高度重视研究中的民主程序(例如，与研究参与者的平等关系、民主决策的制订、对研究的共同贡献)以及研究对转型社会的影响(例如，加深对社会的了解、赋予参与者权力、推动或实施社会/个人实践中的变革)(G. Anderson, Herr, & Nihlen, 1994; Greenwood & Levin, 1998; Griffiths, 1998)。

共同的报告风格。由于批判理论研究者有意识地质疑所给出的或传统的内容，他们有意不遵循传统的研究报告结构。他们尝试不同的研究报告风格，比如采用表演形式或将故事写成小说(Flores-González, Rodriguez, & Rodriguez-Muniz, 2006)。一些以社会行动为导向的研究可能被认为方法不够严谨，不符合许多学术期刊的标准。因此，为了解决这个潜在的问题，许多批判理论研究者采用不那么激进、更为传统的民族志研究报告形式，如巴顿(1998)和艾森哈特(2000)的研究报告。

科学教育中的范式研究或实用主义研究

科学教育研究者和其他社会科学研究者一样，努力建立其研究的可信性和有效性。将他们的研究定位在一个特定的研究传统或范式中，就可以在研究者设计和实施一个有说服力的研究项目时给予哲学上、方法论上和实践上的指导。在前面的内容中，我们描述了三种研究传统和对应的研究，从潜在的认识论、本体论和方法论差异方面阐明了后实证主义、解释主义和批判理论范式。我们的目标是展示一种研究范式是如何通过调整研究主题、调整使用的研究设计、调整研究者在与参与者之间关系中的角色、调整共同的质量标准以及调整共同的报告风格来构建研究工作的。正如我们在本章引言中所指出的，我们并没有根据数据是定性的还是定量的来区分不同的范式，尽管后实证主义研究者倾向于主要使用定量数据，而解释主义和批判理论研究者则倾向于广泛使用定性数据。

然而，一些科学教育研究者可能想知道，为什么我们没有把混合方法作为一种研究范式。当代许多研究既有定量数据，也有定性数据，它们似乎不能很好地符合任何特定的研究范式。混合方法研究者（例如Creswell, 2012；Morgan, 2007）并不致力于探讨任何特定的知识本质或现实本质，他们认为将定性和定量一分为二不仅没有价值，而且是错误的（Ercikan & Roth, 2006）。他们甚至质疑研究范式的实用价值。例如，戴维 · 摩根（David Morgan, 2007）声称，在设计和实施研究项目时，研究者倾向于关注研究设计和方法的实践方面，而不是世界观或范式。另一方面，研究评价的教育研究者则关注不同利益相关者的需求（Greene, 2008）。无论研究者的世界观如何，采用不同的研究方式来满足不同利益相关者的需求对研究者而言都是责无旁贷的（例如，为政策制定者提供大规模的统计分析，或者为参与福利项目的学生家长提供背景介绍）。其他混合方法研究者认为，定性和定量数据的混合使用能够对研究结果进行全面的三角验证，从而提出更有力的认识主张（Creswell, 2012；Mathison, 1988；Reeves, 1997）。然而，在哲学上，布里曼（Bryman, 2012）认为混合方法的研究方式是定性研究者在后实证主义为主导的学术世界中树立自己地位的实践尝试，同时又没有让自己过多地投入到解释主义者的研究范式中。另一些人（如Greene, 2008）则关注混合方法中实际问题的解决方式以及理论与实践的动态相互作用，并将约翰 · 杜威（John Dewey, 1938/1991）的实用主义列为他们的哲学框架。

鉴于此情形，本章作者面临着一个两难的选择：是将混合方法作为一种独立的研究范式，还是作为一种研究设计。正如布里曼（2008）所指出的，对于结合不同的研究方法这一领域，研究者仍然持有不同观点。尽管许多后实证主义研究者乐于接受这种调整，认为这是一种提高研究结果有效性的方法，但解释主义研究者对这种方法相当不满。例如，邓津（Denzin）和林肯（Lincoln）（2011）认为，这种方法是实证主义遗产的残余，依赖数字作为科学证据，拒绝承认解释主义定性研究的价值和什么可以视为证据的政治性问题。接下来，我们来列举一些基于混合方法的研究，以帮助读者认识范式研究和混合方法研究之间的异同。

塞达特 · 乌卡（Sedat Ucar）、凯西 · 凯布 · 特朗德（Kathy Cabe Trundle）和劳伦斯 · 克里塞克（Lawrence Krissek）（2011）采用公开描述的两阶段、按顺序的混合方法，研究了在概念理解方面对不同教育水平的职前教师进行干预的效果。利用关于潮汐的在线档案数据，采用基于探究的教学方法，共有79名职前教师完成了问卷，随后对其中29名参与者进行了访谈。作者根据定性、定量数据，描述和测量了干预的影响。作者还详细描述了定性、定量数据的分析方式，包括可靠性和可信度的测量。他们提出研究结果作为研究问题的回答，并讨论了与以往文献的关系，指出对教师教育和未来研究的启示。

另一个清晰描述混合方法研究的案例来自莉斯尔 · 霍恩谢尔（Liesl Hohenshell）和布里安 · 汉德（Brian Hand）（2006），他们调查了学习细胞生物学的9年级和10年级学生在科学测试中的表现差异是否是科学写作项目实施的直接结果。在这种"混合方法、带有非随机样本的准实验[研究]中"（p.267），研究者通过调查和半结构化访谈的方式调查学生的表现，探讨学生对写作活动的看法。作者使用定量结果记录科学成就，同时使用定性数据加强对定量数据所产生的任何结果的解释，从而强调了定量方法和定性方法的互补作用。在解释数据和得出初步结果时，作者均分别使用了定量和定性分析。但在总结研究得出的五个结论时，作者对定量和定性数据进行了整合分析。

勒妮 · 克拉里（Renee Clary）和詹姆斯 · 万德

斯(James Wandersee)(2007)以类似的方式，采用并行的混合方法研究设计，研究关于石化木的综合学习是否能帮助学生更好地从地球生物学角度理解化石化作用、地质时期和演化。研究者采用克雷斯韦尔(Creswell)定量和定性方法“对结果交叉验证、确认或互相印证”(p.1016)。在准实验环境下，围绕石化木进行前测和后测调查，同时对实验班级进行石化木综合教学。除了调查所得的定量数据外，还通过对调查中学生自由回答的内容分析、讨论区的反馈以及研究者的现场笔记，收集了定性数据。其中，部分定性数据后期被定量处理。虽然该调查既得到了定量数据，又得到了定性数据，但定性数据是用来支撑定量数据所得到的结果的。接受石化木综合教学的学生获得了更多关于石化木和地质时期的知识；两组研究对象对地球化学中化石化作用的理解仍存在问题。

沃恩·普兰(Vaughan Prain)和布鲁斯·沃尔德里普(Bruce Waldrip)(2006)对一组教师及所在班级的4至6年级学生进行了研究，观察他们如何应对同一科学概念在电路、碰撞和车辆安全方面的多种表现形式。采用“必须在同一研究中收集并分析定量和定性数据的混合方法，包括对不同数据源的三角验证”(p.1848)，作者研究了教师和学生在使用多种模式表征科学概念时的实践与想法。根据20名教师和学生的问卷调查结果，选取6名教师及所在班级进行了多种模式课堂实践的个案研究。研究数据包括课堂观察和学生参与课堂活动时的访谈。研究观察了两个科学课堂，虽然这两名教师使用了多种模式来吸引学生，但研究者观察到，教师在帮助学生进行知识整合和有效使用不同模式方面并不系统。理解了概念的学生是那些认识到模式之间关系的学生。

那么，我们已描述的基于特定范式的研究与这些明显属于混合方法研究的案例相比，有什么区别和共同点呢？从这篇综述中，我们可以清楚地看到，混合方法常常涉及干预及其评价，混合方法研究者本质上是在一个未阐明的后实证主义范式下工作的。他们尽可能以互补的方式使用定量和定性数据。然而，正如我们在本章引言中所指出的，我们承认混合方法的开发和使用在一定程度上缓和了不同范式研究者之间的对立(Bryman, 2008)。珍妮弗·格林(Jennifer Greene, 2008)写道：

> 一种混合方法的思维方式是面向社会探究的，它积极地邀请我们参与对话，讨论多种观察和倾听的方式，多种理解社会环境的方式，以及多种关乎什么重要、什么有价值、什么值得重视的立场。
>
> (p.20)

格林认为，“社会调查的混合方法有潜力成为社会科学光荣传统下的一种独特方法……因为它包含了多种范式”(p.20)。如果读者对进一步讨论研究范式和混合方法研究的特征、价值感兴趣，请参考格林的论文。

本章中，我们回顾了近年来三种众所周知的研究范式是如何在科学教育研究领域被提出或实践的。随着时间的推移，在这些范式下进行研究的情况已经逐渐发生了变化。在结语部分，我们指出了曾经不能以同一标准衡量的范式立场是如何在混合方法研究的方式中被接受的。在未来的岁月里，我们可以想象，研究方法将不断发展，纳入新的问题和想法。希望我们的综述能够对不同范式科学教育研究者间富有成效的讨论做出贡献，包括混合方法的实用主义研究。

致谢

我们要感谢布鲁斯·沃尔德里普和约翰·斯塔维尔（John Staver），他们以批判的眼光仔细审阅了本章。希望我们已经公正对待了他们的批评和建设性建议。

注释

1. 批判理论研究包括多种研究传统，比如女性主义、后殖民主义、后结构主义、解放式 / 参与式、后现代主义等。

参考文献

Aikenhead, G.S., & Jegede, O.J. (1999). Cross-cultural education: A cognitive explanation of a cultural phenomenon. *Journal of Research in Science Teaching, 36*(3), 269–287.

Allen, N.J., & Crawley, F.E. (1998). Voices from the bridge: Worldview conflicts of Kickapoo students of science. *Journal of Research in Science Teaching, 35*(2), 111–132.

American Educational Research Association. (2011). Code of ethics. *Educational Researcher, 40*(3), 145–156.

Anderson, C.W. (2007). Perspectives on science learning. In S.K. Abell & N.G. Lederman (Eds.), *Handbook of research on science education* (pp. 3–30). Mahwah, NJ: Lawrence Erlbaum Associates.

Anderson, G. (1998). *Fundamentals of educational research* (2nd ed.). London: Routledge.

Anderson, G., Herr, K., & Nihlen, A.S. (1994). *Studying your own school: An educator's guide to qualitative practitioner research.* Thousand Oaks, CA: Corwin Press.

Australian Association for Research in Education. (2005). *Annotated bibliography—Ethics in educational research.* Retrieved June 2013, from www.aare.edu.au/pages/static/aareethc.htm

Barton, A.C. (1998). Teaching science with homeless children: Pedagogy, representation, and identity. *Journal of Research in Science Teaching, 35*(4), 379–394.

Barton, A.C., & Osborne, M.D. (1998). Marginalized discourses and pedagogies: Constructively confronting science for all. *Journal of Research in Science Teaching, 35*(4), 339–340.

Barton, A.C., & Osborne, M.D. (2001). Introduction. *Teaching science in diverse settings: Marginalized discourses and classroom practice.* New York: Peter Lang Publishing, Inc.

Barton, A.C., & Yang, K. (2000). The culture of power and science education: Learning from Miguel. *Journal of Research in Science Teaching, 37*(8), 871–889.

Bouillion, L.M., & Gomez, L.M. (2001). Connecting school and community with science learning: Real world problems and school-community partnerships as contextual scaffolds. *Journal of Research in Science Teaching, 38*(8), 878–898.

Bredo, E. (2009). Comments on Howe: Getting over the methodology wars. *Educational Researcher, 38*(6), 441–448. doi:10.3102/0013189x09343607

Brickhouse, N.W., Lowery, P., & Schultz, K. (2000). What kind of a girl does science? The construction of school science identities. *Journal of Research in Science Teaching, 37*(5), 441–458.

Bryman, A. (2008). The end of paradigm wars? In P. Alasuutari, L. Bickman, & J. Brannen (Eds.), *SAGE handbook of social research methods* (pp. 12–26). Thousand Oaks, CA: Sage.

Bryman, A. (2012). *Social research methods* (4th ed.). Oxford: Oxford University Press.

Carlone, H.B. (2004). The cultural production of science in reform-based physics: Girls' access, participation, and resistance. *Journal of Research in Science Teaching, 41*(4), 392–414.

Carter, L. (2007). Sociocultural influences on science education: Innovation for contemporary times. *Science Education, 92*(1), 165–181. doi:10.1002/sce.20228

Clandinin, D.J., & Rosiek, J. (2007). Mapping a landscape of narrative inquiry: Borderland spaces and tensions. In D.J. Clandinin (Ed.), *Handbook of narrative inquiry: Mapping a methodology* (pp. 35–75). Thousand Oaks, CA: Sage.

Clark, M.C., & Sharf, B.F. (2007). The dark side of truth(s): Ethical dilemmas in researching the personal. *Qualitative Inquiry, 13*(3), 399-416. doi:10.1177/1077800406297662

Clary, R.M., & Wandersee, J.H. (2007). A mixed methods analysis of the effects of an integrative geobiological study of petrified wood in introductory college geology classrooms. *Journal of Research in Science Teaching, 44*(8), 1011-1035. doi:10.1002/tea.20178

Cobb, P., Confrey, J., diSessa, A., Lehrer, R., & Schauble, L. (2003). Design experiments in educational research. *Educational Researcher, 32*(1), 9-13.

Cohen, L., Manion, L., & Morrison, K. (2011). *Research methods in education* (7th ed.). London: Routledge.

Creswell, J.W. (2012). *Educational research: Planning, conducting, and evaluating quantitative and qualitative research* (4th ed.). Boston: Pearson.

DeBoer, G.E. (2011). The globalization of science education. *Journal of Research in Science Teaching, 48*(6), 567-591. doi:10.1002/tea.20421

Dee, T.S., & Jacob, B. (2011). The impact of No Child Left Behind on student achievement. *Journal of Policy Analysis and Management, 30*(3), 418-446.

Denzin, N.K., & Lincoln, Y.S. (2011). Introduction: The discipline and practice of qualitative research. In N.K. Denzin & Y.S. Lincoln (Eds.), *SAGE handbook of qualitative research* (4th ed., pp.1-19). Thousand Oaks, CA: Sage.

Dewey, J. (1925/1981). Experience and nature. In J.A. Boydston (Ed.), *John Dewey: The later works, 1925-1953* (Vol. 1). Carbondale, IL: Southern Illinois University Press. (Reprinted from: 1997).

Dewey, J. (1938/1991). Logic: The theory of inquiry. In J.A. Boydston (Ed.), *John Dewey: The later works, 1925-1953* (Vol. 12). Carbondale, IL: Southern Illinois University Press.

Duit, R., Gropengießer, H., Kattmann, U., Komorek, K., & Parchmann, I. (2012). The model of educational reconstruction—A framework for improving teaching and learning science. In D. Jorde & J. Dillon (Eds.), *Science education research and practice in Europe: Retrospective and prospective* (pp.13-38). Rotterdam, the Netherlands: Sense Publishers.

Duit, R., Roth, W.M., Komorek, M., & Wilbers, J. (1998). Conceptual change cum discourse analysis to understand cognition in a unit on chaotic systems: Towards an integrative perspective on learning in science. *International Journal of Science Education, 20*(9), 1059-1073. doi:10.1080/0950069980200904

Duit, R., Roth, W.M., Komorek, M., & Wilbers, J. (2001). Fostering conceptual change by analogies—between Scylla and Charybdis. *Learning and Instruction, 11*(4), 283-303. doi:10.1016/S0959-4752(00)00034-7

Dulfer, N., Polesel, J., & Rice, S. (2012). *The experience of education: The impacts of high stakes testing on school students and their families.* Sydney, Australia: Whitlam Institute, University of Western Sydney.

Eggert, S., & Bögeholz, S. (2006). Göttinger Modell der Bewertungs-kompetenz—Teilkompetenz "Bewerten, Entscheiden und Reflektieren" für Gestaltungsaufgaben nachhaltiger Entwicklung [The Göttingen Model of evaluation and judgment competence—evaluating, deciding, and reflecting in the area of sustainable development]. *Zeitschrift für Didaktik der Naturwissenschaften, 12*, 177-197.

Einarsdottir, J. (2007). Research with children: Methodological and ethical challenges. *European Early Childhood Education Research Jour-nal, 15*(2), 197-211. doi:10.1080/13502930701321477

Eisenhart, M. (2000). Boundaries and selves in the making of science. *Research in Science Education, 30*(1), 43-55.

Eisenhart, M., Finkel, E., & Marion, S. (1996). Creating conditions for scientific literacy: A re-examination. *American Educational Research Journal, 33*(2), 261-295.

Elmesky, R., & Tobin, K.G. (2005). Expanding our understandings of urban science education by expanding the roles of students as researchers. *Journal of Research in Science Teaching, 42*(7), 807-828. doi:10.1002/tea.20079

Ercikan, K., & Roth, W.-M. (2006). What good is polarizing research into qualitative and quantitative? *Educational Researcher, 35*(5), 14-23. doi:10.3102/0013189X035005014

Erickson, F. (1986). Qualitative methods in research on teaching. In M.C. Wittrock (Ed.), *Handbook of research on teaching* (3rd ed., pp.119-161). New York: MacMillan.

Erickson, F. (2012). Qualitative research methods for science education. In B.J. Fraser, K.G. Tobin, & C.J. McRobbie (Eds.), *Second international handbook of science education* (Vol. 2, pp. 1451–1469). Dordrecht, the Netherlands: Springer.

Erickson, F., & Gutierrez, K. (2002). Comment: Culture, rigor, and science in educational research. *Educational Researcher, 31*(8), 21–24. doi:10.3102/0013189x031008021

Etherington, K. (2007). Ethical research in reflexive relationships. *Qualitative Inquiry, 13*(5), 599–616. doi:10.1177/1077800407301175

Feuer, M.J., Towne, L., & Shavelson, R.J. (2002). Scientific culture and educational research. *Educational Researcher, 31*(8), 4–14. doi:10.3102/0013189x031008004

Fine, M., Weis, L., Weseen, S., & Wong, L. (2000). For whom?: Qualitative research, representations, and social responsibilities. In N.K. Denzin & Y.S. Lincoln (Eds.), *Handbook of qualitative research* (2nd ed., pp. 107–131). Thousand Oaks, CA: Sage.

Flores-González, N., Rodriguez, M., & Rodriguez-Muniz, M. (2006). From hip-hop to humanization: Batey Urbano as a space for Latino youth culture and community action. In S. Ginwright, P. Noguera, & J. Cammorota (Eds.), *Beyond resistance! Youth activism and community change* (pp. 175–196). New York: Routledge.

Fraenkel, J.R., Wallen, N.E., & Hyun, H.H. (2012). *How to design and evaluate research in education* (8th ed.). New York: McGraw-Hill.

Fusco, D. (2001). Creating relevant science through urban planning and gardening. *Journal of Research in Science Teaching, 38*(8), 860–877.

Gage, N.L. (1989). The paradigm wars and their aftermath: A "historical" sketch of research on teaching since 1989. *Educational Researcher, 18*(7), 4–10.

Gallas, K. (1995). *Talking their way into science: Hearing children's questions and theories, responding with curricula.* New York: Teachers College Press.

Gallas, K. (1997). *Sometimes I can be anything: Power, gender, and identity in a primary classroom.* New York: Teachers College Press.

Geertz, C. (1973). *The interpretation of cultures.* New York: Basic Books.

Greene, J.C. (2008). Is mixed methods social inquiry a distinctive methodology? *Journal of Mixed Methods Research, 2*(1), 7–22. doi:10.1177/1558689807309969

Greenwood, D.J., & Levin, M. (1998). *Introduction to action research: Social research for social change.* Thousand Oaks, CA: Sage.

Griffiths, M. (1998). *Educational research for social justice: Getting off the fence.* Philadelphia: Open University Press.

Guba, E.G., & Lincoln, Y.S. (1989). *Judging the quality of fourth generation evaluation.* London: Sage.

Guba, E.G., & Lincoln, Y.S. (1994). Competing paradigms in qualitative research. In N.K. Denzin & Y.S. Lincoln (Eds.), *Handbook of qualitative research* (pp. 105–117). Thousand Oaks, CA: Sage.

Guba, E.G., & Lincoln, Y.S. (2005). Paradigmatic controversies, contradictions, and emerging confluences. In N.K. Denzin & Y.S. Lincoln (Eds.), *SAGE handbook of qualitative research* (3rd ed., pp. 191–215). Thousand Oaks, CA: Sage.

Hammond, L., & Brandt, C. (2004). Science and cultural process: Defining an anthropological approach to science education. *Studies in Science Education, 40*(1), 1–47. doi:10.1080/03057260408560202

Harding, S. (1991). *Whose science? Whose knowledge? Thinking from women's lives.* Ithaca, NY: Cornell University Press.

Hohenshell, L., & Hand, B. (2006). Writing-to-learn strategies in secondary school cell biology: A mixed method study. *International Journal of Science Education, 28*(2–3), 261–289. doi:10.1080/09500690500336965

Holstenbach, J., Fischer, H., Kauertz, A., Mayer, J., Sumfleth, E., & Walpuski, M. (2011). Modellierung der Bewertungskompetenz in den Naturwissenschaften zur Evaluation der Nationalen Bildungsstandards [Modeling the evaluation and judgment competence in science to evaluate national educational standards]. *Zeitschrift für Didaktik der Naturwissenschaften, 17,* 261–287.

Howe, K.R. (2009). Positivist dogmas, rhetoric, and the education science question. *Educational Researcher, 38*(6), 428–440. doi:10.3102/0013189X09342003

Jaeger, R.M. (1997). Survey research methods in education. In R.M. Jaeger (Ed.), *Complementary methods for research in education* (2nd ed., pp. 449–476). Washington, DC: American Educational Research Association.

Jones, M., & Stanley, G. (2008). Children's lost voices: Ethical issues in relation to undertaking collaborative, practice-based projects involving schools and the wider community. *Educational Action Research, 16*(1), 31–41. doi:10.1080/09650790701833089

Kincheloe, J.L. (2003). Critical research in science education. In B.J. Fraser & K.G. Tobin (Eds.), *International handbook of science education* (Vol. 2, pp. 1191–1205). Dordrecht, the Netherlands: Springer.

Kincheloe, J.L., & McLaren, P. (2005). Rethinking critical theory and qualitative research. In N.K. Denzin & Y.S. Lincoln (Eds.), *Handbook of qualitative research* (3rd ed., pp. 303–342). Thousand Oaks, CA: Sage.

Kincheloe, J.L., & Steinberg, S.R. (1998). Students as researchers: Critical visions, emancipatory insights. In S.R. Steinberg & J.L. Kincheloe (Eds.), *Students as researchers: Creating classrooms that matter* (pp. 2–19). London: Falmer Press.

Kincheloe, J.L., & Tobin, K.G. (2009). The much exaggerated death of positivism. *Cultural Studies of Science Education, 4*, 513–528. doi:10.1007/s11422-009-9178-5

Kuhn, T.S. (1962). *The structure of scientific revolution.* Chicago: University of Chicago Press.

Lee, O. (2002). Promoting scientific inquiry with elementary students from diverse cultures and languages. *Review of Research in Education, 26*, 23–69.

Lincoln, Y.S., & Guba, E.G. (2000). Paradigm controversies, contradictions, and emerging confluences. In N.K. Denzin & Y.S. Lincoln (Eds.), *Handbook of qualitative research* (2nd ed., pp. 163–188). Thousand Oaks, CA: Sage.

Mathison, S. (1988). Why triangulate? *Educational Researcher, 17*(2), 13–17.

Maulucci, M.S. R. (2012). Social justice research in science education: Methodologies, positioning, and implications for future research. In B.J. Fraser, K.G. Tobin, & C.J. McRobbie (Eds.), *Second international handbook of science education* (Vol. 1, pp. 583–594). Dordrecht, the Netherlands: Springer.

Maxwell, J.A. (2004). Reemergent scientism, postmodernism, and dialogue across differences. *Qualitative Inquiry, 10*(1), 35–41. doi:10.1177/1077800403259492

Merriam, S.B. (2009). *Qualitative research: A guide to design and implementation.* San Francisco: Jossey-Bass.

Morgan, D.L. (2007). Paradigms lost and pragmatism regained: Methodological implications of combining qualitative and qualitative methods. *Journal of Mixed Methods Research, 1*(1), 48–76. doi:10.1177/2345678906292462

Moss, P.A., Phillips, D.C., Erickson, F.D., Floden, R.E., Lather, P.A., & Schneider, B.L. (2009). Learning from our differences: A dialogue across perspectives on quality in education research. *Educational Researcher, 38*(7), 501–517. doi:10.3102/0013189X09348351

Noddings, N. (1998). Perspectives from feminist philosophy. *Educational Researcher, 27*(5), 17–18. doi:10.3102/0013189X027005017

Organisation for Economic Cooperation and Development. (2010). *PISA 2009 results: What students know and can do: Student performance on reading mathematics and science* (Vol. 1). Paris, France: OECD Publishing.

Paley, V.G. (1981). *Wally's stories.* Cambridge, MA: Harvard University Press.

Phillips, D.C. (2005). The contested nature of empirical educational research (and why philosophy of education offers little help). *Journal of Philosophy of Education, 39*(4), 577–597. doi:10.1111/j.1467-9752.2005.00457.x

Phillips, D.C., & Burbules, N.C. (2000). *Postpositivism and educational research.* Lanham, MD: Rowman & Littlefield Publishers.

Porter, A.C. (1997). Comparative experiments in educational research. In R.M. Jaeger (Ed.), *Complementary methods for research in education* (2nd ed., pp. 523–544). Washington, DC: American Educational Research Association.

Prain, V., & Waldrip, B. (2006). An exploratory study of teachers' and students' use of multi-modal representations of concepts in primary science. *International Journal of Science Education, 28*(15), 1843–1866. doi:10.1080/09500690600718294

Punch, K.F. (2005). *Introduction to social research: Quantitative and qualitative approaches* (2nd ed.). London: Sage.

Reeves, T. (1997). Educational paradigms. In C.R. Dills & A.J. Romiszowski (Eds.), *Instructional development paradigms* (pp. 163–178). Englewood Cliffs, NJ: Educational Technology Publications.

Roth, W.-M., & Désautels, J. (2002). Science education as/for sociopolitical action: Charting the landscape. In W.-M. Roth & J. Désautels (Eds.), *Science education as/for sociopolitical action* (pp. 1–16). New York: Peter Lang.

Ryoo, K., & Linn, M.C. (2012). Can dynamic visualization improve middle school students' understanding of energy in photosynthesis? *Journal of Research in Science Teaching, 49*(2), 218–243. doi:10.1002/tea.21003

Schwandt, T.A. (2000). Three epistemological stances for qualitative inquiry: Interpretivism, hermeneutics, and social constructionism. In N.K. Denzin & Y.S. Lincoln (Eds.), *Handbook of qualitative research* (2nd ed., pp. 189–214). Thousand Oaks, CA: Sage.

Schwandt, T.A. (2001). *Dictionary of qualitative inquiry* (2nd ed.). Thousand Oaks, CA: Sage.

St. Pierre, E.A. (2002). Comment: "Science" rejects postmodernism. *Educational Researcher, 31*(8), 25–27. doi: 10.3102/0013189x031008025

Tan, E., & Barton, A.C. (2008). Unpacking science for all through the lens of identities-in-practice: The stories of Amelia and Ginny. *Cultural Studies of Science Education, 3*(1), 43–71. doi: 10.1007/s11422-007-9076-7

Taylor, P.C., Taylor, E., & Luitel, B.C. (2012). Multi-paradigmatic transformative research as/for teacher education: An integral perspective. In B.J. Fraser, K.G. Tobin, & C.J. McRobbie (Eds.), *Second international handbook of science education* (Vol. 1, pp. 373–387). Dordrecht, the Netherlands: Springer.

Thomson, S., Hillman, K., & Wernert, N. (2012). *Monitoring Australian Year 8 student achievement internationally: TIMSS 2011*. Camberwell, Victoria: Australian Council of Educational Research Ltd.

Tracy, S.J. (2010). Qualitative quality: Eight "big-tent" criteria for excellent qualitative research. *Qualitative Inquiry, 16*(10), 837–851. doi: 10.1177/1077800410383121

Treagust, D.F., Jacobowitz, R., Gallagher, J.L., & Parker, J. (2001). Using assessment as a guide in teaching for understanding: A case study of a middle school science class learning about sound. *Journal of Research in Science Teaching, 85*(2), 137–157.

Ucar, S., Trundle, K.C., & Krissek, L. (2011). Inquiry-based instruction with archived, online data: An intervention study with preservice teachers. *Research in Science Education, 41*(2), 261–282. doi: 10.1007/s11165-009-9164-7

van Borkulo, S.P., van Joolingen, W.R., Savelsbergh, E.R., & de Jong, T. (2012). What can be learned from computer modeling? Comparing expository and modeling approaches to teaching dynamic systems behavior. *Journal of Science Education and Technology, 21*(2), 267–275. doi: 10.1007/s10956-011-9314-3

Velayutham, S., Aldridge, J., & Fraser, B.J. (2011). Development and validation of an instrument to measure students' motivation and self-regulation in science learning. *International Journal of Science Education, 33*(15), 2159–2179. doi: 10.1080/09500693.2010.541529

Waddington, D., Nentwig, P., & Schanze, S. (2007). *Making it comparable: Standards in science education*. Münster, Germany: Waxmann.

Warren, B., Ballenger, C., Ogonowski, M., Rosebery, A.S., & Hudicourt-Barnes, J. (2001). Rethinking diversity in learning science: The logic of everyday sense-making. *Journal of Research in Science Teaching, 38*(5), 529–552.

Wiersma, W., & Jurs, S.G. (2005). *Research methods in education: An introduction* (8th ed.). Boston: Pearson.

Wilbers, J., & Duit, R. (2005). Post-festum and heuristic analogies. In P.J. Aubusson, A.G. Harrison, & S.M. Richie (Eds.), *Metaphors and analogy in science education* (Vol. 32, pp. 1073–1098). Dordrecht, the Netherlands: Springer.

Wolcott, H.F. (2009). *Writing up qualitative research* (3rd ed.). Thousand Oaks, CA: Sage.

Wong, E.D. (2002). To appreciate variation between scientists: A perspective for seeing science's vitality. *Science Education, 86*(3), 386–400.

2

Quantitative Research Designs and Approaches

HANS E. FISCHER, WILLIAM J. BOONE, AND KNUT NEUMANN

第2章 定量研究的设计与方法

潘瑶珍　译　　李秀菊　审校

引言

科学教育研究的主要目的是促进科学学习。为此，作为研究者，我们需要理解科学课堂上教与学之间复杂的相互作用。要改进科学教学，仅仅了解人们如何学习某个特定主题是不够的。在真实课堂中，极多的变量都会影响科学的教与学，包括：(1) 个人层面，如学生的先验知识；(2) 课堂层面，如教师的学科知识；(3) 制度层面，如学校经费 (Fischer et al., 2005)。然而，研究旨在证据。因此，许多已建立且过于简化的科学教与学模型必须进行反复优化，以便考虑到越来越多的属于各个层次的具体变量。证据质量尤为重要。

定性研究试图通过了解科学教与学的复杂性来改进科学教育，往往从精心选择的单个案例开始展开研究；而定量研究则往往是以研究所有的科学教与学过程的共性为特征。定性和定量研究在各自领域中都有其特殊的、评估证据质量的规则。作为解决证据问题的一种方法，研究者必须回答一个决定性的问题："为了谁？"研究者想要调查什么，研究结果针对谁，以及当这些研究结果被应用并付诸实施时会产生什么后果。研究结果可用于不同层次的决策。在这里，我们可以再次确定描述和影响学校教学的三个不同层次的变量：(1) 个人教与学过程的层面，包括知识、能力、信念、动机和兴趣；(2) 课堂层面，包括师生活动和用于衡量这些活动的教学质量；(3) 制度层面，包括学校和更大的社会单位的制度条件。在科学教育研究中，课堂教学质量和课外教学质量是主要的关注点，相较而言，课外教学质量权重略低。然而，我们首先要告知教师和决策者如何改进和/或控制教学质量和教育系统的产出。教师希望知道如何支持学生的学习，这样他们才能够提升个人能力或课程质量，以提高班级的平均能力；校长和普通教师希望知道与其他学校相比如何支持科学教师的教学。此外，决策者希望知道如何最有效地配置资源，以提高他们所在地区、州或国家的教育成就，与经济和社会事务的发展相匹配。

要进行定量研究，必须从研究问题开始，包括变量的操作定义和研究目的。调查教育系统中各个层次所得的结果以及基于研究的结论应该是其他研究者可以依赖的；这些结论也应成为扩大研究的基础。

证据的可信任度

为了确保研究结果的可信任度，必须解决许多问题。作为研究者，我们必须意识到可能影响研究质量的变量和条件具有多样性。例如，比较一所学校两个班级的平均成绩似乎很容易。但是，如果不考虑班级学生的平均先验知识、阅读能力、社会经济背景和认知能力等问题，误测的可能性会很大，以致无法得出明确的结论。本章讨论的定量研究和基于理论的定性研究都是如此。与基于理论和设计的研究相关的描述，请参阅本手册第3章。例如，参与者用某种语言表达科学特征的能力或对特定科学概念的先验知识可能会影响参与者在半结构化访谈中的回答。甚至在案例研究中，基于理论的定性研究者也应该考虑这些因素，以便对观察到的师生对话或课堂活动中学生间的对话做出可靠的解释。因此，在第一步中，我们必须非常仔细地考虑可能的混淆变量，以及这些变量对评价、动机或与调查重点相关的其他类别产生的可能影响。总之，必须回答研究结果的可信任度和普遍性的问题，以解决前面提到的利益相关者考虑研究结果所采用的不同方式，从而改善教师教育和研究。此外，了解混淆变量意味着理解研究的局限性，并有助于解释研究结果。关于教师教育，我们非常清楚地知道，参照经验明显的结果，以反映教学艺术水平的方式交流和教授教学，内容太重要了。研究者应该能够告诉未来的教师如何提升高质量教学的概率。教师教育往往无法参考以前的经验，因此产生了直觉信仰和迷思。例如，将大量的时间花在向未来的教师传授学生的日常观念或迷思概念上，即便很少有证据表明诸如此类的教师知识有利于学生的学习，以及有助于科学教学的改进。事实上，最近有一项比较芬兰和德国物理教学的研究表明，芬兰教师对迷思概念的了解比德国教师少，但他们的学生比德国学生学到的多得多（Olszewski, 2010; Olszewski, Neumann, & Fischer, 2009）。尽管这些及其他研究证明迷思概念对高质量教学来说并不是很重要（Hammer, 1996），但是关于学生迷思概念的研究很多，一些大学还提倡所有科学中的迷思概念对科学教师都很重要（例如，纽约科学教师网，2013）。这就引出了这样的问题：在科学教师教育中，迷思概念是否如科学教育工作者所认为的那样重要？帮助教师了解迷思概念的培训是否有可能浪费科学教师的学习时间？作为作者，我们认为这引出了一个自然结论：在科学教师教育中，师训者应该只教授或至少主要教授研究界公认的可信任的科学知识。但遗憾的是，这种观点并不总是被接受。例如，在对基于探究的科学教学的元分析中，富尔塔克（Furtak）、塞德尔（Seidel）、艾弗森（Iverson）和布里格斯（Briggs）（2012）分析了大约5800项研究。在第一步使用标准（比如非英语研究、与科学成就无关的结果变量、未发表在同行评审期刊上的研究、论文中未提供数据）排除论文后，富尔塔克和他的同事们发现只剩下了59篇论文。在采用“什么是好的研究”之类的标准进一步筛选后，比如前–后测、双组、认知结果测量和效应量计算，5800项研究只剩下15篇论文。在向一些被排除的文章作者索取数据和额外的计算之后，富尔塔克和他的同事发现，被排除的研究中有22项可以纳入他们的元分析。在另一项元分析中，鲁伊斯–普里莫（Ruiz-Primo）、布里格斯、谢泼德（Shepard）、艾弗森和胡赫顿（Huchton）（2008）分析了物理教育创新的影响。他们从400多篇论文入手，发现只有51篇论文的研究可用于定量综合影响研究。诸如此类的深度元分析是可信任度应用的好例子。他们明确指出，需要将研究共同体的标准纳入研究中，以便能够将已发表的结果用于进一步的研究。

获取证据

一般科学教育研究的主要问题之一是对不同类型的认知进行分类。人类的直接感觉经验通常是不完整和不可靠的，因为不同类型感觉器官的灵敏范围有限。日常交流和其他社交都依赖于公认的常识和直觉，而这些常识和直觉本质上是模糊的，在社交中适用、值得信赖，却可能是错误的。至少，作为研究者，在一定程度上我们不能保证这种沟通交流的正确性。如果我们不太确定，我们可以咨询专家的意见。然而，专家的意见也可能是错误的，他们的推理即使是基于某些逻辑系统和规则，也有可能建立在错误的前提之上。为了避免错误，获得可信的结论，我们必须使用研究者和专家一致同意的科学方法和程序，通过这些方法和程序获得的结论比那些基于少数专家意见的陈述更可靠。研究必须与过去的所有相关研究相联系，并使用科学方法和质量标准。因此，计划和实施一项研究必须涉及与过去工作相关的理论模型、严格的抽样、精心设计的测量工具，包括测量工具的试测、充分的实验设计、最新的心理测量学、仔细收集的数据和对结果的严格解释。在研究界，这些标准和过程必须反复讨论并达成一致。这样做可以评估所有调查结果的质量，这也将为进一步的研究和实践提供启示。研究者们达成的一致意见需要公之于众，被更多的人讨论，例如关于科学的本质已经发生了什么（例如Lederman, 2006, 2007; Lederman, Abd-El-Khalick, Bell, & Schwartz, 2002; Osborne, Collins, Ratcliffe, Millar, & Duschl, 2003）或科学教师的专业知识有了什么改变（例如Magnusson, Krajcik, & Borko, 1999; Park & Oliver, 2008; 参看Gess-Newsome & Lederman, 1999）。此外，在科学教育中，研究者能够重复研究是很重要的。在自然科学中，重复和公众讨论是评价科学研究可信任度不可缺少的部分。我们建议，国家和国际科学教育协会应当允许并支持在其期刊和会议上发表和报告研究的重复成果。

显然，实证研究永远不能成为证明任何事情的方法（Popper, 1959）。研究结果有待讨论和解释，而结论是暂时性的，有待修订。因此，所有已发表的论文都必须包括对研究数据的详细描述，并清晰地说明测量工具是如何构建的以及对测量工具的分析。如有需求则必须提供原始数据。

理论与证据

在科学教育领域，已经开展了利用理论或模型来评价和描述课堂教学质量的研究尝试。理论或模型的使用极为重要，能指导调查研究的开展，并形成和使用一以贯之的研究方法（Ditton, 2000; Neumann, Kauertz, & Fischer, 2012）。20世纪60年代，识别和描述教学质量及其组成部分的尝试已经开展——主要是观察研究，即观察课堂教学过程，以及确定被认为是高质量教师教学的标准。20世纪60年代末和整个70年代，继这些尝试之后人们对教师效能进行了广泛的研究。这种类型的研究——通常称为“过程-产品研究”——调查优秀教师（或优秀教学）的特征和过程-结果的组成部分（如学生的成绩，这被视为一个产品）之间的关系。在20世纪70年代末和80年代，研究者试图将教师效能研究的结果系统化，努力建立更全面的教学质量模型；这类研究主要由元分析构成。上述努力的一个不足之处是无法解释教学效果。当TIMSS（国际数学与科学教育成就趋势研究）试图调查教学并将教学特征与学生成绩联系起来时，这种无效是显而易见的。推动上述转变的一个因素是，对课堂进行视频分析在技术上已经成为可能。视频分析允许研究者以广泛、深入的重复过程记录和分析课堂教学。教学质量模型得到进一步细化，因为可以使用更复杂的方法来捕捉和研究课堂的复杂现实（参看Neumann et al., 2012）。此处对科学教学质量研究历史的简要回顾，强调了在前人基础上开展研究的重要性，旨在推进某个领域研究的发展。

在一个健全的理论框架上开展研究，是取得明确的相关结果所不可缺少的基础。理论和研究性实验之间必然有联系——理论为实验提供框架，研究结果允许我们接受、修改或完全否定所使用的理论模型。科学教育研究的本质是在社会情境中寻找规律，在这里社会情境是指科学的教与学。最后，研究者应该能够得出这样的结论：某种特定的教育活动或环境最有可能引起某种预期的学习过程、学生行为或能力的提高。如果一个新开发的理论模型没有经过测试，就不能把它推广到其他案例。

如前所述，建立学校科学教学各方面的理论模型必须考虑到多个变量、变量之间的相互依赖关系以及分层有序的系统结构。这一点或许不足为奇，当研究者希望对一些科学教育者推荐的教学变革所带来的影响得出结论时，控制尽可能多影响课堂环境的变量是绝对必要的。例如，对于量子力学来说，新开发单元的效果肯定取决于能充分呈现学科内容与结构的设计和策略。但这还不够，中小学里教授的科学知识和大学里教授的知识不一样，因为中小学和大学里的学习者在很多方面是不同的，教师不得不考虑适合特定受众的教学过程。例如，一个单元的知识内容结构受教师个性特征、他或她的学科教学知识、学生的社会经济背景、课堂上师生的互动结构，特别是学生的认知能力等因素的影响。对教学过程的每一次描述以及旨在改变教学实践的每一次干预都是如此。科学教学作为一个复杂系统，显然需要一个适当的模型来尽可能全面地描述对教与学过程产生的影响。克劳森（Clausen, 2000）为了评价教学质量，提出了发展和验证理论（或模型）的三个关键方面：选择有代表性的结构（理论模型的变量），设计假设相关性（结构模型），开发适当的可操作性指标（测量模型；Fischer & Neumann, 2012, p. 118）。

定量研究：理论和方法论的考量因素

正如前一节所讨论的，强有力的研究必须建立在强有力的理论基础上；理论框架越强，研究越有力。理论框架应基于结合以往的研究成果和与未知和/或创新影响及变量有关的新想法。在定量研究中，理论框架往往作为模型来呈现，即变量组合以及这些变量之间的关系。该模型通过实证研究分别确定了被评估或被调查的变量。根据理论框架和特定的研究问题，实证研究可以采用多种不同的设计方案中的一种。除选择研究设计外，对研究对象的抽样也是定量研究主要考虑的因素。样本量和样本构成（例如要研究哪类学生）与理论框架、各自的研究设计以及所提出的分析程序紧密相关。例如，经典的方法，如方差分析（ANOVA），需要的样本量比结构方程模型（SEM）小。

样本量和效应量

一些通用的指导原则可用于估计样本量。每个分组的学生人数最小值通常认为是20，一般推荐40人。如果要在控制性别影响的情况下比较两种不同的处理方法，每一种处理方法需要一组20名女学生和一组20名男学生。然而，在本例中，如果四组中每组学生人数仅达到最小样本量20，则需要得到一个较大的效应量（$f > 0.4$）才能给出结论。如果使用推荐的样本量（每组40人），则达到中等大小的效应量（$f > 0.25$）即可，如果得到的效应量较小（$f > 0.1$），则每组样本量要达到400才可以。请注意，上面提到的样本量仅适用于本例，因为样本量取决于许多与研究设计相关的因素。例如，如果不可能将学生随机分配到实验组或对照组，那么将对所有班级进行抽样。这意味着，每组至少需要20个班级，而不是每组20名学生，才能对正在调查的教学策略的效果做出合理的判断。所有与设计、抽样和分析程序相关的考虑都应以理论框架，即研究的问题和预期的结果（如经检验的假设），为基础。如果我们预期这些结论只适用于纽约市被选定的9年级学生，那么样本将需要恰好由纽约市被选定的9年级学生组成。为了能够将这些结论推广到整个美国的学生群体，美国学生的代表性样本（如特别大的样本量）是必需的。

可信任度的标准

原则上，无论研究者进行的是基于理论的定性研究还是定量研究，都必须明确关于数据和结果可信任度的四个标准：客观性、信度、效度和显著性。研究设计的重要特征和研究工具的目标发自于尽可能制定精确的研究目的、确定分析的层次、考虑所有可能的混淆变量以及利用这四个可信任度标准。

客观性指减少或最好是消除对测量或观察的任何外部影响。17世纪初，弗朗西斯·培根（Francis Bacon, 1904）就已经表达了客观性的思想，他要求研究者避免成为四种所谓的偶像：种族偶像（*Idola tribus*），指研究者不接受将人类感官作为科学描述的基准；洞穴偶像（*Idola specus*），指研究者的特定视角，由他或她的教育、社会化和个人生活经历所形成；市场偶像（*Idola fori*），可以解释为社会期望的行为；剧场偶像（*Idola theatri*），指教条和意识形态指导的原则。我们建议观察和结果的验证应独立于主观影响（主体间性）。如果研究者能够在执行、评估和解释上都考虑到客观性，这通常是很有帮助的。当健全的严格步骤被采用时，即表现标准化（如课堂视频脚本、管理测试的详细手册）、心理测量（如随着时间推移，确保沿着变量标记项目可维持）、统计（如效应量的常规计算、处理教育数据的分层特性）和解释，客观性在定量研究中是可能达到的。在定性研究的范围内，客观性的问题更难处理，因为不容易区分观察者和参与者。

信度指测量的误差。为了解释真值T，我们必须考虑不同的错误类型。首先，存在随机误差E，如被试注意力的变化、答案模糊、外界干扰课堂环境、数据录入错误、数据编码错误等。因为随机误差会对测量的信度和效度产生影响，所以我们要尽可能仔细地测量，尽可能仔细地处理数据。第二类误差是系统误差。例如源于社会期许的系统误差。系统误差不会破坏信度。因此，如果X是某个观测值（如某一样本在生物学表现的平均值），则真值T可以表示为$T = X + E + S$，其中E代表随机误差，S代表系统误差。信度通常表示为测量总方差中真值所占的方差百分比。在定性分析中，比如对具体情况的分类或解释，典型的信度测量包括评价者信度（Gwet, 2012）或组内相关（ICC; Shrout & Fleiss, 1979）。

以一堂生物课为例，扎根理论假设，研究开始时不需要理论假设就可以解释课上的教与学情境；相反，在数据收集过程中，需同时构建对情境的解释和理论模型（Glaser & Strauss, 1967）。20世纪70

年代末，德语国家也考虑过类似的观点（“客观诠释学”），主要指厄费尔曼（Oevermann）、阿勒特（Allert）、科瑙（Konau）和克兰布克（Krambeck）（1979）的工作。这些研究者参考了科学标准，其中信度指一组专家在解释一种情境时对解释过程的表达。专家们最终对某个解释达成一致是受试者信度和题项信度的一种表达（Breuer & Reichertz, 2002; Oevermann, Allert, Konau, & Krambeck, 1987; Strauss & Corbin, 2008），因此必须准确地记录。

定量研究的一个核心方面是测量概念，比如学生的科学成就或学生对科学的兴趣；毫不奇怪，通过成就测验或问卷获得的测量信度尤其重要。克隆巴赫 α 系数（或 α 系数）通常用于提供对一组给定题项是否测量同一个概念的信息。克隆巴赫 α 系数在0.7和1.0之间表示信度从很高到最高。当测试或问卷的题项之间只有很小相关性时，克隆巴赫 α 系数通常低于这个水平，表明这些题项仅在很小程度上正确测量了潜在概念（如智力或能力）。与任何测量方法一样，克隆巴赫 α 系数以及因此而产生的总分的信度可以通过在测试或问卷中添加更多的题项或删除低质量的题项来提高。

至于测试成绩的信度，经常可以观察到干预研究前测得分的信度（即克隆巴赫 α 系数）远低于后测得分。这不一定被认为是不好的，因为一个旨在评价学生学习情况的测试应当表现出学生的先验知识，且从更大程度上来说应当表现出干预的结果，即学生应当学习什么。

效度常用于评价各种定性或定量观察结果的可信任度，是一个非常重要的评价指标。测量某物的工具，如果测量应该测量的东西，就被称为“有效”。为了评估效度，首先，作为研究者，我们必须了解我们的设计和观察或测量的工具是否与我们的理论概念或者至少与我们的理论假设相对应（例如，我们的理论是否预测了一个按由易到难顺序排列的特定题项，理论与测量工具中观察到的结果是否匹配，我们的测量工具和设计是否能以高精度检测概念的特定特征）。效度有不同的类型，下面将简要介绍其中的一些类型。

内容效度只能在理论框架中讨论，指测量工具与理论假设或理论概念的语义一致性（Haynes, Richard, & Kubany, 1995）。这一概念的所有不同方面都应该体现在测量工具中。例如，如果要验证科学教师的专业知识，则包括三个要素，即学科知识（CK）、学科教学知识（PCK）、教学知识（PK），必须从理论上逐一加以描述并给出一个操作性定义，作为构建三个相应测试工具的起点。例如，如果理论模型包含CK、PCK和PK是专业知识三个独立维度的假设，那么研究者需要考虑一个三维模型。

效标效度也称为同时效度和预测效度。同时效度将测试结果与评估的效标同时进行比较。例如，一个学生告诉采访者他或她不能解决关于力学的问题。为了验证学生的陈述，采访者会对学生进行一个简短的、预先验证过的关于力的测试，比如列举力的概念包括哪些方面（Hestenes, Wells, & Swackhamer, 1992）。对于预测效度，效标将在以后进行评估。例如，个人的高中考试成绩可以与他们在大学取得的成绩进行比较。

结构效度，从本质上讲，考虑的是一个理论概念或模型是否以及如何与一个旨在测量该概念的工具所测量的结果相关联。例如，如果物理能力的建构是通过测试来测量的，那么测试必须说明其题项是如何测量这种构建的。为确定结构效度，研究者通常要检查他们的测试工具获得的结果与其他旨在测量相同概念的工具获得的结果之间的相关性。内容效度是获得结构效度的前提。要检验测试是否可以有效地测量一个概念的可操作形式，例如，化学学科教学知识（PCK-Ch），研究者可以将测量工具测得的结果与另一个曾经使用过的测试得到的结果进行比较，后者也声称可以同时测试同一样本的PCK-Ch。如果相关性高，则这两种工具都是有效的（聚合效度），它们都可以测量PCK-Ch的概率就会增加。相反，研究者可以用同一种工具比较化学教师和数学教师，并期望两个样本的测试结果之间只有较低的相关性（区分效度）。如果是这样，那么该测试有效测量化学教师PCK的概率就会增加。

为了评估一项测量的质量，研究者需要同时使用信度和效度标准来确定客观性。

> 社会学理论家经常使用高抽象程度表达的概念。这与经验主义社会学家惯用手段中的变量有很大的不同。……那么弥合理论与研究之间的间隔这一问题就被视为测量误差之一。
>
> （Blalock, 1968, pp.6－12）

理论指导下测量的基本思想是，存在某个真值T（例如，对化学学科的动机或表现），可以表述为经误差E修正的观测值X，即T = X + E而测量应该能够给出上述关系式的概率水平。

如果T为估计的真值，S为系统误差，客观性作为先决条件给出，那么测量的特征大致如图2.1所示。

本章还进一步描述了经验测量和计算的过程，例如比较非正态分布数据的标准。在菲尔德（Field, 2005）或沙沃森（Shavelson）和汤（Towne）（2002）的论文中可以找到进一步的程序和可信任度标准的详细描述。

显著性是指通过数据精简得到的结果的可信任度。定量研究通常需要考虑较大的样本，因而数据精简过程对于分析数据和获得可用于回答研究问题的结果非常重要。例如，作为研究者，我们通过相关性来检验两个变量之间的关系，并希望获得这两个变量之间存在中等程度相关。那么，我们就必须根据我们所收集的数据来获得测量值，这会告诉我们如何确定这两个变量之间存在相关性或者是否可能是我们错误地下结论认为存在相关性。

在测验理论时，通过经验数据测验假设可以区分出四种可能的情况：（1）假设是真实的，且数据

统计误差表示测量的信度和效度。测量值大多密集地分布在真值 T 附近。		测量包括系统误差 S。系统误差使真值偏移至 T+S。这一偏移不影响测量的信度，但影响测量的效度。	
高信度	低信度	高信度	低信度
高效度	低效度	低效度	低效度

图2.1　信度和效度的不同情景

证实了假设；(2) 假设是真实的，但数据不支持假设；(3) 假设是错误的，但数据证实了假设；(4) 假设是错误的，且数据不支持假设。第三种情况，一个错误的假设被错误地接受，被称为第一类错误。这是研究者通常试图避免的情况。例如，如果一个新的科学课程被错误地认为比传统的课程更有效，那么这个课程可能对学生学习科学没有帮助。因此，在定量研究中，研究者希望确保一个假设仅在出错概率很小的情况下才被接受。第一类错误有时也称为 α 误差，因为在测验理论时 α 用来表示根据数据错误地接受错误假设为真的概率。α 误差的可接受值由研究者和研究共同体决定。例如，由于学生不被期望知道他们将要学习什么，前测的许多题目没有被学生们正确解答，他们可能试图通过猜测来回答。学生们可能会随机知道测试中个别题目的答案，但对该领域还没有一个连贯的理解。同样地，当试验一个测量工具时，教学前的前测到教学后的后测，样本都应该包括不同能力水平的学生。

这些 α 误差的标准原则上适用于所有测量，因为定量(和定性)研究建立在各种概念的测量之上，所以这些标准也适用于一般的研究。然而，这些标准必须根据具体的设计、样本和分析方法分别加以调整或扩展。通常，在科学教育中，只有小于 5%的 α 误差水平才被认为是可接受的。

设计、样本和分析方法

在建立强有力的理论框架并根据此框架确定研究问题和假设之后，一个重要的决定是选择适当的研究设计。有许多研究设计和研究设计的分类方法，一种主要的方法是把研究设计分为实验设计和非实验设计。

实验设计具有这样一些设置：至少让一组样本接受特殊“处理”，并将预期的结果与从一个接受不同处理的对照组收集的数据和测量进行比较。确定实验的效果并不容易。除了尽可能仔细地设计实验组在某一变量上的“实验处理”外，对照组在这一变量上通常采用现场中的自然状态。例如，在一项研究中，研究者想要测量物理课教师采用的过程导向的课程顺序对学生的影响，研究团队对教师进行了培训。研究者必须为实验组的教师设计一节课，包括课堂管理等，并为学生提供甚至构建学习材料。对照组的教师在课程计划的所有方面都必须得到同样的支持，除了课程的顺序。否则，研究者无法确定测量到的效果是否是实验的结果。

非实验性研究设计通常包括寻求确定(1)群体特征和(2)这些特征之间关系的研究。例如可以包括这样的研究，研究大学新生对科学的兴趣，以及这种兴趣如何与学生选择他们的硕士学位专业相关。

另一种分类方法给出了描述性研究、相关性研究和实验研究之间的差异。描述性研究被认为主要是为了描述一个群体中的特定特征，相关性研究试图确定这些特征之间的相关性，而实验研究的目的是建立至少一个自变量和一个因变量之间的因果关系。其他研究方法的分类是根据抽样进行分类(例如横向研究和纵向研究)。不管属于哪一种类别，为一个项目所选择的研究设计应该能够帮助研究者解决研究问题和假设。研究问题和假设都源于前人的研究和科学教育理论。设计和方法的选择应考虑到研究问题和假设。然而，方法论最近的发展允许我们进行更好的研究设计，从而产生更可信的发现。下一节将讨论由这些发展所引起的具体考虑。

考虑具体的方法论

在定量研究中，统计的步骤非常关键。如果

已经确定了理论框架，研究问题和假设也是明确的，那么就可以选择研究设计了。根据研究领域的不同，采用不同的设计来获得证据以回答特定的研究问题。然而，在回答研究问题之前，所获得的数据——通常是来自大样本量参与者的数据——需要通过统计法进行分析。也就是说，对于研究中使用的所有测量工具，每一个参与者对每一个问题的每一个答案所代表的全部信息都需要被精简为研究者感兴趣的实际信息。这就是统计法帮助定量研究者的方式。例如，如果实验组的50名学生在日常生活中接受力学教学，而相同数量的对照组学生接受常规教学，那么他们都必须回答相同的测试内容，如力学概念调查表（FCI），这是一项包含30个题目的测试工具。完整的数据集包含每个学生的唯一标识符、学生所属的组以及学生对30个题目中每个题目的回答。第一步通常要计算每个学生的Rasch测量（如Granger, 2008；Wright, 1995）。然后进行t检验，以确定实验组的学生是否比对照组的学生得分高，从而确定我们作为研究者，对自己的发现有多大的把握。但是如果t检验呈假阳性呢？如果不允许我们使用t检验呢？当然，如果每组只有两名学生，t检验就不再适用。事实上，要检查是否满足特定的要求才能使用统计法。

统计法的核心要求

统计法的核心要求之一是测量值的正态分布，例如上面例子中学生FCI测试的得分。另一个要求是测量值呈线性关系。也就是说，学生的测量值不仅可以用于排名，即logit测量值为2.0的学生比测量值为1.0的学生具有更高的能力，而且测量值从1.0增加到2.0，学生力学知识的增加，与从0增加到1.0相当。长期以来，研究者一直关注测量值的正态分布（这通常是一个合理的假设），而忽略了测量值呈线性关系方面的考虑。线性度在一定程度上可以被认为是对工具测量精度的整体评价（关于这个问题的深入讨论，请参阅相关文章[Neumann, Neumann, & Nehm, 2011]）。然而最近，丹麦数学家格奥尔·拉施（Georg Rasch, 1960）的研究理所当然地被越来越多的人关注，因为Rasch分析允许研究者从有序数（例如测试得分或利克特量表的总分）中获得线性测量。本章稍后将对Rasch分析进行全面的讨论。同样地，科学教育的研究者已经开始使用其他（例如从教育心理学或教育研究中开发出来的）方法，这些方法有助于确保从统计法获得的结果能够反映课堂内外科学教与学的复杂性。

获取线性测量和Rasch分析

本章到目前为止已经描述了进行科学教育研究的必要考虑和要求。在本节中，我们以Rasch测量理论为例，详细介绍科学教育研究者在利用测试和调查问卷等工具进行调查研究时，是如何使用Rasch测量理论的。科学教育文献中介绍了许多应用统计技术（如方差分析、回归、相关）的例子。然而，这里我们专注于应用Rasch理论的选择细节方面，因为该理论提供了统计分析所需的测量质量。在讨论Rasch方法时，我们将重温本章前面几节的核心主题。

Rasch测量技术是由丹麦数学家格奥尔·拉施（1960）开发的。芝加哥大学的本杰明·赖特（Benjamin Wright）在他的著作《最佳测试设计》（*Best Test Design*, Wright & Stone, 1979）和《等级量表分析》（*Rating Scale Analysis*, Wright & Masters, 1982）中大大扩展了这项技术。

拉施和赖特注意到原始测试数据（例如，答案的得分、二分法和部分给分）和原始等级量表数据是有序的。这意味着，在许多蕴涵式中，使用参数统计来评估原始有序数据违反了此类统计检验的假设。其他问题包括（1）数据质量和工具功能方面的质量控制薄弱，（2）无法证明个体学生在测试时的表现（或在调查中表达的态度）与工具题项有关，（3）无法用单一的量表详细地长期跟踪学生的发展情况。

全世界都正在利用Rasch分析（1）指导和促进严格测量工具的发展，（2）将学生的成绩与题目难度关联，（3）计算可用于参数测试的线性学生测试，（4）开发能相互关联的测试和调查问卷（多矩阵设计）的替代形式（如Kolen & Brennan, 2004; Neumann, Viering, Boone, & Fischer, 2013）。

Rasch分析不仅仅是Rasch模型在计算机程序中的应用，还涉及对测量意义的思考。当使用Rasch测量时，经常要对许多证据的评估进行反思才能得到结论，例如某个测量工具的整体功能。

要确定某一领域证据的质量，一项要求是能够评价用于收集数据的测量工具的质量。Rasch测量提供了多种技术，这些技术可用于评价测量工具的功能。对于那些使用Rasch测量的人来说，很明显，评估工具功能所采取的步骤与生物学家、物理学家和其他科学家在创建实验室工具时所采取的步骤非常类似。

测量误差和效度

让我们首先从信度问题开始。在科学教育领域，研究者计算信度是为了试着在某种程度上评估用工具收集的结果的质量，这是一种很常见的方法。在计算克隆巴赫 α 系数或库德–理查森公式（KR-8、KR-20或KR-21）时存在许多陷阱，详见参考文献（Smith, Linacre, & Smith, 2003, pp. 198–204）中的相关内容：

> 信度最初被定义为真实值方差与观测值方差之比。由于在真实评分模型中没有方法来估计结构方程模型（SEM），因此开发了多种方法（如KR-20、α 系数），以便在不知道SEM的情况下对信度进行估计。在Rasch模型中，可以按照最初预期的方式获取信度，而不是使用不太理想的解决方案。

因此，当使用Rasch分析时，可以计算出更高的信度，而不用采取其他不考虑测量标准误差的方法来估计信度。计算 α 值的另一个问题涉及原始数据，这些数据是非线性的，还有众所周知的指标（比如 α ）的天花板效应。在科学教育研究中，传统的 α 计算还有其他一些弱点，包括缺乏对测试题目信度以及受试者信度的调查，例如在使用如克隆巴赫 α 系数等信度指标时（如Clauser & Linacre, 1999; Linacre, 1997）。如果使用Rasch分析，就可以计算受试者和题目的信度。

Rasch测量提供了一系列指标和技术，通过这些指标和技术可以评估测量工具的质量和可信任度。例如，通过均方残差（MNSQ）标准评估题目拟合和受试者拟合（如Smith, 1986, 1991, 1996）。可以把题目拟合看作一种技术，通过这种技术，人们可以识别有可能不在大多数题目的变量的测量尺度上的题目（不属于概念结构的题目）；受试者拟合可用于识别调查对象对测试（或问卷调查）的特有反应（例如表现不佳的学生，在测试中意外地给出了非常难的题目的正确答案）。误拟合的题目可能需要从工具中删除，误拟合的学生被试必须被排除在分析之外，因为他们可能不能提供可以或应该计算的有用测试值。Rasch分析还包括诸如受试者分离/受试者分层、题目分离/题目分层等指标(如Fisher, 1992),这些指标可用于评价测量工具功能的其他方面。

现在我们考虑测量误差的问题,它影响到用测量工具收集的数据的可信任度和统计结果的可信任度。在任何收集数据的实验室里,科学家都能敏锐地意识到每次测量中可能出现的误差。科学家会知道,每一次测量的误差不一定是相同的。很多年来,科学教育中的测量误差问题几乎完全被忽视。当进行Rasch分析时,每个调查对象和每个题目的测量误差都会被计算。当科学教育研究者回顾对调查对象测量的误差时,他们很快就会明白自己一直在犯的一些错误。例如,一个调查对象在一次考试中获得了一个完美的原始分数,那么他的Rasch测量误差将比另一个只答对了一半题目的调查对象大得多。这种误差的差异可以通过这样的推理来理解:一个完美的分数并不能反映调查对象知道多少。拿满分的调查对象本可以再做10个非常难的题目,可能全部答对、部分答对或全部错误。这类似于12伏特电压表上的指针在已知电压高于12伏特且可能为12.5伏特或1000伏特时的全刻度偏转。许多科学教育的文章提供详细的信息,进一步讨论了Rasch题目/受试者误差的计算以及如何使用Rasch测量中的误差来分析数据(如Granger, 2008; Wright, 1995)。

在本章的前几节中,我们讨论了要考虑研究者想要调查什么这一重要问题。这个问题可能看起来很简单,但并非无关紧要。关于Rasch测量,问题变成:一个测试工具是否测量了需要测量的东西?这个工具测量得有多好?当使用Rasch测量时,要非常小心地定义感兴趣的变量,在研究者从变量范围的一端移动到另一端时,也要非常小心地定义变量的不同实例。在图2.2中,我们展示了将Rasch分析应用于测试手段开发的常用工具,并给出了8个生物测试题目的预测位置和顺序。

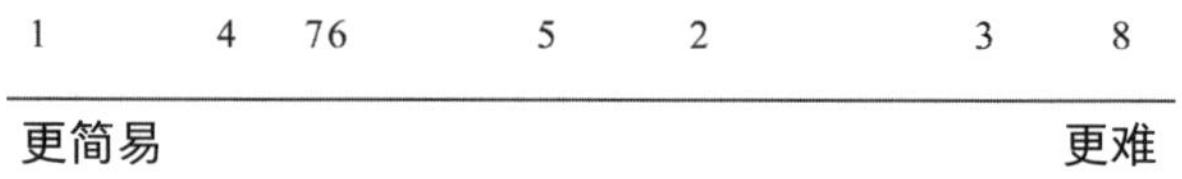

图2.2 8个题目(编号1至8)定义的潜在变量的示例

如果我们要理解测量意味着什么和一个好的测量工具需要什么,无论是一把尺子、一个温度计还是知识测试,都应该理解为通过调查或测试而测量的变量应由变量变化范围内各个水平的题目来测量。这意味着,在测试中,题目范围应该从易到难。在一份具有“同意”等级量表的态度调查问卷中,题目的范围应该从“更容易同意”到“更难同意”。在我们的示例中,测试题目之间的差距表明,一些特征不同(例如在调查中的能力或态度)的调查对象作为被测变量不能被区分或分化(例如学生约翰可能具备略高于第6题的能力水平,而学生保罗的能力水平可能略低于第5题所测量的特征)。

遵照Rasch关于题目如何测量变量的想法,研究者能够避免将工具不恰当地用于研究目标,或者避免使用因为没有明确定义所测变量值范围而无法区分调查对象特征的工具。在不考虑单一变量和一个变量的范围的情况下,一种新的工具可能无法达到测量精度,通常情况下,尝试任何统计分析都是毫无意义的。

如图2.2所示,识别测量变量的题目(直线上的题目)明显涉及内容效度,而预测题目的排序和变量的间距(直线上的题目位置)涉及结构效度。

题目功能差异

除了根据指导理论预测变量测量尺度上题目

的顺序和间距来考虑结构效度，Rasch分析还提供了许多可用于评估结构效度的分析技术，其中最常见的可能是利用Rasch分析进行题目功能差异（DIF）的调查。从本质上讲，DIF能够比较测试（或调查问卷）中题目定义变量的方式是否与所有组（包括亚组或比较组）参与者的属性功能相同。如果一个题目以不同的方式定义变量，则可能意味着此题目在各组中没有以相同的方式测量概念（或被定义的变量）。对这类题目的识别可能意味着该题目需要从测量工具中删除，但这类题目往往会引起研究者极大的兴趣，因为通过它经常能揭示各分组调查对象之间的一些差异。在Rasch评估测量工具的结构效度方面，布朗（Brown）、昂斯沃思（Unsworth）和里昂（Lyons）（2009）的研究为使用这些和其他Rasch测量方法提供了一个很好的例子。

正如本章第一部分所详细描述的，学校系统的层级结构对科学教育研究者具有极其重要的意义。对于研究者来说，许多模型可以为学校系统的研究提供指导。其中一个例子是芝加哥学校研究协会（CCSR）进行的研究。为了促进对大型学校系统的分析，该研究使用了多层线性模型（HLM）、Rasch分析和其他统计技术（参见Bryk & Raudenbush, 1992; Kapadia, Coca, & Easton, 2007）。

受试者测量和变量的尺度

在科学教育研究中，我们认为科学教育工作者应该能够为教师、决策者和研究者提供有意义的、准确的指导，以改进和/或控制教学质量或教育系统的输出。Rasch分析为教师、决策者和研究者提供了有意义的指导。由于Rasch分析（对于测试和调查问卷）有助于在相同尺度上计算受试者测量（可以被放置在变量的相同尺度上）和题目测量（可以被放置在变量的相同尺度上），并可以表达受试者测量与题目测量之间的关系（见图2.3）。在图2.3中，我们提供了一张赖特图，其中受试者测量位于左侧，题目测量位于右侧。每个题目都用Q编号（例如Q5）标识。赖特图上题目位置越高说明难度越大。

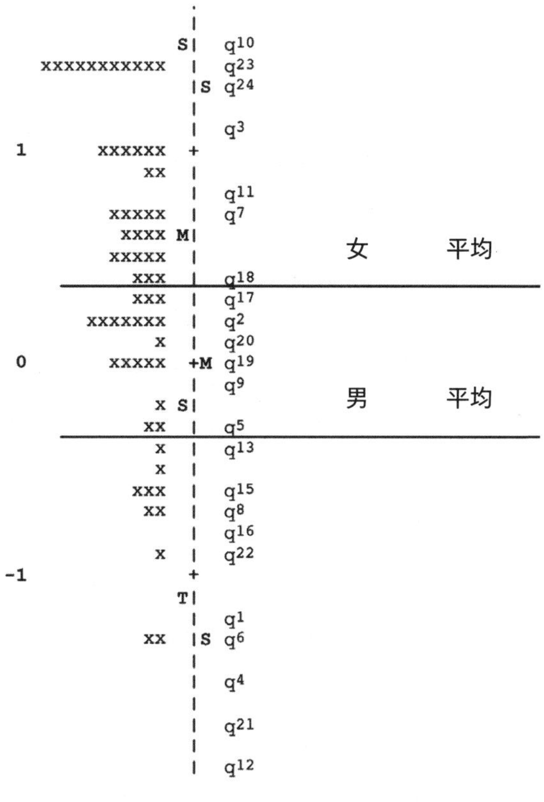

图2.3　赖特图中一个尺度上的受试者测量和题目难度

这样一张赖特图的重要性在于，不仅是受试者测量的分布呈现在变量（如学生的能力）的线性测量量表上，题目测量的分布也在变量的相同的线性测量量表上呈现。这使每个学生（或一组学生）的表现能够根据预测学生已经正确回答或没有回答的一道题（或多道题）来表示。例如，要利用这张图来研究性别差异，就必须标出测试中男性和女性的平均测量值或平均值。为了了解典型的男性能做什么题目，我们只要在赖特图上男性的平均测量值处画一条水平线。预测典型男性能够正确回答的题目是男性线以下的题目，而不是线以上的题目。这种技术允许解释测量值的含义。现在，人们能够理解这种表现意味着什么（一个被试者或一群被试者能做什么或不能做什么）。

使用这张赖特图的另一种方法是，在女性被试者的平均测量值处画一条水平线，然后评估男性线和女性线之间的题目。落在这两条线之间的题目描述了观察到的两组差异。也许t检验结果显示，男性和女性的平均测量值之间存在统计学上的显著差异。然而，现在有可能通过解释和比较正确回答的题目以及预测不同个人和不同组将正确回答的题目来解释两组之间差异的含义。不同组之间差异的意义可以根据学生能做什么和不能做什么以及他们之间的差异来详细说明。在澳大利亚，赖特图的这种版本已经被广泛使用了几十年，现在这种赖特图经常被用来写家长报告（如家庭报告[Family Report], 2012）和比较科学教育研究中的不同组（如Kauertz & Fischer, 2006; Neumann et al., 2011; Neumann et al., 2013）。布恩（Boone）、斯塔韦尔（Staver）和耶尔（Yale）(2014）的书中有两章详细讨论了赖特图。布恩和斯坎特伯里（Scantlebury）(2006)，布恩、汤森（Townsend）和斯塔韦尔（2011）也描述了Rasch分析在科学教育研究中的应用，并特别讨论了赖特图。赖特图也经常用于医疗领域中，以传达工具效度以及患者的测量结果（Stelmack et al., 2004）。

数据的层级结构

真实课堂教与学研究的另一个特点（超越了变量的绝对复杂性）是数据的层级结构。学校系统的每个部分都包含许多相互依赖的变量。例如，大家都知道学生学习（即学生在某个领域的测试分数有所提高）取决于认知能力。但是，如果认知能力较低的学生在处理复杂图表方面有困难怎么办？一般来说，如果一个教师在两个不同的班级中使用相同的复杂图表，一个班级中更多的学生表现出较低的平均认知能力，那么这个班级的学生与另一个班级的学生相比，学习的平均水平会更低。然而，相关的问题是，尽管在两个班级中，认知能力较低的学生学习的东西都较少，但在平均认知能力较高的班级中，认知能力较低的学生较少。在比较这两个班级时，这一点并不明显。

最重要的是，为了获取个体层面和总体层面（即课堂或学校系统）上各种因素之间的复杂关系，就需要比t检验或ANOVA更复杂的程序。虽然ANOVA允许对课堂层面的变量进行计算，但它不允许课堂变量在个体层面上对另一个变量的影响进行建模。例如，如果一个教师通过向认知能力较低的学生展示具体的、不那么复杂的图表来改变他/她的教学风格，那么学生可能会学得更好，而这种学习又可能反过来影响他们的认知能力和学习结果之间的整体相关性。考虑这种复杂情况的一种方法是HLM法。除HLM外，SEM和路径分析这两种相关的分析技术对科学教育研究中严谨的数据分析也很重要。定量科学教育研究有一个特别重要的目的值得研究者思考，那就是描述课堂中的复杂情况以及各变量之间的相互关系，并确定这些信息之间关系的性质。如果两个变量，比如学生成绩和学生兴趣，是相关的，那么是其中一个影响另一个吗？更高的兴趣会带来更好的成绩，还是反过来，更高的成绩会带来更多的兴趣？还是说，作为师生互动的具体特征，成绩和兴趣这两个因素的相互促进或协调发展取决于第三个变量（例如学生的自我效能感）？在论文的讨论部分，作者经常会指出为什么不能将相关性误认成因果关系，确定因果关系需要实验设计。事实上，利用路径分析或其更复杂的变体SEM，有可能可以指定模型中关系的方向，并根据给定的数据集测试模型的效度。

定量科学教育研究可以采用多种多样的方法(许多是新的或进一步发展的)。例如Rasch分析、视频分析、HLM和SEM。下面将讨论这些方法和它们在定量科学教育研究中的潜力。

科学教育研究中的定量方法

正如本章前面所讨论的，我们可以确定科学教育有三个主要的研究领域：(1) 评估科学教学策略的研究，包括任何评估提高学生学习的方法的研究(例如学生的知识、兴趣或技能)；(2) 基于课堂学习的研究，包括研究大型团体中任何与科学有关的学习过程，例如科学实地考察；(3) 关于人们如何学习科学的研究，包括与学习有关的建构的研究(例如，对科学的兴趣或者与学科/个人有关的科学信仰)。

科学教学评价策略

科学教育研究经常涉及对结果变量的变化进行调查，如学生的成绩、兴趣或动机。然而，如果重点是(1) 评估不同的科学教学方法和/或(2) 更精确地评估改善各群体科学成绩、兴趣或动机的策略(这需要群体比较)，则需要不同于前面描述的研究设计。这些设计通常被称为实验设计或准实验设计。在这样的设计中，需要使用测量工具来评估实验或干预对学生成绩、兴趣或动机的影响。在根据特定的策略(通常指一种被称为前后测设计的方法)教导学生之前和之后，需要运用测量工具对学生进行测试。利用这样的设计，可以研究特定的教学策略对学生成绩的影响。然而，使用简单的前后测设计也存在问题，即不能提供确凿的证据证明学生成绩的变化与新的教学策略有关。成绩变化也可能是其他教学策略造成的。为了获得证据证明观察到的学生成绩变化实际上是采用特定策略教学所致这一结论，需要第二组学生。第二组学生需要用一种不同的策略来教授，或者至少，接受常规教学。通常首选另一种教学策略，而不是常规教学，因为这样可以排除对学生潜在进步的其他解释，例如新奇效应。因此，对教学策略的评估——也就是说，任何有助于科学学习相关变量增加的策略，包括兴趣或动机等软技能——需要比前后测更复杂的实验设计。

在实验设计中，理想情况下应该将学生随机分配到可相互比较的某一组中(通常至少有一个实验组和一个对照组)。因此，这些设计被称为随机实验设计。这种随机性应该是使用实验设计进行研究的一个目标，希望通过它排除可能影响研究结果的(对于认知能力和任何其他变量的)差异化影响。随机性显然需要足够大的样本量，在某些情况下，将学生随机分配到实验组和对照组，要么是不可能的，要么是不可行的。在这种情况下，需要控制有可能影响评估目标变量的变量。这意味着应该在研究分析中包含对这些增加的变量的评估，以确定这些变量对研究的影响。我们发现，当讨论一项研究的局限性时，这些增加的变量往往没有在科学教育研究中得到处理。

当随机性无法实现时，我们推荐抽取足够大的学生群体，以排除特定的不必要的影响。我们不能提供学生样本量的确切数字，但样本量必须足够大，以允许这样一种假设，即在两组中，变量的分布(可能导致不必要的影响，这种影响混淆了分析结果)是相似的。不使用随机样本的实验设计通常称为准实验设计。

实验设计中的数据分析过程通常包括各种方差分析，其中分组变量作为自变量。如前所述，在只有一个因变量(例如学生成绩的变化)和只有两个不同值的自(分组)变量(即一个实验组和一个对照组)时，ANOVA的结果与t检验的结果相同。然而，ANOVA具有一个优势，即在实验的前后测设计和纵向研究的情况中，允许有多个自变量。当重复测量ANOVA时，ANOVA也是适用的。除了区分学生为实验组和对照组的分组变量外，可能还有其他分组变量，如性别。此外，所谓的协方差分析(ANCOVA)还允许增加连续变量，如学生的认知能力或兴趣(这些都不是主要感兴趣的)，这些连续变量称为协变量。ANCOVA是一种将回归和ANOVA相结合，以控制协变量影响的一般线性模型。ANCOVA调整因变量(例如学生的能力)，就好像所有用于比较的组都有相同的协变量(Best & Kahn, 2006)。

研究课堂教学

由于科学教育研究的目的是提高教学质量，即使不能采用随机实验设计来获得不同课堂中不同教师教学效果的证据，估算样本量大小的基点仍然是区分教师教学的理论参数的数量。例如，如果性别是唯一的参数，研究者需要至少20名男性教师和20名女性教师。每增加一个参数就需要多出20个个体。例如，教师效能研究表明，虽然一种特定的教学策略可能对一组学生有效，但对另一组学生可能无效，因为教师、学生和教学的各种特征都会影响学习结果。由于许多策略只适用于特定的学生群体，例如高成绩的学生或低成绩的学生，所以在选择样本量和研究设计时存在细微差别，而这些都受到特定学生群体(例如高成绩学生)的影响。该问题的一个例子涉及学生社会经济地位(SES)的影响。SES被发现会影响学生的数学成绩(Prenzel, 2004, p.251)。根据国际学生评估项目(PISA)各参与国的情况，平均来说，SES可以解释学生数学成绩差异的16.8%。在德国，SES的影响高于平均水平，占学生数学成绩差异的21.1%(Prenzel, 2004, p.275)。因此，在调查教学质量的研究中，必须控制SES这一变量，并在分析教学特征对学生成绩的影响时，把SES作为调节变量或中介变量。此外，任何其他因素，如政治、组织或制度条件，也必须加以控制，因为它们可能会影响教学、学生成绩或两者之间的关系。也就是说，为了整体改善教学，至关重要的是了解普通课堂的复杂过程，这些过程如何受到学生、教师和课堂环境的不同特征的影响，以及其他因素如学校经费的影响。

目前，对于复杂的教学过程以及这些过程如何受到上述框架特征的影响，人们知之甚少。因此，目前还无法从以往关于教学质量的研究中详细描述一个完整的课堂教与学的理论框架。例如，教师专业知识的某些方面对课堂质量的影响是未知的，教师应该在大学学习什么类型的知识才能在学校进行最佳实践，也是未知的。当然，更多地了解教与学之间的相互依赖关系肯定会利于更精确地制定教师教育的目标，使未来教师在大学的有限学习时间得到更有效的利用。课堂管理(Fricke, van Ackeren, Kauertz, & Fischer, 2012)、认知激活(Baumert et al., 2010)和反馈(Hattie & Timperley, 2007)是详述一个理论框架时应该采用的质量标准的示例。

在确定专业知识模型的组成部分之后，如果模型存在测试工具，则可以选择该测试工具。如果没有合适的工具，作为研究者，我们需要验证我们自己开发的工具。无论是测试、调查或视频分析都需要这些工具。如果一个工具存在，我们必须考虑聚合效度和区分效度。因此，我们要么需要另一种已经用于相同目的的工具（聚合效度），要么必须选择具有不同特征的参与者的样本，通过关联该样本的结果与我们的目标样本的结果来验证我们的工具（区分效度）。例如，在验证针对物理教师的PCK测量工具时，数学或英语教师的表现应明显低于物理教师，样本之间的相关性也应较低。最终，我们能够用均值和方差来描述特定样本教师的专业知识，并且能够在不同的样本之间比较这些测量值，例如若干学校和那些学校的教师或两个国家的代表性样本。

仅靠对数据的描述不足以得出结论。因此，不能通过对教师教育质量或教学质量的描述得出结论。要得出结论或研究某种效果的倾向，必须有对教学质量进行分类的标准，还必须有一个说明专业知识如何有助于教学质量框架的理论。关于标准的一个例子可能是对学生学习结果的测量，包括知识、能力、动机和兴趣（受认知能力和社会经济地位的控制）。为了测量学习结果，我们必须进行适当的测试和问卷调查。在使用选定的工具进行深入分析之后，我们应该能够区分出低成绩的班级和高成绩的班级以及这些班级的教师。如果学生和教师的测试结果之间存在中等显著或更高的相关性，则可以假定两者之间存在联系。否则，我们必须考虑一些外部影响，这些影响没有被考虑进去，但是有可能已经影响了我们的数据。我们的观点是，为了改进正在进行的和未来的研究，必须考虑外部影响，并加以反思。

为了回答我们的PCK结构是否对课堂表现和学习结果有影响这一研究问题，我们应该设计一个实验研究，在测量相关性之前确定影响的方向。一旦从这样的研究中了解到PCK的影响，我们就可以继续研究教师的PCK如何影响现实课堂的教学质量。在最好的情况下，这样的研究可以针对特定背景下具有代表性的学生样本。之前的研究表明，课堂教学遵循不同国家所谓的特定文化脚本（Hiebert et al., 2003；Roth et al., 2006；Stigler & Hiebert, 1997）。

为了完整地论述科学教育研究的复杂性，以及如何/为什么必须改进这项研究，我们希望总结一些科学教育研究者必须考虑的注意事项和问题。使用统计工具（如t检验、ANOVA或回归分析）捕捉课堂教学的复杂过程有其局限性。为了考虑课堂教学在不同层次上的各种不同特征（即学生个人层面、课堂层面、学校层面，甚至整个国家），我们要求有更多复杂精密的分析程序。这始于这样一个事实：在现实课堂中，能力倾向—实验—交互作用必须被考虑，例如与教师、学校和/或这个国家学校系统的特点相呼应的学生个人特征。路径分析、HLM或SEM常用于分析更复杂的教学环境。下面一节将讨论其中的一些程序。

纵向面板研究和横断面研究

了解学生如何学习科学是旨在提高科学教育水平的研究的核心要求。一般来说，本研究与学生如何理解特定领域的问题相关，例如学习能量概念（如Driver, Leach, Scott, & Wood-Robinson, 1994；Duit, 1984；Lee & Liu, 2010；Liu & McKeough, 2005；Neumann et al., 2013）。本研究也与概念的发展或学习进展相关（关于能量概念，参见如Nordine, Krajcik, & Fortus, 2011）。要分析概念的发展或学习进展，必须对学生进行长时间的跟踪。教学内容和学生成绩必须使用评价工具进行评价（如Krajcik, Drago, Sutherland, & Merritt, 2012）。因此，本研究最有可能采用纵向设计，这意味着要在学习过程中的不同时间点对学生进行采样(面板设计)。当相同的工具必须用于评估不同年龄和不同子样本的学生时，这种设计称为横断面设计。然而，横断面研究不产生因果关系的数据，因为这类研究只提供了一个瞬间的简单印象，而且不允许跟踪随时间的发展变化。因此，横断面研究的一个弱点是，人们无法确切地知道，学生对能量概念形成一定的认识是因为完成了课程还是因为认知发展。

面板研究和横断面研究(也称趋势研究)都是观察性研究。研究者在不改变研究环境的情况下收集样本数据，例如通过干预或选择特定的个体。面板研究的典型研究问题集中在学生如何基于特定的课程(即现有的课程或新的课程)来理解概念、技能或领域(参考Neumann et al., 2013)。然而，面板研究有一些特定的限制。这类研究需要有能够比较学生的测试工具，以及不同年龄、不同认知发展的学生对问卷有相同的理解。此外，纵向研究需要为每个学生在每个测量时间点的表现分配一个单独的标识符，以便对来自不同测量的数据进行整理。然而，这个过程容易出错，因为学生可能不知道他们母亲的出生日期或其他被选定为标识符的日期。因此，所谓的“面板研究流失率”增加了。这一特定术语是指，从一项面板研究中获得的一整套数据测量值，与理论上可能的全部数据测量值的数量相比较。数据缺失的常见原因是学生因各种原因缺勤。当一项研究持续较长的时间(例如几年)时，这个问题就会加剧。这是一个特别重要的问题，因为在最终测量时间点样本量非常关键(样本量必须足够大，以便进行统计分析)。学生理解水平的典型分析过程包括t检验、各种类型的方差分析、线性回归分析或这些分析方法的组合。

考虑到纵向研究在时间和金钱上投入很大，首先进行横向研究通常是合理的，特别是当时间框架超过合理的时间量时。时间框架由学生的预期进展(例如6、7、8和9年级)决定。

基于通过Rasch分析获得的学生能力(线性)测量，学生在精通特定概念、技能或领域方面的进展可以作为学校教育的函数来分析。在纵向研究中，通常采用重复测量ANOVA的方法。这可以分析由测量时间决定的学生能力的测量是否有统计上的显著差异。在横向研究中，通常采用常规的ANOVA。使用ANOVA，学生能力的测量可作为学校教育的函数进行调查(例如成绩等级)。至于自变量(例如变量分别表示已接受的学校教育或已发生的学习的量)，则涵盖更多的值(即，当对科学学习的考察贯穿一生，且年龄作为一种指标指示已发生的学习的量时)，这时应该使用线性回归分析。在只有两组学生用于比较能力测试结果的情况下，t检验可以被使用。一般来说，只有两组(刚升入8年级和完成8年级学习的学生)的ANOVA将产生与t检验相同的结果。超过两组的比较需要使用ANOVA或回归分析。如果要在分析中包含其他变量(例如学生对科学的兴趣)，可以使用两个或更多个因素的ANOVA或更复杂的回归模型(关于t检验、各种ANOVA或回归分析的详细讨论，请参见Field, 2005)。重要的是要注意，虽然回归分析提供了关于自变量和因变量之间(线性)关系的信息，但ANOVA不提供这样的信息。ANOVA只告诉研究者自变量不同值之间的差异(例如不同的学生群体)。需要通过进一步的分析来研究这种关系的确切性质，例如使用预定义的对照物(参考Field, 2005)。

为分析数据而设计的统计技术将极大地影响抽样的程序和细节。一个简单的ANOVA要求每组变量值至少为10人(如Chi, 1994)。然而，通常建议至少20人（Bortz, 2005；Field, 2005；Linacre, 1994）。一般来说，所选的样本量取决于预期影响的大小。为了获得中等效应（$d = 0.5$）的大学生学期成绩回归，样本量需要达到34。更复杂的程序自然需要更大的样本量。例如，如果要使用Rasch分析来获得学生能力的线性测量，建议每项任务至少有80名学生；在使用SEM的情况下，建议模型中包含的每个变量的数据至少来自50名学生。下面给出了一个纵向研究所需要的初始样本量的估计值，例如，对10个变量进行4次测试，面板研究平均流失率为30%。

通过视频分析法分析教与学的过程

一种特殊的方法是通过分析课堂视频记录来分析课堂。虽然乍一看，这种方法似乎不是一个统计过程，但在捕捉现实课堂上科学的教与学方面非常有用。例如，为了分析学生访谈，早在20世纪70年代，录像的转录及其分析就被用于科学教育研究。随着技术的发展，视频设备变得更便宜和更容易使用，对视频录制和分析进行标准化成为可能，以至于视频分析可以用于定量研究（如Roth et al., 2006；Stigler & Hiebert, 1999）。这一进展在一定程度上源于基于分类的文本分析方法的发展，包括视频录制或基于分类的录像带分析（CBAV；详细信息请参见Niedderer et al., 1998，2002）。然而，和经常出现的情况一样，新方法的可用性不仅使长期研究的问题有了更好的回答，而且也发现了新的理论上的和方法论上的缺陷。从视频分析中可以明显看出，其中一个理论缺陷是人们对复杂的课堂过程知之甚少。

视频分析法最初是在定性研究中发展起来的。当然，视频分析本身是一个定性的过程，因为必须对社会互动进行解释。然而，CBAV的发展使得视频分析成为一种定量研究的工具。CBAV提供了一个标准化的解释过程，并引入了对应分类系统的信度和效度的测量方法。毋庸置疑，分类系统在分析视频数据时是至关重要的。

视频数据可以看作课堂的原始数据，一旦录制下来，就需要根据特定的理论框架进行分析；然后，视频数据被用来产生研究问题。然而，在分析这些课程之前，课程必须被记录下来；教室里的教与学过程需要用摄像机拍摄下来。这个程序涉及一些决定，如把摄像机和麦克风放在教室里的什么位置以及放几个。当然，这些决定必须基于一个基本的理论框架。甚至摄像机摆在教室里的位置也属于研究问题的一部分。观察小组合作的摄像机位置与观察师生互动的摄像机位置是不同的（关于如何录制视频课程的说明，请参见Fischer & Neumann, 2012）。一旦确定了录像设备的实际安排，就必须详细规定录像准则，以保证不同课堂的录像具有可比性。原则上，这些准则应确保标准化以及录像的可比较性，不依赖于录像的实际操作者，以确保调查结果的客观性。在录制视频时，即使是摄影师也必须熟悉这些准则。

适当记录和处理了视频数据（例如利用基于计算机的分析软件进行数字化处理）之后，就可以开始进行分析了。分析视频数据的第一步是确定分析的详细程度。在第二步中，必须开发一套编码规范并将其应用于数据处理。最后，在第三步，需要确定高质量的测量工具。

基于各自的理论框架或模型，从视频分析中获取定量数据需要精确的规则来规范如何观察、保护和分类可观察特征。这一套规则必须应用于观察资料，以在编码的过程中获得定量数据。这组规则被称为编码系统或分类系统（Mayring, 1995），强调一个完善的分类系统是不可缺少的。如果分类系统没有被十分认真地开发，所得到的定量数据将变得毫无意义。迈林（Mayring, 2007）区分了获得分类系统的两种方法：归纳法和演绎法。归纳法对于定性内容分析特别重要，而演绎的、理论指导的过程更适合于定量教学视频分析。这是因为归纳法只允许对视频数据进行严格的定性分析。另一方面，演绎法既允许定性分析也允许定量分析，还可以两者结合分析。演绎法总是从理论出发，而定性方法则是在数据分析的过程中归纳地发展理论陈述。基于理论考虑，必须对具体的研究问题和假设做出决定。这将包括诸如分割数据的决定，或进一步处理数据的决定，如将视频转录成文本。在分析师生对话的情况下，原始的记录数据将被分割成“段”（例如教师讲话或学生讲话）。为了分析学生完成任务的时间，将视频合理地分成“间隔”（例如每隔30秒判断一下学生是否在执行任务）。把视频转录成文本也很有帮助，特别是在倾向于把数据分割成交互的完整部分（所谓的段）时。在研究师生对话时，识别基于个体（例如教师或学生）的段比分析基于情景的时间间隔更好。

当进行视频分析时，转录需要清晰和精确的规则来考虑感兴趣的活动。例如手势和面部表情，以及情感表达或日常语言或方言的转换，都必须在转录过程中仔细核查。迈林（2007, p.49）给出了转录规则的例子。在按照规则准备好材料之后，就可以开始开发分类系统本身了。

分类系统的开发首先要确定相关的理论概念，并将这些概念转化为类别。一个概念可以由一个或多个类别表示。例如教学媒介这个概念，可以由智能手机、黑板、投影仪或教科书这些类别表示。每个类别都带有一系列指标，这些指标为是否应该对相应的类别进行编码提供了指导。“指标”的例子可以是教师在黑板上写字或画画，或者教师让学生打开教科书。这里的关键是，指标必须尽可能精确和完整地收集广泛的示例来描述相关类别。一旦创建了类别和指标，就应该编写一个编码手册，全面地描述类别和指标。有了编码手册，该分类系统的初始版本才可以应用于实际数据的编码，以测试其实用性并确定高质量的测量。

下一步，对编码得到的数据进行分析。在这一步中，研究编码的信度是至关重要的。除了确定数据分析的效度之外，还需要确保数据解释的效度。

最后一步，需要仔细审查研究结果，特别是高品质的测量和估计，是否与规划的研究问题和假设相关，尤其是否满足对测量质量的期望。如果测量质量不能满足已建立的需求，即信度保持不能令人满意的低值，并且效度不能被建立，则需要重复前面描述的步骤以优化编码程序。下一节将详细讨论测量质量。应该强调的是，开发一个编码程序是一个紧张和要求很高的过程，但是对于一个完善的视频分析来说，这是一个必需的步骤。

虽然在视频分析的背景下，信度往往是研究者主要关注的问题，但效度作为质量标准也很重要。通过视频分析得到的编码的信度取决于编码人员。在许多方面，编码人员可以被认为是视频分析的测量工具。在视频分析的背景下，信度通常是通过编码人员间的信度来确定的。为了确定编码人员间的信度，所选的视频材料必须按照（相同的）编码程序由不同的编码人员独立编码。在每个分析单位的基础上对不同的编码进行比较。不同的技术可以用来确定信度。最简单的测量标准是百分比一致性 ρ。百分比一致性 ρ 能被快速计算，但遗憾的是它不能用于考查随机一致性。对于随机一致性，要用到校正后的更为复杂的测量，例如在定类数据情况下的Cohen's κ 或在定序数据情况下的Goodman-Kruskal's γ。然而，考虑到编码者信度的充分性，对于上述指标必须满足的临界值，还没有达成一致性意见。一个问题是，信度充分的标准取决于编码中包含多少解释成分，即特定类别中固有的推断的程度。推断的程度越高，编码人员的知识、期望和信念对编码程序的影响越大。因此，较高程度的推断对应较低的编码者信度。例如，在编码一名教师信息交流的接收方时，三个相互排斥的接收方类别可以被区分出来：个人、群体或班级。这些类别都涉及高程度推断，因为在课堂上提问一个学生并不一定意味着只针对一个人交流。需要不同的临界值来确定编码的信度是否充分。通常对于高程度推断的编码，Cohen's $\kappa > 0.6$的信度被认为是充分的。

视频分析可以应用于许多研究领域，以获得经验证据：在案例研究中调查学习过程，在实验研究中检查实验的实施情况，或在实地研究中描述兴趣的特征。因此，对于分析科学教育研究中不同情景下的科学教与学来说，视频分析是一个有价值的工具。然而，也有必要将视频分析与来自测试和问卷的数据和测量联系起来，以获得更好的结果来估计观察到的教学质量。衡量一节课的质量，一个测量值是学生的学习结果，例如学生们在某个新开发的单元或其他干预中获得的能力和兴趣。另一个研究目的是找出教师的专业知识是否影响课堂互动和学生的产出。在这种情况下，为了计算相关性、线性回归或路径分析，必须形成不同类别的视频分析的高质量测量工具（请参见Fischer & Neumann, 2012; Klieme, Pauli, & Reusser, 2006; Ohle, 2010; Ohle, Fischer, & Kauertz, 2011; Seidel & Prenzel, 2006; Seidel, Prenzel, & Kobarg, 2005）。

对课堂复杂性的解释

作为研究者，我们总是要考虑到，在学校的教与学研究中至少有三个不同的组织层次。例如，在分析教学效果时，我们应该意识到个别教师和个别学生在教与学过程中处于不同的层次。从统计的角度来看，在设计一项研究时，我们需要至少20名不同的教师和他们的班级才能有信心获得满意的结果，并通过多层次的分析来计算，例如使用HLM（Hox, 2010）。

由于语境效果或社会经济背景不同，在某些情况下，一个群体内的观察并不相互独立，也就是说，一个群体中个体之间关于一个变量的相似性可能大于不同群体中个体之间的相似性。为了检验这些变量，我们必须对平方和进行分割。因为这些变量是相关的，所以平方和可以归因于多个变量；因此，变量并不像预期的那样独立。变量方差之间的重叠取决于研究者使用的平方和类型和研究者做出的其他判断。要估计这些自变量的方差，标准方法（如简单回归）不能量化各组间方差的份额和所有组的总方差，但组内相关性可以（Hox, 2010）。

因此，为恰当地分析分层组织问题，就需要应用多级分析，例如HLM，这个模型也称为随机系数模型或方差分量模型。不同层级的对象——如最低层级的个体和较高层级的集体——可以同时相互分配，但最高层级包含所有较低层级。学生被包含在班级中，班级又被包含在学校中。相关分析的理念是学生的科学成绩依赖于科学课堂的不同参数，这些参数受学校条件等因素的影响。忽略课堂环境的多级特征很可能会产生错误（请参见Raudenbush & Bryk, 2002）。

图2.4显示了一所学校两个班级（学生样本）的学生平均测试分数，标准的回归分析给出了均值和斜率，也给出了分班级的模型。这两种观察不同班级学生个体的方法得到的信息有很大的不同。

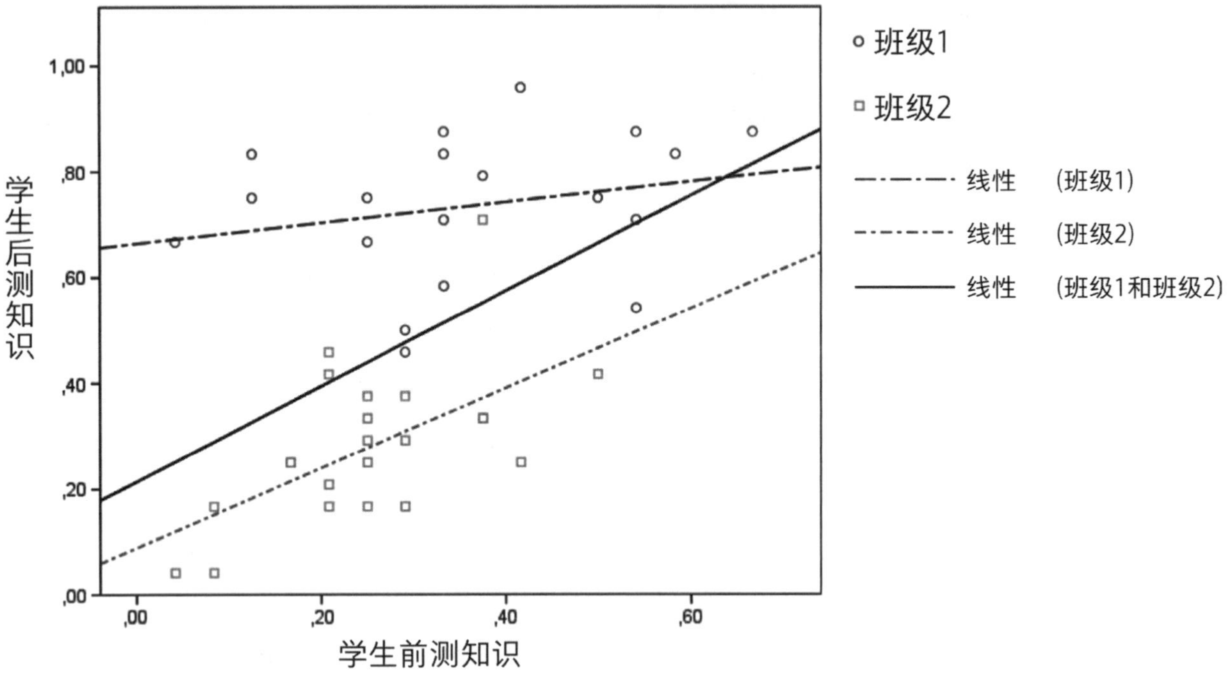

图2.4 两个班级数据的标准回归是关于物理知识和社会指标之间关系的。代表“班级1和班级2”的图隐藏了样本信息，分别代表班级1和班级2的图则显示了样本信息

多级分析的结果表明，所有班级的学生作为一个整体可以使系统不同层级中不同班级的差异不被体现。在本例中(见图2.4)，起始层级可以描述为学校层级，也可以描述为学校的一个学年；而嵌入其中的层级是可以被进一步划分的班级。横坐标以平均测试分数作为物理先验知识的测量，纵坐标以同一方式表示干预后测量的同一所学校两个班级学生的知识。现在可以根据前测物理知识和后测物理知识之间的联系来区分类别。

复杂教与学过程建模的结论

与一般科学教育方面的研究相一致，人们曾多次尝试将调查和描述课堂教与学质量的理论或模型联系起来，以指导研究并允许开发和使用一致的方法(Ditton, 2000; Neumann et al., 2012)。正如我们在本章所讨论的，建立学校教与学各方面的理论模型必须考虑到多个变量、它们之间的相互依赖关系以及分层有序的系统结构。这有助于研究者尽可能多地控制课堂环境的影响变量。

一个新开发的教学单元(如量子力学)的效果当然取决于它是否能以恰当的设计和策略向学生展示其科学内容和结构。然而，教学单元的学习结果也可能受到教师个性特征、教师的教学法知识、学生的社会经济背景、课堂中师生互动结构，特别是学生认知能力和他们各自的先验知识等因素的调节。这适用于每一种描述和每一次干预。按照科学教学是一个复杂系统的观点，为了了解科学教育研究的实际状况，现在很明显，需要一个合适的模型来尽可能描述对教与学过程的大部分影响。为了推进这个领域的研究，调查必须谨慎地使用我们在本章中概述的工具和技术——从考虑教育系统结构的技术(例如HLM)，到提供线性测量的技术(Rasch)，再到适当使用多级统计数据。这样做有助于自信地从科学教育研究预期的教与学变化的效果中得出结论，并告诉未来的教师如何提高自己的教学质量。通常很少有证据表明教师的这些知识对学生学习有益，教师教育不能参考以经验为主的结果；因此，这再现了直觉的信念和迷思。通过认真使用这些和其他工具，科学教育研究可以取得进展，从而向教师和决策者提供有用的指导，以实现高质量的科学教与学。

致谢

我们要感谢普渡大学的约翰·斯塔韦尔(John Staver)和哥本哈根大学的鲍勃·埃文斯(Bob Evans)。他们认真地对本章内容进行了批判性的审读。

参考文献

Bacon, F. (1904). Novum organum (translated by W. Wood). In J. Devey (ed.), *The physical and metaphysical works of Lord Bacon, including the advancement of learning and novum organum* (pp. 380 – 567). London: Bell and Sons.

Baumert, J., Kunter, M., Blum, W., Brunner, M., Voss, T., Jordan, A., & Tsai, Y.-M. (2010). Teachers' mathematical knowledge, cognitive activation in the classroom, and student progress. *American Educational Research Journal, 47*, 133 – 180.

Best, J. W., & Kahn, J. V. (2006). *Research in education* (10th ed.). Needham Heights, MA: Allyn & Bacon.

Blalock, H. M. (1968). Measurement problem: A gap between the languages of theory and research. In Hubert M. Blalock, Jr., & Ann B. Blalock (Eds.), *Methodology in social research* (pp. 5 – 27). New York: McGraw-Hill.

Boone, W., Townsend, S., & Staver, J. (2011). Using Rasch theory to guide the practice of survey development and survey data analysis in science education and to inform science reform efforts: An exemplar utilizing STEBI self-efficacy data. *Science Education, 95*(2), 258 – 290.

Boone, W. J., & Scantlebury, K. (2006). The role of Rasch analysis when conducting science education research utilizing multiple-choice tests. *Science Education, 90*, 253 – 269.

Boone, W. J., Staver, J., & Yale, M. (2014). *Rasch Analysis in the Human Sciences*. Berlin, Germany: Springer.

Bortz, J. (2005). *Statistik für Human- und Sozialwissenschaftler: Mit 242 Tabellen* (6., vollständig überarbeitete und aktualisierte Aufl.). [Statistics for human- and social sciences: including 242 tables (6th edition, completely revised and updated)]. Berlin, Heidelberg, New York: Springer.

Breuer, F., & Reichertz, J. (2002). FQS debates: Standards of qualitative social research. *Historical Social Research, 27*(4), 258 – 269.

Brown, T., Unsworth, C., & Lyons, C. (2009). An evaluation of the construct validity of the developmental test of visual-motor integration using the Rasch measurement model. *Therapy Journal, 56*(6), 393 – 402.

Bryk, A. S., & Raudenbush, S. W. (1992). *Hierarchical linear models: Applications and data analysis methods*. Newbury Park, CA, London, New Delhi: Sage.

Chi, M. (1994). Eliciting self-explanations improves understanding. *Cognitive Science, 18*(3), 439 – 477. doi: 10.1016/0364-0213(94)90016-7

Clausen, M. (2000). *Wahrnehmung von Unterricht, Übereinstimmung, Konstruktvalidität und Kriteriumsvalidität in der Forschung zur Unterrichtsqualität* (Dissertation). [Perceiving lessons, accordance, construct validity and criterion validity in research on quality of instruction]. Berlin: Freie Universität Berlin.

Clauser, B., & Linacre, J. M. (1999). Relating Cronbach and Rasch reliabilities. *Rasch Measurement Transactions, 13*(2), 696.

Cronbach, L., & Snow, R. (1977). *Aptitudes and instructional methods: A handbook for research on interactions*. New York: Irvington.

Ditton, H. (2000). Qualitätskontrolle und Qualitätssicherung in Schule und Unterricht: Ein Überblick zum Stand der empirischen Forschung. [Quality control and quality management for school and instruction.] In A. Helmke, W. Hornstein, & E. Terhart (Eds.), *Qualität und Qualitätssicherung im Bildungsbereich: Schule, Sozialpädagogik, Hochschule* (S. 73–92) [Quality and quality management in education: School, social pedagogy, university]. *Zeitschrift für Pädagogik, 41. Beiheft.*

Driver, R., Leach, J., Scott, P., & Wood-Robinson, C. (1994). Young people's understanding of science concepts: Implications of cross-age studies for curriculum planning. *Studies in Science Education, 24*, 75–100.

Duit, R. (1984). Learning the energy concept in school—empirical results from the Philippines and West Germany. *Physics Education, 19*, 59–66.

Family Report. (2012). *Family Report interpretive guide for Ohio achievement assessments. Ohio Department of Education, Columbus Ohio.* Retrieved April 19, 2013, from http://education.ohio.gov/Topics/Testing/Ohio-Achievement-Assessments/Family-Report-Interpretive-Guide-for-Ohio-Achievem

Field, A. (2005). *Discovering statistics using SPSS.* London: Sage Publications.

Fischer, H. E., Klemm, K., Leutner, D., Sumfleth, E., Tiemann, R., & Wirth, J. (2005). Framework for empirical research on science teaching and learning. *Journal of Science Teacher Education, 16*, 309–349.

Fischer, H. E., & Neumann, K. (2012). Video analysis as tool for understanding science instruction. In D. Jorde & J. Dillon (Eds.), *Science education research and practice in Europe* (pp.115–140). Rotterdam: Sense Publishers.

Fisher, W., Jr. (1992). Reliability, separation, strata statistics. *Rasch Measurement Transactions, 6*(3), 238.

Fricke, K., van Ackeren, I., Kauertz, A., & Fischer, H. E. (2012). Students' perceptions of their teacher's classroom management in elementary and secondary science lessons. In T. Wubbels, J. van Tartwijk, P. den Brok, & J. Levy (Eds.), *Interpersonal relationships in education* (pp.167–185). Rotterdam, the Netherlands: Sense Publishers.

Furtak, E. M., Seidel, T., Iverson, H., & Briggs, D. (2012). Experimental and quasi-experimental studies of inquiry-based science teaching: A meta-analysis. *Review of Educational Research, 82*(3), 300–329.

Gess-Newsome, J., & Lederman, N. G. (Eds.). (1999). *Examining pedagogical content knowledge.* Dordrecht, the Netherlands: Kluwer Academic Press.

Glaser, B. G., & Strauss, A. L. (1967). *The discovery of grounded theory: Strategies for qualitative research.* New Brunswick, NJ: Aldine Transaction.

Granger, C. (2008). Rasch analysis is important to understand and use for measurement. *Rasch Measurement Transactions, 21*(3), 1122–1123.

Gwet, K. L. (2012). *Handbook of inter-rater reliability, the definitive guide to measuring the extent of agreement among raters.* Gaithersburg, MD: Advanced Analytics, LLC.

Hammer, D. (1996). More than misconceptions: Multiple perspectives on student knowledge and reasoning, and an appropriate role for education research. *American Journal of Physics, 64*, 1316.

Hattie, J., & Timperley, H. (2007). The power of feedback. *Review of Educational Research, 77*, 81–112.

Haynes, S. N., Richard, D. C. S., & Kubany, E. S. (1995). Content validity in psychological assessment: A functional approach to concepts and methods. *Psychological Assessment, 7*(3), 238–247.

Hestenes, D., Wells, M., & Swackhamer, G. (1992). Force concept inventory. *The Physics Teacher, 30*, 141–166.

Hiebert, J., Gallimore, R., Garnier, H., Bogard Givvin, K., Hollingsworth, H., & Jacobs, J. (2003). *Teaching mathematics in seven countries: Results from the TIMSS 1999 video study.* Retrieved February 20, 2013, from http://research.acer.edu.au/timss_video/5

Hox, J. J. (2010). *Multilevel analysis: Techniques and applications.* New York: Routledge.

Kapadia, K., Coca, V., & Easton, J. Q. (2007). *Keeping new teachers—research report, consortium on Chicago school research (CCSR).* Chicago: Consortium on Chicago School Research (CCSR).

Kauertz, A., & Fischer, H. E. (2006). Assessing students' level of knowledge and analyzing the reasons for learning difficulties in physics by Rasch analysis. In X. Liu & W. J. Boone (Eds.), *Applications of Rasch measurement in science education* (pp.212–246). Maple Grove, MN: JAM Press.

Klieme, E., Pauli, C., & Reusser, K. (Eds.). (2006). *Dokumentation der Erhebungs-und Auswertungsinstrumente zur schweizerisch-deutschen Videostudie "Unterrichtsqualität, Lernverhalten und mathematisches Verständnis." Teil 3: Videoanalysen (Materialien zur Bildungsforschung, Bd. 15, Deutsches Institut für internationale pädagogische Forschung). [Documentation of the instruments of the Swiss-German video study, lesson quality, learning behavior, and mathematical understanding Part 3: Video analysis (material for educational research, volume 15, German Institute for International Educational Research)].* Frankfurt am Main: GFPF.

Kolen, M. J., & Brennan, R. L. (2004). *Test equating, scaling, and linking: Methods and practices* (2nd ed.). New York: Springer.

Krajcik, J., Drago, K., Sutherland, L. A., & Merritt, J. (2012). The promise and value of learning progression research. In S. Bernholt, P. Nentwig, & K. Neumann (Eds.), *Making it tangible—learning outcomes in science education* (pp. 261–283). Münster: Waxmann.

Lederman, N. G. (2006). Syntax of nature of science within inquiry and science instruction. In L. B. Flick & N. G. Lederman (Eds.), *Scientific inquiry and nature of science* (pp. 301–317). Dordrecht, the Netherlands: Springer.

Lederman, N. G. (2007). Nature of science: Past, present, and future. In S. K. Abell & N. G. Lederman (Eds.), *Handbook of research on science education* (pp. 831–879). Mahwah, NJ: Lawrence Erlbaum.

Lederman, N. G., Abd-El Khalick, F., Bell, R. L., & Schwartz, R. (2002). Views of nature of science questionnaire: Toward valid and meaningful assessment of learners' conceptions of nature of science. *Journal of Research in Science Teaching, 30*, 497–521.

Lee, H.-S., & Liu, O. L. (2010). Assessing learning progression of energy concepts across middle school grades: The knowledge integration perspective. *Science Education, 94*(4), 665–688. doi:10.1002/ sce.20382.

Linacre, J. M. (1994). Sample size and item calibrations stability. *Rasch Measurement Transactions, 7*(4), 328.

Linacre, J. M. (1997). KR-20 or Rasch reliability: Which tells the "truth"? *Rasch Measurement Transactions, 11*(3), 580–581.

Liu, X., & McKeough, A. (2005). Developmental growth in students' concept of energy: Analysis of selected items from the TIMSS database. *Journal of Research in Science Teaching, 42*(5), 493–517.

Magnusson, S., Krajcik, J., & Borko, H. (1999). Nature, sources and development of pedagogical content knowledge for science teaching. In J. Gess-Newsome & N. G. Lederman (Eds.), *Examining pedagogical content knowledge* (pp. 95–132). Dordrecht, the Netherlands: Kluwer Academic Press.

Mayring, P. (1995). Möglichkeiten fallanalytischen Vorgehens zur Untersuchung von Lernstrategien. *Empirische Pädagogik, 9*(2), 155–171.

Mayring, P. (2007). Mixing qualitative and quantitative methods. In P. Mayring, G. L. Huber, L. Gürtler, & M. Kiegelmann (Eds.), *Mixed methodology in psychological research* (pp. 27–36). Rotterdam: Sense Publishers.

Neumann, I., Neumann, K., & Nehm, R. (2011). Evaluating instrument quality in science education: Rasch-based analyses of a nature of science test. *International Journal of Science Education, 10*(33), 1–33. doi:10.1080/09500693.2010.511297

Neumann, K., Kauertz, A., & Fischer, H. E. (2012). Quality of instruction in science education. In B. Fraser, K. Tobin, & C. McRobbie (Eds.), *Second international handbook of science education* (pp. 247–258). New York: Springer.

Neumann, K., Viering, T., Boone, W. J., & Fischer, H. E. (2013). Towards a learning progression of energy. *Journal of Research in Science Teaching, 50*(2), 162–188. doi:10.1002/tea.21061

New York Science Teacher. (2013). *Common science conceptions.* Retrieved February 2014 from http://newyorkscienceteacher.com/sci/pages/miscon/subject-index.php

Niedderer, H., Buty, C., Haller, K., Hucke, L., Sander, F., Fischer, H. E., . . . Tiberghien, A. (2002). Talking physics in labwork contexts—a category based analysis of videotapes. In D. Psillos & H. Niedderer (Eds.), *Teaching and learning in the science laboratory* (pp. 31–40). Boston: Kluwer Academic Publishers.

Niedderer, H., Tiberghien, A., Buty, C., Haller, K., Hucke, L., Sander, F., . . . Welzel, M. (1998). Category based analysis of videotapes from labwork (CBAV)—the method and results from four case studies. In *Working paper 9 from the European project labwork in science education* (Targeted Socio-Economic Research Programme, Project PL 95-2005), 51 pages.

Nordine, J., Krajcik, J., & Fortus, D. (2011). Transforming energy instruction in middle school to support integrated understanding and future learning. *Science Education, 95*(4), 670–699. doi:10.1002/sce.20423

Oevermann, U., Allert, T., Konau, E., & Krambeck, J. (1979). Die Methodologie einer "objektiven Hermeneutik" und ihre allgemeine forschungslogische Bedeutung in den Sozialwissenschaften. In H.-G. Soeffner (Hrsg.): *Interpretative Verfahren in den Sozial-und Textwissenschaften* (S. 352–434). [The methodology of an "objective hermeneutic? and its general research logical significance in social sciences. In H.-G. Soeffner (Ed.): *Interpretative methods in social sciences and text analysis*]. Stuttgart: Metzler.

Oevermann, U., Allert, T., Konau, E., & Krambeck, J. (1987). Structures of meaning and objective hermeneutics. In V. Meja, D. Misgeld, & N. Stehr (Eds.), *Modern German sociology, European perspectives: A series in social thought and cultural criticism* (pp.436–447). New York: Columbia University Press.

Ohle, A. (2010). *Primary school teachers' content knowledge in physics and its impact on teaching and students' achievement.* Berlin: Logos.

Ohle, A., Fischer, H. E., & Kauertz, A. (2011). Der Einfluss des physikalischen Fachwissens von Primarstufenlehrkräften auf Unterrichtsgestaltung und Schülerleistung. [The impact of physics content knowledge of primary school teachers on lesson design and students' performance]. *Zeitschrift für Didaktik der Naturwissenschaften, 17,* 357–389.

Olszewski, J. (2010). *The impact of physics teachers' pedagogical content knowledge on teacher action and student outcomes* (unpublished dissertation). Essen: University of Duisburg-Essen.

Olszewski, J., Neumann, K., & Fischer, H. E. (2009). Measuring physics teachers' declarative and procedural PCK. In *Proceedings of the 7th International ESERA Conference*, Istanbul, Turkey.

Osborne, J., Collins, S., Ratcliffe, M., Millar, R., & Duschl, R. (2003). What "ideas-about-science" should be taught in school science? A Delphi study of the expert community. *Journal of Research in Science Teaching, 40*(7), 692–720.

Park, S., & Oliver, S. J. (2008). Revisiting the conceptualization of pedagogical content knowledge (PCK): PCK as a conceptual tool to understand teachers as professionals. *Research in Science Education, 38*(3), 261–284.

Popper, K. R. (1959). *The logic of scientific discovery.* London: Hutchinson.

Prenzel, M. (Ed.). (2004). *PISA 2003: Der Bildungsstand der Jugendlichen in Deutschland—Ergebnisse des zweiten internationalen Vergleichs* [PISA 2003: Student competence in Germany—Results from the second international comparison]. Münster, München, Berlin: Waxmann.

Rasch, G. (1960). *Probabilistic models for some intelligence and attainment tests* (reprint, with Foreword and Afterword by B. D. Wright, Chicago: University of Chicago Press, 1980). Copenhagen, Denmark: Danmarks Paedogogiske Institut.

Raudenbush, S. W., & Bryk, A. S. (2002). *Hierarchical linear models* (2nd ed.). Thousand Oaks, CA: Sage Publications.

Roth, K. J., Druker, S. L., Garnier, H. E., Lemmens, M., Chen, C., Kawanaka, T., . . . Gallimore, R. (2006). *Teaching science in five countries: Results from the TIMSS 1999 video study statistical analysis report.* (NCES 2006–011). U.S. Department of Education, National Center for Education Statistics. Washington, DC: U.S. Government Printing Office. Retrieved February 2014 from http://nces.ed.gov

Ruiz-Primo, M.A., Briggs, D., Shepard, L., Iverson, H., & Huchton, M. (2008). Evaluating the impact of instructional innovations in engineering education. (Evaluando el impacto de las innovaciones instruccionales en la enseñaza de la ingeniería.) In M. Duque (Ed.), *Engineering education for the XXI century: Foundations, strategies and cases* (pp. 241–274). Bogotá, Colombia: ACOFI Publications.

Seidel, T., & Prenzel, M. (2006). Stability of teaching patterns in physics instruction: Findings from a video study. *Learning and Instruction, 16*(3), 228–240.

Seidel, T., Prenzel, M., & Kobarg, M. (Eds.). (2005). *How to run a video study. Technical report of the IPN Video Study.* Münster: Waxmann.

Shavelson, R. J., & Towne, L. (Eds.). (2002). *Scientific research in education.* Washington, DC: National Academies Press.

Shrout, P. E., & Fleiss, J. L. (1979). Intraclass correlation: Uses in assessing rater reliability. *Psychological Bulletin, 86*, 420–428.

Smith, R. M. (1986). Person fit in the Rasch model. *Educational and Psychological Measurement, 46*(2), 359–372.

Smith, R. M. (1991). The distributional properties of Rasch item fit statistics. *Educational and Psychological*

Measurement, 51(3), 541–565.

Smith, R. M. (1996). Polytomous mean-square fit statistics. *Rasch Measurement Transactions, 10*(3), 516–517.

Smith, R. M., Linacre, J. M., & Smith, Jr., E. V. (2003). *Journal of Applied Measurement,* guidelines for manuscripts (n.d.). Jampress. org. Retrieved April 27, 2013, from www.rasch.org/guidelines.htm. Reprinted from Guidelines for Manuscripts. *Journal of Applied Measurement, 4,* 198–204.

Stelmack, J., Szlyk, J., Stelmack, T., Babcock-Parziale, J., Demers-Turco, P., Williams, R. T., & Massof, R. W. (2004). Use of Rasch person item map in exploratory data analysis: A clinical perspective. *Journal of Rehabilitation Research and Development, 41*, 233–242.

Stigler, J. W., & Hiebert, J. (1997). Understanding and improving mathematics instruction: An overview of the TIMSS Video Study. *Phi Delta Kappa, 79*(1), 7–21.

Stigler, J. W., & Hiebert, J. (1999). *The teaching gap: Best ideas from the world's teachers for improving education in the classroom.* New York: Free Press.

Strauss, A. L., & Corbin, J. (2008). *Basics of qualitative research: Grounded theory procedures and techniques.* Thousand Oaks, CA: Sage.

Wright, B. D. (1995). Which standard error? *Rasch Measurement Transactions, 9*(2), 436.

Wright, B. D., & Masters, G. N. (1982). *Rating scale analysis: Rasch measurement.* Chicago: MESA Press.

Wright, B. D., & Stone, M. H. (1979). *Best test design: Rasch measurement.* Chicago: MESA Press.

3

Contemporary Qualitative Research

Toward an Integral Research Perspective

PETER CHARLES TAYLOR

第3章

当代定性研究：

趋向整合研究视角

潘瑶珍 译　　李秀菊 审校

相当大的一群人已经采取了一套方法：设计一种替代性的范式/模型/形而上学来观察世界，主要是利用那些完全相同的方法；着手建立新方法，充实原有的方法；不断适应变化的社会环境(例如互联网和万维网的出现)；整合20世纪晚期关于表现、文本和西方权威的所有最好的思想；刻意为中心地带的边缘留出空间；不断地自我批评，以处理好该领域的难题、问题及与我们将研究的问题的关系；建立设计，以鼓励民主实践和领域外机构；系统地思考科学探究框架内问题的主要答案(Lather, 2006)；着手抚平艺术与科学、心灵与身体、理性与灵性、逻辑与情感、技术理性与人类发明之间存在的启蒙运动分歧。在过去的25年里，这是一个相当伟大的事件，正如我试图证明的，它还没有结束。

(Yvonna Lincoln, 2009, p. 8)

大约30年以前，定性研究从社会科学领域跨界发展以来，一直为科学教育研究者提供全新的视角，以审视和改革各级的课程政策和实践，包括教师教育和研究生研究。然而，尽管定性研究越来越受欢迎，它的全部潜力还远未实现。这主要有两个原因。首先，定性研究不容易归入科学教育的传统范畴中，尤其是对于那些坚定地持有一种世界观的人，在这种世界观中，知识生产的方法是由所谓科学方法的客观性来规范的。因此，许多定性研究被设计成符合这种世界观的研究，作为定量研究方法的补充，从而削弱了其变革潜力的锐利锋芒。

第二个同样重要的原因与当代定性研究的性质有关，定性研究因逐渐发展成为一个复杂、混乱和有争议的领域而声名狼藉。其复杂性源自该领域的多范式性质。几个相互作用的研究范式支配着当代的定性研究，提供了关于如何理解我们与现实的关系，如何合理地理解和表达我们的经验，以及如何按照我们评价自己、他人和环境的方式去行事的各种理论。从这种复杂性中做出一个一致的定性研究设计原则的选择，对于新手和专业研究者来说都是一个挑战。此外，该领域是混乱的，因为定性研究方法和设计方法没有公认的最佳分类法。这使得在如何优化定性研究的“效度”这一关键问题上严重缺乏共识，许多学者拒绝使用定性研究这个术语，并提出了替代定性研究的质量标准。

让新手研究者更加为难的是，“定性”这一术语作为该领域的合适描述目前受到争议，许多人认为“定性–定量”的区别早已过时。这是怎么发生的？20世纪90年代的定性研究先驱们提高了人们对支撑大部分研究的狭隘（很大程度上是看不见的）假设的认识，并开始质疑从自然科学中引入的占主导地位的定量（或“科学”）观点的特权地位。由此引发“定性对定量”的文明冲突，最终使人们对教育研究的哲学基础有了更为复杂和细致的理解。对立学派的实践者们开展了富有成效的对话，并开始将他们的研究设计与来自其他阵营的方法相交叉，以产生“定量和定性”的研究设计，最近被称为“混合方法”研究。如今，定性研究方法（如访谈）被纳入定量研究设计中，而定性研究设计有时也使用定量研究方法（如问卷调查）。

所以在这个混合研究设计的新时代里，当我们使用形容词“定性的”和“定量的”时，我们真正的意思是什么？我们是在区分不同类型的数据、研究方法或研究设计，还是基于更深层、更深刻的东西（比如产生、呈现和使知识合法化的根本不同的方式）进行区分？许多新手研究者挑选了太多关于这个主题的教科书，书中充斥着复杂、混乱和争论，语言上的混淆会引起概念上的混淆；对这些研究者来说，问题往往多于答案。

作为一个当代定性研究的资深实践者，我接受这一挑战性任务，撰写本章内容，为我们对于该领域的理解带来一些规则和洞察力，同时我要谨慎下笔，避免过度拓展，因为任何试图一劳永逸地解决支持者话语的复杂性和争议都是徒劳的。不过，我至少要努力减少这一领域的混乱状态。当代定性研究的一个特点是它的透明度，研究者会让人看到他们投入了调查研究的过程。在撰写本章内容时，事实上，我确实参与了探究性写作的一个解释性过程（Richardson, 1994）：我通过抽样大量关于定性研究的文献获得“数据”，并思考作为研究者和研究生导师，如何用我的专业能力帮助我的研究生将这一领域概念化，找到设计和进行调查的富有成效的方法。因此，其结果必然是对一个动态的和新兴的学术领域的部分描述。

在本章中，我选择侧重于介绍哲学、社会文化、历史和政治的主要影响如何塑造当代定性研究，以及科学教育变革的激动人心的前景，而不是复制许多定性研究教科书上的内容，这些教科书专注于生产和处理定性数据的方法（通常忽略重要的框架假设）。如果没有这些理论考虑，当代定性研究的变革潜力是不太可能实现的。

我还选择了一种以解释性为主的写作风格，而不是通常的叙事风格，这种风格使定性调查的过程透明，尤其是研究者展现的主观性。在做出这个选择时，我考虑了这本手册读者的普遍偏好，以及我的审稿人和编辑的建议。为了弥补这种保守主义（有些人可能称之为“异端邪说”），我把读者引到其他可以找到当代定性研究写作的说明性范例的出版物上。

解开我所提到的语言和概念的结，有助于理解定性和定量研究的起源。为此，我首先简要介绍一下历史。

定量研究与定性研究的历史根源

戴维·汉密尔顿（David Hamilton, 1994）对定

性研究的历史起源做了简要的描述，他认为“定性研究的认识论……起源于18世纪晚期的认识论危机”（p.63）。早在17世纪，雷内·笛卡尔（Rene Descartes）的《方法论》（*Discourse on Method*, 1637）就为定量研究奠定了哲学基础：基于经验客观性和数学确定性的推理，即笛卡尔绝对主义。大约150年后，伊曼纽尔·康德（Immanuel Kant）的《纯粹理性批判》（*Critique of Pure Reason*, 1781）提出了一个人类理性的对比模型，在这个模型中，思维在塑造感知方面发挥着核心作用，并在我们（解释性的）对自然世界的理解中起调节作用。康德将研究者的主观性确立为其研究自然现象的核心，从而为社会科学的定性研究奠定了认识论基础。

这两种思想流派之间的对比是鲜明的。笛卡尔客观主义将观察者与被观察者分离开来，有助于产生自然现象之间因果关系的普遍规律知识，其依据是物质世界具有很强的确定性：给定初始条件的知识，就可以有把握地预测事物的最终状态。在笛卡尔世界观中，几乎没有自我决定或自由意志的空间。艾萨克·牛顿（Isaac Newton）在用公式表述一个看似可预测的宇宙的基本运动定律时，就已深深融入了笛卡尔世界观。笛卡尔客观主义是物理科学经典定量研究模型的必要条件。

相比之下，康德的观点为人类对于影响我们生活的实际问题的推理增加了道德维度，产生了基于日常经验的实践性知识。康德的观点是关心人的自由和社会解放，关注自我决定行为中的道德决策。在19世纪，新康德主义者威廉·狄尔泰（Wilhelm Dilthey）帮助建立了社会科学的定性研究，其认识论强调“理解”（或*Verstehen*）和“生活经验”（或*Erlebnis*）的作用，这与笛卡尔“解释”（或*Erklaren*）的概念形成鲜明对比。对于新康德主义者来说，观察者和被观察者在辩证关系中紧密地联系在一起，一个影响另一个，反之亦然。有趣的是，量子论也有类似的观点，即观察者的心理意识通过观察（或测量）来瓦解“概率波函数”，从而产生一种特定的物理表现，这是许多可能的现实之一。薛定谔的猫生与死的悖论就是一个经典的例子。量子理论家提出，不仅亚原子现象，所有生命现象，特别是人类意识，都受到这种量子效应的支配（如Goswami, 1993; Rossenblum & Kuttner, 2011）。

在19世纪，新康德主义的观点使社会科学家扮演了解放者的角色，作为社会活动家与社会的弱势群体一起工作，赋予他们自由和手段来应对他们生活中压抑的社会条件。这种解放主义情绪——作为社会正义或者以社会正义为目的的应用研究——流入并贯穿20世纪，被法兰克福学派的批判社会哲学家吸收，如尤尔根·哈贝马斯（Habermas, 1972）；被批判行动研究者带入到教育领域，如威尔弗雷德·卡尔和斯蒂芬·克米斯（如Carr & Kemmis, 1986）。

但是，如果读者认为20世纪的社会科学研究见证了定量研究的消亡和定性研究的崛起，那么上述描述就歪曲了历史。尽管哲学家对笛卡尔/牛顿的科学范式进行了成功的哲学批判，如保罗·费耶阿本德（Paul Feyerabend）、托马斯·库恩（Thomas Kuhn）、伊姆雷·拉卡托斯（Imre Lakatos）、卡尔·波普尔（Karl Popper）、伊利亚·普利高津（Ilya Prigonone）和斯蒂芬·图尔明（Stephen Toulmin），与此同时库尔特·哥德尔（Kurt Godel）和莫里斯·克莱因（Morris Kline）对支持性的柏拉图主义和形式主义数学哲学进行了批判，这些批判使定量研究的形式有所修改，但在社会科学中，特别是在科学教育中，定量研究仍然保持着强大的存在。究其原因，与哲学辩论的智力价值无关，而更多地与过去30年西方世界政治向右翼“新保守主义”的钟摆式摆荡有关（如Smith, 2008）。

伊冯娜·林肯（Yvonna Lincoln, 2005）为政府和机构（大学）审查委员会维护的“方法论保守主义”新时代提供了令人信服的解释。审查委员会需要“科学证据”来证明经济理性主义者的成功管理策略——这种模式应等同于更高的系统效率、更高的生产率、增强的问责制以“改善”教与学的结果。一直到本世纪，为承诺提供这种科学“证据”的定量研究方法提供资金被优先考虑。欧内斯特·豪斯（Ernest House, 2006）将这种“方法论原教旨主义”归因于美国联邦政府，因为美国联邦政府信奉“只有随机实验才能产生真实结果”的意识形态政策信念，豪斯将这一主张解释为“恢复传统权威关系”的一种几乎不加掩饰的尝试（p. 93）。

同样，后殖民时期的学者警告说，对社会科学研究的公然政治控制，让人想起19世纪欧洲国家强加给殖民地的一刀切的课程意识形态，试图通过文化认同和语言替代“治疗”冒充学校教育来“教化当地人”（请参见，如Haarman, 2007; Mutua & Swadener, 2004; Nhalevilo, 2013）。这也与目前西方（化）大学的研究生课程相呼应，这些课程向学生灌输笛卡尔/牛顿的定量研究世界观，很少或根本不考虑认识论多元主义（Paul & Marfo, 2001）。

考察当代社会科学研究教科书是了解当今教育研究现状的有效途径。20世纪80年代，当我开始在一所科学与数学教育研究院教授研究生课程时，当时的主要教科书（Tuckman, 1978）只介绍定量研究，没有“认识论”这个术语，笛卡尔/牛顿的世界观在研究生（以及他们的导师）理解教育研究的本质和目的方面施加了霸权式的钳制。打个比方来说，鱼在很大程度上没有意识到它们是在水里游动（如Taylor & Medina, 2013）。

作为一名有改革能力的教育者，我在寻求宣传更高阶意识的时候发现自己与伊冯娜·林肯（2005）的观点是一致的，即发展对研究认识论的全面理解应该是研究生研究教育的核心目标。为了避免笛卡尔/牛顿世界观的霸权钳制（特别是对科学教育者来说它类似于“母乳”），并且能够锻炼明智的选择（包括自由选择定性或定量研究方法），研究生是需要认识论敏锐的，也就是说，批判性地意识到关于知识本质的假设，知识本质是研究知识生产过程的基础。

今天，社会科学研究教科书提供了大量这方面的内容。有些作者主要关注实施研究方法的技术性细节（如Creswell, 2012），另一些作者则喜欢从哲学角度按照范式对研究进行分类，比较和对比这些范式所对应的本体论、认识论和方法论（如Bryman, 2012; Cohen, Manion, & Morrison, 2011; Guba, 1990; Howell, 2013; Willis, 2007）。以下四种范式在当代社会科学研究教科书中是常见的：

后实证主义
解释主义
批判主义
后现代主义

然而，在如何将“定量研究”和“定性研究”准确地映射到这四种范式分类方面，还缺乏共识。流行的混合方法观点（以前称为“定量和定性研究”）认为，定性研究方法毫无疑问可以与定量研究方法结合起来。在本章后面，我解释了这是可行的，但有限制，因为它往往导致研究设计受后实证主义范式的认识论支配。另一种形成鲜明对比的观点引起我的共鸣，定量研究受后实证主义认识论的支配，而当代定性研究则从属于解释主义、批判主义和后现代主义范式所提供的多种认识论。这种缺乏共识的现象解释了为什么许多研究生发现，教育研究领域是不连贯和令人困惑的。在考虑第一个定性研究范式之前，我们将考虑以实证主义范式的特征为出发点，实证主义范式支配着科学教育中传统的定量研究。

超越实证主义研究

以笛卡尔基于经验客观性和数学确定性的推理哲学为基础，关注揭示物质世界的规律性性质（狄尔泰的"解释"），实证主义（或经验主义）范式已成为"科学方法"的同义词。在设计寻求证明因果关系这一难以捉摸的目标的定量研究方法时，要尽可能多地控制实验条件（最大限度地减小统计方差或"噪声–信号"比值）。其目的是检验一个精心设计的先验理论的合法性。在农业科学中，研究者将转基因作物的产量与标准的未转基因品种的产量进行比较。在粒子物理学中，跟踪高能亚原子粒子束在严格控制的条件下发生碰撞的运动轨迹；最近对希格斯玻色子存在的近似证实就是应用了这种方法。

在19世纪后期，成功的物理科学实验研究方法被引入到社会科学中，以实现这一新学科的学术合法性（Schon, 1983）。经典实证主义研究设计用于检查人类行为特征的对照组和实验组、前测和后测、随机抽样和大样本量。它们受到客观性这一黄金标准的制约，客观性体现在各种形式的效度和信度上。社会科学研究的作者们将实证主义范式与证实主义的原则联系在一起，证实主义促使研究者收集经验（如感觉）数据以确认其先验假设，并与真理的符合论联系在一起。真理的符合论促使研究者声称已经发现了对现实的准确描述（而不是解释），通常被称为素朴实在论的本体论。

当我们反思科学（我们的主要学科）在传统本科科学课程中被表述为客观和无可争议的事实时，我们容易理解为什么科学教育者会被实证主义研究所吸引。讲述式的教学方法，"菜谱式"的实验室实验，如博物馆一般展示科学研究的最终产品，而不是产生创造性发现和同感效证的杂乱无章（相互/主观）的过程（Kuhn, 1962），这都加强了对科学不可否认的客观性的认识。

对于教育研究者来说，实证主义研究的一个缺点是，因为结果具有较大的"粒径"，所以通常对当地的环境和个体不敏感，无论是对特定的学校、教师、班级还是学生；我们对构成方差分析、回归方程或平均得分和标准差的大统计图景的"小点"（尤其是异常值）一无所知。此外，因为运用定量研究的设计和方法可能笨拙又费时，所以需要受过专门训练的学术研究团队使用它们，单独的教师几乎不用，从而强化了传统研究的理论–实践差距，即研究主要服务于学术研究者的利益，胜过服务于教师实践者的利益。

但是，实证主义研究受欢迎程度下降，可能在很大程度上归因于，最近研究伦理委员会（在大学、学院和国家机关）的迅速崛起，这些委员会要求研究者对研究场所不仅要避免危害（即无害），而且要做出积极的贡献（即行善）（Cohen et al., 2011）。关键的问题是谁能从这项研究中受益，谁不能。在西方民主国家，许多学校共同体不再认为将学生随机分为实验组和对照组，并对前者应用一种教学创新，而对后者加以抑制的实验研究实践在伦理上是可以接受的。教学创新必须事先得到批准，它极有可能对课程做出积极贡献，在这种情况下，公平的伦理要求它应该适用于所有的同期学生。很少有父母愿意让他们的学龄儿童在科学兴趣方面被当作“实验室老鼠”。作为这一伦理转变的一部分，民主机构越来越多地遵守社会公平的原则。这使得专业领域也不能例外，学术研究者不再享有他们曾经享有的特权地位，他们不能再指望“命令”学校满足他们大规模数据收集的愿望。

20世纪的最后几十年，在社会科学领域，实证主义的经典范式经历了认识论的软化；它被调整以便更好地为教育研究者希望工作的地方社区的利益、结构和优先事项服务。尽管后实证主义与其母范式共享基于经验客观性和数学确定性的推理哲学，但它离证明因果关系的科学(道德？)高地又远了一步，并且确立了下一个天赐之物：相关性或令人信服的证据，证据中关键变量在给定的情况下往往同时出现(或是关联的)。这使对定量研究的限制变得宽松，出现了广泛的当代研究设计：取消对照组的准实验设计、取消预测试的相关设计，以及取消随时间取样的调查设计。抽样论现在包括非随机抽样、立意抽样和方便抽样等，其样本量已经缩小到只有一个班级，比如说25名学生。

许多后实证主义研究设计的显著特点是增加了定性研究方法——观察性检查表、(半)结构化访谈——作为主要定量方法的补充，产生了混合称谓，如“定量与定性研究”和“混合方法研究”。客观性仍然是黄金标准，但随着效度和信度优化方式的改变，也软化了。尽管观察者–被观察者的二元论仍在继续，但研究者–研究对象之间的关系远没有那么客观和明确。为促进教与学的改进，大学研究者在学校的课堂上与教师合作，教师被授权为研究合作者，这是很常见的。

更重要的是，后实证主义研究使教师自己能够独立地担当教师–研究者角色，成为内部专业发展的核心方面。例如，一名教师持有一份由大学设计的问卷，该问卷以前经过验证，用于获取学生对学习环境选定方面看法的测量值，教师为此开展行动研究，以提高学生学习的某个特定方面，比如在小组中进行开放式探究的协作能力，这名教师会展开行动研究。问卷提供了一个学术理论框架，以塑造教师的创新教学方法，当用作后测时，生成班级平均分数，根据平均分可以快速了解全班的看法。随后，对选定的学生进行半结构化访谈，有助于确认(也有可能否定)定量模式的效度。

在这种情况下，虽然理论–实践的差距已经缩小，但仍然有一个单向的桥梁需要跨越——引入“专家”理论，前提假设是无论当地的社会文化背景如何，“专家”理论都具有普遍适用性。虽然教师–研究者在控制和应用研究方面参与度更高了，但这种混合方法研究形式在科学教育者中迅速流行起来，它有助于实施一种规范的教与学理论，其标准隐含在问卷中。这种规范的(批判性理论家会说“隐蔽的”)目的与解放主义研究的目的非常不同，解放主义研究的目的是使教师能够产生让·麦克尼夫(Jean McNiff)和杰克·怀特黑德(Jack Whitehead)(2011)所说的基于教师自身专业经验的独特权威的“活的教育理论”。然而，我并不是说引进学术理论必然是后实证主义研究的弱点，也不是说混合方法研究的目的是险恶的。相反，我认为这种研究形式，就像所有研究一样，所能达到的范围有限，而且这种局限性应当被认识到，尤其是在研究生院中。

解释性研究

康德恢复了亚里士多德提出的理论知识和实践知识之间的区别。理论知识指事件的状态，其存在可以被检验、被测试和被接受。

实践知识……指做决定……实践推理……因此，与道德判断在人类行为领域的应用有关。

（Hamilton, 1994, p.63）

20世纪70年代至80年代，英国开始了一场社会科学领域的知识革命：在教育和培训领域中，定性项目评估和定性个案研究在学者们之间变得非常突出（如Hamilton, 1977; Simons, 1980; Walker, 1980）。20世纪80年代，吉姆·加拉格尔（Jim Gallagher, 1991）利用教育人类学家弗雷德里克·埃里克森（Frederick Erickson, 1986）的学术成果，将解释性研究引入科学教育。埃里克森的观点基于德国解释现象学的社会科学传统。

解释性研究是一系列研究方法的统称，包括民族志研究、定性研究、参与-观察研究、个案研究、现象学研究、符号互动理论研究和建构主义研究……100多年前，德国的知识分子试图区分“自然科学”和“人文科学”，由此产生了这一研究路径。这种区分被认为是必要的，因为人类与其他动物和无生命体在创造和分享意义的能力上有所不同。

（Gallagher, 1991, p.5）

解释性研究的独特之处在于其明确的社会建构主义认识论，引导科学教育研究者采用民族志研究方法——长期的参与-观察、非临床访谈、借助扎根理论的自然分析，以及深描。这些定性方法使解释性研究者对支撑教师和学生课堂互动的“意义视角”（即观念、信念、价值观、世界观）形成深刻的理解。解释性研究者仔细地记录影响参与者交互作用的情境（物理的、社会的、文化的），它塑造了参与者的互动，反过来又被参与者的互动塑造，从而产生关于教与学的复杂性、情境和动态的实践知识。

解释性研究是在一个偶然的时间进入科学教育领域的：20世纪90年代初，一场教与学的“建构主义革命”正在进行。为了创造有意义的学习环境优化学生的参与，使他们的经验有意义，建构主义理论被引入到科学课程中。建构主义教师在课堂上试验了全新的知识生产隐喻，重点放在学生感知过程的质量上。创新研究者采用对人敏感的解释性研究方法，“洞察”教师和学生的内心和思想，为科学教育中建构主义改革的启示和约束条件带来了深刻的理解（如Tobin, 1993）。

与此同时，数学教育也经历了一场类似的认识论革命。这两个学科的研究者分享了他们对建构主义教与学理论的创新发展，以及他们研究的实证结果（如Eisenhart, 1988; Wheatley, 1991）。有关科学和数学教育建构主义改革的论述超出了本章的范围，但有必要指出，出现的两种截然不同的学派——个人建构理论和激进/社会建构主义，以截然不同的方式采用了定性研究。

个人建构理论研究者从传统的学习心理学视角出发，采取保守的方法对待课程改革，将建构主义理论应用于研究重点，而不是研究方法论。他们倾向于在经典的科学模式下工作，设计创新的教学方法来纠正学生对传统科学概念的错误理解（例如迷思概念、相异概念）。他们更喜欢定量研究方法：使用纸笔工具来测量学生的“概念改变”程度，有时会将成绩结果与态度和科学推理联系起来。后来，在混合方法研究被引入之后，参与者观察和结构化访谈帮助研究者验证他们的定量分析，进而帮助他们验证他们的测量工具。定性研究方法在非常重要的定量研究设计中发挥着宝贵且从属的作用，它仍然是科学教育中经常使用的混合方法。然而，它很少涉及解释的角度。

相反，激进/社会建构主义者将建构主义理论应用于研究的重点和方法论。他们专注于重新思考科学教与学的基本假设，将课堂话语重新定义为社会探究，并在与教师–研究者合作的过程中，设计解释性研究来描绘建构主义教学改革的过程。解释性研究者不仅观察课堂生活，而且深入参与干预设计，以带来改变：对教与学的经验、对课程的教学、对学校教育的性质和目的，以及对整个社会。随着建构主义改革波及面的扩大，对教育研究性质和目的的认知也随之扩大。解释性研究者从经典定量研究的价值中立立场转向一种干预主义的角色，这种角色是由改善人类境况的道德规范驱动的，这使他们接受了批判社会理论和方法，这些理论和方法将在批判性研究一节中讨论。

对于一名科学教育领域的解释性研究者，20世纪90年代是一个激动人心的时期。教学和研究领域的建构主义革命正在加快步伐，来自多个学科的社会科学研究者组成的快速发展的网络提供了高层次的学术支持。以肯·托宾（Ken Tobin）为代表的先锋科学教育研究者将解释性研究的先进学术引入研究生的研究项目中，催生了许多关于高校科学教学和科学教师教育社会建构主义改革的研究（Taylor, Gilmer, & Tobin, 2002）。

随着社会科学的反思性转向日益突出，许多解释性研究者将他们的重点从理解不同文化的民族志角度，转向他们自己的主观性在构建这种理解中的积极作用。古帕（Guba）和林肯（Lincoln）（1989）定义了“进步主观性”这一术语，以表明研究者新产生的自我理解的重要性，以及在其研究报告中需要使这一过程透明的必要性。这时候有了作为反思性实践者的研究者（Schon, 1983），高等教育机构中产生了不同的学者群体，他们对改进自己专业实践感兴趣。

实践者研究领域被称为自学研究（Lassonde, Galman, & Kosnik, 2009; Pithouse, Mitchell, & Moletsane, 2010）、参与式行动研究（Reason & Bradbury, 2001）和动态理论行动研究（McNiff & Whitehead, 2011），尽管这些术语还有其他变体。实践研究者吸收了个人经验方法（Clandinin & Connelly, 1994）、诸如生活写作和自传的传记方法（Smith, 1994）、叙事探究方法（Chase, 2005）和自传/民族志方法（Reed-Danahay, 1997）。正如在接下来的两节中所讨论的，他们还利用批判性研究方法和基于艺术的研究方法来从事写作，把此当作批判性探究（Richardson, 1994），以及产生唤起情感的研究文本。在《定性研究手册》（*Handbook of Qualitative Research*）第三版中，我们发现埃贡·古帕（Egon Guba）和伊冯娜·林肯（2005）将范式分配到实践者研究领域。然而，我倾向于将实践者研究看作是多范式的，实践者利用了本章所讨论的一个或所有主要范式，这一点将在后面关于整合研究的小节中清楚地说明。

解释性研究的学术地位得到了自然主义研究者（Guba & Lincoln, 1988）和《定性研究手册》（Denzin & Lincoln, 2005a）编著者的支持。解释性研究以社会建构主义认识论和相对主义本体论为基础（存在多种现实），与客观主义和各种现实主义（古典实证主义和后实证主义研究范式）有着明显的区别。诺曼·邓津（Norman Denzin）和伊冯娜·林肯（2000）指出，随着新研究范式的出现，社会科学研究领域出现了三个“危机”。再也没有单一的最佳方法来验证知识（合法化危机），或代表研究者及其参与者的经验（代表危机），或扮演研究者的角色（实践危机）。研究的每一个基本方面都依赖于管理范式。下面我将考虑适当的(和不适当的)质量标准来使解释性研究合法化。

解释性研究的质量标准

许多定性研究者回避效度和信度作为他们学术工作合法化的标准，认为这些黄金标准在认识论上是不相关的(如Schwandt, 2001)。因此，出现了一系列替代标准，例如描述充分性、保真度、准确度、全面性、似真性、可信性、真实性、一致性、连贯性(Green, Camilli, & Elmore, 2006)，或中肯性、有效性、潜能、冲击力和说服力(Wolcott, 1990)。这种多样性使新手研究者很难知道选择哪种标准。对于解释性研究，自然主义研究者埃贡·古帕和伊冯娜·林肯设计了两套互补的质量标准：可信任度和真实性。这两个标准是以社会建构主义认识论为根据特殊设计的，最初在《第四代评价》(*Fourth Generation Evaluation*, Guba & Lincoln, 1989)、后来在《定性研究手册》(Guba & Lincoln, 1994)中都有解释。在这里，我将概述这些标准，然后再考虑流行的三角测量标准和当代定性研究中不太知名的另一种标准——结晶化。

可信任度。可信任度有四个标准：可信性、可转移性、可靠性和可认证性。实施这些标准有助于确保研究者对参与者的有意义观点形成深刻的理解，这些理解产生自长期沉浸于参与者的社交世界，已经通过“成员查核”得到验证，并通过寻找证据以否定从基础理论中得出的推论来质疑这些理解。重要的是，研究者还通过可视化来优化可信任度：(i)通过“深描”参与者的社交世界背景；(ii)通过叙事写作的方式进行田野调查，在这种过程中，他们展现的主观性是以第一人称(即“我”和“我们”)的口气通过概率推理的话语(如“似乎……”“看起来……”“很可能……”)来表达的，从而传达了解释隐含的不确定性。多种文学体裁的可用性(稍后在后现代研究一节中讨论)为当代解释性研究者提供了丰富的表达手段，使他们能够写出具有可信任度的调查报告。

以可信任度标准处理方法论的问题，与基于内部和外部信度和效度的实证主义标准相“平行”。古帕和林肯将解释性研究标准明确地映射到实证主义标准上，这为科学教育研究者试图使反直觉认识论边界从实证主义跨越到解释主义范式提供了很大的帮助。然而，瓦莱丽·亚内西科(Valerie Janesick, 1994)已经警告了“方法论”(即崇拜方法)的危险，这种危险源于对方法论标准的执着追求，以至于与参与者的关系被研究者学术本身利益所扭曲。

真实性。第二套解释性研究标准——公平、本体论真实性、教育真实性和策略真实性——是这一范式所特有的，目的是在研究者和参与者之间建立道德健全的、授权的和有益的关系。就行为公平的研究者而言，他们需要在参与者群体中寻求全方位的视角，包括冲突或矛盾的观点，并在研究报告中体现这种价值多元化。本体论和教育真实性是通过研究者积极促进参与者的自我理解以及他们对直接群体之外的其他利益相关者的理解来优化的。催化和策略的真实性取决于研究者促进参与者在其当地环境中作为变革推动者的程度，使研究者能够制定自己的判断标准来评估其专业实践变革的有效性。对于同时采用解释主义范式和批判主义范式的研究设计，真实性标准可以与批判性研究标准相结合。

虽然可信任度和真实性标准对解释性研究至关重要，但它们并不是所有解释性研究设计的规范性约束。相反，应该根据认识论的细微差别和每一项研究的实际可行性仔细地调整这两套标准。

三角测量。三角测量是混合方法研究的一个流行标准，但它并不一定符合解释性研究者的认识论利益。三角测量是从工程领域借鉴而来的隐喻，测量人员使用基线两端的多个（通常是两个）观察点来计算（通过数学中的相似三角形）到远处物体（比如一座山）的直线距离。在社会科学中，三角测量指导研究者采用多种研究方法（Mathison, 1988）。支撑三角测量的经典框架假设是，多重性将有助于实现经验客观性和推理确定性。因此，三角测量经常被用作“首选武器”，以优化许多当代混合方法研究设计的效度和信度，将它们清楚地置于后实证主义范式中。

杰里·威利斯（Jerry Willis, 2007）认为，三角测量不是以社会建构主义认识论（即解释性研究）为基础的定性研究的关键质量标准，尤其是在试图深刻理解参与者的复杂社会现实时。三角测量倾向于让研究者运用聚合思维，也就是说，寻找证据证明（或验证）参与者的有意义观点（即信念、认知、价值观）的一致性，同时忽略他们可能持有多重的甚至是矛盾的观点的可能性。三角测量还倾向于指示研究者验证他们自己的“客位”（或局外人）观点，而不是揭示其他文化上有差异的“主位”（或局内人）观点。这个问题已经在科学教育的文化研究中被发现，在这种文化研究中，非本土研究者利用主要基于先验（扶手椅）理论的结构化访谈协议“发现”了对复杂本土观点的简单理解（Abrams, Taylor, & Guo, 2013）。米歇尔·法恩（Michelle Fine）对这种幼稚、失礼的“他者”做法提出了批评，我将在下一节的“批判性研究”中讨论这种做法。

结晶化。解释性研究需要以可信任度、真实性等标准来规范，这些标准引导研究者寻求建立对参与者有意义观点的多种以事实为依据的解释。在这一背景下，劳雷尔·理查森（Laurel Richardson, 1994）认为，相对于三角测量的二维固定性（基于平面几何），结晶化的隐喻传达了一个整体的、多层面的、动态的观点。理查森倾向于多面体晶体的隐喻（基于光学理论），它反映了外部性和内部的折射，创造了一个色彩丰富的动态图像的光谱。在叙事研究写作方面，结晶化重视那些“对主题提供了深入复杂、完全片面的理解”的文本（p. 934）。在后现代研究一节讨论的以艺术为基础的研究流派使之成为可能。因此，对于解释性研究来说，当涉及理解和表达社会现实的复杂性时，结晶化比三角测量更适合。

批判性研究

> 哲学从一开始就已经证实了一种颠覆性元素。柏拉图的道歉告诉我们，苏格拉底是如何因为败坏了年轻人的道德和怀疑神被雅典公民判死刑的……苏格拉底对传统智慧提出了质疑，他将长期存在的信念置于理性的审视之下，并对超出现有秩序的担忧进行了推测。后来众所周知的“批判理论”就是建立在这一遗产的基础上……批判理论具有跨学科的、独特的实验特征，总是不仅关注事物是怎样的，而且关注它们可能是怎样的和应该是怎样的。这一伦理要求促使其主要思想家发展出一系列主题和一种新的批判方法，改变了我们对社会的理解。
>
> （Bronner, 2011, pp. 1, 2）

批判性社会理论和研究方法是在20世纪

70/80年代通过课程理论化途径进入教育领域的，科学教育者从90年代开始接受这种方法。批判性研究范式的核心在于促进社会正义的变革意图，实践者要对世界采取行动，使世界变得更民主、更公平、更平等、更包容。批判性视角将解释性研究者从理解（*verstehen*）他人生活经历的角色扩展到倡导（*praxis*）“创造差异”的角色。

在社会科学中，批判性实践者利用意识形态批判，使社会结构（规范的社会实践及其管理政策）变得可见，批判性地分析和变革社会结构，这些社会结构压制了个人和少数群体的自由意志、尊严和自我决定权，换句话说，就是社会中较弱的成员。金奇洛（Kincheloe, 2007）称这是一个参与“批判性民主”的过程。批判性实践者发展了一种与社会弱势群体和/或经济弱势群体合作的专业实践。他们的变革目标包括培养社区的社会良知、智力能力和对更光明未来的想象，促进社区发出批评的声音，使社区具有战略政治技能以获得改善其福祉的资源。

在科学教育领域，批判性研究者们接受了一系列从哲学、人类学和社会学领域引入的社会文化理论。二十五年多以来，科学教育者运用批判性女性主义理论来确定历史上“男孩友好”的科学教学是如何使女孩处于不利地位的，并创造了性别包容的课程和教学方法。在过去的十年里，科学教育的文化研究激增，批判性研究者确定了“第一世界”的科学课程和研究实践是如何传播西方现代世界观的，这种世界观通过复制狭隘的文化价值观、信仰、愿望、语言和身份，排斥少数族裔和本土社区的文化资本，并因此使其丧失权威（Mutua & Swadener, 2004）。

批判性科学教育者当前的一个关注点是，开发“有社会责任的”科学课程和教学法，以促进学生的高阶批判性读写技能（Taylor, Taylor, & Chow, 2013），使他们参与适当（伦理）使用科学技术改善人类条件的社会决策。有社会责任的科学让学生进行批判性反思，批判性地探讨引起争议的问题，比如人为造成的气候变化、转基因作物、生态系统的破坏、生物多样性的丧失、生物医学干预以及其他许多问题。

对于研究生来说，批判性范式为意识形态批判、自我非殖民地化和愿景思维提供了概念工具，并支持变革性专业实践（或*praxes*）的发展。一种解放的兴趣（在哈贝马斯之后；请参见Young, 1990）激发批判性研究者负起使命，识别和揭露强大的社会思想和行动体系的霸权，这些体系在历史上殖民了他们的社会，并借助隐形优势，继续维持强大的存在，如嵌入西方现代世界观中的科学主义和“加密实证主义”（Kincheloe & Tobin, 2009）的意识形态。采纳批判性认识论使研究生（尤其是来自非洲和亚洲新独立国家、使用多种语言的本土居民）能够探索文化不敏感的输入性课程可能以什么样的方式压制他们的文化认同，重构他们的文化认同、价值和愿望，并为他们的未来专业实践发展变革哲学。

为了避免傲慢——这种引人注意的倾向占据更高的道德地位，并规定其他人应该如何向更好的方向改变——批判性实践者参与批判主观性。在进行意识形态批判时，他们将批判的眼光转向内心，通过批判的自我反省（或批判的自反性）来审视自己的信仰体系，为的是确定他们（也许是无意的）在共谋复制压制性的社会结构和权力关系（Brookfield, 1995）。永远针对外部进行批判以确定压抑的外部来源，拒绝批判自身的“革命”价值观，这种做法有招致文化自恋的危险（Malisa, 2010）。20世纪90年代初，科学教育界见证了这一过程，当时建构主义革命者对已被社会承认的行为主义心理学提出了质疑，不久之后，新出现的解释主义研究范式的倡导者又对根深蒂固的古典实证主义研究范式提出了质疑。双方在很长的时间里慷慨激昂地相互指责，直到“范式和平”确立。然而，只有当双方的支持者放弃他们的傲慢时，这种和谐才会真正普及。

为了进一步避免与单一的“赢输”二元思维相联系的傲慢，机敏的批判性实践者运用了辩证推理。辩证推理有多种形式，但黑格尔的正反合三阶段理论被证明是卓有成效的（Osborne, 1992）。从这个角度来看，长期存在的矛盾，例如个人自由意志与遵守既定社会规范之间的矛盾，被认为是互补的（在相互预设的意义上），而不是如我们所理解的物质与反物质相互作用那样相互湮灭。为了使民主社会生存和繁荣，重要的是个人权利和社会责任都不能凌驾于对方之上；两者必须共存，就像我们理解光具有粒子和波的特性一样。一个协调一致而又充满活力的民主社会依靠创造性能量繁荣富强，创造性能量源于民主社会的公民富有成效地应对相互竞争意识形态之间持续存在的对立张力。

当代一些定性研究者将辩证思维融入他们的研究视角中。米歇尔·法恩（Michelle Fine, 1994）唤起了辩证的视角，她主张解释性研究者是“工作于自我–他者之间的连字符”，即自觉关注研究者（自我）和他/她的参与者（他者）之间的关系，而不是只关注其中一个，从而对实现相互理解的过程保持批判性认识：“当我们协作构建文本时，自觉地审视我们的关系与/为了/不管那些被作为其他人包含进来的参与者，我们反对，我们允许抵抗，他者化……我们的工作永远不会‘到达’，而必须永远在‘之间’挣扎”（pp. 74, 75）。沃尔夫–迈克尔·罗思（Wolff-Michael Roth, 2005）在术语“自我/民族志”中使用斜杠（“/”）表示个人与社会之间的辩证关系，并主张“自我/民族志”作为科学教育者从事研究的重要方法，透过嵌入在这些文化中的个体生命史的镜头，批判性地探索文化实践、价值观和信仰。斯泰纳尔·夸尔（Steinar Kvale, 1996）发展了一种辩证的定性访谈方法，这种方法摒弃了传统的访谈方法，即在参与者的意义视角中寻找解释一致性，而聚焦揭示和回应他们日常生活中的矛盾。夸尔认为，“如果社会现实本身是矛盾的，那么社会科学的任务就是调查社会形势的真实矛盾，并假设它们彼此对立”（p. 57）。辩证思维也与社会世界的新发展有关，不仅与存在有关，而且与变化有关，从而形成一种改变世界的行动方向，或者如批判性理论家所说，与实践有关。

批判性实践者保持着一种批判的危机意识，即辩证法随时可能崩溃成一种诱人的奇性，天真地化解人们生活中的紧张。在审视主流意识形态要求社会服从与个人自由要求抵抗斗争之间的辩证关系时，我们很容易放弃解放斗争，而选择自满或愤世嫉俗。因此，批判性实践者的挑战任务就是协助维持与社会变革相关的辩证思维和批判性话语的机会。在这方面，批评性理论家正在加剧世界范围内对新保守主义政治议程的不安，该议程一直重申实证主义研究的必要性（Denzin & Giardina, 2006）。

批判性研究的质量标准

对于解释主义研究范式，我概述了两套重要的质量标准——可信任度和真实性，都基于社会建构主义认识论。古帕和林肯（1989）设计了这些（认知和伦理）标准，以确保解释性研究者寻求与他们的参与者建立和保持相互理解和互利的关系。真实性标准也可作为规范批判性研究者解放工作的质量标准，确保他们不会狂妄自大，并与参与者建立相互授权的关系。

总而言之，以下质量标准有助于规范批判性研究及其报告，确保批判性研究实践者保持变革的意图，建立教育政策和实践，以铭记改善人类境况的解放利益。

意识形态批判。该文本是否表述了对主流意识形态的批判观点？这些意识形态构成了社会规范，并监督与教育政策和/或实践相关的规范性社会实践。

批判的主体性。作者是否表现出对自己文化历史的批判意识，是否解释了困扰自己职业生涯的矛盾，是否以批判的和富有洞察力的眼光审视不加批判地再现自己职业实践的同谋？

真实的关系。作者是否论证了与研究参与者之间的教育关系，建立这种关系旨在促进他们批判意识的发展，并在他们的职业角色环境中赋予他们作为社会和文化重建推动者的权力？

愿景。作者是否阐明了对更具社会公正、公平和/或包容性的职业政策和/或实践的愿景？

后现代研究

> 后现代知识不仅仅是权威的工具：它细化了我们对差异的敏感度，增强了我们容忍无法判断的事物的能力。它的原理不在于专家的同源性，而在于发明者的悖谬逻辑。
>
> （Lyotard, 2004, p.xxv）

> 后现代主义和后实验时代的定义某种程度上是对文学和修辞手法的关注，以及对叙述转向的关注、对讲故事的关注、对以新方式创作民族志的关注……这一时代是由一种新的情感、一种怀疑、一种拒绝赋予任何方法或理论以特权的态度所塑造的……研究者继续远离基础和准基础标准……[趋向]那些可能会引起共鸣、合乎道德、具有批判性、根植于当地理解的标准。
>
> （Denzin & Lincoln, 2005 b, p. 3）

20世纪见证了后现代敏感性的发展——语言（或叙述）转向——尤其是在艺术领域。文学转向在很大程度上归功于欧洲大陆的哲学家，如米歇尔·福柯（Michel Foucault）、雅克·德里达（Jacques Derrida）和让-弗朗索瓦·利奥塔（Jean-Francois Lyotard）。福柯明确了权力和知识之间很大程度上隐藏的关系，揭示了个人的思想（以及个人的社会身份）如何被定义诸如理由和常态等概念的官方话语机构所控制。他认为，这些概念不应该被理解为稳定的和不可避免的，而应该被理解为偶然的和可变的，它们随时间的推移而改变，根据权威控制和规范个人行为的需要（Stokes, 2002）。受压迫者要获得权力，就必须抵制自己的生活世界（不知不觉地）被强权者官方话语中所包含的社会文化规范殖民。德里达解构了语言中术语（或符号）的固定意义的结构主义神话，他认为语言（包括科学话语和数学符号系统）是表征的文化系统，而不是关于世界的单一权威真理（所指[语言符号的意义]）的传递者。语言是有差别的，不是有所指的（Belsey, 2002）。

利奥塔（Lyotard, 2004）认为，在后工业社会的后现代条件下，使用"宏大的叙述"将合法的社会知识作为至高无上的（或安全的）真相的传统不再站得住脚。宏大的叙述（或元叙述）包括历史哲学或整体意识形态（或范式），规定了伦理、认识论和政治手段以合法化知识生产和规范社会决策制定（形成共识）过程，由诱人的、逐步解放人性的现代主义世界观驱动。其范围从批判社会理论家所推崇的新马克思主义的解放目标，到许多科学教育研究者所推崇的实证主义科学（或科学主义）的理想。利奥塔的后现代敏感性拒绝所有范式的宏大叙述地位，包括后实证主义、解释主义和批判主义（以及后现代主义！）："简化到极致，我把后现代定义为对元叙述的怀疑"（Lyotard, 2004, p. xxiv）。

对科学教育有特殊意义的是利奥塔对量子理论、分形几何（曼德尔布罗特[Mandelbrot]）、元数学（哥德尔不完全性定理）、突变论（勒内 · 托姆[Rene Thom]）和博弈论（拉波波特[Rapoport]）的思考。他的结论是，由"后现代科学"的这些形式所产生的知识的合法性并不依赖于古典现实主义的真理符合论，真理符合论寻求自然与知识之间的完美匹配，但依赖于悖谬逻辑。悖谬逻辑通过将一个人的探究集中在不可理解的反例，不可判定，"分形"，不完备性、不稳定性、反常、悖论的冲突，以及反讽和"推理游戏中的新规则"，构成了延迟的共识（或寻求异议）（Lyotard, 2004, p. 54）。根据维特根斯坦（Wittgenstein）的"语言游戏"概念，利奥塔认为后现代科学和叙事探究有共同的目标，即寻找富有想象力的新见解，这是通过实践当地决定（但截然不同）的规则来实现的，并且两者都以"小叙事"的形式来讲述故事。后现代主义促进了语言游戏的多元化，并对实证主义科学宣称在学术界享有特权地位的帝国主义表示怀疑。

后现代敏感性来自将艺术和科学分成"两种文化"的二分法的解体，这种二分法被实证主义范式所延续（Snow, 1993）。这种解体在社会科学中被称为领域模糊期（Denzin & Lincoln, 1994），为社会科学研究带来文学的面貌和感觉，尤其注重"开发扩大叙事策略范围的实验语态"（Tierney & Lincoln, 1997, p.x）。领域模糊期以与德里达派表征危机有关的"怀疑的意识形态"为特点，即"它是在研究者所写的社会文本中创造出来的"（p. 11），而不是被研究者的文本所捕捉到的生活经验；"语言产生意义，创造社会现实"（Richardson, 1994, p. 518）。这个问题的核心是语态。

由于文学转向，社会科学研究者可以接触到新的文学体裁，如创造性非虚构类（Barone, 2008）、文学故事（van Maanen, 1988）、诗歌探究（Prendergast, Leggo, & Sameshima, 2009）、博客（Runte, 2008）和文学虚构类（Banks, 2008）。在后实证主义研究中，写作被限制在古典现实主义流派中，该流派规定了一种客观的（无作者的）过去时态语态集。与之形成鲜明对比的是，各种文学体裁巧妙地表达多种语态，增强了研究的修辞能力和透明度，极大地丰富了研究写作作为"一种探究方法"的过程（van Manen, 1990; Richardson, 1994）。

写作作为一种探究，涉及生成生活经验的定性"数据文本"。这些叙事结构体现了研究者的民族志冲动，通过后现代的"采访"来实现，即通过对话的形式，深入了解对方的生活世界经验（Gubrium & Holstein, 2003）。与后实证主义的半诊治式采访实践相比，后现代研究中采访者和受访者之间的传统界限是模糊的，因为双方协作参与"良好的对话"，斯泰纳尔 · 夸尔（1996）戏称为"互访"，玛丽 · 格根（Mary Gergen, 2004）认为是"共同建设"。叙事结构作为一种挖掘、重新想象和重构其文化故事身份的手段，也体现了研究者对"自我对话"的自传/民族志冲动（Ellis, 2004）。西奥多 · 萨尔比（Theodore Sarbin, 2004）和辛西娅·莱特富特（Cynthia Lightfoot, 2004）探讨了想象在叙事探究中重建身份的作用。

邓津（Denzin）和林肯（2005b）把对“后现代和后实验时代”文学转向做出反应的当代定性研究者描述为一位关注表现美学的、用现成材料进行创作的人，他将叙事、故事、诗歌、剧本等融入有意义和意义重大的“蒙太奇”（或整体）中。对克兰迪宁（Clandinin）和康奈利（Connelly）（2000）来说，在叙事研究中，定性数据文本（源于实地调查）要受叙事分析的影响，才能产生研究文本，这是一个创造性的写作过程，包括在“作者的语态”“签名”“观众”之间实现平衡。唐纳德·波尔金霍恩（Donald Polkinghorne, 1997）利用里克尔（Ricoeur）和布尔迪厄（Bourdieu）为“历时性”研究报告提供了一个案例，这些研究报告以叙事的方式将包含研究在内的事件的时间序列描述为展开的人类行为和经验。这个顺序被精心地“配置”和“平滑”为叙事话语，以故事的形式呈现，故事的情节由多个语态讲述：“在叙事研究报告中，研究者用故事讲述者的语态说话……以第一人称讲述自己的故事。故事是讲给（写给）观众的……允许用参与研究的受试者的语态讲出来”（pp. 15–16）。

文学体裁表现的合理性（或“推理规则”）与笛卡尔的“纯冷逻辑”/牛顿力学的“理性体制”截然不同（Pinar, 1997）。乔·金奇洛（Joe Kincheloe）和雪利·斯坦伯格（Shirley Steinberg）（1993）提出了一种引人注目的反叙事。借鉴物理学家兼哲学家戴维·博姆（David Bohm）关于自然、意识和社会的“暗示秩序”的概念（Bohm & Peat, 1987），金奇洛和斯坦伯格勾勒出一个后形式思维体系，包括隐喻、批判、反思、辩证、解构、想象力、相关性、精神、情感、整体和基于地点的思维方式/存在模式/行为模式。后形式思维对复杂生活和社会系统的动态性、不确定性、非线性和自我变革性非常敏感，而这些正是教育的特征（Davis & Sumara, 2006）。在当代定性研究中，嵌入文学体裁的后形式思维使研究者能够探索生活经验中的美学和情感，并构建阐明社会现实复杂性、偶然性和涌现性的叙事（Barone & Eisner, 2012）。

人们对美学兴趣的提升加速了以艺术为基础的研究的扩展，这是一个新兴的领域，吸引了跨学科的当代社会科学研究者。埃利奥特·埃斯内尔（Elliot Eisner, 2008）解释了艺术对社会科学研究中知识生产的独特贡献：“通过艺术，我们常常能感受到我们无法直接看到的东西”（p. 8）；“艺术是丰富我们的意识和扩大我们的人性的一种方式”（p. 11）。《定性研究艺术手册》（*Handbook of the Arts in Qualitative Research*, Knowles & Cole, 2008）展示了一系列新的流派，包括文学形式、表演、视觉艺术、新媒体、民间艺术和流行的艺术形式，以增强社会科学研究人类状况的过程和成果的巧妙表现力。非话语类别包括视觉图像、舞蹈、音乐、绘画和照片。艺术增添了社会科学研究的表达维度，产生了基于艺术（教育）的研究方法，如表现性民族志（Denzin, 2003）、引起共鸣的自传/民族志（Ellis, 1997）、证词（Beverley, 2000）、生活写作（Smith, 1994）、民族戏剧和民族剧场（Saldana, 2008）以及读者剧场（Donmoyer & Donmoyer, 2008）等等。

后现代研究的质量标准

后现代社会科学研究有一个多元化的、动态的研究对象，其主要关注点是促进多元主义和解构帝国主义，尤其是与实证主义范式的客观主义认识论相关的帝国主义经典有效性标准（Lincoln & Denzin, 1994）。这里有一系列质量标准用来规范写作探究。

以下是一些后现代研究的主要倡导者的建议。

作者的语态。约翰·万·曼伦（John van Maanen, 1988）主张，后现代民族志学者通过采用自白式和印象主义式写作的文学体裁，利用叙事合理性的文学标准，如似真性和逼真性（见下文），将其作者的语态扩大到古典现实主义之外。写作应避免实证主义和唯我论的矫揉造作，而应以其趣味性、连贯性和准确性来评判。以下这些文学手段可用于写作印象派故事：文本身份、零碎知识、人物塑造和戏剧控制（请参见 Taylor, 2002）。

逼真性。这一文学标准基于法国经典戏剧中的真实性概念，被认为意味着“真实”的文本将读者带入角色的生活世界，因为它符合读者从自身经历中认识到的东西（Adler & Adler, 1994）。对埃利斯（Ellis, 2004）而言，自传/民族志文本能实现逼真性，是因为它们唤起了“一种感觉，这种经由经验描述的感觉是栩栩如生的、可信的和可能的”（p. 124），目的是拓宽研究者和读者的视角，帮助他们产生共情，理解不同的人，以此克服自我专注。

教育学思考。马克斯·范梅南（Max van Manen, 1991）认为，写作需要研究者和读者批判性地反思他们关于教与学的价值观和信念，以发展“教育学思考，教育学思考是一个面向儿童的、多方面的、复杂的正念……这种教育学文本需要具备鼓舞人心的品质和叙事结构，要求批判性反思和洞察各种可能性，从而通向个人对道德直觉的占有”（pp. 8, 9）。范梅南（1990）在发展他的后现代人类科学方法“解释现象学”时认为，为了让读者参与教育学思考，研究写作需要“有针对性”“有力”“丰富”和“深刻”以表现对话质量。

表述行为的标准。《定性研究》特刊（2000年6月）刊载了一系列由后现代实验写作主要实践者–理论家撰写的文章，他们在这些文章中讨论了判断后现代研究写作质量的标准。邓津（2003）借鉴卡罗琳·埃利斯（Carolyn Ellis）、阿特·博克纳（Art Bochner）和劳雷尔·理查森（Laurel Richardson）的文学和美学标准，以及帕特里夏·克拉夫（Patricia Clough）的文化批判，概括出一套包含七个表述行为的标准。他重视自传/民族志文本，即“（1）扰乱、批判和挑战被认为理所当然的、被压抑的意义；（2）要求道德伦理对话，同时反思性地阐明自己的道德立场；（3）产生抵触情绪，对如何使事物不同提出乌托邦式的想法；（4）表现出他们的关心和善良；（5）用“少即是多”的原则，展示而不是告诉；（6）展示阐释充分性、表征充分性和真实性充分性；（7）提出政治、职能、集体和承诺的观点”（pp. 123–124）。在邓津和贾尔迪纳（Giardina）（2008）关于证据政治学的书中，以及在邓津（1997）关于21世纪解释民族志的书中，都有这些实用标准的实例和理论讨论。

整合研究

> 科学是价值中立的，这是一个神话，我认为当我们意识到这一点时，我们就能做得更好……我们需要将科学数据（我称之为“科学意义”）与直觉、常识、本土知识和定性研究结合起来，因为我们试图理解我们所处的世界。
>
> （Bekoff, 2009）

在这一章的引言中，我提出理由认为，因为科学教育者的传统隶属于实证主义(传统科学教育的“母舰”)，所以定性研究的变革潜力还没有被科学教育者充分认识到。我们常常通过在后实证主义研究设计中引入定性研究方法来解决这种利益冲突，从而赋予所谓的客观性黄金标准以特权。有一种危险是，这种混合方法的研究设计在新手研究者中可能滋生认识论的盲目性，阻止他们将科学教育的边界扩展到传统笛卡尔/牛顿世界观的范围之外。

四范式分类法在高等教育研究教材中司空见惯，后实证主义、解释主义、批判主义和后现代主义为理解定量研究和定性研究之间重要的根本差异提供了有用的结构，这些差异是基于致知、存在、表征和评价的范式方式，而不是(简单地)对比各种类型的数据或收集/分析方法。这种结构也帮助我们理解当代定性研究的普适性，它的跨学科起源是艺术和人文学科。然而，这种结构并非没有挑战性。鉴于哲学家托马斯·库恩(1962)将范式定义为本质上不可通约的世界观，我们如何证明混合和匹配差异大的认识论是正当的，尤其是源于所谓的定性和定量范式的？这个证明应该比简单地断言它在实用性上是可行的更深刻。

后现代思维指出二元论的“非此即彼”推理并不是创造连贯思维体系的唯一或最佳方式，从而为我们提供了一条走出这一僵局的有益途径。二元推理的一个基本问题是，倾向于使我们从二元对立的角度思考，将这些对立的类别视为相互排斥，导致基于性别(男性/女性)、种族(白人/黑人)、社会阶层(富人/穷人)或身材(胖/瘦)等的输/赢歧视，在教育研究中就是范式的偏好。正如我所讨论的，我们可以利用多种推理模式，包括后形式思维。物理学中有这方面的先例，其形式是关于光(即电磁波谱中可见部分)的本质的辩证推理，允许光是粒子和光是波这两种对立的隐喻和谐共存。

就我目前的论点而言，我将使用一种包容性的推理模式——视觉逻辑，正如进化论哲学家肯·威尔伯(Ken Wilber, 1999)最近所讨论的那样。视觉逻辑借鉴了西方和东方的智慧传统，寻求将物质、思维和精神整合在一起，从而产生对我们自己的整体理解，以及我们与彼此、我们与赖以生存的星球之间的联系。从视觉逻辑的角度来看，属于当前教育研究分类的每一种范式都是一个更大的系统的组成部分，被称为整合范式。整合范式绝对重视每一种范式的独特贡献(没有哪一个享有特权)，作为教育研究者，我们最终致力于帮助制定课程政策和教学实践，让后代准备好生活于一个生存和未生存居民越来越需要受到伦理对待的世界(详见Taylor, Taylor, & Luitel, 2012)。整合范式在塑造科学思维和实践方面的作用已经得到确认，最近出版的《整合生态学》(*Integral Ecology*, Esbjorn-Hargens & Zimmerman, 2009)一书就是证明。这本教材是受威尔伯的整合理论启发，为生态学者和环保人士编写的。作者解释说，他们的书：

> ……论证了研究生态学和环境有许多方法——哲学的、精神的、宗教的、社会的、政治的、文化的、行为的、科学的和心理的。每一种都突出显示一个重要组成部分，而忽略了其他维度。为了克服这种分裂，《整合生态学》提供了一种将所有方法编织成环境曼荼罗的方法，一种生态学的方法。
>
> (p.486)

从整合研究的角度来看，区分定性和定量研究形式没有多大帮助，通过提问“我们可以通过采用整合研究视角来解决哪些独特的研究问题”，从整体上思考多种研究范式（从后实证主义到后现代主义）的未来贡献则更有成效。整合研究设计还处于起步阶段，但科学教育专业的研究生已经成功设计了整合多种范式的研究方法（如Neumayr & Taylor, 2001; Taylor & Wallace, 2007）。通过说明至少一种可能的途径，以下博士学位论文的概要整合了多种研究范式，创建了基于艺术的批判性自传/民族志研究设计（请参见Taylor, 2013）。

范例1

埃米莉亚（Emilia）是莫桑比克一所大学的科学教师教育工作者。莫桑比克位于非洲南部，是一个多文化、多语言的国家，1975年脱离葡萄牙获得政治独立。她的博士研究论文侧重于，科学教育应该使她的国家能够迅速拥抱全球化的现代科学和技术，而不是同时为西方化的新殖民主义议程服务。埃米莉亚的抱负是发展一种文化包容的科学教师教育哲学，这将改变她自己的专业实践和整个国家的科学教学实践。为此，她设计了一个基于艺术的批判性自传/民族志来解决两个研究问题：在莫桑比克创建文化/包容性科学教师教育的前景如何？需要克服哪些障碍？她的理论视角结合了后殖民理论、激进建构主义和整体课程探究等方面。与解释性研究相适应的是，在探究过程中出现了另一个研究问题：如何在课堂上促进良好的沟通，避免沟通中的障碍，这种障碍使学生处于事物的状态？埃米莉亚的理论视角不断拓展，包括文化理论、科学哲学、转化学习、深层生态学、话语理论和符号学，以及本土知识理论。她运用一系列定性研究方法来挖掘和拷问自己的生活经历，包括叙事探究、自传和学生证言、探究性写作和反讽性写作、诗歌逻辑，以及隐喻。 历时性的论文结构反映了埃米莉亚为科学教育开发去殖民地化生态教育法而展开的探索过程（详见Afonso-Nhalevilo, 2010）。

范例2

尤利·拉马瓦蒂（Yuli Rahmawati）是印度尼西亚一所大学的科学教师教育工作者，她来到澳大利亚研究中学环境科学的共同教学和共同生成对话，这是一项由国家资助的研究项目。她的博士研究论文侧重于她自己的教育学发展，特别是她的教学身份的出现。尤利设计了一个基于艺术的批判性自传/民族志，不仅为了深入了解自己（文化和宗教）的教学自我，也为了成长为一个致力于可持续教育的科学教育变革者。她采用了一系列定性研究方法，包括生活经历的叙述、故事、非正式的采访摘录、观察/回忆活动的小片段、唤起记忆的图像、引用和诗歌。这种自我研究的方法允许理论思想和问题（包括身份理论、科学哲学、伊斯兰戒律和“绿色”化学原则）在整个探究过程中出现和互动。这篇博士论文带着读者重走了一遍尤利的成长过程，她批判性地反思了自己从小到大的生活经历是如何塑造她的教学身份的。这段经历一直延续到现在，联系她要成为一名科学教师教育变革者的愿景，她重新定义了自己的教学身份（详见Rahmawati, 2012）。

范例3

休·斯塔克（Sue Stack）在她的博士论文中讲述了独特的一系列职业经验：工业科学家、雕塑家、记者、教授科学与新闻学的中学教师。她还带来一种探究精神，长期以来，她一直在努力解决科学与灵性之间关系的棘手问题，尤其是在创造一种真实而有意义的科学教育的背景下。在博士研究中，休设计了一个基于艺术的批判性自传/民族志，并使用叙事探究，诗歌、隐喻、虚构的体裁和图像，辩证推理和超越个人的方法，辅以问卷调查，挖掘和询问自己的生活经历，以及同事和学生的经历。为了确切表述科学和灵性的整合哲学，她借鉴了整合理论(对于科学教育来说属于新理论)，对科学教育的变革有着深远的影响。历时性结构的论文证明了发展初期的研究问题与理论所指对象之间持续存在的互动，并说明休巧妙地将写作作为一种探究手法，带领读者和她一起经历一场深刻的哲学之旅，重新想象科学从现代主义到后现代主义再到整合科学的演变(详见Stack, 2006)。

结束语

整合范式打开了我们的感知之门(Huxley, 1959)，为我们构想解释性、批判性和后现代研究范式之间的相互关系提供了令人兴奋和强大的可能性。博士研究生们已经在占据这个多范式的研究空间，并正在进行旨在变革科学(和数学)教育政策和实践的富有洞察力的研究。除此之外，整合范式也在挑战我们重新定义定性和定量研究视角之间的关系。流行的混合方法已经朝这个方向迈出了良好的第一步。然而，正如我所指出的，仅仅将定性方法引入到后实证主义研究设计中会削弱当代定性研究的变革潜力。未来研究者面临的挑战不是如何结合定性和定量的研究方法，而是如何整合不相干的、看似矛盾的理论，即关于致知、存在、表征和评价的多种范式的理论。对于这些整合研究者来说，一个关键问题是确保使用适当的质量标准来规范与其母范式相关的研究方法。

致谢

我要感谢纽约城市大学的肯·托宾(Ken Tobin)教授和多伦多大学的约翰·华莱士(John Wallace)教授，他俩审阅了本章的初稿，提出了非常有用的建议，使我的写作风格更加简洁，并让我有信心引用自己的出版物。我还要感谢科廷大学的戴维·特雷古斯特(David F. Treagust)教授，他仔细审读了倒数第二稿，帮我纠正了一些事实错误，并为本章副标题的措辞贡献了意见。这些同行评审人员提出了具有建设性的建议，显著提高了本章的连贯性。

参考文献

Abrams, E., Taylor, P.C., & Guo, C.J. (2013). Contextualizing culturally relevant science and mathematics teaching for indigenous learning. *International Journal of Science and Mathematics Education, 11*(1), 1–21.

Adler, P.A., & Adler, P. (1994). Observational techniques. In N.K. Denzin & Y.S. Lincoln (Eds.), *Handbook of qualitative research* (pp. 377–392). Thousand Oaks, CA: Sage.

Afonso-Nhalevilo, E. (2010). *Endless journeys: An autoethnographic search for culturally inclusive philosophy of science teacher education in Mozambique.* Saarbruken, Germany: VDM Publishing Group.

Banks, S. (2008). Writing as theory: In defense of fiction. In J.G. Knowles & A.L. Cole (Eds.), *Handbook of the arts in qualitative research* (pp. 155–164). Thousand Oaks, CA: Sage.

Barone, T. (2008). Creative nonfiction and social research. In J.G. Knowles & A.L. Cole (Eds.), *Handbook of the arts in qualitative research* (pp. 105–115). Thousand Oaks, CA: Sage.

Barone, T., & Eisner, E.W. (2012). *Arts based research.* Thousand Oaks, CA: Sage.

Bekoff, M. (2009). Foreword. In S. Esbjorn-Hargens & M. Zimmerman, *Integral ecology: Uniting multiple perspectives on the natural world* (pp. xix–xxxii). Boston,

MA: Integral Books.

Belsey, C. (2002). *Poststructuralism: A very short introduction.* New York, NY: Oxford University Press.

Beverley, J. (2000). Testimonio, subalternity, and narrative authority. In N.K. Denzin & Y.S. Lincoln (Eds.), *The SAGE handbook of qualitative research* (2nd ed., pp. 555–565). Thousand Oaks, CA: Sage.

Bohm, D., & Peat, F.D. (1987). *Science, order, and creativity.* New York: Bantam Books.

Bronner, S.E. (2011). *Critical theory: A very short introduction.* New York, NY: Oxford University Press.

Brookfield, S.D. (1995). *Becoming a critically reflective teacher.* San Francisco, CA: Jossey-Bass.

Bryman, A. (2012). *Social research methods* (4th ed.). New York, NY: Oxford University Press.

Carr, W., & Kemmis, S. (1986). *Becoming critical: Education, knowledge and action.* London: Falmer.

Chase, S.E. (2005). Narrative inquiry: Multiple lenses, approaches, voices. In N.K. Denzin & Y.S. Lincoln (Eds.), *The SAGE handbook of qualitative research* (3rd ed., pp. 651–679). Thousand Oaks, CA: Sage.

Clandinin, D.J., & Connelly, F.M. (1994). Personal experience methods. In N.K. Denzin & Y.S. Lincoln (Eds.), *Handbook of qualitative research* (pp. 413–427). Thousand Oaks, CA: Sage.

Clandinin, D.J., & Connelly, F.M. (2000). *Narrative inquiry: Experience and story in qualitative research.* San Francisco, CA: Jossey-Bass.

Cohen, L., Manion, L., & Morrison, K. (2011). *Research methods in education* (7th ed.). Abingdon, OX: Routledge.

Creswell, J.W. (2012). *Educational research: Planning, conducting, and evaluating quantitative and qualitative research* (4th ed.). Boston, MA: Pearson Education.

Davis, B., & Sumara, D. (2006). *Complexity and education: Inquiries into learning, teaching and research.* Mahwah, NJ: Lawrence Erlbaum.

Denzin, N.K. (1997). *Interpretive ethnography: Ethnographic practices for the 21st century.* Thousand Oaks, CA: Sage Publications.

Denzin, N.K. (2003). *Performance ethnography: Critical pedagogy and the politics of culture.* Thousand Oaks, CA: Sage.

Denzin, N.K., & Giardina, M.D. (Eds.). (2006). *Qualitative inquiry and the conservative challenge.* Walnut Creek, CA: Left Coast Press.

Denzin, N.K., & Giardina, M.D. (Eds.). (2008). *Qualitative inquiry and the politics of evidence.* Walnut Creek, CA: Left Coast Press.

Denzin, N.K., & Lincoln, Y.S. (Eds.). (1994). *Handbook of qualitative research.* Thousand Oaks, CA: Sage.

Denzin, N.K., & Lincoln, Y.S. (2000). Introduction: The discipline and practice of qualitative research. In N.K. Denzin & Y.S. Lincoln (Eds.), *Handbook of qualitative research* (2nd ed., pp. 1–28). Thousand Oaks, CA: Sage.

Denzin, N.K., & Lincoln, Y.S. (Eds.). (2005a). *The SAGE handbook of qualitative research* (3rd ed.). Thousand Oaks, CA: Sage.

Denzin, N.K., & Lincoln, Y.S. (2005b). Introduction: The discipline and practice of qualitative research. In N.K. Denzin & Y.S. Lincoln (Eds.), *The SAGE handbook of qualitative research* (3rd ed., pp. 1–32). Thousand Oaks, CA: Sage.

Donmoyer, R., & Donmoyer, J.Y. (2008). Readers' theatre as a data display strategy. In J.G. Knowles & A.L. Cole (Eds.), *Handbook of the arts in qualitative research* (pp. 209–224). Thousand Oaks, CA: Sage.

Eisenhart, M.A. (1988). The ethnographic research tradition and mathematics education research. *Journal for Research in Mathematics Education, 19*(2), 99–114.

Eisner, E. (2008). Art and knowledge. In J.G. Knowles & A.L. Cole (Eds.), *Handbook of the arts in qualitative research* (pp. 3–12). Thousand Oaks, CA: Sage.

Ellis, C. (1997). Evocative autoethnography: Writing emotionally about our lives. In W.G. Tierney & Y.S. Lincoln (Eds.), *Representation and the text: Re-framing the narrative voice* (pp. 115–139). Albany: State University of New York Press.

Ellis, C. (2004). *The ethnographic I: A methodological novel about autoethnography.* Walnut Creek, CA: Altamira Press.

Erickson, F. (1986). Qualitative methods in research on teaching. In M.C. Wittrock (Ed.), *Handbook of research on teaching* (3rd ed., pp. 119–159). New York, NY: Macmillan.

Esbjorn-Hargens, S., & Zimmerman, M.E. (2009). *Integral ecology: Uniting multiple perspectives on the natural world.* Boston, MA: Integral Books.

Fine, M. (1994). Working the hyphens: Reinventing self and other in qualitative research. In N.K. Denzin & Y.S.

Lincoln (Eds.), *Handbook of qualitative research* (pp. 70–82). Thousand Oaks, CA: Sage.

Gallagher, J.J. (Ed.). (1991). *Interpretive research in science education.* NARST Monograph, No 4. National Association for Research in Science Teaching. Manhattan, KS: Kansas State University.

Gergen, M. (2004). Once upon a time: A narratologist's tale. In C. Daiute & C. Lightfoot (Eds.), *Narrative analysis: Studying the development of individuals in society* (pp. 267–285). Thousand Oaks, CA: Sage.

Goswami, A. (1993). *The self-aware universe: How consciousness creates the material world.* New York, NY: Tarcher/Putnam/Penguin.

Green, J.L., Camilli, G., & Elmore, P.B. (Eds.). (2006). *Handbook of complementary methods in education research.* Mahwah, NJ: Lawrence Erlbaum.

Guba, E.G. (1990). The alternative paradigm dialog. In E.G. Guba (Ed.), *The paradigm dialog* (pp. 17–27). Newbury Park, CA: Sage Publications.

Guba, E.G., & Lincoln, Y.S. (1988). Naturalistic and rationalistic enquiry. In J.P. Keeves (Ed.), *Educational research, methodology, and measurement: An international handbook* (pp. 81–85). Sydney, Australia: Pergamon Press.

Guba, E.G., & Lincoln, Y.S. (1989). *Fourth generation evaluation.* Newbury Park, CA: Sage.

Guba, E.G., & Lincoln, Y.S. (1994). Competing paradigms in qualitative research. In N.K. Denzin & Y.S. Lincoln (Eds.), *Handbook of qualitative research* (pp. 105–117). Thousand Oaks, CA: Sage.

Guba, E.G., & Lincoln, Y.S. (2005). Paradigmatic controversies, contradictions, and emerging confluences. In N.K. Denzin & Y.S. Lincoln (Eds.), *The SAGE handbook of qualitative research* (3rd ed., pp. 191–215). Thousand Oaks, CA: Sage.

Gubrium, J.F., & Holstein, J.A. (2003). *Postmodern interviewing.* Thousand Oaks, CA: Sage.

Haarman, H. (2007). *Foundations of culture: Knowledge-construction, belief systems and worldview in their dynamic interplay.* Frankfurt, Germany: Peter Lang.

Habermas, J. (1972). *Knowledge and human interests* (J. J. Shapiro, Trans.). London: Heinemann.

Hamilton, D. (1977). *Beyond the numbers game: A reader in educational evaluation.* Basingstoke, UK: Macmillan.

Hamilton, D. (1994). Traditions, preferences, and postures in applied qualitative research. In N.K. Denzin, & Y.S. Lincoln (Eds.), *Handbook of qualitative research* (pp. 60–69). Thousand Oaks, CA: Sage.

Howell, K.E. (2013). *An introduction to the philosophy of methodology.* London: Sage.

House, E.R. (2006). Methodological fundamentalism and the quest for control(s). In N.K. Denzin & M.D. Giardina (Eds.), *Qualitative inquiry and the conservative challenge* (pp. 93–108). Walnut Creek, CA: Left Coast Press.

Huxley, A. (1959). *The doors of perception and heaven and hell.* New York, NY: Bantam Books.

Janesick, V.J. (1994). The dance of qualitative research design. In N.K. Denzin & Y.S. Lincoln (Eds.), *Handbook of qualitative research* (pp. 209–219). Thousand Oaks, CA: Sage.

Kincheloe, J.L. (2007). Critical pedagogy in the twenty-first century. In P. McLaren & J.L. Kincheloe (Eds.), *Critical pedagogy: Where are we now?* (pp. 9–42). New York, NY: Peter Lang.

Kincheloe, J.L., & Steinberg, S.R. (1993). A tentative description of post-formal thinking: The critical confrontation with cognitive thinking. *Harvard Educational Review, 63*, 296–320.

Kincheloe, J., & Tobin, K. (2009). The much exaggerated death of positivism. *Cultural Studies of Science Education, 4*, 513–528.

Knowles, J.G., & Cole, A.L. (Eds.). (2008). *Handbook of the arts in qualitative research.* Thousand Oaks, CA: Sage.

Kuhn, T.S. (1962). *The structure of scientific revolutions.* Chicago: University of Chicago Press.

Kvale, S. (1996). *InterViews: An introduction to qualitative research interviewing.* Thousand Oaks, CA: Sage.

Lassonde, C.A., Galman, S., & Kosnik, C. (Eds.). (2009). *Self-study research for teacher educators.* Rotterdam, the Netherlands: Sense Publishers.

Lightfoot, C. (2004). Fantastic self: A study of adolescents' fictional narratives, and aesthetic activity as identity work. In C. Daiute & C. Lightfoot (Eds.), *Narrative analysis: Studying the development of individuals in society* (pp. 21–37). Thousand Oaks, CA: Sage.

Lincoln, Y.S. (2005). Institutional review boards and methodological conservatism: The challenge to and from phenomenological paradigms. In N.K. Denzin & Y.S. Lincoln (Eds.), *The SAGE handbook of qualitative research* (3rd ed., pp. 165–181). Thousand Oaks, CA: Sage.

Lincoln, Y.S. (2009). "What a long, strange trip it's been..." Twenty-five years of qualitative and new paradigm research. *Qualitative Inquiry, 16*(1), 3–9.

Lincoln, Y.S., & Denzin, N.K. (1994). The fifth moment. In N.K. Denzin & Y.S. Lincoln (Eds.), *Handbook of qualitative research* (pp. 575–586). Thousand Oaks, CA: Sage.

Lyotard, J.F. (2004). *The postmodern condition: A report on knowledge* (G. Bennington & B. Massumi, Trans.). Minneapolis: University of Minnesota Press. (Original work published 1979)

Malisa, M. (2010). *(Anti) narcissisms and (anti) capitalisms: Human nature and education in the works of Mahatma Gandhi, Malcolm X, Nelson Mandela and Jurgen Habermas.* Rotterdam, the Netherlands: Sense publishers.

Mathison, S. (1988). Why triangulate? *Educational Researcher, 17*, 13–17.

McNiff, J., & Whitehead, J. (2011). *All you need to know about action research* (2nd ed.). Thousand Oaks, CA: Sage.

Mutua, K., & Swadener, B.B. (Eds.). (2004). *Decolonizing research in cross-cultural contexts: Critical personal narratives.* Albany, NY: State University of New York Press.

Neumayr, E., & Taylor, P.C. (2001). A cosy bedding for science education research? Ken Wilber's integral philosophy. In S. Gunn & A. Begg (Eds.), *Mind, body & society: Emerging understandings of knowing and learning* (pp. 109–116). Melbourne, Australia: Department of Mathematics and Statistics, University of Melbourne.

Nhalevilo, E.Z. de F. (2013). Rethinking the history of inclusion of IKS in school curricula: Endeavouring to legitimate the subject. *International Journal of Science and Mathematics Education, 11*(1), 23–42.

Osborne, R. (1992). *Philosophy for beginners.* New York, NY: Writers and Readers Publishing.

Paul, J.L., & Marfo, K. (2001). Preparation of educational researchers in philosophical foundations of inquiry. *Review of Educational Research, 71*, 525–547.

Pinar, W.F. (1997). Regimes of reason and the male narrative voice. In W.G. Tierney & Y.S. Lincoln (Eds.), *Representation and the text: Re-framing the narrative voice* (pp. 82–113). Albany: State University of New York Press.

Pithouse, K., Mitchell, C., & Moletsane, R. (Eds.). (2010). *Making connections: Self-study & social action.* New York, NY: Peter Lang.

Polkinghorne, D.E. (1997). Reporting qualitative research as practice. In W.G. Tierney & Y.S. Lincoln (Eds.), *Representation and the text: Re-framing the narrative voice* (pp. 3–21). Albany: State University of New York Press.

Prendergast, M., Leggo, C., & Sameshima, P. (Eds.). (2009). *Poetic inquiry: Vibrant voices in the social sciences.* Rotterdam, the Netherlands: Sense Publishers.

Rahmawati, Y. (2012). *Revealing and reconceptualising teaching identity through the landscapes of culture, religion, transformative learning, and sustainability education: A transformation journey of a science educator* (Doctoral thesis, Curtin University, Perth, Australia).

Reason, P., & Bradbury, H. (2001). Introduction: Inquiry and participation in search of a world worthy of human aspiration. In P. Reason & H. Bradbury (Eds.), *Handbook of action research: Participative inquiry and practice* (pp. 1–14). Thousand Oaks, CA: Sage Publications.

Reed-Danahay, D.E. (Ed.). (1997). *Auto/ethnography: Rewriting the self and the social.* Oxford, UK: Berg.

Richardson, L. (1994). Writing: A method of inquiry. In N.K. Denzin & Y.S. Lincoln (Eds.), *Handbook of qualitative research* (pp. 516–529). Thousand Oaks, CA: Sage.

Rossenblum, B., & Kuttner, F. (2011). *Quantum enigma: Physics encounters consciousness* (2nd ed.). New York, NY: Oxford University Press.

Roth, W.-M. (Ed.). (2005). *Auto/biography and auto/ethnography: Praxis of research method.* Rotterdam, the Netherlands: Sense Publishers.

Runte, R. (2008). Blogs. In J.G. Knowles & A.L. Cole (Eds.), *Handbook of the arts in qualitative research* (pp. 299–312). Thousand Oaks, CA: Sage.

Saldana, J. (2008). Ethnodrama and ethnotheatre. In J.G. Knowles & A.L. Cole (Eds.), *Handbook of the arts in qualitative research* (pp. 195–207). Thousand Oaks, CA: Sage.

Sarbin, T. (2004). The role of the imagination in narrative construction. In C. Daiute & C. Lightfoot (Eds.), *Narrative analysis: Studying the development of individuals in society* (pp. 5–20). Thousand Oaks, CA: Sage.

Schon, D.A. (1983). *The reflective practitioner: How professionals think in action.* New York, NY: Basic Books.

Schwandt, T.A. (2001). *Dictionary of qualitative inquiry* (2nd ed.). Thousand Oaks, CA: Sage Publications.

Simons, H. (Ed.). (1980). *Towards a science of the singular.* Norwich, UK: University of East Anglia, Centre for Applied Research in Education.

Smith, D.G. (2008). From Leo Strauss to collapse theory: Considering the neoconservative attack on modernity and the work of education. *Critical Studies in Education, 49*(1), 33 – 48.

Smith, L. (1994). Biographical method. In N.K. Denzin & Y.S. Lincoln (Eds.), *Handbook of qualitative research* (pp. 286 – 305). Thousand Oaks, CA: Sage.

Snow, C.P. (1993). *Two cultures and the scientific revolution.* London, NY: Cambridge University Press.

Stack, S.J. (2006). *Integrating science and soul in education: The lived experience of a science teacher bringing holistic and integral perspectives to the transformation of science teaching* (Doctoral thesis, Curtin University of Technology, Perth, Australia).

Stokes, P. (2002). *Philosophy: 100 essential thinkers.* London: Arcturus Publishing.

Taylor, E., Taylor, P.C., & Chow M.L. (2013). Diverse, disengaged and reactive: A teacher's adaptation of ethical dilemma story pedagogy as a strategy to re-engage learners in education for sustainability. In N. Mansour & R. Wegerif (Eds.), *Science education for diversity: Theory and practice* (pp. 97 – 117). Rotterdam, the Netherlands: Sense Publishers.

Taylor, P.C. (2002). On being impressed by college teaching. In P.C. Taylor, P.J. Gilmer & K. Tobin (Eds.), *Transforming undergraduate science teaching* (pp. 3 – 43). New York, NY: Peter Lang.

Taylor, P.C. (2013). Research as transformative learning for meaning-centred professional development. In O. Kovbasyuk & P. Blessinger (Eds.), *Meaning-centred education: International perspectives and explorations in higher education* (pp. 168 – 185). New York, NY: Routledge.

Taylor, P.C., Gilmer, P.J., & Tobin, K. (Eds.). (2002). *Transforming undergraduate science teaching: Social constructivist perspectives.* New York, NY: Peter Lang Publishing.

Taylor, P.C., & Medina, M.N. D. (2013). Educational research paradigms: From positivism to multiparadigmatic. *Journal for Meaning-Centered Education, 1*.

Taylor, P.C., Taylor, E., & Luitel, B.C. (2012). Multi-paradigmatic transformative research as/for teacher education: An integral perspective. In B.J. Fraser, K.G. Tobin, & C.J. McRobbie (Eds.), *Second international handbook of science education* (pp. 373 – 387). Dordrecht, the Netherlands: Springer.

Taylor, P.C., & Wallace, J. (Eds.). (2007). *Contemporary qualitative research: Exemplars for science and mathematics educators.* Dordrecht, the Netherlands: Springer.

Tierney, W.G., & Lincoln, Y.S. (1997). Introduction: Explorations and discoveries. In W.G. Tierney & Y.S. Lincoln (Eds.), *Representation and the text: Re-framing the narrative voice* (pp. vii–xvi). Albany: State University of New York Press.

Tobin, K. (Ed.). (1993). *The practice of constructivism in science education.* Hillsdale, NJ: Lawrence Erlbaum.

Tuckman, B.W. (1978). *Conducting educational research* (2 nd ed.). Chicago, IL: Harcourt Brace Jovanovich.

van Maanen, J. (1988). *Tales of the field: On writing ethnography.* Chicago, IL: University of Chicago Press.

van Manen, M. (1990). *Researching lived experience: Human science for an action sensitive pedagogy.* London, Ontario: State University of New York.

van Manen, M. (1991). *The tact of teaching: The meaning of pedagogical thoughtfulness.* Albany: State University of New York Press.

Walker, R. (1980). The conduct of educational case studies: Ethics, theory and procedures. In W.B. Dockerell & D. Hamilton (Eds.), *Rethinking educational research* (pp. 30 – 63). London: Hodder and Stoughton.

Wheatley, G. (1991). Constructivist perspectives on science and mathematics learning. *Science Education, 75*(1), 9 – 21.

Wilber, K. (1999). *The collected works of Ken Wilber: Volume 4*. Boston, MA: Shambhala.

Willis, J.W. (2007). *Foundations of qualitative research: Interpretive and critical approaches.* Thousand Oaks, CA: Sage.

Wolcott, H. (1990). On seeking—and rejecting—validity in qualitative research. In E.W. Eisner & A. Peshkin (Eds.), *Qualitative inquiry in education: The continuing debate* (pp. 121 – 152). New York, NY: Teachers College Press.

Young, R. (1990). *A critical theory of education: Habermas and our children's future.* New York, NY: Teachers College Press.

Section II

Science Learning

SECTION EDITOR: RICHARD LEHRER

第II编

科学学习：总论

本部分主编：理查德·莱勒

4

Student Conceptions and Conceptual Change

Three Overlapping Phases of Research

TAMER G. AMIN, CAROL L. SMITH, AND MARIANNE WISER

第4章

学生所持概念与概念转变：

三个互有重叠的研究阶段

赵博　译　　李诺　审校

自20世纪70年代以来，研究者们就在尝试理解学生所持概念的内容与本质，理解这些概念如何在学习过程中发挥阻碍与促进双重作用，理解学生所持概念如何变得与科学家所持概念类似。随着对学生所持概念和概念转变的研究，其进展为如何设计更有效的教学提供了建议。相关文献数量庞大，其列表在周期式地更新加长，涵盖数以千计的出版物(Duit, 2009)。没有哪篇综述能将它们一举囊括。

数年来，已经有许多人就相关文献从很多角度展开了综述。本综述则是在前人贡献的基础上尝试进行补充。随着科学学习的研究者们愈发反对皮亚杰(Piaget)概念发展阶段观，德赖弗(Driver)和伊斯利(Easley)(1978)关注起了学生所持概念的具体内容。史密斯(Smith)、迪塞萨(diSessa)和罗斯切尔(Roschelle)(1993)则提醒研究者不要忽视学生所持概念在其学习过程中的积极贡献。西纳特拉(Sinatra)和宾特里奇(Pintrich)(2003)围绕元认知、认识论、有意义的学习和概念转变之间的关系展开了综述。迪塞萨强调了对于学生所持概念的连贯性与碎片化之间的分歧。斯科特(Scott)、阿斯科(Asoko)和利奇(Leach)(2007)对科学概念学习从认知和社会视角进行了比较。沃斯尼亚杜(Vosniadou, 2008)从更广泛的研究领域展开了调研，其中涵盖学生学习、科学哲学与科学史以及数学和历史等科学之外话题的研究。梅森(Mason, 2007)尝试为概念转变在认知视角与社会/情境视角之间架起桥梁。

本综述采取了广泛而宽松的历史性视角。尽管我们也承认多种视角存在，但是我们坚信广泛的历史性视角能揭示出该领域在过去30至40年间的几步稳固发展，我们将其划分为三个阶段(但是也有重叠)并加以呈现。第一阶段(20世纪70年代和20世纪80年代)专注于学生在某些具体领域所持概念的特征，并揭示其重要性，因而舍弃了对概念发展的领域一般性观念。第二阶段(20世纪90年代和21世纪初)聚焦于了解概念转变的过程，认识到一系列不同的知识要素参与其中。第三阶段则是此后至今，研究者越来越多地采用系统化视角——多层次分析概念特征和概念转变特征以及考虑到多种知识要素相互作用的教学设计。

除了勾勒出这幅三阶段的历史图景之外，本文也有些其他目的。尽管我们聚焦于科学教育领域内的概念转变相关研究，但是也阐述在发展心理学和认知科学方面的基础研究所做出的贡献。此外，尽管我们所综述的研究是从多种视角开展的，但是我们仅以认知的视角作为框架将其纳入。我们认为，如果要理解学生所持概念和概念转变，就需要假定内在心理表征及多种过程与外在表征及社会化过程相互作用。关于概念转变话题中“建立认知与社会文化路径的桥梁”，梅森(2007)曾问：“这可行吗？”本文认为建立这种桥梁是可行的，且从后文综合呈现的研究结果来看是显而易见的。

第一阶段——凸显领域特殊性与科学定性推理的重要性

我们可以把对概念转变时期中“现代”阶段的追溯看成是从几个源头来研究科学学习的路径：对学生迷思概念的广泛关注，对经验主义的普遍拒绝，以及心理学家们对皮亚杰的理论不再抱有幻想。尽管皮亚杰在科学教育领域仍然较为广泛地留有较强影响(包括其积极面和消极面)，但是心理学与科学哲学领域的新视角为科学教育者们提供了理论框架，用以解释学生的思想、理解其学习过程以及设计教学干预活动。

就积极面来看，皮亚杰的建构主义与“儿童为中心”的方式预示了这样一种观点：学生在进入科学课堂之前就持有自己的想法，并应令其自行构建知识。此时期还有大量观点，诸如同化与调节是概念发展的引擎，测量与心理图式(例如原子模型)在构建量的概念(例如重量和体积；Piaget & Inhelder, 1942)方面有其作用等。但是，皮亚杰将发展划分为一系列数理逻辑结构各异的阶段，其中暗含着认为年轻学生们“逻辑不足”的观点，这种观点对科学教育产生了不良影响。他提出前运算阶段的儿童(学前及幼儿园儿童)对物质世界的理解与感知绑定、无因果关联且基于其以前的概念；具体运算阶段的儿童(6至12岁)则仅能对具体情况展开推理；直到发展为形式运算阶段(青春期阶段)时，儿童才能进行假设–演绎推理，并有能力展开基于模型的推理、构建并修改理论——即具有科学思维(Inhelder, Piaget, Parsons, & Milgram, 1958)。他强调将假设–演绎推理作为科学的标志，却忽视了科学实践中的一些重要方面，比如定性推理、发展描述性甚至解释性模型等等(Acher, Arca, & Sanmarti, 2007; Lehrer & Schauble, 2000)。

皮亚杰将概念看作必要和充分特征的集合、将概念建构视为主要的分层结构、认为类别包含对获得概念必不可少，这种观点(即“经典”概念观)同样具有局限性。尽管他也将一些概念彼此关联起来(例如重量和体积)，但本质上强调将概念彼此隔离。将会话作为获取量的概念的基础并令其取决于逻辑运算(可逆性，维度协调)，这样的观点分散了人们的注意，忽视了概念内容本身复杂的构建过程、构建概念意义更多的定性方面以及它们彼此间的关联方式(例如物质的量的概念与该物质本身这一概念相关)。

这种过度将科学、概念、学习逻辑数学化的观点使小学的标准与课程出现巨大分歧且存在至今，对于初高中学校也同样如此。可能是因为夸大了具体运算思维的局限性，所以大多数小学科学教育以非理论的观察和动手实验为基础开展(Metz, 1995)。考虑到皮亚杰理论的心智模型中自我调节的中心地位，其重点不在于哪些概念以哪种顺序呈现，也不在于概念本身之间的关系，而在于概念与逻辑结构之间的关系。此外，人们很容易将逻辑（也就引申到概念）变化（错误地）归因于成熟，因为皮亚杰观点中对于知识获取如何能导致构建更强的数理逻辑这一部分在某种程度上模糊不清。此外，皮亚杰提出的小学生都不可避免是“天真的现实主义者”，而高中生“不可避免”都具备假设推理这一能力，可能正是导致概念内容与认识论之间的关系在一开始就没有探明的重要原因。

认知科学中从领域一般性逻辑结构到领域具体性内容结构

从20世纪70年代开始，心理学领域的几项研究向皮亚杰聚焦逻辑结构的领域一般化发展观点发起了挑战。尽管发展心理学家们认可建构主义，但是他们仍对知识结构存有疑虑，并承认儿童解释世界常常有不同的方式，于是他们开始质疑不同发展阶段下广义逻辑结构的心理现实。越来越多的证据表明，学龄前儿童尽管比年龄稍大的儿童在感知方面会受到更多的限制，但他们也能表现出一些皮亚杰所定义的具体运算阶段的能力——例如区别真实与表象，期待由看不见的机制调节的因果关系，以及用会话中的术语和类别包含展开推理（Gelman & Baillargeon, 1983）。另一方面，他们发现作为标志性的假设–演绎推理（例如区别理论与证据、理解科学模型的本质）对于大多数成人与青少年来说都是主要困难（Grosslight, Unger, Jay, & Smith, 1991；D. Kuhn, 1989）。对于所有年龄的儿童而言，相似情境下的推理能力都更加超前（Donaldson, 1978），这暗示着推理不仅涉及逻辑能力还涉及内容表征。此外，皮亚杰的理论也不能解释“非同步性”。如果诸如数字、数量和重量这些概念都依赖于同样的逻辑结构和运算的获取，那么它们为什么不是同步得到呢？

另一系列关于“新手–专家转变”的研究则强化了如下观点，即推理和知识结构的某些方面依赖于某个具体领域的大量知识。一些儿童在某个领域（例如恐龙）发展出广阔的知识网络，知识网络对他们在推论、记忆和分类方面的表现产生了深远影响（Chi, Hutchinson, & Robin, 1989）。

因此，产生了概念转变的连续性观点：儿童在非常幼小时就有能力进行抽象和理性推理，但是年龄较小的孩子因为所知甚少，所以不太能表现出高阶的推理技能（Carey, 1985 a）。从基于内容的角度看概念转变也令其领域具体化——例如，对于物质世界和精神世界，概念发展是不同且独立的——并且把皮亚杰的非同步性也考虑在内。然而，在遇到年幼与年长儿童在解释某些现象（例如性状遗传、物质转化）根本的质的差别时，这种持续变化观点能够做出的解释非常有限。库恩（T. Kuhn, 1962, 1977）在科学哲学方面的研究成果提供了帮助，他的研究在概念转变方面相对于逻辑结构提出了特权内容的框架。他将理论看成是“实质的”（而非逻辑的）系统，并提出科学概念的意义来自其所构成的理论。因此，同样的术语（例如力）在不同的理论中会有截然不同的含义。

凯里（Carey, 1985 b）采用库恩式思路，将年长与年幼儿童在推理方面的差异解释为概念内容与关系的巨大改变。她对比了强与弱的重构。在弱重构中，概念被丰富了，概念间的上位及其他关系被获取，但是其核心意义保持不变。而在强重构中，概念变化了；它们可能异化、合并、出现或消失，它们之间的关系也从根本上改变了。解释机制与本体论（一个人对于世界上有何种实体的认识）也在发生改变。例如，凯里提出，年幼儿童认为动物不过是“会动的东西”，而年长儿童则认为动物是生物体。这种转变包括领域的转变(年幼儿童对行为的解释并不适用于植物)，包括对诸如进食等行为的解释的转变，也包括很多概念(例如死亡)和概念之间关系的转变。

所谓的“理论论”(例如Gopnik & Wellman, 1994)则是凯里所持观点的强化版。它强调了儿童与科学家在理论(与概念相对)改变水平上的可对比性，并关注年幼儿童在解释现象时会使用抽象实体(例如甲比乙重是因为它内部的物质被塞得更满)。在基于解释的传统观念中，概念是解释世界万物的“大块”知识，而认知学家放弃了这种观点，他们把内容、解释作用和成人概念的领域具体性作为首要关注点(Murphy & Medin, 1982)。

总结来说，认知心理学家正逐渐为理解概念和概念转变发展出一套新的框架：它基于内容和领域具体性；它假定知识的组织方式在深层次与科学理论的组织方式相似；它将解释性的因果机制与概念间的多种关系置于首位。它是连续的，承认年幼儿童与成人有同种概念和概念组织方式，且概念内容在发展过程中能够被追溯。它提出概念能够在表现形式上保持一致而又剧烈转变，这能够解释年幼儿童的思维何以既与年长儿童、成人和科学家的思维如此相似又如此不同。

从领域一般性到领域具体性的科学学习

对于概念转变的认识偏离领域一般性的变化也在科学教育领域有对应的体现。在早前的数十年间，科学教育领域的主流方式强调科学探究和动手活动，以此作为获取数据的来源，并期待学生在此过程中感知一般规律，这种教学法因皮亚杰关于儿童积极构建知识的观点而强化。这种教学法的内质(尽管它其实与皮亚杰的建构主义相左)是经验主义认识论：所有知识都源于感知经验且是增殖的；如果以正确的科学方法训练学生，他们就会逐步感知并接近科学规律。

在20世纪70年代，教育工作者们愈发意识到所有学龄段的学生都出现了对核心科学观点(例如演化)、规律(例如牛顿定律)和模型(例如地球模型)的理解困难，并且学生持有的信念与科学家的不一致。学生的迷思概念呈现的普遍性和回弹性证明了“发现”活动的局限性。课堂观察结果表明，迷思概念并不是错误的观察或不合逻辑的推理造成的，而是学生根据其前概念去解释观察结果并产生新概念的时候生成的。科学教学需要概念转变的教学途径，以促进理解和采纳科学观点作为新的解释体系，这一观点产生并得到了广泛共识。库恩认为观察结果是理论的载体，且概念在知识体系中彼此构成意义，他的观点对于学生学习科学也适用(Strike & Posner, 1985)。迪塞萨(1993 a)提出了一种“知识的碎片”观——学生从独立的现象本源(简称为“p-prims”)角度去解释事件；而科学教育的目标就是将这些现象本源组织起来，归于科学概念和规律之中。这种观点与主流观点针锋相对，我们称之为“连贯观”。

我们选取了这一时期科学教育领域关于概念转变的几篇有说服力的综述供读者参考(例如Driver & Easley, 1978；Scott, Asoko, & Driver, 1992；Vosniadou & Brewer, 1987)。我们在此关注两方面的辩论：(a)学生前概念的连贯性到何种程度；(b)概念转变中涉及的转变与替代相比到何种程度。理论家承认教学应该考虑到学生的原有概念并为学生理解科学观点搭建脚手架，但是他们之中不同的人以不同的方式为学生观念的结构归纳特征并提出了不同的教学模型。

学生的某些迷思概念与早期科学观点（例如亚里士多德对运动的理解）之间的类似，加上理论论在心理学的盛行，导致科学教育领域出现了“知识即理论”的观点(例如McCloskey, 1983)。麦克洛斯基（McCloskey）强烈声称“基于日常经验的人显著表现出朴素的运动理论……最好描述为同一基本理论的不同形式。[该理论]与经典物理学的基本规律明显不一致。[它与中世纪的动力理论]相似”(McCloskey, 1983, p.299)。斯特赖克（Strike）和波斯纳(Posner)(1985)则通过承认学生理论还不够清楚来软化这一观点。他们采用了库恩的视角，基于理论转变即概念转变，提出了科学学习的四步骤规范性模型：(1) 学生不满于现有概念；(2) 新概念被“最低限度地”理解（也就是说，学生对新概念的理解达到了足以去探索它的程度）；(3) 新概念看似可信（也就是说，它既能解释旧概念可以解释的内容，也与其他知识和经验相符）；(4) 新概念看上去富有成效（也就是说，它有更强的解释效果或者说能应用于更多现象）。此外，他们也提出概念转变发生于概念生态学之中——包括异常、类比、隐喻、认识论观点、形而上学观点以及探究其他领域的知识。尽管这种观点并非经由经验得来，但它仍然预示了系统化视角，我们将在本章后文展开讨论。

然而，从以下意义来说，斯特赖克和波斯纳(1985)的模型可能还不那么“库恩化”。所缺少的是库恩的主张之一——理论是拮抗变化的，因为理论之中包含相互关联的概念网络，它们彼此赋予意义。他们选取的纯认识论与理性化的视角仅能解释为什么一个人能选择一种理论而非另一种，但不能解释一个人如何能成功或失败地去理解理论，也就因此忽视了一个悖论：在他们的模型中，学生在他们已有的理论与备选的替代理论中做评价，而这是一种学生仅能对已经掌握的概念去做的事。与此同时，新概念从新的理论中获取了意义。一个新概念在整套理论被理解之前怎么会有意义？而如果不是每次理解一个概念，整套系统又怎么会被理解呢？此外，评价两套理论的相对优点所需的认识论复杂性远超多数学生的能力，他们中的许多人难以区分理论和证据，也很难理解科学模型的本质和功能。

凯里(1985b)、沃斯尼亚杜和布鲁尔(Brewer)(1987)及其合作者也将科学中的概念学习视为理论转变，但是他们的分析水平和所考虑的认识论议题与斯特赖克和波斯纳不同。他们从几个领域(生物学、昼夜更替、地球、物质、热/温度)将儿童在学习前的知识提取出内容与结构特征，为其理论相似性本质和证实概念关系转变与理论转变相一致提供证据。理论论者是建构主义者，他们将儿童持有的理论视为知识结构，认为其可以通过经验和教学去转化，而非可以替代之物。

其他理论家(例如Driver, Guesne, & Tiberghien, 1985; Nussbaum & Novick, 1982; Osborne & Freyberg, 1985)也认为儿童的观点具有连贯性，但并非隐匿在理论之下。个人访谈、课堂观察以及教学研究记录了儿童对于很多科学领域的观点，包括物质、力、运动、能量和光合作用等。德赖弗(1983)将学生的观点表述成“可选择的框架”，以强调学生知识的连贯性、稳定性和理性，以及其拮抗改变。

学生的可选择性概念对于教学的影响显而易见：教师应该选择教学活动和课程以激发学生的自身观念，并帮助学生对其进行反思。然而，教育者并不认为应该将学生的观念替代(正如斯特赖克和波斯纳所倡导)或转化为科学观念。根据替代观，教师应该在学生的概念框架与科学的概念框架之间创造外显化的冲突，让科学观念可被理解，并促进其被采纳(例如Driver, 1983)。相反，转化观提倡利用学生已有观念而不是对抗，通过逐渐将新的信息碎片加入其知识体系而实现重构(Osborne & Freyberg, 1985)。

鉴于连贯性观点将学生观念视为可被科学观念(尽管不一定是理论本身)替代，迪塞萨看到了学生观念(现象本源)与科学理论之间具有深远影响的本体论差异。《面向物理学的认识论》(*Towards an Epistemology of Physics*, diSessa, 1993 a)概述了一种知识发展理论，即以多种比上文提到的连贯性观点更具体和更丰富的方式发展知识。它与那些连贯性观点在某些方式截然不同，但是我们要指出，它并没有在该论文中所描述和后来的文章中所反映出的那么不同。

迪塞萨所谓的“朴素物理学”包括大量的现象本源。它们是小的知识单元，是认知对象与概念的中间媒介。例如“欧姆现象本源”(其图式为“电路就是一种抵抗电阻并制造某种结果的动力形成的轨迹”)暗含着“电阻越大，结果越少；作用越多，结果越多”。由于现象本源在解释方面的肤浅性和在自觉方面的局限性，它们“最低限度地”由感知运动体验中抽象而来；尽管它们可以广泛应用于各类现象，其使用也极度依赖情境。有些现象本源具有领域具体性，有些则没有。

对于学生而言，现象本源有着相同的“不可还原性”和解释力，就像理论基础之于物理学家，但是当然，两者是非常不同的。现象本源之间的联系很微弱，它们很少相互包含。将现象本源应用到特定的情境中是不合理的。换句话说，质朴的物理学是组织松散、内隐化且“靠不住”的知识。然而，迪塞萨发现了从新手到专家的强连贯性。学生的观念并非迷思概念，因为这些观念不是外显化的信念，而是现象本源与情境之间偶然发生错配的产物。物理学教学的目标应该是，将现象本源组织归类于理论原则之下，从而形成新的表述水平。随着这一过程，现象本源就失去其不可还原性，成为理论的零散编码。迪塞萨推测，用公式和语言陈述表述理论的定律与原理有助于组织现象本源。每条现象本源对于“了解”一项原理都起到作用；它们共同作用，根据情况“拆解”科学定律与原理的意义。

迪塞萨将他的观点与麦克洛斯基的观点做了对比，麦克洛斯基的观点并非典型的“知识即理论”观，更不用说是把概念发展看作整体化的连贯性方法。基于认识论基础，迪塞萨质疑把学生的观念归结为理论化的、普遍适用的且“错误的”。基于经验基础，他认为以现象本源的话语来重新解释麦克洛斯基的证据会更加充分。不幸的是，这种反驳忽视了知识碎片化与麦克洛斯基以外的人所持连贯性观点之间可能存在的共性，也在对各位研究者进行深入比较时有所欺瞒，包括他们的分析单元，他们对学生本体论、认识论、概念连贯性以及概念转变过程本身的观念。

第一阶段是范式转移的起始，是个探索的阶段；此阶段研究主要聚焦于描述现象(学生的观念)，以拒绝旧有范式并转而寻找合适的框架来解释它们，从而帮助学生形成科学观念。这些新框架呈现出领域具体性，即基于内容的科学学习观，且延续至今。奥苏贝尔(Ausubel, 1968)和诺瓦克(Novak, 1977)曾呼吁大家关注学生前概念的重要意义和解决一系列“大问题”的需求：对于核心科学概念，学生的想法是如何随着时间变化的？学生已有观念如何影响新信息的同化？在何种情形之下“迷思概念”对概念生成具有积极贡献(Ault, Novak, & Gowin, 1988)？随着他们着手回答这些问题，教育研究者们开始发现，概念转变比最初想象的更复杂，更难以促成，且需要更复杂的教学模型。

第二阶段——认识到概念转变的多种组件

第二阶段的研究开始更密切地检视概念转变的过程，如此一来，就能分辨出各种认知组件，它们在不同水平运作且各有不同的适用范围。令人特别感兴趣的是概念转变与某些方面之间的关系，包括(a)广泛的本体论类别改变，(b)认识论信念的日益复杂化，(c)模型与建模的使用以及(d)通讯与社会干预的动态过程。虽然概念转变还有其他影响因素，但我们认为这四个组件是概念转变所固有的，其他因素不具备这一点。我们从四个分支对其展开综述，同时也指出来自科学教育领域之外的影响因素。

本体论

在开始探索转变的过程中，很多研究者注意到，当涉及重大的本体论转换时，学习科学概念就异常困难——例如，把地球从物体看作天体(Vosniadou, 1994)，把热从热度看作能量交换(Wiser & Amin, 2001)，把力从一种性质或物质实体看作是限制条件下的相互作用(Chi, 1992)。于是本体论成了独立的研究对象，以帮助研究者理解这些质朴观点的连贯性与转变的拮抗性源自何处。然而，研究者们对于如何描述质朴本体论与科学本体论的特征，如何看待二者之间的关系，以及如何设计教学去发展科学本体论这些方面各有想法。对于季(Chi, 1992)而言，质朴本体论和科学本体论的类别是通过领域一般性术语来定义的，且能够通过替代策略来指导教学。对于其他研究者而言，本体论类别的发展被视为一个逐步转化的过程，它基于前导概念并且与多个领域具体性的理论转变过程紧密联系(Nersessian, 1989; Vosniadou, 1994; Wiser & Amin, 2001)。沃斯尼亚杜(1994)还提出本体论和认识论的约束定义了一个更广泛的理论框架，它约束了学生如何形成更具体的模型和理论的方式。

季提出的领域一般性路径很有影响力，它依赖于这样一种假设：概念归属于类别，且继承了其所被指派的类别的属性。在凯尔(Keil, 1979)的工作基础上，她将本体论视为抽象层级树内部的广泛类别(例如物质实体、过程和心理状态)，以及超越层级内指定概念的术语本身的判断。她和同事们对学生在过程层面本体论类别产生的理解差异尤其感兴趣，因为很多科学概念都是描述过程，且现代科学已经改变了我们认识科学的根本途径。例如，季和斯洛塔(Slotta)(1993)对比了事件(即有时限的因果过程，属于我们常规本体论的一部分)和有限制的相互作用(她们提出的一种本体论子类别，她们认为这在科学中非常重要，但在日常本体论中却缺失了)的子类别。她们认为学生对于很多物理学概念存有困难，比如力、热、扩散和自然选择，是因为学生把这些概念归到了错误的本体论类别之下(例如归为物质、物质性质或直接归为事件而非有限制的相互作用)。学生使用基于物质性的判断，例如“阻碍”“包含”“移动”，而非基于相互作用性的判断，例如“转化”“同时发生”“处在平衡态”，这为他们的观点提供了证据(Slotta, Chi, & Joram, 1995)。

季提出的教学措施涉及替代策略：(a)首先，对于新的本体论类别和其整体性质提供直接教学，然后，(b)直接教导学生将有问题的概念归属于新的类别。该教学还有一点儿领域一般性的意味：例如，学生在空气膨胀和流体扩散的情境下学到有限制的相互作用这一新类别，然后被要求将其应用于学习电流(Slotta & Chi, 2006)。最后，为了防止学生对新概念产生错误本体论认识，她建议在教师的解释和课本中“删去”基于物质性的语言和类比。

相反，理论转变观点的支持者将本体论类别的发展视作理论转变不可缺少的一部分。他们假设有更丰富多样的本体论类别适用于学生，并更倾向于持有转化观而不是替代观。前体通过内容变化、认识论和表征工具的多重协调建立起来。最终，质朴本体论的要素并非被删去而是被重新分析、整合，并在新形成的理论中得到解释。

例如，内尔赛西安(Nersessian, 1989)对科学史内容(从中世纪的动力学理论家到伽利略再到牛顿)中“惯性参照系”这一概念的发展展开分析，并就学生关于力和运动所持观点的结构，以及学生可能如何类似地构建对牛顿学说的理解两方面报告了她的认识。她的着眼点聚焦在整体概念化的改变，这其中包含多重相关联的概念。与季相比，她提出了一系列更为丰富的日常本体论概念(例如，一些中世纪的观点，包括地点、过程、运动、状态、性质、空间、形体等类别)，并且提出牛顿学说的构建涉及大量本体论转变(例如，运动从过程转变为一种状态，比如静态，原本被作为性质构建的概念，如力、重量和速度，被重新分析为关系；而诸如地点和过程等其他类别，在改进后的概念化中则不再重要)。在她看来，本体论转变之所以困难并非因为学生缺少最高级的类别，而是因为“那些仅存于心智模型中的……抽象存在需要构建起来。例如，牛顿学说中的物体只是一个在理想化的欧几里得空间中运动的质点”(P. 178)。所以就像伽利略利用思想实验以及极限情况分析去帮助同僚构建新的抽象表征一样，老师们也应该帮助学生发展出一套“抽象技术”并通过它在学生的日常直觉与更精确的定量模型之间架起桥梁。

怀泽(Wiser)和阿明(Amin)(2001)列举了学生面临的另一些本体论困难，并从理论转变的视角提出了解决方案。他们考虑的核心本体论类别是把热看成是热度还是交换的能量，这两者都是领域具体性的本体论类别。他们认为学生的困难不在于理解碰撞粒子之间发生的能量交换，而在于将这种能量交换与他们持有的热概念建立关联。因此，他们提出的多要素教学方式首先通过计算机建模活动强化学生对能量交换的理解，然后才明确对比科学家对“热”的定义是“交换的能量”，而学生的观点则是热本质上就是热度。他们在教学中没有忽视学生的日常概念，而是帮学生从知觉属性而不是客观属性去分析热度，并观察学生如何在其知觉体系与物理学变量的相互作用下去解释自身的知觉经验。然而，就像季一样，他们也认为本体论障碍非常重要，在诸如热、温度、热量的区别等其他热力学主题教学之前应该对其予以重视。

与这些研究者相比，迪塞萨(1993b)对初学者就有某些本体论类别或承诺持更怀疑的态度，如果他们有的话，那么至少在质朴的力学认识范围内，到底有没有那么强的制约效果。然而，就在最近，持知识碎片化观点的研究者开始建立有关初学者“本体论资源”的理论，并且从知识碎片化的视角重新审视了本体论分类。我们会在第三阶段的综述中讨论到这部分新工作。

认识论

在第一阶段，关注的重点凸显出那些与科学家所持观点不符的领域具体性认知要素，以及它们给科学学习带来的挑战。虽然学生一般性元认知能力的局限性对内容学习带来挑战的机制已初露端倪，但尚未被广泛探索。元概念知识和技能的缺乏反而被用来解释儿童在各类任务中的不佳表现，尽管他们具备概念知识与推理技能。

在第二阶段，研究者开始探索已知的元认知能力(包括认识论信念)发展是否可能与概念转变过程本身有所关联。其内在假设是，学习者对知识构建过程理解得越透彻，越会意识到其正在转变的概念并控制学习的过程。长久以来，在认识论层面深入理解科学就是科学教育的一项重要的、独立的目标，但是现在，一个新的重要理由浮出水面——促进概念转变。

在关于概念转变的众多研究中，关键术语的使用方式多种多样，我们姑且将“元认知”作为一个广义术语，它包含多种更具体的知识和策略，也将任何认知方面都作为思维对象。这些思考的方面包括概念(元概念)、记忆(元记忆)、语言(元语言)、各异的学习过程(记忆、理解)、知识(认识论)和其他内容。澄清上述内容中的最后一项(即认识论)尤其重要，因为它一直被视作概念转变研究的潜在核心。“认识论”指元认知中专门处理知识本质的那个方面，包括知识的来源、结构、正当性和局限性(Hofer & Pintrich, 1997; Sandoval, 2005)。元认知(包括认识论)也可以被分类于陈述性(例如信念)或策略性(例如监测、自我调节)方面(Brown, 1978; Flavell, 1976)。

元认知知识和策略在儿童早期就能习得，有大量的文献都检视了它的起源和转化(参见Kitchener, 1983; Kuhn, 2000)。儿童反思和监测简单元认知的能力出现于学前期，但在小学阶段会急剧扩展，此时监测理解能力提升且学习变得更具策略性(Kuhn, 2000)。相比之下，大多数对认知开展的研究工作都聚焦在青少年和成人阶段，因为最初假定这种能力在元认知发展的“晚期”出现。尽管即便是学前儿童也能区分“知道”与“相信”，从而具备一些资源去发展出关于知识和其正当性的认识论信念(Montgomery, 1992)，但是学校仍然刻板地把科学呈现成“结论的辞藻”(Schwab, 1964)，很少为学生提供机会去对科学形成更为复杂的认识论观点。事实上，初高中学生普遍持有“知识没问题”的科学观(Carey & Smith, 1993)，如果学生真的形成了更复杂的认识论观点，那也只会是他们在青少年末期和就读大学时发生的事(Hofer & Pintrich, 1997)。研究表明，K—12学生认为科学的目标仅仅是描述发生的现象，而非深层次的解释(Carey, Evans, Honda, Jay, & Unger, 1989; Driver, Leach, Millar, & Scott, 1996)。他们认为实验是找出“有效的方法”，而不是检验相互竞争的解释性假设(Carey et al., 1989; Schauble, Klopfer, & Raghavan, 1991)。对他们来说，模型就是有形的复制品，而不是发展和修正理论的工具(Grosslight et al., 1991)。我们在此回顾了那些明确地将认识论信念与概念转变联系起来的文献。

认识论信念可能会如何影响概念转变？首先，它们可能直接影响学生在某个情境下关注什么(Stathopoulou & Vosniadou, 2007a)。例如，认为科学只涉及描述的学生更有可能关注孤立或明显的事实，而那些认为科学涉及解释性假设和理论的学生则可能去寻找各种关系间的组织原理和规律。那些认为科学是确定不变的学生可能会逃避思考数据与其观点之间的冲突，而那些认为理论会随着驳斥的证据不断发展变化的学生可能会接受反常情况并将其作为学到新知识的机会。

其次，学生的认识论信念可能通过激活目标从而引发促进或阻碍学习的策略来产生间接影响(Stathopoulou & Vosniadou, 2007a)。一般来说，某些策略可能会影响学习。例如，相信知识简单的学生可能会激活记忆信息的目标，继而引发诸如死记硬背等表面化的处理策略；与之相反，相信知识复杂的学生可能会激活理解信息的目标，引发更深层次的处理策略(例如建立联系、整合观点)。其他的目标和策略可能对于科学中的概念转变更具体。例如，在斯特赖克和波斯纳(1985, 1992)的经典概念转变模型中，学生需要激活目标，以鉴定相互竞争的观点，检视其清晰性，并基于它们与其他观点、有价值的认识论标准、新研究证据的匹配程度展开全面评价。

最后，还可能存在相互影响：认识论到底是支持还是阻碍学习可能取决于教学情境。例如，支持概念转变的课堂氛围有可能会缓和不那么积极的个人认识论所带来的消极效果(甚至有助于发展更多建构主义思想)，然而传统的教学环境则可能加剧这些差异。

大量相关性研究已经表明，更复杂的认识论与特定领域中更深层次的概念理解存在关联。例如，松格(Songer)和林(Linn)(1991)发现，学完一个新的热力学单元之后，那些对科学持有动态观点的中学生会比对科学持有静态观点的中学生更有可能区分开热和温度。斯塔托普卢(Stathopoulou)和沃斯尼亚杜(2007b)发现，在接受一个物理学单元的传统式教学之后，那些对物理学知识的结构、构建和稳定性持有更加复杂的认识论观点的10年级学生在力与运动概念评价工具测试方面会有更高得分。通过与大学物理学专业学生的深度访谈，哈默(Hammer, 1994)发现更为建构主义的认识论信念(关注连贯性、概念和独立作用)与更深层次的物理学理解之间存在强相关性。梅(May)和埃特基纳(Etkina)(2002)发现，与前测对照组中收获甚少的学生相比，那些最初在力学概念清单方面得分很低而又取得了惊人学习成果的大学生对于他们学什么、怎么学以及物理学知识的连贯性都持有更为建构主义的观点(可以从他们每周的反思日记体现出来)。

案例研究和实验设计为认识论、学习反思与概念转变之间的因果关系提供了更有力的证据。部分案例研究指明了认识论观点如何有可能限制了那些本该具备能力的高中生及大学生对物理学的学习。例如，有些学生认为科学仅依靠形式推理，因此没有考虑形式推理与非形式推理之间的冲突需要调和(例如Hammer, 1994; Lising & Elby, 2005)。有些研究试图理解更为复杂的认识论和有关学习的概念是如何发展并支持概念转变的。例如，格特鲁德·亨尼西修女(Sister Gertrude Hennessey)设计了一套小学全学段科学课程，通过让学生反复参与到检验和修正其观点的过程，以满足课堂中生成的认识论标准(例如清晰性、概括性)，从而帮助学生对很多具有挑战性的科学主题发展出自身观点。学生们也学会了用斯特赖克和波斯纳概念转变模型中的语言(“可理解性”“合理性”“丰富性”)去评价自身和他人观点的转变状态。她的学生不仅对科学和学习发展出了更为复杂的建构主义认识论观点(Hennessey, 2003; Smith, Maclin, Houghton, & Hennessey, 2000)，也将它们作为工具以发展出更多对困难科学内容的理解，如牛顿运动定律等(Beeth, 1998)。

在小学、中学和大学阶段的实验研究提供了证据，说明伴有书面反思自评或者对认识论专题给予外显性关注的优质增强型课程强化了学生的元认知理解和概念转变，相较而言，那些经历了不具增强措施的同一门课程的学生则没有此类收获。例如，梅森和博斯科洛(Boscolo)(2000)将“通过写作来学习”活动加入了4年级学生学习植物生长、营养和光合作用的最佳实践单元(例如，学生学会定期通过写作来反思其所学、表达怀疑、做出预测以及比较新的解释与原有解释)。参与“通过写作来学习”活动的学生，不仅对概念转变过程有了更好的元概念意识，也比对照班的学生在概念理解方面有更多收获，对照班学生接受了同一个单元的教学但并未参与写作活动。雷迪斯（Redish）和哈默（2009）发现，一门重新设计的大学物理课程，在其最佳实践内容中加入对“学会如何学习物理学”（建立连贯性、用系统化的方式思考、考虑假设的内在含义）内容的强调之后，不仅强化了学生的认识论期待，也在力学概念清单的前后测中得到了比原版课程更好的结果。最后一个例子，怀特（White）和弗雷泽里克森（Frederiksen）（1998）针对7至9年级多个课堂展开了研究，学生在课上使用创新的软件对力和运动建立一系列模型。一半的班级还开展了反复的自我测评（使用一种外显化的标准，涉及对科学内容、过程和思维习惯的理解），另一半则不开展。那些开展自我测评的班级在一项关于理解探究过程的评测和两项关于物理学知识的评测之一中取得了更好的成绩。也有证据表明，在该课堂环境下，学生对科学探究的理解促进了他们对物理学内容的学习。

总结来说，一系列具有说服力的研究在认识论复杂性与概念转变之间建立了关联。尽管对于认识论哪些方面更重要，在何种条件下、以何种机制起效等问题仍待进一步了解，但是在以下方面鼓励学生确实能促进概念转变：(a）当他们身处于真实的知识构建实践中时，反思其自身观念的发展过程；(b）开发出用于评价观点的共同规范和认识论标准；(c）关注正式和非正式方法间的异常或不连贯性，并努力解决它们。大多数研究聚焦力和运动，但不同领域的概念学习可能需要满足不同的认识论需求（例如，公式、概念和定律间的关系对于力和运动而言至关重要；解释性模型观点、宏观和微观描述以及生成过程对于原子–分子理论可能更为重要）。在第三阶段考量的更为系统化的方法中，探索科学领域中的这些潜在关系正是核心。

模型和建模

第二阶段的研究也开始检视模型与建模在转变过程中的作用。我们认为模型是对一个事物或过程的结构化模拟。科学模型是抓住一种自然物体或现象的核心结构关系而建立的简化表征。模型可以是内化的，以心智模型的形式存在；也可以是外化的，以各种表征方式呈现（例如图表、三维物体）。我们认为建模就是实现模型建立的过程。类比推理就是一例，它涉及将熟悉且理解深入的某领域知识（来源）作为基础，从而提升对一个相对不熟悉领域（目标）的理解。

20世纪80年代，在很多领域都可见对于模型和建模的研究兴趣。在认知科学领域，推理乃至逻辑推理被认为以类比心智模型为基础（Johnson-Laird, 1983），类比结构映射使得新理解的构建通过领域间的关系转化得以实现（Gentner, 1983）。在科学史和科学哲学领域，研究兴趣在于模型对科学理论的表征作用（Giere, 1988）和建模对于新理论构建的作用（Nersessian, 1992）。在科学教育领域，心智模型的构建被用于将某些学生概念特征化，而将类比视作教学工具也已经有一段时间了（参见Duit, 1991）。

本文中我们关注模型和建模在概念转变和教学中所起作用的特征，并紧扣以下主题：(1）用视觉化表征和实体指导学生构建心智模型从而加深理解；(2）在教学中考虑合适的抽象水平以找准切入点以及合适的模型序列；(3）使用多重协作的模型，它们能捕捉到科学概念的不同方面（定性化和定量化）；(4）向学生展现现成的模型与让学生参与建模过程；(5）将学生的认识论复杂性看作是使用模型和建模进行教学的先决条件和教学成果。我们的综述强调这些关键主题，但并不是将它们单独呈现，因为一项研究往往在不止一个主题方面有所发现。

布朗(Brown)、克莱门特(Clement)和敏斯特莱尔(Minstrell)(Brown & Clement, 1989; Clement, 1993; Minstrell, 1982)致力于利用学生的直觉知识要素去建立对牛顿学说的理解，他们称之为“锚定直觉”——例如，学生对于法向力的理解是基于弹簧对置于其上的物体表现出向上的力这一直觉。有一个没那么显而易见的(目标)情境，一张桌子对于放在它上面的书施加一个法向力，这个类比很容易理解。但学生们经常觉得两种情境间的类比有些难以置信。因此，布朗和克莱门特(1989)提出利用“架桥类比”，即保留“锚定直觉”中的关键特征，但是尽可能去接近目标情境(例如，一本书放在一个薄而略有弹性的木板上)。这个方法的原理就是，锚定直觉和架桥类比支持学生构建对于目标情境的类比解释模型，其中包含关键直觉(例如，把木桌子看成这样一种模型，由许多微小弹簧构成且它们都对桌上的书施加向上的力)。

史密斯(Smith, Maclin, Grosslight, & Davis, 1997; Smith, Snir, & Grosslight, 1992)和怀泽(1995; Wiser & Amin, 2001)的研究工作基于他们的一个观点，即某些概念(例如，热/温度和重量/密度)在科学上是不同的概念，而接受教学前的学习者则不加区分。在这两个例子中，学习者都会持有一种不加区分的基于知觉的概念(即“热度”和“感受重力”)，而经过设计的计算机视觉化表征则会令人信服地呈现出科学概念和这些概念之间的关系。例如，物体的热度可以通过各种模型来呈现，如(a)从电炉进入到一个物体中的能量数值，(b)在局部分子循环中单个分子的能量数值和总能量的数值。这些模型呈现了热这一广泛定量概念(所有的能量值加和)与温度这一集中性质概念(每个分子能量“被打包在一起”)之间的差别。而“格子与圆点”模型则抓到了重量与密度之间在广泛定量与集中性质之间的差别：圆点代表重量单位，格子代表体积单位，每个格子中的圆点即代表了密度。这个模型是该研究项目的核心，也有效支持了物质密度、浮力和热膨胀等更多复杂建模过程。这种对关键量的强烈视觉化表征鼓励从元概念的角度讨论术语的对比意义和模型的本质，也简化了问题领域中的定量方面。两种方法都支持了关键概念的区分。

在一项相关研究中，怀特(White, 1995; White & Frederiksen, 1998)设计了一种探究式的基于计算机的学习环境，学生在其中接触多种模型以在不同的抽象水平探究力和运动。该研究表明中等抽象水平的模型具有作为教学切入点的价值，也对构建更为复杂的微观世界模型卓有贡献(例如在重力作用前的无重力运动)。设计的核心在于，构建和拓展学生的直觉以理解一个圆点在模拟的牛顿学说微观世界中的运动。学生利用手柄施加“推动”以改变圆点的速度，每推动一下改变一单位速度。圆点的速度通过其运动后留下来的点来表现。这种“圆点痕迹”表征就处在中等抽象水平，介于直观但复杂的实际物体与牛顿运动定律数学公式之间。通过这种方式，学生能够构建定性化理解以及符合牛顿学说世界的定律公式，从而使其更容易与数学表征匹配。这种学习环境成功帮助初中生理解牛顿学说机制中的概念，也发展了他们的探究和建模技能以及对定律的理解。

到目前为止回顾的这些研究都采用了研究者提供的现成模型。尽管这些模型都被设计为从定性和定量角度解释，但定性推理仍然被视作解决迷思概念难题的第一步，数学处理紧随其后。怀泽和阿明(2002)指出，使用现成模型有一个问题，尽管学生可能理解了类比模型本身，但是他们未必准备好将其映射于那些作为教学指向的已有概念(例如热/温度)。与之不同的一系列研究从另外的视角走近科学学习，认为模型构建和数学推理是科学实践的核心，所以它们也应该是科学教育实践的核心(Lehrer & Schauble, 2000; Lehrer, Schauble, Carpenter, & Penner, 2000; Lehrer, Schauble, Strom, & Pligge, 2003)。莱勒(Lehrer)和萧伯乐(Schauble)(2000)提出了一种模型分类法，可以被视为一种可能的发展路径，即学生随着时间的漫长(数年)推移逐渐发展出更抽象的模型：三维微观(例如地球仪)、地图等二维表征、语言模型(例如概率模型)以及假设-演绎模型(例如气体的动力学模型)。

在这类模型构建途径中，学生被给予一些由目标或问题驱动的设计任务或探究任务。例如，莱勒及其同事(2000)的研究要求2年级学生在设计“尽可能快”或“尽可能慢”沿轨道下行的乐高小车这样一个情境中去探索物体滚下斜面的运动。孩子们在完成任务的过程中遇到了概念障碍，老师则指导学生试着自己去解决问题，其间重点使用各种类型的描述方式。表征与建模的规则并不是教师直接指定的，而是学生在课程任务工作中自然形成的。莱勒和同事认为，当需要一个模型时，给学生呈现现成的模型或描述方式，而不是让他们自己去构建，这样的做法常常会导致学生误解模型的一般表征功能，和模型与其所代表的本体的具体映射关系。

因为通过这种途径教授的科学主题由教学中学生生成的问题来驱动，所以很多具有挑战性的概念领域还没有从这一视角研究过。但是莱勒及其同事(2003)已经展示了这种建模教学如何驱动5年级学生去区分重量和密度，使他们对某一困难的领域达成了一定程度的理解，这一领域往往对于初中生也是有挑战性的。他们认为，如果学生先对测量和相似性建立较强的数学概念，那么这些概念就会支持学生对于物理学现象进行更复杂的建模并驱使概念转变。

对比现成模型与自行建模的一种方式是，从定量推理的简单性或复杂性、干预的时间尺度这些角度入手。使用现成模型的方法涉及长达数月的干预，目的在于简化定量推理，支持学习者使用已有的数学知识，对所学领域构建更深入的理论化理解。自行建模的方法涉及多年干预，目的在于让学生参与到以测量的概念理解为基础的复杂定量推理之中。尚无研究明确地评估过现成模型和自行建模方法的相对有效性。尽管这种比较可能会得出有趣的结果，但是更有价值的比较可能在于两种方法对未来学习的支持性如何。在对第三阶段的综述中，我们将从长时间学习进阶的角度对这部分研究再做讨论。

综上所述，关于模型和建模研究的进展主要凸显了类比重构以及策略性地将直觉知识纳入概念转变过程的作用。它也唤起了人们对定性理解与定量理解之间关系的关注。此外，它还把研究者的注意力吸引到了概念转变、基于模型的推理过程和对建模的认识论理解之间的相互作用上来。通过发展更多外显化的形式，以及内部与外部表征、社会干预和认识论发展之间的相互作用，在第三阶段这类开创性研究工作被进一步拓展。

社会干预

关于概念转变的第二阶段研究也开始验证社会干预在概念转变过程中的作用。我们的综述仅包含了将社会干预过程具体地联系到科学概念学习的那些研究。(参见Scott et al., 2007，该综述以更广阔的视角探讨了科学学习中的社会过程。)我们考虑了三个(互补的)视角。从社会文化视角对学习的研究(Vygotsky, 1978; Wertsch, 1991)认为知识的内化是两类社会干预的结果：更有知识的人给学习者提供的脚手架，以及同伴共同构建的知识。此研究的目标在于，展示出社会干预（一般意义而言）强化了概念学习，并描述出那种能够让学生参与到有效话语中去的脚手架。话语分析视角的研究试图描述发生于这些互动之间的交流细节，这些互动使得多样化的观点得以融合。与此相反，来自皮亚杰学派（1995）视角的研究验证了认知冲突的作用，这些认知冲突由一个领域中观点不同的同伴之间发生的相互作用产生，向这样一种假设发起了挑战，即认为内化是通过社会干预影响概念转变的唯一机制。

从社会文化视角对科学概念学习开展的研究强调，科学概念不是从直接经验习得的，而是在一种看待世界的方式的指导下实现的，这种看待世界的方式就内隐于象征性构建的现实之中（Driver, Asoko, Leach, Mortimer, & Scott, 1994）。例如，科学家以象征性表征理论概念的抽象方式思考、看待、分析世界。此外，尽管他们明确地反思“理论”“预测”“结果”和它们之间的关系，但这些分析类别是文化建构，对于年轻学生而言并不明显。德赖弗及其同事（1994）指出，通过课堂话语，学生可以被“脚手架支撑”到用科学的方式讨论（进而“看待”）世界。

赫伦科尔（Herrenkohl）、帕林克萨（Palincsar）、迪沃特（DeWater）和川崎（Kawasaki）（1999）所做的研究是个突出的例子，尝试如此组织了科学课堂话语并检验其对概念学习的有效性。在该研究中，小学高年级学生被指派的角色是，用搭建的脚手架探究物体的沉浮现象并参与科学思维练习。程序性角色组织学生小组有效完成探究，而全班讨论中的听众角色（例如提问者、评论者）则聚焦于具体任务（例如检查预测与理论，概括结果，评估预测、理论与结果之间的关系）。通过这种方式，学生们参与将一项复杂任务拆解成若干部分，并被鼓励去关注所期待的特定类别的思考。对课堂对话记录的分析结果表明，学生在代入这些角色完成10周的单元学习后取得了进步。此外，前后测结果反映出学生对漂浮（这牵涉对密度的理解）概念的理解有很大改善，且表现出对于预测、理论、科学问题解决和如何评价科学观点几方面更好的理解。

其他社会文化研究者探索了同伴相互作用在概念学习中的效果，他们利用假设-实验-教学（HEI）的方法展开了一系列实验研究。其中一项研究（Hatano & Inagaki, 1991）要求对照组学生从关于某物理现象的若干可能的预测中做出选择，然后给他们一份提供权威答案的文本。而在实验组中则加入了一个附加环节，就是在呈现正确答案之前，让学生与同伴去讨论他们的预测。与对照组相比，在能够与同伴开展讨论的实验组中有更多的学生给出了更优质的解释。

如果社会干预对概念学习确有贡献，那么这种关联可能是通过对话者之间的交流细节来调节的。在第二阶段，有些研究者开始检验交流的细节，强调他们所认为的与理解概念学习过程最为相关的交流特征。例如，皮（Pea, 1994）认为，当对话者对彼此的表达进行商议并试着达成共识时，他们要改变彼此的理解，这时更有可能发生概念学习。皮还认为，当学习者的交流模式如同科学家一般，涉及分享对现象的多种解释并要求彼此明晰各自表达含义的时候，有效的科学概念学习就会发生。

其他研究者也采用类似的话语导向视角来研究概念转变（Duit, Roth, Komorek, & Wilbers, 1998; Roschelle, 1992），用对话分析的方法（Garfinkel & Sacks, 1970; Goodwin & Heritage, 1990）描述了学生在参与合作学习活动中发生的各类对话。例如，罗斯切尔（1992）认为随着对话向概念转变（例如，建立关于自然现象潜在的核心实质和过程的表征并协调解释这些表征的隐喻）和其他帮助对话者达成共识（例如参与到“展示、确认和修改”意义的循环中，并用水准越来越高的证据使参与者构建起的意义达成一致）的方向迁移，对话者的理解就会汇聚起来。总体来说，这些研究者眼中的对话相互作用与概念转变相关，这与赫伦科尔及其同事（1999）所提出的听众角色的提问和评论功能相匹配，但前者更强调解释表征时的动态交涉过程，后者则强调更广泛的参与结构和参与者角色。

到目前为止综述过的研究都假定学生通过内化教师提供的知识或与同伴共同构建来建立新的概念理解。另一些文献则以皮亚杰学派（Piaget, 1995）的观点为出发点，即认为概念冲突是知识转变的重要驱动因素。豪（Howe）及其同事（1992）考虑这样一种可能性，即在相互作用中由意见不一致所激发的个体内部构建可能才是改变的来源，而非共同构建。精心控制的实验研究证实了该假设，研究内容是小学生合作探究包括沿着斜面向下运动在内的不同主题（Howe, Tolmie, & Rodgers, 1992）。当学生处在对某主题观点不同（而不是相似）的小组时，学生在概念理解方面的收获会更多。此外，虽然小组水平的表现与组内的意见认同程度存在显著相关性，但是对于那些成员持不同意见的小组来说，小组内部的转变与学生个人收获没有显著相关性。此类研究也发现了领域差异，即物理学中的个人冲突解决比生物学中的更为重要（Williams & Tolmie, 2000）。最近此分支研究已经开始更密切地检验众人联合与个人构建的相对重要性，以及小组水平与个人水平相互作用的机制（Howe, 2009; Howe, McWilliam, & Cross, 2005）。这部分文献中的一项有趣发现是，小组内未解决的冲突与长期的概念收获存在相关性。

总体而言，上述这些研究指出，多种机制都在发生作用，调节着社会干预对于概念转变的影响。社会干预情境下的有效概念学习似乎需要教师深思熟虑地搭建科学话语的脚手架。然而，研究也指出，对于把小组成果内化看成社会干预情境下个人概念转变的唯一机制这种假设，我们必须谨慎。由小组水平的冲突驱动的个人认知构建可能在某些领域也是一种重要（如果不是首要）机制。总之，此领域的研究主张，社会干预的作用与概念转变方面的认识论有重要的相关性，这些相关性需要在未来进一步探索。

第三阶段——从新兴的系统化视角研究概念转变

在最后这部分，我们突出从新兴的系统化视角研究概念转变并为未来的研究方向提供建议。有些研究者采用系统化思维的特定方法——例如，布朗和哈默（2008）使用了动态系统理论。然而，我们非正式地使用“系统化”这个术语来体现研究者的一种倾向，他们从多种相互作用的要素来理解概念转变，往往是在不同的层面开展分析。我们先从描述基于多种系统化视角理解概念和概念转变的尝试说起，指出其对教学的意义。接着描述一些针对基于系统化理解概念转变而设计的教学开展的研究。

从系统化视角理解概念和概念转变

我们以认知科学的四个基本主题为综述的框架。第一，概念建立在多种意象图式（对感知经验的抽象）和意象（知觉经验的重现）的基础上。第二，语言和其他外部符号系统的使用克服了意象图式表征和意象的局限性。第三，命题化表述的概念可以作为语言形式的符号被理解并参与到信念网络中。这一观点解决了针对概念转变的竞争性解释之间的部分矛盾。第四，幼儿与非专业人士的概念性知识是稀缺的。但是，这种稀缺知识支持着深入学习，因为它与认识论信念有关联，即认为有更多的具体知识存在且往往来源于其他人。这四组观点共同反映了认知科学家在考虑概念和概念转变时愈发转向系统化。

概念和概念转变建立在知觉和行为之上。我们先从澄清某些关键观念开始。由于数个世纪以来这些观念一直被哲学家和心理学家占有，我们仅阐明在此处如何使用它们，也参考其他人的外延处理(Barsalou, 1999; Carey, 2009; Mandler, 2004)。我们假定知觉是自动过程，由与生俱来的特定系统执行，为大脑提供此时此地的类比表征，从而产生感知经验。使这些系统具有知觉性的是，它们能自动地为大脑提供对外部世界中实体的丰富表征。我们认为一项概念性表征是能与其他概念性表征有效联合的，支持对真实或想象的存在做出推论的，并且能用语言清晰表述。因此，一条概念可以归属于多方面的认知。我们假定先天的知觉过程能生成一些对物体、中介、数量和原因的概念性表征，称之为“核心认知”(Carey, 2009)。

意象图式构建主要体现这样一种观点，即通过反复的知觉经验和选择性注意的过程，这些经验的共性会被提取出来，形成更多图式结构。意象图式是类比化(图像化)表征，在结构上与表征于知觉中的物体和事件类似。例如，一种包含关系的意象图式中有内部和外部的组件，以及一条将二者隔离开来的边界，这种意象图式可以从很多类似的经验中抽象出来，比如将物体放入各种容器或从其中取出。除了类比化表征，意象图式就上述意义而言也是概念化的。尽管概念化，但它们不是命题式的语言形式表征，与所表征之物之间存在着任意符号化的关系，而是类似于它们的参照对象。然而，它们并不等同于意象，后者是在精神中将知觉或行为“像电影一样”进行类比重现，在它们所表征的实际物体和事件并不存在的情况下被调用。因为意象是未经分析的且整体性的，它无法仅凭自身支持有效的概念化结合、推论以及用语言明晰表述。

意象图式表征的重要性很大程度上得到了认可，特别就语前概念而言(Barsalou, 1999; Carey, 2009; Mandler, 2004)。然而，对于意象图式是如何建立起来的则存在分歧。曼德勒(Mandler, 2004)主张抽象的过程和选择性注意是关键性的，凯里(2009)雄辩地指出，需要用先天的核心概念化表征约束从感知表征进行的抽象过程。也有观点认为，包括抽象概念在内的成人概念是以多重意象图式来表征的。例如，巴萨卢(Barsalou)和威默-黑斯廷斯(Wiemer-Hastings)(2005)提出，具体与抽象概念之间的差别不在于概念表征形式而在于复杂性。他们提供证据指明，在具体概念的表征中对情境或事件的表征是隐藏在后的，而在抽象概念的情况下它们则是展现于前的。基于分析语言使用模式的另一项主张认为，很多抽象的概念都是以意象图式的形式比喻式地被理解的(Lakoff & Johnson, 1980, 1999)。其主张在于，系统化概念映射存在于抽象化概念领域和实验性概念领域(“概念化比喻”)之间——例如，状态被构建为所有物(比如“他患有头痛”)；时间被构建为一类资源(比如“时间耗尽”)。这种把抽象概念看作以知觉和行为为基础的观点也对科学概念的描述、科学理论和推理的模型表征有所贡献(Clement, 2008; Nersessian, 2008; Thagard, 2012)。

随着研究者们继续使用现象本源和心智模型，

概念基于意象图式的观点就被扩展到第三阶段中对于科学概念学习的研究之中。多数引用现象本源这个概念的研究者将其作为一种意象图式（例如Ke, Monk, & Duschl, 2005; Sherin, 2006），在多数外显和扩展类型的构建中这都看似是有意为之（diSessa, 1993a）。然而有些人在使用构建时并没有采取严格的意象图式解释（例如 D. Clark, 2006），我们相信如此一来就有助于限制对于现象本源的解释。这就强调了它们的知觉和行为起源，并将它们与其他不同形式的知识要素（例如注入命题式表述的信念）清楚地区分开来。科学概念建立于意象图式现象本源的假定对于先前描述的知识碎片化观点来说是核心贡献，它将继续作为很多第三阶段研究所持的重要假设，这与更广泛的认知科学文献相一致。

心智模型的概念也继续被使用。虽然早期研究对于心智模型的表征形式(Gentner & Stevens, 1983)并不总是很明确，但是最近的工作已经更明确地将心智模型看成对感知物体和事件的意象模拟，以多重意象图式的方式来解释(Clement, 2008; Nersessian, 2008)。因为心智模型由意象图式组成，所以它们是概念的表征。研究者们正在探索方法，为心智模型的形式及其意象图式和意象组成成分寻求证据，这有赖于分析科学家与学生在参与创造性类比、极限情况推理以及思想实验时所使用的手势与图示(Stephens & Clement, 2010)。另一种识别与科学学习相关的意象图式表征的方法则侧重于从概念化比喻理论的视角去分析科学语言(Amin, 2009; Amin, Jeppsson, Haglund, & Strömdahl, 2012; Jeppsson, Haglund, Amin, & Strömdahl, 2013)。

科学概念和推理可能以意象图式和意象模拟为基础，这种假设对于教学有何启示呢？因为在学习科学概念的过程中，多重意象图式要被激活、组织和重组，且以高度情境敏感性的方式运作，所以在概念形成方面没有什么“快速判断”。这意味着把概念在其使用情境下进行表征是很重要的。虽说这个观点长久以来一直是科学课程“改革”的主题，但是认识到这样一种复杂的非语言组成对于概念形成的重要性意味着这种方法不但是可取的，而且是必需的。

此外，尽管研究发现心智模型能落实对科学概念的理解，但也需要其他表征来源。因为多数科学模型包含非常抽象而且经常被量化的实体与过程，它们需要命题式符号系统(例如语言和公式)来表征(见后文内容)。组成心智模型的意象图式和意象为学习者与科学家所共通，认识到这一点意味着形象化成分较多的科学模型更容易成为教学的切入点。例如，莱勒和萧伯乐(2006)认为基于相似性的最初模型是小学生建模的重要起始点；在适当的教导之下，学生可以利用语言和公式去逐步构建更加复杂的模型。此外，有研究(Wilensky & Novak, 2010; Wilensky & Reisman, 2006)探索了“以中介为中心建模”对于理解很多领域(例如电学、种群生物学)中的自然过程所起到的支持作用，这些内容都是公认的富有挑战性的教学内容(Chi, 2005; Perkins & Grotzer, 2005)。学生首先构建由具有某种性质的对象组成的中介模型，然后在电脑上运行这些模型，电脑利用视觉表征帮助学生“看见”另一个层面的影响(整体所呈现的性质)。

最后这一条教学启示基于识别出一系列概念化比喻去构建一个给定的科学概念。一旦这些比喻被理解，它们就会指导视觉表征的设计，目的是促进概念转变(Amin, 2009; Scherr, Close, McKagan, & Vokos, 2012)，还可以指导对具体类比的策略性选择(Amin et al., 2012; Niebert, Marsch, &

Treagust, 2012)。例如，阿明及其同事(2012)认为，比起将熵比作无序，将熵比作自由度更有可能诱发能产生直觉的意象图式知识的应用，因为后者更接近科学中解析熵时所惯用的概念化比喻。

这一部分提到的文献呈现了这样一幅图景，学习者与科学家的概念都以多重直觉的和基于行为的意象图式所表征，而它们在推理中的应用使用了意象模拟。这种观点承认学习者与科学家之间存在一定程度的连续性，并为教学建议了有用的切入点。

利用外部(特别是命题式)表征可以克服意象图式和意象的局限性。意象图式和意象的内容和形式在它们所支持的概念化和推理方面都有局限性。语言和其他表征工具(例如公式)在拓展人类概念系统的可能性方面扮演着重要角色(A. Clark, 2008)。发展心理学研究指出，学习语言能塑造概念类型形成(Mandler, 2004; Waxman & Markow, 1995)，并且为那些必须有语言参与的新概念构建提供基础(Carey, 2009)。根据凯里的说法，一句话首先作为浅显化解释的象征性占位符产生功能(例如，“物质是有重量且占据空间的东西”)，随后通过利用意象图式等概念化资源的建模练习得到解释。研究还认为，理解概念发展将涉及理解语言如何指导跨领域的映射(例如空间领域和物质实体)和整合，利用一个领域的意象图式去理解另一个领域(Gentner, 2003)。最近关于科学理解和推理的研究在科学模型(Giere, 2002)的特征和科学史上的概念转变(Nersessian, 2008)这两个方面研究了内部分离式系统(心智)与外部表征(例如图表、公式、语言)之间的相互作用。

近期针对知识碎片化方向的科学教育研究更多地将注意力放在了命题表征方面(diSessa, 1996; Levrini & diSessa, 2008; Sherin, 2001, 2006)。迪塞萨(1996)列举名义事实、叙述和承认事实(都是命题表征)与新手对物质世界的理解和推理相关联，更多意象要素(现象本源、心智模型)也具有这样的相关性。名义事实是源自日常会话或正式教学的陈述，最初对学习者意义不大——例如，“温度与平均动能成比例。”叙述是一连串浅显化解释的命题，描述参与其中的一系列事件和物体，诸如对一个物体下落时能量转换的描述。承认事实是解释得更充分的陈述(例如，“移动某物需要力”)。

从知识碎片化来看概念学习，名义事实和粗浅解释的叙述最初可以通过死记硬背习得，但在指导策略性应用现象本源和其他资源方面起到了概念转变占位符的作用(Carey, 2009)。例如，莱夫里尼(Levrini)和迪塞萨(2008)指出，高中生很难理解狭义相对论情景中固有时的两个定义，但是他们假定这些定义应该指向相同的结论，这种假定指导他们对概念构建更综合性的理解。程(Cheng)和布朗(2010)论证了整合语言和意象表征的重要性。他们发现，在一系列情境下构建对磁性的解释时，那些仅仅依赖直觉知识的小学生会构建出脆弱且支离破碎的模型。值得注意的是，一位整合了语言和意象表征，并对建模有清晰元认知的学生则建立并修正了一种适用于各情境的解释性模型。

布鲁克斯(Brookes, 2006; Brookes & Etkina, 2007)采取了概念化比喻视角，他提出很多在科学概念形成中起到作用的类比模型都是以科学家的语言作为概念化比喻而进行编码的，这些模型包括现有模型和非现存模型。随着时间的推移，这些比喻模型的优势与局限以及在何种情境下适合用它们进行推理对于科学家来说变得不言而喻。然而，学生可能会被科学家的语言误导。事实上，布鲁克斯和埃特基纳(Etkina)(2007)整理了一些常见的、根深蒂固的迷思概念(包括错误的本体论分类)，这些迷思概念可能来自学生经常听到的语言模式。他们认为在教学中更加谨慎地使用语言或许可以部分地解决这个问题。但是，考虑到比喻在语言表达上的内隐性，与学生清清楚楚地讨论一下科学语言和具有误导性的本体论解释可能会更实际一些（Amin et al., 2012; Brookes & Etkina, 2007; Jeppsson et al., 2013）。

谢林（Sherin, 2001, 2006）关注另一类型的命题表征，并提供证据说明，在大学物理专业学生解决问题时，"象征形式"调节了物理公式和概念理解之间的相互作用。象征形式是成对的概念图式（很多都是类似现象本源的意象图式——例如相反的影响），带有公式中符号的一般模式（例如□ - □），用来解释公式。谢林（2006）认为使用公式实际上可以指导现象本源的激活、重组和改善。而对于理解学生们如何发展这些象征形式，当使用公式时它们在指导直觉知识使用方面起到何种作用，仍有待开展更多的研究工作。未来研究的另一个议题则是语言在调节定性理解和代数理解中所起的作用。杰普森（Jeppsson）及其同事（2013）认为比喻性语言与象征形式协作，共同起到这样一种调节作用。如果是这样的话，对于教师来说，强化学生构建和使用象征形式的一种方式可能是在问题解决式课堂上大声说话，并为其解释公式的过程建模。

考虑到先前概念学习研究中的批判意见，该研究在发现外部表征作用方面的重要意义令人赞赏。此前的研究批判了传统实践中以定义新词汇"先行"的做法，认为这阻碍了学生激活有意义的概念资源。这种批判虽然成立，但是它可能会让人忽视科学概念构建中语言和数学符号的核心作用。尽管在第二阶段研究中，社会干预视角的复兴增加了对学生语言和其他象征形式与题词的关注，但重点在于话语或题词形式本身，而不是它们与内部概念资源的相互作用。未来的研究需要密切检视这种相互作用。

概念作为信念的参与者与概念由信念构成之争：化解干戈。此前我们比较了两种概念转变视角："连贯性"视角与"知识碎片化"视角。最近则如意料之中发展为观点会聚。然而，文献里仍然继续对比两种观点，特别是对于到底把概念看成什么。我们认为，两种视角看待概念的方式在表面上呈现的区别反映的是两种观点之间的紧张关系，即将概念视为信念的参与者与将概念视为由信念组成。我们主张以凯里（2009）描述的概念观来帮助化解这种紧张关系，并在连贯性与知识碎片化视角分别看待概念方面达成可期的一致。

有关连贯性与知识碎片化之争的辩论，我们先从概念的本质这一点着手考虑。前文中我们明确了从感知经验抽象而来的意象图式是概念化表征，它支持语前概念的构建。进一步发展起来的概念系统也包含命题化表达的概念。事实上，所有科学概念都属于这一类型（正如前文所暗示）。因此，在此处要重点去精确刻画我们所认为的命题化表达的概念（后文一律称为"概念"）是什么。对于凯里（2009）而言，概念是语言形式的符号，它能参与命题并与其他符号相关联。在她看来，刻画概念的内容涉及两个具体方面：(a)那些使概念可以指代世界上实体的过程（既包括外部的也包括内部的），以及(b)概念的推论作用，具体指的是在概念所参与的命题网络方面。这种概念观有助于化解将概念视为信念的参与者和将概念视为由信念构成这两种观点之间表面上的紧张关系。一个概念被看作是统一的、语言形式的符号，就其本质而论可以参与信念。认为概念由信念组成的观点指的则是概念的内容——即概念产生功能并对思考做出贡献的方式是由它在推理网络中的作用以及赋予概念辨识出世界上存在何种实体的机制所决定的。

以这种方式看待概念有助于我们更谨慎地思考连贯性和知识碎片化视角之间的差异。正如之前所讨论的，从连贯性视角来看，即便是质朴概念在内的概念，也不能被孤立地刻画(Chi, 2005; Smith, 2007; Vosniadou, Vamvakoussi, & Skopeliti, 2008; Wiser & Smith, 2013)。一个概念是在信念网络中与其他概念相关联才被理解的，概念转变涉及一系列内在联系的变化，并导致一个不同网络的形成。但是概念转变常常被预期为逐步的变化，因为概念体系中很多变化还有待发生。当前的连贯性解释为第一阶段研究做了补充——发现了更多的因素与转变过程有关，例如，领域具体性信念(定性与定量)，对于什么组成了了解世界实体知识的合理来源的认识论信念，模型以及有关科学模型本质和功能的信念。

从知识碎片化视角来看，质朴的概念化知识被认为是片段化的，但包含了很多潜在有用的知识要素。然而，早前的研究工作并没有根据已知的知识要素解释科学概念的本质。如今有人提出“协调类”构想以填补这块空缺(diSessa, 2002; diSessa & Sherin, 1998)。协调类是含有多重组成的知识体系，包括现象本源、心智模型和信念。其功能不在于分类本身，迪塞萨和谢林(1998)认为，心理学家一直把分类归为概念的主要功能，甚至连获得关于世界上永恒存在的可靠信息这一功能都不算最主要的。部分而非所有科学概念被认为是协调类——那些可靠辨识出定量信息的概念就是候选者(例如力或速度)。持有协调类涉及可适用于不同情境下的结构，如此一来信息就能在情境间被连贯性地抽提出来。协调类由两类功能不同的部分组成：读出策略(例如直觉)，使人可以识别出该协调类适于应用的例子(例如确认何时适合“看见”力)，以及因果关系网络(由现象本源、心智模型、公式和信念等组分混杂而成的网络)，以得出提供所需信息(例如力的大小或方向)的推论。

那么连贯性与知识碎片化视角对于概念的认识有什么差异呢？迪塞萨(2002)认为知识碎片化视角推动了协调类的构建，从而作为某些科学概念的内部结构，而连贯性观点关注的是信念网络中概念间的关系。在此后的综述中，迪塞萨(2006)根据更广泛信念网络中的“嵌套”概念阐述了二者的差别。连贯性观点对科学概念的解释(严格)局限于这个概念所嵌套的信念网络。尽管嵌套也被承认是协调类的一个特征(诸如现象本源等知识要素被嵌套于协调类)，但要素与水平之间的束缚相对较弱。

从单一语言形式符号的方式看待概念，抑或从其具有推论性功能的内容以及建立参照的机制来看待概念，我们认为这二者间的差异会消解。无论连贯性观点还是知识碎片化观点的支持者实际关心的都是在上述定义下概念的内容。这一点在连贯性观点的情况下体现得很清楚，尤其是那些明确关注信念网络中协调变化的实例。与之类似，当描述因果关系网的特征时，对于协调类的解释也要求信念网络将概念彼此关联(例如，牛顿力学协调类，包括公式$F=ma$(diSessa & Sherin, 1998)；测定力的大小F涉及识别质量m和加速度a并测定其大小，从而可以归为协调类)。如果我们以这种方式理解概念，“力”这个词或者F这个符号(或者代表二者的某些心理表征)，就是力的科学概念，它们是因果关系网中关键命题的参与者；而在凯里提出的对应于将协调类作为整体的解释之下，它们就是科学概念的内容。正是这项内容告诉我们，此概念将在世界上挑选出何种实体，且它会支持怎样的推论。

对于知识碎片化观点中不同情境下会有不同要

素激活这一点，凯里的解释也并非与之矛盾。并没有一种先验的假设认为，每当一个给定的概念（被认为是单一的、语言形式的符号）被使用时，同样的知识要素就会激活。因此我们认为，对于学习科学概念必然会形成这样的共识，它涉及逐步形成一个多种知识要素不断组织化的网络，包括诸如语言或数学表征等命题化表征，以及意象图式表征。

指出连贯性与知识碎片化视角下的概念认识存在这种深层次的相似性，并不代表否认二者之间常常被强调的一项重要区别——它们对于质朴知识的连贯性程度所做的假设有差异。然而，具体知识领域的连贯性程度确实存在这种差异。连贯性观点预期，小的信念网络和宏观的本体论预设能够驱使具体领域下的知识构建，特别在幼儿教育阶段（可能受到先天约束的引导）。但是，随着连贯性相关研究者不断关注到质朴知识理解的特征描述中多重的、异质的知识要素，这两种观点看起来越发相似，特别是当某些知识碎片化理论支持者承认新手有可能拥有小规模具有内在联系的信念网络的时候（Brown & Hammer, 2008）。此外，连贯性理论支持者逐渐承认，包含质朴概念理解的信念网络并不如预期假设的那样组织良好，且学习会涉及大量组织并扩展其应用视野的过程（参见 Vosniadou et al., 2008; Wiser & Smith, 2013）。

这种关于概念的共识对于教学是有重要启示的——课程应该把概念之间的关系置于优先地位，而不是像传统教学单元的典型做法一样关注独立化的概念。将科学课程全面地导向对模型与建模的关注有助于达成这种强调概念之间关系的需求（Lehrer & Schauble, 2006）。然而，这也引发了核心问题，即在具体的领域中该如何决策去为这些关系排序以及重新审视它们。对于排序的一类约束取决于概念间的关系，哪些可以通过实验更具体地直接探究，哪些必须推论得出。例如，敏斯特莱尔（1984）在一段时间前提出，在牛顿三定律的教学中，重要的是呈现牛顿第二定律关于力和加速度的关系，它排在宣称不需要合力来维持匀速运动状态的牛顿第一定律之前，因为前者比后者更容易展现出来。这个议题正处在当前一系列研究的核心地位，包括探索有效学习“路径”的课程设计研究（Cobb, Confrey, diSessa, Lehrer, & Schauble, 2003）、教诲理论（Andersson & Wallin, 2006）以及长期学习的进阶（Wiser, Smith, & Doubler, 2012），我们很快会在回顾关于教学的系统化导向新研究时讨论此议题。

拓展系统化思考概念转变的视野：本体论、认识论信念、解释模式以及社会干预。第二阶段研究明确了本体论分类、认识论信念以及社会干预会影响概念转变。我们在此重新回顾这些影响，突出近期的进展，以更系统化的术语来检视这些影响。

有观点认为概念转变涉及概念本体论重新分类的过程，最近此观点遭到了知识碎片化理论支持者的批判（Gupta, Hammer, & Redish, 2010; Hammer, Gupta, & Redish, 2011）。他们质疑这种转变是否是从一个静态的、稳定的本体论类别转换到另一个本体论类别，也质疑某些本体论类别是否根本不存在，这些本体论类别对于新手而言常常被认为不存在。例如，像扩散这样的自发过程，尽管总体可以看作朝着某个方向运动，但是个体有可能在朝不同的方向运动，这种观点是可以直观感受到的。此外，学习者与专家在对给定概念分类时都相当的灵活，常常将概念分到多种本体论类别中。作为回应，斯洛塔（2011）提出专家可能对一个概念持有平行的本体论认识，但这仅在特殊情形之下，比如现代物理学中的波粒二象性这种情况。斯洛塔也承认，科学家在非正式或教学的场合下可能会用物质实体来更具体地解释一个抽象概念，但是他们自己不认为这种思考方式符合科学要求。正如斯洛塔（2011，p.157）所言，"专家仍然可以将电流看成是沿着导线喷射的'果汁'，但是他们马上会声称这种物质并非实际存在"。

我们发现这件事争辩起来还挺有趣的，但是从自发系统性的视角以更广阔的理论框架来看更能使人受益。一方面，有假定认为抽象概念常常根植于非正式的意象表征（正如前文所讨论的）。专家有时候会用比喻的方式讨论和推断抽象概念（比如自发过程），就像它们有实体一样，这与上述假定是一致的。另一方面，对于概念和概念转变的自发系统性视角使我们意识到，有必要区分概念性知识与对于该知识的元认知信念。对于稳定与灵活的本体论分类之争，可能的解决办法是，承认科学家在元认知层面知道能量和熵并非实体存在，但在为特殊目的诠释这些概念时仍然引用类实体的比喻（Jeppsson et al., 2013）。如果我们要从系统化视角来理解本体论在概念转变中的作用，那么外在本体论立场与内在本体论资源之间的差异或许会很重要。

知识碎片化的理论框架也已经得到拓展，将认识论要素包含进来，反映出我们所描述的转向系统化。哈默和埃尔比（Elby）（2002）指出了很多即使是幼儿也能在学习情境中激活的"认识论资源"。他们将其归为四个大类：有助理解不同来源知识的资源（例如他人抑或个人直接知觉），认识论形式（例如故事、陈述、图片），认识论活动（例如收集信息、猜想、头脑风暴）以及认识论立场（例如怀疑、判定有意义或令人困惑、赞同）。像现象本源一样，这些认识论资源可能在不同的情境下被激活。然而，由于彼此提及，这些认识论资源很少会单独激活，而是在网络中被激活。埃尔比和哈默（2010，p.1）最近提出了一种"认识论框架"观点——"某个资源网络的局部一致性激活，它可能看起来像是一种稳定的信念或理论"，这种观点在特定情况下或多或少有些用处。因此，教师应该引导学生去构建更有用的框架（例如让学生关注"他们已知的内容"，以此改变他们解决问题的方式，从而将学生从"记忆"框架转变为"判定有意义"的框架）。新的框架可能会通过以不同的组合方式激活资源来"自然发生"。然而，未来的工作需要检验新的资源随时间推移可能会如何发展与改变，包括构建更为高深的科学知识所需的资源（例如协调类的构建和复杂的科学模型）。有一些关于学习进阶的研究（下文会讨论）确实开始着手解决其中的一些问题。当然还需要开展更多的工作。

方才综述的研究已经开始检验本体论分类和认识论信念分别对概念转变有哪些影响，它们比第二阶段的研究更系统。针对幼儿和成人的认知科学研究近年来开始探索两方面影响之间的联系。凯尔及其同事（Keil, 2011; Keil, Stein, Webb, Billings, & Rozenblit, 2008）的研究已经表明，儿童与成人都经常忽视机制方面的细节，却有高级功能模式与法则的知识（"解释的模式"），这令他们知道哪种性质可能有因果关系或者对于不同领域的实体而言很重要。例如，相对生物而言，人造物更可能有其用途（尽管有一部分生物也可能有用途）；与区分人造物相比颜色对于区分不同生物可能更重要，而形状对于人造物可能尤其重要（依其功能而定）。这类知识可能有本体论输入，有助于分辨不同领域。此外，在自然类概念方面，儿童和成人采取了本质主义者立场，他们假定观察到的特征必然有潜在的因果性本质存在，但不具体了解这些原因。因此，某些概念的表征可能与广泛的解释模式和认识立场有内在联系，在这种立场下学习者假定潜在因果本质存在。

早期概念发展与本体论、认识论信念之间的联系也关联到概念学习过程中他人所起的作用。对于解释模式的知识可能会支持遵从认知分工的模式，在此模式下，4岁的儿童在适当的知识领域能够与专家相匹配（Lutz & Keil, 2002），虽然这种匹配仍以非常脆弱的形式存在。此外，与自然类的概念相关的本质主义者立场也被提出作为解释以下现象的基础，即为什么非专业人士会遵从专家，以获得对于概念的更多细节缘由以及事例的说明，这些是他们自己所不了解的（Carey, 2009）。

概念学习、本体论与认识论信念以及他人对个体学习的贡献三者之间的联系为教学法带来了一些有趣的启示。首先，课程应该指向发展那些可能为学生提供必需引导的高级形式知识，而不是给学生提供过多超负荷的事实性细节。最近的研究工作认为仅该项策略已经足够有用了。邓肯（Duncan, 2007）对于本科生在推理关于基因如何导致疾病或其他表现型的熟知问题或新问题时所使用的知识类型进行了认知分析，她发现学生频繁地激活领域一般性解决框架。这些框架包含一些占位符（例如，导致反作用的有害物），它们激活了领域特殊性启发式（例如，基因编码蛋白质），以开展对更多领域特殊性解决方法的搜索（例如，找到引发疾病的变异蛋白质）。邓肯（Duncan, Rogat, & Yarden, 2009）已经在基于这些分析识别重要的“大概念”，遗传学学习进阶的教学应该指向它们。

第二，在此前关于学生在科学方面的认识论理解的研究中，知识的来源常常被看成是单维度的，质朴的一端依赖于权威，另一端则依赖于基于一手实验观察的推理和推论。正如钦（Chinn）、巴克兰（Buckland）和萨马拉蓬加文（Samarapungavan）（2011）在他们最近关于认知认识的综述中所说，多重来源的重要性正逐渐被人们所意识（例如知觉、内省、记忆、推理、证据），这些来源在复杂的学习者身上同步奏效且相互作用。马格努森（Magnusson）和帕林克萨（Palincsar）（2005）检验了这种相互作用。他们在教学中引入了一种“二手探究”文本（虚构出来的某科学家报告其研究发现的笔记本），作为帮助学生拓展其一手探究的有力方式。他们认为学生初步的探究令他们“准备好”有效地参与到这份文本中，同时该文本也将学生的探究推向了新的方向。因此，与其把向他人学习与自学看成是对立的，倒不如把它们看作是协同互助、相互支持的。与之类似，莱勒、萧伯乐和卢卡斯（Lucas）（2008）表明，通过拓展性建模教学，6年级学生的认识论复杂性和对科学本质的理解得到了实质性的发展，该教学每周都组织研究会议，为课堂上的社会干预提供精心设计的结构，并贯穿整学年课程。

进一步系统化视角下教学设计面临的挑战

近期从思考概念和概念转变的系统化本质产生了四个具体的主题，这些主题为设计有效的教学提供了更多指导，远不止于声明“关注”“参与”或“面对”学生的已有观念那么简单。这些主题也使我们能够深刻理解在第一阶段重点介绍的复杂的概念生态系统对于学生和科学家而言有何等意义。在这一部分，我们要考虑三种新式的课程设计框架所具有的真知灼见：知识整合、学习目标和学习进阶框架。其中学习进阶框架是基于另外两个框架的很多特征建立的，它提供了一种方式去思考一个人用于参与科学实践的知识和能力是如何发生大规模转变的，这与皮亚杰提出的发展观点不同，且有潜力改变我们设计和组织科学课程标准的方式。

知识整合：提供充足的时间和充分的指导以便

联结、区分与组织多重要素。如果概念转变涉及复杂知识网络中多重要素间的协调变化，那么概念转变将会是个缓慢的过程，因为它需要时间去增加、区分、联结，并在多种情境下分辨这些要素间的联系是否有用。林和她的同事围绕热力学中四个核心主题的有效教学开展了大量关于8年级课程设计的系列研究，为这一假设提供了有力的支持(Clark, 2006; Clark & Linn, 2003; Linn, 2008; Linn & Hsi, 2000)。

对于知识整合框架的支持者来说，学生需要整合大量不同类型的要素(例如，名义事实与承认事实、现象本源、心智模型、叙述、可视化)。他们的课程关注于发展“中介”模型，例如热对流模型，而不是原子–分子模型。学生通过比较不同情况下的异同、考虑关键事例、尝试概括、在不同主题之间以及在法则与日常情境之间建立解释性联系来整合知识，并用更加规范的观念重新解释“颠覆性的知觉经验”。

这些支持者通过评价学生在所有主题下对其推理过程的解释和口头表述发现，上满13周的课程会比三种效率更高的课程版本(10周、8周和6周)有效得多(Clark & Linn, 2003)。而当学生升入10年级和12年级时，跟踪访谈表明他们不仅依然保持着原有的理解，而且还在不断提高。总体来说，支持者们认为知识整合需要花上更多时间，但为迁移和持续学习打下了更有力的基础。遗憾的是，美国典型的8年级课程仅仅为热力学内容分配了1到2周学习时间，这对于任何真正意义上的知识整合都太短了。

克拉克(Clark, 2006)对于纵向样本开展了个案研究，他细致描述了在13周课程期间及之后不同观点之间的联系是如何改变的，并表明个体的重建是个“杂乱”的过程。例如，克拉克发现尽管增加观点很简单，但是将其规范地与其他观点建立联系则难得多。学生常常建立起非规范的联系并持有多种相互矛盾的观点。学生在反复学习课程的过程中会采取不同路径——差别不仅在于进步的速度与最终成就上，还在于哪个观点是他们最先理解的，以及哪个观点对于他们来说最难理解。这一发现凸显了课程需要支持多重路径，并针对学生的不同需求去设计教学方法。

学习目标设计：通过分解课程标准和整合不同“学习表现”下的内容与实践来确定目标。在研究如何激发学生深层兴趣和参与进而使概念转变可能发生的过程中，很多研究者开始考虑新式的、基于项目的教学法在其中所起的作用。基于项目的教学法为学习创造了有意义的情境(例如，将关于真实世界的问题作为驱动问题，比如“我怎么能从原有物质中生成新物质？”)，让学生集体合作解决问题，并在一种“需要知道”的基础上引入新的信息与观点。这样一来，学习科学内容就嵌入于探究之中，使学生作为知识构建群体的一部分参与复杂的知识构建过程(例如论证、解释和建模)。

前人对边缘城市少年实施的基于项目的个人学习单元取得了成功（Geier et al., 2008; Marx et al., 2004），在此基础上克拉西克（Krajcik）、赖泽（Reiser）及其同事接受挑战为初中设计了一门3学年的基于项目的科学课程（IQWST），该课程整合性高、前后连贯。为了更好地与课程标准、课程单元和评价对标，他们开发了一种名为“学习目标”的设计框架（Krajcik, McNeill, & Reiser, 2008; Nordine, Krajcik, & Fortus, 2011）。第一步，“识别和分解”一系列课程标准（“大概念”），这些标准将在教学单元中深入探究。“分解”这一步对于识别标准中包含但没有彻底阐述的组成性概念（例如，关键术语的定义、相关背景知识）是必需的。第二步，为每条标准制定“学习表现”。核心假设在于科学知识不是单纯的陈述与技能的集合，而是作为“知识构建实践”一环的“知识应用”（p.7）。因此，对于课程标准中的每条主要概念，他们都通过将概念本身与重要的实践（例如，定义术语、建立模型或做出解释、设计探究、基于证据开展论证）相结合来明确一系列的学习表现。该设计框架中的这个方面极大地影响了后来的学习进阶研究。

详尽的学习目标与表现，引导着课程的开发阶段，并基于课堂试验的反馈进行改进。他们对每个单元的教学效果进行了三次测量，在所有第三次测量中都获得了效应量很大的进步分数。最近，IQWST 3年化学课程美国教学试点工作也证明，学生不仅在每个单元的学习中都取得了显著进步，也有了累加收获(即那些多年参与的学生不仅比非多年参与的学生前测成绩优异，而且有更大的进步，Krajcik, Sutherland, Drago, & Merritt, 2011)。因此，IQWST证明了课程深度和连贯性具有的好处，也回应了此前研究者对学习目标、课程活动以及典型初中课程评价之间对标不严的(Kesidou & Roseman, 2002)担忧。

IQWST可能已经取得了极大的成功，原因在于，它提供了教学时间和关注深度，让学生在知识网络的多重要素之间建立联系，并对这些联系进行分类和修正，就像林设计的热/温度教学单元一样。它也关注教学中的语言使用，谨慎地引入新术语的意义并让学生讨论。该课程关注建模，鼓励学生在不同层面的分析之间建立联系(例如宏观层面与纳米层面之间)，并注意同一模型何以解释多种现象。最后，在连贯的学习目标下，该模型关注各种“稀缺知识”(例如组织模型与一般性原则)，这些知识也许最有助于学生为进一步学习做好准备。它在研究课程单元如何一环套一环使知识随时间推移变得更复杂(例如，在6年级时引入微粒模型来解释气体的物质本质与相变，而在7年级时则发展为更为复杂的原子–分子模型来理解和解释简单的化学反应，等等)方面超越了林的工作。

学习进阶：找出有用的中介垫脚石以桥接高低锚点。学习进阶(LPs)一直被描述为一种关乎(相对高效、有用且完整的)路径[1]的可检验假设，学生借由该路径能从原有的观点和推理形式(低锚点)过渡到深入理解现代科学中的重要理论和概念(高锚点)。他们关注“大概念”(往往是一个学科的本质)，这些概念要花时间去发展，且在没有外显化教学支持的情况下不会因与成人文化交互而“自然”发展。由于高低锚点之间的“概念性”距离过于遥远，此路径包含一些中介垫脚石，其中有很多垫脚石的重要性还没有广泛地被现有的课程标准及课程认可。尽管路径是连续的，但垫脚石代表着学生的理解发生了重要的质变。那些持续的转变不仅以复杂度提升(常常作为学习进阶中的“层级”)的方式体现，也以连锁反应的方式体现——即达到一块垫脚石能使学生(让他们更有可能)到达下一块垫脚石(见Corcoran, Mosher, & Rogat, 2009; National Research Council, 2007)。

尽管从任何大概念都能发展出学习进阶，包括建模等科学实践，但学习进阶主要针对学科核心概念(例如，物质、能量、遗传、进化、生物体的物质流和能量流、天体运动)。对于学习进阶来说学科核心概念是有意义的落点，因为它们为整合科学认识论和实践的发展与具体内容理解的发展提供了情境。

高低锚点以及学习进阶描述的逐步展开的知识

网络被越来越多地从多重构成的角度进行分析，这与人们转向系统化地分析概念与概念转变是一致的。例如，发展心理学的新研究成果明确了多种可用作科学学习资源的早期知识要素。这其中包括一个给定领域的某些初始概念(例如，物体，物质的材料、重量和大小；不同类型的生物、个体差异、生长与变化、生物进化的环境)，模型中可能集结的大量意象图式，本体论假设(例如，重量就是有多沉，物种就是各种类别)，以及认识论信念(例如，感觉是一种可靠的信息来源；有内隐的本质存在)，它们彼此支持。就算是学前儿童也知道跨领域间通用的多种解释形式(例如，接触因果关系、意图因果关系、根据需求或目的做出的因果关系解释、通过分析各个组成部分得出的解释)，也能发展出数学能力、符号能力、元认知能力并理解认识。对于一项学习进阶来说，低锚点的相关部位不是某个结构严密的初始理论，而是为达到该学习进阶而生成深层次知识时会用到的所有要素；有些要素已经用于理解相应领域了，且部分地建立了内在联系，但是很多其他要素尚待关联到该领域之上，或者是只起些次要作用。(有关这些基础资源的综述，请参见美国国家研究理事会，2007，第3、5、6章。)

高锚点常常被认为以某一种“理解的框架”为特征，包含多个内在相关的概念与模型、各种类型的符号以及支持性的本体论和认识论假设。例如，理解原子–分子理论(AMT)不仅涉及理解其核心原理，还涉及理解如何用不同的模型解释各种宏观现象(例如，气味扩散、物质相变仅仅需要微粒模型，而化学反应则需要原子–分子模型)。此类理解依赖于对物质及物质在宏观层面的行为的解释(例如，材料、相变、重量、体积、密度、质量)，与原子–分子理论相匹配。它也涉及从本体论角度区分原子和分子，理解模型的本质和功能，并形成一种生发性认识论，从而领会到肉眼不可见的原子能够形成肉眼可见的物质，后者的物理学和知觉性质是前者所不具备的(Wiser & Smith, 2013)。与早期概念转变研究每次仅关注一到两个概念或一个领域的狭隘视角不同，如今的研究会从多重相关要素的角度去表征高低锚点。

把高低锚点看作一个复杂的知识网络会带来一项挑战，即有用的垫脚石和可达成的概念转变该构成什么样的进阶过程，又该如何去描述这个过程。学习进阶研究者的一个大型团队在近期的一项综合报告中给出了如下结论：

> 我们认为，如果学生要达到高中科学课程的目标，他们将沿着连续的阶梯提升对概念的理解，而表征这些阶梯的最令人信服的方式就是以一系列复杂性连续增加的解释模型为框架，这些模型将越来越多的相关现象纳入考虑，使学生的观念从基于民间概念与直观的相互作用得出的质朴解释转向模型，后者涉及构想与实体之间假定的相互作用，这些作用要么只能以复杂的工具去观察或测量，要么通过观察结果去推论得出，要么二者兼有。
>
> (Rogat et al., 2011, pp. 4-5)

围绕模型去组织垫脚石的好处之一是，模型整合了多种知识要素(例如，意象图式、命题信念)，并且体现了本体论和认识论信念。

最近关于学习进阶的研究已经了解到中介模型的惊人数量，因为当前的课程标准和教学完全忽视了很多中介模型。中介模型将高锚点与低锚点间的距离分解成一些更容易迈上的台阶，使学生的知识网络更有可能在向前发展的同时保持连贯性。例如，在K—12的物质主题学习进阶中至少已经提出了5个不同的中介模型——宏观组成模型、微观组成模型、微粒模型、原子-分子模型以及基于玻尔模型的亚原子模型。它们均有至关重要的作用，前两者对应小学阶段，而后三者则对应初高中阶段（Rogat et al., 2011）。与之类似，莱勒和萧伯乐（2012）提出，小学生以复杂性逐级提高的四个步骤构建变异、变化和生态系统的模型，从而为其进化思维的发展奠定基础。他们强调通过引入新的表现方式，诸如有图注的图片、测量表格、分布频率图、分布概率模型，来扩充学生构建变异和变化模型的素材，从而也凸显出学生生成的外在表征能在帮助学生“抓住”本质和发展学生从认识层面理解建模实践方面起到强有力的作用。

来自学习进阶项目的研究结果才刚开始见诸报道，还需要假以时日去发展、修正和检验关于不同领域中有效垫脚石的推测，并评价学习进阶路径的整体价值。但是有一项结果已经明确：相比传统教学中对小学生的观察结果，他们有能力建立复杂得多的模型，形成复杂得多的理解（对物质主题的阐述参见Doubler et al., 2011；对奠定进化思维基础的概念的阐述参见Lehrer & Schauble, 2012）。令人振奋的下一步不仅是继续理清对于小学生知识发展的理解，还要探索初高中学生的学习如何被其小学阶段的基础准备所影响，以及这种影响的长期效益可能如何。

结论

我们以三个互有重叠的研究阶段组织了这篇关于学生概念和概念转变的综述，并相信涵盖了该领域自从反对皮亚杰概念发展阶段观的声音出现以来的研究进展。他的领域一般性概念发展观点如今已经被概念与概念转变的系统化观点所取代，前者在于向逻辑数学结构转变，后者涉及不同知识形式之间的复杂相互作用：以命题表述的各种类型的信念（领域具体性的、本体论的和认识论的）以及有助于在知觉和行为的基础上建立理解的标志性表征（意象图式、意象和心智模型）。这些知识要素分布在内部和外部表征之中，而变化过程则涉及学习者个体的思想转变和与其他人（包括知识更渊博的个人和同伴）的相互作用。将来的研究需要面临的挑战在于，提升我们对这种复杂性的认识，以及结合对这种复杂性的理解通过教学去促进概念转变。

注释

1. 学习进阶作为相对策略化路径的模型或理想化事物是将它们与学生个体的实际学习轨迹相区别的另一个重要方面（Clark, 2006）。学生个体的实际学习轨迹更为纷乱，包括诸多死角，且本质上就是因人而异而非一般化的。

参考文献

Acher, A., Arca, M., & Sanmarti, N. (2007). Modeling as a teaching learning process for understanding materials: A case study in primary education. *Science Education, 91*, 398–418.

Amin, T.G. (2009). Conceptual metaphor meets conceptual change. *Human Development, 52*, 165–197.

Amin, T.G., Jeppsson, F., Haglund, J., & Strömdahl, H. (2012). Arrow of time: Metaphorical construals of entropy and the second law of thermodynamics. *Science Education, 96*(5), 818–848.

Andersson, B., & Wallin, A. (2006). On developing content

oriented theories taking biological evolution as an example. *International Journal of Science Education, 28*(6), 673–695.

Ault, C.R., Novak, J.D., & Gowin, D.B. (1988). Constructing Vee-maps for clinical interviews on energy concepts. *Science Education, 72*(4), 515–545.

Ausubel, D.P. (1968). *Educational psychology: A cognitive view.* New York: Holt, Rinehart & Winston.

Barsalou, L.W. (1999). Perceptual symbol systems. *Behavioral and Brain Sciences, 22*, 577–660.

Barsalou, L.W., & Wiemer-Hastings, K. (2005). Situating abstract concepts. In D. Pecher & R. Zwaan (Eds.), *Grounding cognition: The role of perception and action in memory, language, and thought* (pp.129–163). Cambridge: Cambridge University Press.

Beeth, M. (1998). Teaching for conceptual change: Using status as a metacognitive tool. *Science Education, 82*(3), 343–354.

Brookes, D.T. (2006). *The role of language in learning physics.* Ph.D. Dissertation submitted to Rutgers University, New Brunswick, New Jersey.

Brookes, D.T., & E. Etkina, (2007). Using conceptual metaphor and functional grammar to explore how language used in physics affects student learning. *Physical Review Special Topics: Physics Education Research, 3*(1), 1–16.

Brown, A. (1978). Knowing when, where, and how to remember: A problem of metacognition. In R. Glaser (Ed.), *Advances in instructional psychology* (Vol. 1, pp.77–165). Hillsdale, NJ: Lawrence Erlbaum Associates.

Brown, D., & Hammer, D. (2008). Conceptual change in physics. In S. Vosniadou (Ed.), *International handbook of research on conceptual change* (pp.127–154). New York: Routledge.

Brown, D.E., & Clement, J. (1989). Overcoming misconceptions via analogical reasoning: Abstract transfer versus explanatory model construction. *Instructional Science, 18*(4), 237–261.

Carey, S. (1985a). Are children fundamentally different types of thinkers and learners than adults? In S. Chipman, J. Segal, & R. Glaser (Eds.), *Thinking and learning skills* (Vol. 2, pp.485–517). Hillsdale, NJ: Erlbaum. Reprinted by Open University Press: *Open University Readings in Cognitive Development.*

Carey, S. (1985b). *Conceptual change in childhood.* Cambridge: MIT Press.

Carey, S. (2009). *The origin of concepts.* Oxford, UK: Oxford University Press.

Carey, S., Evans, R., Honda, M., Jay, E., & Unger, C. (1989). An experiment is when you try it and see if it works. *International Journal of Science Education, 11*(5), 514–529.

Carey, S., & Smith, C. (1993). On understanding the nature of scientific knowledge. *Educational Psychologist, 28*(3), 235–251.

Cheng, M.-F., & Brown, D. (2010). Conceptual resources in self-developed explanatory models: The importance of integrating conscious and intuitive knowledge. *International Journal of Science Education, 32*(17), 2367–2392.

Chi, M., Hutchinson, J., & Robin, A. (1989). How inferences about novel domain-related concepts can be constrained by structured knowledge. *Merrill-Palmer Quarterly, 35*(1), 27–62.

Chi, M.T. H. (1992). Conceptual change within and across ontological categories: Examples from learning and discovery in science. In R. Giere (Ed.), *Cognitive models of science: Minnesota studies in the philosophy of science* (pp.129–186). Minneapolis: University of Minnesota Press.

Chi, M.T.H. (2005). Common sense conceptions of emergent processes. *Journal of the Learning Sciences, 14*, 161–199.

Chi, M.T. H., & Slotta, J.D. (1993). The ontological coherence of intuitive physics. Commentary on A. diSessa's "Toward an epistemology of physics." *Cognition and Instruction, 10*(2, 3), 249–260.

Chinn, C., Buckland, L., & Samarapungavan, A. (2011). Expanding the dimensions of epistemic cognition: Arguments from philosophy and psychology. *Educational Psychologist, 46*, 141–167.

Clark, A. (2008). *Supersizing the mind: Embodiment, action and cognitive extension.* Oxford: Oxford University Press.

Clark, D.B. (2006). Longitudinal conceptual change in students' understanding of thermal equilibrium: An examination of the process of conceptual restructuring. *Cognition and Instruction, 24*(4), 467–563.

Clark, D.B., & Linn, M. (2003). Designing for knowledge

integration: The impact of instructional time. *Journal of the Learning Sciences, 12*(4), 451–493.

Clement, J. (1993). Using bridging analogies and anchoring intuitions to deal with students' preconceptions in physics. *Journal of Research in Science Teaching, 30*(10), 1241–1257.

Clement, J. (2008). *Creative model construction in scientists and students: The role of imagery, analogy and mental simulation.* Dordrecht, the Netherlands: Springer.

Cobb, P., Confrey, J., diSessa, A., Lehrer, R., & Schauble, L. (2003). Design experiments in educational research. *Educational Researcher, 32*(1), 9–13.

Corcoran, T., Mosher, F., & Rogat, A. (2009). *Learning progressions in science: An evidence based approach to reform.* Unpublished CPRE Research Report #RR-63. Teachers College, Columbia University.

diSessa, A. (1993a). Towards an epistemology of physics. *Cognition and Instruction, 10*(2/3), 105–224.

diSessa, A. (1993b). Ontologies in pieces: Response to Chi and Slotta. *Cognition and Instruction, 10*(2/3), 272–280.

diSessa, A. (1996). What do "just plain folk" know about physics? In D.R. Olson & N. Torrance (Eds.), *Handbook of education and human development* (pp. 709–730). Oxford: Blackwell.

diSessa, A. (2002). Why "conceptual ecology" is a good idea. In M. Limon & L. Mason (Eds.), *Reconsidering conceptual change. Issues in theory and practice* (pp. 29–60). Dordrecht, the Netherlands: Kluwer Academic Publishers.

diSessa, A. (2006). A history of conceptual change research: Threads and fault lines. In R. Sawyer (Ed.), *The Cambridge handbook of the learning sciences* (pp. 265–281). Cambridge, UK: Cambridge University Press.

diSessa, A., & Sherin, B. (1998). What changes in conceptual change? *International Journal of Science Education, 20*(10), 1155–1191.

Donaldson, M. (1978). *Children's minds.* Glasgow: William Collins.

Doubler, S., Carraher, D., Tobin, R., Asbell-Clarke, J., Smith, C., & Schliemann, A. (2011). *The inquiry project: Final report.* Submitted to the National Science Foundation DRK-12 Program.

Driver, R. (1983). *The pupil as scientist?* Milton Keynes, UK: Open University Press.

Driver, R., Asoko, H., Leach, J., Mortimer, E., & Scott, P. (1994). Constructing scientific knowledge in the classroom. *Educational Researcher, 23*(7), 5–12.

Driver, R., & Easley, J. (1978). Pupils and paradigms: A review of the literature related to concept development in adolescent science students. *Studies in Science Education, 5*, 61–84.

Driver, R. Guesne, E., & Tiberghien, A. (1985). *Children's ideas in science.* Philadelphia, PA: Open University Press.

Driver, R., Leach, J., Millar, R., & Scott, P. (1996). *Young children's images of science.* Buckingham, UK: Open University Press.

Duit, R. (1991). On the role of analogies and metaphors in learning science. *Science Education, 75*(6), 649–672.

Duit, R. (2009). *STCSE—Bibliography—Students and teachers conceptions and science learning.* Kiel, Germany: IPN—Leibniz Institute for Science and Mathematics Education.

Duit, R., Roth, W.-M., Komorek, M., & Wilbers, J. (1998). Conceptual change cum discourse analysis to understand cognition in a unit on chaotic systems: Towards an integrative perspective on learning in science. *International Journal of Science Education, 20*(9), 1059–1073.

Duncan, R. (2007). The role of domain specific knowledge in generative reasoning about complicated multi-level phenomena. *Cognition and Instruction, 25*(4), 271–336.

Duncan, R., Rogat, A., & Yarden, A. (2009). A learning progression for deepening students' understandings of modern genetics across the 5th to 10th grades. *Journal of Research in Science Teaching, 46*(6), 655–674.

Elby, A., & Hammer, D. (2010). Epistemological resources and framing. In L.D. Bendixen & F.C. Feucht (Eds.), *Personal epistemology in the classroom: Theory, research, and implications for practice* (pp. 409–434). Cambridge: Cambridge University Press.

Flavell, J. (1976). Metacognitive aspects of problem solving. In L. Resnick (Ed.), *The nature of intelligence* (pp. 231–236). Hillsdale, NJ: Lawrence Erlbaum Associates.

Garfinkel, H., & Sacks, H. (1970). On formal structures of practical actions. In J.C. McKinney & E.A. Tiryakian (Eds.), *Theoretical sociology* (pp. 338–366). New York: Appleton-Century-Crofts.

Geier, R., Blumenfeld, R., Marx, R., Krajcik, J., Fishman, B., Soloway, E., Jay-Chambers, J. (2008). Standardized test outcomes of students engaged in inquiry-based science curricula in the context of urban reform. *Journal of Research in Science Teaching, 45*(8), 922 - 938.

Gelman, R., & Baillargeon, R. (1983). A review of Piagetian concepts. In P. H. Mussen (Series Ed.) & J.H. Flavell & E.M. Markman (Vol. Eds.), *Handbook of child psychology* (4th ed., Vol. 3, pp. 167 - 230). New York: Wiley.

Gentner, D. (1983). Structure-mapping: A theoretical framework for analogy. *Cognitive Science, 7,* 155 - 170.

Gentner, D. (2003). Why we are so smart. In D. Gentner & S. Goldin-Meadow (Eds.), *Language in Mind* (pp. 195 - 235). Cambridge: MIT Press.

Gentner, D., & Stevens, A. (1983). *Mental models.* Hillsdale, NJ: Erlbaum.

Giere, R.N. (1988). *Explaining science: A cognitive approach.* Chicago: University of Chicago.

Giere, R.N. (2002). Scientific cognition as distributed cognition. In P. Curruthers, S. Stich, & M. Siegal (Eds.), *The cognitive basis of science* (pp. 285 - 299). Cambridge: Cambridge University Press.

Goodwin, C., & Heritage, J. (1990). Conversational analysis. *Annual Review of Anthropology, 19,* 283 - 307.

Gopnik, A., & Wellman, H. M. (1994). The theory theory. In L. A. Hirschfeld & S.A. Gelman (Eds.), *Mapping the mind* (pp. 257 - 293). Cambridge: Cambridge University Press.

Grosslight, L., Unger, C., Jay, E., & Smith, C. (1991). Understanding models and their use in science: Conceptions of middle and high school students and experts. *Journal of Research in Science Teaching, 28*(9), 799 - 822.

Gupta, A., Hammer, D., & Redish, E. (2010). The case for dynamic models of learners' ontologies in physics. *Journal of the Learning Sciences, 19,* 285 - 321.

Hammer, D. (1994). Epistemological beliefs in introductory physics. *Cognition and Instruction, 12*(2), 151 - 184.

Hammer, D., & Elby, A. (2002). On the form of a personal epistemology. B.K. Hofer & P.R. Pintrich (Eds.), *Personal epistemology: The psychology of beliefs about knowledge and knowing* (pp. 169 - 190). Mahwah, NJ: Erlbaum.

Hammer, D., Gupta, A., & Redish, E. (2011). On static and dynamic intuitive ontologies. *Journal of Learning Sciences, 20*(1), 163 - 168.

Hatano, G., & Inagaki, K. (1991). Sharing cognition through collective comprehension activity. In L.B. Resnick, J.M. Levine, & S.D. Teasley (Eds.), *Perspectives on socially shared cognition* (pp. 331 - 348). Washington, DC: American Psychological Association.

Hennessey, M.G. (2003). Metacognitive aspects of students' reflective discourse: Implications for intentional conceptual change teaching and learning. In G.M. Sinatra & P.R. Pintrich (Eds.), *Intentional conceptual change* (pp. 103 - 132). Mahwah, NJ: Erlbaum.

Herrenkohl, L.R., Palincsar, A.S., DeWater, L.S., & Kawasaki, K. (1999). Developing scientific communities in classrooms: A sociocognitive approach. *Journal of the Learning Sciences, 8,* 451 - 493.

Hofer, B., & Pintrich, P. (1997). The development of epistemological theories: Beliefs about knowledge and knowing and their relation to learning. *Review of Educational Research, 67,* 88 - 140.

Howe, C. (2009). Collaborative group work in middle childhood: Joint construction, unresolved contradiction and the growth of knowledge. *Human Development, 52,* 215 - 239.

Howe, C.J., McWilliam, D., & Cross, G. (2005). Chance favors only the prepared mind: Incubation and the delayed effects of peer collaboration. *British Journal of Psychology, 96,* 67 - 93.

Howe, C.J., Tolmie, A., & Rodgers, C. (1992). The acquisition of conceptual knowledge in science by primary school children: Group interaction and the understanding of motion down an incline. *British Journal of Developmental Psychology, 10,* 113 - 130.

Inhelder, B., Piaget, J., Parsons, A., & Milgram, S. (1958). *The growth of logical thinking from childhood to adolescence.* New York: Basic Books.

Jeppsson, F., Haglund, J., Amin, T., & Strömdahl, H. (2013). Exploring the use of conceptual metaphors in solving problems on entropy. *Journal of Learning Sciences, 22(1),* 70 - 120.

Johnson-Laird, P. (1983). *Mental models.* Cambridge: Cambridge University Press.

Ke, J.L., Monk, M., & Duschl, R. (2005). Learning introductory quantum mechanics: Sensori-motor experience and mental models. *International Journal of Science Education, 27*(13), 1571 - 1594.

Keil, F. (1979). *Semantic and conceptual development: An ontological perspective.* Cambridge, MA: Harvard

University Press.

Keil, F. (2011). The problem of partial understanding. *Current Trends in LSP Research: Aims and Methods Series: Linguistic Insights, 44*, 251–276.

Keil, F., Stein, C., Webb, L., Billings, V., & Rozenblit, L. (2008). Discerning the division of cognitive labor: An emerging understanding of how knowledge is clustered in other minds. *Cognitive Science: A Multidisciplinary Journal, 32*(2), 259–300.

Kitchener, K.S. (1983). Cognition, metacognition, and epistemic cognition. *Human Development, 26*, 222–232.

Kesidou, S., & Roseman, J. (2002). How well do middle school science programs measure up? *Journal of Research in Science Teaching, 39*(6), 522–549.

Krajcik, J., MacNeill, K., & Reiser, B. (2008). Learning goals driven design model: Developing curricular materials that align with national standards and incorporate project based pedagogy. *Science Education, 92*(1), 1–23.

Krajcik, J.S., Sutherland, L.M., Drago, K., & Merritt, J. (2011). The promise and value of learning progression research. In S. Bernholt, K. Neumann, & P. Nentwig (Eds.), *Making it tangible—Learning outcomes in science education* (pp. 261–284). Münster: Waxmann.

Kuhn, D. (1989). Children and adults as intuitive scientists. *Psychological Review, 96*(4), 674–689.

Kuhn, D. (2000). Theory of mind, metacognition, and reasoning. In P. Mitchell & K. Riggs (Eds.), *Children's reasoning and the mind* (pp. 301–326). Hove, UK: Psychology Press.

Kuhn, T. (1962). *The structure of scientific revolutions.* Chicago: University of Chicago Press.

Kuhn, T. (1977). *The essential tension: Selected studies in scientific tradition and change.* Chicago: University of Chicago Press.

Lakoff, G., & Johnson, M. (1980). *Metaphors we live by.* Chicago: University of Chicago Press.

Lakoff, G., & Johnson, M. (1999). *Philosophy in the flesh: The embodied mind and the challenge to Western thought.* New York: Basic Books.

Lehrer, R., & Schauble, L. (2000). Developing model-based reasoning in mathematics and science. *Journal of Applied Developmental Psychology, 21*(1), 39–48.

Lehrer, R., & Schauble, L. (2006). Scientific thinking and scientific literacy. In W. Damon, R. Lerner, K. Renninger, & I. Sigel (Eds.), *Handbook of child psychology, child psychology in practice* (pp. 156–196). New York: John Wiley & Sons.

Lehrer, R., & Schauble, L. (2012). Seeding evolutionary thinking by modeling its foundations. *Science Education, 96*(4), 701–724.

Lehrer, R., Schauble, L., Carpenter, S., & Penner, D.E. (2000). The interrelated development of inscriptions and conceptual understanding. In P. Cobb, E. Yackel, & K. McClain (Eds.), *Symbolizing and communicating in mathematics classrooms: Perspectives on discourse, tools and instructional design* (pp. 325–360). Mahwah, NJ: Erlbaum.

Lehrer, R., Schauble, L., & Lucas, D. (2008). Supporting the development of the epistemology of inquiry. *Cognitive Development, 23*, 512–529.

Lehrer, R., Schauble, L., Strom, D., & Pligge, M. (2003). Similarity of form and substance: Modeling material kind. In D. Klahr & S. Carver (Eds.), *Cognition and instruction: 25 years of progress* (pp. 39–74). Mahwah, NJ: Erlbaum.

Levrini, O., & diSessa, A. (2008). How students learn from multiple contexts: Proper time as a coordination class. *Physics Education Research, 4*(1), 1–18.

Linn, M. (2008). Teaching for conceptual change: Distinguish or extinguish ideas. In S. Vosniadou (Ed.), *International handbook of research on conceptual change* (pp. 694–722). New York: Routledge.

Linn, M., & Hsi, S. (2000). *Computers, teachers, peers: Science learning partners.* Mahwah, NJ: Erlbaum.

Lising, L., & Elby, A. (2005). The impact of epistemology on learning: A case study from introductory physics. *American Journal of Physics, 73*(4), 372–382.

Lutz, D.R., & Keil, F.C. (2002). Early understanding of the division of cognitive labor. *Child Development, 73*, 1073–1084.

Magnusson, S., & Palincsar, A. (2005). Teaching to promote the development of scientific knowledge and reasoning about light at the elementary school level. In S. Donovan & J. Bransford (Eds.), *How students learn: Science in the classroom* (pp. 421–474). Washington, DC: National Academies Press.

Mandler, J. (2004). *The foundations of mind: Origins of conceptual thought.* Oxford, UK: Oxford University Press.

Marx, R., Blumenfeld, P., Krajcik, J., Fishman, B., Soloway,

E., Geier, R., & Tal, R. (2004). Inquiry-based science in the middle grades: Assessment of learning in urban systemic reform. *Journal of Research in Science Teaching, 41*(10), 1063–1080.

Mason, L. (2007). Bridging the cognitive and sociocultural approaches to research on conceptual change: Is it feasible? *Educational Psychologist, 42*(1), 1–7.

Mason, L., & Boscolo, P. (2000). Writing and conceptual change: What changes? *Instructional Science, 28*, 199–226.

May, B., & Etkina, E. (2002). College physics students' epistemological self-reflection and its relationship to conceptual learning. *American Journal of Physics, 70*(12), 1249–1258.

McCloskey, M. (1983). Naïve theories of motion. In D. Gentner & A. Stevens (Eds.), *Mental models* (pp. 299–324). Hillsdale, NJ: Erlbaum.

Metz, K. (1995). Reassessment of developmental constraints on children's science instruction. *Review of Educational Research, 65*, 93–127.

Minstrell, J. (1982). Explaining the "at rest" condition of an object. *The Physics Teacher, 20*, 10–14.

Minstrell, J. (1984). Teaching for the development of understanding of ideas: Forces on moving objects. In C. Anderson (Ed.), *AETS Yearbook: Observing science classrooms: Observing science perspectives from research and practice* (pp. 55–73). Columbus: Ohio State University.

Montgomery, D.E. (1992). Young children's theory of knowing: The development of a folk epistemology. *Developmental Review, 12*, 410–430.

Murphy, G.L., & Medin, D.L. (1982). The role of theories in conceptual coherence. *Psychological Review, 92*, 289–316.

National Research Council (NRC). (2007). *Taking science to school: Learning and teaching science in grades K–8*. Washington, DC: National Academies Press.

Nersessian, N. (1989). Conceptual change in science and science education. *Synthese, 80*(1), 163–183.

Nersessian, N. (1992). How do scientists think? Capturing the dynamics of conceptual change in science. In. R. Giere (Ed.), *Cognitive models of science* (pp. 3–44). Minneapolis: University of Minnesota.

Nersessian, N. (2008). *Creating scientific concepts*. Cambridge: MIT Press.

Niebert, K., Marsch, S., & Treagust, D.F. (2012). Understanding needs embodiment: A theory-guided reanalysis of the role of metaphors and analogies in understanding science. *Science Education, 96*(5), 849–877.

Nordine, J., Krajcik, J., & Fortus, D. (2011). Transforming energy instruction in middle school to support integrated understanding and future learning. *Science Education, 95*, 670–699.

Novak, J.D. (1977). *A theory of education*. Ithaca, NY: Cornell University Press.

Nussbaum, J., & Novick, S. (1982). Alternative frameworks, conceptual conflict, and accommodation: Towards a principled teaching strategy. *Instructional Science, 11*, 183–200.

Osborne, R., & Freyberg, P. (1985). *Learning in science: The implications of children's science*. Portsmouth, NH: Heinemann Education Books.

Pea, R.D. (1994). Seeing what we build together: Distributed multimedia learning environments for transformative communications. *Journal of the Learning Sciences, 3*(3), 285–299.

Perkins, D., & Grotzer, T.A. (2005). Dimensions of causal understanding: The role of complex causal models in students' understanding of science. *Studies in Science Education, 41*, 117–165.

Piaget, J. (1995). *Sociological studies*. London: Routledge. (Original work published 1977).

Piaget, J., & Inhelder, B. (1942). *The child's construction of quantities: Conservation and atomism*. London: Routledge and Kegan Paul.

Redish, E., & Hammer, D. (2009). Reinventing college physics for biologists: Explicating an epistemological curriculum. *American Journal of Physics, 77*(7), 629–642.

Rogat, A., Anderson, C., Foster, J., Goldberg, F., Hicks, J., Kanter, D., Krajcik, J., Lehrer, R., Resier, B., & Wiser, M. (2011). *Developing learning progressions in support of the new science standards: A RAPID Workshop Series*. CPRE. Teachers College, Columbia University.

Roschelle, J. (1992). Learning by collaborating: Convergent conceptual change. *Journal of the Learning Sciences, 2*(3), 235–276.

Sandoval, W. (2005). Understanding students' practical epistemologies and their effect on learning through inquiry. *Science Education, 89*(4), 634–656.

Schauble, L., Klopfer, L., & Raghavan, K. (1991). Students' transition from an engineering model to a science model of experimentation. *Journal of Research in Science Teaching, 28*(9), 859–882.

Scherr, R.E., Close, H.G., McKagan, S.B., & Vokos, S. (2012). Representing energy. I. Representing a substance ontology for energy. *Physical Review—Special Topics: Physics Education Research, 8*(2), 1–11.

Schwab, J. (1964). *The teaching of science as enquiry.* Cambridge, MA: Harvard University Press.

Scott, P.H., Asoko, H.M., & Driver R.H. (1992). Teaching for conceptual change: Review of strategies. In R. Duit, F. Goldberg, & H. Niederer (Eds.), *Research in physics learning: Theoretical issues and empirical studies* (pp. 310–329). Kiel, Germany: IPN—Institute for Science Education.

Scott, P., Asoko, H., & Leach, J. (2007). Student conceptions and conceptual learning in science. In S.K. Abell & N.G. Lederman (Eds.), *Handbook of research on science education* (pp. 31–54). Mahwah, NJ: Lawrence Erlbaum Associates.

Sherin, B. (2001). How students understand physics equations. *Cognition and Instruction, 19*(4), 479–541.

Sherin, B. (2006). Common sense clarified: The role of intuition knowledge in physics problem solving. *Journal of Research in Science Teaching, 43*(6), 535–555.

Sinatra, G., & Pintrich, P. (2003). The role of intentions in conceptual change learning. In G. Sinatra & P. Pintrich (Eds.), *Intentional conceptual change* (pp. 1–18). Mahwah, NJ: Erlbaum.

Slotta, J. (2011). In defense of Chi's ontological incompatibility hypothesis. *Journal of the Learning Sciences, 20*(1), 151–162.

Slotta, J.D., & Chi, M.T. H. (2006). The impact of ontology training on conceptual change: Helping students understand the challenging topics in science. *Cognition and Instruction, 24*(2), 261–289.

Slotta, J.D., Chi, M.T. H., & Joram, E. (1995). Assessing students' misclassifications of physics concepts: An ontological basis for conceptual change. *Cognition and Instruction, 13*(3), 373–400.

Smith, C. (2007). Bootstrapping processes in the development of students' commonsense matter theories. *Cognition and Instruction, 25*(4), 337–398.

Smith, C., Maclin, D., Grosslight, L., & Davis, H. (1997). Teaching for understanding: A comparison of two approaches to teaching students about matter and density. *Cognition and Instruction, 15*(3), 317–393.

Smith, C., Maclin, D., Houghton, C., & Hennessey, M.G. (2000). Sixth grade students' epistemologies of science: The impact of school science experiences on epistemological development. *Cognition & Instruction, 18*, 349–422.

Smith, C., Snir, J., & Grosslight, L. (1992). Using conceptual models to facilitate conceptual change: The case of weight-density differentiation. *Cognition and Instruction, 9*(3), 221–283.

Smith, J., diSessa, A., & Roschelle, J. (1993). Misconceptions reconceived: A constructivist analysis of knowledge in transition. *Journal of the Learning Sciences, 3*(2), 115–163.

Songer, N., & Linn, M. (1991). How do students' views of science influence knowledge integration? *Journal of Research in Science Teaching, 28*(9), 761–784.

Stathopoulou, C., & Vosniadou, S. (2007a). Conceptual change in physics and physics-related epistemological beliefs: A relationship under scrutiny. In S. Vosniadou, A. Baltas, & X. Vamvakoussi (Eds.), *Reframing the conceptual change approach in learning and instruction* (pp. 145–163). New York: Elsevier.

Stathopoulou, C., & Vosniadou, S. (2007b). Exploring the relationship between physics-related epistemological beliefs and physics understanding. *Contemporary Educational Psychology, 32*, 255–281.

Stephens, L., & Clement, J. (2010). Documenting the use of expert scientific reasoning processes by high school physics students. *Physical Review Special Topics—Physics Education Research, 6*(2). Retrieved from http://link.aps.org/doi/10.1103/PhysRevSTPER.6.020122

Strike, K.A., & Posner, G.J. (1985). A conceptual change view of learning and understanding. In L.H. West & A.L. Pines (Eds.), *Conceptual structure and conceptual change* (pp. 189–210). Orlando, FL: Academic Press, Inc.

Strike, K.A., & Posner, G.J. (1992). A revisionist theory of conceptual change. In R. Duschl & R. Hamilton (Eds.), *Philosophy of science, cognitive psychology, and educational theory and practice* (pp. 147–174). Albany: State University of New York Press.

Thagard, P. (2012). *The cognitive science of science: Explanation, discovery, and conceptual change.* Cambridge: MIT Press.

Vosniadou, S. (1994). Capturing and modeling the process of conceptual change. *Learning and Instruction, 4,* 45 – 69.

Vosniadou, S. (2008). Conceptual change research: An introduction. In S. Vosniadou (Ed.), *International handbook of research on conceptual change* (pp. xiii–xxviii). New York: Routledge.

Vosniadou, S., & Brewer, W.F. (1987). Theories of knowledge restructuring in development. *Review of Educational Research, 57,* 51 – 67.

Vosniadou, S., Vamvakoussi, X., & Skopeliti, I. (2008). The framework theory approach to the problem of conceptual change. In S. Vosniadou (Ed.), *International handbook of research on conceptual change* (pp. 3 – 34). New York: Routledge.

Vygotsky, L.S. (1978). *Mind in society: The development of higher psychological processes.* Cambridge, MA: Harvard University Press.

Waxman, S.R., & Markow, D.B. (1995). Words as invitations to form categories: Evidence from 12 - to 13 -month-old infants. *Cognitive Psychology, 29,* 257 – 302.

Wertsch, J.V. (1991). *Voices of the mind: A sociocultural approach to mediated action.* Cambridge, MA: Harvard University Press.

White, B.Y. (1995). The Thinker Tools project: Computer microworlds as conceptual tools for facilitating scientific inquiry. In S.M. Glynn & R. Duit (Eds.), *Learning science in the schools: Research reforming practice* (pp. 201 – 227). Hillsdale, NJ: Lawrence Erlbaum Associates.

White, B.Y., & Frederiksen, J.R. (1998). Inquiry, modeling, and metacognition: Making science accessible to all students. *Cognition and Instruction, 16*(1), 3 – 118.

Wilensky, U., & Novak, M. (2010). Teaching and learning evolution as an emergent process: The BEAGLE project. In R. Taylor & M. Ferrari (Eds.), *Epistemology and science education: Understanding the evolution vs. intelligent design controversy* (pp. 243 – 268). New York: Routledge.

Wilensky, U., & Reisman, K. (2006). Thinking like a wolf, sheep, or firefly: Learning biology through constructing and testing computation theories—an embodied modeling approach. *Cognition and Instruction, 24*(2), 171 – 209.

Williams, J.M., & Tolmie, A. (2000). Conceptual change in biology: Group interaction and the understanding of inheritance. *British Journal of Developmental Psychology, 18,* 625 – 649.

Wiser, M. (1995). Use of history of science to understand and remedy students' misconceptions about heat and temperature. In D.N. Perkins, J.L. Schwartz, M.M. West, & M.S. Stone (Eds.), *Software goes to school* (pp. 23 – 38). New York: Oxford University Press.

Wiser, M., & Amin, T. (2001). "Is heat hot?" Inducing conceptual change by integrating everyday and scientific conceptions. *Learning and Instruction, 11,* 331 – 355.

Wiser, M., & Amin, T.G. (2002). Computer-based interactions for conceptual change in science. In M. Limon & L. Mason (Eds.), *Reconsidering conceptual change: Issues in theory and practice* (pp. 357 – 387). Dordrecht, the Netherlands: Kluwer.

Wiser, M., & Smith, C. (2013). Learning and teaching about matter in the middle school years: How can the atomic-molecular theory be meaningfully introduced? In S. Vosniadou (Ed.), *International handbook of research on conceptual change* (2nd ed., pp. 177 – 194). New York: Routledge.

Wiser, M., Smith, C., & Doubler, S. (2012). Learning progressions as tools for curriculum development: Lessons from the Inquiry Project. In A. Alonzo & A. Gotwals (Eds.), *Learning progressions in science: Current challenges and future directions* (pp. 359 – 404). Rotterdam, the Netherlands: Sense Publishers.

5

Attitudes, Identity, and Aspirations Toward Science

RUSSELL TYTLER

第5章
对科学的态度、身份认同和抱负

赵博　王笑梅　译　　李诺　审校

关注学生对科学的态度和参与

几十年来，学生对科学的态度一直受到研究的关注，其原因随着时间的推移而改变。多年来，科学课程的成果除了知识和技能外，还包括态度。课程创新和活动往往以激发学生兴趣或使科学“有趣”为前提(对这一概念的评论，参见Appelbaum & Clark, 2001)。然而，这种对态度的关注在英语或历史学科中并不明显。人们对科学态度的特别关注可以追溯到科学教育为满足两个不同角色所面临的挑战(Millar & Osborne, 1998)。首先，在近来乃至当前“面向全体人的科学”(Fensham, 1985)或科学素养的框架下，学校科学的使命是为未来公民在生活中参与科学做准备，包括认同科学作为一种独特而强大的看待世界的方式这一本质。这一目标不可避免地具有倾向性。另一方面，学校科学负责培养下一代科学家。这两种使命常常被认为是相互冲突的——第一种使命是让那些不一定“有科学倾向的”学生参与到能吸引他们学习科学的活动中来，并提供有关科学究竟是如何运作的观点(Ryder, 2001)。第二种使命强调要认真关注科学学科中的基本概念，并征募对未来科学研究和工作充满热情的学生。但这两种使命从根本上是冲突的吗？它们在多大程度上指向了不同的课程框架？以及对于这篇综述来说很重要的一点，它们又在多大程度上指向了关于态度在支持和促进学习中的作用的不同观点？从态度的角度来看，这两种使命可能意味着在关注态度目标方面有不同的侧重点，无论是主要与改善学习、促进科学的世界观、设计活动以使参与度最大化有关，还是与征募学生长期从事科学有关。

本文将探讨这些不同的态度“目标”之间的关系。文章将探讨以下与态度有关的一系列问题，以期在态度和身份认同上达成共识，从而为参与高质量科学学习的更深层目的提供信息。

1. 在规划学校的科学项目时，我们应该着重培养什么样的态度?在制定和衡量态度方面有哪些方法论上的挑战？

2. 不同的态度之间是如何相互联系的，又是如何与学生行为和目的的不同方面联系在一起的？我们在多大程度上可以把态度看作是心理特征，或与社会、情境相关的倾向？

3. 对学校科学的态度和参与度可以分成哪些模式，其主要决定因素是什么？

4. 身份认同概念的本质是什么，它与对科学的态度有什么关系？关注身份认同对我们理解学生对科学的抱负有什么帮助？

科学教育文献中有三个关键主题与态度有关，它们与态度研究的不同目标所产生的差异有关：

1. 学习态度与学习质量的关系，也被视作学习的先决条件，或学习的基础性因素

2. 态度与参与科学的关系，表现为

- 学生积极参与课堂科学活动。从长远来看，可以期待这样的学生将来发展成亲近科学的公众。
- 在义务教育后长期保持科学意愿和参与

3. 对科学的态度和科学态度之间的区别

说到第一个主题，即态度与概念学习的关系，随着人们重新发现，概念学习从根本上受到学生动机的影响，对态度的研究兴趣也随之增长。概念转变研究有“升温趋势”，它们主张动机（Pintrich, Marx, & Boyle, 1993; Sinatra, 2005）以及包括认识论（Sinatra & Pintrich, 2002）和审美反应（Wickman, 2006）在内的更广泛的个人因素对学生参与概念学习至关重要。许多研究将态度视为科学学习序列的必要前提或结果。人们对于使用身份认同概念将态度与学校科学知识过程与结构的本质联系起来的研究越来越感兴趣（例如Schreiner & Sjøberg, 2007）。

与第二个主题相关的是，越来越多的证据表明，学生对科学的态度在各个学年和各个时期有所下降，从而影响了他们对义务教育后科学课程的学习（Tytler et al., 2008）。大多数国家或地区的决策制定者越来越希望科学和数学教育能提供技术专长，以维持或提升他们在日益依赖技术的世界中的经济优势。围绕学生对科学的态度展开的全面关注，关乎义务教育后STEM（科学、技术、工程学和数学）途径的利用，也关乎下一代科学与技术专业人才供应的“泄露管道”问题。美国（National Academy of Sciences: Committee on Science Engineering and Public Policy, 2005; National Commission on Mathematics and Science Teaching for the 21st Century, 2000）、英国（HM Treasury, 2006）、欧洲（European Commission, 2004; Osborne & Dillon, 2008）和澳大利亚（Office of the Chief Scientist, 2012; Tytler et al., 2008）的高水平报告就证明了这一担忧。

利奥波德·克洛普弗（Leopold Klopfer, 1971）在“对科学的态度”和“科学态度”之间做出了一个重要的区分。后者是一套描述科学工作本质的态度，包括坚持以证据作为信念基础、坚信理性论证，以及对关于物质世界的假设和主张的怀疑。科学态度还包括对自然世界各方面的好奇心。这两个概念中的前者，“对科学的态度”，是本章的重点，也是本次讨论的研究主体，但我们将提出这样一个问题，即在更基本的层面上这种区别是否可以维持。

态度构念及测量

心理学和科学教育文献中探讨了各种各样的态度构念，但往往没有清楚地阐明它们之间是如何相互联系的。心理学传统中的很多文献都涉及澄清这些构念及其相互关系。它们都有各自的研究历史和

相互关联的理论结构。在科学教育中，这些区别往往是未被承认的。与科学教育相关的构念包括：

- 对科学和科学家表现出良好的态度，其中可能包括对科学家工作的兴趣、对科学家及其工作的认知、对科学事业的评价以及对基于证据的科学方法的评价
- 通过“喜欢做科学”或者以相较于其他学科的方式表现出对学校科学的青睐
- 重视科学的实证方法特征，养成科学态度，包括客观性、坚信理性论证、坚持不懈或好奇心
- 享受科学学习的经历，其中包括普遍存在的“科学很有趣”的概念（Appelbaum & Clark, 2001），或对探索科学对象的赞赏
- 发展对科学和与科学相关的活动的兴趣，这可能与短期活动或对科学的长期兴趣有关
- 发展对从事科学或与科学相关工作的兴趣或承诺
- 与科学相关的自我效能感，与之相反的是对科学的焦虑
- 做科学和学科学的动机

随之而来的问题是，这些构念中的哪一个与学生作为公民或科学家的未来生活最相关。在规划学校科学项目时，我们想要发展哪种态度，且出于什么目的？我们如何进行测量？

通过问卷调查测量态度

研究学生对科学的态度，无论是建立不同年级水平的概况，还是跟踪创新带来的变化，都主要通过构建问卷调查来探索学生态度的一系列维度。然而，人们对这些问卷调查的有效性及其使用方法提出了疑问。

最近，谢里尔·布莱洛克（Cheryl Blalock）及其同事（2008）对150篇同行评议的文章中提到的66种态度工具进行了全面的回顾。这些研究者从学生科学态度研究中确定了四个主要的态度类别：(1) 对科学的态度——“学生对科学的情绪反应……兴趣、满足和享受”（Gardner, 1975, p. 2）；(2) 具有以“批判性思维、尊重证据、客观性、开放性思维和质疑态度”为特色的科学态度（Mayer & Richmond, 1982, p. 56）；(3) 科学本质——“科学的目标、认识论、策略、价值、制度功能、与社会的相互作用以及人类需求”（Aikenhead, 1973, p. 540）；(4) 对与科学相关职业的兴趣。

我们可以马上看出，这些主要的态度构念在以下方面有很大差异：(a) 时间尺度——有些与特定情境下的反应有关，另一些则与长期取向（如职业意向）有关；(b) 关注点——学校科学、科学本身或休闲兴趣；(c) 与认知的关系——有些涉及欣赏性的理解，例如科学或科学家的本质，而另一些未必与认知维度有关；(d) 它们描述的是一种科学态度还是一种对科学或学校科学的态度。在进行态度研究并从中得出结论时，有必要明确哪些构念适合于哪些目的。

构念有效性是构建态度工具的关键问题之一。本质问题是调查中的每个构念是否都基于完善的理论框架。如果不仔细注意所测量内容的含义，位于构念下的题目很可能会表述不一致，以至于不相干的题目被放在一个量表中，这在理论上是站不住脚的（Gardner, 1975: 12）。如果没有基于理论的有效构念的保证，构建的态度分数是没有意义的。

布莱洛克及其同事（2008）在开发和使用符合信度和效度标准的工具时，回顾了科学教育中存在的重大问题。他们对66个工具进行了评价，评

价标准包括：依据理论的程度、对其信度进行的测试、用于确定其效度的措施、如何使用工具的维度来报告分数，以及工具在使用前的测试和开发程度。作者报告说，在这些标准下得分最高的是保罗·格尔曼（Paul Germann, 1988）开发的工具——但这一工具仅在一项研究中使用。相比之下，其他13项研究中使用了一种在这些标准上得分很低的工具——理查德·穆尔（Richard Moore）和弗兰克·萨特曼（Frank Sutman）的《科学态度量表》（*Scientific Attitude Invertory*, Moore & Sutman, 1970）。布莱洛克及其同事展示了一种倾向，即研究者不是使用现有的、经过验证的工具，而是每次都重新设计一个新的，这个新工具没有经过一个良好的心理测量所要求的开发过程。这种做法对在科学教育的态度研究中建立一个经得住考验的标准并无帮助。

其他态度测量

许多科学态度和态度变化的研究使用了许多技术，包括：

兴趣清单。科学教育相关性（ROSE）研究（Sjøberg & Schreiner, 2005）得到了广泛关注，该研究比较了不同国家或地区学生对科学的感知和态度。ROSE的项目提供了一个主题列表，并询问学生他们想学习哪些主题。詹金斯（Jenkins）和佩尔（Pell）（2006，p.6）总结了来自一个英语群体的问卷调查结果：

> 当被问及希望学习什么时，男孩和女孩的回答有着明显差异。对女孩来说，优先考虑的是与自身有关的话题，尤其是与健康、思想和幸福有关的话题。男孩的回答则反映了他们对破坏性技术和事件的强烈兴趣。而诸如“著名科学家及其生活”和“如何将原油转化为其他物质”这样的话题在男孩和女孩中是最不受欢迎的。

这种清单可以告诉我们很多关于科学不同方面的相对态度，但就其本身而言，它们并不能告诉我们这些观点可能产生的影响，也不能告诉我们这些观点在课堂环境中如何发挥作用。

PISA（国际学生评估项目）科学测试（OECD, 2006）中使用了一种与之类似但更具嵌入性的技术。该测试要求学生回答一些问题，以评估他们对进一步了解这一现象的各个方面的兴趣。这些数据是《国际科学教育期刊》（Olsen, Prenzel, & Martin, 2011）一期特刊的主题。

学科偏好研究。在这些研究中（例如Jovanovic & King, 1998; Lightbody & Durndell, 1996b; Whitfield, 1980），学生被要求按照偏好或重要性对学校的科目进行排序。这种量表并不能确定态度的绝对测量结果。例如，一个学生可能在这种量表上把科学排在较低的位置，但仍对科学有积极的态度。

绘制一位科学家的测验（DAST）。一项经常使用的探测学生对科学的印象的调查要求他们“绘制一位科学家”（Chambers, 1983; Mead & Métraux, 1957）。该工具确定了一系列与科学家相关的学生的刻板印象（Chambers, 1983; Farland-Smith, 2012），包括他们主要是白人、男性、古怪的、周围都是实验室设备。该测验已被用于调查影响学生对科学家的印象的诸多因素，包括年龄、性别、社会经济地位（Chambers, 1983）和媒体效应

（Steinke et al., 2007）。这项研究为科学家揭露了一个“形象问题”，它被认为影响了学生——尤其是女孩——对未来科学研究的参与。但是，有证据（Losh, Wilke, & Pop, 2008）表明，该工具邀请学生重现刻板印象，而不是代表他们对科学和科学家的看法可能存在的多样性。

定性方法论

对调查工具的普遍批评是，它们不能准确地测量学生的态度，因为陈述和强制选择回答通常反映的是研究者的意识，而不是学生的意识。瑞安（Ryan）和埃肯海德（Aikenhead）（1992）认为，工具应该基于学生访谈获得的数据。针对问卷调查中态度量表的另一种批评意见与对问卷的解释有关，即虽然态度量表有助于确定学生态度的现状，但却对理解其生成机制没有帮助。

在这些批评的影响下，最近用定性方法来探索学生对科学的态度的研究有所增加。特里·莱昂斯（Terry Lyons, 2006 a）在一篇论文中对近期来自英国、瑞典和澳大利亚的3项类似的定性研究进行了回顾，指出这些国家或地区学生的科学经历具有明显的相似性。这项研究是由布里特·林达尔（Britt Lindahl）（Lindahl, 2007），特里·莱昂斯（Lyons, 2003, 2006 a）以及乔纳森·奥斯本（Jonathan Osborne）和休·科林斯（Sue Collins）（Osborne & Collins, 2001）进行的。林达尔的研究采用了纵向设计，对80名瑞典高年级小学生进行了跟踪调查，直到他们选择高中科目为止。虽然与定量方法相比，这种研究所需的样本较少，因此缺乏以心理计量学定义的方式识别重要变量的能力，并且受限于概括性，但它们确实为对学校科学的态度的细节和起源提供了重要见解。下面对莱昂斯的研究的引述说明了一位名为马尔科姆（Malcolm）的学生对传统科学教学法的反应，而对于大多数调查工具来说此类内容是模糊的。

> 马尔科姆：一切都是事实。[老师]从来没有说过“这是某人发现的东西”或“这是200年前某人的想法”。你知道，他们总是说：“事情就是这样。”所以他们从来没有把它作为一种理论，或者作为一种有争议的东西提出。
>
> （Lyons, 2006 a, p. 601）

最近许多关于学生对科学的态度和身份认同的研究都采用了定性的方法。一些研究，如德博拉·柴古缇（Deborah Chetcuti）和柏丽塔·可可（Berita Kioko）（2012）对肯尼亚女孩对科学的态度的研究，使用了混合调查和访谈/焦点小组的方法。

解释态度构念的复杂性

在对学生态度的研究中，许多复杂因素使对态度的简单描述和测量变得困难，在提出或解释态度研究时需要牢记这些复杂因素。

必须区分对待学校科学和一般科学的态度。莱昂斯（2006 a）和林达尔（2007）都发现，学生对科学和与科学相关的爱好表现出了强烈的兴趣，但却对学校科学感到厌烦或沮丧。奥斯本（Osborne）及其同事（Osborne, Simon, & Collins, 2003）认为，对学校科学的态度比对一般科学的态度更能预测学生的行为。明确区分这些不同的态度，应该能让研究人员进一步看清干预机会，这些干预机会被设计以使学校科学对那些喜欢科学的学生更具吸引力。

态度构念可以发生在不同的时间尺度和不同的

特异性程度下。因此，兴趣或享受可能与学校科学中的某一特定事件或主题有关，或者可能与在较长时间内表现为普遍倾向的更普遍的性格有关。情感作为一种相对长期的特性和作为一种特定的短期反应之间是有区别的。

诸如兴趣、动机、享受、好奇心和自信等态度都有不同的应用情境和定义它们的特定特征。但是，它们是相互关联的。于是就产生了这样一个问题：究竟哪一种在科学教育中特别值得推广，以及用于什么目的。其中一些构念并非没有争议。例如，彼得·阿佩尔鲍姆（Peter Appelbaum）和斯特拉·克拉克（Stella Clark）（2001）对将科学作为"乐趣"推广进行了批判性的分析，并认为这是以促进科学为名建立专制政权的幌子。另一方面，扬尼斯·哈织乔邱（Yannis Hadzigeorgiou, 2012）发现，在9年级科学单元中强调科学现象的"奇迹"可以提高学生的参与度和学习能力。

在研究态度时，研究人员需要明确特定构念的本质及其与研究目的的关系。这种态度是被定位为一种长期的心理特征，还是情境塑造与社会构成的产物？例如，伦宁格（Renninger）和希迪（Hidi）（2011）在回顾关于学生兴趣的研究时指出，如果研究人员清楚学生的兴趣水平或阶段有何种不同，那么就可以做出明智的决定，以最佳方式支持那些兴趣不大或已发展出兴趣的学生。

> 例如，如果研究人员专注于发展出来的兴趣并将其概念化为一种特性，那么他们可能不会意识到学生的兴趣是可以培养的，兴趣的缺乏是可以改变的，并且在他人的支持下能变成未来的兴趣。
>
> （2011，p.169）

他们认为理论框架、研究问题、目的、分析和建议的干预措施之间需要相互作用。

因此，探索态度构念的复杂性涉及理论和方法上的双重考虑。态度的理论化方式决定了态度的测量方式、数据的解释方式以及对实践的影响。在心理学和社会学的文献中，关于以下两方面有着丰富的历史，即态度是如何相互联系的，以及它们如何与目的和可观察的行为相联系。

将态度构念和取向与学习连接的模型

经典的态度研究旨在确定复杂相互作用变量之间的关系，如学生行为、动机和成就。不同态度构念之间关系的建模一直是心理学文献关注的重点。探索潜在变量之间相互关系的结构方程建模以因子分析为基础，并已被用作研究态度构念与学习之间因果关系的基础。许多经常被引用的模型将不同的态度构念与学习目的和行为联系起来。

佩克伦（Pekrun）的成就情绪控制价值理论，是在一个历时数年的研究项目中发展和完善的（Pekrun, Frenzel, Goetz, & Perry, 2007），该理论认为各种各样的情绪都会影响学生的学习方式。这些学业情绪可以是自我参照的，与任务相关的以及包括享受、希望、骄傲、愤怒、焦虑、绝望和羞耻的社会情绪。它们以复杂的方式与学习环境的特征进行交互，以影响学生的动机、学习策略、认知资源、自我调节和学业成绩（Pekrun, Goetz, Titz, & Perry, 2002, p.91）。这些作者发现，诸如焦虑之类的"消极"情绪可以对学习产生积极影响，而某些"积极"情绪则可以抑制学习。

许多模型将态度构念作为一个人在多个维度上自我概念基本定位的一部分，使我们更接近于将心理学和社会学特征相结合的态度和价值立场的框架。埃克尔斯（Eccles）的期望值模型（Eccles et al., 1983）通过评估任务价值和对成功的期望之间的联系来感知学生的参与度。近年来，依据两类自我感知——与技能、特征相关的和与个人价值观和目标相关的能力和观念（Bøe, 2012; Brophy, 2009; Eccles, 2009）——进行概念化的埃克尔斯模型已经找到方法应用在基于身份认同和STEM相关的科学教育研究中（Andrée & Hansson, 2012; Aschbacher, Li, & Roth, 2010; Bøe, 2011; Bøe, Henriksen, Lyons, & Schreiner, 2011; Cerinsek, Hribar, Glodez, & Dolinsek, 2012; Hill, Corbett, & St. Rose, 2010; Lyons & Quinn, 2010; Riegle-Crumb, Moore, & Ramos-Wada, 2011）。对埃克尔斯（2009, p.78）而言，这些观念反映了个人对成功的期望以及“参与各种任务”的重要性。

艾伯特·班杜拉（Albert Bandura）的模型（Bandura, 1997）强调了自我效能感，即相信自己有能力通过自己的行为产生影响。班杜拉认为，自我效能感是一个人选择活动和为之努力的意愿或动机的主要决定因素。作为一种解释个人动机和参与度的方式，自我效能构念在研究文献中得到了广泛的应用。它已被用于诸如探索职业选择（Bandura, Barbaranelli, Caprara, & Pastorelli, 2001）的研究之中。在英国最近的一项研究中，布伦金索普（Blenkinsop）、麦克龙（McCrone）、韦德（Wade）和莫里斯（Morris）（2006）得出结论，自我效能的产生是两方面共同作用的结果。一方面是“社会经济、家庭、学术和自我参照的一致影响［操作］来塑造年轻人的职业轨迹”，另一方面是年轻人对他们学业能力的信念，而非对他们实际学业成就的信念，“对他们对职业效能的判断产生了最直接的影响”（Bandura in Blenkinsop et al., 2006, p.4）。

兴趣是一种态度构念，它在文献中获得了更突出的地位，因为它与学习和学生保持科学研究的倾向有关。希迪和伦宁格（2006）认为兴趣是引导注意力的关键认知和情感动机变量。他们认为，尽管在文献中使用兴趣构念的历史很长，但直到最近兴趣才得到了系统的研究。他们把兴趣归结为五个特征：（1）一个人对特定对象或事件的专心参与；（2）涉及人与环境之间通过相互作用得以维持的特殊关系；（3）具有认知和情感成分；（4）学习者可能没有意识到他们自己的兴趣，尤其是在全神贯注的情况下；（5）具有生理/神经基础。希迪和伦宁格（2006）的发展兴趣四阶段模型认为，浓厚兴趣的产生经历了四个阶段：激发的情境化兴趣、维持的情境化兴趣、萌生的个体兴趣和发展完善的个体兴趣。这四个阶段都是由支持性的学习环境和学生持续参与特定内容课程或活动的倾向所激发的。该模型提出，知识、情感和价值是个人对科学的浓厚兴趣的重要组成部分。因此，我们可以看到，对科学的兴趣，在其最终阶段，被定位为一个人对科学学科的反应特质，而超越了对特殊情境的反应。

阿塞韦多（Azevedo, 2011, 2012）对个人爱好进行了追踪研究，例如以火箭模型和业余天文学作为兴趣驱动实践的范例。他认为，有必要基于他提出的“实践路线”，把这种从个人兴趣角度出发的长期的自我激励的参与概念化为一种主题性参与，转化为更具实践基础的理论。实践路线是一种独特的、反复出现的长期参与模式，它反映了个人的深层目标、价值观和信念的交叉，协调爱好集群操作层面的具体实践条件。他探讨了（Azevedo, 2012）这种观点对兴趣驱动的课堂实践和学生、教师之间的交流以及更广泛的课堂环境的影响。以下几点贯穿于他在爱好实践中发现的四个结构和过程特征：各种各样的材料基础设施使实践多样化；跨多点的参与；作为活动模板运行的活动结构资源；合作和观点分享。在实践路线中，兴趣驱动参与的一个关键特征是，个人根据已有的和不断涌现的实践来调整其活动的能力。

M.安利(Ainley, M.)和J.安利(Ainley, J.)(2011)用PISA 2006科学成就调查(OECD，2007)中对各种态度构念的回答，研究了社会经济地位、科学知识、科学的个人价值、享受科学以及对特定主题的内在兴趣之间的联系，他们要求学生提出自己的兴趣程度，以发现PISA测试单元中与科学相关的特定方面。通过使用结构方程模型，他们发现在享受科学和参与主题的兴趣之间，以及在总体态度与目的之间有很强的预测联系。他们还发现，有证据表明，个人相关性和对学生生活的意义是享受的重要指标，也是特定主题和普遍兴趣的重要指标。

情感与认知的关系

M.安利和J.安利(2011)发现，知识和个人价值共同决定了学生的享受和兴趣，这与社会文化和实用主义观点相关，即认为情感和价值共同整合为学生去学习和了解的一部分，而不是倾注到学生参与学习和了解过程中的两种独立倾向。情感和认知是同一枚硬币的正反两面，是作为有效科学教育的一部分而进行的话语建构。M.安利和J.安利将他们的发现与杜威(Dewey, 1933)的"严肃游戏"构念联系在一起。杜威认为，当一项活动既好玩又严肃时，学习效果就可以最大化。从这个视角来看，学习的基本条件是学习活动既可以激发人们的享受，又可以引起人们对兴趣的关注。学会学习和学会判断价值是密不可分的。这一点与拉萨德(Rathunde)和契克森米哈(Csikszentmihalyi)(1993)提出的与兴趣分不开的观点一致，也与契克森米哈(1992)的"流动"概念有关。

人们越来越关注审美经验的构建，认为它表达了情感和认知领域之间的基本"连续性"或相互关系(Girod, Rau, & Schepige, 2003; Girod & Wong, 2002; Hobbs, 2012; Pugh & Girod, 2007)。根据杜威(1934/1980 p.47)的观点，审美经验意味着"经验是一种欣赏、感知和享受"。杜威的认识论并未将认知方式与情感理解和审美理解区分开。吉罗(Girod)及其同事(2003, p.575)探讨了"美学、创造力、激情、美丽和艺术在科学家的生活和学习中的作用"。威克曼(Wickman, 2006)认为，对于科学家和科学学习者来说，审美和价值立场与概念工作之间的传统对立是一种错误的二分法。审美判断不应被视为与所学理解方式相分离的一般倾向，而应被视为科学中文化习得的话语实践的一个要素。雅各布森(Jakobson)和威克曼(2008)对这个研究项目进行了扩展，他们展示了小学科学教师如何将审美和概念化谈话融合在一起来激励和挑战小学科学学生。

在有关审美理解的工作中，我们不仅可以看到情感和认知领域的融合，而且可以看到"对科学的态度"与"科学态度"之间的区别的融合。科学对象是有价值的，科学知识是有价值的且具变革性的，上述认识建立起了审美理解，它既涉及对科学的积极态度，也将审美理解本身作为科学知识的一种核心要素。获得审美理解是培养科学态度的一部分。

态度与科目选择

态度和行为之间应该加以区分，因为态度不一定与一个人实际表现出的行为有关(Potter & Wetherell, 1987)。例如，学生可能会对科学表现出兴趣，但如果他们认为这种表达智力兴趣的方式不"酷"，就会避免在其同龄人之间公开展示。这种预期结果可能会改变行为，使其与所持的态度不一致。长期以来，环境教育研究者一直对环境行动中知识、态度和行为之间的关系很感兴趣。乔·海姆利希(Joe Heimlich)和妮科尔·阿多因(Nicole Ardoin)(2008)回顾了这一领域的主要观点和实证研究。

态度和行为之间的潜在脱节使得将学生入学数据与对科学的兴趣直接联系起来存在问题。科目选择可能受到诸如以下因素的显著影响：经济机会的感知结构、同伴和家长的期望、先决条件的模式、学科的感知难度和性别期望——所有这些因素都不受学生对学校科学的核心态度的影响。与此同时，出于兴趣而选择科学以外的科目的学生不一定不喜欢科学，只是更喜欢或更认同其他学科。

对学校科学的态度的全貌

过去几十年的研究已经确定了学生对学校科学态度的一些明确定义特征。我们将讨论文献中的三种主要模式，第一种与多年学习中积极态度的下降有关，第二种与国家或地区之间的差异有关，第三种与性别有关。

态度方面与年龄有关的下降

许多研究发现，从小学1年级开始，人们的态度就随着年龄的增长而普遍下降(Murphy & Beggs, 2003; Pell & Jarvis, 2001)。这一趋势在中学早期仍持续并还在加速(Breakwell & Beardsell, 1992; Goodrum, Hackling, & Rennie, 2001; Simpson & Oliver, 1985; Yager & Penick, 1986)。斯皮尔(Speering)和伦尼(Rennie)(1996)探讨了从小学到中学过渡期间对科学的兴趣下降的情况，指出这是形成追求科学科目和职业的倾向的关键时期。然而，研究还表明，在青少年时期学生对学校教育的态度普遍下降(Eccles & Wigfield, 1992; Epstein & McPartland, 1976)。关键问题聚焦于，学生对科学的态度与其他学科相比的相对降低。理查德·惠特菲尔德(Richard Whitfield, 1980)对英国教育评估研究所(Institute for Educational Assessment)数据的分析显示，14岁以后，物理和化学是最不受欢迎的两门学科，这两门学科在学生的头脑中与生物学截然不同。莱昂斯(2006a)对来自英国、瑞典和澳大利亚的访谈数据的比较研究证实了这一广泛趋势，奥斯本和科林斯(2001)的研究也描绘了对不同科学的不同反应的相似情形。显然，“对学校科学的态度”并不是单一构念，因为这些研究和包括ROSE(Sjøberg & Schreiner, 2005)在内的其他研究确定了对不同科学和其中的不同主题的不同态度。

国家或地区和性别规律

ROSE研究比较了不同国家或地区对科学的反应，要求学生回答李克特四点量表，例如“与其他学科相比，我更喜欢学校科学”。研究数据有两个主要特点。首先，从简单的“我喜欢科学”量表和从与有意从事科学研究或职业相关的量表判断，在工业化程度较高的国家或地区，人们对学校科学的兴趣较低。其次，女孩的态度比男孩更消极，这一结论得到了广泛研究的支持，接下来我们将进行更详细的讨论。

类似的发现出现在小仓康夫(Yasushi Ogura, 2006)对第三次国际数学和科学研究(TIMSS)1999年数据的分析中。小仓根据学生对科学概念的了解，绘制了他们的成绩分数，与对科学持积极态度的高分学生的百分比进行对比。他发现了一个显著的负相关关系(0.496)，韩国和日本等成绩分数高的国家或地区只有不到10%的学生有高态度分数，而伊朗、印度尼西亚或菲律宾等成绩分数低的国家或地区则有超过50%的学生有高态度分数。

令人惊讶的是，那些在知识成果方面最成功的国家或地区（它们的成就被其他国家或地区所效仿）的学生，以及那些提供传统的、资源丰富的、以知识为中心的科学课程的国家或地区的学生，他们对学校科学的态度最消极。这些数据在发达国家或地区引起了相当大的不安，因为这些数据显示科学、技术、工程学和数学（STEM）科目和职业的参与率在下降。先前已经讨论了这种由经济发展带来的问题。然而，这些发现提出了两个不同的问题：一是对态度测量的反应是否是文化介导的，某些文化可能不愿表达强烈的积极态度，第二则是关于此处采用的"知识"测量，它根据测试结果来定义，可能得益于高度结构化的课堂环境。

因为学生对学科的态度不可避免地会强烈影响他们的工作满意度，所以这些发现所隐含的课堂现实无疑是教师关注的问题。但是，对国际TIMSS测试的分析（Mullis, Martin, Foy, & Arora, 2012）显示，在任何一个特定的国家或地区，学生对科学的喜爱程度与他们的表现水平之间都存在正相关关系。

学生对科学持积极态度吗？

学生态度数据的这些趋势表明，随着时间的推移，学生对科学的积极态度逐渐下降，发达经济体的情感程度也较低，这使人们偏离了一个更基本的判断，即学生总体上是否对他们的科学学习有积极的态度。例如，对ROSE研究数据的一种解读是，即使在态度量表底部的挪威，也有40%的男孩和22%的女孩回答，与其他学科相比，他们更喜欢科学。考虑到争夺学生注意力的学科数量，问题就油然而生，即这种担忧是否被夸大了。

英国研究委员会（Research Council）对公众对科学的态度进行了调查，询问人们是否认为他们的学校科学比其他学科更差，或者差不多，或者更好。五分之一的年轻人（16至24岁）认为情况更差，三分之一的人认为更好。同样，在英国进行的一项针对ROSE的研究（Jenkins & Nelson, 2005）发现，有61%的人同意学校科学很有趣这一观点。越来越少的受访者认为，与其他学科相比，他们更喜欢科学（31%）或者他们更想成为科学家（21%）。以前的研究发现，人们对学校科学的态度水平相似（Assessment of Performance Unit, 1988; Research Business, 1994）。英国最近的一项对公众对科学的态度的研究（Research Councils UK, 2008）对2,137人进行了随机抽样调查，结果发现，三分之一的年轻人（16至24岁）认为他们的学校科学教育比其他学科更好，而43%的人则认为情况差不多。成年人（25岁或以上）的相应比率分别为17%和48%。最近的PISA分析显示，美国的情况相对乐观，有45%的8年级学生表示他们想在高中毕业后继续学习科学（OECD, 2007）。

还应该指出的是，选择学习科学的学生数量不足的假设在许多方面都面临着挑战，包括对是否真正缺乏STEM专业人员进入劳动力市场的看法不一。大量证据表明，科学家的生产量实际上是健康的（Butz et al., 2003; Jagger, 2007; Lynn & Salzman, 2006; Nature Editorial, 2009; Teitelbaum, 2007）。尽管如此，发达经济体中仍然特别缺乏科学和工程学专业人才，很可能整个劳动力队伍中的STEM能力普遍存在短缺。随着时间的推移，STEM专业毕业生会发现自己从事的各种各样的职业都利用了自己的特殊技能（Marginson, Tytler, Freeman, & Roberts, 2013）。尽管存在这些重要的供需问题，但是从两个视角来看待学生是否积极有效地参与到学校科学之中这个问题可能会更好，其一是科学课堂应该成为吸引学生学习的地方，其二是未来公民应该从其学校科学经历中生发出更广泛参与科学的倾向和能力（Symington & Tytler, 2004）。

尽管如此，随着时间的推移，对学校科学科目的兴趣和参与度的下降，尤其是对物质科学的兴趣和参与度的下降，引起了一些担忧，这一转变的深层原因引起了人们的质疑。在何种程度上可以将其视为科学课程的问题（Lyons, 2006b），或后工业社会中青年本质的变化（Schreiner & Sjøberg, 2007），或其他因素？接下来我们将探讨学生参与科学的决定因素问题，这是一个值得在义务教育之后数年里继续研究的课题。

学生参与科学的关键决定因素是什么？

克罗（Krogh）和安德森（Andersen）（2012）认为，在STEM相关的科学教育研究中，对一系列广泛变量的探索可能会为如何让学生"将科学内化（或不内化）到其个人价值体系中"提供见解（n.p.）。虽然心理学传统中的经典态度研究侧重于内在变量（如享受、兴趣和动机）之间的关系以及它们对成就或行为的影响，但有大量证据表明，基于社会的变量对行为有强烈的影响。这些变量可以合理地扩展到学生的经历、成就，包括家庭、同伴和老师在内的重要关系（Cerinsek et al., 2012），社会经济地位（Christidou, 2011）和社区参与（Lamb, Annetta, Meldrum, & Vallett, 2012）。兰姆（Lamb）及其同事（2012）通过"科学兴趣"调查发现，"家庭、社区和学校等外部因素可能比对科学兴趣的内在态度更具影响力"（p.643）。诸如此类的研究表明，文献中对学生对科学的反应的侧重点从纯粹的心理因素转向了更基于情境的社会学参与决定因素。我们将首先探讨在文献中确定的包括心理学和社会学在内的一系列决定因素，然后引入身份认同构念作为分析工具以了解学生对科学的反应，包括社会学和心理学特征。

大量研究确定了一系列相互作用的变量，这些变量影响了学生对科学的参与和义务教育之后对科学的选择。阿施巴赫（Aschbacher）及其同事（2010）的研究结果指出了可能会破坏感兴趣的学生在科学领域取得成就的因素，例如性别、社会经济地位、家长对科学价值的看法以及学校问题（例如课堂气氛、众多代课老师）。这些发现挑战了科学兴趣与成就之间存在简单关联的可能性，并标志着需要一种更基于社会的方法来研究态度，这些将个人价值和学生生活环境的复杂性联系起来，而科学的认识论和社会议程特征也参与其中。

萨利赫（Saleh）和钦（Khine）（2011）编辑的《科学教育中的态度研究：经典与当代测量》（*Attitude Research in Science Education: Classic and Contemporary Measurements*）表明了从传统或经典心理学研究方法到态度研究的转变。他们利用科学教育中态度研究的批判性观点，将经典的、基于心理学的方法与更现代的社会心理学和社会文化方法相结合，主张需要考虑态度的社会情境本质。这些观点为越来越多人对身份认同产生兴趣奠定了基础，身份认同是一种能够将心理学与社会学相结合以解释学生在学校和生活中遇到科学时所经历的复杂过程的构念。

学生选择科学作为一门科目（通常是STEM科目）取决于多种相互影响的因素。福阿德（Fouad）及其同事（2007）使用基于社会认知职业理论的问卷工具，对不同学校教育阶段的学生进行调查，以确定选择科学的关键支持和障碍。该工具从个人因素和学习经验之间的相互作用对结果期望和自我效能感的影响这一角度来研究学生的兴趣和愿望。其所确定的关键障碍是对科目难度的感知（与自我效能感有关）和考试焦虑的存在。选择正在进行中的科学科目的重要预测因素是科学兴趣（它本身可能代表许多因素）、科学能力的自我评估、家长的期望和指导、接触职业引导并设定目标，以及接触启发型教师。教师支持和教师对成功的期望对初中生和高中生的支持尤其显著。

一些研究揭示了在不同学龄阶段各种因素——包括自我效能感、对难度与应用价值的感知，以及来自家长与教师的鼓励——之间的相互作用。马尔特斯（Maltese, 2008）对美国的一个大型纵向数据集进行了复杂的数据分析，该数据集收集了在学校和大学期间关于家庭人口统计和背景、学术支持以及各种科目的成绩测试结果的信息。他发现了一个复杂的情况，即学生在是否选择STEM学科上的变化会受到多种因素的影响。其中包括（a）早期感知到STEM的应用价值——可作为未来获得STEM专业学位的指标，（b）学术分数可作为科目选择的重要指标，以及（c）感知科学和数学的应用价值——可作为这些学科持久性的积极指标。在教学中对讲授和教科书的强调则对科学的持久性有负面影响。

在对72名成绩优异的中学生进行的深入访谈研究中，安娜·克利夫斯（Anna Cleaves, 2005）探讨了从9年级到11年级影响学生科目选择的因素。她就学生在STEM上的持久性将学生的发展轨迹分成了五种截然不同的选择模式。在这项研究中，她确定了许多被其他研究者描述过的对学校科学的消极归因，比如不相关、无聊、对科学家及其工作的刻板印象。然而，对一些学生来说，这些消极的经历并不足以阻止他们从事进一步的STEM研究。尽管有学校科学方面的消极经历，感兴趣的学生还是会选择继续学习STEM。通过课堂外的经历，他们通常对科学职业的面貌有了更深刻的认识。她的结论是，为了鼓励学生进入科学领域，提高科学的地位和发展学生对与科学有关的工作的理解非常重要。克利夫斯通过一个身份认同框架解释了学生的自我认知，表明学生对自身能力的认知，以及驱使他们选择加入或退出STEM的人生抱负（另见Leonardi, Syngollitou, & Kiosseoglou, 1998）。

决定学生对学校科学兴趣的主要因素有四个：性别、早期经历、家庭和文化影响以及教学质量。篇幅有限，只能详细讨论这四个因素，另外还可以考虑职业信息作为决定因素。更多信息请参见乔纳森·奥斯本及其同事（2003）对该领域的综述。

性别

许多研究探索了性别对学生对待科学的态度与参与科学的影响。有许多综述文章，包括雷纳托·斯奇贝奇（Renato Schibeci, 1984）对文献的广泛回顾、简·肯维（Jane Kenway）和安妮特·高夫（Annette Gough）（1998）的综述以及最近对1970年至2005年间文献的整合分析（Brotman & Moore, 2008；Murphy & Whitelegg, 2006；Weinburgh, 1995）。这些综述支持保罗·加德纳（Paul Gardner）的论点，即“性别可能是最明显地与学生对科学的态度有关的变量”（Gardner, 1975）。研究一致表明，与女孩相比，男孩对学校科学持更加持久的积极态度。最近的研究表明，这种模式仍然存在（Haste, 2004；Jones, Howe, & Rua, 2000；Sjøberg & Schreiner, 2005）。

重要的问题在于对物质科学和工程学的态度（OECD, 2006），这两个学科的参与模式始终向男孩倾斜。尽管在20世纪80年代和90年代采取了许多干预措施来鼓励更多的年轻女性从事科学研究，但取得的进展有限，因此盖尔·琼斯（Gail Jones）及其同事（2000）被迫得出结论，“未来的科学家和工程师队伍很可能保持不变”(p.190)。阿达穆蒂-特拉凯(Adamuti-Trache)和安德烈斯(Andres)(2008)将这种情况描述为一种长期和令人担忧的问题。事实证明，这个问题是很尖锐的，25年的努力几乎没有成果。我们将在本章后文通过身份认同构念来探讨造成这种情况的可能原因。这也是一个令人关注的问题，因为选择在高中学习科学和数学的年轻女性“上大学的可能性增加，并且在中学后阶段有更宽的选择余地”(p.1577; Adamuti-Trache & Andres, 2008)。

雅各布·布利肯斯塔夫(Jacob Blickenstaff, 2005)对女性缺乏科学参与的解释性假设进行了有益的回顾。他强烈反对任何认为先天遗传差异是造成这种态度差异的原因的说法。相反，通过研究其他假设，他认为这个问题是复杂的，不适用简单化的解决方案。来自科学教学情境的研究对造成这种差异的可能原因给出了有用见解。例如，ROSE调查问卷提出了108个学生可能想要了解的话题，并要求受访者按1分(“完全不感兴趣”)到4分(“非常感兴趣”)进行打分。在统计学上有80个显著差异，其中男生更感兴趣的话题是“爆炸性化学制品、在太空中如何感觉失重、原子弹如何起作用、生物武器以及它们对人体的作用”，女生感兴趣的话题是“为什么我们在睡觉时做梦、梦境可能意味着什么、我们对癌症的了解和治疗方法、如何进行急救以及性传播疾病及其预防方法”。

因此，与男孩相比，女孩似乎对完全不同的科学课程感兴趣。豪斯勒(Haussler)和霍夫曼(Hoffmann)(2002)认为，女孩感兴趣的内容在课程中所占的比例明显不足。这一结果与其他研究结果相一致，如有研究表明女孩会对内容与人类相关较多的物理课程感兴趣(Krogh & Thomsen, 2005)。海伦·黑斯特(Helen Haste)及其同事最近对327名14岁、15岁男孩和256名女孩的学生态度进行了一项调查，探索了他们对科学的看法如何与他们的个人、社会和伦理价值观相关(Haste, Muldoon, Hogan, & Brosnan, 2008)。基于学生对关于从事科学工作和对技术表示感兴趣的题目的积极作答结果，样本也相应分为几个部分。对数据进行了因子分析，有四个因素可以区分样本。作者称其为“相信科学带来的好处”“我生活中的科学”“伦理怀疑论”“事实和高科技修正”。这些因素在很大程度上受到性别的影响。伦理因素对女孩来说是一个很大的积极因素，而对男孩来说则是一个消极因素。对科学与她们生活相关性的认识是女孩积极倾向于科学的一个重要因素，但对于其他群体则不是。因此，在一项科学研究中，男孩和女孩的价值观不同。科学的背景、目的和意义对女孩很重要，而将科学作为客观和价值中立的传统表述可能会减少她们的参与。考虑到男孩有着非常不同的观点，提供同质课程似乎是一个错误。

早期经历

学生在10岁时对科学的兴趣很高，无论是兴趣(Murphy & Beggs, 2005; Pell & Jarvis, 2001)还是能力(Haworth, Dale, & Plomin, 2008)，性别差异均很小。然而最近的研究表明，对大多数学生而言，他们对进行进一步科学研究的兴趣到14岁时已经在很大程度上得到了确定。在美国国民教育追踪研究的数据分析中，罗伯特·塔伊(Robert Tai)及其同事(Tai, Qi Liu, Maltese, & Fan, 2006)指出，到14岁时，对科学相关职业有期望的学生获得物质科学和工程学位的可能性是没有类似期望的学生的3.4倍。对于那些表现出很高的数学能力的人来说，这种影响更为明显——51%的人可能会获得与STEM相关的学位。此外，塔伊和同事们的分析表明，14岁时拥有科学相关职业抱负且数学成绩一般的人完成物质科学/工程学位的机会（34%）要比有非科学职业抱负且数学成绩高的人的机会（19%）大得多。英国皇家学会（2006）对1,141名科学、工程和技术（SET）从业者从事科学职业的原因进行的调查进一步证明，14岁以前的儿童经历是决定从事科学研究的主要因素。研究发现，28%的受访者在11岁之前就开始考虑从事与STEM相关的职业，另有35%的受访者在12岁至14岁之间开始考虑从事与STEM相关的职业。亚当·马尔特斯（Adam Maltese）和罗伯特·塔伊（2008）分析了对116名科学家和研究生的采访，发现65%的人在中学之前就对追求科学产生了兴趣，另有30%的人在初中和高中期间对追求科学产生了兴趣。有趣的性别差异支撑了这些兴趣数据，女性更倾向于与学校或家庭相关的兴趣，而男性倾向于声称对科学有内在或自我相关的兴趣。

布里特·林达尔对70名5年级（12岁）至9年级（16岁；Lindahl, 2007）的瑞典学生进行了一项深入的、小规模的、基于访谈的追踪研究，发现儿童的职业抱负和对科学的兴趣在很大程度上是在13岁时开始形成的。林达尔的结论是，在这个年龄段以后让孩子参与科学会变得越来越困难。班杜拉及其同事（2001）在一项关于儿童职业抱负和选择的研究中也得到了类似的数据。

诸如此类的研究证明，早在许多青少年对学科专业做出选择之前以及正确了解STEM领域的工作本质之前，青少年的职业抱负就很重要（Lindahl, 2007）。这些发现表明，通过（a）理解14岁之前对学生兴趣和职业抱负的影响因素是什么，以及（b）有目的地推动这群年龄较小的青少年（尤其是女孩）对STEM相关工作的兴趣，将明显提升学生参与学校科学活动的积极性。

家庭和文化影响

早期对科学的兴趣很重要，是学生后期参与科学的指示信号，这意味着家庭对学生早期形成的对科学的态度和选择有重要的影响。研究还强调了家庭对学生在中学阶段的态度和选择的重要性。家庭在学生对科学的兴趣、信念和参与方面发挥作用的机制是复杂的。这些文献侧重于许多方面，包括鼓励早期兴趣、支持科学推理、支持积极的自我效能感，以及提供模型和建议。

澳大利亚政府的一项青少年态度调查（DEST, 2006）发现，选择科学和技术科目的学生报告说，家长对其决策的总体影响较高。霍伊斯勒（Haeusler）和凯（Kay）（1997）还发现，家长和教师的建议在科学科目的选择中比在其他学校科目的选择中发挥了更显著的作用。有一些证据表明（Watt, 2005），这种影响在学校教育的早期更明显，而在上学的后几年，感知能力和兴趣在选择中更重要。

家庭的鼓励在培养孩子对科学总体和特定方面的兴趣上起着重要作用（Crowley, Callanan, Tenenbaum, & Allen, 2001；Fender & Crowley, 2007；Palmquist & Crowley, 2007；Sjaastad, 2012）。克劳利（Crowley）及其同事（2001）在一项非正规科学环境下家长与儿童互动的研究中指出：

> 让儿童参与非正式科学活动的家长，不仅为儿童提供了学习事实科学信息的机会，而且还为儿童提供了参与科学推理的机会，培养他们了解更多科学知识的兴趣，以及形成实践科学素养的习惯是头等重要的这一意识。
>
> （p.261）

然而他们发现（Crowley et al., 2001），虽然家长与男孩和女孩都同样讲了如何参观博物馆的陈列品及注意事项，但“为经历提供解释性背景的关键步骤却主要是为男孩保留的”(p.260)。哈丽雅特·特南鲍姆(Harriet Tenenbaum)和坎贝尔·里坡(Campbell Leaper)(2003)的研究也发现了亲子互动中的这种性别差异，他们在一系列结构化的教学活动中发现，父亲倾向于对儿子使用比女儿更高认知要求的语言，家长更倾向于相信科学对女儿来说不那么有趣，难度也更大。家长的信念显著地预测了儿童对科学的兴趣和自我效能感。

帕姆奎斯特(Palmquist)和克劳利(2007)发现，对恐龙了解程度高的儿童，即“专家”，更有可能拥有对恐龙有兴趣的家庭成员，家庭环境中也更有可能有各种各样的支持资源。令人惊讶的是，在参观博物馆时，带着处于“新手”水平的儿童的家长比儿童处于“专家”水平的家长参与了更多的学习对话。在建立早期兴趣方面，辛普金斯(Simpkins)、戴维斯–基恩(Davis-Kean)和埃克尔斯(2006)运用期望价值理论研究了参与小学5年级数学和科学课外活动与随后高中入学之间的纵向联系。他们发现，儿童在童年中期的活动参与经历会影响随后的信念以及数学和科学的入学模式。

作为影响和提升STEM参与的资源，家庭一直是许多研究的重点。哈拉基维奇（Harackiewicz）、罗泽克（Rozek）、胡勒曼（Hulleman）和海德（Hyde）（2012）应用动机理论设计了一种干预措施，支持家长向青少年子女传达数学和科学课程的重要性。他们发现，这种简单的干预措施使高中最后两年的学生参与科学和数学的时长增加了近一个学期，这导致他们宣称“家长是增加青少年STEM学习动机的未开发资源”（p.899）。

人际关系被认为是在角色建模中激发和激励选择进入STEM教育的关键(Sjaastad, 2012)。在他对5007名挪威STEM学生激励来源的研究中，他确定了家长和教师的不同作用，家长通过对话和支持帮助他们的孩子认清自我，教师展示STEM学科如何带来满足感并提供积极的学习经验。

特里·莱昂斯(2006b)与澳大利亚表现优异的10年级学生合作，通过问卷和访谈数据相结合的方式研究了他们对科学的态度以及他们选择科目的背景。他指出，选择物质科学的学生是那些具有(a)有支持的家庭关系(b)认识到正规教育的价值的家长，以及(c)提倡或支持对科学的兴趣的家庭成员的学生。这些学生的自我效能感比未选择物质科学的学生高，他认为这对于决定选择高难度的科目非常重要。莱昂斯通过“文化和社会资本”的构念来解释这些发现，他认为这是学生选择STEM途径所需要的。

玛丽亚·阿达穆蒂–特拉凯(Maria Adamuti-Trache)和莱斯莉·安德烈斯(Lesley Andres)(2008)利用皮埃尔·布尔迪厄(Pierre Bourdieu)的“文化资本”和相关构念，研究了家长向子女传递文化价值观和实践对后者决定是否从事STEM研究的影响程度。研究显示，家长受过大学教育的学生能够更早决定他们自己的职业方向，并且更有可能选择理科科目。因此，文化资本的传承似乎对学生选择途径是一种普遍的和早期的影响。对于那些父母和家庭背景不能促进、鼓励、帮助和资助STEM学术研究的学生来说，这可能会过早地限制他们的选择。这项研究中也有证据表明，STEM职业中家长的工作满意度，特别是母亲的工作满意度，可以显著影响儿童的职业抱负。

布伦金索普及其同事(2006)认为，与其他框架相比，自我效能感构念在职业选择中的预测能力更强。他们认为，家庭的社会经济地位通过自我效能感间接影响了年轻人对自己能力的看法。他们认为，地位较高的家长具有更高的家长抱负，这种抱负通过两种方式传递给孩子：分别是对孩子能力和学业抱负的期望和信念。

虽然许多研究表明，坚持STEM的学生更有可能具有较高的社会经济状况（SES）背景（参见Committee for the Review of Teaching and Teacher Education, 2003；Helme & Lamb, 2007；Lamb & Ball, 1999；Thomson & De Bortoli, 2008），但关于因果关系的本质仍然存在疑问。这也提出了一个问题，即SES是否可以作为学生参与STEM科目的解释或指标。该研究证明了社会资本和儿童与家长之间关系的重要性，这些可能提供了与SES的因果关系。罗伯特·帕特南（Robert Putnam, 2001, 2004）发现，与社会经济地位相比，基于社区的社会资本更能反映教育成果的改善。大卫·格里斯默尔（David Grissmer）及其同事（Grissmer, Flanagan, Kawata, & Williamson, 2000）认为，这是通过"同伴效应、社区内家庭间沟通和信赖感的质量、邻里安全以及支持成就的社区机构的存在"（pp. 17–18）来实现的。

亚洲社区学生不同程度的高成就现象似乎支持了这一观点，这些成就往往与家长对学生的支持和期望有关。赵大成（Dacheng Zhao）和迈克尔·辛格（Michael Singh）（2011）解释了澳籍华裔和其他澳大利亚学生在数学方面的差异，包括动机、对成功的努力、父母帮助的影响和支持。这些都是文化社区的准则。埃丝特·霍（Esther Ho, 2010）发现父母投资的类型与中国香港学生的科学成就和自我效能感有关，这包括父母对文化资源的投资以及从小就参与到科学拓展活动的组织中去。

教学质量

教学质量是一个难以操作和测量的构念。它有两个主要组成部分：课程实践中的教与学的方法，以及教师将其转化为一种引人入胜的有效教学法的能力。尽管说得如此明显，但大量的证据表明，教学质量是学生参与和成功学习学校课程的主要决定因素（Barber & Mourshed, 2007；Cooper & McIntyre, 1996；Darling-Hammond, 1999, 2007；Maltese & Tai, 2008；Osborne et al., 2003；Rivkin, Hanushek, & Kain, 2005；Rowe, 2003；Sanders, Wright, & Horn, 1997；Strauss & Sawyer, 1986；Wayne & Youngs, 2003；Woolnough, 1994）。

关于学生对学校科学课堂和教与学实践的看法及其态度进行的一些定性研究（Lindahl, 2007；Lyons, 2006 a; Osborne & Collins, 2001）揭示了学生对学校科学不满的本质和原因。莱昂斯（2006 a）总结了这3项研究中学生的反应：学生抱怨学校科学与他们的生活和兴趣无关；有太多内容是肤浅的，有些内容在小学、初中和高中的课程中是重复的；缺乏讨论科学内容或其影响或发表意见的机会；太早教授过于艰深的内容；过分强调从黑板或其他来源复制笔记。

学生认为课程主要由大量必须在考试中学习和再现的内容组成。通过越来越多地使用"高利害测试"作为越来越普遍的问责制度的一部分，这一点在一些国家和地区得到了加强。韦恩·奥（Wayne Au, 2007）通过对评价领域中所有相关研究的整合分析得出结论：这样的测试导致了更碎片化的课程和以灌输为主导的教学法。他进一步指出，这种方法往往会导致学生取得好成绩的动机是外在的奖励，而不是对学科本身的内在兴趣。

米哈里·契克森米哈（Mihaly Csikszentmihalyi）和芭芭拉·施奈德（Barbara Schneider）（2000）主导的研究揭示了这样的方法为什么无法吸引学生的原因。他们的研究使用了"流动"这一概念——全身心参与一项活动所产生的感觉。他们利用一天中从学生那里随机收集的自我报告数据，确定了“流动”产生的各种体验。他们得出的结论是，“有助于流动体验的课堂活动是那些结构良好的活动，学生在这些活动中有机会充分地展示他们作为自主个体的技能和知识”。对大多数学生来说，实验室工作显然是产生“流动”体验的经历之一（Csikszentmihalyi & Schneider, 2000; Woolnough, 1994），这与学生们通常将这些活动称为科学上的积极经历是一致的。许多国家或地区的学校科学都未能包括大量的实际实验室工作，这是一个令人关注的问题。

确定如何造就一名优秀的科学教师一直是澳大利亚中学（Tobin & Fraser, 1990; Tobin, Tippins, & Gallard, 1994）和小学（Tytler, 2003; Tytler, Waldrip, & Griffiths, 2004）一系列项目的重点。进行高质量教学的一个必要条件是具备良好的学科知识，为提供高质量的反馈和脚手架准备基本的信心水平（Hattie & Timperley, 2007）。罗宾·亚历山大（Robin Alexander, 2005）主张采用对话方式，认为“死记硬背和讲解式教学”可以为教师提供安全感和控制感，但却不太可能使课堂成为处理棘手和临时生成性问题的舞台，这些问题涉及证据问题和观点推理。这些正是利奥·范利尔（Leo van Lier）所说的那种引人注目的相互作用（van Lier, 1996）。

这些发现有力地暗示了，学校的科学实践（a）以短期目标为主（b）通过侧重于灌输的讲授来介绍科学，（c）缺乏挑战性，可能对学生没有吸引力。其他研究表明，学校科学对学生而言缺乏一种目标感，即核心概念及其相互关联，以及学生应围绕这些核心概念达成什么样的目标（Millar & Osborne, 1998; Osborne, 2008）。

职业知识

林达尔（2007）在她对学生及其抱负的追踪研究中发现，在职业抱负被广泛设定的小学高年级和初中阶段，学生对选择科学科目可能导向的工作类型和种类知之甚少。大量研究结果表明，学生对科学相关工作缺乏了解（例如Blenkinsop et al., 2006; Stagg, 2007）。英国对1,011名14岁学生进行的随机抽样问卷调查发现（Engineering and Technology Board, 2005），学生对工程师、技术人员和科学家的工作认识有限，且刻板。

学生认为学科教师是职业信息的最有用来源，但英国的研究发现，科学教师将职业信息和建议视为职业教师的责任（Munro & Elsom, 2000）。然而，大多数职业教师主要来自非科学背景。彼得·斯塔格（Peter Stagg, 2007）发现，教师对科学领域职业的了解并不充分，更不用说科学研究可能带来的科学以外的职业潜力了。有必要通过聚焦课程内容和/或通过更连贯的信息传播路径来制定有效的方法，从而有效地使学生了解与科学相关的职业潜力。

萨拉·布伦金索普（Sarah Blenkinsop）及其同事（2006）报告称，14至16岁的青少年认为，来自在该领域工作的人员或学校职业教师的直接信息比基于媒体的信息更有影响力：

> 人们的生活和他们所做的工作是职业学习最丰富和最受崇尚的资源。虽然有一部分年轻人对科学技术本身感兴趣，但许多人首先对人（榜样等）感兴趣。
>
> （Stagg, 2007, p. 4）

与此一致，盖尔·巴克（Gayle Buck）及其同事（2008）发现，特别是对于女孩而言，榜样是与他们保持“深厚的个人联结”的人。要让他们参与科学家所做的工作，建立个人联结就非常重要。科学家的工作构成有效职业知识，而这些发现涉及该重要信息的个人性特征，它与有关学生身份认同的研究结果相一致，身份认同则是学生选择科学相关未来发展的基础。

学生身份认同与科学参与

为了了解学生对科学的反应，特别是在长时间范围内了解学生在STEM参与中的兴趣（Marginson et al., 2013），最近对于探索身份认同构念的兴趣与日俱增，这为态度这个本来以心理学文献为主的研究领域增加了一个社会学的维度。身份认同是一种构念，它超越了对任务和课堂事件的短期态度和反应，而是从社会关系和自我过程的角度来构建抱负和认知（Lee，2002）。身份认同构念意味着自我受社会结构的束缚，与他人的互动塑造了自我的组织和内容。在人类学、教育学、环境教育和女性主义研究等多个学科中，有大量成熟的身份认同文献（Ulriksen, Møller Madsen, & Holmegaard, 2010），这些文献为突出年轻人的身份认同及其与日常生活的关系问题做了大量工作。

身份认同构念对于理解诸如原住民群体（Aikenhead, 2006; McKinley, 2005）和性别群体（Barton et al., 2013; Johnson, 2007）等类型群体的反应方面已有丰富成果，以理解学生对学校科学和未来科学的可能性做出反应的复杂过程。这包括认识到在多种情况下随着时间的推移影响决策的无数动态因素，特别是“与家庭、老师、同伴和其他人的关系，以及确定年轻人在日常生活和他们对STEM教育追求之间的协同或分离程度”（Tytler et al., 2008, p.61）的重要性。身份认同构念被认为是“在学习与其社会文化背景之间的复杂辩证中扮演‘缺失的一环’角色的完美候选者”（Sfard & Prusak, 2005, p.15）。

作为学生构建他们的“科学”自我和他们与科学学科之间关系的一种方式，更全面的身份认同构念所引发的兴趣日益增加，如果考虑到学生复杂的经历中偶然的科学兴趣、激情和未来抱负，那么态度可能会发挥更富有成效的作用。如哈扎里（Hazari）、桑纳特（Sonnert）、萨德勒（Sadler）和沙纳汉（Shanahan）（2010）所指出的：“我们相信聚焦[身份认同]为理解学生与物理学的长期个人联系提供了一个基础，而且比对学生态度的一般评价更有意义”（p.979）。李（Lee, 2012）认为，通过身份认同视角，我们可以更清晰地看到，以学生为中心的发展及学生“对学习的归属感、依附感和参与感”（p.35）。

身份认同协商在年轻人教育相关选择中所起作用的研究已有很悠久的历史（Archer, Hollingworth, & Halsall, 2007; Archer, Pratt, & Phillips, 2001; Archer & Yamashita, 2003; Boaler, 1997; Connell, 1989; Francis, 2000）。这些选择中的许多因素——无论是继续上学，选择哪个学科，还是我想要成为怎样的人——都会影响每个学生能否成功实现其抱负。

科学教育中的身份认同构念

像在其他学科中一样，与身份相关的研究目前正在科学教育领域蓬勃发展。身份认同理论是在一系列学科划分中发展起来的，并在个人与社会的关系以及个人与机构/结构二元性的关系方面借鉴了不同的解释传统和立场（Lee, 2012）。因此，将身份认同概念化的尝试令人担忧：“似乎每个人都在谈论身份认同，但根本不清楚他们在谈论的是同一件事”（Rattansi & Phoenix, 2005, p.98）。在科学教育中，巴顿(Barton)及其同事（2013, p.48）反思了这一方法论的问题，他们倾向于聚焦在把身份认同看作独立个体随着时间推移与社会世界复杂性的相互作用来分析其“工作”的过程，而不是在任何时间点将身份认同作为一个固定的、可定义的实体来处理。

尽管情况如此复杂，仍然可以发现在科学教育中，各种与身份认同相关的研究在探索“我应当走科学之路吗？”的问题（Aschbacher et al., 2010）以及诸如“我可能足够聪明去做这件事”（Krogh & Andersen, 2012）和“我是那种需要一个好老师才能取得成功的孩子”（Aschbacher et al., 2010, p. 571）的主张上有着共同的兴趣。

李（2012）在关于身份认同领域的“粗略指南”中描述了近期这一概念如何激励了科学教育，并探讨了身份认同的理论根源。他描述了科学教育者使用的许多通用框架，包括形意世界（figured world）和实践理论（Barton et al., 2013; Varelas, Kane, & Wylie, 2011, 2012）以及话语姿态（Barton, 2003; Brown, 2006）。形意世界和实践理论属于重要的研究传统，并假定身份认同是“情境成就”，以及身份认同可以在“自我”工作的意义上被视为动词（Lee, 2012, p. 37）。拉韦（Lave）和温格（Wenger）（1991）认为学习涉及身份认同的建构，可以被认为是“人的历史性产生、转化和改变”（pp. 51–52）。

“话语姿态”的出发点则是，语言作为一种杰出的社会实践与身份认同密不可分。在这一传统中，身份认同、现象和心理状态通过流行的话语被说成是存在的（Gee, 1996, 2004）。科学教育工作在这一传统下遵循两种方法。第一种方法是将语言视为分析潜在含义的资源——例如，布赖恩·布朗（Bryan Brown, 2006）对学生科学意义建构集群的探索，或巴顿（2003）关于儿童应对歧视、贫困和科学的故事。在第二种方法中，语言本身就是审查的主题，就像奥利韦拉（Oliveira）、萨德勒和苏斯拉克（Suslak）（2007）通过讨论来检视专家身份认同的建构一样。

身份认同研究除了理论的多样性以外，还存在方法论上的多样性。拉坦西（Rattansi）和菲尼克斯（Phoenix）（2005）认为，对年轻人的研究不能依赖于态度调查研究之类的方法论，这会牺牲掉民族志方面丰富的对“无数的方法…… 身份认同在不同的社会情境中被建构和重新加工”（p. 107）的描述。然而，大规模问卷调查方法仍然被普遍使用，并且对于生成不同类型的数据以及为进一步研究提供基础都是有用的（参见 Cerinsek et al., 2012; DeWitt et al., 2011; Hazari et al., 2010; Krogh & Andersen, 2012; Riegle-Crumb et al., 2011）。毫不奇怪，这些研究中有许多是完全或部分纵向的，这是为了更好地了解身份认同发展的持续形成特征，并在不同的时间和地点进行追踪所必需的设计要求（参见 Aschbacher et al., 2010; Barton et al., 2013; Cerinsek et al., 2012; Hazari et al., 2010; Krogh & Andersen, 2012）。

少数族裔群体与身份认同

身份认同构念在解释属于少数群体的学生（如原住民学生、少数族裔学生）所经历的挑战和女孩在应对科学的性别化概念方面尤其有力。格伦·埃肯海德（Glen Aikenhead, 2006）认为，对于原住民学生，甚至对许多主流学生来说，欣赏科学需要一种身份认同转变，让他们开始认为自己对科学很友好：“有意义地学习科学是身份认同工作”（p. 117）。他认为，尽管史上有相当多的批评（正如本章所述），但传统学校科学的持久性与教师延续强烈的散漫风格有关，他们自己在中小学和本科阶段就是这样被教育的。在许多原住民人口较多的国家或地区，人们普遍关注原住民学生和非原住民学生在科学（和其他学科）方面的成绩差距（例如 Thomson &

De Bortoli, 2008)。埃肯海德和小川正彦(Masakata Ogawa)(2007)认为，学校科学倾向于将科学的认识方式描述为价值中立、忽视多种观点或有争议的观点以及超越情境，这会导致一些学生在“文化自我认同”的基础上被边缘化(p.540)。埃肯海德(2001, p.338)认为，只有一小部分学生的“世界观能与学校科学中最常传达的科学世界观产生共鸣。所有其他学生都因学校科学的单一态度而感到疏远，这阻碍了他们有效地参与学校科学”。

对原住民来说，有必要表现与科学工作相一致的、更广泛的身份认同未来发展。伊丽莎白·麦金利(Elizabeth McKinley, 2005)描写了毛利女科学家们在管理自己作为女性、毛利人、科学家这些不一致的形象时所遇到的困难。她认为，科学、知识和文化遗产的相互竞争已经形成了对毛利女性的强烈的文化刻板印象，她们描述了自己在科学角色中遭遇的歧视、偏见和忽视。

娜佳·福阿德(Nadya Fouad)及其同事(Fouad, Byars-Winston, & Angela, 2005)发现，在美国，虽然种族对学生最初的职业抱负没有影响，但确实会影响学生在采取行动实现这些抱负时遇到的障碍。这些障碍可能包括教师、同伴或家庭的期望，或榜样的缺乏。从关于原住民或其他少数族裔群体参与科学情况的文献中可以清楚地看到，由于先前的学术表现、学生文化资本或其他可利用的资源等因素，对学科或职业的“选择”可能受到严重限制。

安杰拉·约翰逊(Angela Johnson, 2007)研究了美国对科学感兴趣的少数族裔女性继续参与STEM的障碍。这些障碍包括对他们的差异缺乏敏感性、气馁以及对学校科学的疏离感。她描述了这种疏离是如何与善意的实践联系在一起的。即使是像在课堂讲授中向学生提问这样值得称赞的活动，也会使富有竞争力、充满自信的白人男性学生获得优势，并使女性感到地位的丧失。

杰弗里·科恩(Geoffrey Cohen)及其同事(Cohen, Garcia, Apfel, & Master, 2006)致力于通过应对他们所说的“成见威胁”(一种心理学概念)来消除障碍。科恩及其同事认为，对于那些通常被认为在科学上失败的群体的成员——比如非洲裔美国人或女性——来说，当学生内化了成见的判断时，学生的表现会被抑制。通过进行一次小规模的干预来解决和挑战这种观念，该小组已经能够证明表现不佳的少数族裔群体和女性的表现有了显著改善。

性别身份认同与科学

许多研究有助于我们理解年轻人对学校科学和科学、技术和环境的反应。海伦·黑斯特(2004)对704名11至21岁的英国人进行了一项关于科学技术的价值观和信念的调查。她的分析确定了四组不同的学生:(1)“绿色”学生，他们对环境抱有伦理上的担忧，对干预自然持怀疑态度，主要是16岁以下的女孩;(2)“技术投资者”，他们对技术和科学的效益充满热情，信任科学家和政府，主要是男性;(3)“以科学为导向的人”，他们对科学感兴趣，并对科学认知方式的普遍应用充满信心，多为男性;(4)“科学疏离者”，他们对科学感到厌倦、对科学的潜力持怀疑态度，多为女性。黑斯特发现，女孩对科学或科学事业的兴趣不亚于男孩，但关注和重视的事物不同。女孩对与科学相关的“绿色”价值观(科学的社会责任感和以人为本方面)比对经常主导科学交流的“空间和硬件”方面更有兴趣。基于这些发现，她认为科学课程需要代表科学的这两个维度，并承认围绕科学及其应用的价值方面和伦理担忧。然而，从她后来的研究(Haste, et al., 2008, 如前所述）来看，似乎很难同时引起男孩和女孩的兴趣，因为女孩和男孩对伦理价值的内涵和对内容与环境相关的需求有着相当矛盾的反应。

阿彻（Archer）及其同事（2010）的研究调查了STEM参与中性别失衡的可能原因。研究结果表明，根据科学被“完成”的背景，男孩和女孩对科学的看法截然不同。对女孩来说，家庭和小学被视为进行“安全的”科学的场所，而真实的科学工作则被理解为“危险的”。在这项研究中，男孩期望在中学“做”更危险的科学：“因为他们相信你会有更多诸如危险化学品之类的东西”（参与者，Archer et al., 2010, p. 623）。阿彻研究的意义在于，梳理出“复杂的身份认同过程，以揭示根深蒂固的，通常是尖锐的，对干预的抵抗”，旨在增加年轻人，特别是女孩对科学的积极参与（p. 637）。该研究采用了女性主义的后结构主义和批判社会学的身份认同观点。从这些观点出发，他们发现“自我意识是通过一种不是什么/不是谁或是什么/是谁的感觉来构建的”（p. 619）。

巴顿及其同事（2013）的研究定位于社会实践理论和女性主义作品的交叉性，提供了关于女孩科学身份认同的丰富叙事数据，纵向探索了女孩在中学时期所从事的科学身份认同运作的本质。例如，这项研究的重点之一是一位叫仙黛尔（Chantelle）的女孩，故事开始时，她在科学课上几乎是隐形的，并渴望成为一名舞者。通过加入一个课外的绿色俱乐部，仙黛尔最初利用自己对舞蹈的兴趣，然后利用视频，来逐渐确立自己对节能实践的兴趣和专家地位。她越来越多地参与关乎环境科学的话语实践，这为她在科学课上重塑身份认同定位提供了可能性，她在科学课上越来越活跃，越来越有影响力。研究人员认为，女孩在科学领域看待未来自我的可能方式取决于她们的身份认同运作是否“得到认可、支持和利用，从而拓展她们参与科学的机会”（2013, p. 37）。

在这项研究中，身份认同构念的关键在于关注学生对科学思维方式和行为方式的定位，这对他们配置自己生活和兴趣的方式至关重要。这些超越了更多以心理为导向的态度构念——如动机、享受或兴趣的早期阶段——所暗示的短期反应。

仙黛尔的案例强调了学生主体的重要性，在其身份认同建构过程中，科学话语是重塑课堂形意世界的一部分。除了对性别或原住民身份认同的具体关注之外，该研究还提到，需要让学生普遍参与身份认同运作，通过科学探究来重新设定和认同科学的话语实践。最近的科学教育研究试图使学生在教室或其他非正式环境中参与近似科学实践的活动。在莱勒（Lehrer）与萧伯乐（Schauble）（2012）、其同伴（Manz，2012）、哈勃（Hubber）及其同事（Hubber, Tytler, & Haslam, 2010；Tytler, Prain, Hubber, & Waldrip, 2013）的工作中，学生参与探究过程，在课堂实践社区中担当科学知识提供者的角色。

身份认同和参与科学的追踪研究

受先前提出的科学教育困境的激励，德威特（DeWitt）、阿彻和奥斯本（2012）从更大的愿景（科学抱负和职业选择：10至14岁）项目中提取的英国追踪研究为儿童及其家长对科学的看法提供了见解。此前缺少聚焦儿童对“热衷科学的同伴”的知觉的研究，针对于此，该研究使用访谈数据来确定儿童及其家长可能采用的科学话语类型，以塑造儿童（和家长）构建自己科学身份认同的方式。研究结果揭示了一些话语，包括与白人男性一致的“显著的”刻板印象中的“怪胎书呆子”科学家，以及将科学家定位为“聪明的”专家的修饰或限定话语

(DeWitt et al., 2012, n.p.)。这些结果表明，这两种话语都可能将那些渴望从事科学事业的人定位为“其他人”，并可能“使学生……不愿意接受科学身份认同”(DeWitt et al., 2012, n.p.)。

阿施巴赫及其同事(2010)抽取33名具有种族和经济多样性的高中女生样本进行调查，探讨了这样一个问题：为什么有些对科学感兴趣的学生在初高中阶段决定在高中毕业前离开科学、工程和医学(SEM)途径，而其他人则选择坚持下去？本研究中的身份认同理论在实践社群的概念中找到了归宿，在实践社群中，身份认同是通过日常的社会互动来获得的。为了更好地理解学生的科学身份认同轨迹，研究人员使用埃克尔斯的“期望理论”模型，将学生的教育和职业决策与成功期望和可能的职业选择的价值倾向联系起来。这种模式的吸引力集中在强调学生生活中的重要人物，及其在塑造学生如何“获取、解释和评价他们的生活经历，进而影响他们的短期和长期目标、态度、价值观和优先事项”方面的作用(Aschbacher et al., 2010, p.566)。研究结果表明，每个群体不同的社会“小气候”都是学生科学身份认同以及他们对自身学习能力、职业选择和预期成功的观念的塑造者。

克罗和安德森(2012)以一组在中学最后阶段参加了大学导师项目的丹麦A水平数学学生为对象，重点追踪研究了其科学身份认同轨迹的动态和自我反思性身份认同叙事。通过对学生叙事的解释学分析，研究人员开发了一个模型来表征他们的身份认同轨迹，包括四个因素：身份认同过程取向、个人价值观、学科自我概念和学科兴趣(参见Krogh & Andersen, 2012, n.p., 表1)。这些分析强调“个人价值”是叙事的显著特征。克罗和安德森特别指出：“社会关系、认可、家庭、知识、兴奋/挑战是所发现几项的核心价值”(2012, n.p.)。

身份认同与后现代青年

协调主观性/身份认同轨迹的建构与科学和学校科学的价值体系的工作对当代青年具有重要意义。后现代社会的青年在教育和职业模式、获得媒体和知识的途径以及不断变化的联系方式等方面与前几代青年有很大不同。对处于过渡期的青年从青春期到他们工作生活和个人关系的早期的研究，为概念化转型以及年轻人在其个人和工作生活中可以协商的各种主观性确定了不同的前景(Wyn, 2011; Wyn & White, 1997)。青春期是年轻人第一次面临构建自我意识的需要，造成一种不安全感或暂停状态的时期(Head, 1985)。尽管这种焦虑并不是一种新现象，但当人们对未来的选择越来越多、越来越模糊时，这种焦虑就显得尤为重要。与前几代人的选择主要由职业选择决定和概念化相比，当代青年在选择住址、宗教、社会团体、政治、教育、职业、性、生活方式和价值观方面有了新的自由(Beck & Beck-Gernsheim, 2002)。灵活性是后现代青年的试金石。海伦·斯托克斯(Helen Stokes)和约翰娜·温(Johanna Wyn)(2007)认为，在学校或工作中的年轻人会将工作场所视为学习和形成身份认同的场所。年轻人“不再把成年看作是一种‘给予’，而是一个‘项目’、‘任务’或需要他们不断投入的一段‘旅程’”(Stokes & Wyn, 2007, p.499)。

从这个角度看，在决定自己想成为什么样的人、选择自己的学校科目、构建自己对未来的抱负时，年轻人做决策的过程是复杂的。对年轻人做出这些选择的基础的分析更加复杂，因为阻碍年轻人决策的障碍并不总是显而易见的，而是会随着时间和学生成长和发展的程度的变化而变化(Engineering and Technology Board, 2005; Fouad et al., 2007; Walker, 2007; Walker, Alloway, Dalley-Trim, & Patterson, 2006)。

卡米拉·施赖纳(Camilla Schreiner, 2006)研究了挪威中学生的态度和抱负模式。她的分析有一个重要的身份认同成分。她对从53所随机挑选的学校抽取的1,204名男女生比例相同的学生进行了广泛验证的问卷调查。通过聚类分析，她确定了对科学及对科学的抱负有着截然不同的回答的五种学生类型。与黑斯特(2004)和黑斯特及其同事(2008)的研究一样，这些类别具有高度的性别特异性，并显示出对一系列与学校科学和科学的感知价值及学生未来抱负相关的题目的不同反应模式。在这项工作的基础上，施赖纳解释说，就后现代社会年轻人价值观变化而言，发达国家或地区STEM学科领域的招收人数不断减少，这与之前概述的当代青年价值观和项目的研究相一致，且与之前所述的关于原住民、性别和少数族裔群体的科学教育方面的身份认同工作相一致。然而，在这种情况下，分析得出了包括与当代富裕社会相关的身份认同形成的更广泛的网络。

施赖纳和斯韦恩·舍贝里(Svein Sjøberg)(2007)认为，在前期和后期工业国家或地区，科学家和工程师被视为对人民的生活和福祉至关重要，是关乎进步、增长和国家或地区建设议程的重大国家或地区项目的一部分。在欠发达国家或地区，年轻人把科学和科学家的形象视为未来进步和自身未来的关键。然而，这些价值观对于后现代社会的青年来说已经发生了改变。与前几代人相比，社会的工业基础减弱，物质需求在很大程度上得到了满足。在这种情况下，公众对科学家和技术人员作用和价值的认识就减弱了。他们推测，越来越多的年轻人，特别是女孩不愿意从事物质科学工作的主要原因是，他们认为物质科学家和工程师的身份与自己的身份不一致。许多研究(Boaler, 1997; Lightbody & Durndell, 1996a; Mendick, 2006; Walkerdine, 1990)都认为，STEM学科和职业具有男性化的形象，这阻碍了女孩发展与STEM相关的身份认同。施赖纳和舍贝里认为，发达和富裕社会中青年的身份认同与诸如自我实现、创造力和创新、与人合作和帮助他人以及赚钱等后现代价值观相关。他们认为，如果事实确实如此，那么吸引更多年轻人进入STEM途径就需要转变STEM工作的形象以实现这些理想。这意味着需要改变学校STEM学科的内容和实践，以更明确地表达这些价值观。

身份认同构念、学生态度和对科学的抱负

我们认为，身份认同构念是一个强有力的工具，可以用来理解学生参与科学和学校科学的复杂性，以及在义务教育之后的几年和进入工作岗位后做出投身科学决定的本质。鉴于后现代社会STEM的参与率下降受到越来越多的关注，身份认同构念变得尤为重要，因为它关注构成年轻人对自己和未来所做决定的复杂图景的多种社会影响，所以正在取代传统的“态度”构念。

当然，身份建构的过程也包含着对学科、任务和课堂过程的情感反应。态度研究在理解和评估学生在学校生活中微观层面和跨时间尺度上对科学的反应方面具有重要的地位。然而，身份认同构念对这些反应的多因素本质的关注凸显了其使用价值，尤其是当观察那些与学生参与科学相关的且贯穿学生学龄期乃至此后人生的因素时。因此，我们探索了与原住民学生和女孩有关的身份认同的研究，这两方面的研究都涉及与科学相关的进行中的身份认同运作，这一运作有很长的个人历史，并将继续过渡到参加工作甚至在一生中持续变化。对身份认同的追踪研究证实了身份认同建构的时间维度的中心性。

因此，这一系列研究提醒我们对学校科学的反应的复杂性，以及其中的个人历史维度。如果我们要让学生认真思考和学习科学，并让他们看到自己未来从事科学工作的一些能力，那么我们就需要关注参加我们课程的学生的复杂多样的历史，以此来规划我们的学校科学课程。尽管我们不能希望简单地将其与所有学生的抱负和身份认同建构轨迹相匹配，但如果我们要吸引年轻人参加科学学科乃至科学相关的职位，就必须展现更丰富的科学愿景、价值观和科学家的工作。

致谢

感谢理查德·莱勒(Richard Lehrer)和诺曼·G.莱德曼(Norman G. Lederman)对本章内容的审阅。

参考文献

Adamuti-Trache, M., & Andres, L. (2008). Embarking on and persisting in scientific fields of study: Cultural capital, gender, and curriculum along the science pipeline. *International Journal of Science Education, 30*(12), 1557–1584.

Aikenhead, G. (1973). The measurement of high school students' knowledge about science and scientists. *Science Education, 57*, 539–549.

Aikenhead, G. (2001). Students' ease in crossing cultural borders into school science. *Science Education, 85*(2), 180–188.

Aikenhead, G. (2006). *Science education for everyday life: Evidence based practice.* New York: Teachers College Press.

Aikenhead, G., & Ogawa, M. (2007). Indigenous knowledge and science revisited. *Cultural Studies of Science Education, 2*(3), 539–620.

Ainley, M., & Ainley, J. (2011). Student engagement with science in early adolescence: The contribution of enjoyment to students' continuing interest in learning about science. *Contemporary Educational Psychology, 36*, 4–12.

Alexander, R. (2005). *Towards dialogic teaching.* York, UK: Dialogos.

Andrée, L., & Hansson, L. (2012). Marketing the 'broad line': Invitations to STEM education in a Swedish recruitment campaign. *International Journal of Science Education.* Retrieved November 5, 2012.

Appelbaum, P., & Clark, S. (2001). Science! Fun? A critical analysis of design/content/evaluation. *Journal of Curriculum Studies, 33*(5), 583–600.

Archer, L., Dewitt, J., Osborne, J., Dillon, J., Willis, B., & Wong, B. (2010). "Doing" science versus "being" a scientist: Examining 10/11-year-old schoolchildren's constructions of science through the lens of identity. *Science Education, 94*, 617–639.

Archer, L., Hollingworth, S., & Halsall, A. (2007). "University's not for me—I'm a Nike person": Urban, working-class engagement young people's negotiations of "style," identity and education. *Sociology, 41*(2), 219–237.

Archer, L., Pratt, S., & Phillips, D. (2001). Working class men's constructions of masculinity and negotiations of (non)participation in higher education. *Gender and Education, 13*(4), 431–449.

Archer, L., & Yamashita, H. (2003). Theorising inner-city masculinities: "race," class, gender and education. *Gender & Education, 15*(2), 115–132.

Aschbacher, P., Li, E., & Roth, E. (2010). Is science me? High school students' identities, participation and aspirations in science, engineering, and medicine. *Journal of Research in Science Teaching, 47*, 564–582.

Assessment of Performance Unit. (1988). *Science at age 15: A review of the APU survey findings.* London: HMSO.

Au, W. (2007). High stakes testing and curricular control: A qualitative metasynthesis. *Educational Researcher, 36*(5), 258–267.

Azevedo, F. (2011). Lines of practice: A practice-centered theory of interest relationships. *Cognition and Instruction, 29*(2), 147–184.

Azevedo, F. (2012). The tailored practice of hobbies and its implication for the design of interest-driven learning environments. *The Journal of the Learning Sciences*. doi:10.1080/10508406.2012.730082

Bandura, A. (1997). *Self-efficacy: The exercise of control*. New York: W. H Freeman and Company.

Bandura, A., Barbaranelli, C., Caprara, G.V., & Pastorelli, C. (2001). Self-efficacy beliefs as shapers of children's aspirations and career trajectories. *Child Development, 72*, 187–206.

Barber, M., & Mourshed, M. (2007). *How the world's best-performing school systems come out on top*. New York: McKinsey & Company.

Barton, A., Kang, H., Tan, E., O'Neill, T., Bautista-Guerra, J., & Brecklin, C. (2013). Crafting a future in science: Tracing middle school girls' identity work over time and space. *American Educational Research Journal, 50*(1), 37–75.

Barton, A.C. (2003). *Teaching science for social justice*. New York: Teachers College Press.

Beck, U., & Beck-Gernsheim, E. (2002). *Individualization*. London: Sage Publications Ltd.

Blalock, C.L., Lichtenstein, M.J., Owen, S., Pruski, L., Marshall, C., & Toepperwein, M. (2008). In pursuit of validity: A comprehensive review of science attitude instruments. *International Journal of Science Education, 30*(7), 961–977.

Blenkinsop, S., McCrone, T., Wade, P., & Morris, M. (2006). *How do young people make choices at 14 and 16?* Slough, UK: National Foundation for Educational Research, Department for Education and Skills (DfES).

Blickenstaff, J.C. (2005). Women and science careers: Leaky pipeline or gender filter? *Gender and Education, 17*(4), 369–386.

Boaler, J. (1997). Reclaiming school mathematics: The girls fight back. *Gender and Education, 9*(3), 285–305.

Bøe, M. (2012). Science choices in Norwegian upper secondary school: What matters? *Science Education, 96*, 1–20.

Bøe, M.V., Henriksen, E.K., Lyons, T., & Schreiner, C. (2011). Participation in science and technology: Young people's achievement-related choices in late modern societies. *Studies in Science Education, 47*(1), 37–71.

Breakwell, G.M., & Beardsell, S. (1992). Gender, parental and peer influences upon science attitudes and activities. *Public Understanding of Science, 1*(2), 183–197.

Brophy, J. (2009). Connecting with the Big Picture. *Educational Psychologist, 44*, 147–157.

Brotman, J.S., & Moore, F.M. (2008). Girls and science: A review of four themes in the science education literature. *Journal of Research in Science Teaching, 45*(9), 971–1002.

Brown, B. (2006). "It isn't no slang that can be said about this stuff": Language, identity and appropriating science discourse. *Journal of Research in Science Teaching, 43*, 96–126.

Buck, G.A., Plano, V.L., Diandra, C., Pelecky, L., Lu,Y., & Cerda-Lizarraga, V. (2008). Examining the cognitive processes used by adolescent girls and women scientists in identifying science role models: A feminist approach. *Science Education, 92*(4), 688–707.

Butz, W.P., Bloom, G.A., Gross, M.E., Kelly, T.K., Kofner, A., & Rippen, H.E. (2003). *Is there a shortage of scientists and engineers? How would we know?* Santa Monica, CA: Rand Corporation.

Cerinsek, G., Hribar, T., Glodez, N., & Dolinsek, S. (2012). Which are my future career priorities and what influenced my choice of studying science, technology, engineering or mathematics? Some insights on educational choice—case of Slovenia. *International Journal of Science Education*. Retrieved September 17, 2012.

Chambers, D. (1983). Stereotypic images of the scientist: The draw-a- scientist test. *Science Education, 67*(2), 255–265.

Chetcuti, D., & Kioko, B. (2012). Girls' attitudes towards science in Kenya. *International Journal of Science Education, 34*, 1571–1589.

Christidou, V. (2011). Interest, attitudes and images related to science: Combining students' voices with the voices of school science, teachers, and popular science. *International Journal of Environmental & Science Education, 6*, 141–159.

Cleaves, A. (2005). The formation of science choices in secondary school. *International Journal of Science Education, 27*(4), 471–486.

Cohen, G.L., Garcia, J., Apfel, N., & Master, A. (2006). Reducing the racial achievement gap: A social-psychological intervention. *Science, 313*(5791), 1307–1310.

Committee for the Review of Teaching and Teacher Education. (2003). *Australia's teachers: Australia's future, advancing innovation, science, technology and mathematics—Background data and analysis.* Canberra: Department of Education Science and Training (DEST), Commonwealth of Australia.

Connell, R.W. (1989). Cool guys, swots and wimps: The interplay of masculinity and education. *Oxford Review of Education, 15*(3), 291 - 303.

Cooper, P., & McIntyre, D. (1996). *Effective teaching and learning: Teachers' and students' perspectives.* Buckingham, UK, and Philadelphia: Open University Press.

Crowley, K., Callanan, M.A., Tenenbaum, H.R., & Allen, E. (2001). Parents explain more often to boys than to girls during shared scientific thinking. *Psychological Science, 12*, 258 - 261. doi:10.1111/1467 - 9280.00347

Csikszentmihalyi, M. (1992). The flow experience and its significance for human psychology. In M. Csikszentmihalyi & I.S. Csikszentmihalyi (Eds.), *Optimal experience: Psychological studies of flow in consciousness* (pp.15 - 35). Cambridge: University of Cambridge.

Csikszentmihalyi, M., & Schneider, B. (2000). *Becoming adult: Preparing teenagers for the world of work.* New York: Basic Books.

Darling-Hammond, L. (1999). *Teacher quality and student achievement: A review of state policy evidence.* University of Washington: Centre for the Study of Teaching and Policy.

Darling-Hammond, L. (2007). The flat earth and education: How America's commitment to equity will determine our future. *Educational Researcher, 36*(16), 318 - 334.

DEST. (2006). *Youth attitudes survey: Population study on the perceptions of science, mathematics and technology study at school and career decision making.* Canberra, Australia: Department of Education Science and Training.

Dewey, J. (1933). *How we think.* Boston: DC Heath.

Dewey, J. (1934/1980). *Art as experience.* New York: Berkley.

DeWitt, J., Archer, L., & Osborne, J. (2012). Nerdy, brainy and normal: Children's and parents' constructions of those who are highly engaged with science. *Research in Science Education.* doi:10.1007/s11165 - 012 - 9315 - 0

DeWitt, J., Archer, L., Osborne, J., Dillon, J., Willis, B., & Wong, B. (2011). High aspirations but low progression: The science aspirations–careers paradox amongst minority ethnic students. *International Journal of Science and Mathematics Education, 9*, 243 - 271.

Eccles, J. (2009). Who am I and what am I going to do with my life? Personal and collective identities as motivators of action. *Educational Psychologist, 44*(2), 78 - 89.

Eccles, J.S., Adler, T.F., Futterman, R., Goff, S.B., Kazcala, C.M., Meece, J.L., et al. (1983). Expectations, values and academic behaviors. In T. Spence (Ed.), *Achievement and achievement motivations* (pp.75 - 146). San Francisco: W. H Freeman.

Eccles, J.S., & Wigfield, A. (1992). The development of achievement-task values: A theoretical analysis. *Developmental Review, 12*, 265 - 310.

Engineering and Technology Board. (2005). *Factors influencing Year 9 career choices:* London: National Foundation for Educational Research.

Epstein, J.L., & McPartland, J.M. (1976). The concept and measurement of the quality of school life. *American Educational Research Journal, 13*, 15 - 30.

European Commission. (2004). *Europe needs more scientists: Report by the High Level Group on Increasing Human Resources for Science and Technology.* Brussels: Author.

Farland-Smith, D. (2012). Development and field test of the modified draw-a-scientist test and the draw-a-scientist rubric. *School Science and Mathematics, 112*(2), 109 - 116.

Fender, J.G., & Crowley, K. (2007). How parent explanation changes what children learn from everyday scientific thinking. *Journal of Applied Developmental Psychology, 28*, 189 - 210.

Fensham, P. (1985). Science for all: A reflective essay. *Journal of Curriculum Studies, 17*(4), 415 - 435.

Fouad, N., Byars-Winston, A., & Angela, M. (2005). Cultural context of career choice: Meta-analysis of race/ethnicity differences. *Career Development Quarterly, 53*(3), 223 - 233.

Fouad, N., Hackett, G., Haag, S., Kantamneni, N., & Fitzpatrick, M.E. (2007, August). *Career choice barriers: Environmental influences on women's career choices.* Paper presented at the Annual Meeting of the American Psychological Association Convention, San Francisco, CA.

Francis, B. (2000). The gendered subject: Students' subject preferences and discussions of gender and subject ability. *Oxford Review of Education, 26*(1), 35–48.

Gardner, P.L. (1975). Attitudes to science. *Studies in Science Education, 2*, 1–41.

Gee, J. (1996). *Sociai linguistics and literacies: Ideologies in discourse* (2nd ed.). London: Taylor & Francis.

Gee, J.P. (2004). Language in the science classroom: Academic social languages as the heart of school-based literacy. In E.W. Saul (Ed.), *Crossing borders in literacy and science instruction: Perspectives in theory and practice* (pp.13–32). Newark, DE: International Reading Association/National Science Teachers Association.

Germann, P.J. (1988). Development of the attitude toward science in school assessment and its use to investigate the relationship between science achievement and attitude toward science in school. *Journal of Research in Science Teaching, 25*(8), 689–703.

Girod, M., Rau, C., & Schepige, A. (2003). Appreciating the beauty of science ideas: Teaching for aesthetic understanding. *Science Education, 87*(4), 574–587. doi:10.1002/sce.1054.

Girod, M., & Wong, D. (2002). An aesthetic (Deweyan) perspective on science learning: Case studies of three fourth graders. *The Elementary School Journal, 102*(3), 199–224.

Goodrum, D., Hackling, M., & Rennie, L. (2001). *The status and quality of teaching and learning of science in Australian schools.* Canberra, Australia: Department of Education, Training and Youth Affairs.

Grissmer, D., Flanagan, A., Kawata, J., & Williamson, S. (2000). *Improving student achievement: What state NAEP test scores tell us.* Santa Monica, CA: RAND Corporation.

Hadzigeorgiou, Y. (2012). Fostering a sense of wonder in the science classroom. *Research in Science Education, 42*, 985–1005.

Haeusler, C., & Kay, R. (1997). School subject selection by students in the post-compulsory years. *Australian Journal of Career Development, 6*(1), 32–38.

Harackiewicz, J.M., Rozek, C.S., Hulleman, C.S., & Hyde, J.S. (2012). Helping parents to motivate adolescents in mathematics and science: An experimental test of a utility-value intervention. *Psychological Science, 23*(8), 899–906.

Haste, H. (2004). *Science in my future: A study of the values and beliefs in relation to science and technology amongst 11–21 year olds.* London. Nestlé Social Research Programme.

Haste, H., Muldoon, C., Hogan, A., & Brosnan, M. (2008, Sept 11). *If girls like ethics in their science and boys like gadgets, can we get science education right?* Paper presented at the Annual Conference of the British Association for the Advancement of Science, Liverpool, UK.

Hattie, J., & Timperley, H. (2007). The power of feedback. *Review of Educational Research, 77*(1), 81–112.

Haussler, P., & Hoffmann, L. (2002). An intervention study to enhance girls' interest, self-concept, and achievement in physics classes. *Journal of Research in Science Teaching, 39*(9), 870–888.

Haworth, C.M. A., Dale, P., & Plomin, R. (2008). A twin study into the genetic and environmental influences on academic performance in science in nine-year-old boys and girls. *International Journal of Science Education, 30*(8), 1003–1025.

Hazari, Z., Sonnert, G., Sadler, P., & Shanahan, M.-C. (2010). Connecting high school physics experiences, outcome expectations, physics identity, and physics career choice: A gender study. *Journal of Research in Science Teaching, 47*, 978–1003.

Head, J. (1985). *The personal response to science.* Cambridge: Cambridge University Press.

Heimlich, J.E., & Ardoin, N.M. (2008). Understanding behavior to understand behavior change: A literature review. *Environmental Education Research, 14*(3), 215–237.

Helme, S., & Lamb, S. (2007). *Student experiences of VCE Further Mathematics.* Paper presented at the Mathematics Essential Research, Essential Practice: 30th Annual conference of the Mathematics Education Research Group of Australasia. Hobart, Tasmania, Australia.

Hidi, S., & Renninger, K.A. (2006). The four-phase model of interest development. *Educational Psychologist, 41*(2), 111–127. doi:10.1207/s15326985ep4102_4

Hill, C., Corbett, C., & St. Rose, A. (2010). *Why so few? Women in science, technology, engineering, and mathematics.* Washington, DC: AAUW.

HM Treasury. (2006). *Science and Innovation investment framework: Next steps.* London: HMSO.

Hobbs, L. (2012). Examining the aesthetic dimensions of teaching: Relationships between teacher knowledge, identity and passion. *Teaching & Teacher Education, 28*(5), 718–727. doi:10.1016/j.tate. 2012.01.010

Hubber, P., Tytler, R., & Haslam, F. (2010). Teaching and learning about force with a representational focus: Pedagogy and teacher change. *Research in Science Education, 40*(1), 5–28.

Jagger, N. (2007). *Internationalising doctoral careers.* Paper presented at the Conference on The National Value of Science Education. September, University of York, York, UK.

Jakobson, B., & Wickman, P.-O. (2008). The roles of aesthetic experience in elementary school science. *Research in Science Education, 38*(1), 45–66.

Jenkins, E., & Nelson, N.W. (2005). Important but not for me: Students' attitudes toward secondary school science in England. *Research in Science & Technological Education, 23*(1), 41–57.

Jenkins, E.W., & Pell, R.G. (2006). *The relevance of science education project (ROSE) in England: A summary of findings.* Centre for Studies in Science and Mathematics Education, University of Leeds, UK.

Johnson, A.C. (2007). Unintended consequences: How science professors discourage women of color. *Science Education, 91*(5), 805–821.

Jones, G., Howe, A., & Rua, M. (2000). Gender differences in students' experiences, interests, and attitudes towards science and scientists. *Science Education, 84*, 180–192.

Jovanovic, J., & King, S.S. (1998). Boys and girls in the performance-based science classroom: Who's doing the performing? *American Educational Research Journal, 35*(3), 477–496.

Kenway, J., & Gough, A. (1998). Gender and science education in schools: A review "with attitude." *Studies in Science Education, 31*, 1–30.

Klopfer, L.E. (1971). Evaluation of learning in science. In B.S. Bloom, J. T. Hastings, & G.F. Madaus (Eds.), *Handbook of formative and summative evaluation of student learning.* London: McGraw-Hill.

Krogh, L., & Andersen, H. (2012). "Actually, I may be clever enough to do it." Using identity as a lens to investigate students' trajectories towards science and university. *Research in Science Education.* doi:10.1007/s11165-012-9285-2

Krogh, L.B., & Thomsen, P.V. (2005). Studying students' attitudes towards science from a cultural perspective but with a quantitative methodology: Border crossing into the physics classroom. *International Journal of Science Education, 27*(3), 281–302.

Lamb, R.L., Annetta, L., Meldrum, J., & Vallett, D. (2012). Measuring science interest: Rasch validation of the science interest survey. *International Journal of Science and Mathematics Education, 10*, 643–668.

Lamb, S., & Ball, K. (1999). Curriculum and careers: The education and labour market consequences of Year 12 subject choice. *Longitudinal Surveys of Australian Youth: Research Report Number 12*. Camberwell: Australian Council for Educational Research.

Lave, J., & Wenger, E. (1991). *Situated learning: Legitimate peripheral participation.* Cambridge, UK: Cambridge University Press.

Lee, J.D. (2002). More than ability: Gender and personal relationships influence science and technology involvement. *Sociology of Education, 75*(4), 349–373.

Lee, Y.J. (2012). Identity-based research in science education. In B.J. Fraser, K. Tobin, & C.J. McRobbie (Eds.), *Second international handbook of science education* (pp. 34–45). Dordrecht, the Netherlands: Springer.

Lehrer, R., & Schauble, L. (2012). Seeding evolutionary thinking by engaging children in modeling its foundations. *Science Education, 96*(4), 701–724.

Leonardi, A., Syngollitou, E., & Kiosseoglou, G. (1998). Academic achievement, motivation and future selves. *Educational Studies in Mathematics, 24*, 153–163.

Lightbody, P., & Durndell, A. (1996a). Gendered career choice: Is sexstereotyping the cause or the consequence? *Educational Studies in Mathematics, 22*(2), 133–146.

Lightbody, P., & Durndell, A. (1996b). The masculine image of careers in science and technology—fact or fantasy. *British Journal of Educational Psychology, 66*(2), 231–246.

Lindahl, B. (2007). *A longitudinal study of Students' attitudes towards science and choice of career.* Paper presented at the 80th NARST International Conference New Orleans, Louisiana.

Losh, S., Wilke, R., & Pop, M. (2008). Some methodological issues with "draw a scientist tests" among young children.

International Journal of Science Education, 30(6), 773–792.

Lynn, L., & Salzman, H. (2006). Collaborative advantage: New horizons for a flat world. *Issues in Science and Technology, Winter,* 74–81.

Lyons, T. (2003). *Decisions by science proficient Year 10 students about post-compulsory high school science enrolment: A sociocultural exploration.* Unpublished Ph.D. thesis, University of New England, Armidale, NSW, Australia.

Lyons, T. (2006a). Different countries, same science classes: Students' experience of school science classes in their own words. *International Journal of Science Education, 28*(6), 591–613.

Lyons, T. (2006b). The puzzle of falling enrolments in physics and chemistry courses: Putting some pieces together. *Research in Science Education, 36*(3), 285–311.

Lyons, T., & Quinn, F. (2010). *Choosing science. Understanding the declines in senior high school science enrolments.* Research report to the Australian Science Teachers Association. Armidale: University of New England, NSW, Australia. Retrieved September 8, 2012.

Maltese, A. (2008). *Persistence in STEM: An investigation of the relationship between high school experiences in science and mathematics and college degree completion in STEM fields.* Unpublished Ph.D. thesis, University of Virginia, Charlottesville.

Maltese, A., & Tai, R. (2008). *Eyeballs in the fridge: Sources of early interest in science.* Paper presented at the American Educational Research Association. New York, NY.

McKinley, E. (2005). Brown bodies, white coats: Postcolonialism, Maori women and science. *Discourse: Studies in the Cultural Politics of Education, 26*(4), 481–496.

Manz, E. (2012). Understanding the codevelopment of modeling practice and ecological knowledge. *Science Education, 96*(6), 1071–1105.

Marginson, S., Tytler, R., Freeman, B., & Roberts, K. (2013). *STEM: Country comparisons.* Melbourne: Australian Council of Learned Academies. Retrieved February 8, 2014.

Mayer, V., & Richmond, J. (1982). An overview of assessment instruments in science. *Science Education, 66*, 49–66.

Mead, M., & Métraux, R. (1957). Image of the scientist among high school students: A pilot study. *Science, 126*, 384–390.

Mendick, H. (2006). *Masculinities in mathematics.* Maidenhead, UK: Open University Press.

Millar, R., & Osborne, J.F. (Eds.). (1998). *Beyond 2000: Science education for the future.* London: King's College London.

Moore, R.W., & Sutman, F.X. (1970). The development, field test and validation of an inventory of scientific attitudes. *Journal of Research in Science Teaching, 7,* 85–94.

Mullis, I.V., Martin, M.O., Foy, P., & Arora, A. (2012). *TIMSS 2011 international results in science.* Boston: International Association for the Evaluation of Educational Achievement.

Munro, M., & Elsom, D. (2000). *Choosing science at 16: The influence of science teachers and career advisers on students' decisions about science subjects and science and technology careers.* Cambridge, UK: National Institute for Careers Education and Counselling (NICEC).

Murphy, C., & Beggs, J. (2003). Children's attitudes towards school science. *School Science Review, 84*(308), 109–116.

Murphy, C., & Beggs, J. (2005). *Primary science in the UK: A scoping study. Final Report to the Wellcome Trust.* London: Wellcome Trust.

Murphy, P., & Whitelegg, E. (2006). *Girls in the physics classroom: A review of research of participation of girls in physics.* London: Institute of Physics.

National Academy of Sciences: Committee on Science Engineering and Public Policy. (2005). *Rising above the gathering storm: Energizing and employing America for a brighter economic future.* Washington, DC: Author.

National Commission on Mathematics and Science Teaching for the 21st Century. (2000). *Before it's too late.* Washington, DC: U.S. Department of Education.

Nature Editorial. (2009). A crisis of confidence. *Nature, 457*(7230), 635–635.

OECD. (2006). *Evolution of student interest in science and technology studies policy report.* Paris: Author.

OECD. (2007). *PISA 2006: Science competencies for tomorrow's world: Volume 1: Analysis.* Paris: Author.

Office of the Chief Scientist. (2012). *Health of Australian science.* Canberra: Australian Government. Retrieved February 8, 2014.

Ogura, Y. (2006). *Graph of student attitude v student*

attainment. Based on data from Martin, M.O., et al. (2000). *TIMSS 1999 international science report: Findings from IEA's repeat of the Third International Mathematics and Science Study at the eighth grade*. Chestnut Hill, MA: Boston College; National Institute for Educational Research: Tokyo.

Oliveira, A., Sadler, T., & Suslak, D. (2007). The linguistic construction of expert identity in professor-student discussions of science. *Cultural Studies of Science Education, 2*, 119-150.

Olsen, R., Prenzel, M., & Martin, R. (2011). Interest in science: A many-faceted picture painted by data from the OECD PISA study. *International Journal of Science Education, 33*(1), 1-6.

Osborne, J.F. (2008). Engaging young people with science: Does science education need a new vision? *School Science Review, 89*(328), 67-74.

Osborne, J.F., & Collins, S. (2001). Pupils' views of the role and value of the science curriculum: A focus-group study. *International Journal of Science Education, 23*(5), 441-468.

Osborne, J., & Dillon, J. (2008). *Science education in Europe: Critical reflections*: London: Nuffield Foundation.

Osborne, J., Simon, S., & Collins, S. (2003). Attitudes towards science: A review of the literature and its implications. *International Journal of Science Education, 25*, 1049-1079.

Palmquist, S.D., & Crowley, K. (2007). From teachers to testers: Parents' role in child expertise development in informal settings. *Science Education, 91*(5), 712-732.

Pekrun, R., Frenzel, A.C., Goetz, T., & Perry, R.P. (2007). The control-value theory of achievement emotions: An integrative approach to emotions in education. In P.A. Schutz & R. Pekrun (Eds.), *Emotion in education* (pp.13-36). San Diego, CA: Elsevier Inc.

Pekrun, R., Goetz, T., Titz, W., & Perry, R.P. (2002). Academic emotions in students' self-regulated learning and achievement: A program of qualitative and quantitative research. *Educational Psychologist, 37*(2), 91-105.

Pell, T., & Jarvis, T. (2001). Developing attitude to science scales for use with children of ages from five to eleven years. *International Journal of Science Education, 23*(8), 847-862.

Pintrich, P.R., Marx, R.W., & Boyle, R.A. (1993). Beyond cold conceptual change: The role of motivational beliefs and classroom contextual factors in the process of conceptual change. *Review of Educational Research, 63*(2), 167-199.

Potter, J., & Wetherell, M. (1987). *Discourse and social psychology: Beyond attitudes and behaviour*. London: Sage Publications.

Pugh, K.J., & Girod, M. (2007). Science, art, and experience: Constructing a science pedagogy from Dewey's aesthetics. *Journal of Science Teacher Education, 18*, 9-27.

Putnam, R. (2001). Community-based social capital and educational performance. In D. Ravitich & J. Viteritti (Eds.), *Making good citizens: Education and civil society* (pp.58-95). London: Yale University Press.

Putnam, R. (2004). *Education, diversity, social cohesion and "social capital."* Paper delivered at meeting of OECD Education Ministry—Raising the Quality of Learning for All. Dublin, Ireland: March 18.

Rathunde, K., & Csikszentmihalyi, M. (1993). Undivided interest and the growth of talent: A longitudinal study of adolescents. *Journal of Youth and Adolescence, 22*(4), 385-405.

Rattansi, A., & Phoenix, A. (2005). Rethinking youth identities: Modernist and postmodernist frameworks. *Identity: An International Journal of Theory and Research, 5*(2), 97-123.

Renninger, K., & Hidi, S. (2011). Revisiting the conceptualization, measurement, and generation of interest. *Educational Psychologist, 46*(3), 168-184.

Research Business, The. (1994). *Views of science among students, teachers and parents*. London: Institution of Electrical Engineers.

Research Councils UK. (2008). *Public attitudes to science 2008: A survey*. London: Department for Innovation, Universities and Skills.

Riegle-Crumb, C., Moore, C., & Ramos-Wada, A. (2011). Who wants to have a career in science or math? Exploring adolescents' future aspirations by gender and race/ethnicity. *Science Education, 95*, 458-476.

Rivkin, S., Hanushek, E.A., & Kain, J. (2005). Teachers, schools, and academic achievement. *Econometrics, 73*(2), 417-458.

Rowe, K. (2003). *The importance of teacher quality*. Paper presented to the Australian Council for Educational

Research Conference, Melbourne, Australia.

Royal Society, The. (2006). *Taking a Leading role.* London: Author.

Ryan, A., & Aikenhead, G. (1992). Students' preconceptions about the epistemology of science. *Science Education, 76*(6), 559–580.

Ryder, J. (2001). Identifying science understanding for functional scientific literacy. *Studies in Science Education, 36*, 1–42.

Saleh, I.M., & Khine, M.S. (Eds.). (2011). *Attitude research in science education: Classic and contemporary measurements.* Charlotte, NC: Information Age Publishing.

Sanders, W., Wright, S.P., & Horn, S. (1997). Teacher and classroom context effects on student achievement: Implications for teacher evaluation. *Journal of Personnel Evaluation in Education, 11*(1), 57–67.

Schibeci, R.A. (1984). Attitudes to science: An update. *Studies in Science Education, 11*, 26–59.

Schreiner, C. (2006). *Exploring a ROSE-garden: Norwegian youth's orientations towards science seen as signs of late modern identities.* Oslo: University of Oslo.

Schreiner, C., & Sjøberg, S. (2007). Science education and youth's identity construction—two incompatible projects? In D. Corrigan, J. Dillon, & R. Gunstone (Eds.), *The re-emergence of values in the science curriculum* (pp. 231–247). Rotterdam: Sense Publishers.

Sfard, A., & Prusak, A. (2005). Telling identities: In search of an analytic tool for investigating learning as a culturally shaped activity. *Educational Researcher, 34*, 14–22.

Simpkins, S.D., Davis-Kean, P.E., & Eccles, J.S. (2006). Math and science motivation: A longitudinal examination of the links between choices and beliefs. *Developmental Psychology, 42*(1), 70–83. doi:10.1037/

Simpson, R.D., & Oliver, J.S. (1985). Attitude toward science and achievement motivation profiles of male and female science students in grades six through ten. *Science Education, 69*(4), 511–526.

Sinatra, G. (2005). The "warming trend" in conceptual change research: The legacy of Paul R. Pintrich. *Educational Psychologist, 40*(2), 107–115.

Sinatra, G., & Pintrich, P. (Eds.). (2002). *Intentional conceptual change.* Mahwah, NJ: Lawrence Erlbaum.

Sjaastad, J. (2012). Sources of inspiration: The role of significant persons in young people's choice of science in higher education. *International Journal of Science Education, 34*(10), 1615–1636. doi:10.1080/09500693.2011.590543

Sjøberg, S., & Schreiner, C. (2005). How do learners in different cultures relate to science and technology? Results and perspectives from the project ROSE. *Asia Pacific Forum on Science Learning and Teaching, 6*(2), 1–16.

Speering, W., & Rennie, L. (1996). Students' perceptions about science: The impact of transition from primary to secondary school. *Research in Science Education, 26*, 283–298.

Stagg, P. (2007). *Careers from science: An investigation for the Science Education Forum:* Warwick, UK: Centre for Education and Industry (CEI).

Steinke, J., Lapinski, M., Crocker, N., Zietsman-Thomas, A., Williams, Y., Evergreen, S., & Kuchibhotia, S. (2007). Assessing media influences on middle school-aged children's perceptions of women in science using the Draw-a-Scientist Test (DAST). *Science Communication, 29*(1), 35–64.

Stokes, H., & Wyn, J. (2007). Constructing identities and making careers: Young people's perspectives on work and learning. *International Journal of Lifelong Education, 26*(5), 495–511.

Strauss, R.P., & Sawyer, E.A. (1986). Some new evidence on teacher and student competencies. *Economics of Education Review, 5*(1), 41–48.

Symington, D., & Tytler, R. (2004). Community leaders' views of the purposes of science in the compulsory years of schooling. *International Journal of Science Education, 26*(11), 1403–1418.

Tai, R.H., Qi Liu, C., Maltese, A.V., & Fan, X. (2006). Planning early for careers in science. *Science, 312*, 1143–1145.

Teitelbaum, M. (2007). *Do we need more scientists and engineers?* Paper presented at the Conference on The National Value of Science Education. University of York, York, UK.

Tenenbaum, H.R., & Leaper, C. (2003). Parent–child conversations about science: The socialization of gender inequities? *Developmental Psychology, 39*(1), 34–47.

Thomson, S., & De Bortoli, L. (2008). *Exploring scientific literacy: How Australia measures up.* Camberwell,

Victoria, Australia: ACER.

Tobin, K., & Fraser, B. (1990). What does it mean to be an exemplary science teacher? *Journal of Research in Science Teaching, 27*(1), 3–25.

Tobin, K., Tippins, D.J., & Gallard, A.J. (1994). Research on instructional strategies for teaching science. In D.L. Gabel (Ed.), *Handbook of research on science teaching and learning* (pp. 45–93). New York: MacMillan.

Tytler, R. (2003). A window for a purpose: Developing a framework for describing effective science teaching and learning. *Research in Science Education,* 30(3), 273–298.

Tytler, R., Osborne, J.F., Williams, G., Tytler, K., Clark, J.C., Tomei, A., et al. (2008). *Opening up pathways: Engagement in STEM across the primary-secondary school transition. A review of the literature concerning supports and barriers to science, technology, engineering and mathematics engagement at primary-secondary transition. Commissioned by the Australian Department of Education, Employment and Workplace Relations.* Melbourne, Australia: Deakin University.

Tytler, R., Prain, V., Hubber, P., & Waldrip, B. (Eds.). (2013). *Constructing representations to learn science.* Rotterdam, the Netherlands: Sense Publishers.

Tytler, R., Waldrip, B., & Griffiths, M. (2004). Windows into practice: Constructing effective science teaching and learning in a school change initiative. *International Journal of Science Education, 26*(2), 171–194.

Ulriksen, L., Møller Madsen, L., & Holmegaard, H.T. (2010). What do we know about explanations for drop out/opt out among young people from STM higher education programmes? *Studies in Science Education, 46*(2), 209–244.

van Lier, L. (1996). *Interaction in the language curriculum.* New York: Longman.

Varelas, M., Kane, J., & Wylie, C. (2011). Young African American children's representations of self, science, and school: Making sense of difference. *Science Education, 95*(5), 824–851.

Varelas, M., Kane, J., & Wylie, C. (2012). Young black children and science: Chronotopes of narratives around their science journals. *Journal of Research in Science Teaching, 49*, 568–596.

Walker, E. (2007). The structure and culture of developing a mathematics tutoring collaborative in an urban high school. *High School Journal, 91*(1), 57–67.

Walker, K., Alloway, N., Dalley-Trim, L., & Patterson, A. (2006). Counsellor practices and student perspectives: Perceptions of career counselling in Australian secondary schools. *Australian Journal of Career Development, 15*(1), 37–45.

Walkerdine, V. (1990). *Schoolgirl fictions.* London: Verso.

Watt, H. (2005). Exploring adolescent motivations for pursuing maths-related careers. *Australian Journal of Educational and Developmental Psychology, 5*(2005), 107–116.

Wayne, A., & Youngs, P. (2003). Teacher characteristics and student achievement gains: A review. *Review of Educational Research, 73*(1), 89–122.

Weinburgh, M. (1995). Gender differences in student attitudes toward science: A meta-analysis of the literature from 1970 to 1991. *Journal of Research in Science Teaching, 32*(4), 387–398.

Whitfield, R.C. (1980). Educational research & science teaching. *School Science Review, 60*, 411–430.

Wickman, P.-O. (2006). *Aesthetic experience in science education: Learning and meaning-making as situated talk and action.* London; Mahwah, NJ: Lawrence Erlbaum Associates.

Woolnough, B. (1994). *Effective science teaching.* Buckingham, UK: Open University Press.

Wyn, J. (2011). The sociology of youth. *Youth Studies Australia, 30*(3), 34–39.

Wyn, J., & White, R. (1997). *Rethinking youth.* London: Sage.

Yager, R.E., & Penick, J.E. (1986). Perception of four age groups toward science classes, teachers, and the value of science. *Science and Education, 70*(4), 355–363.

Zhao, D., & Singh, M. (2011). Why do Chinese-Australian students outperform their Australian peers in mathematics? A comparative case study. *International Journal of Science and Mathematics Education, 9*(1), 69–87.

6

Classroom Learning Environments

Historical and Contemporary Perspectives

BARRY J. FRASER

第6章 课堂学习环境：历史和当代观点

李诺　译　　赵博　审校

引言

学生在课堂上花费了大量的时间（到大学毕业时大约需要20,000小时）（Fraser，2001），因此课堂环境的质量极其重要。尽管人们能够意识到它的重要性，然而，研究人员和从业人员却常常严重依赖，有时甚至完全依赖学生的成绩，尤其是他们的成就，来进行评价。基于上述情况，课堂学习环境为课堂活动的概念化、评估、调查以及改进提供了一种有效方法。

此外，一项针对全球上万名学生的研究以其信效度良好的数据表明，课堂环境能够影响学生的成绩，包括他们的成就（Fraser, 2007, 2012）。因此，拥有一个积极的课堂环境既可以被认为是有价值的目标本身，也可以被认为是实现这一目标的手段（即提高学生的学习成绩）。

特别是，科学教育研究者们已经从研究基础、研究方法及延伸等各个角度上为国际范围内的学习环境研究做出了巨大贡献，并编著了该领域的大量书籍（Aldridge & Fraser, 2008；Fisher & Khine, 2006；Fraser, 1986；Fraser & Walberg, 1991；Khine & Fisher, 2003）。本章将从以下几个方面对学习环境的研究现状进行介绍：

- 学习环境研究领域的历史起点
- 学习环境的问卷调查
- 过去关于课堂学习环境的研究
- 新兴研究领域

学习环境研究领域的历史起点

当代学习环境研究的历史开端可以追溯到赫伯特·沃尔伯格（Herbert Walberg）和鲁道夫·穆斯（Rudolf Moos），他们作为该领域的研究先驱，率先独立使用了参与者观点来评价各种不同的学习环境。此外，与哈佛物理项目（Harvard Project Physics）相关的一些研究评估共同促进了“学习环境调查表”（Learning Environment Inventory [LEI]; Anderson & Walberg, 1968; Walberg, 1979）

的开发。穆斯(1974)在一项研究方案中，将人类环境划分为三个维度(关系、个人发展、系统维持和变更)，以实现对人类环境中各个组成部分的分类。这项研究进一步引导穆斯开发了“课堂环境量表”(Classroom Environment Scale [CES]; Moos, 1979; Moos & Trickett, 1974)，并将他关于其他人类环境中的研究与学校环境联系到了一起。穆斯的贡献之一是他能够以相同的基本维度来表征多样化的人类环境，这其中包括医院病房、工作场所、家庭和学校等。

这项关于美国学习环境的开创性研究很快传播到了澳大利亚。沃尔伯格在评估哈佛物理项目方面的工作启发了其他研究人员，他们将LEI的原始及改良模式纳入到了澳大利亚科学教育计划(Australian Science Education Project [ASEP])的评估当中。弗雷泽(Fraser, 1979)在一项包含541名7年级学生样本的研究中对ASEP学习环境与传统课堂环境进行了对比，而弗雷泽和诺斯菲尔德(Northfield)(1981)在17个7年级班级中使用了ASEP资料，并在使用过程中监测了学生的变化。这项对澳大利亚学生的研究与沃尔伯格在美国的研究获得了相同的结论，即学生的成绩与课堂环境之间具有密切的联系。例如，沃尔伯格对17,805名学生进行的分析显示，在具有更高凝聚力、满意度和目标指向，以及更少无组织和分歧的班级中，学生在多项成就的表现上都更为出色(Haertel, Walberg, & Haertel, 1981)。

在塔斯马尼亚，一项在8年级和9年级共计116节科学课中使用CES的早期研究为澳大利亚学习环境研究的兴起做出了重要贡献。首先，CES经过交叉验证被认为可以在澳大利亚使用(Fisher & Fraser, 1983a)。第二，报道显示学生和教师对实际和偏好的课堂环境的看法之间存在着有趣的差异(Fisher & Fraser, 1983b)。特别是，学生和教师都希望能够拥有一个更好的课堂环境，而针对同样的课堂环境，老师通常比他们的学生表现得更为满意。第三，在学生成绩(学习态度和探究能力)与课堂学习环境之间建立了联系(Fraser & Fisher, 1982)。第四，弗雷泽和费希尔(Fisher)(1983)在学习环境观点的创新应用中，运用了人与环境的适应性观点，确认了学生在自己偏爱的课堂环境中能够更好地实现认知和情感上的成就。这项研究不仅支持了实际课堂环境对于改善学生成绩的重要性，还指出了改变实际课堂环境，使其更好地符合学生的偏好也可以促使学生成绩进一步提高的结论。

第一次在澳大利亚学习环境领域进行的重要问卷调查，将重点集中在了个性化课堂环境问 卷(Individualised Classroom Environment Questionnaire [ICEQ])上。人们开始意识到，LEI和CES都在评估以教师为中心的课堂环境，它们对于以学生为中心的、个性化的以及以探究为基础的课堂环境的评估效果并不理想。ICEQ的五个维度(个性化、参与性、独立性、调查性和差异性)评估了那些可以将个性化课堂与传统课堂进行区分的维度(Fraser, 1990; Rentoul & Fraser, 1979)。研究者在使用CES调查学生成绩与课堂环境性质之间的关系时(Fraser & Fisher, 1982)发现，在那些拥有较好课堂秩序/组织、具备教师支持与革新的班级中，学生往往能够在科学态度和探究技能上获得更高的得分。与此同时，在一项基于塔斯马尼亚116个班级样本的研究当中，研究者还揭示了实际的和个人偏好的认知之间，以及学生和教师的认知之间的差异(Fisher & Fraser, 1983a)。特别需要指出的是，在同一个课堂中，教师比学生对课堂环境的感觉更好(“玫瑰色眼镜”现象)，并且相比于实际的环境，无论是学生还是教师都倾向于去选择他们更喜欢的课堂环境。

在澳大利亚进行这项研究的同时，荷兰也进行了另一项关于学习环境的研究。乌贝尔斯（Wubbels）和他的同事开启了这项雄心勃勃的研究计划，研究重点是课堂上师生之间的互动，并在研究中使用了“教师交互问卷”（Questionnaire on Teacher Interaction [QTI]; Wubbels & Brekelmans, 1998; Wubbels, den Brok, van Tartwijk, & Levy, 2012; Wubbels & Levy, 1993）。该问卷以教师人际行为模型为基础，包含影响力（主导–服从）和亲和力（对立–合作）两个维度。它用八个标准评估领导力、乐于助人/友善、理解、学生责任/自由、不确定性、不满意性、训诫以及严格的行为。

一篇近期的文献综述（Wubbels & Brekelmans, 2012）描述了这项涉及QTI的令人印象深刻的重要研究在过去和当代所取得的多项成就。在荷兰、美国和澳大利亚，QTI已被用于课堂环境类型的开发工作中，这些内容将在本章稍后部分进行说明。大范围的研究显示，教师的人际交往行为会在其职业生涯中发生变化，其中具有6至10年教龄的教师与学生之间具有最好的关系（表现出更佳的领导才能、友善的态度与严格的行为），进而能够更好地帮助学生提升个人成就、获得积极的态度（Brekelmans, Wubbels, & van Tartwijk, 2005）。关于借助QTI来进行师生互动的研究遍及许多国家或地区，这其中包括澳大利亚（Ferguson & Fraser, 1998; Henderson, Fisher, & Fraser, 2000）、韩国（Kim, Fisher, & Fraser, 2000）、文莱（Scott & Fisher, 2004）以及新加坡（Goh & Fraser, 1998; Quek, Wong, & Fraser, 2005a, 2005b）。

任何新研究领域的巩固和长期延续，不仅需要建立强有力的研究传统，还需要建立支持该领域研究的有效结构。显然，美国教育研究学会（American Educational Research Association [AERA]）赞助了全球最大、最负盛名的教育研究会议，这使得学习环境研究者们有机会在这个讨论会上相互交流并汇报自己的工作，这对学习环境研究来说非常有利。因此，自1984年起，AERA成立了学习环境特别兴趣小组（Special Interest Group [SIG]）。这一广泛国际化的SIG运行得非常成功，自1985年起持续得到来自AERA年会的支持。2012年，AERA年会目录索引中以“学习环境”为标题的条目有103项。而这一领域的下一目标是创办一本专门致力于学习环境研究的新期刊。《学习环境研究：国际期刊》的第一期由国际知名出版商施普林格（Springer，合并前为Kluwer）于1998年出版。直至2013年，该期刊已经出版了16卷。创刊10年后的另一个里程碑是2008年由Sense Publishers赞助的《学习环境研究进展》（*Advances in Learning Environment Research*）系列丛书(Aldridge & Fraser 2008; Wubbels et al., 2012)。

学习环境的问卷调查

在课堂学习环境领域研究中有各种各样简洁、可靠的调查问卷，这些调查问卷在全世界各地的许多研究当中都被证实具有较高的信效度。弗雷泽（2007）的研究指出，相比于直接观察课堂，调查问卷的使用具有诸多优势。同时考虑学生和教师的观点来定义课堂环境具有双重优势：既可以通过参与者自己的眼睛来描述环境，同时还能够捕捉到观察者可能会错过或认为不重要的数据。学生在评价课堂方面具有优势，因为他们经历过许多不同的学习环境，并且在课堂上有足够的时间来形成较为准确的印象。同样地，尽管教师的日常行为并不是完全一致的，但他们常常能够对课堂环境的长期模式做出一致的判断。尽管问卷调查具有诸多优势，但托宾（Tobin）和弗雷泽（1998）主张在学习环境研究中要同时结合定量和定性的方法。

在这一部分，我们将回顾一些当代的课堂环境调查问卷，特别是几个在全球范围内得到广泛应用的调查表，这其中包括：科学实验室环境调查 表（Science Laboratory Environment Inventory [SLEI]）、建构主义学习环境调查（Constructivist Learning Environment Survey [CLES]）以及“这堂课正在发生什么？”调查表（What Is Happening In This Class? [WIHIC]）。

表6.1概述了11种具有显著历史意义或时代特色的课堂学习环境的调查问卷。表中显示了每种工具中每个维度的名称、每种工具所适用的年级（小学、中学、高等教育）、每个维度中包含的条目数，以及根据穆斯（1974）的人类环境分类定义完成的维度分类。穆斯的3个基本维度类别分别是：关系维度（用于确定环境中人际关系的性质和强度，并评估人们在环境中的参与度以及相互支持和帮助的程度）、个人发展维度（用于评估个体成长和自我提升过程中的基本方向），以及系统维持和系统变更维度（包括环境有序的程度、需求的清晰度、维稳以及对变化做出响应的程度）。

表6.1 课堂环境工具

（LEI，CES，ICEQ，CUCEI，MCI，QTI，SLEI，CLES，WIHIC，TROFLEI和COLES）所包含维度的概览

工具	水平	每个维度条目	根据穆斯结构的维度分类		
			关系维度	个人发展维度	系统维持及变更维度
学习环境调查表（LEI）	中学	7	凝聚力 分歧 偏好 群体性 满意 冷漠	速度 困难 竞争力	多元化 形式化 物质环境 目标方向 无组织 民主
课堂环境量（CES）	中学	10	参与 从属关系 教师支持	任务导向 竞争	秩序与组织 规则明确性 教师控制 革新
个性化课堂环境问卷（ICEQ）	中学	10	个性化 参与性	独立性 调查	差异化
高校课堂环境调查表（CUCEI）	高等教育	7	个性化 参与 学生凝聚力 满意	任务导向	革新 个性化

（续表）

工具	水平	每个维度条目	根据穆斯结构的维度分类		
			关系维度	个人发展维度	系统维持及变更维度
我的班级调查表（MCI）	小学	6—9	凝聚力 分歧 满意	困难 竞争力	
教师互动调查表（QTI）	中学 / 小学	8—10	领导力 乐于助人 / 友善 理解 学生责任与自由 不确定 不满意 训诫 严格		
科学实验室环境调查表（SLEI）	高中 / 高等教育	7	学生凝聚力	开放性 整合性	规则明确性 物质环境
建构主义学习环境调查（CLES）	中学	7	个人相关性 不确定性	批判性声音 共享控制	学生沟通
这堂课正在发生什么？调查表（WIHIC）	中学	8	学生凝聚力 教师支持 参与	调查 任务导向 合作	公平
技术丰富-成果关注的学习环境调查表（TROFLEI）	中学	10	学生凝聚力 教师支持 参与 青年精神	调查 任务导向 合作	公平 差异化 计算机使用
建构主义导向的学习环境调查（COLES）	中学	11	学生凝聚力 教师支持 参与 青年精神 个人相关性	任务导向 合作	公平 差异化 形成性评价 评价标准

科学实验室环境调查表（SLEI）

鉴于实验室环境在科学教育中的重要地位，研究者们开发了特别适用于评估高中或高等教育水平科学实验室环境的工具(Fraser, Giddings, & McRobbie, 1995；Fraser & McRobbie, 1995)。SLEI具有5个维度(学生凝聚力、开放性、整合性、规则明确性和物质环境)，每个维度下设7个条目，各有5个回答选项“几乎从不、很少、有时、经常和非常频繁”。其中的典型条目是“我在实验室活动中使用了科学课堂上学到的理论”(整合性) 和“在实验室活动开始之前我们就知道了应该获得的结果”(开放性)。

SLEI已经在6个国家(美国、加拿大、英国、以色列、澳大利亚和尼日利亚) 269个班级的5,477名学生样本当中进行了实地测试和验证，随后在澳大利亚的学生当中进行了交叉验证(Fisher, Henderson, & Fraser, 1997; Fraser & McRobbie, 1995)。如本章稍后所述，SLEI经过交叉验证并在其他多个国家或地区当中使用。例如，美国761名高中生物学学生(Lightburn & Fraser, 2007)、韩国439名高中学生(Fraser & Lee, 2009) 以及新加坡1,592名10年级化学学生(Wong & Fraser, 1996) 都曾参与其中。SLEI的重复效度、实用性与通用性表明，它可以被世界各地的研究者和从业人员放心地加以使用。

建构主义学习环境调查(CLES)

CLES由泰勒(Taylor)、弗雷泽和费希尔(1997) 共同开发，旨在帮助研究人员和教师评估特定课堂环境与建构主义认识论的一致程度，并帮助教师反思自己的认识论假设，进而重塑他们的教学实践。CLES有35个条目，包括从“几乎从不”到“几乎总是”5个回答选项，以此评估“个人相关性”“科学不确定性”“批判性声音”“共享控制”和“学生沟通”。其中典型的条目是“我协助教师决定我要做什么活动”(共享控制) 和“其他学生要求我解释自己的想法”(学生沟通)。泰勒及其同事(1997) 报告指出，CLES在澳大利亚和美国学生当中使用时都取得了良好的效度。

随后，如下文所述，CLES在得克萨斯州59个班级的1,079名学生（Nix, Fraser, & Ledbetter, 2005）、迈阿密739名K—3年级学生（Peiro & Fraser, 2009）、澳大利亚50个班级的1,081名学生、中国台湾50个班级的1,879名学生、韩国24个班级的1,083名学生（Kim, Fisher & Fraser, 1999），以及南非43个班级的1,864名学生（Aldridge, Fraser, & Sebela, 2004）的科学课当中得到了交叉验证。

“这堂课正在发生什么？”调查表(WIHIC)

WIHIC是当今世界范围内使用最广泛的学习环境调查问卷。它将来自大量已有问卷的多个显著维度的修正版本与一些适应当代教育考量的其他维度(例如，公平和建构主义) 相结合。通过对来自355名初中科学学生的数据进行统计分析，并结合学生对他们总体课堂环境的看法，研究者对WIHIC最初版本的90个条目和9个维度进行了修正，修正内容包括个别条目的措辞和显著性以及问卷的回答结果(Fraser, Fisher, & McRobbie, 1996)。通过对来自澳大利亚50个班级中1,081名学生和中国台湾50个班级中1,879名学生的样本进行数据分析，研究者得到了WIHIC的最终版本，该版本包含7个维度(学生凝聚力、教师支持、参与、调查、任务导向、合作和公平)，每个维度下含8个条目。学生回答频率的选项范围设置为从“几乎从不”到“非常频繁”。典型的条目是“我会在课堂上讨论想法”(参与) 以及“我与其他学生一起完成这节课的任务”(合作)。

对澳大利亚、英国和加拿大3,980名高中生样本进行的验证性因素分析结果支持了WIHIC工具的7维先验结构(Dorman, 2003)。尽管模型拟合指数显示出一定程度的维度重叠，但所有的条目都较好地处在自己所属的维度当中。研究人员发现因素结构在不同国家或地区、年级和性别间是基本不变的。总体而言，这项研究强有力地支持了WIHIC作为课堂心理社会环境的有效测量工具，其自身具有较好的国际适用性。随后，在另一项使用多途径–多方法建模的研究当中，多曼(Dorman, 2008)提供了更多证明WIHIC实际效度和倾向模式的证据。

WIHIC已经在许多国家或地区的多项研究当中得到了交叉验证。例如，在WIHIC英语版本的交叉验证中，样本使用了南非1,077名4至7年级学生(Aldridge, Fraser, & Ntuli, 2009)、印度1,021名学生(Koul & Fisher, 2005)、新加坡2,310名10年级学生(Chionh & Fraser, 2009)、加拿大和澳大利亚1,404名学生(Zandvliet & Fraser, 2004, 2005)、纽约1,434名中学生(Wolf & Fraser, 2008)以及佛罗里达州924名8年级和10年级学生(Helding & Fraser, 2013)。此外，WIHIC已经翻译为其他语种，得到了韩国543名8年级学生(Kim, Fisher, & Fraser, 2000)、中国台湾1,879名初中学生、阿联酋763名大学生(MacLeod & Fraser, 2010)和印度尼西亚594名中学生(Fraser, Aldridge, & Adolphe, 2010)的验证。

表6.2列出了22项涉及在多个国家或地区使用多个语种WIHIC的研究，其中前4项研究属于跨国或跨地区研究。接下来的6项研究涉及在新加坡、印度、澳大利亚和南非使用英语版本的WIHIC，而蔡(Chua)、王(Wong)和陈(Chen)(2011)在新加坡的研究中使用了中文和英文双语版本的WIHIC。第10和第11项研究分别为在印度尼西亚使用韩语版本以及印度尼西亚语版本的WIHIC，接下来的2项研究涉及在阿联酋使用阿拉伯语译本的WIHIC。表6.2的最后8个条目都是在美国使用WIHIC的研究，包括在加利福尼亚的3项研究、在纽约的1项研究在和在佛罗里达的4项研究。虽然在迈阿密的4项研究都使用了英文版本的WIHIC，但值得注意的是，其中3项研究为学生提供了用西班牙语或英语版本WIHIC作答的选择。表6.2涉及WIHIC的每项研究中，不仅提供了所涉及的国家或地区和语言的详细信息，还提供了样本的规模和性质。本表中的每项研究都提供了支持WIHIC的因子效度和内部一致性信度的证据。最后，表 6.2 的最后一列显示了每项研究的独特贡献。

表6.2　涉及在这堂课正在发生什么（WIHIC）问卷的研究概述

文献	国家或地区	语言	样本	因子效度和信度	与环境的联系	独特贡献
奥尔德里奇（Aldridge）、弗雷泽和黄（Huang）；奥尔德里奇和弗雷泽（2000）	澳大利亚 中国台湾	英语 中文	50 个班级中的 1,081 名（澳大利亚）和 1,879 名（中国台湾）初中科学学生	✓	愉快	中文版本 定性和定量相结合的研究方法
多曼（2003）	澳大利亚 英国 加拿大	英语	3,980 名高中学生	✓	NA	验证性因素分析证实了国家（或地区）、年级和性别之间的稳定结构

（续表）

文献	国家或地区	语言	样本	因子效度和信度	与环境的联系	独特贡献
弗雷泽、奥尔德里奇和阿道夫（Adolphe）（2010）	澳大利亚 印度尼西亚	英语 印度尼西亚语	18 个中学科学课班级中的 567 名（澳大利亚）和 594 名（印度尼西亚）学生	✓	几种态度量表	发现国家（或地区）和性别之间存在差异
赞德夫列特（Zandvliet）和弗雷泽（2004，2005）	澳大利亚 加拿大	英语	81 个网络班级中的 1,404 名学生	✓	满意	同时涉及人体（人体工程学）和社会心理环境
乔恩（Chionh）和弗雷泽（2009）	新加坡	英语	2,310 名 10 年级地理和数学课的学生	✓	成就 态度 自尊	地理和数学课堂环境之间的差异小于实际和期望环境之间的差异
邱（Khoo）和弗希尔（2008）	新加坡	英语	250 名参与计算机教育课程的在职成年人	✓	满意	成年人群体 男性的培训者支持和参与更多，但公平性较低
蔡、王和陈（2011）	新加坡	中文 英语	50 个汉语课程班级中的 1,460 名 9 年级学生	✓	NA	双语工具 学生与教师的比较，男学生与女学生的比较
库尔（Koul）和弗希尔（2005）	印度	英语	31 个班级中的 1,021 名科学学生	✓	NA	不同文化背景下的课堂环境差异
多曼（2008）	澳大利亚	英语	978 名中学生	✓	NA	多途径－多方法建模验证了实际和期望形式
奥尔德里奇、弗雷泽和恩图利（Ntuli）（2009）	南非	英语	1,077 名 4—7 年级的学生	✓	NA	从事远程教育计划的职前教师使用环境评价来改善教学实践
金（Kim）、费希尔和弗雷泽（2000）	韩国	韩语	12 所学校的 543 名 8 年级科学学生	✓	态度	韩语版本 WHICH 分数的性别差异
瓦胡迪（Wahyudi）和特雷古斯特（Treagust）（2004）	印度尼西亚	印度尼西亚语	16 所学校的 1,400 名中学低年级科学学生	✓	NA	印度尼西亚语版本 与郊区学生相比，城市学生合作意识更强，教师支持更少
麦克劳德（MacLeod）和弗雷泽(2010)	阿联酋	阿拉伯语	82 个班级中的 763 名大学生	✓	NA	阿拉伯语版本 学生倾向于更积极的实际环境

（续表）

文献	国家或地区	语言	样本	因子效度和信度	与环境的联系	独特贡献
阿法里（Afari）、奥尔德里奇、弗雷泽和钦（Khine）（2013）	阿联酋	阿拉伯语	33 个班级中的 352 名大学生	✓	愉快 学术效能	阿拉伯语版本 游戏的使用促进了积极的课堂环境
登布罗克（den Brok）、弗希尔、里卡兹（Rickards）和布尔（Bull）（2006）	美国加利福尼亚	英语	11 所学校的 665 名中学科学学生	✓	NA	女孩对环境的感知更积极
马丁–邓洛普（Martin-Dunlop）和弗雷泽（2008）	美国加利福尼亚	英语	27 个班级中的 525 名理科女大学生	✓	态度	创新课程的学习环境得分大幅提升
奥格布西（Ogbuehi）和弗雷泽（2007）	美国加利福尼亚	英语	661 名中学数学学生	✓	两种态度量表	使用 3 个 WIHIC 和 3 个 CLES 维度 革新的教学策略促进了任务导向
沃夫（Wolf）和弗雷泽（2008）	美国纽约	英语	71 个班级中的 1,434 名中学理科学生	✓	态度 成就	探究性实验活动提升了凝聚力，并且对男性和女性的影响效果不同
皮克特（Pickett）和弗雷泽（2009）	美国佛罗里达	英语	573 名 3—5 年级学生	✓	NA	根据教师所在学校学习环境的变化，对初任教师指导计划进行评估
艾伦（Allen）和弗雷泽（2007）	美国佛罗里达	英语 西班牙语	120 名家长和 520 名 4—5 年级学生	✓	态度 成就	同时包含家长和学生 家长在实际–期望中表现的差异性高于学生
鲁宾逊（Robinson）和弗雷泽（2013）	美国佛罗里达	英语 西班牙语	78 名家长和 172 名幼儿园科学学生	✓	成就 态度	幼儿园水平 家长参与 西班牙语版本 与学生相比，家长认为环境更有利，但却倾向于更不利的环境
赫尔丁（Helding）和弗雷泽（2013）	美国佛罗里达	英语 西班牙语	38 个 8 年级和 10 年级科学班级中的 924 名学生	✓	态度 成就	西班牙语版本 NBC 教师的学生对课堂环境持有更有利的感知

随后，WIHIC在现有的7个维度上又增加了3个新维度（即差异化、计算机使用和青年精神），共同形成了技术丰富–成果关注的学习环境调查表（Technology-Rich Outcomes-Focused Learning Environment Inventory [TROFLEI]; Aldridge, Dorman, & Fraser, 2004; Aldridge & Fraser, 2008）。基于对澳大利亚166个班级2,317名学生的抽样调查，奥尔德里奇和弗雷泽（2008）指出，TROFLEI具有较强的因子效度和内部一致性信度。奥尔德里奇及其同事（2004）利用TROFLEI多特征–多方法建模，对1,249 名学生（其中 772 名来自西澳大利亚州，477 名来自塔斯马尼亚州）进行了研究。当以TROFLEI的10个维度作为特征，并以工具的实际和期望形式作为方法进行研究时，结果证明TROFLEI具有较好的结构效度及心理学可靠性，并且它的实际和期望形式具有共同的结构。近期，TROFLEI被翻译成当地语言，在土耳其9至12年级980名学生样本中得到了验证和使用。与此同时，TROFLEI的英文版本也在美国9至12年级130名学生中得到了使用（Welch, Cakir, Peterson, & Ray, 2012）。无论是从实际和期望形式上看，还是从土耳其和美国之间的比较来看，TROFLEI在验证性因素分析中均表现出了良好的信度和因子效度。在澳大利亚、土耳其和美国的综合研究说明，这种新型工具具有很强的跨文化效度，可见其在未来能够有效支持其他研究人员开展工作。

建构主义导向的学习环境调查(Constructivist-Oriented Learning Environment Survey [COLES])整合了WIHIC中的许多维度，以期作为反思基础，为教师行动研究提供反馈。在构建COLES的过程中，奥尔德里奇、弗雷泽、贝尔(Bell)和多曼(2012)注意到所有现有的课堂环境调查问卷，都忽略了与学生学习评价相关的重要方面。COLES整合了WIHIC7个维度中的6个(即学生凝聚力、教师支持、参与、任务导向、合作以及公平)，删除了WIHIC中的调查维度。和TROFLEI一样，COLES也包括了差异化和青年精神维度。此外，COLES还包括了来自CLES的个人相关性维度(学习活动与学生日常校外经历的关联程度)。COLES中与评价相关的两个新维度分别是形成性评价维度(学生认为评价工作能够对他们的学习起到积极影响的程度)和评价标准维度(评价标准的明确程度，以保证判断的基础足够明确且公开)。

以来自西澳大利亚州9所学校中11年级和12年级的147个班级中2,043名学生为样本，数据分析表明实际和期望版本的COLES都具有较好的因子效度和内部一致性信度。这项研究中值得注意的方法是，用Rasch模型将频率响应量表采集的数据转换成适合参数分析的区间数据。有趣的是，奥尔德里奇及其同事(2012)分别对原始数据和Rasch数据进行分析发现，有效性结果之间的差异(如信度、判别效度以及课堂间的区分)可以忽略不计。值得关注的是，COLES已被教师成功地应用于旨在改善其课堂环境的行动研究当中(Aldridge et al., 2012)。

其他问卷

在天主教学校工作的多曼、弗雷泽和麦克罗比(McRobbie)(1995)及其同事共同开发并测试了天主教学校课堂环境问卷(Catholic School Classroom Environment Questionnaire)。有趣的是，该问卷的使用揭示了夸大的和真实的天主教学校课堂环境之间的差异(Dorman，Fraser, & McRobbie, 1997)。

费希尔和瓦尔德里普(Waldrip)开发了文化

学习环境问卷(Cultural Learning Environment Questionnaire [CLEQ])来评估学生学习环境中的文化敏感因素(Fisher & Waldrip, 1997, 1999)。该问卷包含性别平等、协作、尊重、竞争、教师权威、建模和一致性等几个维度。该问卷经修改后，被用于调查文莱达鲁萨兰大学(the University of Brunei Darussalam)475名实习教师的信念(Dhindsa & Fraser, 2004)，和用于确定文莱912名8年级学生在认知上的性别和年龄差异(Dhindsa & Fraser, 2011)。

虽然LEI具有重要的历史意义，但它已不再适用于当代学习环境研究。然而，适用于8至12岁儿童的简化版LEI——我的课堂调查表(My Class Inventory [MCI])因为所要求的阅读水平非常低，至今仍在持续使用。MCI虽然只有5个维度的简单表述，但是其有效性已经在澳大利亚(Fisher & Fraser, 1981)和得克萨斯(Scott Houston, Fraser, & Ledbetter, 2008)得到了验证。此外，经过修改和交叉验证后，它在文莱1,565名中学低年级学生(Majeed, Fraser, & Aldridge, 2002)、华盛顿州2,835名4至6年级学生(Sink & Spencer, 2005)和新加坡1,512名5年级学生(Goh & Fraser, 1998)的大量样本中得到了应用。

由常(Chang)和费希尔(2003)设计的基于网络的学习环境工具(Web-Based Learning Environment Instrument [WEBLEI])在一所全网络在线授课的高等院校中被用于定量分析澳大利亚学生对学习环境的认知，它可以测量学生对机会获取、交互作用、响应和结果的认知。而在其他研究中(Chandra & Fisher, 2009)，该课程是面向混合环境中的澳大利亚高中学生的。由于大学环境下的课程一般是通过复杂的电脑软件来提供的，因此课程使用了教师开发的网页进行授课，研究者也对WEBLEI中的项目进行了修改以适应这一情况。

过去关于课堂学习环境的研究

接下来我们将：(1)确定过去学习环境研究的几个共同点(即教育创新的评估、课堂环境与学生成绩之间的关联以及改善课堂的实际尝试)；并回顾(2)亚洲(3)北美(4)非洲和阿拉伯国家或地区以往关于学习环境的研究，以及(5)新兴研究领域(即教育环境间的联系、跨国研究、多种课堂环境的类型)。

过去课堂环境研究的共同点

课堂环境工具是评价教育创新过程标准的宝贵资源。例如，在早期对澳大利亚科学教育项目(Australian Science Education Project [ASEP])的一次评估中，ASEP的学生认为他们的课堂相对于对照组而言更令人满意、更个性化、拥有更好的物质环境(Fraser, 1979)。在评估计算机辅助学习的过程中(Fraser & Teh, 1994)，使用基于微型PROLOG计算机辅助学习的学生小组在成绩上(3.5个标准偏差)、态度上(1.4个标准偏差)和课堂环境上(1.0—1.9个标准偏差)相对于对照组的学生而言都获得了更高的分数。学习环境评估的其他应用实例包括评估人体测量活动在高中科学课堂中的使用(Lightburn & Fraser, 2007)、基于探究的计算机辅助学习(Maor & Fraser, 1996)以及关注成绩的教育(Aldridge & Fraser, 2008)。

在过去的课堂环境研究中，最大的传统是研究学生的认知和情感学习结果与他们对课堂心理社会特征的认知之间的关联。特别是前面提到的元分析揭示了课堂上更积极的学生成果常常伴随着更高的凝聚力、满意度，以及更明确的目标方向和更少的无组织和分歧(Haertel et al., 1981)。成果测量和课堂环境认知之间的关系已经得到了来自各种认知和情感结果测评、各种课堂环境工具以及各种样本(遍及多个国家或地区和年级)的认定。例如，麦克罗比和弗雷泽(1993)使用SLEI对92个班级中的1,594名高中化学学生的成绩与课堂环境之间的关系进行了调查。他们分别对学生的成绩和班级平均水平进行了简单、多元和典型的相关分析，并分别研究了对学生一般能力变量进行控制和不进行控制的情况。过去的研究多次指出，科学实验室课堂环境的性质(特别是理论课和实验室工作之间的整合)在认知和情感成果差异中占了相当可观的比例，超出了归因于一般能力的部分。希望在科学实验室环境中提高学生成绩的科学教育者可能会发现，当理论课中的工作能够与实验室活动有效整合时，学生认知和态度的成果表现在实验课中都能够得到有效提高。

虽然许多过去的学习环境研究都使用了多元回归分析等技术，但却很少使用多层级分析——这种分析明确了课堂设置的层次性(即整班学生比随机抽样的学生更具同质性)。王、杨(Young)和弗雷泽(1997)以56个化学课程班级中的1,592名10年级学生为样本，研究了三种学生态度工具和一个修改版本SLEI工具之间的相关性，多元回归分析的大多数统计上显著的结果与分层线性模型(HLM)分析得到的结果相同，并且在方向上保持一致。高(Goh)、杨和弗雷泽(1995)报道了另一项使用HLM对成果-环境间相关性进行调查的研究。

教师已经能够使用基于评价学生实际的和期望的课堂学习环境的反馈信息作为指导他们改善课堂环境的基础。在过去的研究中使用的五步程序包括(1)评估(2)反馈(3)反思和讨论(4)介入和(5)重新评估(Fraser, 1999b)。该技术已成功地应用于澳大利亚(Aldridge & Fraser, 2008; Fraser & Fisher, 1986; Yarrow, Millwater, & Fraser, 1997)、南非(Aldridge, Fraser, & Sebela, 2004)和美国(Sinclair & Fraser, 2002)的案例研究当中。

亚洲学习环境的研究

韩国和澳大利亚科学教育研究者合作开展了一项研究，对来自12所学校的1,083名科学学生开展CLES的翻译、验证和使用工作(Kim, Fisher & Fraser, 1999)，以及对这12所学校的543名8年级科学学生开展WIHIC和QTI的使用工作(Kim et al., 2000)。这一研究通过交叉验证三份韩语版本的问卷，与过去关于学生成绩与韩国科学课堂环境性质之间关系的研究相吻合，为后来在韩国进行学习环境相关研究铺平了道路。

金在韩国的研究由李(Lee)进行了跟进。除了使用和交叉验证韩语版本QTI外(Lee, Fraser, & Fisher, 2003)，李以13个班级中440名10年级和11年级学生为样本翻译并验证了韩语版本的SLEI(Fraser & Lee, 2009)。在复现以往成绩-环境间相关性研究结果的同时，研究者还发现三个不同类型(科学独立、科学导向和人文学科)的科学学生在学习环境感知上的有趣差异。韩国高中科学课堂的师生互动反映了社会中青年与长者关系的总体状况，以及高中学校的独特性质——描绘了一幅“教师指导，学生服从”的场景。

斯科特(Scott)在文莱达鲁萨兰大学工作期间，对QTI进行了马来语版本的翻译工作，并以136个课堂的3,104名科学学生为样本对其进行了验证。统计分析显示，马来语版本的QTI对文莱讲马来语的小学生来说具有较好的信效度。在调查学生对教师人际行为的认知与外部科学年终考试成绩之间的关系时，研究者发现学生对合作行为的认知与他们的成就呈正相关，而顺从行为与他们的成就呈负相关(den Brok, Fisher, & Scott, 2005; Scott & Fisher, 2004)。

与斯科特在文莱使用马来语版本学习环境问卷调查不同，马吉德(Majeed)对81个班级中的1,565名学生使用了经过改良的英语版MCI。马吉德及其同事(2002)除了报告在文莱对MCI的交叉验证结果之外，还发现了学生认知中的性别差异，以及学生满意度与积极课堂环境之间的联系。

库尔和费希尔在查谟(克什米尔)对来自31个班级的1,021名学生进行了QTI和WIHIC英语版本的交叉验证。研究发现，克什米尔学生对课堂环境的认知比其他文化群体的学生更积极(Koul & Fisher, 2005)。

印度尼西亚教育工作者们对该问卷开展了印度尼西亚语版本的翻译和交叉验证工作，并展开了针对该国传统学习环境的研究。马吉安蒂(Margianti)以50个班级中的2,498名大学生为大样本对印度尼西亚语版WIHIC进行了研究(Margianti, Aldridge, & Fraser, 2004)。研究发现，当老师强调课堂参与和公平时，学生的成绩会更好；教师支持程度、参与度、任务导向和公平程度越高，学生的态度就越积极。在印度尼西亚的另一项研究对南加里曼丹72个科学班级中的1,188名中学低年级学生使用了WIHIC (Wahyudi & Treagust, 2004)。除交叉验证了WIHIC并指出实际和期望课堂环境之间的显著差异外，研究人员还明确了由地域性所导致的课堂环境之间的差异。在WIHIC的所有维度当中，来自城市和城郊学校的学生要比农村学校的学生持有更加积极肯定的认知。研究还发现，城市学校的学生比城郊学校的学生能感受到更多的合作关系和更少的教师支持，除此之外城市和城郊学校的学生对课堂环境的认知基本相同。此外，弗雷泽、奥尔德里奇和苏尔詹尼希(Soerjaningsih)(2010)也以422名大学生为样本验证了印度尼西亚语版本的QTI。

新加坡教育研究人员在学习环境研究领域做出了许多重要贡献。通过从已有问卷当中吸取经验而开发的当地版本的调查问卷，泰(Teh)和弗雷泽(1994,1995)在24个班级671名中学生的样本中使用学习环境标准来评价计算机辅助学习。最近，邱和弗雷泽(2008)以250名在职成年人为样本，交叉验证了WIHIC的一个改良版本。他们指出，在有更多的教师支持、参与和任务导向的课堂上，学生们的满意度更高。

王和弗雷泽(1996)专门针对化学专业毕业年级的学生(28个班级的1,592名学生)开展了研究。他们报告了在新加坡的第一项重要研究——学生对科学的态度与课堂学习环境认知之间的关系。在该研究中，研究者对原有的SLEI进行了修改，形成了化学实验室环境调查表(Chemistry Laboratory Environment Inventory [CLEI])，并通过多层级分析(Wong et al., 1997)证实了态度与环境之间存在强有力的、统计上显著的相关(特别是在整合性和规则明确性的环境维度上)。在随后的一项涉及497名化学专业学生对CLEI和QTI的反应的研究当中，魁克(Quek)及其同事(2005a，2005b)不仅再次证实了态度与环境之间的联系，而且还指出不同性别和基础条件(例如有天赋和无天赋)的学生在课堂环境认知上存在着显著的差异。

其他在新加坡进行的大样本合作研究还涉及对已有学习环境问卷的适应性修改、验证和应用。例如，有学者通过多元回归分析(Goh & Fraser, 1998)和多层级分析(Goh et al., 1995)对1,512名小学生进行研究，建立了心理社会环境与学生成绩和态度之间的关系，并对MCI和QTI进行了改进和应用。乔恩和弗雷泽（2009）在75个班级2,310名10年级学生中使用了WIHIC，他们发现实际和期望的学习环境分数之间存在着很大差异。此外，在学生凝聚力较强的班级中，学生的考试成绩更好；而在有更多教师支持、任务导向和公平的班级中，学生的自尊和态度表现更好。

北美学习环境的研究

许多最初在澳大利亚开发的学习环境问卷经过修改完善，在美国科学学生的大样本下得到了交叉验证。以WIHIC为例，该问卷已经在655名加利福尼亚中学生（den Brok et al., 2006）、525名加利福尼亚大学生（Martin-Dunlop & Fraser, 2008）、573名佛罗里达小学生（Pickett & Fraser, 2009），以及1,434名纽约中学物质科学学生中进行了交叉验证（Wolf & Fraser, 2008）。而SLEI则在761名佛罗里达高中生物学学生中进行了交叉验证（Lightburn & Fraser, 2007），CLES在北得克萨斯59个班级中1,079名学生（Nix et al., 2005）、佛罗里达739名K—3年级学生（Peiro & Fraser, 2009）中进行了交叉验证。此外，皮罗（Peiro）对CLES的研究还包括将其翻译为西班牙语版本。

这些研究不但再次证实了过去的研究结果——证明了积极的课堂环境与改善学生成绩之间的联系，并且还为使用学习环境量表作为有效性标准来评估教育计划和教学方法提供了很好的案例。这些研究包括人体测量活动的使用评估（Lightburn & Fraser, 2007）、面向未来小学教师的创新科学课程（Martin-Dunlop & Fraser, 2008）、创新教师发展项目（Nix & Fraser, 2010；Nix et al., 2005）、基于建构主义原则的幼儿教育干预（Peiro & Fraser, 2009），以及中学科学学生基于探究的活动（Wolf & Fraser, 2008）。

尽管对于教师专业发展项目的评估通常包括调查参训教师对项目各个方面的观点和满意度，但皮克特和弗雷泽（2009）认为，专业发展项目成功与否的试金石应当是教师教学行为的变化程度及最终教师所教学生成绩的变化情况。他们对一项针对初任小学教师的为期两年的科学指导项目进行了特别的评价，在评价中使用了学习环境领域的内容，依照学生对其课堂学习环境的认知来评估参与者的课堂教学行为，同时还对学生对科学的态度和成就进行了评估。研究人员对美国东南部7名3至5年级初任教师及他们的573名小学生进行了为期一年的追踪监测，数据分析支持了WIHIC的良好因子效度，而MANOVA的使用及其效果大小随时间推移在课堂学习环境和学生的态度、成就方面的改善也证实了项目的有效性（Pickett & Fraser, 2009）。

在对南佛罗里达4年级和5年级科学学生开展的一项科学课堂学习环境调查中，第一次将父母的认知与学生的认知进行了结合（Allen & Fraser, 2007）。研究者针对青年学生及其家长对WIHIC进行了修改，并发放给了520名学生和120名家长。研究显示，学生和家长都喜欢比实际课堂环境更加积极的课堂环境，但就实际–期望间的差距而言，家长要明显高于学生。鲁宾逊和弗雷泽（2013）以迈阿密的78名家长和172名幼儿园科学学生为样本，使用简化的西班牙语版本WIHIC进行了研究，他们发现相对于学生而言，家长认为课堂环境更加令人满意，但却更倾向于相对不那么满意的课堂环境。

在加拿大开展的一项特别的研究同时关注了网络教室的社会心理和物理环境（Zandvliet & Fraser, 2004, 2005）。研究通过WIHIC对心理社会环境进行了评估，并对物理环境（例如工作空间和视觉环境）进行了人体工程学评估。在这项涉及1,404名学生（包括澳大利亚和加拿大学生）样本的研究中，课堂心理社会环境与学生对学习的满意度呈现显著直接相关，但没有发现学生的满意度与物理课堂环境的测量之间有直接的联系。然而，在使用新信息技术的课堂中，物理和心理社会学习环境变量之间出现了统计上显著的相关性，这些相关性为技术丰富的课堂学习环境提供了有效的教育生产力模型。

非洲和阿拉伯国家或地区学习环境的研究

课堂学习环境研究逐渐在非洲深入展开。尼日利亚研究人员开发并使用问卷调查了科学实验课堂的学习环境(Fraser, Okebukola, & Jegede, 1992)以及社会文化信念在阻碍科学课堂环境学习中的作用(Jegede, Fraser, & Okebukola, 1994)。同样在尼日利亚，一项使用CLES和ICEQ量表对来自20所学校50个班级的1,175名农业科学学生进行的研究(Idiris & Fraser, 1997)显示，课堂上学生中心意识和学生沟通水平较低。

在南非，一项涉及以成绩为基础的教育的国家（或地区）课程改革活动，促进了开发和使用新学习环境工具来监控以万恶基础的学习环境的发展。在课堂层面，奥尔德里奇、劳克施（Laugksch）、希尔博（Seopa）和弗雷泽（2006）开发了北索托（North Soto）语版本的OBLEQ(以成绩为基础的学习环境问卷)，并以林波波省50所学校2,638名8年级科学学生为样本进行了验证。在学校层面，奥尔德里奇、劳克施和弗雷泽（2006）开发了一份南非版本的学校层面环境问卷，并以403名教师为样本进行了验证。这项研究揭示了教师实际的和期望的学校环境认知之间的差异，还发现参与以成绩为基础的教育的教师与未参与的教师相比，对他们学校环境的认知是不同的。

在南非的另一项研究中，奥尔德里奇、弗雷泽和西贝拉（Sebela）（2004）在43个班级的老师及其1,864名学生中使用了英语版的CLES，这些班级中的师生正尝试把课堂环境变得更具建构主义倾向。这一研究所得到的成果不仅包括建构了一份经过验证、具有广泛适用性的问卷，可以用于未来的研究，而且还包括一些教师在为期12周的干预期内成功和不成功改变课堂环境的案例。同样是在南非，奥尔德里奇和他的同事（2009）还调查了31名正在参与远程教育项目的在职教师，并以夸祖鲁-纳塔尔省1,077名4到7年级的学生为样本进行了小学祖鲁语版WIHIC的研究。研究发现，不同的教师能够借助WIHIC给出的反馈来改善自己的课堂环境，他们的尝试取得了不同程度的成功。

显然，几乎没有什么关于学习环境的研究在使用阿拉伯语的国家或地区中出现，这可能部分归因于没有有效的阿拉伯语版本问卷。最近，麦克劳德和弗雷泽（2010）以阿联酋82个班级的763名大学生为样本，率先对阿拉伯语版本的WIHIC进行了翻译和全面的验证。除了为阿拉伯语国家或地区研究人员和实践者的未来工作提供有效的学习环境问卷之外，麦克劳德和弗雷泽报告说，学生更希望自己所处的课堂环境在所有维度的评估中都更受肯定。在另一项将WIHIC翻译成阿拉伯语的研究当中，阿法里及其同事以33个班级的352名大学生为样本指出，数学游戏的使用能够促使课堂环境变得更加积极(Afari et al., 2013)。

新兴研究领域

尽管过去大多数对教育环境的个人研究都倾向于集中在单一环境上，但同时考虑两个或多个环境之间的联系及共同影响具有潜在的价值。一些研究已经调查了学校环境的性质是否会影响或传递课堂里发生的事情(即课堂环境)。在南非，奥尔德里奇、劳克施和弗雷泽(2006)使用了一种学校环境工具对来自50所不同学校的50名中学科学教师进行了研究，同时使用基于WIHIC的课堂环境调查问卷对这50名教师的50个班级中的2,638名8年级学生进行了研究。虽然研究中出现了一些有趣的特殊关系(例如，学校对教师创新的鼓励与学生在课堂上对以成绩为基础的教学法的认知程度有关)，但总体而言，学校环境对课堂中发生的事情并没有很大影响。多曼及其同事(1997)使用课堂环境工具对104个班级的2,211名学生，使用学校环境工具对这些班级的208名教师进行了研究，结果发现，课堂环境和学校环境之间只有微弱的联系。例如，当学校环境关系更友好、工作压力更小时，课堂个性化程度会更高。虽然学校的说辞常常暗示校风会传递到课堂层面，但课堂似乎在某种程度上与整个学校是相对隔绝的。

通过使用美国全州系统计划(Statewide Systemic Initiative [SSI])的大型数据库，弗雷泽和卡尔(Kahle)(2007)对数据进行二次分析，考察了几种环境对学生成绩的影响。在三年时间里，来自200所不同学校的392所中学科学和数学班级的近7,000名学生参与了一份用以评估班级、家庭、同伴环境以及学生态度的调查问卷，他们也完成了一项对其成就的测量。通过Rasch分析对学生群体和学校之间进行比较，研究结果证实了将课堂学习环境研究扩展到包括家庭和同伴学习环境的重要性。尽管在影响学生态度的因素当中，这三种环境都具有统计上的显著性，但从美国国家教育进展评估(National Assessment of Educational Progress)公开的条目来看，在影响学生成就的因素当中，只有课堂环境(定义为使用基于标准的教学实践的频率)具有统计上的显著性(Fraser & Kahle, 2007)。

跨地区科学教育研究为新见解的产生提供了广阔的前景。奥尔德里奇及其同事报道了一项有6名澳大利亚和7名中国台湾科学教育研究人员参与的跨地区学习环境研究。该研究在中国台湾(1,879名学生)和澳大利亚(1,081名学生)各50个初中科学班级中完成了WIHIC，该问卷的英文版本被翻译成中文，然后由没有参与原始翻译的团队成员将中文版本独立翻译回英文。研究人员收集了包括对教师和学生的访谈和课堂观察在内的定性数据，用来对定量数据进行补充，以及阐明每个国家或地区的模式和模式差异的原因。

澳大利亚和中国台湾的学生在参与和公平这两个维度上差异最大，具体体现在澳大利亚学生在每一个维度上都要比中国台湾学生表现得更为正向积极。问卷中获取的数据用以指导定性数据的收集。而学生对每一个条目的回答则用以构成访谈清单，访谈用于阐明学生对条目的解释是否一致，并帮助解释不同国家或地区之间问卷调查维度上的差异。研究者基于问卷的数据来选择要进行观察的课堂，具体的维度则决定了课堂观察的重点。定性数据展现出了每个国家或地区学生的不同认知，帮助解释了不同国家或地区的差异，并强调了在解释两个具有文化差异的国家或地区间问卷结果差异时需要谨慎处理。奥尔德里奇及其同事报告了在中国台湾和澳大利亚使用CLES进行的类似跨地区研究，而弗雷泽、奥尔德里奇和阿道夫(2010)则报告了在印度尼西亚和澳大利亚开展的跨国研究。

有关课堂学习环境分类的创建及实证性调查研究，在过去的一些研究中一直在持续地推进。穆斯(1978, 1979)以美国200个初高中课堂为样本使用CES，定义了5个类群来表述5种不同的学习环境导向：控制、创新、从属、任务完成和竞争。在使用QTI对来自荷兰和美国的学生样本进行研究后，研究者确认了8种不同的人际关系：指示型、权威型、容忍–权威型、容忍型、不确定–容忍型、不确定–侵略型、压制型和苦干型(Brekelmans, Levy, & Rodriguez, 1993; Wubbels, Brekelmans, den Brok, & van Tartwijk, 2006)。里卡兹、登布罗克以及费希尔(2005)基于对来自澳大利亚4个州6,148名8至10年级科学学生和他们的283名教师进行的大规模QTI研究指出，在荷兰和美国教师中发现的8种类型仅部分适用于澳大利亚环境。其中一些在澳大利亚不太常见，其他一些则较为常见。两种新的类型(即灵活型和合作–支持型)是澳大利亚样本所特有的。

登布罗克、特力（Telli）、卡克罗格鲁（Cakiroglu）、塔科尼斯（Taconis）和特卡雅（Tekkaya）(2010)使用土耳其语版本WIHIC，以土耳其52个班级的1,474名高中生物学学生为样本创建了学习环境分类，包含6个不同的课堂模式分别为自主学习、任务导向的合作学习、主流学习、任务导向的个性化学习、低效学习和高效学习。其中最常见的是主流课堂，它在WIHIC量表的所有维度上都得到了中等到高等的得分。多曼、奥尔德里奇和弗雷泽(2006)以来自8至13年级的286个班级的4,146名澳大利亚学生为样本，使用10个维度的TROFLEI开发了5个相对同质的课堂分类：模范的、安全与保守的、非技术的以教师为中心的、有争议的技术的和有争议的非技术的。研究者建议，在分析课堂环境数据时更多地使用聚类分析，以便更加简约。

结论

科学教育研究者们通过自己对课堂学习环境的研究，为该领域的发展和国际化做出了巨大贡献，他们提出了许多深刻的见解。首先，研究者们已经充分意识到，由于对学习成绩的考量并不足以完整地描绘教育过程，因此研究者、评估人员和实践者需要更多地关注课堂学习环境。其次，科学教育工作者已经开发、验证并交叉验证了一系列强有力且经济的测量工具，这些工具在世界各地被广泛地用于评估课堂环境。第三，研究者们提供了大量的知识和经验，来帮助我们了解如何通过创造积极的课堂环境来提高学生成绩。第四，评估研究反复表明将课堂环境维度作为过程有效性的指标用于评价一系列教育项目、教育革新和教学方法的价值。最后但并非最不重要的一点是，科学教育研究者已经创建了新的结构基础来支持该领域的持续发展：例如AERA学习环境特别兴趣小组、《学习环境研究：国际期刊》以及《学习环境研究进展》系列丛书等。

虽然人们在这一领域中已经取得了许多成就，然而未来的道路还很漫长。尽管学习环境研究在澳大利亚、亚洲和美国蓬勃发展，但在非洲和阿拉伯国家或地区的工作才刚刚开始，在欧洲或西班牙语世界开展的学习环境研究也十分有限。研究者们已经为在学习环境研究中将定量和定性数据收集方法相结合做出了贡献(Fraser, 1999a; Tobin & Fraser, 1998)，但在定性研究中，新方法的发展和现有方法的广泛使用还有相当大的进步空间。一些教师已经成功地使用了学习环境问卷来指导他们的实践，尝试去改善自己的课堂环境(Aldridge et al., 2012)，然而从世界范围来看，教师对学习环境理念的吸收和课堂环境问卷的使用总的来说依旧不容乐观。同样，如何广泛地将学习环境理念纳入职前和在职教师教育项目仍然是一个难以实现的目标。

致谢

感谢瑞贝卡·尼克斯(Rebekah Nix)和安吉拉·王(Angela Wong)对本章进行了审阅。

参考文献

Afari, E., Aldridge, J.M., Fraser, B.J., & Khine, M.S. (2013). Students' perceptions of the learning environment and attitudes in game-based mathematics classrooms. *Learning Environments Research, 16*, 131–150.

Aldridge, J.M., Dorman, J.P., & Fraser, B.J. (2004). Use of multitrait-multimethod modelling to validate actual and preferred forms of the Technology-Rich Outcomes-Focused Learning Environment Inventory (TROFLEI). *Australian Journal of Educational and Developmental Psychology, 4*, 110–125.

Aldridge, J.M., & Fraser, B.J. (2008). *Outcomes-focused learning environments: Determinants and effects*. Rotterdam, the Netherlands: Sense Publishers.

Aldridge, J.M., Fraser, B.J., Bell, L., & Dorman, J.P. (2012). Using a new learning environment questionnaire for reflection in teacher action research. *Journal of Science Teacher Education, 23*, 259–290.

Aldridge, J.M., Fraser, B.J., & Ntuli, S. (2009). Utilising learning environment assessments to improve teaching practices among in-service teachers undertaking a distance education programme. *South African Journal of Education, 29*, 147–170.

Aldridge, J.M., Fraser, B.J., & Sebela, M.P. (2004). Using teacher action research to promote constructivist learning environments in South Africa. *South African Journal of Education, 24*, 245–253.

Aldridge, J.M., Laugksch, R.C., & Fraser, B.J. (2006). School-level environment and outcomes-based education in South Africa. *Learning Environments Research, 9*, 123–147.

Aldridge, J.M., Laugksch, R.C., Seopa, M.A., & Fraser, B.J. (2006). Development and validation of an instrument to monitor the implementation of outcomes-based learning environments in science classrooms in South Africa. *International Journal of Science Education, 28*, 45–70.

Allen, D., & Fraser, B.J. (2007). Parent and student perceptions of the classroom learning environment and its association with student outcomes. *Learning Environments Research, 10*, 67–82.

Anderson, G.L., & Walberg, H.J. (1968). Classroom climate group learning. *International Journal of Educational Sciences, 2*, 175–180.

Brekelmans, M., Levy, J., & Rodriguez, R. (1993). A typology of teacher communication style. In Th. Wubbels & J. Levy (Eds.), *Do you know what you look like? Interpersonal relationships in education* (pp. 46–55). London: Falmer Press.

Brekelmans, M., Wubbels, Th., & van Tartwijk, J. (2005). Teacher–student relationships across the teaching career. *International Journal of Educational Research, 43*, 55–71.

Chandra, V., & Fisher, D.L. (2009). Students' perceptions of a blended web-based learning environment. *Learning Environments Research, 12*, 31–44.

Chang, V., & Fisher, D. (2003). The validation and application of a new learning environment instrument for online learning in higher education. In M.S. Khine & D. Fisher (Eds.), *Technology-rich learning environments: A future perspective* (pp. 1–20). Singapore: World Scientific.

Chionh, Y.H., & Fraser, B.J. (2009). Classroom environment, achievement, attitudes and self-esteem in geography and mathematics in Singapore. *International Research in Geographical and Environmental Education, 18*, 29–44.

Chua, S.L., Wong, A.F. L., & Chen, D.-T. (2011). The nature of Chinese language classroom learning environments in Singapore secondary schools. *Learning Environments Research, 14*, 75–90.

den Brok, P., Fisher, D., Rickards, T., & Bull, E. (2006). Californian science students' perceptions of their classroom learning environments. *Educational Research and Evaluation, 12*(1), 3–25.

den Brok, P., Fisher, D.L., & Scott, R.H. (2005). The importance of teacher interpersonal behaviour for student attitudes in Brunei primary science classes. *International Journal of Science Education, 27*, 765–779.

den Brok, P., Telli, S., Cakiroglu, J., Taconis, R., & Tekkaya, C. (2010). Learning environment profiles of Turkish secondary biology students. *Learning Environments Research, 13*, 187 – 204.

Dhindsa, H.S., & Fraser, B.J. (2004). Culturally-sensitive factors in teacher trainees' learning environments. *Learning Environments Research, 7*, 165 – 181.

Dhindsa, H.S., & Fraser, B.J. (2011). Culturally sensitive factors in the learning environment of science classrooms in Brunei Darussalam. *The Open Education Journal, 4*, 90 – 99.

Dorman, J.P. (2003). Cross-national validation of the What Is Happening In This Class? (WIHIC) questionnaire using confirmatory factor analysis. *Learning Environments Research, 6*, 231 – 245.

Dorman, J.P. (2008). Use of multitrait-multimethod modelling to validate actual and preferred forms of the What Is Happening In This Class? (WIHIC) questionnaire. *Learning Environments Research, 11*, 179 – 193.

Dorman, J.P., Aldridge, J.M., & Fraser, B.J. (2006). Using students' assessment of classroom environment to develop a typology of secondary school classrooms. *International Education Journal, 7*, 909 – 915.

Dorman, J., Fraser, B., & McRobbie, C. (1995). Associations between school-level environment and science classroom environment in secondary schools. *Research in Science Education, 25*, 333 – 351.

Dorman, J.P., Fraser, B.J., & McRobbie, C.J. (1997). Classroom environment in Australian Catholic and government secondary schools. *Curriculum and Teaching, 12*(1), 3 – 14.

Ferguson, P.D., & Fraser, B.J. (1998). Changes in learning environment during the transition from primary to secondary school. *Learning Environments Research, 1*, 369 – 383.

Fisher, D.L., & Fraser, B.J. (1981). Validity and use of My Class Inventory. *Science Education, 65*, 145 – 156.

Fisher, D., & Fraser, B. (1983 a). Validity and use of Classroom Environment Scale. *Educational Evaluation and Policy Analysis, 5*, 261– 271.

Fisher, D.L., & Fraser, B.J. (1983 b). A comparison of actual and preferred classroom environment as perceived by science teachers and students. *Journal of Research in Science Teaching, 20*, 55 – 61.

Fisher, D.L., Henderson, D., & Fraser, B.J. (1997). Laboratory environments and student outcomes in senior high school biology. *American Biology Teacher, 59*, 214 – 219.

Fisher, D.L., & Khine, M.S. (Eds.). (2006). *Contemporary approaches to research on learning environments: Worldviews*. Singapore: World Scientific.

Fisher, D.L., & Waldrip, B.G. (1997). Assessing culturally sensitive factors in learning environments of science classrooms. *Research in Science Education, 27*, 41 – 48.

Fisher, D.L., & Waldrip, B.G. (1999). Cultural factors of science classroom learning environments, teacher-student interactions and student outcomes. *Research in Science and Technological Education, 17*, 83 – 96.

Fraser, B. (1979). Evaluation of a science-based curriculum. In H. Walberg (Ed.), *Educational environments and effects: Evaluation, policy, and productivity* (pp. 218 – 234). Berkeley, CA: McCutchan.

Fraser, B. (1986). *Classroom environment*. London, UK: Croom Helm. (Reprinted by Routledge in 2012.)

Fraser, B.J. (1990). *Individualised classroom environment questionnaire*. Melbourne, Australia: Australian Council for Educational Research.

Fraser, B.J. (1999 a). "Grain sizes" in learning environment research: Combining qualitative and quantitative methods. In H.C. Waxman & H.J. Walberg (Eds.), *New directions for teaching practice and research* (pp. 285 – 296). Berkeley, CA: McCutchan.

Fraser, B.J. (1999 b). Using learning environment assessments to improve classroom and school climates. In H.J. Freiberg (Ed.), *School climate: Measuring, improving and sustaining healthy learning environments* (pp. 65 – 83). London: Falmer Press.

Fraser, B.J. (2001). Twenty thousand hours: Editor's introduction. *Learning Environments Research, 4*, 1 – 5.

Fraser, B.J. (2007). Classroom learning environments. In S.K. Abell & N.G. Lederman (Eds.), *Handbook of research on science education* (pp. 103 – 124). Mahwah, NJ: Lawrence Erlbaum.

Fraser, B.J. (2012). Classroom learning environments: Retrospect, context and prospect. In B.J. Fraser, K.G. Tobin, & C.J. McRobbie (Eds.), Second international handbook of science education (pp. 1191 – 1239). New York: Springer.

Fraser, B.J., Aldridge, J.M., & Adolphe, F.S. G. (2010). A cross-national study of secondary science classroom environments in Australia and Indonesia. *Research in*

Science Education, 40, 551 – 571.

Fraser, B.J., Aldridge, J.M., & Soerjaningsih, W. (2010). Instructor–student interpersonal interaction and student outcomes at the university level in Indonesia. *The Open Education Journal, 3*, 32 – 44.

Fraser, B.J., & Fisher, D.L. (1982). Predicting student outcomes from their perceptions of classroom psychosocial environment. *American Educational Research Journal, 19*, 498 – 518.

Fraser, B.J., & Fisher, D.L. (1983). Use of actual and preferred classroom environment scales in person–environment fit research. *Journal of Educational Psychology, 75*, 303 – 313.

Fraser, B., & Fisher, D. (1986). Using short forms of classroom climate instruments to assess and improve classroom psychosocial environment. *Journal of Research in Science Teaching, 23*, 387 – 413.

Fraser, B., Fisher, D., & McRobbie, C. (1996, April). *Development, validation, and use of personal and class forms of a new classroom environment instrument.* Paper presented at the annual meeting of the American Educational Research Association, New York, NY.

Fraser, B.J., Giddings, G.J., & McRobbie, C.J. (1995). Evolution and validation of a personal form of an instrument for assessing science laboratory classroom environments. *Journal of Research in Science Teaching, 32*, 399 – 422.

Fraser, B.J., & Kahle, J.B. (2007). Classroom, home and peer environment influences on student outcomes in science and mathematics: An analysis of systemic reform data. *International Journal of Science Education, 29*, 1891 – 1909.

Fraser, B.J., & Lee, S.S. U. (2009). Science laboratory classroom environments in Korean (此处指韩国——出版者注) high schools. *Learning Environments Research, 12*, 67 – 84.

Fraser, B., & McRobbie, C. (1995). Science laboratory classroom environments at schools and universities: A cross-national study. *Educational Research and Evaluation, 1*, 289 – 317.

Fraser, B., & Northfield, J. (1981). *A study of ASEP in its first year of availability.* Canberra: Australian Curriculum Development Centre.

Fraser, B., Okebukola, P., & Jegede, O. (1992). Assessment of the learning environment of Nigerian science laboratory classes. *Journal of the Science Teachers Association of Nigeria, 27*(2), 1 – 17.

Fraser, B., & Teh, G. (1994). Effect sizes associated with micro-PROLOG-based computer-assisted learning. *Computers and Education: An International Journal, 23*, 187 – 196.

Fraser, B., & Walberg, H. (Eds.). (1991). *Educational environments: Evaluation, antecedents and consequences.* Oxford, UK: Pergamon Press.

Goh, S.C., & Fraser, B.J. (1998). Teacher interpersonal behaviour, classroom environment and student outcomes in primary mathematics in Singapore. *Learning Environments Research, 1*, 199 – 229.

Goh, S.C., Young, D.J., & Fraser, B.J. (1995). Psychosocial climate and student outcomes in elementary mathematics classrooms: A multilevel analysis. *Journal of Experimental Education, 64*, 29 – 40.

Haertel, G.D., Walberg, H.J., & Haertel, E.H. (1981). Socio-psychological environments and learning: A quantitative synthesis. *British Educational Research Journal, 7*, 27 – 36.

Helding, K.A., & Fraser, B.J. (2013). Effectiveness of NBC (National Board certified) teachers in terms of learning environment, attitudes and achievement among secondary school students. *Learning Environments Research, 16*, 1 – 21.

Henderson, D., Fisher, D.L., & Fraser, B.J. (2000). Interpersonal behavior, learning environments and student outcomes in senior biology classes. *Journal of Research in Science Teaching, 37*, 26 – 43.

Idiris, S., & Fraser, B. (1997). Psychosocial environment of agricultural science classrooms in Nigeria. *International Journal of Science Education, 19*, 79 – 91.

Jegede, O., Fraser, B., & Okebukola, P. (1994). Altering socio-cultural beliefs hindering the learning of science. *Instructional Science, 22*, 137 – 152.

Khine, M.S., & Fisher, D. (Eds.). (2003). *Technology-rich learning environments: A future perspective.* Singapore: World Scientific.

Khoo, H.S., & Fraser, B.J. (2008). Using classroom psychosocial environment in the evaluation of adult computer application courses in Singapore. *Technology, Pedagogy and Education, 17*, 53 – 67.

Kim, H.B., Fisher, D.L., & Fraser, B.J. (1999). Assessment

and investigation of constructivist science learning environments in Korea (此处指韩国——出版者注). *Research in Science and Technological Education, 17*, 239–249.

Kim, H.B., Fisher, D.L., & Fraser, B.J. (2000). Classroom environment and teacher interpersonal behaviour in secondary science classes in Korea (此处指韩国——出版者注). *Evaluation and Research in Education, 14*, 3–22.

Koul, R.B., & Fisher, D.L. (2005). Cultural background and students' perspectives of science classroom learning environment and teacher interpersonal behaviour in Jammu, India. *Learning Environments Research, 8*, 195–211.

Lee, S.S. U., Fraser, B.J., & Fisher, D.L. (2003). Teacher–student interactions in Korean (此处指韩国——出版者注) high school science classrooms. *International Journal of Science and Mathematics Education, 1*, 67–85.

Lightburn, M.E., & Fraser, B.J. (2007). Classroom environment and student outcomes among students using anthropometry activities in high-school science. *Research in Science and Technological Education, 25*, 153–166.

MacLeod, C., & Fraser, B. (2010). Development, validation and application of a modified Arabic translation of the What Is Happening In This Class? (WIHIC) questionnaire. *Learning Environments Research, 13*, 105–125.

Majeed, A., Fraser, B.J., & Aldridge, J.M. (2002). Learning environment and its associations with student satisfaction among mathematics students in Brunei Darussalam. *Learning Environments Research, 5*, 203–226.

Maor, D., & Fraser, B.J. (1996). Use of classroom environment perceptions in evaluating inquiry-based computer assisted learning. *International Journal of Science Education, 18*, 401–421.

Margianti, E.S., Aldridge, J.M., & Fraser, B.J. (2004). Learning environment perceptions, attitudes and achievement among private Indonesian university students. *International Journal of Private Higher Education.* Retrieved March 10, 2006.

Martin-Dunlop, C., & Fraser, B.J. (2008). Learning environment and attitudes associated with an innovative course designed for prospective elementary teachers. *International Journal of Science and Mathematics Education, 6*, 163–190.

McRobbie, C.J., & Fraser, B.J. (1993). Associations between student outcomes and psychosocial science environment. *Journal of Educational Research, 87*, 78–85.

Moos, R.H. (1974). *The social climate scales: An overview.* Palo Alto, CA: Consulting Psychologists Press.

Moos, R.H. (1978). A typology of junior high and high school classrooms. *American Educational Research Journal, 15*, 53–66.

Moos, R.H. (1979). *Evaluating educational environments: Procedures, measures, findings, and policy implications.* San Francisco: Jossey-Bass.

Moos, R.H., & Trickett, E.J. (1974). *Classroom environment scale manual.* Palo Alto, CA: Consulting Psychologists Press.

Nix, R.K., & Fraser, B.J. (2010). Using computer-assisted teaching to promote constructivist practices in teacher education. In B.A. Morris & G.M. Ferguson (Eds.), *Computer-assisted teaching: New developments* (pp.93–115). Hauppauge, NY: Nova Science Publishers.

Nix, R.K., Fraser, B.J., & Ledbetter, C.E. (2005). Evaluating an integrated science learning environment using the Constructivist Learning Environment Survey. *Learning Environments Research, 8*, 109–133.

Ogbuehi, P.I., & Fraser, B.J. (2007). Learning environment, attitudes and conceptual development associated with innovative strategies in middle-school mathematics. *Learning Environments Research, 10*, 101–114.

Peiro, M.M., & Fraser, B.J. (2009). Assessment and investigation of science learning environments in the early childhood grades. In M. Ortiz & C. Rubio (Eds.), *Educational evaluation: 21st century issues and challenges* (pp.349–365). Hauppauge, NY: Nova Science Publishers.

Pickett, L.H., & Fraser, B.J. (2009). Evaluation of a mentoring program for beginning teachers in terms of the learning environment and student outcomes in participants' school classrooms. In A. Selkirk & M. Tichenor (Eds.), *Teacher education: Policy, practice and research* (pp.1–15). Hauppauge, NY: Nova Science Publishers.

Quek, C.L., Wong, A.F. L., & Fraser, B.J. (2005a). Teacher–student interaction and gifted students' attitudes toward chemistry in laboratory classrooms in Singapore. *Journal of Classroom Interaction, 40*(1), 18–28.

Quek, C.L., Wong, A.F. L., & Fraser, B.J. (2005b). Student perceptions of chemistry laboratory learning environments, student–teacher interactions and attitudes in secondary school gifted education classes in Singapore. *Research in Science Education, 35*, 299–321.

Rentoul, A., & Fraser, B. (1979). Conceptualization of enquiry-based or open classroom learning environments. *Journal of Curriculum Studies, 11*, 233–245.

Rickards, T., den Brok, P., & Fisher, D.L. (2005). The Australian science teacher: A typology of teacher-student interpersonal behaviour in Australian science classes. *Learning Environments Research, 8*, 267–287.

Robinson, E., & Fraser, B.J. (2013). Kindergarten students' and parents' perceptions of science classroom environments: Achievement and attitudes. *Learning Environments Research, 16*, 1–17, *16*(2), 151–167.

Scott, R.H., & Fisher, D.L. (2004). Development, validation and application of a Malay translation of an elementary version of the Questionnaire on Teacher Interaction (QTI). *Research in Science Education, 34*, 173–194.

Scott Houston, L., Fraser, B.J., & Ledbetter, C.E. (2008). An evaluation of elementary school science kits in terms of classroom environment and student attitudes. *Journal of Elementary Science Education, 20*, 29–47.

Sinclair, B.B., & Fraser, B.J. (2002). Changing classroom environments in urban middle schools. *Learning Environments Research, 5*, 301–328.

Sink, C.A., & Spencer, L.R. (2005). My Class Inventory—Short Form as an accountability tool for elementary school counsellors to measure classroom climate. *Professional School Counseling, 9*, 37–48.

Taylor, P.C., Fraser, B.J., & Fisher, D.L. (1997). Monitoring constructivist classroom learning environments. *International Journal of Educational Research, 27*, 293–302.

Teh, G., & Fraser, B.J. (1994). An evaluation of computer-assisted learning in terms of achievement, attitudes and classroom environment. *Evaluation and Research in Education, 8*, 147–161.

Teh, G., & Fraser, B. (1995). Development and validation of an instrument for assessing the psychosocial environment of computer-assisted learning classrooms. *Journal of Educational Computing Research, 12*, 177–193.

Tobin, K., & Fraser, B. (1998). Qualitative and quantitative landscapes of classroom learning environments. In B.J. Fraser & K.G. Tobin (Eds.), *The international handbook of science education* (pp. 623–640). Dordrecht, the Netherlands: Kluwer.

Wahyudi, & Treagust, D.F. (2004). The status of science classroom learning environments in Indonesian lower secondary schools. *Learning Environments Research, 7*, 43–63.

Walberg, H.J. (Ed.). (1979). *Educational environments and effects: Evaluation, policy and productivity.* Berkeley, CA: McCutchan.

Welch, A.G., Cakir, M., Peterson, C., & Ray, C.M. (2012). A cross-cultural validation of the Technology-Rich Outcomes-Focussed Learning Environment Inventory (TROFLEI) in Turkey and the USA. *Research in Science and Technological Education, 30*, 49–63.

Wolf, S.J., & Fraser, B.J. (2008). Learning environment, attitudes and achievement among middle-school science students using inquiry-based laboratory activities. *Research in Science Education, 38*, 321–341.

Wong, A.F. L., & Fraser, B.J. (1996). Environment–attitude associations in the chemistry laboratory classroom. *Research in Science and Technological Education, 14*, 91–102.

Wong, A.F. L., Young, D.J., & Fraser, B.J. (1997). A multilevel analysis of learning environments and student attitudes. *Educational Psychology, 17*, 449–468.

Wubbels, Th., & Brekelmans, M. (1998). The teacher factor in the social climate of the classroom. In B.J. Fraser & K.G. Tobin (Eds.), *International handbook of science education* (pp. 565–580). Dordrecht, the Netherlands: Kluwer.

Wubbels, Th., & Brekelmans, M. (2012). Teacher–students relationships in the classroom. In B.J. Fraser, K.G. Tobin, & C.J. McRobbie (Eds.), *Second international handbook of science education* (pp. 1241–1255). New York: Springer.

Wubbels, Th., Brekelmans, M., den Brok, P., & van Tartwijk, J. (2006). An interpersonal perspective on classroom management in secondary classrooms in the Netherlands. In C. Evertson & C. Weinstein (Eds.), *Handbook of classroom management: Research, practice, and contemporary issues* (pp. 1161–1191). Mahwah, NJ: Lawrence Erlbaum Associates.

Wubbels, Th., den Brok, P., van Tartwijk, J., & Levy, J. (Eds.). (2012). *Interpersonal relationships in education: An overview of research.* Rotterdam, the Netherlands: Sense Publishers.

Wubbels, Th., & Levy, J. (Eds.). (1993). *Do you know what you look like? Interpersonal relationships in education.*

London: Falmer Press.

Yarrow, A., Millwater, J., & Fraser, B.J. (1997). Improving university and primary school classroom environments through preservice teachers' action research. *International Journal of Practical Experiences in Professional Education, 1*(1), 68–93.

Zandvliet, D.B., & Fraser, B.J. (2004). Learning environments in information and communications technology classrooms. *Technology, Pedagogy and Education, 13*, 97–123.

Zandvliet, D.B., & Fraser, B.J. (2005). Physical and psychosocial environments associated with networked classrooms. *Learning Environments Research, 8*, 1–17.

7 Learning Science Outside of School

LÉONIE J. RENNIE

第7章 在校外学习科学

李诺 译 赵博 审校

给学生提供在校外学习科学的机会，对科学教育发展来说具有重大的贡献。2006年PISA（国际学生评估项目）调查结果表明，学生接触科学相关的课外活动不仅对学生的表现有积极影响，还对学生的学习态度和学习能力都有积极影响（OECD, 2012, p. 4）。达布尼及其同事（Dabney, 2012）对6,556名在校大学生进行了调查，他们发现参加校外科学活动与学生对科学、技术、工程和数学（STEM）的职业兴趣密切相关。当被问及他们为什么要学习科学时，726位澳大利亚和新西兰具有科学学士学位以上学历的公民，将影响他们做出选择的因素进行重要性排序，“科学背景的电视节目”排在第五位，“科学图书或杂志”排在第八位，排在第十位的是“科学中心或博物馆”（Venville, Rennie, Hanbury, & Longnecker, 2013）。对从事科学活动排名最靠前的原因是“我对科学感兴趣”和“我擅长科学”，这证实了学生对科学能力的态度和信念具有很高的重要性。

当今的年轻人都利用了哪些校外资源？2012年，英国维康信托基金会（Wellcome Trust Monitor）（Clemence, Gilby, Shah, Swiecicka, & Warren, 2013）随机抽取了460名年龄在14至18岁的年轻人，询问他们日常生活中接触科学的情况。在过去的一年里，超过一半的人至少参观过一个与科学相关的景点，其中动物园或水族馆占到33%，科学博物馆占25%，自然保护区占17%，科学发现中心占8%，工作实验室占6%，天文馆占3%，科学节占2%。这些年轻人大多是与家人一起参观户外景点，或以学校团体形式参观室内景点。大约有一半的年轻人每年至少查阅一次非虚构类科学书籍或阅读一本科幻小说。早前，维康信托基金会（Butt, Clery, Abeywardana, & Phillips, 2010）也报告了类似的结果，98%的年轻人将互联网用于工作以外的其他用途，70%用于计算机游戏，46%用于电视直播，65%用于下载信息。三分之二的人每周看电视超过10个小时，但是只有30%的人每天看新闻，18%的人每天收听广播新闻。美国科学和工程指标（The U.S. Science and Engineering Indicators）、国家科学委员会（National Science Board, 2013）2012年的报告称，在2010年的时候，18至24岁的青少年们获取科学和技术相关信息的主要途径是互联网（65%）和电视（24%）。

基于这些信息，本章将从三个方面进行研究：博物馆及其他关注教育的机构、针对家庭的社区组织活动和媒体，其目的在于从中获得对后续研究、教育实践和政策制定的启示。本章将优先考虑2007年以来发表的研究，这些研究通过解决我先前在综述中发现的差距（Rennie, 2007 a），探索存在的问题以及寻求新的方法和方向来推动该领域的发展。为了综述所需，这里对与校外学习和术语“非正规”有关的概念进行了重新讨论，因为文献表明，它们的使用仍存在争议、悬而未决，且经常令人困惑。

什么是校外学习？

当人们根据自己的经验对某事物的理解发生变化时，学习也就发生了。这种变化可能是有关认知的、情感的、心理活动的、社会的或文化的，这种变化虽然不一定可见，但可以通过学习者的行为变化来进行推断。学习是个性化的、情境化的和积累的（Rennie, 2007 a）。就校外学习而言，以上特征尤其显著。由于校外环境通常需要一定程度的意志，因此个人的独特背景和经历以及他们对活动本身的选择就会带来非常不一样的学习效果。这些结果的本质也受到那些活动的社会文化背景的影响。福克（Falk）和迪尔肯（Dierking）的“情境学习模型”（Falk & Dierking, 2000）仍然是这个研究领域里占主导地位的概念基础（Phipps, 2010）。许多课外科学活动的时间都比较短暂，例如参观博物馆或短途旅行，这些经验对学习效果产生的影响也会出现得比较晚。因此，当我们在评估校外学习经验对科学学习的影响时，学习的积累性这一特征就成了一个重要的评估因素。

什么是非正规学习、自由选择、非正规科学教育？

来自美国国家科学教学研究学会（National Association for Research in Science Teaching）的非正规科学教育专业委员会（The Informal Science Education Ad Hoc Committee）指出，校外学习意味着“学习是自我激励的、自发自愿的、由学习者的需要和兴趣引发的，并且是终身的”（Dierking, Falk, Rennie, Anderson, & Ellenbogen, 2003, p. 109）。“非正规学习”这一术语的使用不受推崇，因为“学习如果是一个持续不断的积累过程，而且这个过程的发生来自不同情境的经验，那么对正规和非正规学习进行区分就毫无意义（Rennie, 2007 a, p. 126）。相反，情境则可能被描述为正规的和非正规的，通常是鉴于是否有正规的课程（如在教室）或者正规的结构（如配有讲解员的博物馆参观）。

福克和迪尔肯提出的“自由选择”（Falk, 2001）被用来描述学习者可以选择学习什么、怎么学习、在哪里学习和与谁学习的一种学习模式。在相同的环境里，可能会有各种不同的情况来为学习的自由选择或多或少地创造机会，例如，学生在导游的带领下参观动物园来完成任务单与学生自行游览有所不同。“非正规”一般可以更多地被用来描述学习情境，但用它来描述学习是不恰当的。

由于能够发生科学学习的非学校环境存在多样性，“非正规科学教育”仍被用作与科学相关的活动的统称，而这些活动不属于由教育机构提供的可评估的正规课程。自愿参观自然历史博物馆、玩与科学有关的电脑游戏、有向导的产业场所参观，或在课后进行与科学相关的项目，这些都可能被描述成非正规科学教育。

对于术语的理解最重要的是，无论研究在哪里进行，也无论学习者在何种情况下被给予机会去学什么、在哪里学、怎么学以及跟谁一起学，研究者都应该弄清楚他们所使用术语的意义。这样他们的研究结果才能与其他的研究发现进行有意义的结合，以此来拓展这个领域的知识体系。

校外科学学习的研究

在过去的数十年里，尤其是在美国和欧洲，研究的资金有所增加、宣传渠道趋于多样化、纸质和网络的出版物也突飞猛进。最近的相关重要研究集包括《博物馆作为学习场所的原理与实践》(*In Principle, In practice: Museums as Learning Institutions*, Falk, Dierking, & Foutz, 2007)，这些研究集阐明了学习的当代视角和博物馆及类似机构的研究理论基础。美国国家研究理事会(National Research Council)支持一项重要的咨询项目来把那些发现带给从业者，此项目的研究成果集中在两大出版物中，其中一个是《非正规环境的科学学习：人，地方和追求》(*Learning Science in Informal Environments: People, Places, and Pursuits*, Bell, Lewenstein, Shouse, & Feder, 2009)，另一个是《沉浸在科学中：在非正规环境中学习科学》(*Surrounded by Science: Learning Science in Informal Environments*, Fenichel & Schweingruber, 2010)。尽管编辑们指出主要的信息来源是美国，但这些出版物仍是这个领域的重要补充部分。2011年，《国际科学教育期刊》创立了分刊——《国际科学教育期刊B：沟通和公众参与》(*Part B: Communication and Public Engagement*)主要关注非正规部分的研究。

英国维康信托基金会授权发表了两篇关于在非正规环境中学习科学的报道(Falk, Osborne, Dierking, Dawson, Wenger, & Wong, 2012; Lloyd, Heilson, King, & Dyball, 2012)。这些报道加上维康信托基金会对这些报道做出的反思(Matterson & Holman, 2012)，对该领域研究本身、研究目标、执行力和评估进行了严格审查。由美国国家科学基金会(NSF)资助，非正规科学教育促进中心(Center for Advancement of Informal Science Education [CAISE])管理的综合性整合网站，展现了关于科学兴趣、研究和交流方面的活动在全世界范围内不断增加，而其主要主题则是校外科学学习。

校外科学学习的研究方法

校外和校内的科学学习可能会有所不同，但学习的过程是相似的。事实上，许多用于研究校外学习的理论框架和研究方法都需要借鉴其他学科，这在该领域的历史记录中有所记载(Bell et al., 2009; Falk & Dierking, 1995; Falk et al., 2012; Hein, 1998; Martin, 2007; McManus, 1992; Phipps, 2010; Rennie, 2007a)。近年来，这个领域的研究重心发生了转变，研究方法也不断完善。海恩(Hein, 1998)在他的综述中表明，参观者研究开始于1884年，并且大部分的早期研究都与博物馆的教育价值有关。20世纪60年代，由于后史普尼克(苏联人造卫星)发展阶段的学校科学课程评价方法有关的基础工作应用于博物馆环境里，一大批关注于展览评价的研究迅速出现。由于保持积极的访客体验非常重要，因此展览评价仍然是研究的重点。伦尼(Rennie, 2007a)描述了参观者研究的发展历程，以及研究和数据收集方法是怎样随着主流学习理论从行为主义理论转向建构主义理论，再到后来更多包含社会文化视角理论而发生改变的。

福克和他的同事们(2012)对1980至2011年间的非正规科学教育的国际文献进行了详尽的研究和综述。经过同行评审的553篇文章里，超过一半发表在三大科学教育期刊《科学教育》《国际科学教育期刊》和《科学教学研究杂志》上，剩下的则零散地发表在其他200多个杂志上。一种“将学习看成与他人的审慎和辩证的互动过程的一种结果，这种互动会帮助个体构建关于世界的新的知识和理解及心理模型”的社会建构理论框架是最常见的(Falk et al., 2012, p.37)。研究方法中有34%被描述成定性的，17%是定量的，13%是两者混合的。剩下的13%则被归为文献综述与理论综述。

菲普斯(Phipps, 2010)分析了1997年至2007年期间在以上三大科学期刊上发表的85篇文章。她发现与行为主义学习观相比，人们越来越关注社会文化，并将其中的9%归类为行为主义，32%为建构主义，38%为社会文化，还有一些是三者的混合。这些文章中的14篇把福克和迪尔肯(2000)的“情境学习模型”作为他们的框架。72篇以经验为基础的文章中使用的数据收集方法随着情境和参与者的不同而不同，被分类为观察、访谈、调查和书面作品。数据分析包含描述性和推断性的统计分析和几种定性方法，例如基于编码访谈和观察的发展分类法和话语分析。菲普斯(2010)以理论基础(行为主义，建构主义，情境学习模型和社会文化主义)为背景，把这三种数据分析方法(调查、观察和访谈)用表格的形式呈现，以证明这些研究方法受到所选概念框架的影响。

福克及其同事(2012)在这533篇已发表的文章中确定了31个有独特研究背景的文章。占主导型地位的是科学博物馆(67篇)；除电视之外的电子媒体(55篇)；科学和发现中心(51篇)；一般性而非科学性的博物馆(51篇)。主要的目标对象是学校的教师和学生，三分之一的文章聚焦于16岁及以下的年轻人。有91篇文章的研究对象是博物馆参观者，而有48篇的研究对象是家庭群组。很少有文章涉及少数族裔、女性和低收入群体。由于菲普斯(2010)评述的85篇文章是福克和他的同事们(2012)评述的子集，所以他们的结论是相似的。将近三分之二聚焦在博物馆学习和其他的公共环境学习上，剩下的则分成日常生活和社区项目的科学学习。显而易见，非正规科学教育中的非机构性学习机会没有得到充分的研究，这可能也导致了研究结果出现了偏差。少数群体、弱势群体、女性和成年人的学习和参与也没有得到充分的关注(Falk et al., 2012; Lloyd et al., 2012)。

对于校外学习的研究探索已经促成了学习成果的多样性发展，其中最常见的是情感性成果，例如兴趣、享受和激励，以及与特定科学领域及其过程有关的认知成果。试图拓宽框架维度的三个例子是①由贝尔(Bell)及其同事(2009)采用的六个学习阶段方法；②“评价非正规科学教育项目影响的CAISE框架”(Friedman, 2008)——它确定了影响STEM学习的六个相关范畴：对STEM概念、过程或职业的意识、知识或理解；对STEM概念、过程或职业的参与度或兴趣；对STEM相关主题的态度或能力；经验导致的行为；基于经验的技能和其他(捕获独特的项目)；以及③胡珀–格林希尔(Hooper-Greenhill, 2007)描述的“一般学习结果(GLO)”——也就是知识和理解的增量；技能的提高；态度和价值观的改变；愉悦、灵感和创造力的证明；以及活动、行为和进展的证明。

在接下来的论述中，关注点将集中在博物馆、社区活动和媒体。在这里，影响科学学习的结果包括认知、情感、心理活动和社会维度。

博物馆中的科学学习

此节提到的“博物馆”一般指科学博物馆、科学中心、水族馆、动物园、植物园、环保解说中心和天文馆等。所有这些机构在他们的目标陈述中都有关注教育这一项，而且都符合“国际博物馆理事会章程”第03–3项条例对“博物馆”的定义。伦尼(2007a)对博物馆的历史、角色转变和博物馆校外科学学习的概述表明，尽管参观博物馆和类似机构的结果是可变的，但依据参观的个体、社会和物质环境来看，学习确实是发生了。但是，想要测量学习的程度却不容易，很多早期研究都未能发现参观的可测量影响。这给需要保证有公共和/或私人资金来源的博物馆提出了难题。质疑博物馆参观学习价值的人们通常会引用三个错误观念中的一个或多个，那就是：娱乐和学习不可能同时发生；如果学习确实发生了，那只能是在博物馆内；学习是可以预测的，因此很容易被测量(Rennie, 2007a)。了解游戏的本质，尤其是针对儿童的游戏本质，并谨记学习是个人的、情景化的和累积的，就可以迅速揭穿这些错误观念，深入了解参观带来的学习结果的研究难度。这些结果经常是不可预测的，且具有令人沮丧般的独特性，这使得它们难以测量，不仅如此，它们还常常是滞后出现的。情境是变化的，而且它的参量是错综复杂的。收集有用的数据通常很麻烦，特别是从那些更在意自己的日程而不是帮助研究人员的参观者那里收集数据，因为测量的行为可能会导致行为的改变从而扰乱所测量的对象。

伦尼和约翰斯顿(Johnston)(2007)记录了进行博物馆研究的困难，总结出研究设计必须“有一个足够宽泛的基础以捕捉一系列影响，这其中有些是琐碎的，有些是复杂的，有些则在参观后表现得很明显”(p.72)。此外，研究者通常需要几种不同的数据收集方法来从学习经验中捕捉访问者学习结果的范围(Falk & Storksdieck, 2005)。不断发展概念和理论模式以确定研究基础，加强研究力度(Astor-Jack, Whaley, Dierking, Perry, & Garibay, 2007; Martin, 2007)，分享研究问题，以便让结果能更容易得到多方验证，尽力执行长期性研究(Anderson, Storksdieck, & Spock, 2007)，更好的理解博物馆研究复杂性(Allen et al., 2007)，在上述情境下，理解访问体验影响方面一直在不断地进步。

科学博物馆和科学中心

很多关于校外科学学习的研究都是发生在科学自然历史博物馆和科学中心里的。这些地方的访问率很高，2011年有9,500万人次参观了600个科学技术中心协会的相关机构(ASTC, 2012)。这些访问者中有将近六分之一来自学校团体，但广泛的外展活动却可以接触更多的学生。由于学校游览与自愿访问明显不同，因此这个情境将在后续部分涉及，针对家庭访问者的研究也将单独进行考量。本节将概述科学博物馆和科学中心的研究概况。

从历史上看，科学博物馆与科学中心有所不同，因为科学博物馆本质上是基于馆藏的，而科学中心则陈列专门设计的展品，这些展品中的大多数都能调动参观者的感官互动，经常进行交互交流。现如今，随着传统博物馆为参观者提供了更多的交互机会，特别是基于现代技术的使用，使得科学博物馆与科学中心之间的区分逐渐变得模糊。科学博物馆的最初目的是保护、收藏、研究和培训，但最新一代的科学技术中心只有一个使命——公共教育(Friedman, 2010)。没有传统博物馆的收藏和管理需求，科学中心可以自由地聚焦于教育而不是指向事物的保存。自1969年旧金山探索博物馆(the Exploratorium)和安大略科学中心(Ontario Science Center)开放以来，在这个学习者聚集、科学教育兴趣浓厚的时代，那些亲身实践的、交互的场馆已经在非正规科学教育中占有了重要地位。

与许多传统博物馆不同，科学中心很少有捐赠基金，由于它只能依靠外部资金，因此能否在财务上保持可行性日益受到人们的关注。如何吸引参观者成为科学中心的一个隐含的目标需求，而这意味着有可能会承担妥协于既有教育目的的风险。博物馆的另一个关注点是数字革命的到来及参与其中的必要性（这就要考虑到成本）。诸如网络和智能手机等一系列数码便捷工具的出现，使得人们可以自由选择从哪里学习、什么时候学习，以及通过谁来进行学习，这也就形成了森珀（Semper, 2007）所谓的“教育的非制度化”模式，即个别特定的机构可能会失去其作为教育提供者的特殊地位（p.148）。这给类似机构提出了多方面的问题，迫使他们保持极具活力、强劲有趣的核心主题来呈现有责任感、有影响力和高质量的访客体验。

对影响力进行证明需要可靠的经验证据，但通常情况下这种证据是无法获取的。例如，英国政府对一个公共资助的科学中心进行了委托评估，以了解该中心的创建是否物有所值。前沿经济学（Frontier Economics, 2009）给出的报告称，尽管科学中心专注于达成政府的科学和社会目标，但由于“有关科学中心的或所比较项目的长期成果没有充分的证据，因此无法评估其是否物有所值”（p.2）。他们建议受资金资助的项目需要提供更高质量的数据，并鼓励科学中心收集类似的数据来进行比较。相应地，英国科学与发现中心协会（UK Association for Science and Discovery Centers, 2010）提倡其成员使用一套共同的评价指标，包括对影响的定量测量（例如访问率和人数统计），以及映射在GLO概念框架里的问题的简短调查。尽管这一方法由于简便和成本低而具有吸引力，但是却似乎没有得到任何结果。

纵向的研究能够提供令人信服的与科学中心影响有关的数据，但是成本高且很耗时。少数声称自己为长期项目的研究事实上也只是几个月的时长而不是数年。福克和尼达姆（Needham）（2011）对加州科学中心（California Science Center）长达10年的研究是个例外。加州科学中心自1998年开放以来，有45%的洛杉矶居民参观了该中心，游客们对其带来的好处，特别是给他们孩子带来的好处非常肯定。福克和尼达姆发现了强有力的证据，证明该科学中心“对洛杉矶社区的一大部分群体的科学学习、兴趣和行为做出了贡献”（p.11）。此外一个重要的点在于，有强烈迹象表明访问能够强化并扩展游客的知识，而不是简单增加“新”的知识。这与其他研究（例如，Rennie & Williams, 2006a）的证据一致，并强调了这些场所在为成年人提供持续的终身学习过程中的重要性。

科学展览与游客学习体验

伦尼（2007a）讨论了两种对科学中心的批判。首先，这种科学中心被认为在展览上追求娱乐性、享受性和场面性，而不是科学教育性。然而，学习的体验本身是令人愉快的，并且如果是因为乐趣，游客被鼓励参与到一些有意义的活动中去，那么学习就会更容易发生。其次，科学中心被谴责将科学描绘成事实性的、无争议的、偏离道德层面的知识，而不是一个可以通过试错过程来建立理解的手段。如果科学被描绘为固定的、权威的和无瑕的，那么科学博物馆和科学中心就失去了提高游客对科学、科学过程和社会文化背景的理解的机会。然而，那些描绘了一定风险和不确定性的展览，以及试图激发参观者批判性思考科学的展览，必须具备复杂的思想，而这些复杂的思想可能会使参观者感到困惑和沮丧。

特里里(Tlili)、克里布(Cribb)和盖维兹(Gewirtz)(2006)通过采访英国两个科学中心的10名工作人员来了解科学是如何呈现的。工作人员认识到科学需要易于理解和有趣才能够吸引游客。特里里及其同事(2006)指出，“官方科学”必须是“在科学中心进行的解说、重新调整和重新解释”(p.203)，并确认科学是以六种方式进行解说的：日常生活科学、个人科学、趣味科学、做科学，进入公共领域的科学和多元文化的科学。他们得出的结论是，科学中心“通过或多或少地直接将官方科学表现为与社会相关的、人类的、可能令人愉快的和可争论的一系列社会文化实践”(p.224)，从而拉近了游客和科学家的生活体验之间的距离。

这个问题的核心是，大多数民众并不能很容易地理解科学家们所使用和理解的科学。人们是积极的信息消费者，而不是科学知识的被动接受者。雷顿(Layton)、詹金斯(Jenkins)、麦吉尔(Macgill)和戴维(Davey)(1993)发现，人们会依照自己的关注情况，对相关的科学信息进行有选择性的过滤。他们会对信息进行解构并重构成对自己有意义和有用的形式。以类似的方式，通过展览(展品)传达科学必须被解构，然后重建成对目标观众有意义的版本。“博物馆学转变”这个概念就是描述将所学知识转化为将在展览中呈现的知识的过程(Simonneaux & Jacobi, 1997)。

莫滕森(Mortensen, 2010)利用博物馆学转变模型，对一个关于动物适应黑暗的沉浸式展览进行了回顾性分析。她展示了如何将科学知识解构为一组参考知识，然后在各种馆藏限制条件下重建展览，而参考知识和限制之间的相互作用决定了知识最终是如何呈现给参观者的。莫滕森(2011)用行为学的方法研究了参观者对这个沉浸式展览的反应，该方法将展览环境与参观者在展览中的行为联系起来。对这个展览的全面解读要求参观者在黑暗的洞穴中扮演洞穴甲虫的角色；然而，许多参观者并没有意识到这一点。莫滕森总结道，作为隐喻而构建的沉浸式展品需要使隐喻变得明确，向参观者建议他们想要扮演的参与角色，并给出如何扮演这个角色的提示。阿希姆(Achiam, 2013, nee Mortensen)通过一个热气球展览展示了如何利用行为学教学法来为展品设计创建模板——即通过一种展品作为教育背景，来对科学知识进行解构与重建。

拉赫托(Laherto, 2012)也主张对展览发展采取更为理性化的方法。他提出将一个在课堂上开发科学教学和学习序列的模型(Duit，引自Laherto, 2012)，与一个侧重于参观者如何在自由选择的环境中理解他们的展览体验的模型相结合(Stocklmayer & Gilbert, 2002)。在拉赫托的“理想案例”中，他对于涉及研究的关于时间和成本方面的建议是非常理想化的。然而，将不同科学教育领域内的模型进行周密组合，对于拉近这些领域彼此间的距离来说是一个并不多见且相对困难的尝试。

伦尼(2013)将博物馆学的转变过程比作创建一个科学故事：选择要描绘的社会科学部分，然后将所选择的科学信息(或故事)包装并呈现出一个展览(展品)，预期观众能够根据自己的需要和经验所做出的理解与解释。伦尼(2013)通过对比参观者对人体世界展览(Pedretti, 2012)、传统博物馆，以及科学中心(Rennie & Williams, 2006b)等完全不同的展览的反应，说明了展览“故事”是如何被解释的。尽管参观者们在所有场馆都表达了自己的愉快感受，但他们的体验显然不同，他们的故事也各不相同。人体世界展览中的塑像会引起来访者的情绪反应，而且交流的故事也非常个性化（Jagger, Dubek, & Pedretti, 2012）。相比之下，传统的博物馆和科学中心则提供了友好而舒适的科学解释，很少有游客被要求去挑战思考超出他们已知的东西。伦尼（2013）认为，因为不同的展览想要向他们传递的故事各不相同，传递方式也不同，因此没有理由说一个展览比另一个“更好”。她讨论了如果科学要以工艺和产品的形式呈现出来，那么展品设计师就会面临很多挑战与限制。然而从根本上来说，如果展品的设计是为了促进学习，那它们就必须能够触发参观者的参与，只有双向的对话才能将科学故事按照它所期望的样子传达给人们。

其他一些研究将关注放在了展品设计的教育效果上。阿丰索（Afonso）和吉尔伯特（Gilbert）（2007 a）通过观察和访谈来分析参观者参与两种互动展览的结果：斯托克梅尔（Stocklmayer）和吉尔伯特（2002）将其描述为现象范例（如伯努利球）和类比范例（如包含一个螺旋球漏斗的黑洞展览）。他们发现参观者对展品的评价一般是基于娱乐价值、教育价值或实用性的。与日常生活密切相关的展品在教育效果上比不相关的展品更成功——因为许多参观者无法认识到展览形式背后想要呈现的基本概念，或者说无法识别类比展品的来源和/或目标，而在这些情况下，往往就会产生误解而不是理解所描绘的概念。阿丰索和吉尔伯特（2007 b）分析了87个对展示声学展品所做的描述，确定只有7个展品是基于对概念的因果理解的、具有良好潜力的类比，39个是教育价值较低的现象范例，剩下的都只是基于技术的科学应用。这些作者呼吁相关机构或人员应与科学家进行更多的合作，以改善展品的概念表征，以促进参观者的理解。

一些研究对影响参观者使用情况的展览特点进行了探讨。霍恩施泰因（Hohenstein）和特兰（Tran）（2007）研究了在科学博物馆中简化标签和添加一个能够激发思考的问题的效果。尽管对话性质发生了变化，在参观者中提出了更多开放性的问题和更多的解释，但其效果也会随展览的性质而变化。一项关于参观者对破损展品的反应的研究（Kollmann, 2007）显示这种情况会产生负面的影响；一些参观者报告说，这些破损展品由于设计不佳会导致他们无法操作使用。这让人想起艾伦（Allen, 2004）在优秀展览设计中提出的“即时理解性”概念：为了让参与者进行更有效的参与，展览应当让“人们该做什么”表达得更加清晰而明确。

巴里奥特（Barriault）和皮尔逊（Pearson）（2010）提出了一个可以用来帮助监控展览效果的实际评估工具。访客参与框架（Visitor Engagement Framework）工具包含七个可观测的访客行为，划分为三个层次：启动行为（访客进行活动或观察他人活动）、过渡行为（访客重复活动、表达对参与活动的积极情绪）以及突破行为（访客在参与、寻求和分享信息时参考过去的经验）。如果一个展览能起到促进学习的效果，那么就可以期待它会触发高水平的突破行为。巴里奥特和皮尔逊证明，在科学中心观察来访者，绘制行为频率，并据此重新设计展品，可以提高突破行为的发生率。

仿真模型是一种静态化的展览。赖斯（Reiss）和通尼利夫（Tunnicliffe）（2011）将其描述为“在自然环境中对一些博物馆物品的细致定位”（p. 447）。自然历史仿真模型通常是用来讲述生物和/或生态学的故事。在这个仿真模型中可以呈现出相关的物理特征（如水和岩石），而植物和动物也能够以情境化的形式呈现，这与单独展示植物和动物相比提供了另一种完全不同的学习机会。关于探索访客学习的仿真模型研究必须考虑访客的前概念。我们可以看出，访客的交谈中主要是他们根据自身的知识说出动物的名字或其特征，但如果他们被激发了学习的兴趣，则可以进行更多更周到的观察和解释。通尼利夫和舍尔索伊（Scheersoi）（2010）从访问者观看仿真模型时的自由对话，观看后的访谈以及孩子们对他们最喜欢的仿真模型的绘画中收集数据，确立了关于仿真模型回应的四个阶段："识别–兴趣–解释–调查"。当访客们自己建构有关陈列物品的故事时，这些基于探究的讨论会使访客的情绪得到提升，并内化成强大的学习体验。特别是对于年轻的访客而言，如果成年人或讲解员可以引导深度思考，那么效果会更好（Reiss & Tunnicliffe, 2011）。皮克拉斯（Piqueras），威克曼（Wickman）和哈姆扎（Hamza）（2012）的研究则说明了教师如何在学生解释展品时，通过聚焦于仿真模型的显著特征，促进学生认真观察和进一步的推理来进行提问，以此支持职前教师的学习。

博物馆中的技术应用

将技术融入博物馆展览的尝试取得了不同程度的成功。计算机和交互屏幕的出现可以提供技术上的互动体验，但如果它们不是社交互动的，那么共同参与和协作就会受到限制，从而妨碍知识的共同构建（Heath, Vom Lehn, & Osborne, 2005）。然而，只要屏幕周围有足够的空间，人们就可以聚集起来作为观众创造共享体验。梅斯纳（Meisner）及其同事（2007）记录了人们在基于计算机的能源展览上的行为和谈话，并称其为"表演"，认为它们能够补充对话，创造共同参与的机会并促进潜在的科学学习。他们鼓励展览设计通过使用多界面、大屏幕和拓宽观察空间来促进这种共同参与。

劳（Louw）和克劳利（Crowley）（2013）探讨了使用千兆像素成像技术来创建非常大的、可探索的图像，这种技术"允许用户精准地从全景视图切换到特写镜头，揭示隐藏在超过10亿像素的分辨率中的细节"（p. 89），使观看者可以根据自己的意愿操纵图像进行他们想要的科学观察。作者描述了正在进行的一项研究，即使用罕见标本的10亿像素图像为游客提供互动体验，为游客进行科学观察和解释创造机会，使游客们在参观静态博物馆藏品时获得更生动的互动体验。

便携式音频电话的使用在各种博物馆和遗迹的静态展览中非常常见。尽管一戴上耳机就能听见讲解摘要信息的声音，但这可能会将游客与其他人孤立开来。新的数字技术更易于分享学习经验。平板电脑和智能手机等移动设备正被用作展览解说的辅助工具，这些设备可以提供与展览相关的"实时"引导、社交媒体链接，以及补充资料书签等。乌科（Ucko, 2013）的研究表明，这些设备可以在真实的科学中心情境中进一步"增强现实感"。

数字游戏可以为特定的展览作补充。马里兰科学中心开发了一款APP游戏"天文馆"。这款游戏以天体生物学为背景，旨在促进与一个名为"地外生命"的永久性展览进行互动。孩子们可以将免费的应用程序下载到他们的移动设备上，回答小测验问题，并使用任务卡来赚取游戏币在科学中心商店消费。一项针对24名9至11岁儿童展开的、具备前后测的准实验性总结评估（Flagg, 2012）发现，这款游戏具有吸引力和教育性，孩子们认为它有助于自己的学习，但是一款游戏的成功与否和乐趣何在往往因使用者而异。有些人也会担心游戏玩家会忽视展览而偏向于游戏，但这也恰恰表明游戏增加了展览内容的可访问性，提高了学习效果。

希尔曼（Hillman）、魏恩曼(Weilenmann)和容格留斯(Jungselius)(2012)报道了在参观传统自然博物馆和科学中心时，年轻人如何通过使用智能手机对展品、他们自己和他们的朋友使用展品的情况进行拍摄或录像，以此来记录他们的参观情况并进行分享。通常这些经修图软件处理过的照片会被上传到社交网络，并会被朋友评论。视频记录会被上传到YouTube等平台上，而这则会激发一些讨论。希尔曼及其同事（2012）认为，这些活动扩大了博物馆的影响力，并且丰富了参观者自身的体验。

在对历史博物馆的实地考察中，切瑞托诺思（Charitonos）、布莱克（Blake）、斯凯隆（Scanlon）和约翰（Jone）（2012）调查了一群9年级学生。这群学生都在社交网站上发推文分享了自己与文物互动的经历。学生使用智能手机收集了与指定活动相关的证据，目的是在课堂上展示他们的体验。对社交网站信息流量的分析显示，虽然各小组在任务上有所不同，但在采访中，研究发现学生会在社交网站上分享想法，也会阅读其他学生的推文，并将这些内容用于他们自己的意义建构。在挪威的一个博物馆里，皮耶鲁（Pierroux）、格兰奇（Krange）和塞姆（Sem）（2011）利用网络平台，使学生能够用智能手机获取有关艺术展览的信息，并利用博客分享自己的体验。在访问期间，多模式的博客内容可以与教师和同学们分享，回到学校后则可以借助他人的解释和讨论对这些内容进行再加工，最终生成反思性的成果。皮耶鲁和他的同事们（2011）相信，这种数字化的过程能引起年轻人的共鸣，并有助于架起学校和博物馆之间的桥梁。切瑞托诺思及其同事（2012）指出，社会媒介使学生能够游刃有余地在个人和社会之间、线上和线下之间进行切换，去共享一个“相互关联的观点空间”（p.815），该空间不受访问限制，还可以“存档”以备将来使用。这些作者希望有进一步的研究来验证他们的结论，即社交和移动技术作为学习工具可以提升学生在实地考察期间的印象、参与度和热情，从而形成他们的集体经验。

动物园、水族馆、植物园和天文馆

动物园、水族馆和植物园是物质科学和地球科学在校外学习的主要场所。它们因自身的生物特色而具有特别的吸引力，且现代机构着力于在与自然栖息地非常相似的环境中展示动植物。自然科普中心与上述些机构具有相似之处，但它们以实际栖息地为基础，能够突出生物的生态环境特征。地质遗址和古生物学遗址虽然可能并不关注生物体本身，但它们能使游客体验具有环境意义的一些现象。

上述这些机构在传播有关保护和环境信息方面发挥了重要作用。世界动物园和水族馆保护战略愿景指出：动物园和水族馆的教育作用与社会、环境和文化都息息相关，并且能够影响人们的行为和价值观，这将被视为一项重要保护教育活动（世界动物园和水族馆协会[World Association of Zoos and Aquariums], 2005, p.35）。国际植物园协会（IABG）的目标包括通过种植和其他方式来保护植物，以及通过IABG与其他相关机构之间的合作来保护栖息地。但是，一项评估上述方式是否成功传播环境和保护信息的研究表明：在受访者的观点中，上述方式的排名其实并不高。

动物园游客喜欢观看动物、了解它们、野餐、参加相关讲座、使用自助服务机以及观看特殊活动或展览。然而，在参与上述活动过程中他们更注重放松、享受与家人朋友的相处时光而不是去了解自然以及如何帮助保护自然环境（Crilley, 2011）。珀杜（Perdue）、斯托因斯基（Stoinski）和梅普（Maple）（2012）发现：在猩猩展览中参与现场演示的游客比未参与的停留的时间更长，并且在有关动物保护信息的问题上得分更高。游客在视频演示的停留时间与实时演示基本相同，但知识记忆保持的时间较短。尽管展示牌中提供了相同的信息，但如果没有额外的介绍，游客能够记得的动物保护信息则会比较少。

克莱顿（Clayton）、弗雷泽（Fraser）和桑德斯（Saunders）（2009）在一家动物园采访了206位成年人，发现他们大多是来享受时光而不是学习的。但是一旦当他们认为自己学到了一些东西时，就更有可能表达出对动物以及自己与动物的关系的关注。克莱顿和同事们在三个动物园记录了1,207位访客观看展示牌的时间，同时与1,891位访客进行了对话。超过77%的受访者属于家庭群体，只有27%的访客看过说明性展示牌，并且所花费的时间会因不同动物而异。记录的受访者评论中约有一半是描述性的，只是陈述了有关该动物的一些事实或引起了自己对动物关注的事件。其他常见的评论反映出了人们对动物的好奇心以及积极肯定了人类和动物之间的紧密联系。家庭群体更多的是使用这些动物进行教育。作者得出的结论是：动物园可以增加游客对动物的关注，但没有迹象表明游客正在学习有关动物保护的知识，并且他们只有在阅读展示牌时才会了解到相关知识。怀尔斯（Wyles）及其同事（2013）使用的事前评估方法表明：为了休闲来到水族馆的游客在获得了一些焦点信息时，会更能意识到一些对英国可持续发展的威胁。挑战之处在于将娱乐和信息融合起来提供给游客。

根据迈尔斯（Myers）、桑德斯和比尔朱林（Birjulin）（2004）的研究，动物园为游客提供了丰富而积极的情感体验，而情感感受是创造意义的重要组成部分，因此这是一个重要的成果。史密斯（Smith）、威尔（Weiler）和哈姆（Ham）（2011）研究了动物园在态度和行为上对人的长期影响，研究结果表明：对动物及其行为的关注会分散游客的注意力，从而减少他们对动物保护信息的关注。史密斯及其同事则认为需要对长期行为影响进行更多的相关研究。林德曼－马蒂斯（Lindemann-Matthies）和卡莫尔（Kamer）（2006）发现：使用触屏互动台并同时看到展示牌的动物园游客比没有使用的游客能更多地了解胡兀鹫在生物学、生态学和动物保护学方面的相关知识，同时也会对自己获取到的信息更加满意。即使在参观的两个月后，他们也会持续了解相关信息。但作者也指出，动物园的工作人员通过讲解相关特征和背景信息来帮助使用触屏互动台的游客，这也增强了他们对内容的了解。

在动物园和水族馆中接触生物的机会增加了人和动物物理空间上的直接互动，这可能会引发游客的更深层次地思考。克孜尔（Kisiel）、罗韦（Rowe）、瓦塔贝迪安（Vartabedian）和科普扎克（Kopczak）（2012）探讨了在水族馆进行接触互动时一些家庭的科学推理能力。在除了对生物体进行识别和信息收集类的活动之外，克孜尔及其同事（2012）还提出了观点提出性活动、观点挑战性活动和观点证明性活动，每种活动都超越了简单的物种名称或信息复述，而这些活动则可以归纳到科学推理的范畴中。与会者认为，水族馆互动的展示形式能促进对海洋生物的管理和尊重，但没有很好地给游客提供科学思考的机会，也没有相关的展示牌来帮助游客进行学习理解。在进一步的研究中，罗韦和克孜尔（2012）描述了那些在接触或者近距离观察了生物之后的“汇报”。观察者或者近距离接触者的评价促成了以上“汇报”的内容，使得家庭群体能够解释、说明、做出预测并检验预测，以实践自己的科学思维。罗韦和克孜尔再次指出，参与者错失了很多通过听取汇报来促进学习脚手架搭建的机会。

在一项之前对动物园和水族馆的全面研究中，福克、莱因哈德（Reinhard）及其同事（2007）对动物园和水族馆协会（AZA）的12个成员机构进行了为期3年的研究，以了解这些机构对游客的影响。在这项研究中包含了广泛的数据收集、各种规模的样本、前后测的访问动机和个人意义映射调查、信息相关的认知和情感出口调查（例如保护），以及跟踪研究和长期影响研究。在访问过后的11个月内，访问者通过电话或电子邮件回答了有关访问的问题。总体而言，调查结果是积极正面的，表明游客对他们在环境和保护行动中的作用意识得到了提高，对动物园和水族馆教育的重要意义有了更强的认识，并认为自己与自然之间的联系变得更加紧密。然而，马里诺（Marino）、利林菲尔德（Lilienfeld）、马拉默德（Malamud）、诺比（Nobis）和布罗利奥（Broglio）（2010）在方法论上对这项研究提出了批评。与此同时，该研究同福克、海姆利希（Heimlich）、弗农（Vernon）和布朗纳坎特（Bronnenkant）（2010）的反驳文章一起，缓解了研究人员在试图衡量此类机构对访客影响研究中面临的许多困境，并对缓解了此类困境的一些方法做出了解释。

对于学生来说，动物的动态性相对于植物的静态性更具有吸引力，所以学校通常会选择带领学生们参观动物园和水族馆而不是植物园。但是，种植植物的地方可以帮助人们学习植物学、生物学、生态学和保护知识。游客可以在导游的带领下在植物园中漫步，实地考察的学生可以在参观的过程中借助不一样的活动获得更多的信息——如更近距离观察、接触植物甚至是种植或是观看相关视频，都会使学生学习到更多关于植物和生态的知识，有助于形成生态保护意识。桑德斯（Sanders, 2007）收集了75名来自三个国家（或地区）的小学生在参观植物园后几个月的书面和绘画收获答复作为自己的数据，试图证实植物园在非正规科学教育环境中的重要价值。桑德斯发现，孩子们更喜欢“秘密的地方”，如僻静的地方、温室以及能够亲自触碰植物的地方，尤其是具有又大又稀有又独特的植物的地方。她重申，植物园是让学生探索和求真的重要地方，并主张应该加大关于植物园对儿童学习贡献的研究。植物的静态性有助于学生观察力的发展，但是正如埃伯巴赫（Eberbach）和克劳利提到的，儿童为了支撑自己的科学推理通常需要大量的脚手架来让他们能够进行仔细地观察与思考。

莱利奥特（Lelliott）和罗尼克（Rollnick）（2010）的一篇关于35年间天文学教育的研究综述提道：学生和许多教师在理解天文学的大概念，如季节、引力、太阳系的大小规模上是存在一定困难的。作者认为，构建物理模型不仅有助于学生学习，还能够帮助教师建立更好的教学顺序——特别是当选择的概念来自“非正规信息”（如电视）（p. 1791）和质量较低的教学资源时。尽管103个调查结果中仅有7个是在科学中心和博物馆中获得的，但是绝大多数科学中心都针对引力和一些其他天文学现象的影响做出了解释，因此更进一步研究可以围绕利用参观者建立的模型来展开。莱利奥特的研究（2008）发现，学生通过参观天文馆或射电天文台，可以增长自己的知识，其方式可能是直接习得未知知识，也可能是对已有知识进行重构。科研中心和天文馆都是能够提供优质天文学教育的参观地点，并且莱利奥特建议天文学方面的学习应注重以有限的知识去阐述更大的概念。

以家庭为单位参观的学习

博物馆游客的主要组成是以家庭为单位的，而这方面的研究主要集中在家庭内部互动和教学行为上。亲子之间的互动会随着年龄和所参观展览的不同而发生改变。无论是在参观前还是参观后，家庭单位都是存在的，他们对于博物馆的参观是按照自己的日程和需要进行的，所以以家庭为单位的参观经常将博物馆作为学习的背景而不是一种特定的学习资源。通过调查参观后的经历，研究显示家庭学习是学生学习科学的重要组成部分，因为这种学习能在参观后仍然保持较长的效应期。

对家庭交谈方式的研究表明父母会努力地补充孩子的感知需求，帕姆奎斯特（Palmquist）和克劳利（2007）通过调查父母与其5至7岁对恐龙知识很熟悉的"专家"儿童以及对这类知识刚刚接触的"新手"儿童之间的对话方式发现，那些"专家"儿童会比父母说得还多，但"新手"儿童则通常保持沉默状态，从而错过了挑战或参与新学习的一些机会。相比之下，如果父母多和"新手"儿童交流并让他们参与到学习对话中来，就会让他们在交谈中得以学习。托马斯（Thomas）和安德森（Anderson）（2013）所采用的元认知方法解释阐明，在博物馆环境外，父母认为自己明确地知道孩子是怎么想的、怎么学习的，而这些观点通常决定了他们在孩子成长轨迹中如何与更年长的孩子（如8至15岁）相处互动。西格尔（Siegel）、埃斯特里（Esterly）、卡兰南（Callanan）、莱特（Wright）和纳瓦罗（Navarro）（2007）对40个墨西哥家庭进行了调查，发现父母在家中处于一种权威指导地位，而在如博物馆这种环境中则更多地处于合作性的关系定位，而这种情况与孩子的年龄无关。

还有一些其他的研究调查了帮助儿童进行探究相关行为的方式。塞切特(Szechter)和凯里（Carey）（2009）在一个科学中心对20个亲子组合的研究发现，父母的"学习对话"包括描述证据、提供指导、提供解释、与过去的经验相联系并做出预测，他们会比孩子谈论更多关于展品的话题，但孩子们会更多地触发这些行为的开始。展品在设计上开始花费更多的时间，使设计能够支持参观者有机会参与到更长时间的接触中去（而不是展示单一的现象），父母可以引导孩子做出更多的预测，孩子也更加愿意描述证据给出解释。

古特威尔（Gutwill）和艾伦（2010）利用科学展览开发的家庭游戏主要关注了两种探究技巧：一种是提出问题、制定研究计划、展开调查，第二种是观察、演绎、调查后解释。"有趣的问题游戏"要求家人提出问题，然后协作一起回答问题。而"把手放下"游戏要求每一个喊出"把手放下"的家庭成员都能有发现并提出问题的机会，其他的家庭成员则必须仔细地聆听。在没有亲子互动的和有亲子互动的游览中，这两种游戏都可以提升家庭间科学探究的数量和质量。使用"有趣的问题游戏"的家庭能够如他们所期待的一样在展览中进行无拘束的探索。这个游戏成功的原因在于通过指导目标技能而产生的协作。古特威尔和艾伦（2012）对参加学校实地考察的学生重复这项研究，得出了类似的发现。有趣的问题游戏通常会激发学生的探究活跃度，依照每个参与人的解释，通过协作明确问题框架，然后再进行逐步的解释，而在这个过程中监护人也能得到更加深入的参与。

对于年龄较小的孩子而言，如果他人给予他们的是程序性的帮助，而不是直接给出事情发展原理的解释，会更有利于促进他们探索行为的养成（Fender & Crowley, 2007）。范施金德尔（Van Schijndel）、法兰斯（Franse）和瑞吉马克思（Raijmakers）（2010）鼓励家长在互动展出中利用适当的脚手架来"指导"他们4至6岁孩子的行为，从而提高他们探究行动的质量。同时，根据对

2至3岁儿童进行的补充实验，范施金德尔、辛格(Singer)、范德马斯(Van der Maas)和瑞吉马克思(2010)指出，不要试图通过幼儿动手探究的水平来预测他们对该活动的学习水平。

麦克拉弗蒂(McClafferty)和伦尼(2012)在使用多元化展览的科学中心对145名3至6岁的孩子进行了观察。在这里，这些儿童通过摇动手柄或者转动轮子使球绕着元件移动。通过使用展览中的照片激发学生的回忆并进行访谈，研究者对这些儿童的认知理解水平进行了评估，并发现儿童的年龄和理解水平之间的相关性为0.53。然而，通过录像研究者发现，有12个孩子的认知水平与活动的性质和互动时长是没有关系的。麦克拉弗蒂和伦尼建议，不能仅依靠探索的水平和时间长短来判断认知水平，这种判断应当需要提供不止一种关于儿童经历的补充数据来支撑。桑福德(Sanford, 2010)从对493个家庭在25个博物馆中的互动研究中得到了相同的结果。在参观期间，她以花费的时长、参与的性质以及对展品的解释性发言作为判断学习的共同指标，这些指标之间的低相关性证明需要更多的量规来对认知进行判断。

博物馆提供了在社会文化背景下学习科学的机会，同时也反映了家庭是如何构造他们的学习经验的。莱因哈特(Leinhardt)和克努森(Knutson)(2006)通过回顾评测参观者祖孙之间的对话，发现祖孙之间的对话更多是以祖父母讲故事为主，就如同共同学习者或教师，以及社会交互模型的建构者的角色一样。阿什(Ash)及其同事(2007)利用日常对话分析的方法分析了20个用英语和西班牙语双语交流的家庭，分析他们如何利用日常词汇来传达科学含义、加深对海洋生物展品的科学理解。他们强调，学习科学不仅是一项认知任务，而且是社会和文化实践的产物。齐默尔曼(Zimmerman)、里夫(Reeve)和贝尔(2010)则关注于家庭所提供的哪些认知资源(知识类型)能够帮助他们与生物展览品的互动变得更有意义。研究者通过录像、观察性现场笔记以及前后测的访问记录了一些有经验的家庭参观者在科学中心进行参观的全过程。作者发现，家庭能够将个体成员带来的科学知识、展览标牌上的信息，以及来自日常活动(如学校、电视、爱好和工作)中的其他文化知识(有时是非生物的知识)相结合，通过类比或隐喻的方法来对展览内容进行解释。家长能够通过对话鼓励学生搭建脚手架，并引导孩子的观察和理解。此外还有一个重要的发现，将日常经验中的知识与科学知识相结合，能够让生物展品更有意义，这是一种能够用于解决问题和日常生活感官表达的混合型话语体系。

布里塞尼奥-加尔松(Briseño-Garzón)和安德森(2012)采用了社会文化方法对20个经常访问墨西哥科学中心的拉丁美洲家庭进行了研究。家庭是拉丁美洲人强大的社会群体单位，是所有学习活动的基础——包括道德和宗教的发展。通过西班牙语数据收集和分析的研究结果表明，对博物馆的参观不仅可以用于认知和情感体验的学习，“而且还能够通过家庭成员的社会交流来共同构建和重申社会文化身份的环境”(p. 196)。作者认为，到拉丁美洲以外的博物馆参观的拉美裔游客可以从更多为家庭互动而设计的展品中受益。与此同时，在其他国家或地区中使用少数族裔语言进行介绍也会以相似的方式鼓励这些参观者进行更高质量的活动参与。

为幼儿设计的空间有时可以与一些户外活动相连接。例如，在模拟自然环境的动物园中，儿童游乐区的设立能够鼓励家庭表达对参观其他自然环境的兴趣(Oxarart, Monroe, & Plate, 2013)。为了使博物馆的设计对家庭更加友好，多凯特

（Dockett）、蒙恩（Main）和凯利（Kelly）(2011）邀请了40名年龄在6个月至6岁之间的儿童及其家人参与了面向儿童的新游乐/学习空间的设计。数据是通过孩子们展示他们最喜欢的地方并拍照，在孩子们玩耍、做东西或画画时与他们交谈，以及查阅18本关于博物馆经历的儿童日记等方式进行收集的。除了家庭成员的重要性外，设计还强调了其他一些重要的主题，例如实物的重要性；儿童想象力、创造力和伪装的运用；儿童的幽默感；博物馆的物理空间；博物馆的社会背景；与儿童生活的联系；与博物馆的文化信息相融合等等，并在空间的重新设计时考虑了儿童的想法，构建了更多能够鼓励家庭进行游戏的场所，可以供儿童爬入的小“豆荚”以及展示儿童绘画和照片的场所，从而增加了与儿童自身生活的联系。到目前为止，还没有得到已经公开发表的关于此重新设计的影响效果的数据。

游客研究趋势

由于学习与花费在“关注”展品及其标注信息以及与他人互动方面的时间有关，因此在博物馆研究和展览评估中，观察访客仍然是收集数据的最常用方法。这种大面积多样化观察数据的收集在瑟雷尔（Serrell）的研究中得到了简化（1998，2010），她认为，对访问者时间的追踪应当由更加一致的方法来提供更有效的结果。她创建了一个追踪和时序研究的数据库，为分析和解释这些数据提供了新的指标，并建立了通过比较其他同类展览品来评估特定展览品成功与否的参数。亚洛维茨（Yalowitz）和布朗纳坎特（2009）在瑟雷尔（1998）研究的基础上，增加了关于博物馆参观者活动观察技术的说明和指南，而手持设备和适当的软件则被用于收集和分析这类数据，并提供更高的一致性和功效。穆苏里（Moussouri）和鲁索斯（Roussos）(2013）使用智能手机的GPS设备对动物园家庭游客进行了追踪。他们发现，出于教育动机的家庭只参观展览区，但出于娱乐目的的家庭在非展览区则花费了相当长的时间。这项技术可以洞悉访问者的行为，它可以用以了解访问者的去向和停留时间，但不会描述他们在做什么。因为尽管可以使用数字设备进行观察，但是研究当中必须还要考虑与隐私相关的道德问题。

数字媒体的另一项研究用途是基于网络志的技术，它被用于分析人们在线交流中的可用数据。未征得人们同意就将其对话文本作为数据分析可能会涉及道德问题，而通常会以采用公共场合下的对话文本并移除个人身份相关信息的方法来回应这一问题。古尔丁（Goulding）、莎伦（Saren）和林德里奇（Lindridge）(2013）分析了七个博客网站的相关内容，以调查参观了冯·哈根斯（von Hagens）的《人体世界》(*Body Worlds*）展览的访客如何描述他们的经历。在访问者的评论中，研究者确定了五个解释性主题：以人体作为场景，人体与死亡提醒，商品化人体，以人体为机器，以及人体的人性化丧失。他们的研究没有报告太多关于访问者的学习情况，但报告了大量有关个人反馈的信息。这种技术能够探索访客对展览的反应的潜力，但仅限于人们选择想要披露的内容，而不是回应研究人员的针对性问题。

“身份认同”的概念正逐渐成为探索非正规科学教育参与情况的研究重点。身份认同关系到一个人如何依照自己所知、所爱、所能做的事情来认识自己，它表达了人们对过去、现在和将来所做的构想之间的连续性。身份认同是通过与有意义的他人（例如父母、老师、同伴）进行互动和识别而形成的；它决定了一个人的选择和行为，能够通过与其他人和人工制品的互动来进行修改。身份认同是多重定位的，人们的动机和行为会随着环境的变化而变化。

与身份认同相关的动机在志愿活动中具有更大的影响力，因为它能够指导个人选择参与的内容、方式和结果。身份认同概念提供了理解访客行为的一种途径，通过该途径能够帮助改善访问者的体验。此外，如果可以将具有相似相关身份认同动机的人分为一组，则可以有助于跨机构比较的方式报告研究结果，并对研究数据库做出有意义的贡献。福克（2006, 2009, 2011）基于身份认同概念作为理解访问体验的一种手段进行了大量的研究。他描述了七个与身份认同相关的动机群，即探索者、协助者、专业/业余爱好者、寻求经验者、充实者、尊重他人者以及寻求亲密关系者，这些称谓描述了潜在身份认同所导致的角色以及动机需求（Falk, 2011, p.153）。尽管许多访客的主要动机可以归因于这些集群中的一个，但还有很多访客可以被归于多个集群，因此这些集群之间并不是互斥的。

在福克、莱因哈德及其同事（2007；另见 Falk, Heimlich, & Bronnenkant, 2008）围绕动物园和水族馆开展的研究中，身份认同相关动机是其研究重点之一，他们发现访问者“具有特定的与身份认同相关的动机，而这些动机直接影响他们进行访问的方式以及他们从经历中获得的意义”（p.3）。而在不同机构中，研究者发现了不同的档案模式。道森（Dawson）和詹森（Jensen）（2011）批评了这种将身份认同相关动机用作访问者细分的手段，他们认为必须要承认个体独有的动机与观念的复杂性，及其随时间发生的变化，乃至在变化背后交织的社会文化变量的存在。福克（2011）重申，访客体验是复杂的，而身份认同相关动机只是理解它的方法之一。詹森、道森和福克（2011）指出了利用理论模型的重要性，并提出应当采用混合研究方法来提高访问者研究的解释力。研究者需要开展更多利用与身份认同相关动机的研究来了解其优势和局限性，以确认其是否能够以及如何能够用以帮助机构改善访客的访问体验。

罗韦和尼克斯（Nickels）（2011）使用了由福克、莱茵哈德和同事（2007）开发的AZA工具来探索访客在三种非正规教育背景下（水族馆、科学中心和船上生态旅游）的身份认同相关的动机。该工具非常易于使用和分析，并且针对访客提供了更细致的描述，然而未能通过该工具加以区分分类的人高达将近半数，这说明许多人是具有多种动机的。罗韦和尼克斯认识到该工具已经过修订，使其更具歧视性，因此他们建议，“基于我们对身份认同的理论理解，它应当是动态的。有时候矛盾的出现，说明它已经超出了我们工具和技术所能对身份认同进行记录描述的掌控范围之外……（现有工具）倾向于根据人口统计学变量，以及或多或少固化了的个体特征来进行测量，而不是依据活动的主体、文化工具以及环境之间的复杂交互系统”（p.173）。将动机视为与人、地点和物体的“身份认同相关交互”（Paris & Mercer, 2002，引自 Rowe & Nickels, 2011）会直接关系到人们的自我表现，这可能更有助于澄清动机和身份认同，并提出制定更具包容性的措施方法，以了解当前受众并吸引新的受众。

校外旅行中的学习

长期以来，人们始终认为将学生带到教室之外观察和体验与科学有关的现象和过程，以及参加在校内不易开展的活动具有很高的价值。例如，在接受调查的英国教师中，有87%“完全同意”校外旅行可以“成为最有价值的教育活动之一”，而有

54%的英国教师“非常同意”他们希望自己能做得更多(QA Research, 2008, p. 10)。一项校外旅行研究综述揭示，学生在补充学校科学学习方面的效果取决于他们的带队老师(DeWitt & Storksdieck, 2008；Rennie, 2007 a; Rowell, 2012)。

安德森、克孜尔和斯托克斯迪克(Storksdieck)(2006)的报告指出，对美国博物馆、加拿大科学中心和德国天文馆进行实地考察之后，教师们的看法存在很多明显的相似之处。大多数教师认为，实地考察旅行是一种富有价值的体验，访问前后的活动是非常重要的，然而，很少有教师能有效地利用这些活动。在活动执行方面，需要克服的障碍包括成本以及如何使实地考察与他们繁忙的课程学习相适应。由此，能够证明如何进行调整以适应于课程，被认为是在组织旅行过程中解决上述难题的一个重要考量。但自相矛盾的是，尽管很多教师知道该怎么计划和应用策略确保旅行能够与课程有效结合，但却很少有教师这么做。一些博物馆教育者认识到了课程设置的重要性，并开始努力将展品映射到当地的课程目标之中，如罗韦尔(Rowell, 2012)在一项对加拿大12家机构项目进行的分析研究中指出了一个悖论：博物馆计划课程开发者希望创造出更具创新性的、有趣的体验活动，但是由于课程设置的需求而受到了限制。与认知课程的学习结果相比，大多数教师对参观所产生的情感结果给予了更多的关注，但却在确保学生的经验与学校相结合的方面没什么作为。

一项针对以色列自然历史博物馆进行实地考察的研究(Tal, Bamberger, & Morag, 2005; Tal & Morag, 2007)发现，导游通常以知识传递的方式来与学生进行交流，然而教师却很少能够帮助学生进行思考，或要求他们将相关知识与日常经历进行联系。实际上，教师在计划或参加实地考察方面的参与度是非常有限的。班伯格(Bamberger)和塔尔(Tal)(2008)在与学生参观了三个博物馆和一个动物园之后也有类似的体会。他们主张教师在旅行经验建构方面应当更多地参与到课堂准备当中，在旅行期间积极参与活动，并在活动结束之后回到学校通过回访来了解参与者的体验。同样地，法里娅(Faria)和查加斯(Chagas)(2012)通过观察发现，在葡萄牙水族馆中进行引导性访问会导致学生、教师和水族馆资源之间的互动受限。在这一过程中，教师基本上变成了被动的观众。此外，教师的能动性也非常有限，他们既没有为学生的学习搭建脚手架，也没有设计任何活动前及活动后的任务。

戴维森(Davidson)、帕斯莫尔(Passmore)和安德森(2010)举例说明了教师参与户外实地考察的重要性，他们比较了两个7年级班级参观动物园的结果。除了学生们享受这次旅行外，教师A对学生的学习预期含糊不清，而教师V则明确地将本次旅行纳入了她关于濒危动物的科学课程中。在课堂上，教师A的讲授式教学与教师V的以学生为中心的教学方法形成了鲜明的对比，后者更加鼓励小组合作和学生的独立发展。在这堂课上，学生们在动物园中有了明确的学习目标，并顺利完成了参观前后的活动。在这两堂课中，对于学生来说都能够达到与朋友进行交流的重要目的，但是教师面对参观所采用的方式则影响了学习的成果。相较于教师A班级中的学生，教师V班级中的学生表现出了更强的学习能力，并在3个月后的回访中仍然能够牢记相关的学习收获。尽管对于两个班级来说，动物园的教育者们都进行了有关动物保护的介绍，但他们的介绍对学生活动的影响很小，其主要原因是学生所面对的不同的课程安排：在教师A的课堂上学生们玩得开心，而在教师V的课堂上学生们则能够学习濒临灭绝动物的知识。

活动过程的设计是参观结果的重要决定因素。安德森、潘达礼(Piscitelli)和埃弗雷特(Everett)(2008)展示了6至8岁儿童的安排与讲解员的安排之间是如何发生矛盾的，而这些潜在的矛盾则与内容(孩子想要讲故事，但讲解员想要谈论展览)、任务(孩子想看恐龙，但讲解员想护送孩子顺利通过画廊)以及时间(孩子希望继续探索，但队伍需要继续前进)有关。安德森及其同事认为，活动过程冲突有可能影响儿童的学习经历。尽管成年人有权与讲解员协商活动的过程，但人们仍然需要相当多的技巧去聆听儿童的需求，并通过协商最大限度地提高参观学习效果。

这种活动过程上的矛盾应当引起人们对讲解员和博物馆教育者教学技巧的关注。特别是他们的教育工作是通过机构内的展览品来传达知识的，但是他们的教育背景的差异很大，且经常在馆中扮演着各种各样的角色(Rowell, 2012; Tran, 2008)。特兰和金(King)(2007)对博物馆教育者的教学内容和知识进行了调查，根据结果他们认为，这些知识被看作是提高他们专业化程度的基础，而他们的角色更多的应当是知识的调解员而不是灌输者。阿什、隆巴那(Lombana)和阿卡拉(Alcala)(2012)描述了一项研究，他们鼓励博物馆教育者进行自我反思，将自身的角色从知识传授者转变为学习脚手架搭建的促进者，并在此过程中与参观者一起分享知识。此类研究也认可了讲解员在有效参观成果达成上所具有的贡献潜力。

班伯格和塔尔(2008)采访了50名6至8年级的学生，这些学生在三个博物馆和一个动物园中有选择地参观体验了其中的一个。他们将研究结果归类为：以科学为导向(包含科学内容知识、具体经验、连接知识)、以社会为导向(涉及学生与学生的互动以及指导学生与学生互动，可能是正面的或负面的)和以兴趣为导向(个人相关性，情感投入，重访意愿，丰富经验)。研究结果在不同的环境中也表现得有所不同。例如，与其他机构相比，在有导游带队的动物园参观活动中，能够更加激发学生的学习交流和成果获取，对学生而言也更有意义。在这种情形下，展品和填充动物标本可以使他们更积极地参与到活动中去，但是也减少了活动的目标指向性。班伯格和塔尔(2007)发现，学生在参观博物馆时的选择程度会影响其参与和学习的性质。通常在没有选择时，只有很少的个人互动可以为学生提供信息；而自由选择可以导致大量的群体互动，但却没有明确的活动目的；有限的选择——例如利用选择性任务单来安排学生的活动，能够帮助学生构建学习脚手架并鼓励他们更深入地参与相关互动。有趣的是，在所有情况下，学生都会将自己的生活经历与他们观察到的联系在一起，尽管这个行为在指南、教师或任务单中都很少被提及。在另一项研究中，塔尔(2012)安排了两名教师与几位家长一起参与他们6年级的课程。课程被安排在生态园中，学生4至5人并分配1位家长组成小组共同参与活动，整体类似于以家庭为单位的、自由选择性的生态园游览活动。塔尔发现学生们非常投入，能够提出问题并反思他们所观察到的现象，根据老师的反馈，同学们获得了可观的学习成果，以及其他一些积极的社会和情感认知体验。塔尔认为这种校外学习是促进有意义地学习目的的有效方法。

在其他探索与选择相关的研究中，王尔德(Wilde)和乌哈(Urhahne)(2008)设计了与鸟类和鱼类内容相匹配的开放式和封闭式的任务单，供有能力的5年级学生在参观自然历史博物馆时使用。通过任务单的使用，学生能够获取一定的知识，而这些知识在一个月内会有轻微的遗忘。与开放式任务单相比，封闭式的任务单对学生来说感觉更有趣，也更有动力去完成，这可能是因为这种封闭式任务单本身比较容易，且在完成上耗时更少。斯塔鲁瓦（Stavrova）和乌哈（2010）对一个由能源馆举办的以讲解为主题的展览进行了修改和调整，包括融入更多的小组任务、更积极的参与性激发、以及更多地使用封闭式提问的任务单来取代开放式的任务单。随后，一项针对8年级和9年级学生的修改前后的学习结果调查比较发现，虽然两者都显示出能够促进学生知识的增长，但经过修改的活动能够使学生更具有参与的动力和兴趣。

通过对福克和迪尔肯（2000）的情境学习模型以及克孜尔（2003）的学校参观任务单进行分析，莫滕森和斯玛特（Smart）（2007）提出了一种任务单设计方法。他们认为任务单应当是低密度的（以便参观者进行个人探索和群体互动），任务单中应包含有助于学生定位目标的线索，任务完成方式也应该更灵活，在表中要强化小组合作和观察而不单单是阅读提取信息，且具有较高的选择水平，能够采用各种回应形式，强调概念而非事实，并能够做到认知水平与学习者的年龄和发展水平相匹配。莫滕森和斯玛特让教师使用一份现有的“陪伴指南”聚焦当地课程，设计适合他们标准的“自由选择”小组任务单，并带领4年级的学生参观五个展览。在使用该指南的小组中，学生针对课程目标交谈的水平更高，解决的学习任务类别更多，并且能够获得的学习机会也更多。

兰德勒（Randler）、库默（Kummer）和威廉（Wilhelm）（2012）研究了德国动物园的参观结构组成，他们将845名5年级和6年级的学生分成了四个体验组。其中对照组是无组织的参观，第二组是由动物园向导带领的参观，剩下的两个组则都采用了小队参观形式，这其中一个小队以教师为中心进行总结，而另一个小队则采用了同伴指导。研究者在参观动物园之前、参观后第2天和第6周后分别对学生进行了知识测试，所有实验组的得分均高于对照组。动物园向导小组在访问2天后获得最高分，但教师为中心总结的小组在6周后测试得分最高。兰德勒和同事得出的结论是，对于习惯小组合作学习的学生来说，以学习者为中心的方法是很有价值和效果的。多恩（Dohn, 2013）在对丹麦动物园进行为期一天的结构化访问期间，对12年级生物学专业的学生进行了研究。他发现，学生在小组实验过程中动手参与、与同学进行交流、享受创新的环境，这些因素都能够让学生在“单调”的课程学习中找到更加积极的体验。

德威特（Dewitt）和霍恩施泰因（2010a，2010b）探索了交谈（尤其是提问）作为学习模式的重要性。他们与9至12岁之间的学生进行了对话，其中一部分学生的对话发生在参观英国或美国的科学博物馆期间，另一部分则发生在进行后续相关课程的教室中。学生的交谈水平反映出了对展览或者学校课程内容的认知和情感参与度。谈论主要是合作性的，而在具备更多开放性问题的博物馆环境中，学生的这种谈论水平表现得更高。德里斯科尔（Driscoll）和朗兹（Lownds）（2007）在一个儿童花园中描绘了一面“奇妙的墙”，儿童在该花园中张贴了有关他们活动的一些问题。这些问题或者是询问一些基本信息（占50%），或者是暗含了“惊叹”（占50%），需要通过寻求解释来增进理解，而所有上述问题均会由花园中的教育工作者来解答。作者推荐这种方法作为一种不具威胁性的方式，让孩子们能够提出问题并促进他们的学习，同时也能够向教育工作者提供一些反馈。

关于实地考察的研究仍然在继续。在本节引用了一个例子，并且前文也提及了一些使用数码媒体的最新研究案例。总而言之，该研究建立在一些先前综述的成果基础上，并且已经得到了证实。研究人员强调，对教师进行持续的访前、访中和访后指导是非常有必要的。经过精心设计的游学将产生非常有效的成果，这种精心设计包括参观地点的教育工作者和教师之间的交流、能够让学生体会主人翁精神的明确目标，以及足够的脚手架搭建来促进学习而不是扼杀学生的参与性等。然而仍有大量证据表明，许多教师尚缺乏充分的利用校外学习机会的技 能(Anderson et al., 2006; Griffn, 2012; Morag & Tal, 2012; Rennie, 2011; Rowell, 2012)，而这种技能的缺乏则会影响学生的学习效果。

支持教师利用校外资源进行科学教学

帮助教师有效利用校外活动资源需要考虑两个方面，一方面是要建立教师对其学科知识和教学知识的自信，另一方面是要发展教师帮助学生在非正规环境中进行学习的技能。研究已经探索了将非正规科学教育纳入职前教师教学计划的一部分的潜力，许多博物馆也基于此目的与大学建立了合作关系。菲利普斯(Phillips)、芬克尔斯坦(Finkelstein)和韦弗-弗雷里希斯(Wever-Frerichs)(2007)对美国524所非正规科学机构进行的一项调查发现，除了为学生提供课程之外，还有59%的科学机构也为教师提供职业发展课程，其中超过三分之一的项目是针对职前教师的，目的在于增加教师的学科知识和/或改善他们的教学法知识。古普塔(Gupta)和亚当斯(Adams)(2012)描述了三个国家(或地区)的不同种类的长期课程，这些课程为职前教师提供了在博物馆环境中工作的机会。麦金尼斯(McGinnis)及其同事(2012)对在教师备课中使用非正规科学教育的相关研究进行了整合。这两项研究均认为，非正规教学确实有助于教师提高对科学的自信心和兴趣、获取科学知识以及在不同背景下使用不同策略进行教学。这些实践的确能够有助于职前教师的技能发展，但其内在的挑战在于他们如何将获得的技能应用到学校的科学教学中，以及怎样有效地组织实地考察。

许多在职教师，甚至是那些具有丰富学科知识和教学知识的教师，也需要获得支持来帮助他们有效地利用非正规科学学习方法。菲利普斯及其同事(2007)发现在他们调查的非正规科学机构中，42%的机构能够提供资源来帮助教师将他们的科学课程与学校实地考察的经历联系起来，这是一种广泛使用的推广手段。但研究证据表明，许多教师需要在指导下才能够利用这些材料(Rowell，2012)。德威特和奥斯本(Osborne)(2007)提出了一个框架，建议博物馆教育者在某些方面给教师提供支持，包括参与设计参观前后的活动，以及确保博物馆参观与学校科学教育结合起来的方法等。梅尔伯(Melber, 2008)为小学教师提供了一项研究性指南，目的是确保学生能够参与到实地考察中，并提高他们的学习成果。

有很多项目都致力于帮助教师计划和成功实施实地考察。塔尔、莫拉加(Morag)(2009)和5名职前或在职教师合作，为他们在户外生态花园开展的活动提供支持，并帮助他们反思教学经验，以此解决他们信心不足的问题、建立他们的教学知识、并让他们认识到精心的课前准备的重要性。格里芬(Griffin, 2012)对职前教师的正规课程和在职教师的专业发展课程分别进行了描述，两种课程都致力于将学校组织的博物馆之行在参观前、中、后的学习活动进行整合，培养学生自主学习的技能。在具有较好的支持和合作的环境中，教师能够通过参观博物馆的经验认识到明确参观目的的重要性，知道给予学生主人翁意识和选择权的重要价值，从而提高教师成功进行校外考察活动的能力。

博物馆与学校之间进行长期合作通常会有很好的效果，但这需要花费较多时间来对双方合作进行发展。克孜尔(2010)使用实践共同体的方法分析了水族馆和附近小学进行正规合作的一个项目。学校班级中的学生可以免费进入水族馆，水族馆的教育者则会到学校参观授课。当双方互相了解了各自的情况，并合作探索如何使他们的互动相互促进之后，像课程内容、时间压力以及教师与水族馆教育者之间沟通不畅等相关问题的出现频率就会越来越少。到第二年，在水族馆教育协调员的协助下，随着两个实践共同体的重叠，这种关系已经发展为成功的合作关系。在此过程中，水族馆协调员担任起了两个实践共同体的调解员的职责。拉姆(Rahm, 2012)描述了一个科学中心为学校提供材料和支持让其参与到机器人项目的研究。但是，由于该项目的意图并不符合学校的实际情况，特别是对时间的要求，因此该项目于四年后终止了。拉姆运用活动理论揭示了这个项目在运作中所暴露出来的紧张和矛盾关系。拉姆表示，有相同目标的共建项目是开展有效的学校博物馆合作的必备条件。罗韦尔(2012)还提倡把活动理论作为分析学校博物馆项目的一种手段，因为活动理论强调协作转型，而协作转型可以帮助解开博物馆教育者、在校学生、教师以及他们的团体之间的复杂的关系网络。

社区科学与家庭生活

年轻人可以接触到一系列社区组织的科学学习资源，这其中包括公民科学项目、课后科学和科学俱乐部、科学展览和竞赛、科学节和类似相关活动、科学剧院和其他表演等。由于篇幅限制,本章不再关注通常与学校教育相关的正规结构化活动，例如课后科学(见Afterschool Alliance, 2011)和科学展(见Bencze & Bowen, 2009)，以及那些不是专门针对青少年的活动，如公民科学(见Dickinson & Bonney, 2012)。相反，本节只着重关注与家庭生活相关的非正规科学活动。

日常活动中的科学

当儿童在进行玩耍、家务劳动和发展个人兴趣爱好时，科学常常隐含在这些家庭活动当中，然而却很少有人认为它们是科学。除了学校的家庭作业外，很少有人会把家庭活动与学校中的科学联系起来。齐默尔曼和贝尔(2012)访谈了13名4年级和5年级的学生，并在访谈中涉及了36种不同的活动，包括家庭、学校、社区和媒体等。他们发现，学生能够看到日常活动与科学间的联系，但却对科学有不同的定义。一些人把科技的使用和科学产品，如电，视为科学；另一些人则把任何与知识建构或通过探究学习新知识的相关内容视为科学。一些具有科学相关爱好的孩子能够在许多日常活动中看到其与科学的联系。齐默尔曼(2012)通过观察一个女孩从4年级到7年级进行的一系列家庭活动和业余爱好活动(尤其在动物护理方面)，来了解学生是如何进行科学学习的。这个女孩参与了与生物学相关的科学实践，通过观察、喂养、触摸动物以及研究有关动物的信息，她逐渐成了仓鼠方面的专家。虽然她以动物专家的身份看待自己，并且也很喜欢这个称谓，但她并不希望自己被认为是一个科学工作者，因为她觉得缺乏活动的科学课是很无聊的。年轻人常常希望自己能够以他们认为重要的方式得到认可，而这一观念让学校科学和其他地方科学之间的潜在重叠产生了许多问题。科学身份认同的发展是一个复杂的过程，包括自我意识、科学意识、科学在日常家庭生活（Aschbacher, Li, & Roth, 2010）和其他基于社区的活动(McCreedy & Dierking, 2013) 中被使用和支持的方式。

为了帮助父母与孩子一起参与科学相关的活动，里丁格尔（Riedinger, 2012）列出了一些家长带孩子去非正规科学机构时可以使用的策略，例如帮助孩子们仔细观察，提出开放性问题，测试他们的想法，以及激发孩子的兴趣和热情，这些策略可以适用于任何形式的家庭活动。卢克（Luke）和麦克雷迪（McCreedy）(2012）报道了一个博物馆项目，该项目旨在帮助生活在服务欠缺的社区的父母更多地参与他们5至10岁的孩子的教育。该项目提供了一些活动，包括在学校或博物馆中为家长、教师和孩子提供学习科学的机会；在家庭中为父母和孩子开展协作活动；在社区或学校为家长、教师和孩子们开辟花园等可以聚集在一起的活动空间。卢克和麦克雷迪发现，当父母们获得了资源和机会，他们就可以参与到孩子的学习中来，并且他们对科学也有了更多的了解。这个项目为家长和教师提供了一些打破“障碍”的工具，例如打破学校和家庭之间的权力差异，缓解家长在帮助孩子完成学业时感到的不适。

科学节及演出

学生常常会与家人或同学一起参加各种科学节。科学节是多种多样的、能够促进科学发展的公共活动，如演讲、辩论和各种与科学有关的其他活动，这些活动可以在各种场所举行，通常能够持续一段时间，如一个周末或一周的时间。巴尔蒂图德(Bultitude)、麦克唐纳(McDonald)和库斯特德（Custead）(2011)通过回顾一系列国际科学节的特点指出，这些活动的组织方式、目标受众和活动类型具有显著的多样性。

增加与科学节有关的评估工作正逐渐成为一种趋势，但其中大多数是非正规的和内部的，特别是当预算较少的时候。数据通常集中在参与者的数量和群体以及活动的质量上，包括参与者是否喜欢这些活动、是否觉得这些活动有趣和/或鼓舞人心、是否认为自己学到了新东西。例如，在2012年英国国家科学与工程周（British National Science and Engineering Week）的评估调查表中，近83%的人声称自己学到了新东西，59%的人认为他们会在活动结束后继续谈论科学与工程(英国科学协会[British Science Association]，2012)。巴尔蒂图德及其同事(2011)指出，如果能够在组织者之间分享一些更有针对性的评估是大有裨益的。然而目前还没有太多相关研究对长期参加科学节所产生的影响进行说明。

巴尔蒂图德和萨尔多（Sardo）(2012）对在英国举行的三场活动中的参与者进行了访谈。这三场活动分别是“实践中的物理学”“生物多样性调查”以及“游击科学”。其中第一个活动是一个为期三天的家庭节日的一部分，其中展示了很多物理学实验；第二个活动是一项持续30个小时的活动，目的是让科学家和志愿者在特定的地点进行物种识别；最后一个活动则是通过年轻的科学传播者把科学带到持续三个下午和晚上的音乐节当中。在参加前两场活动并接受采访的60名学生中，有三分之二的人并不是专门来参加科学部分的活动的，他们倾向于把它看作是娱乐与科学内容结合的活动。参与者们非常享受在非正规的环境中与“真正的”科学家见面，这也给了许多人一个重新参与到科学中去的机会。巴尔蒂图德和萨尔多的结论是，这类活动给观众提供了接触科学的机会，包括通常对科学兴趣不大的儿童。

三个多世纪以来，科学演出一直是传播科

学的一种有效手段。像迈克尔·法拉第（Michael Faraday）这样的科学家就曾借助该方法向观众们展示了他们当时的发现（Walker, 2012）。霍德（Hodder, 2011）指出，在过去的30年里，科学家作为表演者在科学中心、舞台和科学节上进行演讲的现象非常常见，从另一个角度看这其实也是一种复兴。霍德指出，"讲述科学故事"是许多单人、团体或展览演出会选择的主题。霍尔（Hall）、福兹（Foutz）和梅休（Mayhew）（2012）对新墨西哥州一个由青年领袖团队（Youth Leadership Teams）指导的咖啡馆科学项目进行了研究。鉴于青年生活中会面对许多种类的兴趣和活动，这些活动都在争夺他们的时间，因此在青年群体中进行科学项目常常具有比较大的竞争压力，该活动的实施也就面临着很多挑战，活动的步骤也在根据反馈不断地进行着改善。年轻人更喜欢不那么正规的、互动性强的演讲。霍尔和他的同事们使用了一个有近400个样本的对照组的研究设计，发现参与这个项目对科学兴趣、科学职业、科学家和科学日常生活知识、自我效能感以及科学的认知能力都有积极的影响。

齐默尔曼和贝尔（2012）讨论了青少年参与科学相关活动和实践是如何为未来学习科学提供"资本"或者资源的。阿彻（Archer）及其同事（2012）则探索了家庭与科学间的关系，发现了从"原科学"到外缘科学或不相关科学的观点。那些通过提供与科学相关经验和活动来支持、促进科学兴趣和愿望的家庭中的儿童们，更容易认同科学并考虑从事与STEM相关的职业，而这些家庭主要来自"中产阶级"，阿彻及其同事认为这些中产阶级拥有经济和"科学相关的资本"。相比之下，没有家庭积极支持条件，独自追求科学兴趣的孩子则更有可能脱离科学的学习。家庭与科学的关系是复杂的，且与社会阶层、文化和其他变量交织在一起，同时也与儿童的科学抱负和身份密切相关（Archer et al., 2012）。

从媒体中学习科学

人们通过电视、电影、广播、书籍和互联网等媒介进行娱乐，通过这些媒体访问自己感兴趣的事件和问题，并使用社交媒体与同龄人和其他人进行交流。移动数字设备的使用在当今几乎无处不在，对青少年来说更是如此。而"智能"手机的出现甚至还融合了相机、电视、收音机、电脑、GPS、音乐和视频库，以及游戏机为一体。随着可视化广播媒体、电脑游戏和印刷文字能够被方便地下载到数字设备上，传统媒体的分类变得越来越不明显。但是，为了方便，在这一节中，我们从媒体的视觉媒体、印刷媒体和数字媒体这三个方面来阐述课外的科学学习。

视觉媒体

尽管视觉媒体具有相当大的潜力，但是在最近关于校外媒体科学学习的研究却难寻踪迹。德英格拉（Dhingra, 2012）在电视上发表的一篇综合论文指出，科学知识的构建及其使用应该是科学故事讲述的核心。她提出了电视上与科学相关的四类故事：与公民科学相关的故事（主要是新闻）、纪录片、儿童教育节目和戏剧。通过对每种类型的研究进行总结，德英格拉认为电视可以成为一种有效的学习工具，但"了解电视观众的学习情况是很复杂的"（p. 1136）。德英格拉指出，孩子们对于"什么是科学""什么不是科学"的观点将会影响他们的认知背景，而这种认知背景又会进一步影响他们如何基于视觉经验来建构科学。

一些相关研究证明了这个观点是如何作用的。

奥普亚(Orthia)及其同事(2012)利用焦点小组调查了年轻人对观看科学含量丰富的《辛普森一家》(*The Simpson*)一集的看法。在访谈中，这些年轻人的回答大相径庭：一些人认为根本没有看到科学，而另一些人则看到了各种各样的科学解释。奥普亚及其同事将这种差异归因于观众利用自己的背景经验来填补故事情节中的空白，从而“具体化”了他们自己对科学的看法。巴尼特(Barnett)及其同事(2006)指出，学生在课堂上看到的科幻小说中错误的科学知识，会导致他们形成错误的科学认识。这一点不仅表明教师缺乏相应的技能来帮助学生批判他们看到的科学，同时也暗示了他们在校外观看电视和电影时也可能会导致这种误解。

科学和科学家在媒体中的代表是一个有趣的话题，因为角色榜样对年轻人未来的职业规划和选择具有非常重要的作用(Steinke, 2013)。然而，科学家却很少出现在这种虚构的电视节目当中。杜多(Dudo)及其同事(2011)分析了出现在黄金时段电视节目中并带有故事情节的2,868个角色的职业。通过2000年到2008年期间的数据可以看到，这些角色的职业中只有1%是科学家，而且大多数是“优秀的”而不是“不优秀的”，且多是白人男性。朗(Long)及其同事(2010)研究了14个电视节目中描绘的科学家形象，数据源包括他们认为在12到14岁的孩子中很受欢迎的戏剧、动画、教育节目和情景喜剧。这些科学家通常的形象是白人，聪明且未婚，此外男性科学家出现的次数和场景都更多，且他们都更有可能被描绘成独立和暴力的人。然而，男性和女性作为科学家的地位是相似的，当下的环境中性别模式化问题依然存在，不过好在科学家不再像过去那样被描画成书呆子的形象。而这与施泰因克(Steinke, 2013)研究的大众媒体下女科学家的表征基本一致。施泰因克认为，随着时间的推移，人们对科学家的描绘已经变得不那么刻板，但女性仍然未被充分予以表征。相比之前没有吸引力、书呆子的男性科学家代表形象而言，女科学家的形象和魅力都有所提升。施泰因克承认，影响职业选择的因素十分复杂，但他认为，STEM职业中女性的参与和正面描述可能会有助于学生将科学视为一种职业。褒曼(Bergman, 2012)对犯罪小说中三位女科学家在文学、电视和电影中的表现进行了探索，并谨慎说明了尽管女性在她们的领域被认为是非常聪明的、有技能的且热爱工作的，但是她们却经常会被自己的同事当作小孩或者性的对象。而她们工作中这些不太令人满意的方面，会让很多年轻女孩犹豫是否要把科学当成自己的职业。

印刷媒体

印刷媒体现如今仍然是校外科学信息的重要来源。学生除了阅读那些为他们设计的科学教科书外，还可以在小说和非小说类书籍、期刊、杂志、新闻报纸、小册子以及互联网上阅读有关科学的知识内容。对于年轻读者来说，像《可怕的科学》(*Horrible Science*)这样的系列丛书可以以一种积极但看似“无礼”的方式教授科学(A. Bell, 2011)。阿丰索和吉尔伯特(2013)从80个出版商那里查阅了193本英语和葡萄牙语的流行化学书籍，内容涉及从在家做化学实验到其他领域的化学应用、从化学家传记到日常生活中的化学。阿丰索和吉尔伯特通过要求大学生阅读一些书籍，从中发现插图、类比、详细解释、清晰的结构和给出实际的例子更有助于学生的阅读和理解。

通过任何媒介获取科学信息都需要将不熟悉的术语和概念转换成目标受众能够理解的语言。伦尼(2007b)展示了“科学家的科学”是如何转变成科学新闻故事供公众消费的，以及《自然》杂志头版文章是如何被赋予社会、情感和政治价值的。读者不仅需要理解书面语言的技能，还需要过滤隐含价值立场并确定所呈现科学的有效性的能力。维斯特加德(Vestergård, 2011)发现，丹麦的报纸上有关气候变化的期刊文章中有一半以上的内容存在不准确之处，约有十分之一的文章混淆了信息来源。这些不准确之处表明，对于缺乏批判性阅读技能和经验的年轻人来说，可能会在阅读的过程中产生误解。

麦克伦(McClune)和杰曼(Jarman)(2010)召集了一群媒体科学专家，共同确定了能够批判性阅读新闻报道的基本要素。这些要素包括科学知识、探究方法和科学事业；写作和语言知识；新闻实践知识、新闻的本质和报纸报道的特点；阅读和批判性思维能力；以及好奇和自信等态度；而年轻人需要外界的帮助来发展这些能力。杰曼、麦克伦、派尔(Pyle)和布拉邦特(Braband)(2012)研究了与科学新闻报道相关的图像，并确定了一系列可能从准备不足的表格、图形和图片中产生的误解。他们开发了可能适用于不同年龄学生的“学习意向”清单，并敦促将对新闻报道的批判性解读作为学校教育的一部分。麦克伦和杰曼(2010)警示道，“必须意识到媒体的主要目的并不是教育，而是告知、解释和说服，它通常情况下是用来娱乐的，而更核心的目的是为所有者谋取利益或至少确保经济上的价值”(p.748)，而这段引文中的原则适用于所有的大众传媒。学龄学生在校外几乎可以不受限制地接触媒体，有证据表明，大多数学生需要帮助才能学会以批判的态度对待媒体报道。

数字媒体

年轻人是数字媒体的巨大用户。奚(Hsi)(2007, pp.1513–1514)描述了“数字儿童”的属性，他们在使用电脑和移动设备玩游戏和进行网络社交时，也会去搜索信息，培养自己的技能和知识，并自愿花时间磨炼技术，从而娴熟地使用数字媒体和多个设备进行多任务处理。他们承担着不同的身份和角色，共同建构社会现实和规范，拥有媒体创作和在线表达所有权，利用他人创造的多媒体从事双向的知识文化生产活动，以及需要分布式团队合作才能解决的复杂工作。奚讨论了在这些数字环境中用来概念化学习本质的理论视角，重点讨论了社交网络、游戏玩法和在线身份开发方面的内容以及收集数据的方法。她指出，相比于校内的数字化活动而言，这些研究会更多地受到日常生活中活动的影响，并且当没有共同的教育目标设定时，研究中对于教育进程的衡量是非常困难的。这也就毫不奇怪为什么基于技术支持的校内学习相关研究比较多，却很少能找到基于数字技术支持的校外活动研究。

40多年前，电脑游戏最初是为娱乐目的而设计的，而现在则为了更广泛的目的不断开发设计。“严肃游戏”一词有时被用于那些为学习和行为改变而非娱乐所开发的游戏。当电脑游戏是积极的、体验式的、情境化的、基于问题的、并能够提供即时反馈时，学习常常是最有效的(Boyle, Connolly, & Hainey, 2011)。安妮塔(Annetta, 2008)认为需要“运用逻辑、记忆、解决问题、批判性思维技能、可视化和发现能力”的“严肃游戏”(p.231)有助于学生学习21世纪所需的媒体素养。

康诺利(Connolly)、博伊尔(Boyle)、麦克阿瑟(MacArthur)和海尼(Hainey)(2012)通过对一些具有教育意义的电脑游戏进行文献回顾发现了7,000多篇论文，但大多数论文描述的是游戏的潜力而不是对游戏结果的研究，更少有研究关注严肃游戏。

为数不多的研究证实，结果既有积极的一面，也有消极的一面。研究人员倾向于使用调查或准实验方法来检查积极的影响，主要体现为在游戏中获取知识并理解内容、在娱乐游戏中能够寻找情感动机。这些作者的结论是："对于鼓励游戏在学习中的应用而言，若要超越简单的模拟和解谜，这其中更重要的是更好地理解不同类型的游戏所能提供的任务、活动、技能和操作，并研究这些内容可能如何与期望的学习结果相匹配"(p. 672)。

角色扮演和模拟游戏是一种非常受欢迎的模式。当游戏涉及他人参与时，学习和思考就能够成为一种社交活动(Gee, 2007)。精心设计的角色扮演游戏为学生提供了一个虚拟的"学徒身份"，或者是他们原本无法接触到的学习体验。克拉西克(Krajcik)和蒙(Mun, 本书作者之一)描述了虚拟环境如何使学生访问真实的情境，在其中学生可以收集数据、解决问题和建立模型，而这些都是学习科学的重要技能。研究表明，在一个支持性的教育环境中数字游戏也可以产生学习效果，但如果在业余时间玩，潜在的学习可能就要取决于游戏中呈现概念的性质，并且需要向玩家提供将学习转移到新环境中的理由。当下的手机可以下载大量的电子游戏或应用程序，这些程序设计精良引人入胜，具有很好的学习科学概念潜力。例如策略游戏《瘟疫公司》(*Plague Inc.*)的游戏目标是设计一种能够感染地球上所有人的疾病(E. Smith, 2012)，玩家通过游戏能够了解疾病的传播和预防知识。这些游戏的受众非常广泛，不仅是针对年轻人。但是很难找到对这些游戏的校外使用学习效果进行测量的研究。

便携式无线连接的移动设备为"跨不同环境的连续学习体验"提供了机会，陈(Chan)及其同事(2006, p. 6)将其描述为"无缝学习"，而这一领域需要大量的研究来加以阐明。王(Wong)和鲁伊(Looi)(2011)通过对54篇论文的文献回顾发现，在术语(包括正规或非正规学习环境)和研究中考虑的学习维度方面存在相当大的差异。如前所述，很少有研究是在非正规的环境下进行的，且其中大部分涉及实地考察。宋(Song)、王和鲁伊(2012)在一项新加坡基于目标的课堂教学联合项目中，对小学生生命周期学习进行了纵向探索，这其中包括了课堂教学、农场实地考察和后续活动。每名学生每天24小时都可以使用智能手机，宋和他的同事称其为"学习中心"，用以协调学校、家庭和农场之间的无缝体验。他们为这款智能手机量身定制了使用说明和任务单，学生们可以用它来拍照、绘制动画草图和进行网络搜索。学生可以选择学习什么生命周期，如何进行研究，以及如何展示自己的工作，从而展示移动学习环境如何支持个性化学习，而这种支持不仅体现在学习内容上，还可以体现在学习发生的地点上。王和鲁伊(2011)将其描述为"跨时间和跨地点"(p. 2369)的建构主义学习。王(2012)将这一概念总结为"在技术的引导下，无缝学习者应该能够探索、识别和抓住日常生活空间可能提供给自身的无限机会，而不是总是被外部定义的学习目标和资源所限制"(p. 22)。

舒克(Schuck)和奥比松(Aubusson)(2010)探索了互动式网站和社交网络的教育意义，这些资源允许人们在虚拟世界中分享想法并参与活动。与奚(2007)等人一样，他们认识到有必要将这些途径视为合理的学习活动，并相应地重新审视学校教育。陈及其同事(2006)推测，一对一技术强化学习在学校普及可能需要一段时间。他们认为，移动设备的广泛使用可能会成为改变学生在校内和校外学习方式的一个转折点，因为它们跨越了正规和非正规环境之间的界限。无论新技术以何种方式应用于正规学校教育，变化都可能是缓慢的，且更多的直接影响将发生在校外。评估结果对研究人员提出了新的挑战，这种挑战不仅体现于学习如何发生，而且还体现于潜在的误导和错误学习。布罗萨德(Brossard)和薛佛乐(Scheufele)(2013)警示，通过互联网传播中立的科学故事可能会受到社交网站上社会评论的语气的影响。他们强调，在一个网络社交可以影响公众对科学看法的时代，如何最好地在网上传播科学，需要进行严格的实证研究。

对研究、实践和政策的启示

非正规科学教育对STEM学习和参与的贡献使这一领域的研究得以继续下去。过去几十年所取得的进展标志着这一领域的成熟，并使人们相信其研究结果的重要性，但各非正规科学教育提供者之间仍然存在着差距，仍需各提供者提供巩固与合作的机会。

对校外学习研究的启示

研究表明，校外活动产生的影响的性质是可变的，但导致科学学习成果的因素却变得更加清晰。其中一个相关因素是参与有意义的情境。当年轻人参与活动是有目的性的、长期参与或反复进行的时，从科学相关的经验中产生学习的可能性会更高，例如面对面或在网上与家人和朋友讨论，就能够使这些经验被记住、演练和反思。如果校外学习是为了补充学校的科学课程，那么学生则需要充分的结构来为他们积极愉快地参与校外体验和巩固课堂活动做好准备。围绕教师在校外游学情境下的贡献，以及讲解员、导游或博物馆教育者的贡献所展开的研究源源不断地揭示了多种成果，这些成果关乎教师议程的本质及其在实践中有效使用的程度。如果讲解员和/或教师在适当的时间为学生提供脚手架，则将更有可能产生高层次的认知学习。让教师和博物馆教育工作者们更多地进行合作来支持学生学习已经成为一个重要的研究点，而这个研究点仍旧充满挑战。

第二个相关因素是有意义的交流。尽管在理解校外参与科学相关活动是如何产生意义的这一方面已经取得了很多研究进展，但仍有很多值得探索的途径。在这一章中曾多次出现使用故事进行隐喻，来解释科学如何被转换成一种能够被目标受众理解的形式(如展览、电视节目、新闻报道)。把科学知识转化成能够让受众群体理解的语言是很困难的，这需要我们对目标受众群体有清晰的认识，并且能够对有效交流进行明确的评估。

在这里，一个反复出现的问题是需要一种有效的方法来对结果进行评估。而这种影响效果的建立可能需要花费大量的资金，例如对活动提供持续的支持，或者在实施项目时同时提供多种方法以供选择。2012年6月，美国国家科学院科学教育委员会(Board on Science Education at the National Academies)与哈佛教育项目，课后活动与适应能力(Harvard Program in Education, Afterschool and Resiliency)合作，召开了一次非正规和课外科学学习评估峰会(Summit on Assessment of Informal and Afterschool Science Learning)。受委托撰写的论文一致认为，效果评估需要与参与度、学科知识和技能相联系，并且建议采用两个层面的评估方法，一个层面提供更宏观的蓝图，另一个层面则以更细密的方法来捕捉特定项目的细节。尽管很多相关文献中(Friedman, 2008; GLO; P. Bell et al., 2009)提供了一些框架，但对校外科学经验而言有关成果性质、成果指标以及支持这些框架的证据都还有待阐明。关于有效成果测量的更广泛使用将会促进这一领域的长足发展。

本章提到的许多研究都对校外学习特定环境下的非正规科学教育的一些具体方面进行了考察。而致力于在非正规教育的不同场所之间、甚至在同类机构之间建立联系或协作的研究却不太常见。一个重要但容易被忽视的观点是，所有这些资源作为同一社会基础结构的一部分，都在朝着同一个目标努力。他们的很多目标都是一致的，如激发公众对科学的兴趣并对他们进行教育。由维康信托基金会（Wellcome Trust）委托撰写的两份相关报告（Falk et al., 2012; Lloyd et al., 2012）通过对该领域进行全国范围的考察对这一观点进行了探索。他们发现，将近三分之二的资源提供者认为，他们的工作是把科学与国家或地区课程结合起来，激发学生对科学的兴趣，并/或为教师提供专业发展的支持。即便如此，福克和他的同事们以整个英国科学教育系统（包括学校）的社区生态做了一个类比，他们指出，从本质上讲，这些多样化的机构是在个人层面上运作的，其间很少有交互作用。数据显示，在正规和非正规团体之间，一个团体往往会对另一个团体成员的作用和能力了解不足，甚至不尊重另一个团体的成员。福克及其同事（2012）得出结论，非正规学习经验的提供者需要将自己概念化为“一个复杂的、相互关联的系统”的一部分，并在实践中变得“更具反思性和循证性，以帮助其获得更复杂的科学模型和价值，并意识到科学是如何被学习的，以及什么会使科学变得有趣和有吸引力”（p. 17）。两份报告综合建议制定措施，让科学教育提供者之间能够建立更强大、更一致的身份。维康信托基金会对这些报告（Matterson & Holman, 2012）的反思大体上支持了这些观点，并指出“非正规团体在使用理论和研究方面存在局限性，因此需要更有效地收集证据，在分享知识和专业技能方面变得更为专业”（p. 7）。

本章的研究建议，这些相关反思不应仅仅局限在英国范围内，而应当扩展到更广阔的范围中。在每个团体中，建立一个可由提供者公开存取的数据库，将能促进正规和非正规机构和组织之间进行有效联系。通过寻找能够系统地评估非正规部门影响的方法，可以建立起更综合、更有效的证据基础，而这些证据基础可以被用于支持部门进行宣传——因为大多数非正规提供者都需要资金来维持其活动组织。一些有关强调如何缩小差距的研究计划则可能有助于在非正规学习中帮助那些目前服务不足和难以接触的群体。

对实践和政策的影响

对于当下的研究来说，应当把学校学习和课外学习之间的差异放下，是时候打破科学学习中的这种人为隔阂了。校外体验科学为未来的科学学习和参与提供了“基于科学的资本”（Archer et al., 2012）或“资产”（Zimmerman & Bell, 2012）。在这两个部分之间建立桥梁，是提高学生在学校和以后生活中对STEM理解的有效方法。斯托克梅尔、伦尼和吉尔伯特（2010）探索了正规机构和非正规机构之间关系的模型，并使用了莫耶（Moje）、科拉佐（Collazo）、卡里洛（Carillo）和马克思（Marx）（2001）提出的学校和社区的文化世界之间建立的第三空间概念，这表明最有希望但仍具挑战性的关系将是“正规机构将非正规机构的职能纳入其日常工作，从而为科学教育创造了一个‘第三空间’”（p. 29）。斯托克梅尔及其同事从广泛的综述中提炼出了鼓励非正规机构学习的要素（p. 25），并提出了将这些方面逐渐纳入学校科学的方法，从而填补了第三空间。这些作者认识到，正规教育系统通常对变化是比较抵触的，因此他们主张从整体层面上由学校系统进行驱动是唯一可行的解决办法。他们还注意到，新技术将在渗透正规和非正规学习环境之间的界限方面发挥重要作用。

由于包括互联网在内的数字媒体使无处不在的交流成为可能，从而威胁到了学校和博物馆等教育机构作为获取科学知识(和其他事物)的信息源的需求。便携式设备的使用鼓励了博物馆内参观和馆外参观的社会互动。乌科(2013)在这种变化的环境中讨论了科学中心的未来，他的观点在各类博物馆中都具有重要意义。这些机构的优势在于它们“创造有意义的、以社会为媒介的学习体验的能力，而这些体验在网上、家中或学校内都无法被轻易复制”(p.23)。这些机构通常规模宏大，可以让学生进行沉浸式体验、接触科学家和工程师、进行研究，并且提供大量位于博物馆中的“工匠”“制作”的体验区域。乌科(2013)对此抱有乐观态度，他认为“利用这些方法将加强科学中心在社区中的作用，帮助它们在不断扩展的STEM学习生态中占据重要地位”(p.28)。未来将会告诉我们，技术将如何很好地融入博物馆的环境，以及如何有效地利用技术来跨越鸿沟或至少将正规机构和非正规机构相连接。

那么把各个机构部门相连接，是不是就意味着需要一个统一的理论基础？针对这一问题，斯法德(Sfard, 1998)解释说，“学习理论和所有的科学理论一样，来来往往新旧交替”(p.4)，这在校外学习的研究中更是明显。斯法德通过将习得隐喻与参与隐喻进行对比阐述了两种学习隐喻。前者从个人的角度进行学习，将个人视为知识的获取者或接受者，而后者则更关注知识的公共构建，个人是其中的参与者或学徒。校外领域的研究反映了这些隐喻，如“概念”“意义”“感知”“发展”和“建设”等关键词代表学习的个体作为一个接受者的身份参与其中；而“情境”“语境”“社会中介”“话语”和“沟通”等关键词则代表学习者在学习过程中以参与者的身份参与其中。斯法德反对将这两个隐喻进行分离，或将它们作为相互竞争的观点。相反，她主张在两种隐喻中和平共处。尽管它们在本体论上存在差异，但它们都具备各自的优势，并且都能够对研究有所贡献。此外斯法德(1998)认为，“我们的工作必然会产生一个拼凑的隐喻，而不是一个统一的、同质的学习理论”(p.12)。校外科学学习也是如此。

福克及其同事(2012)的研究和菲普斯(2010)的综述以及本书第一版的章节(Rennie, 2007a)都揭示了该领域中存在的各种研究方法。除了占主导地位的社会文化和建构主义观点外，该领域较新的观点是活动理论(Rahm, 2012)、身份理论(Falk, 2006)、网络志(Goulding et al., 2013)和使用GPS跟踪游客(Moussouri & Roussos, 2013)。由于研究人员采用了不同的视角，因此很难将这些研究结果整合到一个连贯的、统一的工作体系中。但是换个角度来看，也许这并不重要。很可能在这个多样化的领域中，通过使用多种理论方法来形成一个更完整但不统一的学习图景，这种手段是有可取性的。在研究及其报告中，陈述一个人的理论立场或观点，比争论它是正规的还是非正规的更重要。此外，明确研究目的以及如何在其中定义学习与支撑研究的理论视角是相互依存的。尽管菲普斯(2010)指出，她所评论的96%的文章可以放在一个理论框架内，但她发现“许多作者在他们对学习的定义或他们研究的理论基础上没有明确的定义。许多研究理论基础会‘巧妙’隐藏在研究问题的措辞或结论的结构中”(p.17)。不管是否巧妙，部分研究人员在确保他们工作理论基础、研究问题和研究设计(包括数据收集和分析)明确连贯，以及将研究的这些方面联系起来、思路清楚地表达出来等方面上确实存在着松懈现象。提供这些信息对于帮助读者理解研究人员的立场，如何解释他们的结果以及明确结果的可信度至关重要。

致谢

感谢理查德·莱勒(Richard Lehrer)、约翰·吉尔伯特(John Gilbert)和苏珊·斯托克梅尔(Susan Stocklmayer)对这一章的审阅。

参考文献

Achiam, M.F. (2013). A content-oriented model for science exhibit engineering. *International Journal of Science Education, Part B: Communication and Public Engagement, 3*(3), 214–232. doi:10.1080/21548455.2012.698445

Afonso, A.S., & Gilbert, J.K. (2007a). Educational value of different types of exhibits in an interactive science and technology center. *Science Education, 91*(6), 967–987.

Afonso, A.S., & Gilbert, J.K. (2007b). The nature of exhibits about acoustics in science and technology centers. *Research in Science Education, 38*(5), 633–651.

Afonso, A.S., & Gilbert, J.K. (2013). The role of "popular" books in informal chemistry education. *International Journal of Science Education, Part B: Communication and Public Engagement, 3*(1), 77–99.

Afterschool Alliance. (2011). *STEM learning in Afterschool: An analysis of impacts and outcomes.*

Allen, S. (2004). Designs for learning: Studying science museum exhibits that do more than entertain. *Science Education, 88*(Suppl. 1), S17–S33.

Allen, S., Gutwill, J., Perry, D.L., Garibay, C., Ellenbogen, K., Heimlich, J.E., ... Klien, C. (2007). Research in museums: Coping with complexity. In J.H. Falk, L.D. Dierking, & S. Foutz (Eds.), *In principle, in practice: Museums as learning institutions* (pp. 229–245). Walnut Creek, CA: AltaMira Press.

Anderson, D., Kisiel, J., & Storksdieck, M. (2006). Understanding teachers' perspectives on field trips: Discovering common ground in three countries. *Curator: The Museum Journal, 49*(3), 365–386.

Anderson, D., Piscitelli, B., & Everett, M. (2008). Competing agendas: Young children's museum field trips. *Curator: The Museum Journal, 51*(3), 253–273.

Anderson, D., Storksdieck, M., & Spock, M. (2007). Understanding the long-term impacts of museum experiences. In J.H. Falk, L.D. Dierking, & S. Foutz (Eds.), *In principle, in practice: Museums as learning institutions* (pp. 197–215). Walnut Creek, CA: AltaMira Press.

Annetta, L.A. (2008). Video games in education: Why they should be used and how they are being used? *Theory Into Practice, 47*(3), 229–239.

Archer, L., DeWitt, J., Osborne, J., Dillon, J., Willis, B., & Wong, B. (2012). Science aspirations, capital, and family habitus: How families shape children's engagement and identification with science. *American Educational Research Journal, 49*(5), 881–908.

Aschbacher, P.R., Li, E., & Roth, E.J. (2010). Is science me? High school students' identities, participation and aspirations in science, engineering, and medicine. *Journal of Research in Science Teaching, 47*(5), 564–582.

Ash, D., Crain, R., Brandt, C., Loomis, M., Wheaton, M., & Bennett, C. (2007). Talk, tools, and tensions: Observing biological talk over time. *International Journal of Science Education, 29*(12), 1581–1602.

Ash, D.B., Lombana, J., & Alcala, L. (2012). Changing practices, changing identities as museum educators: From didactic telling to scaffolding in the ZPD. In E. Davidsson & A. Jakobsson (Eds.), *Understanding interactions at science centers and museums* (pp. 23–44). Rotterdam, the Netherlands: Sense Publishers.

Association for Science and Discovery Centres (ASDC). (2010). *Assessing the impact of UK science and discovery centres: Towards a set of common indicators.* Bristol, UK: Author.

Association of Science-Technology Centers (ASTC). (2012). *2011 science center and museum statistics.* Washington, DC: Author.

Astor-Jack, T., Whaley, K.L. K., Dierking, L.D., Perry, D.L.,

& Garibay, C. (2007). Investigating socially-mediated learning. In J.H. Falk, L.D. Dierking, & S. Foutz (Eds.), *In principle, in practice: Museums as learning institutions* (pp. 217–228). Walnut Creek, CA: AltaMira Press.

Bamberger, Y., & Tal, T. (2007). Learning in a personal context: Levels of choice in a free choice learning environment in science and natural history museums. *Science Education, 91*(1), 75–95.

Bamberger, Y., & Tal, T. (2008). Multiple outcomes of class visits to natural history museums: The students' view. *Journal of Science Education and Technology, 17,* 274–284.

Barnett, M., Wagner, H., Gatling, A., Anderson, J., Houle, M., & Kafka, A. (2006). The impact of science fiction film on student understanding of science. *Journal of Science Education and Technology, 15*(2), 179–191.

Barriault, C., & Pearson, D. (2010). Assessing exhibits for learning in science centers: A practical tool. *Visitor Studies, 13*(1), 90–106.

Bell, A. (2011). Science as "horrible": Irreverent deference in science communication. *Science as Culture, 20*(4), 491–512.

Bell, P., Lewenstein, B., Shouse, A.W., & Feder, M.A. (Eds.). (2009). *Learning science in informal environments: People, places, and pursuits.* Washington, DC: National Academies Press.

Bencze, J.L., & Bowen, G.M. (2009). A national science fair: Exhibiting support for the knowledge economy. *International Journal of Science Education, 31*(18), 2459–2483.

Bergman, K. (2012). Girls just wanna be smart? The depiction of women scientists in contemporary science fiction. *International Journal of Gender, Science and Technology, 4*(3).

Boyle, E.A., Connolly, T.M., & Hainey, T. (2011). The role of psychology in understanding the impact of computer games. *Entertainment Computing, 2,* 69–74.

Briseño-Garzón, A., & Anderson, D. (2012). "My child is your child"; Family behavior in a Mexican science museum. *Curator: The Museum Journal, 55*(2), 179–201.

British Science Association. (2012). *Evaluation report: National Science & Engineering Week 2012.*

Brossard, D., & Scheufele, D.A. (2013). Science, new media, and the public. *Science, 339,* 40–41.

Bultitude, K., McDonald, D., & Custead, S. (2011). The rise and rise of science festivals: An international review of organised events to celebrate science. *International Journal of Science Education, Part B: Communication and Public Engagement, 1*(2), 165–188.

Bultitude, K., & Sardo, A.M. (2012). Leisure and pleasure: Science events in unusual locations. *International Journal of Science Education, 34*(18), 2775–2795.

Butt, S., Clery, E., Abeywardana, V., & Phillips, M. (National Centre for Social Research). (2010). *Wellcome Trust Monitor Survey report (September 2009 updated November 2012).* London: Wellcome Trust.

Chan, T.-W., Roschelle, J., Hsi, S., Kinshuk, Sharples, M., Brown, T., ... Hoppe, U. (2006). One-to-one technology-enhanced learning: An opportunity for global research collaboration. *Research and Practice in Technology-Enhanced Learning, 1*(1), 3–29.

Charitonos, K., Blake, C., Scanlon, E., & Jones, A. (2012). Museum learning via social and mobile technologies: (How) can online interactions enhance the visitor experience? *British Journal of Educational Technology, 43*(5), 802–819.

Clayton, S., Fraser, J., & Saunders, C.D. (2009). Zoo experiences: Conversations, connections, and concern for animals. *Zoo Biology, 28,* 377–397.

Clemence, M., Gilby, N., Shah, J., Swiecicka, J., & Warren, D. (Ipsos MORI). (2013). *Wellcome Trust Monitor: Wave 2.* London: Wellcome Trust.

Connolly, T.M., Boyle, E.A., MacArthur, E., Hainey, T., & Boyle, J.M. (2012). A systematic literature review of empirical evidence on computer games and serious games. *Computers & Education, 59,* 661–686.

Crilley, G. (2011). Visitor expectations and visit satisfaction at zoos. In W. Frost (Ed.), *Zoos and tourism: Conservation, education, entertainment?* (pp. 171–185). Bristol, UK: Channel View Publications.

Dabney, K.P., Tai, R.H., Almarode, J.T., Miller-Friedmann, J.L., Sonnert, G., Sadler, P.M., & Hazari, Z. (2012). Out-of-school time science activities and their association with career interest in STEM. *International Journal of Science Education, Part B: Communication and Public Engagement, 2*(1), 63–79.

Davidson, S.K., Passmore, C., & Anderson, D. (2010). Learning on zoo field trips: The interaction of the agendas and practices of students, teachers, and zoo educators. *Science Education, 94*(1), 122-141.

Dawson, E., & Jensen, E. (2011). Towards a contextual turn in visitor studies: Evaluating visitor segmentation and identity-related motivations. *Visitor Studies, 14*(2), 127-140.

DeWitt, J., & Hohenstein, J. (2010a). Supporting student learning: A comparison of student discussion in museums and classrooms. *Visitor Studies, 13*(1), 41-66.

DeWitt, J., & Hohenstein, J. (2010b). An investigation into teacher–student talk in two settings. *Journal of Research in Science Teaching, 47*(4), 454-473.

DeWitt, J., & Osborne, J. (2007). Supporting teachers on science-focused school trips: Towards an integrated framework of theory and practice. *International Journal of Science Education, 29*(6), 685-710.

DeWitt, J., & Storksdierk, M. (2008). A short review of school field trips: Key findings from the past and implications for the future. *Visitor Studies, 11*(2), 181-197.

Dhingra, K. (2012). Science stories on television. In K. Tobin, B.J. Fraser, & C. McRobbie (Eds.), *Second international handbook of science education* (Vol. 2, pp. 1135-1146). Dordrecht, the Netherlands: Springer.

Dickinson, J.L., & Bonney, R. (Eds.). (2012). *Citizen science: Public participation in environmental research.* New York: Cornell University Press.

Dierking, L.D., Falk, J.H., Rennie, L., Anderson, D., & Ellenbogen, K. (2003). Policy statement of the "Informal Science Education" Ad Hoc Committee. *Journal of Research in Science Teaching, 40*(2), 108-111.

Dockett, S., Main, S., & Kelly, L. (2011). Consulting young children: Experiences from a museum. *Visitor Studies, 14*(1), 13-33.

Dohn, N.B. (2013). Upper secondary students' situational interest: A case study of the role of a zoo visit in a biology class. *International Journal of Science Education, 35*(16), 2732-2751.

Driscoll, E.A., & Lownds, N.K. (2007). The garden wonder wall: Fostering wonder and curiosity on multi-day garden field trips. *Applied Environmental Education and Communication, 6*, 105-112.

Dudo, A., Brossard, D., Shanahan, J., Scheufele, D.A., Morgan, M., & Signorielli, N. (2011). Science on television in the 21st century: Recent trends in portrayals and their contributions to public attitudes toward science. *Communication Research, 38*(6), 754-777.

Eberbach, C., & Crowley, K. (2009). From everyday to scientific observation: How children learn to observe the biologist's world. *Review of Educational Research, 79*(1), 39-68.

Falk, J.H. (Ed.). (2001). *Free-choice science education: How we learn science outside of schools.* New York: Teachers College Press.

Falk, J.H. (2006). An identity-centered approach to understanding museum learning. *Curator: The Museum Journal, 49*(2), 151-166.

Falk, J.H. (2009). *Identity and the museum visitor experience.* Walnut Creek, CA: Left Coast Press.

Falk, J.H. (2011). Contextualizing Falk's identity-related visitor motivation model. *Visitor Studies, 14*(2), 141-157.

Falk, J.H., & Dierking, L.D. (1995). *Public institutions for personal learning: Establishing a research agenda.* Washington, DC: American Association of Museums.

Falk, J.H., & Dierking, L.D. (2000). *Learning from museums: Visitor experiences and the making of meaning.* Walnut Creek, CA: AltaMira Press.

Falk, J.H., Dierking, L.D., & Foutz, S. (Eds.). (2007). *In principle, in practice: Museums as learning institutions.* Walnut Creek, CA: AltaMira Press.

Falk, J.H., Heimlich, J.E., & Bronnenkant, K. (2008). Using identity-related visit motivations as a tool for understanding adult zoo and aquarium visitor's meaning-making. *Curator: The Museum Journal, 51*(1), 55-80.

Falk, J.H., Heimlich, J.E., Vernon, C.L., & Bronnenkant, K. (2010). Critique of a critique: Do zoos and aquariums promote attitude change in visitors? *Society and Animals, 18*, 415-419.

Falk, J.H., & Needham, M.D. (2011). Measuring the impact of a science center on its community. *Journal of Research in Science Teaching, 48*(1), 1-12.

Falk, J.H., Osborne, J., Dierking, L., Dawson, E., Wenger, M., & Wong, B. (2012). *Analysing the UK science education community: The contribution of informal providers.* London: Wellcome Trust.

Falk, J.H., Reinhard, E.M., Vernon, C.L., Bronnenkant, K., Heimlich, J.E., & Deans, N.L. (2007). *Why zoos and aquariums matter: Assessing the impact of a visit to a zoo or aquarium*. Silver Spring, MD: Association of Zoos and Aquariums.

Falk, J.H., & Storksdieck, M. (2005). Using the contextual model of learning to understand visitor learning from a science center exhibition. *Science Education, 89*, 744–778.

Faria, C., & Chagas, I. (2012). Investigating school-guided visits to an aquarium: What roles for science teachers? *International Journal of Science Education, Part B: Communication and Public Engagement, 3*(2), 159–174.

Fender, J.G., & Crowley, K. (2007). How parent explanation changes what children learn from everyday scientific thinking. *Journal of Applied Developmental Psychology, 28*, 189–210.

Fenichel, M., & Schweingruber, H.A. (2010). *Surrounded by science: Learning science in informal environments.* Washington, DC: National Academies Press.

Flagg, B. (2012). *Summative evaluation of "PlanetMania" mobile app in Maryland Science Center's "Life Beyond Earth" exhibit.* [Multimedia Research]. Maryland Science Center (Research Report No. 13–001).

Friedman, A. (Ed.). (2008). *Framework for evaluating impacts of informal science education projects.*

Friedman, A.J. (2010). The evolution of the science museum. *Physics Today, 63*(10).

Frontier Economics. (2009). *Assessing the impact of science centres in England: A report prepared for the BIS.* London: Author.

Gee, J.P. (2007). *What video games have to teach us about learning and literacy* (2nd ed.). New York: Palgrave Macmillan.

Goulding, C., Saren, M., & Lindridge, A. (2013). Reading the body at von Hagen's "Body Worlds." *Annals of Tourism Research, 40*, 306–330.

Griffin, J. (2012). Exploring and scaffolding learning interactions between teachers, students and museum educators. In E. Davidsson & A. Jakobsson (Eds.), *Understanding interactions at science centers and museums* (pp.115–128). Rotterdam, the Netherlands: Sense Publishers.

Gupta, P., & Adams, J.D. (2012). Museum–university partnerships for preservice science education. In K. Tobin, B.J. Fraser, & C. McRobbie (Eds.), *Second international handbook of science education* (Vol. 2, pp.1147–1162). Dordrecht, the Netherlands: Springer.

Gutwill, J.P., & Allen, S. (2010). Facilitating family group inquiry at science museum exhibits. *Science Education, 94*(4), 710–742.

Gutwill, J.P., & Allen, S. (2012). Deepening students' scientific inquiry skills during a science museum field trip. *Journal of the Learning Sciences, 21*(1), 130–181.

Hall, M.K., Foutz, S., & Mayhew, M.A. (2012). Design and impacts of a youth-directed café scientifique program. *International Journal of Science Education, Part B: Communication and Public Engagement, 3*(2), 175–198.

Heath, C., vom Lehn, D., & Osborne, J. (2005). Interaction and interactives: Collaboration and participation with computer-based exhibits. *Public Understanding of Science, 14*(1), 91–101.

Hein, G.E. (1998). *Learning in the museum*. London: Routledge.

Hillman, T., Weilenmann, A., & Jungselius, B. (2012). *Creating live experiences with real and stuffed animals: The use of mobile technologies in museums.* Paper presented at the Dream Conference, Denmark.

Hodder, P. (2011). Science as theatre: A New Zealand history of performances and exhibitions. *Journal of Science Communication, 10*(2), A01.

Hohenstein, J., & Tran, L.U. (2007). Use of questions in exhibit labels to generate explanatory conversation among science museum visitors. *International Journal of Science Education, 29*(12), 1557–1580.

Hooper-Greenhill, E. (2007). *Museums and education: Purpose, pedagogy, performance.* New York: Routledge.

Hsi, S. (2007). Conceptualizing learning from the everyday activities of digital kids. *International Journal of Science Education, 29*(12), 1509–1529.

Jagger, S.L., Dubek, M.M., & Pedretti, E. (2012). "It's a personal thing": Visitors' responses to Body Worlds. *Museum Management and Curatorship, 27*(4), 357–374.

Jarman, R., McClune, B., Pyle, E., & Braband, G. (2012). The critical reading of the images associated with science-related news reports: Establishing a knowledge, skills and attitudes framework. *International Journal of Science Education, Part B: Communication and Public Engagement, 2*(2), 103–129.

Jensen, E., Dawson, E., & Falk, J.H. (2011). Dialog and synthesis: Developing consensus in visitor research methodology. *Visitor Studies, 14*(2), 158 – 161.

Kisiel, J. (2003). Teachers, museums and worksheets: A closer look at the learning experience. *Journal of Science Teacher Education, 14*(1), 3 – 21.

Kisiel, J. (2010). Exploring a school–aquarium collaboration: An intersection of communities of practice. *Science Education, 94*(1), 95 – 121.

Kisiel, J., Rowe, S., Vartabedian, M.A., & Kopczak, C. (2012). Evidence for family engagement in scientific reasoning at interactive animal exhibits. *Science Education, 96(6)*, 1047 – 1070.

Kollmann, E.K. (2007). The effect of broken exhibits on the experiences of visitors at a science museum. *Visitor Studies, 10*(2), 178 – 191.

Laherto, A. (2012). Informing the development of science exhibitions through educational research. *International Journal of Science Education, Part B: Communication and Public Engagement, 3*(2), 121 – 143.

Layton, D., Jenkins, E., Macgill, S., & Davey, A. (1993). *Inarticulate science? Perspectives on the public understanding of science and some implications for science education.* Nafferton, UK: Studies in Education Ltd.

Leinhardt, G., & Knutson, K. (2006). Grandparents speak: Museum conversations across generations. *Curator: The Museum Journal, 49*(2), 235 – 252.

Lelliott, A., & Rollnick, M. (2010). Big ideas: A review of astronomy education research 1974 – 2008. *International Journal of Science Education, 32*(13), 1771 – 1799.

Lelliott, A.D. (2008). *Learning about astronomy: A case study exploring how grade 7 and 8 students experience sites of informal learning in South Africa.*

Lindemann-Matthies, P., & Kamer, T. (2006). The influence of an interactive educational approach on visitors' learning in a Swiss zoo. *Science Education, 90*(2), 296 – 315.

Lloyd, R., Neilson, R., King, S., & Dyball, M. (2012). *Review of informal science learning.* London: Wellcome Trust.

Long, M., Steinke, J., Applegate, B., Lapinski, M.K., Johnson, M.J., & Ghosh, S. (2010). Portrayals of male and female scientists in television programs popular among middle school-age children. *Science Communication, 32*(3), 356 – 382.

Louw, M., & Crowley, K. (2013). New ways of looking and learning in natural history museums: The use of gigapixel imaging to bring science and publics together. *Curator: The Museum Journal, 56*(1), 87 – 104.

Luke, J.J., & McCreedy, D. (2012). Breaking down barriers: Museum as broker of home/school collaboration. *Visitor Studies, 15*(1), 98 – 113.

Marino, L., Lilienfeld, S.O., Malamud, R., Nobis, N., & Broglio, R. (2010). Do zoos and aquariums promote attitude change in visitors? A critical evaluation of the American zoo and aquarium study. *Society and Animals, 18*, 126 – 138.

Martin, L. (2007). An emerging research framework for studying free-choice learning and schools. In J.H. Falk, L.D. Dierking, & S. Foutz (Eds.), *In principle, in practice: Museums as learning institutions* (pp. 247 – 259). Walnut Creek, CA: AltaMira Press.

Matterson, C., & Holman, J. (2012). *Informal science learning review: Reflections from the Wellcome Trust.* London: Wellcome Trust.

McClafferty, T.P., & Rennie, L.J. (2012). Look and learn: Young children's behaviour at an interactive exhibit. In E. Davidsson & A. Jakobsson (Eds.), *Understanding interactions at science centers and museum* (pp. 129 – 145). Rotterdam, the Netherlands: Sense Publishers.

McClune, B., & Jarman, R. (2010). Critical reading of science-based news reports: Establishing a knowledge, skills and attitudes framework. *International Journal of Science Education, 32*(6), 727 – 752.

McCreedy, D., & Dierking, L.D. (2013). *Cascading influences: Longterm impacts of informal STEM experiences for girls.* Philadelphia: Franklin Institute.

McGinnis, J.R., Hestness, E., Riedinger, K., Katz, P., Marbach-Ad, G., & Dai, A. (2012). Informal science education in formal science teacher preparation. In K. Tobin, B.J. Fraser, & C. McRobbie (Eds.), *Second international handbook of science education* (Vol. 2, pp. 1097 – 1108). Dordrecht, the Netherlands: Springer.

McManus, P.M. (1992). Topics in museums and science education. *Studies in Science Education, 20*, 157 – 182.

Meisner, R., vom Lehn, D., Heath, C., Burch, A., Gammon, B., & Reisman, M. (2007). Exhibiting performance: Co-participation in science centres and museums. *International Journal of Science Education, 29*(12), 1531 – 1555.

Melber, L.M. (2008). *Informal learning and field trips:*

Engaging students in standards-based experiences across the K–5 curriculum. Thousand Oaks, CA: Corwin Press.

Moje, E.B., Collazo, T., Carillo, R., & Marx, R.W. (2001). "Maestro, what is quality?" Language, literacy and discourse in project-based science. *Journal of Research in Science Teaching, 38*, 469–495.

Morag, O., & Tal, T. (2012). Assessing learning in the outdoors with the Field Trip in Natural Environments (FiNE) framework. *International Journal of Science Education, 34*(5), 745–777.

Mortensen, M.F. (2010). Museographic transposition: The development of a museum exhibit on animal adaptations to darkness. *Éducation & Didactique, 4*(1), 119–137.

Mortensen, M.F. (2011). Analysis of the educational potential of a science museum learning environment: Visitors' experience with and understanding of an immersion exhibit. *International Journal of Science Education, 33*(4), 517–545.

Mortensen, M.F., & Smart, K. (2007). Free-choice worksheets increase students' exposure to curriculum during museum visits. *Journal of Research in Science Teaching, 44*(9), 1389–1414.

Moussouri, T., & Roussos, G. (2013). Examining the effect of visitor motivation on observed visit strategies using mobile computer technologies. *Visitor Studies, 16*(1), 21–38.

Myers, O.E., Jr., Saunders, C.D., & Birjulin, A.A. (2004). Emotional dimensions of watching zoo animals: An experience sampling study building on insights from psychology. *Curator: The Museum Journal, 47*(3), 299–321.

National Science Board. (2013). *The science and engineering indicators 2012*. Arlington, VA: National Science Foundation.

OECD. (2012, July). Are students more engaged when schools offer extracurricular activities? *PISA in Focus*, 2012/7, 4.l.

Orthia, L.A., Dobos, A.R., Guy, T., Kan, S.Z., Keys, S.E., Nekvapil, S., & Ngu, D.H. (2012). How do people think about the science they encounter in fiction? Undergraduates investigate responses to science in *The Simpsons. International Journal of Science Education, Part B: Communication and Public Engagement, 2*(2), 149–174.

Oxarart, A.L., Monroe, M.C., & Plate, R.R. (2013). From play areas to natural areas: The role of zoos in getting families outdoors. *Visitor Studies, 16*(1), 82–94.

Palmquist, S., & Crowley, K. (2007). From teachers to testers: How parents talk to novice and expert children in a natural history museum. *Science Education, 91*(5), 783–804.

Pedretti, E. (2012). The medium is the message: Unravelling visitors' views of Body Worlds and the story of the heart. In E. Davidsson & A. Jakobsson (Eds.), *Understanding interactions at science centers and museums* (pp.45–61). Rotterdam, the Netherlands: Sense Publishers.

Perdue, B.M., Stoinski, T.S., & Maple, T.L. (2012). Using technology to educate visitors about conservation. *Visitor Studies, 15*(1), 16–27.

Phillips, M., Finkelstein, D., & Wever-Frerichs, S. (2007). School site to museum floor: How informal science institutions work with schools. *International Journal of Science Education, 29*(12), 1489–1507.

Phipps, M. (2010). Research trends and findings from a decade (1997–2007) of research on informal science education and free-choice science learning. *Visitor Studies, 13*(1), 3–22.

Pierroux, P., Krange, I., & Sem, I. (2011). Bridging contexts and interpretations: Mobile blogging on art museum field trips. *MedieKultur Journal of Media and Communication Research; 50*, 30–47.

Piqueras, J., Wickman, P.-O., & Hamza, K.M. (2012). Student teachers' moment-to-moment reasoning and the development of discursive themes. In E. Davidsson & A. Jakobsson (Eds.), *Understanding interactions at science centers and museums* (pp.79–96). Rotterdam, the Netherlands: Sense Publishers.

QA Research. (2008). *"Out of school" trips research.*

Rahm, J. (2012). Activity theory as a lens to examine project-based museum partnerships in robotics: Tools, challenges and emergent learning opportunities. In E. Davidsson & A. Jakobsson (Eds.), *Understanding interactions at science centers and museums* (pp.147–171). Rotterdam, the Netherlands: Sense Publishers.

Randler, C., Kummer, B., & Wilhelm, C. (2012). Adolescent learning in the zoo: Embedding a non-formal learning environment to teach formal aspects of vertebrate biology. *Journal of Science Education and Technology, 21*,

384 – 391.

Reiss, M.J., & Tunnicliffe, S.D. (2011). Dioramas as depictions of reality and opportunities for learning in biology. *Curator: The Museum Journal, 54*(4), 447 – 459.

Rennie, L.J. (2007a). Learning science outside of school. In S.K. Abell & N.G. Lederman (Eds.), *Handbook of research on science education* (pp.125 – 167). Mahwah, NJ: Lawrence Erlbaum Associates.

Rennie, L.J. (2007b). Values in science portrayed in out-of-school contexts. In D. Corrigan, D. Gunstone, & J. Dillon (Eds.), *The re-emergence of values in science education* (pp.197 – 212). Rotterdam, the Netherlands: Sense Publications.

Rennie, L.J. (2011). Blurring the boundary between the classroom and the community: Challenges for teachers' professional learning. In D. Corrigan, J. Dillon, & R. Gunstone (Eds.), *The professional knowledge base of science teaching* (pp.13 – 29). Dordrecht, the Netherlands: Springer.

Rennie, L.J. (2013). The practice of science and technology communication in science museums. In J.K. Gilbert & S. Stocklmayer (Eds.), *Communication and engagement in the informal sector: Issues and dilemmas* (pp.197 – 211). London: Routledge.

Rennie, L.J., & Johnston, D.J. (2007). Research on learning from museums. In J.H. Falk, L.D. Dierking, & S. Foutz (Eds.), *In principle, in practice: Museums as learning institutions* (pp.57 – 73). Walnut Creek, CA: AltaMira Press.

Rennie, L.J., & Williams, G.F. (2006a). Communication about science in a traditional museum: Visitors' and staff's perceptions. *Cultural Studies of Science Education, 1*, 791 – 820.

Rennie, L.J., & Williams, G.F. (2006b). Adults' learning about science in free-choice settings. *International Journal of Science Education, 28*, 871 – 893.

Riedinger, K. (2012). Family connections: Family conversations in informal learning environments. *Childhood Education, 88*(2), 125 – 127.

Rowe, S., & Kisiel, J.A. (2012). Family engagement at aquarium touch tanks—exploring interactions and the potential for learning. In E. Davidsson & A. Jakobsson (Eds.), *Understanding interactions at science centers and museums* (pp.63 – 77). Rotterdam, the Netherlands: Sense Publishers.

Rowe, S., & Nickels, A. (2011). Visitor motivations across three informal education institutions: An application of the identity-related visitor motivation model. *Visitor Studies, 14*(2), 162 – 175.

Rowell, P.M. (2012). *Perspectives on programs for schools in science centres and museums*. Edmonton: Centre for Mathematics, Science and Technology Education, University of Alberta.

Sanders, D.L. (2007). Making public the private life of plants: The contribution of informal learning environments. *International Journal of Science Education, 29*(10), 1209 – 1228.

Sanford, C. (2010). Evaluating family interactions to inform exhibit design: Comparing three different learning behaviors in a museum setting. *Visitor Studies, 13*(1), 67 – 89.

Schuck, S., & Aubusson, P. (2010). Educational scenarios for digital futures. *Learning, Media and Technology, 35*(3), 293 – 305.

Semper, R. (2007). Science centers at 40: Middle-aged maturity or midlife crisis? *Curator: The Museum Journal, 50*(1), 147 – 150.

Serrell, B. (1998). *Paying attention: Visitors and museum exhibitions*. Washington, DC: American Association of Museums.

Serrell, B. (2010). *Paying more attention to paying attention.*

Sfard, A. (1998). On two metaphors for learning and the dangers of choosing just one. *Educational Researcher, 27*(2), 4 – 13.

Siegel, D.R., Esterly, J., Callanan, M.A., Wright, R., & Navarro, R. (2007). Conversations about science across activities in Mexican-descent families. *International Journal of Science Education, 29*(12), 1447 – 1466.

Simonneaux, L., & Jacobi, D. (1997). Language constraints in producing prefiguration posters for a scientific exhibition. *Public Understanding of Science, 6*(4), 383 – 408.

Smith, E. (2012). Mobile game of the week—Plague Inc. *International Business Times*, October 12.

Smith, L., Weiler, B., & Ham, S. (2011). The rhetoric versus the reality: A critical examination of the zoo proposition. In W. Frost (Ed.), *Zoos and tourism: Conservation, education, entertainment?* (pp.59 – 68). Bristol, UK: Channel View Publications.

Song, Y., Wong, L.-H., & Looi, C.-K. (2012). Fostering personalized learning in science inquiry supported by mobile technologies. *Education Technology Research & Development, 60*(4), 679–701.

Stavrova, O., & Urhahne, D. (2010). Modification of a school programme in the Deutsches Museum to enhance students' attitudes and understanding. *International Journal of Science Education, 32*(17), 2291–2310.

Steinke, J. (2013). Portrayals of female scientists in the mass media: End times for a media history paradigm. *The International Encyclopedia of Media Studies.*

Stocklmayer, S.M., & Gilbert, J.K. (2002). New experiences and old knowledge: Towards a model for the public awareness of science. *International Journal of Science Education, 24*, 835–858.

Stocklmayer, S.M., Rennie, L.J., & Gilbert, J.K. (2010). The roles of the formal and informal sectors in the provision of effective science education. *Studies in Science Education, 46*, 1–44.

Szechter, L.E., & Carey, E.J. (2009). Gravitating toward science: Parent-child interactions at a gravitational-wave observatory. *Science Education, 93*(5), 846–858.

Tal, R., Bamberger, Y., & Morag, O. (2005). Guided school visits to natural history museums in Israel: Teachers' roles. *Science Education, 89*(6), 920–935.

Tal, T. (2012). Imitating the family visit: Small-group exploration in an ecological garden. In E. Davidsson & A. Jakobsson (Eds.), *Understanding interactions at science centers and museums* (pp. 193–206). Rotterdam, the Netherlands: Sense Publishers.

Tal, T., & Morag, O. (2007). School visits to natural history museums: Teaching or enriching? *Journal of Research in Science Teaching, 44*(5), 747–769.

Tal, T., & Morag, O. (2009). Reflective practice as a means for preparing to teach outdoors in an ecological garden. *Journal of Science Teacher Education, 20*(3), 245–262.

Thomas, G.P., & Anderson, D. (2013). Parents' metacognitive knowledge: Influences on parent–child interactions in a science museum setting. *Research in Science Education, 43*(3), 1245–1265.

Tlili, A., Cribb, A., & Gewirtz, S. (2006). What becomes of science in a science centre? Reconfiguring science for public consumption. *The Review of Education, Pedagogy, and Cultural Studies, 28*, 203–228.

Tran, L.U. (2008). The work of science museum educators. *Museum Management and Curatorship, 23*(2), 135–153.

Tran, L.U., & King, H. (2007). The professionalization of museum educators: The case of science museums. *Museum Management and Curatorship, 22*(2), 131–149.

Tunnicliffe, S.D., & Scheersoi, A. (2010). Natural history dioramas: Dusty relics or essential tools for biology learning? In A. Filippoupoliti (Ed.), *Science exhibitions: Communication and evaluation* (pp. 186–216). Edinburgh, Scotland: MuseumsEtc.

Ucko, D.A. (2013). Science centers in a new world of learning. *Curator: The Museum Journal, 56*(1), 21–30.

Van Schijndel, T.J. P., Franse, R.K., & Raijmakers, M.E. J. (2010). The Exploratory Behavior Scale: Assessing young visitors' hands-on behavior in science museums. *Science Education, 94*(5), 794–809.

Van Schijndel, T.J. P., Singer, E., Van der Maas, H.L. J., & Raijmakers, M.E. J. (2010). The effects of a sciencing program on young children's exploratory play in the sandpit. *European Journal of Developmental Psychology, 7*(5), 603–617.

Venville, G., Rennie, L., Hanbury, C., & Longnecker, N. (2013). Scientists reflect on why they chose to study science. *Research in Science Education*. doi: 10.1007/s11165-013-9352-3

Vestergård, G.L. (2011). From journal to headline: The accuracy of climate science news in Danish high quality newspapers. *Journal of Science Communication, 10*(2), A03.

Walker, G.J. (2012). Science shows: Past, present and future. *The Informal Learning Review, 116*, 4–7.

Wilde, M., & Urhahne, D. (2008). Museum learning: A study of motivation and learning achievement. *Journal of Biological Education, 42*(2), 78–83.

Wong, L.-H. (2012). A learner-centric view of mobile seamless learning. *British Journal of Educational Technology, 43*(1), E19–E23.

Wong, L.-H., & Looi, C.-K. (2011). What seams do we remove in mobile-assisted seamless learning? A critical review of the literature. *Computers & Education, 57*(4), 2364–2381.

World Association of Zoos and Aquariums. (2005). *Building a future for wildlife—the world zoo and aquarium conservation strategy.*

Wyles, K.J., Pahl, S., White, M., Morris, S., Cracknell, D., & Thompson, R.C. (2013). Towards a marine mindset: Visiting an aquarium can improve attitudes and intentions regarding marine sustainability. *Visitor Studies, 16*(1), 95-110.

Yalowitz, S.S., & Bronnenkant, K. (2009). Timing and tracking: Unlocking visitor behavior. *Visitor Studies, 12*(1), 47-64.

Zimmerman, H.T. (2012). Participating in science at home: Recognition work and learning in biology. *Journal of Research in Science Teaching, 49*(5), 597-630.

Zimmerman, H.T., & Bell, P. (2012). Where young people see science: Everyday activities connected to science. *International Journal of Science Education, Part B: Communication and Public Engagement.* doi: 10.1080/21548455.2012.741271

Zimmerman, H.T., Reeve, S., & Bell, P. (2010). Family sense-making practices in science center conversations. *Science Education, 94*(3), 478-505.

8

Teaching Learning Progressions

AN INTERNATIONAL PERSPECTIVE

PER-OLOF WICKMAN

第8章

国际视野下的学习进阶教学

李诺　译　　赵博　审校

本章内容对科学教育在欧洲的开展和发展进行了回顾，特别是对德国、荷兰、法国和瑞典的科学教学法进行了回顾，关于教师如何更好地支持学生的科学学习进阶展开探讨。一些研究机构筛选了具有代表性的开发良好的系统模型来帮助教师针对这一目的选择教学内容与教学方式——这些模型普遍较新，并结合了具体的示例来说明如何使用这些模型、如何进一步对其进行开发。这些不同的机构不只是呈现了各种不同的模型进行竞争，还将这些模型看作是内容的相互补充，强调其中存在的各个方面对于教师而言都是十分重要的。

作为教师专业科学的教学法

以英语为母语的国家或地区的研究者在访问英国以外的欧洲科学教育机构或会议时，都有可能遇到过“Didaktik”“didactiques”或类似的词语结构。在英语中，这个词主要是贬义词。但是在欧洲，这是一门学科的名称，通常用英语翻译成“教学法”。这里的教学法意指“与学科教学法相关的”。该术语源自希腊语didaskein，意思是教学或教育。教学法起源于中欧，最早可追溯到17世纪德国的课程改革(Knecht-von Martial, 1985)。

时至今日，该学科对于教师教育和教师专业而言是独一无二地重要的。在许多欧洲国家或地区中，教学法被认为是教师的专业科学(Schneuwly, 2011; Seel, 1999; Wickman, 2012a)。从专业上讲，教学法对教师的作用，就好比医药学对医生、工程学对工程师一样。这里可以针对欧洲教学法学科的建立与李·舒尔曼(Lee Shulman, 1987)在美国尝试明确教师所需要具备的独特专长和知识基础的努力之间进行一个有趣的对照(Fensham, 2003)。然而，其中一个关键的区别是，教学法不仅是一种定义教师知识基础的尝试，它还应当是在教师教育机构中建立学术学科的尝试。

美国和欧洲之间所存在的差异通常被研究者描述为课程传统和教学法传统之间的差异(Fensham, 2003; Ricquarts & Hopmann, 1995)。通过美国来看，20世纪中绝大多数有关学科内容的研究都已经在教育研究中消失了(Shulman, 1986)。另一方面，从教学法传统上来看，通过不同的系统化尝试，研究者在内容和教学法之间建立了联系，并在同一时期开发了分析工具来支持教师的专业决策。教学分析开始于对所要教授内容的分析。依照课程的传统来看，在教室中进行教学是一条决策链的终结，而这条决策链始于社会需求，实践于教室，并伴随有标准化测试。教师在内容上所能进行的决策空间很小——特别是当研究人员正忙于想要从教师层面进行改革，缩小因教学效率低下而导致的预期课程与实际学习课程之间的差距时(Eryaman & Riedler, 2010)。

当然上文说得很简化。在欧洲随处可见的教育相关政治领域中，教学法的发展并非一帆风顺，这其中似乎总是存在着一些需要在不咨询教师或研究人员的情况下就要直接迅速进行补救的危机。第二次世界大战后，教学法不得不经受来自课程传统的强烈影响(Riquarts & Hopmann, 1995)，此外，全球化的测试似乎也减少了人们对教师专业素养水平的不信任。例如，瑞典在义务教育阶段引入了更详细的国家标准，并在义务教育阶段中对科学进行了全国性测试，以应对学校在PISA(国际学生评估项目)和TIMSS(国际教学与科学教育成就趋势研究)中不断下降的学校成绩。然而另一方面，在PISA中屡次名列前茅的芬兰，则选择了继续高度依赖教师的专业素养，使用非常开放化的标准，并没有对学生进行全国性测试(Sahlberg, 2011)。

但是，即使授予教师很大的自由度来决定内容，强大的教学传统仍旧使得教师的选择范围不可避免地被削减。因此，教学研究的一个重要目标，是让教师批判性地意识到，除了当地传统所提供的选择外还存在着一些其他的选择。从这一点上来看，教学传统的多元化是可供借鉴的资源之一。

事实上，除了差异之外，今天的科学教育研究和科学教学法研究在整个大西洋地区还有着许多共同的关注点。通过课程重点(Duschl, 2008; Roberts, 1982)、科学素养和日常生活中的科学(Aikenhead, 2006; Linder, Östman, Roberts, Wickman, Erickson, & MacKinnon, 2011; Roberts & Bybee, 2014; Roth & Calabrese Barton, 2004)、认识论的学习和科学本质(Duschl & Jiménez-Aleixandre, 2012; Lederman, 2014)、社会性科学议题(Sadler, 2009)，以及科学相关问题的论证(Erduran & Jiméne-Aleixandre, 2007)等话题的研究，可以发现当今北美关于内容主题的争论比以往任何时候都更加活跃。邓肯(Duncan)和里韦特(Rivet)(2013)在《科学》杂志上发表的政策声明中指出，考虑到美国新的国家标准的制定，对内容的选择事实上是探索学生学习进阶的过程，进而能够制定出正确的科学学习课程。邓肯和里韦特(2013)并未提及科学素养或社会性科学议题。科学家和学生在文中被重复提及了多次，但教师却只在关于改革障碍的内容中被提及了一次。可见教师的知识和当前的实践并未被当作课程改革发展的资源基础。

教学探究领域

教学法的核心问题是“要教什么内容？”“如何教这些内容？”和“为什么要教这些内容以及为什么要用这些方法？”因此，教学法在帮助教师进行内容和方法选择上具有至关重要的作用，超出了各州规定的既定内容。教师不仅应该能够选择适当的方法来教授给定的内容，还应该知道在社会给定的框架内以及学校、学生所处的环境下应当选择哪些内容，并且通过对某些特定的学生以特定的方式进行特定内容的教学产生实际内容(Wickman, 2012 a)。“为什么”的问题强调对合理性的需求；无论是在面见学生和家长时，还是作为专家参与课程议题的公开论证时，教师都应当能够针对自己的选择给出公开化的理由。这是教学法科学存在的理由，也是教学法存在的首要目的——在既定规则和传统之外分享为选择提供系统化的基础。这个观点类似于舒尔曼（1986, p. 13）对教师专业素养的描述：

> 专业人士所拥有的知识，不仅仅局限于“怎样”掌握熟练技能的能力，还应当包括具体的“内容”和“原因”。教师不仅应当掌握教学的流程，还应掌握其内容与原理，以及具备解释为什么这样做的能力。

在内容和方法选择的理由及原则上，教师应当扮演着第一权威的身份。这在民主社会中尤其重要。在民主社会中，教师会与其他利益相关者共同做出决策，并且会向这些利益相关者阐明教学法的问题。

传统上来看，教学法被理解为处理所谓的“教学三角”系统，即教师、学生和学习内容之间的关系。学生和教师如何共同决定内容，对于学生的教育来说是至关重要的（Hudson & Meyer, 2011; Sensevy, 2011），这其中不仅涉及所学的知识和技能，还涉及他们的价值观的学习（Östman, 1994, 1996; Wickman, 2006）。一名专业的教师应当是教学三角关系的协调者，从课程到教材，再到教学与学生的学习（Ligozat, 2011; Cuban, 1992）。在这个过程中，教师作为中转的角色（Chevallard, 2007; Tiberghien, 2007），处理课程计划、每一步的选择、学生课堂事务及环境设施等等。在教室中，三角教学关系必须处于近侧发展区间（zone of proximal development [ZPD]）的范围内。在这里ZPD被定义为：

> ……（近侧发展区间）指（儿童）实际的发展水平——也就是个人独立进行问题解决的能力所确定的潜在发展水平，与在成年人的指导下，或通过与能力更强的同伴们一起进行问题解决的能力所确定的潜在发展水平之间所存在的差距。
>
> （Vygotsky, 1978, p. 86）

学习进阶（learning progression）可以被定义为“儿童桥接起始状态和目标终点状态”间存在的途径（美国国家资源委员会[National Resource Council], 2007, p. 214）。这样的进阶是在学习之外的，但同样也需要老师的帮助。想要通过ZPD来接近教学三角，需要特别强调的一方面是必须明确学生的起始状态，另一方面是明确在教师（或同伴）的引领下学生可以达到的终点状态，以及明确在进阶过程中学生和老师分别扮演着什么样的角色。

在随后的综述中，ZPD将作为工具来探索如何使用不同的教学模型来支持教师的工作。ZPD可以或多或少地通过个人或社会术语进行理解。斯法德（Sfard, 1998）用两个隐喻——“收获”和“参与”来说明这种差异。相比于仅从个人和精神的层面上来理解，ZPD更多以社会和行动层面的术语来进行表述，它不仅涉及学习者对知识的获取，而且还涉及实践团体内部可见的参与过程的变化（Wenger, 1998）。为避免观点局限于单一角度，下文将全方面地探讨ZPD。

教学是一个复杂的交互过程。它无法完全根据官方文件、研究或计划来重建，而是要取决于教室中发生的事情。然而，仅在教学三角体系内描绘教师的工作可能会忽视这样一个事实：教学三角的参与者之间所发生的事情并不是处于真空状态之下

(Hudson & Meyer, 2011)。专业的教师需要考虑教学的物质、社会和机构条件如何与内容和方法的选择相互作用(Ligozat, 2011; Seel, 1999)。与此同时，“开展一项研究的学者们必须缩小范围，将观点集中，提出研究问题，这个问题应当远没有世界在实践当中所呈现出的那样复杂。这个观点适用于任何研究，无一例外”(Shulman, 1986, p.6)。

基于这些原因，研究者需要不断提醒自己，教师的工作不能仅仅局限于理论上。教学法通常被称为一门“科学”而不是“艺术”。尽管如此，这一学科仍然保留了理论与行动导向之间的紧密联系，将理论理解为对教师而言不完全确定性(Jank & Meyer, 2003)。理论必须在与实践相结合的角度下进行理解，因此作为教师专业科学的教学法需要高度重视教学的艺术(May, 1993)。教学法研究人员还需要研究理论如何能够与教师实践及决策间进行最佳互动，从而在与教师互动时及时地对理论进行修正(Lijnse & Klaassen, 2004; Parchmann et al., 2006; Wickman, 2012 a)。

从教学法角度看科学学科内容

对于科学教育研究而言，科学内容是任何教学活动探究的中心，对教学法而言也是如此。如果没有对学科内容的探究，科学教学法这一学科就没有意义，这就好比没有内容的教学是不可想象的一样。就教学法而言，特定的学校学科内容自然不会被认为仅从相应的学术学科中衍生而来。在许多欧洲国家或地区，这一现象可以通过学校科目的名称反映出来，尤其是在小学，科目的名称不是“科学”而是“自然学习”或与之相似的一些超越科学的名称(Hansen & Olson, 1996; Wickman, Liberg, & Östman, 2012)。例如，在瑞典，义务教育中与科学有关的科目内容传统上包括诸如日常用具、使用自然资源、健康、伦理和自然关系等要素(另见 Fensham, 2003, p.151)。依据这样的理解，课程的目标并不主要致力于让学生正确地理解科学，而是着重关注于成长中的人的教化。即问题在于如何选择科学内容，来对个体的教化或成长做出贡献。

在欧洲的许多国家或地区中，教学法与教化(Bildung)有着密切的联系(Duit, Gropengießer, Kattmann, Komorek, & Pachmann, 2012)。在德国，教化概念的起源几乎与教学法一样古老。而它在当今的广泛应用可以追溯到19世纪(Biesta, 2002; Peukert, 2002)。教化的意思是“形成”或“构成”，就像这些英语单词一样，教化既表征形成的过程，亦表征其作为存在状态的结果(对于形成一词的相关用法可以在“形成性评价”中找到)。教化的基础是基于“个体通过培养自己的性格而成为人”的思想，这既适用于那些性格，同时也适用于社会的发展。这种教化不仅意味着成为一个见多识广的公民，而且还涵盖了价值观以及道德和审美判断的形式。在19世纪，教化的这些理想仅限于上层阶级和拉丁学派，并且通常与保守的道德和品位观念相关联(Wickman et al., 2012)。但是，在17世纪课程改革诞生了教学法之后，教育开始涵盖了自然历史，自那时起，教育的目标开始指向面向当今所有人的“教化”(Knecht-von Martial, 1985)。教学法的创始人之一约翰·阿莫斯·夸美纽斯(John Amos Comenius)在他的《教学法》(*Didactica Magna*, 1633—1638)中坚持认为，教学法是基于全民的，即向所有人教授一切(Riquarts & Hopmann, 1995)。

教化或普通教化仍然具有很重要的地位，并且通常与教学法相关联。它在当下以最初更具包容性的意义，作为所有学生和学校学科的目标被采纳（Hansen & Olson, 1996）。同时，它还被赋予了更重要的意义——与其他知识领域（例如，技术和社会）和价值的关系（Hansen & Olson, 1996）。例如斯韦恩·舍伯格（Svein Sjøberg, 2009）所著的《科学作为普通教化——一门重要的学科教学法》（*Science as allgemeine Bildung—a critical subject didactics*）被当作斯堪的纳维亚国家的科学教师教育标准教科书，在该书中，他分析了哪些科学主题内容属于当今公民的普通教化。

教化还可以与科学素养相联系（Wickman et al., 2012）。科学素养的概念并不容易定义，但它通常包含将科学知识应用于科学以外的领域，来解决个人和社会目标的理想密切相关的能力（Roberts & Bybee, 2014）。在围绕决策制定的问题时，科学素养还必须包含价值观和道德判断（Östman & Almqvist, 2011；Zeidler, 1984；Zeidler & Sadler, 2011）。

今天，人们通常将一般教学法和学科教学法进行区分。欧洲的学科科学教育是学科教学法的一个实例，它可以被翻译成科学学科教学法，也可以简单翻译成科学教学法。赫尔穆特·西尔（Helmut Seel, 1999）和伯纳德·舒纽利（Bernard Schneuwly, 2011）讨论了一般教学法和学科教学法之间的关系问题。教学法必然涉及内容，而科学就是这样的内容之一。同时，教学法将内容与教化联系在一起，不仅与学术科学学科没有必要联系，而且与工程学、伦理学、农学、医学、户外教育、可持续发展、科学哲学等学科也没有必要联系。此外，在选择内容和教学方法时，除了科学以外，还有更多通用的原则可供专业教师使用。

在教师教育这件事情上是没有简单的解决方案的。教学法通常被分为学科的一般教学法和学科教学法的不同学科。然而具有讽刺意味的是，这一解决方案可能会使这两个学科都丧失对内容的有见地的批判性讨论。一般教学法涉及更通用的原则，很少强调教学的具体内容的转换。与此同时，由接受过学术科学培训的教师们所主导的科学教学法，则面临着有可能将科学教学法转变为课程教学传统中的科学教育的风险，而这些内容被认为是理所当然的，并未经过教化视角的批判性讨论。

在这方面，法国比较教学法的发展为研究者们提供了一个富有成效的选择（Caillot, 2007）。在法国，学科内容应被理解为学校学科、学术学科以及围绕它的其他学科（例如，哲学、历史学和社会科学）。在每个学科领域内，都要形成理论概念，这些理论概念的发展应以支持教学法状况和理解特定学科中的教学法现象为目的，理论概念被加以重塑。与此同时，这些概念已被证明在某些学校科目之外仍然有效。例如，在数学教学法中发展而来的教学转位（didactic transpositions）和教学契约（didactic contract）的概念（详见后续章节），在包括科学等其他学校学科中已得到了很大程度的应用（Tiberghien, 2007；Tiberghien, Vince, & Gaidioz, 2009）。这就是比较教学法——安排来自不同学科的教学法研究者进行会面，并批判性地对学者们基于互惠互利目的所使用的不同方法和概念进行比较（Caillot, 2007）。

欧洲在教学法上的取向

在德国的教育研究当中，存在着使用教学法模型和教学法分析的传统，而这两个概念是密切相关的。教学法模型基于教学法理论和实践如何相互作用的假设，被应用于针对教学活动的准备与实施（教与学）的教学分析当中——即在当前语言习惯中常说的教学法设计（Ruthven, Laborde, Leach, &

Tiberghien, 2009)。不同的基本理论假设会导致不同行动建议的产生(Blankertz, 1975)。在这里，综述教学法时会借鉴这两个概念。

在欧洲，研究者们已经发展出了很多研究方向来支持科学教学中的教学法决策。此处将会对来自德国、荷兰、法国和瑞典的四类主流学校进行综述。选择它们的原因是，这些学校引用了一些本身不同但又有部分重叠的假设，并且全部学校都认可基于全面而系统的教学法模型进行教学分析。研究通过采纳ZPD和实践团体的概念，采用了一个共识框架，用以检测各种不同的模型是如何支持教师对进阶的内容转换进行分析和制定的。这些学校的呈现顺序的基本原理参照了ZPD建模的过渡顺序，即从将ZPD建模作为一个概念上的距离，过渡到将其作为连接实践的桥梁。

德国的教育重建模型

在德国的科学教育中，一个被广泛使用的教学模型是教育(教学法)重建模型(model of educational reconstruction [MER]; Duit et al., 2012)。MER作为一种框架结构用以支撑教学顺序的设计，而这种教学顺序则用来支持学生对科学的学习与理解。研究人员使用MER来构建设计单元并将其呈现给教师，同时向教师说明为什么以这种特定的方式来设计单元，以及这种设计对教师的行动而言意味着什么。它的基本理论假设基于概念转变和社会建构主义(Komorek & Duit, 2004)，其中最重要的考量是学生的概念，这些概念被用以“作为起点以及未来进一步学习的心理工具”(Duit et al., 2012, p.20)。同时，MER的使用还可以在科学内容结构及学生观念方面避免课程的“片面性”(Duit, Komorek & Wilbers, 1997)。德国教育家沃尔夫冈·克拉夫基(Wolfgang Klafki, 1958, 1969)在其教学法分析中所构想的教化观念在这里起着至关重要的作用(Duit et al., 2012)。

克拉夫基(1958, 1969)的教学分析包括了五个教学问题(译自Duit et al., 2012, p.17)：

1. 在感兴趣的内容下所呈现出的更普遍的想法是什么？在处理这些内容时，可以通过示例方式解决哪些基本现象、基本原理、一般规律、准则、方法、技术或态度？

2. 在处理学生在实际精神生活中的内容时，所提供的内容、经验、知识、能力和技能有什么重要的意义？从教学法的角度来看，内容又应该具有什么重要的意义？

3. 这些内容对学生的未来生活有什么重要意义？

4. 从问题1至问题3概述的教学法观点来看，内容的结构应当是什么？

5. 有哪些特别的案例、现象、情况或实验可以使所提供的内容结构变得更加有趣、值得质疑、易于接近又方便学生理解？

这是一种以教化为导向的分析，它引导人们思考如何对已经建立的内容进行选择和以某种方式呈现，既能让学生理解，又有益于他们现在和未来的教化生活的方式。根据MER的社会建构主义理论取向，一种假设对其做出了补充，该假设关于学生的知识和态度的先决条件(例如兴趣，先入为主的观念)与他们的社会文化的先决条件(例如社会规范)如何影响对教学目标、内容、方法和媒介的选择。课程在设计时必须同时关注要学习的科学内容(在科学素养或教化的意义上)以及与内容相关的学生的认知和情感变量(Duit, Komorek, & Wilbers,

1997）。

教育重建的过程利用了三个嵌套的组成部分：（1）内容结构分析；（2）教学结构；（3）对学习进阶的实证研究。它是通过对教科书、课程、研究报告等的分析来阐明科学主题，进而考虑内容主题之间是如何关联的、如何典型化为更加普遍的观点，以及对于学生和社会来说有哪些现有意义与长远意义（Komorek & Duit, 2004）。当然这里面还包括了学生在主题领域内的观点和概念的实证研究与文献研究。这些步骤被放置在整体的大环境下，用以构建教学基本概念的说明，以便教授和学习。在这一情况下，内容被认为是元素化的，但同时又是情境化的（Duit et al., 2012）。

在许多情况下，第一步的实施常常是在课堂中进行循环的教学实验，直至成功完成概念结构和最终轮廓（Komorek & Duit, 2004）。这种模型是一种方法，它帮助研究者考虑学术科学结构可能无法简单地直接转移到教学顺序中，人们应当考虑到内容更广泛的社会和个体意义来构建单元的内容结构，以及学生可能的学习轨迹。

教学实验对目的的达成是很有效的。它源自莱斯利·斯泰费（Leslie Steffe）及其同事在数学教育中的研究工作（Steffe & Thompson, 2000），并已被广泛应用于科学教育中（Komorek & Duit, 2004）。教学实验源自皮亚杰（Piaget）的临床访谈，但它是针对受访者的学习情况组织的。面试官扮演的是一个对探究学生想法并寻找发展它们的方法感兴趣的角色。 通常“面试”会持续几个阶段，在这个过程中他们会尝试通过干预来发展学生的概念。访谈可以面向单个或多个学生进行，用以检测学习者群体是如何支持学习的（Komorek & Duit, 2004; Riemeier & Gopengieβer, 2008）。通过这种方式，学习实验被视作一种强大的工具，用以补充并提升MER过程的效率。

作为学习进阶的内容结构通常是依据类比的作用以及学生的日常知识和科学知识之间的关系来制定的（Duit et al., 1997）。 例如，坦贾·里梅尔（Tanja Riemeier）和哈拉尔德·古彭杰贝尔（Harald Gopengieβer）（2008）利用教学实验发现了9年级学生在参与访谈前对细胞分裂持有的概念，以及通过不同的类比干预后这些概念是如何变化的。在这里，研究人员使用的类比方法是通过将巧克力条掰开，来让学生意识到植物的生长不能单纯依靠细胞分裂，还需要涉及细胞的生长。

MER提供了一种方式去“批判性地分析研究某个科学内容是否值得教学、是否能够由学习者实现”（Duit et al., 1997）。MER的假设内容主要是概念化和类比化的，它遵循建构主义的观点，认为学习最终是对概念的建构，而这些概念应当用来理解世界。教与学始于已经习得的概念，终结于通过教与学获得的概念。教学实验是一种使ZPD可视化的工具，其运作方式是教师通过隐喻和类比推理来支持学生对于日常生活的理解与解释，进而让这些理解与解释逐步发展得更为科学。 需要强调的是，这种进阶的过程主要是一种概念的增长，而不是激进、彻底的概念转换。学生自身的观念并不是最主要的障碍，而应被看作教师可利用的资源（Duit et al., 2012）。然而，除了认可学生在支持彼此的概念学习中的有效作用外，学习最初并未被认为是能够有效参与到实践团体的转化过程中的。

德国对于情境的使用

基于对MER概念重要性的理解，德国“情境中的化学”（Chemistry in Context [ChiK]）运动的影响对于整合实践团体观点以及强调与概念相关的要素显得十分重要(Duit et al., 2012)。在组织教学单元时，这些概念相关的要素常常被视为不同于类比的情境的一部分。ChiK的两个目标分别是改善中学化学的教与学，以及支持教师之间的合作和科学教育工作者与教师之间的合作。而教师与科学教育工作者之间这种革命性的合作被描述成建立起了强大而持续的学习者团体的共生实施(Parchmann et al., 2006)。在这一团体下，研究者和教师的专业知识与技能得到了尊重，它的实现意味着这两个群体都能够得到长足的专业发展。相关内容可以在德国“情境中的物理”项目(Duit et al., 2012)和荷兰类似的化学项目中找到(参见下一部分)。

由于德语化学课程种类繁多，且教师所处的条件和情况各不相同，因此没有一种统一的开展ChiK教学的最佳方法。ChiK遵循德国教学法的传统，试图去寻找示范性的内容和方法而不是最佳的实践，通过寻找通用的框架作为起点，使用它来制作示范性单元与教学材料，然后对其进行试验和修订，最终使得这些内容可以提供给不同条件情况下的教师成功使用(Parchmann et al., 2006)。作为扩展，这些示例性单元已经进一步延伸到用于设计整个课程，并转化为课程中的既定成分(Demuth, Gräsel, Parchmann, & Ralle, 2008)。

同MER一样，ChiK同样基于建构主义学习理论，情境作为将化学置于以学生为导向的途径中的重要手段，同时也使学生对化学产生了更系统的理解(Parchmann et al., 2006)。情境在项目中具有三个功能:(1) 它们是问题产生的源头，通过进行一些科学活动(例如研究、实验、交流)，这些问题应当能够生成对基本化学概念的需求;(2) 它们应该为积极学习提供动力;(3) 它们应该帮助学习者明确如何将知识进行应用(例如在决策制定的过程中)，而且还应该支持知识在不同单元之间的转移。这些情境可以来自日常生活，来自社会议题，也可以来自科学本身(Parchmann et al., 2006)。

结果表明，这些单元的确受到了来自教师和学生的好评，并且已经成功地适应了当地本土化的情况。教师采用的教学方法多样性有所增加，学生的参与度也得到了提升。现今存在的最大问题是关于内容的核心问题。这些单元不像预期的那样能够支持基本化学概念的“抽象”(Parchmann et al., 2006, p. 1055)。以学生为导向的方法很容易“导致在情境中迷失的感觉”(同上, p. 1041)——特别是当教师感到无法有效地帮助学生明确科学概念(例如物质和颗粒)如何被应用于情境(例如食物、燃料)当中时。

荷兰对于情境的使用

在荷兰，致力于中学化学教育课程改革计划的阿斯特丽德 · 布尔特(Astrid Bulte)、汉纳 · 韦斯特布鲁克(Hanna Westbroek)、奥诺 · 德容(Onno de Jong)和阿尔贝特 · 皮洛特(Albert Pilot)(2006)及其同事也在将情境和概念相联系的研究中做出了巨大的努力。最初，他们的主要目标是利用情境来提高学生的概念理解能力(Bulte, 2007)，然而，为了解决将概念和情境相联系的问题，他们将研究重点从作为概念学习背景设置的情境，转向将情境理解为一种实践。而在这种实践中，概念和活动均作为实践的一部分而受到重视(Westbroek, Klaassen, Bulte, & Pilot, 2010)。基于这种背景进行内容选择的基本原则是，背景应当能够反映出化学中涉及的真实实践，这种实践可以呈现问题，从而为学生创造需要对知识进行了解的动机。在布尔特(2007)及其同事(2006)的研究工作中提及了背景与概念之间关系的变化之路。

布尔特及其同事(2006)和布尔特(2007)提到

了三个连续的教学法模型（或称为框架），研究人员利用这些框架来寻找三个连续阶段的情境，让学生能够感受到情境是有价值的，同时促进学生在概念和实践层面的化学学习。例如在水源的主题下，这些关于情境的阶段在用以分析地表水质量的同时，也应当被用以描述这些水是否能够满足特定的功能需求（例如饮用）。

依据布尔特及其同事（2006）的研究，第一序列教学的开发采用了与ChiK相同的框架，并划分为三个阶段。首先，学生被告知他们将在接下来的五节课中进行水质的判断，然后教师会提出一些问题来帮助他们了解，要想开展与水的具体功能相关的水质分析，应当掌握哪些必要的知识。第一阶段的目的在于帮助学生明确情境中所涉及的问题。在下一阶段，教师会教授学生更普适性的测量精度相关概念知识。最后，学生应当能应用所学的概念知识来解决问题。然而，尽管学生会很喜欢概念阶段，但他们无法仅靠这一步就将知识应用于解决问题。学生们无法判断所学习的概念是否有用，因为第二阶段没有从学生的视角上进行情境化，学生还需要了解这些内容与问题解决之间的关系——只有那些已经对概念使用非常熟悉的专家才能在探究之前看清这些问题。

基于皮特·李金斯（Piet Lijnse）和凯斯·克拉森（Kees Klaassen）（2004）的研究基础，布尔特及其同事（2006）认为这些阶段必须进行进阶改善，以便学生在每一步中都能看到下一步的内容学习重点，从而引导他们朝着解决问题的方向发展（Bulte et al., 2006）。李金斯和克拉森（2004）使用了物理学中的例子来说明如何带着各种目的去开发序列教学，从物理学概念以及物理学本质开始，到解决问题的通用技能的生成。在研究中，他们提到了汉斯·弗洛伊登塔尔（Hans Freudenthal, 1991）在数学教育中的工作，他们（2004）推论，科学教学需要对科学进行引导性的重塑，以便学生能够参与其中：

> 这意味着，对于他们（学生）而言，被重塑的概念将针对特定目的起作用，并且建构和适应的理由都直接指向功能……知识的（指导性）建构应当基于特定的目的。它应当得到建构者的接受与认可，并能够有效地作用于这一目的。
>
> （Lijnse and Klaassen, 2004, p. 540）

在与数学教育的比较当中，李金斯和克拉森（2004）将重塑看作是科学教师引导学生走向科学化世界的过程。这一方法的关键在于学生要能发现解决实际问题的重点。这些序列作为一个整体是围绕动机构建的，其中一系列与内容相关的地域化的动机将与整体化的动机联系在一起。这里的动机是与内容有关的，这意味着学生知道要想解决问题，科学是必不可少的。

由于第一序列教学明显缺乏对李金斯和克拉森（2004）教学法模型的了解和进阶的那种需求，因此研究依据这一思路对第二序列教学进行了调整（Bulte et al., 2006）。现在，抛向学生的问题已经改变，从而产生了更强烈的知识需求。在第一阶段中，学生不仅必须弄清情境的含义，而且还要对他们已经知道的内容进行讨论。在第二阶段中，学生需要携带自己采集的地表水样品，来生产出可供饮用的水。通过第三阶段的分析，学生必须检查水是否足够清洁以供饮用。在第三阶段中，关于测量精度的概念与问题的回答融合在了一起，学生不仅要对水样进行检测以确认其是否达到可饮用的标准，还要实践将其真的变得可以饮用。

然而在第二序列教学中研究者又遇到了新的障碍。寻找水净化方法的活动扰乱了关于水质的学习；教师和学生投入了大量的时间和精力来进行水的蒸馏和过滤。这种重新定位意味着一系列有关于如何净化水的概念代替了原有的对水质进行功能分析的概念，进而主导了活动的开展。自此学生需要知道的内容逐渐偏离了预期的情境（Bulte, 2007; Bulte et al., 2006）。

这两个初次试验序列的经验让人回想起了ChiK，二者都迷失在了情境中而对预期概念视而不见。在第一序列教学中，如果情境滞后给出，那么学生将无法在学习到抽象概念的第一时间学会如何去应用它们。在抽象概念阶段，学生没有看到他们需要知道的内容，因此在探究阶段中学生无法使用这些他们还不知道的概念。概念不能直接从科学中得到现成的集合，而是需要依照新的目的进行转化（Jenkins, 2002; Layton, Jenkins, Macgill, & Davey, 1993）。布鲁诺·拉图尔（Bruno Latour, 1987）展示了这一结论在社会中的应用——科学上的成果通常需要经过数年的转化，才能够成为应用于社会中的有效技术手段。

在第二序列教学中，明确与测量精度相关的概念的这一无效的抽象阶段被放弃了。取而代之的是，制造洁净水的技术超越了判断水质的技术并占据了主导性地位。从实践的角度来看，由于最终的目的是为了生产出可以饮用的水，因此良好的净水技术使得分析水质的技术变得更加下位化和次要化——因为净水技术中就包含了确保水质合格的步骤。从众所周知的控制论的角度上看，有很多不同的方法都能够产生相同结果（无论是实践上还是概念上）。各式各样的机械或电子计算机都能够针对某一确定的算数问题得出相同的答案（Wickman et al., 2012）。

为了解决这些问题，活动理论（例如Van Aalsvoort, 2004）被应用于第三种模型及其相应的第三教学序列当中（Bulte, 2007; Bulte et al., 2006）。“情境”由此被重新定义为“实践”。这种变化是有动机的，因为实践不仅定义了某种特定情况（例如水质），而且还定义了特定类型的行动以及执行这些行动所需的知识（例如评估水质的专业实践；另见Gilbert, Bulte, & Pilot, 2011; Prins, Bulte, & Pilot, 2011）。除了活动理论，第三教学序列也建立在由李金斯和克拉森（2004）定义的强化内容相关动机的基础上。其理念是使用现有的真实实践对内容做出选择，以确保知识和行动之间的紧密联系。与此同时还要对这些内容进行改编和排序，以便帮助学生生成一种与内容相关的目标感，引导他们获得与实践相关的概念知识和程序知识。对于学生参与和发起的实践活动，重点应当放在科学内容教学的功能性上。基于此，在该教学序列中的每个节点上，学生的职责和教师的职责之间是有区别的。这种教学法模型也因此被认为是建立在“寻找真实实践教学版本”的基础之上的（Bulte et al., 2006）。

在第三教学序列中，序列二的四步骤教学单元得到了适应性修正（Bulte et al., 2006）。在修正后的版本中，学生首先被要求通过仿真实践（以简化的方式）来发现专业人士如何判断水质。第一阶段涉及活动导向，让学生明确活动的目的、一般程序以及他们需要扮演的角色，告诉学生他们应当了解哪些内容。其目的是创建教学版本的真实实践，这一过程不能让学生变成专家，但可以作为指导性原则帮助学生学习一些社会中重要的概念，以及学习这些概念如何在社会中发挥作用。教师会给学生一个案例，让学生分析两个真实的水质样本并且做出选择。随后的三个阶段与第二教学序列非常相似，但重要的不同是学生尚不需要自行将水变成可供饮用的状态。结果表明，在教学序列的前两个阶段中，学生需要了解的知识创建了一系列活动，这些活动只需要进行一些进一步的微调，学生就可以在其中按照要求获取所需的知识了。然而至此步骤，学生并不觉得就如何判断水质还要表述更多的一般性规则（Bulte et al., 2006）。

对于第三个教学法模型的进一步分析也出现在更多其他文献当中（例如Prins, Bulte, & Pilot, 2011；Prins, Bulte, Van Driel, & Pilot, 2008；Westbroek et al., 2010）。从荷兰的研究当中所获得的关键信息可以从ZPD理论及团体实践角度得到更详细的表达。为了支持学生的进阶发展，教师需要对每个阶段中的新需求都做好准备，并不断创造出后续内容学习的进一步需求。教师从真实实践中模拟这些阶段来支持相关概念和行为的需求，同时也使它们能够适应于每个阶段中学生所处的水平。这其中的核心思想是，实践不仅仅是为了给学生带来情感上的参与欲望，更多的还有奥苏贝尔（Ausubel, 1968）提到的“先行组织者”，它可以帮助学生了解自身需要知道什么、需要做什么（Westbroek et al., 2010）。因而“需要知道什么”的意义在于帮助学生桥接ZPD。然而，尽管强调了区分学生职责和教师职责的重要性，但在学生进行实践的起始过程中，学生和教师所扮演的角色依然不是很清晰。很少有实际的师生互动的案例来对此进行说明。

该项目的另一部分意图还在于向教师介绍科学教学的模型（Stolk, de Jong, Bulte, & Pilot, 2011）。利用教学法模型，教师可以建立示范性的教学顺序。然而，在面对如何将模型应用于典型单元或更广泛的教学内容中时，教师常常会遇到许多困难。教师似乎经常将他们激发学生学习动机的传统情感方式，整合到更加以内容为导向的、包含了“需要知道什么”的实践当中，同时也会将他们传统的实验室活动整合到开放性的探究和真实实践中去。而这一现象会破坏单元的不同阶段间的流动性。这里似乎介入了另外一种真实的实践，即教师和学生的传统课堂实践。基于情境化的化学单元并不是建立在教师当前的实践之上的。而研究者并没有给出如何在学习进阶的过程中让教师的当前实践与新模型相关联的建议。教师的学习是建立在重复的基础上的他们“对情境模型的理解，以及他们教授和设计情境化单元的能力”（Stolk et al., 2011, p. 373）。

关于使用此教学法模型来进行内容选择的原则，还需要得到进一步的研究支持。内容分析开展的主要依据是所谓的“真实实践”。而真实实践主要指向已建立专业实践的应用或生产的化学知识（Bulte et al., 2006；Gilbert et al., 2011；Westbroek et al., 2011）。由于科学知识的需求并没有得到很好的定义，因此平凡的实践的内容很难被融入其中。这种分散化的实践涵盖了日常学习（例如，作为消费者、个人生活），社会性科学议题，或与决策制定相关的问题中内容的主要部分。上述这些知识重点构成了情境活动中原始科学的重要内容（Parchmann et al., 2006）。研究如何在这样一个实践情境模型中使用这些情境来支持概念学习，将是一件很有趣的工作。

从更广泛的内容角度来看，一个更大的问题是如何对内容进行选择和排序以实现更普遍的总体进展，如何超越单个单元，将内容扩展到整个科学课程、甚至整个学校的科学当中则是接下来要面临的挑战。当概念（日常和科学的）之间的结构关系本身无法组织学生的学习而被抛弃时，进阶又会变成什么样子呢？布尔特及其同事（2006）使用了一个假设示例对特定案例下的这些表现进行了说明。吉尔伯特（Gilbert）及其同事（2011）则进一步探讨了特定的实践如何与特定的心理模型相关联，以及这些心理模型如何在实践中进行发展与转化。该研究报告表明，实践的进阶不仅是一个理论问题，更是一个经验主义的问题，它需要基于教师和学生是如何接受并采用进阶的。而这是赋予基于情境化的科学教育合理性的最大挑战之一。

法国的教学法转换

法国的教学法（didactique）强调了教学三角系统所构想的学生、教师和教学内容（通常被称为利害攸关的知识）的紧密联系（Sensevy, 2011）；它是如何被嵌入社会历史的以及这种整体设置对于课程教授和学习来说意味着什么（Chevallard, 2007；Ligozat, 2011）。法国教学法的起源是最近的事情，向前可追溯到20世纪60年代开始的数学和科学教育课程改革。它在数学教育领域的发展尤为成功，最有可能的原因不仅是它与教师教育的联系密切（Caillot, 2007），也还要归功于天才数学教师盖伊 · 布鲁索（Guy Brousseau, 1997），他在与学术界的合作中开发出了一套小学数学教学模型（在法国称为教学理论，此处为数学教学法情境理论）。由于布鲁索的工作对包括科学在内的其他学校学科都具有开创性，因此在这里着重一提。虽然在近年来，他的理论经历了其他学者的不断改造和转化，但毋庸置疑的是他的许多主要思想还是非常盛行的。

布鲁索（1997）的核心思想认为教室里的教学构成了一个整体，这其中包括学生、教师、社会关系和物质条件，这样的整体被称为情境。教学模式关注的是如何安排这些情境来发展进阶，而这需要通过情境将利害攸关的知识从老师转移到学生身上（Brousseau, 1997）。这种情境通常基于一个游戏，通过游戏让学生学习这部分利害攸关的知识，进而实现教师和学生的双赢。通过这种情境，能够将知识从教学的学术学科中转移出来，从而帮助学生在游戏中制定获胜的策略。布鲁索模型的特征是它教学法的教师导向。

游戏开始于非讲授式情境，继而被转换为讲授式情境。非讲授式意味着游戏规则在一开始能够很容易地被学生理解，学生们可以在不涉及利害攸关的知识的情况下进行这个游戏。非讲授情境可以被看作是建立一个学生能够在没有教师支持的情况下独立解决问题的实践团体。一个典型的游戏是从1到20的比赛。学生分小组轮流进行，每轮可以增加数字1或2。首先达到20的小组获胜。学生们很快就发现17是一个可以制胜的数字（Brousseau, 1997）。无论下一回合另一组选择加1还是加2，都会是先到达17的这一组获胜。从这样一个非讲授式情境和游戏开始，就是要让学生们能够参与到课堂团体的活动中来，并且让他们发现自己可以在某些方面做得更好。游戏的目的是将参与者在实践中的意图与特定的事情处理结构联系起来。如果你了解游戏规则，那么你同时也了解了其他玩家的意图（Sensevy, 2012；Wickman, 2012 c）。

从“非讲授式情境”到“讲授式情境”的发展，要求学生认识到他们需要更多的知识才能在游戏中取得更好的成绩。学生正在步入近侧发展区，教师是学生获得新的学科知识所必需的条件。学生们会学习如何运用数学知识来提高他们的游戏水平。而这部分利害攸关的知识就需要通过教师教授给学生来完成。通常情况下教师会在这种转化中保持沉默。学生不是简单地被告知如何使用这些知识在游戏中获得更好的表现，而是教师会去要求学生就如何提升游戏表现提出自己的观点和理由，并对这些建议进行有理有据的评价，使学生能够使用数学解释玩这个游戏的新策略(Sensevy, 2011)。通过游戏的实践，学生得以对新的数学知识进行应用，这其中不仅有试错，还有模仿和证明。这种思维方式也适用于其他学科的转化，当然也可以应用于科学。

因此，依据这个教学法模型，内容不仅掌握在教师和学生的手中，还充分贯穿于整个情境和游戏的过程中。这需要教师进行细致的监控，并通过教学法契约和环境的概念进行分析。对教室条件变化的描述是一种对环境的描述，同时也是一种对它如何随着情境变化的描述。而教学法契约则指这种环境是如何在学生和教师的共同行动中发挥作用的。教学法契约可以理解为一套规范、规则和行为习惯，它是一个共通的背景，也是学生和教师可以共同参与、重新协商以推进游戏和环境的情况(Sensevy, 2011)。它同时构成了相对公开化的参与者的意图的背景 (Sensevy, 2012)。

然而，在任何非讲授式或讲授式的教学情境的顺序被设计出来之前，都需要进行仔细的教学法分析，确认原始的内容是否已经经由教学法转化变成了学校教学所需要的内容(Chevallard, 2007)。如果知识不是从数学学术学科中直接给出的，那么它可以在非讲授式或讲授式的教学情境下被直接使用而无须进行改变或适应学校的新环境。与此同时，要使知识有用，这些知识就不能是在学校中被重新创造的。教师和课程设计者需要讨论的是，从学术界或社会其他机构获取的知识如何能够合理地被建立与转化，或者用他们的语言来说是，如何转化为对学生有用的知识。安德烈 · 蒂贝尔吉安 (Andrée Tiberghien, 2007)就科学中的这种转换如何遵循两条不同的路径来获得合理性进行了详细的说明。

第 I 类蒂贝尔吉安转换(2007)涉及科学内容。这些科学内容利用定义明确的实践团体，其中的知识具有意义，就像科学学科内容和科学探究知识的情况一样。通过与在社会上受到尊重的学术团体产生联系，内容的转换会获得更多的合理性。与此同时内容还需要转换出新的用途，这样它就可以存在于学校的实践团体中。尽管学校可能使用与科学家相同的术语，但它们的含义并不完全相同。这意味着转换不仅仅是一个“如何”的问题，而且还是一个“是什么”的问题。同样，来自医学、农学等职业实践的科学也可以根据这些原则进行转换进而被赋予合理性。

第 II 类蒂贝尔吉安转换(2007)则针对更为复杂的转换形式。在这种转换中，知识不能明确地指向社会中的某一个群体，而是通常涉及多个实践团体。这些内容会涉及例如社会性科学议题。教师应得到由不同知识群体代表和利益相关者组成的小组的帮助来完成转换。第一步，从不同的利益相关者中选择具有代表性的信息和情境。第二步，通过对课程要素的认识论、伦理、道德和历史分析，对课程进行进一步的转换。重要的是，这些转变不会仅仅把课堂变成一个公共辩论场，一旦这样做就会面临着家长和社会对其合理性进行质疑的风险——因为这样一来课程就丧失了其自身作为教学的角色。

虽然法国教学法起源于数学教育，但它在科学教育中也有应用。其中一个例子是为高中物理教学设计而开发的二元世界模型。它是基于社会建构主义的概念，尤其是维果斯基 (Vygotsky) 的思想，认为学习是一个内化的过程，它首先发生在社会层面上，而这种内化是通过语言来调节的(Ruthven et al., 2009; Sensevy, Tiberghien, Santini, Laubé, & Griggs, 2008)。物理知识主要涉及给物质世界的关系进行建模。建模不仅是物理学家在物理学中理解物质世界的方式，也是人类对物质现象进行感知的基本过程，学生在日常生活中也会自发地使用它(Tiberghien, 1994, 2000)。每当人们对物质世界进行解释、说明或预测时，都会涉及建模活动。在二元世界模型中，物质世界的对象和事件之间的关系，以及用来解释、说明和预测这些对象和事件的理论和模型，既是物理知识的一部分，也是日常知识的一部分。物理学和日常知识之间也可以建立起连接，因此所有物理理论/模型，物理对象/事件，日常理论/模型，以及日常对象/事件四类知识之间都存在潜在的关系(Ruthven et al., 2009)。

很明显，这种认识论和物理学习理论也是一种如何把内容从物理学转换到学校的想法。它特别借鉴了第 I 类蒂贝尔吉安转换(2007)。为了不违背ZPD理论，物理内容需要在学生的日常理论/模型和对象/事件的基础上逐步转交给学生。为了实现这一目标，研究已经开发了两种用于教学分析的工具。首先，使用知识差距工具来指导教学内容的整体框架和顺序；其次，用建模关系工具可以针对特定活动的细节进行设计(Ruthven et al., 2009)。

知识差距工具被用来详细描绘学生的已有知识和物理课所要教授的知识。它也会被用来处理课堂中ZPD发展的起点和终点，同时也会在四类知识以及它们之间的关系下被加以描述。学生现有知识之间的关系是通过以前的教学评估和研究文献描绘出的。通过列出理论/模型世界与学生尚不了解的对象/事件世界之间的关系的清单，使之可以成为教学设计的重点(Ruthven et al., 2009)。

建模关系工具可以帮助教师清楚地了解学生在一个特定阶段中应该在世界内部和世界之间建立怎样的关系类型以及这些关系类型的内容(Ruthven et al., 2009)。该模型的一个不同寻常的特征是，它认为没有什么领域之间的关系是理所当然的，但这些关系却会使它们成为教学设计的明确目标。因此，我们不能仅仅假设概念上的改变就意味着一种解释模型大规模地转换为另一种解释模型。例如，在科学教育中，几乎没有人会注意先让学生像物理学家那样描述对象和事件，然后再将其引入模型进行解释(Sensevy et al., 2008)。在10年级介绍力学知识时，教师要求学生描述一个挂在一根弹性绳子上的石头，同时还会要求学生给出石头作用的对象，通过这种方式引入了对象和作用这两个词的新用法。从日常使用的语言来看，学生对这种作用概念的使用并不熟悉，因为那里没有任何“动作”(石头只是挂在绳子上)。大多数学生发现作用在石头上的对象是绳子，但是学生很难将地球视为以相同方式作用的对象。同样的，学生也逐渐熟悉、识别相关的系统，这是物理学家建模活动的重点。以类似的方式，给学生这样一个问题：球被抛出后离开手，但仍在向上移动，他们需要区分球的作用方向和运动方向，对于信奉牛顿力学的物理学家来说，作用方向和运动方向是两个不同的事情(Sensevy et al., 2008)。

法国教学法中，这些思想的进一步发展是教学法中的联合作用理论(Joint Action Theory in Didactics [JATD]; Ligozat & Schubauer-Leoni, 2010; Sensevy, 2010; Sensevy, Mercier,& Schubauer-Leoni, 2000; Sensevy, Mercier, Schubauer-Leoni, Ligozat, & Perrot, 2005)，该理论也被用来分析二元世界物理项目的转换(Tiberghien & Sensevy, 2012)。这一模式受到法语教学法社区理念的影响，同时也有实用主义的影响，尤其是受到约翰·杜威(John Dewey)和乔治·赫伯特·米德(George Herbert Mead)的影响(Sensevy, 2011)。它强调的是共同行动，这意味着必须从教学三角体系中去理解教学行动，即教学内容是如何通过教与学的联合来处理内容的(Sensevy, 2011)。JATD的一些概念已经在前面讨论过了：例如如何在课堂规范的共同背景下以相似的方式看待对象、事件和行为，进而理解教学契约。学习物理意味着学生和教师共同形成一个共同的背景，通过和教师一起使用像物理学家一样的谈话方式来学习某种特定的思维方式(参见前面以新方式使用术语“对象”与“作用”的示例，Sensevy et al., 2008)。

热罗姆·圣蒂尼(Jérôme Santini, 2009)使用JATD对法国5年级的地球科学进行了教学分析。在他的研究中，使用了三个概念来分析在课堂上进行的学习游戏和学习游戏所针对的能力——认知游戏之间的关系。这种教学情境可以用来与类型I的教学法转换(Tiberghien, 2007)和进行教学顺序的二元世界分析(Tiberghien et al., 2009)进行比较。在这里，学习游戏是从学生的体验开始的，并朝着像地球科学家一样解决问题和使用语言的方向发展。圣蒂尼(2009)采用知识密度(knowledge density)、知识特异性(knowledge specificity)和知识差距(knowledge distance)这三个概念，在四个不同的类别中分析了这种转换。知识密度是对游戏中提供的知识范围的分析。例如，要求学生给出他们所做的描述的理由的序列就比只要求他们给出描述要更为密集。伴随着更科学的专业概念的使用，知识的特异性也会随之提高。例如，教师可能会使用更多的日常词汇代替更科学的专业概念。知识差距是对学生需要在学习游戏中采取的各种行动的范围的描述，以及在其中得到教师的支持来帮助学生掌握认知游戏。将这三个变量与结果(例如，通过前测和后测)进行比较，就可以将学生表现的差异与课堂实践和效率之间的关系相连接，而这里不仅涉及教学方式，同样还会涉及内容的组织方式(有关这些概念在力学上的应用，另请参见Tiberghien & Sensevy，2012)。

弗洛伦斯·利戈萨特(Florence Ligozat)(2011)使用JATD分析了课程材料和教师课堂实践之间的关系。同热拉尔·塞瑟维(Gérard Sensevy, 2010)对卢德维克·弗莱克(Ludwik Fleck, 1979)思想的运用一样，利戈萨特认为，存在着一些专业化的思想风格代表着教师团体，并形成了一些习惯或习俗。依据这些习惯或习俗，课程材料中的设计建议被转化为了课堂教学中的实际行动。例如，她展示了一位瑞士老师如何将重大的责任转交给学生，让他们自己去探索发现，以及如何将这种做法嵌入到课程资料与教师的思想风格所共有的社会建构主义理解中。矛盾的是，这种共有的社会建构主义理解并不能帮助教师看到他们自己的核心认知在支持学生衔接ZPD方面起到的作用。利戈萨特认为，重组工作的开展需要仔细考虑如何将课程材料、教师的思想风格和教师更独到的解释方案这几方面有效地进行互动来支持课程重组。利戈萨特(2011)和同事现在正在使用这三重方式来支持日内瓦地区基础科学的课程改革。

通过将蒂贝尔吉安(2007)的两种转换模型及其与物理学I型转换模型的关系表述，作为二元世界中理论和模型之间的关系——或更普遍地以布鲁索的术语描述为学习游戏与认知游戏之间的关系，法国教学法已经为ZPD创造了越来越多的有效模型。研究在学生和科学家使用的模型中引入了知识差距的概念，并加入了老师如何通过知识密度和特异性来处理知识差距，如何通过参与活动来发展目标科学实践团体的能力。教学契约和科学环境的概念通过对教学中的学习情境进行整体上的教育分析，以及对其社会和物质交易等方面的分析，最终实现了对该模型的支持。在未来的研究当中，研究者还需要进一步发展来研究如何将这些开发成熟的科学实践和团体的建模方法，应用于推动小学科学的进阶（Ligozat, 2011），Ⅱ型转换及科学的运用在专业实践中并非易事，它们会更多地涉及日常生活中的公民科学意识和素养。

瑞典实践认识论

瑞典的科学教学法起源于20世纪70年代至90年代初的科学教师教育，并以其领域内第一篇博士论文答辩通过作为标志。这些早期的研究在很大程度上受到了从皮亚杰的工作发展而来的美国建构主义的启发——例如罗伯特·卡普拉斯（Robert Karplus）（Karplus & Thier, 1967）、约瑟夫·诺瓦克（Joseph Novak）（1977; Ausubel, Novak, & Hanesian, 1978）和罗莎琳德·德赖弗（Rosalind Driver）（Driver & Easley, 1978）。这些早期的瑞典研究（例如Andersson, 1976; Helldén, 1992; Pedersen, 1992）通常会对学生的错误概念或替代框架进行检查，并明确这些内容是如何通过教学和创新活动而发生改变的，如物理相互作用的概念（Karplus & Thier, 1967），或概念图（Novak, 1990），当然其中也有一些重要的例外（例如Staberg, 1992，科学教育研究中关注了性别问题）。在瑞典，这项研究从一开始就已被定义为科学教学法，并成为科学教师师范教育课程的一部分。

在20世纪90年代和21世纪的第一个10年期间，开始了一场平行于北美的争论。在这一争论中，个人建构主义对科学教育的理解被加以仔细的审视（例如Kelly, Carlsen, & Cunningham, 1993; Lemke, 1990）。由此，科学教育也开始包含社会建构主义和社会文化的观点。罗杰·萨尔格（Roger Säljö）和克斯廷·贝里奎斯特（Kerstin Bergqvist）（1997）在一项颇具影响力的研究中，证明了学校推行以儿童为中心的建构主义思想，事实上需要承担着使孩子在没有教师帮助下进行实验操作的风险。

莱夫·奥斯特曼（Leif Östman, 1994）则代表了另一个重要的发展方向，他认为科学教育不仅可以理解为概念和认知学习，还意味着学生的社会化，因此这其中也包括对价值和道德的学习。这项研究与许多来自北美的学者一起（Roberts & Östman, 1998）证明了学习科学还涉及很多附带信息，即伴随意义，这意味着除科学课程目标外，学生还学习了如何定位自己，以及找到自己在自然和科学的关系中所处的位置。在他的论文中，奥斯特曼（1995）构建了一个从教化和科学素养角度分析内容选择的教学模型。这些模型除基于道格拉斯·罗伯茨（Douglas Roberts, 1982）的知识重点进行了扩展外，还包括了话语意义中的价值内容，即面向学生可能被包含或排除的一些信息（Wickman et al., 2012）。

这里可以对一种与社会文化和实用理论框架相关的瑞典式教学模型的特定方法进行回顾，即瑞典实践认识论（Wickman, 2004; Wickman & Östman, 2002a）。这一观点的目的是提供一个从教师兴趣出发进行教学分析的框架，这意味着进行不同单元的区分分析，使教师可以与学生一起在实践中进行交互与体验。这其中一个重要的实用主义观点是，对课堂内容的教学分析不应先验地假定科学教育仅仅是关于概念转变的，它还应当涉及人的价值和习惯作为整体，在环境中所发生的转变。这种观点下的核心人物与工作是约翰·杜威（1929/1958, 1938/1997）及其探究与连续性观点，这一内容将会在接下来进行进一步的阐述。同样的，这一观点也对后来路德维希·维特根斯坦（Ludwig Wittgenstein, 1967）的语言观点产生了不小的影响。这两位哲学家都曾与许多以社会文化为导向的思想家分享了他们对交流的处境和社会历史的理解(Rogoff, 1990; Wickman, 2006)。

瑞典实践认识论被理解为一种教师和学生在课堂上一起经历教学过程时，在谈话和行动中使用的实际认识论。它是团体中交易者的认识论而不是一个孤立的思想。认识论解决了什么是知识，以及我们如何获得知识的问题(Grayling, 1996)。从教学经验的角度来看，这个问题是关于学生如何学习与学什么(即什么变成已知知识)之间的关系。因此，认识论被认为是基于课堂中的共同行动及其结果而发展起来的。而研究教室中可能出现的各种实践认识论如何在最广泛的意义上支持科学学习，以及其中包括的价值观体现和人的整体转化，则在很大程度上是一个实证化的问题。

研究实践认识论是一种教师观点，同时也是一种教学方法(Wickman, 2004)。教师感兴趣的是与学生之间的互动，以及课堂的物质条件是如何影响学生学习方向的——也就是说，学生通过课堂安排可以学到什么，以及这种学习是否是以学习知识为目的的，这里的重点在于教师可以改变的情况而不是每种情况的原因。研究实践认识论是指导教师在规划和评价教学中做出选择的一种方法。在这里，学习和知识是根据教师的经验进行分析的，也就是说，谈话和行动是在课堂上发展和转变的。只有通过相互交谈和行动，教师才能与学生产生互动，评估他们的进阶情况。与理查德·罗蒂(Richard Rorty, 1991)对认识论的理解相一致，实践认识论方法并不是“把知识视为获得正确的现实的结论，而是作为获得应对现实‘情境’行为习惯的能力”(p. 1)。对学习实践认识论的研究，事实上是对课堂上发生的交易如何影响学习习惯的转变的研究(Wickman, 2004, 2006)。最终，更系统的知识和价值只有成为习惯才会变得更加清晰——也就是说在不同情况下对对象、行为和事件的谈论和行动的习惯模式。

实践认识论的基础是约翰·杜威的实证探究方法及其连续性原则(Wickman, 2012 c)。根据这种教学模式，任何有利于学习的课堂科学探究，都是从课堂实践或活动开始的。在课堂实践或活动中，学生已经能够胜任行动与交流，以达到某些目的(老师可以看到他们有可以利用的有效习惯)。根据这一理解，学习和教学过程的开始和结束就是如何通过从科学实践中引入新的交流和行动方式，对学生已经可以胜任的行为实践进行改变，从而将众所周知的经验转化为更科学的活动，即学生能够更好地在生活中使用科学活动(Wickman & Ligozat, 2011)，这样就可以把人们熟悉的、更科学的实践延续下去。要做到这一点，学生必须不断地明确他们所做的事情的目的，首先是熟悉的活动，最后是更科学的活动。

熟悉活动的目的被称为近因目的(proximate purposes)，因为这些是教师在学生开始探究时为了接近他们的理解而选择的。而更科学的活动的目的具有最终的目的，因此被称为最终目的(ultimate purposes)。相比之下，最终目的不是首先在行动方面对学生有意义，而是出现在最后——当学生与教师一起进行了充分的调查，学习到新的内容的时候(Johansson & Wickman, 2011)。属于近因目的的探究可以由学生独立解决，而属于最终目的的探究则需要教师给出脚手架来完成。因此，近因目的和最终目的可以被看作是对ZPD的描述，这两个组织目的可以被教师用来组织和评估课堂教学和学习进展(Wickman, 2012 a)。

学生参与的第一个探究活动的近因目的的功能不仅是帮助教师获取学生的已有知识，更重要的是要帮助学生理解课堂上正在发生的事情(参见Goffman, 1974)，这样他们就可以采取行动，从而有目的地进行学习(例如，给学生中介)。首先，当学生明白自己要去探究什么(目的)时，他们就可以分享自己所知道的信息，因为这样他们就能知道哪些信息是相关的知识哪些是不相关的知识。与其他学生和教师一起进行分享和寻找，可以使活动按照目的进行。据说，通过这种方式能够让学生看到一个自己能达成的近因目的(Dewey 1938/1997; Johansson & Wickman, 2011)。当学生在操作上有一个可见的目的时，意味着他们可以使用从自己的经验中获得的第一手知识，可以使用自己熟悉的词汇，可以预测哪些相关的贡献和问题可以达到目的。如果学生不明白这样做的目的是什么，他们就只能去猜测这种情况下什么是重要的，什么是不那么重要的，或者试着记住所有的东西(即死记硬背)。作为一个聪明的调查者，会要求参与者把他们所做事情的目的看作正在发生的事情的一部分。这是一种对意义的论述式理解，在这种理解中，意义已经是某些习惯和习俗的一部分。也就是说通过包含和排除某些存在方式、表现方式和说话方式来达成的文化嵌入系统方式(Cherryholmes, 1988; Goffman, 1974)。

最终目的由教师逐步引入，以支持近因活动及其近因目的。通常情况下，教师会通过引入含有科学概念或方法的更具科学性的最终活动，来改善近因活动。与此同时，因为科学概念和方法提供了新的差别和新的做事方法，所以课堂实践作为一个整体也在其目的方面发生了缓慢的转变。通过其新的语言使用、人工产品和方法，科学活动及其最终目的开辟了新的探索领域、新的差别和新的程序，而这些都是学生们以前不知道的。通过这种方式，学生们学会了新的说话和行为习惯，并将科学知识融入进了新的探究当中。

当教师观察到学生们可以使用新的科学方法(例如，一个新的科学概念或方法)来处理近因目的，并使用同样的方式来处理最终目的时，这两种组织目的就会成为连续性的。这意味着根据杜威(1938/1997, p.35)的连续性原则，学生可以使用以前的经验以有利于目的达成的方式来处理当前的经验，而这将有助于目的达成，并改变他们将来处理类似问题的方式。

应该指出的是，给出近因目的——即给学生一个明确的目标，并与最终目的保持一致，是评价一堂好课的典型特征。许多优秀教师或多或少都会自发地使用它——尽管他们不会使用这些术语来描述自己的行为。这些术语可以作为教学法模型的一部分，用于对已经建立的教学实践进行教学法分析，进而做出改进。

安妮-玛伊·约翰松(Annie-Maj Johansson)和威克曼(Wickman)(2011)提供了一个瑞典5年级的班级(12岁的学生)物理课的例子。在这堂课中，教师的主要目的是让全班同学和老师一起讨论为什么我们的汽车上有轮胎。最终目的是让他们了解摩擦力是如何促进或阻碍运动的。很明显，在讨论过程中，关于为什么我们的汽车上有轮胎的调查给了学生非常直接和清晰的观点，学生能够使用来自家里的经验，以及他们之前用橡皮筋马达的玩具车做的实验，并观察在有无轮胎的情况下车的运动。学生也可以使用日常语言来描述轮胎是如何影响汽车的运动方式的，以及轮胎如何解决其他问题，例如，如果没有轮胎，汽车的轮辋和道路将会遭到破坏。尽管老师和学生们共同讨论了近因目的，但是教师在如何让讨论与物理概念保持连贯上还是很有困难。比如解释什么是摩擦力，处理跟轮胎相关的其他问题，例如，如何能够减少对道路的破坏(Johansson & Wickman, 2011)。教师通常不会将学生的日常经验及语言作为近因目的的一部分，与摩擦力和运动这两个物理学最终目的直接联系起来。总的来说，最终目的仍然是不透明的，教师也尚未意识到这种与学生共同开展的新实践所具有的最终目的。在教师与学生之间的对话中，学生们并没有看到这个近因目的和最终目的之间的ZPD。为了支持这种连续性，教师需要明确如何使用学生已经熟悉的不同的符号资源和多样化的多模型表征方法，与越来越多的科学表征法及其在探究中的运用间不断进行交流。

为了解释上述连续性的问题是如何实现的，约翰松和威克曼(2011)与彼得·哈伯(Peter Hubber)、拉塞尔·泰特勒(Russell Tytler)、菲洛查·哈斯拉姆(Filocha Haslam)(2010)在澳大利亚的一个学校发展项目中进行了一项研究，在该研究中，研究者们通过多模型符号资源提供了学习上的支持。虽然哈伯及其同事(2010)没有涉及组织目的的概念，但是他们有一个非常实用的关注点，那就是了解学生和科学符号资源是如何被持续利用的，以及如何以一种让学生“有必要知道”的方式来规划探究(Bulte et al., 2006)并达成目的。此处涉及的具体案例是一个在7年级引入力的概念的单元。在这个案例中，近因目的被逐步引入，通过新颖、更科学的多模型符号资源逐步与学生已经熟悉的语言相衔接，而学生则依靠这些语言来对近因目的进行处理。

教师首先叫学生们模制一块橡皮泥。然后，学生们被要求在课堂上向其他人描述自己是如何对橡皮泥块进行重塑的。手势在交流中扮演着重要的角色，无论是对学生还是老师来说，手势都是在传达所做的事情。这两种活动都是用熟悉的语言进行熟悉的活动，学生很容易看出其目的。这些活动的近因目的(塑造橡皮泥以及用语言描述他们所做的事情)十分直观，因为可以看到学生们依据自己的经验使用自己的第一手知识和自己熟悉的语言，他们可以预期实现目的相关贡献和问题。随后，教师逐渐引入了能够描述力的最终目的——推或拉。教师在黑板上列出了所有学生用来描述他们对橡皮泥所做的事情的单词(拉伸、雕刻等)，并把这些单词放在推和拉的两个标题下，从而向他们展示如何通过使用这些单词来简化他们的描述。教师还向他们展示了如何用不同的手势来表示这两个单词，将它们分类到推和拉这两个概念中。随后教师介绍了力的含义，即对物体进行推或拉的操作(Hubber et al., 2010)。在这个阶段中，老师引入了科学概念，以便更好地描述学生对他们的橡皮泥块做了什么。重要的是，教师可以跟踪和评估学生在行动中如何利用这两种语言游戏的符号资源使教学过程变得连续。在这个阶段之后，哈伯及其同事(2010)所描述的单元继续依照相同的教学法模型进行推进。

组织目的可以被看作是ZPD运作的一种方式——即将一个实践团体转变为另一个(Wickman, 2012a)。就科学教育而言，这意味着引入一种具有近因目的的探究。这种探究作为一种目的，通过更科学的方式得以延续。这种对进阶的理解意味着，它不会首先被理解成一种概念转变，在这种情况下，更多的日常概念使用被科学概念所代替，而使学生的说话和行为习惯会随着他们的学习参与到新的实践中而改变。这里重要的一点是，具有近因目的的活动不应仅仅被视为达到最终目的的教学手段。近因目的的内容应该被选择，因为它强调知识本身就是重要的学习目标。这些目标通常涉及更广泛的和定义不那么明确的实践，而在这些实践中，科学可以与其他类型的知识一起发挥作用——比如为什么我们的汽车要安装轮胎。一个重要的最终目的是，不仅应当教授学生物理学知识，而且还应当让学生理解什么时候物理学论证是有效的，而不是其他经济、环境或技术方面的考虑。

这是有关进阶的一种情境性的和散漫的理解。在这种理解中，教师需要持续跟踪学生系统地包含和排除了哪些内容，以及他们如何保持组织目标的连贯性。它强调了在课堂上教师和学生之间的交流中，进阶对于教师显而易见的重要作用。通过学生的行为，教师可以跟踪和支持学生不断改变的习惯。教学被视为是与形成性评价密切相连的，而形成性评价则是用来检测学生在行动当中是如何做到连续进阶的 (Johansson & Wickman, 2011)。这也意味着进阶与缓慢变化的行为，以及这些行为在与共同目标相关的过程中所完成的事情之间是不可分割的(Wickman & Ligozat, 2011)。

监测课堂活动如何支持组织目的的连续性的一个方法是实践认识论分析（practical epistemology analysis [PEA]）。PEA以询问学生和教师在课堂上的共同目标是什么作为起始，它支持对课堂互动进行编码，以便分析学生通过特定的课堂安排可以学到什么(Wickman, 2004; Wickman & Östman, 2002a)。PEA使得对功能性和功能障碍的单词用法的检测成为可能，同时还可以检测教师与学生之间或物质条件之间的交互如何支持组织目标连续的意义。PEA还被用来询问一些更普遍的问题，例如关于学生如何在科学课堂中(例如Almqvist & Östman, 2006; Hamza & Wickman, 2008, 2012, 2013; Lidar, Lundqvist, & Östman, 2006; Lundqvist, Almqvist, & Östman, 2009, 2012; Wickman & Östman, 2002b)、博物馆的科学展览中(例如Piqueras, Hamza, & Edvall, 2008)理解和学习科学内容，以及对诸如道德（Öhman & Östman, 2007）和审美体验(Arvola-Orlander & Wickman, 2011; Jakobson & Wickman, 2008; Wickman, 2006）等价值观（Lundegård, 2008）的理解方式是如何作为学习中的不可或缺的部分的。

课堂审美体验的研究(Wickman, 2006)与皮埃尔 · 布尔迪厄(Pierre Bourdieu, 1984)的工作相结合，为研究如何通过课堂交互来形成对于科学的兴趣的方法论做出了贡献，也支持了关于教师如何支持科学课堂参与的教学分析的发展(Anderhag, Wickman, & Hamza, 在英文版出版前正在审校中)。在法国教学法的研究兴趣当中，关于学生如何学习谈论诸如物理学家之类的事物以支持他们对于解释的学习(Ruthven et al., 2009)，卡里姆 · 哈姆扎(Karim Hamza)和威克曼(2009)的研究向人们展示了学生如何解释电化学电池的工作原理，同时还涉及了一些杰出化学家是如何对不同电池的细节进行区分的内容。在一项类似于科莫瑞克(Komorek)和杜伊特(Duit)(2004)所使用的教学实验中，还展示了教师是如何利用这些分类差异来支持学生关于解释的学习的(Hamza & Wickman, 2013)。

根据实践认识论的方法，内容选择在很大程度上是一个实证问题，这其中涉及如何寻找有意义、能够吸引年轻人的活动，以及如何让他们连续进行新的实践，这些实践采用科学的区分方式，受到课程和民主社会的重视。这一观点构成了一种以行动为导向的方法来解决教学转换的问题。克拉夫基(1958, 1969)的研究中提出了这样一个问题，即如何选择和呈现某些既定内容，这些内容不仅能被学生理解，而且对他们当前和未来生活中的教化也能有所作用(Wickman, Liberg, & Östman, 2012; Wickman & Ligozat, 2011)。

进阶指向教师和学生能够利用两种实践的方法和语言，逐步和持续地进行交流，以改进和转换他们的目的(Wickman & Ligozat, 2011)。这是一个教师与学生对内容不断进行相互协商的问题。在不同年级中常常会去处理相同或相似的内容，但对这些内容会有多种层次上的改进。因此仅仅以正确的科学概念或真实的科学实践作为模型是很难对进阶进行组织的。建模的活动和实践必须具有组织目的，它不仅仅是过程中的步骤，而且要在实践中赋予学生有意义的参与性能力，让学生能够有意义地参与其中。关于如何实现这一目的，不仅是一个关于应用组织目的教学法模型的理论问题，而且在很大程度上还应当是针对每一节特定课程的实践化的问题。教师需要通过尝试来明确什么样的近因活动和目的能够给教师和他们的学生带来可预见的目标，学生将什么带入了这些近因活动中，以及如何使这些活动在符合课程最终目的的情况下得以持续进行。这些活动的内容和事件高度取决于课堂上遇到的具体经验和交互(Hamza & Wickman, 2008, 2013)。这不仅是一个关于学生知道什么的问题，而且还高度取决于教师现有的知识、他们的教学方式(Munby, Cunningham, & Lock, 2000; Munby & Russell, 1992)以及他们所处的教学传统(Gyllenpalm & Wickman, 2011; Gyllenpalm, Wickman, & Holmgren, 2010a, 2010b; Lundqvist, Almqvist, & Östman, 2012;Sund & Wickman, 2011)。从实用主义的角度来看，这些知识和传统被认为是课程改革中的宝贵且必要的资源(Wickman, 2012b)。

通过分析改变课堂实践的实际后果，来了解如何使近因目的在学生的视角上最终起效，以及是否可以看到学生使近因目的与最终目的持续下去，可以帮助教学顺序进行不断地修改进而适应当地的情况。目前，哥德堡大学(Gothenburg University)和斯德哥尔摩大学(Stockholm University)的一个联合研究项目(原书出版时尚未发表)正在研究如何将其整合和实施于在职和职前教师教育中。该项目的一个关键点在于它并不是为了大规模量产教师课程的单元，而是从教师当前的实践开始，与研究人员探讨他们能够在何种程度上更好地看到近因目的发挥作用，以及通过课堂交流能够在多大程度上表明学生可以让近因目的和最终目的持续下去。这与教学法是一门为教师选择教学内容和方法提供系统基础的科学学科的理念是一致的。

在建立教师和学生的这种共同进阶上，除了要依照各种科学实践及学生经验和生活之外，还需要以教师所知道的知识和他们所熟悉的实践为基础。ZPD不能跨越学生所熟悉的实践和教师所熟悉的实践之间的鸿沟。实践认识论为教师提供了一种积极参与对自身和学生都有意义的发展进阶的方法。然而，关于教师如何运用实践认识论作为教学模式进行教学分析的研究还处于起步阶段。研究者们需要进行进一步的研究，以更广泛地确定实践认识论如何在支持教师针对各种内容、情境和学生的选择方面发挥作用。同样，关于如何在许多课程中支持更长期发展的研究也才刚刚开始。

结论

在欧洲国家中，几乎没有一个明确定义的科学教学法领域，就像在更普遍的科学教育中一样。然而，通过对四个欧洲国家的一些科学教学法方法进行的一些相对有限的回顾表明，教学法方法作为一个为教学法分析开发教学模型的领域而言，可能具有许多相似之处。例如，在李金斯和克拉森(2004)指导下的再创造、布鲁索(1997)的教学情境，以及约翰松和威克曼(2011)的组织目的之间就具有明显的相似性。这些模型基于各种各样的理论假设，而这些理论假设会影响模型的开发和提供。然而，归根结底，研究者不应该仅仅从其理论基础来判断在教学法中开发的模型，而应该从以有目的的方式和我们重视的方式支持科学教学和学习的优点来进行判断。所有的模型都报告了取得成功的领域以及需要进一步处理的问题。在不同国家或地区中对科学内容及ZPD的理解不仅是概念上的，同时还涉及行动、价值观念、环境和实践共享。而事实证明，这种认识有助于开发针对教化科学教学的更富有成效的模型。

存在于不同教学法学校之间的一个重要的轴的变化，其实也是“给教师提供已经设计好的教学顺序”和“从他们自身的实践开始设计教学顺序”之间的变化。毫无疑问，这两者都是必要的。正如蒂贝尔吉安（2000）所提到的，为科学教学中的每一种教学情境设计教学顺序似乎都是一个永无止境的任务(Tiberghien, 2000)。此外，由于没有教师证明设计，因此在教学法中，这种设计最好被视为范例，用于向教师介绍教学法模型以及进行更普遍的教学法分析，以提高他们在内容和教学方法方面的决策能力。因此，将研究中设计的教学顺序和教师现有教学顺序的重新设计介绍给教师，可以说在沿着相同的轨道进行，他们将原理从一种教学顺序转移到另一种教学顺序。斯托尔克（Stolk）及其同事（2011）在荷兰的研究结果表明，教师需要额外的支持来将教学模型从研究设计和范例推广到他们的现有实践中。

未来科学教学研究面临的一个重要挑战是需要开发出一种模型，这一模型可以帮助教师在跨越多单元、多课程和多年时间上，长期地支持教学进阶和学习进阶的发展。另一个重要的挑战则是项目如何才能更好地在实践中支持教师接手和开发教学模型，以便他们能够独立地将这些模型进行教学分析。在所有这些挑战当中，最大的挑战不是教学法，而是政策方面的：如何才能最好地从研究人员和教师所在的机构中获得持续的支持？

致谢

感谢莱夫·奥斯特曼和迈纳特·迈耶（Meinert Meyer）对本章内容进行了全面审阅。感谢理查德·莱勒（Richard Lehrer），热拉尔·塞瑟维和斯德哥尔摩科学教育集团提供的支持性建议。

参考文献

Aikenhead, G.S. (2006). *Science education for everyday life: Evidence-based practice.* New York: Teachers College Press.

Almqvist, J., & Östman, L. (2006). Privileging and artifacts: On the use of information technology in science education. *Interchange, 37*(3), 225–250.

Anderhag, P., Wickman, P.-O., & Hamza, K.M. (under review). Signs of taste for science: A methodology for studying the constitution of interest in the science classroom. Submitted to *Cultural Studies of Science Education.*

Andersson, B. (1976). *Science teaching and the development of thinking.* Gothenburg, Sweden: Gothenburg University.

Arvola-Orlander, A., & Wickman, P.-O. (2011). Bodily experiences in secondary school biology. *Cultural Studies in Science Education, 6*(3), 569–594.

Ausubel, D.P. (1968). *Educational psychology, a cognitive view.* New York: Holt, Rinehart, and Winston.

Ausubel, D.P., Novak, J.D., & Hanesian, H. (1978). *Educational psychology: A cognitive view* (2nd ed.). New York: Holt, Rinehart, and Winston.

Biesta, G. (2002). How general can *Bildung* be? Reflections on the future of a modern educational ideal. *Journal of Philosophy of Education, 36*, 377–390.

Blankertz, H. (1975). *Theorien und Modelle der Didaktik* (9 ed.). München: Juventa Verlag.

Bourdieu, P. (1984). *Distinction: A social critique of the judgement of taste.* London: Routledge.

Brousseau, G. (1997). *Theory of didactical situations in mathematics.* Dordrecht, the Netherlands: Kluwer Academic Publishers.

Bulte, A.M. W. (2007). How to connect concepts of science and technology when designing context-based science education. In C. Linder, L. Östman, & P.-O. Wickman (Eds.), *Promoting scientific literacy: Science education research in transaction. Proceedings of the Linnaeus Tercentenary Symposium* (pp. 140 – 147). Uppsala: Uppsala University.

Bulte, A.M. W., Westbroek, H.B., de Jong, O., & Pilot, A. (2006). A research approach to designing chemistry education using authentic practices as contexts. *International Journal of Science Education, 28*, 1063 – 1086.

Caillot, M. (2007). The building of a new academic field: The case of French didactiques. *European Educational Research Journal, 6*, 125 – 130.

Cherryholmes, C.H. (1988). *Power and criticism.* New York: Teachers College Press.

Chevallard, Y. (2007). Readjusting didactics to a changing epistemology. *European Educational Research Journal, 6*(2), 131 – 134.

Cuban, L. (1992). Curriculum stability and change. In P. Jackson (Ed.), *Handbook of research on curriculum* (pp. 216 – 247). New York: Macmillan.

Demuth, R., Gräsel, C., Parchmann, I., & Ralle, B. (2008). *Chemie im Kontext—Von der Innovation zur nachhaltigen Verbreitung eines Unterrichtskonzepts.* Münster: Waxmann.

Dewey, J. (1929 / 1958). *Experience and nature* (2nd ed.). New York: Dover.

Dewey, J. (1938 / 1997). *Experience and education.* New York: Touchstone, Simon and Schuster.

Driver, R., & Easley, J. (1978). Pupils and paradigms: A review of literature related to concept development in adolescent science students. *Studies in science education, 5*, 61 – 84.

Duit, R., Gropengießer, H., Kattmann, U., Komorek, M., & Parchmann, I. (2012). The model of educational reconstruction—a framework for improving teaching and learning science. In D. Jorde & J. Dillon (Eds.), *Science education research and practice in Europe* (pp. 13 – 37). Rotterdam, the Netherlands: Sense Publishers.

Duit, R., Komorek, M., & Wilbers, J. (1997). Studies on educational reconstruction of chaos theory. *Research in Science Education, 27*, 339 – 357.

Duncan, R.G., & Rivet, A.E. (2013). Science learning progressions. *Science, 339*, 396 – 397.

Duschl, R. (2008). Science education in 3 part harmony: Balancing conceptual, epistemic and social learning goals. *Review of Research in Education, 32*, 268 – 291.

Duschl, R.A., & Jiménez-Aleixandre, M.P. (2012). Epistemic foundations for conceptual change. In S. Carver & J. Shrager (Eds.), *The journey from child to scientist: Integrating cognitive development and the education sciences* (pp. 245 – 262). Washington: American Psychological Association (APA) Press.

Erduran, S., & Jiménez-Aleixandre, M.P. (2007). *Argumentation in science education: Perspectives from classroom-based research.* Dordrecht, the Netherlands: Springer.

Eryaman, M.Y., & Riedler, M. (2010). Teacher-proof curriculum. In C. Kridel (Ed.), *Encyclopedia of curriculum studies* (pp. 865 – 866). Thousand Oaks, CA: SAGE.

Fensham, P. (2003). *Defining an identity: The evolution of science education as a field of research.* Dordrecht, the Netherlands: Kluwer Academic.

Fleck, L. (1979). *Genesis and development of a scientific fact.* Chicago: University of Chicago Press.

Freudenthal, H. (1991). *Revisiting mathematics education.* Dordrecht, the Netherlands: Kluwer.

Gilbert, J.K., Bulte, A.M. W., & Pilot, A. (2011). Concept development and transfer in context-based science education. *International Journal of Science Education, 33*(6), 817 – 837.

Goffman, E. (1974). *Frame analysis: An essay on the organization of experience.* Boston: Northeastern University Press.

Grayling, A.C. (1996). Epistemology. In N. Bunnin & E.P. Tsui-James (Eds.), *The Blackwell companion to philosophy* (pp. 38 – 63). Oxford, UK: Blackwell.

Gyllenpalm, J., & Wickman, P.-O. (2011). "Experiments" and the inquiry emphasis conflation in science teacher education. *Science Education, 95*(5), 908 – 926.

Gyllenpalm, J., Wickman, P.-O., & Holmgren, S.-O. (2010a).

Secondary science teachers' selective traditions and examples of inquiry-oriented approaches. *Nordic Studies in Science Education, 6*(1), 44-60.

Gyllenpalm, J., Wickman, P.-O., & Holmgren, S.-O. (2010b). Teachers' language on scientific inquiry: Methods of teaching or methods of inquiry? *International Journal of Science Education, 32*(9), 1151-1172.

Hamza, K.M., & Wickman, P.-O. (2008). Describing and analyzing learning in action: An empirical study of the importance of misconceptions in learning science. *Science Education, 92*, 141-164.

Hamza, K.M., & Wickman, P.-O. (2009). Beyond explanations: What else do students need to understand science? *Science Education 93*(6), 1026-1049.

Hamza, K.M., & Wickman, P.-O. (2012). Student engagement with artefacts and scientific ideas in a laboratory and a concept mapping activity. *International Journal of Science Education.* doi:10.1080/09500693.2012.743696

Hamza, K.M., & Wickman, P.-O. (2013). Supporting students' progression in science: Continuity between the particular, the contingent, and the general. *Science Education, 97*(1), 113-138.

Hansen, K.-H., & Olson, J. (1996). How teachers construe curriculum integration: The Science, Technology, Society (STS) movement as Bildung. *Journal of Curriculum Studies, 28*, 669-682.

Helldén, G. (1992). Grundskoleelvers förståelse av ekologiska processer *Studia Psychologica et Pedagogica. Series Altera C.* Stockholm: Almqvist & Wiksell International.

Hubber, P., Tytler, R., & Haslam, F. (2010). Teaching and learning about force with a representational focus: Pedagogy and teacher change. *Research in Science Education, 40*, 5-28.

Hudson, B., & Meyer, M.A. (2011). *Beyond fragmentation: Didactics, learning, and teaching in Europe.* Opladen, Germany: Barbara Budrich.

Jakobson, B., & Wickman, P.-O. (2008). The roles of aesthetic experience in elementary school science. *Research in Science Education 38*, 45-65.

Jank, W., & Meyer, H. (2003). *Didaktische Modelle* (rev. ed.). Berlin: Cornelsen Scriptor.

Jenkins, E. (2002). Linking school science education with action. In W.-M. Roth & J. Désautels (Eds.), *Science education as/for sociopolitical action* (pp.17-34). Oxford: Peter Lang.

Johansson, A.-M., & Wickman, P.-O. (2011). A pragmatist approach to learning progressions. In B. Hudson & M.A. Meyer (Eds.), *Beyond fragmentation: Didactics, learning, and teaching in Europe* (pp.47-59). Leverkusen, Germany: Barbara Budrich Publishers.

Karplus, R., & Thier, H.D. (1967). *A new look at elementary school science: Science curriculum improvement study.* Chicago: Rand McNally.

Kelly, G.J., Carlsen, W.S., & Cunningham, C.M. (1993). Science education in sociocultural context: Perspectives from the sociology of science. *Science Education, 77*, 207-220.

Klafki, W. (1958). Didaktische Analyse als Kern der Unterrichtsvorbereitung. *Die deutsche Schule, 10*, 450-471.

Klafki, W. (1969). Didaktische Analyse als Kern der Unterrichtsvorbereitung. In H. Roth & A. Blumental (Eds.), *Auswahl, Didaktische Analyse* (10th ed.). Hannover, Germany: Schroedel.

Knecht-von Martial, I. 1985: *Geschichte der Didaktik. Zur Geschichte des Begriffs und der didaktischen Paradigmen.* Frankfurt am Main: R.G. Fischer.

Komorek, M., & Duit, R. (2004). The teaching experiment as a powerful method to develop and evaluate teaching and learning sequences in the domain of non-linear systems. *International Journal of Science Education, 26*, 619-633.

Latour, B. (1987). *Science in action: How to follow scientists and engineers through society.* Milton Keynes, UK: Open University Press.

Layton, D., Jenkins, E., Macgill, S., & Davey, A. (1993). *Inarticulate science? Perspectives on the public understanding of science and some implications for science education.* Driffield, UK: Studies in Education.

Lederman, N.G. (2014). Research on teaching and learning of science. In N.G. Lederman (Ed.), *Handbook of research on science education* (2nd ed.). New York: Routledge.

Lemke, J.L. (1990). *Talking science: Language, learning and values.* Norwood, NJ: Ablex Publishing Corporation.

Lidar, M., Lundqvist, L., & Östman, L. (2006). Teaching and learning in the science classroom: The interplay between teachers' epistemological moves and students' practical epistemology. *Science Education, 90*(3), 148 – 163.

Ligozat, F. (2011). The determinants of the joint action in didactics: The text–action relationship in teaching practice. In M.A. Meyer & B. Hudson (Eds.), *Beyond fragmentation: Didactics, learning and teaching in Europe* (pp. 157 – 176). Opladen, Germany: Barbara Budrich Publishers.

Ligozat, F., & Schubauer-Leoni, M.-L. (2010). The joint action theory in didactics: Why do we need it in the case of teaching and learning mathematics? In V. Durand Guerrier, S. Maury, & F. Arzarello (Eds.), *Proceedings of the Sixth Congress of the European Society for Research in Mathematics Education* (pp. 1615 – 1624). Lyon, France: INRP.

Lijnse, P.L., & Klaassen, K. (2004). Didactical structures as an outcome of research on teaching–learning sequences? *International Journal of Science Education, 26*(5), 537 – 554.

Linder, C., Östman, L., Roberts, D.A., Wickman, P.-O., Erickson, G., & MacKinnon, A. (Eds.). (2011). *Exploring the landscape of scientific literacy*. New York: Routledge.

Lundegård, I. (2008). Self, values and the world—young people in dialogue on sustainable development. In J. Öhman (Ed.), *Values and democracy in education for sustainable development—contributions from Swedish research* (pp. 123 – 144). Stockholm: Liber.

Lundqvist, E., Almqvist, J., & Östman, L. (2009). Epistemological norms and companion meanings in science classroom communication. *Science Education, 93*(5), 859 – 874.

Lundqvist, E., Almqvist, J., & Östman, L. (2012). Institutional traditions in teachers' manners of teaching. *Cultural Studies of Science Education, 7*(1), 111 – 127.

May, W.T. (1993). Teaching as a work of art in the medium of the curriculum. *Theory Into Practice, 32*, 210 – 218.

Munby, H., Cunningham, M., & Lock, C. (2000). School science culture: A case study of barriers to developing professional knowledge. *Science Education, 84*, 193 – 211.

Munby, H., & Russell, T. (1992). Frames of reflection: An introduction. In T. Russell & H. Munby (Eds.), *Teachers and teaching: From classroom to reflection* (pp. 1 – 8). London: Falmer Press.

National Research Council. (2007). *Taking science to school: Learning and teaching science in grades K–8*. Washington, DC: National Academies Press.

Novak, J.D. (1977). *A theory of education*. Ithaca, NY: Cornell University Press.

Novak, J.D. (1990). Concept maps and vee diagrams: Two metacognitive tools for science and mathematics education. *Instructional Science, 19*, 29 – 52.

Öhman, J., & Östman, L. (2007). Continuity and change in moral meaning-making: A transactional approach. *Journal of Moral Education, 36*, 151 – 168.

Östman, L. (1994). Rethinking science teaching as a moral act. *Journal of Nordic Educational Research, 14*, 141 – 150.

Östman, L. (1995). *Meaning and socialization: Science education as a political and environmental-ethical problem*. English summary in L. Östsman, *Socialisation och mening: no-utbildning som politiskt och miljömoraliskt problem* (pp. 195 – 210). Stockholm: Almqvist & Wiksell.

Östman, L. (1996). Discourses, discursive meanings and socialization in chemistry education. *Journal of Curriculum Studies, 28*, 37 – 55.

Östman, L., & Almqvist, J. (2011). What do values and norms have to do with scientific literacy? In C. Linder, L. Östman, D.A. Roberts, P.-O. Wickman, G. Erickson, & A. MacKinnon (Eds.), *Exploring the landscape of scientific literacy* (pp. 160 – 175). New York: Routledge.

Parchmann, I., Gräsel, C., Bear, A., Nentwig, P., Demuth, R., Ralle, B., & Group, T.C. P. (2006). "Chemie im Kontext": A symbiotic implementation of a context-based teaching and learning approach. *International Journal of Science Education, 28*, 1041 – 1062.

Pedersen, S. (1992). *Om elevers förståelse av naturvetenskapliga förklaringar och biologiska sammanhang* (Vol. 31). Stockholm: Almqvist & Wiksell International.

Peukert, H. (2002). Beyond the present state of affairs: *Bildung* and the search for orientation in rapidly transforming societies. *Journal of Philosophy of Education, 36*, 421 – 435.

Piqueras, J., Hamza, K.M., & Edvall, S. (2008). The practical epistemologies in the museum: A study of students' learning in encounters with dioramas. *Journal of Museum Education, 33*(2), 153 – 164.

Prins, G.T., Bulte, A.M. W., & Pilot, A. (2011). Evaluation of a design principle for fostering students' epistemological views on models and modelling using authentic practices as contexts for learning in chemistry education. *International Journal of Science Education, 33*(11), 1539–1569.

Prins, G.T., Bulte, A.M. W., Van Driel, J.H., & Pilot, A. (2008). Selection of authentic modelling practices as contexts for chemistry education. *International Journal of Science Education, 30*(1), 1–24.

Riemeier, T., & Gropengießer, H. (2008). On the roots of difficulties in learning about cell division: Process-based analysis of students' conceptual development in teaching experiments. *International Journal of Science Education, 30*, 923–939.

Riquarts, K., & Hopmann, S. (1995). Starting a dialogue: Issues in a beginning conversation between didaktik and the curriculum traditions. *Journal of Curriculum Studies, 27*, 3–12.

Roberts, D.A. (1982). Developing the concept of "curriculum emphases" in science education. *Science Education, 66*, 243–260.

Roberts, D.A., & Bybee, R. (2014). Science and scientific literacy. In N.G. Lederman (Ed.), *Handbook of research on science education*, (2 nd ed.). New York: Routledge.

Roberts, D.A., & Östman, L. (Eds.). (1998). *Problems of meaning in science curriculum*. New York: Teachers College Press.

Rogoff, B. (1990). *Apprenticeship in thinking. Cognitive development in social context.* Oxford: Oxford University Press.

Rorty, R. (1991). *Objectivity, relativism, and truth. Philosophical papers volume I* (pp. 1–17). Cambridge, UK: Cambridge University Press.

Roth, W.-M., & Calabrese Barton, A. (2004). *Rethinking scientific literacy.* New York: Routledge.

Ruthven, K., Laborde, C., Leach, J., & Tiberghien, A. (2009). Design tools in didactical research: Instrumenting the epistemological and cognitive aspects of the design of teaching sequences. *Educational Researcher, 38*(5), 329–342.

Sadler, T.D. (2009). Situated learning in science education: Socio-scientific issues as contexts for practice. *Studies in Science Education, 45*(1), 1–42.

Sahlberg, P. (2011). *Finnish lessons: What can the world learn from educational change in Finland?* New York: Teachers College Press.

Säljö, R., & Bergqvist, K. (1997). Seeing the light: Discourse and practice in the optics lab. In L.B. Resnick, R. Säljö, C. Pontecorvo, & B. Burge (Eds.), *Discourse, tools, and reasoning: Essays on situated cognition* (pp. 385–405). Berlin: Springer.

Santini, J. (2009). *Characterization of the joint elaboration of conceptual understanding and of students' performances. Volcanoes and earthquakes at Grade 5*. Paper presented at the European Conference on Educational Research, Vienna, Austria.

Schneuwly, B. (2011). Subject didactics—an academic field related to the teacher profession and teacher education. In B. Hudson & M.A. Meyer (Eds.), *Beyond fragmentation: Didactics, learning and teaching in Europe* (pp. 275–286). Leverkusen Opladen, Germany: Barbara Budrich.

Seel, H. (1999). Didaktik as the professional science of teachers. *TNTEE Publications, 2*, 85–93.

Sensevy, G. (2010). Outline of a joint action theory in didactics. In V. Durand Guerrier, S. Maury, & F. Arzarello (Eds.), *Proceedings of the Sixth Congress of the European Society for Research in Mathematics Education* (pp. 1645–1654). Lyon, France: INRP.

Sensevy, G. (2011). Overcoming fragmentation: Towards a joint action theory in didactics. In B. Hudson & M.A. Meyer (Eds.), *Beyond fragmentation: Didactics, learning, and teaching in Europe* (pp. 60–76). Leverkusen, Opladen: Barbara Budrich.

Sensevy, G. (2012). Patterns of didactic intentions, thought collective and documentation work. In G. Gueudet, B. Pepin, & L. Trouche (Eds.), *From text to 'lived' resources: Mathematics curriculum materials and teacher development* (pp. 43–57). New York: Springer.

Sensevy, G., Mercier, A., & Schubauer-Leoni, M.-L. (2000). Vers un modèle de l'action didactique du professeur, à propos de la Course à 20. *Recherches en Didactique des Mathématiques, 20*(3), 263–304.

Sensevy, G., Mercier, A., Schubauer-Leoni, M.-L., Ligozat, F., & Perrot, G. (2005). An attempt to model the teacher's action in mathematics. *Educational Studies in Mathematics, 59*(1), 153–181.

Sensevy, G., Tiberghien, A., Santini, J., Laubé, S., & Griggs, P. (2008). An epistemological approach to modeling: Case studies and implications for science teaching. *Science Education, 92*(3), 424–446.

Sfard, A. (1998). On two metaphors for learning and the danger of choosing just one. *Educational Researcher, 27*(2), 4 - 13.

Shulman, L.S. (1986). Those who understand: Knowledge growth in teaching. *Educational Researcher, 15*, 4 - 14.

Shulman, L.S. (1987). Knowledge and teaching: Foundations of the new reform. *Harvard Educational Review, 57*, 1 - 22.

Sjøberg, S. (2009). *Naturfag som allmenndannelse: en kritisk fagdidaktikk* [In Norwegian: *Science as allgemeine Bildung—a critical subject didactics*] (3rd ed.). Oslo: Gyldendal.

Staberg, E.-M. (1992). *Olika världar skilda värderingar—Hur flickor och pojkar möter högstadiets fysik, kemi och teknik.* Umeå: Pedagogiska institutionen, Umeå universitet.

Steffe, L.P., & Thompson, P.W. (2000). Teaching experiment methodology: Underlying principles and essential elements. In R. Lesh & A.E. Kelly (Eds.), *Research Design in Mathematics and Science Education* (pp. 267 - 307). Hillsdale, NJ: Erlbaum.

Stolk, M.J., de Jong, O., Bulte, A.M. W., & Pilot, A. (2011). Exploring a framework for professional development in curriculum innovation: Empowering teachers for designing context-based chemistry education. *Research in Science Education, 41*, 369 - 388.

Sund, P., & Wickman, P.-O. (2011). Socialisation content in schools and education for sustainable development: I. A study of teachers' selective traditions. *Environmental Education Research, 17*, 599 - 624.

Tiberghien, A. (1994). Modeling as a basis for analyzing teaching—learning situations. *Learning and instruction, 4*, 71 - 87.

Tiberghien, A. (2000). Designing teaching situations in the secondary school. In R. Millar, J. Leach, & J. Osborne (Eds.), *Improving science education: The contribution of research* (pp. 22 - 47). Buckingham, UK: Open University Press.

Tiberghien, A. (2007). Legitimacy and references for scientific literacy. In C. Linder, L. Östman, & P.-O. Wickman (Eds.), *Promoting scientific literacy: Science education research in transaction. Proceedings of the Linnaeus Tercentenary Symposium* (pp. 130 - 133). Uppsala: Uppsala University.

Tiberghien, A., & Sensevy, G. (2012). The nature of video studies in science education: Analysis of teaching and learning processes. In D. Jorde & J. Dillon (Eds.), *Science education research and practice in Europe: Retrospective and prospective* (pp. 141 - 179). Rotterdam, the Netherlands: Sense Publishers.

Tiberghien, A., Vince, J., & Gaidioz, P. (2009). Design-based research: Case of a teaching sequence on mechanics. *International Journal of Science Education, 31*, 2275 - 2314.

Van Aalsvoort, J. (2004). Activity theory as a tool to address the problem of chemistry's lack of relevance in secondary school chemical education. *International Journal of Science Education, 26*(13), 1635 - 1651.

Vygotsky, L.S. (1978). *Mind in society. The development of higher psychological processes.* Cambridge: Harvard University Press.

Wenger, E. (1998). *Communities of practice. Learning, meaning, and identity.* Cambridge: Cambridge University Press.

Westbroek, H.B., Klaassen, K., Bulte, A.M. W., & Pilot, A. (2010). Providing students with a sense of purpose by adapting a professional practice. *International Journal of Science Education, 32*(5), 603 - 627.

Wickman, P.-O. (2004). The practical epistemologies of the classroom: A study of laboratory work. *Science Education, 88*(3), 325 - 344.

Wickman, P.-O. (2006). *Aesthetic experience in science education: Learning and meaning-making as situated talk and action.* Mahwah, NJ: Lawrence Erlbaum Associates.

Wickman, P.-O. (2012a). Using pragmatism to develop didactics in Sweden. *Zeitschrift für Erziehungswissenschaft, 15*, 483 - 501.

Wickman, P.-O. (2012b). How can conceptual schemes change teaching? *Cultural Studies of Science Education, 7*, 129 - 136.

Wickman, P.-O. (2012c). A comparison between practical epistemology analysis and some schools in French didactics. *Education & Didactique, 6*(2), 145 - 159.

Wickman, P.-O., Liberg, C., & Östman, L. (2012). Transcending science: Scientific literacy and *Bildung* for the 21st century. In D. Jorde & J. Dillon (Eds.), *Science education research and practice in Europe* (pp. 39 - 61). Rotterdam, the Netherlands: Sense Publishers.

Wickman, P.-O., & Ligozat, F. (2011). Scientific literacy as action: Consequences for content progression. In C. Linder, L. Östman, D.A. Roberts, P.-O. Wickman,

G. Erickson, & A. MacKinnon (Eds.), *Exploring the landscape of scientific literacy* (pp. 145 – 159). New York: Routledge.

Wickman, P.-O., & Östman, L. (2002a). Learning as discourse change: A sociocultural mechanism. *Science Education, 86*(5), 601 – 623.

Wickman, P.-O., & Östman, L. (2002b). Induction as an empirical problem: How students generalize during practical work. *International Journal of Science Education, 24*(5), 465 – 486.

Wittgenstein, L. (1967). *Philosophical investigations* (3rd ed.). Oxford, UK: Blackwell.

Zeidler, D.L. (1984). Moral issues and social policy in science education: Closing the literacy gap. *Science Education, 68*, 411 – 419.

Zeidler, D.L., & Sadler, T.D. (2011). An inclusive view of scientific literacy: Core issues and future directions. In C. Linder, L. Östman, D.A. Roberts, P.-O. Wickman, G. Erickson, & A. MacKinnon (Eds.), *Exploring the landscape of scientific literacy* (pp. 176 – 192). New York: Routledge.

Section III

Diversity and Equity in Science Learning

SECTION EDITORS: CORY A. BUXTON AND OKHEE LEE

第III编

科学学习：多样性和公正

本部分主编：科里·巴克斯顿和李玉姬

9

Unpacking and Critically Synthesizing the Literature on Race and Ethnicity in Science Education

EILEEN CARLTON PARSONS

第9章
与种族和民族议题相关的科学教育文献的剖析和批判性综述

杨文源　译　　刘晟　审校

我是一个隐形人……我是隐形的，明白吗？因为人们拒绝看见我……当他们靠近我时，他们看到的只有我周围的环境、他们自己或者他们臆造的事物——总之，除我以外都能看见……你不断地撞见那些目中无人的人。此外，你经常怀疑自己是否真的存在。你想知道你在其他人心中是否仅仅是一个幽灵……每当你有这种感觉的时候，出于愤懑，你开始对他人进行还击。

（Ellison, 1994, as cited in Parsons, Simpson, & Cooper, 2009, p. 3）

上文引自拉尔夫·埃利森（Ralph Ellison）的经典小说《隐形人》（*The Invisible Man*）。该小说的完整版于1952年首次出版。《隐形人》的主人公是一位不知名的非裔美国男性，他的故事反映了撰写该书的那个时期美国黑人的境遇。小说主人公把自己描述为隐形人，这是一种存在但不被承认的状态。上述引文通过两种方式来表现隐形。

主人公在描述有权决定能不能看见他的人如何靠近他时，暗示了迫使他隐形的第一种方式。别人知道他在那里，因为他们撞到了他，但是他们对他视而不见，也不承认他的存在，他们用一些替代物来推测他的存在并估算他占据的空间。他们利用周围的环境、他们自己的生活经验以及已有的刻板印象来解释他的存在以及存在的意义，这使得主人公成为人们避之不及的存在。第二种证实主人公隐形的方式是，主人公需要通过还击来引发关注，尝试强迫别人承认自己的存在。此处的承认（虽然是强行的）是指被环境所迫而引发的关注。尽管《隐形人》是虚构的而且是几十年前写的，但引文所描述的主人公的隐形状态类似于种族和民族在科学教育研究及其所获得的认识中的地位。

本章概述

乍一看，似乎可以通过附录A[1]描述的文献检索过程确定科学教育领域与种族和民族议题相关的许多文献。但仔细查看，过去几十年研究和学术界发表的批判性文献剖析和综述(即本章所做的工作)远比人们想象的要少得多。本文(受限于研究范围和深度)基于批判性视角(该视角符合批判种族理论，下文将详细讨论)，以期达成以下目标：(1)剖析并综述科学教育领域关于种族和民族议题的研究；(2)对这些文献进行评议；(3)为下一步研究提供建议。本章由三个部分、建议和结语组成，通过回顾埃利森(1994)主人公的隐形及其表征，进一步阐释了种族和民族议题在科学教育领域的地位。

人们如何看待种族和民族议题与本章目标密不可分。本章第一部分介绍了种族和民族的概念化，为解构和整合文献提供了信息。“概念化”一词借用自人类学、历史学和社会学。在这一章中，种族和民族被视为跨时空存在的、基于背景的社会历史建构(Parsons & Bayne, 2012)。此外，本章关于种族和民族的概念化是在美国背景下讨论的，并强调种族和民族随时间的演变(Parsons, 2008)。

本章第二部分达成了第一个目标，即剖析关于种族和民族的科学教育研究及其所获得的认识。这部分综述主要关注过去几十年中科学教育研究及其所获得的认识达成的一致和存在的分歧。与前面提到的人们如何构建和对待种族和民族议题相呼应，这部分再次关注相应的方法和结论。

第一部分提出基于背景的种族和民族社会历史建构的社会观和历史观，第二部分强调概念化，提及方法论，共同为批判性综述(本章第二个目标)提供基础。四则评论组成了第三部分：当下主义、概念不清、个人主义以及方法论短视。与种族和民族相关的科学教育研究及其所获得的认识过度沉溺于当下主义，这是综述文献的第一个局限性。当下主义是一种完完全全只关注此时此地当前状况的观点(Noblit, 2013; Parsons, 2008)。长期以来种族和民族议题在美国缺乏有意义的解释，缺乏历史含义与当代变迁之间的联系，缺乏过去和现在研究结果相似性的比较(例如，谁有机会参加高质量的科学活动)，这些共同造成了种族和民族议题的第二个局限性——概念不清。

许多与种族和民族议题相关的科学教育研究及其所获得的认识没有明确界定相关概念。当谈及概念化时，种族和民族要么被其他概念所指代，要么仅仅立足于适当考虑个人的框架中，人们忽视了对种族和民族的结构化、系统化理解。也就是说，绝大多数科学教育文献对种族和民族议题的概念化是缺乏系统架构的，而系统架构能够使种族和民族议题跨越空间和时间，永久地影响群体及其个体成员的生活经历。最后一则评论是关于与种族和民族相关的科学教育文献所采用的方法。20世纪中后期绝大多数与种族和民族相关的研究采用定量研究法，这些方法似乎以后实证主义为支撑；20世纪末到21世纪初采用的定性研究法似乎根植于建构主义范式。方法选择的狭隘严重限制了科学教育研究及其所获得的认识的潜力，从而影响了科学教育的平等和公正(科学教育的目标之一)。

本章最后一部分还就与种族和民族相关的科学教育研究提出了一些建议，达成了第三个目标。这些建议提出将批判种族理论的原则作为以种族和民族为重点的科学教育研究的理论支撑。这些原则是概念化的、成体系的，能够减小当下主义的影响，同时能够厘清概念以平衡个体水平、群体水平的种族和民族与跨越时空水平的结构化、系统化现象。此外，建议部分还讨论了替代已有研究方式的变革范式，因为已有研究不论采用定量或者定性方法，还是后实证主义或者建构主义，都制约了种族和科学的科学教育研究成果在实践和政策中的运用。

第Ⅰ部分：种族和民族概念的演变

这两个概念的界线从过去到现在一直都是模糊的。例如，在当前美国政策中，讲西班牙语的人是一个基于语言划分的民族类别，但这个民族群体也由多个种族组成。在这篇批判性综述中，种族和民族相互关联，但在概念上并不相同。

芬顿（Fenton, 2010）将种族和民族界定为同一系列的概念，这一系列概念具有显著的家系特征。世系、血统或共祖的相似性是它们的核心内涵，但概念外延有着很重要的差异（Fenton, 2010）。尽管芬顿在他的民族研究中将种族和民族视作无法区分的概念，但社会学和人类学文献引用芬顿总结的这两个概念的差异与本综述相关：种族是以可见的身体外观作为区分群体差异的标志，而民族则是以文化标识作为区分群体差异的依据。从这个意义上讲，文化涵盖面广，包括很多因素，如宗教、风俗、传统。

民族

社会学和人类学文献对于在美国什么是民族这个问题缺乏清晰的共识。许多概念化都基于血统和共同的文化来判断民族。一般认为，共同的文化是包含自我认同和自我归属元素的风俗、传统和语言（Nagel, 1994）。这些概念化也从历史的角度将民族视作一种社会标识符，以便把一个群体置于另一个群体之上，把高级群体和低级群体区分开来并拉开距离。以民族为标准将个体归入各个群体，这种情况主要发生在白人身上。因此，许多学者把民族与白人的分化关联起来，而不与其他群体关联（Omi & Winant, 1994）。白人是美国人口普查和其他市政文件中正式承认的一个种族（Fenton, 2010; Yinger, 1985）。举例来说，黑人很少被认为是一个民族（Omi & Winant, 1994）。另外一些学者则把民族和移民联系在一起（Greer, 1984）。现在，民族与白人的联系很微弱，与移民的联系很紧密。

在17、18和19世纪，美国人口主要由原住民和来自英国、爱尔兰、非洲大陆的人群组成。正如随后关于种族概念的部分所述：

> 自由和人类尊严的观念适用于白人。启蒙运动的理想同时也确定了“文明进步”的种族和较低等的人群。美国公民权和公众参与都是建立在白人和黑人、白人和激进分子、文明和野蛮概念基础上的（Jacobson, 1998）。
>
> （Fenton, 2010, p.27）

美国第一届国会1790年颁布的移民归化法案就是一个例子，它反映了自由、人类尊严和启蒙运动是为白人保留的。该法案宣称，移民到美国的“所有自由的白人”享有公民权（例如，财产所有权）。该法案也进一步说明了获得这些权利的规则。

在美国工业化时期（1820—1920），大量从南欧、东欧移民到美国的人以工业劳动者的身份获得工作，并聚集在日益发展的工业城市中心的贫民区。早期移民已经形成了族群身份认同，他们被称为盎格鲁-撒克逊人，大都是新教教徒。以天主教徒为主的新移民被称作非盎格鲁-撒克逊人。早期移民把背负堕落风俗和传统的南欧和东欧人视作不受欢迎的人（Banks, 1995）。尽管面临偏见，欧洲移民还是因为外表是白人而被广泛赋予公民权。

他们享有公民权和公众参与带来的精神、物质的权益。

此时，美国历史上民族取代种族概念引发的征服，起到了调节早期移民与新移民关系的作用，并通过某种形式的教育帮助新移民适应社会环境，使他们成为真正的公民（Webb, 2006）。对南欧和东欧移民来说，族群身份认同面临调和两极分化的挑战：一方面要融入和吸纳盎格鲁–撒克逊人的新教教徒文化或者说文化多元化，另一方面也要保护自身文化遗产（Omi & Winant, 1994）。

20世纪标志着民族和种族的融合。随着赋予美国白人公民的基本权利扩展到之前被征服的、与白人外貌不一样的群体，政治领袖和学者开始采用民族范式来定义这些群体。这一范式要么用来推动这些群体接受美国竞争力和民主理想，要么用来解释这些群体没能融入社会的原因。基于白人（17、18和19世纪的欧洲移民）的经验，不同种族群体融入20世纪的社会主要依靠同化。

来自南欧、东欧的白人移民，绝大多数是自由人身份而非契约奴隶，刚到美国时被视作民族弱势群体，但因为他们与盎格鲁–撒克逊人有着相同的外貌特征，这些欧洲移民被赋予了各种权利，拥有各种机会，也被接纳入籍。相反，那些与盎格鲁–撒克逊人外貌特征不同的被征服者则被视作财物，一直被认为是不配享有基本人权的下等人。这些群体入籍是非法的，他们任何形式的公民身份都被认为是不正当的。因为上述两类群体在美国的地位不同，所以欧洲移民的同化和被征服种族群体的同化产生了不同的结果（例如，要么为了融入社会而在文化上变得相似，要么接受作为财物的地位维持二等公民身份）。

民族范式期望被征服的种族群体像白人（欧洲移民）一样能够通过努力工作获得成功，没有注意到这些种族群体在某些领域被贬为劳工，他们为他人创造物质成果，而不是为自己。这些种族群体被剥夺了公民身份以及相应的物质、精神权益，这种剥夺必然会限制他们得到获取和积累财富（例如财物、高等教育传承）的机会，而这些财富又将成为后代积累财富的基础（Omi & Winant, 1994）。此外，运用民族范式解决种族问题，却忽视了一贯按部就班复制现状的机制的持续存在：在全民参与中实施基于种族的排斥（例如，选举限制、受教育机会的限制）。因此，在20世纪60年代和70年代，种族群体（黑人以及后来加入的奇卡诺人、印度人和亚洲人）拒绝民族观，接受种族观，因为他们需要在政府中拥有群体权利和代表权（Omi & Winant, 1994）。

也许因为移民日益多样化以及关于种族讨论的声音越来越小，民族观及其象征符号（即未实行的习俗和传统；Nagel, 1994）在20世纪末和21世纪初变得更为普遍。这种向民族的转变最明显地体现在群体自我认同的标签上。有时候，这些标签从表示颜色（例如，黑色）的含义到用来表示祖籍（例如，非裔美国人）。美国话语体系使用全球标签来进行身份识别（例如，亚裔美国人），而有些群体则以起源地或起源地文化来进行自我认同（例如，韩裔美国人）。

这些民族标签使得自我认同和他人认同的矛盾更加突出。"……自我认同不仅是个人选择问题，还受到更广泛的社会环境、历史环境和政治约束的影响"（Atwater, Lance, Woodard, & Johnson, 2013, p.7）。一个人是否属于社会等级中处于有利地位（例如，被积极看待，在公共生活中占有恰当比例的代表人数或在政府中占主导地位）的群体的一员，会影响自我认同和他人归属如何转化为生活经验。群体和群体成员的自我认同与他人归属在科学教育研究及其所获得的认识中是纠缠不清的。

种族

科学研究历经几个世纪探索种族概念的遗传基础，试图证明把人类分成可识别的群体是基于证据的客观测量。研究最终表明，种族划分不具有生物学意义：任意两个人在遗传上都有大约99.9％的相似性（Bonham, Warshauer-Baker, & Collins, 2005）。由于缺乏将人类划分为不同子群的遗传学证据，认为种族具有生物学意义的观点被否定了，但这并不妨碍种族观继续用于组织和构建社交世界。

当前人们普遍认为，种族是一种基于人类外貌的社会建构，是一种人为衍生出的关系，而非实际存在（Bonilla-Silva, 1999）。不同类型的人被赋予不同的价值，而这些价值服务于不同的经济、政治、教育、社会和文化目标。这些基于外貌特征划分的价值首先创造了社会阶层，然后把群体及其成员置于社会阶层当中（Omi & Winant, 1994）。社会学文献从不同角度广泛证明了奥米（Omi）和怀南特（Winant）谈到的社会和历史进程。

美国当代的种族概念可以追溯到12世纪欧洲征服爱尔兰时期，白人按照民族被分为低等群体（例如，爱尔兰人）和高等群体（例如，英国人；Banks, 1995；Bonnet, 1998）。当英国移民遇到现在美国国土上的原住民时，这种人类价值的低等-高等二分法构成了现实。随着移民人数的增加，为了确保人口持续增长，美国对劳动力的需求也随之增长。同时，对奴役白人做劳工的声讨在加剧，人类种族由不同物种构成的观念盖过了曾一度占据主导地位的关于所有人类属于一个种族和一个物种的信条（Watkins, 2001）。把人群划分为高等群体和低等群体的是种族观，而非民族观。种族观基于生物学标志，即将身体特征与用来给不同群体赋予价值的特征相联系以满足发展中国家的需要（Bonnet, 1998；Smedley & Smedley, 2005）。

17世纪早期建立了一个体系，把白人定义为地位高于其他群体（主要是那些在表型上与盎格鲁-撒克逊移民不同的群体）的种族群体。黑人遭受白人奴役的人数远多于其他群体。到19世纪中期，在科学证据（Gould, 1981；Jackson & Weidman, 2006）的支持下，一种可识别的种族观念出现了。外貌特征与行为、能力、智力等关联起来，这些联系被用来把群体标记为高等或低等。这种把人类划分为高等和低等群体的种族观念构成了美国的现实状态，使群体成员的身份持久地决定了群体成员的生活（Manning, 1993；Smedley, 2001）。在美国历史上种族观念对黑人的影响极其明显，但实际上也同样影响着其他群体。例如，在1848年，墨西哥裔美国人被认为是归化公民且归类为白人，但是在1930年经济萧条时期，墨西哥裔美国人在美国人口普查中第一次被当作墨西哥人单独归为一类。这种被重新归类为非白人的现象反映了墨西哥人社会地位的降低（Sheridan, 2003）。

在美国历史上，把白人视作高人一等并连带着拥有某些权利和特权的种族观念表现为不同的形式。18和19世纪的种族隔离制度；20世纪美国公民身份的分层制度；21世纪种族化的下层阶级，即在政治、经济和教育方面影响力有限且受（非正式和正式）结构性束缚的社会地位低下的贫困人群。这些只是美国种族观念跨越时间和空间得以持续存在的几种方式。在美国历史上，这样的种族观念一直受到战争、社会政治运动和立法的挑战或拥护。种族观念及其影响已经烙印在美国历史中。从历史记载来看，进步和压制构成了一个循环，当进步从根本上背离并威胁到现存的社会等级制度时，进步就会受到压制（Bell, 1995）。

批判性学者争辩说，这不是为了贬低取得的进步，而是为了推进余下的工作，美国的种族观念经过修正被广泛接受，一直延续到当代。其中一种被大量研究证明的、被接受的方式是公共教育中事实上的种族隔离，这种隔离与根据学校种族组成分配资源的独特方式相关(Ladson-Billings, 2006; Wells & Frankenberg, 2007)。少数族裔入学率低的公立学校获得更高质量和更多数量的资源。这些修正过的配置方式反映了美国的种族历史，受到“色盲”和近来的后种族主义的支持。“色盲”和后种族主义试图掩盖种族，使它不可见或者被规避，从而使社会中现存的种族等级制度变得规范。

种族中立是基于过去和现在围绕种族发生过的不公正和暴行而出现的一种可理解的、有吸引力的概念，也是“色盲”的理想选择。认为种族中立很理想的逻辑通常是这样的：如果没有种族，那么它的物质影响将不复存在。没有种族就没有种族歧视，没有种族不公正，没有种族不平等，以及没有种族暴行(Ullucci & Battey, 2011)。在寻求实现种族中立的过程中，个人和机构不赞成任何利用种族概念的做法，即便“色盲”使得种族间的差异长期存在并持续加剧(Lopez, 2006)。

“色盲”这一概念第一次出现在哈兰大法官对1896年美国最高法院裁决的“普莱西诉弗格森案”的异议声明中，该案件涉及对公共场所进行法律上的隔离是否符合宪法。洛佩斯(Lopez, 2007)认为哈兰“色盲”观点的拥护者对该观点的自由使用是不合理的，因为他们拒绝一切种族观点。哈兰在1896年的声明中指出，白人在美国公民生活的所有方面高人一等，并且在未来将继续保持这种状态，但他反对使用种族这一概念压迫“低等群体”。随着时间的推移，到20世纪60年代“色盲”在民众中流行起来，首先是对马丁·路德·金讲话《我有一个梦想》[2]的曲解，之后是对相关政策(这些政策明确地把种族当作解决系统性种族歧视的一种补救办法)的抵制(Berry, 1996; Lopez, 2007)。“色盲”提倡忽视种族，以种族中立为目标。与“色盲”类似，种族中立也是后种族主义(21世纪出现的一种意识形态)的核心观点。与“色盲”相比，后种族主义认为种族中立不是一种愿望，而是一种已经实现的状态。

在第一位自称非裔美国人的美国公民当选为总统之后，后种族主义的观点变得更加流行。后种族主义坚决认为种族是无关紧要的。丘(Cho, 2009)提出后种族主义具有几个基本特征。第一，后种族主义是以显著的种族进步为前提的，这种评价没有考虑结果的公正和平等(例如，体现美国人口结构在科学、技术、工程和数学领域的分布的比例代表制)。后种族主义观点认为，美国已经解决了种族问题，选举黑人担任国家最高职务就是一个缩影。第二，后种族主义提倡以种族中立的普遍主义作为美国“种族问题”的解决方案。后种族主义的支持者把美国种族问题界定为种族间的紧张关系，而非不同种族在公民生活中系统化、结构化的定位(例如，谁来支配和控制资源)。因此，根据后种族主义的观点，在演讲(例如，消除不同种族群体的身份认同)和行动(例如，废除所有针对系统化种族差异的补救措施)中采用种族中立的普遍主义能够缓解种族分裂和不和的问题。第三，丘认为后种族主义强调个人权利，符合道德等价逻辑。例如，根据道德等价逻辑，从一个项目中系统化地剔除一个学生群体与基于标准从项目中剔除一个个体具有同等的社会意义和影响。总之，后种族主义认为美国取得的种族进步已经足够合理了。白人在每一个正面公共领域(例如，政策制定)代表人数超出比例，有色人种在每一个负面公共领域(例如，监禁)代表人数超出比例(Mutegi, 2011)，就是上述种族进步的典型事例。

尽管“色盲”和后种族主义对种族中立概念的处理方式不同，但最终目的是一样的：规避种族观，使现有种族状态常态化。“色盲”和后种族主义缩小了不同种族的差异，使种族差异不受审查和随后行动的影响。规避种族观只是把种族问题从国民视野中移除，并没有根除实际存在的种族差异，而种族差异正是种族观带来的鲜活影响。

第II部分：文献剖析和综述

就像来自同一个家族的兄弟姐妹既相似又在外貌、个性等方面有所不同一样，种族观和民族观有着非常密切的联系但又不尽相同。二者都是群体水平差异的标志，也都建立在世系、血统或共祖的概念上（Fenton, 2010）。诸如宗教和语言这样的文化标识是民族差异的特点，而身体特征则是种族差异的标志。二者进一步分化：民族观的核心议题是群体身份认同和归属，而种族观的核心议题是群体权利和平等。

在早期形成阶段，民族观仅限于将白人分成地位不同的亚群。不同的社会地位不会削弱公民身份和相应的权利，但会影响社会认可度（一个群体在非正式但有价值的社会关系中的归属）。这种归属在很大程度上依赖于群体的同化，变得类似受人尊敬的上流社会群体。在后来的民族观念中，白人依然占据核心地位，但是文化变得多元化，群体的文化认同增强了群体归属，群体的优越性通过群体的同化得到了缓和。这种情况一直延续到近现代，民族观被应用于群体归属受到挑战且倡导自我认同的有色人群。与通过同化或文化多元化的方式实现的群体认同和归属不同，种族观强调群体权利和平等。[3]

种族反映群体水平差异，由给社会生活赋予意义的人类外貌决定，在美国是基于可识别的条件建构起来的概念。当种族观被用于各色群体（例如，在经济萧条前后的墨西哥裔美国人，二战前和二战期间的日裔美国人）时，这些可识别的条件同样存在。考虑到种族观的建立以及其建立并运用于各色群体的条件，资本作为有价值的交换媒介似乎成为种族结构的核心。[4]从古至今，种族的社会历史建构一直在群体水平系统化地发挥着作用，使一部分人获取并积累资本，而限制另一部分人得到同样的机会。

当民族和种族的概念化被放在首位时，科学教育研究及其所获得的认识都受到了限制。几乎没有科学教育文献把种族和民族放在研究问题或目标、问题陈述等的首要位置（详见附录A文献综述筛选标准）。那些把种族和民族作为第一或第二关注点的研究都存在可识别的模式，要么刻意设计研究过程，要么在研究过程中刻意强调。

科学教育研究及其所获得的认识中的民族议题

科学是一种普遍的信仰。许多人认为科学是一个知识体系，准确反映了可知的事实，是不依赖于研究者而独立存在的。一个关于现实的科学结论不受研究者生活经历（包括性别、种族、民族等）的影响。这些普遍性的预设推而广之存在于科学教育领域中：对科学知识的理解和相关教育过程的考核不受生活经历及相应主观因素（例如个人信仰、价值观和态度）的影响。普遍主义，在很大程度上是一个未经检验的假设，其推论的重现一直没有给科学教育文献带来多大的冲击，直到20世纪90年代，关于民族的研究开始出现一定程度的一致性。一些重要学术论著质疑这种普遍主义，为有关民族议题研究的科学教育文献带来了概念上的开放。

1993年，阿特沃特（Atwater）和赖利（Riley）在科学教育界引入多元文化科学教育时强调了科学教育的多样性。这篇论文以一位准科学教师在美国国内和国外的授课片段作为开篇。授课片段和随后的讨论显示教师在国际课堂授课时会为学生的世系和语言等民族元素做明确的准备，而在美国本土课堂上则缺乏这些准备。文中，阿特沃特和赖利呼吁教师采取措施，以适应课程和教学领域的多样性。尽管两位作者没有表现出特别的兴趣，但他们的呼吁反映了从欧洲人的角度和非欧洲人的角度对科学进行的批判性研究。斯坦利（Stanley）和布里克豪斯（Brickhouse）（1994）、科伯恩（Cobern, 1996）和莱姆基（Lemke, 2001）在其概念化的论文中采纳了这一批判，并剖析了科学、科学教育以及其中的教育过程。

斯坦利和布里克豪斯（1994）清晰地陈述了普遍主义科学观，并探讨了用这种观点在科学教育中边缘化（最好的情况）或者低估（最坏的情况）多元文化观。斯坦利和布里克豪斯通过解构科学家在科学解释中的重要作用（即科学观点的唯一仲裁者）以及科学圈的同质性，挑战了本体论物质世界可以解释科学观点有效性的观念，这些依据在普遍主义中经常被忽视或者弱化。莱姆基（2001）把社会文化理论运用于科学教育，进一步强调了普遍主义观点的不合理性。莱姆基把科学和科学教育描述为由在体制和文化框架内运作的人所开创、发展和引领的社会活动。斯坦利和布里克豪斯对普遍主义观点在科学和科学教育中排他性作用的命名，以及莱姆基对科学和科学教育在社会文化理论中的定位，都有助于在概念上为关注民族议题的研究创造一个合理的空间。在这个空间内，科伯恩（1996）为聚焦民族议题的研究奠定了基础。

科伯恩（1996）挑战了占主导地位的概念转变方法和概念转变的研究，这些研究需要个人摒弃已有理解来接受经典科学理解。期待学生放弃已有理解的观点建立在价值观和信仰的基础上，这些价值观和信仰在人们思维深处有说服力且处于核心位置，涉及范围广泛，在无数领域都具有个人相关性。科伯恩对这种"摒弃"提出了质疑，并把它置于一个从人类学借来的观点——"世界观"当中。科伯恩把世界观界定义为一系列具有内在联系的、协调一致的、非理性的臆测（这也是个体现实观的基础），并破除了"关于科学和科学教育的臆测是完全理性的"错误观点。科伯恩把科学和科学教育定位为世界观，揭露了普遍主义的特权地位，强调了"摒弃"基于被动接受的所谓科学正统观念的价值观和信念而产生的理解对个人的重要性。"摒弃"需要放弃一种世界观而接受另一种世界观，这个过程类似于象征着民族观建构过程的同化与文化多元论之间的博弈。

尽管多元文化科学教育研究（Atwater & Riley, 1993）、科学的普遍性信仰（Stanley & Brickhouse, 1994）、科学和科学教育的社会性和背景性本质（Lemke, 2001）以及世界观（Cobern, 1996）为科学教育领域聚焦民族观的研究奠定了基础并提供了概念上的合理性，但这类研究工作还是很匮乏的。接下来将介绍和讨论科学教育领域聚焦民族议题的研究及其所获得的认识。这些研究工作的出发点显然是以世系、血统或共祖为核心的群体身份认同的差异。

对民族议题的态度：视而不见和规避

正如埃利森（1994）小说《隐形人》中主人公的境遇，当人们对科学教育文献中的民族议题视而不见时，它就是不被承认但又切实存在的。当人们对民族议题视而不见时，它会成为一种假定或暗示；它会以潜台词的方式出现在该研究的问题陈述、文献综述或者概念框架当中。参考的文献中有两个例子解释了民族议题如何被处理为假定和暗示。第一个例子是美国的一个本土群体，第二个例子是一个移民群体。

许多研究对民族的理解是假定的，这些研究没有概念化民族，只是在描述研究背景时引用民族观或者把民族作为分析的一个因素。马修斯（Matthews）和史密斯（Smith）(1994) 所做的准实验研究就是一个例子，它进一步说明了民族议题如何在科学教育研究中被处理为一种假定。马修斯和史密斯通过多因素协方差分析剖析了文化因素如何影响美国本土学生的科学成就、对科学的态度和对科学家的态度。他们假设文化因素会增强学生的动机，促进家庭科学和学校科学信仰之间的联系，进而提升学业成绩。最终结果辅以警示性的评语证实了这个假设。一方面，该研究在调查文化相关因素时暗示了民族差异，在假设和分析中分别包含“家庭科学”和“部落”也暗示了民族差异；另一方面，该研究并没有描述或讨论这些差异的特征，尤其是与文化相关因素的关系。民族是该研究的一个隐含假设。

民族观不被承认但又切实存在的另外一种处理方式是暗示。前面提到的一个例子是定性案例研究，两位多米尼加裔妈妈协助并配合老师开展一门与科学和食物相关的课程（Hagiwara, Barton, & Contento, 2007）。尽管该研究没有明确说明多米尼加裔（两位妈妈所在的族群）与民族因素有关，但是暗示了民族因素的存在。例如，研究者讨论了散居在外的犹太人，他们会让人联想到跨国经历以及与国内不同的生活方式；还讨论了知识财富，知识财富被定义为“基于文化的家庭知识储备，这对于理解在移民家庭文化体系中学习发生了什么以及如何学习是非常重要的”(p.479)。研究报告详细描述了妈妈们如何运用个人背景和经历的资本（例如，西班牙语和英语的混用和切换）来发挥自己在学校和学校科学中的作用从而获得正面的认可，隐含的民族因素同样贯穿于其中。

如前面的例子所述，人们对民族议题视而不见，当成一种非外显的假定或暗示状态存在；这种状况在涉及民族群体的科学教育研究及其所获得的认识中持续了数十年。在文末参考文献中，民族议题很大程度上是无形的，而有一小拨研究通过迂回处理的方式使得民族议题被感知，即让埃利森(1994) 小说中的隐形人主人公变得可见。如开篇引用的小说片段所述，规避主要有两种方式。用替代物（包括环境）来表征想要规避的事物。要了解规避了什么也可以通过他人的生活经历或者通过剔除了规避内容的框架。荻原和同事们（Hagiwara et al., 2007）在把他们的研究工作进行归类时间接谈到了规避。他们认为多米尼加裔移民之所以没有得到足够的研究，部分原因是他们被归入了“少数族裔”“有色人种”“西班牙裔”“拉丁裔”等类别。荻原、巴顿（Barton）和孔滕托（Contento）的文章用“掩饰”来描述规避，巴苏（Basu, 2008）进一步解释了“掩饰”。扭曲，即使用了不适当或不恰当获取被规避者经验的框架，是史密斯和豪萨弗斯（Hausafus）(1998) 所证明的另外一种方式。

在一个涉及对学生及其家庭成员进行访谈的批判民族志研究中，巴苏（2008）调查了5名移民学生运用话语权的素质。巴苏在详细描述学生成长历程的过程中强调了学生的祖籍（即加勒比黑人和西班牙裔加勒比人）和家庭活动。这些成长历程被整合到了研究结果当中，学生希望作为概念物理领域的知识分子得到身份认同，而这样的表达挑战了现有课堂、学校和社区中存在的权力动态。这里的身份认同和权力动态不以民族为基础，但从学生的成长历程和家庭活动可以合理地推出民族因素。相反，对低收入少数族裔青少年的负面刻板印象是学生运用话语权的出发点，也是学生要质疑的权力动态。实际上，低收入和少数族裔似乎都是民族的替代物。巴苏(2008)、史密斯和豪萨弗斯(1998)都在研究中用少数族裔作为一种替代物，他们同样在关于美国原住民、非裔美国人、亚裔美国人、西班牙裔美国人和白人学生及他们的母亲的研究中把“处于危机中”这种状态作为一种替代物。除了使用替代物来规避民族议题外，史密斯和豪萨弗斯还使用了一个框架，其他同行认为这一框架并不适用于研究对象(Epstein & Dauber, 1991; Nieto, 1987)。史密斯和豪萨弗斯的研究调查了母亲为孩子学习数学和科学提供的支持与孩子标准化考试成绩之间的关系。他们通过电话调查探查妈妈们对自我行为做出的反应、她们家庭的环境布置以及她们对科学和数学的态度。电话调查旨在调查家长提供的支持，反映主流参与方式(例如，在孩子所在的学校当志愿者，参加学校主办的活动)。在使用逐步回归分析时，把学生的标准化考试成绩作为因变量，结果表明，如果妈妈们在课程和职业中传达科学和数学的重要性，对孩子有所约束，和孩子一起参观科学、数学展览和图书博览会，那么孩子的考试成绩会更好。

民族的概念化

科学教育文献中有一小部分是承认民族的。方式类似于埃利森(1994)小说《隐形人》中的主人公被撞回去，这种承认似乎是被客观环境(即研究工作中显而易见的理由)所迫。承认民族的研究中所引用的客观环境包括美国人口统计的改变(Brand & Glasson, 2004)、实现科学教育改革目标的障碍(Lee, 1997)、求取公正面临的挑战(Ryu, 2012)。本研究聚焦民族，尝试对民族进行概念化。

职前教师的早期生活经历会影响他们对科学课堂多样性的看法和所使用的科学教学法，在一项调查此类作用的民族志研究中，布兰德(Brand)和格拉松(Glasson)(2004)基于班克斯(Banks, 1988)的民族身份类型学对民族进行了概念化界定，并以此作为该研究的基本立场。班克斯的类型学的特点是，以个体对其他民族群体的看法作为评价标准来判断个体对自身民族群体身份是拒绝还是接受。尽管该类型学关注的是个体，但其核心是群体身份认同理念，其中群体是以文化差异来划分的。李(Lee, 1997)批判了人们对少数族裔的典型刻板印象，改进了亚裔美国人群体的分类体系，将它从一个概化类型细分成了不同的民族群体。

在研究影响科学学习的各种因素时，李(1997)呼吁关注亚裔美国学生的各种民族背景：“东亚人(中国人、菲律宾人、日本人、韩国人)，太平洋岛民(斐济人、关岛人、夏威夷人、马绍尔群岛人、美拉尼西亚人、萨摩亚人、塔希提人、汤加人)，东南亚人(柬埔寨人、赫蒙族人、印度尼西亚人、老挝人、马来人、新加坡人、泰国人、越南人)，南亚人(孟加拉国人、缅甸人、印度人、尼泊尔人、巴基斯坦人、斯里兰卡人)”(p.109)。李讨论了在理解不同传统(例如儒家、佛教)和不同群体文化活动时，少数族裔典型刻板印象带来的障碍，进而基于民族观建构的实例使之概念化。与李的做法类似，莱纳(Lehner, 2007)通过插图使民族概念化，这些插图基于非裔高中生、历史移民后代和当前移民的故事绘制，强调了黑人社群中的民族观。莱纳基于一名自认为是巴拿马黑人的学生的生物课堂经历进行民族志研究以解释民族。柳(Ryu, 2012)同样使用学生的经历来使民族概念化，此研究中的学生是韩国移民，但是柳通过讨论民族缺乏什么(即美国亚裔在结构方面的适应)进一步阐明了民族概念。也就是说，柳通过对比民族与种族来使民族概念化。

柳(2012)调查了韩裔学生在课堂上的参与情况——他们如何参与、什么时候参与以及为什么参与科学课堂讨论。尽管定性研究选用身份视角解读所收集的数据，但柳是通过解构亚裔移民在美国民族和种族群体中的定位来构建这项研究的。柳详细阐述了李(1997)在作为民族指针的论文中提出的传统、习俗和文化观点。柳同时也讨论了种族方面的观点，感觉亚裔永远是外国人，即便移民美国后已经经历了好几代人，这种永远是外国人的状态也给他们带来了歧视(例如，由于外貌特征机会受到限制)。

综上所述，聚焦民族的研究很少把民族概念纳入其中。民族主要是通过参与者的经历来界定的，而这些参与者大多是有色人种。这些研究的成果与现存的科学教育文献关联很小，它们印证了斯坦利和布里克豪斯所说的普遍主义神话：聚焦民族的研究表明民族议题很重要。

为什么民族议题在科学教育领域很重要

民族的演变使得民族议题成为一个群体层面的现象。民族体现了一群生活经历相同的人所共有的观念和风俗。境遇和经历持续地、系统化地影响着群体成员的生活，也融入了科伯恩(1996)所说的世界观(即一系列基于个体对真实世界的理解而形成的、相互关联的、连贯一致的预设)。剖析科学教育文献发现，有一些聚焦民族的研究在论文架构中把民族视作一种群体现象，但绝大多数研究只关注个体经历，个体经历是与群体经历断开的孤立单位。为什么把民族视作群体水平的现象很重要，看关于美国原住民的研究就知道了，科学教育中许多聚焦民族议题的工作都关注这一群体。艾伦(Allen)和克劳利(Crawley)(1998)以及邦(Bang)和梅丁(Medin)(2010)详细描述了民族议题在科学教育中的重要性。

艾伦和克劳利(1998)开展了一项为期18个月的民族志研究，研究对象为印第安居留地的基克普人社群，这一社群包含学生、教师和社区长者。通过观察个人和小组在科学教室和学生居住的村庄里的表现和访谈，艾伦和克劳利发现基克普学生具有调查对象所述的世界观，这种世界观在本质上与科学课堂所倡导的不同。他们进一步断言，知识本质和验证上的差异、内容知识的架构、教学偏好、空间倾向以及参与方式都不影响学生完全投入科学。艾伦和克劳利针对威斯康星州的默诺默尼部落进行了基于社区的参与式行动研究，得到的结果与邦和梅丁(2010)的类似。他们对比了学生在参与由研究者和默诺默尼社区共同开发的科学课程前后对科学知识的看法和理解。邦和梅丁发现：在参与该科学课程之后，学生的理解从事实罗列转变为用种名描述生物之间的关系。此外，学生并不认为科学知识是脱离美国原住民生活的一堆事实，而是一系列“原住民在学校和社区开展的知识探索活动”(p. 1022)。

上述研究案例表明，传统、习俗、文化风俗等与民族有关的因素在很多方面都很重要。民族的重要性体现在以下三个方面：如何渗透本体论、现实的哪些方面会被感知以及如何解释和处理这个可感知的现实，认识论(什么是有效的知识以及它是如何被大家认识的)，学习(如何运用知识)。

科学教育研究中的种族议题

类似聚焦民族议题的研究，相对于与科学教育相关的大量文献来说，科学教育领域关于种族议题的文献占比很小。这类研究大多对种族进行分类，把样本分成若干组，以便研究与群体成员有关的现象。从文献综述来看，这一类关于群体成员现象的研究在20世纪60年代末期非常盛行，这一时期公立学校响应1954年美国最高法的判决（宣布法律上的种族隔离是违宪的）开始废除种族隔离。20世纪60年代末期（这一时期聚焦群体成员的研究开始浮出水面）以前的科学教育研究通过几种不同的方式来研究种族议题，从剖析种族内涵的概念性论文，到把种族作为科学课程的一部分考察种族研究效果的实证工作。当前的研究沿用种族分类来对比不同的群体，但参考文献中也包含一部分探索种族概念的工作。

对种族议题的讨论

和民族议题一样，科学教育研究及其所获得的认识同样对种族议题视而不见，大多数聚焦种族的文献把种族处理为一种假定或者暗示。种族的这种假定或暗示状态在把种族视作群体标志符时尤为明显。把种族视作群体标志符的研究视种族为一种标准。这种方式主要通过不能恰当体现种族群体经历的概念和理论框架来规避种族议题。此外，剖析种族相关文献还发现了另外两种对待种族议题的方式，即把种族视作质疑的焦点和把种族视作一种结构。把种族视作质疑的焦点即探索种族的概念化并深入思考种族概念是如何在美国课堂、学校和社会中得以实施的；把种族视作一种结构即视种族为维持种族现状的社会政治结构。

把种族视作质疑的焦点

历史记载表明，19世纪末是“色盲”正式出现的时期，但它对公共话语（例如，对种族议题保持沉默）的影响直到一个多世纪以后才浮现。20世纪40、50、60年代的科学教育研究把种族视作一个探究的主题和概念。

20世纪40年代的工作强调了科学教育在解决公众关于种族的两极分化观点中可能发挥的作用。社会上的一些人认为种族确实是人类在功能上和基因上的重要区别，而另一些人（例如，纳粹德国）则持相反的观点，认为种族是为了社会政治目的而发明的人为概念。基于“种族是天生（遗传）的表征，而非后天（学习）培养的”前提，沃什伯恩（Washburn, 1944）提出了一种中立观点，介于两种极端观点之间，认为种族分类是一个解剖学概念（p. 65）。通过追溯解剖学分类的历史，从简单记录不同地区种群的物理属性到描述人类的进化史，沃什伯恩讨论了种族分类的用途，这也是人类学家试图理解人类差异和国际关系重要信息时的工作核心。沃什伯恩还讨论了种族分类的局限性；这些分类不能提供智力、语言等方面的信息。沃什伯恩认为，科学教师可以在对种族进行概念化、澄清事实和阐明如何有效利用事实方面做出贡献。埃文斯（Evans）和坦嫩鲍姆（Tannenbaum）（1944）通过描述鉴定血型的通用实验，并利用学生的实验结果来批判当前与种族相关的政策（例如美国血库把白人和黑人献血者的血液分开），进一步阐明了沃什伯恩关于科学教师角色的观点。

关于从时代背景来理解种族概念的重要性（Boulos, 1965；McEwan, 1951；Schindelman, 1946）以及将种族纳入科学课程（Brown, 1945）的评论文章都与20世纪40年代早期一致——强调与种族相关的事实。20世纪50年代引入了研究种族的实证方法，再一次强调评论文章所倡导的在科学教学和科学课程中关注种族议题的重要性。这些研究调查了种族相关教学对大学生态度的影响

(Solomon & Braunschneider, 1950)；这种系统化的研究直到20世纪60年代初期才开始出现在大学之前的学段。这些准实验研究(即在不考虑随机分配参与者的情况下，通过控制兴趣变量来研究因果关系的系统性探查)调查了白人学生在某种形式的种族教学前后知识和态度的变化。这些关于种族知识和态度的研究表明了积极的变化，例如种族观从生物学层面转变为社会建构层面(Davis, 1963)，它们在很大程度上被考察种族群体成员现象的研究所取代；这一情况始于20世纪60年代末，即美国围绕有色人种权利发生民事骚乱的时期。

把种族视作群体标志符

科学教育领域的绝大多数种族相关研究都把种族视作群体标志符。种族是一个以数据分析为目的的、对群体进行认证和细分的程序性标准。定量研究设计和统计分析的应用在这类研究中非常常见。这类研究用三种不同的方式来描绘种族：(1)种族是影响利益结果的一个可能的因素，(2)种族是影响利益结果的一个因素，(3)种族是影响差异的一个因素。

第一种方式以种族作为群体标志符来探讨种族在结果中的作用。科学教育文献至少有三个有利条件，探讨就是从这三方面开始的。第一，种族的作用是使用开发理论框架的标准化工具对大样本量学生进行定量测试得出的。辛普森(Simpson)和特罗斯特(Troost)(1982)的研究证明了这一点。在为检验科学学习的投入和成绩而开发一个理论框架时，他们从文献中鉴别变量并将其划分为三个维度：自我/个体、家庭/家族、学校/课堂。辛普森和特罗斯特把种族作为与自我相关的变量来讨论和考察。第二，研究种族以便证明或证伪现有模型。例如，韦尔奇(Welch)、瓦尔贝格(Walberg)和弗雷泽(Fraser)(1986)从参与国家科学评估的学生中分层随机抽取大量样本，研究出一个以提升成绩和态度为期望结果的教育生产力模型。最后，种族相关研究的第三个目标是测试其作为检验现象的一个因素是否合适。巴特勒(Butler, 1999)的研究把种族作为参与实验室活动和非实验室活动的行为意图预测器，就是最后一类探讨的一个例子。

与将种族的潜在有用性作为一个因素的研究工作不同，第二种方式把种族视作一个导致不同结果的因素。这类研究有着多样化的设计(例如，实验、准实验、观察)，覆盖了科学教育中多种不同的维度，但都一致地将白人与其他种族群体相比较。一些研究针对性情，例如好奇心(Petersen & Lowery, 1972)、特定概念理解[如守恒(Lepper, 1967)、度量(Jones & Rowsey, 1990)]、技能[如批判性思维(Hill & Pettus, 1990)]。另一些研究把更加全球化的概念作为目标，例如认识能力(Huffman, Lawrenz, & Minger, 1997; Jones et al., 2007; Ledbetter, 1993)、世界观(Lee, 1999)、投入(Conwell, Griffin, & Algozzine, 1993)、对科学和科学成绩的态度(Greenfield, 1996; Muller, Stage, & Kinzie, 2001; Schibeci & Riley, 1986)。在这些范畴中，研究得最多的是对科学和科学成绩的态度的差异，因此1980年弗莱明(Fleming)和马隆(Malone)(1983)做了一项元分析研究。另一个热门研究话题属于第三种方式。

第三种方式把种族作为群体标志符，研究教学实践和课程的影响。种族带来的差异影响是这些研究的主要关注点。在这些研究中，白人最常被用来与非白人(包括黑人、西班牙裔以及美国原住民群体)进行比较。一些研究表明，以教师为中心的教学或传统教学对非白人学生的科学成绩产生了负面影响(von Secker & Lissitz, 1999; Wilson, Taylor,

Kowalski, & Carlson, 2010)。另一项研究表明，标准的教学和课程对白人学生和非白人学生有类似的影响，两者之间成绩的差距相应减少(Johnson, Kahle, & Fargo, 2007; Lynch, Kuipers, Pyke, & Szesze, 2005)。

把种族视作一种架构

“架构”一词在文献和学术讨论中有多种含义。此处的使用符合休厄尔(Sewell, 1992)关于架构的定义。架构是指允许、促进和使得社会生活再生产具体化的系统机制。这些机制可以是正式的(例如，书面协议、程序和规则)且有官方文件规定的，也可以是非正式的(例如，不成文的规矩、社会实践和约定俗成的共识)且没有文件规定的。当这些机制被形式化后，它们常常是外显且有意识的，或者，当这些机制是非正式的不成文的实践时，它们常常是内隐且无意识的。这些机制可以在不同层次上呈现多种形式和功能。例如，它们可以作为一种精神特质出现(例如，民主)，即一系列决定社会性质和奠定社会基石的重要假设。它们可以在社会内运作的机构(例如政府、科学教育)发挥作用，也可以在政策和原则导向的行动计划方面发挥作用，这些政策和行动计划是由提供信息和指导活动的权威来源制定的。这些机制也可以在个体层面发挥作用，表现为信念、态度和性情。科学教育领域把种族视作一种架构的研究非常稀少，但已有的工作涉及了前文所述的所有层次。

把种族视作一种社会层面的结构化精神特质在穆特基(Mutegi, 2011)和帕森斯(Parsons, 2008)的研究中体现得非常突出。前面引用的研究讨论了殖民主义，包括通过强制征购他人财产来扩增自己的财富和资产，以及通过剥削和压迫性的协议来维持和增加强制获得的资产。穆特基在质疑美国“面向所有人的科学”项目与非裔美国人的相关性时，描述了殖民主义对美国的非裔美国人和世界各地的非裔后代政治、经济、教育、健康和社会境遇的有害影响。帕森斯在假定研究非裔美国人很有必要时，描述了21世纪剥削和压迫的表现形式及其对科学教育中非裔美国人地位的影响。

穆特基(2011)和帕森斯(2008)的文章也暗示了种族作为一种制度的架构表现，而科学教育研究就是这种制度。帕森斯认为，科学教育研究在建构和增进知识的过程中没有充分考虑非裔美国人在美国的地位，而美国是一个深受种族和文化霸权主义影响的国家。此外，帕森斯、川(Tran)和戈米利恩(Gomillion)(2008)在他们应用混合方法针对小型种族混合科学群体的研究中断言，当在研究及其所获得的认识(例如，问题和概念是如何界定的，研究人员如何开展研究)中无法解释影响好感的肤白程度时(Fine, 2004; Kincheloe & Steinberg, 1998)，科学教育研究及其所获得的认识就会呈现出一种扭曲的非裔美国人形象。由于没有充分考虑非裔美国人过去和现在在美国所处的地位以及肤白程度，绝大多数科学教育研究及其所获得的认识将非裔美国人视为有缺陷的且隐形的群体(Mutegi, 2013; Parsons, Cooper, & Simpson, 2011)。

政策是科学教育文献在制度层面对种族进行结构性指控的另一种方式。阿特沃特(2000)没有标榜所提供的示例是政策，但这里将这些示例视为政策，因为它们是政策的产物。在评价关于美国黑人的公平科学教育时，阿特沃特描述了简陋的设施、过时且有限的用具、不完善的课程和课程设置以及薄弱的师资——这些都是公立学校的资金政策(即地方税收)造成的。阿特沃特的文章还强调了教学政策和实践的结果，比如能力分组和追踪就是被个体态度、信念和性情所强化的政策和实践(Oakes,

1985)。

祖尼加(Zuniga)、奥尔森(Olson)和温特(Winter)(2005)在定量研究拉丁裔美国学生的科学课程设置时，把种族架构放置于个体水平。他们发现了种族差异：在标准化测试中分数和平均成绩点数更高的拉丁裔美国学生被不成比例地安排在较低水平的科学课程中，而那些成绩较差的非拉丁裔白人学生则被安排在较高水平的科学课程中。与所追踪的研究文献中广泛提及的情况一致，修读低水平课程的学生接下来没有再修读其他科学课程，尽管他们表达了对大学的渴望(Zuniga, Olson, & Winter, 2005)。种族对个体经历的建构并不局限于特定学术领域；在课堂动力学中，种族也起到了组织作用。

科学教育文献所揭露的种族的最后一个架构功能在下述定性研究中得到了例证：吉尔伯特(Gilbert)和叶瑞克(Yerrick)(2001)，布兰德、格拉松和格林(Green)(2006)，以及库尔斯(Kurth)、安德森(Anderson)和帕林克萨(Palincsar)(2002)的工作。吉尔伯特和叶瑞克的研究调查了教师和学生的预期。结果表明教师对修读地球科学标准课程的有色人种学生的表现预期很低，而且学生在某种程度上串通一气破坏了高质量的科学教学活动。尽管库尔斯、安德森和帕林克萨的研究包含展现教师的片段，但更关注的是小组中的6年级学生以及孩子们是如何演绎家庭历史的，家族史反映了美国社会的歧视、排斥、不平等和不公正。在他们的研究中，开始学习科学课程的一名黑人女性热情高涨，并积极参与关于物质密度的调查，但在小组工作中却不断被边缘化，她和她的黑人同伴把这种边缘化归因于种族。同样聚焦作为研究参与者的学生，布兰德、格拉松和格林探讨了学生的经历以及他们对教师刻板地认为黑人做不了数学和科学的看法。

为什么种族议题在科学教育领域很重要

科学教育研究及其所获得的认识表明：谁有权得到什么，谁就能得到什么；得到的质量、数量和持续性；前述投入实现的产出和结果与种族相关，种族以可见的外貌特征作为差异性标志。很大一部分聚焦种族的工作视种族为群体标志符，把产出和结果放在首位。本工作报告了相似的结果：除了难以得到定论的态度和兴趣之外，相较于被归为少数族裔或者黑人、西班牙裔和美国原住民的人群，白人对现象的看法更为积极。与科学教育文献中其他研究种族的方法相反，这些强调产出和结果的研究并没有考虑“谁有权得到什么，谁就能得到什么”的历史和当代遗产。把种族视作质疑的焦点以及把种族视作一种架构的研究为理解差异(白人是高等人群)提供了背景，有色人种是低等人群，这是把种族视作群体标志符的科学教育研究的主要特色。

把种族视作质疑焦点的研究思考种族的定义以及这些种族概念如何通过公众态度和随后的政策在社会中凸显出来。早期聚焦种族的工作呼吁将有关种族的科学事实纳入课程当中，并由科学教师教授这些事实，作为改变公众态度和公共政策的途径，这是体现种族在20世纪40、50和60年代美国社会中重要性的公开方式。上述研究开始50多年以后的那段时期种族概念被隐藏，一系列工作强调如何在社会、机构和个体层面有意识或无意识地把种族作为操控行动的组织架构。这类研究认为，这些行动有意和无意地维持了美国建国时期确立的种族等级制度。

第Ⅲ部分：文献评论

追求公正和平等是科学教育领域研究种族和民族议题的典型原因之一。通常，做这类研究的理由是西卡达(Secada, 1989)所说的开明的利己主义。人们需要这样的工作来为日益多样化的大众口味调研提供依据。这些受过教育的民众将维持美国全球领先的地位和高质量的生活。科学教育研究有意聚焦种族和民族的重要性也体现在美国《独立宣言》所宣称的民主理想中：人人生而平等；他们被赋予不可剥夺的生命权、自由权和追求幸福的权利。作为科学教育领域的一项工作，种族和民族议题在促进实现开明的利己主义和民主主义目标方面做出了让步。整体工作基于当下主义，缺乏清晰的概念界定，被个人主义所掩盖，被方法论短视所束缚。

当下主义

当下主义是一种观念，把系统的群体水平的结构从历史中分离出来并将它们视作孤立的、一时兴起的独立事件(Noblit, 2013; Parsons, 2008)。当下主义将当前的种族和民族布局从其历史基础中剥离出来，否定或忽视群体结果差异中显见的从过去到现在未间断的连续性。一方面，鉴于美国可怕的种族和民族历史，接受并采纳当下主义既不令人惊讶也不应受到谴责。另一方面，接受、采纳和盲目地坚持当下主义可以防止过去不受欢迎的事物存在于当下。当下主义取代了批判性分析；前者禁止从过去的经验教训中学习并用以告知当下发生了什么以及对未来的展望和设计是什么。以种族和民族作为首要或次要焦点的文献资料在框架或讨论中(这是最直接的做法)没有考虑到所研究的群体和个体的历史。国家、社会、社区、家庭和个体都有自己的历史，这些历史(以明显和不明显的方式)构成当前现实和未来可能性所不可或缺的部分(Cole, 1996; Holland, 1998)。把现在和未来与过去隔离开来会阻断我们获得更深刻、更有见地、更准确的理解。当下主义导致规避和扭曲，这是本章所说的聚焦种族和民族议题的科学教育研究及其所获得的认识的特点。当下主义所固有的种族和民族概念缺乏历史基础，构成了种族和民族研究的第二个局限性。

清晰的概念界定

更清晰地构建种族和民族概念能够促进这些领域科学教育文献的发展，并提升文献在研究、政策和实践方面的应用价值。绝大多数文献把种族和民族作为假定或者暗示，未能概念化或讨论种族和民族，而是处理为一种已经存在的普遍共识。就种族而言，认为它在美国作为压倒性重要部分存在的外显和内隐意义是：种族是人类之间自然发生的、基于基因的区别，它解释了结果的差异，且白人是更优越的种族。民族也存在相似的情况。受习俗、传统、宗教等影响而形成的行为、信仰、价值观和性情有时被视为可遗传的特征而非可培养的惯例；就民族而言，欧洲人的可培养惯例常常被认为是优越的。如果不做解释，生物学概念会替代旨在发展社会政治目标的社会学概念，前者很可能成为理解民族和种族相关研究成果的默认方式。把种族和民族作为概念明确界定或讨论，一定程度上可以避免不加批判地采纳基于基因的解释。

进一步澄清当前科学教育文献中的概念将能够阐明种族和民族的核心本质(即研究参与者的世系、血统或共祖)，从而把它们置于同一个概念家族当中，并依据工作的焦点来加以区分。清晰地阐明种族和民族在哪里相交、重叠以及在哪里分为两支，例如柳(2012)的工作对于利用研究结果指导后续研究、政策和实践来说非常重要。澄清所研究的概念以阐明研究结果，可以使问题识别、问题界定与政策、实践中的改进措施更加一致。例如，如果一项挑战与拉德森-比林斯(Ladson-Billings)

和塔特(Tate)(1995)所谓知识财产(例如，高品质科学教师、课程、设备)分配中的种族差异有关，那么，把资源投入到整合学生习俗、语言、传统等的科学教学策略当中，效果将是有限的。在前面的例子中，包容性教学策略回应了民族问题，但不足以解决基于种族的挑战(即基于外貌特征的资源分配差异)。提升概念清晰度的一种方式是借鉴其他学科的原创性研究成果，比如人类学、历史学、社会心理学和社会学等。这些学科包含了数十年关于民族和种族的探究和学术成果。界定清楚种族和民族之后，学术研究还有一件重要的事情，那就是给使得差异具体化且常态化的种族和民族相关研究、政策和实践提出建议。聚焦种族和民族的科学教育文献对研究者团体之内和之外话语、实践和政策产生影响的能力受限于个人主义。

个人主义

在美国，个人至上(Parsons, 1997)。个人的这种至高无上的地位体现在许多方面，例如，国家宪法和精英管理(一个社会成员的贡献被认可)之类的普遍信仰构成了国家的基本精神(Harris, 1995; McNamee & Miller, 2009)。考虑到个人主义在美国世界观中占据重要地位，以及美国集体冲突的棘手历史，科学教育研究把种族和民族视作个体水平的现象是预料之中的。这种研究将种族和民族视作个体层面的概念，往往把群体层面和系统层面的观点排除在外，这在为系统改革提供建议方面是有问题的。

许多聚焦种族和民族的科学教育研究及其所获得的认识探查个人如何克服与种族和民族相关的障碍和挑战，以及个人如何发挥自己的能动性以最大限度地脱离结构化的约束状态。这些关注点对于从生活经历中更深刻地理解种族和民族非常重要；但是，如果没有把生活经历与更大的系统联系在一起，则变革一次只对一个人起作用，这种方法对推行结构化、系统化、覆盖全系统的变革是行不通的。结构化和系统化的变革通过有能力的专业人员制定适应群体内部异质性的群体水平政策来实现(Parsons & Wall, 2011)。本质化是将个人主义优先于必要的结构化和系统化变革的一个所谓的原因。

当群体被本质化时，他们被认为具有某种不可改变的本质，某种决定他们是谁的遗传属性(Prentice & Miller, 2007)。本质化的群体被认为成员固定，且与其他群体分开，同时该群体的所有成员以相同的程度共享这种起连接作用的本质。从美国的种族演变可以看出，将群体本质化一直是群体压迫的基石之一。从批判的角度讲，不加区分地将本质主义极端化，只关注个体而不关注历史上对群体的强调，同样会因具象化现存的社会等级制度造成压迫：群体水平的规律不适用于解决一个人的问题。不加区分地使用本质主义，倡导对群体相关模式视而不见，阻碍了政策的制定和实施。它有时被不加批判地使用，几乎不关注细节，或许不经意间如“色盲”一样，限制了研究空间，进而限制了有效且积极的系统行动。

肆无忌惮的使用使处于本质化核心的决定性要素被忽略。也就是说，当群体成员之间的共性被简单地处理为本质主义时，环境和个人选择在发展、采纳和践行他们自觉意识到的信念、价值观等方面的作用就被忽视了。在其他例子中，本质主义的决定性要素是由有权势、有权威的其他人(不属于本质主义所定义的群体)赋予的。其他人的定义使得该群体的自我身份认同机制失效。例如，有些科学教育研究及其所获得的认识是关于由部落成员描述、承认、阐明社群对培养世界观特定方面的作用的美国原住民部落族群(Allen &

Crawley, 1998；Bang & Medin, 2010；Grimberg & Gummer, 2013）。随意地使用这样的研究被指责为本质化。这项指控没有用证据反驳本质主义的决定性要素（例如，自我身份认同和社群培养），就认为其他人对本质主义的定义优于部落群体成员的自我定义（例如，忽视部落对观点的采纳和宣扬）。

一方面，在科学教育中研究种族和民族时，关注个人是有必要的且为后续研究、政策和实践提供了有用信息。另一方面，仅仅关注个人，全权委托群体成员归纳共性的本质化做法阻碍了政策的发展。聚焦种族和民族的科学教育研究仅限于考察严格遵守公共政策的个人，这些政策是在群体水平开发并实施的，能够解决人们在设计个体研究时希望使用它阐明的挑战和问题。这些困境（是把个体从社会群体中剥离出来，还是站在群体角度舍弃单个成员的经历）反映在科学教育研究采用的方法论上，即最后的批判。

方法论短视

梅尔滕斯（Mertens, 2010）把范式界定为一系列哲学假设，即人们观察和思考世界的方式以及指导人们在世界上采取行动的方式。本综述主要涉及两种范式：后实证主义和建构主义。其研究旨在最大限度地提升客观性、降低主观性、减少所关注的现象以外的影响。早期聚焦种族和民族的工作认为，用超出研究范畴的基于数据的主张进行归纳是有效的。聚焦种族和民族的科学教育文献以定量研究居多。这些设计是以后实证主义范式的哲学假设为前提的：一个可观察的事实是可以独立于知道它的人而被其他人获悉的，也是在一定概率水平范围内可以被获悉的。基于开发数据采集工具的人员和所研究的概念的特点，可见的和可知的事实反映了美国的优势群体。类似埃利森（1994）小说《隐形人》中无名的非裔美国人主角所面对的情况，文献对那些种族和民族与优势群体不同的人产生了扭曲的看法。20世纪90年代初出现了一条清晰可辨的工作路线，试图从多样化的角度研究种族和民族的特征。

可证实性、数据和相应解释的追本溯源、可迁移性（即基于对研究背景的详细描述来判断研究结果在其他背景下的适用性）取代了客观性和可概括性成为定性研究方法的几个质量标准（Guba & Lincoln, 1989）。定性研究设计探查了现象的多元社会概念，这是建构主义范式的哲学基础。这些多元概念是可以理解的，但是对它们的理解被认为与研究者的价值观密不可分。研究这些多元概念的核心是对研究者在社会结构中的地位以及从他们的地位中产生的主观性进行批判性和反思性的探查（Mertens, 2010）。尽管认识到解释现实的不同方式，在定性传统下研究种族和民族的文献也仅限于关注个人，没有考虑种族和民族在更大的社会环境中运作的系统化方式以及可能影响到个人的现实。

科学教育文献中几乎不存在混合使用定量和定性设计来研究种族和民族议题的文章。似乎研究种族和民族议题只能使用其中一种研究设计——要么使用定量研究方法和相关的假设，要么使用定性研究方法和相应的预设。这样的二分法无谓地缩小了影响的范围。

展望

从历史上看，种族和民族是为了突出差异而设计的，目的是区分群体，进而使一些群体优于其他群体。这种让一些群体取得优势另一些群体则相反的做法，尤其是关系到各种形式的资本，已经成了美国精神的一部分并且渗透到了制度和政策里。当前，受“色盲”和后种族主义影响，一些人认为历史已经被遏制，当今时代已经与过去彻底决裂；实际上过去的等级制度和种群差异延续到了现在，这与上述观点相悖。

时至今日，贯穿美国种族和民族历史的进步和紧缩循环是显而易见的。也就是说，政策在一段时期内缩小了群体差异，但是当这些变革开始影响现有的等级制度时，政策会被撤销，进步也会失效。公众生活中种族和民族的这种进步和紧缩导致了种族和民族作为可研究现象的复杂性。从两者演变的相关叙述中可以看到，在美国种族和民族不是无关痛痒的概念。种族和民族的本质使相关研究充满挑战性和职业风险，但并非无法克服。关于性别的科学教育研究就是一个例子。

性别在公民生活中的构建和作用方式与种族类似。和种族一样，性别也是一个社会概念，这个概念赋予了不同类型的人不同的价值，这些价值通过持久的系统延续着并服务于各种社会政治目的。和科学教育中的种族和民族不同，在个体水平起作用的性别并不排斥结构化、系统化的性别观点，本质主义者很少反对把性别视作群体水平现象的研究。科学教育中与性别有关的研究为聚焦种族和民族的科学教育工作提供了参考。

建议1：应当单独使用批判理论，或者与其他理论结合使用，来构建种族和民族的研究框架。批判理论质疑历史的和现存的社会权力结构及其与结束统治和压迫的变革意图的联系。本章讨论的有关种族概念化的文献大多以建构主义或社会文化观点为指导框架。尽管这些概念框架有助于解释个人经历或讨论群组水平的结果，但它们把历史和当代权力结构、关系视作规范，没有对其进行批判性审视。就像我们用批判女性主义理论表述科学教育中性别相关研究的可理解部分一样，第一个建议是运用批判种族理论（CRT）的原则来研究科学教育中的种族和民族议题。

拉德森–比林斯和塔特（1995）十多年前把CRT引入教育领域，这个理论起源于美国批判法律研究。尽管很少见，但在科学教育研究中CRT原则并非完全缺席：它们已经被考虑在内了。例如，华莱士（Wallace）和布兰德（2012）用根深蒂固的种族主义（即下面所述的第1条原则）检查了两名中学科学教师的文化响应实践），并且认为理解种族不平等对于发展社会文化意识至关重要，这也是多元文化方法（例如，文化响应教学法）的主要内容之一。与方法论相关的其他CRT原则也被采用过，但是脱离了它们的批判性基础（Yerrick & Johnson, 2011）。帕森斯、罗兹（Rhodes）和布朗（Brown）（2011）在批判叶瑞克和约翰逊（Johnson）对CRT的使用时强调了几条原则，这些原则被推荐作为在科学教育领域使用CRT研究种族和民族议题的起点。尽管这些原则专门针对种族，但它们也同样适用于民族。这些原则包括（Crenshaw, Gotanda, Peller, & Thomas, 1994）：（1）种族主义在美国是很普遍且常见的；（2）种族主义加剧了群体的优势和劣势；（3）存在和实现中立主义、客观主义、精英主义和“色盲”，往好里说使种族议题可被质疑，往坏里说则是维持现存社会等级制度的工具，比如美国的种族阶层；（4）基于历史和背景对现象进行分析是必要的；（5）把有色人种及其社群的经验知识看作是有效的，这是现象研究的核心；（6）把结束一切形式的统治和压迫作为目标。

根据CRT的第一个前提，种族主义是美国日常生活中根深蒂固的一个部分，在有意识层面和无意识层面都起作用。恶名昭彰的种族主义形式（例如，官方授权使用负面的种族称谓）被解决了，而更微妙、更系统的形式(例如，少数族裔占比高的公立学校和没有少数族裔的公立学校在科学教育资源配置上不均衡、不平等)则被视作习以为常。这种有意识和无意识的种族主义是通过将肤白程度视作资本实现的(Harris, 1995)。简而言之，作为资本的肤白程度包含了一系列群体权力，即定义事实、享受该定义带来的非物质和物质效益、将该定义强加于他人、基于该定义排斥其他人。作为资本的肤白程度是使某些群体优于其他群体的罪魁祸首之一，第2条原则体现了这一点。第3条原则强调的观点使作为资本的肤白程度具体化。

自由主义的种族意识形态促进了平等的发展，在很大程度上巩固了美国的种族进步。就自由主义的种族意识形态而言，中立主义、客观主义、“色盲”和精英主义都是实现平等的关键。种族主义是一种非理性的、有意识的、刻意的行为，起源于当下且由个人执行。它不被认为是一个基于历史的理性系统，能够跨越时空持续维持群体的优越性。与CRT的第3条原则一致，中立主义和“色盲”将现有状态视作默认状态以支持种族主义。在中立主义和“色盲”观点中，种族是一种抽象的意识形态，而不是一种具有物质效益的社会结构和文化表征(Bonilla-Silva, 1999; Omi & Winant, 1994)。通过对种族视而不见来取得中立态度并不会改变现状。例如，虽然不承认种族差别，吉尔伯特和叶瑞克(2001)所研究的教师仍然对低水平科学课上其他种族和其他民族的学生期望很低。在祖尼加、奥尔森和温特(2005)的研究中，拉丁裔学生无论考试成绩如何，原来被不成比例地分配到低水平科学课程的学生，仍将继续被分配到低水平科学课程，而他们的白人同学即便表现欠佳也会被分配到高水平课程。客观主义使得现有等级制度下的预设不受审查，而精英主义则为要么促进和奖励要么阻碍和废弃努力的结构和系统提供掩饰和背景。

CRT的第4和第5条原则与方法论相关。第4条原则关注历史和背景分析，揭示了中立主义、客观主义、精英主义和“色盲”在巩固和推进当前社会配置中的作用。这些分析揭示了当代形势和实践之间的联系。在这些形势和实践中，种族/民族意图和目标被历史事件和历史时期所掩盖。在这些历史时期，为了达成明确的种族和民族目标，各种系统都带有特定的种族和民族意图。CRT的第5条原则是，在理解和打破这些维持白人优势地位的结构和系统时，优先考虑有色人种的声音。CRT提升了反统治和反压迫叙事的地位，“这些故事以有色人种的经历为中心，揭示了白人叙述的故事中经常混淆的现实”(Parsons, Rhodes, & Brown, 2011, p. 953)。CRT的所有原则都为最后一条原则服务：消除一切形式的统治和压迫。

建议2：聚焦种族和民族的研究不仅应产生知识，还应改变科学教育，使之变得更加公平和公正。正如文献评论中对方法论短视的批判所述，聚焦种族和民族的科学教育研究及其所获得的认识属于后实证主义或建构主义范式。与第1条建议使用批判理论的观点一致，第2条建议提出以变革性范式作为指导思想和行动指南。类似于建构主义范式，变革性范式承认可以被视作真实存在的事物的多种不同形式。与建构主义范式相反，变革性范式聚焦使一种存在形式优于另一种存在形式的批判性研究，并强调对权力和相关议题的解构分析以服务于创建一个更加公正的社会的最终目标。考虑到权力和公正，变革性范式的方法论在本质上是多样化的，这也是第3条建议的主旨。

建议3：非此即彼的二分法和范式之争的焦点

在于什么方法更有效，什么方法应当放弃；具有广度和深度的研究结果都受欢迎。当前，其他学科采用不同的方法来研究种族和民族概念。但科学教育研究采用的则是定量的方法或定性的方法；关于种族和民族概念的研究极少把这两种方法结合使用。种族和民族的复杂性需要我们更频繁地使用混合方法。例如，定性的方法可以用来测量有色人种和相对应的白人对于一个科学教育现象的多重建构；然后，这些建构可以通过相同背景下的大样本调查进行量化。多方面采用目的驱动的定量和定性方法的研究能够从小范围的生活经历来解析种族和民族，这些经历能够自下而上地改变社会状况以及改变自上而下限制和影响个人境遇的社会层次结构和文化表征。采用定性和定量混合设计的种族和民族研究，从设计的本质来看，很可能可以获取具有深度和广度的研究结果，一方面为政策制定者和实践者提供参考，以帮助他们根据具体情况制定方案，另一方面有助于广泛且系统地实施方案。

承认种族和民族的科学教育研究受到的困扰有：当下主义、概念不清、个人主义、方法论短视。本部分提出并讨论了3个建议。变革性范式使用多种方法来创建一个更加公平和公正的科学教育环境，而上述建议则采用了变革性范式中的批判理论，解决了前面批判的问题。

结语

本章回顾了聚焦种族和民族的科学教育研究及其所获得的认识，主要目标是批判性地解析和归纳现有文献。科学教育文献中的主题通常有一定的广度和深度，种族和民族议题在这方面却有很大的缺失。除了强调缺失之外，本章对科学教育文献的批判性分析也凸显了对这两个议题视而不见的现状。像埃利森（1994）小说《隐形人》的主人公遇到的情况一样，种族和民族议题在科学教育中大多是被规避的和扭曲的。虽然有些案例承认这两个议题，但并非因为它们的自身价值，而是迫于环境需求而被迫承认。

种族和民族概念是复杂且充满争议的。其复杂性和争议性会阻碍科学教育界参与其中来研究它们。对充满复杂性和争议性的概念的探究在科学教育界并非没有先例，性别就是一个例子。研究者没有因为性别的复杂性或现存的争议性而回避把性别作为一个概念（例如，专门谈论女性，即性别研究中最常出现的群体）。研究者利用科学教育和其他学科的文献对与性别相关的有趣现象进行概念界定。他们开展研究来确认妇女或者女孩作为个体和群体的可见性，并严格审查阻碍其进步的结构性制约因素。科学教育领域的性别研究促进了人们对差异化影响女性参与科学和取得成功的各项因素的理解，从而使一些广泛而系统化的尝试从结构上改变了女性在科学领域的地位（例如，生命科学学位授予的平等）。如果类似的情况发生在科学教育中的种族和民族议题上，那将对21世纪的科学教育领域产生不可磨灭的影响。

现在是时候行动起来了。人口统计数据显示，美国正在从一个以白人为主的国家向一个有色人种占大多数的国家转变（美国人口普查局[U.S. Census Bureau], 2012）。白人和非白人之间的差异变得越来越大。由于技术在美国越来越占据生活的中心位置，社会底层群体逐步扩大。随着有色人种数量的增加和这些群体在社会阶层之间流动机会的减少，美国社会底层的种族化现象日趋显著。美国对具备科学能力的人才的需求在增加，而来自其他国家的这方面人才在减少（美国国家科学委员会[National Science Board], 2012）。随着国际人才数量的减少，美国人口中拥有高质量科学教育经历的人所占的比例也在减少。现在是时候开始进行关于种族和民族的科学教育研究了，这些研究能够影响未来的研究、政策和实践并为它们提供信息。科学教育界有能力参与种族和民族研究，但是他们是否有意愿和勇气从事这样一项高风险的事业？

致谢

感谢马尔科姆·巴特勒（Malcolm Butler）和朱利奥·洛佩斯–费劳（Julio Lopez–Ferrao）审阅和评议了本章的初稿。

注释

1. 附录A包含文献检索的标准、原理和程序。
2. 一个论点挑战了看似“色盲”的言论，并分析了这句名言：“我有一个梦想，我的四个小孩将来有一天能够生活在一个不靠肤色而靠内涵评判人品的国家。”该论点强调了“评判”一词的使用。被评判，即做出评价性结论，并不等同于被认可、被承认或被觉察（Gotanda, 1991, 2000）。另一个论点强调了金（King）在后续演讲中对种族和民族群体的命名。
3. 在美国关于种族问题的讨论中，平等和公正经常被同时引用。当考虑种族的演变以及美国如何解决种族问题时，平等通常是焦点，而非公正。平等强调一视同仁，在教育界观察到的平等通常是，同等对待每个人，为每个人提供同样的经历，而非关注最终结果要相同或平等。即使取得了相同的结果，考虑到不同群体起点不同，种族群体间的平等依然难以表述。与以一视同仁为参考标准的平等相反，公正是依据某种原则而给予的公平对待（例如，高质量科学经历的可获得性），目的是为了实现特定的结果。在美国，民主理想往往是指导原则。
4. 这里对资本的定义很宽泛，包含3种形式：经济资本、文化资本和社会资本（Bourdieu, 1986, 1990）。经济资本可以被认为是钱财和用钱财可以购买的实物资产；这种资本是物质上的，可以兑换且可以代代相传。文化资本是指产生于社会所看重的性情、行为和商品的资本。社会资本是指可以为特定目的调动的资源的总和，包括已有的和潜在的资源。这些资源来自持久的关系网。这些关系网由非正式和正式承认的关系组成，关系网中的成员共享着对关系心照不宣的理解。文化资本和社会资本有时候也被认为是象征性资本，同样可以代代相传，并且可以作为获取经济资本的杠杆，反之亦然。

参考文献

Allen, N.J., & Crawley, F.E. (1998). Voices from the bridge: Worldview conflicts of Kickapoo students of science. *Journal of Research in Science Teaching, 35*(2), 111–132.

Atwater, M.M. (2000). Equity for Black Americans in precollege science. *Science Education, 84*, 154–179.

Atwater, M.M., Lance, J., Woodard, U., & Johnson, N.H. (2013). Race and ethnicity: Powerful forecasters of science learning and performance. *Theory Into Practice, 52*(1), 6–13.

Atwater, M.M., & Riley, J.P. (1993). Multicultural science education: Perspectives, definitions, and research agenda. *Science Education, 77*(6), 661–668.

Bang, M., & Medin, D. (2010). Cultural processes in science education: Supporting the navigation of multiple epistemologies. *Science Education, 94*(6), 1008–1026.

Banks, J. (1995). The historical reconstruction of knowledge about race: Implications for transformative teaching. *Educational Researcher, 24*(2), 15–24.

Banks, J.A. (1988). *Multiethnic education: Theory and practice.* Newton, MA: Allyn and Bacon.

Basu, J.S. (2008). How students design and enact physics lessons: Five immigrant Caribbean youth and the cultivation of student voice. *Journal of Research in Science Teaching, 45*(8), 881–899.

Bell, D., Jr. (1995). *Brown v. Board of Education* and the interest convergence dilemma. In K. Crenshaw, N. Gotanda, G. Peller, & K. Thomas (Eds.), *Critical race theory: The key writings that formed the movement* (pp. 20–29). New York, NY: The New Press.

Berry, M.F. (1996). Vindicating Martin Luther King, Jr.: The road to a color-blind society. *Journal of Negro History, 1*(4), 137–144.

Bonham, V., Warshauer-Baker, E., & Collins, F.S. (2005). Race and ethnicity in the genome era: The complexity of the constructs. *American Psychologist, 60*(1), 9–15.

Bonilla-Silva, E. (1999). The essential social fact of race. *American Sociological Review, 64*(6), 899–906.

Bonnet, A. (1998). Who was White? The disappearance of non-European White identities and the formation of European racial Whiteness. *Ethnic and Racial Studies, 21*(6), 1029–1055.

Boulos, S. (1965). Teaching science and world understanding. *Science Education, 49*(2), 190–192.

Bourdieu, P. (1986). (Translated by R. Nice). The forms of capital. In J.E. Richardson (Ed.), *Handbook of theory of research for the sociology of education* (pp. 241–258). New York, NY: Greenwood Press.

Bourdieu, P. (1990). *The logic of practice.* Cambridge, UK: Polity Press.

Brand, B.R., & Glasson, G.E. (2004). Crossing cultural borders into science teaching: Early life experiences, racial and ethnic identities, and beliefs about diversity. *Journal of Research in Science Teaching, 41*(2), 119–141.

Brand, B.R., Glasson, G.E., & Green, A.M. (2006). Sociocultural factors influencing students' learning in science and mathematics: An analysis of the perspectives of African American students. *School Science and Mathematics, 106*(5), 228–236.

Brown, H.E. (1945). The influence of world events on science experiences in the elementary school. *Science Education, 29*(5), 244–249.

Butler, M. (1999). Factors associated with students' intentions to engage in science learning activities. *Journal of Research in Science Teaching, 36*(4), 455–473.

Cho, S. (2009). Post-racialism. *Iowa Law Review, 94*, 1589–1649.

Cobern, W.W. (1996). Worldview theory and conceptual change in science education. *Science Education, 85*(5), 579–610.

Cole, M. (1996). *Cultural psychology: A once and future discipline.* Cambridge, MA: Belknap Press of Harvard University Press.

Conwell, C., Griffin, S., & Algozzine, B. (1993). Gender and racial differences in unstructured learning groups in science. *International Journal of Science Education, 15*(1), 107–115.

Crenshaw, K., Gotanda, N., Peller, G., & Thomas, K. (1994). Introduction. In K. Crenshaw, N. Gotanda, G. Peller, & K. Thomas (Eds.), *Critical race theory: The key writings that informed the movement* (pp. xiii–xxxii). New York, NY: The New Press.

Davis, J. (1963). Attitude changes on fallout and race associated with special instruction in biology. *Science Education, 47*(2), 178–183.

Ellison, R. (1994). *The invisible man.* New York, NY: Random House.

Epstein, J.L., & Dauber, S.L. (1991). School programs and teacher practices of parent involvement in inner-city elementary and middle schools. *The Elementary School Journal, 91*, 289–305.

Evans, H., & Tannenbaum, H. (1994). A, AB, B, and O? *Science Education, 28*(3), 165–166.

Fenton, S. (2010). *Ethnicity.* (2nd ed.). Cambridge, UK: Polity Press.

Fine, M. (2004). Witnessing Whiteness/gathering intelligence. In M. Fine, L. Weis, L.P. Pruitt, & A. Burns (Eds.), *Off-white: Readings on power, privilege, and resistance* (2nd ed., pp. 245–255). New York, NY: Routledge.

Fleming, M.L., & Malone, M.R. (1983). The relationship of student characteristics and student performance in science as viewed by meta-analysis research. *Journal of Research in Science Teaching, 20*(5), 481–495.

Gilbert, A., & Yerrick, R. (2001). Same school, separate worlds: A sociocultural study of identity, resistance, and negotiation in a rural, lower track science classroom. *Journal of Research in Science Teaching, 38*(5), 574–598.

Gotanda, N. (1991). A critique of "Our constitution is color-blind." *Stanford Law Review, 44*(1), 1–68.

Gotanda, N. (2000). A critique of "Our constitution is color-blind." In R. Delgado & J. Stefancic (Eds.), *Critical race theory: The cutting edge* (2nd ed., pp. 35–38). Philadelphia, PA: Temple University Press.

Gould, S.J. (1981). *The mismeasure of man*. New York, NY: Norton.

Greenfield, T.A. (1996). Gender, ethnicity, science achievement, and attitudes. *Journal of Research in Science Teaching, 33*(8), 901–933.

Greer, C. (1984). The ethnic question. *Social Text, 9/10*, 119–136.

Grimberg, B.I., & Gummer, E. (2013). Teaching science from cultural points of intersection. *Journal of Research in Science Teaching, 50*(1), 12–32.

Guba, E.G., & Lincoln, Y.S. (1989). *Fourth generation evaluation*. Newbury Park, CA: Sage.

Hagiwara, S., Barton, A.C., & Contento, I. (2007). Culture, food, and language: Perspectives from immigrant mothers in school science. *Cultural Studies of Science Education, 2*, 475–515.

Harris, C.I. (1995). Whiteness as property. *Harvard Law Review, 106*(8), 1707–1791.

Hill, O., & Pettus, O. (1990). Three studies of factors affecting the attitudes of Blacks and females toward the pursuit of science and science-related careers. *Journal of Research in Science Teaching, 27*(4), 289–314.

Holland, D. (1998). *Identity and agency in cultural worlds*. Cambridge, MA: Harvard University Press.

Huffman, D., Lawrenz, F., & Minger, M. (1997). Within-class analysis of ninth-grade science students' perceptions of the learning environment. *Journal of Research in Science Teaching, 34*(8), 791–804.

Jackson, J.P., Jr., & Weidman, N.M. (2006). The origins of scientific racism. *The Journal of Blacks in Higher Education, 50*, 66–79.

Jacobson, M.F. (1998). *Whiteness of a different color: European immigrants and the alchemy of race*. Cambridge, MA: Harvard University.

Johnson, C.C., Kahle, J.B., & Fargo, J.D. (2007). Effective teaching results in increased science achievement for all students. *Science Education, 91*, 371–383.

Jones, M.G., Tretter, T., Paechter, M., Kubasko, D., Bokinsky, A., Andre, T., & Negishi, A. (2007). Differences in African-American and European-American students' engagement with nanotechnology experiences: Perceptual position or assessment artifact? *Journal of Research in Science Teaching, 44*(6), 787–799.

Jones, M.L., & Rowsey, R.E. (1990). The effects of immediate achievement and retention of middle school students involved in a metric unit designed to promote the development of estimating skills. *Journal of Research in Science Teaching, 27*(9), 901–913.

Kincheloe, J.L., & Steinberg, S.R. (1998). Addressing the crisis of Whiteness: Reconfiguring White identity in a pedagogy of Whiteness. In J.L. Kincheloe, S.R. Steinberg, N.M. Rodriguez, & R.E. Chennault (Eds.), *White reign: Deploying Whiteness in America* (pp. 3–29). New York, NY: St. Martin's Press.

Kurth, L., Anderson, C., & Palincsar, A. (2002). The case of Carla: Dilemmas of helping all students understand science. *Science Education, 86*(3), 287–313.

Ladson-Billings, G. (2006). From the achievement gap to the education debt: Understanding achievement in U.S. schools. *Educational Researcher, 35*(7), 3–12.

Ladson-Billings, G., & Tate, W.F. (1995). Toward a critical race theory of education. *Teachers College Record, 97*, 47–68.

Ledbetter, C. (1993). Qualitative comparisons of students' conceptions of science. *Science Education, 77*(6), 611–624.

Lee, O. (1997). Diversity and equity for Asian American students in science education. *Science Education, 81*(1), 107–122.

Lee, O. (1999). Science knowledge, world views, and information sources in social and cultural context: Making sense after a natural disaster. *American Educational Research Journal, 36*(2), 187–219.

Lehner, E. (2007). Describing students of the African Diaspora: Understanding micro and meso level science learning as gateways to standards based discourse. *Cultural Studies of Science Education, 2*, 441–473.

Lemke, J. (2001). Articulating communities: Sociocultural perspectives on science education. *Journal of Research in Science Teaching, 38*(3), 296–316.

Lepper, R. (1967). A cross-cultural investigation of

development of selected Piagetian science concepts, social status, and reading readiness. *Journal of Research in Science Teaching, 5*, 324–337.

Lopez, I.F. H. (2006). Colorblind to the reality of race in America. *The Chronicle of Higher Education, 53*, 11. Downloaded from the *Academic OneFile*. Web. 25 May 2011.

Lopez, I.F. H. (2007). "A nation of minorities": Race, ethnicity, and reactionary colorblindness. *Stanford Law Review, 59*(4), 985–1063.

Lynch, S., Kuipers, J., Pyke, C., & Szesze, M. (2005). Examining the effects of a highly rated science curriculum unit on diverse students: Results from a planning grant. *Journal of Research in Science Teaching, 42*(8), 912–946.

Manning, K. (1993). Race, science, and identity. In G. Early (Ed.), *Lure and loathing: Essays on race, identity, and the ambivalence of assimilation* (pp. 317–351). New York, NY: Allen Lane/Penguin Press.

Matthews, C.E., & Smith, W.S. (1994). Native American related materials in elementary instruction. *Journal of Research in Science Teaching, 31*(4), 363–380.

McEwan, B. (1951). Society changes the biology teacher. *Science Education, 35*(5), 289–291.

McNamee, S.J., & Miller, R.K. (2009). *The meritocracy myth*. Lanham, MD: Rowman & Littlefield Publishers.

Mertens, D. (2010). *Research and evaluation in education and psychology: Integrating diversity with quantitative, qualitative, and mixed methods* (3rd ed.). Los Angeles, CA: Sage.

Muller, P.A., Stage, F.K., & Kinzie, J. (2001). Science achievement growth trajectories: Understanding factors related to gender and racial-ethnic differences in precollege science achievement. *American Educational Research Journal, 38*, 981–1012.

Mutegi, J. (2011). The inadequacies of "Science for All" and the necessity and nature of a socially transformative curriculum approach for African American science education. *Journal of Research in Science Teaching, 248*(3), 301–316.

Mutegi, J. (2013). "Life's first need is for us to be realistic" and other reasons for examining the sociocultural construction of race in the science performance of African American students. *Journal of Research in Science Teaching, 50*(1), 82–103.

Nagel, J. (1994). Ethnicity: Creating and recreating ethnic identity and culture. *Social Problems, 41*(1), 152–176.

National Science Board. (2012). *Science and engineering indicators 2012*. Arlington VA: National Science Foundation (NSB 12–01).

Nieto, S. (1987). Parent involvement in bilingual education: Whose responsibility is it? *NABE Journal, 11*, 189–201.

Noblit, G. (2013). Culture bound: Science, teaching, and research. *Journal of Research in Science Teaching, 50*(2), 238–249.

Oakes, J. (1985). *Keeping track: How schools structure inequality* (2nd ed.). New Haven, CT: Yale University Press.

Omi, M., & Winant, H. (1994). *Racial formation in the United States: From the 1960s to 1990s* (2nd ed.). New York, NY: Routledge.

Parsons, E.C. (1997). Black high school females' images of the scientist: Expressions of culture. *Journal of Research in Science Teaching, 34*(7), 745–768.

Parsons, E.C. (2008). Positionality of African Americans and a theoretical accommodation of it: Rethinking science education research. *Science Education, 92*, 1127–1144.

Parsons, E.C., & Bayne, G.U. (2012). Conceptualizations of context in science education research: Implications for equity. In J. Bianchini, V. Akerson, A.C. Barton, O. Lee, & A. Rodriguez (Eds.), *Moving the equity agenda forward: Equity research, practice, and policy in science education* (pp. 153–172). Dordrecht, the Netherlands: Sense Publishers.

Parsons, E.C., Cooper, J., & Simpson, J. (2011). The neglect and significance of race and culture in science education research involving Blacks in the United States: A critical review of the literature from 1997–2007. In B. Fraser, K. Tobin, & C. McRobbie (Eds.), *International handbook on science education* (pp. 569–581). New York, NY: Springer.

Parsons, E.C., Rhodes, B., & Brown, C. (2011). Unpacking CRT in *Negotiating White science*. *Cultural Studies of Science Education, 6*, 951–960.

Parsons, E.C., Simpson, J., & Cooper, J. (2009). Low status and positionality of African Americans: A critique of science education reform and research. In K. Tobin & W.-M. Roth (Eds.), *The world of science education: Handbook of research in North America, vol. 1* (pp. 331–351).

Dordrecht, the Netherlands: Sense Publishers.

Parsons, E.C., Tran, L.U., & Gomillion, C.T. (2008). An investigation of student roles within small, racially mixed science groups: A racial perspective. *International Journal of Science Education, 30*(11), 1469 – 1489.

Parsons, E.C., & Wall, S. (2011). Unpacking the critical in culturally relevant pedagogy: An illustration involving African Americans and Asian Americans. In L. Scherff & K. Spector (Eds.), *Culturally relevant pedagogy: Clashes and confrontations* (pp. 15 – 34). New York, NY: Rowman & Littlefield Education.

Petersen, R., & Lowery, L. (1972). The use of motor activity as an index of curiosity in children. *Journal of Research in Science Teaching, 9*(3), 193 – 200.

Prentice, D.A., & Miller, D.T. (2007). Psychological essentialism of human categories. *Current Directions in Psychological Science, 16*(4), 202 – 206.

Ryu, M. (2012). "But at school . . . I became a bit shy": Korean (此处指韩国——出版者注) immigrant adolescents' discursive participation in science. *Cultural Studies of Science Education*. doi: 10.1007/s11422 – 012 – 9406 – 2

Schibeci, R.A., & Riley, J.P., III. (1986). Influence of students' background and perceptions on science attitudes and achievement. *Journal of Research in Science Teaching, 23*(3), 177 – 187.

Schindelman, B. (1946). Changing concepts in education. *Science Education, 30*(1), 35 – 36.

Secada, W. (1989). Enlightened self-interest and equity in mathematics education. *Peabody Journal of Education, 66*(2), 22 – 56.

Sewell, W., Jr. (1992). A theory of structure: Duality, agency, and transformation. *American Journal of Sociology, 98*, 1 – 29.

Sheridan, C. (2003). "Another White race": Mexican Americans and the paradox of whiteness in jury selection. *Law and History Review, 21*(1), 109 – 144.

Simpson, R., & Troost, K. (1982). Influences on commitment to and learning of science among adolescents. *Science Education, 66*(5), 763 – 781.

Smedley, A. (2001). Social origins of the idea of race. In C. Stokes, T. Melendez, & G. Rhodes-Reed (Eds.), *Race in 21st century America* (pp. 1 – 24). East Lansing: Michigan State University Press.

Smedley, A., & Smedley, B. (2005). Race as biology is fiction, racism as a social problem is real: Anthropological and historical perspectives on the social construction of race. *American Psychologist, 60*(1), 16 – 26.

Smith, E.M., & Hausafus, C. (1998). Relationship of family support and ethnic minority students' achievement in science and mathematics. *Science Education, 82*(1), 111 – 125.

Solomon, M.D., & Braunschneider, G.E. (1950). Relation of biological science to the social attitudes. *Science Education, 34*(2), 80 – 84.

Stanley, W.B., & Brickhouse, N.W. (1994). Multiculturalism, universalism, and science education. *Science Education, 78*(4), 387 – 398.

Ullucci, K., & Battey, D. (2011). Exposing colorblindness/grounding color consciousness: Challenges for teacher education. *Urban Education, 46*(6), 1195 – 1225.

U.S. Census Bureau. (2012). *Statistical abstract of the United States, 2012*. Washington, DC: Government Printing Office.

Von Secker, C.E., & Lissitz, R.W. (1999). Estimating the impact of instructional practices on student achievement in science. *Journal of Research in Science Teaching, 36*(10), 1110 – 1126.

Wallace, T., & Brand, B.R. (2012). Using critical race theory to analyze science teachers' culturally responsive practices. *Cultural Studies of Science Education, 7*, 341 – 374.

Washburn, S.L. (1944). Thinking about race. *Science Education, 28*(2), 65 – 76.

Watkins, W. (2001). Chapter 2: Scientific racism. In W. Watkins, *The White architects of Black education: Ideology and power in America: 1865 – 1954* (pp. 24 – 40). New York, NY: Teachers College Press.

Webb, L.D. (2006). *The history of American education: A great American experiment.* Upper Saddle River, NJ: Pearson-Merrill Prentice Hall.

Welch, W.W., Walberg, H.J., & Fraser, B. (1986). Predicting elementary science learning using national assessment data. *Journal of Research in Science Teaching, 23*(8), 699 – 706.

Wells, A., & Frankenberg, E. (2007). The public schools and the challenge of the Supreme Court's integration decision. *The Phi Delta Kappan, 89*(3), 178 – 188.

Wilson, C.D., Taylor, J.A., Kowalski, S.M., & Carlson, J. (2010). The relative effects and equity of inquiry-based and commonplace science teaching on students' knowledge, reasoning, and argumentation. *Journal of Research in Science Teaching, 47*(3), 276–301.

Yerrick, R., & Johnson, J. (2011). Negotiating White science in rural Black America: A case for navigating the landscape of teacher knowledge domains. *Cultural Studies of Science Education, 6*, 915–939.

Yinger, J.M. (1985). Ethnicity. *Annual Review of Sociology, 11*, 151–180.

Zuniga, K., Olson, J.K., & Winter, M. (2005). Science education for rural Latino/a students: Course placement and success in science. *Journal of Research in Science Teaching, 42*(4), 376–402.

附录A

文献检索范围包括许多数据库，比如包含科学和社会科学领域前沿文献的Journal Storage (JSTOR)和ArticlesPlus。我们用与科学教育，科学、技术、工程、数学，水平(例如，大学前、初等教育或小学)，种族和民族(例如，使用词干ethn*)相关的术语和短语作为关键词进行了广泛的搜索。"少数族裔"不包含白人种族或者民族，也不包含在搜索范围内，但搜索内容包括美国种族或民族群体常常被贴的群体标签(即亚裔美国人及其分支)。此外，使用5年影响因子作为一般标准来检索特定的期刊——《科学教学研究杂志》《科学教育》《国际科学教育期刊》《科学教育文化研究》《科学教育研究》《科学教师教育期刊》《科学教育和技术杂志》《科学和技术教育研究》《学校科学和数学》《美国教育研究杂志》《教育研究者》《教育评价和政策分析》。我们也对综述中引用的参考文献进行了检查，看有没有先前的检索没有标记的文章。尽管关于不同社会标签(例如，性别、社会经济地位)之间相互关系的文献很重要，但本综述没有囊括这方面的内容，手册的其他章讨论了这些相互关系涉及的因素。

10

Gender Matters

Building on the Past, Recognizing the Present, and Looking Toward the Future

KATHRYN SCANTLEBURY

第10章 性别问题：

立足过去、着眼现在、展望未来

徐月 译　　杨文源 审校

“性别”作为一种简略的表达方式，涵盖众多研究领域，涉及性别关系、身份、不平等、差异性等研究，同时也包含那些在性别的范畴或分类下展开的关于经验、认同、对话、历史以及各种主体性形式的研究。古往今来，性别一直作为一个被过度定义的符号，在当代文化中常被作解析和描述之用。

(Dillabough, McLeod, & Mills, 2009, p. 3)

2012年10月9日，一则新闻见诸报刊网络：塔利班组织开枪袭击了一名14岁的巴基斯坦女孩马拉拉·尤萨夫扎伊(Malala Yousafzai)，原因是马拉拉公开争取女童的受教育权。事件发生后，马拉拉被护送至英国。之后的几个月她都在英国接受康复治疗。马拉拉的支持者们也开始通过请愿活动提名她参选诺贝尔和平奖。性别研究当然不只关注女童教育。世界银行(World Bank, 2011)曾发布报告，指出全球范围内女童获得的教育机会要比男童少。目前女性失学人数最多的五个国家依次是：尼日利亚、巴基斯坦、印度、埃塞俄比亚和美国。另外，虽然学校里女童的读写成绩普遍高于同班男童，但由于能够接受完整初等教育的女童较男童更少，因此在世界范围内女性整体的基础读写能力表现不如男性。由此看来，马拉拉的勇敢事迹不过是性别问题的一个警示。

性别是一种社会建构，在社会结构、符号表征以及个体层面上被建构而成(Harding, 1986; Risman & Davis, 2013)。社会结构层面审视在同一文化体系中性别如何影响劳动分工，会发现通常男性劳动力相对女性劳动力具有更高的社会地位。比如，从事幼儿教育的女性教师比男性教师多，但在社会地位相对更高的大学里，男性教师则比女性教师多。社会声望越高的大学，其中男性教师的占比就越高，而且在大多数学科中，获得教授职称的男性通常比女性更多(Harding, 1986)。

符号表征层面产生出一些与女性气质、男性气概、不同性别角色的行为方式匹配有关的观念及其他特征，例如不同职业的“恰当”着装。在此层面上，科学被视为充满理性、讲求逻辑、难以理解、困难重重的抽象知识。因此，从社会结构和符号表征层面看，科学具有男性化的性别特征。相反，幼儿教育与护理、养育等工作则更多地与女性特征相关。教学也因此被建构为一项更适合于女性的工作。

社会结构和符号表征层面会影响到个人层面，其中社会化的过程对个人身份认同的影响尤其显著。性别系统是按等级划分的（Harding, 1986; Risman & Davis, 2013）。性别的形成过程也是习得男性和女性之间差异的过程，通常情况下，女性地位从属于男性地位。在不同的文化体系及历史时期，上述三个层面对女性气质和男性气概的理解是有差异的。不过，在同一文化体系内，这三个与性别有关的层面则彼此相连。性别理论也对其他社会分类十分敏感，比如民族、年龄、社会经济地位、宗教、语言熟练程度以及性存在。尽管女性主义科学教育工作者呼吁要开展能够包含其他社会分类的更细致的性别分析，但对于相关因素是如何与性别相结合，进而影响学生在国家和国际科学测试中的成绩，或参与科学（结构化议题）的模式等问题，我们的了解非常有限。早先的研究记录了教师的实践与指导可以如何影响学生的学习过程，近些年却少有研究关注教师的教育实践和学生的自我期待如何受性别的影响。这一类在符号表征层面展开的性别研究仍然是有必要的。最后，关注学生个体的性别如何影响其科学学习、对待科学的态度、学业成就以及参与科学活动情况等方面的研究还很有限。在科学教育领域，我们关注科学学习与身份认同问题，但其中很少有强调性别问题的研究。

卡尔（Kahle）和密斯（Meece）（1994）以及斯坎特伯里（Scantlebury）与巴克（Baker）（2007）分别为之前的手册作了有关性别研究的专题综述。本章以此为基础，着重关注此后科学教育领域公开发表的关于性别研究的文献。我们使用了以下术语来进行资料检索：社会性别、生物性别、公平、女性主义、男性气概、酷儿、异性恋主流价值观、科学。本章第一部分主要概述自2007年斯坎特伯里与巴克的综述之后性别与科学教育领域的研究现状；第二部分主要从社会结构视角审视性别与科学教育的研究，重点关注由“国际学生评估项目”（PISA）和“第三次国际数学和科学研究”（TIMSS）得到的成就测试和态度调查结果；第三部分主要从社会文化的视角、性别作为符号表征层面及个体层面概述研究文献；最后一部分对科学教育中性别研究的未来发展方向提出了建议。

性别与科学教育

凯利（Kelly, 1978）在研究中指出，由于缺乏实证证据，人们没法解释男生和女生在国际教育成就评价协会（IEA）中科学测评部分表现的差异。自此关于性别和科学教育的研究就得到了扩展。凯利之后的研究还指出，由于女孩的科学学习机会受到限制，她们成了科学领域“失踪的一半”（Kelly, 1985）。女生们不只是在英国的科学教育中处于“失踪”或“隐形”状态（Kelly, 1981, 1985; Spender, 1982），卡尔和拉克斯（Lakes）（1983）的研究还发现了美国课堂里的“平等迷思”，其他西方国家的研究者也记录了科学教育中男生和女生之间存在的不平等（Calabrese Barton & Brickhouse, 2006; Kenway, Willis, Blackmore, & Rennie, 1998; Scantlebury & Baker, 2007）。

随后几十年，相关研究关注并记录了女性参与科学的模式，聚焦能够激励女生走进科学的有效策略，例如向学生们更多地介绍女性科学家榜样或导师，为女生提供“小修小补式”的技能类校外项目。卡尔和密斯（1994）批评过量的这类介入性项目关心的只是要“修好”女生们。他们认为科学教育研究应该注重检视学习过程中的社会文化层面，尤其要关注课堂氛围以及正式的科学课程。卡尔和密斯这份综述发布十多年后，斯坎特伯里与巴克（2007）进一步报告了部分科学教育研究在面对性别问题时是如何参与到一种更为广阔的审视之中的，例如关注生物教材中的异性恋正统主义，利用酷儿理论对科学教师教育进行批判性分析。然而，几乎还没有研究解释性别及其他社会分类如何影响学生参与科学学习的过程，整个领域采取批判性研究的取向来审视科学的文化氛围（即学校内的科学文化）也未成气候，同时对于将科学文化再生产视为男性化尝试的性别刻板印象批判不足。

除了上一版手册的相关篇章，布罗特曼（Brotman）和穆尔（Moore）（2008）的综述也筛选并分析了从1995到2006年期间发表在科学教育期刊上的与性别和K—12教育有关的一些文章。他们将文章分为不同的类别，包括公平与机会、课程与教学法、对自然和科学文化的重构，以及身份认同。在公平与机会这一主题下，女童对生物科学的偏好和男童对物质科学的偏好始终保持着一种持续的且未被解释的趋势（Sikora & Pokropek, 2012）。第二个主要的议题关注将学生的偏好和兴趣相结合来修订课程，并通过变革教学实践吸引更多的学生参与到科学当中。对科学课程的修订吸纳了不同的女性主义视角，例如“对女生友好”或“性别中立”。对女生友好的课程关注有助于激发女生学习兴趣的话题，或者研究者、教师认为女生有可能感兴趣的话题，比如将女性在科学中所做的贡献纳入课程当中。性别中立课程将男生和女生的科学兴趣都结合起来，并让教师采用批判态度看待自身的教学实践，这能够揭露实践过程中对女生和易被忽视群体的学生的性别偏见行为。

第四类议题主要探讨性别如何影响学生的科学认同。科学教育中的身份认同研究已经从之前基于女性或男性二元对立视角的数据分析，转而对其他参考类别提出诉求，比如一个人的种族或民族背景，所处的社会经济地位，移民身份，语言习得情况，以及（或者）宗教信仰等都对一个人的科学认同有塑造作用。不过，很少有研究将性别视为连续体，而更多的则将其视为二元对立，也很少有解释其他社会分类是如何与性别因素结合，并共同对学生的科学认同产生影响的。

布罗特曼和穆尔（2008）回顾了关于K—12教育阶段的研究，其他研究则侧重于影响美国女性参与科学、技术、工程和数学领域（STEM）的因素（Hill, Corbett, & St. Rose, 2010），影响有色人种女性参与的因素（Ong, Wright, Espinosa, & Orfield, 2011），影响化学领域女性参与的因素（Lorber Newsome, 2013），以及影响科学教育领域女性参与的因素（Kahle, 2011；Parsons, 2007；Scantlebury, 2014；Scantlebury, Kahle, & Martin, 2010；Venville, 2008；Wiseman & Weinburgh, 2009）。科学教育及女性主义研究者探究了影响女性参与科学的重要问题，总体而言，女性参与科学的人数和比例都在增长（Scantlebury & Baker, 2007）。不过罗瑟（Rosser, 2012）的研究显示，取得专业学历的女性，由于在硕博阶段、博士后阶段，以及（或者）当她们进入学术圈之后，会持续遭受微观的不平等对待[1]。这个群体中的一部分人正在陆续远离科学事业。不论学科、文化和时代背景如何，女性面对的共同主题都是孤立无援，在教授和同事视为无能、在平衡个人目标和职业目标的过程中不断挣扎。

上述这些研究得出以下共识，即社会和文化因素可以解释在STEM领域女性比例偏低的现象。但与此同时，也有一种常见的观点是男性天生比女性更擅长数学。因此，在解释科学学习参与中的性别差异时，很多研究更倾向于使用学生的认知能力理论而非从社会文化视角出发（Clark Blickenstaff 2005; Hill et al., 2010）。希尔（Hill）及其同事（2010）指出学术部门在社会风气方面进行一些小的变革对于提高女性在STEM领域的保有率会有帮助。作者列举了多项措施，包括将涉猎更为广泛的概述纳入导论课程中，促进女性融入教职工群体，以及实施诸如产假、“暂停计时”的终身职位项目等“对家庭友好”的政策。

在美国，翁（Ong）及其同事（2011）回顾了一百多篇关于美国有色人种女性高中以后阶段的STEM教育的实证研究。传统黑人高等院校（HBCU）与女子学院由于拥有相当的师资力量，且课程更专注于现实世界的应用和为学生提供研究的机会，这也致使上述院校设置了一批与其数量不成比例的大量服务于女性和非裔美国人的STEM专业。

整体来看，女性通常是研究团队中唯一的有色人种。为了消除这种隔阂，她们会在全校范围内寻求可以支持自己的项目。这些项目注重招募和留住代表比例不足群体的学生。STEM领域的女学生通过运用她们的社交网来抵制负面的刻板印象，结识志同道合的同伴，获取可以用来处理微观的歧视（微妙的冒犯）所需的技能和策略。非正式社交网还为女性提供了接触榜样、导师和老师的机会。这些女性通常在自己的种族或民族群体内，而不是与其在STEM领域的同事或同行，结成相互支持的社交网。科学学科的风气对女性而言仍然“很不友好”，因为一些冷漠的教师和同行认为女性不够称职，或者需要别人协助才能取得成功。

STEM领域的专业分工正在慢慢变得多元化，但是人们对该领域中成功科学家的印象仍然是白人、异性恋男性（Hussénius & Scantlebury, 2011; Mendick & Moreau, 2013; Owens, 2009; Scantlebury, Tai, & Rahm, 2007）。为了掩盖性存在和种族身份，STEM领域的有色女性工作者会利用着装和一些社会行为（如言语模式），来刻意模仿科学家的男性形象的一面。然而，这些做法将女性在STEM方面的身份认同与其在其他方面的身份认同割裂开来（Ong et al., 2011）。很多女性表示，影响她们持续参与科学事业的决定性因素是能否得到积极的家庭支持。但家庭环境也会产生负面影响。对一些女性而言，继续她们的研究意味着会使家庭陷入经济困境。此外，为了能在STEM事业中取得成功，一些女性推迟结婚和生育，延缓组建个人家庭和回应个人、父母或家族成员对此的期待。

在职业生活中平衡好个人目标和义务之间的关系不是科学领域女性特有的问题，在其他职业领域，如法律、商业或学术领域的其他学科，女性从业者都面临着相似的挑战（Babcock & Laschever, 2007）。但是在科学领域，尤其是物理学领域内，男女数量比例失衡。这意味着男性化的做法持续主导着课堂、实验室及其他研究环境的社会氛围。调查女性科学教育工作者职业生涯的研究发现了与女性科学家反映的情况相似的问题。工作在不同院系、身处不同学术氛围的女性科学教育工作者对自己面临的挑战和职业发展道路提出了大量的看法。女性工作者提及的问题包括被边缘化、被孤立、与家庭的疏远以及平衡职业与家庭责任的挑战（Kahle, 2011; Parsons, 2007; Scantlebury, 2014;

Scantlebury et al., 2010；Venville, 2008；Wiseman & Weinburgh, 2009）。许多女性科学教育工作者会在生活经历、教学和研究实践中强调平等，并且认识到她们是学生、教师和同行的角色榜样。

研究人员仍有必要继续研究性别和其他社会分类是如何影响学生在科学领域的参与及保留情况。对已有研究的综述表明，K—12教育阶段，日常的科学教学几乎没有发生什么变化，对许多女性来说，科学和科学教育中的社会文化氛围依然很不友好。大多数涉及有色人种女性问题的STEM教育研究集中关注非裔美国女性。然而，考虑到美国人口结构的不断变化，随着拥有拉丁文化传承的总体人口比例的增加，未来更需要研究影响墨西哥裔女性和拉丁裔女性参与STEM的问题。此外，与科学领域女性相关的研究对种族多样性的关注很有限，其他相关领域的综述也没有涉及性别和其他社会分类的关系，这可能是由于研究者很少用多种方式收集和分解数据所致。

性别与结构

科学和科学教育本身都是社会组织，而且严格来说，都是性别化的（Acker, 1990）。性别影响着谁可以学习科学，谁可以参与和从事科学工作。近些年，女性在生物或生命科学领域的比重偏高，而男性则在物理学领域占比较高，这种趋势愈演愈烈（Hill et al., 2010）。此前，研究人员认为，成就感和态度差异能够解释女性和男性在科学参与过程中各自的性别模式。然而，元分析研究表明女性和男性在成就感上的差异微乎其微（Hyde & Linn, 2006）。在美国，里格尔–克拉姆（Riegle-Crumb）、金（King）、格罗德斯基（Grodsky）和穆勒（Muller）（2012）通过3个国家数据库研究进入物理学和工程专业的学生的性别差异。他们得出的结论是：更大的社会结构，而非群体差异，限制了在学术上有能力、有资格的女性进入物理学以及工程专业的选择。

性别贬低、平等主义和本质主义或许可以为男女在科学和工程领域参与度不一给出某些解释。英格兰（England, 2010）指出，性别贬低和平等主义已经导致性别体系发生一些不均衡的变化。虽然女权运动以平等主义为论据，使得女性有机会进入传统上男性占主导的职业，但这并没有提升女性的职业价值。女性进入了男性占主导地位的领域并获得了地位、权力和更高的薪资。但是，很少有男性从劳动力市场向家庭责任或传统女性占主导的职业领域转移。相应的性别变化是不均衡或不对等的（England, 2010）。

与女性进入男性占主导职业的非对等流动同时出现的是性别本质论的影响。性别本质论持这样一种观念，认为不同性别天生有着不同的兴趣，在某些事情上某种性别会比另一种性别表现“更好”。例如，女性比男性更擅长养育孩子，而男性比女性更理性、更讲求逻辑（Sikora & Pokropek, 2012）。西科拉（Sikora）和波克罗佩克（Pokropek）（2012）在研究高中学生对于科学的自我概念和职业期望时运用了性别本质论的思想。基于2006年PISA的数据，他们发现声称自己对科学职业感兴趣的女生和男生所占比例大致相同，但表明自己对计算机、工程或数学职业感兴趣的男生数量是女生数量的3倍还要多。与男生相比，更多女生表示更喜欢生物、农业或健康领域的职业。他们认为，性别本质论的结构组成和“学生的优秀表现与其在科学领域内做出职业规划有关”这一常见结果存在矛盾。据此推测，女生很勤奋，而且由于喜欢和有生命的物体打交道，她们更愿意从事与生物及生命科学相关的职业；而男生很聪明，比女生更适合研究物理学和工程。

为什么有学术能力的女生（女性）会选择从事生物及健康科学领域的科学职业呢？尽管在科学领域内，生物及健康科学的地位可能不如物理学和工程，但女性可以在生物及健康科学领域致力于自身的科学兴趣，而不必参与到物理学和工程领域更加男性化、更具霸权主义的社会文化氛围当中。那种认为男性“天生”比女性更擅长科学的观念，正在从社会结构、符号表征和个体层面对个人的（科学）参与情况产生着持续的影响。

TIMSS（Gonzales et al., 2008）和PISA（经济合作与发展组织[OECD], 2009）等国际性研究从性别的结构层面提供了与学生科学成就和态度相关的信息。这些研究模式能够为改进当前科学教育的性别议题提供信息和方向。本章下一部分综述了两项国际研究，它们在国家层面或基于大数据开展了对性别问题和其他态度问题的研究，考查了学生在科学成就和对待科学的态度方面的性别差异。

关于学生科学成就与态度的国际研究

最近，TIMSS（Gonzales et al., 2008）和PISA（OECD, 2009）开展了关于学生科学成就和态度的国际研究。学生在科学成就上的性别差异在过去几十年间逐渐缩小（Francis & Skelton, 2011; Hyde & Linn, 2006）。但是，尽管有人呼吁结合性别和其他社会分类对学生的科学成就进行更细致的评价分析，TIMSS和PISA的研究只报告了性别方面的结果。与TIMSS相比，PISA提供了一套更详细的性别分析。在对测试题进行差异性分析时，PISA测试将性别作为一个分析类别（Le, 2009），并对15岁学生的科学表现和态度进行了二次研究（OECD, 2009）。

2007年，TIMSS在报告中称，4年级和8年级女生的科学成绩得分高于男生。4年级女生在物质科学、生命科学和推理部分的得分比男生高，而男生在地球科学问题上的表现优于女生（Louis & Mistele, 2011）。8年级女生在生物、化学以及认识、应用和推理这三个认知领域的得分高于男生，而男生在物理领域的得分高于女生（Gonzales, 2008）。

PISA（OECD, 2009）通过检视性别差异来探查不平等现象、测验学生的表现，并对15岁学生学习科学的方式给出了解释。参与测试的30个国家或地区中有22个国家或地区的学生在科学成就上没有体现出性别差异。而其他表现出性别差异的国家或地区，这种差异也很小（Francis & Skelton, 2011）。PISA的科学测试题集中关注识别科学问题、科学地解释现象以及使用科学证据的能力。女生在识别科学问题上的得分明显高于男生，而男生在科学地解释现象方面的得分则明显高于女生。男、女生在PISA和TIMSS测试中表现出的不同成就模式，可能源于这两项测试具有不同的特点。女生的读写能力得分高于男生，而PISA中具有更高层次的阅读理解和语境问题。相比之下，TIMSS中的事实性问题更多，解释性问题更少（Kahle, 2004）。这两项测试的题型不同，或许可以解释它们在结果上存在的差异。

最新的国际科学评价测试表明，学生的科学成绩没有体现出性别差异。但是，当数据被按照内容领域和问题类型重新进行分类和统计时，就会出现一些性别差异。在TIMSS测试中，4年级和8年级女生的平均得分高于男生，而男生在物理上的得分高于女生。对大多数国家而言，学生的PISA科学成绩并不存在显著的性别差异。性别差异模式出现在不同类型的问题中，也体现在不同的结构层面上（例如，全国范围内的男女比较，或者不同学校层级内的男女比较)。随着许多西方国家的学生人口结构由于移民而变得多样化，有必要在分析学生科学成绩时包含其他社会分类，如移民身份(换言之，学生在其参加测试时所在国学习时长)、第一语言熟练程度和社会经济地位等。

学生对待科学的态度

本部分首先研究了学生在国际和国家两个水平上对科学的态度，包括一些小样本的研究。OECD(2009)检测了学生的自我效能感、自我概念、对科学的兴趣、对科学的享受、学习动机、职业意向、环境问题意识、对环境问题的乐观态度以及可持续发展的责任感。学生的自我概念、对科学的兴趣、对科学的享受、学习动机方面不存在性别差异，但在日本、荷兰、冰岛和韩国等地，男生比女生具有更高的自我效能感。其他一些研究也表明，日本女生认为女性具有参与科学活动的能力、信心和兴趣，但高中和大学阶段的男生认为女性的科学能力比男性弱，所以科学并不是一个适合女性的职业选择(Scantlebury, Baker, Sugi, Yoshida & Uysal, 2007)。日本等地认为女生不具备像男生那样从事科学活动的能力，这样的社会态度可能是导致女生自我效能较低的原因。

OECD(2009)研究了在单一性别学校就读的学生之间是否存在性别差异。对学校的社会经济地位进行变量控制后的分析显示，男女生之间并不存在性别差异。很多成功的女性科学家都有在单一性别学校或家庭环境中生活的经历(Rossiter, 2012)。有一种建议是，为女生提供单性别的科学及数学课程将有助于提高她们在这些领域的参与程度(Hyde & Linn, 2006)。然而，PISA测试结果表明，与在单一性别环境中学习科学相比，社会经济状态对学生在科学方面的成绩、态度和参与程度的影响力更大。但是，在单一性别学校学习物理的女生，相比于男女同校的女生，具有更强的自尊心和归属感(Murphy & Whitelegg, 2006)。在美国，9年级的城市男生和女生在被安置在单一性别的科学和数学课堂中时，前者具有更积极的态度和信心(Brown & Ronau, 2012)。男女生单一性别教育体验的结果表明，因为环境和背景会影响结果，我们有必要在性别的符号表征层面和个体层面开展更多研究。

西科拉和波克罗佩克(2012)利用PISA学生调查数据，研究了来自50个国家高中生的职业目标和计划。这项研究将高中生科学学习的自我概念，在生物、农业或健康领域的就业期望，以及在计算、工程学或数学领域的就业期望，作为其职业目标与计划的因变量展开了分析(Sikora & Pokropek, 2012)。学生的职业期望是他们应对未来所从事职业的看法以及对该职业可能带来的个人收益进行考量综合形成的产物。与男生相比，女生的科学自我概念更低，而且工业国家的女生普遍低估自己的科学能力。总体而言，几乎相同数量的女生(27%)和男生(24%)都表示对科学职业感兴趣。然而，选择计算机、工程或数学职业的男生比例是女生的三倍。学生的自我概念、科学表现或家庭状况都不能解释女生和男生在职业偏好方面存在的性别差异。

在一项国际纵向研究中，学生通过网络向科学家提出了79,000条问题。其中女生的问题比男生多，但她们提问的兴趣在整个学生时代呈下降趋势(Baram-Tsabari, Sethi, Bry & Yarden, 2009)。女生提问随年级升高而下降的情况在各国都是一致的，在美国、英国、加拿大、澳大利亚和新西兰最为显著。女生的问题更多集中于生命科学领域，而男生的集中在物理学领域，这种趋势在不同时间、地理区域和年龄层面都是一致的。

许多研究表明，随着年级升高，学生对待科学的态度逐渐趋向抗拒。最近有更多关于态度的研究将性别作为一个分析范畴，针对幼儿园学生（Mantzicopoulos, Patrick & Samarapungavan, 2008; Patrick, Mantzicopoulos, & Samarapungavan, 2009）、初中生和高中生（Chang et al., 2009; Hanson, 2009; Kiran & Sungur, 2011）研究学生的兴趣、享受程度以及教育和职业理想等主题，分析性别和种族如何影响他们的兴趣和理想（Perry, Link, Boelter, & Leukefeld, 2012; Riegle-Crumb, Moore, & Ramos-Wada, 2011）。

幼儿园孩子对科学的信心和动机并不存在性别差异（Mantzicopoulos et al., 2008）。然而，帕特里克（Patrick）及其同事（2009）在另外一项研究中发现，语言更多元、社会经济地位更低的幼儿园学生中，接触探究式科学教学的学生比没有体验过探究式科学的对照组更喜欢科学。在对照组中，男生比女生更喜欢科学。在美国，非裔美国女生相对于拉丁裔美国人和美国白人女生而言，对科学的态度更积极，从中学会自力更生，并获得了更高的独立性（Hanson, 2009; Perry et al., 2012; Riegle-Crumb et al., 2011）。城市非裔和拉丁裔美国男生与他们的姐妹相比，自尊心和学术志向更低，逃学率更高。然而，非裔美国男性与白人男性有着相同的职业志向（Perry et al., 2012）。

研究者已经从性别角度展开了一系列与态度变量相关的研究，在某些情况下，还综合了性别和其他社会分类视角。西内斯（Sinnes）和洛肯（Løken）（2012）使用了不同的方法来分析学生科学态度调查得到的信息，他们基于女性主义批判立场检视百合花项目（Project Lily）关于招募挪威学生加入STEM专业和职业并将其留住的相关建议。分析表明，这份报告就女性和男性的态度和看法做了三个相关的假设。首先，男性和女性有着不同的价值观。其次，女性通过选择的研究对象来强化女性身份认同。第三，女性榜样对于吸引更多女生和女性进入STEM学科而言是必不可少的。百合花项目建议通过增加物理学领域女性的数量改善可持续性和社会责任感研究的结果，并借此实现对女性和男性的本质化（Sinnes & Løken, 2012）。此外，关于高中生物理认同的研究表明，女性角色榜样对女生的物理学科认同并没有带来影响（Hazari, Sonnert, Sadler, & Shanahan, 2010）。

大数据调查研究除了采取不同的社会分类来分析数据，还提供了关于性别如何在社会结构层面运作的信息，这可能会影响到个体如何在其科学认同文化中改善性别问题。在50个国家中，女性继续选择生命科学，而非物理学。当前旨在将工程、技术和数学与科学相整合的课程改革运动会加剧这种差异，还是会缩小差距呢？

我们还未对持续影响性别和科学教育的结构性因素进行研究。性别本质论影响了学生在科学领域的参与情况。那些关注如何在性别体系中改变结构性问题的研究可能会影响学生参与科学活动的模式。其他研究的侧重点也可以从更广泛的关于科学的定义延伸到对不同科学学科（例如，化学、地球科学、环境科学、海洋科学）以及其他各种社会分类模式的探索。

性别与符号表征

性别是一个影响社会文化实践和经验的社会建构。本部分从符号表征层面展开研究综述，例如，家庭如何为科学参与提供支持。家长可以通过带孩子去博物馆或提供其他校外科学活动和体验来提升孩子的科学兴趣。然而，孩子的性别、家庭的社会经济地位和种族，都可能提供不同层次的支持。家庭的支持对科学和科学教育领域的有色人种女性至关重要。符号表征层面的另一个考虑是，性别是如何在不同的文化背景和空间（正式的与非正式的、物质的与话语的）中影响科学学习的，而这些不同的学习环境可能为个人提供一定的经验和机会，将科学整合到自身认同当中。

家庭

父母和家族对女孩和男孩有着不同的科学期望，其他社会分类不同，如民族、社会经济地位或移民身份，这些期望也有所不同（Archer et al., 2012; Jovanovic & Bhanot, 2008）。研究中的父母表示，在科学学习上他们为男孩提供的机会比女孩多，除非涉及照看动物的活动（Alexander, Johnson, & Kelley, 2012）。中产阶级家庭已经形成了一套让孩子参与科学活动的模式，而且如果他们的女儿表达出对科学的兴趣，父母会持续不断地为她们提供支持。报告显示，非裔美国女生认为父母对她们的期望很高，拉丁裔女生则指出她们的父母对男生的期望更高（Perry et al., 2012）。

家庭、社区和社交网络的支持对以下几类喜欢科学的美国女性非常重要：高等教育阶段的、非裔、原住民以及毛利族（Brandt, 2007; McKinley, 2008; Ong et al., 2011）。尽管女性认为自己在处理不同社会文化环境以及对家庭和工作期望方面的身份认同是分裂的或混杂的，但是在大学学习期间，女性在研究实验室或同龄人群体相处过程中感受到的孤立感能够被与家庭和社区的联结关系所抵消（McKinley, 2008; Ong et al., 2011）。家庭为学生参与和继续从事科学事业提供了重要支持。这种支持可能会因社会经济地位和民族的不同而存在差异，但总的来说，那些对科学感兴趣的学生也表示，她们的家庭鼓励这种兴趣。在学校和其他社会实体以何种方式鼓励家庭将儿童与科学活动联系起来这一领域具有进一步研究的机会。

在不同的空间学习科学

为学生，尤其是为那些来自代表比例不足群体的学生，提供正规课堂之外参与科学的空间，这是科学教育领域的一个新兴主题。改变学习科学的场所和方式，可以为学生提供构建科学认同的不同语境。数十年来，科学教育工作者让女生参加校外科学活动，是为了正向地影响她们对科学的态度，提升她们的技能，例如空间能力和数学技能（Kahle & Meece, 1994）。校外活动的地点包括校内的课外项目或活动营，也可以是其他地方的课后活动，例如博物馆、青年俱乐部或住所，以及在学校正式课程结构内的共同对话。

非正式的科学经验可以为学生，特别是女生，提供构建独特学习空间的机会。在这个空间里，她们可以开展各种实践活动，以便能在科学领域取得成功。女生在参与课后项目，以及在与他人一起学习、参与、评价和拥有科学的过程中，构建起更为混杂的身份认同（Rahm, 2008）。中学女生参加了为期5天的夏令营，让她们有机会与科学家一起动手解决问题，利用这段时间发展友谊、寻求领导机会，并将科学观与科学家以及她们在科学中的作用联系起来（Farland–Smith，2012）。校外科学体验的目标通常是鼓励女生继续从事科学工作，但很少对其长期效果进行评估。一项针对14名女生的影响研究发现，在参与课后项目8年后，她们对科学事业的认知高于未参加该项目的年轻女性对照组。这项研究是为数不多的纵向研究之一。研究评估了干预项目对女生的成绩、参与度以及对科学态度的长期影响（Tyler–Wood，Ellison，Lim &

Periathiruvadi, 2012)。我们需要加强对纵向研究的财政支持，以研究哪些因素可以鼓励代表比例不足群体的学生继续接受STEM教育和从事相关职业。

一旦女生得到机会，她们就会利用空间与同伴及老师分享她们对科学和学习的看法(Calabrese Barton, Tan & Rivet, 2008)。城市里的拉丁裔女生在科学课上决定其科学角色时，她们尽情扮演，乐在其中，同时还创作歌曲、制造木偶、绘制海报、制作磁性贴等。这样的(学习)空间在增进孩子们科学知识的同时，允许女生们将自己在家里或学校外获得的个人经验与课堂上的经验融合起来，因此能够将科学整合到学习者的身份认同当中。

有色人种女性在参与本科生科学项目的过程中，建立起了能够相互支持和交流的话语空间(Brandt, 2007)。校外项目能够为学生提供挑战“科学是男性化领域”这一性别模式的讨论空间，同时也促进女性围绕如何将科学融入自身身份认同这一话题，与教师、导师及周围同伴展开对话。

共同生长式对话。共同生长式对话是指在正式的学校环境中，为学生提供的可展开科学讨论的对话空间。

十多年前，研究人员引入了共同生长式对话，让城市高中生和老师、同学一起讨论如何改进科学的教与学。共同生长式对话在教室内创设了一个社交空间，通过建立规则来审视话语权结构。该规则规定所有参与者均有平等发表观点的权利，并且所有参与者都要对对话过程及其结果承担个人的和团队的责任(Bayne & Scantlebury, 2013)。

一项共同生长式对话研究重点关注性别模式如何影响学生的科学学习及教师的实践。在让一群非裔美国女高中生参与到一系列共同生长式对话的活动中后，老师改变了她对如何“做科学”的理解，使科学活动可以把她们的文化(比如母性)涵盖进来，并聚焦于科学学习和主题活动的参与(Scantlebury, 2007; Scantlebury & LaVan, 2006)。关注性别模式如何影响学生科学学习过程的共同生长式对话研究，或者某项在理解男生参与科学活动的背景时参考了男性气概理论的共同生长式对话研究，都是性别研究的例子。迄今为止，采用共同生长式对话的科学教育研究者中还没有人使用男性气概理论来解释学生参与科学的情况。

布兰特(Brandt, 2007)对4位美国原住民女性展开个案研究，探索了她们身为本科生参与科学的过程。布兰特(2007)发现了“可能的位置”是如何决定着女性可以参与科学活动的。但是，这些位置指的是诸如研究小组、学术俱乐部或大学以外的社交场所，而不是在讲座或实验课堂上。好几项研究表明，通过在课内(Bayne & Scantlebury, 2013; Quigley, 2011; Tan & Calabrese Barton, 2008a, 2008b)、课外或大学(Brandt, 2007; Rahm, 2008; Tyler-Wood et al., 2012)为学生建构一个不同的学习科学的空间，可以帮助学生通过形成本土知识来培养科学身份认同，进而支持学生学习、改善科学教学。未来的研究可以进一步检验这些空间如何在更正式的教育环境中改变学生和老师对于科学的性别观念与性别实践。

课堂对话。有一些研究将性别作为一个分析范畴，来研究课堂上老师和学生之间的讨论。在研究学生关于性别和物理学的对话和观念时，迪尤(Due, 2012)使用了性别符号、性别结构和个体性别的理论。学生在混合性别和单一性别小组中讨论物理，这为他们在学习过程中如何定位自己和彼此提供了证据。学生们认为物理是男性化的或中性的，男生比女生更适合学习物理。女生总是被分配到记录员和笔记员这一类看管者的角色中。在性别混合小组，男生容易被视为“物理权威”而且经常反驳那些表达出自己物理知识的女生（Due, 2012）。与女生相比，男生在小组活动中说话更多，分享错误信息的可能性更大，从同学那里得到的口头支持也更多。有些女生将自己定位为有志向、勤奋、负责的物理专业学生，但这些定位是男生所没有的。男生仅仅将自己定位为贪玩的或不负责任的学生。学生们不提问题，以免被他们的同龄人和老师据此推断，他们在物理方面能力不足（Due, 2012）。

另外还有两项研究，奥兰德（Orlander, 2012）和伦丁（Lundin, 2014）研究了学生在关于人类生殖器或人际关系的高中生物课上的对话。两项研究均记录了讨论过程中的异性恋基调，这也就将性别与性存在框定在女性和男性之间。奥兰德（2012）指出，学生和老师都将那些对人类生殖器价值中立的陈述视为“事实”。尽管学生们举了一些与自己生活相联系的例子，但讨论的内容并没有转移到情感或感觉是如何影响一个人的生理性性功能的，而且关于性存在的讨论也集中在异性恋上。在伦丁（2014）的研究中，学生在选择课程的过程中，使用了一些恐同言论和污蔑性语言来讨论性存在和假想性伴侣的身体特征，以此掩饰内心的不适感。

科学课堂上学生和老师的对话，不断将科学再现为一个充满霸权和异性恋正统主义的领域（Lemke, 2011; Nyström, 2009）。关于教学实践、课程选择以及促进学生参与到探讨性别模式如何影响科学教与学的共同生长式对话中的有价值的研究，可能阐明一些挑战主导科学课堂的男性中心和异性恋正统主义的策略。

教师的性别观念

很多性别研究关注科学教师的背景、态度、实践和职业发展轨迹。由于科学被认为是很难教的课程，科学教师在学校中享有一定的权力和地位（Nyström, 2009）。但是，由于科学被赋予“男性化”色彩，性别差异的探讨也以不同方式影响着男女教师。学生和男性科学教师认为，女教师在科学能力上要比男教师弱一些。她们对科学的参与引发了人们对她们作为教师及女性价值的质疑。与此相对，男教师则被视为在科学方面更有能力，但不具备与教学相关的关怀和育人方面的特征（Nyström, 2009）。

关于性别如何影响科学教师身份认同的研究，可以扩展至大学层面的教师教育者，例如他们的教学实践、课程与评价的选择、对学生的态度以及性别观。当前的研究仍然还没有探讨这些问题，也没有研究过教职人员如何看待性别对教学文化、科学教学和科学教育的影响。

教师态度。科学教学作为一份职业，是具有等级观念和性别倾向的（Kreitz-Sandberg, 2013; Nyström, 2009）。尽管教学被视为偏女性化的职业，但科学学科的教学保持了高度的（学科）性别倾向。女性教师主要执教低年级和一些地位较低的学科，例如，科学常识、生物和化学。更多的男性教授物理课，而且与女性相比，他们执教幼儿的概率更低（Banilower et al., 2013; Nyström, 2009）。尽管女性具备执教地位更高科学科目（例如，高级科学课程或高级物理课程）的能力，但通常男性教师才能获得这些教学任务（Clark Blickenstaff, 2005; Nyström, 2009）。尼斯特伦（Nyström, 2009）报道了在一所学校内，女性和男性科学教师在工作区域的性别隔离，这种隔离在教师之间建构起不同的世界。一些女教师指出有些男生表现出不尊重老师的行为，比如打断老师讲课、拒绝听从指令以及诬蔑老师“不称职、不权威和缺乏技巧”（Nyström, 2009, p. 742）。

教师们也指出，随着时间的推移，越来越多的女生和移民学生选择了科学课程，而且这些学生拥有不同的知识（Nyström, 2009）。尽管在尼斯特伦（2009）的研究中，教师们指出解决教室内性别不平等问题的重要性，但他们认为与学生性别和民族有关的问题应当在科学课堂之外解决。教师、学生和研究人员对探讨性别差异的关注再一次突显了科学界的性别不平等。但在某些情境下，又会忽视其他的不平等现象，比如移民身份等（Nyström, 2009）。未来研究的一个领域可以扩展到教师面向男生和女生教授科学的态度和看法，以及涉及其他社会分类时这些看法又会出现哪些细微差别。

教学方法。将性别理论作为框架来研究课堂事件和课堂互动的教师，已经认识到无意识的性别刻板印象会影响教师的教学和学生的科学参与（Andersson, Hussénius & Gustafsson, 2009）。这些教师确定了四个女性主义的教学策略：（1）关注并认可孩子们的科学经验；（2）觉察到孩子们运用科学实践的时机，并在这些时候促进孩子们的科学参与；（3）保持自身的存在状态，同时允许孩子们就观点进行解释；（4）向孩子们提出具有挑战性的问题（Andersson & Gullberg, 2012）。对一些教师而言，他们对科学的看法、对知识产生的认识和他们的教学实践之间会出现矛盾。萨帕塔（Zapata）和加勒德（Gallard）（2007）开展的研究中有一位名字叫劳拉（Laura）的老师，她在课堂上把注意力集中在班里的男生上，以便管理他们的行为。劳拉这种无意识的行动，强化了与学生学术能力、态度和行为相关的性别刻板印象所涉及的文化规范。

如果教师对批判理论不了解，例如，安德森（Andersson）和古尔贝里（Gullberg）（2012）提出的女性主义理论框架或者黑人女性主义理论（Buck & Quigley, 2013; Quigley, 2011），也不知道如何运用这些理论来审视他们的教学，那么他们可能会在科学课堂上继续重复那些已经被之前的研究认定为低估女生的充满性别刻板印象的做法。格罗特·金（Groot Kim, 2011）和戴尔（Dyer, 2011）的研究指出，教师必须提早介入儿童的游戏和学习体验，因为早在十八个月大的时候，男生就会要求并征用教室内和室外游戏区可用的空间、学习资源和教师的时间。女生们则等待指令离开教室，到外面玩耍，以及获得玩具、主要资源和亲近老师的机会。

教师对学生科学水平和能力的看法会不断影响他们的实践。比如，教师在教学中提供笔记并要求学生完成任务单，这就限制了拉丁裔女生学习科学的机会（Parker, 2014）。或者，老师把缺课的男生分到成绩优异的亚裔女生组里，让这些女生给他们补课。好几个女生表达了她们的失望，因为她们被要求去“教”那些男生而不是专注于科学学习（Martin, Wassell & Scantlebury, 2013）。

教师可能会无意识地强化刻板的性别角色，比如要求女生扮演照顾者的角色，教那些错过指导的同学，充当男生行为的调停者，维持共享空间的秩序和整洁，以及等待科学设备和其他资源等。通过聚焦性别或在共同生成对话中突出性别的行动研究项目，引导教师对自身实践进行批判性反思，能够为教师提供审视自身教学实践的依据，并促进教学实践的改进。

性别与个体

接下来将概述那些关注个人参与学习科学及将科学作为职业路径的研究。尤其是对物理学和性别感兴趣的研究人员对高中生、本科生和研究生进行的研究，这些研究探讨了学生如何借助性别和男性气概理论，将物理文化的模式和实践整合到他们的身份认同当中。

性别认同

将身份建构视作激发不同群体展开讨论并意识到不平等现象的机制的观点已经遭到一些女性主义研究者的质疑（Skelton & Francis, 2009）。最近，有一些研究关注性别如何影响有色人种女性（Brandt, 2007; Carlone & Johnson, 2007; Johnson, 2007; McKinley, 2008）、高中生（Due, 2012）以及本科生和研究生（Danielsson, 2012; Gonsalves, 2011, 2012; Hazari, Sadler & Tai, 2008; Pettersson, 2011）的科学身份认同。

幼儿园教师和社区工作者通过鼓励非裔美国女生讲述科学与自己家庭生活相关的故事，促进她们的科学学习。女生们通过自己的发言和写作参与科学，这样做有助于她们实现自我定义和自我评价（Collins, 1991; Quigley, 2011）。一所城市中学的教师们认识到将他们的非裔美国女学生视为科学家的重要意义，这样做有助于女生们增强自己在科学界的归属感。教师们要求女生穿着实验服使用科学设备，这能使她们将自己的身份与科学形象联系在一起（Buck & Quigley, 2013）。

对科学感兴趣的女生会表现一种出"克制"的女性气质，以便形成"女性的科学身份认同"（Archer et al., 2012）。与麦克罗比（McRobbie, 2007）对高中优等生的研究中描述的"顶尖女生"类似，具有女性科学身份认同的女生们在社交方面更受欢迎，在学业上也更成功。女生们在科学、着装、运动和交友等方面都表现出均等的兴趣（Archer et al., 2012）。另一组被称为"女学究型科学家"的女生，她们在学业上很成功，但并不热衷于女性化的实践活动，或者不像前面提到的那一类拥有女性科学身份认同的女生那样受到同伴欢迎（Archer et al., 2012）。在不同研究中，女生使用不同的策略来认同女性和对科学感兴趣的人这两类身份。她们利用科学的工具和服装等装饰物，来呈现科学家的身份，或者以此强调自身身份认同中女性化部分与科学兴趣的结合。

卡洛内（Carlone）和约翰逊（Johnson）（2007）通过他们对4名拉丁裔女性、3名美国土著女性和4名亚裔女性的研究，开发出一个科学身份认同模型。该模型由三个组成部分：能力、表现和认可。他们的分析描述了几种科学身份认同，其中包括研究型科学家、利他主义科学家和被干扰的科学家。认同研究型科学家身份的女性通过研究经历来参与科学。通过奖励、研究伙伴关系（和）或奖学金，这一类女性的身份认同被不断强化。利他主义科学家将科学知识与人道主义目标联系起来，并在医学领域从事自己的事业。她们的认可更多来自她们计划提供帮助和专长的领域，而不是来自科学家或科学领域。被干扰的科学家则表达了她们的负面经历，比如缺乏支持或受到歧视。另一部分人认为，被干扰的科学家属于代表比例不足的科学范畴，这会让女性认为自己在科学领域的发展轨迹已然中断。女性形成科学身份认同的一个关键因素是她们在本科和研究生学习期间获得的认可，不管是积极的还是消极的。女性科学家中被归为被干扰的科学家的女性与科学领域白人男性标准差异最大。

有色人种女性和原住民（毛利人）女性科学家通过与家庭和社区的联系来管理她们分裂或混合的身份。她们也建立了可以协调她们科学身份与其他身份的空间（McKinley, 2008; Ong et al., 2011）。一组美国本土女性确定了从事科学"可能的地点"

(Brandt, 2007)。然而，这些地点都不在诸如实验室这种“传统的”科学环境中，而是在学习小组、学术俱乐部或大学以外等其他社会环境中。在这些场所中，女性将她们的身份与科学联系在一起。

教职人员和教师应当意识到能力、表现和认可是如何结合在一起构成学生的科学身份认同的。科学教师在课堂上创建科学讨论空间，从而获得学生的尊敬(Brandt, 2007)。女性通过像科学家一样工作，以及与科学家和同辈在正式场合或其他安排好的空间中讨论她们的想法，从而构建起科学身份认同。

物理学与男性气概

在物理学领域，研究者们研究了性别以及研究对象的男性化程度是如何影响男性的。尽管女性主义者对科学的批判表明了该领域的男性化形象，但在过去十年里发展起来的关于男性气概的学术研究，主要是将男人或男性视为一种政治分类，关注男性在相关环境中是如何被性别化的(Connell, 1995)。康奈尔(Connell, 1995)提出，占据支配地位的男性气概使父权制合法化，而它本身代表异性恋，富于攻击性和竞争性。

实验物理学家将他们的工作描述为“男孩子和他们的玩具”，尤其是“属于男性的巨大而高能的玩具”(Pettersson, 2011, p.55)。这种话语体系将机器框定为男性化的，并将实验室建构成一个男性化文化支配的有边界的空间。这种文化的一种表现是建造与测试科学理论的装置相关的体力劳动。建设和维护实验设备需要相应的(男性化的)劳动条件，这也就成为一些男性给出的有关等离子体物理学领域女性科学家数量极少的一个原因。有一些参与者也表达了他们的观点，认为女性天生就不能理解等离子体物理学，同时又认为研究实验室是性别中立的(Pettersson, 2011)。

丹尼尔松(Danielsson, 2012)对两名男性物理学专业学生进行的深度访谈表明，他们不仅在研究物理以及在实验室工作时“区分性别”，在课堂上也同样进行性别区分。他们重视实验物理学，因为它强调对“实际”事物的理解，而不是和数学的理论关系。与彼得松(Pettersson, 2011)研究中的男性类似，这些物理专业的本科生认为，实验室工作所需的体力劳动以及操作和维修设备需要的机械技能是男性实践的象征。

在物理学和职业轨迹中存在的性别划分以及性别秩序的构建，能够解释进入相应学科高阶课程学习的两性人数的差异(Gonsalves, 2011)。冈萨维斯(Gonsalves, 2012)研究物理学女性博士研究生如何自我定位以及周围的人如何看待她们。卡洛内和约翰逊(2007)关于能力(技术、分析和学术)和认可的观点来自他们对4名参加研究生物理课程学习的女性的研究。彼得松(2011)和丹尼尔森(2012)的研究发现了诸如“技术能力与组装机械有关”这类认识模式。在物理实验室内，制造、维护和修理机器的能力是研究的重要能力，而且也常常和男性气概联系起来。分析能力是指解决问题的能力，而学术能力指的是能够贯通物理学并理解学科文化的能力。然而，女性有意识地选择“性别中性”的着装，因为偏女性化的着装风格可能会让人觉得她们不是称职的物理学家。

认为物理学只适合于异性恋男性和那些展现出男性或中性特征的女性，这种看法是基于文化期望和文化观念的。女生的物理学身份认同受到关于科学领域女性代表比例不足的讨论的影响，但前文谈到的影响学生科学观点的那些经历，比如，讨论女性科学家的研究或者邀请女性科学家与高中生座谈，都没有什么效果(Hazari et al., 2010)。多项研究表明，女性不情愿学习物理。当在物理学科取得成功时，她们更愿意归因于自己的努力工作，而非能力。她们认为物理学的身份意味着要独自工作，在职业选择中她们也不认为物理是有用的（Hazari et al., 2010；Whitelegg, Murphy, & Hart, 2007）。对物理感兴趣的女生必须具有主流的男性气概，这种气概会促进竞争和攻击性行为的出现。一些女性为了证明自己是物理学家，改变声音，用衣服来掩饰自己的女性气质。一些男性拒绝提问，因为这类做法显得他们知识匮乏，而且会引发人们对他们物理能力的怀疑（Due, 2012）。物理学的文化以及它与性别相互作用后以不同的方式影响着女性和男性。另外，虽然学习物理的男生可能是女生的3倍，但整体而言只有很少的学生选择这门学科。物理文化需要改变它的实践方式和形象，以便将来更多的学生认同这门学科。

未来研究方向

对性别和教育的研究已经从关注公平和权利，发展到对差异性、交叉性，以及最近的主体性和身份认同的关注（Dillabough et al., 2009）。当科学教育研究持续关注获取性、差异性和身份认同时，该领域内的性别研究在其他社会分类中已经融合，甚至可能消失（Kahle, in Joslin et al., 2007）。麦克罗比（2009）将通过贬低女性主义研究的理念和目标而侵蚀女性主义研究的现象称为“脱节”。她认为，与跨领域产生新目标和新主题不同，脱节现象是一种“分散策略”，对所有社会群体都不利。女性主义已经不再被视为一个不同从属群体可以互相学习，并确立以女性主义理想为焦点的共同政治事业之地（McRobbie, 2009）。

随着科学教育中女性主义和性别研究的发展，我们应当考虑那些未被提及的问题。在结构层面上，性别仍然被视为“两种”，即女性和男性。我们对学生成绩、态度和参与度的国际比较，也是根据那些分析范畴来检验的。数据报告很少按性别和种族、社会经济地位、移民状况或性存在来展开。但是，各国和其他大型（社会）组织机构还是可以借鉴这些报告结论，通过比较不同类别群体，即性别、种族、社会经济地位、母语习得和移民状态，来研究这些数据。西科拉和波克罗佩克（2012）做了学生社会经济地位、科学表现、学校和国家等因素的控制变量分析，但如果按照性别和其他社会类别来研究这些数据，我们还可以了解到什么？随着许多国家移民学生比例的上升，我们如果不收集基本数据，又如何能够进一步了解科学参与的性别模式？

尽管研究人员已经研究了科学领域的劳动力分配情况，但我们并未在科学教育领域开展此类分析。美国最新的一项研究表明，94％的小学教师、70％的初中科学教师和54％的高中科学教师是女性，90％以上的教师是白人。是什么问题阻碍了美国科学教师队伍的多元化？类似的模式是否也明显存在于其他国家和文化当中？科学领域性别化的教学模式是什么？男女教师是否平等地执教高阶科学课程？在学院或大学层面，谁在从事科学教师的教育？迄今为止，这一领域的研究尚未回答最后一个问题，但欧洲的研究表明，教师教育也正在变得女性化（Kreitz-Sandberg, 2013）。然而，职前教师的性别本质论观点和陈述很少受到质疑或讨论。随着科学教育被重构到STEM教育体系中，需要规划和开展什么样的研究才能够吸纳来自代表比例不足群体的学生呢？需要采取哪些步骤来确保既体现工程和技术这两个领域（它们的形象比科学更男性化），又不会强化STEM是白人、中产阶级、异性恋男性的领地这样的观念呢？

科学教育的大部分研究都是在符号表征层面和个体层面展开的。但是，科学教育研究的关键领域从未探问过性别或其他社会分类是如何影响研究、环境或理论框架的。在同行评议的科学论文中，分类在“性别、女性主义或公平”类别下的文章还不到5%（Hussénius et al., 2013）。例如，科学教育研究者在改变学生观念或核查教师教学内容知识时很少强调性别问题（Hussénius et al., 2013；Scantlebury & Martin, 2010）。在学生科学概念的研究和教师教学实践的相关研究中，如果考虑性别因素，会产生怎样的知识？怎样从女性主义的角度对科学本质的讨论进行重塑？

从前文的综述来看，一些研究关注到性别和学生的物理学认同（Danielsson, 2012；Gonsalves, 2012；Hazari et al., 2010），使用男性气概理论来理解物理文化（Pettersson, 2011），以及在高中课堂（Due, 2012）和课程、教学实践（Murphy & Whitelegg, 2006；Whitelegg et al., 2007）中的性别话语体系和唯物主义观（Götschel, 2013）。其他研究者研究了生物学科中的问题，例如在课堂、教材和课程中，围绕性和性存在展开的异性恋正统主义的讨论（Bazzul & Sykes, 2011；Lemke, 2011；Lundin, 2014；Orlander, 2012）。其他科学类课程，如化学、地球与空间科学、环境科学，相关的研究非常少。女性主义研究者很少对化学领域进行评论，近期发表的数量有限的研究与生物学和物理学的评论相比，在广度和深度上都有差距（Götschel, 2013）。一些教师认为化学更符合女生们的兴趣（Nyström, 2009），但作为一门学科，它的地位不如物理学。学生对化学和性别的看法是否反映了他们老师的观点？在研究院所和实验室中从事化学工作的女性面临着怎样的社会文化氛围？基于女性主义、男性主义、后殖民主义对学科展开的批判，又会产生哪些关于化学的新看法？

科学教育课程正在融合和体现为STEM，在连接《新一代科学教育标准》和代表比例不足的群体时将面临很多挑战（Achieve, 2013）。也许，将科学课程扩展至涵盖技术、工程和数学，有助于将这些领域与学生兴趣联系起来，并重新塑造STEM文化实践，这为STEM获得更广泛的包容性创造了巨大的可能性。然而，工程和技术领域仍然保持了高度男性化倾向，因此有可能出现新的趋势，即STEM的研究问题、课程和实践把更多学生排除在外。一门STEM课程如何使所有学生都参与进来？自上一版综述以来，有几项研究从女性主义视角批判了科学教育课程，卡拉布雷泽·巴顿（Calabrese Barton, 2008）的研究是其中之一，她以生态女性主义为例展示了女性如何表达自己对家庭和社区的关切，以及如何改善她们自身、家庭和邻居的生活条件。生态女性主义是与人类的需求和关切相关的跨学科主题的一个范例，这些议题能让所有学生都参与进来。

将女性主义贬低为一种批判的、政治的理论，突出展现影响女生和女性的社会问题，这可能会让科学教育研究者忽视性别和女性主义研究的理论发展。接下来我会探讨交叉性、唯物女性主义和酷儿理论如何为科学教育研究者提供理论框架，进而与女性主义和女性主义研究者重新衔接，共同参与科学教育。

交叉性

> 当我看到某种看起来带有种族主义色彩的东西时，我会问：“这其中的男权政治体现在哪里？”当我看到某种带有性别歧视色彩的

> 东西时，我会问："这其中的异性恋主义体现在哪里？"当我看到某种看起来带有霸权主义色彩的东西时，我会问："这其中的阶级利益体现在哪里？"
>
> （Matsuda, 1991, p.1189）

交叉性考察一个群体的不同社会定位，权力如何影响这些定位，以及权力差异如何产生不断演化和变动的等级制度。交叉性"为女性主义提供了一个共同事业的理论平台"（Davis, 2011, p.46）和一个"将女性主义观点置于批判性对话或富有成效的冲突中"的舆论场（Lykke, 2010, p.208）。大多数科学教育研究都使用某一个关键性理论框架，而不对数据进行核查，也不问诸如"……体现在哪里？"这类问题。

交叉性理论指出，社会分类是相互交织的，而权力结构决定了其影响个体的不同方式（Crenshaw, 1989）。利用交叉性理论从多个角度重新分析数据可能会产生某种潜在的冲突，例如帮助一组学生参与科学研究的策略可能会使这组学生受益，但也可能发现策略有效帮助了一组学生学习科学同时使另一组学生被边缘化。里格尔-克拉姆和金（2010）采用交叉研究的方法分析数据，消除了关于黑人学生科学兴趣的几个荒谬的观点，并对拉丁裔女性和白人女性不选择学习物理学和工程学给出了解释。他们发现，所有族群的男性在科学和工程领域的参与度都高于女性，这就解释了为什么物理学和工程学领域男性数量是女性的4倍。研究发现，黑人女性比同龄的白人女性更倾向于选择STEM专业。总体而言，拉丁裔女性和白人女性是最不倾向于选择物理学和工程学的群体。

吕克（Lykke, 2010）认为，使用交叉性作为分析工具的一种有用的方式是将其视作一个节点，从性别、种族和阶级这些"传统"社会分类开始。节点是女性主义研究者用来提炼局部理论的临时语境。例如，对科学教育教职人员的研究最初可以从性别分析开始，分析谁来教授科学教育，以及从他们所教授的本科生及研究生的水平开始分析。谁来培养幼儿教师？谁来培养高中教师？在教师教育计划中如何处理性别问题？职前教师是否被要求考虑学生的移民身份和语言能力？在教师教育项目中哪些主题是优先考虑的？共同生长式对话在职前教师、教职工、教师和学生本土知识的生成方面可以起到怎样的帮助？

交叉性给研究者带来了挑战，使其重新考虑和检验用来分析数据和解释结果的理论框架。在科学教育中，教育使个体参与进来并且依靠个体之间的互动来推动学习、教学以及新知识的产生。交叉性能够提供一个理论框架，帮助研究者探查性别在科学教育领域知识生成过程中所扮演的角色，以及这一角色在不同的社会语境下是如何变化的。

唯物女性主义

> 唯物女性主义者探索文化、历史、话语体系、技术、生物和"环境"的互动，而不区别对待这些元素中的任何一个。
>
> （Alaimo & Hekman, 2009, p.7）

唯物女性主义将语言与现实联系起来，并将二者整合到关于身份的讨论中（Hekman, 2010）。巴拉德（Barad, 2003）认为，研究人员赋予了语言"太多的权力"，他呼吁女性主义者重新认识物质或唯物主义。唯物女性主义为科学教育者提供了一个理论框架，因为它将建立理论和分析的过程从后现代和后人类主义方法转向了只关注语言或话语的社会批判方法，以便将物质概念纳入分析中。

在讨论女性主义“重视物质”的必要性时，巴拉德（2003）引入了内在互动（intra-action）、能动实在论和系统（apparatus）三个概念。内在互动（intra-action）将物质定位为与话语一样真实且重要的内容。通过内在互动（intra-action）引进的物质概念清楚地解释了物质话语实践的作用。在科学教育研究中，这意味着可以通过考察物质如何影响科学教与学过程来重新框定研究，其中，实验室内的硬件摆放、实验室设备以及科学家或是其化身都是物质的实例。能动实在论研究具体情境下人和非人实体的相互作用（Barad, 2007）。对科学教育研究而言，物质通过话语实践活动参与进来的过程为“作用的切口”（agential cuts）创造了更多机会。巴拉德（2007）认为，研究者和行动主体之间并不是界限分明的。同样，认知者和行动主体之间也没有界限。相反，认知者和行动主体是同属一个实在的组成部分（Lykke, 2010）。但是，从能动实在论的视角来看，研究者作为主体和研究对象作为客体这两者均是被定义和情境化了的。对研究主体和研究客体之间关系的定义构成二者之间的界限。不过，这一界限并不是固定不变的，而是一种暂定现象。当某个界限确定下来并被使用时，一个（关于主体与客体之间）“作用的切口”就出现了。例如，研究者决定以性别作为数据分析的第一层次。这个选择一旦做出，相关理由就构成边界并形成了一个“切口”。系统是从具体的物质与话语实践中产生出来的，它可以建构起研究的主体和客体。

运用社会文化理论框架开展的科学教育研究，已经涵盖了对语言和话语的研究，但没有考虑物质会如何“反弹”（Barad, 2007）。唯物女性主义致力于理解关于能动性（人类和非人类）、身体、文化、话语和物质世界的问题，并且可以提供一个用于重构科学教育研究的框架，以便关注性别问题。

酷儿理论

尽管教育研究不断运用诸如“酷儿理论”这类批判性理论框架来研究男同性恋、女同性恋、双性恋和变性人（GLBT）问题，但从上一版手册的综述中就能看到，科学教育在这方面的研究很少。布罗德韦（Broadway, 2011）建议通过课程、教学法以及把科学视为一种存在三种途径，将酷儿理论纳入科学教育。巴祖尔（Bazzul）和赛克斯（Sykes）（2011）运用酷儿理论研究了高中生物课本中异性恋正统主义对生物性别、社会性别和性存在的描述，尤其关注到下列术语：“生物性别、社会性别、性存在、人类关系、遗传学、生殖、同性恋、异性恋、女同性恋者、男同性恋者、双性恋者、男性、女性、睾酮、雌性激素、获得性免疫缺陷综合征（AIDS）、性传播疾病、男人和女人”（p.274）。他们的分析指出，生物教材宣扬的是社会上一套保守的性理解——男性和女性构成性别的二元划分，即男女两性和异性恋正统主义下的人类性存在观点。此外，人类的性存在和生殖都与异性恋的性及激素分泌有关。教材中没有讨论其他的生殖方式，比如体外授精或非异性恋者如何参与人类繁衍。教材还不加区分地使用术语生物性别（sex）和社会性别（gender），这对于以生物性别为核心概念的教科书而言是有问题的。

莱姆克（Lemke, 2011）批评了生物学教材对性和性存在复杂本质的沉默，以及它们对与这些问题相关的错误事实的传播。但更重要的是，他质疑了科学教育研究者在这些方面的包容性、敏感性和觉知状态。他指出，如果这一领域总体上“隐含地”呈现异性恋正统主义，那我们的领域在社会、文化和政治上都是有偏见的。莱姆克（2011）质问：

> 我们是否选择将科学教师仅仅视为国家雇员，把任何在政治上占主导地位的信仰和价值观从学生的书桌上铲掉？或者，作为教育者，我们是否按照悠久的西方传统，支持社区内学生和意见领袖？
>
> （p.292）

然而酷儿理论进入生物教材可能只是第一步，科学教育还需要与学生进行对话，探讨情感、感觉与生物功能、性功能之间的关系。伦丁（2014）运用包含7个部分的框架来评价瑞典高中生物课堂的异性恋正统主义实践和表达方式。这个框架包括：愿望的重复、性别的二分法、性存在的区分、地位的等级、边缘化、问题的提出以及角色扮演。伦丁（2014）运用前4个部分来分析学生和教师之间关于人类性存在和生殖问题的讨论。他得出结论，学生和教师很少会挑战异性恋正统主义，也很少讨论不同的性存在，例如，多妻制、无性与双性恋观点，以及两性的二分法。学生们用恐同的评论和侮辱性的语言来掩饰他们在讨论性存在时的不适感，而一项描述假想伴侣身体特征的作业被框定为一种异性恋关系。瑞典的国家政策文件规定，教师应让学生参与讨论身份认同、性别平等、人际关系、爱情和责任，但实施这一政策的方向和细节却是模糊的（Lundin, 2014）。

教师在关于如何将酷儿理论纳入科学课程和教学这方面，可能需要更多指导。科学教育也可以引入酷儿理论，超越对性存在的关注，将欲望包含在内，并通过让熟悉的事物变得陌生来挑战我们“认为我们知道”之事（Fifield & Letts, 2014）。酷儿理论提供了一个批判性框架，将科学视作“身份政治的纠缠系统”，科学教育者可以从不同的立场和观点对科学进行审视，比如认识方式、科学准则、公众和伪科学（Fifield & Letts, 2014）。对课程与教材的分析可以找出那些沉默的、缺失的和规范的部分。将酷儿理论纳入实践中的科学教育研究可能会发现课程和教学是异性恋化的，并由此提供一些能够拓宽此类教育途径的实例和策略。

社会科学研究者运用交叉性理论、唯物女性主义理论和酷儿理论得出新的认识。这些理论可以为科学教育者拓展研究分析提供新的工具，尤其是可以为他们在未来包含性别和其他社会分类的研究中提供方向。

结论

迪拉波夫及其同事（Dillabough et al., 2009）就性别和教育问题发难，质问是否存在这样一个学术领域；如果存在，这一领域的边界是什么，是什么样的学术工作界定并捍卫这些边界。女性主义和性别研究中的理论发展已经涉及新的等级制度、权力结构、不同的地理位置、时间、政策和实践。然而，在科学教育中，很少有研究使用女性主义、男性气概、酷儿理论或后殖民理论来构建研究框架并发布研究成果。

科学仍然是一门具有很强男性气概的学科，但迄今为止，很少有研究者使用男性气概相关的理论。这些理论可以帮助我们阐释这一形象是如何以强烈的异性恋正统主义方式影响男性并构建科学这一领域的。布罗德韦和利夫格伦（Leafgren）（2012）利用男性气概理论对科学教育可以如何对抗学校暴力的研究做出了回应，解释了在学校里男生之间的身体挑战，以及攻击性在定义和建立男性气概中发挥的作用。此外，男性或女性的二元划分法与科学、科学教育文化实践之间的紧密联系还需要进一步研究。

自上一版手册以来，已发表的性别与科学教育研究集中在科学文化的教学和实践中。然而，这些研究中很多都属于物理学科。研究需要关注性别如何影响其他科学学科（尤其是化学）的教学，以及性别对推动STEM教育的影响。扩展科学课程，使其涵盖技术、工程和数学，这为将上述领域与学生的兴趣联系起来，并重新建构STEM文化实践以实现更大包容性提供了可能。然而，工程和技术依然高度偏男性化。因此，也有可能新的研究问题、课程和实践非但没有扩大参与科学人群的多样性，反而排除了一部分学生。展望21世纪，科学教育中的一些领域将受益于“性别关注”，因为性别问题真的非常重要。

致谢

感谢谢里·萨瑟兰（Sherry Southerland）和安杰拉·约翰逊（Angela Johnson）对本章初稿的审读和评论。

注释

1.“微观的不平等对待”指的是一个弱势群体的成员可能会经历的小的贬低，这些贬低会随着时间的推移而积累，并造成不利的影响（Valian, 1998）。

参考文献

Achieve. (2013). *Next generation science standards.* Retrieved June 1, 2013, from www.achieve.org/next-generation-science-standards

Acker, J. (1990). Hierarchies, jobs and bodies: A theory of gendered organizations. *Gender & Society, 4*, 139–158.

Alaimo, S., & Hekman, S. (2009). Introduction: Emerging models of materiality in feminist theory. In S. Alaimo & S. Hekman (Eds.), *Material feminisms* (pp. 1–22). Bloomington: Indiana University Press.

Alexander, J., Johnson, K.E., & Kelley, J. (2012). Longitudinal analysis of the relations between opportunities to learn about science and the development of interests related to science. *Science Education, 96*, 763–786.

Andersson, K., & Gullberg, A. (2012). What is science in preschool and what do teachers have to know to empower children? *Cultural Studies of Science Education.* doi: 10.1007/s11422-012-9439-6

Andersson, K., Hussénius, A., & Gustafsson, C. (2009). Gender theory as a tool for analyzing science teaching. *Teaching and Teacher Education, 25*, 336–343.

Archer, L., Dewitt, J., Osborne, J., Dillion, J., Willis, B., & Wong, B. (2012). "Balancing acts": Elementary school girls' negotiations of femininity, achievement, and science. *Science Education, 96*, 967–989.

Babcock, L., & Laschever, S. (2007). *Women don't ask.* New York: Bantam.

Banilower, E.R., Smith, P.S., Weiss, I.R., Malzahn, K.A., Campbell, K.M., & Weis, A.M. (2013). *Report of the 2012 National Survey of Science and Mathematics Education.* Chapel Hill, NC: Horizon Research, Inc.

Barad, K. (2003). Posthumanist performativity: Toward an understanding of how matter comes to matter. *Signs, 28*, 801–831.

Barad, K. (2007). *Meeting the universe halfway: Quantum physics and the entanglement of matter and meaning.* Durham, NC: Duke University Press.

Baram-Tsabari, A., Sethi, R.J., Bry, L., & Yarden, A. (2009). Asking scientists: A decade of questions analyzed by age, gender, and country. *Science Education, 93*, 131–160.

Bayne, G., & Scantlebury, K. (2013). Cogenerative dialogues as pedagogy|research in science education. In K. Irby,

G. Brown, & R. Lara-Aleci (Eds.), *The handbook of educational theories* (pp. 237 – 247). Charlotte, NC: Information Age Publishing Inc.

Bazzul, J., & Sykes, H. (2011). The secret identity of a biology textbook: Straight and naturally sexed. *Cultural Studies of Science Education, 6*, 265 – 286.

Brandt, C.B. (2007). Discursive geographies in science: Space, identity, and scientific discourse among indigenous women in higher education. *Cultural Studies of Science Education, 3*, 703 – 730.

Broadway, F.S. (2011). Queer (v.) queer (v.): Biology as curriculum, pedagogy, and being albeit queer (v.). *Cultural Studies of Science Education, 6*, 293 – 304.

Broadway, F.S., & Leafgren, S. (2012). Unmasking: On violence, masculinity, and superheroes in science education. *Cultural Studies of Science Education, 7*, 719 – 733.

Brotman, J.S., & Moore, F.M. (2008). Girls and science: A review of four themes in the science education literature. *Journal of Research in Science Teaching, 45*, 971 – 1002.

Brown, S., & Ronau, R. (2012). Students' perceptions of single-gender science and mathematics classroom experiences. *School Science and Mathematics, 112*, 1 – 22.

Buck, G.A., & Quigley, C. (2013). Allowing our research on urban, low-SES, African American girls and science education to actively and continually rewrite itself. In J. Bianchini, V. Akerson, A.C. Barton, O. Lee, & A. Rodriguez (Eds.), *Moving the equity agenda forward: Equity research, practice, and policy in science education* (pp. 173 – 189). New York: Springer.

Calabrese Barton, A. (2008). Feminisms and a world not yet: Science with and for social justice. In W.M. Roth & K. Tobin (Eds.), *World of science education: North America* (pp. 409 – 426). Dordrecht, the Netherlands: Sense Publishers.

Calabrese Barton, A., & Brickhouse, N. (2006). Engaging girls in science. In C. Skelton, B. Francis, & L. Smulyan (Eds.), *The Sage handbook of gender and education* (pp. 221 – 235). London: Sage.

Calabrese Barton, A., Tan, E., & Rivet, A. (2008). Creating hybrid spaces for engaging school science among urban middle school girls. *American Educational Research Journal, 45*, 68 – 103.

Carlone, H.B., & Johnson, A. (2007). Understanding the science experiences of successful women of color: Science identity as an analytic lens. *Journal of Research in Science Teaching, 44*, 1187 – 1218.

Chang, S., Yau-Yuen, A., Yeung, A., & Cheng, M. (2009). Ninth graders' learning interests, life experiences and attitudes towards science and technology. *Journal of Science Education and Technology*, 18, 447 – 457.

Cheung, D. (2009). Students' attitudes toward chemistry lessons: The interaction effect between grade level and gender. *Research in Science Education, 9*, 75 – 91.

Clark Blickenstaff, J. (2005). Women and science careers: Leaky pipeline or gender filter? *Gender and Education, 17*, 369 – 386.

Collins, P.H. (1991). *Black feminist thought: Knowledge, consciousness, and the politics of empowerment.* New York: Routledge.

Connell, R.W. (1995). *Masculinities.* Los Angeles: University of California Press.

Crenshaw, K. (1989). Demarginalizing the intersections of race and sex: A Black feminist critique of antidiscrimination doctrine, feminist theory, and antiracist politics. *University of Chicago Legal Forum, 140*, 139 – 167.

Danielsson, A. (2012). In the physics class: Intersections of social class and gender in university physics students' identity constitutions. *Culture Studies of Science Education.* doi: 10.1007/s11422 – 012 – 9421 – 3.

Davis, K. (2011). Intersectionality as a buzzword. In H. Lutz, M.T.H. Vivar, & L. Supik (Eds.), *Framing intersectionality: Debates on a multi-faceted concept in gender studies* (pp. 43 – 54). Surrey, UK: Ashgate Publishing Limited.

Dillabough, J., McLeod, J., & Mills. M. (Eds.). (2009). *Troubling gender in education.* New York: Routledge.

Due, K. (2012). Who is the competent physics student? A study of students' positions and social interaction in small-group discussions. *Cultural Studies of Science Education.* doi: 10.1007/s11422 – 012 – 9441 – z

Dyer, D. (2011). Block building in primary classrooms as a gender equalizer in math and science. In T. Jacobson (Ed.), *Perspectives on gender in early childhood* (pp. 179 – 190). St. Paul, MN: Redleaf Press.

England, P. (2010). The gender revolution: Uneven and stalled. *Gender & Society, 24*, 149 – 166.

Farland-Smith, D. (2012). Personal and social interactions between young girls and scientists: Examining critical aspects for identity formation. *Journal of Science Teacher Education, 23*, 1–18.

Fifield, S., & Letts, W. (2014). (Re)considering queer theories and science education. *Cultural Studies of Science Education.*

Francis, B., & Skelton, B. (2009). "The self-made self": Analysing the applicability of current key ideas for theories of gender and education. In J. Dillabough, J. McLeod, & M. Mills (Eds.), *Troubling gender in education* (pp.11–23). New York: Routledge.

Francis, B., & Skelton, B. (2011). A feminist analysis of gender and educational achievement. In K. Van den Branden, P. Van Avermaet, & M. Van Houtte (Eds.), *Equity and excellence in education: Towards maximal learning opportunities for all students* (pp.96–118). New York: Routledge.

Gonsalves, A. (2011). Gender and doctoral physics education: Are we asking the right questions? In L. McAlpine & C. Amundsen (Eds.), *Doctoral education: Research-based strategies for doctoral students, supervisors and administrators* (pp.117–123). New York: Springer.

Gonsalves, A. (2012). Physics and the girly girl—there is a contradiction somewhere: Doctoral students' positioning around discourses of gender and competence in physics. *Cultural Studies of Science Education.* doi:10.1007/s11422-012-9447-6

Gonzales, P., Williams, T., Jocelyn, L., Roey, S., Kastberg, D., & Brenwald, S. (2008). *Highlights from TIMSS 2007: Mathematics and science achievement of U.S. fourth- and eighth-grade students in an international context* (NCES 2009-001). Washington, DC: National Center for Education Statistics, Institute of Education Sciences, U.S. Department of Education.

Götschel, H. (Ed.). (2013). *Transforming substance: Gender in material sciences—an anthology.* Uppsala, Sweden: University Printers, Centre For Gender Research.

de Groot Kim, S. (2011). Lessons learned early: Girls wait. In T. Jacobson (Ed.), *Perspectives on gender in early childhood* (pp.231–246). St. Paul, MN: Redleaf Press.

Hanson, S. (2009). *Swimming against the tide: African American girls and science education.* Philadelphia: Temple University Press.

Harding, S. (1986). *The science question in feminism.* Ithaca, NY: Cornell University Press.

Hazari, Z., Sadler, P., & Tai, R. (2008). Gender differences in the high school and affective experiences of introductory college physics students. *The Physics Teacher, 46*, 423–427.

Hazari, Z., Sonnert, G., Sadler, P.M., & Shanahan, M.C. (2010). Connecting high school physics experiences, outcome expectations, physics identity, and physics career choice: A gender study. *Journal of Research in Science Teaching, 47*, 978–1003.

Hazari, Z., Tai, R., & Sadler, P. (2007). Gender differences in introductory university physics performance. *Science Education, 91*, 847–876.

Hekman, S. (2010). *Material of knowledge: Feminist disclosures.* Bloomington: Indiana University Press.

Hill, C., Corbett, C., & St. Rose, A. (2010). *Why so few? Women in science, technology, engineering and mathematics.* Washington, DC: AAUW.

Hussénius, A., & Scantlebury, K. (2011). Witches, alchemists, poisoners, and scientists: The changing image of chemistry. In P. Gilmer, M.H. Chiu, & D.F. Treagust (Eds.), *Celebrating 100th anniversary of Marie Curie's Nobel award in chemistry in 2011* (pp.125–137). New York: Sense Publishers.

Hussénius, A., Scantlebury, K., Andersson, K., & Gullberg, A. (2013). Ignoring half the sky: A feminist critique of science education's knowledge society. In N. Mansour & R. Wegerif (Eds.), *Science education for diversity in knowledge society.* doi:10.1007/978-94-007-4563-614. New York: Springer.

Hyde, J.S., & Linn, M.C. (2006). Gender similarities in mathematics and science. *Science, 314*, 599–600.

Johnson, A. (2007). Unintended consequences: How science professors discourage women of color. *Science Education, 91*, 805–821.

Joslin, P., Stiles, K.S., Marshall, J.S., Anderson, O.R., Gallagher, J.J., Kahle, J.B., et al. (2007). NARST: A lived history. *Cultural Studies of Science Education, 3*, 157–207.

Jovanovic, J., & Bhanot, R. (2008). Gender differences in science. In W.M. Roth & K. Tobin (Eds.), *World of science education: North America* (pp.427–450). Dordrecht, the Netherlands: Sense Publishers.

Kahle, J.B. (2004). Will girls be left behind? Gender differences and accountability. *Journal of Research in*

Science Teaching, 41, 961–969.

Kahle, J.B. (2011). Professor Lesley Parker: A science educator writ large. *Cultural Studies of Science Education, 6*, 775–781.

Kahle, J.B., & Lakes, M. (1983). The myth of equality in science classrooms. *Journal of Research in Science Teaching, 20*, 131–140.

Kahle, J.B., & Meece, J. (1994). Research on gender issues in the classroom. In D. Gabel (Ed.), *Handbook of research in science teaching and learning* (pp. 542–576). Washington, DC: National Science Teachers Association.

Kelly, A. (1978). *Girls and science: An international study of sex differences in school science achievement.* Stockholm: Almqvist & Wiksell International.

Kelly, A. (Ed.). (1981). *The missing half: Girls and science education.* Manchester, UK: Manchester University Press.

Kelly, A. (1985). The construction of masculine science. *British Journal of Sociology of Education, 6*, 133–153.

Kenway, J., Willis, S., Blackmore, J., & Rennie, L. (1998). *Answering back: Girls, boys and feminism in schools.* New York: Routledge.

Kiran, D., & Sungur, S. (2012). Middle school students' science self-efficacy and its sources: Examination of gender difference. *Journal of Science Education and Technology, 21*, 619–630.

Kreitz-Sandberg, S. (2013). Gender inclusion and horizontal gender segregation: Stakeholders: Strategies and dilemmas in Swedish teachers' education. *Gender and Education, 25*, 444–465.

Le, L. (2009). Investigating gender differential item functioning across countries and test languages for PISA science items. *International Journal of Testing, 9*, 122–133.

Lemke, J. (2011). The secret identity of science education: Masculine and politically conservative? *Cultural Studies of Science Education, 6*, 287–292.

Lorber Newsome, J. (2013). *The chemistry PhD: The impact on women's retention.* London: Royal Society of Chemistry.

Louis, R., & Mistele, J. (2011). The differences in scores and self-efficacy by student gender in mathematics and science. *International Journal of Science and Mathematics Education, 10*, 1163–1190.

Lundin, M. (2014). Inviting queer ideas into the science classroom: Studying sexual education from a queer perspective. *Cultural Studies of Science Education.*

Lykke, N. (2010). *Feminist studies: A guide to intersectional theory, methodology and writing.* London: Routledge.

Mantzicopoulos, P., Patrick, H., & Samarapungavan, A. (2008). Young children's motivational beliefs about learning science. *Early Childhood Research Quarterly, 23*, 378–394.

Martin, S., Wassell, B., & Scantlebury, K. (2013). Examining the intersections of race, ethnicity, class and gender: An analysis of research on English language learners in K–12 science education. In J. Bianchini, V. Akerson, A.C. Barton, O. Lee, & A. Rodriguez (Eds.), *Moving the equity agenda forward: Equity research, practice, and policy in science education* (pp. 81–98). New York: Springer.

Matsuda, M. (1991). Beside my sister, facing the enemy: Legal theory out of coalition. *Stanford Law Review, 43*, 1183–1192.

McKinley, E. (2008). From object to subject: Hybrid identities of indigenous women in science. *Cultural Studies of Science Education, 3*, 959–975.

McRobbie, A. (2007). Top girls? Young women and the post-feminist sexual contract. *Cultural Studies, 21*, 718–737.

McRobbie, A. (2009). *The aftermath of feminism: Gender, culture and social change.* London: Sage Publications.

Mendick, H., & Moreau, M.P. (2013). New media, old images: Constructing online representations of women and men in science, engineering and technology. *Gender and Education, 25*, 325–339.

Murphy, P., & Whitelegg, E. (2006). Girls and physics: Continuing barriers to "belonging." *The Curriculum Journal, 17*, 281–305.

Nyström, E. (2009). Teacher talk: Producing, resisting and challenging discourses about the science classroom. *Gender and Education, 21*, 735–751.

Ong, M., Wright, C., Espinosa, L., & Orfield, G. (2011). Inside the double bind: A synthesis of empirical research on undergraduate and graduate women of color in science, technology, engineering, and mathematics. *Harvard Educational Review, 81*, 172–207.

Organization for Economic Cooperation and Development (OECD). (2009). *Equally prepared for life? How 15-year-old boys and girls perform in school.*

Orlander, A.A. (2012). What if we were in a test tube? Students meaning making during a biology lesson about the human genitals. *Cultural Studies of Science Education.* doi:10.1007/s11422-012-9430-2

Owens, T. (2009). Going to school with Madame Curie and Mr. Einstein: Gender roles in children's science biographies. *Cultural Studies of Science Education, 4*, 929-943.

Parker, C. (2014). Multiple influences: Latinas, middle-level science, and school. *Cultural Studies of Science Education.*

Parsons, E.C. (2007). Mary Monroe Atwater: A transformative force in science education. *Cultural Studies of Science Education, 3*, 209-216.

Patrick, H., Mantzicopoulos, P., & Samarapungavan, A. (2009). Motivation for learning science in kindergarten: Is there a gender gap and does integrated inquiry and literacy instruction make a difference? *Journal of Research in Science Teaching, 46*, 166-191.

Perry, B., Link, T., Boelter, C., & Leukefeld, C. (2012). Blinded to science: Gender differences in the effects of race, ethnicity, and socioeconomic status on academic and science attitudes among sixth graders. *Gender and Education, 24*, 725-743.

Pettersson, H. (2011). Making masculinity in plasma physics: Machines, labour and experiments. *Science Studies, 24*, 47-65.

Quigley, C.F. (2011). With their help: How community members construct a congruent third space in an urban kindergarten classroom. *International Journal of Science Education, 35*(5), 837-863.

Rahm, I. (2008). Urban youths' hybrid positioning in science practices at the margin: A look inside a school–museum–scientist partnership project and an after-school science program. *Cultural Studies of Science Education, 3*, 97-121.

Riegle-Crumb, C., & King, B. (2010). Questioning a White male advantage in STEM: Examining disparities in college major. *Educational Researcher, 39*, 656-664.

Riegle-Crumb, C., King, B., Grodsky, E., & Muller, C. (2012). The more things change, the more they stay the same? Prior achievement fails to explain gender inequality in entry into STEM college majors over time. *American Educational Research Journal, 49*, 1048-1073.

Riegle-Crumb, C., Moore, C., & Ramos-Wada, A. (2011). Who wants to have a career in science or math? Exploring adolescents' future aspirations by gender and race/ethnicity. *Science Education, 95*, 458-476.

Risman, B., & Davis, G. (2013). From sex roles to gender structure. *Current Sociology.* doi:10.1177/0011392113479315

Rosser, S.V. (2012). *Breaking into the lab. Engineering progress for women in science.* New York: New York University Press.

Rossiter, M. (2012). *Women scientists in America: Forging a new world since 1972*. New York: Johns Hopkins University Press.

Scantlebury, K. (2007). Outsiders within: Urban African American girls' identity and science. In W.-M. Roth & K. Tobin (Eds.), *Science, learning, and identity: Sociocultural and cultural-historical perspectives* (pp.121-134). New York: Sense Publishers.

Scantlebury, K. (2014). Jane Butler Kahle: Passion, determination and vision. *Cultural Studies of Science Education.*

Scantlebury, K., & Baker, D. (2007). Gender issues in science education research: Remembering where the difference lies. In S.K. Abell & N.G. Lederman (Eds.), *Handbook of research on science education* (pp.257-286). Mahwah, NJ: Lawrence Erlbaum.

Scantlebury, K., Baker, D., Sugi, A., Yoshida, A., & Uysal, S. (2007). Avoiding the issue of gender in Japanese science education. *International Journal of Science and Mathematics Education, 5*, 415-438.

Scantlebury, K., Kahle, J.B., & Martin, S. (Eds.). (2010). *Re-visioning science education from feminist perspectives: Challenges, choices and careers.* New York: Sense Publishers.

Scantlebury, K., & LaVan, S.K. (2006). Re-visioning cogenerative dialogues as feminist pedagogy|research. *FQS: Forum Qualitative Social Research, 7*(2), 1-10.

Scantlebury, K., & Martin, S. (2010). How does she know? Re-visioning conceptual change from feminist perspectives. In W.M. Roth, *Re/structuring science education: Reuniting sociological and psychological perspectives* (pp.173-186). New York: Springer Publishers.

Scantlebury, K., Tai, T., & Rahm, J. (2007). "That don't look like me." Stereotypic images of science: Where do they come from and what can we do with them? *Cultural Studies of Science Education, 1*, 545-558.

Sikora, J., & Pokropek, A. (2012). Gender segregation of

adolescent science career plans in 50 countries. *Science Education, 96*, 234–264.

Sinnes, A., & Løken, M. (2012). Gendered education in a gendered world: Looking beyond cosmetic solutions to the gender gap in science. *Culture Studies of Science Education*. doi:10.1007/s11422-012-9433-z

Skelton, C., & Francis, B. (2009). *Feminism and "the schooling scandal."* London: Routledge.

Spender, D. (1982). *Invisible women: The schooling scandal*. London: Writers and Readers Publishing Cooperative.

Tan, E., & Calabrese Barton, A. (2008a). From peripheral to central, the story of Melanie's metamorphosis in an urban middle school science class. *Science Education, 92*, 567–590.

Tan, E., & Calabrese Barton, A. (2008b). Unpacking science for all through the lens of identities-in-practice: The stories of Amelia and Ginny. *Cultural Studies of Science Education, 3*, 43–71.

Tyler-Wood, T., Ellison, A., Lim, O., & Periathiruvadi, S. (2012). Bringing up girls in science (BUGS): The effectiveness of an afterschool environmental science program for increasing female students' interest in science careers. *Journal of Science Education and Technology, 21*, 46–55.

Valian, V. (1998). *Why so slow? The advancement of women*. Cambridge: MIT Press.

Venville, G. (2008). Ocean to outback: Léonie Rennie's contribution to science education in Australia. *Cultural Studies of Science Education, 4*, 323–334.

Whitelegg, E., Murphy, P., & Hart, C. (2007). Girls and physics: Dilemmas and tensions. In R. Pintó & D. Couso (Eds.), *Contributions from science education research* (pp. 27–36). New York: Springer Publishers.

Wiseman, K., & Weinburgh, M.H. (Eds.). (2009). *Becoming and being: Women's experience in leadership in K–16 science education communities*. New York: Springer Publishers.

World Bank. (2011). *The EdStats Newsletter*, V (1), Retrieved December 10, 2012.

Zapata, M., & Gallard, A. (2007). Female science teacher beliefs and attitudes: Implications in relation to gender and pedagogical practice. *Cultural Studies of Science Education, 3*, 43–71.

English Learners in Science Education

CORY A. BUXTON AND OKHEE LEE

第11章 科学教育中的英语学习者

刘彦林　译　　杨文源　审校

自《国家在危机中》(*A Nation at Risk*, 美国国家优质教育委员会[National Commission on Excellence in Education], 1983)报告发布以来，对所有学生高学术标准和成就的关注一直是全民教育改革的核心。近年来，推动科学教育取得高成就的紧迫性和复杂性都有所增加，原因有以下四个方面：(a)美国学生群体的文化和语言日益多样化；(b)各人口亚群体之间的测试差距持续存在，而2001年《不让一个孩子掉队(NCLB)》法案和2010年开始的"力争上游"(RTTT)倡议增加了对所有学生的问责要求；(c)《K—12科学教育框架》(美国国家研究理事会[NRC], 2011)和《新一代科学教育标准》(*NGSS*, Achieve, 2013)对认知和语言的内在需求增加；(d)不断发展的个人和社会因素使所有学生都需要学习具有挑战性的科学知识，例如，对技术驱动问题和解决方案做出明智的决策，为职业和大学做准备，以及为学习有价值的学术英语提供坚实基础。

在本章中，我们首先简要讨论这四个因素中的每个因素。然后，以此作为根据解释为什么所有学生，包括英语学习者，都需要对科学有坚实的理解。本文是一篇关于面向英语学习者的科学教学的文献综述，分为六个主题：(a)科学学习，(b)科学教学策略，(c)科学课程材料，(d)科学评价，(e)科学教师教育，以及(f)家庭、社区、学校和科学之间的联系。这些主题共同为未来的研究和实践指明了方向，进而支持英语学习者和所有学生达到更高的标准。

在选择纳入本综述的文献时，我们基于以下几个基本原则来界定我们的搜索范围。首先，我们主要关注在美国进行的研究项目，且要以同行评议的期刊文章形式发表(请参阅本书第16章，参考世界范围内有关科学教育中的多样性和公平性的文献，包括第二语言学习)。其次，我们限制搜索的范围，要求文献能够清晰阐述研究问题、清晰描述研究方法、在研究问题和证据之间建立令人信服的联系、提供基于结果的有效结论(Shavelson & Towne, 2002)。第三，我们关注的研究并没有包含在2007年出版的第一版手册中。虽然我们参考了一些早于第一版的研究来作为背景，但是我们的重点是最近在这一领域的工作如何帮助我们了解关于英语学习者的科学教育。我们的目标是通过突出共同主题，将最近的发现与已有的发现联系起来，而不是简单地描述一系列研究及其结论。

我们尝试通过将多个理论视角和方法论导向纳入研究项目，将意识形态偏见最小化。本章的主要目的是强调理论与实践的相互作用，并指出提高科学教学和英语学习者学习效果的实践方法。我们并没有试图对讨论中涉及的每一个主题提供一个完整的文献综述，而是重点关注那些看上去能为我们加深理解、促进实践提供富有成效的方向的特定研究项目。

当前科学教育改革的主要因素

英语学习者的特殊需求对于以下这四个因素都很重要，也是当前科学教育改革的核心：(a) 学生多样性的不断增加，(b) 问责措施强化背景下持续存在的科学测试差距，(c)《新一代科学教育标准》(*NGSS*) 的出现，和 (d) 所有学生学习具有挑战性的科学知识的必要性。

美国学生群体的文化和语言日益多样化

美国几乎每个学区的教师都目睹了美国人口文化和语言多样性的稳步增加。根据2010年美国人口普查，36%的美国人口是由非白种人（人口普查局称为少数族裔）构成的，而19岁以下人口（学龄人口）中45%是非白种人（美国人口普查局[U.S. Census Bureau], 2012）。根据人口普查趋势和预测，美国人口普查局预计，到2042年，美国总人口将自殖民时期以来首次出现以非白种人为主，而学龄人口最早将在2022年就将以非白种人为主。类似的趋势可以从国家不断变化的语言状况中看出。根据美国国家教育统计中心（NCES, 2011）的数据，21%的学龄人口在家里主要使用英语以外的其他语言。英语水平有限的学生（联邦政府使用的术语）或英语学习者，目前占公立学校学生总数的11%（560万人），比1993年仅占学生总数的5%有所增加（美国英语学习信息交流中心[NCELA], 2007）。在560万名英语学习者中，440万名学生说西班牙语（美国教育部[USDOE], 2007），约占美国公立英语学习学校人口的80%。重要的是，要意识到这些统计数据有时会缺失另外三个事实。首先，440万使用西班牙语的学生在美国学校近1,000万拉丁裔学生中的占比还不到一半，这意味着大多数拉丁裔学生都能流利地运用英语。第二，虽然略多于三分之二（68%）的拉丁裔美国学生是墨西哥裔，但其他三分之一的拉丁裔学生代表了具有高度多样化文化和经验的范围很广的国家。最后，20%不会说西班牙语的英语学习者代表了美国学校里400多种不同的语言（美国皮尤研究中心[Pew Research Center], 2012）。因此，虽然这些数据表明，我们把注意力集中在说西班牙语的英语学习者身上是明智的，但我们也必须牢记非西班牙语的英语学习者的需求，以及非拉丁裔英语学习学生的需求。

此外，当我们考虑与英语学习者有关的人口问题时，必须强调英语学习者中的犹太学生群体，其中有越来越多的人散居在离散的地理区域，他们没有照传统惯例接受语言多样化教育。最值得注意的是，在过去的十年中，东南地区12个州的英语学习者占比增幅最大（NCELA, 2012）。例如，在佐治亚州，被归为英语学习者的学生数量从1995年的16,000人左右跃升到2008年的73,000人，几乎增长了400%（Pandya, Batalova, & McHugh, 2011）。在这段时间内，北卡罗来纳州和弗吉尼亚州的学生中，英语学习者增长速度相似，这三个东南部的州（除了佛罗里达州）的学生中英语学习者总数在全美排名前12位（NCELA, 2012）。

最后，尽管人口结构正在发生变化，主要的城市学区仍在为绝大多数英语学习者提供继续教育。对通用核心数据（Common Core of Data）的分析表明，学生中超过一半的英语学习者在美国最大的20个大都市地区接受教育（NCES, 2011）。因此，在教师教育方面做好准备以满足英语学习者的学业需求，既是应对美国部分地区人口结构变化的一项新挑战，也是对主要城市环境中旧的和根深蒂固的教学模式的革新。

各人口统计亚群体之间持续的测试差距以及增加的问责要求

众所周知，美国学生在国际科学评价中普遍排名不佳。我们将这类评价的分数差距称为测试差距，而不是成就差距，因为它们只衡量了科学成就中有限的一部分。在1995年的第三次国际数学和科学研究（TIMSS）中（Schmidt, McKnight, & Raizen, 1997），美国4年级学生的成绩表现在表现最佳的国家范围内，8年级学生成绩表现则仅略高于国际平均水平，12年级学生成绩表现则在表现最差的国家范围内，这样的国际比较被用来批判美国的科学教育。尽管美国学生的成绩在2003和2007年的TIMSS中有所提高，尤其是8年级学生，但与许多其他发达国家的学生相比，美国高年级学生的成绩仍然不尽如人意。

国际学生评估项目（PISA）中的测试差距更不如人意，此项目是一个针对15岁学生的项目，旨在评价学生的基础知识、解决问题的能力以及与专业学科相关的生活技能。当对科学应用（比如使用科学证据、识别科学问题和科学地解释现象）进行评价时，美国学生在2000、2003和2006年的成绩在国际比较中处于下游，且在这三次评价中没有显著的进步。

当被分成人口亚群体时，测试成绩的差异描绘了一幅更加微妙但仍然令人不安的画面。例如，在1996年至2011年的美国国家教育进展评估（NAEP）中，贫困学生、非裔美国学生和拉丁裔学生之间的测试差距一直很大。然而，尽管英语学习者和非英语学习者之间的差距仍然存在，但在同一时期，NAEP科学测试差距已经缩小（NCES, 2012 a）。肖（Shaw, 2009）分析了这些趋势，并发现了看上去对英语学习者和非英语学习者均有利的特定科学主题和试题形式，这意味着需要更加关注评价的发展（参见科学评价部分）。

此外，尽管拉丁裔学生整体高中辍学率在过去20年里从31%显著下降到18%，但拉丁裔英语学习者的辍学率几乎保持在27%不变（NCES, 2012 b）。因此，尽管《不让一个孩子掉队》法案和“力争上游”倡议要求花更多的注意力在缩小人口亚群体之间的测试差距上，但英语学习者的科学测试差距和其他关键学术指标（如高中辍学率）的测试差距仍然存在，在某些情况下还会有所增加。

*NGSS*对认知和语言的要求

到目前为止，我们所讨论的挑战涉及不断变化的学生人口结构，包括英语学习者在内的不同人口亚群体之间持续存在的测试差距，这些都即将与*NGSS*的需求相关联。新标准首先在概念框架文件《K—12科学教育框架：实践、跨学科概念和核心概念》（*A Framework for K—12 Science Education: Practices, Crosscutting Concepts, and Core Ideas*, NRC, 2011）中提出，新标准对学生（和教师）应当达到的科学理解深度的期望发生了根本性转变。这些期望以三部分的形式出现，强调科学和工程实践、跨学科概念和学科核心概念。*NGSS*代表了一种新的尝试，即“少而精”的课程理念，这种理念出自《美国国家科学教育标准》(*National Science Education Standards*, NRC, 1996)，但没有被国家标准文件所采用。

NRC框架委员会和*NGSS*设计团队已经明确表示，这些新标准将对学生的认知能力提出更高的要求。成功应用科学和工程实践(如开发模型和建构解释)理解跨学科概念(如因果关系，以及结构和功能)如何贯穿一系列学科核心概念(如遗传学或板块构造)，将要求所有学生具备更高的认知能力。虽然上进的学生长期以来一直被要求建立这样的联系，但*NGSS*表明，这样的期望现在将适用于所有学生，包括在传统意义上(即使采用上一代对认知要求较低的标准)难以达到熟练程度的英语学习者和其他学生。

虽然已经明确讨论过认知需求与*NGSS*期望之间的关系，但是伴随而来的语言需求却很少受到关注(Lee, Quinn, & Valdés, 2013)。为了获得和展现*NGSS*关注的科学和工程实践、跨学科概念和学科核心概念的能力，学生将需要以全新的且富有挑战的方式进行全方位的口头和书面沟通技巧训练。学生将需要阅读具有挑战性的科学文本，而不仅仅是提取事实数据。他们将需要用科学的学术语言撰写各种格式的材料(如科学实验室笔记，工程设计报告)来表达复杂的想法。他们需要在其他人构建解释并就证据进行辩论时，仔细倾听，还要学会用不同的方式沟通，以便让自己成功参与到这样的实践活动中。最后，观察和可视化的呈现对于成功地参与科学和工程实践和跨学科概念具有越来越重要的意义，跨学科概念很大程度上依赖于模型、图形和其他图像丰富的交流模式的使用。

综合起来看，*NGSS*的语言要求和认知要求相伴而来，将以一种全新的、或许是不可预见的方式挑战所有学生，尤其是英语学习者。同时，*NGSS*的语言要求与《美国英语语言艺术州共同核心标准》的语言目标是一致的(Lee et al., 2013)。例如，共同核心标准关注跨内容领域的复杂文本的整合，强调学生使用信息文本构建内容知识，以及发展读和写的技能以便从文本中有效提取和利用证据的重要性。因此，尽管英语学习者面临新的科学标准带来的巨大挑战，但这也将为跨内容领域的教师合作提供新的机会和新的基础，从而帮助英语学习者同时学习科学知识和发展语言技能。

不断发展的个人和社会因素使所有学生都需要学习具有挑战性的科学知识

如果所有学生都要进行具有挑战性的科学学习，教育工作者必须提供所有学生都认为其有意义的理由。虽然高标准评价造成的心理压力可能会激发一些学生的积极性，但从我们目前的测试方案来看，很明显，许多学生不为这种外部激励所动。我们之所以必须要改善面向所有学生的科学、技术、工程和数学(STEM)教育，其中包含有更为本质的内在逻辑。自从《面向全体美国人的科学》(*Science for All Americans*, 美国科学促进会[AAAS], 1990)出版以来，上述逻辑的核心原则一直是科学素养的价值。我们的国家和星球面临的挑战可以因为人类活动加剧和改善，因此广泛的科学素养是至关重要的，只有这样，我们才能就科学和技术相关议题做出明智的决策。国家的未来将越来越依赖于今天的学生，包括大量的英语学习者，需要他们接受必要的教育，以做出科学合理的个人和公共决策。

最近，人们对区域和全球经济斗争的担忧似乎已经超越对环境挑战的担忧，科学与工程教育被认为为进入诸如生物技术、制药领域等快速发展的行业提供了必不可少的知识准备，而且绿色能源在科学学习的根本原因中扮演了更为核心的角色。事实上，*NGSS*开发过程中的一个关键问题在于，这些标准能够在多大程度上为大学和职业做准备。来自技术培训项目、高校和K—12教育机构的代表已经审阅了标准草案，从大学和职业准备的角度明确地进行了评论。因此，面向未来的增长型领域和行业做出明智的决策和就业准备，都可能从根本上激励更多学生（包括英语学习者）接受严格的科学和技术教育。

对于英语学习者而言，另一个特别突出的理由是，内容领域（例如，科学）的教学可以为英语语言和读写能力的发展提供一个有意义的语境。同时，提高英语技能应该为更好地理解学术内容提供媒介（教操其他语言者学英语的教师协会[TESOL]，2006）。然而，在现实中，英语学习者经常需要在没有教学支持的情况下，通过一门尚未掌握的语言进行学术学习，他们需要使这种学习变得有意义。英语学习者也可能从内容类课程（例如科学课）中退出，以获得更多的英语支持，这些课程通常侧重于一般的会话英语，而不是内容学习所需的学术英语。这些实践的结果就是，英语学习者在内容领域的学习常常落后于讲英语的同学，其影响也可以从前面提到的评价数据和辍学率得到印证。

到目前为止，我们论证了当前科学教育改革势在必行且富有挑战的四个主要因素，与我们的学校中英语学习者越来越多有着不可分割的关系。关于如何在科学上最好地支持英语学习者的研究，也必须在社会文化问题和人口统计变量的背景下进行，包括种族、民族、性别、社会经济地位、农村或城市背景，以及影响一般教育和特定科学教育的其他结构性特征。虽然我们在本章中提到了很多上述特征，但是本部分的其他章节以及本书的其他部分还讨论了关于这些主题的更为详尽的研究。

有英语学习者的科学课程教与学

有英语学习者的科学课程教与学的研究仍然是一个相对年轻的领域，但是在过去的十年中它已经有了很大的发展。我们将关于英语学习者的科学教育研究归纳为六个主题，突出学界对该领域现有的了解，即英语学习者如何在提高对科学深刻理解的同时，提高英语语言和读写能力。

科学学习与英语学习者

对科学学习的预期已经发展到包括更多在认知和语言上具有挑战性的实践，如科学推理和基于证据的论证（NRC, 2011），该领域可以从研究人员身上吸取经验，他们考虑到了促进所有学生实践的学习体验的本质。与此同时，有充分的文献表明，与英语流利的同龄人相比，英语学习者获得这些实践经验的机会更少（Callahan, Wilkinson, & Muller, 2010）。为了更好地为更多学生提供发展科学和工程实践的学习机会，教师需要了解对于所有学生（包括英语学习者）而言，这些实践在科学学习中的地位。

为构建了解英语学习者科学学习的基础，谢赫·科宁（Chèche Konnen）团队的项目研究路线涉及在双语和单语教室中对非裔美国人、海地人和拉丁裔背景的学生进行案例研究。这些研究采用与框架文件和*NGSS*的新建议非常相似的方式关注儿童实验推理。谢赫·科宁的研究将实验视作基于新出现的变量进行建构的探索过程，使用开放式任务来构建实验框架（Rosebery, Ogonowski, DiSchino, & Warren, 2010）。这些研究通过询问孩子们完成实验任务时的做法，他们产生和评价想法时利用的资源，以及孩子们对科学家开展实验的本质进行的科学推理，为英语学习者能够通过开放式探究进行科学实践提供了证据。

在谢赫·科宁的工作中，研究者还通过调查英语学习者的家庭语言和话语风格如何被用作理解和逐步掌握科学共同体话语模式的资源，明确地探讨了语言在形成科学理解过程中的作用。例如，哈德库尔特–巴恩斯（Hudicourts–Barnes, 2003）发现热衷于辩论式的讨论是海地成年人社会互动的一个主要特征，同时关注了当学生在科学课上练习论证时，如何利用这种话语模式作为资源。这个团队最近的工作（Warren & Roseberry, 2011）把观察科学学习的价值视作一种跨文化过程，在这个过程中，学生和教师就种族、文化、语言和学科的边界展开探讨，以解决英语学习者在科学课堂上长期遭遇的不平等对待。

在英语学习者来到学校的时候，他们已经拥有了一系列的知识、价值观和看待世界的方式，这些都是在他们融入家庭和社区的过程中形成的，可以用来支持科学学习（Lee & Fradd, 1998）。然而，这些智力和文化资源往往被低估，因为教师不容易认识到它们是相关的或有价值的（Moje, Collazo, Carillo, & Marx, 2001）。例如，在一个3至5年级的英语学习者和他们的教师的配对研究中，巴克斯顿（Buxton）和李（Lee）（2010）以及巴克斯顿、萨利纳斯（Salinas）、马奥蒂埃（Mahotiere）、李和塞卡达（Secada）（2013）发现，各个英语水平的英语学习者，都能够基于家庭经历举出一系列直接与学校科学标准相关的例子，这些例子涉及测量、能源转化、季节变化等各类主题。然而，大多数为这些学生授课的科学教师在观看学生讨论这些科学主题的视频时，更倾向于强调语言或概念上的局限性，而不是关注可以用来支持科学学习的相关经验。这些研究得出的结论是，承认英语学习者的学术优势以及与他们的先验知识相关的局限性，对于英语学习者更好地获得在学校科学中有价值的高水平知识至关重要。

在上述研究中，研究人员明确指出，教师可以从更明确展示科学学习为英语学习者提供语言需求和机会的框架中受益。肖、邦奇（Bunch）和吉尼（Geaney）（2010）开发并测试了一个框架来对科学学习的语言需求进行分类。研究人员从功能和互动理论的角度，将科学表现任务对语言的需求分为三个维度：参与者结构、沟通模式和学生为了在科学研究上取得成功必须效仿的写作体裁。这样的框架有助于阐明英语学习者如何通过科学来学习语言，以及他们如何通过语言来学习科学。

大量的文献从另一个角度探索英语学习者的科学学习，它们强调在一些社区（包括英语学习者数量可观的社区）中流行的文化信仰和实践，这有时与西方科学实践是不一致的（Aikenhead, 2001; Riggs, 2005）。本文已经表明，学习认识和重视自然世界的不同观点可以同时促进学术成就，并加强英语学习者的文化和语言认同。更具体地说，本研究的其中一部分关注到的学生的交流和互动模式对他们科学学习的影响，对于英语学习者如何能够学会将他们的语言和文化实践与西方科学实践相协调具有特别重要的意义。

布朗（Brown）及其同事的研究（Brown, 2006; Brown, Reveles, & Kelly, 2005）以不同文化和语言背景的学生和教师在学习科学过程中的交流和互动模式的早期研究（Lee, 2004; Warren, Ballenger, Ogonowski, Rosebery, & Hudicourt–Barnes, 2001）为基础。为了理解学生的学习，布朗教授了两门高中生物学课程，将话语身份的概念作为分析工具分析了自己课堂上的互动，详细刻画了文化和语言行动，这些做法帮助塑造了个体进入其尝试构建的特定教室文化的方式。他发现，尽管包括英语学习者在内的边缘学生乐于接受他提倡的科学世界观（认识论）和科学探究实践，但许多学生对采用科学的论述规范表达了极大的困难和抵触。布朗及其同事得出结论，科学对话作为潜在的守门人，阻挡了一些学生融入科学文化，学生试图重塑自己的话语身份以融入科学的学术语言，这本质上应该被视为一种多语言的活动，不仅仅对于英语学习者是如此，对所有边缘群体的学生都是如此。

综合起来，研究科学学习和英语学习者主题的研究人员指出，有一系列的社会文化、社会语言因素及认知和学术因素会影响着英语学习者如何、何时、在何种条件下选择参与（或不参与）学校的科学学习。如果期望包括英语学习者在内的所有学生都能学习和应用科学与工程实践、跨学科概念和科学学科核心概念，教师必须创建学习环境，并采用一定的教学策略，承认这些文化和语言上的挑战以及他们的学生在接受科学身份构建时所面临的认知挑战。接下来我们将讨论科学课堂上那些被证明能为英语学习者提供最好支持的教学策略。

支持英语学习者的科学教学策略

长期以来，英语学习者要么接受非常有限的科学指导，要么接受教师主导的以讲解为主的科学指导，缺少多样化的、学生主导的、合作语言丰富的学习机会，而这些被证明对英语学习者而言最为有效（Yore, Bisanz, & Hand, 2003）。教师和学校管理者通常认为，科学教学（以及其他内容领域的教学）必须等英语学习者的英语语言技能发展到一定水平才能开展。但是，目前对于英语学习者的语言标准（TESOL, 2006）以及《美国英语语言艺术州共同核心标准》（Achieve, 2013）都将核心内容领域的学术语言能力作为所有英语水平的核心目标。因此，为了在内容知识和学术语言发展上不落后于讲英语的同龄人，英语学习者需要在内容领域教学的情境下发展英语语言和读写能力。尽管有这些需求，面向英语学习者的内容领域教学和语言教学在传统上就被认为是两个独立的领域，且彼此之间缺乏足够的互相支持（Lee, 2004）。

在许多早期关于英语学习者的有效科学教学的文献中，研究人员强调让学生参与实践活动以增强科学的具体性和体验性方面的重要性。最近，研究人员倾向于关注教师的需求，将具有认知挑战的科学探究实践与明确的学术语言和英语读写能力发展结合起来。最后，在大量研究中研究人员使用英语学习者的母语和文化作为教学支持，以加强科学学习。

早期对英语学习者科学教学的研究受到ESOL（教操其他语言者学英语）模型的强烈影响，其中包括隐蔽内容教学（Chamot & O'Malley, 1996）。这些方法聚焦动手探究和支持学习的具体例子（或教具）。大多数人依然认为，实践科学为包括英语学习者在内的所有学生提供了在注重加强对科学概念理解的情境中练习科学沟通技能的机会，同时借力的教学方法对英语学习者特别有利（Stoddart, Solis, Tolbert, & Bravo, 2010）。第一，实践活动较少依赖于对教学语言的正式掌握，降低了英语学习者的语言负担。第二，实践活动促进科学知识和实践情境下的语言习得。第三，关于实践科学的报告鼓励学生以多种形式交流他们的理解，包括手势、口头、图片、图表和文本。最后，语言功能，如描述、假设、解释、预测和引用，可以与实践科学技能，如观察、描述、解释、预测、估计、展示和推断同时发展。

虽然作为面向英语学习者科学教学的一个重要组成部分，实践探究方法仍有其价值，但最近的文献已经承认，实践活动不一定达成概念理解(NRC, 2011)。因此，目前的重点是建立综合教学模式，促进具有认知挑战的科学探究实践，同时关注学术语言和英语读写能力的发展。现在，在支持强有力的科学和语言学习的关键教学特征方面人们已经有了广泛的共识(Lee & Buxton, 2012)。

首先，应该为所有参与科学教学的学生在读写能力发展方面制订明确目标，以及明确的科学学习目标(Bruna & Gomez, 2008)。这些语言和读写目标可以包括重点关注科学文本的理解、科学作业中的语言功能(例如解释、对比、报告)、图像组织图(例如概念图、单词墙、维恩图、KWL图)、大众书或写作提纲。

第二，科学教学应该涵盖对英语学习者特别有用的语言支持策略，通常被称为ESOL策略(Fathman & Crowther, 2006)。例如，教师可以引导学生理解和使用少量的关键科学词汇，包括特定领域和一般领域的学术术语。他们可以鼓励学生通过手势、口头、图像、图形和文本表达方式来交流思想。他们还可以在多种情境下使用语言(例如介绍、写作、重复、突出显示)。在最近的研究和教师资源中，研究人员强调ESOL策略在科学学科中可以用于造福所有学生的方式，同时也证明了它对英语学习者尤其有益。

第三，科学教学可以特定地使用话语策略，例如基于证据论证或概述因果关系，这些策略支持强有力的科学探究实践，同时通过语言发展还可以提高英语学习者对学术内容的理解。研究人员探索了在保持科学内容和过程严谨性的同时，帮助教授英语学习者科学的教师修改课堂话语的有效方法(Brown & Spang, 2008; Buxton, Allexsaht-Snider, & Rivera, 2012)。此外，一般的英语学习策略(例如，放慢语速、延长等待时间、使用难理解语言的同义词或释义、重述主要思想、重新理解和阐释学生的回答)可以支持学生的理解，同时不会降低科学内容的挑战性(TESOL, 2006)。

第四，研究人员探索了基于学生家庭和社区生活体验，利用学生的智力资源来促进科学学习的重要性(Rosebery & Warren, 2008)。有影响力的教师提出的问题能够引导学生获得与科学主题相关的知识(González, Moll, & Amanti, 2005)，并使学生以有学术意义且与文化相关的方式使用文化产品和社区资源(Rodriguez & Berryman, 2002)。从学生的生活和以多元文化视角审视问题的教学主题中提取的例子和类比可能会有很大帮助，因为学生会努力将以前的经验与新的学术期望结合起来(Villegas, 2007)。

最后，研究人员将学生的家庭语言作为教学支持加以强调，以加强科学学习。区分家庭语言教学(即双语教育)和家庭语言支持非常重要(Goldenberg, 2008)。那些给人留下深刻印象的教师使用各种策略，如在家庭语言和英语中引入重点科学词汇；强调英语和家庭语言之间的同根词和假同根词(例如，西班牙语和其他罗曼语词汇源于拉丁语，而拉丁语也是科学的主要语言)；鼓励会讲两种语言的学生用家庭语言和英语来帮助英语水平较低的学生；允许英语学习者用他们的家庭语言撰写关于科学观点或实验的文章；邀请家庭和社区成员作为当地专家参与课堂识字活动。

因此，即使教师不讲学生的家庭语言，他仍然可以把教学建构在学生家庭语言的基础上，充分发挥学生家庭语言的作用。虽然一些形式的家庭语言支持对于学习科学过程中涌现的英语学习者是有益的，但即时翻译无论是在教授科学还是提高英语水平方面，似乎都不是一个非常有效的教学策略。例如，鲁克斯(Luykx)、李和爱德华兹(Edwards)(2008)观察了一个把从3年级和4年级才开始学习科学的两拨英语学习者合二为一的班级，班级由一名仅使用英语的教师进行科学教学，并有一名双语合作教师加以辅助。研究人员比较了两名教师都在场的典型课堂和双语合作教师不在场的非典型课堂。他们的结论是，课堂上的语言实践是基于这样一种假设，即两种语言(英语和西班牙语)本质上是等价的且中性的代码，科学概念本质上是独立于建构和表达它们的语言的。与这些假设相反，关于双语合作教师尝试将科学内容从英语翻译成西班牙语，以及学生在关于科学内容的课堂讨论中尝试越过语言障碍的分析表明，科学概念与建构它们的语言紧密相连。

与此类似，卡尔德龙(Calderón)、斯莱文(Slavin)和桑切斯(Sanchéz)(2011)对支持英语学习者在内容领域学习的不同教学策略(从双语教学到纯英语教学)进行的元分析表明，任何一种特定的语言方法都不如其他关键的学校和课堂因素重要。最重要的因素包括强有力的学校领导，他们对英语学习者有高标准和高成果期望；无论教学的语言是什么，语言、读写能力和内容教学之间紧密结合；注重满足英语学习者需求的持续的专业发展；以及积极的家长和家庭支持团队的存在。因此，尽管双语教育和纯英语教育一直是有关支持英语学习者的教学策略中争论最激烈的部分，但就内容领域的学习而言，教学语言似乎并不是最突出的教学特征。

支持英语学习者的科学课程材料

课程材料在教育改革中扮演着重要角色(Ball & Cohen, 1996)，它既影响着课程所涵盖的内容，也影响着课堂上有意无意中使用的教学方法。随着美国联邦和州标准对于教学目标的影响越来越大，教科书和其他课程材料已经成为教授这些标准的主要工具(Banilower et al., 2013)。随着研究人员和课程开发人员寻求支持教师更好地按照预期使用课程材料，有教育作用的课程材料的开发已成为一种趋势，以帮助教师更充分地实现课程在促进学生理解方面的目标(Davis & Krajcik, 2005)。虽然自冷战和苏联人造卫星发射以来，课程项目在科学教育改革中发挥了很大的作用(Rudolph, 2002)，但满足当前科学教育标准的高质量教材很难找到。例如，尽管美国国家科学基金会(NSF)资助了大量的课程改革项目，但NSF对学校科学课程的综合评价后得出结论，现有的大部分教材不符合NRC(1996)《美国国家科学教育标准》的预期(Kesidou & Roseman, 2002)。随着*NGSS*的到来，研究者们将需要开发新一代的科学课程材料，同时教师也需要专业的发展，从而更好地使用这些教材来支持如前所述的新标准中对认知和语言的更高要求。

为所有学生提供高质量科学课程的另一个挑战在于，科学课程开发人员必须考虑如何更好地满足英语学习者独特的学习需求。例如，NSF(1998)长期以来一直呼吁要有更多“与文化和性别相关的课程材料”，承认“多元的文化视角和贡献，以便通过例子和教学，使得所有群体对科学的贡献都能被理解和重视”(p. 29)。英语学习者不太可能获得这样的材料，这一现状对学生获得公平的学习机会构成了障碍(Lee & Buxton, 2008)。然而，开发更好的课程材料的努力面临很多挑战，这类课程材料强调具有多元文化和语言的学生群体的需求。

首先，关于不同文化和语言群体的规范、实践和世界观如何与科学共同体的规范和实践相关联的知识基础不足(参见上文科学学习部分的相关讨论)。有一些研究已经发现了这一情况，例如，加拿大的第一民族群体，已经成功地开发了相关教学材料，并在来自这些特殊文化和语言群体的学生中推广使用(例如Aikenhead, 2001; Garza, 2011)。然而，如果教育环境中有来自多种文化和语言背景的学生相聚在一起，那么整合与所有学生的文化和语言都相关的内容将十分困难。

其次，存在强化对英语学习者及特定文化和语言群体的学习需求的刻板印象、偏见和过度泛化的风险。例如，为支持英语学习者而开发的课程材料往往强调培养协作的团体环境，而不是个人或竞争性的班级结构(Tharp, 1997)。虽然这些教材可以很好地满足许多英语学习者和非英语学习者的需要，但它们也可能强化一种刻板印象，即英语学习者在学术上不是独立的或者是没有竞争力的，这可能不利于学业成绩优异的英语学习者。

第三，结合当地语言和文化知识的课程材料的开发与目前对可用于大规模推广的教材的标准化要求背道而驰(Lee & Luykx, 2005)。标准化的愿望和确保学生获得反映某个州或地区风土人情的课程的愿望之间存在博弈(Buxton, 2010; Gruenewald, 2003)。因此，在设计满足特定地区情境需求但与其他情境的相关性不足的教材，和设计能够大范围推广但不能解释情境差异的教材之间，存在内在的取舍。

英语学习者的语言需求又为教材的开发增加了一层复杂性，即如何使课程更加标准化以满足共同的目标，同时又更加差异化以满足英语学习者的独特需求。许多关于英语学习者科学课程的研究都是在低收入社区的城市学校中进行的，这带来了一个挑战，即如何将课程在支持英语学习者方面所发挥的作用与社会经济地位(SES)和城市环境的其他结构性特征分离开来。一些研究涉及对现有课程材料的评价，以及这些教材在多大程度上满足了英语学习者的需要。其他研究的重点是开发新的课程教材，这些教材重点关注实践且基于探究的科学，并将这种科学作为一种既能促进科学学习又能促进英语学习者英语语言发展的方式。

例如，林奇(Lynch)、凯珀斯(Kuipers)、派克(Pyke)和斯则思(Szesze)(2005)研究了高评分的科学课程单元对英语学习者学习的影响。课程单元的设计并没有专门满足英语学习者的需求，或支持文化或语言的相关性；相反，它是为广泛推广而设计的，所有的教学都采用英语。按成绩分类的数据显示，实验中除了英语学习者，使用这门课程的学生比不使用这门课程的对照组得分高。换句话说，该课程对除英语学习者之外的学生都有效。

在另一个例子中，汉普顿(Hampton)和罗德里格斯(Rodriguez)(2001)对讲西班牙语的小学生使用了全选项科学系列(FOSS)课程。在此例中，虽然课程本身没有修改，但修改了教学语言，教师用西班牙语和英语各进行一半课程的教学。6周后，学生们用自己选择的语言完成了一项开放式的书面科学测验。汉普顿和罗德里格斯发现，选择用西班牙语回答的孩子(55%的学生)和选择用英语回答的孩子(45%的学生)在表现上没有明显的差异，这表示当同时以英语和西班牙语教授FOSS课程材料时，使用英语和西班牙语的孩子们在学术语言和科学知识方面的发展情况相当。

除了这些关于英语学习者如何利用现有高质量科学课程的评价研究之外，还有一些项目探索开发和测试自己的课程材料，其具有更好支持英语学习者的科学和语言学习这一明确的目标。例如，奥古斯特(August)及其同事设计并测试了优质英语与科学教学(QuEST)课程，以同时支持中级水平的英语学习者发展其科学知识和学术语言

（August, Branum-Martin, Hagan, & Francis, 2009）。在中学已经使用的科学教科书和工作簿的基础上，QuEST课程将5E（引入、探究、解释、精致、评价）科学探究模型应用到现有课程中，同时直接教授和普及特定主题的学术词汇。QuEST的介入还包括增强对视觉材料和图形组织图的使用，针对英语学习者的科学实验预览，以及英语学习者在科学调查期间进行教学对话的额外脚手架。对于QuEST介入的对照研究表明，课程材料的使用对英语学习者科学知识和科学词汇的发展具有显著的正向影响。

在最为系统化的课程研究和开发工作中，李和他的同事们特别关注英语学习者需求。他们构建了一个课程，该课程既反映了针对英语学习者的科学教学知识库的演变，又反映了关于英语学习者政策环境（例如，纯英语教学政策）和科学教育政策环境（例如，高利害测试和问责政策的兴起）的变化。这些课程材料，旨在支持科学内容和学术语言的同步发展，随后作为对小学教师的一系列专业发展干预的基础。多年来，该项目为3至5年级开发了完整的科学课程，以完全取代参与干预学校的地区科学课程。

从设立伊始（Fradd, Lee, Sutman, & Saxton, 2002）到最近的迭代（Lee, Lewis, Adamson, Maerten-Rivera & Secada, 2008），该项目遵循了一系列教学指导，从基本技能和概念（测量和物质）到多变的全球系统（水循环和天气），再到尺度逐渐扩大的系统（生态系统和太阳系）。每个科学主题的课程材料包括学生的消耗性科学作业本、教师指南（包括幻灯片）、消耗性和非消耗性科学用品（包括与本单元科学主题相关的图书）。所有单元都强调与英语学习者科学学习相关的三个领域：（a）科学探究，从教师明确的指导到学生自主探究的进阶（参见Lee, Hart, Cuevas, & Enders, 2004），（b）科学教学中英语语言和读写能力发展的整合（参见Hart & Lee, 2003），和（c）将学生的家庭语言和文化经验结合到科学教学中（参见Lee, Luykx, Buxton, & Shaver, 2007）。这些领域共同支撑起学生的科学内容和学术语言的发展。关于此课程对英语学习者学习成果影响的研究持续了许多年，有数千名学生参与其中。多年的研究显示，学生有关科学和读写能力的成绩整体有所提高，人口统计学亚群体之间的测试差距有所缩小，NAEP和TIMSS样本学生的成绩有所改善（Lee, Deaktor, Enders, & Lambert, 2008；Lee, Mahotiere, Salinas, Penfield, & Maerten-Rivera, 2009）。

综合来看，科学课程开发相关的文献在满足英语学习者的需求方面已表现出显著的进步。虽然早期对于英语学习者课程的改进在概念和语言上与已有课程简化版本差不多，但如今这一支持英语学习者学习需要的课程开发已然把课程的严密性作为一项基本目标。*NGSS*势必将推动新一轮的课程开发，包括在努力使课程达到*NGSS*严格目标的前提下，考虑如何使课程最切合学生的需求。正如我们接下来讨论的那样，为满足英语学习者的需求而进行的课程相关工作已经且将继续与评价改革协同进行。

科学评价和英语学习者

教育评价方面的文献整体上而言是非常广泛的，有关学生文化多样性评价的文献也是如此。然而，专门针对英语学习者科学评价的研究却非常有限（Buxton et al., 2012；Solano-Flores & Li, 2008）。在《不让一个孩子掉队》法案实施的第一个十年中，大多数州并不问责科学教育。当科学被纳入全州范围的评价时，它经常排除在计算学生成绩的质量改善度评测或公式之外。此外，由于对英语学习者的评价往往集中在读写和计算的基本技能，包括科学在内的其他学科领域通常被忽视。然而，最近许多州在科学问责政策方面的改革引发了所有学生科学评价的重大改变，特别是对英语学习者等要求较高人群的学生。因此，对于英语教师和学者来说，研究语言和文化特征可能如何影响英语学习者的科学学习评价变得越来越重要。与此同时，对于如何为英语学习者提供更有效、更公平的科学评价也很难得出结论，因为到目前为止，直接针对这一问题的研究很少，而且这些研究结果也有些不一致（例如Lawrenz, Huffman, & Welch, 2001; Young et al., 2010）。

评价英语学习者的一个关键问题是如何处理语言和文化因素，以确保对所有学生都能采取有效且公平的评价。对科学成绩的评价需要考虑到对不同学生群体的公平性。在这种情况下，公平可以被理解为“任意评价都允许学生展示他们对所测概念理解的可能性”（Lawrenz et al., 2001, p.280）。关于科学评价中的文化和语言偏见问题，以及这些偏见可能如何影响对英语学习者和其他学生亚群体评价的效度，已经有相当多的争论。尽管一些人将这种偏见视为对效度的严重威胁（Solano-Flores & Li, 2008），而另一些人继续将学生的人口学亚群体中学术表现的差异视为对学生能力的差异或基于他们的经历及家庭环境的局限性的准确评价（Young et al., 2010）。

对于将文化和语言偏见认定为评价中存在的严重问题的研究者，对于如何更好地解决这个问题，似乎存在两种相互矛盾的观点（Luykx et al., 2008）。第一种立场主张通过消除评价工具和实践中的文化和语言偏见来提高测试的效度（Vijver & Tanzer, 2004）。相反，第二种观点的支持者认为，由于文化和语言偏见无法消除，非主流学生的文化信仰和语言实践应该被考虑并纳入整个评价过程中（Solano-Flores & Trumbull, 2003; Trumbull & Koelsch, 2011）。

对英语学习者的评价应特别关注影响学生思维和意义构建的社会文化和社会语言学因素，以及学生对评价项目的解释和回应方式。在不熟悉学生家庭和社区语言和文化规范的教师眼中，不同文化和语言背景的学生可能会用掩盖其知识和能力的方式来表达自己的想法。虽然所有的学生都受到众多文化因素的影响，但母语为英语的白人中产阶级学生表达其理解的语言和文化知识，更有可能与教师、研究人员和测试开发人员的相类似。因此，这些学生的背景更有可能支持而非干扰他们在评价中的表现。

一项规模虽小但仍在不断发展的工作明确聚焦如何在科学上更好地评价英语学习者。评价形式和内容仍然是衡量英语学习者科学学习的主要问题。首先，评价应该用英语、家庭语言还是双语进行？第二，哪些调整能更好地让英语学习者展示其在科学领域的知识和能力？第三，评价如何区分科学知识和学术语言的熟练程度（英语或家庭语言）？上述三个问题将依次被讨论。

评价的语言。为了更好地解决评价中语言和文化因素的复杂性，索拉诺-弗洛里斯（Solano-Flores）和特朗布尔（Trumbull）（2003）提出了一种新的范式来促进对英语学习者评价的有效性和公平性。虽然目前的努力主要集中在通过消除学生语言和文化的混淆效应来确保考试的有效性，但索拉诺-弗洛里斯和特朗布尔提出，应该朝着相反的方向努力。他们认为构建不受文化和语言影响的测试几乎是不可能的，理解如何最好地估计这些不可避免的影响将指导评价过程中的所有元素，包括测试开发、测试审查、测试使用和测试解释。

一种可能的方法是同时使用家庭语言和教学语言进行双语评价。用两种语言来评价学生的知识，让学生有一个更均衡的机会来展示他们的内容知识，同时减少语言的混淆效应。然而，这种方法存在挑战。第一，确保两种语言的评价工具之间具有可比性是复杂的，这就增加了额外的效度问题。第二，翻译后的评价工具不一定能消除语言和文化上的混淆，很可能会引入新的混淆。第三，如果学生在家庭语言水平方面没有发展出相应的读写能力，这种方法可能仍然不能准确地描述学生的内容知识。这种情况经常发生，因为英语学习者很少接受基于家庭语言的学术语言教学。最后，英语学习者可能会感到来自同辈的压力以及来自教师或学校管理者的压力，以致放弃把家庭语言作为一种有效的学术资源。

例如，在巴克斯顿及其同事们（2012）的一项研究中，大约1,600名中学生接受了英语或西班牙语主观题的双语科学评价，要求用自己所选语言阅读并回答各个问题。对于每一道题目，学生们要求注明自己是否只能阅读英语、西班牙语或者可以使用两种语言。学生们的书面作答也被分为上述三类。在家庭语言为西班牙语的学生中，只有大约三分之一的人表示，他们答题过程中有阅读过用西班牙语或两种语言表述的题目，而在说西班牙语的学生中只有不到10％的人选择全部或部分使用西班牙语作答。作者的结论是，即使提供双语评价，一些文化、语言和学术障碍也会阻碍评价的使用。

尽管存在上述挑战，双语评价的方法仍然值得进一步研究，并且对仅使用英语评价的内在效度挑战进行权衡。双语评价在清晰地理解第一语言和第二语言的熟练程度、学生的内容知识、测试题目的语言要求和内容要求三者间相互作用方面大有潜力。双语评价还可以帮助了解为大量英语学习者服务的学校的语言规范和政策（Solano-Flores, 2008）。然而，到目前为止，双语评价在美国教育系统的政策和评价环节几乎没有什么进展。

评价的调整。一系列的调整策略可以用来支持英语学习者。例如，在2005年和2009年NAEP评估科学教育进展时，英语学习者被允许使用双语词典、双语文本、特定主题的词汇表、英语字典。NAEP还允许英语学习者用额外的时间来完成评价，允许大声朗读测试题目，允许问澄清类的问题，允许对抄写员口述回答（NCES, 2011）。从上述描述可以看出，所有的调整都是出于帮助英语学习者理解书面语言的目的，而没有关于修改评价实际所用语言方面的调整。在是否翻译测试题目，是否避免不必要的复杂语法结构、多义术语或习语表达等方面则没有做出调整。

基弗（Kieffer）、利索克斯（Lesaux）、里韦拉（Rivera）和弗朗西斯（Francis）（2009）在一项测试调整的元分析中，检验了特定的测试调整对提高英语学习者在大规模数学和科学评价中表现的效果和效度。效果被定义为接受测试调整的英语学习者是否比没有接受调整的英语学习者表现更好。效度被定义为一项调整是否改变了一项测试的总体结构效度，通过接受调整的非英语学习者学生是否比没有接受调整的非英语学习者学生表现更好来衡量。研究人员分析了从11项研究中得出的数据，这11项研究都是针对为英语学习者调整NAEP、TIMSS、州问责测试4年级和8年级数学和科学项目的影响。研究考虑的调整包括额外的测试时间，对问题进行双语表述，西班牙语版本的测试，双语词典的使用，英语词典的使用，以及英语版测试问题的简化。令人惊讶的是，调查结果显示，唯一能持续提高英语学习者成绩的调整是为学生提供英语词典。这一发现引发了一个有趣的问题，即为什么家庭语言的支持没能提高测试表现。一种假设是，如果学生没有受到家庭语言的学术教学支持，那么他们就不能掌握母语的学术语言技能，进而无法从家庭语言类调整中受益。不过结果还表示，几乎没有证据表明这些调整威胁到了效度，这意味着继续探索大范围针对英语学习者可能的测试调整是没有危害的，研究教学实践的变革如何导致测试调整的效果发生变化也是没有危害的。

除了检验在大规模评价方面的测试调整，西格尔（Siegel, 2007）还研究了针对英语学习者的调整对教师发展的形成性和终结性评价的影响。与试图包含和减少语言因素的大规模评价不同，这些课堂评价旨在以尽可能多的方式改进书面评价题目，使这些题目对于英语学习者而言更易读懂且公平。西格尔研究了两个中学的生命科学课程，这些课程使用了美国国家科学基金会支持的科学课程材料，在参加前测和后测之间使用该教材学习了整整一个学年。参与调查的学生是英语读写能力较强的英语学习者，也有同一班的非英语学习者。西格尔基于五个原则，开发并使用了一个书面课堂评价的公平框架：(a) 匹配原始项目的学习目标和教学语言；(b) 在语言和文化上对于英语学习者都是可理解的，(c) 挑战学生在不稀释内容的情况下思考有难度的观点，(d) 引导学生理解，以及 (e) 以语言的使用作为脚手架来支持学习。在这五个原则的基础上，西格尔提出了11项评价调整，以支持语言（如减少单词数量）、认知（如添加图形组织图）和视觉（如包含图片）的改进。

结果表明，以英语为母语的学生和英语学习者在调整后的课堂评价中得分都显著更高。因此，与基弗及其同事对标准化测试的分析不同，这些调整确实提高了英语学习者的表现，但也造成了效度的威胁，因为非英语学习者的表现也提高了。对这些结果的一种可能的解释是，不管学生的家庭语言是什么，评价题目对于学生而言，含义往往是不清楚的。因此，有助于学生理解的综合性评价调整对所有学生都是有益的。换句话说，如果我们进行评价调整的目的是让学生更好地理解测试题目，那么测试题目出题者应该考虑西格尔提出的原则。

新兴技术为支持英语学习者的评价调整提供了额外的可能性，也为改进科学教学提供了潜在的可能性。例如，科普日娃（Kopriva）和塞克斯顿（Sexton）（2011）开发了一种基于技术的评价方法，称为ONPAR，旨在尽量减少与概念无关的文本的干扰。该方法的重点是用相对较少的语言捕捉学生的解释性回答。评价题目使用一系列的语言支持，包括多重模式、基于计算机的动画和模拟、多重冗余，以及使用听觉支持。ONPAR方法已被证明可以改善对英语学习者的挑战性内容知识和学术语言技能的测量，同时也为教师提供了帮助他们在课堂上讲授复杂内容的工具（Kopriva, 2008）。

内容和语言之间的差异。当对英语学习者采用英语进行评价，应尽量区分学生的科学知识和英语学术语言熟练度。虽然从理论上来看显然要考虑这一点，但在实践中避免将语言的熟练性与科学知识混淆起来是相当具有挑战的，因为学生必须通过语言来解释问题并展示自己的理解（Siegel, 2007）。

不少研究已经考虑课堂科学评价在多大程度上考查科学知识，或者在多大程度考查英语语言熟练程度。例如，肖（1997）在一所高中的两个英语学习者班级中使用科学表现评价。在这所高中，投入丰富资源的双语教学项目并不常见。两名接受过培训且具有教授英语学习者科学探究实践经验的双语教师，进行了以热能为主题的为期4天的表现评价工作。评价包括开放式的探究和以学生小组作业形式进行的实践调查，然后是一系列的书面评价题目。学生的英语熟练度对其能否制定出一个可接受的调查程序有显著的影响。相比之下，学生的英语熟练度对其运用图表、计算、方程、数据表和最后总结问题的能力影响并不显著，而是更多地受到其科学知识水平的显著影响。肖的结论是，要确定对英语学习者的科学评价在多大程度上衡量的是英语语言熟练度而非考查科学知识，或者是附带考查科学知识的，这个问题并没有一个简单的答案——其答案似乎取决于评价任务和所提问题的重点。

总结。有关评价英语学习者科学学习的文献提出了许多有趣的问题，包括测试题目的作用和效度问题、第一语言和第二语言的语言能力的作用、文化和经验的作用，以及各种评价强调重点的可能差异。然而，研究文献对这些问题几乎没有给出明确的答案。研究表明，需要同时开发和完善英语和学生家庭语言的测试题目，以使整个评价过程中两个版本都是有效的(Solano-Flores, 2008; Solano-Flores & Trumbull, 2003)。尽管即使是在可以使用的情况下，英语学习者也可能不会使用家庭语言版本的评价题目(Buxton et al., 2012)。基弗及其同事(2009)和西格尔(2007)的研究表明，通过调整以提高英语学习者评价效度，与提高所有学生(包括英语学习者和非英语学习者)评价成绩，两个目的之间存在博弈。肖(1997)的研究强调了在对英语学习者的科学评价中区分内容、语言和文化的困难。虽然新兴技术可能为评价英语学习者的科学学习提供新的支持(Kopriva, 2008)，但在考虑为所有学生提供公平的科学教育机会时，评价将仍然是一个具有挑战性的领域。此外，除了对标准化评价的关注外，研究文献并没有为课堂教师对英语学习者进行诊断性、形成性和终结性评价提供有效的指导。因此，评价应该是科学教师教育中支持英语学习者的一个重要关注点，接下来我们将讨论这个主题。

支持英语学习者的科学教师教育

正如我们在本章开始时提到的，美国的学校将继续为越来越多的英语学习者提供教育，为给所有学生提供平等的学习机会，当下和未来的教师需要一套全新的、不同于他们前辈的知识、技能和性情。与快速变化的学生人口学特征形成对比的是，教师职业继续由白人、女性、社会经济地位中等的教师所主导(Banilower et al., 2013)。早在2000年，乔根森(Jorgenson)就总结道:“美国各学区都面临着少数族裔教育工作者的严重短缺，而公立学校的少数族裔学生人数却在稳步增加的情况。这种不平衡预计会进一步恶化”(pp.1-2)，而事实上这种趋势还在继续(Sable & Plotts, 2010)。

虽然为了能够有效地教学，教师不需要与学生拥有相同的民族、文化或语言背景(Ladson-Billings, 1995)，但是所有的老师都必须不断提高对于英语学习者(以及所有学生)带到教室中的文化和语言知识的认识(Garcia, Arias, Harris Murri, & Serna, 2010)。然而，很少有教师获得实质性的专业发展机会，以关注学生的民族、文化和语言背景可能如何影响其教育经历(Gere, Buehler, Dallavis, & Haviland, 2009)。根据教师专业发展的相关文献，促进教师知识、信仰和实践的改变很明显是一个漫长而艰巨的过程，快速修复或一次性的干预是无益的(Wayne, Yoon, Zhu, Cronen, & Garet, 2008)。尤其当涉及将学生的文化和语言经验与特定内容领域的学习目标联系起来时，更是如此（Buxton, Salinas et al., 2013；Lee & Luykx, 2005）。教师需要有机会来反思这些文化和语言经验可能如何影响学生的受教育经历。简而言之，教师教育的关键在于注重强调教师与学科领域相关的学生语言和文化的信仰和实践。

尽管越来越多的人认识到有必要关注语言多样性问题（包括英语学习者的需求），但对于帮助教师在当下文化和语言多样化的教室中做好准备，进而取得成功方面进展有限。挑战是多方面的。首先，很难就对所有学生都严格而公平的课堂实践进行学术上的概念化。其次，即使教师教育同时兼顾严格和公平，也不容易转化为支持英语学习者需求的可行的课堂实践模式。第三，教授英语学习者的绝大多数教师（>80%）仍然认为，他们没有充分准备，以满足学生的学习需求，尤其是在科学、数学和阅读等学术要求较高的学科上（Banilower et al., 2013）。最后，教师往往会受到学校问责机制的束缚，学校问责机制关注的是狭隘的结果，这使得许多教师不愿意偏离传统的教学方法（Buxton, Kayumova, & Allex Saht-Snider, 2013）。

促进英语学习者科学以及英语语言和读写能力发展的教师专业发展必须是多方面的。首先，除了确保英语学习者获得社交所必需的语言技能外，教师还需要促进英语学习者在描述、解释、比较和总结等方面的学术语言能力的发展，其中包括一般性的以及与具体内容相关的学术语言能力（Wong-Fillmore & Snow, 2002）。第二，教师必须能够根据学生的特殊情况，对语言和内容学习需求制定适当的期望。例如某个高中新生是英语学习者，其英语水平有限，之前的学校教育也被打断了。很显然他需要与高水平英语学习者或者在家庭语言方面接受了较强内容教育的英语学习者不同的教学方法，从而开展英语和内容领域的学习（Calderón, Slavin, & Sanchéz, 2011）。最后，教师需要能够将这些知识应用到一般的和特定内容的学术语言教学中（Stoddart et al., 2010）。上述三个知识来源的结合指向教学实践的价值，其价值在于让不同英语熟练度的学生参与学术语言学习并能从多个入口进入学习活动，使用多种模式让学生展示其学习成果，并鼓励每个学生以允许语言最大化发展的方式参与进来。

巴克（Buck）、马斯特（Mast）、埃勒斯（Ehlers）和富兰克林（Franklin）（2005）给出了一个实际的例子，探索了一位新入行教师构建课堂教学的过程，要求其课堂有助于满足中学英语学习者科学学习的学术、语言和社会需求。对5个月课堂数据的分析表明，（a）这位教师在主流课堂上教授中年级英语学习者时使用的许多策略都需要考虑复杂的因素，而这些并不属于她参加的教师培训项目的一部分；（b）随着时间的推移，所有学生的科学学习内容都在提升，但英语学习者和非英语学习者之间存在学习差异。学生和同伴的反馈被证明是促进新入行教师成长和提升教授英语学习者科学技能的有效手段。

数量有限的研究涉及从专业发展方面帮助在职教师有效地将英语学习者的科学学习与英语语言发展结合起来的努力。这些研究的范围涵盖从学校或地区层面的大规模专业发展到只有少量参与者的密集式教师研究。所有这些研究的一个共同特点是，都明确地将科学学习与识字发展联系起来。没有读写能力，学生不可能获得与年级相适应的科学内容知识。同时，严格的内容学习为学习学术语言技能提供了一个真实的环境。

斯托达特（Stoddart）、皮纳尔（Pinal）、拉茨克（Latzke）和卡纳迪（Canaday）（2002）认为以探究为基础的科学，为英语学习者的科学内容和第二语言发展提供了一个特别强大的教学情境。由于在英语学习者学习英语的时候，教师通常不可能用家庭语言教授学术科目，斯托达特及其同事们开发了一个模型（英语学习者的有效科学教学，简称ESTELL），将科学教学与第二语言发展结合起来。他们对24名小学教师进行了为期5周的暑期专业发展项目的研究。在参与项目之前，大多数教师认为他们已经做好了教授科学或语言的准备，但不是两者都准备好了。在参与项目之后，大多数教师认为他们在最初感到准备不足的领域有所进步，而这种进步通常是通过改变他们对两个领域之间联系的看法达到的。

基于上述发现，斯托达特和他的同事们（2010）尝试进一步加强他们的专业发展模型，将他们之前研究的科学、语言和读写能力框架与教育、多样性和卓越研究中心（CREDE）的有效教学标准（Tharp, 1997）相结合。斯托达特等人在与新入行的小学科学教师的持续合作中，证明了这种将科学内容和英语学习者的英语读写能力发展结合的综合模型的有效性。

在另一个面向小学低年级学生（K—2）的纵向项目中，唐（Tong）、厄比（Irby）、拉腊–阿莱西奥（Lara–Alecio）、允（Yoon）和马西斯（Mathes）（2010）开发并测试了一个专业发展模型，该模型侧重于通过科学学习来发展早期英语语言和读写能力。共有76名教师参与了该专业发展活动，活动强调在科学教学情境中使用英语为第二语言（ESL）策略，如运用先行组织者、分级提问、共享阅读、词汇戏剧化和故事复述等。将76名参与研究教师所在班级的学生，与同一所学校未参与项目的教师所在班级的学生进行比较。通过语音理解、口语技能和阅读相关技能来评价学生语言和读写能力的发展。多层建模分析表明，干预对学生的语音理解、口语技能、阅读理解和熟练度产生了积极而显著的影响。

最后，在支持小学阶段英语学习者教师专业发展方面，李及其同事们开展了长期的工作，一直持续至今。在早期的工作中，李（2004）研究了一组双语拉丁小学教师的信念和实践的变化模式，因为这些教师在3年的专业发展经验中，学会了将英语语言和读写作为科学教学的一部分。虽然老师们一开始使用科学和读写能力融合领域中那些非常宽泛和笼统的术语，但他们逐渐就会习得在科学教学的背景下，关注英语语言和读写能力的特定方面。

在最近的促进英语学习者学科学（P–SELL）项目中，李和他的同事们将专业发展的概念定义为对以下三类事务间不断相互角力的响应：（a）平衡科学内容和探究，（b）通过科学支持英语语言和读写能力的内容领域，（c）认识到语境相关的特征与城市环境以及高利害测试和问责机制的共同之处（Buxton, Lee, & Santau, 2008）。

李、刘易斯（Lewis）及其同事们（2008）在P–SELL项目第一学年结束时，调查了38名三年级教师在科学教学方面的知识和实践，这些教师同时支持了英语学习者英语语言的发展。研究考察了四个领域：教师科学内容方面的知识、理解性的科学教学、探究性的科学教学，以及教师对英语语言发展的支持。结果表明，教师的知识和实践与调整所支持的目标基本一致。然而，只有一小部分教师超越了作为专业发展模型起点的明确指导，在科学教学中表现出强有力的、以改革为导向的实践（NRC, 2007, 2011），或在内容领域教学中对读写能力的发展（TESOL, 2006）。

在P–SELL项目的第五学年结束时，李和梅尔滕–里韦拉（Maerten–Rivera）（2012）调查了198名3至5年级教师的知识和实践的变化。有三组结果值得注意。首先，专业发展干预确实对教师教授所有学生（包括英语学习者）科学知识和实践产生了效果。当科学被纳入国家问责测评时，变化最明显的是5年级。第二，教师在教学实践中普遍遵循项目课程；然而，许多教师在面向英语学习者的科学教学中未能实现改革导向的实践目标。最后，外部因素影响了干预的实施和效果，包括教师（和学生）的高度流动性、高利害测试和问责政策。这些外部因素给实施干预带来了挑战，可能导致干预效果降低。然而，因为参与项目的教师和学校要应对的这些因素是在大多数公立学校都常见的典型的压力，这也让上述结果更为普适化。

总的来说，研究支持英语学习者科学教学专业发展的学者指出，旨在将科学探究教学与学术英语发展教学相结合的教育干预措施，通常会在改变教师的知识、信仰和实践方面产生积极的效果。这些研究人员还指出，当教师将科学教学内容与学术语言发展教学结合起来时，他们在满足英语学习者的需求方面确实有所提高。然而，许多教师在教授英语学习者科学时，并没有达到以改革为导向的实践目标。

英语学习者的家庭、学校和科学之间的联系

学生的学术成就与家长参与学校教育之间的关系早已为人所知（Baker & Stevenson, 1986; Epstein, 1987）。最近的研究更直接地集中在如何支持家庭与学校的联系，以及某些类型的家庭或社区参与是否可能特别有助于支持学生的学术成就。例如，布鲁姆（Bloome）等人（2000）探索了学校和家庭之间的主导关系是如何形成一个以学校为中心的模型的。模型中以学校为基础的智力实践作为“最佳实践”呈现给家长，这类实践应该在家庭中加以强化。而布鲁姆及其同事们提倡一种以社区为中心的模式，与前面的模型相反，此模式中家庭、社区、商业等文化和智力实践受到重视并被接受。然而，这两种模式并不容易分辨且存在博弈，例如家庭希望他们的孩子保持传统的文化和语言习惯，同时也希望他们的孩子充分参与占主导地位的学校文化。这些博弈关系对英语学习者的家庭来说可能尤其严重，因为他们的语言、文化、家庭规范和价值观可能与主流学校文化大相径庭（Cone, Buxton, Mahotiere, & Lee, 2013）。因此，虽然长期以来人们都认识到建立家庭和学校的联系对英语学习者的学术成就很重要，但在实践中，这种模式很少以有效的方式施行。

罗德里格斯、科林斯－帕克（Collins–Parker）和加尔扎（Garza）（2013）从科学教学的角度回顾了关于父母参与的文献。他们提出了一个模型，围绕三个维度来组织文献。三个维度包括家庭环境、家长和学校（或社区）、学生和学校（或社区）。在家庭环境方面，罗德里格斯等人发现，一些普遍被认为可以提高学生学业成绩的因素，比如提供家庭作业帮助（J. S. Lee & Bowen, 2006）和监控学生活动（Hong & Ho, 2005），似乎对学生成绩的影响不大。其他因素，如积极的同伴和兄弟姐妹榜样（Horn & Carroll, 1998）以及明确的家庭愿景和期望（Hill & Tyson, 2009），与提高学生成就有关。

其次，在家长参与学校和社区方面，罗德里格斯等人（2013）指出了家长和学校人员之间双向沟通的重要性。当家长不确定或不愿意与学校人员沟通时，学校负责人更多地以个人身份进行外联，比如公布教师联系方式和发出学校活动的个人邀请，可以提高家长的参与度（Sheldon & Epstein, 2005）。同样，让英语学习者的家长在学校做志愿者通常需要建立新的结构来支持家长的语言需求，并以他们能胜任的方式做出贡献，来帮助家长感受到自己的价值。这使得家长们能够更加自信，也许

还能以其他方式加入志愿工作。

最后，关于父母参与的研究很少考虑学生和学生社团的作用。而罗德里格斯、左扎基维奇(Zozakiewicz)和叶瑞克(Yerrick)(2008)的研究则是个例外。在其研究中，英语学习者被培训为技术教练，帮助教师、同龄人和家庭成员使用和排除计算机及其他技术故障。参与该项目的学生在学校的科学领域和不同内容领域表现出了更强的自信心和更强的学习动力。

罗德里格斯、科林斯–帕克和加尔扎强调的主要观点是，父母和孩子已经在扮演与其学校教育相关的各种角色，并通过他们在家庭、学校和社区的参与，发挥与科学教育目标相关的作用。教师和其他教育者应该意识到这些作用，并明确地将现有的学生和家长的主动性，与学校的任务和期望联系起来。这样做可以支持学生的科学成就，并促进他们终身参与科学学习。

在英语学习者科学学习的特殊案例中，许多学校面临的一个主要挑战是，学校科学中的学术内容、语言和实践，与学生家庭和社区中的语言和实践之间的脱节。如果学生认为学校的科学与他们的课余生活相关且有意义，他们就更有可能参与其中。学生和家庭拥有来自家庭和社区的知识储备，如果教师能够理解并找到激活这些先验知识的方法，这些知识可以作为科学学习的资源(González et al., 2005)。

英语学习者及其父母与科学教师如果被视作共同学习者，则可以互相学习和分享相关科学知识储备。基于上述信念，巴克斯顿、阿列克萨特–斯奈德(Allexsaht-Snider)和里韦拉(2012)概述了被他们称为“通往大学的科学之路”的模型。这种双语科学工作坊的模式在大学、技校和社区大学中推行，让家长意识到科学的独特性，并对孩子在初中和高中寄予大致的学术期望。这种模式也让学生以一种不熟悉的视角来看待他们的父母和老师，把他们视为共同学习者。此外，这种模式允许教师在科学学习环境中与家长互动，在这种环境中，教师不扮演评价学生表现的角色。在科学工作坊举办的3年后，研究人员发现，家长对学校教育的参与度更高，学生对科学的参与度更高，老师对英语学习者在科学上取得成功的期望也更高。

本章中关注英语学习者的家庭、学校和科学之间联系的研究，比前面总结的其他主题更少，有限的研究表明支持家庭和学校之间的联系是提高英语学习者科学学习的核心要素，具有巨大潜力。这一领域的进一步研究似乎是必要的。

实践的总结和启示及未来的研究

我们以阐述当前科学教育改革的四种主要原因作为本章的开始：(a)学生多样性的不断增加，(b)问责措施强化背景下持续存在的科学测试差距，(c)*NGSS*的出现，(d)所有学生学习具有挑战性的科学知识的必要性。我们认为，这些因素中的每一项都与我们学校中英语学习者的特殊需求直接相关。随后我们将回顾目前关于英语学习者科学教学的文献，这些文献围绕六个主题展开：(1)科学学习，(2)科学教学策略，(3)科学课程材料，(4)科学评价，(5)科学教师教育，以及(6)家庭、社区、学校和科学之间的联系。现在，我们就这些主题对实践和未来研究提供的启示以及出现的机会进行简要评论，并以此作为结论。

科学学习

英语学习者面临着一个独特挑战，那就是用他们还在学习的语言来学习科学。在许多教育环境中，英语学习者最初是通过ESOL或ESL项目进行强化语言学习的，这些项目通常以牺牲内容领域的教学为代价。在这些项目中，英语语言和读写能力的发展，很少被置于与年级相适应的学术学习环境中。当语言教学侧重于基本的人际交往，而不是内容领域学习所需要的学术语言时，英语学习者在未来的学术成就方面将处于更大的劣势。正如本章所指出的，这种传统方法限制了英语学习者学习科学的机会。然而，*NGSS*应该会带来新的机会和挑战，因为对科学与工程实践、跨学科概念以及学科核心概念的着重强调将会创建语言丰富的、情景化的学习经历。

对英语学习者科学学习的进一步研究，将有助于理解内容学习和语言学习之间的微妙关系。例如，英语学习者在学习科学与工程实践、跨学科概念以及学科核心概念时将面临什么样的语言需求和机遇(Lee, Quinn, & Valdés, 2013)？科学教师和语言专家需要了解哪些有关语言需求和机会方面的信息，以支持英语学习者参与科学与工程实践？

科学教学

所有背景的学生都应该获得具有学术挑战性的学习机会，使他们可以基于自己的语言和文化经验来探索科学现象、构建科学意义。很多时候，教师教授英语学习者的思路是对其进行基本技能的直接指导，英语学习者被安排在低水平、低学术期望值的班级，然后被带离科学教室，接受基础读写和算术方面的指导。这样的做法使英语学习者在学习科学方面越来越落后。英语学习者教学模式从“拉出”向“推入”的转变，会为合作教学模式创造新的机会，同时合作教学模式也有可能丰富英语学习者的科学教学。

在未来的研究中，该领域需要更好地理解在*NGSS*的新焦点下，实践科学探究如何(以及在多大程度上)有助于英语学习者的科学学习。例如，强调建模和论证可能从正在进行的实践经验中受益，但可能需要以不同的方式利用这种实践经验。进一步的研究还应该解决以下问题：什么类型的学术语言发展可能对英语学习者的科学学习最有用，以及什么样的教学策略最能支持这种语言发展。此外，除科学教师外，如何最大化地利用合作教学、家庭语言支持以及基于成年人课堂的其他教学策略，还有待进一步研究。

科学课程

有必要对英语学习者的科学课程材料进行多层次关注。这样的课程材料应该是连贯的、严谨的、关注大概念的，并为支持学生的理解而设计。这些教材也应该支持将科学作为获得学术语言的脚手架。所有学生都需要面对科学课程的挑战，科学课程要与改革导向的实践以及当前和*NGSS*保持一致。在教授英语学习者时，科学课程材料需要考虑与文化、语言和世界观相关的其他问题。试图设计满足所有学生需求的课程材料，与设计针对特定学生群体(如英语学习者)需求的教材之间，存在着内在博弈(Calabrese Barton, Tan, & O'Neill, this volume)。与此同时，钦(Chinn, 2007)和巴克斯顿(2010)的研究指出，随着与*NGSS*相关的新教材的开发，将有新的机会把学生一生的科学体验与学校科学课程联系起来。

关于英语学习者科学课程的进一步研究，我们需要更好地理解如何做到让英语学习者的世界观与*NGSS*所要求的规范和实践相一致。在为了支持*NGSS*而进行的课程材料的开发或修订过程中，如果我们希望学生就新的、有挑战性的科学内容和实践进行有效沟通，就需要考虑支持英语学习者(和所有学生）的语言需求和机会。此外，基于地域的课程和本土知识的问题，需要结合更加全球化的课程来推进其研究，而这样的课程也是*NGSS*将带给我们的。

科学评价

有研究证据表明，对英语学习者科学评价的有效性和公平性，可能会因为评价的文化和语言特性而受到质疑，因此需要更准确和完整地理解如何设计科学评价并为英语学习者提供便利。例如，评价设计者应该考虑对英语学习者难度各异的多种元素（例如，项目的内容、背景、形式、措辞），而不是简单地为所有英语学习者提供一套标准化的调整。与此同时，与*NGSS*相对应的新一代基于表现的、技术增强型的评价，可能使英语学习者能够更准确地展示他们所知道的和可以做的事情。

关于对英语学习者的科学评价领域的研究，其中语言和文化特征如何影响科学学习的评测，以及这些知识如何能够帮助科学评价向对所有学生更有效、更公平的方向发展，尚有很多问题是我们仍然不甚了解的。虽然高利害测试备受关注，但同时也需要更好地理解如何改进教师所做的形成性和终结性评价，从而更好地发挥面向英语学习者和所有学生的课堂评价的教育潜力。最后，关于双语或多语评价以及多模态评价，可能在支持有效和公平的评价的同时又对其造成阻碍的问题，也有待进一步研究。

科学教师教育

教师是教育创新和进步的关键，任何专业发展干预的成功都依赖于顾及教师视角的同时，促使教师采取改革导向的实践。随着美国的学校在文化和语言上日益多样化，人们也越来越意识到，今天的教师需要多种多样的知识、技能和性情，来为所有学生提供公平的学习机会。尽管存在这种趋势，但为了使教师更好地在当今文化和语言多样化的教室中取得成功而对其专业发展需求的应对方面，取得的进展十分有限。然而，对学生学习差异的进一步关注，能够为关注英语学习者需求的教师的专业学习带来新的机会。

就英语学习者科学教师教育的下一步研究而言，我们需要更好地理解如何支持教师将严谨的学术内容的教学策略与英语语言发展结合起来。此外，专业发展方法如何帮助教师在支持英语学习者的学术目标与应对学校科学课中面临的社会文化及社会语言方面挑战之间取得平衡，还需要进行更多的研究。还有必要研究如何帮助教师加深其自身的科学和语言知识，它们可能会转化为能更好地支持英语学习者学习的知识。

学校科学和家庭的联系

虽然与英语学习者和科学有关的家庭与学校联系方面的研究非常有限，但现有的研究指出了父母参与的价值，并就如何建立更强的家庭和学校联系提出了建议。例如，支持对学生而言十分重要的双向交流，承认父母和学生也可以支持学生教育的方式发挥作用，并寻求将父母、教师和学生作为共同学习者集合在一起的方式，这些都有助于保障英语学习者的科学教育。*NGSS*越来越重视大学和职业准备以及终生教育，也应该为所有学生提供新的机会，强调家庭与学校联系的价值。

关于英语学习者的家庭、学校和科学学习联系的进一步研究，我们需要检验一系列旨在加强英语学习者教师和家庭之间联系的模型的范围。研究英语学习者的研究人员应该对社区知识储备有更深的理解，同时去除对英语学习者及其家庭的狭隘偏见。如何系统地让英语学习者的父母和家庭参与科学课堂以及学校内外的科学活动，还需要进行更多的研究。最后，鉴于家长参与是为了学生，因此需要对学生在促进家长参与学校科学方面所能发挥的作用进行更多的研究。

结语

科学教育中关于英语学习者的知识现状可以概括为：如果提供公平的学习和评价机会，英语学习者能够展示出高水平的科学成就，对自己的科学学习具有主动性和自主性，并发展出对科学的积极态度，将科学作为未来职业。英语学习者在科学课堂上所面临的许多学术难题，其根源都在于教育系统本身，而不是学生以及他们的家庭或社区。所有学生，特别是那些历来在科学方面表现不佳的学生，都必须获得公平的学习和评价机会。各州、学区和学校应该考虑如何分配物力、人力和社会资源来支持英语学习者在学习英语语言和读写能力的同时，按照严格的标准学习科学。只有这样，美国才能充分利用其一直以来最大的财富之一——移民人口的活力和决心。

致谢

感谢杰尔姆 · 肖（Jerome Shaw）和拉斐尔 · 拉腊（Rafael Lara）对本章初稿的审阅和点评。

参考文献

Achieve, Inc. (2013). *Next generation science standards.* Washington, DC:Author.

Aikenhead, G.S. (2001). Students' ease in crossing cultural borders into school science. *Science Education, 85*(2), 180–188.

American Association for the Advancement of Science (AAAS). (1990). *Science for all Americans.* New York: Oxford University Press.

August, D., Branum-Martin, L., Hagan, E., & Francis, D. (2009). The impact of an instructional intervention on the science and language learning of middle grade English language learners. *Journal of Research on Educational Effectiveness, 2*, 345–376.

Baker, D.P., & Stevenson, D.L. (1986). Mothers' strategies for children's achievement: Managing the transition to high school. *Sociology of Education, 59*, 156–166.

Ball, D.L., & Cohen, D.K. (1996). Reform by the book: What is—or might be—the role of curriculum materials in teacher learning and instructional reform? *Educational Researcher, 25*, 6–8.

Banilower, E.R., Smith, P.S., Weiss, I.R., Malzahn, K.A., Campbell, K.M., & Weis, A.M. (2013). *Report of the 2012 national survey of science and mathematics education.* Chapel Hill, NC: Horizon Research, Inc.

Bloome, D., Katz, L., Solsken, J., Willett, J., & Wilson-Keenan, J. (2000). Interpellations of family/community and classroom literacy practices. *Journal of Educational Research, 93*(3), 155–63.

Brown, B.A. (2006). "It isn't slang that can be said about this stuff": Language, identity, and appropriating science discourse. *Journal of Research in Science Teaching, 43*(1), 96–126.

Brown, B.A., Reveles, J.M., & Kelly, G.J. (2005). Scientific literacy and discursive identity: A theoretical framework for understanding science learning. *Science Education, 89*, 779–802.

Brown, B.A., & Spang, E. (2008). Double talk: Synthesizing everyday and science language in the classroom. *Science Education, 92*, 708–732.

Bruna, K.R., & Gomez, K. (Eds.). (2008). *Talking science, writing science: The work of language in multicultural classrooms.* Mahwah, NJ: Taylor and Francis.

Buck, G.A., Mast, C., Ehlers, N., & Franklin, E. (2005). Preparing teachers to create a mainstream science classroom conducive to the needs of English language learners: A feminist action research project. *Journal of Research in Science Teaching, 42*(9), 1013–1031.

Buxton, C. (2010). Social problem solving through science: An approach to critical place-based science teaching and learning. *Equity and Excellence in Education, 43*(1), 120–135.

Buxton, C., Allexsaht-Snider, M., & Rivera, C. (2012). Science, language and families: Constructing a model of language-rich science inquiry. In J. Bianchini, V. Atkerson, A. Calabrese Barton, O. Lee, & A. Rodriguez (Eds.), *Moving the equity agenda forward: Equity research, practice and policy in science education* (pp. 241–259). New York: Springer.

Buxton, C., Allexsaht-Snider, M., Suriel, R., Kayumova, S., Choi, Y., Bouton, B., & Land, M. (2012). Using educative assessments to support science teaching for middle school English language learners. *Journal of Science Teacher Education, 24*(2), 347–366.

Buxton, C., Kayumova, S., & Allexsaht-Snider, M. (2013). Teacher, researcher and accountability discourses shaping democratic practices for science teaching in middle schools. *Democracy & Education, 21*(2).

Buxton, C., & Lee, O. (2010). Fostering scientific reasoning as a strategy to support science learning for ELLs. In D. Senal, C. Senal, & E. Wright (Eds.), *Teaching Science with Hispanic ELLs in K–16 Classrooms* (pp. 11–36). Charlotte, NC: Information Age Publishing.

Buxton, C., Lee, O., & Santau, A. (2008). Promoting science among English language learners: Professional development for today's culturally and linguistically diverse classrooms. *Journal of Science Teacher Education, 19(5)*, 495–511.

Buxton, C., Salinas, A., Mahotiere, M., Lee, O., & Secada, W.G. (2013). Leveraging cultural resources through teacher reasoning: Teachers analyze second language learners' problem solving in science. *Teaching and Teacher Education, 32*, 31–42.

Calabrese Barton, A., Tan, E., & O'Neill, T. (2013). Science education in urban contexts: New conceptual tools and stories of possibilities. In N.G. Lederman & S.K. Abell (Eds.), *Handbook of research in science education* (2nd ed., pp. 246–265). New York: Routledge.

Calderón, M., Slavin, R., & Sanchéz, M. (2011). Effective instruction for English learners. *Future Child, 21*(1), 103–127.

Callahan, R., Wilkinson, L., & Muller, C. (2010). Academic achievement and course taking among language minority youth in U.S. schools: Effects of ESL placement. *Educational Evaluation and Policy Analysis, 32*(1), 84–117.

Chamot, A.U., & O'Malley, J.M. (1996). The Cognitive Academic Language Learning Approach (CALLA): A model for linguistically diverse classrooms. *The Elementary School Journal, 96*(3), 259–273.

Chinn, P.W. (2007). Decolonizing methodologies and indigenous knowledge: The role of culture, place and personal experience in professional development. *Journal of Research in Science Teaching, 44*(9), 1247–1268.

Cone, N., Buxton, C., Mahotiere, M., & Lee, O. (2013). Negotiating a sense of identity in a foreign land: Navigating public school structures and practices that often conflict with Haitian culture and values. *Urban Education.* doi: 10.1177/0042085913478619

Davis, E., & Krajcik, J. (2005). Designing educative curriculum materials to promote teacher learning. *Educational Researcher, 34*(3), 3–14.

Epstein, J. (1987). Parent involvement: What research says to administrators. *Education and Urban Society, 19*, 119–136.

Fathman, A.K., & Crowther, D.T. (Eds.). (2006). *Science for English language learners: K–12 classroom strategies.* Arlington, VA: National Science Teachers Association.

Fradd, S.H., Lee, O., Sutman, F.X., & Saxton, M.K. (2002). Materials development promoting science inquiry with English language learners: A case study. *Bilingual Research Journal, 25*(4), 479–501.

Garcia, E., Arias, M.B., Harris Murri, N., & Serna, C. (2010). Developing responsive teachers: A challenge for a demographic reality. *Journal of Teacher Education, 61*(1–2), 132–142.

Garza, D. (2011). *Alaska native science: A curriculum guide.* Fairbanks, AK: Alaska Native Knowledge Network.

Gere, A.R., Buehler, J., Dallavis, C., & Haviland, V.S. (2009). A visibility project: Learning to see how preservice teachers take up culturally responsive pedagogy. *American Educational Research Journal, 46*, 816–852.

Goldenberg, C. (2008). Teaching English language learners: What the research does—and does not—say. *American Educator, 32*(2), 42–44.

González, N., Moll, L.C., & Amanti, C. (2005). *Funds*

of knowledge: Theorizing practices in households, communities, and classrooms. Mahwah, NJ: Lawrence Erlbaum Associates.

Gruenewald, D. (2003). The best of both worlds: A critical pedagogy of place. *Educational Researcher, 32*(4), 3–12.

Hampton, E., & Rodriguez, R. (2001). Inquiry science in bilingual classrooms. *Bilingual Research Journal, 25*(4), 461–478.

Hart, J., & Lee, O. (2003). Teacher professional development to improve science and literacy achievement of English language learners. *Bilingual Research Journal, 27*(3), 475–501.

Hill, N.E., & Tyson, D.F. (2009). Parental involvement in middle school: A meta-analytic assessment of the strategies that promote achievement. *Developmental Psychology, 45*(3), 740–763.

Hong, S., & Ho, H.-Z. (2005). Direct and indirect longitudinal effects of parental involvement on student achievement: Second-order latent growth modeling across ethnic groups. *Journal of Educational Psychology, 97*(1), 32–42.

Horn, J.L., & Carroll, C.D. (1998). *Confronting the odds: Students at risk and the pipeline to higher education.* Washington, DC: National Center for Education Statistics.

Hudicourt-Barnes, J. (2003). The use of argumentation in Haitian Creole science classrooms. *Harvard Educational Review, 73*(10), 73–93.

Kesidou, S., & Roseman, J.E. (2002). How well do middle school science programs measure up? Findings from Project 2061's curriculum review. *Journal of Research in Science Teaching, 39*(6), 522–549.

Kieffer, M.J., Lesaux, N.K., Rivera, M., & Francis, D. (2009). Accommodations for English language learners on large-scale assessments: A meta-analysis on effectiveness and validity. *Review of Educational Research, 79*(3), 1168–1201.

Kopriva, R.J. (2008). *Improving testing for English language learners: A comprehensive approach to designing, building, implementing, and interpreting better academic assessments.* New York: Routledge.

Kopriva, R.J., & Sexton, U. (2011). Using appropriate assessment processes in the classroom: How to get accurate information about the academic knowledge and skills of English language learners. In M. del Rosario-Basterra, E. Trumbull, & G. Solano-Flores (Eds.), *Cultural validity in assessment: Addressing linguistic and cultural diversity.* New York: Routledge Publishers.

Ladson-Billings, G. (1995). Toward a theory of culturally relevant pedagogy. *American Educational Research Journal, 32*(3), 465–491.

Lawrenz, F., Huffman, D., & Welch, W. (2001). The science achievement of various subgroups of alternative assessment formats. *Science Education, 85*(3), 279–290.

Lee, J.S., & Bowen K.N. (2006). Parent involvement, cultural capital, and the achievement gap among elementary school children. *American Educational Research Journal, 43*(2), 193–218.

Lee, O. (2004). Teacher change in beliefs and practices in science and literacy instruction with English language learners. *Journal of Research in Science Teaching, 41*(1), 65–93.

Lee, O., & Buxton, C.A. (2008). Science curriculum and student diversity: Culture, language, and socioeconomic status. *The Elementary School Journal, 109*(2), 123–137.

Lee, O., & Buxton, C.A. (2012). Integrating science and English proficiency for English language learners. *Theory into Practice, 52*(1), 31–42.

Lee, O., Deaktor, R., Enders, C., & Lambert, J. (2008). Impact of a multi-year professional development intervention on science achievement of culturally and linguistically diverse elementary students. *Journal of Research in Science Teaching, 45*(6), 726–747.

Lee, O., & Fradd, S.H. (1998). Science for all, including students from non–English language backgrounds. *Educational Researcher, 27*(3), 12–21.

Lee, O., Hart, J., Cuevas, P., & Enders, C. (2004). Professional development in inquiry-based science for elementary teachers of diverse students. *Journal of Research in Science Teaching, 41*(10), 1021–1043.

Lee, O., Lewis, S., Adamson, K., Maerten-Rivera, J., & Secada, W.G. (2008). Urban elementary school teachers' knowledge and practices in teaching science to English language learners. *Science Education, 92*(4), 733–758.

Lee, O., & Luykx, A. (2005). Dilemmas in scaling up educational innovations with nonmainstream students in elementary school science. *American Educational Research Journal, 43*, 411–438.

Lee, O., Luykx, A., Buxton, C.A., & Shaver, A. (2007). The challenge of altering elementary school teachers' beliefs and practices regarding linguistic and cultural diversity in science instruction. *Journal of Research in Science Teaching, 44*(9), 1269–1291.

Lee, O., & Maerten-Rivera, J. (2012). Teacher change in elementary science instruction with English language learners: Results of a multi-year professional development intervention across multiple grades. *Teachers College Record, 114*(8), 1–44.

Lee, O., Mahotiere, M., Salinas, A., Penfield, R.D., & Maerten-Rivera, J. (2009). Science writing achievement among English language learners: Results of three-year intervention in urban elementary schools. *Bilingual Research Journal, 32*(2), 153–167.

Lee, O., Quinn, H., & Valdés, G. (2013). Science and language for English language learners: Language demands and opportunities in relation to Next Generation Science Standards. *Educational Researcher, 42*(4), 223–233.

Luykx, A., Lee, O., & Edwards, U. (2008). Lost in translation: Negotiating meaning in a beginning ESOL science classroom. *Educational Policy, 22*(5), 640–674.

Lynch, S., Kuipers, J., Pyke, C., & Szesze, M. (2005). Examining the effects of a highly rated science curriculum unit on diverse populations: Results from a planning grant. *Journal of Research in Science Teaching, 42*(8), 912–946.

Moje, E., Collazo, T., Carillo, R., & Marx, R.W. (2001). "Maestro, what is quality?": Examining competing discourses in project-based science. *Journal of Research in Science Teaching, 38*(4), 469–495.

National Center for Education Statistics. (2011). *The condition of education 2011* (NCES 2011–033). Washington, DC: U.S. Department of Education.

National Center for Education Statistics. (2012a). *Science 2011: National assessment of educational progress at Grade 8* (NCES 2012–465). Washington, DC: U.S. Department of Education.

National Center for Education Statistics. (2012b). *Trends in high school dropout and completion rates in the United States: 1972–2009*. Washington, DC: U.S. Department of Education.

National Clearinghouse for English Language Acquisition. (2007). *The growing numbers of limited English proficient students: 1996–2006*. Washington, DC: U.S. Department of Education Office of English Language Acquisition.

National Clearinghouse for English Language Acquisition. (2012). *The growing number of English learner students: 1995–2010*. Washington, DC: U.S. Department of Education Office of English Language Acquisition.

National Commission on Excellence in Education. (1983). *A nation at risk: The imperative for educational reform.* Washington, DC: U.S. Department of Education.

National Research Council. (1996). *National science education standards.* Washington, DC: National Academies Press.

National Research Council. (2007). *Taking science to school: Learning and teaching science in Grades K–8.* Washington, DC: National Academies Press.

National Research Council. (2011). *A framework for K–12 science education: Practices, crosscutting themes, and core ideas.* Washington, DC: National Academies Press.

National Science Foundation. (1998). *Infusing equity in systemic reform: An implementation scheme.* Washington, DC: Author.

No Child Left Behind (NCLB) Act. (2002). Public Law No. 107–110, 115 Stat. 1425.

Pandya, C., Batalova, J., & McHugh, M. (2011). *Limited English proficient individuals in the United States: Number, share, growth, and linguistic diversity.* Washington, DC: Migration Policy Institute.

Pew Research Center. (2012). *The rise of Asian Americans.* Washington, DC: Pew Social and Demographic Trends.

Race To The Top (RT^3 Act of 2011, Senate Bill 844 (2011)).

Riggs, E.M. (2005). Field-based education and indigenous knowledge: Essential components of geoscience education for Native American communities. *Science Education, 89*, 296–313.

Rodriguez, A., & Berryman, C. (2002). Using sociotransformative constructivism to teach for understanding in diverse classrooms: A beginning teacher's journey. *American Educational Research Journal, 39*(4), 1017–1045.

Rodriguez, A., Collins-Parker, T., & Garza, J. (2013). Interpreting research on parent involvement and connecting it to the science classroom. *Theory Into Practice, 52*(1), 51–58.

Rodriguez, A., Zozakiewicz, C., & Yerrick, R. (2008). Students acting as change agents in culturally diverse schools. In A.J. Rodriguez (Ed.), *The multiple faces of agency: Innovative strategies for effecting change in urban school contexts* (pp.47–72). Rotterdam, the Netherlands: Sense Publishing.

Rosebery, A.S., Ogonowski, M., DiSchino, M., & Warren, B. (2010). "The coat traps all your body heat": Heterogeneity as fundamental to learning. *Journal of the Learning Sciences, 19*(3), 322–357.

Rosebery, A.S., & Warren, B. (Eds.). (2008). *Teaching science to English language learners: Building on students' strengths.* Arlington, VA: National Science Teachers Association.

Rudolph, J. (2002). *Scientists in the classroom: The Cold War reconstruction of American science education.* New York: Palgrave.

Sable, J., & Plotts, C. (2010). *Public elementary and secondary school student enrollment and staff counts from the Common Core of Data: School year 2008–09.* Washington, DC: U.S. Department of Education National Center for Education Statistics.

Schmidt, W.H., McKnight, C.C., & Raizen, S.A. (1997). *A splintered vision: An investigation of U.S. science and mathematics education.* Dordrecht, the Netherlands: Kluwer.

Shavelson, R.J., & Towne, L. (Eds.). (2002). *Scientific research in education.* Washington, DC: National Academies Press.

Shaw, J.M. (1997). Threats to the validity of science performance assessments for English language learners. *Journal of Research in Science Teaching, 34*(7), 721–743.

Shaw, J.M. (2009). Science performance assessment and English learners: An exploratory study. *Electronic Journal of Literacy Through Science, 8*(3).

Shaw, J.M., Bunch, G., & Geaney, E. (2010). Analyzing the language demands facing English learners on science performance assessments: The SALD framework. *Journal of Research on Science Teaching, 47*(8), 909–928.

Sheldon, S.B., & Epstein J.L. (2005). Involvement counts: Family and community partnerships and mathematics achievement. *Journal of Educational Research, 98*(4), 196–206.

Siegel, M.A. (2007). Striving for equitable classroom assessments for linguistic minorities: Strategies for and effects of revising life science items. *Journal of Research in Science Teaching, 44*, 864–881.

Solano-Flores, G. (2008). Who is given tests in what language by whom, when, and where? The need for probabilistic views of language in the testing of English language learners. *Educational Researcher, 37*(4), 189–199.

Solano-Flores, G., & Li, M. (2008). Examining the dependability of academic achievement measures for English-language learners. *Assessment for Effective Intervention, 33*(3), 135–144.

Solano-Flores, G., & Trumbull, E. (2003). Examining language in context: The need for new research and practice paradigms in the testing of English-language learners. *Educational Researcher, 32*(2), 3–13.

Stoddart, T., Pinal, A., Latzke, M., & Canaday, D. (2002). Integrating inquiry science and language development for English language learners. *Journal of Research in Science Teaching, 39*(8), 664–687.

Stoddart, T., Solis, J., Tolbert, S., & Bravo, M. (2010). A framework for the effective science teaching of English language learners in elementary schools. In D. Sunal, C. Sunal, & E. Wright (Eds.), *Teaching science with Hispanic ELLs in K–16 classrooms.* Charlotte, NC: Information Age Publishing.

Teachers of English to Speakers of Other Languages. (2006). *PreK–12 English language proficiency standards.* Alexandra, VA: Author.

Tharp, R.G. (1997). *From at-risk to excellence: Research, theory, and principles for practice.* Santa Cruz, CA: Center for Research on Education, Diversity & Excellence.

Tong, F., Irby, B., Lara-Alecio, R., Yoon, M., & Mathes, P. (2010). Hispanic English learners' responses to longitudinal English instructional intervention and the effect of gender: A multilevel analysis. *The Elementary School Journal, 110*(4), 542–566.

Trumbull, E., & Koelsch, N. (2011). Language-arts: Designing and using a reading assessment for learners transitioning to English-only instruction. In M. Rosario Basterra, E. Trumbull, & G. Solano-Flores (Eds.), *Cultural validity in assessment: Addressing linguistic and cultural diversity* (pp. 195–217). New York: Routledge.

U.S. Census Bureau. (2012). *Statistical abstract of the United States, 2012*. Washington, DC: U.S. Government Printing Office.

U.S. Department of Education. (2007). *Participation in education: Elementary and secondary education.* Washington, DC: Author.

Vijver, F., & Tanzer, N. (2004). Bias and equivalence in cross-cultural assessment: An overview. *European Review of Applied Psychology, 54*(2), 119–135.

Villegas, A.M. (2007). Dispositions in teacher education: A look at social justice. *Journal of Teacher Education, 58*(5), 370–380.

Warren, B., Ballenger, C., Ogonowski, M., Rosebery, A., & Hudicourt-Barnes, J. (2001). Rethinking diversity in learning science: The logic of everyday language. *Journal of Research in Science Teaching, 38*(5), 529–552.

Warren, B., & Rosebery, A. (2011). Navigating interculturality: African American male students in the science classroom. *Journal of African American Males in Education, 2*(1), 98–115.

Wayne, A.J., Yoon, K.S., Zhu, P., Cronen, S., & Garet, M.S. (2008). Experimenting with teacher professional development: Motives and methods. *Educational Researcher, 37*(8), 469–479.

Wong-Fillmore, L., & Snow, C. (2002). *What teachers need to know about language*. Washington DC: Center for Applied Linguistics.

Yore, L., Bisanz, G., & Hand, B. (2003). Examining the literacy component of science literacy: 25 years of language arts and science research. *International Journal of Science Education, 25*(6), 689–725.

Young, J.W., Steinberg, J., Cline, F., Stone, E., Martiniello, M., Ling, G., & Cho, Y. (2010). Examining the validity of standards-based assessments for initially fluent students and former English language learners. *Educational Assessment, 15*(2), 87–106.

12 Special Needs and Talents in Science Learning

J. RANDY MCGINNIS AND SAMI KAHN

第12章

有特殊需求和有特殊天赋学生的科学学习[1]

郭亮亮 译 杨文源 审校

每个科学学习者都是独一无二的，具有不同的能力。这是教师和教育研究人员长期以来在不同程度上达成的共识，并基于这一共识进行自己的教学和研究。本章的重点在于那些与一般学习者在身体、认知或行为上存在较大差异的科学学习者，他们需要更多的服务与支持。所有学习者中，超过一般水平的学习者被称为拥有特殊天赋的学习者；没有达到一般水平的学习者被认为是有特殊需求的学习者。这两类学习者群体都需要在教育、社交和医疗上的额外服务，以支持他们的学习。特殊教育领域的专业人士使用专业术语“特殊学习者”指代那些在学习及行为上有困难的学习者、有身体或感官缺陷的学习者，以及有智力天赋或特殊天赋的学习者(Hardman, Drew, Egan, 2002; Heward, 2000)。本章，我们将沿用这一术语来指代科学学习过程中有特殊需求和具有特殊天赋的学习者。

科学教育研究者热衷于开发一个知识库，该知识库可以指导政策制定者和教师实现其制定的长期教育目标和教育原则：使科学成为所有学习者皆可学习的科目，皆可从事的职业，以及皆可遵循的个人与社会决策法则，是谓“面向所有人的科学”(Fensham, 1985)，或曰“一切标准皆为全体学生”(Achieve, 2013a)。这两类学习者群体深深吸引了科学教育研究者。本章的目的是概述特殊学习者如何学习科学，包括思考科学教育的整体情况(背景、人员、课程和评价)如何支持或阻碍特殊学习者的学习过程，并基于此为未来的研究方向提供建议，包括讨论某些学派有关学习的想法对该领域研究的影响。从结构上看，本章分两部分回顾了关于特殊学习者科学学习的文献。第一部分重点介绍有特殊需求的科学学习人群。第二部分侧重于有特殊天赋的科学学习人群。

对特殊学习者进行研究的理论视角

为什么学习者会以不同的方式参与科学学习？为什么会取得不同水平的成就？至今还没有一个公认的能够对上述问题做出科学解释的理论模型。关于学习理论，有三个比较有影响的主要流派，主导了有关特殊学习者的研究：行为视角、发展视角、认知视角(Stefanich & Hadzigeorgiou, 2001)。历史上，行为视角流派的专家一度占主导地位。但越来越多的研究者，包括对科学教育不甚满意的人，被吸引到认知科学更为当代的应用流派之中（美国国家研究理事会[National Research Council], 2007），其中也涉及社会背景的影响（Rogoff, 1990）。此外，第四个思想流派，即社会文化视角，也有其支持者。因为这些视角对研究人员问题的提出和对结论的解释有很大的影响，所以关注这些理论视角是至关重要的。

行为主义心理学家认为，学习是事件（刺激）与行为（反应）之间的联系。外力（如奖励和惩罚）与内驱力（如渴望）为学习提供了动机，促使学习者在刺激和行为之间建立更紧密的联系。在这一理论视角下，资料的价值主要体现在可观察的行为，而将行为主义理论应用于教育研究的理论家则对该理论进行了扩展，以使之包含关于思维、理解和推理等心理状态方面的假设（Bransford, Brown, Cocking, Donovan, & Pellegrino, 2000）。行为主义者主张，教学应该基于清晰的结果鉴别，并指向这些结果。基于行为主义者的学习理论的教学被称为显性教学或直接教学（Steele, 2005）。一般来说，课堂教学的特点在于大量练习、复习技能和信息，直到掌握为止。发展心理学家认为，儿童的思维与成人的思维有明显的不同。他们断言，随着个体生活经验的丰富，其思维模式在短时间内会发生巨大的变化，然后在较长的一段时间内保持一定的稳定性。一个关键的假设是，每个人的学习速度是不同的。发展心理学家研究了可能影响一个人智力成熟度的外部因素（如科学的指导）。在科学教育中，认知科学的一个视角是建构主义，它经常利用技术收集大脑的生物数据，在个体和社会环境下探究心智的功能。它采用一种多学科的方法，涉及发展心理学、计算机科学、神经科学以及其他科学领域。这一视角的显著特点是对教学理论的检验，其在科学教育中占据主导地位长达20多年。除了需要确定的清晰的教学目标这一点外，它在教育应用中与行为主义者视角形成鲜明对比。社会文化视角与前两者的区别在于它关注学习者的心智的功能与其所处文化、历史和制度背景之间的相互作用（Wertsch & Kanner, 1992）。一个关键的假设是学习者的心理发展是多因素相互作用的结果，而不是仅仅由其心理发展决定的。

在脑科学研究的影响下，一些研究人员提出，一些学习者的大脑功能被发现受到干扰，进而可假设存在“重连”，从而在大脑的其他区域形成额外的补偿性激活（Shaywitz, 2003; Simos et al., 2002; Temple et al., 2003）。然而，其他研究人员对这一说法提出了质疑，目前也没有支持这种说法的相关研究。唐纳德（Donald, 2001）否定了大脑特定区域对应特定功能的说法。相反，他指出，语言的机制和连接是由无数神经元的连接点，或称突触来决定的，它们以各种模式将神经元相连。他的结论是，学习和经验创立并塑造了大脑的回路，因此这些回路不是预先确定的。科尔斯（Coles, 2004）认为，研究大脑的学者曲解了数据，并得出结论来证明那些毫无根据的信念。科尔斯（2004）指出，“阅读障碍仍然被证明是一种在初级阅读者中占相当大比例的病症，这比19世纪末格拉斯哥眼科医生詹姆斯·欣谢尔伍德（James Hinshelwood）首次以‘先天性文字盲’的名义对其进行讨论好不到哪里去”（p. 351）。

对这四种学派观点的认识有助于研究人员理解有关科学领域特殊学习者的研究成果。虽然这一学术领域常常是以倡导为导向的，但细心的读者会注意到，个别文章中所报告的数据（无论是在实证研究中，还是在综述类文章中）可以被推断为是上述理论视角中两种或更多种的混合。例如，许多持认知或社会文化视角的研究人员强调通过提出问题和解决问题来进行探究，以此作为科学学习的一个基本特征；而行为主义者则强调掌握由科学产生出来的技能与信息。同样，包含于其中的文献一般也被认为是主要建立在学习视角基础上的，这种视角最重视社会背景和发展主义，并努力将科学思维视角纳入其中。

第一部分：有特殊需求学生的科学学习

定义

如果教育致力于为所有学生提供机会，通过让学生获得充分的学校教育，帮助他们做出人生选择并以生产者的身份成为社会的一员，那么所有的教师具备适当做出调整的能力是非常重要的，这样每个有特殊需求的学生都能积极参与学习过程。这一基本原则将教师对残障学生进行教学时面临的复杂性推到了台前。由于上述复杂性，最近出现了很多旨在教育来自世界各地的科学教师学习如何做出必要的适应和修正的工作。“适应”是为学生进入科学课程与教学（或演示学习）提供服务或支持，它不改变教学内容或教师对学生表现的期望。“修正”则是调整教学内容或教师在课程或评价中对学生表现的期望，以使学习者有可能获得成功的体验(Nolet & McLaughlin, 2000)。我们使用术语“调整”一词来统称上述两种类型的调节。教师需要落实各种“调整”，以便为有特殊需求的学生提供有效的科学课程(Finson, Ormsbee, & Jensen, 2011)。

为了理解我们面对的挑战的范围，这里借用来自美国学校人口的统计数据来做说明。美国教育部（美国国家教育统计中心[National Center for Educational Statistics], 2012）指出，从普通幼儿园至12年级的全体学生(49,484,181)中，有13.0%(6,432,944)被确认有某种残障。自2000年以来，这一比例一直保持在13%以上。其中大多数学生(4.8%或2,375,241)被确认有特殊学习障碍。其他常见的残障包括说话或语言障碍(2.8%或1,385,557)和其他健康障碍(1.4%或692,779)。不太常见的残障（不到总学生人数的1.0%）包括智力障碍(0.9%或445,358)，自闭症、发育和情绪控制障碍（各占0.8%或395,873），听力障碍(0.2%或98,968)，肢体伤残、创伤性脑损伤和视力障碍（各占0.1%或49,484），聋哑且失明的人数最少，四舍五入为0%。见表12.1。

表12.1　2010—2011年美国公立学校有特殊需求的学生

公立学校注册的人口[1]	在学生中的比例(%)
有残障的学生	13.0
自闭症	0.8
聋哑且失明	#[2]
发育迟缓	0.8
情绪障碍	0.8
听力障碍	0.2
智力障碍	0.9
多重障碍	0.3
肢体伤残	0.1
其他健康障碍[3]	1.4
特殊学习障碍	4.8
言语或语言障碍	2.8
创伤性脑损伤	0.1
视力障碍	0.1

1　所有年级注册学生总数：49,484,181。

2　四舍五入为0。

3　其他健康障碍，包括因慢性或急性健康问题（例如，心脏病、结核、风湿热、肾炎、哮喘、镰刀形红细胞贫血病、血友病、癫痫、铅中毒、白血病、糖尿病、多动症或注意力缺陷过动症）造成力量、主动性或反应力受限。

通常认为有特殊需求的学生可以分为相互重叠的两大类：有身体障碍的学生（如聋盲、肢体伤残）和有认知、社交或智力障碍的学生（如自闭症、特殊学习障碍）。第一类包括身体有缺陷的人，其中许多人被认为具有认知、社交和智力能力，可能成为职业科学家、数学家或工程师。大约四分之一的残障学生（1,608,236）属于这一群体，这些学生中约有22%（353,811）存在说话或语言障碍，他们对于科学教室或实验室给予帮助或提供便利的需求最少。这一群体的成功者在科学相关学科中的代表比例仍然很低。从历史上看，在科学上取得成功的这一群体的成员是具有特殊天赋和非凡毅力的人。

第二类学生，约占美国学龄残障人口总数的75%，其中约有4,824,708名学生存在认知障碍或社交性障碍，他们在中学和高等教育中进行科学学习时经常感觉困难。有些人确实有获得高科学水平成就的潜力，但他们需要协助才能胜任科学相关的职位。对于其他人来说，一个合理的目标是获得基本的科学素养，而不是开始科学领域的职业生涯。

高等教育领域，面临的挑战则是有能力的残障学生进入大学或者STEM劳动力市场的障碍，在这些场合他们的代表比例严重不足（美国国家科学基金会[NSF], 2011）。由初等教育过渡到高等教育是第一个障碍。最近一项基于美国国家纵向转变研究–2（National Longitudinal Transition Study–2）的数据进行的研究发现，患有自闭症谱系障碍的学生比普通同龄人更有可能在大学期间主修STEM领域。在有和没有残障的学生中，患有自闭症谱系障碍的学生是大学总入学率最低的群体之一（Wei, Yu, Shattuck, McCracken, & Blackorby, 2012）。整个高等教育过程中学生的流失，也加剧了残障学生在STEM领域获得博士学位的人数偏低的情况（NSF, 2011）。承认和促进这种实践，即鼓励残障学生在STEM领域坚持下来，对于确保全体受教育人群人口组成的公平合理尤为重要。

特殊学生和种族问题

在一份经常被引用的重要报告，即《美国国家研究理事会关于特殊教育和天才教育中少数族裔学生的报告》（National Research Council Report on Minority Students in Special Education and Gift Education, 美国国家研究理事会[NRC], 2002）指出：少数族裔学生在美国特殊教育项目中的比例过高。各州在如何认定残障学生方面的差异很大。NRC报告了特殊教育类别下少数族裔学生与非少数族裔学生的比例。被认定存在学习障碍（最大的残障分类）的少数族裔学生的百分比如下：在美洲原住民和阿拉斯加原住民学生中占比7.45%、在黑人学生中占比6.49%、在西班牙裔学生中占比6.44%。相比之下，在白人学生中占比为6.02%。发育障碍在黑人学生中占比2.64%，在美洲印第安人和阿拉斯加原住民学生中占比1.28%。在差异最大的时候，亚拉巴马州被认定为发育迟缓的黑人学生比例是新泽西州的10倍。情感障碍在黑人学生中占比1.45%，在美洲印第安人和阿拉斯加原住民学生中占比1.03%。

自2002年以来，根据上述数据，研究人员报告了一个持续的比例失调现象，即美国特殊教育中少数族裔群体人数过多，而天才教育中少数族裔群体人数不足。一种普遍的看法是，这些数字有可能强化了某些族群优于其他族群的观念。有许多潜在因素可以用来解释某些群体的表现，这些因素包括语言能力、贫困程度、家庭关系失衡、居无定所和学业成就贬值。因此，一个研究方向是重新审查诊断及确认需要特殊教育的学生的程序，包括鉴定标准，尤其是考虑到其对少数族裔学生特殊教育安排的影响（Jordan, Bain, McCallum, & Bell, 2012）。另一个方向是研究学校环境对少数族裔学生特殊教育安排的影响，其中也包括特许学校（Algozzine, 2005; Grant, 2005）。假设这些情况都是可变的，适当的干预措施，以及必要时采取法律行动（即指控违反了受法律保护的平等保护）予以支持，将从整体上有助于减少对人口群体的破坏性影响（Welner, 2006）。

教育研究界有时会质疑学校工作人员给在科学或其他方面有特殊需求的学生贴标签的做法。在挑战特殊需求教育研究的过程中，格雷（Gray）和戴尼卡罗（Denicolo）（1998）对那些所谓客观的、属于实证分析范式的研究提出了异议。相反，他们提出了一种替代范式，试图挑战那些被指定为研究有特殊需求的学习者的标准化方法。在科学教育方面，一项研究调查了两名被学校贴上学习障碍标签的学生在环境教育活动中的科学参与情况，罗思（Roth, 2002）支持米恩（Mehan, 1993）的观点，即将学习者放置于特殊需求类别中是根据他们在特定学习情境中的评估方式得出的，并且没有传递关于他们在不同学习环境中有关属性的有效信息。这些发现对科学教师的教育项目具有直接意义，这些项目解决了一个重要议题：即教师如何以强化谁能够从事科学，谁不能够从事科学的方式“编码”学生的行为（Shippen, Curtis, & Miller, 2009）。

在科学教育领域，研究人员研究了关键性的科学教育文献。不管对学习者的能力如何分类，他们主要关注这些文献在多大程度上支持科学教育的科学素养目标（McGinnis, 2000）。这些文件的主要目的是提供科学教学和学习的愿景，并提供衡量实现该愿景进展的标准。例如，在美国国家科学教育标准（U.S. National Science Education Standards, NRC, 1996）中，有特殊需求的学生被明确地认为应参与（符合他们的能力和兴趣的）基于探究的科学课堂。

新的美国国家科学教育标准，即《新一代科学教育标准》（*NGSS*），声称促进了“一切标准皆为全体学生”所代表的公平观点（Achieve, 2013a, p. 1）。其中包括一个附录，描述了采用*NGSS*给“非主要学生群体（包括残障学生和天才学生）”带来的挑战和机遇（p. 1）。

影响特殊需求者权利的立法

除考虑学习理论和科学教育政策的相关文件外，这一领域的研究人员还必须了解立法如何影响有特殊需求者的教育权利。关于科学教育相关文件，科林斯（Collins, 1998）指出，教育政策文件是在政治背景下设计的，因此“在背景、过程和意图方面，均是政治性的”（p. 711）。美国的特殊教育通过联邦法律、民权运动和由此产生的法庭案件，以及政治和社会的渐进式影响，得到了其目前的外在与内涵（Smith, Polloway, Patton, & Dowdy, 1998）。对美国学校教育实践影响最大的立法是《全体残障儿童教育法案》（1975年），是美国第94届国会通过的第142项联邦法案，简称“公法94–142”，该法案于1990年修订并更名为《残障人士教育法案》（IDEA）。这项法案经过多次修订和重新授权，要求在最小限制环境（LRE）中为有特殊需求的儿童提供免费和适当的公共教育（FAPE）。IDEA要求在最大程度上将有特殊需求的学生与正常同龄人一起融入普通教育课程。目前这项具有里程碑意义的法案的主要组成部分涵盖了从出生到21岁的残障学生，包括所有符合条件学生的FAPE和个性化教育计划（IEP）的创建、审查与修订，LRE中相关安排的保障，以及详细的父母权利（Smith, 2005）。IDEA及其前身法案“公法94－142”对于残障人士而言是关键转折点，因为这些法律解决了残障学生在哪里接受教育的问题，而不仅仅是应不应该接受教育的问题。由于“公法94－142”的通过，许多轻度残障学生被安置在LRE（Smith et al., 1998），而学区则为重度残障的学生提供单独的教室和学校。当时，大多数倡导者认为这是教育公平的进步，因为之前有更多需求的学生被拒绝给予任何形式的公共教育。与“公法94－142”相关的正规教育计划（REI）被视为在普通教育环境中将有特殊需求的学生纳入其中的关键的第一步（Fuchs & Fuchs, 1994; Will, 1986），尽管“包容”一词没有出现在法律文件中，但法律有效地使残障学生更容易接触科学（和其他学科）。

最近的一次对IDEA的重新授权发生在2004年，当时修订了法律并将其重新命名为《残障人士教育改进法案》（IDEA, 2004）。重新授权该法律的目标是在特殊教育和普通教育课程之间建立更紧密的联系，同时借由适当的过程和高标准确保残障学生接受教育（Arthaud, Aram, Breck, Doelling, & Bushrow, 2007）。除了强调计划向学生的高等教育、就业及其独立性过渡外，IDEA 2004还配合了2001年的《不让一个孩子掉队》（NCLB, 2002）法案。总的来说，这些法案要求从事特殊教育的教师在其所教授的内容领域要具有“高素质”，并且要求各州将大多数残障学生纳入全州标准化评价，同时根据其需要提供便利。必须为少数确定有认知障碍的学生制定相应的评价标准以替代原有的标准化评价，即使这些标准化评价已经有针对这部分学生的调整。从本质上讲，这些任务要求学校在满足学生需求方面做到“公平且出色”（McLeskey, Waldron, & Redd, 2012, p.1）。为确保残障学生达成“充分的年度进步”（AYP）并按照这些法律的要求由“高素质教师”授课，许多学校让更多残障学生参加普通教育课程，特别是在中学阶段（McLeskey, Landers, Williamson, & Hoppey, 2012）。包括科学在内的内容领域的教学深受到这一运动的影响。由于对普通教育课程和环境的重视，650万学龄残障学生中约有95%在正规学校接受教育，其中大多数人每天至少有80%的时间在普通教室中学习（美国教育部[U.S. Department of Education], 2011）。在对得克萨斯州137个学区的调查中，范内斯特（Vannest）及其同事（2009）发现，5年级残障学生在各种科学教学环境中接受教育，几乎所有参与的地区都将普通教育作为残障学生可选择的教育方式。

几十年来，影响残障学生的立法已经从LRE发展到正规教育计划（Will, 1986），并在全国范围内全面普及普通教育课程（McGuire, Scott, & Shaw, 2006）。因此，关于残障学生的教育问题已明显从学生在哪里接受教育转移到如何教授和如何评价学生的层面（Soukup, Wehmeyer, Bashinski, & Bovaird, 2007）。

美国国会通过了许多旨在解决残障人士权利的法律，但是制定和贯彻这些法律却花费了很长时间。在美国，与有特殊需求的学习者教育相关的重要立法行动包括：

1. 1973年《康复法案》第501、503和504条。此次立法的主要影响是禁止联邦机构、联邦承包商和联邦财政援助项目歧视其他条件都合格的残障人士（Tucker & Goldstein, 1992）。
2. 1978年和1979年关于1973年《康复法案》第02条的修正案。这些修正案授权联邦机构向监督残障人士工作的国家单位提供补助，建立和运营综合性康复中心，并向《康复法案》第504条遭到歧视的受害者提供第六章（Civil

Rights Act, 1964）所提及的补救措施、程序和权利。

3. 1987年《民权恢复法案》（CRRA），第504条修正案。该修正案澄清了“项目或活动”所指的是学院、大学或其他高等教育机构的所有运作，如果联邦财政援助项目被扩展到这些机构的任何部分，则所有运营业务将被涵盖在内。

4. 1975年《全体残疾儿童教育法案》（EAHCA）。该法案要求各州为所有残疾儿童提供FAPE，是之后IDEA的前身。

5. 1990年、2008年《美国残障人士法案》（ADA）。本法案全面保护残障人士在就业、获得公共服务（如交通）和进入公共机构（包括公立学校）等方面的公民权利。它确保利用“合理设施”来防止歧视，并为残障人士提供与非残障人士同等的福利和服务。

6. 1997年、2004年及于2013年逾期再授权的《残障人士教育法案》（IDEA）。该法案规定了残障人士接受同等教育的权利以及与其他健全学生一起学习的机会。法案需要正规课堂教师参与IEP过程并提供同等教育。

7. 2002年《不让一个孩子掉队（NCLB）》法案。本项立法强调问责制，要求所有学生，包括残障学生，由“高素质教师”授课，并接受评估，以确保“充分的年度进步”，且接受“基于科学的研究”的指导。

文献综述

出于启发性目的，有关科学中特殊需求学习者的文献综述分为两个小节：课程与教学部分和评价部分。

课程与教学

关于有特殊需求学习者的科学课程和教学的文献涉及协作（不同专业知识、内容和教学方法的教育工作者之间教学责任的分担），以及对于包容的倡导和研究（将残障学生安置在包含科学教学的普通教室中）。

协作

在努力为被安置在教室中的有特殊需求的学生服务时，科学教师经常发现自己被孤立了（McGinnis & Nolet, 1995）。孤立使教师更加抗拒包括有特殊需求的学生在内所带来的变化，特殊需求学生的进入可能会妨碍有效合作的观念也在专业实践中变得根深蒂固。除非我们开诚布公地讨论这些问题，否则它们将成为专业人员之间合作的持久瓶颈。

包容需要教育工作者之间的合作，他们传统上代表着普通教育和特殊教育的双重体系。虽然没有一种标准的协作服务模型，但博旺（Bauwens, 1991）描述了三种常见的模式：教师辅助团队、协作咨询和合作教学。这三种基本模式中，合作教学是大多数学区中最常用的教学模式（Reeve & Hallahan, 1994）。合作教学，通常也称之为“协作”，涉及普通教育工作者和特殊教育工作者共同努力，共同教授综合环境中不同类型的学生群体，以满足所有学生的需求（Bauwens & Hourcade, 1997）。

麦金尼斯（McGinnis）和诺莱（Nolet）（1995）报告了一种科学教师进行科学准备和科学教学的可行模式，其目标是让普通教育工作者和特殊教育工作者协同工作，以满足残障学生在科学内容上的需求（课程、教学和评价）。他们提出了一种模式，旨在通过关注麦金尼斯和诺莱所谓的“从业者之间的一种新的专业关系”的发展(p.32)，进而搭建起特殊教育和科学教育领域之间的桥梁。该模式建立的前提是，如果想要在真实的学校环境中满足残障学生的需求，那么普通教育工作者和特殊教育工作者之间的合作重点应该放在科学内容和有效教学上。对于普通科学教育工作者来说，不同方面的专业知识以关键科学知识的形式确认：事实、概念、原则和程序。他们还为特殊教育工作者确定了有特殊需求的学生的教学方法：设计教学、实施课堂管理和激励策略。

建立合作机制的研究发现，在开始协作变革的任务之前，必须彻底审查学校深层的基本理念。管理部门必须接受合作背后的理论和观念，支持教师发起这样的变革，并提供结构性支持，使合作得以实现(Walter–Thomas, Bryant, & Land, 1996)。

特殊教育工作者和普通教育工作者可以利用学生的IEP作为框架和参考，从而开始协作并进行调整(Golomb & Hammeken, 1996)。然而，研究还表明，特殊教育工作者在科学中所起到的作用可能仅限于对学生学习的支持，而不是真正合作教学的角色(Moin, Magiera, & Zigmond, 2009)。许多教师认为他们教育技术娴熟、乐于助人，并愿意为IEP团队服务，从各个方面为有特殊需求的学生规划和实施适当的教育(Friend & Bursuck, 1999)。然而，许多教师还认为机制缺乏对他们技能的运用以及对其专业才能和局限的尊重。

泽姆比拉斯(Zembylas)和伊森巴格尔(Isenbarger)(2002)在一个小型案例的研究设计中，通过教师如何与学习者互动来定性测量教师在给有特殊需求的学生进行科学教学时的关怀和热情，进而研究了这种关怀和热情的作用。他们发现，以活动为导向的科学课程与关怀性教学建构(尊重学生的才能和优势)的结合是一种行之有效的方法。

包容

融入、整合和包容都被用来描述在普通学校环境中满足有特殊需求学习者的活动。包容性学校是指有特殊需求和没有特殊需求的学生在一个教育系统内共同接受教育的学校(Stainback & Stainback, 1990)。这一领域的研究很广泛，因此接下来将分小节详细陈述。

科学是一种包容性的环境。目前关于有效学校和有效课堂实践的研究支持将有特殊需求的学生纳入普通教育课程，作为提高他们学业成绩的一种方式(美国残障人委员会[National Council on Disability], 2011)。然而文献表明，此结论以一种非线性的方式发展，存在一些需要克服的挑战。

根据麦金尼斯(2000)的报告，倾向于包容的教师(在所有教师中占少数)认为科学课特别适合残障学生。这些教师将内容的感知相关性、实践经验的可能性以及与正常同龄人一起学习的机会视为具有包容目标的科学课程的优势(Mastropieri et al., 1998)。然而，这一观点并不意味着当前大多数科学教师(或其他学科的教师)愿意将残障学生纳入他们的课堂(McCann, 1998; Scruggs & Mastropieri, 1994)。相反，根据诺曼(Norman)、卡索(Caseau)和斯特法尼奇(Stefanich)(1998)的报告，小学和中学的科学教师都把有特殊需求的学生作为他们的主要关注点之一。

与教师的疑虑相反，文献中报告的事实似乎支持将包容(包括在科学学习环境中)视为一种比对残障学生实行隔离教学更可取的选择。弗格森(Ferguson)和阿施(Asch)(1989)发现，残障儿童在普通班级上花费的时间越多，他们成年后在就业和继续教育方面取得的成就越高。无论性别、种族、社会经济地位(SES)、残障的类型和获得普通教育的年龄，都是如此。巴克(Baker)、旺(Wang)和瓦尔贝格(Walberg)(1994)回顾了三篇关于教育特殊需要学生最有效环境的元分析，并得出结论："在普通班级接受教育的残障学生在学业和社交方面比在非包容性环境中同类学生做得更好。"(p. 34)无论残障的类型或年级如何，他们的综述都给出了相同的结果。

霍洛伍德(Hollowood)、索尔兹伯里(Salisbury)、拉沃斯(Rainforth)和帕隆巴罗(Palombaro)(1995)发现，将严重残障的学生纳入普通教育课堂并不会对其他同学造成不良影响。其他研究人员发现，这种具有包容性的同学关系不仅可以提高学生的学习能力，也使所有学生在社会和情感上受益，一些被认为岌岌可危的学生的自尊心和出勤率获得提升(Costello, 1991)。这项研究，加上改变学校现行教学模式的强大公众压力，为重大教育改革提供了强大的动力。

有些研究人员提出了新的问题：如何通过抽离方案来服务那些由于发育缓慢而成长能力有限的学生(Epps & Tindall, 1987)？其他研究人员指出，在普通教育课堂中提供适应性课程而不是抽离方案被证实可能会更有效(Baker & Zigmond, 1990)。

早期包容运动(20世纪80年代)的支持者主张每个人都享有平等的，与同龄人一起上学、尽可能充分地参与学校生活的机会，并将其视为个人的基本权利(Ferguson, 1995; McNulty, Connolly, Wilson, & Brewer, 1996)。研究人员声称，普通教室中如安排有特殊需求的学生，所有学生都将受益(Lipsky & Gartner, 1998; McLeskey, Waldron, 1996; Stainback, Stainback, & Stefanich, 1996)。默瑟(Mercer)、莱恩(Lane)、乔丹(Jordan)、奥尔索普(Allsopp)和艾西尔(Eisele)(1996)发现，特殊教育课堂中使用的教学方法和策略与普通教育课堂中使用的教学方法和策略没有太大差别。要求学生离开教室接受规定教学服务的模式剥夺了学生在普通课堂上宝贵的学习时间和社交经历(Sapon-Shevin, 1996)。旺和雷诺兹(Reynolds)(1996)的研究报告指出，当残障学生离开他们的班级参加抽离方案时，他们就会面临被贴上负面标签和被污名化的风险。

在对有特殊需求的学生进行最佳安排方案的元分析中，巴克及其同事(1994)、斯坦巴克(Stainback)及其同事(1996)的报告指出，学习核心科目(如社会研究、科学和数学)有利于残障学生(包括重度残障学生)的长期学习。这些研究人员和其他研究者已经证明，如果有特殊需求的学生要接受内容领域的教学，通常需要进行一定的调整。然而，普通课堂上的科学教师为学生调整课程的专业知识已经被认为是教师专业发展的一个必要技能。考利(Cawley, 1994)在报告中指出，科学教师通常对残障学生没有什么经验或准备。一般情况下，从事特殊教育的教师很少或根本没有接受过专业的科学教育。最近，卡恩(Kahn)和刘易斯(Lewis)(2013)对855名美国科学教师进行调查，发现其中近三分之一的教师没有接受过针对残障学生的科学教育培训，他们将"在职培训"中学到的知识和技能作为教授残障学生科学学习的唯一指导。

朗(Lang, 1994)发现，大多数聋哑学生受到的科学教育是由学科专业准备不足的教师提供的。只有不到5%的聋哑学生的教师有物理专业背景。朗进而总结，"虽然86%的聋哑学生表示喜欢科学，但他们的学业准备对于高等教育来说是不够的"(p. 148)。

在一项侧重于师范类科学专业的本科生的研究中，麦金尼斯(2003)指出，实习教师(包括普通教育专业学生和特殊教育专业的学生，合作开展教学法学习）就将有特殊需求的学生纳入科学课堂这件事表达了不同的观点。一个重要的发现是，主修普通教育专业的学生更有可能支持将发育迟缓的学生纳入其中，而主修特殊教育专业的学生则持保留态度。对实习教师（基于认知主义或行为主义理论）的学习观以及他们对包容性课堂环境中群体参与观点的考察，给他们做出包容或排斥的决策提供了解释性的见解。此外，麦金尼斯对实习教师们为了包容一名发育迟缓的假想学习者而对科学课程计划进行改编的做法进行了分析。在大多数情况下，实习生支持将具有特殊需求的学习者纳入普通科学课程中，所采取的教学行动是让他人（学生的同伴或教师的助手）而非科学教师在课堂上对有特殊需求的学习者提供支持，而且通常只解决社会需求。很少有实习生使用文献推荐的观点来满足学生的智力需求。麦金尼斯的结论是：

> 作为一项实地工作，科学教育工作者在科学课堂上决定是否包容残障学生，特别是那些发育障碍学生时，如果没有从道德视角出发，就将在道德上陷入危险的境地。
>
> （p.212）

在另一项高等教育背景下的研究中，莫里亚蒂（Moriarty, 2007）进行了一项混合方法研究，以此探究三所社区学院的STEM教师的包容性教学法。目标是确定科学教育中实施包容性方法的障碍。151位来自社区学院的STEM教师完成了在线问卷调查，11人接受了访谈，9人接受了观察。社区学院对于学生学习特别重要，因为他们招收了许多残障学生接受高等教育。莫里亚蒂发现，社区学院的STEM教师使用的教学方法比四年制大学教学方法更加多样化。社区学院的教师也意识到差异化教学法的必要性，但教育学知识与课堂实际教学之间存在着明显的割裂。

为了促进有特殊需求学生融入和接受科学教育而做出的调整。包容性倡议带来了各种调整科学课程和教学的努力，使其向有特殊需求的学生提供他们在传统环境中可能无法获得的丰富经验。然而，由于许多普通教育工作者的科学背景有限，对科学课程进行调整对他们而言可能会带来特殊的挑战。根据斯克鲁格斯（Scruggs）和马斯特罗皮耶瑞（Mastropieri）（1994）对相关研究的全面回顾，当存在以下情况时，课堂教师可以成功地将残障学生纳入科学教学：行政支持、特殊教育者的支持、可接纳残障学生的课堂氛围、有效的教学技巧、学生之间的团结互助、教师拥有针对残障学生的专业教学技能。

当有特殊需求的学生被纳入科学教学时，最常用的方法是内容教学法（Scruggs & Mastropieri, 1993）。在内容教学法中，课本是课程和教学的主要资源。与内容教学法相对的是活动教学法。在活动教学法中，教师仍然可以进行直接的课堂教学，但学生也积极参与科学概念的探究活动（Scruggs & Mastropieri, 1993）。在以活动为导向的教学法中，课本的使用和需要学习的新词汇明显减少，学生可以应用科学观察、分类、测量、比较、预测和推理等科学方法。以活动为导向的教学法关注更少的主题，同时也更为深入，这对于有特殊需求的学生尤其有益（Patton, 1995）。内容教学法和活动教学法都可以进行调整和修改，以满足学生多样化的学习需求。

虽然普通教育的教师为满足学生的需要进行了各种各样的改编和调整，但针对有特殊需求的学生，他们发现并不是所有类型的调整都像面对其他学生时一样容易实施。最可行的改编主要集中在使用积极方法和多感官技术方面，这些方法和技术很容易融入日常课堂活动中(Johnson & Pugach, 1990)；而涉及单独与学生打交道的改编则是不太适合的。

斯特法尼奇(1983)考察了在面向有特殊需求学生的教学方面很有成效的学校，确定了这些学校教师的特征：明确关注学业目标，筛选教学目标，将学生视为有能力的学习者，实施基于学生个人学习而不是与其他学生成绩比较的评价体系，准确诊断学生的学习需求以培养学生的高成就，提前准备课程(包括改编)，满足学生在学业成绩和社交方面的需求，随时与学生讨论问题，参加职业发展课程以推动自身的专业发展，让家长随时了解情况并参与其中。在培养有特殊需求学生的科学思维习惯方面，教师也可以发挥重要作用。卡恩、费尔德曼(Feldman)和库克(Cooke)(2013)对三所聋哑高中的三间地球科学教室进行了教学交叉案例研究，他们发现教师可以通过以下几种方式有效促进学生自主学习和自主探究的发展：积极参与开放式提问，鼓励学生合作，允许学生犯错并让学生纠正自己的错误，将科学与现实世界的背景和职业联系起来，尊重每个学生的个性而不是基于他们的残障来对能力做出假设。

多模式教学在帮助残障学生熟悉学习内容和教材方面尤为重要。斯克鲁格斯、马斯特罗皮耶瑞、巴肯(Bakken)和布里格姆(Brigham)(1993)在提出为残障学生讲授科学课程的建议时指出，残障学生在参加以活动为导向的科学教育时可能遇到的问题比预想中的要少得多。伍德(Wood, 1990)指出，让学生多次接触新术语和新概念的策略，增加了所有学生更充分理解相关内容的机会。因此，用实例或模型教学被认为对残障学生特别有帮助。

课程的改编通常因内容和年级水平的期望不同而变化。它们可以针对学生群体或个别学生来设计。布思(Booth)和安思科(Ainscow)(1998)提出一种类型的课程适应是让学生参与设定自己的学习目标和社会目标，并与教师制定的同一领域的目标结合起来，然后学生可以评价在自己和老师制定的目标上的进展。然而，斯坦巴克及其同事(1996)则警告说，为一个学生或一小群学生制定单独的或不同的学习目标，可能会滋长学生在普通教育环境中的孤立感和分离感。

教师对课程实施改编的过程。在包容性环境中，教师可以调整教学以确保所有学生的学业成功(Smith et al., 1998)。但要在科学等内容领域做到这一点，学生的能力和学习偏好以及课程和教学方法之间需要匹配。斯坦巴克及其同事(1996)指出，“当学习目标与学生属性之间没有很好地匹配时，有些学生会表现出习得性无助”(p. 14)。帮助学生进行调整是创造这种匹配的一种途径(Salisbury et al., 1994)。

如果教师获得实施改编的方法和支持，他们将在普通教育课堂中有效地使用这些方法和支持(Fuchs, Fuchs, Hamlett, Phillips, & Karns, 1995)。斯科特(Scott)、瓦伊塔尔(Vitale)和马斯滕(Masten)(1998)的报告指出，当这些支持系统到位后，教师会针对学生做出必要的调整。乌德沃里-索尔纳(Udvari-Solner, 1996)发现，当教师决定需要实施哪些调整时，他们会进行一种带有自我质疑的个人反思提问。当他们与其他教育者和家长进行小组讨论时，也会提出同样的问题。父母在确定适合子女的适宜的调整措施时，往往希望有机会与教师合作(National Council on Disability, 1989)。这种合作可以促进家庭和学校之间的积极联系。

当教师确定是否应该进行调整之后，接下来要考虑的就是这种调整的目的是什么？诸如索尔兹伯里等研究人员（1994）认为，课程调整应该实现两个主要目标：促进积极的学生成就；优化学生在正进行的课堂教学和活动中身体、社交和教学上的包容性。

创建一个具有包容性的科学课堂被认为是学生可接受的环境设计、实施有效的教学技巧、课程调整、教学材料和教学方法等方面的平衡。具有包容性的科学课堂对学生很重要（Patton, 1995）。在科学课堂中合理组织空间和材料以允许所有学生参与并满足有特殊需求的学习者的需求，是一个需要持续研究的领域。这项计划的基本目标，即通用设计或面向学习者的通用设计（UDL; Trundle, 2008），在不需要调整或专门设计的情况下，将可供所有人使用的环境、产品、服务和资源尽可能地做到最好。正如麦金尼斯（2013）对UDL的评论：

> UDL的目标是尽可能地设计可供所有学习者获取的前期和现场的交互、环境、产品、服务和资源（Hitchcock, Meyer, Rose, Jackson, 2002; Kurtts, Matthews, & Smallwood, 2009）。许多人希望，UDL严谨且系统的研究可以得到大量资源的支持，从而使之跨越内容领域（包括科学），在满足特殊学生的需求方面取得重大突破。
>
> （p.48）

不幸的是，科学教室或实验室的典型设计并没有从UDL计划中受益，它们是基于普通的身体健全用户的需求来设计的。因此，对于有严重残障或健康缺陷的科学学生来说，提供必要的身体方面的便利是很有必要的。

科学课堂中设计和实施课程以及对教学法的调整，与其他内容领域的调整是相似的。然而，由于科学实验的性质和使用科学教材的特殊性，科学课的调整有时会面临特殊的挑战（Stefanich, 1994）。教师必须提前计划课程的调整，并预测学生在所需材料或科学活动方面可能遇到的困难。

当教师认为，调整的类型是可行的且可取时，他们就会如此行动（Ysseldyke, Thurlow, Wotruba, & Nania, 1990）。在适应特殊需求学生的包容性环境中，所有儿童都可以学习、感受归属感、实现教育目标和社会目标（Winter, 1997）。然而，许多教师也认为缺乏机制来利用他们的技能，并尊重其专业才能和局限。

普通教育者在制定、实施和评价IEP计划时承担什么样的角色是一个关键性的问题，这一问题回应了学校为遵循IDEA所做的努力。中学水平的研究表明，虽然大多数的普通教育教师（班级中有特殊需求的学习者）感受到了成功，但超过三分之一的教师没有接受过或正在参加专业培训，并且只有不到一半的教师参与了IEP的制定和发展方面的工作（Rojewski & Pollard, 1993）。其他研究结果表明，当IEP小组建议教师这样做并给予支持时，这些教师确实愿意做出专门的调整（Sapon–Shevin, 1996），以帮助有特殊需求的学生。

马斯特罗皮耶瑞、斯克鲁格斯和马格努森（Magnusen）（1999）报告了包括有特殊需求学生的科学教育扩大课堂的调查的结果。在调查中，经过认证的教师对学生（无论是否有残障）进行了长时间的科学教学。在所有这些情况下，科学课程都根据需要进行了调整，以支持残障学生的成功参与和学习。在所有实施中，基于活动的课程材料被单独使用，或与基于课本的课程材料结合或比较使用。所有课堂的教学结果表明，有特殊需求的学生可以从基于活动的科学课程中学到更多，并表示收获到了更多的乐趣。教师注意到，在以活动为导向的教学中，学生表现出更强的学习动机和参与课堂的积极性，表现出更多的任务参与行为。然而，教师也报告说，与传统的基于课本的教学相比，以活动为导向的教学需要教师有更长的准备时间、行为管理技能和组织技能。

马斯特罗皮耶瑞、斯克鲁格斯和布彻（Butcher）（1997）进行了一项研究，旨在确定学习障碍（LD）和轻度精神发育迟滞（MR）的学生在涉及单摆运动的探究性学习任务中是否与正常学生在归纳思维方面存在差异性。他们为20名成绩一般的学生、18名LD学生和16名MR学生分别提供了一系列预先指定步骤的指导，目的是促进学生对单摆长度与摆运动之间关联的归纳。在最初的指导活动之后，75％的一般学生和50％的LD学生给出了正确的归纳，但没有一个MR学生给出正确的归纳。超过四分之一的LD学生和几乎所有MR学生都需要全套预先规定的指导，包括对规则的直接解释。LD学生和MR学生不太可能正确回答转换性、应用性问题。因此，研究人员得出结论：在某种程度上，如果探究任务是恰当的，并且是精心设计的，对于轻度残障的学生来说，学习可能会更成功。然而，如果学生被期望在很少或没有特殊支持的情况下自己“发现”新的规律和归纳性结论，学生的学习可能不那么成功。

考利、海登（Hayden）、凯德（Cade）和巴克-克洛钦斯基（Baker-Kroczynski）（2002）研究了一个在普通科学课堂中针对存在严重情绪障碍或学习障碍的初中学生进行教学的科学项目，该研究是一个小样本研究（n=16）。研究结果表明，在科学课期间，残障学生在纪律和动作行为方面与正常学生相比没有任何困难。学生学业成绩通过全区科学考试和最终成绩来衡量。作者在报告中说，有情绪障碍或学习障碍学生的学业成就与其他学生相当。16名特殊教育学生中有11名（69％）通过了地区考试。他们的通过率与其他学生的通过率相同。值得注意的是，研究人员发现，有特殊需求的学生的行为在科学课上没有任何问题。此外，其他学生的行为不会因有特殊需求的学生的存在而受到不良影响。事实上，研究人员报告说普通教育学生的行为有所改善：在一个案例中，一个（有特殊需求学生的）班级比另一个班内没有任何特殊需求学生的班级少了50％的违纪记录。

麦卡锡（McCarthy, 2005）研究了18名有特殊需求（严重情绪障碍）的学生是如何在两种不同的教学环境中学习科学的。一组学生接受传统的基于课本的科学教学，而另一组学生接受动手实践的主题式的科学教学。在整个教学过程中（8周），麦卡锡收集了有关学生行为和成绩的数据。结果表明，总体上接受动手实践的主题式科学教学的学生，在科学成就的三项评价指标中的两项（实际操作评价、简答题测试）明显优于接受传统基于课本的科学教学的学生。特别值得注意的是，使用替代评价（实际操作评价）为有特殊需求的学生提供了一种非传统方法演示科学内容、知识和实践。学生在多项选择的测试中的表现没有差异。在整个研究过程中，两组学生出现的行为问题没有显著差异。

贝（Bay）、斯塔韦尔（Staver）、布赖恩（Bryan）和黑尔（Hale）（1992）设计了一项针对3年级和4年级学生（n=103）的科学学业成就的实验，其中一些学生被确认有特殊需求（n=16），在教学环境中教师使用直接教学或发现学习法进行教学。研究者在此研究中构建了两个评价系统，一个是包含了20个题目的科学测试，另一个是基于表现的评价程序。所有测试题目都被大声朗读给学生听，以控制学生阅读能力差异的影响。书面测试采用前测、后测和记忆力测试。基于表现的评价要求学生确定影响单摆运动时间长短的变量，以确定学生对在课程中学习的科学过程的概括程度。研究人员发现，正常学生和特殊学生的学习能力与直接后测结果相同，但在发现式教学的条件下，学生们对教材内容记忆的时间更长。此外，处于发现式教学条件下的有特殊需求的学生，在基于表现的测试中优于直接教学条件下的对照组。这项研究的结果挑战了“直接教学系统的典型教学行为为所有课程领域创造了最有效的学习环境”这一观念。

林奇（Lynch）及其同事（2007）报告了一项关于在普通教育课堂中（$N=202$）对有特殊需求的学习者讲授“化学应用”（CTA）科学单元的准实验研究结果。对于效应量的分析表明，有特殊需求的学生组与实验组的整体学习效果基本相同，即小于中等效应量。这些结果说明“包含引导式探究、动手实践、学生的多成员实验小组教学，对于有特殊需求的学生而言，是适用且有效的”（p. 219）。

马斯特罗皮耶瑞及其同事（2006）比较了轻度残障学生在班级内同伴互助的氛围下采取的差异化动手实践活动模式，与教师指导下学习的效果的比较，并给出了定量的结果。研究背景是8年级科学课程。在一项随机实地试验设计中，13个班级共213名学生（男生109名，女生104名），其中包含44名有特殊需求的学生，他们参加了为期12周的课程。作为实验组的班级接受了同伴互助的氛围下采取的差异化动手实践活动的教学；对照组班级接受了传统的科学教学。结果表明，在小组合作中进行的动手实践活动，所有学生在中学科学内容的后测以及高风险测试中成绩有提升，且结果具有统计学意义。此外，学生们还表示，他们喜欢在科学教育中参与这些活动。

有研究关注了任务分析在基于科学探究的科学教学中的作用。库尔塔德（Courtade）、布劳德（Browder）、斯普纳（Spooner）和迪比亚兹（DiBiase）（2010）首先将他们的注意力集中在科学教师开展教学活动时所需的教育培训上。通过任务分析对教师进行专业上的指导后，他们发现科学教师成功掌握了所需的技能和知识，并能够应用它们。对学生的测试结果表明，所有学生独立完成探究的技能和水平均有所提高。研究人员得出结论，与日常的技能课程相比，使用任务分析的优势在于，其在内容领域更具有普遍性。斯普纳、奈特（Knight）、布劳德、希门尼斯（Jimenez）和迪比亚兹（2011）开展了对有严重发育障碍的学生进行干预措施的元分析，并得出了与在科学教育中使用任务分析类似的结果。文章着眼于面向严重残障学生的教学策略、内容和基本原理。他们的研究表明，系统教学是一种基于证据的教学实践，它被用于对严重发育障碍的学生进行科学教学。系统教学包括讲授连续技能的任务分析和讲授分散技能的时间延迟。

德克斯特（Dexter）、帕克（Park）和休斯（Hughes）（2011）对发表于1986年至1992年的六项研究进行了元分析，检验了6到12年级的LD学生使用图形组织工具后的效果。图形组织工具（如语义映射和可视化展示）与增加的词汇量、知识和事实理解相关。图形组织工具还帮助有学习障碍的学生记忆所学的科学内容。对实践的启示包括“教学密集型”（p. 211）的图形组织工具，如语义映射和语义特征分析，更适合即时的事实回忆，而“计算效能型”（p. 211）的图形组织工具，如句法/语义特征分析，更有利于长时记忆所学科学内容。此外，为了更好的效果，必须明确教授LD学生时要使用图形组织工具。

辅助性技术设备(AT)是指“用于增加、维持或改善残障儿童功能性能力的任何物品、设备或产品系统，无论其是商业化成品，或是经过修改，抑或是定制品”(IDEA, 2004, 602.1A)。AT对残障学生的作用不容低估，特别是因为它与STEM高等教育成就息息相关(Burgstahler, 2003)。常见的AT从“低技术”的诸如握笔器、横格纸、实体教具，到更“高科技”的包括虚拟操作、基于计算机的概念映射、增强和替代通信(AAC)设备、屏幕阅读器在内的设备(Bouck, 2010)。自适应式实验室设备，如可语音播报的温度计探头、带大型显示器的数字天平、放大镜摄像机或带手柄的烧杯等，为身体残障的学生提供了宝贵的、“无障碍接触科学”的机会(Neely, 2007)。博伊德–金博尔(Boyd–Kimball, 2012)报告了一系列广泛自适应式教学辅助工具，这些辅助工具被证明有助于在非专业大学的化学课堂上教授盲人学生，具体做法包括使用带磁性的字母和数字来“书写”和配平方程式，并提出用“泡泡漆”来表示路易斯结构式(p.1397)。在某为期一年的研究中，研究人员研究了有视觉障碍学生在科学课程使用自适应式设备的情况，发现学生的学习态度有所改善(Rule, Stefanich, Boody, & Peiffer, 2011)。

利维(Levy)和拉哈夫(Lahav)(2012)以声音为基础，为视觉障碍的学生模拟关于气体粒子行为的概念，并指出这些类型复杂的抽象系统特别难以让视觉障碍学生掌握。作者评估了“通过聆听理解复杂性”(L2C)的效果，它为学生提供基于声音(例如，牛铃、双簧管、锣等)的，关于粒子速度、位置和相互作用的实时信息。该研究涉及四名成年人，采用前测和后测结合的研究设计，在物理系统的概念理解上体现出显著的学习效果。虽然作者注意到小样本存在的局限性以及研究对象是成人而非中学生(后者才是该学习环境的目标受众)，但这一研究结果仍然提供了令人信服的证据，证明使用新兴技术使视力有障碍的人能够进入复杂系统相关领域，并在一定程度上理解它。

一些研究项目证明了为残障学生提供无障碍技术和设备干预措施的有效性，例如，科学学生实验室通道建设项目(CLASS; Lunsford & Bargerhuff, 2006)，残障、机会、网络互连、技术项目(Do–It; Burgstahler, Moore, & Crawford, 2011)。布格施塔勒(Burgstahler)及其同事(2011)在对Do–It项目的纵向研究报告中指出，项目参与者认为适应性硬件和软件的可用性是Do–It项目基于证据的实践中最有价值的部分。所有这些发现都强调了先进的适应性设备对于科学教育中有特殊需求的学生来说是非常必要的。

虚拟现实(VR)正在成为一种特别有前途的AT工具，为残障学生提供包括科学在内的学习机会(Jeffs, 2010)。这些技术创建了虚拟学习环境，为交互式学习创造了机会，“为学习者提供了控制学习过程的各种机会”(p.253)，并为那些由于残障可能被限制参与的学生提供了学习机会(Schaff, Jerome, Behrmann, & Sprague, 2005)。阿达莫–维拉尼(Adamo–Villani)和威尔伯(Wilbur)(2009)描述了一种新开发的教授聋哑学生科学的3D动画交互式软件，名为“数理沉浸式学习环境”(SMILE)。SMILE是一个双语(英语和手语)的虚拟学习环境，它使用交互式3D动画角色，对用户输入的书面和口头英语以及手语做出响应。在SMILE中，小学生参与一项游戏，要求他们在虚拟环境中构建需要获得的STEM技能以及相关手语手势。研究者在21名小学生(14人听力正常、7人耳聋)的试点研究中进行了形成性评价，以评估该系统的可用性和趣味性。结果表明，SMILE界面对所有学生来说都是一项很有前景的技术，因为它具有很强的吸引力。然而，该研究未就学习和知识获取进行评估。

虽然AT很明显是促进获得科学教育机会的重要工具，但仍有必要进行更有说服力的实证研究。针对残障学生利用各种AT获取知识进行具体研究，以便更清楚地了解他们的学习情况，并了解通过这些技术进步取得的学习成果和依然存在的挑战。

评价

评价是教育的一个主要且必要的组成部分。但对科学和其他领域有特殊需求的学生的评价通常会引发争议。有些人认为评价可以作为教育改革的刺激因素，而另一些人则认为对于个体差异敏感的教育计划而言这是一种负面因素。

教育评价存在许多争议，因为所涉及的团体在各方面存在差异和不同意见：对于议事议程的关注；对于标准化评价的有效性和可靠性的看法；对于评价结果如何影响正在测试的学生的关注；对于评价结果将如何用于评估那些教学或课程提供者的关注；对于立法机构如何利用评价中的信息来资助和评估学校的关注；对于评价在标记和分类学生方面的使用情况的关注；对于测试是否准确地评估了个人的知识以及是否正确地评估了他们在相关任务中执行能力的关注。

科恩（Kohn, 2001）认为，学校考试是由一种自上而下的、严厉的、企业式的学校改革驱动的，这种改革威胁到学校改进的基本前提，而且目前的高风险评价制度符合这种快速且可量化结果的政治化需求（Thompson, 2001）。基于最佳实践研究的创新被忽视了，特别是在最需要适当实践的发育中的社区。艾斯纳（Eisner, 2001）关注到，当评估的范围或区域有限时，在其他方面有能力且有兴趣的学生就会被边缘化。

科学本身特别容易受到攻击和批评。一些科学教师所尝试的可提高测试分数的方式是*NGSS*（Achieve, 2013b）所不推荐的实践方案，即使用直接教学向学习者呈现大量的陈述性知识（Kohn, 2001）。*NGSS*的主旨是“一切标准皆为全体学生：使所有学生都可以达成新一代科学教育标准的要求”（Achieve, 2013a）。作者警告说，在理解科学领域服务不足群体之间的成就差距方面，大规模标准化测试存在方法论上的局限性。这些局限性包括：(1) 过度概括高度多样化群体的成就；(2) 强化刻板印象；(3) 忽略变量之间的相互作用。如果教育工作者解释标准化考试的过程中，不能识别残障类别之间及类别内部的异质性，对残障学生的学术成就抱有较低期望，或者因为在特殊教育中过度呈现少数族裔男性而忽略了种族、性别、残障等变量之间的协同，就会出现这种局限性。

对残障学生的评价在很大程度上是由立法指导的。当国家的行动可能对个人产生不利影响时，美国公民有权根据法律和正当程序得到平等的保护。在教育方面，宪法权利转化为保证相同的教育机会（而非相同的教育结果）。1973年美国《康复法案》第504条规定，对残障人士的入学考试必须有效反映申请人的能力和成就，而不是反映任何与正在测量的内容无关的残障程度。《全体残疾儿童教育法案》（1975）、“公法94－142”要求所有残障儿童都必须接受免费、适合的公共教育。它还规定了解正当程序的权利，联邦政府在提供某些财政援助项目方面的责任，并提出对特殊教育服务进行监管的要求。IDEA立法再次强调了有特殊需求的学生的法律权利。根据韦尔纳（Welner, 2006）的说法：

>《残障人士法案》同时规定了如何评价具有不同文化和语言背景的学生，及根据评价对其在特殊教育方面进行安排的规则。IDEA表示，所有学生都有权以不受种族歧视或文化偏见的方式接受测试。联邦指南规定，评价应符合公平、公正的三个标准：
>
> 1. 评价应以学生的母语进行；
> 2. 任何评价材料或测试仅应用于其拟验证（设计）的特定目的；
> 3. 测试应由经过适当培训和具有专业知识的专业人员进行。
>
> （p.60）

此外，1990年通过的《美国残障人士法案》（公法101－336）继续对教育产生诸多影响，特别是对许可、注册、资格认证过程的影响。这项法案要求残障人士能够无障碍地申请测试和参与测试。虽然某些人可能无法满足资格认证程序的其他要求，但这些人不得被剥夺尝试通过考试的机会和权利，不得被禁止参加认证考试。进行测试的机构或实体必须提供辅助设备或对现有设备进行调整，并且不得就所提供的便利向残障人士收取费用。可提供的便利设施包括：测试站点须有相关设施以辅助残障人士自由进入站点所在的建筑、无干扰空间、备用地点、测试时间表的变动、延长测试时间、启用抄写员（抄写器）、手语解释、电子阅读器、适应性设备、自适应通信设备、测试呈现或相应形式的改进（Thurlow, Ysseldyke, & Silverstein, 1995）。

对于可得出成绩的科学学科评价考试，进行评价考试的这些设施或测试工具必须是个人可以独立使用的。须为残障人士提供或调整设备及装置，考试的方式和内容应做适当的调整或修改，应配备合格的电子阅读器或解释，应就培训材料、政策或其他类似的方面进行适当修改［42 USC 12/11, Section 101（9）］，当然残障人士也必须提供相应的文件。

然而遗憾的是，一系列长期的研究表明，尽管适当的调整学习环境可以提升残障学生的成绩和成就感，但科学教师仍然缺乏调整学习环境的反应能力。例如，考利、卡恩和特德斯科（Tedesco）（1989）的报告显示，在对9至12年级400多名轻度残障学生的科学成绩的研究中，发现其中有50％至60％的成绩是D或F。

研究表明，由于业内通过标准化评价工具解释学生的表现，所以教师更应该谨慎行事（Darling-Hammond, 1999）。评价工具的使用和解释是鉴别特殊需求学生问题的一个基本关注点。实际上，用于对学生进行分类和排位的测试的效度和信度一直受到挑战和质疑（Stainback, Stainback, & Bunch, 1989）。加特内（Gartner）和利普斯基（Lipsky）（1987）描述这些测试“比抛硬币精确不了多少”（p.372）。两人指出，基于这些测试的分类具有持久性，只有不到5％的学生被摘掉分类标签（通过鉴定被重新定义为正常学生）并返回普通教育教室。

研究表明，在标准化考试的时代，最令人不安的是，许多有特殊需求的学生无法在传统考试条件下展示他们真实的理解水平。具体而言，一些研究者指出，传统的评价可能会反映出残障学生的阅读和写作延迟，而不是反映出他们对主题的充分理解（Cawley, Parmar, 2001；Seifert, Espin, 2012）。作为回应，麦卡锡（2005）等研究人员提倡对有特殊需求的学习者使用替代评价策略。另外，其他研究人员也研究了包容性的科学教育背景，这些背景已经证明对有特殊需求的学生来说是有效的且成功的。斯克鲁格斯、马斯特罗皮耶瑞、伯克利

(Berkely)和格雷茨(Graetz)(2009)对内容领域课堂中具有不同学习需求学生的相关实证研究的文献进行了综述。在科学领域，采用差异性的练习时间和水平，以及认知策略(例如，同伴辅导和嵌入式策略信息)上的明确指导，增强学生对内容的学习，从而提高了学生在高风险测试中的表现。

很多文章已经重点强调了IDEA关于FAPE的原始含义与NCLB的高风险性质之间的不一致性。考夫曼(Kaufman)和布卢伊特(Blewett)(2012)指出，最初“自由、适当的公共教育”的定义就是在IDEA中被设想和提出的，这一定义在亨德里克·赫德森学区(Hendrick Hudson School District)诉罗利(Rowley)案(1982)中得到了解释。定义强调的通过一个“合理计算”的个性化项目提供“教育福利”(p. 207)，如今已经转变为NCLB所要求的严格以成果为重点的AYP。换句话说，国会“把重心从学校的工作转移到了学生的表现”(Kaufman & Blewett, p. 5)。这一重心的转变对残障学生的教育以及负责教育他们的学校和教师产生了深远的影响，但是NCLB提出的“如何以成果为重点进而加强对残障学生的教育”这一首要问题，在课程、评估和成就方面，仍未得到解决。研究表明，高风险测试对非科学背景下残障学生的影响好坏参半(Katsiyannis, Zhang, Ryan, & Jones, 2007)。研究显示了积极的影响，例如增加了测试的便利条件(Lazarus, Thurlow, Lail, & Christensen, 2009)，也显示了负面结果，例如增加了学生的考试焦虑(Sena, Lowe, & Lee, 2007)。虽然更多的残障学生被纳入普通教育课程，包括科学课程，以响应NCLB的要求，但如果没有周到的、个性化的支持，这可能仅仅是形式上的变化。进入课程并不保证有取得成就的机会，除非“(a)每个学生都能获得测评和课程资源；(b)采用符合个人需求和能力的，以研究为基础的教学；(c)充足的物质和人力资源来提供指导和评估学生的学习”(Hardman & Dawson, 2008, p. 7)。这就引出了一个问题：如果教育系统无法提供NCLB所承诺的个性化教育方案，将残障学生纳入普通科学课堂所带来的众多益处可能会被压制，或者至少是受到挑战和质疑。这就需要更多的研究，以确定高风险测试环境对后NCLB时代的科学课堂中残障学生及其教师的具体影响。

结论

NGSS(Achieve, 2013 a)做出了一项关键承诺，即为所有科学学生提供参与符合其能力和才能的挑战机会。许多原本能够在科学领域取得很高成就的学生由于成绩或在其他与科学无关的领域表现欠佳，而被贴上残障学生的标签。科学教师必须准备好发现这些差异，并对每个学生的独特学习需求做出响应。有证据表明，实习教师和潜在的科学教师都注意到自己在面向残障学生进行教学调整时，存在准备不足的问题。

在学生接受主要来自特殊教育工作者的科学教学时，也存在其他限制，包括分配给科学的时间、以基于课本的教学模式为主的科学教学，以及教师科学知识的局限性。研究表明，在通用设计占主导地位的学习环境中，具有科学特殊需求的学习者是能够在没有显著调整教学内容的情况下学习的。一般而言，通过多模式教学方法进行教学，能让学生有机会重新提交和改进作业，愿意与其他教育者合作，进而更好地满足学生个人的需求。允许残障学生有机会在形成性和终结性评价(这也是法律所要求的)中分享他们所学的知识，并对这一教学和评价方式进行调整和修改，可以提高学生在学习过程中的参与度和信念感。

没有实质性的实证证据表明，有特殊需求的学生处理信息的方式与其他学生不同。相反，大量关于学习者参与科学课程的研究发现，如果得到适当的支持，(特别是)轻度残障学生就能够以较高的学科水平学习科学概念和程序(NRC, 2007)。对有特殊需求的学生进行有效的教学，必须建立在学习者与学习环境互动的基础上，并努力理解学生所产生的认知过程。对学生表现的研究结果表明，教师进行多样化教学并花时间了解学生，将使其教学对所有学生都更为有效，无论学生的能力如何。

未来研究方向

随着涉及残障人士受教育权利的新方法的实施，美国法院面临的一个长期问题，即教育工作者在满足残障学生教育需求方面的责任范围和程度。全球范围内，如何在科学教育中接纳有特殊需求的学生仍然存在不确定性。尽管通用性的教学设计和学习计划在满足所有学生学习科学的需求方面做出了承诺，但这一领域还需要进行更多的研究。此外，有关面向有特殊需求学生的科学课程的范围和有效性、教学方法、科学教师的受教育背景、评价方面的研究仍然是迫切需要的。

其他方面的更具体的研究问题包括：(按学校级别和科学学科分类的)教师如何将(按残障类型和个人特征分类的)有特殊需求的学生纳入普通科学课堂？跨越多个维度的努力会产生什么结果(例如课堂生态、课程和教学、评价)？在教师整个职业生涯中设计了哪些类型的教师专业发展计划，以帮助教师为有特殊需求的学生提供合适的教育？这些经验对教师实践有什么影响？对于有特殊需求的学习者，不同的科学教学方法会产生什么样的结果？这些结果在多大程度上符合当地和高风险评估的要求？教师对具有科学学习方面特殊需求的学习者的适应意味着什么，有何意义？他们对学校文化的认识如何影响这种理解和行动？哪些策略可以帮助教师在科学课堂上为有特殊需求的学习者做出调整？从普通课堂教师的角度来看，有哪些机制和策略可以帮助他们有效地支持科学课堂上有特殊需求的学习者？在学校环境中，普通科学教师和特殊教育者之间有着怎样形式多样的合作模式？各种模式在多大程度和限度上有利于有特殊需求的学习者理解并执行(传统和替代性的)评价任务？从有特殊需求的学习者的角度来看，他们是如何进入普通科学课程的？以及从系统角度，我们是如何通过课程、教学和评价来鉴别和培养残障学生的科学才能的？我们想知道，如果研究人员提出这样的问题并使用各种各样的理论范式，在特殊需求研究中会出现什么样的新见解。

第二部分：有特殊天赋学生的科学学习

乔治·德博尔(DeBoer, 1991)在《科学教育思想史》(*A History of Ideas in Science Education*)中指出，在科学教育领域，特别是在美国背景下，教育工作者在满足特殊天赋学习者个性化需求时的障碍在于，长期以来他们对于偏袒行为的指控十分敏感。由于二战后对国家安全的关切，美国科学促进会(AAAS)合作委员会认为，由于不承认有天赋学生的特殊能力，科学教育犯了一个双重错误：(a)没有满足这些学生独特的教育需求，(b)没有开发出满足这种高需求的国家资源(DeBoer, 1991)。尽管纵观自此以来的记载，对于在科学领域具有特殊天赋的学习者来说并不是百分之百的成功，但也已经取得了进展。

以前，具有特殊科学才能的学生被称为“天

才”。如今则更多地使用具有“创造力”“非凡能力”或“天赋”(亦即，在特定事件、背景和领域的活动中可观察到的表现)之类的说法来描述这类学习者，而不是仅仅依赖优秀的学业或智商测试成绩(Sternberg, 2001)。马克尔(Maker, 1993)将这样的学习者描述为问题解决者：

> 喜欢接受复杂的持续的挑战，并且坚持到问题被解决为止……[以及具有如下才能的人]：(a)针对现有问题创建一个新的或更明确的定义；(b)设计新的、更有效果的或更有效率的方法；(c)找到与常规方案不同的解决方案，也许比以前的解决方案更有效。
>
> (p.71)

坦嫩鲍姆(Tannenbaum, 1997)提出了两种类型的人才：表演者和制片人。表演者是那些擅长“舞台艺术”或“公众服务”的人(p.27)；制片人擅长贡献“思想”和“有形之物”(p.27)。其他理论家，如皮尔托(Piirto, 1999)，将注意力集中在早熟(能够轻松做到那些通常在更年长的学习者身上观察到的事)上，认为这是天才的标志，尤其是在大学预科教育中。斯滕伯格(Sternberg, 2007)在对天才学习者的讨论中补充道，在确定学习者天赋时，应考虑文化起源和背景，以反映世界各地的文化所看重能力的多样性。2011年，美国国家天才儿童协会(National Association for Gifted Children)将天才学生定义为那些表现出杰出才能(学习或推理上的特殊能力)或杰出能力(在一个或多个领域中，成绩或成就排在前10%)的个人。

从研究人员、政策制定者和对有天赋学习者教育感兴趣的教育专业人士的多种观点来看，3%到15%的学生属于这类学习者(Hardman et al., 2002)。然而，正如吉尔伯特(Gilbert)和纽伯里(Newberry)(2007)所指出的那样，没有任何基于纵向研究的证据表明这种认证是一种固有的个人特征。惠特莫尔(Whitmore)和马克尔(1985)以及威拉德-霍尔特(Willard-Holt, 1998)对有特殊需求的人群(视觉、听觉、身体和学习障碍人群)中的有天赋学习者进行了调查，发现这一群体中也有同样比例(3%到15%)的有天赋学习者。

影响科学领域有天赋学习者权利的立法

美国立法为有特殊需求的学生提供教育服务，但相反地，在科学上(毋宁说在任何学科上)有天赋的学生则没有这种法律权利。因此，资助有天赋的科学学习者是各州和地方的问题。1978年《美国联邦天才儿童法》和1993年《贾维茨天才和有天赋者教育法案》定义了有天赋的学习者，并提供了一定的资金，以支持全国性的研究中心、示范项目，以及领导人员活动(Gallagher, 1997)。目前(2014年2月)，国会委员会正在审议《英才法案》以决定是否将其提交参议院或众议院进行投票，这是关于《中小学教育法案》(ESEA)的一项修正案，旨在支持高能力、高成就的学生。如果法案通过，《英才法案》将修订问责机制和评价制度，在州成绩单上报告顶尖学生的表现，要求学校将天才学生纳入主题II下的资助，增加对教育天才学生教师的专业发展相关培训，并强调研究和最佳实践(Stephens, 2011)。然而，纵观美国通过立法支持天才教育的历史，其政策总是反复无常，导致一些天才教育的倡导者断言，美国的政策为实现公平而牺牲了卓越性(Gallagher, 2002)。美国国家科学委员会(National Science Board, 2010)发布了题为《准备，为下一代STEM创新者：识别和发展美国人力资本》(*Preparing the Next Generation of STEM*

Innovators: Identifying and Developing Our Nation's Human Capital）的报告，指出“提高学生的基准表现和成就上限，这两个目标并非互斥”，相反，公平和卓越是“相辅相成”的（p.10）。报告中有关支持天才教育的建议包括为天才学生及其教师提供优质STEM体验和培训机会，扩大人才的评估和鉴定，以及为所有天才学生创建STEM支持网络。

美国教育部（1993）对天才的定义是：

> 1. 与其他相同年龄、经历或环境的儿童和青年相比，具有杰出才能的儿童和青年表现出能够达到极高成就水平的潜力。
>
> 2. 这些儿童和青年在智力、创造力或艺术领域具有很高的表现能力、不寻常的领导能力，或在特定的学术领域表现出色。他们需要学校通常不提供的服务或活动。
>
> 3. 所有文化群体、所有经济阶层以及所有人类活动的领域，都有具备杰出才能的儿童和青年。
>
> （p.3）

全球范围内，关于有天赋学生教育服务的法律权利差异很大。韩国等国家在2000年通过了有天赋学生相关的法律，而在其他国家，有天赋学习者没有相应的法律权利，最多是在现有学校中设立相应的适宜环境，以及为有科学才能的学生设立独立的学校。

文献综述

出于启发式目的，本文对科学领域关于有天赋学习者的文献进行了回顾，并总结为两个部分：课程与教学，和鉴别有科学天赋的学习者。

课程与教学

对有天赋学习者的教育基本原则是加速内容传递、选择性地对学习者进行分组、丰富课程内容（VanTassel-Baska, 2003）。关于科学领域有天赋学习者的课程和教学研究考察了两种干预模式：专业管理模式（仅招收有天赋学习者）和通识教育模式（面向所有能力群体的差异化教学）。其他研究试图记录和理解所有与科学领域有天赋学习者教育有关的人员（管理者、教师、学习者和家长）的观点。

干预模型

研究人员试图了解特殊项目对科学教育的影响，例如为满足有天赋学习者的需要而设计的暑期加速体验课程或专门的学校科学课程。林奇（1992）研究了约翰·霍普金斯大学科学（生物、化学和物理）暑期加速课程的有效性，该课程每年在3周内教授12—16岁天才学生相关的科学内容。该研究持续了6年，涉及905名学习者。林奇发现，暑期项目有效地帮助学生提高了学习科学知识的速度，而且学生们也比正常允许的时间更早地开始学习高中科学，并从中获益。在类似的调查中，埃纳森（Enersen, 1994）对参加过高中暑期住校科学学习项目的有天赋中学生（N = 161）进行了调查，发现他们对科学的态度因参与项目而提升。在一项后续跟踪调查中，参加项目的大多数学生报告说他们仍然在科学领域学习或工作（不同性别间没有差异）。巴斯（Bass）和里斯（Ries）（1995）在一所高中的天才教育项目中调查了有天赋学生的科学推理能力。研究人员设计了一种数据收集策略，使用类似的问题来测试学生对基本科学概念和技能的理解。他们认为，并非所有的有天赋学生都能从这种项目中受益；有天赋学生在解决各种科学问题时的能力表现各不相同。

琼斯（Jones, 1997）报道了一项为期6年的大学预科干预计划，该计划旨在为具有学术才能、社会经济水平较低的少数族裔学习者接受大学教学做准备。俄亥俄州立大学的青年学者项目转变了向学习者介绍农业的方式，通过成就和职业兴趣来测量成功。在一系列评价研究中，研究人员测量了科学课程对小学阶段有天赋学生的影响。博伊斯（Boyce）、范塔塞尔-巴斯卡（VanTassel-Baska）、伯劳斯（Burruss）、谢尔（Sher）和约翰逊（Johnson）（1997）以及范塔塞尔-巴斯卡、巴斯、里斯、波伦（Poland）和埃弗里（Avery）（1998）在报告中指出，基于问题的学习和科学学科的整合有益于有天赋学习者，有助于增强学习动力、提高过程技能以及增强学科内部和跨学科联系的能力。在一项探索性研究中，费恩（Fehn, 1997）试图了解有天赋的中学生如何展现出学科内容知识领域的专家所具备的该领域的相关技能，他发现样本中关键能力（原始资料的解释、评估偏见和综合评价）差异最大的群体是有科学天赋的学生。在历史方面有过学习经验的有天赋学习者比没有经验的学习者表现更好。费恩认为，这一发现不仅对教授有科学天赋的学生学习历史有重要的意义，而且对所有需要这种技能的课程教学都有很强的启发作用。

伦祖利（Renzulli）、鲍姆（Baum）、赫伯特（Hebert）和麦克拉斯基（McCluskey）（1999）报告了高水平学习者成绩不佳的问题。研究人员提出了一种新的观点，并提出了一种提高此类学习者成功率的策略。“第三型充实”（Type III Enrichment）是一种针对有天赋学生的教育经验，鼓励学习者通过扮演实际调查者的角色来研究他们选择的问题。学习者负责使用适当的研究方法进行调查，并向听众展示他们的发现。超过80％的学习者在成就、努力、态度、自我调节行为和积极的课堂行为方面会有进步。

研究人员关注的另一种干预模式是通识教育模式，在这种模式中，科学领域的有天赋学习者与其他学习者分享经验。在一项研究中，哈克（Hacker）和罗韦（Rowe）（1993）研究了能力参差不齐的班级对中学科学学习的影响，结果发现影响是负面的。他们指出，能力参差不齐的班级会导致高水平和低水平学习者的课堂互动质量下降。然而，在另一项关于苏格兰中学科学教师的差异化教学实践的调研中，差异化教学被定义为以不同速度和不同方式教授同一班级的个别学生，辛普森（Simpson）和尤尔（Ure）（1994）在其中发现了成功的迹象。教师与学习者（各类学生，包括有天赋的学生）分享对其的学习管理，提倡成绩可以改善的信念；同时使用广泛的信息和支持，识别并确定一系列需求，给予并接受持续的反馈，成功就这样达成了。

斯科特、莫蒂默（Mortimer）和阿吉亚尔（Aguiar）（2006）报道了科学课堂中关于“谈话”或对话的课堂小案例研究。他们认为有天赋的学习者能从中受益（表现为他们在科学课上参与课堂讨论和他们表达出的学习动机）。特别是当教师从“启动、响应、评价”（I-R-E）的话语模式转化为一种更加关注互动、对话的交流模式，即使用“启动、响应、提示、响应、提示……”（I-R-P-R-P . . .）的话语模式时，有天赋的学生受益更加明显。

在一项定性研究中，帕克和奥利弗（Oliver）（2009）观察了三位高中教师对有天赋学生进行科学教学时，面临特殊挑战后的反应。通过课堂观察、半结构化访谈、课程计划的回顾、教师书面反思、学生作业样本（包括评价）和研究人员的现场笔记，研究人员认为天才学生给课堂带来了一些挑战，包括：（a）提出具有挑战性的问题；（b）对他人的步调和节奏感到不耐烦或容易厌烦；(c)具有完美主义特征、害怕失败；(d)不喜欢常规工作、常规训练和做无用功；(e)喜欢批评他人；(f)意识到自己与他人不同(p.339)。教师为了应对天才学生的需求，采取的策略有：(a)教学差异化，例如设置主题单元；(b)教学模式及学生成果产出的多样性；(c)学生分组策略和同伴辅导；(d)个性化支持；(e)管理挑战性问题的策略；(f)应对学生的完美主义的策略；(g)让学生感受到心理安全的课堂环境(p.342)。研究人员得出的结论是，由于天才学生的独特需求，教师的教学负担增加了。当教师对天才学生的认知和情感特征有了更多的了解后，他们更愿意实施合适的教学，以满足学生的特殊需求。“职前培训计划和在职教师发展计划都应该为教师提供机会，让他们研究或分析学生的推理类型、学习方式、动机、特征和兴趣”(p.348)。

在一项探索残障学生中有特殊天赋者(又称为“双重特殊学生”)的新颖研究中，隅田(Sumida, 2010)给出了一个清单，用于鉴别日本有轻度发育障碍和无轻度发育障碍的小学生的天赋特征，旨在帮助教师确定并保护学生在科学课上的天赋。该样本包括来自8所小学的86名儿童：50%有学习障碍(LD)、注意缺陷/多动障碍(ADHD)、高功能自闭症(HA)。用于观察学生的清单有60个条目，其中包括态度、思维、技能和知识/理解。隅田利用因素分析发现了科学领域的三种“天才类型”：(1)本能型，(2)专家型，(3)坚实型。研究发现，患有LD、ADHD或HA的学生表现出本能型天赋(高原创性、富有创造力、提出令人惊讶的问题)，而非残障学生则表现出坚实型天赋(普遍的科学能力)。这两组学生中表现为专家型的数量都很低。隅田基于该研究的发现提出了两项建议：第一，专家型学生(无论有无残障)应该在他们擅长的领域接受具有挑战性的任务，以提高其自尊；第二，在科学教育中增加此类学生对技术的使用，使他们更好地利用数据和非正式科学学习的机会。

总的来说，正如范塔塞尔–巴斯卡(2003)所报道的，直到今天，对文献(主要是关于实践的描述性报告)的全面回顾表明，当重点放在以下方面时，教学可能会对科学领域有天赋的学生有益：

- 概念(而不是记忆事实)
- 探究(学习者扮演活跃的调查者的角色)
- 高阶思维(信息评价与真实科学思维建模)
- 元认知和自我调节(学习者自我引导并主导制定学习计划)
- 产品和受众(学习者制作真实的产品并向感兴趣的受众报告)
- 多样化和节奏(采用多种教学策略和快速的教学节奏，特别是在引入新材料时)

有天赋学习者、家长和学校工作人员的观点

研究人员除了对研究干预模型的影响感兴趣外，还研究了有天赋学习者、其父母和所在学校工作人员对一系列主题的看法。林奇(1990)在对“科学和数学的暑期加速学习”进行研究之后，调查了科学领域有天赋学习者的学分和安排问题。她报告说，虽然学习者及其父母很欣赏这种加速的学习模式，但学生所在的学校却不太接受。学校对如何将暑期学分纳入现有的学术课程以及为学生安排适当的课程有着很现实的担忧。

克罗斯(Cross)和科尔曼(Coleman)(1992)通过调查法记录了一个高中样本($N=100$)中有科学天赋学习者的观点。主要研究结果是，有天赋的学生们感到学校教学节奏和科学课程内容限制了他们的学习。他们对死记硬背的教学策略表示不满，

希望在学术上接受更多的挑战。

凯伦（Caleon）和苏布拉马尼亚姆（Subramaniam）（2008）设计了一项调查，研究了新加坡的天才小学生对科学的态度。他们发现，高于平均水平和有天赋的学生比一般能力的学生表现出更积极的态度。在所有的学生中，男生对科学的看法比女生更积极。

米迪詹斯基（Miedijensky）和塔尔（Tal）(2009）的研究表明，将自我评价和同伴评价相结合的嵌入式评价是促进科学领域天才学生学习的有效策略。研究人员使用定性的方法来调查天才学生在基于项目的科学（PBS）课程中如何看待嵌入式学习评价（EAfL）模式。在以色列进行的这项研究的前提是，天才学生应该使用反映他们特殊能力的工具进行评价。在EAfL模式的研究中，86名初中生参加了6门为期一年的天才科学课程，其中包括整个学习单元的连续的自我评价和同伴评价。研究人员采用解释性的方法，包括开放式问题的问卷和半结构化访谈，以了解学生对评价的看法。研究人员报告了EAfL模式对学生评价和学习观点的积极影响。学生的看法从传统的“评价是终结性的”、“定量的”、“由教师完成的”转变为“评价是科学工作和学习过程的有机组成部分”。学生们报告说，自我评价和同伴评价在整个科学项目中促进了学习、增强了学习动机并改善了社群关系。

鉴别有科学天赋的学习者

鉴别和描述有科学天赋的学习者一直是研究界感兴趣的问题。布兰德温（Brandwein, 1955）完成了《作为未来科学家的天才学生》（*The Gifted Student as Future Scientist*）一书，该书广为流传，影响深远。书中提出增加科学领域有天赋学生数量的想法，同时开启了当代关于有科学天赋学习者的鉴别问题的研究。

学区依靠能力测试来筛选科学领域有天赋的学生，这引起了研究者的兴趣。贾尔万（Jarwan）和菲尔德豪森（Feldhusen）（1993）研究了国家资助的寄宿高中选拔数学和科学领域有天赋学生所用的流程。研究人员使用定量和定性的研究设计，他们发现学生的家庭学校调整后的平均绩点是1年级和2年级平均绩点的最佳预测指标。他们在学术评估测试（SAT）中的表现是第二好的预测指标。最重要的是，他们发现统计预测的结果要优于通过访谈或对学生档案文件进行评级得到的专业预测结果。此外，通过对入学数据的分析，他们发现非裔美国人和拉丁裔学生的代表比例不足。

为了推动对科学领域有天赋学生鉴别问题的讨论，泰伯（Taber, 2007）在《天才学生的科学教育》（*Science Education for Gifted Learners*）一书中提出了一种识别天才学生的新方法，这个观点的其他贡献者包括吉尔伯特和纽伯里。他们将焦点放在确定学习者的某些特征上，包括对科学的好奇心、认知能力、元认知能力和领导能力。基于对这些特征的整体分析（即不期望任何有天赋的学生在参与科学课程的每时每刻都必须展现出所有特征），他们认为这一识别过程可能更有成效。正如吉尔伯特和纽伯里（2007, p.17）所述：

> 我们建议，与其完全依赖于对此目的无效的测试结果，不如将学校为所有学生开设的科学课程建立在如何运用天赋的基础上。因此，鼓励和支持那些对这种课程做出最积极反应的学生，让学生在整个学校的学习生涯中展示他们的天赋，而不是从某些阶段的测试结果中被鉴别出来。

结论

研究人员的注意力已经被吸引到如何帮助有科学天赋的学习者在科学方面最大限度地发挥他们的天赋。有限的研究调查了有天赋学生通过参加特定的科学项目时的学术收获，以及有天赋学生对科学及其学校教育的看法。有限的研究结果表明，有天赋的学习者从学习情境中受益，这些情境减少了对信息记忆的关注、增加了解决问题和探究的机会。

虽然目前的科学教育研究尚未确定哪种干预模式（加速或增强）对于有天赋的学习者更有效，但现有证据表明，这两种模式都带来了益处和挑战，需要进一步探索。其中暑期科学加速项目为有天赋的学生带来了可观的学术和态度上的进步。

针对有特殊需求且具有特殊天赋学习者的教与学过程的研究仍然很缺乏。其中一个限制是，对于满足或超过所需专业水平的有特殊需求的学生，仍缺乏法律的支持。为培养有天赋学生而提供的额外教育服务常常被认为是一个普通课堂上的问题，从而没有给出与报告有学习障碍学生的需求等同的IEP。

研究人员已经研究了鉴别有科学天赋学习者的一些可能的方法。该领域有限的研究表明，完全依赖能力倾向测试是不合理的，应该考虑采取其他措施。目前的趋势是超越现有认知能力测试，包含对学习者特征更广泛的考察，而这些特征（包括科学的好奇心和元认知能力）被发现对科学学习的表现有影响。

未来研究方向

由于针对有科学天赋学生所进行的研究是有限的，因此迫切需要在关键领域进行研究。建议的具体研究问题包括：有科学天赋的女性学习者在完成教育项目（高能力和低能力混合组以及高能力集中组）的过程中会发生什么？有特殊需求且有科学天赋学习者在完成教育项目（高能力和低能力混合组以及高能力集中组）的过程中会发生什么？面向科学领域有天赋学习者的项目，有哪些可以推广到面向普通学习者的科学学习中？来自不同文化背景或生活贫困的有科学天赋学习者在完成教育项目（高能力和低能力混合组以及高能力集中组）的过程中会发生什么？鉴别有科学天赋学习者与设计针对他们的课程所要达到的成果类型之间存在什么样的关系？

总结性思考

对于科学领域特殊学习者的研究一直处于矛盾之中，造成这一现象的一个主要原因是特殊教育和科学教育研究者倾向于优先强调教与学上不同的理论观点。特殊教育研究者在研究中广泛并持续地使用行为主义作为理论视角，而科学教育研究人员则更加普遍地使用认知以及社会文化教与学的观点（通常被称为建构主义），二者的观点是相冲突的（Steele, 2005）。科学教育者坚定地致力于让学习者参与真实的科学实践，例如最近发布的*NGSS*中所描述的实践（即问题提出和基于证据的问题解决；Achieve, 2013b）。这两种教育研究的差异在于，前者主要关注技能和信息获取，后者更易于教授和测度。因此，在这一领域寻求凝聚力的研究人员会发现需求无法得到满足。

对特殊学习者科学学习过程感兴趣的研究人员之间，存在着认识论上的分歧，而立法在规范特殊学习者教育方面的独特作用更是加剧了这种分歧。立法介入的一个明显后果是，研究人员将注意力集中在学校法律和行政背景下紧迫的课程和教学问题上。在全球范围内对STEM教育中有特殊需求以及有天赋的学生给予新关注的背景下，希望未来对科学领域特殊学习者的研究能够扩展到更基础的学习理论问题。

致谢

感谢贾尼丝·科克(Janice Koch)对本章初稿的审阅和评论。

注释

1. 感谢格雷戈里·P. 斯特法尼奇(Gregory P. Stefanich)的贡献，他是2007年版《科学教育研究手册》本章的共同作者。

参考文献

Achieve, Inc. (2013a). *Diversity and equity in the Next Generation Science Standards (NGGS): "All standards, all students."*

Achieve, Inc. (2013b). *The Next Generation Science Standards.*

Adamo-Villani, N., & Wilbur, R. (2009). Two novel technologies for accessible math and science education. *IEEE Multimedia, 15*(4), 38–46.

Algozzine, B. (2005). Restrictiveness and race in special education: Facts that remain difficult to ignore anymore. *Learning Disabilities: A Contemporary Journal, 3*, 64–69.

Americans With Disabilities Act. (1990). Washington, DC: United States Department of Justice, Civil Rights Division.

Arthaud, T.J., Aram, R.J., Breck, S.E., Doelling, J.E., & Bushrow, K.M. (2007). Developing collaboration skills in pre-service teachers: A partnership between general and special education. *Teacher Education and Special Education, 30*(1), 1–12.

Baker, E., Wang, M., & Walberg, H. (1994). The effects of inclusion on learning. *Educational Leadership, 52*(4), 33–35.

Baker, J.M., & Zigmond, N. (1990). Are regular education classes equipped to accommodate students with learning disabilities? *Exceptional Children, 56*, 515–526.

Bass, G.M., & Ries, R.R. (1995, April). *Scientific understanding in high-ability school students: Concepts and process skills.* Paper presented at the annual meeting of the American Educational Research Association, San Francisco, CA.

Bauwens, J. (1991, March). *Blueprint for cooperation teaching.* Symposium conducted at the meeting of the Special Education Conference, Cedar Rapids, IA.

Bauwens, J., & Hourcade, J. (1997, April). *Cooperative teaching; Portraits of possibilities.* Paper presented at the Annual Convention of the Council for Exceptional Children, Salt Lake City, UT.

Bay, M., Staver, J.R., Bryan, T., & Hale, J.B. (1992). Science instruction for the mildly handicapped: Direct instruction versus discovery teaching. *Journal of Research in Science Teaching, 29*(6), 555–570.

Booth, T., & Ainscow, M. (Eds.). (1998). *From them to us: An international study of inclusion in education.* London: Routledge.

Bouck, E.C. (2010). Technology and students with disabilities: Does it solve all the problems? In F.E. Obiakor, J.P. Bakken, & A.F. Rotatori (Ed.), *Current issues and trends in special education: Research, technology, and teacher preparation (Advances in SPECIAL EDUCATION, Volume 20*; pp.91–104). Bingley, United Kingdom: Emerald Group Publishing Limited.

Boyce, L.N., VanTassel-Baska, J., Burruss, J.D., Sher, B.T., & Johnson, D.T. (1997). A problem-based curriculum: Parallel learning opportunities for students and teachers. *Journal for the education of the gifted, 20*, 363–379.

Boyd-Kimball, D. (2012). Adaptive instructional aids for teaching a blind student in a nonmajors college chemistry course. *Journal of Chemical Education, 89*, 1395–1399.

Brandwein, P. (1955). *The gifted student as future scientist: The high school student and his commitment to science.* New York: Harcourt Brace.

Bransford, J.D., Brown, A.L., Cocking, R.R., Donovan, M.S., & Pellegrino, J.W. (2000). *How people learn: Brain, mind, experience, and school.* Washington, DC: National Academies Press.

Burgstahler, S. (2003). The role of technology in preparing youth with disabilities for postsecondary education and employment. *Journal of Special Education Technology,*

18(4), 7–19.

Burgstahler, S., Moore, E., & Crawford, L. (2011). *2011 Report of the Access STEM/Access Computing/DO-IT Longitudinal Transition Study (ALTS).*

Caleon, I.S., & Subramaniam, R. (2008). Attitudes towards science of intellectually gifted and mainstream upper primary students in Singapore. *Journal of Research in Science Teaching, 45*(8), 940–954.

Cawley, J., Hayden, S., Cade, E., & Baker-Kroczynski, S. (2002). Including students with disabilities into the general education science classroom. *Exceptional Children, 68*(4), 423–435.

Cawley, J., & Parmar, R. (2001). Literacy proficiency and science for students with learning disabilities. *Reading and Writing Quarterly, 17,* 105–125.

Cawley, J.F. (1994). Science for students with disabilities. *Remedial and Special Education, 15,* 67–71.

Cawley, J.F., Kahn, H., & Tedesco, A. (1989). Vocational education and students with learning disabilities. *Journal of Learning Disabilities, 22,* 630–634.

Civil Rights Act. (1964). *Civil right act of 1964.*

Coles, G. (2004). Danger in the classroom: "Brain glitch" research and learning to read. *Phi Delta Kappan, 85,* 344–351.

Collins, A. (1998). National education standards: A political document. *Journal of Research in Science Teaching, 35,* 711–727.

Costello, C. (1991). *A comparison of student cognitive and social achievement for handicapped and regular education students who are educated in integrated versus a substantially separate classroom.* Unpublished doctoral dissertation, University of Massachusetts, Amherst.

Courtade, G.R., Browder, D.M., Spooner, F., & DiBiase, W. (2010). Training teachers to use an inquiry-based task analysis to teach science to students with moderate and severe disabilities. *Education and Training in Autism and Developmental Disabilities, 2010, 45*(3), 378–399.

Cross, T.L., & Coleman, L.J. (1992). Gifted high school students' advice to science teachers. *Gifted Child Today, 15*(5), 25–26.

Darling-Hammond, L. (1999). *Teaching for high standard, what policymakers need to know and be able to do.* Washington, DC: United States Department of Education.

DeBoer, G.E. (1991). *A history of ideas in science education: Implications for practice.* New York: Teachers College Press.

Dexter, D.D., Park, Y.J., & Hughes, C.A. (2011). A meta-analytic review of graphic organizers and science instruction for adolescents with learning disabilities: Implications for the intermediate and secondary science classroom. *Learning Disabilities Research & Practice, 26*(4), 204–213.

Donald, M. (2001). *A mind so rare: The evolution of human consciousness.* New York: Cambridge University Press.

Education for All Handicapped Children Act of 1975, Pub. L. No. 94–142. 20 U.S.C. 1400 et seq. (1975).

Eisner, E.W. (2001). What does it mean to say a school is doing well? *Phi Delta Kappan, 82,* 367–372.

Enersen, D.L. (1994). Where are the scientists? Talent development in summer programs. *Journal of Secondary Gifted Education, 5*(2), 23–26.

Epps, S., & Tindall, G. (1987). The effectiveness of differential programming in serving students with mild handicaps: Placement options and instructional programming. In M.C. Wang, M.C. Reynolds, & H.J. Walberg (Eds.), *Handbook of special education: Research and practice: Vol. 1. Learner characteristics and adaptive education* (pp. 231–248). New York: Pergamon Press.

Fehn, B. (1997, March). *Historical thinking ability among talented math and science students: An exploratory study.* Paper presented at the annual meeting of the American Educational Research Association, Chicago, IL.

Fensham, P.J. (1985). Science for all. *Journal of Curriculum Studies, 17,* 415–435.

Ferguson, D.L. (1995). The real challenge of inclusion: Confessions of a "rabid inclusionist." *Phi Delta Kappan, 77,* 281–287.

Ferguson, P., & Asch, A. (1989). Lessons from life: Personal and parental perspectives on school, childhood, and disability. In D. Bicklen, A. Ford, & D. Ferguson (Eds.), *Disability and society* (pp. 108–140). Chicago: National Society for the Study of Education.

Finson, K.D., Ormsbee, C.K., & Jensen, M.M. (2011). *Differentiating science instruction and assessment for learners with special needs, K–8.* Thousand Oaks, CA: Corwin.

Friend, M., & Bursuck, W.D. (1999). *Including students with special needs: A practical guide for classroom teachers.*

Boston: Allyn and Bacon.

Fuchs, D., & Fuchs, L.S. (1994). Inclusive school movement and radicalization of special education reform. *Exceptional Children, 60*, 294–309.

Fuchs, L.S., Fuchs, D., Hamlett, C.L., Phillips, N., & Karns, K. (1995). General educator's specialized adaptations for students with learning disabilities. *Exceptional Children, 61*, 440–459.

Gallagher, J.J. (1997). Issues in the education of gifted students. In N. Clangelo & A.D. Davis (Eds.), *Handbook of gifted education* (2nd ed.; pp. 27–42). Boston: Allyn and Bacon.

Gallagher, J.J. (2002). *Society's role in educating gifted students: The role of public policy* [Monograph]. Storrs, CT: National Research Center on the Gifted and Talented. (ERIC Document Reproduction Service No. ED 476370)

Gartner, A., & Lipsky, D.K. (1987). Beyond special education: Toward a quality system for all students. *Harvard Educational Review, 57*, 367–395.

Gilbert, J.K., & Newberry, M. (2007). The characteristics of the gifted and exceptionally able in science. In K.S. Taber (Ed.), *Science education for gifted learners* (pp. 15–31). New York: Routledge.

Golomb, K., & Hammeken, P. (1996). Grappling with inclusion confusion? *Learning, 24*(4), 48–51.

Grant, P.A. (2005). Restrictiveness and race in special education: Educating all learners. *Learning Disabilities: A Contemporary Journal, 3*(1), 70–74.

Gray, D.E., & Denicolo, P. (1998). Research in special needs education: Objective or ideology? *British Journal of Special Education, 25*, 140–145.

Hacker, R.G., & Rowe, M.J. (1993). A study of the effects of an organizational change from streamed to mixed-ability classes upon science classroom instruction. *Journal of Research in Science Teaching, 30*, 223–231.

Hardman, M.L., & Dawson, S. (2008). The impact of federal public policy on curriculum and instruction for students with disabilities in the general classroom. *Preventing School Failure, 52*(2), 5–11.

Hardman, M.L., Drew, C.J., & Egan, M.W. (2002). *Human exceptionality: Society, school, and family.* Boston: Allyn & Bacon.

Heward, W.L. (2000). *Exceptional children: An introduction to special education* (6th ed.). Upper Saddle River, NJ: Merrill.

Hitchcock, C., Meyer, A., Rose, D., & Jackson, R. (2002). Providing new access to the general curriculum: Universal design for learning. *Teaching Exceptional Children, 35*, 8–17.

Hollowood, T., Salisbury, C., Rainforth, B., & Palombaro, M. (1995). Use of instructional time in classrooms serving students with and without severe disabilities. *Exceptional Children, 61*, 242–253.

Individuals With Disabilities Education Act of 1990. 20 U.S.C. 1400–1485.

Individuals With Disabilities Education Act Amendments of 1997, PL 105–17, 20 U.S.C. 1400-et seq., 105th Congress, 1st session.

Individuals With Disabilities Education Improvement Act. (2004). P.L. 108–446, 118 Stat. 2647.

Jarwan, F.E., & Feldhusen, J. (1993). *Residential schools of mathematics and science for academically talented youth: An analysis of admission programs.* Collaborative Research Study (CRSS, 93304). Storrs, CT: University of Connecticut, National Research Center on Gifted and Talented.

Jeffs, T.L. (2010). Virtual reality and special needs. *Themes in Science and Technology Education, 2*(1–2), 253–268.

Johnson, L.J., & Pugach, M.C. (1990). Classroom teacher's views of intervention strategies for learning and behavior problems: Which are reasonable and how frequently are they used? *Journal of Special Education, 24*(1), 69–84.

Jones, L.S. (1997). Opening doors with informal science: Exposure and access for underserved students. *Science Education, 81*, 663–677.

Jordan, K.R., Bain, S.K., McCallum, R.S., & Bell, S.M. (2012). Comparing gifted and non-gifted African American and Euro-American students on cognitive and academic variables using local norms. *Journal for the Education of the Gifted, 35*, 241–258.

Kahn, S., Feldman, A., & Cooke, M.L. (2013). Signs of autonomy: Facilitating independence and inquiry in deaf science classrooms. *Journal of Science Education for Students with Disabilities, 17*(1), 13–35.

Kahn, S., & Lewis, A.R. (2013, January). *Survey on teaching science to K–12 students with disabilities: Teacher preparedness and attitudes.* Paper presented at the annual meeting of the Association for Science Teacher

Education, Charleston, SC.

Katsiyannis, A., Zhang, D., Ryan, J.B., & Jones, J. (2007). High-stakes testing and students with disabilities: Challenges and promises. *Journal of Disability Policy Studies, 18*, 160–167.

Kaufman, A.K., & Blewett, E. (2012). When good enough is no longer good enough: How the high stakes nature of the No Child Left Behind Act supplanted the Rowley definition of a free appropriate public education. *Journal of Law & Education, 41*(1), 5–23.

Kohn, A. (2001). A practical guide to rescuing our schools. *Phi Delta Kappan, 82*, 358–362.

Kurtts, S.A., Matthews, C.E., & Smallwood, T. (2009). (Dis) solving the differences: A physical science lesson using universal design. *Intervention in school and clinic, 44*, 151–159.

Lang, H.G. (1994). *Silence of the spheres: The deaf experience in the history of science.* Westport, CT: Bergan and Garvey.

Lazarus, S.S., Thurlow, M.L., Lail, K.E., & Christensen, L. (2009). A longitudinal analysis of state accommodations policies twelve years of Change, 1993–2005. *Journal of Special Education, 43*(2), 67–80.

Levy, S.T., & Lahav, O. (2012). Enabling people who are blind to experience science inquiry learning through sound-based mediation. *Journal of Computer Assisted Learning, 28*, 499–513.

Lipsky, D.K., & Gartner, A. (1998). Taking inclusion into the future. *Educational Leadership, 56*(2), 78–82.

Lunsford, S.K., & Bargerhuff, M.E. (2006). A project to make the laboratory more accessible to students with disabilities. *Journal of Chemical Education, 83*, 407–409.

Lynch, S. (1990). Credit and placement issues for the academically talented following summer studies in science and mathematics. *Gifted Child Quarterly, 34*, 27–30.

Lynch, S. (1992). Fast-paced high school science for the academically talented: A six-year perspective. *Gifted Child Quarterly, 36*, 147–154.

Lynch, S., Taymans, J., Watson, W.A., Ochsendorf, R.J., Pyke, C., & Szesze, M.J. (2007). Effectiveness of a highly rated science curriculum unit for students with disabilities in general education classrooms. *Exceptional Children, 73*(2), 202–223.

Maker, C.J. (1993). Creativity, intelligence, and problem solving: A definition and design for cross-cultural research and measurement related to giftedness. *Gifted Education International, 9*(2), 68–77.

Mastropieri, M.A., Scruggs, T.E., & Butcher, K. (1997). How effective is inquiry learning for students with mild disabilities? *Journal of Special Education, 31*(2), 199–211.

Mastropieri, M.A., Scruggs, T.E., & Magnusen, M. (1999). Activities-oriented science instruction for students with disabilities. *Learning Disability Quarterly, 22*(4), 240–249.

Mastropieri, M., Scruggs, T.E., Mantziopoulos, P., Sturgeon, A., Goodwin, L., & Chung, S. (1998). "A place where living things affect and depend on each other": Qualitative and quantitative outcomes associated with inclusive science teaching. *Science Education, 82*, 163–179.

Mastropieri, M.A., Scruggs, T.E., Norland, J.J., Berkeley, S., McDuffie, K., Tornquist, E.H., & Connors, N. (2006). Differentiated curriculum enhancement in inclusive middle school science: Effects on classroom and high-stakes tests. *Journal of Special Education, 40*(3), 130–137.

McCann, W.S. (1998). *Science classrooms for students with special needs.* Washington, DC: Office of Educational Research and Improvement. (ERIC Document Reproduction Service No. ED 433185)

McCarthy, C.B. (2005). Effect of thematic-based, hands-on science teaching versus a textbook approach for students with disabilities. *Journal of Research in Science Teaching, 42*(3), 245–263.

McGinnis, J.R. (2000). Teaching science as inquiry for students with disabilities. In J. Minstrell & E.H. VanZee (Eds.), *Inquiring into inquiry/learning and teaching in science* (pp. 425–433). Washington, DC: American Association for the Advancement of Science.

McGinnis, J.R. (2003). The morality of inclusive verses exclusive settings: Preparing teachers to teach students with mental disabilities in science. In D. Zeidler (Ed.), *The role of moral reasoning on socio-scientific issues and discourse in science education* (pp. 196–215). Boston: Kluwer Academic Publishers.

McGinnis, J.R. (2013). Teaching science to learners with special needs. Special issue, diversity and equity in science education (O. Lee & C. Buxton, Eds.), *Theory into Practice, 52*(1), 43-50.

McGinnis, J.R., & Nolet, V.W. (1995). Diversity, the science classroom, and inclusion: A collaborative model between the science teacher and the special educator. *Journal of Science for Persons with Disabilities, 3*, 31-35.

McGuire, J.M., Scott, S.S., & Shaw, S.F. (2006). Universal design and its applications in educational environments. *Remedial and special education, 27*(3), 166-175.

McLeskey, J., Landers, E., Williamson, P., & Hoppey, D. (2012). Are we moving toward educating students with disabilities in less restrictive settings? *Journal of Special Education, 46*(3), 131-140.

McLeskey, J., & Waldron, J.L. (1996). Responses to questions teachers and administrators frequently ask about inclusive school programs. *Phi Delta Kappan, 78*, 150-156.

McLeskey, J., Waldron, N.L., & Redd, L. (2012). A case study of a highly effective, inclusive elementary school. *Journal of Special Education.*

McNulty, B.A., Connolly, T.R., Wilson, P.G., & Brewer, R.D. (1996). LRE policy: The leadership challenge. *Remedial and Special Education, 17*, 158-167.

Mehan, H. (1993). Beneath the skin and between the ears: A case study in the politics of representation. In S. Chaiklin & J. Lave (Eds.), *Understanding practices: Perspectives on activity and content* (pp. 241-268). Cambridge, UK: Cambridge University Press.

Mercer, C.D., Lane, H.B., Jordan, L., Allsopp, D.H., & Eisele, M.R. (1996). Empowering teachers and students with instructional choices in inclusive settings. *Remedial and Special Education, 17*, 226-236.

Miedijensky, S., & Tal, T. (2009). Embedded assessment in project-based science courses for the gifted: Insights to inform teaching all students. *International Journal of Science Education, 31*(18), 2411-2435.

Moin, L.J., Magiera, K., & Zigmond, N. (2009). Instructional activities and group work in the US inclusive high school co-taught science class. *International Journal of Science and Mathematics Education, 7*, 677-697.

Moriarty, M.A. (2007). Inclusive pedagogy: Teaching methodologies to reach diverse learners in science instruction. *Equity & Excellence in Education, 40*(3), 252-265.

National Association for Gifted Children. (2011). *Redefining gifted for a new century: Shifting the paradigm* [Position Paper].

National Center for Educational Statistics. (2012). Table 48. *Children 3 to 21 years old served under Individuals with Disabilities Education Act, Part B, by type of disability: Selected years, 1976-77 through 2010-11.*

National Council on Disability. (1989, September). *The education of students with disabilities: Where do we stand?* A report to the President and Congress of the United States. Washington, DC: Author.

National Council on Disability. (2011, September). *A letter to Secretary Duncan regarding forthcoming NCLB waivers.* Retrieved from www.ncd.gov/publications/2011/September192011

National Research Council. (1996). *National science education standards.* Washington, DC: National Academies Press.

National Research Council. (2002). *National Research Council on Minority Students in Special Education and Gifted Education.* Washington, DC: National Adacemies Press.

National Research Council. (2007). *Taking science to school: Learning and teaching science in Grades K-8.* Washington, DC: National Academies Press.

National Science Board. (2010). *Preparing the next generation of STEM innovators: Identifying and developing our nation's human capital.*

National Science Foundation. (2011). *Broadening participation in America's STEM workforce.* Committee on Equal Opportunities in Science and Engineering Biennial Report to Congress 2009-2010.

Neely, M.B. (2007). Using technology and other assistive strategies to aid students with disabilities in performing chemistry lab tasks. *Journal of Chemical Education, 84*(10), 1697.

No Child Left Behind Act of 2001, Pub. L. No. 107-110, 115 Stat. 1425 (2002).

Nolet, V., & McLaughlin, M.J. (2000). *Accessing the general curriculum: Including students with disabilities in standards-based reform.* Thousand Oaks, CA. Corwin Press.

Norman, K., Caseau, D., & Stefanich, G. (1998). Teaching students with disabilities in inclusive science classrooms: Survey results. *Science Education, 82*, 127-146.

Park, S., & Oliver, J.S. (2009). The translation of teachers' understanding of gifted students into instructional strategies for teaching science. *Journal Science Teacher Education, 20*, 333–351.

Patton, J.R. (1995). Teaching science to students with special needs. *Teaching Exceptional Children, 27*(4), 4–6.

Piirto, J. (1999). *Talented children and adults* (2nd ed.). Upper Saddle, NJ: Merrill/Prentice Hall.

Reeve, P.T., & Hallahan, D.P. (1994). Practical questions about collaboration between general and special educators. *Focus on Exceptional Children, 26*(7), 1–11.

Renzulli, J.S., Baum, S.M., Hebert, T., & McCluskey, K.W. (1999). Reversing underachievement through enrichment. Reclaiming children and youth. *Journal of Emotional and Behavioral Problems, 7*, 217–223.

Rogoff, B. (1990). *Apprenticeship in thinking: Cognitive development in social context.* New York: Oxford University Press.

Rojewski, J.W., & Pollard, R.R. (1993). A multivariate analysis of perceptions held by secondary academic teachers toward students with special needs. *Teacher Education and Special Education, 16*, 330–341.

Roth, W.-M. (2002, April). *Constructing dis/ability in science.* Paper presented at the annual meeting of the National Association for Research in Science Teaching, New Orleans, LA.

Rule, A.C., Stefanich, G.P., Boody, R.M., & Peiffer, B. (2011). Impact of adaptive materials on teachers and their students with visual impairments in secondary science and mathematics classes. *International Journal of Science Education, 33*(6), 865–887.

Salisbury, C., Mangino, M., Petrigala, M., Rainforth, B., Syryca, S., & Palombaro, M. (1994). Promoting the instructional inclusion of young children with disabilities in the primary grades. *Journal of Early Intervention, 18*, 311–322.

Sapon-Shevin, M. (1996). Full inclusion as a disclosing tablet: Revealing the flaws in our present system. *Theory Into Practice, 35*(1), 35–41.

Schaff, J., Jerome, M., Behrmann, M., & Sprague, D. (2005). Science in special education: Emerging technologies. In D. Edyburn, K. Higgins, & R. Boone, (Eds.), *Handbook of special education technology and practice* (pp.643–660). Whitefish Bay, WI: Knowledge by Design.

Scott, B.J., Vitale, M.R., & Masten, W.G. (1998). Implementing instructional adaptations for students with disabilities in inclusive classrooms. *Remedial and Special Education, 19*(2), 106–119.

Scott, P., Mortimer, E., & Aguiar, O. (2006). The tension between authoritative and dialogic discourse: A fundamental characteristic of meaning making interactions in high school science lessons. *Science Education, 90*(4), 605–631.

Scruggs, T.E., & Mastropieri, M.A. (1993). Successful mainstreaming in elementary science classes: A qualitative study of three reputational cases. *American Research Journal, 31*, 785–811.

Scruggs, T.E., & Mastropieri, M.A. (1994). Current approaches to science education: Implications for mainstream instruction of students with disabilities. *Remedial and Special Education, 14*(1), 15–24.

Scruggs, T.E., Mastropieri, M.A., Bakken, J.P., & Brigham, F.J. (1993). Reading vs. doing: The relative effects of textbook-based and inquiry-oriented approaches to science education in special education classrooms. *Journal of Special Education, 27*, 1–15.

Scruggs, T.E., Mastropieri, M.A., Berkely, S., & Graetz, J.E. (2009). Do special education interventions improve learning of secondary content? A meta-analysis. *Remedial and Special Education, 31*, 437–449.

Seifert, K., & Espin, C. (2012). Improving reading of science text for secondary students with learning disabilities: Effects of text reading, vocabulary learning, and combined instruction. *Learning Disabilities Quarterly, 35*(4), 236–247.

Sena, J.D. W., Lowe, P.A., & Lee, S.W. (2007). Significant predictors of test anxiety among students with and without learning disabilities. *Journal of Learning Disabilities, 40*(4), 360–376.

Shaywitz, S.E. (2003). *Overcoming dyslexia: A new and complete science-based program for reading problems at any level.* New York: Knopf.

Shippen, M.E., Curtis, R., & Miller, A. (2009). A qualitative analysis of teachers' and counselors' perceptions of overrepresentation of African Americans in special education: A preliminary study. *Teacher Education & Special Education, 32*(3), 226–238.

Simos, P.G., Fletcher, J.M., Bergman, J.I., Breier, B.R., Foorman, E.M., & Castillo, R.N. (2002). Dyslexia-specific brain activation profile becomes normal following successful remedial training. *Neurology, 58*, 1203 - 1213.

Simpson, M., & Ure, J. (1994). *Studies of differentiation practices in primary and secondary schools. Interchange No. 30.* Scotland, UK: Scottish Office Education Department, Edinburgh, Research and Intelligence Unit.

Smith, T.E., Polloway, E., Patton, J.R., & Dowdy, C.A. (1998). *Teaching students with special needs in inclusive settings* (2nd ed.). Boston: Allyn and Bacon.

Smith, T.E. C. (2005). IDEA 2004: Another round in the reauthorization process. *Remedial and Special Education, 26*(6), 314 - 319.

Soukup, J.H., Wehmeyer, M.L., Bashinski, S.M., & Bovaird, J. (2007). Classroom variables and access to the general education curriculum of students with intellectual and developmental disabilities. *Exceptional Children, 74*, 101 - 120.

Spooner, F., Knight, V., Browder, D., Jimenez, B., & DiBiase, W. (2011). Evaluating evidence-based practice in teaching science content to students with severe developmental disabilities. *Research & Practice for Persons With Severe Disabilities, 36*(1 - 2), 62 - 75.

Stainback, S., & Stainback, W. (1990). *Understanding and conducting qualitative research.* Dubuque, IA: Council for Exceptional Children.

Stainback, W., Stainback, S., & Bunch, G. (1989). Introduction and historical background. In S. Stainback, W. Stainback, & M. Forest (Eds.), *Educating all students in the mainstream of regular education* (pp. 3 - 14). Baltimore, MD: Brookes.

Stainback, W., Stainback, S., & Stefanich, G. (1996). Learning together in inclusive classrooms: What about curriculum? *Teaching Exceptional Children, 28*(3), 14 - 19.

Steele, M.M. (2005, April 30). Teaching students with learning disabilities: Constructivism or behaviorism? *Current Issues in Education* [On-line], *8*(10).

Stefanich, G. (1983). The relationship of effective schools research to school evaluation. *North Central Association Quarterly, 53*, 343 - 349.

Stefanich, G. (1994). Science educators as active collaborators in meeting the educational needs of students with disabilities. *Journal of Science Teacher Education, 5*(2), 56 - 65.

Stefanich, G., & Hadzigeorgiou, Y. (2001). Nature of the learner: Implications for teachers from the constructivist perspective. *Science teaching in inclusive classrooms: Theory & foundations* (pp. 23 - 43). National Science Foundation (Grant Numbers HRD- 953325 and HRD 9988729).

Stephens, K.R. (2011). Federal and state response to the gifted and talented. *Journal of Applied School Psychology, 27*(4), 306 - 318.

Sternberg, R.J. (2001). Giftedness as developing expertise: A theory of the interface between high abilities and achieved excellence. *High Ability Students, 12*(2), 159 - 79.

Sternberg, R.J. (2007). Cultural concepts of giftedness. *Roeper Review, 29*(3), 160 - 165.

Sumida, M. (2010). Identifying twice-exceptional children and three gifted styles in the Japanese primary science classroom. *International Journal of Science Education, 32*(15), 2097 - 2111.

Taber, K. (Ed.). (2007). *Science education for gifted learners.* New York: Routledge.

Tannenbaum, A.J. (1997). The meaning and making of giftedness. In N. Colangelo & A.D. Davis (Eds.), *Handbook of gifted education* (2nd ed.; pp. 27 - 42). Boston: Allyn and Bacon.

Temple, E., Deutsch, G.K., Poldrack, R.A., Miller, S.L., Tallal, P., & M.M. Merzenich (2003). Neural deficits in children with dyslexia ameliorated by behavioral remediation: Evidence from functional MRI. *Proceedings of the National Academy of Sciences, USA, 110*, 2860 - 2865.

Thompson, S. (2001). The authentic standards movement and its evil twin. *Phi Delta Kappan, 82*, 358 - 362.

Thurlow, M.L., Ysseldyke, J.E., & Silverstein, B. (1995). Testing accommodations for students with disabilities. *Remedial and Special Education, 16*(5), 260 - 270.

Trundle, K.G. (2008). Inquiry-based science instruction for students with disabilities. In *Science as inquiry in the secondary setting* (pp. 79 - 85). Arlington, VA: NSTA Press.

Tucker, B.P., & Goldstein, B.A. (1992). *Legal rights of persons with disabilities, an analysis of federal law.* Horsham, PA: LRP Publications.

Udvari-Solner, A. (1996). Examining teacher thinking: Constructing a process to design curricular adaptations. *Remedial and Special Education, 17*, 245 - 254.

U.S. Department of Education. (1993). *National excellence: A case for developing America's talent.* Washington, DC: Office of Education Research and Improvement, U.S. Department of Education.

U.S. Department of Education. (2011). *30th annual report to Congress on the implementation of the Individuals with Disabilities Education Act, 2008*. Washington, DC: Office of Special Education and Rehabilitative Services, U.S. Department of Education.

Vannest, K.J., Mason, B.A., Brown, L., Dyer, N., Maney, S., & Adiguzel, T. (2009). Instructional settings in science for students with disabilities: Implications for teacher education. *Journal of Science Teacher Education, 20*(4), 353 – 363.

VanTassel-Baska, J. (2003). Implementing innovative curricular and instructional practices in classrooms and schools. In J. VanTassel-Baska & C. Little (Eds.), *Content-based curriculum for high-ability learners* (pp. 355 – 375). Waco, TX: Prufrock Press.

VanTassel-Baska, J., Bass, G., Ries, R., Poland, D., & Avery, L.D. (1998). A national study of science curriculum effectiveness with high ability students. *Gifted Child Quarterly, 42*(4), 200 – 211.

Walter-Thomas, C., Bryant, M., & Land, S. (1996). Planning for effective co-teaching: The key to successful inclusion. *Remedial and Special Education, 17*, 255 – 264.

Wang, M.C., & Reynolds, M. (1996). Progressive inclusion: Meeting new challenges in special education: Bringing inclusion into the future. *Theory Into Practice, 35*(1), 20 – 25.

Wei, X., Yu, J.W., Shattuck, P., McCracken, M., & Blackorby, J. (2012). Science, technology, engineering, and mathematics (STEM) participation among college students with an autism spectrum disorder. *Journal of Autism and Developmental Disorders,* 1 – 8. doi: 10.1007/s 10803 – 012 – 1700 -z

Welner, K. (2006). Legal rights: The overrepresentation of culturally and linguistically diverse students in special education. *Teaching Exceptional Children, 38*, 60 – 62.

Wertsch, J., & Kanner, B. (1992). A sociocultural approach to intellectual development. In R. Sternberg & C. Berg (Eds.), *Intellectual development* (pp. 328 – 349). New York: Cambridge University Press.

Whitmore, J.R., & Maker, C.J. (1985). *Intellectual giftedness in the disabled persons.* Rockville, MD: Aspen.

Will, M.C. (1986). Educating children with learning problems: A shared responsibility. *Exceptional Children, 52*(5), 411 – 415.

Willard-Holt, C. (1998). Academic and personality characteristics of gifted students with cerebral palsy: A multiple case study. *Exceptional Children, 65*, 37 – 50.

Winter, S. (1997). "SMART" planning for inclusion. *Childhood Education, 73*, 212 – 218.

Wood, K. (1990). Meaningful approaches to vocabulary development. *Middle School Journal, 21*(4), 22 – 24.

Ysseldyke, J.E., Thurlow, M., Wotruba, J., & Nania, P. (1990). Instructional arrangements: Perceptions for general education. *Teaching Exceptional Children, 22*(4), 4 – 7.

Zembylas, M., & Isenbarger, L. (2002). Teaching science to students with learning disabilities: Subverting the myths of labeling through teachers' caring and enthusiasm. *Research in Science Education, 32*(1), 55 – 79.

13 Science Education in Urban Contexts

New Conceptual Tools and Stories of Possibilities

ANGELA CALABRESE BARTON, EDNA TAN, AND TARA O' NEILL

第13章

城市环境中的科学教育：

新概念工具和可能性故事

李树玲　译　　杨文源　审校

世界上有超过50%的人口居住在城市中心地区。在拉丁美洲，超过80%的人口生活在城市地区。自20世纪90年代以来，中国的城市人口翻了一番，居住在城市中心地区的人口数从总人口的四分之一增长到了二分之一(Zhang, 2007)。根据美国人口普查局(U.S. Census Bureau)的调查统计，60%的美国人口居住在人口数量超过20万的城市化地区，另有21%的人口居住在城市化集群地区(美国人口普查局, 2010)。因此，美国及全世界的大多数年轻人都在城市中心地区生活，并在那里上学。

城市地区科学教育中的公平问题广泛存在且充满挑战。在许多国家(例如，泰国、中国和越南)城市地区的学校会比与之对应的郊区和农村地区学校拥有更优质更丰富的资源，更容易获得由博物馆、大学和其他相关机构提供的教学支持。城市也是平均人口最多样化的地区。人类和文化的多样性以及资源的易获取性——城市的最大优势——有助于突显世界上城市地区面临的一些严峻挑战。种族隔离、“划红线拒贷”以及其他形式的边缘化等历史实践导致了城市中事实上的差别对待，并且，地方和国家对学校的资助方式也从根本上造成了不同城市学校之间的教育结果的不公平，这种不公平体现在种族、社会阶级和语言等方面。最近一项关于南非科学教育公平性问题的研究(Ramnarain, 2011)显示，在后种族隔离时代，中产阶级向郊区的迁移造成了存在于城市和郊区科学课堂之间的学业成就和资源差距，这与美国的不公平现象极其相似。这些不公平现象还反映了社会中不同群体的社会文化地位。塞姆利(Semli)和梅塔(Mehta)(2012)的研究强调了坦桑尼亚阿鲁沙的科学教师正在努力解决的问题：学生过多、资源匮乏、教师拥有的科学学科内容知识不足，以及轻视学生和教师固有科学知识。虽然两位作者并没有明确地将研究框定在城市背景下，但阿鲁沙是坦桑尼亚的金融和文化中心，也是一个重要的多民族城市。

在美国，这些挑战在过去10年间备受关注。正如美国大城市学校理事会(Council of Great City

School）的报告所指出的，美国的城市教育比其他任何机构都要失败，其教育产出也面临着巨大压力（美国大城市学校理事会, 2011）。如前段所述，虽然背景、影响因素以及因此而产生的研究焦点不同（Luke, 2008），但这种现象并非美国独有（参见Pink & Noblit, 2008）。北美和英国的相关研究主要关注后工业城市、社会人口的多样性以及学校教育结果的分层。对于诸如坦桑尼亚、津巴布韦和南亚地区等发展中经济体而言，他们的研究更强调义务教育的必要性以及不同阶级和种族对教育资源的易获取性。这些教育结构必须面对复杂的文化和制度之间的协商（Luke, 2008）。

除了对城市教育的普遍关注，还有一个全球化的研究关注点，即由标准化和国际化的成绩测量得到的科学教育的低成功率，以及在最贫困的城市学校就读的学生的低入学率和低毕业率（美国大城市学校理事会, 2011; Pink & Noblit, 2008）。但是，将城市教育归为美国和其他地区的失败，并将城市教育看作是所有参与者的一次同质性经历，会使城市环境中与教育相关的不平等与陷阱和可能性问题变得模糊。城市环境中的所有学校都不一样，这些学校中的学生以及他们的经历也不尽相同。在纽约市，闻名世界的布朗克斯科学高中（Bronx High School of Science，一所以科学为重点的优等公立高中）与一所备受诋毁的邻近高中仅隔几个街区。两所学校都是纽约市的公立学校，但是，它们却拥有截然不同的声誉，给学生提供的教育经历和机会也大相径庭。社会作为一个整体，对就读这些学校的学生类型以及我们对他们的期望都有着截然不同的印象。

什么是城市科学教育？

这个问题对任何有关城市科学教育的讨论都是至关重要的。正如我们的观点所呈现的那样，渗透在城市科学教育中的叙事以种族和社会经济的方式简化了问题。

城市地区的特征主要在于人口密度。美国人口普查局认为，"城市"一词是指"位于一个城市化地区（UA）或一个城市化集群（UC）内的土地、人口和住宅单位，其人口密度为每平方英里（1平方英里≈2.59平方千米）至少1,000人，其周边的人口普查区的人口密度为每平方英里至少500人"（美国人口普查局, 2010）。

但是，人口密度只是城市中心地区本质特征的组成成分之一。城市中心地区是由人口密度、经济和文化资源、政治和地理环境组成的一个复杂的生态系统。米尔纳（Milner, 2012）的研究显示，城市教育"讨论特定场所的规模和密度，以及更广阔的环境，诸如住房、贫困和交通等校外因素，与学校内部发生的事情直接相关"（p. 559）。在世界上绝大多数城市中，这些生态都非常复杂，导致了发展中国家和发达国家之间持续加剧的不平等，正是这些不平等使得"城市学校"议题逐渐为人所知。"资源的不平等分配，种族、文化、民族、语言不同的、有特殊需求的学生的低成就和不成比例的表现，为我们必须走多远才能实现给所有学生提供更公正和公平的教育提供了证据"（Griner, 2012, p. 2）。

研究者、教师、社区和政策制定者（尤其是在西方国家）错误地用"城市"一词关联（1）来自非优势背景的学生（例如，低收入/极贫困的青少年和来自代表比例不足群体的少数族裔青少年）和（2）学校所面临的特别的挑战（例如，逃学、学习动力不足、父母参与不够）。正如一些学者所指出的那样，这种对城市和城市教育的观点是有缺陷的，这些观点主要关注有关学生、家庭和教师的问题及可觉察到的缺点（Milner, 2012; Tan & Calabrese Barton, 2012）。当研究人员将城市教育完全等同于研究非优势背景青年有限的学业成就时，这些青少年就会被定位为“不如其他人”（Mutegi, 2013, p.82）。这种观点促使人们错误地认为公立学校的所有城市青少年都是少数族裔、低收入家庭和不合格的学生，并且认为白人或非主导地位的有经济实力的人群并不住在城市或就读城市学校。这一观点忽视了构成城市空间的丰富的异质性。此外，这种“城市”观并不能解释由构成城市的多样化社会、地理和文化环境所提供的资本。但是，城市教育中呈现出的不平等现象要求人们关注那些非优势背景的学生如何以及为什么不成比例地接受低质量的教育经历。

我们认为，科学教育领域需要借助概念性工具来批判性地探索城市环境塑造科学教学的方式，并将我们对城市科学教育的集体观点重新定位为可能性的空间，而不是缺陷的集合。尽管我们把城市教育和城市科学教育看作全球性的议题，但是对“城市教育”的关注在西方国家（例如，美国、加拿大和英国）的文献中最为突出。在本章中，我们回顾了一系列以城市科学教育为研究主题的文章。这些文章使我们能够深入地了解城市科学教育研究及发展工作中具有前景的概念工具，以及这些工具的发展动态、目的、效用和局限。虽然我们研究过的文献比这里呈现的更广泛，但我们的讨论仅限于那些提供此类概念工具，并明确强调城市环境作用方式的文献。其他不涉及概念工具，只是在城市背景下开展的研究不在本章的讨论范围内。

我们讨论的大部分文章来自2002年以来的两本核心同行评审期刊（《科学教学研究杂志》和《科学教育》）。此外，我们也分析了来自《科学教育文化研究》《国际科学教育期刊》以及其他顶级的跨学科研究期刊（《美国教育研究杂志》《学习科学期刊》《城市教育》《课程研究期刊》《师范学院记录》）的文章。

本章内容按照以下形式展开。首先，我们提出了一个有关城市科学教育的批判性观点，以明确科学教育在城市环境中面临的挑战和潜在的可能性。基于对挑战性和可能性的分析，我们提出了能够在重构城市教育的缺陷结构和理解城市环境中科学教育方面提供指导的问题。之后，在给出研究和政策建议之前，我们借助所分析文献中的一小部分典型案例讨论了这些问题的解决方案并提出了关键的概念工具。

重构城市科学教育：城市教育作为可能性的场所

与城市教育相似，相关文献将城市科学教育看作是一个有待解决的问题。这是一个资源匮乏的领域（Oakes, 1990），它的多样性是一个需要克服的挑战（Rosebery, Ogonowski, DiSchino, & Warren, 2010）。在这一领域的主流文献中，媒体以及州和联邦政策的论题都是基于“城市学校”的统计数据，以及因文化、种族、阶级、语言背景和/或家庭的受教育背景等而与规范“不同”的儿童的故事。

这些数据显然很重要，因为它们突显了城市科学教育中严重的不平等现象，以及它们对儿童获得学习科学机会的影响（Gutiérrez & Orellana, 2006）。这些数据有助于我们理解一个潜在的问题，即为什么在美国资源匮乏的城市学校中，大部分的初任教师都是白人女性、只会一种语言、属于中产阶级且来自农村和郊区（Clotfelter, Ladd, & Vigdor, 2005）。同时，这些数据也为理解下述问题提供了背景，即为什么在城市学校中招聘和留住优秀的科学教师是一个持久且严峻的问题(Oakes, Lipton, Anderson, & Stillman, 2012)，以及为什么美国合格且高效能的初任科学教师的离职率达到了50%(Ingersoll & Smith, 2004)。

这些学校运作方面的不平等，在一定程度上是由财政和政策举措的不公平造成的。大多数城市学校都会为生活在贫困线及以下的学生提供不同程度的高水平教育，但这些地区学生的人均教育支出却是最少的，且存在明显的地区差异(美国大城市学校理事会, 2011)。美国最大的65个城市学校系统在全国17,000个学区中所占的比例还不到0.5%，却为全国14%的公立学校学生提供了教育(美国大城市学校理事会, 2011)。这14%的学生代表着全国近三分之一的非裔美国学生和英语学习者，四分之一的西班牙裔学生和贫困学生，这意味着在美国城市学校中发生的事情会对这些群体产生深远的影响(Meyer, Carl, & Cheng, 2010, p.4)。在美国近期政策举措的影响下，例如"不让一个孩子掉队"(No Child Left Behind)和"力争上游"(Race to the Top)计划，城市学校的教学更偏向于数学和英语语言艺术，科学一直被边缘化，这导致了提供和接受科学教育机会方面的不平等。在当前的教育测评环境下，较高的教师流动率和对科学的不重视，似乎表明科学教育机会越来越显得微不足道。在这种不平等的情况下，城市学生之间，尤其是来自非优势群体的城市学生之间的学业成就差距持续拉大就不足为奇了(NAEP, 2009)。鉴于研究文献和大众媒体对城市教育和城市学校的框架，科学教育领域中的"城市"一词变成"贫困和非主导"的代名词也就不足为奇了。

尽管这些严峻的现实会代表许多城市青少年接受科学教育的经历，但是这些并不是唯一可以讲述的故事。在这一章中，我们站在一个反缺陷的立场，将一些通常被视为挑战的城市环境的某些独特特征重新塑造成合理的资源，以丰富城市课堂中的科学教学内容。基于这些资源，我们强调了三个概念工具——场所、知识储备和实践中的身份认同——用以构建城市科学教育的可能性。我们的文献综述将基于以下问题展开：

- 研究文献呈现了哪些与城市科学教育场所有关的可能性故事？
- 这些可能性故事在教学、学习和方法方面给我们提供了哪些启示？
- 以上内容为开展潜在的新研究和后续研究提供了哪些建议？

可能性故事

在这一部分中，我们主要讨论一些可能性故事，这些故事展示的数据，为城市环境中科学教育的研究、教学和学习提供了富有成效的指导，并开发和利用概念工具，使可能性元素变得可见。在讲述这些故事的过程中，用于捕捉研究结果的三个工具包重点关注了城市环境中的科学教育，并适当地使用了反缺陷视角。这些工具包包括：(1)城市科学教育开展的场所，(2)作为有意义的教学和学习来源的知识储备和文化实践，(3)认同工作和持久兴趣。这些工具包产生于一个更广阔的景观，在城市课堂上描绘严谨的科学。按照上述顺序来呈现这些工具，有助于清晰阐释它们相互联系的线索，以及为城市青少年提供富有活力的科学教育的累积潜力。首先，我们介绍了每个工具包，重点介绍文献和概念工具。其次，我们提出了跨主题的论题，强调了概念工具在促进城市青少年严谨的科学参与方面的方式和原因之间的联系，特别是当我们考虑在利益相关者之间使用这些工具时。

工具包1：场所

城市环境中的科学教育之所以独特，是因为人、历史、政策、语言以及建筑和生态系统之间复杂的相互作用关系。具体来说，我们把场所视为一种地理历史和社会文化现象，并抓住了这样一个观点，即认为场所是由描述它们的众多故事动态塑造和构建的（Gruenewald & Smith, 2008；Lim, 2010；Lim & Calabrese Barton, 2010）。因此，对场所的关注会提醒我们注意深植于场所中的物理环境、人类活动以及人类的心理过程或意义（Relph, 1976）。由于这些维度会随时间在活动中相互交错，人们会产生一种场所观，或他们在这个场所以及与这个场所相关的独特的生活感。因此，对场所的关注并不会忽视城市青少年在科学教育中所经历的明显不平等，而是动态地将不平等置于参与和压迫政治中，这些政治在城市的网络化、关系化和地域性中发挥作用。

为了在学习科学中得到高效利用，场所观需要被认为是相关的且有价值的。邹（Tzou）、斯卡洛内（Scalone）和贝尔（Bell）（2010）描述了在正式和非正式环境中参与科学学习的青少年是如何构建场所的，以及这些场所是如何被构建以供这些青少年使用的。特别是，上述作者着重强调了，当青少年的场所观挑战主流文化基于压迫定位他们的方式时会发生什么。借助青少年参与非正式环境科学项目的案例研究，邹及其同事（2010）阐述了青少年在进行科学学习时，与场所相关的丰富的个人故事，以及这些故事如何塑造他们参与科学学习的方式。本文中提出的一个例子，深刻地捕捉到了存在于青少年的场所观和权威人士营造的场所观之间的矛盾以及这些矛盾如何积极地将青少年定位为科学局外人。在这个例子中，邹及其同事讲述了一个主要由墨西哥裔美国青少年组成的课外活动俱乐部把参观城市农场作为对城市生态科学调研的一部分时所发生的事情。这些青少年到达农场后，一位农场管理员（白人）用西班牙语向他们表示欢迎。这位管理员假设所有来参观农场的青少年都会说西班牙语，且他们也倾向于用西班牙语进行对话。尽管这些青少年此行的目的是为了了解农场在城市生态中的作用，但所有青少年都被要求完成用西班牙语传达的任务，即用独轮车把肥料从肥料堆运送到农场。在运送肥料的过程中，他们注意到花园里的其他人正在打理土地、种植和进行其他体力要求不太高的活动。正如他们的老师所指出的，给青少年安排的是最困难且“最臭”的工作，重现了“将墨西哥人与做苦工联系起来的占主流地位的文化历史故事”（p.112）。

农场管理员对场所的假设积极地以塑造青少年的学习可能性的方式定位他们。正如这个例子所呈现的那样，当学生的场所观被假定或不被重视时，负面效果是非常明显的。对城市场所的明确关注会如何影响学生对科学的参与和学习？在下文中，我们将重点考察在城市周边组织开展科学教学时出现的可能性（和困境）以及其中相关现实和假设的研究。场所这个相对广泛的工具中包含两个主要的概念工具，分别是：（1）围绕场所知识的组织，（2）对场所附件的组织。

场所知识。第一个概念工具是“场所知识”。说到场所知识，我们指的是对学生场所观的核心理解，以及学生的场所观如何影响课程和教学法，以及学生在进行科学学习时如何接受这些课程和教学法。场所知识的构建是以场所观相关文献为基础的。这个工具可以帮助我们思考学生成长的场所如何影响他们的科学参与和学习，以及如何利用上述思考进行有意义的教学和学习。作为一种工具，场所知识强调学生如何构建物理情境、社会情境和文化情境之间的交互，以及这些交互如何随着时间的推移塑造活动。我们根据有关场所的主题区分了课程和教学法。如果我们的学生住在公园附近，他们的学习将基于公园展开。但是，这个公园对学生来说有什么重要意义？如何重要？为什么重要？这就是这个工具的本质。

无论是在正式的（Lim & Calabrese Barton, 2006）还是在非正式的科学学习环境中（Buxton, 2010），城市儿童的场所知识以及他们与场所的关系是他们对科学进行意义建构的有力来源。接下来，我们将讨论两项研究，重点关注用来组织科学教学的场所知识。

第一项研究是巴克斯顿（Buxton, 2010）关于通过科学项目解决社会问题（SPSS）项目对中学生的影响的研究。与许多以学校为基础的研究相比，这项研究更强调社会公平。从这项研究中我们了解到，对场所的关注如何使我们创新方法以更有力且更具变革性的方式利用学生的知识储备和背景。SPSS项目鼓励中学生研究当地的环境问题，这对当地乃至全球人类的健康和福祉都有深远的影响。通过一系列对城市海滨自然中心的水质及安全的探究调研，学生能够自主研究与水相关的环境危险因素。其中一项成果是让学生用海报的形式制作并分享“公共服务公告”，使其同伴、家人和社区成员了解他们所研究的公共健康主题。

该研究运用批判教学法和基于场所的观点，阐释了当场所观被视为课程核心时，中学生是如何改变他们对自我定位的理解，以及他们是如何研究对人类健康有影响的有关当地环境问题的科学知识的。这种概念工具的混合非常重要。正如巴克斯顿（2010）指出的那样，“尽管基于场所的教学法要求学生更好地理解当地的环境背景，但它并没有解析权力动态或政治历史的历史，这些历史在很大程度上决定了谁住在哪里以及可以获得哪种资源”（p. 124）。这里的问题是，教师如何利用基于场所的教学法强调学生（和教师）与其在科学学习中所处的不可或缺的场所之间的关系，即在理解和解释自然世界时，背景和位置是如何起作用的。

利姆（Lim）和卡拉布雷泽·巴顿（Calabrese Barton）（2006）对场所知识如何影响学校中学生科学学习的参与度提供了深入见解。巴克斯顿的研究侧重于对场所知识的关注如何改变学生的学习，而这项研究则更侧重于关注在此类实践中出现的教学困境以及这些困境如何导致意料之外的可能性时刻。这项研究探讨了在纽约市城市中学（6至8年级）的环境统计课堂中城市青少年的场所观和他们对场所观的使用。综合运用参与式观察、访谈、绘图、自动摄影、基于内容的有声思维以及收集学生课堂作业，作者分析了两个环境科学单元（鸽子研究和游乐场研究）中青少年的场所观如何影响课堂调查。鸽子研究单元的目标是让学生识别鸽子的不同颜色形态并统计分析学校周边的鸽子数量。游乐场研究单元的目标是让学生通过调查学校周边现有的游乐场，设计出他们自己的游乐场，要考虑选用能使游乐场变得有趣、美观和安全的材料类型。

尽管这项研究涉及多个方面，但有两个发现格外突出。首先，在这两个单元中，学生表达了科学课堂场所观的四个维度：“（1）认知和情感的结合，（2）有多个来源，（3）多维度运作，（4）以兼具主观性和人格化的方式将其情境化”（p. 117）。其次，在学校科学环境中重视和运用学生的场所观，为学生营造了一个动态的学习环境，并创造了学习“内容科学”的机会（p. 31）。

在对鸽子研究的讨论中，上述作者用一个很好的例子说明了场所观塑造科学学习的意义建构的方式。在单元学习期间，当学生们在外面观察鸽子时，一名学生问道："鸽子会成为种族主义者吗？"（p.127）。这个问题很有趣，原因有三。首先，这个问题的提出体现了作者观察到的学生表达其场所观的四个维度。这名学生在试图了解周边的鸽子和自己作为年轻拉丁裔的日常经历时邀请同伴和老师共同参与了他的意义建构过程。借助从实地考察中收集的数据，学生们发现不同种类的鸽子会聚集在一起，却没有看到不同种类鸽子之间的任何隔离行为。其次，教师对这个问题的回应也很重要。教师没有忽视这个问题，也没有取笑这个问题，而是向全班同学说到，"嗯……这是一个很大的问题……我的意思是什么是种族主义？"（p.127）。通过这样的做法，在那一刻，教师既重视这一问题，也运用了学生的场所观，同时又引导学生展开了激烈的讨论。这名同学的问题给班里其他同学提供了一个机会，即用新的方式重新审视和回顾他们观察到的内容，并以一种新的方式重新思考观察的意义。尽管班里大多数学生最初都认为鸽子可能是种族主义者，但当一名同学提出，在观察过程中他们并没有看到鸽子因为颜色或其他可识别的明显特征不同而出现种类隔离时，他们不得不重新思考先前的猜想。当学生的场所观以提问的方式体现出来时，它不仅有助于学生自己的意义建构，而且也会给全班同学提供一次共同积极学习的机会。

场所附件。第二个概念工具是场所附件。场所对学习的作用机制是由城市青少年扎根于地方的方式所塑造的。与场所的心理、社会和物理联系不仅是上述场所知识的来源，而且也是使联系的本质更加明显的关键点（Endreny, 2010；Rose & Calabrese Barton, 2012）。附件的性质取决于学生如何构建与场所的联系。这些附件可以是情感附件，也可以是经济、家庭或社区附件。接下来，我们讨论两项研究，这两项研究分析了场所附件如何以加强理解的方式为科学学习提供实质性基础。

在第一项研究中，我们着眼于认识情感附件的重要性以及情感附件在课程制定中所起的作用。在此研究中，恩德雷尼（Endreny, 2010）报告了一所大学的地球科学系和一个位于东北部的后工业城市学校系统之间的合作关系。教师–研究人员试图确定，如果学生要对学校所在地的水域进行调研，有关水域的学习单元可能会如何改变学生的学习。虽然本单元和研究的目标侧重于学生对科学概念的理解，而不是被称为场所观的情感附件和意义，但是这个单元仍然属于基于场所的教育连续统一体。研究表明，大部分学生"逐渐开始理解学校所在地的水域是城市环境的一部分，水从周边地区共同流向一个水体"，以及"对城市土地的利用如何影响水质"（p.510）。作者也指出，在这个过程中，大多数学生并没有学习那些"只能在教室中通过上课"进行学习的概念（p.515）。

恩德雷尼认为，利用场所的情感附件，城市环境中基于场所的科学教育能支持学生发展他们对科学的理解。她指出，基于场所的教育不仅仅关注调查现象的地理或自然特征（在她的案例中是当地水域），还能使学生重视这些特征，因为它们将"场所对于教学者、学生和社区而言的多样化意义"和"通过真实的经验进行教育，例如实地工作的经验或能强烈唤起学生与场所的联系的环境"整合在了一起（p.516）。例如，借助教师和家长讲述的从童年时代至今的水域变迁的故事，以及家庭参观水域地区的回忆，学生会将多样化的观点和各种形式的专业知识结合起来。

在第二项研究中，我们着眼于一个更复杂的基于场所的相互作用：学生对经济和社区的关注如何塑造他们参与解决社会科学问题的方式。这个例子涉及一个以社区俱乐部为基础的课外项目中的青少年，这个俱乐部项目主要关注绿色能源和环境(Rose & Calabrese Barton, 2012)。在这项研究中，研究者分析了这些青少年如何决定是否支持所在城市建造一个新混合动力发电厂的计划。借助有关学习的批判性社会文化观点和定性案例研究，作者阐述了两个年轻人如何处理一个有争议的社区议题(即，建造一个混合动力发电厂)，如何利用当地资源(科学和其他资源)从他们的视角定义问题，并最终得出解决方案(即，制定与建造新的发电厂相关的最终立场声明)。

就在开始有关替代能源的学习单元之前，该城市的电力公司致函所有城市居民，告诉他们由于排放标准的变化，城市需要关闭现有的燃煤发电厂。不幸的是，这家电力公司还负责供应这个城市69%的用电量。由此，电力公司提议修建一个新的混合动力发电厂，并向社区居民征求意见。利用这个机会，课外社区项目的教师要求学生参与一个为期4个月的调查，以了解他们所在的城市是否应该修建一个新的混合动力发电厂。在这个单元中，学生调查了成年居民对提议修建新发电厂的意见，分析并检测了替代能源(例如，风能、太阳能)的可能形式，深入研究了电力公司修建混合电力工厂的提案，并探究了现有的电厂和提议的新发电厂对环境的影响。

研究结果表明，学生自身的科学知识(例如，导致气候变化、空气污染和哮喘的原因和结果)和他们通过调研所获得的知识对他们如何理解这个议题产生了一定的影响。不过，他们的知识与一系列讨论个人和公共场所的对话有着密切的联系，这些对话影响了他们如何定义议题以及为什么这个议题对他们很重要。尤其是，通过构建自身的知识和经验范围，他们能够认识到问题的多维本质，并提出与他们理解的科学相一致的复杂解决方案。

例如，7年级学生杰里米(Jeremy)理解旧的电力工厂需要“更新换代”。新的工厂将会“更清洁、更高效”，“排放的二氧化碳会更少”，并能产生更多的电力，且对环境造成的危害更少。由于新工厂的设计并不完善，杰里米担心该工厂70%的电力生产仍会继续依赖煤炭，以及燃烧煤炭会排放二氧化碳和其他有害排放物——他强烈支持新工厂为他的城市提供新的工作机会，因为他的城市失业率很高。他在构建自己的论点时，用到了专业科学家的陈述和他从实验中收集的数据。杰里米的论述结合了他对科学的理解和他对场所的多层面观点(个人、政治和公共观点)。他将自己看作其所在场所的一部分，“如果新工厂反对者说他们想要更少的煤(生产更多的电力)，那么我会说我们正在朝着这个目标努力”(Rose & Calabrese Barton, 2012, p. 553)。

这项研究揭示了与场所的核心联系如何影响青少年参与科学的方式和原因，以及他们在科学中扮演的角色。青少年借助突出的经济问题来理解更广泛的科学内容和问题——新工厂是否能够负担得起城市的电力需求或创造新的就业机会。这些青少年生活在经济萧条的城市和低收入且经历过失业的家庭中，这对他们接下来如何与更广泛的科学调查联系在一起具有重要意义。尤其是，这些年轻人利用他们关于场所和能源相关问题上的专业认识，将科学视为与当地居民互动并与社区构建联系，以及在科学中重新定位自己的工具(例如，杰里米认为他自己是电力公司的合作伙伴)。

工具包1总结。结合这些研究，我们了解了两个概念工具的重要性：场所知识和场所附件。在确定具体的行动时，一个人的场所观在决定使用哪些专业知识和经验方面起着至关重要的作用。这些研究表明，青少年将场所作为学习和开展科学研究的一部分，这一点对于如何让青少年参与进行富有成效的学科学习至关重要。青少年的科学理解以及他们驾驭所在社区的物理和社会空间的能力，构成了他们的专业知识，他们利用这些知识来理解新的科学内容，将新的内容运用到他们的日常生活中，并和社区成员分享他们对社区问题的认识。

工具包2：知识储备

之前的概念工具检验了场所的复杂性和结构机制，以及场所在学习环境中参与塑造的方式。接下来这个工具包是场所的一个方面：知识储备，青少年在社区中发展出的知识储备以及这些知识储备在学生科学学习和参与中的作用。科学学习是一个长期的过程，借助这个过程，学生需要学习与科学有关的话语和实践，最终成长为一个正式的科学参与者（Lave & Wenger, 1991）。对于那些把科学看作各种形式的知识、谈话或做事方式，而不认为科学普遍存在于他们的生活经历中的学生而言，明确如何在学习社区中协调多种多样的文本、话语和知识是一项具有挑战性的任务（Moje, Collazo, Carillo, & Marx, 2001; Rosebery et al., 2010）。

研究人员路易斯·莫尔（Luis Moll）、凯西·阿曼蒂（Cathy Amanti）、德博拉·内夫（Deborah Neff）和诺尔玛·冈萨雷斯（Norma González）（1992）将知识储备定义为“对家庭或个人运作和福祉必不可少的历史积累和文化发展的知识和技能体系”（p. 133）。知识储备被认为是有价值资源的储存库或“家庭知识的累积体”（Moll et al., 1992, p. 133），此累积体可以被战略性地挖掘作为更复杂的、基于内容的学习的基础。科学教育领域对城市地区青少年及其知识储备和话语的研究越来越感兴趣。这些研究体现了青少年参与科学学习的新的可能性，尤其是来自非优势背景的青少年。

我们专门把知识储备从场所中分离出来。场所知识和场所附件强调了青少年如何以及为什么可以通过特定视角——我所在的场所对我而言有什么意义——审视特定主题或调查的重要性。知识储备更具体地阐述了青少年如何随着时间的推移，借助他们在家庭和社区中的经验，为课堂带来丰富的文化和认知资源。作为一种概念工具，知识储备要求教师和研究者不要将自己视为专家，而是视为与学生一起的学习者。

有三种具体的方式可以将知识储备视作工具，并为在城市环境中开展有效的科学教育与学习提供可能性。

首先，来自城市环境的青少年拥有丰富的知识储备和对文化、语言背景及当地社区的实践反思。这些青少年的文化知识和实践与他们的科学知识和实践具有截然不同的结构框架。不过，我们接下来呈现的研究表明，一些有效的方式可以作为重要的工具以构建学习社区，打破“在课堂内有意识或无意识地创造不平等空间”的规范性实践，并支持学生接下来的科学学习（Emdin, 2010, p.x; 同时参考Tan & Calabrese Barton, 2007, 2008, & 2010; Zimmerman, 2012）。

其次，在教师对学生的文化背景有比较深入的了解后，他们会借助能够促进学生全面且真实参与的教学实践，特别关注那些在学校科学学习方面难以取得成功的学生。当学生能够利用文化实践来支持自身科学知识的增长和实践能力的发展时，他们就能参与更高层次的科学推理，并能有效地进行科学探究（Calabrese Barton & Tan, 2009；Upadhyay, 2005, 2010；Varelas & Pappas, 2006）。

第三，教室社区是富有活力且复杂的空间，它包含各种知识储备以及学生随时说出的不论是否能被认可的话语。了解学生的生活经历和这些话语的交织关系，并将其设计在教学中，能够为学生科学地观察世界提供连续而多样的可能性（Rosebery & Warren, 2008；Varelas et al., 2010）。在下文中，我们首先说明知识储备如何塑造学生参与科学学习的方式和原因，以及学生的知识储备在教学设计中可以发挥的作用。

青少年的知识储备和文化实践。在2002年关于城市科学教育的文献综述中，有一个部分专门讨论了在科学学习中培养学生知识储备的重要性。如那篇综述所言，2002年以前关于这个主题的研究主要强调了知识的来源和领域，以及这些知识是青少年学习科学所用的文化工具包的一部分。自2002年以来发表的研究延续了这一思路，但更侧重于这些储备所依存的话语体系，以及使这些知识及相关实践有意义的话语体系。接下来，我们将呈现三项研究，这些研究探查了当学生的知识储备被视作课堂话语和实践时，为学习创造的可能性。

在我们自己的研究中，我们试图阐述用知识储备作为理解学生学习的核心概念工具，如何为城市青少年参与科学学习的方式和原因提供细致入微的解读（Basu & Calabrese Barton, 2007；Calabrese Barton & Tan, 2009）。在这两项研究中，我们利用定性方法分析了城市低收入家庭的学生带到科学学习中的知识储备和他们发展持续的科学兴趣之间的联系。在第一项研究中，我们仔细探究了一组青少年在课外科学活动中的科学实践经历（Basu & Calabrese Barton, 2007）。通过深入地介绍三个青少年的故事，我们尝试将我们对学生知识储备的理解置于环境之中，这样的做法为我们的分析增加了深度和严谨性。研究发现，当他们的知识储备成为他们如何以及为什么参与课外科学活动的组成部分时，青少年会对科学产生持续的兴趣。特别是，我们注意到，当学生的科学经历与他们如何看待自己的未来相关时，以及当科学活动支持他们形成这些观点所基于的主观能动性时，他们会在整个中学期间一直保持对科学的兴趣。重要的是文化的和社会的知识储备，包括将家庭和学校联结在一起的实践经历，例如将事物分开再重新组合在一起，以及提高社会关系在开展科学实践时的重要性。

在另一项研究中，莫耶（Moje）和她的同事（Moje et al., 2004）分析了中学生"日常（家庭、社区、同龄群体）和学校知识储备与话语（Gee, 1990）之间的交叉和割裂，这些知识储备和话语形成了以学校为基础的内容领域的教育实践"（p. 39）。该研究在密歇根州底特律市的30名拉丁裔青少年中展开，历时5年多。研究显示，在学生创建其日常知识储备与科学之间的联系和青少年利用知识储备学习科学的方式这两方面都可以建立明确的模式。作者强调了四个核心知识领域：家庭、社区、同龄群体和流行文化。在作者陈述这些知识储备时，他们还仔细地将这些储备与学生随时说出的话语联系起来，并提出了知识储备、话语与科学课堂构建联系和/或割裂的方式。例如，在讨论知识储备与在家工作之间的联系时，莫耶及其同事（2004）描述了青少年如何学习仔细观察家庭中的各种活动，例如不同的烹饪程序，并从这些观察中发展出对科学现象的重要见解：

> 在一节有关完全燃烧和不完全燃烧的课中，一位7年级的女孩用炸玉米饼来解释她

> 的论点，即烟不是像老师所说的那样是白色的，而是黑色的……如果教师听到这个低声评论，他可能会借助塔娜(Tana)有关燃烧产生“黑色物质”的知识来阐述他的观点并引导对燃烧的讨论。
>
> (p.53)

除为科学现象提供知识来源外，莫耶还指出了知识储备如何将多重话语的重要性定位为了解和开展科学实践的核心。以在“干洗场所、建筑工地、汽车厂和所有与空气质量和水质量问题直接相关的行业中”有家族性工作经历的青少年为例，作者认为，这些领域中的家庭工作知识培养了青少年关于“科学活动的经济和社会影响”的认识，从而使得青少年从更复杂的层面讨论科学问题(p.52)。

在第三项研究中，我们更加关注文化实践，并将其作为学习和参与的关键知识储备。非优势背景学生知识储备和城市课堂中相关文化实践的价值也是埃姆金(Emdin, 2010)开展针对城市高中学生的研究的核心原则。与莫耶及其同事(2004)所认为的知识储备反映知识领域的研究不同，这项研究将嘻哈看作知识的一个来源(参见Hogg, 2011，详细阐述了这两项研究的区别)。埃姆金(2010)为嘻哈文化和科学之间的紧密联系提供了一个令人信服的案例，并倡导将嘻哈文化(包含其随之而来的一系列行为和行动)较好地融合进城市科学课堂。正如他所描述的那样，嘻哈作为一种文化向那些被社会规范边缘化的人群抛出了橄榄枝，这些人经常受到贫困和种族主义压迫的困扰——这是城市学校中大多数非优势背景学生群体的形象。脱离了主流的学校和科学话语体系，非优势背景青少年由于嘻哈聚集在一起。埃姆金认为，“学生对嘻哈的热情应该在传统的教育环境中被激发”(p.2)，鉴于学生是嘻哈文化的忠实参与者，他们的许多实践形式，例如记忆歌词和辩论，都可以作为科学课堂中教与学的工具。

与嘻哈中说唱接力相似的是科学中的共同生成对话，埃姆金借助共同生成对话的例子，阐明了两种实践形式之间的相似之处：所有声音都能被听到，以民主的方式轮流说话，行动计划共生以提高共享社区的质量。埃姆金研究中的青少年都是说唱接力领域的熟练参与者——说唱歌手们站在一个支持性的圈子里背诵说唱歌曲、分享观点并鼓励彼此进一步推动说唱文化的发展。通过邀请来自一所具有健康科学学科专业的高中的学生，和另一所作为休学中心的高中的学生，并让他们参与和科学教师及科学教育研究者的共同生成对话(与说唱接力的核心结构相似)，埃姆金发现，这些学生能够坦率地审视他们在科学学习方面的经历以及他们缺乏兴趣的原因。来自两所学校的学生评论到，他们疏离科学是因为他们觉得科学应该是一门基于实践活动的学科。基于这些对话形成了由学生和教师共同制定的关于如何改变科学课程以更好地符合学生兴趣和关注点的建议和计划。在共同生成对话期间，这些学生也对科学概念和嘻哈文化中发生的事件进行了类比分析。例如，学生们将原子获得电子或丢失电子的现象与嘻哈说唱歌手基于其商业成功获得或丢失粉丝的现象联系了起来。尽管那些非嘻哈文化圈的人可能会质疑这种类比的价值，埃姆金认为，对于嘻哈青少年而言，在科学课堂上适用文化知识的能力不仅能给他们更多的动力去参与科学内容，也会对青少年构建和发展与科学及学校的积极关系具有持久的影响。

教师利用知识储备以促进有意义的学习。研究文献显示，新教师习惯于从自己的立场出发教授来自不同背景的学生。新教师中的单语种白人女性更有可能在拥有高比例有色人种学生、贫困学生和英语学习者的艰苦学区工作（Cochran-Smith & Zeichner, 2005）。学生及其家庭的生活经历和他们的教师的生活经历之间的差别，可能会抑制学校生活和学生校外生活之间智力和情感联系的发展（Bouillion & Gomez, 2001; Buck & Skilton-Sylvester, 2005）。那些来自非优势家庭的学生和城市学校的学生将面临更大的风险。由于缺乏教学经验并且不熟悉学生的校外生活，新教师更有可能无法激发、识别或以富有成效和允许跨界的方式高效利用学生已有的知识和技能（García & Guerra, 2004）。这进一步隐藏了使用学生的知识储备来支持科学学习的潜在效用。

因此，这些研究强调了任课教师在激发和验证学生文化资源以及潜在的积极情感、参与性和学术成果方面的作用，为进行更公平的科学教学提供了重要的见解。下面我们来看三篇文章，这些文章呈现了教师是如何将学生的知识储备整合进课堂教学的。

在第一项研究中，乌帕德亚（Upadhyay, 2006）描述了一位4年级教师在城市课堂中教授的一门有关生命和环境的科学课程。在分享她自己的生活经历以及让学生构建自己的知识储备与科学课程之间的关系时，这位教师会帮助学生“理解科学、拥抱科学，并让他们去感受新的科学环境对自己的欢迎”（Upadhyay, 2006, p.107）。在这项研究中，乌帕德亚（2006）报道了简（Jane）的案例研究，她是一位50多岁的白人女性科学教师，在她的小学科学课堂中，她会有目的地激发并利用城市学生的知识储备和日常经历。乌帕德亚的研究指出，关注教师的日常经历和知识同样重要。对简来说，当她还是一名学生时，她就读于德国的一所公立学校，生活在第一语言为非英语的国家，她是一名外来者，学生时代她接收到的科学教育非常有限，再看着自己的女儿与科学做斗争，所有这些都促使她决定要制定出适用于科学的教学理念。在这个理念中，“学生必须要参与课程的制定过程……（因为）这样做能够让学生承担起课程设计背后的风险，与此同时，学生也会更加认可课程”（p.106）。这是一名白人女性教师，她曾遭遇边缘化，体验过成为多元化社区的一员意味着什么，她曾作为学习者努力与科学做着斗争，她欣赏科学的价值，也认可有机会参与科学实践的重要性。因此，简重视并亲身实践包容性教育，她坚信她的来自多个民族的学生有着“很多不同的经历、想法、观点和知识，我应该将它们整合到我的教学中……（作为）一种可以强化我个人以及我的学生进行科学学习的工具”（p.102）。

作为邀请学生参与课程的一种方式，她主动询问学生在日常调查研究中遇到的与科学主题相关的情况。例如，在学习营养时，简会把学生定位为“食品科学家”。她询问学生关于他们家庭成员的食物选择的问题和日常观察，要求学生对家庭成员喂养婴儿的食物选择进行批判性评论。乌帕德亚的研究描述了学生在评论过程中高度的热情和对此评论的积极参与，在此过程中，既有对话也有基于不同观点的争论，简巧妙地将学生的知识储备和问题整合进了科学探究的过程中。关键的概念，例如，不同食物的营养价值、生活方式和饮食变化之间的复杂联系，也被纳入了讨论。这个案例研究强调了将学生的知识储备作为学习科学概念的合法的知识基础的重要性，并将科学、学生的日常生活经历和他们的未来生活选择联系了起来。

接下来，我们重点介绍一项研究，该研究着眼于小学早期儿童在学习以物质和森林为主题的两个综合科学素养单元时对戏剧的使用情况（Varelas et al., 2010）。在这项研究中，作者提出了这样一个问题："学生和老师借助这些经验了解和学习科学时，会出现哪些可能性和挑战"（Varelas et al., 2010, p.306）？特别是，研究者对他们所谓的"戏剧化的团结"（togetherness of dramatizing, p.306），或者教师和学生的戏剧化如何激发科学对话，非常感兴趣。

在这项研究中，作者提出了几个重要观点。为提醒读者所有的学习和行动都是有中介的，他们向我们展示了年轻人对物质的微粒性质的新理解是如何以合作和互动的形式产生的。他们向我们展示了戏剧——如何将人的整个身体作为工具来构想科学——支持多模式的意义建构，允许有更多的机会协商概念和交流意义的模糊性。根据国家科学标准，这些孩子基于戏剧进行科学探究时产生的想法都是比预期高出几个等级的想法，这使得这项研究的发现看起来尤其突出。此外，被调查的科学思想的戏剧性表演是在作者所说的"多重中介层次"上进行的：作为"在空间中移动的物质对象，作为协商课堂关系和秩序的社会客体，以及作为隐喻对象，代表不同物质状态中的水分子或食物网中的实体"（p.320）。

在第三项研究中，奥尼尔（O'Neill, 2010）描述了一项为期三年的教师行动研究。这项研究关注的重点是，如何给学生提供支持让其在科学课堂中发展自己的主人翁意识。奥尼尔（2010）展示了两个小场景以说明学生如何在学校科学环境中培养自己的主人翁意识，这种方式如何支持学生参与科学课程的学习，以及特定的"主人翁意识结构"如何支持学生对主人翁意识的培养。这些小场景清楚地表明了教师在科学课堂中认识和运用学生的知识储备来培养学生主人翁空间方面的作用，以及这些空间如何提高学生的参与度和学习成果。

在"运动鞋男孩"事例中可以看到这方面的一个例子：一名学生在开始他的7年级生活时就认为自己是一个"坏孩子"，他认为自己"会由于一些愚蠢的事情而被开除，因为老师讨厌他"（p.13）。考虑到他以前在学校科学课程中的不良表现和对教师的不信任，"运动鞋男孩"不愿意参与科学课程学习。但是，教室是基于一系列的"主人翁结构"设计的。教室中有一些物理位置能够产生"一个明确的期望，让学生参与并与其他学生、教师和物理空间进行互动以创造一个共享的学习环境"（p.12）。其中一个结构是教室动物园，教室一面墙的架子上，摆放着学生带来跟大家分享的鱼、乌龟缸和其他动物。"运动鞋男孩"对所有的动物都有着广泛的亲和力，而且对维护和照顾教室动物园非常感兴趣。

在新学年开始时，"运动鞋男孩"在科学课上很少参与相关内容的学习，而且常常看起来像是迫不及待地等待下课铃响。但是，在午餐和放学后，最有可能找到"运动鞋男孩"的地方就是在科学教室里，他要么在照顾教室动物园，要么在指导同学如何照顾动物。奥尼尔发现，"运动鞋男孩"常常将自己定位为动物专家，实际上他也能成为她的老师。奥尼尔和"运动鞋男孩"协作激活他知识储备的方式改变了他在课堂中的影响力，增加了他获取用于科学实践的物质和非物质资源的机会。

影响力的转变是"运动鞋男孩"在科学课堂中提升参与度的重要前提。到学年中期，在一节关于细菌的科学课上，"运动鞋男孩"发现他能够将科学课上学习的内容与他在教室动物园的工作联系起来。当老师讲授不同类型的细菌时，他举起手来，好像要问问题。被老师点到后，"运动鞋男孩"开始说"他的细菌知识，不是作为一个问题或一段有趣的陈述，而是作为一个权威的声音，几乎可以承担共同教学的角色”(p. 14)。随着时间的推移，借助与教室动物园互动所形成的影响力的转移已经改变了课堂文化，使得教师不再是唯一的科学内容权威。课堂文化中的这种转变是非常重要的，因为它为学生有意义地参与科学学习提供了机会，促使学生积极地构建与科学实践和内容相关的身份认同，并为学生提供更多扩展自己的机会，让他们能够展示自己对科学的理解以及他们构建的科学内容与其生活之间的联系。

借助课堂中的文化异质性扩展科学的弧度。过去几十年中，在科学知识与儿童基于文化的理解、实践和经历之间的关系方面出现了对比鲜明的传统。这种不连续的传统凸显了学生的世界和学校科学教育之间的脱节，并将儿童的认知和谈话方式视为稳健学习的潜在阻碍。通过关注儿童如何借助日常话语建立与科学内容的联系，有关知识储备和话语的研究对上述传统的不连续性提出了挑战(Warren & Ogonowksi, 2005)。对于儿童的想法、经历、谈话及认知方式的一个持续性立场是，要求教师一起参与学生的学习，进而揭示儿童自己带到学习中的能力。因此，教学的目的变成了通过完善学生的先验知识和经历来发展更加健全的科学理解，而不是替代学生已有的知识和经验。

例如，罗斯伯里(Rosebery)和瓦伦(Warren)(2008)的研究呈现了来自非优势背景的青少年如何拥有与科学研究高度相关的文化实践能力。这些资源构成了课堂文化特征的一部分，可以被用来发展成一种既适用于学科教学又适用于家庭生活的科学实践。两位作者向我们展示了，在双语课堂中，学生如何经常性地将自己想象成科学的一部分，以及他们试图要理解的科学现象的一部分，即使他们能感受到自己在被学校科学的规范和实践边缘化。与其期望学生“跨越”到学校的科学文化(这种文化将一个人的初级言论视为与学校科学或数学是不连续的)中去，不如让整个文化适应的过程关注外部话语如何有效地改变一个群体。

作者指出，儿童是学校教育的“老顾客”。许多人认为要做好学校教育，就必须“开展学校科学游戏”(Rosebery & Warren, 2008, p. 109)。然而，尤其对于儿童来说，他们探索世界的方式，他们的言语、意义和认知方式都与学校教育的规范性实践不一致，学习科学变成了一种脱离实际的努力。有机会通过游戏的方式体验科学，想象自己是现象的一部分或者处于一个假设的情境中，并积极地将自己定位为科学的一部分，这些都会为重要的科学思考和实践创造变革的可能性。卡拉布雷泽·巴顿、坦(Tan)和里韦特(Rivet)(2008)也在研究中指出，用游戏的方式学习科学，并借助他人的身份以角色扮演的形式体会科学思维，能够为测试不同的想法创造一个更安全的教室空间。他们进一步指出，这些角色扮演能够同时激活用于开展科学实践的更广泛的真实和象征性资源，包括同龄人的热情和认知的权威，这些资源对那些可能被学校科学边缘化的青少年来说并不常见。这些扩展效果既说明了学习科学的途径，也说明了科学学习的结果。要想在科学学习上取得成功，就需要在课堂上仔细地融合认知、存在和实践，它们之间的复杂交织不可能通过纸笔测试获得。

罗斯伯里及其同事(2010)的研究是另一个很好的例子，说明了青少年的各种话语如何“既是教与学中必需的也是生成的，尽管它们往往得不到充分发展或不被认可”(p. 326)。无论是否被认可，话语的异质性总是存在于课堂中。这种异质性为学生提供了空间，让其通过自己的话语使思维变得清晰明显，也有意识地扩展了课堂上允许的话语；同时为教师提供了识别何时需要进一步探究想法的新空间，也为学生提供了分析性地创造个人和科学之间有意义联系的新空间。

罗斯伯里及其同事（2010）基于一系列关于热传导和物质微粒性质的课堂分析了3年级和4年级儿童的课堂话语。研究阐述了关于热传导和物质的讨论（这些讨论的内容都是学生提前计划好的或是从学生带入课堂的生活体验中涌现的），为通过"热力学第二定律的视角和语言"（p.337）重新解释理解和实践提供了空间。这项研究围绕三个教学价值观展开：第一，课堂必须"提供……科学工具、材料和活动"，并允许在课堂中出现围绕科学思想的相关计划性事件和偶然性事件（p.351）。第二，在科学课堂所允许的话语空间中，需要有目的地邀请和重视广泛的谈话，包括科学和无数其他了解孩子的方式，以了解他们的世界。第三，应该鼓励跨越科学世界和日常生活世界的分析工作，使之成为有效的探究。通过践行这些价值观，研究人员展示了教师和学生如何协作创造并保持与科学学习的异质性接触。在一个例子中，作者描述了学生如何在课堂中利用个人、日常和科学的资源来构建对热传导更健全的理解。课堂中的学生一直在研究热力学第二定律并开展了各种实验，例如把冰放在教室窗户旁边的袋子里。有一天，教师让学生用第二定律来解释他们为什么在冬天穿外套。事后教师反映说这次对话很生硬。后来教室里的火警意外地响了，学生们没来得及穿外套就跑到了外面，并开始讨论他们为什么会觉得冷，他们的体温发生了什么变化，以及他们应该做什么来保暖。作者用以下文字解释了当时发生的事情：

> 在消防演习之前，他们会说，"因为天冷"和"因为有风和寒冷需要保暖"之类的话。这些回复基于他们在应对新英格兰冬季的过程中所得的常识。然而，在消防演习之后，他们利用热力学第二定律思考了外套的作用，基于第二定律的知识，他们构建了因果解释（即"因为你的血液是有温度的，血液的温热会进入外套""当你把[你的外套]拉链拉到顶部时，它就会把温暖留在外套内部""当你走到外面时，你身体的热量就会从你身上流出，但是当你穿上外套时，外套就会阻挡身体热量的消散并将热量保留在外套内部"）。
>
> （p.339）

作者认为，消防演习期间的经历"将第二定律以一种既不是定律本身话语体系的方式也不是学生以前寒冷经历的方式带入到了学生的生活中。在这里，学生的生活经验与第二定律产生了联系，这两者彼此赋予了对方潜在的意义"（p.335）。这个案例表明，对学生来说，科学并不受限于课堂。在某种程度上，科学不仅与理解日常生活经验相关，而且也是理解日常生活经历的关键，例如，由于消防演习中的匆忙，没有穿外套而感到寒冷。科学教师需要抓住和创造这样的机会倾听来自学生的不同声音（Bakhtin, 1981），在科学课堂上，日常经验和规范的科学话语一样，都可以被确认为合法的文本。

工具包2总结。这些研究强调了能够且应该被应用在科学课堂中的丰富的文化知识、实践和话语资源。借助上述案例，这些研究表明城市青少年在拥有科学学习工具方面并不像大多数人想象的那样贫乏。这些研究提供了关于城市环境如何对人类复杂的异质性和历史产生影响的见解，以及教师如何在教授科学时识别和利用这些异质性。这些研究也为我们提供了一个机会，让我们看到，如果赋予城市青少年足够的权利，当他们的知识储备、兴趣和才能都作为学习科学的有效工具得到合理的尊重和积极的倡导时，他们可以从事什么样的科学研究。

在我们的总结中，如果我们没有仔细地评论在学术领域文化资本的讨论中如何使用知识储备，那将是我们的失职。里奥斯–阿圭勒（Rios-Aguilar）及其同事（Rios-Aguilar, Kiyama, Gravitt, & Moll, 2011）提出了这样一个问题，“是否知识储备是属于穷人的，资本形式是属于富人的？”（p. 163）。这些作者认为，基于“社会阶层和与之相关的特权”，这些概念以不同的方式被运用到了青少年（的科学学习）和他们的文化知识和经验中（p. 179）。他们进一步指出，这一点非常重要，因为它塑造了教育界如何界定激活这些知识、话语和实践以实现教育成就的意义和原因。与其说这是对知识储备（FOK）研究的批判，不如说这对推动FOK的发展很重要，以便为来自低收入背景的青少年开发“激活/动员社会和文化资本及知识储备的具体机制”。我们在所讨论的研究中，看到了一些沿着这些方向所做的工作（Calabrese Barton & Tan, 2009; Rosebery et al., 2010），但是这个领域还需要做更多的工作。

工具包3：实践中的身份认同和认同工作

长期以来，科学一直被认为是属于白人中产阶级男性的领域（例如Sadker, Sadker, & Zittleman, 2009）。城市青少年或大城市中心区青少年中有很大一部分属于非优势群体和贫困群体，他们往往不认为自己与科学有紧密的联系（例如Brickhouse & Potter, 2001; Emdin, 2010; Fordham, 1993）。因此，除了白人和非优势背景青少年之间科学成绩的差异之外，还需要解决他们之间身份认同的差距。在理解概念和掌握内容的同时，学生的身份建构也需要受到重视（Wenger, 1998），以便阐明非优势背景学生在参与科学探究时是如何认识自己和科学的。

尽管在“面向所有人的科学”旗帜下进行了20年持续的科学教育改革，但科学、技术、工程和数学（STEM）领域的专业人员仍然主要是白人。在过去的30年中，从事STEM专业的非裔美国人的比例仅增加了2%到3%（美国国家科学委员会[National Science Board], 2012）。2011年，非裔美国人仅获得7%的STEM相关学士学位，4%的硕士学位和2%的博士学位（Kaba, 2013），然而，拉丁裔美国人所占比例为4%，是STEM职业中代表比例最低的族群。在K—12阶段，科学教育受到“管道泄漏”现象的困扰，这一现象是指退出科学课堂的学生数量逐年增加（Chapa & De La Rosa, 2006; Gandara, 2006）。事实还表明，对于非裔美国青少年来说，他们作为非裔美国学生在特定学科（例如，科学或数学）的自我意识与他们的学习成绩有关（Chavous et al., 2003）。对于一些非优势背景青少年来说，在学校表现好就意味着在“装白”（Fryer, 2006）。在科学方面有良好表现的非优势背景青少年也可能会受到类似的评判。考虑到规范科学的传统文化及其专业的科学语言，青少年，尤其是非优势背景青少年，必须确信他们要在科学上取得成功就必须权衡自己的净收益——即为了陌生的科学文化，放弃在日常生活中获得自我肯定和群体肯定的机会（Gee, 2004）。

实践中的身份认同是支持学生参与和投入科学教育的基本工具。研究者，例如布里克豪斯（Brickhouse）、洛厄里（Lowery）和舒尔茨（Schultz）（2000）已经指出，在被说服参与科学学科的学习之前，学生需要先在科学中看到自己。我们需要关注青少年在科学中的身份发展，提出诸如此类的问题：“谁在科学上取得了成功？”“当我参与科学工作时，我将成为谁？”“我自己享受学习科学的过程吗？科学是我的追求吗？”简而言之，做科学和学生身份以及他们想成为谁之间的关系是什么？在激发学生学习科学之前，他们必须发展出与科学相一致的身份认同。

实践中的身份认同是通过在活动系统或形意世界（figured world）的实践中创作或建构的（Holland, Lachicotte, Skinner, & Cain, 2001）。青少年在课堂中学习科学内容知识的同时，也在学习科学的规则和规范，什么是科学，谁在科学中受到重视，以及一个人需要有能力做什么才能被认为是在科学上取得了成功。借助采取的行动和形成的关系参与身份认同工作，青少年可以通过时间和空间把自己定位为科学中特殊类型的人。在形意世界中，其他人（例如，同龄人、科学教师）对一个人身份认同工作的接受凸显了其高度辩证的本质。一个人可以既是其他形意世界的成员，也是一名科学专业的学生（例如，篮球运动员、女孩、乐队成员、非裔美国人），这进一步说明了身份认同工作的复杂性，就像互相竞争谁可以和谁应该来自形意世界的相互矛盾的期望一样。这种互动可能会导致像“装白”这样的紧张情况。

我们在这一部分集中讨论了四篇文章，每篇文章都描述了城市环境中非优势背景青少年的身份认同如何作为工具来支持或阻碍学生参与到特定的科学学习中去。其中有两项研究是在正式科学课堂中开展的，一项在课外科学背景下进行，另一项在正式和非正式的科学空间中进行。

瓦雷拉斯（Varelas）、凯恩（Kane）和怀利（Wylie）（2011）讨论了25名1年级、2年级、3年级年轻非裔美国学生是如何在基于改革的科学学习过程中构建身份认同的。在他们的研究中，学生有机会通过各种活动和讨论参与科学探究。他们还在科学期刊上留有图画和笔记。研究者将这些期刊作为学生身份认同的产物，让孩子参与一系列的对话。他们试图揭示，当年轻的非裔美国学生参与国家科学教育标准（National Science Education Standards）提倡的基于探究的科学学习时，他们是如何确定对其而言很重要的核心方面，并建构自己对科学实践和科学家的理解的。

青少年学生在谈论科学中身份认同的方式上，存在着很明显的性别差异。作者发现，大多数女孩会将典型的优秀学生身份与在科学学习方面有优异表现混为一谈。当被问及将自己想象成科学家以及思考在科学方面取得成功意味着什么时，许多女孩都提到了学校的行为规范。要成为一名科学家，在科学方面有良好的表现就意味着一个人会努力工作、保持专注、不会行为不端，并且对其他学生和教师都很友好。作者得出的结论是，这些学生是无法区分“学校实践”和“科学实践”的，因为她们在课堂和日常生活中都参与了这两种实践。虽然科学家和某些科学实践可能会有相似的特征，这些特征（例如，努力工作、文明行为、诚信）在学校实践中也受到重视，但是它们并不是科学实践所独有的特征。将文字素养，例如写作和阅读，看作科学特征的女孩是男孩的三倍。作者强调的一个令人担忧的发现是，女孩通常将学校的行为规范内化为科学规范。良好的行为、遵守规则，以及认真地写作业是学校的规范，对于建立学员资格时正在寻求教师批准的学生来说，这些规范是明确奖励，可能也是最切实可行的。瓦雷拉斯及其同事（2011）正确地警告说，要谨防将擅长“学校实践”等同于擅长“科学实践”，因为许多批评性的科学实践会要求学生提出问题，并尝试用新方法解决问题，这些实践与服从和“遵章守纪”是对立的。鉴于女孩和女性在更高级的科学课程和STEM专业方面的代表比例很低，这尤其令人不安。

另一方面，男孩很少会将教师支持的学校规范和科学实践混淆在一起。在与作者的访谈中，男孩们引用了重要的科学学科实践，例如具有创造力，能提出“酷酷的创意”和把事情搞明白，这些都是作为科学家的显著特征。一些学生（包括男孩和女孩）也提出将教学、关怀和工具构建作为科学和科学家的标识。包括男孩和女孩在内的一半学生将“聪明才智”与科学家联系在一起，因为他们认为渊博的知识是基础。因此，对他们而言，科学家就是知道很多信息和知识的人。与此相关的是，一些学生会提到他们自己在科学领域如何努力工作，但在谈论科学家的时候却不会提及。这一点暗示了学生们的想法，他们认为科学家可能是那些天生聪明不需要付出太多努力的人。最后，学生们认同可以借助科学获得不同形式的资本——社会资本、符号资本和文化资本。

这项研究指出，在教师协助学生选择符合学校教育的社会规范和社会实践的过程中，有可能在非裔美国青少年中成功构建科学身份认同。作者们在研究中发现，这些学生构建了特定的身份认同，以回答他们如何将学校实践（非学科特定的学术实践）与科学实践相结合、学校科学实践（科学教师认可的特定科学实践）与科学学科特定的科学实践相结合。过分强调行为规范和教师权威往往会扭曲学生的科学意识形态，特别是因为科学重视诸如创新和灵活性等竞争特征。这种对良好行为以及在学校科学中取得成功意味着什么的制度化描述，可能会在不经意间引导非优势背景学生远离对科学的真正追求。如果科学教育者和教师想要在非优势背景学生参与科学和取得成就的质量及持续性方面取得进展，他们尤其要注意这些制度化描述。这项研究对如何应对这一趋势提供了一些见解。

卡拉布雷泽·巴顿、康（Kang）、坦、奥尼尔、鲍蒂斯塔–格拉（Bautista-Guerra）和布雷克林（Brecklin）（2013）的研究也提到了制度化描述的主导作用。这是一项历时三年的民族志案例研究，作者分析了两名非裔美国中学生，黛安娜（Diane）和尚特尔（Chantelle），在不同形意世界（学校、放学后、家庭）进行科学学习的身份认同工作和轨迹。他们感兴趣的是非优势背景女孩在身份认同工作方面（表现为行动、关系、权力动态和认可）做了些什么以表明她们在科学内或科学外。上述作者将这项研究定位在这样一个前提下，即通过定位身份痕迹、身份构建的关键事件可以更好地捕捉和理解学生的身份认同工作，这些身份构建的关键事件在空间和时间上传递意义，并对女孩的科学身份认同轨迹产生持久的影响。

黛安娜的案例突显了她在科学身份认同工作中遇到的复杂矛盾。作为一名在规模较大的中学经历过隔离和种族紧张关系的非裔美国女孩，黛安娜是7年级非裔美国学生中少数几个高才生之一。尽管黛安娜在校内和校外刻苦学习科学，并开展了许多对于跨越这些空间的真实情境探究至关重要的科学实践，但她对科学的兴趣和参与并未得到她的7年级科学教师和同学的认可。没有人记得黛安娜是赢得火箭比赛的人（相反，他们将胜利归功于一个男孩）。黛安娜的老师是一位真正有爱心的教师，她的教学曾获得当地和州级的奖励。当她看到黛安娜的科学成绩为A时，她感到了惊讶。尽管作者呈现了黛安娜如何精心完成科学任务，以获得对学科知识的深入理解，但是与另一位优秀学生相比，黛安娜在科学学习方面的成就却被其他学生和科学课堂中的权威人物（教师）所忽视。7年级时，她参加了科学教师每周组织的午餐科学俱乐部，但在她的一位朋友退出后，余下所有成员都是白人女孩和亚洲女孩，她也就退出了俱乐部。离开科学俱乐部后，黛安娜将午餐时间都用在了与其他非裔美国朋友的社交上，而这些朋友并不具备高能力。

黛安娜的案例突显了与非优势背景青少年科学教育相关的三个问题：(1) 即使在一个以探究为基础的科学课堂中，所实施的教与学的实践都以学生和科学为中心，教师所认可的成功仍然是基于行为准则规范的传统形式，而不是基于真实情境的科学实践；(2) 不管是有意还是无意，虽然有成绩（例如高分）这种传统的能力标记形式，教师对学生能力的刻板印象仍然会出现；(3) 在相互矛盾的形意世界中，学生的成员身份会迫使他们在获得学习科学的机会和其他重要的形意世界之间做出选择。

另一方面，尚特尔的案例是一个更明显的“可能性故事”。她的案例显示了积极的身份认同工作在形意世界中的转换和交叉利用，这种转换和交叉利用加强并稳定了她新构建的科学身份，为她的科学身份认同轨迹赢得了巨大动力。起初她是一个安静的女孩，只会在朋友的邀请下参加课后基于社区的科学俱乐部——绿色俱乐部，后来，尚特尔积极参加绿色俱乐部的活动，使得她在当地的青少年俱乐部社区中构建了一个绿色能源科学专家的身份。在构建此身份的过程中，她将自己的舞蹈和编舞天赋合理运用到了对绿色俱乐部科学产品的创作中。在文章中，作者描述了一部由尚特尔和两名同学制作的短片，这部短片记录了她们所在中学的灯泡审核过程。女孩们将50个白炽灯泡换成了节能荧光灯，并从碳排放量和成本费用方面解释了节省效果。为制作这部纪录片，尚特尔在指导、编辑、音乐选择和舞蹈顺序编排方面都发挥了积极的领导作用。作者认为，尚特尔最初尝试制作纪录片是因为她的艺术天赋为她参与科学实践提供了更多的机会。更重要的是，尚特尔能够通过协商获得在学校展示她的灯泡审核纪录片的机会，一次是以研讨会的形式展示给学生会，另一次是在自己班级宣传地球日。在两次展示中，尚特尔都和她的观众进行对话，并引导了讨论，这些行为明显背离了她在科学课上典型的“安静女孩”的身份。在跨越形意世界的过程中，她作为绿色能源专家的身份得到了具象化和认可。

纵观这些案例，作者指出了跨越时间和空间的身份认同轨迹如何借助去稳定化/稳定化的身份特征设定不同的身份轨迹。身份的这种去稳定化/稳定化特征的形成取决于一个人的身份认同工作如何被形意世界的核心成员认可（或不认可）和重视（或不重视）。黛安娜的社交形意世界（和她的非裔美国同伴在一起）与她的午餐科学俱乐部形意世界互相冲突。尚特尔的绿色俱乐部形意世界的边界是可渗透的，这鼓励了她将自己的艺术才华运用到科学实践中。她的学校和课堂的边界也是可渗透的，因为她被允许向她的同学分享自己的科学实践作品，并将自己定位为绿色能源专家。除了女孩在一个形意世界中的资源是否可以被运用到另一个形意世界中外，作者还指出，这些资源都是有意义的，“是社会协商的要点和关键身份认同工作的符号表征”(p. 67)。

拉姆（Rahm）、马特尔-雷尼（Martel-Reny）和穆尔（Moore）(2010) 的研究是本部分讨论的最后一项研究，这项研究分析了非正式科学项目在城市青少年生活中的作用。通过呈现三名学生参与两个不同的非正式科学学习的案例，作者认为，青少年有参与和学习科学的动力，因为学习目标和预期结果不仅仅在于知识获取。事实上，这些案例表明，这些学生最后发现参与课外的科学实践是有意义的，因为他们能够通过参与科学实践去想象自己在科学领域中可能的未来。同样重要或更重要的是，在这些非正式的科学空间中，年轻人能够通过更广阔的关于成功的视角来看待他们自身的参与，因为这些项目和他们的导师做到了这一点。

这项研究分析了两个不同的非正式科学学习项目，一个侧重于9至12岁的女孩，另一个侧重于13至18岁的来自低收入家庭的青少年。这两个项目的共同点是，在青少年开始体验科学和成功的意义时支持他们参与积极的身份认同工作。这两个项目人性化的结构设计鼓励了很少有机会深入学习科学的城市青少年用他们自己的方式“试水”，并从自己的角度重新定义参与科学实践的意义。学生在这些科学学习空间中学习科学的步骤和内容很重要，用于评定学习结果的方法包括，对学生的作业和表现的评估，对他们的情绪、行为、态度、参与水平、同伴互动的观察，对他们科学身份认同变化的评估，以及对他们在多大程度上表现出归属感的评测。

该研究还呈现了青少年如何以不同的方式有意义且有成效地参与科学实践。以罗西纳（Rosine）的例子来说，该学生最初“不明确表态是否参与这个项目，尤其这个项目是以科学为中心的”（Rahm, Martel-Reny, & Moore, 2005, p. 286）。对于罗西纳来说，当她可以亲身实践，可以参加活动，有好奇的自由，并感觉到自己在学习新事物时，参与科学实践对她而言才是有意义的。作者描述了在完成有关火箭的团队科学博览会项目后罗西纳是如何表达自豪的：她不仅能解释火箭的组成部件和运行规则，而且还有机会搭建和测试一个火箭模型，并能够将展示火箭的发射作为他们科学展览的一部分。后来她提及自己在科学博览会上的工作时，认为它是“有趣的、惊人的且壮观的”，并且还说到，她仍然希望了解更多的有关火箭的知识并“掌握艰深的术语”（Rahm et al., 2005, p. 286）。

在罗西纳的故事中需要特别注意的一点是，使这种特别的科学体验有意义的不是获奖，也不是得A，或者在测试中取得好成绩。对于她来说有意义的是培养自己的技能以支持其好奇心，这样她和她的队友就可以成为自己学习的指导者。罗西纳不再仅仅被定位为一名学习者，她被支持获得了“体验”发明和试验火箭设计的科学身份认同。她和她的队友能够搭建和测试火箭模型，并解释它的运行机制，这对于她而言是非常有意义的。这种经历另一个有意义的地方在于让她想得到更多。火箭项目不是一件简单就能完成的事情。这是一项需要认真学习的活动，最重要的学习成果是罗西纳（一名因为害怕科学而几乎没有参加课外项目的学生）顺利完成了火箭项目，并想要学习更多科学知识且对自己的期待也更多了。罗西纳同时看到了在科学中她是谁（一位成功的火箭模型建造者），以及她可能成为谁。

拉姆及其同事们假设，这些非正式的科学项目能够吸引城市青少年，是因为借助这些由青少年自己决定的灵活的参与模式，科学实践的过程——进行科学实践意味着什么以及如何基于这些过程开展科学实践——为城市青少年提供了可能的科学舞台。由于非正式学习项目重视他们的特殊兴趣和参与方式，因此营造了一个充满活力的学习环境，学生对自己也有了更多期望。青少年学生开始积极地对待科学，一些人开始思考自己在科学中可能的未来（例如，Kamila）。这些非正式学习项目能够帮助青少年学生重新定义谁能够参与科学实践，并拓展了进行科学学习和参与科学实践的意义，因此开辟了一个新的充满可能性的世界。

工具包3总结。本部分讨论的三项研究明确了学生在实践中的身份认同对科学学习所起的关键作用。这些研究指出了学生的科学学习和成就是如何不可避免地与他们正在进行且同时出现的身份认同工作联系在一起的。学生在学校科学教育中的经历、奋斗、成功和失败不仅反映了他们对科学的兴趣、能力和天赋（或缺乏天赋），也是表明他们在科学中是谁和可以是谁（或不是谁）的标志。关注学生和科学界（包括同学和老师）如何把这些标志归于自己或归给他人是很重要的，因为这种识别行为可以对学生当前和以后对科学的参与产生持久的影响。虽然这部分研究讲述的是非裔美国学生的故事，但他们也谨慎地避免将非裔美国学生或非裔美国女学生本质化。因此，作者详细且细致地描述了学生在科学学习中所进行的身份认同工作的复杂性和辩证性。这些研究表明，如果我们想要鼓励和支持城市学校非优势背景青少年参与科学和取得科学成就，那么关注他们在科学课堂中的身份认同工作与关注他们对科学概念的理解同等重要。他们还强调不论学生的科学成绩如何，身份认同工作在学生是否被认为是“科学人”方面都发挥着重要作用。

纵观概念工具

所讨论的三个主题——场所、知识储备和实践中的身份认同——为倡导城市环境中科学教与学的反缺陷和反本质化方法提供了至关重要的概念工具。接下来，我们会讨论这些工具所提供的两个核心启示，通过开放我们如何思考科学教育的结果，有效推进城市环境中的科学教育设计，和我们在城市环境内部–外部连续统一体中对自我的定位。我们也会分析这些概念工具的局限性，并为后续研究提供方向。

启示

运用不同的概念框架（主要是社会文化学习观、社会实践理论、叙事/话语观点）研究城市环境中的科学教育是有好处的。这些不同但互补的观点可以让我们更加深刻地理解城市环境中学生学习科学和参与科学的情况，及其与学习环境设计的联系。不同视角下的研究给我们提供了一整套概念工具，让我们透过可能的视角，重新构想城市环境中的科学教育。

所有这三个概念工具都帮助我们看到了跨越边界——学校、家庭、社区和同龄群体——的重要性。它们也向我们展示了青少年是如何积极地打破诸如学校/非学校和科学/非科学这些定义他们在科学教育中的生活的二元结构对立体的。这些工具帮助我们看到了“什么”可能“跨越”边界。在场所（知识和附件）方面，我们可以看到与场所的关系如何影响调研主题的意义和探究本身的性质。在知识储备方面，经验和与该经验相关的新兴知识及价值观均跨越了边界和角色，即这些知识可能在将青少年定位为科学某个领域的专家方面发挥作用。在实践中的身份认同和认同工作方面，实践形式和中介工具的变化，塑造了个体如何参与科学实践及其以该形式参与的原因，以及他们如何让其他人了解他们所知道的和可以做的事情。

因此，这些概念工具共同为我们提供了一种方法，既可以拓宽视野来构建学习成果，也可以拓宽学习路径。目前的教育政策几乎只关注学生在个别学科领域的成就。与内容标准紧密结合的单个学科领域的学习成绩仍旧是衡量科学教育对学习者影响的黄金标准。正如其他人所指出的那样（例如 Bell, Lewenstein, Shouse, & Feder, 2009；Carlone, Haun-Frank, & Webb, 2011），这种狭隘的框架忽视了学习的其他重要指标，包括身份认同工作、参与形式以及基于文化的知识和实践。尽管学习成绩为学生的学习提供了一种证明形式，但成绩只能反映学生学习中很狭小的一部分。虽然它们可能会从内容的角度给我们一些信息让我们了解学生的知识水平，但是它们很少告诉我们学生可以用这些信息做些什么，学生所理解的科学是什么样的，或学生参与有意义的科学学习和将自己视为科学的组成部分的机制。令人信服的证据表明，开辟一条通道，用于构建知识框架和在社区内将个体定位为特定方面专家之间的联系，能够拓展学生的学习机会(Gresalfi, Martin, Hand, & Greeno, 2008; Nasir, Rosebery, Warren, & Lee, 2006)。

本章提到的研究表明，在非正式科学学习环境中观察到成功，部分原因是，诸如科学身份认同的发展(即我是一个喜欢与海豚共舞的海洋学家)、融合文化实践与科学实践的新兴参与形式(例如，一个艺术科学纪录片的编舞者)这样的成果被认为是在非正式学习环境中学习和获得成就的重要形式，而在传统学习环境中这些则是不存在的(Calabrese Barton & Tan, 2010; Fusco, 2001; Nasir et al., 2006)。非正式科学项目有更宽广的灵活度，不受测评的限制，这并不奇怪。然而，尽管如本章所描述的那样，我们的确需要在这种严谨和包容的非正式科学项目中取得的成功，且这种成功也值得庆祝，但为青少年在科学上取得的进步把关的仍然是学校科学教育。令人备受鼓舞的是，有新的数据显示，当正式的学校科学教育被设计来引出这些具有更深远意义的结果作为学习过程的一部分时，那些在学校科学教育中不曾取得成功的学生也开始在传统的标准化考试中取得好成绩了(Varelas et al., 2010)。

拓宽视角认识衡量学生科学学习潜力和科学学习结果的测评指标，有助于瓦解学校传统的成功框架。例如，尽管夏威夷原住民和太平洋岛民在科学和数学探索以及与航海和环境可持续发展相关的STEM理解方面有着悠久的历史(Kanahele, 1986)，但主流研究显示，夏威夷原住民和太平洋岛民的青少年，尤其是那些生活在城市地区的低收入家庭的青少年，对科学和STEM职业的理解和兴趣都很有限。这些研究主要基于学生在国家测评中的表现，例如2011年的NAEP(美国国家教育进展评估)，在这次测评中，大多数得分为“及格”和“及格以下”的学生是夏威夷原住民或太平洋岛民和/或来自低收入家庭。然而，研究表明，当地本土的“接近和理解自然世界的价值观和认识论取向”在“当代科学实践中具有完整性”(Bang & Medina, 2010, p. 8)。不论地理位置如何(例如，火奴鲁鲁、纽约、洛杉矶等)，城市环境中的非优势背景青少年都会遇到类似的缺陷描述。然而，正如上述文章所强调的那样，在这些文化知识和生活经验备受重视并被用于科学学习的空间中，根据“超越终结性考试数据的视角”(Rahm et al., 2005, p. 283)，这些青少年取得了积极的学习效果，例如，提升了参与度，积极转变科学身份认同以及他们自身与科学和STEM职业之间关系的看法，提升了与同学和老师进行科学对话(同时使用日常用语和科学术语)的水平(Calabrese Barton & Tan, 2010)。

城市环境提供了一个地理、历史、文化和其他关键维度的交叉点，这些关键维度为青少年提供了大量的社会资本和文化资本以丰富他们的科学学习和科学参与。这些概念工具帮助我们在一定程度上看到，借助场所重新构建城市科学教育的可能性，与教师合作把自己视为城市生态的一部分或内部成员，而不是外部成员。雷尔夫(Relph, 1976)最先提出内部-外部的辩证关系，以详细阐述一个人的场所观如何作为“一种全方位的可能的意识，从对方位的简单认知，到借助同理心对不同场所的身份认同做出反应的能力，再到与场所构建深入的联系，并将此联系作为人类存在和个体身份认同的基石”(p. 63)。这里突出的要点是，内部–外部的辩证关系表明，发展与场所的关系以及对场所的看法(场所观)的“本质”“在于一个人如何在场所中定位和认识自我”(Lim & Calabrese Barton, 2010, p. 331，重点补充)。在学校，教师和学生很少被要求去认同场所。需要特别注意的是，人们认为自己属于某个场所或不属于某个场所与科学教育的驱动规范形成了鲜明对比，这种规范关注测评和课程的标准化。事实上，过去10年改革的标志就是促使人们脱离与场所的联系。

例如，罗斯伯里及其同事(2010)在他们有关异质语的研究中详细解释了，如何通过孩子们经历寒冷天气的方式，以及家庭成员和同伴谈论如何在寒冷天气中保暖的方式，积极地把他们定位为关于热传递的复杂观点的提出者。但是，教师需要利用这些知识，借助富有想象力的对话，细心地引出学生的这些经历。在另一个例子中，埃姆金(2010)的研究让我们了解到，当把城市嘻哈文化的场所作为科学课堂的一部分时，它是如何在课堂上将青少年定位为有影响力的人的。当青少年对嘻哈的这种热爱被视为超出了科学的范畴时，许多学生则不会再被这样定位。

围绕这些概念工具在城市环境中构建未来的科学教育研究，使作为科学教育研究者和教育者的我们能够看到很多可能的故事。这是非常重要的，因为将我们的关注点从城市科学研究所呈现的传统的缺陷视角转向可能性视角，给我们提供了可以学习和拓展的成功案例。这并不是说我们应该忽视城市环境中存在于学生和教育者之间明显的不平等。相反，我们需要借助本章所呈现的成功故事解决这些不平等，并开发工具和策略以产生更多的可能性故事(见表13.1)。

表13.1　可用的工具

主题	工具	要点	交叉点
场所	场所知识 场所附件	本土经验和关系塑造了对科学的参与	• 跨越边界的行动 • 打破二元结构对立关系 • 利用与科学相关的各种专业知识和兴趣点 • 征集和深化青少年日常生活与科学之间的联系 • 展现和加强青少年参与科学的持续动力
知识储备	青少年拥有的丰富的知识储备和反映其文化、语言背景和当地社区的本土实践经验	以重视异质语为更合理的切入点让青少年参与科学实践、加强科学和日常生活之间的联系	
随时间推移的身份认同工作	我们可以通过以下工具观察实践中的身份认同：(a) 实践中呈现自我的方式，(b) 用于身份认同的制品，(c) 认可工作	身份认同塑造了一个人如何参与科学实践，以及参与科学实践的原因、机会及定位	

制约因素和后续研究

我们注意到，绝大多数研究都是关于城市环境中科学教育的民族志研究，该领域将受益于更多以行动为导向和基于设计的研究以推进变革。本章强调的研究(代表整个领域的研究)集中关注公平和多样性问题。它们也主要是民族志研究。基于对个体、资源、工具、行动、互动和话语的深入关注，当详细记录当地环境时，民族志是一个明确的选择。然而，要将城市环境中的科学教育研究推进到超越书面报告的实践行动当中，还需要更多样化的研究方法。虽然在过去10年里，我们从城市背景下的科学教育文献中学到了很多，但随着我们不断前行，我们工作的重心必须继续以这些经验教训为基础，采用新的、互补的方法论和路径，开展能够解释文化差异以及发挥科学学习场所作用的研究。

我们建议还应该更多地关注：(1) 开发工具、程序和分析方法，以帮助研究者运用对情境敏感的方法观察和解释课堂中认知方式和存在方式的变化；(2) 设计研究探索更多不同类别的学生群体，以消除城市 = 非裔美国人和/或西班牙裔的刻板印象，探索多样化的经历(包括项目设计和学习环境)以及这些经历对学生构建科学身份认同和对科学进行意义建构的作用；(3) 发展跨学科和多样化的合作，以便在项目中就解释性结果进行讨论；(4) 利用当地的优势，超越对失败的关注，着重关注采取行动的研究。

此外，本章讨论的研究呈现了一系列问题，城市科学教育领域将很好地运用一系列拓展的研究设计和所概述的要点进行研究。

首先，从全球的角度来看，城市环境中的科学教育是什么样的？正如本章所述，对文献的回顾揭示了城市环境中关于科学教育的西方观点。作为寻求更加多样化的学生群体和更加多样化的经历的努力的一部分，我们建议更多的研究应将关注核心放在城市科学教育的全球情境中。通过更好地了解全世界的城市科学教育状况，可以学到很多东西。例如，在泰国，位于城市中心的许多公立学校越来越被认为会比存在竞争关系的私立学校和位于郊区及农村的公立和私立学校更强大。是什么造就了这种状态？在支持美国城市环境基于行动的变革方面，可以从世界其他地区的城市学校的结构和功能中学习到什么？

其次，什么形式的教学活动和课堂或课程结构支持将场所和学生的场所观纳入城市科学学习环境(包括正式和非正式)中？从本章强调的文献中可以看出，当学生能够在科学学习中利用他们对场所和场所观的理解时，学生展示出了更高水平的对科学内容的理解和应用，以及积极的科学身份认同发展和更高的参与水平。为了使本研究更多地关注行动而不仅仅是对已有研究的报告，我们建议把从这些文献中汲取的知识和经验用于开发工具、程序和分析方法，这有助于科学教育者创建科学学习空间，有意识地重视和利用学生对场所和场所观的理解。

最后，创造重视更广泛学习成果的学校科学学习环境需要什么，以及如何将这些广泛的学习成果纳入我们对城市环境中学生和教师表现的总体评估？标准化测试和相似的测量学生表现的标准将继续作为反映我们教育系统状态的一部分。但是，这些测量方法的结构和性质是不断变化的。作为科学教育共同体，如果我们真的想要测量出在正式和非正式的科学学习环境中获得的东西，我们就不能只考虑简单的内容获取。在国家层面上，如果我们的目标是显著增加从事STEM职业的学生数量，我们就需要学生建立更加坚实的内容理解基础。我们需要他们有能力将来自多个内容领域的知识和观点进行整合，并且有能力用有意义的方式运用这些知识。最重要的是，我们必须支持学生在科学和STEM中培养自我意识。就这一点来说，我们鼓励研究如何将扩展的学习结果作为正式学习环境中重要的评估工具，以保证我们的评估模型(相较于当下缺乏深思熟虑的学校测试结构)能够更全面地呈现学生正在获得或已经实现了什么。

结论

关于城市科学教育的叙述通常对学校缺乏物质资源和人力资源，以及对学生(尤其是非优势背景学生)表现不佳且“处境危险”关注不足。然而，正如吉(Gee, 2004)提醒我们的那样，“‘处境危险’并不意味着你不需要另一次糟糕的学习经历”(p.74)。我们希望本章提到的三套概念工具——场所、知识储备和实践中的身份认同/认同工作——将辅助科学教师和教育工作者为所有青少年，包括居住在城市地区的青少年，揭示并创造良好的学习经历。

致谢

感谢盖尔·塞勒(Gail Seiler)和兰迪·叶瑞克(Randy Yerrick)对本章初稿的审阅和评议。

参考文献

Bakhtin, M.M. (1981). Discourse in the novel. In M. Holquist (Ed.), *The dialogic imagination: Four essays by M.M. Bakhtin* (C. Emerson & M. Holquist, Trans., pp. 259–428). Austin: University of Texas Press.

Bang, M., & Medina, D. (2010). Cultural processes in science education: Supporting the navigation of multiple epistemologies. *Science Education, 94* (6), 1008–1026.

Basu, S.J., & Calabrese Barton, A. (2007). Urban students' sustained interest in science. *Journal of Research in Science Teaching, 44* (3), 466–489.

Bell, P., Lewenstein, B., Shouse, A.W., & Feder, M.A. (Eds.). (2009). *Learning science in informal environments: People, places, and pursuits.* Washington, DC: National Academies Press.

Bouillion, L., & Gomez, L. (2001). Connecting school and community with science learning: Real world problems and school-community partnerships as contextual scaffolds. *Journal of Research in Science Teaching, 38*, 878–898.

Brickhouse, N., Lowery, P., & Schultz, K. (2000). What kind of a girl does science? The construction of a school science identity. *Journal of Research in Science Teaching, 37*, 441–458.

Brickhouse, N., & Potter, J. (2001). Young women's scientific identity formation in an urban context. *Journal of Research in Science Teaching, 38*, 965–980.

Buck, P., & Skilton-Sylvester, P. (2005). Preservice teachers enter urban communities: Coupling funds of knowledge research and critical pedagogy in teacher education In N. González, L.C. Moll, & C. Amanti (Eds.), *Funds of knowledge: Theorizing practices in households, communities and classrooms* (pp. 213–232). Mahwah, NJ: Lawrence Erlbaum.

Buxton, C. (2010). Social problem solving through science: An approach to critical place-based science teaching and learning. *Equity and Excellence in Education, 43*, 120–135.

Calabrese Barton, A., Kang, H., Tan, E., O'Neill, T., Bautista-Guerra, J., & Brecklin, C. (2013). Crafting a future in science: Tracing middle school girls' identity work over time and space. *American Education Research Journal, 50* (1), 37–75.

Calabrese Barton, A., & Tan, E. (2009). Funds of knowledge, discourses and hybrid space. *Journal of Research in Science Teaching, 46*, 50–73.

Calabrese Barton, A., & Tan, E. (2010). We be burnin': Agency, identity and learning in a green energy program. *Journal of the Learning Sciences, 19* (2), 187–229.

Calabrese Barton, A., Tan, E., & Rivet, A. (2008). Creating

hybrid spaces for engaging school science among urban middle school girls. *American Education Research Journal, 45*, 68 – 103.

Carlone, H.B., Haun-Frank, J., & Webb, A. (2011). Assessing equity beyond knowledge- and skills-based outcomes: A comparative ethnography of two fourth-grade reform-based science classrooms. *Journal of Research in Science Teaching, 48*, 459 – 485.

Chapa, J., & De La Rosa, B. (2006). The problematic pipeline: Demographic trends and Latino participation in graduate science, technology, engineering, and mathematics programs. *Journal of Hispanic Higher Education, 5* (3), 203 – 221.

Chavous, T., Bernat, D., Schmeelk-Cone, K., Caldwell, C., Kohn-Wood, L., & Zimmerman, M. (2003). Racial identity and academic attainment among African American adolescents. *Child Development, 74*, 1076 – 1090.

Clotfelter, C., Ladd, H., & Vigdor, J. (2005). Who teaches whom? Race and the distribution of novice teachers. *Economics of Education Review, 24*, 377 – 392.

Cochran-Smith, M., & Zeichner, K. (2005). *Studying teacher education: The report of the AERA panel on research and teacher education.* Washington, DC: American Education Research Association.

Council of Great City Schools. (2011). *Pieces of the puzzle: Full Report.* Washington, DC: Council of Great City Schools.

Emdin, C. (2010). Affiliation and alienation: Hip-hop, rap, and urban science education. *Journal of Curriculum Studies, 42* (1), 1 – 25.

Endreny, A.H. (2010). Urban 5th graders' conceptions during a place-based inquiry unit on watersheds. *Journal of Research in Science Teaching, 47*, 501 – 517. doi:10.1002/tea.20348

Fordham, S. (1993). Those loud Black girls: (Black) women, silence, and gender "passing" in the academy. *Anthropology and Education Quarterly, 24* (1), 3 – 32.

Fryer, R. (2006). Acting White: The social price paid by the best and brightest minority students. *Education Next, 6*(1).

Fusco, D. (2001). Creating relevant science through urban planning and gardening. *Journal of Research in Science Teaching, 38* (8), 860 – 877.

Gandara, P. (2006). Strengthening the academic pipeline leading to careers in math, science, and technology for Latino students. *Journal of Hispanic Higher Education, 5* (3), 222 – 237.

García, S.B., & Guerra, P.L. (2004). Deconstructing deficit thinking: Working with educators to create more equitable learning environments. *Education and Urban Society, 36* (2), 150 – 168.

Gee, J.P. (1990). *Social linguistics and literacies: Ideology in discourses.* London: Falmer.

Gee, J.P. (2004). *Situated language and learning.* London: Routledge.

Gresalfi, M.S., Martin, T., Hand, V., & Greeno, J.G. (2008). Constructing competence: An analysis of student participation in the activity systems of mathematics classrooms. *Educational Studies in Mathematics, 70*, 49 – 70.

Griner, A. (2012). *Addressing the achievement gap and disproportionality through the use of culturally responsive teaching practices urban education.* doi:10.1177/0042085912456847

Gruenewald, D.A., & Smith, G.A. (Eds.). (2008). *Place-based education in the global age: Local diversity.* New York: Erlbaum.

Gutiérrez, K., & Orellana, M. (2006). The problem of English learners: Constructing genres of difference. *Research in the Teaching of English, 40*, 502 – 507.

Hogg, L. (2011). Funds of knowledge: An investigation of coherence within the literature. *Teaching and Teacher Education, 27*, 666 – 677.

Holland, D., Lachicotte, W.J., Skinner, D., & Cain, C. (2001). *Identity and agency in cultural worlds.* Cambridge: Harvard University Press.

Ingersoll, R.M., & Smith, T.M. (2004). Do teacher induction and mentoring matter? *NASSP Bulletin, 88*, 28 – 40.

Kaba, A.J. (2013). Black Americans, gains in science and engineering degrees, and gender. *Sociology Mind, 3*(1) 67 – 82.

Kanahele, G. (1986). *KûKanaka, stand tall: A search for Hawaiian values.* Honolulu: University of Hawai'i Press.

Lave, J., & Wenger, E. (1991). *Situated learning: Legitimate peripheral participation.* New York: Cambridge University Press.

Lim, M. (2010). Historical consideration of place. *Cultural*

Studies of Science Education, 5, 899 – 909.

Lim, M., & Calabrese Barton, A. (2006). Science learning and a sense of place in an urban middle school. *Cultural Studies of Science Education, 1*, 107 – 142.

Lim, M., & Calabrese Barton, A. (2010). Exploring insideness in urban children's sense of place. *Journal of Environmental Psychology, 30*, 328 – 337.

Luke, A. (2008). Urban education dystopia: 2050. In W. Pink & G. Noblit (Eds.), *International handbook of urban education* (pp. 1177 – 1186). New York: Springer-Verlag.

Meyer, R., Carl, B., & Cheng, H. (2010). *Accountability and performance in secondary education in Milwaukee public schools*. Volume II of the Senior Urban Education Research Fellowship Series. Washington DC: Great Council of City Schools.

Milner, H.R. (2012). But what is urban education? *Urban Education, 47*, 556.

Moje, E., Collazo, T., Carillo, R., & Marx, R.W. (2001). "Maestro, what is 'quality?'": Language, literacy, and discourse in project-based science. *Journal of Research in Science Teaching, 38* (4), 469 – 498.

Moje, E.B., Ciechanowski, K.M., Kramer, K., Ellis, L., Carrillo, R., & Collazo, T. (2004). Working toward third space in content area literacy: An examination of everyday funds of knowledge and discourse. *Reading Research Quarterly, 39* (1), 38 – 70.

Moll, L.C., Amanti, C., Neff, D., & González, N. (1992). Funds of knowledge for teaching: Using a qualitative approach to connect homes and classrooms. *Theory Into Practice, 31* (2), 132 – 141.

Mutegi, J. (2013). Life's first need is for us to be realistic and other reasons for examining the sociocultural construction of race in the science performance of African American students. *Journal of Research in Science Teaching, 50*, 82 – 103.

Nasir, N.S., Rosebery, A., Warren, B., & Lee, C.D. (2006). Learning as a cultural process: Achieving equity through diversity. In K. Sawyer (Ed.), *Cambridge handbook of the learning sciences* (pp. 489 – 504). New York: Cambridge University Press.

National Assessment of Educational Progress (NAEP). (2009). *The nation's report card: 2009*.

National Center for Education Statistics. (2011). *Nation's Report Card*. Washington, DC: U.S. Department of Education.

National Science Board. (2012). *Science and engineering indicators 2012*. Arlington, VA: Author.

Oakes, J. (1990). *Multiplying inequalities: The effects of race, social class, and tracking on opportunities to learn mathematics and science*. Santa Monica, CA: Rand.

Oakes, J., Lipton, M., Anderson, L., & Stillman, J. (2012). *Teaching to change the world* (4th ed.). Columbus, OH: McGraw Hill.

O'Neill, T. (2010). Fostering spaces of student ownership in middle school science. *Equity & Excellence in Education, 43* (1), 6 – 20.

Pink, W., & Noblit, G. (2008). *International handbook of urban education*. New York: Springer-Verlag.

Rahm, J., Martel-Reny, M.P., & Moore, J.C. (2005). The role of after-school and community science programs in the lives of urban youth. *School Science and Mathematics, 105* (6), 283 – 291.

Rahm, J., Martel-Reny, M.P., & Moore, J.C. (2010). The role of after-school and community science programs in the lives of urban youth. *School Science and Mathematics, 105* (6), 283 – 291.

Ramnarain, U. (2011). Equity in science at South African schools: A pious platitude or an achievable goal? *International Journal of Science Education, 33* (10), 1353 – 1371.

Relph, E. (1976). *Place and placelessness*. London: Pion Limited.

Rios-Aguilar, C., Kiyama, J.M., Gravitt, M., & Moll, L.C. (2011). Funds of knowledge for the poor and forms of capital for the rich? A capital approach to examining funds of knowledge. *Theory and Research in Education, 9* (2), 163 – 184.

Rose, S., & Calabrese Barton, A. (2012). Should Great Lakes City build a new power plant? How youth navigate complex socioscientific issues. *Journal of Research in Science Teaching, 49* (5), 541 – 567.

Rosebery, A., Ogonowski, M., DiSchino, M., & Warren, B. (2010). "The coat traps all your body heat": Heterogeneity as fundamental to learning. *Journal of the Learning Sciences, 19* (3), 322 – 357.

Rosebery, A.S., & Warren, B. (Eds.). (2008). *Teaching science to English language learners*. Arlington, VA: NSTA Press.

Sadker, D., Sadker, M., & Zittleman, K. (2009). *Still failing at fairness: How gender bias cheats girls and boys in school and what we can do about it.* New York: Scribner.

Semli, L., & Mehta, K. (2012). Science education in Tanzania: Challenges and policy responses. *International Journal of Educational Research, 53*, 225–239.

Tan, E., & Calabrese Barton, A. (2007). From peripheral to central, the story of Melanie's metamorphosis in an urban middle school science class. *Science Education, 92* (4), 567–590.

Tan, E., & Calabrese Barton, A. (2008). Unpacking science for all through the lens of identities-in-practice. *Cultural Studies of Science Education, 3*, 43–71.

Tan, E., & Calabrese Barton, A. (2010). Transforming science learning and student participation in 6th grade science: A case study of an urban minority classroom. *Equity & Excellence in Education, 43* (1), 38–55.

Tan, E., & Calabrese Barton, A. (2012). *Empowering math and science education in urban contexts.* Chicago: University of Chicago Press.

Tzou, C., Scalone, G., & Bell, P. (2010). The role of environmental narratives and social positioning in how place gets constructed for and by youth. *Equity and Excellence in Education, 43* (1), 105–119.

Upadhyay, B. (2006). Using students' lived experiences in an urban science classroom: An elementary school teacher's thinking. *Science Education, 90*, 94–110.

Upadhyay, B.R. (2005). Practicing reform-based science curriculum in an urban classroom: A Hispanic elementary school teacher's thinking and decisions. *School Science and Mathematics, 105* (7), 343–351.

Upadhyay, B.R. (2010). Teaching science for empowerment in an urban classroom: A case study of a Hmong teacher. *Equity and Excellence in Education, 42* (2), 217–232.

U.S. Census Bureau. (2010). *2010 census: Urban and rural classification.*

Varelas, M., Kane, J.M., & Wylie, C.D. (2011). Young African American children's representations of self, science, and school: Making sense of difference. *Science Education, 95* (5), 824–851.

Varelas, M., & Pappas, C.C. (2006). Intertextuality in read-alouds of integrated science-literacy units in primary classrooms: Opportunities for the development of thought and language. *Cognition & Instruction, 24*, 211–259.

Varelas, M., Pappas, C.C., Tucker-Raymond, E., Kane, J., Hankes, J., Ortiz, I., et al. (2010). Drama activities as ideational resources for primary-grade children in urban science classrooms. *Journal of Research in Science Teaching, 47*, 302–325.

Warren, B., & Ogonowski, M. (2005). "Everyday" and "scientific": Rethinking dichotomies in modes of thinking and science learning. In R. Nemirovsky, A.S. Rosebery, J. Solomon, & B. Warren (Eds.), *Everyday matters in science and mathematics* (pp. 119–148). Mahwah, NJ: Lawrence Erlbaum.

Wenger, E. (1998). *Communities of practice: Learning, meaning, and identity.* New York: Cambridge University Press.

Zhang, T. (2007). Urban development patterns in China: New, renewed, and ignored urban spaces. In Y. Song (Ed.), *Urbanization in China: Critical issues in an era of rapid growth.* Cambridge, Lincoln *Institute of Land Use Policy*, 3–27.

Zimmerman, H. (2012). Participating in science at home: Recognition work and learning in biology. *Journal of Research in Science Teaching, 49*, 597–630.

14 Rural Science Education

New Ideas, Redirections, and Broadened Definitions

J. STEVE OLIVER AND GEORGIA W. HODGES

第14章 农村科学教育：

新理念、新方向、新定义

杨文源　译　　刘晟　审校

引言

上一版《科学教育研究手册》(以下简称《手册》)农村科学教育议题一章(Oliver, 2007a)在结尾处向读者提出了这样一个问题："我们应当把技术问题，及其可以使所有人无论身在何处都能广泛获取知识的潜能放在什么位置？"(p. 366)。基于本章第一作者对上述章节内容的总结，该问题似乎是未来农村科学教育面临的最重要的问题。当我们开始思考构成本章主干的结构和主题时，技术影响全美乃至全世界农村科学课学生受教育经历的种种可能性再一次成为突出且有潜在变革性的问题。今天，与互联网及其庞大的知识资源库隔绝的学校的数量正在迅速减少。

我们喜欢抱怨在穿越偏远地区时，手机通话有时会中断。但是，世界上有人居住的地方正在迅速被移动电话服务提供商的服务区所覆盖。尽管这个问题和有多少学校通过电脑连接互联网不同，但这个问题可能更为重要。几乎每个人口袋中都有手机，这必将改变我们把与世隔绝或位置偏远视作农村社区教育的重要变量的看法。美国和其他地方的绝大多数学生都拥有智能手机，这些手机能够提供强大的网络接入以及可以从网络中找到的所有知识，而拥有智能手机的学生人数仍在不断增加。正如照片共享平台Flickr的共同创始人卡泰丽娜·费克(Caterina Fake)在2013年接受《大西洋月刊》采访时所说："人们拥有的计算机不再是在桌上，而是在手里，这可能是技术的革命性特征。这些电脑可以和你一起环游世界各处"(Madrigal, 2013)。随着像智能手机和慕课(massive online open courses [MOOC])这样的网络设备和学习资源广泛且并行地发展，知识和学习变得如此普遍，我们必须重新认真考虑农村学校在教育上的独特之处。

在上一版《手册》于2007年出版之际，第一台电子阅读器Kindle正在为面世做最后准备。之后在2010年更是有苹果iPad这样的重磅产品上市。而现在这两款设备都正在成为搭载中学科学教科书的平台。尽管这看起来对那些费劲背书包的学生来说是个好消息，但更大的好消息是教科书最终变成了一个互动学习设备，能够与互联网的所有知识库连接。尽管很可能通常要考虑经济问题，但偏远农村学校的学生所面临的由于距离太远而无法获取科学知识的挑战将永远消失。然而，如果我们的讨论没有考虑地点和背景，那么对讨论农村教育的意义的重新思考就不够充分了。

在近些年与农村教育相关的研究中，认为技术会缩短距离的观点并不是唯一的重要议题。本章我们确定了4个主题并分别围绕这4个主题展开论述，在总体框架上特别强调对社会公正和多样性的探索。已有研究发现的农村和小型学校科学教学的特征将贯穿这些主题并在所有主题中都有所涉及。第1个主题是归纳农村学校本质和定义的研究。许多领域的新研究（可能最重要的是农村社会学）已经详细描述了界定农村地区的新体系，从而为更加可靠地界定农村学校提供了基础。这可以用关于农村地区的本质如何影响在该地区开展的研究的讨论来概括且与之密切相关。第2个主题探讨了科学教育应当如何依据农村教育开展地区的本质来具体开展。此外，为了与上一版《手册》的相应章节关联起来，本章还详细综述了许多近期有关农村科学教育的研究报告，探讨了学生、教师、技术、社区和背景如何影响农村科学教学的学术发展，以唤起对社会公正和多样性的重视。第3个主题与技术是农村学校改革的动力这一命题相关。关注点包含全球化和技术两个方面如何影响农村学校的科学教学。第4个主题是关于小的农村学区的科学教师招聘。作为一个补充话题，这一部分还将简要讨论关于如何在这些地区维持科学师资的研究。最后，我们将总结并分享农村和小型学校科学教育研究带来的启示。

深入探寻农村的定义

近年来，由于很难有效界定什么是以及什么不是农村学校，农村科学教育研究因此受到阻碍。阐明一所学校的特点，并使之归入农村学校这个标签之下，与给任一给定地区贴上农村的标签所带来的挑战是一样的。肖托尔（Shortall）和沃纳（Warner）（2012）认为早期二者比较容易区分："在20世纪中期以前，区分城市和农村地区是相当明确且容易的。农村经济很有特色，它依赖于初级产业，尤其是农业……"（p. 3）。能够识别农村地区的关键是"一望便知的"特征，这也是研究者建立一个可以在研究中广泛应用的农村分类体系的最大难点。问题不在于就农村地区或者农村学校的组成达成共识。在大量的研究实例中，其提供的关于学校的描述仅仅包含人口规模和与最近城市的距离，或者仅仅是研究者简单地把"农村"的标签贴在了某个学校上（Coladarci, 2007; Oliver, 2007 a）。

农村地区的历史和迷思。最理想的通过"一望便知"的特征来判断某地是否属于农村地区的方式，可以回溯到20世纪关于农村乌托邦的大众文化观念。至少从19世纪起，农村田园牧歌的传统就成了农村科学教育的一个主要影响因素。凯佩尔（Keppel）在1962年发表的文章《农村教育改革中的地权平均主义迷思：1890—1911》（*The Myth of Agrarianism in Rural Educational Reform, 1890—1911*）中引用阿卡迪亚传说描述人们对农村田园牧歌生活的普遍信仰。在这个传说中，人类生活在与自然完全和谐的可爱田园环境中。尽管农村教育工作者和改革者承认，这种对于19世纪末的农场来说是合理描述的迷思存在严重的局限性，但是它仍然占据主导地位。在20世纪初期的文章中，两个有力的论据进一步强调了农村的迷思。其中一个直接关系到我们理解农村科学教育的动机，而另一个则与之间接相关。作者们通常会描述搬到城市找工作的人所处的可怕生活环境以及多种形式的落魄。俗语“罪恶和腐败的漩涡，潦倒落魄的深渊，食不果腹，衣不蔽体，万民如刍狗”（Keppel, 1962）被用来描述城市生活。更加微妙的特征描述持续出现在今天的文献中，而这些特征通过第二个论据加以扩展。第二个论据强调农村学校教育研究必须包含对农村学生和教师居住地的环境和科学的研究。这也是多年来贯穿农村科学教育研究最直接、最有力的点。第二个论据认为科学是一种活动，这种活动会在知识和态度层面彻底改变农业和农村生活的各个方面。凯佩尔引用了伊利诺伊师范大学校长在1911年的一次讲话，明确把科学知识放在改善农民生活的影响因素的首位：

> 如果农民在6月骄阳下的玉米地干活时，只看到泥土、杂草和玉米，那么他过着空虚而贫瘠的生活。但是，如果他知道土壤中水分和空气的作用……知道太阳光影响下的神奇化学作用……知道土壤实验室中细菌的作用，那么他就会明白，自己不仅仅是一个辛勤的劳动者，而是正在统御宇宙万物，国计民生莫不有赖于此。
>
> （Keppel, 1962, p.106）

正是本着这种精神，重视科学的教育改革被视作救世主，因此，“在20世纪的第一个10年，农村人转而……以教育治愈农村社会的弊病”（Keppel, 1962, p.106）。自然研究（Nature Study）课程能够满足这一需求（Comstock, 1939），而这门课也被认为是最早期的小学科学课程（Underhill, 1941）。自然研究这门课的教材是一些小册子，被邮寄到订阅它们的学校。小册子描述生物的自然历史或者研究某个自然现象，同时也关注与这部分科学相关的态度和情感问题。最终，更加符合学校教育需求的科学课程取代了自然研究这门课（Keppel, 1962），但是“对务农这一生活方式的赞颂”却依然继续。

农村学校教育本质的争论对于理解当今农村科学教育的本质而言，其重要性不仅仅在于它是长期争论的有趣产物。关于恰当描述农村科学教育的争论延续到今天。布朗（Brown）和沙夫特（Schafft）（2011）在文章中描述了农村的“田园秘境”（即前述“田园牧歌”在美国的表述）是如何存在于农村生活的概念化当中的：

> “秘境”的组成元素珍贵到几近神圣。它是一种与城市生活形成鲜明对比的理想化的社区形式。它是现代城市世界的对立面，在某种程度上更道德、更高尚、更简单。
>
> （p.10）

此外，整篇文献还强调在农村科学教育中建立学校和社区联系的重要性。一些人发起了以帮助学生在农村背景下学习科学为主要目标的课程（Avery, 2013）。其他研究人员在推动改革以确保新方向是基于标准的同时，也认识到农村学校的独特性。例如，“阿巴拉契亚农村系统倡议”（Henderson & Royster, 2000）强调“培养数学和科学专业的专业化领导力”，这催生了“具有‘标准化视野’的数学和科学教学”（p.10）的区域协作，而标准化视野实际上指明了改革的方向。

定义当今的农村教育。作为长期担任《农村教育研究期刊》编辑的总结，科拉达尔奇（Coladarci, 2007）对有助于研究者提升“农村教育研究成果”

的方法进行了深入思考。与几乎所有农村教育研究者的说法一致，他指出，缺乏对农村的定义是研究的主要绊脚石。在简要研究了几个定义之后，他得出结论，“虽然定义各不相同，但有一个反复出现的论断，即农村最纯粹的定义意味着当地人口少于2,500人”（p.2）。

聚集在一个地区的人口数可以用于定义农村的主要特征，这一观点被布朗和沙夫特（2011）认为是“通过方位或地域来定义农村”（p.4）。从更一般的意义上说，这种定义方式依赖于“具有一定特征的特定社会地理位置……例如，人口规模，或者对农业的依赖”（p.4）。科拉达尔奇（2007）简要地陈述了自己对于使用“人口少于2,500人”来定义农村的关切，并指出若仅仅使用这个数字来定义农村，“还有很多值得改进的地方”（p.2）。但是，文献、研究者和政府机构普遍以数字作为定义农村的依据，且使用的数字各不相同。例如，肖托尔和沃纳（2012）在解释美国政府机构如何定义农村时，与科拉达尔奇一致——以2,500人为标准。但是，他们也提到，在英格兰和威尔士，“人口少于或等于10,000人被认为是农村”（p.8），而在苏格兰则是必须少于3,000人，在北爱尔兰必须少于4,500人才能被称为农村。科拉达尔奇（2007）接着指出，农村的定义实则是在对区域进行更准确分类之后，意识到有什么“被落下”的产物。肖托尔和沃纳（2012）完全支持他的论点。他们写道：

> 在美国，农村即是余数。换句话说，城市被定义之后，非城市的部分即是农村。非大都市/农村地区是指那些大都市以外的区域。
>
> （p.8）

正如这些学者共同指出的，使用数字来定义一个地方是不是农村总会出现不足，因为这个模型中还有其他因素没有被考虑到。在创建一个分类模型时，不同类型之间的内在统计学意义“假设是不存在相似性的”（Shortall & Warner, 2012, p.9）。为了强调这一点，肖托尔和沃纳（2012）以邻近性为例进行补充描述。如果一个农村地区与一个城市地区相邻，那么它很有可能与一个远离城市中心的农村地区截然不同。与该观点一致，霍格特（Hoggart, 1990）指出，研究者把一个地方标记为农村的依据是不明确的，在理论上站不住脚。而且“无论如何定义，‘农村’都没有恰当地概括其对应的地区”（p.246）。霍格特认为，农村和城市的差异必须基于“考虑它们真正不同的构造环境”（p.245）。正是在这一点上，科拉达尔奇（2007）给出了其反思中最为尖锐的观点。他写道：“我认为问题在于，农村教育研究者……常常没有充分描述他们研究的背景”（p.2）。显然，这些学者的共同关注点是非常相似的。在进一步谈论这些关注点存在的问题时，科拉达尔奇（2007）写道：

> 为什么这是一个问题？因为农村教育研究对背景的粗略描述阻碍了研究对其结果进行清晰且有意义的解读，阻碍了不同研究结果之间的有意义的归纳综合，最终阻碍了对于农村教育的可靠理解的积累。
>
> （p.2）

布朗和沙夫特（2011）提供了一个可能可以解决该问题的方法，即通过多维模型来定义农村。该模型由4个维度组成，以农村作为“人类生活、工作、交际的地区，且与自然环境存在空间上的分隔”这一视角为基础（p.5）。布朗和沙夫特（2011）基于以下4个特征详细描述了4个具有区分度的维度：(a) 人口与生态，(b) 经济，(c) 制度，(d) 社会文化。通过这种方式，布朗和沙夫特 (2011) 构建了一个模型，“依据（这些地方）是什么和不是什么，依据它们的内在特征，或者对城市的评论”来对农村进行定义 (p.5)。这样，4个维度也形成了一个框架，使得农村科学教育研究者能够在一定程度上描述农村背景，进而在学术工作中明确农村的特定性质。最重要的是，基于公认的模型创建描述将有助于解释、综合和积累从农村学校研究中获得的成果 (Coladarci, 2007)。在接下来的内容中我们将看到，不是所有研究者都认同这种多维框架。但是我们也将谈到，农村科学教育中的社会公正和多样性议题在很多方面反映了农村认同问题。

方法论和农村科学教育研究。2002年伊始，布什政府制定的《不让一个孩子掉队》(No Child Left Behind [NCLB]) 法案由美国国会批准颁布，对《中小学教育法案》重新授权，为美国教育实践改革提出了新的国家层面的要求。这项新的公立学校联邦资助办法要求通过标准化考试对所有学生的学科学习情况进行评价。且更进一步的是，联邦法规的这次更新“将科学证据提升为教育政策和实践的关键驱动力”(Feuer et al., 2002, p.4)。对修订后的法规进行仔细研究发现，有111条关于“科学研究”和“明确主题”的参考资料，这也说明教育研究若要成为某项政策的基础，就需要基于随机对照实验 (Feuer et al., 2002)。在教育研究中是否使用真正的科学化实验作为研究方法，人们长久以来争论不休。但是，把研究的方法论写进法律还是让学界非常震惊的，正如福伊尔 (Feuer) 及其同事所说：

> ……但是，当法律开始指导方法论并将研究的公共资金与特定研究模式联系起来时，震惊就变为焦虑了。
>
> (Feuer et al., 2002, p.5)

很显然，这种“震惊变为焦虑”的感受至少在一定程度上促使豪利 (Howley)、西奥博尔德 (Theobald) 和豪利 (2005) 在《农村教育研究期刊》上发表回应阿诺德 (Arnold)、纽曼 (Newman)、加迪 (Gaddy) 和迪安 (Dean) (2005) 关于“农村教育研究状况”的文章。阿诺德及其同事在其文章中研究了在ERIC和PsycINFO上检索到的将近500篇论文的摘要。依据摘要，文章将农村教育研究分为两类，一类是明确地以发展农村学校教育为目标的研究，另一类是在农村地区开展但并不“明确以研究农村教育议题或者解释农村如何影响学校教育为目标”的研究 (Arnold et al., 2005, p.2)。科学教育相关文章归类在“教学”子类别下，只有6篇在“理解农村教育”分类下，5篇在“以农村为背景开展研究”的分类下。关注农村科学教育的文章如此之少，这并不令人惊讶，这也和世界范围内的报道相一致。

从一开始，阿诺德及其同事 (2005) 就明确指出，严密的研究是所有判断的标准。尽管在接下来回应关于其文章的批判时，阿诺德 (2005) 似乎推翻了这一论述，但是，他们在最初的文献中写道，农村教育研究是“基于以下信念的，即农村社区和学校应该维持着固有的特质”，而这一观点并不是通过“严密的研究”来确立的 (p.1)。所以，毫不意外，作者快速把关注点转移到了鉴定那些基于严密的研究的农村教育研究文献上。鉴定基于研究者所使用的方法论，阿诺德及其同事认为只有通过一定的方法才能完成严密的研究。作者表达了对少数文献关注“干预和结果之间高确定度的因果关系研究”的失望(p.10)。尽管他们发声支持“非实验研究或者观察研究”的价值，但当作者披露他们如何判断研究质量时，这种发声似乎有些不够真诚。阿诺德团队使用北美中部教育和学习研究中心(Mid-Continent Research for Education and Learning [McREL])开发的研究质量标准量表，对222篇原始文献进行评价。“质量”评价的标准由8种效度来描述(Arnold et al., 2005)，这些效度在量化研究的统计检验中用来说明结果的显著性。在这篇文章发表之后，许多文章都以此作为科学教育研究的新重点，致力于解决研究质量问题。阿诺德团队(2005)似乎使用了类似于弗洛登(Floden)在描述另一个话题时采用的方式(Moss et al., 2009)，把质量和严密性联系在一起：“对话中对于‘质量’和‘严密性’两个词的使用，就好像它们是可以互换的术语”(p.505)。而在当前教育研究文献中，质量和严密性在很多方面都有区别。使用当前研究文献(Moss et al., 2009)中的标准，大家都会认同，阿诺德团队(2005)区分出那些明确以获取关于农村教育的理解为目标的研究，对鉴定研究质量而言是正确的思路(Moss et al., 2009)。

在没有任何随机对照实验的情况下，有106篇文章被作者鉴定为使用“比较研究设计来研究农村教育问题”(p.10)。文章使用了表格和文字来呈现其研究(例如，原文第11页)。所有研究的质量被划分为高、中、低三档，很明显实验研究处在一个高于其他比较研究的位置上。

最终，阿诺德团队(2005)得出结论：

> 在很多情况下，研究者期望观察到变化或者农村/非农村差异。但是，当明显采用高质量研究方法时，却没有观察到变化和差异。这些观察结果使我们对普遍接受的关于农村教育的认识产生了质疑，因此建议这方面的研究工作需要围绕农村研究问题进行概念上的完善以及更加严密的研究。
>
> (p.15)

阿诺德团队(2005)发表这一观点，似乎兜了一圈又回到了原地，对已有的关于农村教育的所有研究提出质疑。我们再来看看对质疑的回应。

豪利团队(2005)在对阿诺德关于农村教育研究的负面评价的回应中，严厉批评这篇文章既不合时宜又设计拙劣。此外，豪利团队(2005)从农村教育研究共同体基于地区研究传统的角度做出回应。他们写道：

> 阿诺德团队认为农村教育研究最有价值的部分是确定“导致学生成绩差异的因素”(p.9)。这样的观点可能可以合理指导不需要把背景作为主要关注条件的领域的研究。如果不能把重心放在农村文化和农村生活方式上，我们还不如不搞农村教育研究或者农村教育。
>
> (p.1)

豪利团队(2005)从不同的前景提出了一系列教育研究问题，以替代阿诺德团队的观点：

> 农村教育研究只需要问农村孩子接受的是什么样的教育，他们为什么接受，这个过程中谁受益谁受害，以及这个过程的机制是什么。
>
> (p.3)

最终，对于豪利团队来说，正是“批判”的概念构成了其研究论文的主体。对于作者而言，“学术意义上的批判指的是谨慎的判断，尤其是在广泛的讨论中”(p.3)。这种谨慎的判断与社会科学中对“怀疑”的深思熟虑是相关的。他们写道：“怀疑支持批判。怀疑即是直觉——一种对主张和表象的立场。批判是应对怀疑的方法的一部分。好的科学也是如此……”(p.3)。(关于批判本质的拓展讨论，详见Howley, 2009。)

在对豪利团队带有一定程度轻蔑的回应中，阿诺德(2005)表示了对于其缺乏进一步讨论积极性的失望。他认为，在对方的反驳中没有看到任何有助于“推动农村教育研究未来发展方向的内容”(p.1)。阿诺德(2005)认为，在豪利团队(2005)接受的研究结果中，确认偏见比审查全套报告更为重要。阿诺德用这种方式简洁地陈述了这一事实，即“认为农村社区和学校应当受到保护的信念不应当超越学术诚信”(2005, p.1)。

两个团队在论辩中，都尝试使讨论避开研究方法和设计的具体问题。例如，豪利团队(2005)写道：

> 最好的农村教育研究的出发点和动力乃是对农村意义的追求。对我们的问题的这一回答可能会错误地暗示一些读者质变的到来。但是，我们并没有关注整体方法或者具体问题的研究设计。
>
> (p.1)

最终，阿诺德认为豪利团队(2005)的回应是“跳鲨鱼(jumping the shark)”(参见电视剧《幸福的日子》[*Happy Days*]黄金期后明显的低迷状态)，仅仅是借此机会增加一点关注度。豪利团队(2005)质疑阿诺德团队，要求他们承认自己有不可告人的动机。豪利借阿诺德团队和美国教育部(U.S. Department of Education [USDOE])教育科学研究所(Institute for Education Sciences [IES])议题的紧密联系，暗示阿诺德团队充其量是在收费转发该机构的信息。但是，阿诺德(2005)则称，豪利团队也存在暗箱操作，并指控该团队与阿巴拉契亚数学学习、评价和教学合作中心(Appalachian Collaborative Center for Learning, Assessment and Instruction in Mathematics [ACCLAIM])之间存在密切关系。事实证明，在以科学为基础的教育研究的争论中，阴谋论并不罕见。

2012年秋天，一系列研究确定并考察了在教育研究中使用随机对照实验(randomized control trials [RCT])时可能使用的某个伎俩。问题的核心在于采用随机实验设计研究方法的教育研究者所谓的缄默。2012年12月在《教育研究者》期刊上刊发了4篇文章，尽管该刊物的这一期并非以农村教育研究为主题，但是它挑起了“科学研究”论战对农村教育研究重要性的关注。在原始文章中，斯基德莫尔(Skidmore)和汤普森(Thompson)(2012)描述了一张图的多个不同版本，该图呈现了1950到2000年间使用RCT或者可能的RCT(possible RCT [PRCT])研究设计的累积频次。该图最初出现在彼得罗西诺团队(Petrosino et al., 2000)的一篇文章当中，图中随时间推移使用RCT或者PRCT方法的教育研究的累积频次在增加。同时，教育研究使用RCT或PRCT的数量要多于其他领域(例如，犯罪学、社会政策、心理学)。但是，这张图在另一篇文章中(Cook, 2001)被修改了。被修改后的图在美国教育部IES成立的第一年，以及NCLB法案出台的第一年被其项目主任广泛用于各种讲话当中。问题是修改后的图把最底层折线的标签由犯罪学改为教育学。教育研究使用RCT/

PRCT的累积频次被错误地排在4个领域的最末位。因此，尽管教育研究者实际上做RCT/PRCT研究的频次是多于其他领域的，我们却以为教育领域做得最少。针对这个错误可以提出很多问题，但是其中有两个尤为重要。首先，IES主任在讲话中使用了错误的图，这是否损害了教育研究者的声誉？《教育研究者》2012年12月刊发的4篇文章的作者并非都同意有损声誉的观点，但是很难看出教育研究者本就脆弱的声誉（Labaree, 2005）没有受损。第二，也是本章最重要的目的，这些图的正确版本就能够准确、贴切地反映数据结果吗？鲁宾逊（Robinson, 2012）质疑用累积频次作为价值指标。他做了一个不一样的图，同样是针对RCT/PRCT研究数量，但不是绘出多年的累积频次，而是按年份每5年为一组绘出折线图。这一修改后的图显示，RCT/PRCT教育研究数量在1975年达到峰值，之后逐渐递减。原始图中的其他研究领域也存在同样的趋势。但是他提出了一个更重要的问题："既然我们没有理由相信有关这4个领域的研究数量是相同的，那么为什么要比较它们呢？"（p. 172）。累积频次不能代表教育研究者的活动，也不能代表其他领域研究者的活动。所以为什么要比较它们呢？

唯一能够影响一个领域（例如，农村科学教育）的研究是向该领域提出一系列重要问题。按照现在的研究惯例，这些重要问题必须是指向且基于以相关研究文献为基础的理论框架。但是，这个理论框架必须有一个互补的认识框架，帮助研究者提出并回答"我们如何才能得到答案？"这一问题（Oliver, 2007b）。阿诺德团队（2005）和豪利团队（2005）之间的争论告诉研究者，关于农村科学教育的研究有很多方法。但是，关于这些方法的恰当性也有同样多的质疑。不论联邦政府政策如何，在围绕"地区"构建起的理论框架基础上开展的研究是农村教育研究者广泛接受的做法。但最重要的是，研究者必须提出重要的问题，以帮助阐明农村科学教育如何能够更好地服务于学生和教师，因为他们是农村科学教育的消费者和提供者。研究方法本身无法提供所需的答案。

农村教育人口结构的变迁

全世界不论是发展中国家还是工业化国家，都有持续不断向城市移民的人群（Brown & Schafft, 2011）。尽管发达地区城市人口比例多于欠发达地区，但是联合国预测，即便是欠发达国家，"城市人口比例也将在2019年突破50%"（Brown & Schafft, 2011, p. 3）。正如这些作者指出的，农村地区人口变迁通常是由一些普遍的因素导致的。对家庭来说，最明显的就是年轻人的外迁。但是在这种对社区有巨大影响的外迁过程中往往存在某种选择因素。多米纳（Domina, 2006）的研究表明"农村地区外迁的年轻人多为受过良好教育的个体"（引述自Brown & Schafft, p. 115）。尽管农村人口会因为迁入而有所增长，但是最常见的两种迁入类型对学校的影响截然不同。退休之后迁入农村对学校学生人数不会有影响，但是可能会通过缴税、在社区消费等方式直接或间接地增加财政收入，从而增加学校经费。第二种迁入方式是国际移民，近年来这种方式在美国一些农村地区显著增加。尤其是根据人口统计数据，"生活在非都市区域的拉美裔总人数在1990年到2008年间持续稳步增长"（Brown & Schafft, 2011, p. 125）。许多拉美裔是国际移民，举家迁入农村地区，而且英语水平有限（limited English proficient [LEP]）。布朗和沙夫特还谈到，"仅1990年到2000年间，拉美裔人口在南部增加到原有的3倍，在中西部增加到2倍，这既给农村社区带来了新的机会，也带来了新的挑战”(p. 126)。此外，拉美裔家庭的迁入常常是因为当地有大量新的工作机会。这些工作通常不需要高技能，也不会有太高的薪资，然而因为这些工人到来并从事“建筑、农业生产、地毯编织和皮革制造，尤其是动物屠宰和加工”等职业，就会出现“新兴城市”现象(Brown & Schafft, 2011, p. 139)。当地人口结构因为外来人口涌入而改变，而与此同时人们以家庭为单位进行迁移的事实也对学校产生了巨大的影响。社区必须找到满足学生受教育需求的方法，因为无论哪种语言背景的学生都可能成为一个大问题。有些地方之前不太关注多元文化教育、多样性和社会公正等议题，此时这些议题变得尤为重要。作为当今时代的一个典型特征，这些议题对农村学校/小型学校在标准化测试中的整体表现的影响是巨大的。正如布朗和沙夫特(2011)所述：

> 教育成效深受家庭和社区背景(尤其是社会经济状态)影响，许多农村学校有着大量低收入学生群体，因此可能会面临一些特定挑战。学校规模较小也可能影响其测评，因为学生整体成绩水平的逐年变化可能对不受学校控制的因素的随机变化更为敏感。例如，生源结构的变化(Goetz, 2005)，伴随而来的是新生群体中包含英语学习者，他们在学业考试中可能有更高比例的表现不佳者。
>
> (p. 67)

毫无疑问，在这些农村社区中，学校及其教师和管理者的表现会在更大的层面上受到关注。正如博伊德(Boyd, 1978)在35年前所说：“如果有一个关于课程政策的命题是明确的，那么它一定是学校课程在发生重大变化的社区和社会成为了一个问题”(p. 582)。尽管在全球范围内开展农村教育研究是有持续需求的，但是在学校人口结构快速变化地区出现的问题表明，教育研究需要高度关注这些地区孩子的教育。下面我们将简要论述全美有现成基线数据的农村学校的科学状况。

美国农村学校的教育统计数据

和世界其他国家一样，美国典型的农村地区的人口规模正在缩小。随着人口数量的减少，学校以及服务于孩子教育需求的学区的数量也在减少。博伊德(1978)发现，在1950年到1978年期间，美国的学区数量从80,000多个减少到不足17,000个。到2003至2004学年，这一数字下降到14,000左右(Provasnik et al., 2007)。大约1,000万美国学生在农村学校学习，大约55%的学区有农村学校，但农村学校数量只占到学校总数的31%(Brown & Schafft, 2011)。“在农村学校就读的学生，有超过三分之一就读于学生人数不超过400人的学校，有超过90%就读于学生人数不超过800人的学校”(p. 62)。

美国农村学校在美国国家教育进展评估(National Assessment of Educational Progress [NAEP]; Provasnik et al., 2007)中的科学成绩在年级水平上非常稳定。4年级有32%的农村学生在2005年NAEP的科学测试中达到或者超过“精通”水平。加上42%的学生达到了“基准”水平，总共有74%的学生达到基准及以上水平，远远超过了城市学校学生的测试成绩。农村学生和郊区学生在这一成绩上没有统计学差异(Provasnik et al., 2007)。

将8年级农村学生的考试成绩与城市学生、郊区学生进行比较，尽管农村学生达到基准及以上水平的学生人数比例从小学的74%降到中学的63%，但整体水平同样呈现出与4年级学生一样的优势。12年级农村学生的成绩与城市学生、郊区学生相比也呈现出同样的趋势，只不过科学成绩达到基准及以上水平的农村学生人数降到了54%(Provasnik et al., 2007)。

尽管在世界上并非独一无二，但是美国过去25年的移民模式已经导致美国农村人口结构发生了变化。这些变化影响着学校以及农村地区孩子的教育。本章后面的内容谈到美国学区和其他国家科学教师的流失、满意度和招聘时，会再次讨论这个问题。在下一部分，我们尝试重点分析聚焦社会公正和多样性议题的其中一小部分研究，这些研究代表着农村科学教育研究方法的新浪潮。

学生、社会公正、农村科学

鉴定农村学校是非常复杂的，而且一些做法常常是不可复制的。使用粗略的分类法尤其有问题。这一问题正如科拉达尔奇(2007)所指出的，因为缺乏对农村学校或地区重要特征的深入描述，使得研究者无法对研究结果形成“清晰且有见地的解释”，或者无法对本研究结果和其他地方/学校的研究结果进行有意义的整合比较。这个问题来自所需要考察的特征的复杂性。但是，这是一种广泛存在的复杂性，同时也是给孩子教学的绊脚石。李(Lee)和巴克斯顿(Buxton)(2013)如此描述这一关注点：

> 通常用于给学校学生分类的不是固定的或者自然的特征，而是社会结构……所有这些身份维度——种族、民族、性别、文化、语言、特殊需求、社会地位、宗教、家庭、社群——都是复杂的、变化的、社会的和政治的，这些维度间的相互作用又进一步增加了多样性和公平问题的复杂层次。
>
> (p.1)

本章中，我们采用门萨(Mensah, 2013)的旨在社会公正和多样性的教学的定义来审视研究工作。她写道：“为了多样性和公平性而教科学，科学教师必须抱有每个孩子都有权利学习科学的信仰，坚信每个孩子都应当能够自由接触科学，有权了解科学，并且能够在科学教育中获得自我提升的机会”(p.66)。我们将审视4个不同的研究，这些研究聚焦如何在农村学校背景下落实公平性、多样化和社会公正。这些研究将分别指向学习者、教师、技术、社区和背景等因素在理解如何落实多样化、公平性和社会公正中的重要性。

第1个因素是学习者。近来发表的许多农村科学教育研究关注学生持有的、来自校外的知识。例如，劳埃德(Lloyd, 2010)发现，在与她一起参加课外俱乐部活动的一组农村学生中，每一个人都具有与学校和校外科学学习相关的知识储备。学生储备的知识的范畴从现代的电子知识跨越到传统的农耕知识。她总共界定了13种不同的知识来源，其中有一些被认为是农村特有的(例如，农耕知识和农贸市场知识)。最终，劳埃德(2010)得出结论：

> 这些知识储备可以用来提升科学教学或评价的可操作性……认识到农村学生……可能普遍具有基础的知识储备，是理解为什么标准化测试和课程不能公平地服务于全体学生的重要一步。这一认识对于标准化运动有着广泛的指导意义，能够推动教师、课程设计者和考试命题人员批判性地看待所谓的“普适性”考试或课程。
>
> (p.158)

支持那些基于现有知识储备已经有一只脚跨入科学学习殿堂的学生勇敢向前，是一种可以面向全体学生推广的走向科学的方式。

埃弗里（Avery）和卡桑（Kassam）（2011）基于格伦瓦尔德（Gruenewalde）批判教学法，采用“知其然”和“知其所以然”的对比，研究学生如何发现校外科学和工程学实例。这些研究者使用古老的实践智慧概念（即在经验中学习），倡导“农村科学教育应当围绕农村孩子的知识储备来开展”（p. 2）。在他们的研究中，埃弗里和卡桑（2011）给学生发放摄像机，指导他们寻找并拍摄“家庭和本土环境”中科学和工程学实例。所有学生都成功完成了这个任务，家庭成员是学生找到这些实例的重要信息来源。但是，参与该任务的20名学生中，只有1名学生能够将照片中的科学和工程学实例与课堂科学学习外显地关联起来。结果表明我们仍然需要教师作为学生接受教育过程中的组织者或领导者。但是，研究也同样反映了这些学生在本地背景中识别科学的能力。建立学校教育和本地背景的联系也是社区的职责之一。

正如沙夫特、阿尔特（Alter）和布里杰（Bridger）（2006）所述：“尽管学校的责任是提供教育，但现实情况是，农村学校承担着促进多元社会、文化和经济发展的角色，这些角色只有当农村经济持续变化时才能显得更加重要”（p. 3）。“提供教育”是这些社会和文化角色的核心，以尽可能地实现学生学习结果的平等。在关于宾夕法尼亚州的一个小型农村社区的研究中，沙夫特、阿尔特和布里杰（2006）发现，当地政府出资为学区引入先进的通讯和电脑设备对学校和社区都有巨大的影响。据作者描述，得到这些新设备后，“资源有限的农村地区的学生获得了前所未有的受教育机会，也带来了更广泛的社区发展成效——促进学校和社区融合以及该地区的经济发展”（Schafft et al., 2006, p. 2）。研究者给出的结果表明，引入设备使该地区所有孩子的需求得到了更大的认可，增强了这些学生的自尊心，许多社区成员感受到他们不仅仅是“乡下人”。这成为一个关乎学区内社会公正的问题，因为人们认识到“在一个资源较少的社区内，协调一致的努力才能使相关举措的益处传递到社区内更广的区域，惠及那些常常因为社会或经济原因被排除在外的人”（Schafft et al., 2006, p. 8）。

但是，学校–社区的融合在不同地区学校的实施情况可能非常不同。奥克布科拉（Okebukola）、奥沃拉比（Owolabi）和奥克布科拉（2013）研究发现，在尼日利亚，城市学校用母语给小学生教科学的落实情况不如农村学校。关于这一现象的调查研究显示，城市学校从小学1年级到3年级，用母语教科学的频次占比从62%降到27%。相反地，农村学校教师用母语教科学的频次占比从小学1年级的93.6%下降到了3年级的84.6%。对于研究者来说，这很明显是一个社会公正问题，正如他们所述：“在课堂对话或者教材文本中传递科学知识的语言是形成和掌握概念的决定性因素，因为孩子们倾向于用他们最熟悉的语言来理解事物”（Okebukola et al., 2013, p. 63）。但是实际情况由于现实原因变得复杂，农村班级通常由使用共同母语的学生组成，而城市班级则由不同背景的学生组成。在学生后期的学习生涯中，这一情况还会变得更复杂，科学将变为面向全体学生用英语教学，城市教师可能会考虑提前帮学生做好准备。母语教学改革源自“从殖民者遗留下来的教育体系，转向思考非洲价值观、语系和社会文化背景的更具变革性和文化相关性的教育”的努力（Okebukola et al., 2013, p. 62），这一改革可能会迷失在学校的实际问题当中。

关于农村科学教师的研究对理解教育过程来说也非常重要，因为教师与落实有效的文化相关的科学教学相关联。门萨（2009）研究了美国东南部一个以黑人为主的农村学区的两所高中的科学教师。她的研究表明黑人教师的数量正在减少，而学校背景是造成这一减少的主要因素。虽然黑人教师的数量在减少，但是黑人学生的数量以及其他非主流种族和民族群体的学生数量在增加。门萨（2009）利用个人和专业发展故事，报告了教师基于他们对科学的热爱和他们自身的"特定内容专长"付出努力的意义。但是从事这份工作的动机也是基于教师的信念，即"教授科学的职责、社区联系以及对学生通过联系日常生活来学习科学的希望"（p.48）。他们认为教学是一份需要高教育水平的职业，这与他们希望学生在现实世界中成为科学知识的使用者是分不开的。

最后，我们来考虑卡洛内（Carlone）、基梅尔（Kimmel）和奇达（Tschida）（2010）提出的背景和农村科学教育问题。这些学者认为，科学教育太长时间关注个体和个体是如何学习的。他们关注到"大多数科学教育文献对什么是相关背景的考虑太过狭隘"（p.448）。他们的工作旨在回答以下问题："为什么我们会有现在的科学教育？为什么改革很困难？为什么改革会在意想不到的地方通过新颖的方式和方法发生？"（p.448）。他们指出农村科学教育是一个特别需要研究的领域。他们对磁石学校（指提供额外课程以吸引其他地区学生就读的学校——译者注）地平线小学（Horizon Elementary）额外开设的数学、科学和技术课程进行研究。地平线小学以基于本地化的科学知识（农业相关科学）作为科学课程的基石。他们研究的背景是个性教育和科学教育在一个相关联的领域内运行，这作为实践网络的要素，在学校创设之前就已经存在。作者发现这所学校的课程设置是所处背景的产物且与背景密不可分。因此，科学教学不仅在物理环境上具有独特性，在文化和政治环境上也具有独特性。上述因素影响着所有学校，但是考虑到地平线小学在当地的重要性以及在公众眼中的标杆性，这些因素对地平线小学来说尤其重要。

作为系列研究，这些研究给出了农村科学教育研究之间的联系，同时也洞察了这类研究的未来。在创设教育机构的过程中，人们独立或合作找寻教育孩子的最好方式，加深对学生、教师、社区和背景如何相互作用的理解以获得更深刻的见解。

技术、全球化、STEM教育、农村地区

在过去25年里，随着技术的巨大进步和世界各国教育成果的积累，全球化现象成为世界各国人民相互联系和融合的代表。关于地球文明相互联系的一些隐喻（例如，"地球村"和"世界是平的"）被经济学家、科学家、政策制定者和教育者用来作为政策的参考，因为其涉及世界范围内教育、政治和经济格局的新视野（Friedman, 2005）。正如勒格兰（Legrain, 2002）所说："我们的生活在经济、政治和文化上，与全世界的人和地的交织越来越密切，哪怕相距千里之遥。这些联系并不总是新的，但是比以往任何时候都更为普遍"（p.4）。美国前总统奥巴马也强调：

> 在21世纪，哪里有网络哪里就可以工作，在美国达拉斯出生的孩子与新德里出生的孩子竞争，你最好的工作资历不是你做什么而是你知道什么，教育不再仅仅是通往成功的路径：它是迈向成功的先决条件。
>
> （Obama, 2009）

当然，国际一体化以及人与知识的交互，与这些领域中的科学、技术和教育是高度相关的。正如斯图尔特（Stewart, 2012）所言："未来的经济、就业和其他挑战总是不可预知的，但是良好的教育是我们帮助下一代美国人做好准备面对快速变化的世界的最好的工具"（p. 31）。在研究农村地区技术的过程中，我们调查了加拿大、澳大利亚、中国、芬兰和美国，学业成绩的国际比较表明这5个国家在科学、技术、工程和数学（STEM）教育方面取得了突出的成效。在这些国家中，由于全球化的作用，低技能工作机会在减少，而基于知识的工作机会（例如，需要在特定领域拥有高学历的工作）在增加。例如，美国就业形势已经发生了明显转变，蓝领、低技能工作机会从1969年的56%降低到1999年的39%。与此同时，专业型和技术型工作机会则从23%增加到33%（Levy & Murnane, 2004）。就业形势变化带来的影响在农村地区更加明显，因为关闭一个工业工厂会扰乱甚至可能会终结一个小镇的经济。经济的"扁平化"对农村地区的人民、学校和科学教育有何影响？全球化是否增加了农村地区专业化的机会？为了解答这些问题，我们将关注农村地区的学校科学成绩以及农村地区基于技术的STEM教育投入的发展和实施。

农村地区的学业成绩

在21世纪的前15年里，全世界范围内教育机会在显著增加。"全民教育倡议"（Education for All）就是一个例子，该倡议号召世界各国团结一致，共同实现在所有国家普及初等教育。例如，在撒哈拉以南非洲地区，从2000年到2008年，学校入学人数增加了3,300万（联合国教科文组织[UNESCO], 2010）。这期间取得的一些成就给先前在国际科学对比中得分领先的国家敲响了警钟。在此背景下，我们将探讨与农村学校教育相关的研究，特别是强调农村地区、农村科学教师和农村地区STEM教育范例的研究。

美国大学毕业率。随着越来越多的学生进入大学，研究者开始研究与学位获得相关的问题。例如，农村高中毕业生进入4年制大学的比例从2003年的35%增加到2007年的42%（Snyder & Dillow, 2010）。这些数据表明，今天的农村学生较过去拥有更多获得高等教育的机会。但是，入学机会增加并不代表学位获得数的增加。事实上，一些研究者（例如Maltzan, 2006）已经发现，上大学的农村学生学位获得率降低了。学位获得率降低的原因包括家庭经济困难、家族第一代大学生困境、学术准备不充分等。此外，研究者（Byun, Irvin, & Meece, 2012; Provasnik et al., 2007）发现相较于非农村学生，农村学生从4年制大学毕业的可能性更小。

严（Yan, 2002）发现社会经济状态（socioeconomic status [SES]）、修读科学课程的数量、初次就读院校类型是影响大学生学位获得率的主要因素。另外有研究发现，典型的农村高中的学生能够接触的课程更少，且缺少大学预科和先修课程，而这些课程是郊区和城市学生能够修读的课程。拜恩团队（Byun, 2012）利用逻辑回归模型确定了4年制大学青年的特征以及影响他们后续毕业的因素。他们利用全国教育纵向调查（National Educational Longitudinal Survey）的数据比较4年制大学中的农村学生和城市学生。拜恩团队发现，上大学的农村学生中白人比例（85%）高于城市学生（65%）。农村学生中父母任何一方毕业于4年制大学的比例（38%）低于城市学生（50%），同时，家庭年收入超过5万美金的比例（38%）少于城市学生（49%）。

这些研究表明，农村社区的内在因素确实会影响农村学生(尤其对于美国而言)能否在大学取得成功。针对美国以外国家的研究也有类似的发现。特别是在芬兰和中国，这两个国家是不考虑社会文化背景面向全体学生扩大教育机会的典范。下文着重论述了芬兰、中国和加拿大扩大学生受教育机会的实践。

芬兰：教育公平的典范。斯图尔特(2012)认为，学校教育是芬兰从落后、贫穷、以木材和农业为基础的经济体转变为基于现代技术的经济体的关键。1970年，芬兰只有40%的学生从高中毕业，而在21世纪第一个10年结束时，芬兰已经跻身世界一流教育系统，在2009年的国际学生评估项目(Programme for International Student Assessment [PISA])中，科学排名第2，数学排名第5，阅读排名第3。这种激动人心的转变得益于各种各样的改革，尤其是在3个方面的重大改革。20世纪60年代，芬兰为所有学生(1至9年级)设立公立学校，所有学生都学习新设计的课程，该课程的突出特点是严谨和全面覆盖(Sahlberg, 2010)。第二，芬兰把教师职前教育转移到大学，训练教师区分教学方式、发展教学内容知识、诊断学生学习困难。这一变化使得教学在芬兰成为一个备受推崇的职业(Sahlberg, 2010)。值得注意的是，虽然没有全国性的考试，但芬兰的教育公平却得到了很好的实践：芬兰学生参与国际测试，例如PISA和国际数学与科学教育成就趋势研究(Trends in International Mathematics and Science Study [TIMSS])时，群体内部得分差异小于5%。学者认为，推动芬兰学校积极变革的因素是其无与伦比的师资队伍。芬兰的教育模式由于没有标准化考试而与其他国家大不相同。芬兰是不依赖于课程标准化或庞大的责任制而公平扩大受教育机会的典范。

中国：渠道和技术的典范。1986年，中国颁布了《义务教育法》，要求每个孩子都要接受9年基础教育。这一举措带来的相关变化是，中国高等教育入学人数预计将从2000年的800万增长到2015年的4,500万(Yang, 2008)。这段时间教育迅速发展，城乡教育出现了巨大的差距。此外，农村地区在特定学科领域无法招聘到专业教师，例如，英语和STEM学科。农村教师的招聘困难与教师工作和生活条件欠佳、教师工作负担过重、交通不便、专业学习受限和薪资相较城市教师更低等因素关系最为密切(McQuaide, 2009)。

在努力普及农村教育的过程中，中国政府从2003年开始实施农村中小学教师远程教育工程(Distance Education Project for Rural Schools [DEPRS])。DEPRS为37,500所农村初中提供了电脑、高速网络、卫星电视、DVD机和DVD光盘。除媒体工具外，中国中央电视台还播放各种教育节目，教育部也提供网络教育项目并辅以教师培训材料。地方教育部门则提供使用各项学习工具的相关指南(McQuaide, 2009)。

2007年，有研究者报告称，超过1亿的农村学生正在使用新教材。中国大学开展了两项评价来考察DEPRS对学生学习的影响。结果表明，通过这一重大举措，农村教育得到了改善，教师缺口缩窄，学生获得各种课程的机会有所增加(McQuaide, 2009)。

加拿大：课程融合，构建专业、满意的师资队伍的典范。加拿大公共教育系统的特点是，在分权体制下设有小学、初中和高中。具体来说，教育由10个省和3个辖区监管，没有联邦政府参与。在国际比较当中，加拿大的数学、科学和阅读一直处于前10名。艾伯塔省是一个以高贫困率和高英语学习者（ELL）人数为特征的农村大省，在2006年PISA测试中，该省成绩仅次于芬兰。艾伯塔省教育厅长戴维·汉考克（David Hancock）领导了教育核心的转型，将重点转向高层次思考，即关注学生在STEM科目中运用数据分析和解决问题（Jahnukainen, 2011）。艾伯塔省的教师充分参与改革设计，重新构建了K—12课程和每个科目的评价。然后，教师被赋予了在课堂上实施他们认为合适的课程的自主权。艾伯塔人把他们的成绩归功于师资队伍的建设，艾伯塔教师的薪资明显高于美国教师，艾伯塔教师拥有更大的自主权来制订自己的专业目标，并通过行动研究来评价其效果。

总的来说，这些国家采取了一系列成功策略，改善了整个国家尤其是农村地区学生的受教育机会。当美国通过实施更加标准化的课程和评价改革来寻求成功时，其他国家，尤其是芬兰和加拿大，则寻求在最低标准化的情况下提升教育成功和公平。这些国家共同关注的一个主题是，教师及与教学相关的职位所扮演的重要角色。在本章的后续部分，我们将回到这一主题，探讨农村地区留用科学教师的相关研究（尤其是在美国）。本章接下来将探讨特定农村地区实施基于技术的教与学的情况。

农村地区的远程教育

在农村学校及其他农村教育场所（例如，图书馆等），技术正在改变获取教育的渠道。研究者发现，虽然通过宽带互联网和手机学习仍然存在很大的地区差异（Avery, 2013），但是使用技术来获取知识和其他资源持续受到重视。虽然技术渠道在2014年还不算普及，但普及化的这一天似乎已经很近了。

世界各国为了拓展受教育机会，扩大了远程学习的使用。在工业化国家和发展中国家都是这样。例如，印度尼西亚、尼日利亚、印度、坦桑尼亚和津巴布韦在这一方面的工作就很突出，这些国家利用远程教育来招聘教师和培训那些选择（或被选择）成为教师的人。另外一些国家利用远程教育为在职教师提供专业学习机会（McQuaide, 2009）。

在21世纪的头几年里，在线教育呈指数增长，2005年到2006年期间有超过700,000美国K—12学生使用虚拟学校（Picciano & Seaman, 2009）。在线远程教育（online distance education [ODE]）倡导者断言，有效使用虚拟学校平台能够通过提供个性化的、以学习者为中心的干预措施来改善学生的受教育体验，有助于学生成为富有生产力的21世纪劳动者。农村地区教育工作者把ODE视作一种能够为学生提供更多课程选择机会的渠道。例如，加拿大小型农村学校的学生由于课程机会不足和兴趣缺乏，不太可能修读预科课程（Barbour & Mulcahy, 2006）。霍奇斯（Hodges, 2010）发现，在他们研究的四个农村学区中，学生修读高水平STEM课程的机会比其他所有核心科目都更有限。具体来说，只有四分之一的农村学校提供STEM领域中的至少一门预科课程。为了消除这种不平等现象，多所农村学校实施各种ODE以增加学生修读课程的渠道。在农村地区，ODE面临特殊的困难，因为农村学生习惯于教师亲自参与的教育活动（Irvin et al., 2009）。

在澳大利亚，研究者们（Lyons, Cooksey, Panizzon, Parnell, & Pegg, 2006）发现，在农村学校实施ODE比在城市和郊区学校困难，因为农村的上网条件、资源、专业培训和技术支持都有限。泰特勒（Tytler）、赛明顿（Symington）、达比（Darby）、马尔科姆（Malcolm）和柯克伍德

(Kirkwood)(2011)认为农村学校的规模和隔离程度是影响高质量专业学习的因素。但是，他们也发现，规模相对较小的学校有利于在教师之间创建学习社群。

总的来说，这些例子突显了在不同国家使用ODE所面临的困难。学校教职员工的技术能力、学生学习机会的公平性以及地处偏远地区，这些都是技术能够在一定程度上解决的问题。

远程教育的另一个用途是大学和学区之间的共建和合作。2002年，美国国家科学基金会(National Science Foundation [NSF])发起了数学和科学合作计划，旨在将高等院校和K—12学校的发展工作联系起来。下面我们重点介绍的3个例子都成功影响了农村地区的科学教学。在每个案例中，合作促进了专业学习社区(professional learning community [PLC])的形成。

1. 北喀斯喀特和奥林匹克科学合作项目(North Cascades and Olympic Science Partnership [NCOSP])

西华盛顿大学和26个农村学区的这一合作项目最初的目标是通过课程改革和社区参与来促进STEM教育。关于华盛顿州西北部一所农村学校的个案研究就是一个典型例子，来自学校K—5各个年级的教师代表利用在校的休息时间设计了STEM教学干预。该学校实施全选项科学系统(Full Option Science System [FOSS])工具包，要求所有教师每年至少选用一项FOSS工具。PLC考虑到教师的需求，结合科学教材开发了有意义的学生测评。PLC随后开展了一个以学生作品为特色的科学展，促进了整个地区的小型农村学校社群参与。3年时间里，这所学校的学生在州科学考试中的成绩提升了19.7%(Hamos et al., 2009)。

2. 基于计算科学的化学素养研究所(Institute for Chemistry Literacy Through Computational Science [ICLCS])

伊利诺伊大学香槟分校与伊利诺伊州118个农村学区的这一合作项目，旨在培养化学教师带头人推动学生学业进步。关于这个合作的某个案研究描述了一项名为虚拟专业学习社区(Virtual Professional Learning Community [VPLC])的创新计划，该计划旨在帮助伊利诺伊州的农村高中化学教师。参与VPLC的100名教师中有24名是其所在学校唯一的科学教师。该计划利用Moodle平台使伊利诺伊大学的教师和参与的农村教师搭档合作。在实施计划的23个月中，技术平台统计有超过44,000次登录和16,000次发表言论。该计划采用随机对照研究设计，发现参与VPLC的教师所教的学生在某次标准化考试中的成绩提升了45%(Hamos et al., 2009)。

3. 垂直分组：专业学习——最小化地域隔离的影响

提升农村学校科学教学的另一种干预策略是教师和其他学区参与者的垂直分组。吉尔默(Gilmer, 2010)把一些州(俄克拉何马州、南达科他州、科罗拉多州)界定为实施垂直分组的农村地区。吉尔默认为："垂直分组为科学教师提供了与其他学区教师交流、共享观点、学习本土资源、体会与科学学科和教育共同体联系的更好的机会"(p. 2)。吉尔默(2010)在佛罗里达州农村3—12年级检验了这一假设。吉尔默创建了29个垂直分组，每个小组都包含若干职前教师、一名小学教师、一名初中教师、一名高中教师和一名科学家。研究结果表明，学校课程规划得到了改善，教师对个别学科内容的理解有所提升。由于对科学探究的理解有所提升，教师过程技能在课堂上的融入程度也有所提高。这些地区农村学生开展环境研究的数量也有所增加（Gilmer, 2010）。

小结

总体而言，在这些研究中，专业学习和远程内容传递的执行方法在不同农村学区有很大的差异。在传统的面对面专业学习中，教师和/或专业发展的培训者常常必须跨越很长的距离才能合作。以同样的方式，通过技术渠道为学生提供过去无法修读的课程似乎很有吸引力，但是其影响还没有被广泛测试。

在其他背景下，这些基于技术的合作发挥着不同的作用，增强了合作关系，“使地球扁平化”。随着以网络为基础的特许学校和大学持续转向在线教学，在农村地区实施这些教科学的方法值得深入研究，以便更好地理解技术在新教育环境中的应用。我们必须深入理解基于技术的成功案例中的实施细节。我们必须认识到，因为拥有空前的技术渠道，农村学校的科学教学将发生不可预测的转变。我们认识到这是一个警示，这让我们回想起20世纪60到70年代用电影和电视取代教师的潮流（Rudolph, 2002）。在许多早期的做法中，出现在屏幕上的一名教师试图取代大量在实际课堂上与孩子面对面教学的教师。但是，今天和不久的将来，计算机技术确实有希望用无限的在线图书馆资源取代许多小型学校的图书馆，这些在线图书馆能够提供的资源与最大的大学没有差别。教材向虚拟形式转变，可以通过平板电脑访问，也可以提供动态演示或者让学生来构建动态演示。我们必须持续研究这些技术将如何影响学生学习以及教师专业发展。当我们研究农村学校科学教师的招聘和留任时，我们还必须考虑技术在塑造学生的学习经历时如何影响教师的流动性。

通过教师招聘、留用和减员来应对公平问题

许多研究（Dobbie, 2011; MetLife Foundation Issue Brief, 2008）发现，师资质量是影响学生成绩最重要的因素。我们必须考虑如何吸引和留住高素质教师，为农村学校的科学课堂服务。如果没有好老师，再深思熟虑的政策干预和创新课程也无法发挥作用。在这个全球化的时代，各国致力于开发以创新为导向、科学和技术为驱动的经济系统，教师类型及其所需的相关技能与20年前相比有很大的不同（Stewart, 2012）。来自澳大利亚（Plunkett & Dyson, 2011）、中国（Asia Society, 2010）、加拿大和美国（Ingersoll & Perda, 2010）的研究者发现，全世界的农村地区都没有足够的科学教师。我们认识到，为任何一所学校配备高素质的科学教师所面临的挑战都是多方面的。因此，我们将在应对那些长期以来就存在的问题的同时，全面研究人员配备问题，即，“农村环境对教师招聘、留任、减员和流动有何影响？”一些教育研究者已经尝试研究教师的招聘、减员、留任和流动（Ingersoll & Perda, 2009），另一些则关注与教师流失有关的各种个人和环境因素（Boe, Cook, & Sunderland, 2008; Horng, 2009; Liu, 2009）。

21世纪以来，教育研究已经转向了国际对话（Paine & Zeichner, 2012; UNESCO Institute for Statistics, 2006），全世界都在关注教师素质的重要性、公平的受教育机会和学生学业成绩测评等问题。因此，基于这个责任制和全球化时代强大的经济和社会力量，本综述聚焦师资配置。

教师招聘：国际视角下成功的教师招聘策略

面向21世纪就业的STEM人才的培养和招聘

受到全球用人单位、政策制定者和学者的广泛关注。强化每一项招聘策略就是在创造专业环境，在这个环境中，教师得到训练和支持以满足特定国家特定背景的需求。卡洛内团队（2010）利用尼斯博（Nespor）“实践网络”来探查学校环境中发生的事情。卡洛内团队认为：“在全球化背景中探讨科学教育意味着我们必须解析剥离教室的墙壁，将教室视作尼斯博（1997）所谓的‘实践网络中的一个节点’，‘网络延展成起止皆在教室之外的复杂系统’”（p.448）。我们将在全球化背景中探讨这些农村范例。

农村地区招聘策略

纵观全球，与规模更大、资源更丰富的学校相比，农村环境由于位置偏远、薪资较低和学生人数较少等因素常常影响着STEM教师的工作条件。财政激励、本地教师培养、替代性认证途径已经成为农村招聘STEM教师的主要策略。

财政激励。在全球范围内，一些有着大量农村人口的国家为愿意去农村地区任教的教师提供财政激励（McGaw, 2010）。美国、英国、肯尼亚和中国都采用这一策略为农村学校和其他困难地区招聘高素质教师。中国政府为解决农村师资配置不均衡问题而实施的免费师范生（Free Teacher Education [FTE]）政策已经为这类项目的有效性提供了有力证据。FTE项目为中国6所高水平师范大学的学生提供资金奖励。作为交换，学生承诺毕业后回乡任教10年。FTE为参与该项目的所有学生提供学费免除、免费住宿和每月津贴（Wang & Gao, 2013）。周（Zhou, 2010，引述自 Wang & Gao, 2013）调查了1,800名FTE学生的职业规划意向，发现超过80%的学生打算违约。类似地，该项目中78%的准教师因为薪资、专业发展机会和地理位置等因素，期望在高水平城市的学校工作而非农村学校。王（Wang）和高（Gao）（2013）对19名学生进行深入访谈，突显出农村地区教育财政分配的不均衡以及其他职业障碍。该项目培养的教师认为，分配到农村地区是“浪费人才”，“任何人都可以在那儿教学”（p.70）。这些作者强调，招聘计划需要包含对公平的承诺，还需要明确社会公正机制，作为号召教师到农村教学的保障。总的来说，学生选择FTE项目是因为能够就读顶级师范大学，而不是因为经济资助。中国的这一情况值得其他国家和地区参考借鉴。

培养本地教师。为了招聘教师回乡（或者与家乡类似的环境）任教，上述方案还有另一种形式。该形式由社区或学区当地，而非区域或国家主导。社区或学区有意鼓励本地人进入教师行业的项目，即所谓“本地培养”项目。

为了减少教师短缺在当地造成的影响，许多农村学区开始创设某种形式的本地培养项目，许多学者都探讨过这一概念（Collins, 1999; Darling-Hammond, 2003; Monk, 2007）。古德帕斯特（Goodpaster）、阿德多康（Adedokun）和韦弗（Weaver）（2012）研究了6名农村STEM教师的生活经历。每一位教师都认为他们在社区内已建立的密切人际关系是一把“双刃剑”，在不同的场合下会对教师工作有所助益，也会带来挑战。霍奇斯（2010）在他的研究中详细阐述了这些益处和挑战，其关于本地教师的研究结果也可谓喜忧参半。在该研究涉及的某所学校，2名本地科学教师的到来与高中毕业考试成绩的提升相关，3年时间里学生的及格率从低于50%增长到超过90%（Hodges, Oliver, & Tippins, 2013）。但是，在一个毗邻的村庄，一名本地STEM教师被校长描述为"无论成绩如何，都不可能被开除"，因为他在当地生活的50年里建立了强大的关系网。主管形容他只愿意维持现状："他在这样的学校中长大，也就不愿意更上一层楼"（Hodges, 2010）。赖宁格（Reininger, 2012）通过分析美国国家教育纵向研究（National Education Longitudinal Study [NELS]）的数据发现，不同学校的教师待遇并不公平，于是研究中她量化了这种紧张关系。其研究表明，相较于其他大学毕业生，师范生更有可能回到家乡生活。此外，NELS数据分析发现，招聘困难的学校通常是不太好的学校。因此，在制定本地教师政策时需要慎重，以避免不公平现象长期存在。

农村地区科学教师的流失

教师流失也是农村和小型学校人员配置中的一个重要问题。研究结果表明，科学教师和特殊教育教师的流失率远高于其他教育领域（Borman & Dowling, 2008; Guarino, Santibanez, & Daley, 2006）。根据美国国家科学基金会于2008年经济衰退前依照政府绩效与成果法案（Government Performance and Result Act [GPRA]）制定的战略规划，劳动力市场对受过专业训练的科学家的需求持续地急剧增长，而获得科学领域学位的人数却在持续减少。斯特伦克（Strunk）和鲁宾逊（2006）认为，这些统计数据表明有必要增加科学教师的薪资。类似地，亨克（Henke）、扎恩（Zahn）和卡罗尔（Carroll）（2001）发现，与教育学专业毕业的新手教师相比，STEM专业毕业的新手教师在3年后仍然从教的可能性较小。

英格索尔（Ingersoll）和佩尔达（Perda）（2009）对1999—2000学年美国K—12阶段科学教师的数据进行分析，任教的科学教师人数大约为223,000人。其中，超过35,000人是当年入职的，入职教师中大部分（53%）是从别的学校转到当前学校的。但是，还有32%的教师并无教学经验，另有15%的教师是离开教师岗位一段时间以后又回到学校任教的。在没有教学经验的教师中，超过6,200人刚刚从有资质颁发科学教师资格证的大学毕业，另有4,900余人毕业一段时间后从教，虽然有资格证但没有教学经历。英格索尔和佩尔达的分析表明，全国各地报告的教师短缺情况有很大的差异。研究表明，14%的学校认为招聘物理教师有困难，13%的学校认为招聘生物教师有困难。尽管其他学科领域也面临教师数量不足的挑战，但这些领域不至于在填补教师离职造成的职位空缺时遇到困难。在1988年到2004年间开展的5轮学校和人员配置调查（School and Staffing Survey [SASS]）以及教师跟踪调查（Teacher Follow-up Survey [TFS]）中，科学各学科教师退休人数只占到整体流失人数的12%到14%。然而，因为改行和对职业不满而流失的科学教师则占到了25%以上（Ingersoll & Perda, 2009）。英格索尔和佩尔达总结了SASS数据，认为具有资格证的科学教师数量众多，但是没有足够的人愿意从教。近年来这一情况又发生了变化，因为学校预算削减以及班级人数增加导致美国许多地区对于科学教师的需求出现下降。

分析SASS数据可知，农村高中学生人数更少，相应地教师人数平均比非农村地区少50%。一所农村学校的科学教师人数有限，每名教师教授非本专业科学课程或者做多个领域工作的可能性就增加了。例如，霍奇斯及其同事（2013）在对10名农村STEM教师进行深入的定性研究之后发现，每位教师都需要准备跨年级的多学科教学，有些教师甚至每天每节课都是不同的科目。如此的工作量要求肯定与教师的流失相关，因为这会造成教师对职业不满（Goodpaster et al., 2012）。

对澳大利亚科学教师流失的深入研究反映出相似的职业不满问题。莱昂斯（Lyons）及其同事（2006）开展了一项全国性的大规模调研，使用多样化的分析手段探讨全国教师流失情况。他们发现，农村科学教师每年流失率显著高于其他地区的教师。此外，他们还发现在所有学科中，填补农村学校科学教师岗位空缺的难度显著高于城市学校。农村科学教师强调的3个主要矛盾都与对教学负担以及专业发展机会的不满有关。在澳大利亚，农村科学教师被要求教授不熟悉的学科的概率是城市教师的2倍，偏远地区的教师甚至达3倍。此外，农村和偏远地区科学教师专业发展机会也远少于城市教师。具体来说，面向特定学生群体（例如，天才学生、本地学生和有特殊需求的学生）时，澳大利亚农村科学教师亟须教学帮助。相反的，就职于城市学校的教师对调查中涉及的专业发展和资源的条目（例如，实验室消耗品）的不满意程度较低。

创建小型农村学区和高等教育机构之间的联系也是一种解决科学教师招聘难题的方式。美国政府问责办公室（Government Accountability Office [GAO], 2004）调查了农村和非农村学校负责人，发现相较于大型学区，小型农村学区很少与高等教育机构合作，而这种合作可以将教师教育与教师在当地的具体工作联系起来。

纵观有关科学教师流失问题的研究主体，由于学校管理者面临着科学教师招聘难题，农村地区的招聘和流失问题会产生复杂的影响。其总体影响大于每个部分的影响之和。随着世界各国采用新的、力求全面的教师职业发展模型来解决教师招聘和流失问题，我们须在更大的公平教育框架内找到平衡每一所农村学校独特性的方法。

结论和启示

展望未来，最大的隐忧似乎是，未来某个版本的通用课程标准以及随之而来的高利害的标准化考试会让教师通过结合学生生活背景和环境来支持学生学习科学内容的能力彻底消失。布朗和沙夫特（2011）这样解释上述情况：

> 尽管农村学校在传统上与社区有着密切的联系，而且对地方文化和地方需求也比较敏感，但是强调标准化考试可能会使得教育的重点缩小到仅仅是满足考试需求。随着考试成绩变为教育成果更为具体化的替代物，以及在国家考试中越来越强调的责任制，会出现农村教育与学生的需求和意愿、家庭和所居住社区脱钩的风险。
>
> （p.67）

正如劳埃德（2010）和前面引用的其他研究者所言，我们必须摈弃对学龄儿童科学教育一刀切的观念。建立以公平和社会公正为核心的学校便有赖于这一认识。

农村学校实施标准化教育已经不是什么新兴事物了。1938年，斯莱克斯（Slacks）发现，美国大多数州都有为农村学校准备的课程，这些课程的一个重要目的就是“树立工作的标准”（p.160）。斯莱克斯还发现，1938年美国有将近153,000所学校只有一名教师，而他的关注点主要就是那些农村或小型学校。斯莱克斯所处时代与当今的一个很大的不同之处在于，当时的相关考试，以及学生成绩和教师有效教学之间所表现出的关联，并不是农村学校办学标准的一部分。1938年，博伊德（1978）所说的“备受尊崇的本地控制教育原则”（p.579）

在美国农村地区依然根深蒂固。在世界范围内，美国的学校管理体制是例外，而不是规范。许多(可能是大多数)其他国家的教育体制是中央统一管理式的，教育部掌管着所有学校。与这种监管方式相对应的是，全国所有学校使用同样的课程和评价。美国的教育是继续与这一国际规范保持一致，还是回到传统规范，仍有待思考。

与上文统一课程运动并行发生的，是在研究方法论领域开展的类似的运动。当然，后者的影响范围相对更为有限。这些运动最大的共同点是联邦资助机构的影响。对于前者，其干预是通过有关标准和课程的立法来实现的，因此对所有公立学校的教师和学生都有影响。对于后者，政府基金在提供资助时会给出限制，获得资助的相关研究人员和开发人员需要使用特定的研究设计方法。尽管施奈德(Schneider)曾指出，“在我看来，教育研究界的一个共识是，高质量研究可以使用多种方法”(Moss et al., 2009, p. 507)，但这种兼容并包的观点似乎与一些著名的农村教育研究者早些时候提出的观点大相径庭。“什么才能算作高质量的农村教育研究？”不是只有一种答案，也不能简单地用“社区的利益相关者认同多样化方法的恰当性”的说法含混过去。这些在课程标准和方法论上并行存在的问题对于农村学校和尝试就农村学校内的活动给出解释的研究人员来说，重要性不言而喻。

最后，我们回到计算机和移动电话技术，以及它们在改变农村孩子科学教育方面所具有的能量上。毫无疑问，2007版《手册》提出的问题如今依然很重要。但是，此刻大多数农村学校仍然有图书馆、教材和围墙，教室也是坐落在当地大大小小的建筑物中的常规教室。知识带来的疏离将会减小，但是地理位置造成的疏离依旧存在。知识源的扩大将改变人们心目中对农村地区的看法，但正如卡泰丽娜·费克所说，新技术的便捷性将是它们变革力量的标志(Madrigal, 2013)。或许，新的移动技术将以下一代智能手机和其他未知设备的形式来到我们身边，而正是这些新技术的使用，使得我们又一次能够在农村本地的背景下学习科学。或许，正是这些设备使得农村科学教师及其学生能够把教和学，与当地可识别的重要现象、事件和环境联系在一起。希望未来的政策制定者在教育专家的启发下，能够让教师在开展学校教育的过程中，通过适应教学的技术和评价，以及认识到融入地域背景的学习的重要性，使所有孩子的潜力都能被公平地对待。

致谢

感谢利安娜·埃弗里(Leanne Avery)和德布拉·帕尼宗(Debra Panizzon)对本章初稿的审阅和评议。

参考文献

Arnold, M.L. (2005). Jump the shark: A rejoinder to Howley, Theobald, and Howley. *Journal of Research in Rural Education, 20* (20), 1–2.

Arnold, M.L., Newman, J.H., Gaddy, B.B., & Dean, C.B. (2005). A look at the condition of rural education research: Setting a difference for future research. *Journal of Research in Rural Education, 20* (6). Retrieved from http://jrre.psu.edu/articles/20-6.pdf

Asia Society. (2010). *Meeting the challenge: Preparing Chinese language teachers for American schools.* New York: Author.

Avery, L.M. (2013). Rural science education: Valuing local knowledge. *Theory Into Practice, 52* (1), 28–35.

Avery, L.M., & Kassam, K.-A. (2011). *Phronesis:* Children's local rural knowledge of science and engineering. *Journal of Research in Rural Education, 26*(2), 1-18. Retrieved from http://jrre.psu.edu/articles/26-2.pdf

Barbour, M., & Mulcahy, D. (2006). An inquiry into retention and achievement differences in campus based and web based AP courses. *Rural Educator, 27,* 8-12.

Boe, E., Cook, L., & Sunderland, R. (2008). Teacher turnover: Examining exit attrition, teaching area transfer, and school migration. *Exceptional Children, 75* (1), 7-31.

Borman, G., & Dowling, M. (2008). Teacher attrition and retention: A meta-analytic and narrative review of the research. *Review of Educational Research, 78*, 367-409.

Boyd, W.L. (1978). The changing politics of American curriculum policy making. *Review of Educational Research, 48* (4), 577-628.

Brown, D.L., & Schafft, K.A. (2011). *Rural people and communities in the 21st century: Resilience and transformation.* Cambridge, UK: Polity Press.

Byun, S.Y., Irvin, M.J., & Meece, J.L. (2012). Predictors of bachelor's degree completion among rural students at four-year institutions. *Review of Higher Education, 35* (3), 463-484.

Carlone, H.B., Kimmel, S., & Tschida, C. (2010). A rural math, science, and technology elementary school tangled up in global networks of practice. *Cultural Studies in Science Education, 5*, 447-476.

Coladarci, T. (2007, May 24). Improving the yield of rural education research: An editor's swan song. *Journal of Research in Rural Education, 22*(3). Retrieved from http://jrre.psu.edu/articles/22-3.pdf

Collins, T. (1999). *Attracting and retaining teachers in rural areas* (ED438152). Charleston, WV: Eric Clearinghouse on Rural Education and Small Schools. (ERIC Document Reproduction Service No.ED438152).

Comstock, A.B. (1939). *Handbook of nature study.* Ithaca, NY: Cornell University Press.

Cook, T.D. (2001). Sciencephobia: Why education researchers reject randomized experiments. *Education Next, 1*, 62-68.

Darling-Hammond, L. (2003). Keeping good teachers: Why it matters, what leaders can do? *Educational Leadership, 60* (8), 6-13.

Dobbie, W. (2011, July). *Teacher characteristics and student achievement: Evidence from Teach for America.* Harvard University. Retrieved from http://blogs.edweek.org/edweek/teacherbeat/teachercharacteristicsjuly2011.pdf

Domina, T. (2006). What clean break? Education and nonmetropolitan migration patterns, 1984-2004. *Rural Sociology, 71* (3), 373-398.

Feuer, M.J., Towne, L., & Shavelson, R.J. (2002). Scientific culture and educational research. *Educational Researcher, 31* (8), 4-14.

Friedman, T.L. (2005). *The world is flat: A brief history of the twenty-first century.* New York: Farrar, Strauss, and Giroux.

GAO (U.S. Government Accountability Office). (2004, September). *No Child Left Behind Act: Additional assistance and research on effective strategies would help small rural districts.* GAO-04-909. Retrieved from www.gao.gov/assets/250/244228.pdf

Gilmer, P.J. (2010). Vertical teaming: K-12 teachers engaged in scientific research in rural settings. *Rural Educator, 31* (3), 1-6.

Goodpaster, K.P. S., Adedokun, O.A., & Weaver, G.C. (2012). Teachers' perceptions of rural STEM teaching: Implications for rural teacher retention. *Rural Educator, 33* (3), 9-22.

Guarino, C.M., Santibanez, L., & Daley, G.A. (2006).Teacher recruitment and retention: A review of the recent empirical literature. *Review of Educational Research, 76*, 173-208.

Hamos, J., Bergin, K., Maki, D., Perez, L., Prival, J., Rainey, D., Rowell, G., & VanderPutten, E. (2009). Opening the classroom door: Professional learning communities in the math and science partnership program. *Science Educator, 18* (2), 14-25.

Henderson, S.A., & Royster, W.C. (2000, March 14). The Appalachian rural systemic initiative: Improving science and mathematics student achievement in economically disadvantaged rural counties in central Appalachia through a school-based teacher partner approach. *Education Policy Analysis Archives, 8*(17). Retrieved from http://epaa.asu.edu/ojs/article/view/408/531

Henke, R., Zahn, L., & Carroll, C. (2001). *Attrition of new teachers among recent college graduates: Comparing occupational stability among 1992-1993 college graduates who taught and those who worked in other occupations.* Washington, DC: National Center for Education

Statistics.

Hodges, G.W. (2010). *The intersection of science teacher retention, attrition, and migration with accountability reform in rural Georgia.* Dissertation from the University of Georgia .

Hodges, G.W., Oliver, J.S., & Tippins, D. (2013). A study of highly qualified science teachers' career trajectory in the deep, rural South: Examining a link between deprofessionalization and teacher dissatisfaction. *School Science and Mathematics, 113* (6), 263 – 274.

Hoggart, K. (1990). Let's do away with rural. *Journal of Rural Studies, 6* (3), 245 – 257.

Horng, E. (2009). Teacher tradeoffs: Disentangling teachers' preferences for working conditions and student demographics. *American Educational Research Journal, 46* (3), 690 – 717.

Howley, C. (2009). Critique and fiction: Doing science right in rural education research. *Journal of Research in Rural Education, 24* (15). Retrieved from http://jrre.psu.edu/articles/ 24 - 15 .pdf

Howley, C.B., Theobald, P., & Howley, A. (2005). What rural education research is of most worth? A reply to Arnold, Newman, Gaddy, and Dean. *Journal of Research in Rural Education, 20* (18), 1 – 6.

Ingersoll, R., & Perda, D. (2010). Is the supply of mathematics and science teachers sufficient? *American Education Research Journal, 47* (3), 563 – 594.

Ingersoll, R.M., & Perda, D. (2009, March). The mathematics and science teacher shortage: Fact and myth. CPRE Research Report #RR- 62.

Irvin, M., Hannum, W., Farmer, T., de la Varre, C., & Keane, J. (2009). Supporting online learning for advanced placement students in small rural schools: Conceptual foundations and intervention components of the facilitator preparation program. *The Rural Educator, 31* (1), 29 – 36.

Jahnukainen, M. (2011). Different strategies, different outcome? The history and trends of the inclusive and special education in Alberta (Canada) and in Finland. *Scandinavian Journal of Educational Research, 55* (5), 489 – 502.

Keppel, A.M. (1962). The myth of agrarianism in rural educational reform, 1890 – 1914. *History of Education Quarterly, 2* (2), 100 – 112.

Labaree, D.F. (2005). Progressivism, schools and schools of education: An American romance . *Paedagogica Historica, 41* (1 & 2), 275 – 288.

Lee, O., & Buxton, C.A. (2013). This issue. *Theory Into Practice, 52* (1), 1 – 5.

Legrain, P. (2002). [Book review] Open world, the truth about globalization. *Economist, 365*, 79.

Levy, F., & Murnane, R.J. (2004). *The new division of labor: How computers are creating the next job market.* Princeton, NJ: Princeton University Press.

Liu, L. (2009). Effective management of quality distance training: Case study of the summer training project held by China Ministry of Education. *China Educational Technology, 268* (5), 55 – 58.

Lloyd, E.M. (2010). *Eliciting and utilizing rural students' funds of knowledge in the service of science learning: An action research study.* Unpublished dissertation, University of Rochester, Rochester, NY.

Lyons, T., Cooksey, R., Panizzon, D., Parnell, A., & Pegg, J. (2006). *Science, ICT and mathematics education in rural and regional Australia: The SiMERR National Survey.* Canberra: Department of Education, Science and Training. Retrieved from www.une.edu.au/simerr/pages/resources_publications.php

Madrigal, A. (2013, March). Look smarter. *The Atlantic.*

Maltzan, T.L. (2006). *Rurality and higher education: Implications for identity and persistence.* Doctoral dissertation, the Ohio State University.

McGaw, B. (2010). President's report: Transforming school education. *Dialogue, 29* (1).

McQuaide, S. (2009). Making education equitable in rural China through distance learning. *International Review of Research in Open and Distance Learning, 10* (1). Retrieved from www.irrodl.org/index.php/ irrodl/article/view/ 590 / 1177

Mensah, F.M. (2009). A portrait of Black teachers in science classrooms. *The Negro Educational Review, 60* (1 – 4), 39 – 51.

Mensah, F.M. (2013). Theoretically and practically speaking, what is needed in diversity and equity in science teaching and learning? *Theory Into Practice, 72*, 66 – 72.

MetLife Foundation Issue Brief. (2008). *What keeps teachers in the classroom? Understanding and reducing teacher turnover.* Retrieved from http://all 4 ed.org/reportsfactsheets/what-keeps-good-teachers-in-the-classroom-understanding-and-reducing-teacher-turnover/

Monk, D. (2007). Recruiting and retaining high-quality teachers in rural areas. *The Rural Educator, 17* (1), 155–174.

Moss, P.A., Phillips, D.C., Erickson, F.D., Floden, R.E., Lather, P.A., & Schneider, B.L. (2009). Learning from our differences: A dialogue across perspectives on quality in educational research. *Educational Researcher, 38* (7), 501–517.

Nespor, J. (1997). *Tangled up in schools: Politics, space, bodies, and signs in the educational process.* Mahwah, NJ: Lawrence Erlbaum.

Obama, B. (2009, March 10). President Obama's remarks to the Hispanic Chamber of Commerce.

Okebukola, P.A., Owolabi, O., & Okebukola, F.O. (2013). Mother tongue as default language of instruction in lower primary science classes: Tension between policy prescription and practice in Nigeria. *Journal of Research in Science Teaching, 50* (1), 62–81.

Oliver, J.S. (2007a). Rural science education. In S.K. Abell & N.G. Lederman (Eds.), *Handbook on Research on Science Education* (pp. 345–369). Mahwah, NJ: Lawrence Erlbaum.

Oliver, J.S. (2007b). Rural science education research and the frameworks that give it form. *The Rural Educator, 28* (3), 1–3.

Paine, L., & Zeichner, K. (2012). The local and the global in reforming teaching and teacher education. *Comparative Education Review, 56* (4), 569–585.

Petrosino, A., Boruch, R.F., Rounding, C., McDonald, S., & Chalmers, I. (2000). The Campbell Collaboration Social, Psychological, Educational and Criminological Trials Register (C2-SPECTR) to facilitate the preparation and maintenance of systematic reviews of social and educational interventions. *Evaluation and Research in Education, 14*, 206–219.

Picciano, A.G., & Seaman, J. (2009). *K–12 online learning: A 2008 follow-up of the survey of U.S. School District Administrators.* Newburyport, MA: Sloan Consortium.

Plunkett, M., & Dyson, M. (2011). Becoming a teacher and staying one: Examining the complex ecologies associated with educating and retaining new teachers in Rural Australia. *Australian Journal of Teacher Education, 36* (1), 31–47.

Provasnik, S., Kewal Ramani, A., Coleman, M.M., Gilbertson, L., Herring, W., & Xie, Q. (2007). *Status of education in rural America* (NCES 2007–040). Washington, DC: National Center for Education Statistics, Institute of Education Sciences, U.S. Department of Education.

Reininger, M. (2012). Hometown disadvantage? It depends on where you're from: Teachers' location preferences and the implications for staffing schools. *Educational Evaluation and Policy Analysis, 34* (2), 127–145.

Robinson, D.H. (2012). The strange case of the changing graph: Much ado about nothing? *Educational Researcher, 41* (5), 171–173.

Rudolph, J. (2002). *Scientists in the classroom: The Cold War reconstruction of American science education.* New York: MacMillan.

Sahlberg, P. (2010, April). *Key drivers of educational performance in Finland.* Presentation at the International Perspectives on U.S. Education Policy and Practice symposium, Washington, DC. Retrieved from Asia Society at http://asiasociety.org/education/learning-world/what-accounts-finlands-high-student-achievement-rate

Schafft, K.A., Alter, T.R., & Bridger, J.C. (2006). Bringing the community along: A case study of a school district's information technology rural development initiative. *Journal of Research in Rural Education, 21* (8). Retrieved from http://jrre.psu.edu/articles/21-8.pdf

Shortall, S., & Warner, M.E. (2012). Rural transformations: Conceptual and policy issues. In M. Shucksmith, D.L. Brown, S. Shortall, J. Vergunst, & M.E. Warner (Eds.), *Rural transformations and rural policies in the US and UK.* Retrieved from site.ebrary.com/lib/ugalib/docDetail.action?docID=10

Skidmore, S.T., & Thompson, B. (2012). Propagation of misinformation about frequencies of RFTs/RCTs in education: A cautionary tale. *Educational Researcher, 41* (5), 163–170.

Slacks, J.R. (1938). *The rural teacher's work.* Boston: Ginn and Company.

Snyder, T.D., & Dillow, S.A. (2010). *Digest of education statistics 2009.* Washington, DC: National Center for Education Statistics, Institute of Education Sciences, U.S. Department of Education.

Stewart, V. (2012). *A world-class education: Learning*

from international models of excellence and innovation. Alexandria, VA: Association for Supervision & Curriculum Development.

Strunk, K., & Robinson, P. (2006). Oh won't you stay. A multi-level analysis of the difficulties in retaining highly qualified teachers. *Peabody Journal of Education, 81* (4), 65–94.

Tytler, R., Symington, D., Darby, L., Malcolm, C., & Kirkwood, V. (2011). Discourse communities: A framework from which to consider professional development for rural teachers of science and mathematics. *Teaching and Teacher Education, 27* (5), 871–879.

Underhill, O.E. (1941). *The origins and development of elementary school science.* Chicago: Scott Foresman.

UNESCO. (2010). *Education for All global monitoring report: Reaching the marginalized.* Paris: UNESCO; and Oxford, UK: Oxford University Press.

UNESCO Institute for Statistics. (2006). *Teachers and educational quality: Monitoring global needs for 2015* (Vol. 253). Montreal, Quebec, Canada: UNESCO Institute for Statistics.

Wang, D., & Gao, M. (2013). Educational equality or social mobility: The value conflict between preservice teachers and the free teacher education program in China. *Teaching and Teacher Education, 32*, 66–74.

Yan, W. (2002). *Postsecondary enrolment and persistence of students from rural Pennsylvania.* Harrisburg, PA: Centre for Rural Pennsylvania.

Yang, R. (2008). Transnational higher education in China: Contexts, characteristics and concerns. *Australian Journal of Education, 52* (3), 272–286.

15

Culturally Responsive Science Education for Indigenous and Ethnic Minority Students

ELIZABETH MCKINLEY AND MARK J. S. GAN

第15章

原住民及少数族裔学生的文化回应型科学教育

董倩　译　　杨文源　审校

引言

自上一版《手册》(McKinley, 2007)最后一章撰写以来，有关教育的研究持续关注原住民及少数族裔学生在科学教育中的机会、参与和成果。中学教育中，原住民和少数族裔学生的科学教育被边缘化，这是其社区在社会和经济上的一个巨大的劣势，同时也是工业国家科学教育者面临的重大挑战。之所以这样说是因为，在构建知识型经济的过程中，上述社区缺乏教学参与及教学成果的问题已经被视为与争取高技能的，尤其是接受过科学教育的劳动力同等急迫的事项。接受科学、技术、工程和数学(STEM)教育的学生人数的减少是实现这一目标的"障碍"之一(Ezeife, 2003)。这里有两股力量在起作用：一是曾接受过科学教育的学生人数不断减少；二是富裕工业国家人口统计数据中，原住民和少数族裔学生的比例逐年增加。从本质上讲，科学教育研究面临的问题是如何提升未接受过科学课程学生的参与度，从而更进一步使学生从科学教育中获益。

在将"问题"构建为"参与和成果缺乏"的过程中，有两个方面将贯穿本章始终。一个方面关乎"实践"框架，该框架聚焦国家潜在的STEM劳动力，以及需要采取哪些措施来增加给定人口中STEM劳动力的数量，从而增加知识型、资源型和工业性就业的人口数。在这一框架中，看待上述问题得出的"解决方案"往往是务实的、短期的、拼图化的，就像是在当前已有的方法上添加策略。这种思路的哲学基础是公平和优质的本质。虽然这些概念非常复杂，有多种定义(参见Jordan, 2010)，但本框架仍然存在一种倾向，即低估政治和权力观念的作用，而这对于原住民和其他少数族裔学生的科学教育研究者而言是非常重要的(参见Aikenhead & Michell, 2011; Stewart, 2010)。虽然关于公平和优质的很多文献已经开始将原住民学生纳入其中，但是这仍旧没有消除原住民研究者的担忧(参见Heymann & Cassola, 2012)。公平和优质的框架，其实行与转化大多基于学校责任制的背景与实践。学校被要求去关注与课堂实践相关的问题，例如“如何提升原住民和少数族裔学生在科学教育中的参与及成果？”这样的问题，并寻求与此问题相匹配的教学法，或从更微观的层面而言，课程。

而另一个方面则侧重更广阔视角下的学生成功，包括家庭、社会、文化、教育、经济和政治背景的复杂相互作用。特别是在原住民研究者的带领下，这种观点对前述观点中有关成功依据的表征提出异议，主要体现在教育成果上。该观点的主要争论点在于知识的本质及文化认同对原住民和少数族裔社区的重要性。尽管从原住民研究的角度来看，这一观点较上一版《手册》中对应章节(McKinley, 2007)几乎甚至根本没有改变，但尚未解决的问题仍然普遍存在，即人们的文化、语言、信仰和价值观的贬值和破坏会影响并将持续影响原住民的福祉。例如，理查兹(Richards)和斯科特(Scott)(2009)指出，加拿大文化灭绝政策导致由宗教团体管理的寄宿制学校的建立，而这致使代际之间育儿能力、自我价值、文化自我认同和原住民语言的使用遭到了灾难性的破坏。他们认为，这是家庭功能失调、长期贫困、青少年自杀、刑事监禁上升、教育获取和成功比例失调等现象的直接诱因。这些泛化的历史背景同样存在于其他国家(参见Cajete, 1994; McIntosh & Mulholland, 2011)。无论在什么社会，此类情况都可能造成巨大的障碍，这些障碍包括对于原住民和少数族裔学生在学校(包括高等教育)科学课程中的机会、参与和成果的根深蒂固的心理障碍，同时也会使学生产生负面的经历。

值得注意的是，科学教育研究文献中的这两个方面并不是完全独立的。虽然这两个既定的方面来自不同的哲学传统，但被用于同样的学校教育语境之中，故而会在当时的条件下争取话语空间和影响力。如果我们在很大程度上接受社会教育制度，那么应对上述两个方面都将面临复杂的方案。就公平与优质方面而言，面临有关教师教育、教学法和课程的问题。例如“科学教师应该提升何种文化素养(教学法和课程)来增强他们在支持原住民和少数族裔学生学习科学方面的能力？”此外，正如本章即将讨论的，关于科学和原住民知识的本质以及原住民和少数族裔学生及其家庭和社区的性质，存在一些顽固的信念，这些信念被认为会阻碍学生成绩的提高，阻碍为教师改变自身实践创造条件。“公平与优质”所面临的挑战之一就是如何在科学教育中支持学生的文化、语言和身份认同。第二个方面同样也面临着重大的挑战。旨在解决复杂的社会、文化、经济和政治理想的教育方案有赖于重大的社会变革。一个已经被原住民社区确认的解决方案是构建原住民语言教育，包括建立基于原住民语言的科学课程。这类课程在其他章节已有所讨论，这里不再赘述(参见McKinley, 1996, 2007; Stewart, 2010)。历史上已有建立原住民语言学校的先例(参见Deyhle & Comeau, 2009)，而现在重提建立原住民社区，是作为加强对原住民社区教育成果监控的一种手段。这一解决方案本身，正如新西兰实践中所展示的，存在许多与之相关的问题，包括原住民科学语言和内容的开发(Stewart, 2012)。在主流语言的学校教育中，有其他解决方案及问题存在，包括培养(职前的和在职的)科学教师在接触家庭和社区时能够做出不同方式的反馈(如培养其文化素养)；鼓励科学教师意识到自己是调教社会文化经验的践行者(如变得具有文化敏感性)；认可并利用原住民和少数族裔儿童在课堂上的能力和实践(如借鉴以前的经验或知识)。

各方面的碰撞和交叉确实会产生一些不稳定的联合与压力，它们体现在政策及教育中。然而，本章的目的并非要设立两个对立的立场，评判哪一个更好以及对哪一方更好。我们希望通过本章来展示情况的某些复杂性。最近的研究表明，关于“文化”的科学教育研究有所扩展，特别是其在教学法中的应用。这种扩展出现在新西兰、加拿大、美国、澳大利亚、秘鲁、芬兰、太平洋岛屿(如斐济、萨摩亚、汤加)、巴布亚新几内亚、印度尼西亚等地(参见McKinley & Stewart, 2009)。

本章首先简要分析关于公平和优质本质的辩论，以及这些立场是如何在教育原住民和少数族裔学生中取得成功的。这场辩论对科学教育的重要性在于，伴随着上述框架，责任制驱动的政策在工业国家教育的几乎所有方面都发挥着作用。乍一看，公平和优质似乎支持文化上的成果，但该理论中的“承诺”大多被推迟，很少实现。平等的理想，特别是对一些原住民社区而言，已经载入定居者条约(例如新西兰的《怀唐吉条约》[*Treaty of Waitangi*])中，且包含对原住民(例如毛利人)身份平等的承诺。换言之，这种平等的承诺在学校和教室中也是“存在”的。本章接下来将简短地概述关于原住民知识(indigenous knowledge [IK])在科学课程中地位和作用的辩论。这场辩论中的两个立场，通常称为“普遍主义”和“多元文化主义”，是关于知识本质的哲学立场。两个立场源于对科学知识本质的辩论，有助于讨论应该将哪些知识纳入课程。辩论的论据已经过时，但我们将展示，有人试图在看似更为极端的立场之间建立一条“中间路线”。再接下来将探讨教育科学中的“文化”以及我们该如何理解这一概念。最后，我们通过回顾实证研究，描述教学关系研究在科学教育中不断凸显的重要性，及其对原住民和少数族裔学生的科学学习的影响。值得一提的是，我们在文献的基础上论证迈进科学课堂的文化视角，重点关注师生关系，并在科学课程中将原住民和少数族裔社区的世界观纳入考虑范畴。最后，我们探讨了一些未来研究的潜在途径。

公平、优质与原住民和少数族裔学生

长期以来，民主社会的一条公理就是，不论收入、社会地位或其他身份如何，所有学生都应该接受并完成高标准的教育。然而，在很长一段历史中，学生因其阶级、民族或种族背景不同，在同一个学校系统中接受着不同的教育。这种反常现象的最佳例证之一便是珍妮·奥克斯(Jeannie Oakes, 2005)对美国教育发展的调查，该研究展示了如何根据普遍的平等原则来解释和思考由于阶级、民族和种族不同而导致的教育不平等现象。由各种形式法律法规确立的学校教育促进计划的施行，例如美国“力争上游”(Race to the Top)计划，影响着有关学生成绩和社会公正的争论。林林总总的学校改革运动也带来了各种社会公正框架，以了解学校、州和国家将如何回应针对全体学生的教育机会、参与和成果。我们希望简要探讨一下这个广泛存在(至少在西方工业国家)和不可避免的范式，以及它是如何与原住民和少数族裔学生及其社区目标相关联的。

目前西方国家教育政策在教育产出水平上对不公平现象的关注已转化为对学校教育成果和机会平等的关注(详见Branden, Avermaet, & Houtte, 2011; Luke, Green, & Kelly, 2010)。反过来，这又使人们关注影响学业成果的个人和学校条件。虽然在现行政策下，无法排除具有不同背景的学生获得平等的结果这一理念，但实现这一理想取决于体制最终产出什么。换句话说，利益相关者需要询问，我们如何评价体制在多大程度上能够实现平等的结果，以及社区（包含学校）如何定义学生个体的成功。这将在下面的例子中得以展示。

哲学家南希·弗雷泽（Nancy Fraser）提出的社会公正框架目前在澳大利亚原住民学生（Woods, Dooley, Luke, & Exley, 2014）以及英国少数族裔学生（Ainscow, Dyson, Goldrick, & West, 2012）所在的学校中使用。弗雷泽（2010）认为，为了获得平等的参与权，需要消除制度化的障碍，例如那些阻止某些人成为正式参与者的制度。既定的障碍包括剥夺他人所需资源的经济结构，也包括否定他人必要地位的文化价值的制度化等级结构，以及在公开审议和民主决策中剥夺他人平等发言权的决策规则。上述三种不公正都有违弗雷泽的平等参与原则。评价学校改革方案，以及评价学校及其原住民和少数族裔学生的进步和表现的研究已经用到了上述社会公正参与维度。伍兹（Woods）及其同事（2014）利用弗雷泽的框架来研究澳大利亚原住民和少数族裔学生。他们对结果的立场如下：

> ……我们从哲学和政治承诺出发，致力于更公平地为语言或文化上的少数群体和工人阶级背景的学生重新分配资源、知识、资质和受教育途径。……我们认为，对这些学生及其社区的生活世界、价值观、知识和经验，以及课堂教学和学习关系的认可，既是手段，也是目的。这是根据传统措施提高成果的手段，也是改革和修订主流课程知识的最终目标，以及被视为重要知识和实践的内容。
>
> （Woods et al., 2014, p. 509）

重要的是，这些作者拒绝将原住民社区纳入学校视作一项技术活动，从而将儿童视作与其所在的家庭、文化、语言和社区相分离的状态。此外，他们拒绝对学习关系的单一投资，包括课程以及隐含的学习方向。通过拒绝在课堂上与单个孩子互动并努力排除“外部”影响，研究人员在学校教育改革范式中提出了一种相反的观点，不屈服于“公平范式是殖民计划的延续”这一挑战。

然而，大部分有关公平和优质的研究遗留了一个尚未解答的关键问题。“基于证据”的公平和优质这一研究路径中的一个重要的关注点在于标准化测试的优势和局限性。与本章相关的一个特别关注点是，在学校取得的成就中，没有提及原住民和少数族裔学生的身份认同。在新西兰，身份认同的“结果”被定义。新西兰关于毛利人的教育政策（Ministry of Education, 2008）指出，学校在达成学业成就目标的同时，也必须有让“毛利人成功成为毛利人”的目标。这句话提醒所有学校，毛利人学生的成功被定义为在学校课程中以毛利人的身份、语言、知识和价值观获得教育机会、参与和成就。尽管科学教育研究文献中关于“文化知识”是否在科学教育中占有一席之地，以及在多大程度上可以表示文化信仰和价值观仍存在争论，但这也产生了一种期望，即所有课程领域都将对文化成就给予一定关注。然而，在其他国家的教育行政部门（州、省或国家）中，并没有同样的针对学生成功的文化期望。美国研究人员提出了《不让一个孩子掉队》（No Child Left Behind）法案，法案的配套政策过于关注高利害的标准化测试，这些测试对原住民和少数族裔学生产生了不同程度的影响（Chappell & Cahnmann-Taylor, 2013）。这种方法中使用的传统学术措施并未涉及原住民和少数族裔社区所希望的关于学生的更广泛的目标和成果，而且即便有明确说明，也没有足够的资源来满足这种需求。

随后，争论的主要矛头指向了对公平和优质范式的不同诠释。可能的替代方案或支持或不支持将原住民和少数族裔语言、文化、知识和价值观纳入学校教育（参见Ainscow et al., 2012；Luke et al., 2010）。原住民和少数族裔学生及其社区不希望就此得出随缘的结论——他们正在寻求更多的确定性。虽然人们普遍认为种族主义、贫困和不良健康状况的存在会影响学生的学习成果，但科学教师可以影响原住民和少数族裔学生在课堂上的边缘化。这种科学课程知识与原住民及少数族裔学生在科学课堂上的学习体验之间的竞争是我们在下一部分中强调的争论的基础部分。对许多科学教育研究人员来说，在课程中融入本土知识是对学科基础的挑战，并可能对科学研究人员的专业认同提出挑战。这场争论可能很激烈，但并非新出现的事物，下面这一部分将对这些问题进行探索性的总结，并研究与此立场有关的观点。

科学教育中竞争的知识

对学校科学课程中知识的本质的探讨仍然是一个争议较大的问题，但它仍是文化与科学教育之间关系的核心议题。上一版《手册》的对应章（McKinley, 2007）已对大部分内容进行了介绍，并在随后的出版物中进行了评介（参见McKinley & Stewart, 2009, 2012）。在本部分中，我们将简要总结这场争论的本质，并指出其自2007年以来有何变化，同时指出这场争论对当下该领域成果丰富的研究造成的影响，或曰，在科学教育领域对文化回应型教学法进行的理论和研究实践。

普遍主义与多元文化主义

影响科学教育的核心认识论争论涉及普遍主义支持者和多元文化科学观支持者之间的争论。这场争论的一个例子可以在2001年《科学教育》的一期特刊（第1期）中找到。从广义上讲，普遍主义认为科学由一套单一的、不受文化约束的规则所支配。普遍主义论据的重要特点是否认差异（McKinley & Stewart, 2009）。普遍主义者认为科学（有时也称为西方现代科学[Western Modern Science, WMS]）是一种人类可获得的最有力的知识体系。从极端的角度看，普遍主义者的立场在政治上对许多文化都是不利的，因为它暗示科学知识属于西方工业国家。这一立场不仅忽视了世界各地多元文化对科学的贡献，而且也掩盖了科学实则已经是西方占据主导地位的同谋（McKinley, 2001）。

相比之下，多元文化科学被视为是由社会和文化建构的，例如对差异的认识（Aikenhead & Elliott, 2010；Lee & Luykx, 2006；Ogawa, 1995）。多元文化主义者提倡民族科学的重要性，重视"传统生态知识"（traditional ecological knowledge [TEK]）在支持环境进程和人类需求方面的价值。这种知识被认为与西方科学技术领域的进步有关。除了认识到其他文化的科学和技术贡献之外，多元文化观点表明，理解我们的自然世界有多种方式，这些可选的世界观可能与科学的世界观相容或不相容。多元文化科学的阐述源自道德正义和反种族主义原则。虽然多元文化观既重视WMS的观点，也重视其他关于自然世界的观点，但文献表明，研究人员在方法上的侧重点存在差异——从论证科学本质和实践的激进转变，到包括多种声音和方式以了解代表比例不足（例如Harris & Mercier, 2006），再到考虑将不同世界观与西方现代科学整合的更为中立的观点（例如Aikenhead, 2006）。范艾吉克（Van Eijck）和罗思（Roth）（2007）同时接受这两种体系，但他们认为每种体系都与另一种不相容，且只能被理解为人类多样化认知的单方面表达。他们认为科学知识本身超越了地域，故而在地域背景下科学知识用途有限(除了科学本身的用途之外)。

有证据表明，尽管没有找到解决方案，但争论的热度却在逐渐消退。所以在《科学教育文化研究》(CSSE) 2008年最新的一期特刊(第3期)中采用了公开评审的形式，鼓励作者和审稿人参与有争议问题的对话。这使审稿人和作者有更多的机会来梳理争论，并将其置于实践和经验的基础上，使得回应变得更加复杂与温和。这期特刊上的论文与传统科学教育研究相比，包含了更多样化的研究视角和背景，在一定程度上体现了争论的转变和成熟。托宾(Tobin, 2008, p.536)在社论中评论道，期刊的目的是“抵制寻求终结问题讨论的倾向”，他将CSSE描述为“新兴的混合领域”。虽然托宾在这里指的是期刊审稿人和作者的不同观点之间的对话导致了混合形式的思想，但是杂合或第三空间的概念已经开始以其他方式在该领域获得一定的影响力。

文化杂合与第三空间

近期，科学教育研究人员(例如Roth, 2009)吸收了后殖民理论，特别是巴巴(Bhabha, 2004)的观点，对科学教育中的第三空间进行理论化与界定。一些研究人员用它来描述学校环境中的教师、学生和其他人如何建立新的参与形式，将学校科学的第一空间与家庭/文化的第二空间结合在一起，以杂合知识的形式创造出包含两种空间的第三空间。第三或杂合空间允许集体构建新认识、言论和身份认同，引起了人们对影响科学学习的不同知识、论述和联系的关注(Moje et al., 2004; Roth, 2009)。莫耶(Moje)、科拉佐(Collazo)、卡里洛(Carillo)和马克思(Marx)(2001)提出了关于第三空间的三种不同但相互关联的观点，即“桥梁、导航空间，以及对科学与学生日常世界之间关系的批判性理解空间”(p.54)。为此，作者建议教师和学生重视和利用他们的家庭、社区、同龄人以及流行文化资源，从而为在学校环境中获得成功创造更好的途径。

其他研究人员则将第三空间概念化为研究身份认同的理论工具。例如，泽姆比拉斯(Zembylas)和阿夫拉阿米杜(Avraamidou)(2008)认为，杂合概念为科学教育者提供了解开和理解身份认同问题(例如科学学习者)的理论工具。在这项工作中，“杂合”被定义为由于殖民化而产生的跨文化经验形式，吸引人们注意身份认同的本质是可变的，而不是“固定的”，并承认社会、历史和政治实践对身份认同形成的影响。确实，杂合身份的共建构成了第三空间，将兴趣、权力关系和话语实践作为进一步对话和批评的场所。作者的一个重要观察是，第三空间中的探究并非没有压力和矛盾，而是在两个空间之间提供解决问题的空间，或“扰动了常态的教学关系”(Zembylas & Avraamidou, 2008, p.991)。在陈述三位教师教育者对自身在第三空间扮演的杂合文化身份的反思中，亚当斯(Adams)、卢伊特尔(Luitel)、阿丰索(Afonso)和泰勒(Taylor)(2008)解释了“矛盾空间”的概念(Bhabha, 2004)。这项工作的一个共同主题是，自身(杂合身份认同)和占主导地位的去文化背景的本地科学教育的矛盾。在进行有意义的科学学习之前，需要解决学生的文化经验和背景与科学教学之间的潜在冲突。他们提出，未来的发展方向是在科学课堂上创造一个对话空间，让学生共同构建对科学的理解，并使这种理解融入他们的文化知识和社区内的生活方式。

采用第三空间的另一个研究领域是科学教育者与其社区之间的互动。在全球视野下对人类和环境的可持续性的日益关注表明，我们需要发展科学知识和解决问题的技能，这不仅有助于解决人类需求，例如寻找清洁、可再生能源或为日益增长的世界人口提供食物，而且也能确保地球的生命支持系统得到保护（Carter, 2007）。这种理解自然与社会之间复杂相互作用的需求，推动科学教育者和研究人员将本土知识体系和生活方式视为包容的和协作的（涉及教师、学生和当地社区）。这种对话式探究概念的研究已经摆脱了欧洲中心主义和本土知识体系之间的二分法，并采用了第三空间和杂合的后殖民概念（参见 Taylor, 2006a, 2006b; Zembylas & Avraamidou, 2008 等）。根据华莱士（Wallace, 2004）的观点，第三空间“是一个空间/时间点的抽象。在这个空间/时间点中，说话者的意思和聆听者的意思都不是‘正确的’，但表达的意思对解释的共同构建或新的杂合意义来说都是有意义的”（p.908）。第三空间为正在进行的对意义的磋商提供了一个共同且开放的平台，同时让人们认识到学生和教师带给课堂的丰富的文化体验和世界观（Roth, 2009）。

这方面的一个例子是格拉森（Glasson）、姆汉戈（Mhango）、菲里（Phiri）和拉尼尔（Lanier）（2010）对马拉维农民传统农业实践的深入访谈。格拉森及其同事（2010）的研究能够将这些非洲长老的本土生活方式与可持续性科学领域的相关实践联系起来，共同构建科学教育课程。作者使用第三空间的框架，主张创建一个对话空间，将科学教育者和马拉维长老们聚集在一起，以便探讨在科学课程中，如何最好地利用马拉维长老们所掌握的本土实践知识，以及什么样的可持续性科学教育能够应用于社区之中。因此建立了一个对话空间，在此空间中，马拉维农民将西方农业实践（如合成肥料的使用）和原住民耕作方法（在姆桑古[msangu]树下种植作物和利用叶子作为天然肥料）结合起来，进而考虑可持续农业问题，并做出实践选择。同时，通过仔细询问和聆听长老们如何解释在农业中使用本土知识，作者在第三空间内开展研究，以了解和反思马拉维农民所掌握的本地知识的重要性，以及如何将其用作教学资源，来支持学生在同一社区内的科学学习。

除了将第三空间概念化为共有的教学工具，以便识别和发展对科学与学生世界观之间关系的进一步理解，研究人员还研究了能够产生新知识的第三空间，人类学家称之为“文化生产”（Carlone & Johnson, 2012; Eisenhart, 2001）。例如，卡拉布雷泽·巴顿（Calabrese Barton）、坦（Tan）和里韦特（Rivet）（2008）观察到一群城市中学女孩使用经认可和未经认可的资源和身份来创造杂合空间，以便参与并深入其科学课堂。作者发现，这些空间使女孩们能以自己的方式深入参与科学研究，并在研究中积极协商和扮演新的权威和地位形式，同时在同龄人中保持社会地位和关系权威。正是学生自我身份认同和社交世界的融合，产生和合法化了新的参与形式，进而为开发适用于课堂上所有学生的资源提供了机会。

与原住民知识和社区相关的第三空间和杂合在某些方面较之其他方面更容易被人们接受。舍希（Schech）和阿吉（Haggis）（2000）将其称为“语言空间”，其中存在丰富的语言和流动的文化身份。罗思（2009）非常认同并鼓励我们首先理解，然后摒弃“由研究人员、官方话语和处于统治地位的意识形态所构建的那些有问题的所谓差异的性质”。他认为，我们应该：

> 不再欣喜我们的学生在第三空间中融合新的文化形式，而是要明白我们的日常文化

> 习俗本身就是一种拼装形式，它不断地在混乱的形式和内容中产生和再现差异。
>
> （Roth, 2009, p. 20）

在罗思看来，这个过程无所谓纯不纯粹，而是一个持续的混合过程。然而，金奇洛（Kincheloe）和斯坦伯格（Steinberg）（2008）指出，“许多原住民知识的倡导者对使用杂合这一术语感到不满，并认为它不适合原住民研究。”（pp. 143－144）。这里的主要论点是，杂合被视为对原住民及其知识的持续的或新兴的殖民行为。作者理解这种政治情绪，但并不认为其叙述的立场有不相容之处。毛利学者海里尼·莫科·米德（Hirini Moko Mead, 2003）将毛利人的知识比作童谣中的“蛋头先生（Humpty Dumpty）”。他说，当“蛋头先生”摔倒时，“一切都分崩离析——有的遭摧毁，有的被隐匿，其他的部分亟待重建”（p. 306）。他接着说：“人们正在努力修复蛋头先生，但任务很艰巨，因为此时蛋头先生也在发生变化。尽管已经被瓦解，但碎片仍然在成长和扩张”（p. 306）。他的观点是，原住民知识不是静止不变的信息档案，而是思考的工具。它会改变（因为它本应如此），但不需要在无声无息中被纳入其他知识——原住民知识与更为稳定的惯性思维和价值观紧密相连。

理解科学教育研究中的语言与身份认同

学生经常带着与学校科学不一致的先验知识、文化规范和做法来到科学课堂（Atwater, 1994; Solano Flores & Nelson–Barber, 2001）。对科学教育者和教师来说，一个主要的关注点是，选用一个忽视或破坏学生带入课堂的文化语言和身份认同的教与学理论的风险。关于原住民和少数族裔学生及其社区的研究文献，特别是与语言相关的研究文献既相似又不同。例如，关于原住民语言在科学教育方面的文献侧重于语言的复兴、留存和翻译。而对于许多少数族裔社区而言，关注重点是将英语作为第二（或顺次更往后的）语言来学习。然而，也有一些问题是重叠的，例如两个群体都学习同一种科学语言。本部分首先简要回顾有关族群身份认同压力的文献，这种身份认同是“继承”的，也是“社会文化”的。接下来将回顾用社会语言学方法研究原住民和少数族裔群体的科学教育文献。特别是，它强调了许多这类学生在跨越国界学习科学语言时所面临的压力。最后，我们回顾了原住民语言在科学教育中的使用，以及在试图将科学教育作为一种支持手段时所造成的压力。

现代原住民和少数族裔群体不可避免地要与其相互冲突的自我认知做斗争（McKinley, 2005; Stewart, 2010; Webber, McKinley, & Hattie, 2013）。科学教育中的语言和身份认同研究有两条路径。斯图尔特（Stewart, 2010）认为对于原住民的理解是二歧式的。第一种理解认为原住民和民族背景是承继的。从这个角度来看，文化被视为决定性的和本质主义的。这意味着认同每种文化下的人都有固定的行为（例如，“毛利人”或原住民的学习风格），群体内部被视为是同质的（例如，毛利人都具有相同的想法），且群体之间彼此分离。第二种理解是对原住民和民族进行情境式理解，认为群体受其与他人的社会文化关系所支配。学生间的文化差异被认为是决定性的和简单化的（Gutierrez & Rogoff, 2003），这导致了对固定特征的假设、学习风格的泛化，以及对特定民族群体中的个人的过度刻板观念（Carlone & Johnson, 2007）。遗传和血缘关系作为原住民和其他民族群体身份认同的组成部分，其重要性是毋庸置疑的，虽然没有错误，但这本身不是一个充分的解释。人们批评情境式理解是因为它低估了社会和文化限制对民族性选择的作用。这就是根据其“使用价值”做出身份认同选择之处，例如学习原住民语言“是否能让你找到工作”（May, 2001）。这种情境或工具主义的身份认同观念在责任和理性选择理论的氛围中具有一定的吸引力，因为身份认同的驱动力是通过市场价值来衡量的。这一点可以在本章后面的部分中看到，即在科学教学中，对“文化回应”的研究越来越多。更为极端的思路很少考虑文化认同，往往只重视文化的经济价值，使得较小众的文化及其语言的损失被视为附带的损害。这对原住民社区尤其危险。

从社会语言学的角度来看，文化丰富的语言实践往往意味着文化归属，并作为文化成员的标志（Brown, 2013）。从方言话语到科学话语的过渡涉及获取新的科学语言，以及侵占与主流科学话语相关的文化规范。有些学生对科学探究中预期的互动和话语类型可能不太熟悉（Buxton, 2005；Lemke, 1990；Moje et al., 2001）。科学学生面临的学习挑战，既包括清晰理解科学现象及其相关话语，也包括要采用与科学话语相关的身份认同关系。由于这种身份认同冲突，无法调和语言身份挑战的学生可能会遇到学习困境（Cupane, 2011；Gilbert & Yerrick, 2001）。布朗（Brown, 2013）认为出现学习困境的原因是双重的。第一个原因源于文化的不连续性，第二个原因则是掌握科学语言的困难性。最近的研究表明，学生的家庭文化与学校科学文化之间的连续性程度不同（Lee, 2005；Reveles & Brown, 2008）。学生在课堂科学话语方面的一个重大挑战是解决与自身家庭文化和学校科学文化相关的隐性身份认同冲突。教师需要意识到语言所带来的潜在文化冲突，并提供明确的教学支持，以帮助学生“更加得体地使用科学话语，并减少文化归属的象征性”（p. 227）。从另一个角度来看，学习科学语言对某些学生来说是一件令人望而生畏的事情，并且这是他们概念化的障碍。此处的论点是，学生发展科学认知的能力直接受到他们使用的方言语言资源的影响，进而影响其科学课堂话语文化的获取和利用（Lemke, 1990；Warren, Ballenger, Ogonowski, Rosebery, & Hudicourt-Barnes, 2001）。布朗（2011）为科学教师提供了一个干预框架，他称之为“分解教学”。这个框架结合学生的日常语言来讲解概念，然后通过形成性评价活动来明确指导新语言及其使用机会。在分解教学中，科学教学被分为概念教学和科学语言教学两个部分。首先，通过使用学生熟悉的语言向他们讲解科学观点或概念。这被视为减少学生焦虑（对新科学语言的恐惧感和挫败感）以及利用共同语言提高学生文化熟悉度的重要一步。其次，在教授科学观点的基本原理之后，引入新的科学语言。第三，通过形成性评价活动，引导学生运用新的科学语言来解释科学现象。这种方法有可能提高学生的理解能力，减少他们学习科学的不适感。

李（Lee）及其同事在进一步研究的基础上提出了一个“教学一致性”框架，该框架侧重于将专业学科与学生的文化和语言经验联系起来，以在两个领域之间建立一致性（Lee, 2002, 2004；Lee & Fradd, 1998）。他们认为，教师需要对课堂科学语言规则和规范提供明确的指导，并使学生的日常知识、学生知识与学业任务之间的关系、家庭和社区的经验和实践与西方现代科学知识之间的转换变得清晰可见。这项研究的对象是来自美国大型城市学区的、具有不同文化和语言背景的小学生。教师参加了一系列倡导脚手架教学方法的工作坊，包括从直接讲授的教学方式逐渐过渡到以学生为中心的教学，鼓励学生逐渐掌握自己学习的主动权和责任感。结果显示，这个为期3年的专业发展实践产生了积极的影响，干预措施总体上有效地促进了不同背景学生的成绩和公平（Lee, Deaktor, Enders, & Lambert, 2008）。该研究还指出，需要在科学内容、特定内容的教学策略和读写能力方面为小学教师提供广泛的支持，同时支持英语学习者学习科学，并将学生的家庭语言和文化融入科学教学。

如上一版《手册》（McKinley, 2007）所述，原住民语言的生存尤其危急。包括科学教育在内的教育政治法规或多或少已经造成了许多原住民语言的生存依赖，产生了一些复杂的问题。例如，斯图尔特（2010）探究了30多年前引入的新西兰的毛利人中学教育（kura kaupapa Māori [KKM]）政策的发展轨迹。尽管在其他地方已经讨论过用毛利语构建技术语言来实施科学课程存在的困难（McKinley, 1996; McKinley & Keegan, 2008），斯图尔特的研究还是质疑并批判了KKM运动中的科学教育。这项研究将关于原住民知识、科学知识、毛利语在科学中的使用和教育政策的哲学争论推向了另一个层次。艾肯黑德（Aikenhead）和米歇尔（Michell）（2011）以一个加拿大的例子来说明英语和原住民语言之间的翻译缺失了什么。他们认为，当原住民语言使用者用英语表达自己的意思时，他们往往无法准确地表达，即他们无法用英语来准确表达用自己语言构建的原意。他们对“原住民知识”有以下阐述：

> 名词“知识”很难轻易地翻译成大多数原住民语言，部分原因是英语是一个名词丰富的语言系统，而原住民语言是动词更为丰富的语言系统。当原住民语言被翻译成英文时，其所谓的“知识”通常被译为“生活方式”或“存在方式”之类的短语。因此，采用更为真实的短语“在自然中的生活方式”代替“自然知识”更为恰当。“科学知识”这个短语符合以欧洲为中心的思想环境，而“在自然中的生活方式”这一表述通常符合原住民语境，尽管不同社区偏好的措辞可能有所不同。
>
> （Aikenhead & Michell, 2011, p. 65）

与所有语言一样，每种语言中都有一些词语无法被翻译成另一种语言。

在将科学翻译成原住民（可能还有其他的）语言时，有两种与民族争论并行存在的思想流派——工具主义思想和浪漫主义思想（Stewart, 2010）。“工具主义”方法是指语言被视为将思想转化为新语言模式的工具，而“浪漫主义”方法则认为，语言与人的存在密不可分。基于“运用联系”（Stewart, 2010, p. 115），工具主义观点占据主导地位，政府将责任下放给努力完成任务指标的个体承包商。这在新西兰毛利语课程和学校教育发展的早期阶段占主导地位（参见McKinley, 1996; McKinley & Keegan, 2008）。要平衡这些实践观点并保持文化语言和习俗，意味着需要在原住民语言主导的科学教育中，采用更细微的语言政策（更多讨论见Stewart, 2012）。

文化回应型科学教学与学习

虽然大多数研究人员认识到文化在科学教学和学习中发挥着重要作用（Aikenhead, 1996; Gutierrez & Rogoff, 2003; Lee, 2002），但关于学校科学教育中“文化”的概念化以及教育工作者如何在课堂实践中理解并应用文化，人们的共识还较少。美国阿拉斯加州有一个例外，在阿拉斯加原住民知识网络（Alaskan Native Knowledge Network [ANKN]）中，“阿拉斯加文化回应型学校教育标准”被多个管理机构书面确认并接纳。这些标准由阿拉斯加原住民教育工作者制定，旨在“为学校和社区提供一种考察其在多大程度上照顾学生的教育和文化福祉的途径”，涵盖学生、教育工作者、课程、学校和社区。该类标准为衡量学校、教育工作者和社区成果提供了一个评价体系。这些标准并非针对科学教育，可适用于任何课程领域。这些标准与许多阿拉斯加原住民、其他科学和数学领域教育研究人员（如Kawagley, 2006；Kawagley & Barnhardt, 2007）以及他们所创造的资源相结合，意味着有一些可以支持教师和领导者达到标准的手段。

本节将说明由于在定义“文化”时缺乏明确性而造成的困境，以及与假设或理论基础相关的不同概念，这些假设或理论基础通常是用于构建和解释课堂中教学和学习科学的文化途径。本节的第一部分探讨了科学教育研究中文化的各种概念，并举例说明了这些文化观点如何被纳入不同的理论框架，以阐明学校中的文化回应型科学教学（参见本书中卡洛内[Carlone]、约翰逊[Johnson]和艾森哈特[Eisenhart]关于文化的讨论）。之后将讨论科学教师在尝试应用这种方法吸引学生时所面临的挑战与障碍。本节最后部分借鉴了当前的研究证据，来点评文化回应型科学教学论对支持本土科学教育的启示。

科学教育研究中的文化概念

一系列基于发展心理学和人类学的研究，将教学和学习的文化观概念化为个人主义和集体主义（或社会中心主义）两种理想化的发展路径。个人主义关注个体身份认同、独立性、自我实现和突出特点；集体主义或社会中心主义则关注群体身份认同、相互依赖、社会责任和适应性（Greenfield, Keller, Fuligni, & Maynard, 2003）。当课堂上看重的内容与家中或学生所在社区看重的内容之间存在不匹配时，这两种文化路径通常被认为是存在冲突的。例如，在格林菲尔德（Greenfield）、基罗斯（Quiroz）和拉伊夫（Raeff）（2000）的文化桥梁计划研究（Bridging Cultures Project）中发现，家庭文化与学校文化期望之间以及家长与教师之间存在紧张关系，特别是在个人与家庭成就、赞美与批评、认知与社交技巧、口头表达与尊重权威方面。这些深刻的文化价值观（取向）塑造了父母以及教师对儿童和学校教育的信念、期望和行为。格林菲尔德及其同事（2000）认为，学生身上两种不同文化优先级意味着教师需要理解并调和学习过程，不仅要考虑认知需求，还要考虑文化需求。因此，家庭文化和学校文化之间的桥梁为教师提供了一种潜在的文化路径，以支持来自不同文化背景的学习者。

一系列类似的研究建立在学习科学的文化人类学视角之上。在此视角下，教授科学是文化传播的一种形式，学习科学的方式则被视为文化习得（参见Cobern & Aikenhead, 1998；Wolcott, 1991）。在这项研究中，科学可以被视为西方文化或欧美文化的亚文化，西方文化的普遍影响产生了科学亚文化——西方现代科学。以往的研究表明，学校科学中的主导话语与西方现代科学紧密结合，其目标是科学亚文化的文化传播和国家主导文化的传播（Stanley & Brickhouse, 1994）。一种文化传播观点认为，学生必须调和本土亚文化与科学亚文化之间的文化界限，这会对学习科学产生不同影响。当科学亚文化与学生的日常文化相协调时，就会发生文化融合，而科学教学则会支撑学生对世界的看法（Hawkins & Pea, 1987）。另一方面，当科学亚文化与学生的世界观不一致时，就会发生同化，科学教学会导致学生采用新的认知方式，从而牺牲自己的本土文化和经验（Jegede, 1995）。

吸引非西方文化背景的学生到科学亚文化之中对科学教师来说是一大挑战。能够在日常世界和科学亚文化之间保持平衡，没有同化或融合（跨文化借鉴或适应其他文化中有吸引力的内容，并将其纳入本土文化）科学文化负担的学生是更为成功的学习者（Aikenhead, 1996, 1997）。那些努力调和文化边界的学生需要明确的教学支持，以便从同龄人和家庭的亚文化走入科学和学校科学的亚文化。这个过程被比喻为“越境”，无疑是非常恰当的（Giroux, 1992）。但这也意味着，在科学学习过程中，有一些基于不同文化背景的特定知识领域，在从一种认知方式转变到另一种方式时，可能会出现偏离。艾肯黑德（2006）提出，教师可以为学生提供明确的越境点；促进越境点的生成；增强对话，促使学生而不仅仅是教师讨论科学；验证并建立学生个人的和文化的认知建构方式的合法性。在其社会角色（例如社会、政治、经济等）的背景下接受西方科学的知识、技能和价值观。

在跨越文化边界的过程中，学生们面临挑战，他们需要意识到他们已有的信仰和生活经历与自己的种族和民族身份相关。当学生吸收新的亚文化时，他们可能会经历与自己现有信仰体系存在认知冲突的附带学习（Aikenhead & Jegede, 1999）。杰格德（Jegede, 1995, p.117）将附带学习定义为“一种在概念上解决个人认知结构中潜在冲突原则的调节机制”。他还提出附带学习的四种类型：平行、依赖、同时、安全。四种附带学习类型构成连续统一体，其一端是平行的附带学习，当学生在长期记忆中持有相互矛盾的概念时，就会发生平行的附带学习；安全的附带学习位于另一端，当冲突的图式之间存在有意识的相互作用时，就会发生安全的附带学习；当同时学习两组概念并相互强化时，就会出现同时的附带学习；当设计思想融合时，就会出现依赖的附带性学习。

附带学习模型已经被用于研究当中，并作为框架进一步深化我们对科学学习者越境的理解（Aikenhead & Jegede, 1999）。例如，赫伯特（Herbert, 2008）调查了一组12至17岁学生对跨文化科学单元的反应，旨在帮助学生在传统实践和信仰与西方科学概念之间架起桥梁。这些桥梁建构策略包括激活学生对科学现象（情境化的、与健康相关的传统原则和实践）的个人观点或先验知识，并指导他们与传统科学概念进行明确比较。在此过程中，通过给出提示或线索来引出个人解释或西方科学解释。通过比较学生解释的前测和后测结果可以明显看出，学生的先验知识的特征影响着他们的最终反应。这表明越境的难易程度受以下几个因素制约：学生识别两种文化知识体系（传统和西方科学）差异的能力，他们谈论自己的解释或科学解释的能力（Herbert, 2008, p.990），以及他们在先验知识与所提出的科学概念之间存在不一致时协调和解决冲突的能力。研究人员据此得出结论，桥梁建构教学法通过安全、依赖和平行的附带学习帮助学生进入西方科学世界。

文化回应型科学教学法

致力于在科学课堂上推行文化回应型教学的研究人员从前人已有的研究，例如雷德森–比林斯（Ladson–Billings, 1994）、热纳瓦·盖伊（Geneva Gay, 2000）、安娜·玛丽亚·比列加斯（Ana Maria Villegas）和塔玛拉·卢卡斯（Tamara Lucas）（2002）等的开创性工作中受益匪浅。雷德森–比林斯（1995）认为，文化相关的教学法旨在培养学业成功、具有文化能力、能够理解和评判社会政治问题的学生。教师制定文化相关的教学法应遵循以下三个教学信念：教师对自我和他人的概念、教师结构化的社会关系、教师的知识观念。雷德森-比林斯（1995）体系的一个关键原则是注重“文化能力”，这意味着教师需要支持学生，使他们在获得主导地位的过程中，用语言和其他文化实践来维护自己的社区和传统方式。同样地，盖伊（2000）也提出，当文化回应型教学处于学生的生活经验和参考体系之内时，它们对学生来说更具个人意义，有更大的吸引力引发兴趣，使学习更容易、更深入。根据盖伊（2002）的观点，学生的文化特征、经历和观点的运用是实现有效教学的渠道。为了做到这一点，教师必须：（a）建立文化多样性知识库；（b）在课程中发展民族和文化多样性内容；（c）营造一个关怀和文化建构的学习环境；（d）支持跨文化交流；（e）获取知识和技能，以应对来自不同文化背景的学生的学习反应（p. 106）。从教师教育的角度来看，比列加斯和卢卡斯（2002）认为，教师教育工作者应该采用一种框架，来关注文化回应型教师的以下六个特征：（a）认识到学生可能会以不同的方式看待世界，并接受世界观不是通用的，而是受每个人的个人、社会和文化经历的影响；（b）对不同背景的学生的表现持肯定态度，并将他们的差异视为学习的资源；（c）将自己视为变革的推动者，有责任识别并质疑学校中不公平的实践；（d）理解并接受建构主义的教学观点；（e）深入了解自己的学生；（f）利用自己对学生的了解来支持其教学，例如让所有学生参与知识建构，培养他们的兴趣和特长，同时扩展他们的知识（p. 21）。

许多研究已经在课堂环境（如Morrison, Robbins, & Rose, 2008；Young, 2010）以及特定学科领域，包括读写能力（如Cheesman & De Pry, 2010）、数学（如Gay, 2009）和科学（如Klump & McNeir, 2005；Lewthwaite & McMillan, 2007；Lewthwaite, McMillan, Renaud, Hainnu, & MacDonald, 2010）中检验了文化回应型教学法。艾肯黑德（2006）对教师在科学教育中实施人文课程的定位进行了广泛的回顾，并列举了跨越文化边界时跨文化教学的例子。李和鲁克斯（Luykx）（2006）回顾并综合了大量关于文化一致性科学教学对非优势学生科学成就和学习经历影响的研究。一般而言，大多数关于文化回应型科学教学法（culturally responsive science pedagogy [CRSP]）的研究都依赖民族志研究以及教师和学生自身对课堂体验的叙述。

文化回应型科学教学法中的挑战与障碍

综上所述，CRSP的研究给出了几个重要发现。首先，教师需要认识到学生的文化自我认同与科学课堂文化之间的文化差异程度，并积极主动地帮助学生应对这种跨文化的课堂环境（Boutte, Kelly-Jackson, & Johnson, 2010）。此外，为了让教师采用CRSP，他们需要对原住民社区内科学、认识论、知识和文化能力有更多的了解（Brayboy & Castagno, 2008；Meyer & Crawford, 2011）。例如，华莱士和布兰德（Brand）（2012）研究了两位有影响力的中学科学教师的信念和实践，这两位教师被他们的管理者认为具有文化回应型特征。该研究的主要问题是探讨在教授非裔美国学生时，教师对社会结构差异或种族特征的批判性意识。研究运用基础理论和批判性种族理论来分析教师的信念和实践。结果表明，教师的信念和实践是由他们对非裔美国学生身份认同所受到的社会约束的批判性意识决定的。研究发现，教师的背景经历激发了他们对种族社会结构的批判性意识，影响了他们的教学理念，帮助他们了解学生的需求和行为。作者认为，社会文化意识可以建立信任、创造学习环境，从而吸引和激励学生参与课堂上的科学学习活动。

关于CRSP研究的第二个关键发现是，教师在将当前的实践转变为文化回应型方法的过程中，普遍面临挑战（Aikenhead, 2006）。教师因为与学生文化背景和经历不同，可能很难在文化、种族和民族相关问题上理解学生，同时也难以理解自己在文化敏感问题上所担负的义务。例如，阿特沃特（Atwater）、弗里曼（Freeman）、巴特勒（Butler）和德雷珀–莫里斯（Draper–Morris）（2010）研究了两位职前科学教师对“其他”学生（非优势群体）文化、种族和民族的理解以及在科学课堂上他们对“其他”学生需求的回应方式。研究结果表明，两位教师并不承认或理解在种族、阶级和回应型科学教学之间存在关联。作者认为，需要提供机会让教师反思这些文化结构及其与教学的内在关联，特别是在科学教师培训项目的设计中。

斯里特（Sleeter, 2012）认为，新自由主义学校改革，即通过市场内的个人选择来促进个人责任感的思想，否认了文化回应型教学法有潜质支持学生的学习。文化回应型教学法被边缘化的原因包括：（a）对其概念持续错误且简单化的理解；（b）将方法应用与学生成绩联系起来的研究太少；（c）精英和白人担心失去国家和全球霸权。有一种倾向认为，文化回应型教学法是与专业学习脱节的文化宣扬活动。这种狭隘的观点导致教育者、家长或政策制定者将文化回应型教学法解释为以学习其他文化传统为目的，而非基于文化过程和学生带入课堂的知识来学习具有挑战性的专业知识和技能。此外，教师可能认为文化是属于一个群体内的个体的一种固定的、同质的特征，而作为群体成员的学生认同这一概念，从而参与文化的本质化。这导致教师不一定非要建构一个强有力的文化回应型教学法概念。针对这些问题，我们需要进行更系统的研究，将文化回应型教学法与其对学生学习和教师专业发展的影响联系起来，从而提高学生的学习成绩。

关于CRSP研究的第三个关键发现是，CRSP的成功推行有赖于教师对教师关系、伙伴关系和学徒关系的关注。约翰逊（2011）对两名中学科学教师进行了纵向研究，这两名教师参与了一项基于变革性专业发展（transformative professional development model [TPD]）模式的专业发展计划。TPD框架是根据雷德森–比林斯（1995）提出的关于文化回应型教学法的三个建议开发出来的，包括三个主要组成部分：（a）通过文化相关的科学和有效的教学方法发展学生的概念性理解；（b）注重建立教师与同事、教师与学生、教师与大学教师之间的关系；（c）创造积极的学校和课堂气氛（Johnson & Marx, 2009）。这项研究的一个重要发现是，两名教师都理解了相互尊重和重视师生关系的重要性。这一发现与其他研究一致，如特科塔希塔加（Te Kotahitanga）计划。特科塔希塔加计划是新西兰教育部资助的研究和发展计划，旨在改善毛利学生的教育效果。自2001年以来，该计划在新西兰的一些中学开展（Bishop, Berryman, Powell, & Teddy, 2007; Bishop, Berryman, Tiakiwai, & Richardson, 2003）。教师对毛利学生的教学效果取决于教师与毛利学生建立和保持有效关系的能力。此外，教师和毛利学生之间建立关系的类型是影响学生在学校参与度和学习的最关键因素（Hynds et al., 2011）。

罗杰斯（Rogers）和雅伊梅（Jaime）（2010）对五名原住民社区成员进行了半结构化访谈，以确定有助于文化回应型教师发展的实用方法。通过深入访谈，研究人员确定了三个主题：（a）向社区学习；

(b) 在不舒适中转变思维；(c) 具有获取积极价值观的意识。在这项研究中，研究人员能够与原住民社区成员（文化上的局中人）建立合作伙伴关系，并为非本土教育者设定一系列预期，来帮助指导规划和促进实地经验、专业发展和未来研究。更为关键的是，"新兴的具有文化责任感的教育工作者必须努力向社区成员学习，走出他们的舒适区，注重本土文化独特、积极的方面，同时认识到他们自己持续的终身学习需求"（Rogers & Jaime, 2010, p. 198）。

作为CRSP的重要元素，体验式学习可以促进科学教师亲身体验原住民文化、语言和跨文化科学教学（Higgins, 2009; Sutherland & Henning, 2009）。随着对原住民知识和文化的进一步了解，教师可以通过更多方式来识别学生的文化资源。安德烈娅·贝尔切夫斯基（Andrea Belczewski, 2009）描述了她与加拿大第一民族一起合作和学习的经历，其重点是自我反思，从而使个人思想和教学实践变得去殖民化，使得科学教育与第一民族学生产生关联、产生意义和受到尊重。贝尔切夫斯基是一名有着西方现代科学教育背景的白人，她在课堂上努力应对面向米克马克（Mi'kmaq）和马力希特（Maliseet）加拿大第一民族学生的实践性、关联性和包容性科学教学的挑战。学生的反馈促使她自我反思、寻找问题的答案。诸如"我是一个白人，就等于殖民主义吗？我是否在课堂上延续这种同化实践？我如何看待将文化内容纳入课程中？我是否能够很好地了解文化内容，从而表达文化内容？这样做是否说明我在善待这些学生及其文化？"（Belczewski, 2009, p. 194）。与第一民族社区科学训练营中的青年和教师一起工作的经历使贝尔切夫斯基能够进一步亲身体验到，研究去殖民化不仅与科学学习内容有关，也与她的思维方式有关——一个包含外显的教学变革的个人转变过程。例如，人们逐渐意识到，应该在科学课堂上创造"诚实对话的安全环境"（p. 198），有意识地在学习过程中重视并融入学生的观点和认知方式，同时认可他们为课堂带来的丰富的文化知识。因此，反思和参与学生社区的活动（以去殖民化的眼光看待教学实践和自身）为贝尔切夫斯基提供了对第一民族及其文化和认识方式的更深刻的理解和评判。这个过程也提高了她自己的认识，开启了她对其他世界观的思考，并使之更进一步了解和重视自己的学生。

利用知识储备作为资源的教学法

知识储备的概念基于以下认识：个体在家庭或社区中的经历会产生有用、强大和可转移的知识（Gonzalez & Moll, 2002; Gonzalez, Moll, & Amanti, 2005）。知识储备是"基于历史和文化发展起来的知识和技能的集合"（Moll, Amanti, Neff, & Gonzalez, 1992, p. 133），有助于增强家庭和学校文化之间的联系，为明确且有目的地利用学生的生活方式和经验作为教学资源提供了机会。简而言之，学生在课堂之外的生活也是他们基于课堂的科学学习的资源（Roth & Tobin, 2007）。塞勒（Seiler, 2013）提出了有关科学教育中文化的另一种观点，主张摆脱被卡洛内和约翰逊（2012）称为文化差异传统的不连续和连续视角下的二分法观点。相反，她提出将科学课堂描述为文化空间，这些可渗透的新兴空间可以支持文化的灵活性。这一新的文化视角鼓励科学研究人员和教师将注意力从识别课堂上的文化冲突和其他规范性方式，转移到原住民学生身上，以回应学生通过参与家庭和社区活动获得的文化资源，以及他们对这些资源的使用可以带来什么样的文化再创造或新的文化形式。这种文化概念引发了新的比喻——知识储备和第三空间，它们有可能改变教师的概念取向与教学实践。

丰富资源观挑战了其他一些观点，例如指责学生并将学生失败归因于缺乏动力、兴趣低下和能力低(Chigeza, 2011)。根据奇格萨(Chigeza, 2011)的观点，文化资源包括：(a)文化倾向——学生因文化体验而产生的行为模式；(b)社区文化财富——学生社区拥有的一系列文化知识、技能、能力和联系；(c)文化资本——学生获得的技能、奖励、知识和语言形式。帮助学生以全新的、富有成效的、有意义的方式利用现有的文化资源，可以实现文化回应型教学法的创建。

研究人员已经开始使用知识储备的概念来调查课堂上的科学学习，即尊重、重视和利用学生的文化背景和实践。例如，卡拉布雷泽·巴顿和坦(2009)研究了6年级学生带入科学课堂的不同类型的知识储备和话语体系。为了解如何更好地帮助教师支持学生有策略地使用知识储备和话语体系，研究人员设计了一个实验，来强化学生在科学方面的学习经历。通过详细分析用于收集学生知识储备、学生对话记录和焦点小组访谈记录的课程，确定出4个类别(家庭储备、社区储备、同辈文化和流行文化)和15个子类别的关键话语线索。经过调整的科学活动单元能激发学生使用自己的知识储备，为以多种方式参与科学学习社区提供了机会。对话平台让学生有信心为讨论引入非传统储备。在这些储备中，主流的学校科学对话受到挑战和重整，创造出一个重新定位学生的混合空间。在这个空间中，他们的知识储备被视为合理的、相关的和与学校科学相适应的。除了促进积极参与和有意义地使用知识储备外，混合空间被视为有价值的学习机会，其中会出现革新性的变化——无论是在客观层面(学生鉴于对特定地点的熟悉而被视作叙事/地位权威)、政治层面(学生被赋予领导和参与的权力)，抑或是教学层面(学生作为课程的共同策划人)。

麦克劳克林(McLaughlin)和卡拉布雷泽·巴顿(2012)研究了职前教师在小学科学课堂上对知识储备的利用和理解。研究人员记录了职前教师对知识储备的理解，并描述了他们如何识别、解释和回应他们从学生那里了解到的事情以及有关学生的知识。职前教师注意到学生知识储备的来源大多可以归入莫耶及其同事(2004)提出的分类——生物、地点、活动和流行文化。这些学生资源可以通过实用的视角来解释，即它们在支持课堂活动(包括行为和学习成果)方面的感知效用。大多数职前教师认为，学生的知识储备是促使学生参与课堂的动力(一个潜在的“钓钩”)。而一小部分教师认为，知识储备可以帮助学生理解科学的意义，结识知识更渊博的同伴。尽管学生的知识储备在多数情况下被视为教学和学习的有益资源，但一些教师对此表示怀疑，在他们看来，知识储备的数量或范围不足以支持学生学习科学，并且也不符合科学解释。这些教师能够描述在课堂上更好地支持学生学习的建设性的方法。

基于特定地点的知识储备为教师提供了丰富的资源，利用这些资源可以帮助原住民学生将科学与社会联系起来，以及更多地关注学生生活和社区中的现实问题(Kawagley & Barnhardt, 2007)。基于特定地点的教学是一种情境教学法，这种方法能够识别和利用关于人及其所在环境的知识，让学生参与解决问题、体验式学习、跨文化和跨学科学习以及服务性学习，如社区拓展(Lim & Calabrese Barton, 2006; Smith, 2007)。钦(Chinn, 2012)对基于特定地点和基于文化的项目及它们在支持教师专业知识和能动性上的影响进行了全面回顾。一项重要的发现是，帮助科学教师将科学学习定位在学生的生活和社区中的专业发展能够增加教师的能动性，使他们能够将课程内容情境化，并采用对不同学习者有意义且相关的方式进行教学。

未来方向

由于与社区合作所必需的具体背景以及这种背景的复杂性，原住民和少数族裔科学教育研究领域充满了各种难题、紧张状况和矛盾。当论文报道“少数族裔学生”时，读者需要充分认识到，从外部视角来看，这种分类方式既非同质，也不易理解。关键问题之一可能是正在哪个国家开展该研究，但确定该问题之后，仍有许多细微差别需要把握。例如，在英国，少数族裔群体被定义为包括加勒比黑人、巴基斯坦人、孟加拉人、印度人和中国人。但与此同时，读者还要注意移民与英国加勒比黑人、巴基斯坦人和孟加拉人，以及与“其他”少数族裔学生例如印度人和中国人之间成就的差异(DeWitt et al., 2011)。其他少数族裔群体和原住民学生的身份识别对外行来说同样存在困难和困惑(参见Abrams, Taylor, & Guo, 2013；McKinley, 2007)。例如，美国的亚裔和太平洋岛民这一分类中包含了原住民群体(夏威夷原住民)和移民太平洋岛屿的群体，如萨摩亚人和汤加人(Pang, Han, & Pang, 2011)。这种分类方式不仅随着国家的不同而变化，而且周围的环境(例如，语言的状态、知识的构建方式、殖民的国家)和群体的经历也可能会有显著不同。然而，这种复杂性不应该阻止研究人员在该领域开展研究。要点不在于找到对于每个群体组成结构的共识或普遍定义——身份理解总是本土驱动的，而社区的融入(在广泛的影响范围内)已被证明对学生的学业成功有影响(Clinton & Hattie, 2013)。

促进原住民社区与专业院校之间更公平的关系和互动很有必要。在原住民知识和西方认识论体系“交界处”工作的教育者和学者应该考虑下列四个要求：尊重、关联、互惠和责任(Kirkness & Barnhardt, 1991)。即尊重原住民的文化完整性，使学习与他们的认知方式相关联，在学生文化背景基础上提供互惠的教与学关系，并使他们能够对自己的生活负责。这四个要求可以作为建立积极关系，更好地理解和接受本土认知方式的话语规范。互动规范不仅和与原住民社区共享知识有关，对于在科学课堂中建立对话或辩证的学习环境也很重要，这有助于使学生的世界观可视化，有助于确定如何最好地利用文化资源进行有意义的科学学习。此外，加强学校与当地社区之间的联系将提高科学和科学教育的参与度(参见Sutherland & Henning, 2009)。这一目标将为学校与当地原住民和/或少数族裔社区之间如何形成伙伴关系，以及在科学教育学习背景下如何开展工作等领域提供进一步研究的机会。

与其他领域一样，责任制体系在科学教育研究中要强调什么内容，是衡量公平和优质成果在方法论和实践论领域的挑战。科学教育最终必须面临有关应对多样性和实现公平且优质教育能力的评价。如本文所述，成功或优质的概念带来了冲突。尽管成绩差距反映了现存的不平等，但通常研究用挑选出来的量化结果来比较学生群体的成绩，并不能反映教育公平以及优质与否的全貌。在目前的讨论中，突出成绩数据可能会损害对其他因素的认识。虽然目前使用的标准化考试确实提供了关于校内和校际学生表现和公平性的必要信息，但并非学校有责任承担的所有教育质量都可以或应该以考试成绩来衡量。文化、语言、家-校关系、学生参与、动机和家庭期望等也是影响教育成功的重要因素。正如我们在本章中所展示的，科学学习发生在文化背景之中，从根本上来说，它是一种社会调节过程。责任制对原住民和少数族裔学生施加的压力之一是助长了由系统推进的个人主义，而这并非意外。从学术角度来看，学生个体是异质的，每个学生都应该受到激励，以充分展现自己的能力。但是，为了确定责任制的施行，人们需要追问：“要对谁负责？”回到弗雷泽（2010）的观点，她认为当涉及实践（如学校层面）时，应通过三个相互作用的维度来探讨责任制：分配、认可和表征。谁得到了什么？谁以什么方式被对待？谁能做什么？上述框架可以解决诸如以下问题：科学教育中的教育机会、资源和成果如何在个人之间和群体之间分配？谁有权力做出决定？学生及其家庭能够在多大程度上影响其成果？而伍兹及其同事（2014）认为，责任制必须与责任和承诺相契合。麦卡蒂（McCarty, 2009, p.26）提出了“可信责任制”计划，其中包括衡量绩效（包括当地制定的指标），强调学校与社区之间的关系，将社区视为下一代教育的重要利益相关者并将社区纳入所制定的决策。虽然某些教育系统（例如新西兰）在地方一级开展责任制，每个学校也都有自己的治理结构，但在其他国家，教育系统更具等级性和层次性（例如美国），而责任往往分配到远离当地学校的机构中。责任制是一个备受争议的问题，对于原住民社区来说尤为重要，而在与科学教育有关的方面尚未得到充分的探究。

本章表明，对文化回应型科学教学法的研究数量激增。这项工作主要是由学校现行的责任制体系推动的，特别是在工业化国家。在科学教育课堂中开展文化回应型研究的目的有两个。第一个目的，解决如何应对原住民和少数族裔学生在科学教育中“成绩不佳”的状况时，无须与被排斥的社区进行深入和有意义的交流。人们已经意识到，对于大多数非原住民和少数族裔的科学教师而言，不知不觉会有关注科学教育的权威观点，并以此作为左右自身思想的假设和观点的倾向。第二个目的，同样是在无意中，驯化其他人的知识——使原住民知识“符合”主流的科学观点，并使之可被外人控制。这些方法很可能会使原住民和少数族裔学生的教师（和其他人）产生误解，认为文化和语言仅仅是象征的手法。虽然有观点认为，文化回应型反馈削弱了原住民社区观点与生俱来的潜力（相关讨论参见McKinley, 2001），但是CRSP研究目前仍是该领域的一个强有力的发展方向。

对CRSP研究兴趣的增长意味着有许多研究路径亟待考察。首先，需要开展研究以确定如何支持教师和学生更好地利用每个人带入科学课堂的知识储备。我们认为，在理解如何实现上述问题的过程中，“第三空间”的研究有可能会对CRSP有所帮助。一个重要的研究领域涉及来自不同背景的教师和学生如何利用他们的语言和文化经历作为学习科学的智慧源泉，以及当发现这些资源与课堂上定义和教授的科学不一致时，要如何克服可能出现的紧张状况和挑战。在最近发表的一篇论文中，纳姆（Nam）、勒里希（Roehrig）、克恩（Kern）和雷诺兹（Reynolds）（2013）研究了美国印第安人课堂中的美国教师与文化相关的科学教学观念和实践，发现他们可选择的原住民知识话题受到限制。另一个发现则是，在教师中，那些将自己定位为学习者并与原住民和少数族裔学生建立牢固关系的人，更可能在课堂上体现较强的文化回应能力。在未来的工作中可以提出的一些问题包括：第一，文化相关的教学法是否能支持原住民和少数族裔学生学习科学？如果可以支持，应如何实现？还有什么可以帮助教师更加熟练地进行与文化相关的科学教学？现有的关于学生可能会带入科学课堂的先验知识和生活经验的研究很少。其次，培养教师采用文化回应型教学法必须由整个学校系统发起，而不能仅仅来自课堂教师（Aikenhead, 2011）。学校系统应积极支持教师强化科学教学的文化视角，发挥社区在参与创建协作的学习环境过程中的作用。这不仅可以丰富学校的科学内容，还可以促进学校科学文化的转变，促进更具回应性的科学教学（Bang, Medin, Washinawatok & Chapman, 2010）。

越来越多的原住民社区（以及可能小范围的少数族裔社区）开始维护其指导科学和科学教育研究项目的权利，而不仅仅是作为科学和科学教育研究的案例，并发展自身作为科学和教育合作伙伴的潜力。例如，作为政府机构的新西兰教育部已与毛利部落（氏族联合）签署了32项合作教育计划，并且与另外10个毛利部落处于谈判阶段（Ministry of Education, 2010）。这些计划为持续的伙伴关系和发展奠定了基础，并且与政府和毛利部落的优先发展目标一致。这是一个令人兴奋的发展态势，也是一个有潜质的新兴研究方向。如果我们认真看待合作关系，科学课程会以何种面貌呈现？教育的成功将会是怎样的图景？在相同条件下责任制将呈现何种状态？重要的是，科学教育研究尤其要与原住民社区建立牢固的联系——这是实现学校所有课程的可持续性和学生成功的唯一途径，对所有人都有意义。

致谢

感谢邱美红（Mei-hung Chiu）和萨拉·托尔伯特（Sarah Tolbert）对本章初稿的审阅和评论。

参考文献

Abrams, E., Taylor, C.T., & Guo, C.J. (2013). Editorial: Contextualizing culturally relevant science and mathematics teaching for indigenous students. *International Journal of Science and Mathematics Education, 11*, 1–21.

Adams, J., Luitel, B.C., Afonso, E., & Taylor, P.C. (2008). A cogenerative inquiry using postcolonial theory to envisage culturally inclusive science education. *Cultural Studies of Science Education, 3*, 999–1019.

Aikenhead, G.S. (1996). Science education: Border crossing into the subculture of science. *Studies in Science Education, 27*, 1–52.

Aikenhead, G.S. (1997). Toward a First Nations cross-cultural science and technology curriculum. *Science Education, 81*, 217–238.

Aikenhead, G.S. (2006). *Science education for everyday life: Evidence-based practice.* New York: Teachers College Press.

Aikenhead, G.S. (2011). Towards a cultural view on quality science teaching. In D. Corrigan, J. Dillon, & R. Gunstone (Eds.), *The professional knowledge base of science teaching* (pp. 107–127). New York: Springer.

Aikenhead, G.S., & Elliott, D. (2010). An emerging decolonizing science education in Canada. *Canadian Journal of Science, Mathematics and Technology Education, 10*, 321–338.

Aikenhead, G.S., & Jegede, O.J. (1999). Cross-cultural science education: A cognitive explanation of a cultural phenomenon. *Journal of Research in Science Teaching, 36*, 269–287.

Aikenhead, G.S., & Michell, H. (2011). *Bridging cultures: Indigenous and scientific ways of knowing nature.* Toronto: Pearson Education Canada.

Ainscow, M., Dyson, A., Goldrick, S., & West, M. (2012). *Developing equitable education systems.* London: Routledge.

Atwater, M.M. (1994). Research on cultural diversity in the classroom. In D.L. Gabel (Ed.), *Handbook of research on science teaching and learning* (pp. 558–576). New York: Macmillan.

Atwater, M.M., Freeman, T.B., Butler, M.B., & Draper-Morris, J. (2010). A case study of science teacher candidates' understandings and actions related to the culturally responsive teaching of "other" students. *International Journal of Environmental and Science Education, 5* (3), 287 – 318.

Bang, M., Medin, D., Washinawatok, K., & Chapman, S. (2010). Innovations in culturally-based science education through partnerships and community. In M. Khine & I. Saleh (Eds.), *New science of learning: cognition, computers and collaboration in education* (pp. 569 – 592). New York: Springer.

Belczewski, A. (2009). Decolonizing science education and the science teacher: A White teacher's perspective. *Canadian Journal of Science, Mathematics and Technology Education, 9* (3), 191 – 202.

Bhabha, H.K. (2004). *The location of culture.* London: Routledge.

Bishop, R., Berryman, M., Powell, A., & Teddy, L. (2007). *Te Kotahitanga: Improving the educational achievement of Māori students in mainstream education Phase 2: Towards a whole school approach* (Report to the Ministry of Education). Wellington, NZ: Ministry of Education.

Bishop, R., Berryman, M., Tiakiwai, S., & Richardson, C. (2003). *Te Kotahitanga: The experiences of Year 9 and 10 Māori students in mainstream classrooms.* Wellington, NZ: Ministry of Education.

Boutte, G., Kelly-Jackson, C., & Johnson, G.L. (2010). Culturally relevant teaching in science classrooms: Addressing academic achievement, cultural competence, and critical consciousness. *International Journal of Multicultural Education, 12* (2), 1 – 20.

Branden, K., Avermaet, P., & Houtte, M. (2011). *Equity and excellence in education: Towards maximal learning opportunities for all students.* New York: Routledge.

Brayboy, B.M. J., & Castagno, A.E. (2008). How might Native science inform "informal science learning"? *Cultural Studies of Science Education, 3* (3), 731 – 750.

Brown, B.A. (2011). Isn't that just good teaching? Disaggregate instruction and the language identity dilemma. *Journal of Science Teacher Education, 22* (8), 679 – 704.

Brown, B.A. (2013). The language identity dilemma: An examination of language, cognition, identity, and their associated implications for learning. In J.A. Bianchini, V.L. Akerson, A. Calabrese Barton, O. Lee, & A.J. Rodriguez (Eds.), *Moving the equity agenda forward: Equity research, practice, and policy in science education* (pp. 223 – 239). New York: Springer.

Buxton, C. (2005). Creating a culture of academic success in an urban science and math magnet high school. *Science Education, 89* (3), 392 – 417.

Cajete, G. (1994). *Look to the mountain: An ecology of indigenous education.* Durango, CO: Kivaki Press.

Calabrese Barton, A., & Tan, E. (2009). Funds of knowledge and discourses and hybrid space. *Journal of Research in Science Teaching, 46*, 50 – 73.

Calabrese Barton, A., Tan, E., & Rivet, A. (2008). Creating hybrid spaces for engaging school science among urban middle school girls. *American Education Research Journal, 45*, 68 – 103.

Carlone, H.B., & Johnson, A. (2007). Understanding the science experiences of successful women of color: Science identity as an analytic lens. *Journal of Research in Science Teaching, 44*, 1187 – 1218.

Carlone, H.B., & Johnson, A. (2012). Unpacking "culture" in cultural studies of science education: Cultural difference versus cultural production. *Ethnography and Education, 7* (2), 151 – 173.

Carter, L. (2007). Sociocultural influences on science education: Innovation for contemporary times. *Science Education, 92* (1), 165 – 181.

Chappell, S.V., & Cahnmann-Taylor, M. (2013). No child left with crayons: The imperative of arts-based education and research with language "minority" and other minoritized communities. *Review of Educational Research, 37* (1), 255 – 280.

Cheesman, E., & De Pry, R. (2010). A critical review of culturally responsive literacy instruction. *Journal of Praxis in Multicultural Education, 5* (1), 83 – 99.

Chigeza, P. (2011). Cultural resources of minority and marginalised students should be included in the school science curriculum. *Cultural Studies of Science Education, 6* (2), 401 – 412.

Chinn, P. (2012). Developing teachers' place-based and culture-based pedagogical content knowledge and agency. In B. Fraser, C. McRobbie, & K. Tobin (Eds.), *Second international handbook of science education* (pp. 323 – 334). New York and London: Springer.

Clinton, J., & Hattie, J. (2013). New Zealand students' perceptions of parental involvement in learning and schooling. *Asia Pacific Journal of Education, 33* (3), 324 – 337.

Cobern, W.W., & Aikenhead, G.S. (1998). Cultural aspects of learning science. In B.J. Fraser & K.G. Tobin (Eds.), *International handbook of science education* (pp. 39 – 52). Dordrecht, the Netherlands: Kluwer Academic.

Cupane, A.F. (2011). Towards an understanding of the role of language in the science classroom and its association with cultural identity development in the context of Mozambique. *Cultural Studies of Science Education, 6* (2), 435 – 440.

DeWitt, J., Archer, L., Osborn, J., Dillon, J., Willis, B., & Wong, B. (2011). High aspirations but low progression: The science aspirations-careers paradox amongst minority ethnic students. *International Journal of Science and Mathematics Education, 9*, 243 – 271.

Deyhle, D., & Comeau, K.G. (2009). Connecting the Circle in American Indian Education. In J.A. Banks (Ed.), *The Routledge international companion to multicultural education* (pp. 265 – 275) . New York: Routledge.

Eisenhart, M. (2001). Changing conceptions of culture and ethnographic methodology: Recent thematic shifts and their implications for research on teaching. In V. Richardson (Ed.), *Handbook of research on teaching* (pp. 209 – 225). Washington, DC: American Educational Research Association.

Ezeife, A.N. (2003). Using the environment in mathematics and science teaching: An African and Aboriginal perspective. *International Review of Education, 49*, 319 – 342.

Fraser, N. (2010). *Scales of justice.* New York: Columbia University Press.

Gay, G. (2000). *Culturally responsive teaching: Theory, research, and practice.* New York: Teachers College Press.

Gay, G. (2002). Preparing for culturally responsive teaching. *Journal of Teacher Education, 53*, 106 – 116.

Gay, G. (2009). Preparing culturally responsive teachers. In B. Greer, S. Mukhopadhyay, S. Nelson-Barber, & A.B. Powell (Eds.), *Culturally responsive mathematics education* (pp. 65 – 84). New York: Routledge.

Gilbert, A., & Yerrick, R. (2001). Same school, separate worlds: A sociocultural study of identity, resistance, and negotiation in a rural, lower track science classroom. *Journal of Research in Science Teaching, 38*, 574 – 598 .

Giroux, H.A. (1992). *Border crossings: Cultural workers and the politics of education.* New York: Routledge.

Glasson, G.E., Mhango, N., Phiri, A., & Lanier, M. (2010). Sustainability science education in Africa: Negotiating indigenous ways of living with nature in the third space. *International Journal of Science Education, 32* (1), 125 – 141.

Gonzalez, N., & Moll, L.C. (2002). Cruzando el puente: Building bridges to funds of knowledge. *Educational Policy, 16* (4), 623 – 641.

Gonzalez, N., Moll, L.C., & Amanti, C. (2005). *Funds of knowledge: Theorizing practices in households, communities, and classrooms.* Mahwah, NJ: Lawrence Erlbaum.

Greenfield, P.M., Keller, H., Fuligni, A., & Maynard, A. (2003). Cultural pathways through universal development. *Annual Review of Psychology, 54*, 461 – 490.

Greenfield, P.M., Quiroz, B., & Raeff, C. (2000). Cross-cultural conflict and harmony in the social construction of the child. In S. Harkness, C. Raeff, & C.M. Super (Eds.), *Variability in the social construction of the child* (pp. 93 – 108). New Directions in Child Development, No. 87. San Francisco: Jossey-Bass.

Gutierrez, K.D., & Rogoff, B. (2003). Cultural ways of learning: Individual traits or repertoires of practice. *Educational Researcher, 32* (5), 19 – 25.

Harris, P., & Mercier, O. (2006). Te Ara Putaiao. In M. Mulholland (Ed.), *State of the Māori Nation.* Auckland, NZ: Reed Publishing.

Hawkins, J., & Pea, R.D. (1987). Tools for bridging the cultures of everyday and scientific thinking. *Journal of Research in Science Teaching, 24* (4), 291 – 307.

Herbert, S. (2008). Collateral learning in science: Students' responses to a cross-cultural unit of work. *International Journal of Science Education, 30* (7), 979 – 993.

Heymann, J., & Cassola, A. (Eds.). (2012). *Lessons in educational equality.* New York: Oxford University Press.

Higgins, M. (2009). *Shared horizons: A dialogue between Indigenous and Western science.* Unpublished thesis proposal, Lakehead University, Thunder Bay, ON.

Hynds, A., Sleeter, C., Hindle, D., Savage, C., Penetito, W., & Meyer, L. (2011). Te Kotahitanga: A case study of a repositioning approach to teacher professional development for culturally responsive pedagogies. *Asia Pacific Journal of Teacher Education, 39* (4), 339 – 351.

Jegede, O. (1995). Collateral learning and the eco-cultural paradigm in science and mathematics education in

Africa. *Studies in Science Education, 25*, 97–137.

Johnson, C. (2011). The road to culturally relevant science: Exploring how teachers navigate change in pedagogy. *Journal of Research in Science Teaching, 48* (2), 170–198.

Johnson, C.C., & Marx, S. (2009). Transformative professional development: A model for urban science education reform. *Journal of Science Teacher Education, 20* (2), 113–134.

Jordan, W.J. (2010). Defining equity: Multiple perspectives to analyzing the performance of diverse learners. *Review of Research in Education, 34*, 142–178.

Kawagley, A. (2006). *A Yupiaq worldview: A pathway to ecology and spirit.* Long Grove, IL. Waveland Press.

Kawagley, A., & Barnhardt, R. (2007). *Education indigenous to place: Western science meets native reality.* Retrieved May 31, 2013, from www.ankn.uaf.edu/curriculum/Articles/BarnhardtKawagley/EIP.html

Kincheloe, J., & Steinberg, S. (2008). Indigenous knowledges in education: Complexities, dangers, and profound benefits. In N.K. Denzin, Y. S. Lincoln, & L.T. Smith (Eds.), *Handbook of critical and indigenous methodologies* (pp.135–156). Thousand Oaks, CA: Sage.

Kirkness, V.J., & Barnhardt, R. (1991). First Nations and higher education: The four R's—respect, relevance, reciprocity, responsibility. *Journal of American Indian Education, 30* (3), 1–15.

Klump, J., & McNeir, G. (2005). *Culturally responsive practices for student success: A regional sampler.*

Ladson-Billings, G. (1994). *The dreamkeepers: Successful teachers of African American children.* San Francisco: Jossey-Bass.

Ladson-Billings, G. (1995). But that's just good teaching! The case for culturally relevant pedagogy. *Theory Into Practice, 34*, 159–165.

Lee, O. (2002). Science inquiry for elementary students from diverse backgrounds. In W.G. Secada (Ed.), *Review of research in education* (pp. 23–69). Washington, DC: American Educational Research Association.

Lee, O. (2004). Teacher change in beliefs and practices in science and literacy instruction with English language learners. *Journal of Research in Science Teaching, 41*, 65–93.

Lee, O. (2005). Science education with English language learners: Synthesis and research agenda. *Review of Educational Research, 75*, 491–530.

Lee, O., Deaktor, R., Enders, C., & Lambert, J. (2008). Impact of a multiyear professional development intervention on science achievement of culturally and linguistically diverse elementary students. *Journal of Research in Science Teaching, 45* (6), 726–747.

Lee, O., & Fradd, S.H. (1998). Science for all, including students from non-English-language backgrounds. *Educational Researcher, 27*, 12–21.

Lee, O., & Luykx, A. (2006). *Science education and student diversity: Synthesis and research agenda.* New York: Cambridge University Press.

Lemke, J. (1990). *Talking science: Language, learning, and values.* Norwood, NJ: Ablex.

Lewthwaite, B., McMillan, B., Renaud, R., Hainnu, R., & MacDonald, C. (2010). Combining the views of "both worlds": Science education in Nunavut Piqusiit Tamainik katisugit. *Canadian Journal of Educational Administration and Policy, 98*, 1–71.

Lewthwaite, G., & McMillan, B. (2007). Combing the views of both worlds: Perceived constraints and contributors to achieving aspirations for science education in Qikiqtani. *Canadian Journal of Science, Mathematics and Technology Education, 7*, 355–376.

Lim, M., & Calabrese Barton, A. (2006). Science learning and a sense of place in an urban middle school. *Cultural Studies of Science Education, 1*, 107–142.

Luke, A., Green, J., & Kelly, G.J. (2010). Introduction: What counts as evidence? *Review of Research in Education, 34*, vii–xvi.

May, S. (2001). *Language and minority rights.* Essex, UK: Pearson Education Limited.

McCarty, T.L. (2009). The impact of high-stakes accountability policies on Native American learners: Evidence from research. *Teaching Education, 20* (1), 7–29.

McIntosh, T., & Mulholland, M. (Eds.). (2011). *Māori and social issues.* Wellington, NZ: Huia Publishers.

McKinley, E. (1996). Towards an indigenous science curriculum. *Research in Science Education, 26* (2), 155–67.

McKinley, E. (2001). Cultural diversity: Masking power with innocence. *Science Education, 85* (1), 74–76.

McKinley, E. (2005). Brown bodies, white coats: Postcolonialism, Māori women and science. *Discourse:*

Studies in the Cultural Politics of Education, 26 (4), 481–496.

McKinley, E. (2007). Postcolonialism, indigenous students and science education. In S.K. Abell & N.G. Lederman (Eds.), *International handbook of research in science education* (pp. 199–226). Mahwah, NJ: Lawrence Erlbaum.

McKinley, E., & Keegan, P.J. (2008). Curriculum and language in Aotearoa New Zealand: From science to pūtaiao. *L1—Educational Studies in Language and Literature, 8* (1), 135–147.

McKinley, E., & Stewart, G.M. (2009). Falling into place: Indigenous science education research in the Pacific. In S. Ritchie (Ed.), *World of science education, Vol. 2. Handbook of research in Australasia* (pp. 49–65). Rotterdam, the Netherlands: Sense Publishers.

McKinley, E., & Stewart, G.M. (2012). Out of place: Indigenous knowledge (IK) in the science curriculum. In B. Fraser, C. McRobbie, & K. Tobin (Eds.), *Second international handbook of science education* (pp. 541–554). New York and London: Springer.

McLaughlin, D.S., & Calabrese Barton, A. (2012). Preservice teachers' uptake and understanding of funds of knowledge in elementary science. *Journal of Science Teacher Education, 24* (1), 13–36.

Mead, H.M. (2003). *Tikanga Māori.* Wellington, NZ: Huia Publishers.

Meyer, X., & Crawford, B.A. (2011). Teaching science as a cultural way of knowing: Merging authentic inquiry, nature of science, and multicultural strategies. *Cultural Studies in Science Education, 6* (3), 525–547.

Ministry of Education. (2008). *Ka Hikitia—Managing for success: The Māori education strategy 2008–2012.* Wellington, NZ: Author.

Ministry of Education. (2010). *Ngā Haeata Mātauranga.*

Moje, E., Collazo, T., Carillo, R., & Marx, R.W. (2001). "Maestro, what is 'quality?'": Language, literacy, and discourse in project-based science. *Journal of Research in Science Teaching, 38* (4), 469–498.

Moje, E., McIntosh Ciechanowski, K., Kramer, K., Ellis, L., Carrillo, R., & Collazo, T. (2004). Working toward third space in content area literacy: An examination of everyday funds of knowledge and discourse. *Reading Research Quarterly, 39* (1), 38–70.

Moll, L.C., Amanti, C., Neff, D., & Gonzalez, N. (1992). Funds of knowledge for teaching: Using a qualitative approach to connect homes and classrooms. *Theory Into Practice, 31* (2), 132–141.

Morrison, K.A., Robbins, H.A., & Rose, D.G. (2008). Operationalizing culturally relevant pedagogy: A synthesis of classroom-based research. *Equity and Excellence in Education, 41* (4), 433–452.

Nam, Y., Roehrig, G., Kern, A., & Reynolds, B. (2013). Perceptions and practices of culturally relevant science teaching in American Indian classrooms. *International Journal of Science and Mathematics Education, 11*, 143–167.

Oakes, J. (2005). *Keeping track: How schools structure inequality* (2nd ed.). New Haven, CT, & London: Yale University Books.

Ogawa, M. (1995). Science education in a multi-science perspective. *Science Education, 79*, 583–593.

Pang, V., Han, P., & Pang, J. (2011). Asian American and Pacific Islander students equity and the achievement gap. *Educational Researcher, 40* (8), 378–389.

Reveles, J., & Brown, B. (2008). Discursive identity and science teaching: Teachers emphasizing student identity in science instruction. *Science Education, 92* (5), 1015–1041.

Richards, J., & Scott, M. (2009). *Aboriginal education: Strengthening the foundations.* Ottawa, ON: Canadian Policy Research Networks.

Rogers, C.A., & Jaime, A.M. (2010). Listening to the community: Guidance from Native community members for emerging culturally responsive educators. *Equity and Excellence in Education, 43* (2), 188–201.

Roth, W.-M. (Ed.). (2009). *Science education from people for people: Taking a stand(point).* New York: Routledge.

Roth, W.-M., & Tobin, K. (Eds.). (2007). *Science, learning, identity: Sociocultural and cultural historical perspectives.* Rotterdam, the Netherlands: Sense Publishers.

Schech, S., & Haggis, J. (2000). *Culture and development: A critical introduction.* Oxford: Blackwell Publications.

Seiler, G. (2013). New metaphors about culture: Implications for research in science teacher preparation. *Journal of Research in Science Teaching, 50* (1), 104–121.

Sleeter, C.E. (2012). Confronting the marginalization of culturally responsive pedagogy. *Urban Education, 47* (3), 562–584.

Smith, G.A. (2007). Place-based education: Breaking through the constraining regularities of public school. *Environmental Education Research, 13* (2), 189 – 207.

Solano-Flores, G., & Nelson-Barber, S. (2001). On the cultural validity of science assessments. *Journal of Research in Science Teaching, 38* (5), 553 – 573.

Stanley, W.B., & Brickhouse, N.W. (1994). Multiculturalism, universalism, and science education. *Science Education, 78* (4), 387 – 398.

Stewart, G.M. (2010). *Good science? The growing gap between power and education.* Rotterdam, the Netherlands: Sense Publishers.

Stewart, G.M. (2012). Achievements, orthodoxies and science in Kaupapa Māori schooling. *New Zealand Journal of Educational Studies, 47* (2), 51 – 63.

Sutherland, D., & Henning, D. (2009). Ininiwi-Kiskānıtamowin: A framework for long-term science education. *Canadian Journal of Science, Mathematics and Technology Education, 9* (3), 173 – 190.

Taylor, P.E. (2006 a). Toward culturally inclusive science classrooms. *Cultural Studies of Science Education, 1*, 189 – 195.

Taylor, P.E. (2006 b). Cultural hybridity and third space science classrooms. *Cultural Studies of Science Education, 1*, 201 – 208.

Tobin, K.G. (2008). Contributing to the conversation in science education. *Cultural Studies in Science Education, 3*, 535 – 540.

Van Eijck, M., & Roth, W.M. (2007). Keeping the local local: Recalibrating the status of science and traditional ecological knowledge (TEK) in science education. *Science Education, 6*, 926 – 947.

Villegas, A.M., & Lucas, T. (2002). *Educating culturally responsive teachers: A coherent approach.* Albany: SUNY Press.

Wallace, C.S. (2004). Framing new research in science literacy and language use: Authenticity, multiple discourses, and the "third space." *Science Education, 88*, 901 – 914.

Wallace, T., & Brand, B.R. (2012). Using critical race theory to analyze science teachers' culturally responsive practices. *Cultural Studies of Science Education, 7* (2), 341 – 374.

Warren, B., Ballenger, C., Ogonowski, M., Rosebery, A., & Hudicourt-Barnes, J. (2001). Rethinking diversity in learning science: The logic of everyday sense-making. *Journal of Research in Science Teaching, 38*, 1 – 24.

Webber, M., McKinley, E., & Hattie, J. (2013). The importance of race and ethnicity: An exploration of New Zealand Pākehā, Māori, Samoan and Chinese adolescent identity. *New Zealand Journal of Psychology, 42* (1), 43 – 54.

Wolcott, H.F. (1991). Propriospect and the acquisition of culture. *Anthropology and Education Quarterly, 22*, 251 – 273.

Woods, A., Dooley, K., Luke, A., & Exley, B. (2014). School leadership, literacy and social justice: The place of local school curriculum planning and reform . In I. Bogotch & C. Shields (Eds.), *International Handbook of Educational Leadership and Social (In)Justice* (pp. 509 – 520). New York: Springer.

Young, E. (2010). Challenges to conceptualizing and actualizing culturally relevant pedagogy: How viable is the theory in classroom practice? *Journal of Teacher Education, 61* (3), 248 – 260.

Zembylas, M., & Avraamidou, L. (2008). Postcolonial foldings of space and identity in science education: Limits, transformations, prospects. *Cultural Studies of Science Education, 3*, 977 – 998.

Section IV

Science Teaching

SECTION EDITOR: JAN H. VAN DRIEL

第IV编

科学教学

本部分主编：简·范德里尔

16

General Instructional Methods and Strategies

DAVID F. TREAGUST AND CHI-YAN TSUI

第16章 一般教学方法和策略

马蕊　译　　刘晟　审校

科学教师在K—12学校和高等院校教授科学课程时会使用多种教学方法和策略。这些策略既包含以教学或教师为中心的策略，也包含以学生或学习者为中心的策略。在计算机和网络技术无处不在的数字时代，这种情况依旧没有改变；然而，这种简单地以学生为中心或以教师为中心的区分已经变得有些模糊，并且具有了新的含义。从本章上一版（Treagust, 2007）到现在，科学、人类社会和科学教育发生了许多变化，导致西方或发达国家的科学和科学教育出现了新的危机（如Gluckman, 2011; Hilton, 2010; McKinsey & Company, 2012; Sjøberg & Schreiner, 2010; Tytler, 2007）。例如，泰特勒（Tytler）在2007年的综述中写到，澳大利亚具有四重危机：

> 澳大利亚的工作场所缺乏有技术的科学专业人员；以科学为基础的发展态势正在向发展中国家转移；相当多的证据表明学生在中学时就开始对学校的科学课不再抱有幻想；以及对当前和即将面临的合格科学教师短缺日益增长的担忧。
>
> (p.ix)

这些变化使得我们有必要对上一版手册的原章节进行重大修订。自20世纪80年代以来，经济、实用主义、民主、文化和道德显著地影响了其他西方国家或发达国家科学教育的导向（Driver, Leach, Millar & Scott, 1996）。基于这五方面的论证，英国、美国的科学家和科学教育工作者呼吁加强公众的科学理解和学校科学课程改革，以提升所有学生的科学素养或推进面向全体学生的科学。例如，澳大利亚和新西兰的科学教育工作者就采纳了这些关于学习学校科学的论证或其变体，主张为所有具备不同兴趣和职业抱负的学生改善学校科学教育（Gluckman, 2011; Tytler, 2007）。此外，美国科学教育工作者和其他专家共同努力探索科学教育与21世纪技能的交集，以便改善学校科学教学和学习，使学生习得当今世界就业所需的技能（Hilton, 2010）。我们相信，关于科学素养可促进公众对科学理解的这五方面论证将在21世纪继续影响科学的教学内容和方法，使学校科学课更贴近学生，从而提高他们学习科学的兴趣和参与度。特别是，从全球视野来看，我们相信，在帮助许多发展中国家公民获得改善民主和社会正义的能力方面，关于科学教育的民主论证变得越来越重要(如Young, 2008)。

事实上，在过去几十年里，人们越来越关注世界各地出现的社会性科学议题，如可持续使用的森林、基因技术和污染问题(Robottom, 2012; Tytler, 2007)。针对这些社会性科学议题采取行动的原因往往是基于公民对这些议题背后的科学技术的理解，例如中国环保组织的一些行动(Shapiro, 2012)。对于今天的学生来说，这种参与式的民主既有通用性，又有相关性，他们中的许多人关心公平和社会正义，因此，民主式的辩论可以成为他们学习科学的动力。此外，学生的科学知识可以赋予他们参与讨论和辩论的能力，或促使他们对影响生活的议题做出明智的决定(Venville & Dawson, 2010)。

与本手册上一版中的章节一样(Treagust, 2007)，新章节中的教学方法和策略也是根据教师在实施中的直接控制程度来组织的。在改写和更新本章时，我们考虑的是，要将最新的相关文献综述组织起来，使本章能够为读者提供科学教育教学研究的概况。本章是原章节的延续，而不是原章节内容的重复。同时，读者可以通过引用的参考文献获取与本综述相关的最新研究的更多信息。我们打算根据科学教育走向全球化的最新趋势，尽可能在国际背景下进行讨论(Chiu & Duit, 2011)。然而，我们对非英语国家科学教育现状的文献了解有限，这限制了我们在这方面的综述。

在数字时代，当数字技术在学校和家庭中对学习者来说变得更为普遍且可以负担得起时，教和学通常被认为更多是以学生为中心的。研究表明，在学校中以探究为基础的教学方法是教科学最有用的方法，它是一系列方法和策略的总称，通常更强调以学生为中心而非以教师为中心(见Tytler, 2007的综述)。

在探讨对学习的控制这一语境中，“教师”一词现在可以扩展到课程设计者、教育课件或活动的设计者，以及在不同教育环境中实施学习计划的教育者。本章重点围绕上一版(Treagust, 2007)中呈现的六种一般教学方法和策略中的五种——演示、解释、提问、科学推理以及表征学习进行文献综述，但与上一版中的标题略有不同，标题的变化反映了这些主题的最新变化。这五个主题是相互关联和有交集的，体现了在各级教育中科学教学的复杂性。从许多被引用的科学教学研究实例中可以明显看出，数字化技术和在线学习环境的影响越来越大。本章不包括原章节中对“小组学习与合作学习”这一主题的综述，但这些以学生为中心的学习形式在21世纪的科学教育中仍然发挥着重要作用。

原章节中提出的四项理论思考(Treagust, 2007)对21世纪科学课堂中的教学方法和策略仍然具有重要的影响，但略有不同。第一项理论思考是认可学习者构建自己的理解，并认为这可以通过专门设计的教学方法予以促进。近年来，社会文化观和话语观在科学教育中越来越流行(例如Jaipal, 2010; Marquez, Izquierdo, & Espinet, 2006; Tytler, Symington, Darby, Malcolm, & Kirkwood, 2011)。然而，我们要警惕一点，就是科学教师不应在课堂学习中过度强调情境化和学生参与，过度强调会使学生对科学内容的获取大打折扣。根据斯法尔德(Sfard, 1998)提出的关于学习的两个隐喻，参与到课堂的社会文化环境之中和个人的知识建构都很重要。事实上，最近教育心理学家就“对于科学课的学习，给予最低限度指导的教学法”是否“没有直接指导的教学法更有效”展开了讨论和辩论(Duschl & Hamilton, 2010, p.81)。相应地，一些研究者主张，在基于社会和协作情境下开展基于真实学习的教学，这样的情境与科学知识不断发展与完善的情境是相似的。另一方面，根据人类认知结构的自然属性（即，强大的长期记忆和有限的工作记忆），还有些研究者主张使用直接指导的方法来支持信息搜索与检索的效率。

第二项理论思考是，在学校学习的科学经典内容被认为是一个有问题的议题（例如Fensham, 2001; Fensham, Gunstone, & White, 1994）。科学教育者认为，学生对科学的理解应该超越对科学内容的学习，还应涉及科学本身或科学本质，以及科学与社会的关系（例如Driver et al.,1996; Aikenhead, 2006）。还有这样一个争论，就是到底应包含哪些经典科学内容，才能够提高所有学生的兴趣和参与度（即科学素养），并且同时也能满足那些少数的、希望成为科学家的重点群体的需求（Aikenhead, 2006; Fensham, 2009; Tytler, 2007）。

第三项理论思考贯穿于本章所探讨的教学方法和策略之中，是一种愿景，即科学教学旨在增强学生的元认知，反过来可能促使认知学习层面对科学概念性的理解相应的提高（Hennessey, 2003; Thomas, 2012; Zohar & Dori, 2012）。以往研究中揭示出的有助于发展元认知能力的策略（如概念图、POE等）仍然有用，并且在当今科学教学和学习中得到了技术的加持。正如本章综述所示，现在，科学教学更多地聚焦于学习如何学科学或者如何发展可以调节认知过程的元认知技能，而不仅仅是学习科学（例如Gluckman, 2011; National Research Council, 2007; Zohar & Dori, 2012）。

第四个理论思考认识到本章所综述的教学方法和策略是以大量已有研究的证据作为基础的，或者说是基于证据的。科学教师可以通过行动研究的形式，利用研究人员设计的各种分析框架，在检查、实施和评估教学的过程中，尝试使用这些方法和策略，进一步推进自己的教学。各级科学教育的最佳实践是基于证据的或有良好理论依据的方法和策略。此外，最佳的实践要求这些策略与预期目标和评估方法保持一致，这些评估方法需基于明确设计的、清晰陈述了预期学习成果的评估准则。这样的评估结果可用于指导后续实践的改进（例如Bodzin & Beerer, 2003; Braaten & Windschitl, 2011; Chin, 2006; Luft, 1999）。

接下来的每一部分都将从有关学习的重要理论性和实证性议题开始，这些议题都是从支持每种教学方式或方法的文献中确定的。随后，各部分会呈现一些研究实例，用来说明每种教学方式或方法的有效性或其他方面。这篇简短的综述介绍了科学教育中一般教学方法和策略的最新情况。此外，这些来自现有研究中的议题旨在帮助读者重新评估这些方法和策略的应用现状，提出新的问题，并在研究和实践中激发新的方向。

演示

在科学教学中，演示是一种成本较低或较为安全的、向学生提供实验室工作经验的教学方法。一个多世纪以来，演示在学校科学教学中发挥了重要而独特的作用，学生可以从实验活动中获益（例如Fensham, 1990; Hofstein & Lunetta, 2004; White, 1996）。尽管利用演示法进行科学教学可能无法满足实验室工作的所有主要目标，如技能和概念的学习、认知能力的发展、对科学本质和科学态度的理解，但它确实有助于在高中和大学的科学课堂中提高学生的学习兴趣和参与度，从而激励他们的学习（例如Lazarowitz & Tamir, 1994; Milne & Otieno, 2007; Schmidt, Bohn, Rasmussen, & Sutherland, 2012; White,1996）。随着数字化技术在学校的普及，中学教师和大学教授/导师们越来越多地使用交互式计算机活动或从互联网获得的视频片段作为科学教学中演示的一部分（例如Ai-Lim Lee, Wong, & Fung, 2010; Chang, Chen, Lin, & Sung, 2008;Chittleborough, Mocerino, & Treagust, 2007; Johnson, Trout, Brekke, & Luedecke, 2004）。

传统的实验室或课堂演示可以提供丰富多彩的、令人惊讶的或戏剧性的效果，例如在低年级的科学课上点燃一条镁带，这样可以通过激励学生学习，提高他们的兴趣和参与度。然而，这种演示未必有助于学生理解教师演示的特定概念，因为学生缺乏必要的理论背景，通常只会关注表面特征，或者无法将观察到的片段拼凑起来形成理解。此外，由于演示的被动性或者其他原因，学生们没有机会在演示过程中检测自己的想法以及向老师提问（例如Crouch, Fagen, Callan, &Mazur, 2004; Mancuso, 2010; Roth, McRobbie, Lucas, & Boutonné, 1997）。多年来，人们一直在努力设计更好的课堂或实验室演示，以便在物理学（例如Crouch et al., 2004）、生物学（例如Kelley, 2010）、化学（例如Keeratichamroen, Dechsri, Panijpan, & Ruenwongsa, 2010）和食品科学（例如Schmidt et al., 2012）等各科学学科中弥补这些缺点。一个范例是美国在科学、技术、工程和数学（STEM）教育计划中用于促进教学的演示（Schmidt et al., 2012）。这套有关食品科学的演示，极大地提高了从小学到大学课堂中学生的兴趣和参与度。相应地，这些关于食品的演示成功地让学生参与到学习之中，这是因为演示的内容是学生熟悉的，是与公众对食品和健康的认识相关的，并且是跨学科的（化学、微生物学、工程学等）。这些演示在感官上也很吸引人，因为学生可以在演示结束后吃掉这些食物。

为了使被动的、传统的课堂或实验室演示更具认知参与性，研究人员在20世纪80年代开发了预测–观察–解释活动（predict-observe-explain [POE]; Gunstone, 1995; White & Gunstone, 1992），这是一种将演示与解释相结合的非常有用的方法（例如Kearney, Treagust, Yeo, & Zadnik, 2001; Liew & Treagust, 1995）。三十年过去了，最新的文献表明，POE或其变式在各教育学段、各学科领域的教育中仍然是有效的，在认知上概念转变学习是吸引人的，而且通常都是基于技术的（例如Bonello & Scaife, 2009; Costu, Ayas, & Niaz, 2010; Ruiz-Primo, Li, Tsai, & Schneider, 2010）。特别是，教师在以演示为基础的教学中使用POE时，可以呈现差异性事件（例如，一个浮动的保龄球），这些事件是吸引学生、激发兴趣、激发他们挑战自身错误概念非常有效的方式，进而可以促进学生的理解力和高阶思维技能（例如Gonzalez-Spada, Birriel, & Birriel, 2010; Herrington & Scott, 2011）。

研究表明，在各类演示中，基于计算机的模拟是非常有利于概念学习的认知工具（例如Horwitz, 2013; Liu, Tsui, & Treagust, 2013; Riopel, Potvin, & Vázquez-Abad, 2009）。基于计算机的模拟使学生能够体验可视化科学现象，如板块构造漂移、生物进化、分子结构和反应特性，这些都超出了人类的经验极限（Kozma & Russell, 1997）。例如，霍维茨（Horwitz, 2013）对美国10岁学生的教学研究表明，可以通过计算机模拟开展自然选择导致进化的教学。霍维茨使用了一个互动的电脑游戏"进化准备"，它主要由一个虚拟温室、一块虚拟田地和虚拟生态系统组成，引导学生探索生物体经过自然选择而进化的过程。另一个例子是昌（Chang）及其同事（2008年）在中国台湾中学物理课中进行的基于模拟光学透镜的教学。计算机模拟系统为学生提供五类学习支持："(1)提供背景知识；(2)帮助学习者制定实验提示；(3)帮助学习者进行实验；(4)帮助学习者解释数据；(5)帮助学习者调控学习进程"(Liu et al., 2013, p.276)。在这两项研究中，不同种类的基于计算机的学习环境都提供了广泛的学习支持，学习成果也都是积极的和令人鼓舞的。

解释

在科学课堂上，为了理解开展的教学往往涉及对科学现象的描述和解释：描述提供片段化的信息，它们之间不一定有关联，而解释则将片段化的信息在彼此之间建立联系(Horwood, 1988)。学生通常认为教师的解释就是一种教学，它超越了"通过在原因和结果之间建立因果关系，或通过描述经验衍生的概括"所能观察到的内容(Driver et al., 1996, p.139)。虽然科学解释是靠理论和证据驱动的，要会使用正确的科学术语、会运用类比模型，但在解释"如何"以及"为什么"时，教师的解释在严谨性、长度和细节上存在不同程度的差异(Treagust & Harrison, 2000)。一些科学教育家最近在争论科学解释是否与科学论证不同(Berland & McNeill, 2012; Osborne & Patterson, 2011, 2012)。此外，教师的解释有时是开放式的，除了对先前提出的问题进行回答以外，还会包括人的能动性并提出新的相关问题。20世纪90年代末，特雷古斯特(Treagust)及其同事(例如Treagust, Chittleborough, & Mamiala, 2003; Treagust & Harrison, 2000)强调了教师在科学课堂上进行有效解释的重要性，以及专家型教师如何在课堂上及时调整解释，从而有效地与不同能力、不同水平的学生进行交流并分享科学家的知识。对文献的综述表明，世界各地都在科学课堂中科学解释这一领域开展了许多研究(例如Besson, 2010; Braaten & Windschitl, 2011; Geelan, 2012; Treagust et al., 2003; Zacharia, 2005)。一般来说，教师的解释会用到类比、拟人和目的论的方法，但会避免使用同义重复的解释(Geelan, 2012)。除了使用教师解释之外，教师还可以鼓励学生在课堂讨论中与同伴或老师合作进行解释(例如Braaten & Windschitl, 2011; Dawes, 2004; Hamza & Wickman, 2009; Ruiz-Primo et al., 2010)。值得注意的是，学生很难学会因果关系的解释，包括现象中的因果关系，这些在科学课堂教学中非常普遍。正如贝森(Besson, 2010)所指出的，物理教师"关注平衡或稳态情况，使用的是形式化解释(formal explanations)和给定时刻物理量之间的函数关系"，而学习物理的学生想要使用"基于逻辑和时间线性序列的因果推理"来对现象进行因果解释(p.252)。我们将在后面的推理部分重新讨论这个问题。

在对理查德·费曼(Richard Feynman)提出的示范性解释(exemplary explanations)进行分析的基础上，特雷古斯特和哈里森(Harrison)(2000)提出了一个解释框架，指导教师在教育环境中构建有效的解释。该框架考虑了科学内容、适当的教育背景、学生因素和教师因素之间的平衡，从而"将科学知识转化为对学生而言友好的解释"，这是"异常复杂的，因为有效的解释需要为每一个听众定制"(p.1167)。他们的工作要求对教师的学科教学知识(pedagogical content knowledge [PCK]; Shulman, 1987)进行更多的研究，自此PCK对如何更好地构建课堂解释并在教学中加以利用产生了重大影响。例如，布拉滕(Braaten)和温奇特尔(Windschitl)(2011)进一步拓展了这些想法，用于在美国学校中从理论到实践过程进一步发展解释的运用。相应地，科学教育中的解释存在三种常用的用法，分别是：(1) 将解释作为说明；(2) 将解释作为因果关系；(3) 将解释作为论证。布拉滕和温奇特尔还提出了一种解释工具，用于促进科学教师和学生的课堂解释，使他们在解释自然科学现象的过程中，从"是什么"转向"怎么做"以及"为什么"。

在今天的课堂上，科学教师越来越多地在课堂解释中使用口头或书面语言以及可视化方法（例如Geelan, 2012）。鉴于口头语言仍然是课堂解释的主要工具，奥格伯恩（Ogborn）、克雷斯（Kress）、马丁（Martin）和麦吉利卡迪（McGillicuddy）（1996）认为，把课堂解释中语言的使用视为理解科学的核心，这对当今的科学教师仍然是有用的。奥斯本（Osborne）及其同事将课堂上对科学的解释类比为故事，并总结了在课堂上解释科学时，语言在意义建构中的四种作用：(1) 创造差异；(2) 建设实体；(3) 转化知识；(4) 赋予意义（参见Treagust, 2007）。他们在课堂解释方面的工作与使用语言和话语实践的教学研究（例如Halliday & Martin, 1993; Lemke, 1990）相一致，也与科学课堂中维果斯基社会文化观（Vygotskian sociocultural perspectives）相一致（例如Hodson & Hodson, 1998; Howe, 1996; Jones, Rua, & Carter, 1998; Panofsky, John-Steiner, & Blackwell, 1990）。事实上，在课堂解释过程中，科学教师也会使用手势、动作、模拟、符号表征、物理模型等，我们将其视为外部表征，数字技术的使用亦是如此（例如Gilbert & Treagust, 2009; Treagust & Tsui, 2013）。解释与本章讨论的其他教学方法和策略都有关联。

正如一些研究者所指出的（例如Braaten & Windschitl, 2011; Geelan, 2012），在21世纪，科学解释会在全世界范围内成为科学课程的重要组成部分，为进一步促进课堂学习，需要对科学教学中解释的运用开展更多的研究。例如，许多英国学校将科学解释和关于科学的概念（科学本质）视作学校科学课程的两个主要部分（Millar, 2006, 2011; Ratcliffe & Millar, 2009）。此外，在生物学教育领域，关于教师解释的研究似乎还不够。在特雷古斯特和崔（Tusi）（2013）的研究中，可以找到该领域中近期的一些案例。

提问

关于教师提问的最新文献（例如Chin, 2006, 2007; Chin & Osborne, 2008, 2010a; Harris & Williams, 2007; Levy Nahum, Ben-Chaim, Azaiza, Herskovitz, & Zoller, 2010）表明，在今天的科学课堂上，提问仍然在学生有意义的学习和基于探究的学习方面发挥着核心作用。近年来的一些研究（例如Chin & Osborne, 2010a; Zoller & Levy Nahum, 2012）也表明，在21世纪的科学课堂中，论述与社会文化教学实践，如等待时间（Slavin, 2009）、对话模式（例如Lemke, 1990）、在课堂话语中对学生理解情况的检查（例如Mortimer & Scott, 2000）等仍然是相关的。

在过去的几十年里，研究表明，学生回答问题前不进行思考或没有留出足够的等待时间，课堂教学中的提问往往是徒劳无功的（Slavin, 2009）。留出思考时间在教学中是非常重要的，特别是当教师试图让学生进行更高认知水平的学习时（例如Chin, 2006; Tobin, 1987）。课堂话语是由教师运用提问的方法和策略形成的。为了获得更好的意义，提问必须超越三段式对话，即启动–反应–评价（initiation-response-evaluation [IRE]）或启动–反应–反馈（initiation-response-feedback [IRF]）模式。在这种模式中，老师提问，要求学生回答问题，然后对回答进行评价和评论。通过分析这种话语体系，莱姆基（Lemke, 1990）提出了比传统的三段式对话更有用的课堂对话——学生提问对话、师生对话、师生辩论、真实对话和交叉讨论。大约20年后的今天，大部分科学课堂上的主要讨论模式或多或少似乎仍类似于IRE或IRF模式，在这种模式下，学生习惯于对教师提出的或教科书中的问题给出唯一正确答案（例如Chin & Osborne, 2008; Geelan, 2012; Zoller & Levy Nahum, 2012）。

教师能够提出激发学生高层次思维的问题对于提高课堂话语质量具有重要意义（Mercer & Littleton, 2007）。此外，教师的提问要灵活，以适应学生在课堂话语中的贡献和反应（例如Chin, 2006; Mortimer & Scott, 2000）。从维果斯基和新维果斯基（Vygotsky, 1978; Wertsch, 1991）的社会文化观点来看，涉及个人更高层心理功能的学习首先在社会层面或心际层面上发展，然后才在内心层面上内化为个人科学知识。因此，课堂谈话可以协调师生与个人之间对学习科学概念的意义和理解的发展（Mortimer & Scott, 2000）。这种协调也可以用维果斯基“言语思考”或“言语思维”（Stierer & Maybin, 1993, pp. 47–48）的概念来解释，即个人的概念形成依赖于将口头语言作为功能性工具来内化相关的思维。莫蒂默（Mortimer）和斯科特（Scott）（2000）认为，教师管理课堂话语的能力可以支持学生的知识发展和意义生成，是教师“教学法专业技能的一部分，这在教学实践的分析中经常被忽视”（Shulman, 1986, p. 141）。他们在三段式对话模式的基础上，拓展出一种教师在调节和引导课堂话语时的干预形式，同时发展出“话语流”分析框架（p. 126），用以分析课堂对话来改善课堂教学。

在最近的研究中，克里斯蒂娜·金（Christine Chin）对基于课堂话语的提问的研究很好地展示了关于提问在科学课堂中对更有意义的基于建构主义和基于探究的科学课堂学习的关键作用（Chin, 2006; Chin & Osborne, 2008, 2010 a）。在莫蒂默和斯科特（2000）所提框架的基础上，金（2006）通过将经典的IRF话语模式进一步扩展为话语行为（I、R 或 F 行为），开发出一个基于提问的话语分析框架。当教师提问（I 行为）时，学生回答（R行为），学生通过“假设、回忆、观察、评估、解释、演绎和预测”的过程，参与一堂课所指定的科学内容认知层面的学习之中（Chin, 2006, p. 1325）。金的分析框架提出了四种教师的有效反馈，使他们的F 行为与 I 行为密切相关：(1) 确认并强化正确的回答，随后再做进一步的阐述和直接教学；(2) 接受正确的回答，随后再做进一步的提问并拓展学生的概念性思考；(3) 明确纠正错误的回答，随后再做引导教学；(4) 对不正确的回答进行评价或中性的评论，随后进一步提问，以挑战学生。对于教师而言，通过话语的改变和表达方式的转换（例如，教师或学生的提问、回答、陈述或评论；Chin, 2007; Mortimer & Scott, 2000; Scott, 1998），将基于提问的课堂教学从权威式话语转向对话式话语，这是很重要的（Scott，1998）。正如金（2006）所说，从教学法上来看，两种话语对课堂学习都是有用的，“尽管对话式话语允许学生辩论和证明他们的观点，但权威式话语在课堂上也有其地位，特别是在已构建的、共享的知识需要被强调的时候”（p. 1317）。

在探索怎样通过引入科学概念或科学本质的教学来改进学校科学课程的过程中，奥斯本、科林斯

(Collins)、拉特克利夫(Ratcliffe)、米勒(Millar)和杜施尔(Duschl)(2003)发现，提问是学校应教授的九个主要主题之一，学生在提问和寻求答案的循环过程中测试他们对科学的理解，而这种学习方式也可以扩展到其他学科领域。金和奥斯本(2008)认为，在中学阶段，学生在课堂上提出自己的问题是“填补知识缺口和解决困惑的第一步……以使他们可以进一步明确表达当下对某个主题的理解，与其他想法建立联系，并认识到他们知道什么或者还不知道什么”(p.2)。高等教育已经开始进行改革，从以教师为中心的教学转向以学生为中心的教学，在这种转变中，学生的提问能力逐渐成为发展批判性推理和科学探究的基础(例如Pedrosa-de-Jesus, da Silva Lopes, Moreira, & Watts, 2012; Seker & Komur, 2008; Shinohara, 2006)。事实上，最近的文献表明，在当代科学课堂上，教师很少为学生提供提问的机会，且当学生提问时，他们的问题大多也是事实性的、程序性的或封闭式的，对概念的学习是没有帮助的(Chin & Osborne, 2008)。教师鼓励学生提出好的、经过思考的问题是至关重要的，这些问题是科学教学和学习的潜在资源。科学课堂上学生的提问有助于学生进行知识建构、讨论和辩论、对理解进行自我评价或监控、发展学习兴趣和动机以及论证(Chin & Osborne, 2008, 2010b)。相应地，教师也可以利用学生提出的问题来诊断学生的理解程度，评估他们的高阶思维，通过调查或项目激发学生对所教主题的进一步探究，为未来的教学提供信息，并发展反思性课堂实践。因此，正如金和奥斯本(2008)的文献综述显示，教师可以明确地教给学生提问技巧，以使他们在科学相关任务(例如，阅读科学文章、为项目规划研究问题、小组合作学习以及提出更高层次的问题)中表现得更好。

总之，在面对面的课堂教学环境中，在K—12乃至高等教育越来越普遍的计算机和网络学习环境中，提问作为一种常规教学策略，在决定话语质量的课堂教学方面仍然发挥着非常重要的作用(例如Almeida & de Souza, 2010; Angeli & Valanides, 2008; Harris & Williams, 2007; Pedrosa-de-Jesus et al., 2012)。在回顾最近的研究后，佩德罗萨-德-赫苏斯(Pedrosa-de-Jesus)及其同事(2012)认为，大学教授的提问能力应成为21世纪高等教育改革的中心焦点。当下，提问作为一种教学策略，可在课堂内外的学习中产生新的意义，由于数字化技术，如在线环境的应用，使得在这一过程中提问与回答的互动性更强(Angeli & Valanides, 2008)。在数字化时代，还需要大量的工作来推进将基于提问的教学作为一种有用的课堂教学方法的相关研究。

科学推理

在这一节中，我们将重点回顾基于科学推理的教学，但也会与本章中有关解释、提问和表征学习这几节内容相联系。虽然在某种程度上推理与思考和解决问题同义，但推理本身指的是在完成某些涉及演绎和归纳的任务时发生定向认知的过程(Mayer &Wittrock, 2012)。对教育心理学家来说，演绎推理是从一般到具体的证据中得出具体的、逻辑上正确的结论，而归纳推理则是从具体事实的证据或从具体到一般的观察中得出合理的一般性结论(Sternberg & Williams, 2002)。科学推理不仅是科学研究中解决问题和科学发现的基础，而且在科学情境之外也很有用，例如，在现实生活环境中做决策和解决一般问题等(Moore & Rubbo, 2012)。推理能力和辩论能力也是所有学生科学素养的关键要素，通常表现在课堂的社会情境中(Simon,

Erduran, & Osborne, 2006)。

自20世纪70年代以来，科学教育工作者(例如Karplus, 1977; Lavoie, 1999; Lawson, 2000)呼吁在学校科学教学中强调应用推理的教学实践，而学习环(learning cycle)是教授推理的一种重要方法。最初，学习环是由阿特金(Atkin)和卡普拉斯(Karplus)(1962)开发的，用于根据皮亚杰的观点教授科学推理(Karplus, 1977)。学习环是一种基于探究学习的教学模式，可以促进批判性思维、主动学习和有意义学习(Marek, Laubach, & Pedersen, 2003)。它包括三个基本阶段:(1)探索阶段，在教师的指导和支持下，为学生提供探索物体和事件的经验(例如，通过做实验);(2)概念发展阶段，学生和(或)教师通过课堂讨论(包括解释和提问)从数据中发展出概念，使学生身心都参与到概念发展之中;(3)概念扩展阶段，学生有机会探索概念的实用性及其应用(如额外的实验或野外研究)。穆舍诺(Musheno)和劳森(Lawson)(1999)利用学习环模型对学生的推理学习进行研究，他们按复杂程度将学生分为三种类型的推理者：实证归纳推理者、过渡推理者和假设演绎推理者。劳森、奥赫特曼(Oehrtman)和詹森(Jensen)(2008)认为，“如果/并且/然后/因此模式”(p.405)形式的假设演绎推理在涉及假设、按计划测试、预测、结果和结论的科学实践中起着重要作用；因此，假设演绎推理对学生理解科学本质很重要。

在过去的几十年中，科学教师一直使用基于研究的、协调连贯的课程序列，尤其是众多教学模式之中的学习环，以促使学生在科学教育中发展科学推理和解决问题的能力(Bybee, 2009)。如拜比(Bybee)所述，生物科学课程研究(BSCS)的5E学习环在科学教学中是很常见的，它是由阿特金和卡普拉斯(1962)最初提出的学习环发展和扩充而来的。自20世纪80年代后期以来，5E教学模式一直被用于开发新的课程材料和专业化发展经验(Bybee, 2009)。改进后的学习环教学模式，通常被称为BSCS 5Es，或简称5Es，由五个阶段而非三个阶段组成：引入(engagement)、探究(exploration)、解释(explaination)、精致(elaboration)和评价(evaluation)，拜比对该模式的解释如下：

> 每个阶段都有特定的功能，有助于教师开展连贯的教学，有助于学习者对科学技术知识、态度和技能形成更好的理解。该模型构建了项目、单元和课程的序列和架构。一旦被内化，它也可以使科学教师更好地做出许多在课堂上必须做出的即时决定。
>
> (p.2)

据拜比(2009)介绍，5Es学习环这一教学方法和策略已广泛应用于各级科学教育。最近在科学教育中使用5Es方法的一些例子包括：渗透概念的教学(Carlsen & Marek, 2010)；关于预防HIV病毒/艾滋病的健康教育(Basta & Barman, 2008)；促进学生对遗传学的学习(Dogru-Atay & Tekkaya, 2008)；学习牛顿第一运动定律(McCarthy, 2005)；以及各种科学教师的专业发展项目(例如Ates, 2005; Bell & Odom, 2012; Tural, Akdeniz, & Alev, 2010)。在澳大利亚，5Es被广泛用于一个名为“初级连接(Primary Connections)”的项目中，以提高小学课堂中科学教学的质量。研究表明，该项目提高了教师的自信心、自我效能和实践力，以及科学在学校中的地位(Hackling, 2006)。

传统的教科书或教学方法为科学学习提供信息，并通过从原因到结果的推理挑战学生的演绎思维方式，但这与许多科学家的思维方式相反，例如遗传学家，他们的研究工作是从结果到原因的归纳式推理和学习（Horwitz & Christie, 2000）。为支持学生学习遗传学而设计的交互式计算机活动，如“生物逻辑（BioLogica）”（Concord Consortium, 2001），被发现可以促进学生的科学推理（Tsui & Treagust, 2003, 2013）。正如巴克利（Buckley）和奎尔马茨（Quellmatz）（2013）所解释的，“生物逻辑”活动中的任务需要用到从原因到结果的推理（即预测）、从结果到原因的推理（即解释）以及双向推理。这些实际上就是我们在解释一节中讨论到的预测–观察–解释活动（POE）。在崔和特雷古斯特（2013）的个案研究中，来自澳大利亚佩斯和中国香港的学生发现在使用“生物逻辑”开展探究、运用孟德尔遗传学进行推理时，从结果到原因的推理（即解释）比从原因到结果的推理（即预测）更难。这些发现对提高科学推理的教学很有意义。

经过几十年的改革，科学推理已成为科学教育最重要的基石之一（例如American Association for the Advancement of Science, 1999; National Research Council, 2007; Tytler, 2007）。一些科学教育工作者提倡明确地教授给学生科学推理，以使他们能够理解科学家的思维和推理方式，另一些人则认为，在科学情境之外，科学推理在解决现实生活情境中的问题和做出有效决策时也是有用的（例如Moore & Rubbo, 2012）。然而，经典科学内容中的科学推理往往超出了大多数学生的能力，因为他们缺乏特定领域的知识。例如，米勒（2011）认为，对于缺乏特定领域知识的儿童，应通过基于现象、关系和模型这三种推理类型的学习进阶开展推理教学，正如德赖弗（Driver）及其同事（1996）建议的：

> 儿童思维的发展，从基于现象的推理（主要是描述性的）发展到基于关系的推理（使用变量的概念，重点关注可观察变量之间的相互作用），再到基于模型的推理（在这种推理中，头脑中有一个模型或理论，用于区别用来解释的可观察量）。
>
> （Millar, 2011, p. 181）

我们认为，在科学素养成为学校科学教学主要目标的21世纪，德赖弗及其同事提出的三阶学习进阶仍然是适宜的。正如我们在本章其他部分所讨论的，基于模型的推理是科学实践的核心。尽管有大量的学习环方法被用在各个学段中教授推理，但其中的许多方法可能无法将课堂中的智力需求与学生的推理技能及陈述性知识相匹配（Lawson, 2010）。例如，正如劳森指出的，一些教师使用描述性学习环，这要求学生探索自然，简单地识别模式和（或）进行观察，而无须形成可能的解释，他们并没有使用更有效的假设驱动的和基于探究的学习环，在这种方法中，学生可以使用他们的推理技能形成假设并进行检验。在这一领域，我们需要开展更多的教师教育。

随着数字化技术进一步改变着教师教授和学生学习科学推理的方式，基于5Es法的教学对计算机和网络技术的使用出现了爆炸性的增长（例如Liu, Peng, Wu, & Lin, 2009; Turkmen, 2006）。以学习环方法为基础的科学推理教学在当今世界各地的大学中继续流行，并且主要通过在线学习系统进行（例如Ates, 2005; Moore & Rubbo, 2012; Tural et al., 2010）。转变正在逐渐发生，从对经典科学个人理解的皮亚杰基于阶段的推理，逐渐转为在经典科学内容外的真实生活中的社会文化、社会科学或基于证据的推理（例如Furberg & Ludvigsen, 2008;

Robottom, 2012; Simonneaux & Simonneaux, 2009)。也许科学教师应该关注拉斯(Russ)、科菲(Coffey)、哈默(Hammer)和哈奇森(Hutchison)(2009)对科学家的描述:“科学家不相信权威的观点;他们相信某些观点是因为有支持它们的证据和论据”(p. 877)。我们认为,利用与人类事务有关的现实生活情境来教授基于证据的科学推理,既能激发现代社会的需要,也与现代社会的需要密切相关——也就是说,我们要教育学生成为能够参与民主社会事务、具备科学素养、有判断力的公民,也教导学生产生社会公平意识。在21世纪,我们仍需持续对科学推理教学的相关问题开展研究。

表征学习

考虑到安全性、情感影响、可及性或清晰度等因素,我们综述了一组基于表征而不是基于现象直接体验的教学方法和策略。根据安斯沃思(Ainsworth)和洛(Lowe)(2012)所述,这些表征是“使用一种或多种特定类型的信息对现象进行‘二手’描述”(p. 2833)。教学中使用的外部表征(如文本、图片、手势、动画等)旨在通过对现象的内部表征或心理模型的构建(Johnson-Laird, 1983)来诱导学生产生理解。

在过去几十年中,用于科学教与学的不同外部表征得到了广泛的研究和记录,尽管存在相关的局限性,但这些外部表征在许多方面都有望改善学生的认知和情感结果。从我们的视角来看,在涵盖一系列内容领域的科学教育文献中,各种外部表征可分为以下主要类别,并且在不同程度上会与一个或多个其他类别有重叠:

(1) 类比(例如Dagher, 1994; Treagust, Harrison, & Venville, 1998)和比喻(例如Aubusson, Harrison, & Ritchie, 2006; Martins & Ogborn, 1997);

(2) 可视化(例如Gilbert, Reiner, & Nakhleh, 2008);

(3) 模型与基于模型的学习(例如Buckley, 2000; Clement & Rae-Mamirez, 2008; Gilbert, 2004; Gilbert & Boulter, 1998);

(4) 多层表征(例如Chandrasegaran, Treagust, & Mocerino, 2011; Gilbert & Treagust, 2009);

(5) 多样态表征(例如Waldrip & Prain, 2012; Waldrip, Prain, & Carolan, 2010);

(6) 多重外部表征(Multiple external representations [MERs])[1](例如Ainsworth, 1999; de Jong et al., 1998; Treagust & Tsui, 2013; Tsui & Treagust, 2003)。

类比和比喻

类比和比喻是在科学和其他领域中使用的语言学工具(Gilbert, 2004)。类比是一个识别不同概念之间相似性的过程。熟悉的概念或来源称为喻体,不熟悉的概念称为本体(Glynn, 1991)。类比思维“要求知识以明确的形式呈现出来,以便在来源和本体之间进行系统的比较”(Holyoak & Thagard, 1995, p. 37)。根据霍利约克(Holyoak)和撒加德(Thagard)的观点,历史上伟大的科学类比之一是1678年克里斯蒂安·惠更斯(Christiaan Huygens)首次提出的光与声的类比,以支持其光波动理论。牛顿的粒子理论使波动理论黯然失色了一个多世纪,直到19世纪初,托马斯·杨(Thomas Young)和奥古斯丁·菲涅耳(Augustin Fresnel)重新提出了波动理论。另一个例子是1859年查尔斯·达尔文(Charles Darwin)在自然选择和人工选择之间做的类比图。这些科学类比在人类历史中对科学进步的发现、发展、评价和阐述发挥了重要作用(关于伟大科学类比的列表，参见Holyoak & Thagard, 1995, pp. 186–188)。

比喻，第二种语言学工具，简单来讲就是“暂时假设一件事是另一件事”，例如，“太阳是一个火炉”(Gilbert, 2004, p. 124)，或者卡尔·桑德伯格(Carl Sandberg)诗歌的开头诗句：“雾来了，踮着小猫般的脚步……”(Holyoak & Thagard, 1995, p. 220)。因此，比喻与类比相似，但它的来源和本体在不同的领域；尽管比喻通常是一种语言表达，但它也是一种智能的思维方式，可用于间接交流，以唤起不同的情感反应(如欢乐、厌恶、爱和其他反应；Holyoak & Thagard, 1995)。

在学习抽象的科学概念、推理和解决问题以及概念转变的学习过程中(例如Dagher, 1994; Duit, 1991; Harrison & Treagust, 2000 a; Zheng, Yang, Garcia, & McCadden, 2008)，在产生兴趣、动机和理解的教学策略中(BouJaoude & Tamim, 2008; Glynn, 1991; Harrison & Treagust, 1994; Martins & Ogborn, 1997; Venville & Treagust, 1996)，教师使用一种或几种表征形式，运用类比和比喻，这已成为一个重要的研究方向。在新的千年里，从K—12学校到高等教育，在课堂教学中使用类比和比喻仍然很流行，并且经常与数字化技术一起使用。最近的一些研究有：在低年龄段儿童的课堂上教授类比推理(例如Haglund, Jeppsson, & Andersson, 2012; Zheng et al., 2008)、在高中和高等教育阶段学生学习蛋白质功能时使用比喻(例如Rundgren, Hirsch, & Tibell, 2009)以及在教师教育中使用类比(例如Oliva, Azcarate, & Navarrete, 2007)。

不管他们的教学价值观如何，类比是“双刃剑”(Glynn, 1991, p. 227)，如果不能谨慎使用，可能会导致误解和误导。为解决教师不恰当地使用教科书类比导致对学生理解毫无帮助的情况，特雷古斯特及其同事(1998)开发了一种称为FAR的教学模式，它指的是聚焦(focus)、行动(action)和反思(reflection)，据此教师可明确地引导学生注意喻体和本体概念的异同。FAR法仍然是科学课堂上明确教授“类比原则”的有效教学策略(Gilbert et al., 2008, p. 21)。我们将在后面的模型和基于模型的学习部分进一步讨论这些主题。

可视化

如今，在数字化技术设施配备齐全的教室中，科学教师越来越多地使用视觉表征(如照片、图画、图表、视频等)，辅以演示文稿(PowerPoint)以及语言表征(Adams, 2012)。在外部表征和内部表征(心理模型)中，“可视化”有两个含义(Gilbert et al., 2008)：作为一个过程或动词来理解“归属于内部表征的意义”(p. 2)；作为一个对象或名词的外部表征，“可视化是公共领域中的东西”(p. 2)。

一方面，科学教育者主张使用具有适当教学目的的视觉表征，并在不同表征水平(宏观、亚微观和符号)上发展学生学习科学的可视化技能(例如Gilbert, 2008)。另一方面，认知与计算科学家解释说，图表等视觉表征由二维位置索引将相关信息组合在一起，而句子表征则由单一序列索引将相关信息组合在一起(例如Larkin & Simon, 1987; Underwood, 1997)。因此，学习者发现，在视觉表征中搜索数据结构、识别相关信息以及从目标信息中得出推论比在一段含有相同信息的文字中进行这些操作要更容易些。

最近，吉尔伯特(Gilbert)及其同事(2008)、菲利普斯(Phillips)、诺里斯(Norris)和麦克纳布

(Macnab)(2010)、特雷古斯特和崔(2013)都对科学教育中利用可视化的各种教学方法进行了研究。对教师来说至关重要的是必须批判性地认识到如果视觉表征的设计和实施不当，可能会导致学生学习困难并产生错误想法，例如，学习困难通常归因于学习者的特征、表征、教学法以及与视觉表征相关的情境(Eilam, 2013)。科学教育者应根据这些研究结果充分认识到，在设计学习材料和教学实践中应用视觉表征的好处和代价。

模型与基于模型的学习

这部分内容与本节中关于表征的大多数方法和策略都有交集。在多样化的科学实践中，科学家的工作总是在不断地建立和完善关于世界的模型，这些模型展示了强大的科学思想和理论，并且随着时间的推移，基于模型的推理不断得到发展、变化和修订，促使人类历史中科学技术的不断进步(Lehrer & Schauble, 2006)。科学模型可以被看作是“最初为特定目的而建立的某一现象的一种表征”(Gilbert, Boulter, & Elmer, 2000, p.11)。在科学教育中，基于模型的学习一般是指针对科学现象学习者心理模型的形成和发展过程(Buckley, 2000)。心理模型(关于科学现象真实或虚构状态的内部表征)通常是当场建立起来的，以响应特定的学习情境——通常学习者没有现成可用的模型来理解情境，进而深入地理解和解释现象(Bucciarelli & Cutica, 2012; Buckley, 2012a)。相应地，学习者的心理模型会被评估、修订或放弃；当学习者认为这些模型有用时，这些心理模型就会通过认知或身体上的实践作为模型被常规化或永久化，用以应对未来的学习情境。

科学教育工作者提出了许多类型的模型(例如Gilbert et al., 2000; Harrison & Treagust, 2000b; see Treagust, 2007)。与教学关联更紧密的是共识模型——科学家普遍接受的模型(如波义耳定律)；教师在教学中使用的教学模型；表达模型，即由他人通过诸如语言、绘画、教科书或科学写作等不同表达模式来表达、交流或解释的模型(Coll & Lajium, 2011; Gilbert, 2004)。哈里森和特雷古斯特建议科学教师“为学生建立科学模型，鼓励学生在科学课上使用多种模型，逐步引入复杂的模型，使用聚焦、行动和反思(FAR)法进行引导，以系统地在课堂中呈现模型，并(引导学生)共同探讨所有模型的含义”(p.1011)。

基于模型和建模的教学可以让学生从认知上参与到学习之中，这是因为建模包括将模型源头的一些要素(例如，蛇咬住自己的尾巴或任何日常或以前的经历)映射到目标要素上(例如，弗里德赖希·凯库勒[Friedrich Kekulé]1865年假设的苯的环状分子结构)。在科学教育中，模型被用作类比方法的桥梁有三个主要目的:(1)为对象或概念创建更简单的形式;(2)使概念或现象的学习可视化;(3)解释概念/现象(Coll & Lajium, 2011; Duit, 1991)。人们普遍认为模型和建模是科学教育中理解的核心(例如Coll & Lajium, 2011; Gilbert, 2004)。根据巴克利(2012b)最近的一篇综述，基于模型学习的教学能够支持学习者心理模型的进化发展，学习者以类似于科学家开展科学实践的方式建立、扩展、精制和改进模型的准确性和完整性。这种教学可以在正式或非正式的学习环境中结合发现式教学方法与策略使用，也可以在不同的教学阶段中使用。

多样态表征

科学教育研究聚焦于在设计与实施科学教学的过程中运用多种表征方式，即运用多样态表征，这在目前的文献中体现得更为明显(例如Gillen, Littleton, Twiner, Staarman, & Mercer, 2008; Jaipal, 2010; Marquez et al., 2006; Waldrip et al., 2010)。在教学生如何科学地思考和行动时，教师可以将科学的多样态话语整合到课堂教学中，正如沃尔德里普(Waldrip)及其同事(2010)所讨论的，不同的表征方式服务于推理、科学探究和知识建构等不同的目的。根据沃尔德里普团队的研究，数学、语言和图表可以单独使用，也可共同使用为学生学习某一科学学科提供支持。此外，数字化技术的出现采用了几种与科学学科进步发展相一致的表征方式，提供了前所未有的以技术为媒介的交互式学习环境。我们将在后面关于多重外部表征的部分再次讨论这一议题。

该领域的一些研究表明，基于多样态表征的教学对于使用交互式白板或电子智能平板支持小学科学课(Gillen et al., 2008)，支持中学生阅读科学课文(Alvermann & Wilson, 2011)，以及在科学教师教育中作为话语分析的元认知工具和分析工具(Jaipal, 2010)这三方面都非常有用。多样态研究的最新进展可在泰特勒、普兰(Prain)、哈勃(Hubber)和沃尔德里普(2013)的文章中找到，其重点是“通过对已创建的表征进行协商与改进，学生自建的表征工作成果会受到一系列表征上的挑战”(p.3)。多样态表征这一研究领域与本章中有关可视化、多层表征和多重表征的研究工作有较多的交集。

多层表征

约翰斯通(Johnstone, 1991)认为，一般而言，科学尤其是化学很难学习，因为科学知识可以分为三个层级，其中两个层级是学习者无法观察到的；这种由宏观、亚微观和符号作为三个顶点组成的“思维三角形”(p.78)最初是以“概念三脚架”(p.78)为基础的。在20世纪60年代英国课程改革期间，“概念三脚架”代表化学中的三个大概念(结构、化学键和能量)。约翰斯通认为，物理学也有三个类似的层级：“宏观、不可视性(例如，力、反应、电子)和符号(数学、公式等)”，生物学中也有“宏观(植物或动物)、微观(细胞)和生物化学物质(DNA等)”三个层级(p.78)。因此，约翰斯通(1991)评论，大多数科学教师在教学中同时使用了多层级的思维三角，而没有意识到学生的需求。此后的半个多世纪，约翰斯通的多层级思维催生出大量化学教学研究(例如Chandrasegaran, Treagust, & Mocerino, 2009; Cook, Wiebe, & Carter, 2008; Gilbert & Treagust, 2009; Treagust et al., 2003)和一些生物学教学研究(例如Buckley & Quellmatz, 2013; Marbach-Ad & Stavy, 2000)。约翰斯通(2009)在书评中指出，似乎20年前他对科学教师在化学教学中使用思维三角的批评目前仍然是化学教学中的一个问题。这一领域需要开展进一步的研究。

多重外部表征(MERs)

当信息以一种以上的形式呈现时，学习者可能会受益，因为：(1)特定的信息能够以特定的表征方式得以最好的传达；(2)在呈现多种信息时，某些表征可能更有用；(3)问题解决的专业技能依赖于问题解决者对同一领域的不同表征(de Jong et al., 1998)。这一主张要从多于一种的表征中进行学习，是基于多个领域的研究，包括计算机科学、数学、物理、化学、事故防范学、经济学和临床医学，这些都记录在范索梅伦(van Someren)、赖曼(Reimann)、博苏曾(Boshuizen)和德容(de Jong)的《多重表征学习》(*Learning with Multiple Representations*)之中。佩维奥(Paivio, 1986)的双编码理论，即人类有独立的处理视觉和语言表征的渠道，也为在科学教学中使用语言和视觉表征来加强学习提供了重要的理论依据。

安斯沃思（1999）提出了一种关于多重外部表征的功能分类法，对在教学中使用多重表征的相关研究产生了显著影响。相应地，在教和学的过程中，当知识的多重外部表征得到同时呈现时（同时使用两个或两个以上的外部表征），MERs可展现三个基本的教学法功能（补充、约束和构建），从而支持学习：

> 第一个功能是使用包含补充信息或支持互补认知过程的表征。第二个功能是，一种表征被用于约束另一种表征使用时可能出现的（错误）解释。最后，MERs可用于鼓励学习者对某一情境构建更深入的理解。
>
> （p.134）

在过去十年中，多重表征这一概念在许多数学教育研究中常被用作理论框架，它也影响了不同科学学科的教学法研究，例如，物理（例如Bryan & Fennell, 2009; Dufresne, Gerace, & Leonard, 1997; Guelman, De Leone, & Price, 2009; Nguyen & Rebello, 2011）、化学（例如Linenberger & Bretz, 2012; Madden, Jones, & Rahm, 2011）、生物（例如Neibert, Riemeier, & Gropengiesser, 2013; Schwartz & Brown, 2013; Tsui & Treagust, 2003, 2007; Yarden & Yarden, 2013）、地球科学（例如Atchison et al., 2012; McNeal, Miller, & Herbert, 2008）。然而，在教学中使用一种以上表征的成本和好处是不容忽视的（Ainsworth, 1999, 2006）。

我们认为，安斯沃思（1999）的多重外部表征教学法功能可以成为概念化教学有用的理论框架，该框架基于共同呈现多重外部表征，例如，在不同内容领域和情境下的科学教学中，可将类比、比喻、可视化或模型进行不同的组合。在我们最近的工作中（Treagust & Tsui, 2013），我们试图寻求一个统一的理论模型，可以展示如何利用这些看似不同的外部表征来改进生物学的高阶学习（例如推理和问题解决），并构建学习者理解的内部表征或心理模型（Johnson-Laird, 1983）。我们也相信，这个理论模型可以推广到其他科学学科或一般科学中，并发展成类似的理论模型或用MERs分析教学的模型。我们建议在这一领域开展更多的研究。

教师的PCK与表征素养

根据认知负荷理论，基于多个外部表征（例如，多样态、多层级或多重表征）的教学可能会因为学生的短期记忆有限而使他们的信息超载（Sweller, 1994）。由此可知，基于表征的有效教学依赖于教师的学科教学知识（pedagogical content knowledge [PCK]; Shulman, 1987），即他们在教学中对类比、比喻、图表、图片、模拟等相关教学模型和建模教学策略的恰当选择与使用，以及他们对那些可增强学生理解科学模型的教学模型的局限性的认识（Coll & Lajium, 2011）。这种PCK也被称为教师的表征素养，有助于各科学学科的有效教学（例 如Halverson & Friedrichsen, 2013；Kozma & Russell, 2005；Madden et al., 2011）。教师教育工作者应更多地关注职前和在职教师的PCK，包括他们在教学中使用各种外部表征的表征素养。

21世纪的科学教学

通过对各种一般性教学方法和策略的综述可以

看出，在21世纪的第二个十年里，科学教育工作者面临着前所未有的挑战。正如我们在本章开头所述，科学、人类社会和科学教育发生了许多变化，导致西方或欧洲的发达国家、美国和澳大利亚的科学和科学教育出现了新的危机。正如吉尔伯特（Gilbert, 2010）所指出的，以下三个长期存在的紧迫问题也在挑战世界各地学校层面的科学教育：

> (1)“学校课程中科学与其他学科的知识隔离日益加剧”；
>
> (2)“如何将传统上专注于……培养科学家或工程师的课程，调整为适用于‘公民科学教育’的、与所有学生需求相关的教育”；
>
> (3)“科学当前感兴趣的现象与科学教育看起来能够解决的问题之间的差距呈指数级增长。”
>
> (p.v)

关于学校科学课是否应与21世纪劳动力就业所需的一些通用技能或领域通用技能有交集，这也是一个仍在持续争论的议题。例如，21世纪所需的技能，即美国科学教育工作者和其他专家认为重要的五项技能，包括适应性、复杂的社区/社会技能、非常规的问题解决技能、自我管理/自我发展以及系统思考（每一项的定义参见 Hilton, 2010, p.2），这五项技能可以与科学课程标准相匹配（Schunn, 2009）。其他国家也提出了改善21世纪教育的类似政策举措，例如英国（Millar, 2006）、澳大利亚（Tytler, 2007）、新西兰（Gluckman, 2011）和加拿大（Orpwood, Schmidt, & Hu, 2012）。科学教师面临的主要挑战是，他们必须为所有学生的科学素养开展科学教学，同时还必须为那些渴望成为科学家或从事科学相关职业的少数精英群体讲授科学的经典内容。有一点非常重要，科学教师必须牢记：“科学教育的目标不是大量的事实和理论的知识，而是对核心概念的学习，这样可使学生能够理解与其生活相关的事件和现象”（Harlen, 2010, p.2）。他们还需要考虑自身所处的教育环境和背景中的一些地方性问题，例如对包容性的考虑（如性别、种族或能力因素）以及语言问题。

互联网现在已成为教育的一项重要资源，在电子通信和内容信息库中发挥着重要作用，同时，作为一种知识共享的协作手段，互联网的发展也越来越具影响力；例如，在线学习、基于网络的协作工具以及移动设备的使用是2011年最显著的趋势（Brown & Green, 2011）。因此，大学校园里的许多学生都使用着具有全球定位、网页浏览、视频录制功能并且可作为学习工具的移动设备。新的Web 2.0——开放式架构万维网技术也代表了一种范式转变，通过博客、维基、播客和社交网络等技术增强了创造力，促进了信息共享和协作性知识建构（Bednar & Coperland, 2012）。所有这些都在很大程度上改变着人们在数字化时代的工作、娱乐和互动方式。虚拟学习环境、电子白板、智能手机和新教育软件工具的新发展，正显著改变着世界各地从学前、K—12学校到大学的教学格局（Adams, 2012）。然而，尽管许多研究人员对在学校环境中使用数字化技术取得积极成果的承诺、声明和理由言之凿凿，但一些评论家认为，“学校往往无法持续‘最佳使用’数字化技术”（Selwyn, 2011, p.22）。

为理解高中和大学学生对科学兴趣降低及科学专业入学率下降的情况，莱昂斯（Lyons, 2006）对澳大利亚、瑞典和英国的科学教学进行了元分析，他在许多科学课堂中都识别出了以下三个方面：(1)讲授式教学法，(2)脱离语境的内容，(3)学校科学课中没有必要的难度等级。不幸的是，在这些国家中，数字化技术在教学中的广泛应用并没有在激发学生兴趣、动机和理解方面实质性地改善科学教育，因此本章开头讨论的科学教育现状并没有多大的改变。根据塞尔温（Selwyn, 2011）对英国、埃塞俄比亚、爱沙尼亚、新加坡、新西兰、澳大利亚、法国、奥地利和其他一些国家"学校技术"的综述（p.22），许多教师仍然在通过交互式白板、虚拟学习环境和其他管理式学习系统被动地传递信息；并且学生在学校对数字化技术的使用被限制在将从谷歌等搜索引擎下载的在线材料"剪切和粘贴"到他们的作业中。

为提高21世纪科学教学水平，科学教育工作者应注意，数字化时代之前，好的教学不应该被基于技术的教学所取代，而应仔细研究如何驾驭技术来提高学生的学习、兴趣和动机。特别是，我们认为，即使在线和网络教学在世界各地的高等教育中越来越普遍，传统的面对面教学——在这种教学模式下，教师和学生可以进行非数字化的、真正的人与人之间的互动——也应被视为高质量大学教育不可或缺的一部分。在本章的综述中，我们强调了表征学习是一个综合性的多功能库，我们认为它涵盖科学教师在教学中可以使用的、基于表征的大多数教学方法和策略。正如我们最近的工作所指出的（Treagust & Tsui, 2013），当多个表征在教室或虚拟学习环境中同时呈现时，需要一个统一的框架将多重表征的教学法功能概念化。在当代科学教学中，从学前、K—12直至高等教育，表征学习与数字化技术的应用密切相关。我们同意安斯沃思和洛（2012）的观点，即由表征的新可能性所带来的学习经验的质量比这些表征本身更重要，因为技术的复杂性和新颖性不一定会有效地提高学习效果；并且我们还需要开展更多的研究，利用理想的新技术机会进行表征学习，从而提高教与学的质量，而不仅仅是为了利用新技术的可能性。

小结

从本章综述的研究工作中可以明显看出，在科学教学中可以使用各种各样的教学方法和策略，从偏向以教师为中心到偏向以学生为中心。六组教学方法和策略中的每一组都得到了日益增长的理论体系的支持。此外，围绕这些方法和策略还开展了适量的研究，为我们提供了一些有关在K—12学校和大学中提高学生学习成绩和增加学生学习机会方面有效性的证据。我们还增加了一个关于21世纪科学教学的新主题，并讨论了数字化技术在科学教育中广泛使用和扩大使用所带来的一些问题。特别是，我们强调了表征学习是一个潜在的、涵盖所有基于表征的教学方法库，并讨论了相关的可能性和问题。我们认为，本章所综述的任何方法本身都不应被视为促进科学学习的灵丹妙药，但每一种方法或策略都可以成为成功的科学教师教学方法库中的一部分。

致谢

我们要感谢格雷迪·文维尔（Grady Venville）和格雷戈里·凯利（Gregory Kelly），他们对本章进行了仔细且批判性地审读。希望我们公正地对待了他们的批评和建设性建议。

注释

1. 除非另有说明，否则本章中使用的术语"多重表征”或“多重外部表征”(MERs)仅指安斯沃思(1999)的工作成果。

参考文献

Adams, C. (2012). PowerPoint and the pedagogy of digital media technologies. In M. Orey, S.A. Jones, & R.M. Branch (Eds.), *Educational media and technology yearbook: Volume 36, 2011* (pp. 139–154). New York: Springer.

Aikenhead, G.S. (2006). *Science education for everyday life: Evidence-based practice.* New York: Teachers College Press.

Ai-Lim Lee, E., Wong, K.W., & Fung, C.C. (2010). How does desktop virtual reality enhance learning outcomes? A structural equation modeling approach. *Computers & Education, 55* (4), 1424–1442.

Ainsworth, S. (1999). The functions of multiple representations. *Computers & Education, 33* (2/3), 131–152.

Ainsworth, S. (2006). DeFT: A conceptual framework for considering learning with multiple representations. *Learning and Instruction, 15* (3), 183–198.

Ainsworth, S., & Lowe, R. (2012). Representational learning. In N.M. Seel (Ed.), *Encyclopedia of the sciences of learning* (pp. 2832–2835). Boston: Springer US.

Almeida, P., & de Souza, F.N. (2010). Questioning profiles in secondary science classrooms. *International Journal of Learning and Change, 4* (3), 237–251.

Alvermann, D.E., & Wilson, A.A. (2011). Comprehension strategy instruction for multimodal texts in science. *Theory Into Practice, 50* (2), 116–124.

American Association for the Advancement of Science. (1999). *Science for all Americans: A project 2061 report on literacy goals in science, mathematics, and technology.*

Angeli, C., & Valanides, N. (2008). Examining the effects of electronic mentoring prompts on learners' scientific reasoning skills in a text-based online conference for a science education course. *Science Education International, 19* (4), 357–369.

Atchison, C.L., Stredney, D., Irving, K.E., Toomey, R.S., Price, A., Kerwin, T., . . . Reed, P.J. (2012). Overcoming physical barriers to provide cave and karst field experiences through the multiple representation of virtual reality. *Abstracts with Programs—Geological Society of America, 44* (7), 513–513.

Ates, S. (2005). The effectiveness of the learning-cycle method on teaching DC circuits to prospective female and male science teachers. *Research in Science & Technological Education, 23* (2), 213–227.

Atkin, J.M., & Karplus, R. (1962). Discovery or invention? *The Science Teacher, 29*, 45–51.

Aubusson, P.J., Harrison, A.G., & Ritchie, S.M. (Eds.). (2006). *Metaphor and analogy in science education.* Dordrecht, the Netherlands: Springer.

Basta, T.B., & Barman, C.R. (2008). An application of the learning cycle in health education: HIV/AIDS prevention. *American Journal of Health Education, 39* (4), 245–247.

Bednar, A.K., & Coperland, N.L. (2012). Enlisting the collaboration of the educational technology professional community to develop a knowledge management system of the field: edu-techKNOWiki. In M. Orey, S.A. Jones, & R.M. Branch (Eds.), *Educational media and technology yearbook: Volume 36, 2011* (pp. 81–89). New York: Springer.

Bell, C.V., & Odom, A.L. (2012). Reflections on discourse practices during professional development on the learning cycle. *Journal of Science Teacher Education, 23* (6), 601–620.

Berland, L.K., & McNeill, K.L. (2012). For whom is argument and explanation a necessary distinction? A response to Osborne and Patterson. *Science Education, 96* (5), 808–813.

Besson, U. (2010). Calculating and understanding: Formal models and causal explanations in science, common reasoning and physics teaching. *Science & Education, 19* (3), 225–257.

Bodzin, A.M., & Beerer, K.M. (2003). Promoting inquiry-based science instruction: The validation of the science teacher inquiry rubric (STIR). *Journal of Elementary Science Education, 15* (2), 39–49.

Bonello, C., & Scaife, J. (2009). PEOR—engaging students in demonstrations. *Journal of Science and Mathematics Education in Southeast Asia, 32* (1), 62–84.

BouJaoude, S., & Tamim, R. (2008). Middle school students'

perceptions of the instructional value of analogies, summaries and answering questions in life science. *Science Educator, 17* (1), 72 – 78.

Braaten, M., & Windschitl, M. (2011). Working toward a stronger conceptualization of scientific explanation for science education. *Science Education, 95* (4), 639 – 669.

Brown, A., & Green, T. (2011). Issues and trends in instructional technology: Lean times, shifts in online learning, and increased attention to mobile devices. In M. Orey, S.A. Jones, & R.M. Branch (Eds.), *Educational media and technology yearbook: Volume 36* (pp. 67 – 80). New York: Springer.

Bryan, A.J., & Fennell, D.B. (2009). Wave modelling: A lesson illustrating the integration of mathematics, science and technology through multiple representations. *Physics Education, 44* (4), 403 – 410.

Bucciarelli, M., & Cutica, I. (2012). Mental models in improving learning. In N.M. Seel (Ed.), *Encyclopedia of the sciences of learning* (pp. 2213 – 2216). Boston: Springer US.

Buckley, B.C. (2012 a). Model-based learning. In N.M. Seel (Ed.), *Encyclopedia of the sciences of learning* (pp. 2300 – 2303). Boston: Springer US.

Buckley, B.C. (2012 b). Model-based teaching. In N.M. Seel (Ed.), *Encyclopedia of the sciences of learning* (pp. 2312 – 2315). Boston: Springer US.

Buckley, B.C., & Quellmatz, E.S. (2013). Supporting and assessing complex biology learning with computer-based simulations and representations. In D.F. Treagust & C.-Y. Tsui (Eds.), *Multiple representations in biological education* (pp. 247 – 267). Dordrecht, the Netherlands: Springer.

Buckley, C.B. (2000). Interactive multimedia and model-based learning in biology. *International Journal of Science Education, 22* (9), 895 – 935.

Bybee, R.W. (2009). *The BSCS 5 E instructional model and 21 st century skills.* Paper prepared for the Workshop on Exploring the Intersection of Science Education and the Development of 21 st Century Skills.

Carlsen, B., & Marek, E.A. (2010). Why do athletes drink sports drinks? A learning cycle to explore the concept of osmosis. *Science Teacher, 77* (9), 48 – 52.

Chandrasegaran, L.A., Treagust, D.F., & Mocerino, M. (2009). Emphasizing multiple levels of representation to enhance students' understandings of the changes occurring during chemical reactions. *Journal of Chemical Education, 86* (12), 1433 – 1436.

Chandrasegaran, L.A., Treagust, D.F., & Mocerino, M. (2011). Facilitating high school students' use of multiple representations to describe and explain simple chemical reactions. *Teaching Science, 57* (4), 13 – 20.

Chang, K., Chen, Y., Lin, H., & Sung, Y. (2008). Effects of learning support in simulation-based physics learning. *Computers & Education, 51* (4), 1486 – 1498.

Chin, C. (2006). Classroom interaction in science: Teacher questioning and feedback to students' responses. *International Journal of Science Education, 28* (11), 1315 – 1346.

Chin, C. (2007). Teacher questioning in science classrooms: Approaches that stimulate productive thinking. *Journal of Research in Science Teaching, 44* (6), 815 – 843.

Chin, C., & Osborne, J. (2008). Students' questions: A potential resource for teaching and learning science. *Studies in Science Education, 44* (1), 1 – 39.

Chin, C., & Osborne, J. (2010 a). Students' questions and discursive interaction: Their impact on argumentation during collaborative group discussions in science. *Journal of Research in Science Teaching, 47* (7), 883 – 908.

Chin, C., & Osborne, J. (2010 b). Supporting argumentation through students' questions: Case studies in science classrooms. *Journal of the Learning Sciences, 19* (2), 230 – 284.

Chittleborough, G.D., Mocerino, M., & Treagust, D.F. (2007). Achieving greater feedback and flexibility using online pre-laboratory exercises with non-major chemistry students. *Journal of Chemical Education, 84* (5), 884 – 884.

Chiu, M.-H., & Duit, R. (2011). Globalization: Science education from an international perspective. *Journal of Research in Science Teaching, 48* (6), 553 – 566.

Clement, J.J., & Rae-Mamirez, M.A. (Eds.). (2008). *Model based learning and instruction in science.* Dordrecht, the Netherlands: Springer Science + Business Media B.V.

Coll, R.K., & Lajium, D. (2011). Modeling and the future of science learning. In M.S. Khine & I.M. Saleh (Eds.), *Models and modeling: Cognitive tools for scientific enquiry* (pp. 4 – 21). Dordrecht; New York: Springer.

Cook, M., Wiebe, E., & Carter, G. (2008). The influence of

prior knowledge on viewing and interpreting graphics with macroscopic and molecular representations. *Science Education, 92* (5), 848.

Costu, B., Ayas, A., & Niaz, M. (2010). Promoting conceptual change in first year students' understanding of evaporation. *Chemistry Education Research and Practice, 11* (1), 5-16.

Crouch, C.H., Fagen, A.P., Callan, J.P., & Mazur, E. (2004). Classroom demonstrations: Learning tools or entertainment? *American Journal of Physics, 72*, 835-838.

Dagher, Z.R. (1994). Does the use of analogies contribute to conceptual change? *Science Education, 78* (6), 601-614.

Dawes, L. (2004). Talk and learning in classroom science. *International Journal of Science Education, 26*, 677-695.

de Jong, T., Ainsworth, S., Dobson, M., Van der Hulst, A., Levonen, J., Reimann, P., . . . Swaak, J. (1998). Acquiring knowledge in science and mathematics: The use of multiple representations in technology based learning environments. In M.W. V. Someren, P. Reimann, H. P.A. Boshuizen, & T.D. Jong (Eds.), *Learning with multiple representations* (pp.9-40). London: Elsevier.

Dogru-Atay, P., & Tekkaya, C. (2008). Promoting students' learning in genetics with the learning cycle. *Journal of Experimental Education, 76* (3), 259-280.

Driver, R., Leach, J., Millar, R., & Scott, P. (1996). *Young people's images of science*. Buckingham/Philadelphia: Open University Press.

Dufresne, R.J., Gerace, W.J., & Leonard, W.J. (1997). Solving physics problems with multiple representations. *The Physics Teacher, 35*, 270-275.

Duit, R. (1991). On the role of analogies and metaphors in learning science. *Science Education, 75* (6), 649-672.

Duschl, R., & Hamilton, R. (2010). Learning science. In R.E. Mayer & P. A. Alexander (Eds.), *Handbook of research on learning and instruction* (pp.78-107). New York: Routledge.

Eilam, B. (2013). Possible constraints of visualization in biology: Challenges in learning with multiple representations. In D.F. Treagust & C.-Y. Tsui (Eds.), *Multiple representations in biological education* (pp.55-73). Dordrecht, the Netherlands: Springer.

Fensham, P.J. (1990). Practical work and the laboratory in science for all. In E. Hegarty-Hazel (Ed.), *The student laboratory and the science curriculum* (pp.291-311). London; New York: Routledge.

Fensham, P.J. (2001). Science content as problematic issues for research. In H. Behrendt, H. Dahncke, R. Duit, W.M. Komorek, A. Kross, & P. Reiska (Eds.), *Research in science education—past, present and future* (pp.27-41). Dordrecht, the Netherlands: Kluwer.

Fensham, P.J. (2009). Real world contexts in PISA science: Implications for context-based science education. *Journal of Research in Science Teaching, 46* (8), 884-896.

Fensham, P.J., Gunstone, R.F., & White, R.T. (Eds.). (1994). *The content of science: A constructivist approach to its teaching and learning*. London; Washington, DC: Falmer Press.

Furberg, A., & Ludvigsen, S. (2008). Students' meaning-making of socio-scientific issues in computer mediated settings: Exploring learning through interaction trajectories. *International Journal of Science Education, 30* (13), 1775-1799.

Geelan, D. (2012). Teacher explanations. In B.J. Fraser, K. Tobin, & C.J. McRobbie (Eds.), *Second international handbook of science education* (pp.987-999). Dordrecht, the Netherlands: Springer.

Gilbert, J. (2008). Visualization: An emerging field of practice and enquiry in science education. In J.K. Gilbert, M. Reiner, & M. Nakhleh (Eds.), *Visualization: Theory and practice in science education* (pp.3-24). London: Springer.

Gilbert, J., Boulter, C.J., & Elmer, R. (2000). Positioning models in science education and in design and technology education. In J. Gilbert & C.J. Boutler (Eds.), *Developing models in science education* (pp.3-17). Dordrecht: the Netherlands: Kluwer.

Gilbert, J.K. (2004). Models and modelling: Routes to more authentic science education. *International Journal of Science and Mathematics Education, 2* (2), 115-130.

Gilbert, J.K. (2010). Preface. In L.M. Phillips, S.P. Norris, & J.S. Macnab (Eds.), *Visualization in Mathematics, Reading, and Science Education* (pp. v–vii). Dordrecht, the Netherlands: Springer.

Gilbert, J.K., & Boulter, C.J. (1998). Learning science through models and modelling. In B.J. Fraser (Ed.), *International handbook of science education* (pp.53-66). Dordrecht, the Netherlands: Kluwer.

Gilbert, J.K., Reiner, M., & Nakhleh, M. (Eds.). (2008).

Visualization: Theory and practice in science education. New York: London: Springer.

Gilbert, J.K., & Treagust, D.F. (Eds.). (2009). *Multiple representations in chemical education.* Dordrecht, the Netherlands: Springer.

Gillen, J., Littleton, K., Twiner, A., Staarman, J.K., & Mercer, N. (2008). Using the interactive whiteboard to resource continuity and support multimodal teaching in a primary science classroom. *Journal of Computer Assisted Learning, 24* (4), 348 – 358.

Gluckman, P. (2011). *Looking ahead: Science education for the twenty-first century.* Wellington, New Zealand: Office of the Prime Minister Office's Science Advisory Committee.

Glynn, S.M. (1991). Explaining science concepts: A teaching-with-analogies model. In M. Shawn, S.M. Glynn, R.H. Yeany, & B.K. Britton (Eds.), *The psychology of learning science* (pp. 219 – 240). Hillsdale, NJ: Lawrence Erlbaum Associates.

Gonzalez-Spada, W.J., Birriel, J., & Birriel, I. (2010). Discrepant events: A challenge to students' intuition. *Physics Teacher, 48* (8), 508 – 511.

Guelman, C.B., De Leone, C., & Price, E. (2009, July). *The influence of tablet PCs on students' use of multiple representations in lab reports.* Paper presented at the Physics Education Research Conference 2009. Ann Arbor, MI.

Gunstone, R. (1995). Constructive learning and the teaching of science. In B. Hand & V. Prain (Eds.), *Teaching and learning in science: The constructivist classroom* (pp. 3 – 20). Sydney: Harcourt Brace.

Hackling, M. (2006). *Primary connections: A new approach to primary science and to teacher professional learning.*

Haglund, J., Jeppsson, F., & Andersson, J. (2012). Young children's analogical reasoning in science domains. *Science Education, 96* (4), 725 – 756.

Halliday, M.A. K., & Martin, J.R. (1993). *Writing science: Literacy and discursive power.* London: Falmer.

Halverson, K.L., & Friedrichsen, P. (2013). Learning tree thinking: Developing a new framework of representational competence. In D.F. Treagust & C.-Y. Tsui (Eds.), *Multiple representations in biological education* (pp. 185 – 201). Dordrecht, the Netherlands: Springer.

Hamza, K.M., & Wickman, P.-O. (2009). Beyond explanations: What else do students need to understand science? *Science Education, 93* (6), 1026 – 1049.

Harlen, W. (Ed.). (2010). *Principle and big ideas of science education.* Hatfield, UK: Association for Science Education.

Harris, D., & Williams, J. (2007). Questioning "open questioning" in early years science discourse from a social semiotic perspective. *International Journal of Educational Research, 46* (1), 15 – 15.

Harrison, A.G., & Treagust, D.F. (1994). Science analogies. *Science Teacher, 61* (4), 40 – 43.

Harrison, A.G., & Treagust, D.F. (2000 a). Learning about atoms, molecules, and chemical bonds: A case study of multiple-model use in grade 11 chemistry. *Science Education, 84*, 352 – 381.

Harrison, A.G., & Treagust, D.F. (2000 b). A typology of school science models. *International Journal of Science Education, 22* (9), 1011 – 1026.

Hennessey, M.G. (2003). Metacognitive aspects of students' reflective discourse: Implications for intentional conceptual change teaching and learning. In G.M. Sinatra & P.R. Pintrich (Eds.), *Intentional conceptual change* (pp. 103 – 132). Mahwah, NJ: Lawrence Erlbaum Associates.

Herrington, D., & Scott, P. (2011). Get in the game with team density. *Science Teacher, 78* (4), 58 – 61.

Hilton, M. (2010). *Exploring the intersection of science education and 21st century skills: A workshop summary.*

Hodson, D., & Hodson, J. (1998). From constructivism to social constructivism: A Vygotskian perspective on teaching and learning science. *School Science Review, 79* (289), 33 – 41.

Hofstein, A., & Lunetta, V.N. (2004). The laboratory in science education: Foundations for the twenty-first century. *Science Education, 88* (1), 28 – 54.

Holyoak, K.J., & Thagard, P. (1995). *Mental leaps: Analogy in creative thought.* Cambridge, London: MIT Press.

Horwitz, P. (2013). Evolution is a model: Why not teach it that way? In D.F. Treagust & C.-Y. Tsui (Eds.), *Multiple representations in biological education* (pp. 129 – 145). Dordrecht, the Netherlands: Springer.

Horwitz, P., & Christie, M.A. (2000). Computer-based manipulatives for teaching scientific reasoning: An example. In M.J. Jacobson & R.B. Kozma (Eds.), *Innovations in science and mathematics education: Advanced design for technologies of learning* (pp. 163 – 191). Hillsdale, NJ:

Lawrence Erlbaum Associates.

Horwood, R.H. (1988). Explaining and description in science teaching. *Science Education, 72* (1), 41–49.

Howe, A.C. (1996). Development of science concepts within a Vygotskian framework. *Science Education, 80* (1), 35–51.

Jaipal, K. (2010). Meaning making through multiple modalities in a biology classroom: A multimodal semiotics discourse analysis. *Science Education, 94* (1), 48–72.

Johnson, L.H., Trout, L.B., Brekke, J.C., & Luedecke, O.L. (2004). Hands-on, demonstration, and videotape laboratories for non-science majors in a food science course: Achievement, attitude, and efficiency. *Journal of Food Science Education, 3* (1), 2–7.

Johnson-Laird, P.N. (1983). *Mental models: Towards a cognitive science of language, inferences, and consciousness.* Cambridge: Cambridge University Press.

Johnstone, A.H. (1991). Why is science difficult to learn? Things are seldom what they seem. *Journal of Computer Assisted Learning, 7,* 75–83.

Johnstone, A.H. (2009). Book review: Multiple representations in chemical education. *International Journal of Science Education, 31*(16), 2271–2273. doi:10.1080/09500690903211393

Jones, M.G., Rua, M.J., & Carter, G. (1998). Science teachers' conceptual growth within Vygotsky's zone of proximal development. *Jour-nal of Research in Science Teaching, 35* (9), 967–985.

Karplus, R. (1977). Science teaching and the development of reasoning. *Journal of Research in Science Teaching, 14* (2), 169–175.

Kearney, M., Treagust, D.F., Yeo, S., & Zadnik, M.G. (2001). Student and teacher perceptions of the use of multimedia supported predict-observe-explain tasks to probe understanding. *Research in Science Education, 31* (4), 589–615.

Keeratichamroen, W., Dechsri, P., Panijpan, B., & Ruenwongsa, P. (2010). The tapioca bomb: A demonstration to enhance learning about combustion and chemical safety. *Teaching Science, 56* (1), 39–41.

Kelley, R.L. (2010). Worms in the college classroom: More than just a composting demonstration. *Journal of College Science Teaching, 39* (3), 52–55.

Kozma, R., & Russell, J. (2005). Students becoming chemists: Developing representational competence. In J.K. Gilbert (Ed.), *Visualization in science education* (pp.121–146). Dordrecht, the Netherlands: Springer.

Kozma, R.B., & Russell, J. (1997). Multimedia and understanding: Expert and novice responses to different representations of chemical phenomenon. *Journal of Research in Science Teaching, 34* (9), 949–968.

Larkin, J.H., & Simon, H.A. (1987). Why a diagram is (sometimes) worth ten thousand words. *Cognitive Science, 11,* 65–99.

Lavoie, D.R. (1999). Effects of emphasizing hypothetico-predictive reasoning within the science learning cycle on high school student's process skills and conceptual understandings in biology. *Journal of Research in Science Teaching, 36*(10), 1127–1147. doi:10.1002/ (sici)1098–2736(199912)36:10<1127::aid-tea5>3.0.co;2–4

Lawson, A., Oehrtman, M., & Jensen, J. (2008). Connecting science and mathematics: The nature of scientific and statistical hypothesis testing. *International Journal of Science and Mathematics Education, 6*(2), 405–416. doi:10.1007/s10763–007–9108–5

Lawson, A.E. (2000). The generality of hypothetico-deductive reasoning: Making scientific thinking explicit. *American Biology Teacher, 62* (7), 482–495.

Lawson, A.E. (2010). Basic inferences of scientific reasoning, argumentation, and discovery. *Science Education, 94* (2), 336–364.

Lazarowitz, R., & Tamir, P. (1994). Research on using laboratory instruction. In L. Gabel (Ed.), *Handbook of research on science teaching and learning* (pp.94–128). New York: Praeger Publishers.

Lehrer, R., & Schauble, L. (2006). Cultivating model-based reasoning in science education. In R.K. Sawyer (Ed.), *The Cambridge handbook of the learning sciences* (pp.371–387). Cambridge: Cambridge University Press.

Lemke, J.L. (1990). *Talking science: Language, learning, and values.* Norwood, NJ: Ablex Publishing Corporation.

Levy Nahum, T., Ben-Chaim, D., Azaiza, I., Herskovitz, O., & Zoller, U. (2010). Does STES-oriented science education promote 10th-grade students' decision-making capability? *International Journal of Science Education, 32* (10), 1315–1336.

Liew, C.W., & Treagust, D.F. (1995). A predict-observe-explain teaching sequence for learning about students' understanding of heat and expansion of liquids.

Australian Science Teachers Journal, 4(1), 68–71.

Linenberger, K.J., & Bretz, S.L. (2012). Generating cognitive dissonance in student interviews through multiple representations. *Chemistry Education Research and Practice, 13* (3), 172–178.

Liu, T.-C., Peng, H., Wu, W.-H., & Lin, M.-S. (2009). The effects of mobile natural-science learning based on the 5E learning cycle: A case study. *Educational Technology & Society, 12* (4), 344–358.

Liu, Y., Tsui, C.-Y., & Treagust, D.F. (2013). Roles of computer-based simulations in conceptual change learning of school science. In C.B. Lee & D. Jonassen (Eds.), *Fostering conceptual change with technology: Asian perspectives* (pp. 261–286). Singapore: Cengage Learning Asia Pte Ltd.

Luft, J.A. (1999). Rubrics: Design and use in science teacher education. *Journal of Science Teacher Education, 10* (2), 107–121.

Lyons, T. (2006). Different countries, same science classes: Students' experiences of school science in their own words. *International Journal of Science Education, 28* (6), 591–613.

Madden, S.P., Jones, L.L., & Rahm, J. (2011). The role of multiple representations in the understanding of ideal gas problems. *Chemistry Education Research and Practice, 12* (3), 283–293.

Mancuso, V.J. (2010). *Using discrepant events in science demonstrations to promote student engagement in scientific investigations: An action research study.* Unpublished PhD Thesis, University of Rochester, New York.

Marbach-Ad, G., & Stavy, R. (2000). Students' cellular and molecular explanations of genetic phenomena. *Journal of Biological Education, 34* (4), 200–205.

Marek, E.A., Laubach, T.A., & Pedersen, J. (2003). Preservice elementary school teachers' understandings of theory based science education. *Journal of Science Teacher Education, 14* (3), 147–159.

Marquez, C., Izquierdo, M., & Espinet, M. (2006). Multimodal science teachers' discourse in modeling the water cycle. *Science Education, 90* (2), 202–226.

Martins, I., & Ogborn, J. (1997). Metaphorical reasoning about genetics. *International Journal of Educational Research, 19* (6), 48–63.

Mayer, R.E., & Wittrock, M.C. (2012). Problem solving. In P.A. Alexander & P.H. Winne (Eds.), *Handbook of educational psychology* (2nd ed., pp. 287–303). Hoboken, NJ: Taylor & Francis.

McCarthy, D. (2005). Newton's first law: A learning cycle approach. *Science Scope, 28* (5), 46–49.

McKinsey & Company. (2012). *Education to employment: Designing a system that works.*

McNeal, K.S., Miller, H.R., & Herbert, B.E. (2008). The effect of using inquiry and multiple representations on introductory geology students' conceptual model development of coastal eutrophication. *Journal of Geoscience Education, 56* (3), 201–211.

Mercer, N., & Littleton, K. (2007). *Dialogue and the development of children's thinking: A sociocultural approach.* London; New York: Routledge.

Millar, R. (2006). "Twenty first century science": Insights from the design and implementation of a scientific literacy approach in school science. *International Journal of Science Education, 28*(13), 1499–1521.

Millar, R. (2011). Reviewing the national curriculum for science: Opportunities and challenges. *Curriculum Journal, 22* (2), 167–185.

Milne, C., & Otieno, T. (2007). Understanding engagement: Science demonstrations and emotional energy. *Science Education, 91* (4), 523–553.

Moore, C.J., & Rubbo, L.J. (2012). Scientific reasoning abilities of nonscience majors in physics-based courses. *Physical Review Special Topics—Physics Education Research, 8* (1), 010106–010101.

Mortimer, E., & Scott, P. (2000). Analysing discourse in the science classroom. In R. Millar, J. Leach, & J. Osborne (Eds.), *Improving science education: The contribution of research* (pp. 125–142). Buckingham UK; Philadelphia, PA: Open University Press.

Musheno, B.V., & Lawson, A.E. (1999). Effects of learning cycle and traditional text on comprehension of science concepts by students at differing reasoning levels. *Journal of Research in Science Teaching, 36* (1), 23–37.

National Research Council. (2007). *Taking science to school: Learning and teaching science kindergarten to eighth grade.* Washington, DC: National Academies Press.

Neibert, K., Riemeier, T., & Gropengiesser, H. (2013). The hidden hand that shapes conceptual understanding: Choosing effective representations for teaching cell division and climate change. In D.F. Treagust & C.-Y. Tsui

(Eds.), *Multiple representations in biological education* (pp. 293 – 310). Dordrecht, the Netherlands: Springer.

Nguyen, D.-H., & Rebello, S.N. (2011). Students' difficulties with multiple representations in introductory mechanics. *US–China Educa-tion Review, 8* (5), 559 – 569.

Ogborn, J., Kress, G., Martin, I., & McGillicuddy, K. (1996). *Explaining science in the classroom.* Buckingham, UK: Open University Press.

Oliva, J.M., Azcarate, P., & Navarrete, A. (2007). Teaching models in the use of analogies as a resource in the science classroom. *International Journal of Science Education, 29* (1), 45 – 66.

Orpwood, G., Schmidt, B., & Hu, J. (2012). *Competing in the 21st century skills race.* Canadian Council of Chief Executives.

Osborne, J., Collins, S., Ratcliffe, M., Millar, R., & Duschl, R. (2003). What "ideas-about-science" should be taught in school science? A Delphi study of the expert community. *Journal of Research in Science Teaching, 40* (7), 692 – 720.

Osborne, J., & Patterson, A. (2012). Authors' response to "For whom is argument and explanation a necessary distinction? A response to Osborne and Patterson" by Berland and McNeill. *Science Education, 96* (5), 814 – 817.

Osborne, J.F., & Patterson, A. (2011). Scientific argument and explanation: A necessary distinction? *Science Education, 95* (4), 627 – 638.

Paivio, A. (1986). *Mental representation and dual coding approach.* New York: Oxford University Press.

Panofsky, C.P., John-Steiner, V., & Blackwell, P.J. (1990). The development of scientific concepts and discourse. In L.C. Moll (Ed.), *Vygotsky and education: Instructional implications and applications of sociohistorical psychology* (pp. 252 – 267). Cambridge: Cambridge University Press.

Pedrosa-de-Jesus, H., da Silva Lopes, B., Moreira, A., & Watts, M. (2012). Contexts for questioning: Two zones of teaching and learning in undergraduate science. *Higher Education: The International Journal of Higher Education and Educational Planning, 64* (4), 557 – 571.

Phillips, L.M., Norris, S.P., & Macnab, J.S. (Eds.). (2010). *Visualization in mathematics, reading, and science education.* Dordrecht, the Netherlands: Springer.

Ratcliffe, M., & Millar, R. (2009). Teaching for understanding of science in context: Evidence from the pilot trials of the "Twenty First Century Science" courses. *Journal of Research in Science Teaching, 46* (8), 945 – 959.

Riopel, M., Potvin, P., & Vázquez-Abad, J. (2009). *Utilisation des technologies pour la recherche en éducation scientifique* [Utilisation of technologies for research in science education]. Québec, Canada: Les Presses de l'Université Laval.

Robottom, I. (2012). Socio-scientific issues in education: Innovative practices and contending epistemologies. *Research in Science Education, 42* (1), 95 – 107.

Roth, W.-M., McRobbie, C.J., Lucas, K.B., & Boutonné, S. (1997). Why may students fail to learn from demonstrations? A social practice perspective on learning in physics. *Journal of Research in Science Teaching, 34*, 509 – 533.

Ruiz-Primo, M.A., Li, M., Tsai, S.-P., & Schneider, J. (2010). Testing one premise of scientific inquiry in science classrooms: Examining students' scientific explanations and student learning. *Journal of Research in Science Teaching, 47* (5), 583 – 608.

Rundgren, C.-J., Hirsch, R., & Tibell, L.A. (2009). Death of metaphors in life science? A study of upper secondary and tertiary students' use of metaphors in their meaning-making of scientific content. *Asia-Pacific Forum on Science Learning and Teaching, 10* (1), 21 – 21.

Russ, R.S., Coffey, J.E., Hammer, D., & Hutchison, P. (2009). Making classroom assessment more accountable to scientific reasoning: A case for attending to mechanistic thinking. *Science Education, 93* (5), 875 – 891. doi:10.1002/sce.20320

Schmidt, S.J., Bohn, D.M., Rasmussen, A.J., & Sutherland, E.A. (2012). Using food science demonstrations to engage students of all ages in science, technology, engineering, and mathematics (STEM). *Journal of Food Science Education, 11* (2), 16 – 22.

Schunn, C. (2009). *Are 21st century skills found in science standards?* Paper presented at the Workshop on Exploring the Intersection of Science Education and the Development of 21st Century Skills, New York.

Schwartz, R., & Brown, M. (2013). Understanding photosynthesis and cellular respiration: Encouraging a view of biological nested systems. In D.F. Treagust & C.-Y. Tsui (Eds.), *Multiple representations in biological education* (pp. 203 – 223). Dordrecht, the Netherlands: Springer.

Scott, P. (1998). Teacher talk and meaning making in science classrooms: A Vygotskian analysis and review. *Studies in Education, 32*, 45 – 80.

Seker, H., & Komur, S. (2008). The relationship between critical thinking skills and in-class questioning behaviours of English language teaching students. *European Journal of Teacher Education, 31* (4), 389 – 402.

Selwyn, N. (2011). *Schools and schooling in the digital age: A critical analysis.* New York: Routledge.

Sfard, A. (1998). On two metaphors for learning and the danger of just choosing one. *Educational Researcher, 27* (2), 4 – 13.

Shapiro, J. (2012). *China's environmental challenges.* Malden, MA: Polity.

Shinohara, F. (2006). Innovative methods in science education in Japan— strategic methods on smooth transition from upper secondary school to the university. *Journal of Science and Mathematics Education in Southeast Asia, 29* (1), 98 – 117.

Shulman, L.S. (1986). Those who understand: Knowledge growth in teaching. *Educational Researcher, 15* (2), 4 – 14.

Shulman, L.S. (1987). Knowledge and teaching: Foundation of the new reform. *Harvard Educational Review, 57* (1), 1 – 22.

Simon, S., Erduran, S., & Osborne, J. (2006). Learning to teach argumentation: Research and development in the science classroom. *International Journal of Science Education, 28* (2), 235 – 260.

Simonneaux, L., & Simonneaux, J. (2009). Students' socio-scientific reasoning on controversies from the viewpoint of education for sustainable development. *Cultural Studies of Science Education, 4* (3), 657 – 687.

Sjøberg, S., & Schreiner, C. (2010). *The ROSE project: An overview and key findings.*

Slavin, R.E. (2009). *Educational psychology: Theory into practice* (9 th ed.). Boston: Pearson.

Sternberg, R.J., & Williams, W.M. (2002). *Educational psychology.* Boston: Allen & Bacon.

Stierer, B., & Maybin, J. (1993). *Language, literacy and learning in educational practice: A reader.* Clevedon, UK: Open University.

Sweller, J. (1994). Cognitive load theory, learning difficulty, and instructional design. *Learning and Instruction, 4,* 295 – 312.

Thomas, G. (2012). Metacognition in science education: Past, present and future considerations. In B.J. Fraser, K. Tobin, & C.J. McRobbie (Eds.), *Second international handbook of science education* (pp. 131 – 144). Dordrecht, the Netherlands: Springer.

Tobin, K. (1987). The role of wait time in higher cognitive level learning. *Review of Educational Research, 57* (1), 69 – 95.

Treagust, D.F. (2007). General instructional methods and strategies. In S.K. Abell & N.G. Lederman (Eds.), *Handbook of research on science education* (pp. 373 – 391). Mahwah, NJ: Lawrence Erlbaum.

Treagust, D.F., Chittleborough, G.D., & Mamiala, T.L. (2003). The role of sub-microscopic and symbolic representations in chemical explanations. *International Journal of Science Education, 25* (11), 1353 – 1369.

Treagust, D.F., & Harrison, A.G. (2000). In search of explanatory frameworks: An analysis of Richard Feynman's lecture "Atoms in Motion." *International Journal of Science Education, 22* (11), 1157 – 1170.

Treagust, D.F., Harrison, A.G., & Venville, G.J. (1998). Teaching science effectively with analogies: An approach for preservice and inservice teacher education. *Journal of Science Teacher Education, 9* (2), 85 – 101.

Treagust, D.F., & Tsui, C.-Y. (Eds.). (2013). *Multiple representations in biological education.* Dordrecht, the Netherlands: Springer.

Tsui, C.-Y., & Treagust, D.F. (2003). Genetics reasoning with multiple external representations. *Research in Science Education, 33* (1), 111 – 135.

Tsui, C.-Y., & Treagust, D.F. (2007). Understanding genetics: Analysis of secondary students' conceptual status. *Journal of Research in Science Teaching, 44* (2), 205 – 235.

Tsui, C.-Y., & Treagust, D.F. (2013). Secondary students' understanding of genetics using BioLogica: Two case studies. In D.F. Treagust & C.-Y. Tsui (Eds.), *Multiple representations in biological education* (pp. 269 – 292). Dordrecht, the Netherlands: Springer.

Tural, G., Akdeniz, A.R., & Alev, N. (2010). Effect of 5E teaching model on student teachers' understanding of weightlessness. *Journal of Science Education and Technology, 19* (5), 470 – 488.

Turkmen, H. (2006). What technology plays supporting role in learning cycle approach for science education. *Turkish Online Journal of Educational Technology—TOJET, 5* (2), 7 – 7.

Tytler, R. (2007). *Re-imagining science education: Engaging students in science for Australia's future* (Australian Education Review 51). Camberwell, Victoria: Australian Council of Educational Research.

Tytler, R., Prain, V., Hubber, P., & Waldrip, B. (Eds.). (2013). *Constructing representations to learn in science.* Rotterdam, the Netherlands: Sense Publishers.

Tytler, R., Symington, D., Darby, L., Malcolm, C., & Kirkwood, V. (2011). Discourse communities: A framework from which to consider professional development for rural teachers of science and mathematics. *Teaching and Teacher Education: An International Journal of Research and Studies, 27* (5), 871 – 879.

Underwood, J. (1997). If a picture is worth a thousand words, what is the value of two? *Journal of Information Technology for Teacher Education, 6* (1), 3 – 8.

van Someren, M.W., Reimann, P., Boshuizen, H.P. A., & de Jong, T. (Eds.). (1998). *Learning with multiple representations.* London: Pergamon.

Venville, G.J., & Dawson, V. (2010). The impact of an argumentation intervention on Grade 10 students' conceptual understanding of genetics. *Journal of Research in Science Teaching, 47* (8), 952 – 977.

Venville, G.J., & Treagust, D.F. (1996). The role of analogies in promoting conceptual change in biology. *Instructional Science, 24*, 295 – 320.

Vygotsky, L.S. (1978). *Mind in society: The development of higher psychological processes.* Cambridge, MA: Harvard University Press.

Waldrip, B., & Prain, V. (2012). Learning from and through representations in science. In B.J. Fraser, K. Tobin, & C.J. McRobbie (Eds.), *Second international handbook of science education* (Vol. 40, pp. 145 – 154). Dordrecht, the Netherlands: Springer.

Waldrip, B., Prain, V., & Carolan, J. (2010). Using multi-modal representations to improve learning in junior secondary science. *Research in Science Education, 40* (1), 65 – 80.

Wertsch, J.V. (1991). *Voices of the mind: A sociocultural approach to mediated action.* London: Harvester Wheatsheaf.

White, R.T. (1996). The link between the laboratory and learning. *International Journal of Science Education, 18* (7), 761 – 774.

White, R.W., & Gunstone, R. (1992). *Probing understanding.* London: Palmer Press.

Yarden, H., & Yarden, A. (2013). Learning and teaching biotechnological methods using animations. In D.F. Treagust & C.-Y. Tsui (Eds.), *Multiple representations in biological education* (pp. 93 – 108). Dordrecht, the Netherlands: Springer.

Young, M. (2008). From constructivism to realism in the sociology of the curriculum. In G.J. Kelly, A. Luke, & J. Green (Eds.), *Review of research in education: What counts as knowledge in educational settings, disciplinary knowledge, assessment, and curriculum* (Vol. 32, pp. 1 – 28). Thousand Oaks, CA: Sage.

Zacharia, Z.C. (2005). The impact of interactive computer simulations on the nature and quality of postgraduate science teachers' explanations in physics. *International Journal of Science Education, 27* (14), 1741 – 1767.

Zheng, Z.R., Yang, W., Garcia, D., & McCadden, P.E. (2008). Effects of multimedia and schema induced analogical reasoning on science learning. *Journal of Computer Assisted Learning, 24* (6), 474 – 482.

Zohar, A., & Dori, Y.J. (Eds.). (2012). *Metacognition in science education: Trends in current research.* Dordrecht, the Netherlands: Springer.

Zoller, U., & Levy Nahum, T. (2012). From teaching to KNOW to learning to THINK in science education. In B.J. Fraser, K. Tobin, & C. J. McRobbie (Eds.), *Second international handbook of science education* (pp. 209 – 229). Dordrecht, the Netherlands: Springer.

Discourse Practices in Science Learning and Teaching

GREGORY J. KELLY

第17章 科学教与学中的话语实践

马蕊　译　　刘晟　审校

科学教育领域对理解教学情境中的话语过程和社会实践的本质及二者之间的关系越来越感兴趣。本章将首先为科学教育研究中的话语研究提供理论依据。随后将综述科学教育话语研究的理论观点和方法论途径。话语研究包括对社会化语言、言语类型、语境化、副语言交流、互动语境以及语言在社会化实践中的作用的考量。本章所综述的科学教育话语研究分为四大类。这些类别并不是相互排斥的，而是在许多维度上有交集的。第一类研究如何获取科学以及对科学的认同，以及如何通过互动构建和定位学校。这些研究聚焦于公平和学生多样性的问题上，通常是在城市和其他多元文化的教育环境中进行的。第二类研究考虑跨多个学习背景的话语实践。这些研究调查不同形式的科学教学和学生的参与，包括探究法、小组合作和项目式学习。第三类研究将论证视为科学教育中学生与教师的话语实践。第四类关注教学和教师教育中的话语。鉴于教育事件中话语过程的本质，任何特定的研究都可依据其特征归入多种类别。例如，一项关于学生通过参与基于城市社区的科学项目而产生身份认同的研究，可能适合于本文提到的四个类别中的任何一个。在综述当前科学教育中关于话语实践的知识之后，本章进行了总结，提出了未来研究方向的主题、方法和受众。

话语研究的基本原理

话语是社区共同建构规范和期望、定义群体常识、建立紧密联系、构建学科知识、邀请或限制参与等各方式的核心。总之，教育活动是通过话语来建构的。在日常教育活动实践中，学习机会会受到参与者在沟通、互动、出席和参与群体过程方面所做出的选择的支持或约束。在科学课堂中，教师谈论科学、制定交流规范以及让学生参与相关学科系列符号学习的方式构成了可供学习的科学知识和实践的本质(Kelly, 2007)。由于对这一系列符号意义的交流和解释是教与学中不可或缺的一部分，因此，对于那些希望了解在教育环境中学生如何互动地接触科学的研究人员来说，对话语的研究是最为相关的。此外，许多国家的教育系统正越来越多地体现多元文化和多语言的特点，这反映出社会的变化。这种文化多样性提供了许多机会，以发展出对跨文化差异的相互理解和认识。然而，这种多样性可能会给科学课的教与学带来挑战，因为(课堂)成员之间在知识、期望和沟通方式上可能会有所不同。虽然科学有许多形式，但其往往具有独特的语言特征，不同于学生其他话语群体中一般性的存在、说话和互动方式(Brown, Reveles, & Kelly, 2005)。许多关于话语实践的研究都是为了研究科学的语言特征是如何对学习者构成挑战的。

交互性语境是通过不同语境下的话语来建构的。科学教育中的话语过程研究考察了如何在不同环境中进行知识和实践的交流，以及研究过程本身如何必然导致话语的使用。话语研究包括对正在进行的教学活动中的日常谈话以及行为、参与者的访谈以及各种形式的书面文本等内容的检测，每种研究方法都引导自身指向特定的研究问题。

学校社会化过程的研究具有一项优势，那就是会考虑到参与者在科学课堂上构建日常生活时的实际工作。由于这项工作是在自然状态下进行的，并且分析人员可以作为研究者参与其中，使得对正在进行构建中的教育事件开展研究成为可能。因此，对教育中自然发生的话语进行研究，提供了对交流与吸收概念性知识、权力分配、角色定义的理解途径，以及在参与者之间建立紧密联系与认同的途径。

话语分析也可以应用于访谈研究。通常，教育研究人员有兴趣与特定研究的参与者讨论相关的研究主题。然而，这类访谈也属于话语事件，具有规范和期望、信息交互规则以及通过副语言交流实现的语境化(Lemke, Kelly, & Roth, 2006; Mishler, 1986; Russ, Lee, & Sherin, 2012)。将访谈视为话语事件，在此过程中意义在个体之间建构，同时也要考虑到相关的人为因素和语境，这些可能会导致参与者和访谈者所提供的知识存在差异。这意味着要仔细思考意义是如何通过访谈对话中的即时转折来构建的，而不是仅采纳被访者评论的表面含义并将其视为被访者现有知识的表征。因此，访谈本身的话语实践就可以作为研究主题。

书面文本也可以从话语的角度进行分析。科学教科书、学生的书面作品以及科学知识多种形式的表征都可以通过各种文本分析进行研究。因此，话语分析的研究方法提供了一套工具来研究教育环境中的教与学、身份认同的发展、权力与控制模式的构建方式。

研究话语的理论思考和方法论思考

话语通常被定义为使用中的语言，或者说是比句子或从句更广泛的语言延伸(Cameron, 2001; Jaworski & Coupland, 1999)。由于话语所包含的不仅仅是概念性的交流，因此在交互性语境中解释意义时，需要考虑更广泛的社会群体背景、文化实践和人际目标。随着时间的推移，通过话语过程构建的社会规范、期望和实践反过来又塑造着每种情况下话语被激发的方式，从而体现了话语和社会文化实践的共生关系。因此，话语嵌入了社会知识、实践、权力和身份认同之中(Fairclough, 1995)。在每一个应用实例中，话语都是某种背景下在人与人之间构建的，结合了一些历史、对未来行动的推测和意识信念。这些历史、推测和信念以相似的方式通过文化实践构建，在话语事件社会实现过程中产生了一定的意义。因此，话语分析通常关注的不仅仅是语言的即时使用，而是随着时间的推移考虑更广泛的模式，以及这种用法嵌入文化实践和意识信念中的方式。费尔克拉夫(Fairclough, 1992)确定了话语分析的三个维度：文本分析，文本生成分析以及对参与者的话语事件、条件和后果的社会分析。因此，对科学教育中话语过程的研究应适当地包含将话语定义为在社会语境中使用语言。正如吉（Gee, 2001）所说，话语与社会实践相联系，是“存在于世界的方式……整合了语言、行为、价值观、信仰、态度和社会身份以及手势、眼神、身体姿势和服饰的生活形式”（p. 526）。考虑到此篇综述的目的，我将采用更广义的对话语的定义，并考虑一系列研究，包括许多有关语言使用的认识论、意识信念和社会维度的研究（Kelly, 2007）。

科学话语具有独有的特征，这源于建构这些话语过程和实践的团体在认知层面的高度专业化特性。在专业化背景和教育背景下，科学话语具有多种方式的符号交流特征，包括口头的、书面的、表征的、图文的和符号的，等等。现阶段对科学实践的研究已认识到话语实践在科学知识的建构过程中具有重要作用（Knorr-Cetina, 1999）。从对表征事件的图文进行意义建构的探索，到特定类型出版物中文本的形式化，科学界为口头、书面和符号话语的产生投入了相当长的时间（Bazerman, 1988；Kelly, Carlsen, & Cunningham, 1993；Latour & Woolgar, 1986）。这种多样的符号学形式常常与理科学生生活中其他方面的交流方式格格不入。这可能对科学学习者构成挑战，因为科学的独特语言形式包括被动语态和条件句、专业词汇、连锁分类法、抽象和名词化、复杂符号和符号系统（Halliday & Martin, 1993）。对课堂话语的研究表明，科学是通过讨论和行动来构建的，这种方式往往会疏远学生，给人留下这样的印象：科学是困难的，是为认知精英准备的，而且是标准化的（Lemke, 1990）。

话语分析是指对所使用语言的研究。为研究科学教育中话语交流情境的范围和类型，分析人员试图了解话语的使用是如何融入社会实践并适应时间推移的。社会实践、互动规范和对沟通需求的期望与语言的使用方式有关。因此，话语分析常常考虑话语是如何被沟通事件的规范和期望所塑造的。这表明需要用民族志和其他研究方法，从而寻求对支配话语使用的活动的文化模式有更广泛的了解（Gee & Green, 1998；Gumperz, 2001）。这些研究考虑了互动的微观时刻、通过多重互动进行实践中观层面的构建以及对文化实践宏观层面的分析，从而认识文化规范和期望在塑造特定互动过程中的重要性。口语交流通过语言和非语言两种渠道发生。为理解互动语境中的含义，话语分析需要考虑有关谈话的副语言特征，包括音高、重音、语调、停顿结构、物理定向、身体距离和眼神等。

本章是对上一版手册相应章节（Kelly, 2007）的更新，因此主要关注科学教育话语的最新文献。本综述仅限于那些对专门检测语言的形式、功能和/或交互方面如何以外显的方式得以运用的研究。一般来说，这意味着综述中很可能会包含与语言明确相关的自我认同、读写和话语有关的研究。

在各种重要的研究主题和各种教育背景下，我们观察到了许多有关沟通交流的议题。一般来说，科学课堂上的讨论是由教师话语引导的，而教师的话语通常是紧跟科学教科书内容的。在整个课堂讨论的互动语境中，这种对话会陷入一种教师启动、学生反应和教师评价的模式（initiation-response-evaluation [IRE]; Lemke, 1990; Mehan, 1979）。这种对话模式对什么内容是可供学习的，特定的科学学科是如何定位的，以及学生如何发展他们对科学的认同都有影响。教育改革者主张扩大互动环境的范围，这些互动环境应为学生提供在课堂对话中发挥其主动性的机会。相关的改革项目包括基于科学实践的情境式学习、基于项目的活动、通过社会科学事件进行推理以及探究的调查。这些多种不同的环境为学习科学和科学的不同方面提供了更多的机会，同时也对学生提出新的交流要求。为确定交流情境的范围，莫蒂默（Mortimer）和斯科特（Scott）（2003）提出了一个模型来检验课堂话语的五个重要维度：教学目的、科学内容、交流方式、话语模式和教师干预。该模型有助于理解话语事件的本质，为设计聚焦于科学学习话语中心化的教师教育提供了基础。

科学教育中的话语过程与实践

话语研究一直是科学教育中的一个重要研究主题，其研究数量与视角也在不断扩大。教育改革已逐步转向关注如何看待语言和社会化实践在科学学习中的重要性。这一科学教育改革的概念性与认识性目标提示我们需要培养和检验学生的语言能力。从话语研究的角度来看，学习使人能以有效的方式与一个群体的成员进行交流、成为有能力的人、并实现个人与社会目标（Kelly, 2011）。当学生开始学习科学概念并从事科学实践时，他们会发展出更广泛的方式来表达、倾听和解释科学话语，并可以被视为有能力与相关群体的成员进行沟通。这种观点与社会历史学习理论是一致的，即将文化工具、标志和符号如何调节社会互动视作学习的基础（Vygotsky, 1978）。

一系列研究探索了话语在科学教育中的应用。在这一章中，我综述了话语分析在科学教育研究中的四个应用：身份认同与获取（科学）、多元学习背景下的话语实践、作为话语实践的论证以及教学与教师教育。其中一个重要的、得到长期关注的研究主题聚焦于获取与公平议题上。在美国和全世界，人们都担心处于不同话语实践中的学生在学校受到差别对待。有些学生的语言背景不同于学校和科学领域的语言背景，他们可能会因此面临一些障碍，阻碍其在科学领域取得成功。由于话语不仅可以交流学科知识与实践，而且也是身份认同和社会关系的基础，因此在科学教育中越来越多的公平性研究被引向话语的使用。另一种研究方式在科学学习、认识论和认识实践中所涉及的话语实践中逐渐显现。这一领域中的研究考察的是在教育环境中知识是如何表达、唤起、定位和吸收的，这些研究不仅强调科学的知识与实践，而且还强调认知层面的实践，这包含在学校教育中建构什么是对科学的理解（Kelly, McDonald, & Wickman, 2012）。这些研究经常探索那些可让学生进行主动学习的情境，无论是通过探究科学、基于项目的学习，还是在非学校环境中。第三种研究方式考虑的是论证和解释。论证通常是指利用证据来说服一篇论文的读者。科学解释是一个复杂的概念，它包括对科学的目的、现有知识的本质、受众以及科学特有的语言特征的思考。它们都有独特的语言形式和社会化目的。最后，还有一些学者在研究有关教学和教师教育的话语通过何种方式可以引导学生如教育改革所建议的那样参与到对知识和实践的学习之中。

通过话语过程构建（对科学的）获取和身份认同

鉴于科学话语与日常对话、认识和生活方式之间的差异，科学教育者关注的一个核心问题是学生对科学知识的获取。对科学中公平性的这种关注引发了关于科学概念在不同使用环境中建构方式的研究。科学界创建了具有特定特征的社会化语言或话语，这些特征通常出自专业工作的需要（Bazerman，1988）及其内在的独特语言学特征（Halliday & Martin, 1993）。接受科学的话语包括建立对这一学科以及当地话语团体成员的认同，这些团体会远离一些学生（Brown, 2006），因为他们的日常说话和互动方式在教育环境中通常是没有价值的。因此，对于语言背景与科学家和科学教师所用语言不同的学生来说，他们比那些话语背景与科学教师相匹配的学生面临着更为严峻的学习挑战。为解决群体间话语实践的差异，教育公平的研究需要考虑语言的差异、对学习者造成困扰的科学话语的具体形式、学生文化知识的潜在贡献，以及如何通过语言的使用来构建人际关系与身份认同。这类研究包括对多元文化学习群体的研究，以及如何通过不同的说话方式、行为方式和生活方式将话语进行混合。

为提高学生对科学的参与度和与科学的联系，一些教育改革者试图通过引入与学生相关的科学来培养学生的身份认同。巴顿（Barton）和坦（Tan）（2010）研究了学生的主动性与其身份认同之间的关系，这些学生自愿参与了一项关于城市绿色能源技术（Green Energy Technology in the City [GET City]）的课后项目。该研究基于假想的世界展开，考察了学生与学习环境中的其他人如何构建供给与约束、任务与话语、符号以及此项活动的意义。这个教育项目将学生定位为城市热岛方面的“社区科学专家”。这项研究展示了学生如何通过其主动性和（学习）活动（也可参见 Barton & Tan, 2009）构建混合式话语，从而建立对当地环境的理解。混合式话语是指已被社交分化区分开的两种社会化语言在一次相遇中发生的混合（Bakhtin, 1981）。这一（话语）构造在科学教育话语研究中被发现是有用的，在这些研究中，与当地情况相关的不同话语都得以浮现。例如，汉拉恩（Hanrahan, 2006）研究了混合式话语与发展出更具社会公平性的学校科学的相关性。他在澳大利亚一所高中将批判性话语分析应用于互动，通过对比教学方法以及将批判性话语分析用于基于学校经验的社会化结构如何塑造和约束（学生的）主体性（p. 12），汉拉恩提供证据展示了一名教师怎样才能构建出获取增强型话语，从而促进学生的对话、参与和学习。研究结果表明，教师的沟通方式对学生的参与、科学学习和学生身份认同的发展起到了决定性作用。卡姆贝雷利斯（Kamberelis）和韦洪（Wehunt）（2012）研究了这种混合式话语是如何通过学生在小组任务和全班对话中将关系与权力进行转换得以构建的，从而评估混合式话语在科学学习中的潜力。学生们开展了一个标准的研究猫头鹰所吐食团的实验室活动，并完成了一份关于解剖结果的书面报告。通过对学生身份构建过程中的多重话语进行检查，该研究确定了学生从大众文化中汲取语言和说话方式的途径，从而理解科学活动并找到使这些活动可处理化的方式。混合并不总是课堂中多重话语的结果。贝洛基（Bellocchi）和里奇（Ritchie）（2011）发现，在高中化学课上，学生的日常话语并未与化学学科话语混合；相反，这种混合是通过类比写作活动发生的。

美国城市的学校对学生的学习提出了挑战。这类学校往往资源不足，面临着教师的流失，并受困于教学法的匮乏。这些学校通常有不同语言背景的学生，课堂中有许多英语作为第二语言的人。这样的背景促使研究人员、教师和教育改革者考虑一系列教学法的改革。布朗（Brown）和斯潘（Spang）（2008）在密歇根州底特律市一个99%都是非裔美国人的5年级课堂中研究了话语身份认同的发展。该课堂采用了一种叫作“定向话语”的方法来培养“具有概念和语言能力的学生”（p. 712）。这种方法的一个主要特点是使用双重对话，在该对话中教师通过改写和重新表述想法使科学变得可获取，从而以不同的方式交流科学。瓦雷拉斯（Varelas）、帕帕斯（Pappas）、凯恩（Kane）、阿瑟诺（Arsenault）、汉克斯（Hankes）和考恩（Cowan）（2008）还强调了衔接科学对话和参与学生对话。此项研究从社会文化视角考察了科学话语和学生“生活世界”的话语。在六个城市课堂中进行的聚焦于学生对物质的概念的研究发现，使用模棱两可的物体可鼓励争论。这些模棱两可的物体，如一袋剃须膏，鼓励学生们对物质状态展开争论，并引导他们围绕科学展开推理，从而使他们从最初的困惑中收获意义。

城市环境中的话语研究还包括课堂互动是如何发展身份认同的。瓦雷拉斯、凯恩和怀利（Wylie）（2012）研究了30名K—2年级黑人小学生所描绘的虚拟世界。这项研究探查学生在科学日志中的知识表征。作者借鉴巴赫京（Bakhtin, 1981）的时空体概念（学生在学习中对空间和时间的使用），分析学生是如何将自己视为科学家以及如何看待他们与科学的关系的。日志的创建和围绕日志条目的对话有助于培养学生的自信和充满希望的科学认同感。研究结果揭示了这些学生是如何通过其描绘（的虚拟世界）中的时空安排构建出积极的方式来看待“他们与科学和科学家相关的自我”（p. 592）。巴顿、坦和里弗（River）（2008）展示了有关身份认同、建立联系和参与对城市中学任课教师的重要性。这一纵向的案例研究探索了女生在创作科学作品、考虑身份认同和商议新角色时是怎样发展混合式话语的。这项研究揭示了班级中的女生是如何利用校外资源来构建混合式话语的，这能使她们获得更大的归属感。阿什（Ash, 2008）也借鉴巴赫京的观点，研究了混合式话语对城市中学生的重要作用。该研究考虑了课堂中不同的参与者结构，包括“研究轮转”（针对研究主题的团队工作）、“串话”（全班围绕新想法进行的汇总）、“基准课”（面向全班引入内容概念）、“拼图”（学生展开相互教学的小组学习）和“困境”（全班和小组解决生态困境）。除了对课堂话语进行分析外，该研究还采用指导性临床访谈来评估学生的理解。研究结果揭示出学生是如何通过运用日常话语和科学话语才能够理解适应性这一生物学原理的，尽管他们在理解上存在差异。奥尔茨基（Oltsky）、弗洛尔（Flohr）、加德纳（Gardner）和比卢普斯（Billups）（2010）运用多种方式提供了一种不同的方法。他们设计了一个城市高中生参与的合作研究体验（项目），并致力于研究为什么有些学生即使做好了充分的准备，也没能在学术上取得成就或发展出对学校科学的认同感。通过广泛的民族志视频分析和协同生成性对话，该研究团队发现，允许学生建立社会化和符号资本（例如，帮助同龄人）的课堂结构有助于学生参与科学相关活动，而外部动机（例如，成绩）则不足以帮助学生克服已感知到的参与科学所带来的风险。

其他的研究检测了种族和语言储备对学生参与科学的方式的影响。例如，布朗（Brown, 2006）研究了参与科学的话语实践是如何让被边缘化的学生付出文化代价的。布朗在一所城市高中当老师，在那里他对学生有很深的了解，他利用焦点小组访谈来研究学生对科学的不同看法以及他们在学校科学方面的经验。他发现，学生在学习如何参与科学认识论、实践和话语时，面临着文化代价。这些学生需要成为双重文化者来参与这些实践，才能将一些新的方式应用到他们的话语记录库中。里夫斯（Reveles）和布朗（2008）对一系列案例研究进行了比较，重点是参与科学研究的学生所要面临的文化代价这一议题。在两个案例中（一所是主要由非裔美国学生构成的城市学校，另一所是有大量讲西班牙语且学习英语的学生的郊区学校)，这两个案例的研究者都发现，学生需要以类似于代码转换的方式在语境中改变他们的话语实践，以在各自课堂文化中参与科学讨论。一位教师使用元话语(谈论科学对话)来帮助学生在事件和科学话题之间建立联系。该策略旨在跨学科建立学术实践，并为学生提供发展其学术身份认同的途径。另一位教师帮助学生从日常理解转向学习，通过帮助学生接触科学术语使他们能够围绕生物学分类问题参与科学话语讨论。

有关获取和认同的议题也出现在关于科学教育公平性的其他研究中。虽然已有研究证明分组活动可以为学生参与提供一些可能性，但小组互动中话语过程的相关研究指出了一些问题。尽管讲授会对学生构成约束，特别是当其全程伴以IRE时，小组讨论也同样会给学习者带来问题。在这种情境下，学生的地位、种族、班级和性别等方面的差异的相关问题就会显露出来。戈梅斯(Gomes)、莫蒂默和凯利(Kelly)(2011)研究了对特定学生包容和排斥的构建是如何演变为在参与方式上有多重含义和变式的复杂网络的。这项研究是在巴西的高中化学课堂上进行的，采用社会文化的方法来研究小组对话的细节。研究表明，性别、民族和社会阶层不足以解释分组活动中包容性和排斥性的构建。相反，有些学生的主动性使其承担了领导的角色，这基于一套核心信念，即学校是提升社会化地位的一种途径。帕森斯(Parsons)、德兰(Tran)和戈米利恩(Gomillion)(2008)的研究提出了一个反例。他们研究了一所乡村学校8年级学生中一种假定的“忽视肤色”哲学和意识障碍(接受不平等和剥削)是如何导致欧裔美国学生享有特权的。研究使用的方法是考察学生在分组活动中所扮演的角色(领导、支持、挑战)，结果表明，在与具有类似学术能力的非裔美国学生合作时，欧洲裔美国学生更有可能会扮演重要角色。帕森斯及其同事(2008)揭示了“白皮肤”是如何被激励以获取领导角色的，并建议在对学生进行分组时要考虑这些种族问题。

以探究为目的的方法通常包括学生的小组学习(Kelly, 出版中)。与教师讲授或各种形式的直接教学相比，这种互动情境具有不同的语言需求。科学教育改革(美国国家研究理事会[National Research Council], 1996, 2011)正在转向发展知识与经验，科学实践要求学生通过参与来学习，且严重依赖话语过程。这些新的语言需求对学生用第二语言学习科学提出了新的挑战。一个主要的教育挑战是设计有效的评估，从而导向改进针对学生的教学方法(Duran，2008)。肖(Shaw)、邦奇(Bunch)和盖尼(Geaney)(2010)研究了开发将探究科学中的语言需求纳入考量的新型评估所面临的挑战。该研究对5年级学生进行了三项表现性评价。通过文本分析，研究者们考察了评价中的语言需求，以及这些需求是如何对英语学习者构成挑战的。该研究所形成的分析框架考虑了参与者结构(全班、小组、两人、个人)、交流模式(人与人之间的、解释性的、表达展示的)以及书面文本和体裁(实验描述、科学解释、科学报告、科学说服和叙述)。该框架为科学教师和设计者提供了评价方法，这些方法可以在考虑语言需求的同时根据学生的不同语言背景评测其知识。

对公平性和身份认同的研究已使科学可获取性的许多重要维度浮现出来，这些维度依赖于语言的使用及相关的文化实践。这些研究揭示了促进参与的制约因素。通过话语分析，该领域出现了一系列新的机遇。为提高科学的可获取性，对公平性的研究可能需要更紧密地关联学习、认识实践和教师教育等领域的发展趋势。建立联系和参与是提高公平性的重要步骤，但正如上述这些研究所展现的，我们还需要开展更多的工作。在整个科学教育体系中，尤其是在教师教育中，为接近科学，需要在话语和社会实践之间建立链接。

多种学习情境中的话语实践

人们认为话语研究对学生参与也是很重要的，这包括对探究方法和实验室环境中学生主导的小组活动的参与。许多教学策略得到开发与强化，为学生提供机会参与科学话语和文化实践。这些策略包括聚焦于科学的认识实践和概念理解、运用探究教科学、运用基于项目的学习、通过小组活动开展学习以及在日常生活情景中学习。

对学生学习的研究表明，科学话语的特征并不是通过类似于讲授式教学中接收知识那样掌握的，而是通过作为话语群体小组中的一员参与获取的。学生通过参与对话和实践来学习科学术语的含义（Kelly et al., 2012）。许多研究尝试检验学生在活动中使用这些术语时所建构的意义。威克曼（Wickman）与奥斯特曼（Östman）及其同事已经进行了一系列的研究（Lidar, Almqvist, & Östman, 2010; Wickman, & Östman, 2002）。这些研究基于"实践认识论分析"，该分析考查学生在使用（术语）时所建构的意义，以及当学生遇到不熟悉的讨论情境时如何填补概念空白。哈姆扎（Hamza）和威克曼（Wickman）（2008）分析了瑞典高中生在研究电化学电池时的对话。他们考虑了学生在未知情况下遇到的多种情况，并且发现迷思概念对于推动科学活动而言是中性的或有效的，而不是像以前所认为的那样是阻碍学习的。关注参与者在互动中所呈现的实际含义，这对科学教育研究也具有方法论上的意义——需要检验在特定使用环境中通过话语产生意义的方式。雅各布松（Jakobsson）、梅基塔洛（Mäkitalo）和塞尔吉欧（Säljö）（2009）试图了解学生们如何在有关全球变暖的对话中理解温室效应。与此前的调查和访谈研究不同的是，这些研究者调查了在分组活动情境下学生意义建构的轨迹，在分组活动中学生要围绕有关地球未来温度相互矛盾的主张进行阐述。通过对学生话语的分析，分析人员能够记录学生在概念性知识上存在的困难，特别是在有关自然的与人为的温室效应之间的差异、什么是温室气体等知识上存在的困难。这些结果与以前试图评估学生个人知识的研究明显不同，此前研究所揭示的个人知识更像是预先存在的，且独立于研究所引入的情境。

最近的两项研究探索了认知实践与学生话语参与二者间的关系。曼茨（Manz, 2012）研究了3年级学生如何参与使用建模支持的认识实践。在这项研究中，学生们参与了对学校附近当地生态系统的研究。建模活动旨在促进学生参与模型制作、使用模型提出观点以及理解模型的含义。通过扩展课程，学生通过这种方式利用模型参与到许多学科概念的学习之中。曼茨从对课堂活动的访谈和录像中发现，学生的话语表明，建模实践使生态系统中的对象和关系变得清晰可见，为加深学生对学科的理解提供了支持，并成为进一步使用建模的脚手架。奥利韦拉（Oliveira）、埃克森（Akerson）、科拉克（Colak）、蓬萨农（Pongsanon）和吉尼尔（Genel）（2012）研究了教师的话语特征与实践如何传达有关科学认识论外显和内隐的含义。对两个课堂（幼儿园和4年级）中模糊限制语和增强语的使用情况的研究揭示了限定词使用的差异是如何导致学生所接收的言外之意的差异的。例如，老师的模糊评论会暗示暂时性和不确定性是"科学意义建构的可接受特征"（p. 677）。该研究展示了将科学视作确定的和静态的这一典型的迷思概念是如何通过教师选用的描述符号得以交流的。这表明，有关科学本质的内隐含义是通过课堂上的话语方式得以交流的。

另一个学习环境涉及科学课堂中探究的使用。探究需要寻求自然世界、人为设计的世界或社会化世界的知识。探究式学习通常包括让学生在科学实践过程中使用语言，例如提出问题、提供解释、交流结果、评价推论和提出批判性观点等（Kelly，出版中）。由于这些实践十分依赖于语言，因此话语分析提供了一种方法来研究在教育活动中如何构建学习机会，以及如何实现教育实践的价值。探究教学通常会让学生基于实物展开学习，基于证据得出结论。而学生对如何做出推论、如何得出结论以及如何交流结果的发现过程是通过话语互动完成的。因此，学生推理可以被视为一个社会化过程，高度依赖于他们的社会语言库中可用的话语类型（Kelly, 2011）。

这种探究方法旨在让学生参与一系列的话语和话语模式，包括书面和口头语言、数学、图文和手势（Airey & Linder, 2009）。例如，克劳福德（Crawford, 2005）研究了如何通过五年级学生在一项探究任务中对知识的不同呈现方式评估其交流能力。该研究确定了教师和分析人员需要怎样分析口语、书面语和视觉语言（例如图、表），以充分了解学生的知识是如何通过参与实践体现出来的。当学生开始了解如何使用语言、符号和象征时，必须学习在科学中使用表征实践。丹尼什（Danish）和费尔普斯（Phelps）（2011）研究了媒介因素是如何促进幼儿园和一年级学生学习表征知识的。在这个案例中，学生们要创建关于蜜蜂如何收集花蜜的故事脚本。对学生实践以及这些实践如何通过干预而改变的分析，聚焦于与花蜜采集相关的探究和表征实践。结果表明，学生对蜜蜂活动的结构、行为和功能的理解有所提高，对科学思想表征的表达和评价也有所提高。为实现这些结果，教师们在任务要求、科学内容的讨论以及这些内容的呈现方式上花了大量的时间。因此，故事脚本是多种话语实践的产物，也成为学生之间评论和批判性讨论的主题。

西里（Siry）、齐格勒（Ziegler）和马克斯（Max）（2012）在卢森堡进行了一项研究，重点是低龄学习者（5—6岁儿童）之间的多样态互动。这些作者将科学观点作为互动中的话语，探查学生如何围绕以水为中心的课程建构意义。学生的话语实践在参与者之间得以共建，并出现在围绕水展开的特定对话中。经过这些实践，参与者通过包括口头语言、手势和相关材料资源在内的多样态互动对科学展开讨论。吉夫里（Givry）和罗思（Roth）（2006）强调在话语中使用手势的重要性，他们提出了一个关于概念的新看法，将学生的概念视为头脑中的概念转变为公共话语空间中“可见的语言构造”（p. 1087）。通过对法国高中物理课堂中的互动进行详细研究，他们提出将概念视为由对话、手势和当地重要符号资源组成的分析单元。他们还发现多样态话语分析在高中校内的其他情境中也很有用。贾伊帕尔（Jaipal, 2010）揭示了不同的交流形式是如何增强学生对化学合成的理解的。完成该教学任务的是一位加拿大生物学教师，他利用多样态表征与学生交流了有关科学知识的认识论、表征、取向和架构。其他研究，如孟（Maeng）和金（Kim）（2011）的研究，调查了科学教学实践的模式和学生对教学方法的立场。这项研究是在韩国的中学进行的，调查了以教师为主导的课堂所进行的科学交流。这项研究认为话语编码和话语记录对意义的形成非常重要。

对话语过程的研究已将科学探究的焦点转向思考交流在科学知识的建构、批判和迁移过程中的重要性。有关科学方法、认知实践和科学参与的议题可通过研究当地环境中话语实践的构建进行探索（Kelly, 2008）。此外，许多对科学教学的探究方法的干预和实施都强调论证、解释和证据的使用，而所有这些都需要对科学的话语实践进行学习。福特（Ford）和沃戈（Wargo）（2012）提出了发展对话教学的理由，包括关于概念的理解和认识方面的理解。他们认为，理解一个科学概念需要使用这个概念来解释自然现象，理解这个概念在一系列替代性概念中所处的位置，以及理解通过考察相对解释的成效来判定科学中各种观点的标准。在有关自然选择的研究中，福特和沃戈展示了学生理解什么以及如何理解是与教学对话中对学科知识和实践的建构方式相关的。当（Tang）、科菲（Coffey）、埃尔比（Elby）和莱文（Levin）（2010）的一项研究证明了这种认知框架的重要性，他们运用话语分析展示出与一个更开放、更真实的探究实践相比，一种预设好的科学方法步骤是如何限制学生的思维的。与曼茨（2012）的研究类似，这些研究表明，以有效的方式学习学科知识会涉及对相关的认知实践的学习。

在阿洛齐（Alozie）、莫耶（Moje）和科拉切克（Krajcik）（2010）的一项研究中，基于项目的科学为探究讨论的分析提供了情境。该研究考察了基于项目的课程中嵌入式的特征是如何支持科学讨论的。特别是，课程聚焦于四种讨论活动：外显地建构知识、提出问题并提供非评价性的后续跟进、支持学生交流以及讨论规范。阿洛齐及其同事（2010）从来自两个城市10年级和11年级生物课的一系列数据中发现，时间的限制、为覆盖课程主题而推进课堂进程以及测验限制了教师鼓励学生之间互动对话的能力。尽管提供了基于项目的方法和支持，但教师很难让学生参与到抽象的学科概念学习中，并很难与学生的日常话语联系起来。该研究呼吁采取彻底的改革方法，包括在培养学生和教师参与科学讨论的能力方面开展具体工作。

小组讨论提供了互动的情境，在该情境中学生通常需要参与到学科对话之中。本内特（Bennett）、霍格思（Hogarth）、卢本（Lubben）、坎贝尔（Campbell）和鲁宾逊（Robinson）（2010）对94项小组讨论的相关研究进行了综述，确定了科学对话中四种有效的参与策略。这些小组都有特定的构成，以便能对当前的话题提出不同的观点，包括培训如何管理小组任务，如何拥有包容性话语风格的领导者，以及为学生提供参与特定对话的具体方式，例如论证。纵观这些研究，作者们发现，开展活动时单一性别编组比混合性别编组更具有目的性。

涉及科学的话语过程发生于各环境内的多种情境之中。虽然课堂话语发生在不同的语境中，但一些校外环境对科学学习也很重要。齐默尔曼（Zimmerman）、里夫（Reeve）和贝尔（Bell）（2010）创建了一个“日常专业知识框架”，用于研究跨意义层面的学习互动，包括在博物馆参观期间个人、社会和文化对意义创建的影响。在这项研究中，他们考察了15个家庭是如何参观科学中心的，并检测了参与者之间的互动、他们可以参观的展品，以及现有知识对有关生物学意义建构对话产生的影响。这项研究揭示出一些与科学相关的（例如，关于生命过程的感性讨论和关于特定主题的事实讨论）和非科学相关的（例如，先前的经验、爱好）意义建构过程。在科学中心，这些家庭利用这些过程作为认知资源来促进意义的生成。齐默尔曼及其同事（2010）研究的是参观科学中心的家庭，而德威特（Dewitt）和霍恩施泰因（Hohenstein）（2010）研究的是参观不同科学博物馆（位于伦敦和纽约）的学生，这些参观是课堂活动的一部分。他们注意到，研究参观前和参观后学生的讨论对于理解参观博物馆的学生所建构的意义是非常重要的。为研究这一问题，他们探查了课堂和科学博物馆这两个环境中的话语模式类型，每个环境包括四个班级。该研究探查了三元对话（启动–反应–评价；参见 Lemke, 1990）的使用程度以及教师提问的范围与类型。他们发现，在这两种环境中，教师对三元对话的运用通常没有太大的差别，且倾向于主导对话过程，并且常提出与任务相关的程序性问题或需教师予以回答的问题。尽管总体趋势如此，但在博物馆环境中，非三元对话应用的比例更高，提出的问题也更具吸引力。这项研究揭示了在多种语境中理解话语模式的重要性，以及在博物馆环境中如何引入互动学习活动序列，在这样的活动序列中教师的说话方式不同于课堂上常见的模式化方式。

对多种环境中认知实践、探究和项目式学习的研究，正在拓展我们关于可促进学生话语的教学环境的相关知识。这些研究为新课程的开发和研究方法提供了成功的基点，并指出了合理的方向。要在大范围内实现这些新的教学法，还有许多工作要做。首先需要与研究团体达成一致的是学生参与科学的话语实践会以可见的方式促进学习，其次向更广大的教育从业者和政策制定者提出这些论点。这类研究将很好地与公平利益和教师教育一体化的价值联系起来。

作为话语实践的论证

与许多教学方法相关的一项主要实践是论证。尽管定义不同，并受到实证研究与理论讨论的影响，但论证通常指的是利用证据说服听众相信某一立场所具有的优势（Berland & Reiser, 2011; Bricker & Bell, 2008）。论证尤其与强调证据和解释的探究方法相关。教育项目通常要求学生在互动环境中建立论点，支持与认知、社会化和认识目标相关的主张，并对其进行论证（Duschl, 2008）。在不同的研究范式中，构建一个论点需要理解在数据、证明和主张一致化过程中所需遵循的规范惯例。因此，论证发生在一个以传统方式运用话语的社会环境中。与其他形式的互动和语言使用一样，论证的话语过程不仅包括口头交流，还包括符号和象征的使用，这对交流和评价科学模型、图表和其他知识表征非常重要。因此，论证是一种习得的话语实践，它具有特定的范式惯例用以确定哪些是相关数据、有效的论证、充分的证据，等等（Kelly, Regev, & Prothero, 2008）。因此，当一个或多个主张的优点受到质疑时，便会出现论证，这与解释不同，在解释中不存在对现象的怀疑而是寻求对因果关系的理解（Osborne & Patterson, 2011）。论证是科学和科学教育所运用的众多话语实践之一，需要将其建构为一种融合了这些特定范式惯例的实践（Berland & Hammer, 2012; McDonald & Kelly, 2012）。

自本手册上一版（Kelly, 2007）的综述之后，在科学教育的许多情境下都开展了大量关于论证的研究。对这些文献的全面综述可以自成一章。由于不能综述所有的论证研究，我将重点地综述一些重要的系统性文献，这些文献对该领域提供了全面的概述。我还会向读者介绍最近编辑的两部著作，它们探讨了科学教育中与论证相关的话题（Erduran & Jimenez-Aleixandre, 2008; Khine, 2012）。

布里克（Bricker）和贝尔（Bell）（2008）研究了科学教育中论证概念化的方式。他们借鉴科学研究和科学学习，以确保科学教育从这些领域的知识中获益。他们通过指出对论证的使用过于狭隘对科学教育中的论证研究提出批判（通常来源于图尔明模型，Toulmin model)，并提议从科学教育以外的领域中获取更为广泛的思考潜力。这篇文章综述了论证在形式逻辑、论证理论、哲学、关于科学的社会学与人类学、修辞学以及科学学习等领域中被概念化和应用的方式。本篇综述记载了三个问题：(a) 立场，关于什么是论证的问题；(b) 目的，关于论证的不同概念化模型的教育目的问题；(c) 非口语交流模式，关于通过各种图文可展开何种程度论证的问题。本篇综述建议科学教育研究要考虑到当下很少受到关注的一系列问题，例如，科学修辞学是对科学中说服力的系统研究，可用于阐明说服的本质及其使用。此外，学习科学关注青年人生活中的日常论证，这有助于学生获取对不同条件下什么是证据的不同理解。他们得出的结论是，论证可以成为科学教育项目的一部分，这些项目不仅要通过话语实践参与教授科学的理论和概念，还需教授科学是如何建构起来的。

许多科学教育中关于论证的研究都聚焦于学生如何理解和运用论证上。桑普森(Sampson)和克拉克(Clark)(2008)对科学教育中使用的不同的分析技术进行了全面而均衡的综述，以评估学生论证的优点和特征。该综述识别出许多领域通用的和特定的分析框架，这些分析框架是评估论证的方法基础，该综述还记录了每个框架的制约条件和用途。研究人员研究了每个框架是如何看待论证的结构和内容以及论证的本质的。通过他们的分析，他们能够提炼出一些关于该领域如何运用概念化分析来评估论证的一般模式。尽管不同的框架在如何看待论证的结构上存在差异，但研究人员发现，不论在哪项研究中，学生们都在努力为自己的主张提供正当理由、创建复杂解释、并发展连贯一致性从而将观点联系在一起。评价学生论证的认知内容仍然是该领域的一个问题。桑普森和克拉克指出，当我们从组成整个论证的更广阔的视角对主张进行评估时，评估的内容可能就不仅仅包括特定主张的事实性本质。认知与社会化目标的其他标准包括逻辑一致性、相关性和解释力(p. 467)。关于论证，大多数研究表明，学生倾向于关注主张或论断，而忽视了用于证明所提主张的相关信息。

桑普森和克拉克(2008)的评论指出图尔明模型在科学教育论证研究中具有突出地位，但也指出了该模型的一些缺点。伯切尔(Böttcher)和迈斯特(Meisert)(2011)从基于模型的科学探究这一视角对科学教育中的论证研究进行了评论。这种方法来源于科学哲学和认知科学，并从该角度定义了论证："论证是一个模型拟合程度的指标，拟合的依据是逻辑一致性或与实证数据的比较"(p. 109)。这种基于模型的观点同样将论证定义为对竞争模型的评估过程。这两位研究者提出了一个基于模型论证的模型，其中包括学生在论证中的能力发展、对论据和论证的理解、有关模型和数据的知识。这篇综述包括了基于模型的论证视角的扩展应用，并将其与图尔明模型中偏语义方面的方法进行了比较。两位研究者展示出基于模型的视角具有一定的优势，例如，它是从当前的科学哲学思维中衍生出来的，可为学生提供机会参照不断发展的科学模型来检验实证数据。

卡瓦涅托(Cavagnetto, 2010)从培养科学素养这一目标出发，对有关论证的研究进行了综述，这里所说的科学素养是指"在大众媒体和日常环境中准确、有效地解释和构建基于科学的观点的能力"(p. 352)。此篇综述探讨了论证活动的本质、干预措施的重点以及论证活动中所包含的科学。通过对论证在科学教育中的应用进行研究，卡瓦涅托发现，虽然经常有重叠的领域，但这些研究大致可以分为三个方向：理解科学与社会的相互作用、科学论证的浸入式学习、学习能够转移到不同情境中的论证结构。此篇综述展示出基于论证的教学是如何通过各种干预措施来培养科学素养的。

对科学论证的学习为学生和教师带来了一个难题。虽然（让学生）发展出阐明证据和整合推理思路的能力这类规范性目标将学科实践与学生活动联系在一起，但实现这类目标仍存在困难。伯兰（Berland）和麦克尼尔（McNeill）（2010）提出了通过建构有关科学论证的学习进阶来设计支持性教学情境的方法。他们将学习进阶视为“一系列连续的、越来越复杂的、随时间推进而发展出来的对实践或内容的思考方式”（p. 766），并且是“越来越符合科学版的实践”（p. 767）。他们所提出的学习进阶考虑了三个维度：教学情境、论证成果和论证过程。该学习进阶提出了一种教学情境，能为学生的一般性论证实践（主张、证据、推理）的发展提供支持，并根据相关情形下学科与课程的限制提供特定情境的支持。第二种支持论证的方法是建立课堂文化的规范和期望。为主张提供支持和论证、提出问题以及评估推理都需要重视辩证推理的课堂文化（Kelly, 2008）。最后，伯兰和麦克尼尔（2010）明确说明了将口语和书面话语联系起来的必要性。口头和书面话语为在情境中学习证据的使用提供了不同的机会和限制。我们需要将这些交流方式联系起来，以发展出一种认可证据的价值文化。

有关争论和论证的研究是科学教育中新兴的研究领域，对培养学生的概念性知识和认知性知识具有很大的潜能。已有研究开始探索学生的科学知识与论证过程的关系（Clark & Sampson, 2008；von Aufschnaiter et al., 2008）。概念性目标和认知性目标之间的联系将科学推理的多个重要方面整合在一起。有许多干预措施可用于支持这些目标的达成，包括使用科学写作启发式教学（Choi, Notebaert, Diaz, & Hand, 2010），使用在线话语软件进行讨论（Clark & Sampson, 2007），以及在分组活动中使用学生提出的问题来支持有效的论证（Chin & Osborne, 2010 a, 2010 b）。

与论证相关的一个新兴领域是科学教育项目的发展，这些项目旨在促进学生围绕社会性科学议题展开话语讨论。这些项目提供某些情境，可将科学和技术关联到涉及价值观的议题之中（Walker & Zeidler, 2007）。在这些案例中，学生需要利用科学知识，但同时也要考虑到其他决策标准，如伦理。虽然话语分析还没有广泛地应用于社会性科学议题的辩论和论证中，但有一些趋势表明，我们需要仔细研究如何通过话语来对议题进行架构、推理和辩论。科尔斯特（Kolstø, 2006）研究了挪威学生对电线与儿童白血病关系的非正式推理。该研究展示了学生们是如何利用五种不同的方式就风险、预防措施以及利弊进行论证的。尼尔森（Nielsen, 2012）将规范语用学（normative pragmatics）应用于丹麦中学生关于基因治疗的论证研究。该方法考量了言语活动的类型、辩论的指标性用语（例如，“是的，但是”）、发言者对词汇的选择、发言者在对话中引用承诺和资格方面的得分。结果表明，学生能够基于科学识别议题或陈述议题，并调用科学呼应此前的推理思路。学生的学科知识在一定程度上决定了他们参与社会性科学议题的能力范围和程度，但不一定会在审议中用到。阿尔布（Albe, 2008）通过社会语言学展示了法国中学生在建构科学知识的过程中理解科学知识的社会性和惯有争议本质的重要性，而不是仅仅只应用于社会争议时——该案例研究的社会争议是使用移动电话可能带来的危险。该研究注意到在实现科学教学的概念性和社会化目标的同时，发展学生的认识取向和知识也是很重要的。这些研究结果与其他研究结果一致，鉴别出学生面对社会性科学议题进行决策的理由范围，这些理由通常是基于非认知类议题或基于与某个原因相关的认识类议题(Evagorou, Jimenez-Aleixandre, & Osborne, 2012)。这些研究还需要考虑学校科学课堂中的竞争性话语，以及不同背景和社会文化地位的学生的说话方式、辩论方式和表达方式可能有所不同(Ideland, Malmberg, & Winberg, 2011)。

尽管有关论证的研究越来越多，学生参与此类实践的潜在价值越来越大，但在该领域中仍有一些尚未解决的问题需强调。首先，对论证的本质及其与解释的关系还在争论中(Berland & McNeill, 2012; Berland & Reiser, 2009; Osborne & Patterson, 2011)。尽管二者可以整合到科学教育有效的话语实践之中，但解释与论证之间是存在一些明显区别的。这些争论可能需要从科学哲学中汲取思路，分析不同环境下语言的特点。其次，论证是科学教学中许多看似合理的话语实践之一(McDonald & Kelly, 2012)。话语实践的范围、每一种实践如何有助于学习以及各种话语实践如何相互支持需要得到进一步阐述。第三，对论证的分析正在开发之中。这些分析在很大程度上检测的是互动时或最终产品(如写作样本)中的论证。该领域还需要考虑在演讲者和写作者学习、发展和潜在地提高其辩论技能时，如何随着时间的推移分析他们论证的发展情况。因此，我们需要更精细的分析。第四，科学遭受了结论的修辞学困扰(Schwab, 1960)，并且论证正面临风险逐渐被视为仅仅是一个认知目标，而没有仔细考虑有效科学教学所需的认知和社会化目标(Duschl, 2008)。

教学与教师教育

在各种教育环境中，大部分课堂是由教师话语主导的。尽管提倡采用更多以学生为中心的方法，例如探究、项目式学习和论证，但在科学课堂上开展有效学习和开放对话仍会带来不安。然而，在科学教育中，话语研究为科学教学带来的启示是显而易见的。学生需要通过参与意义生成的过程来学习科学知识和进行实践。虽然关注演讲者是一种处理语言的形式，且学习无疑可通过聆听一个表达清晰的演讲来实现，但想要通过运用去充分理解和发展意义，就需要学生在相关情境中使用语言和运用科学概念(Lemke, 1990)。由于参与科学也涉及一系列符号学领域的任务，教师需找到方法让学生有机会在各种互动情境和环境中使用词汇、符号和象征交流和解释意义。通过为学生提供机会，让他们通过说话、倾听和在应用情境中使用概念进行学习，例如，在参与诸如观察、推理、解释或在论证中提供证据等科学实践过程中，教师可以让学生通过积极参与走进科学，这是最有可能发生学习的方式。

有关教师提问的研究在科学教育中有着悠久的传统(例如Carlsen, 1991)。金(Chin, 2007)设计了一项研究，检验教师如何利用课堂话语中的问题来支撑学生对科学知识的学习。这项研究是在6个7年级课堂中进行的，聚焦于6位老师的36节课。金发现，教师能够使用四种类型的提问来引导学生进行富有成效的思考：苏格拉底式提问、言语拼图、语义织锦和框架问题。每一种策略都为学生提供了参与有效话语的途径，从而获得学习成果。奥利韦拉(2010)试图了解小学教师是如何促进科学探究讨论的。这项研究从社会语言学的角度，检验了教师对提问及提问话语模式变化的社会化理解。教师们参与了专业化发展的学习，聚焦于将科学建模、科学探究和科学本质纳入课堂实践。研究结果表明，教师关于提问的社会化知识在四个方面得到了提高：发展对提问多重认知功能的理解；重塑教师对提问使用目的的看法；认可教师的真诚能够被学生理解；以及找到方法通过提问来增加学生的话语。研究机构中的经历和社会知识的发展导致人们越来越关注以学生为中心的提问实践。奥利韦拉的研究对教师专业化发展的启示不仅包括对认知结果的关注，还包括对语言意识的考量，这对理解提问在课堂话语中的作用是必须的。

金和奥斯本（Osborne）（2010 a）研究了培养学生运用提问来促进其论证能力的途径。这项研究将论证作为一种科学教学方法介绍给新加坡和伦敦的中学教师。干预措施还包括向学生提供问题主干（question stems），以培养他们提出问题的能力。他们遵循图尔明对论证的架构，对学生的提问和论证进行分析。该研究能够鉴别出学生的问题是如何引导富有成效的话语的，以及如何围绕基于提问确定的议题（谜题）促进对话。

学会教学和从教学中学习都涉及理解如何在教育事件的即时互动中使用、解读、解释和产生话语。这不仅需要了解关于学生、教学策略和内容主题的知识，还需要了解语言在对话中是如何工作的。教师教育越来越关注让科学教师学习如何反思其教学实践，尤其是如何利用话语行为让学生参与概念的推理（Zembal Saul, 2009）。要想推进科学课程与评价的改革，就必须在教师教育中对如何理解话语实践进行相应的改革。随着科学教育改革试图帮助学生理解概念、模型和认知实践，教师面临着要以此种方式帮助学生参与内容主题的挑战。教师教育领域的许多研究跟有关学生和课堂话语的研究类似，例如，如何发展教授探究、论证和社会性科学议题的方法，以及如何发展学生在科学中的身份认同。

认知话语的重要性在教师教育研究中得到体现。例如，温莎（Windschitl）、汤普森（Thompson）和布拉滕（Braaten）（2008）设计了一个渐进式的学科话语启发式系统（heuristics for progressive disciplinary discourse [HPDD]），以使中学科学新手教师参与基于模型的探究。这项教师教育计划尝试逐步介绍如何运用科学模型达成教学目的。温莎及其同事（2008）通过对新教师相关数据源的广泛收集，记录了参与者对模型、探究和论证相关认知话语不断发展的理解。该研究揭示出“相互加强的经验和持续注入的HPDD元素相结合”（p. 359）怎样为参与者提供条件，使他们重构对基于模型的探究的认识论方面的思考。一种认识论话语是论证，萨德勒（Sadler, 2006）在一个教师教育项目中介绍了这一点。他尝试向职前中学科学教师强调在科学教学中话语和使用论证的重要性。有趣的是，职前教师在一定程度上赞同使用论证，他们认为论证是促进科学内容（即概念）获取的一种手段，而不是学习的正当目标。这项研究表明，相比于科学学习的认知目标和社会化目标，新手教师根深蒂固地更重视概念的学习。

开展促进学生学习的真正对话，是许多科学教学和教师教育项目的目标。默瑟（Mercer）、道斯（Dawes）和斯塔曼（Staarman）（2009）研究了两名小学教师的话语实践，这是一项有关师生话语的大型研究的一部分。该研究调查了教师是如何使用对话来探究学生当前的理解，考察学生的学习轨迹，建立跨事件时间的联系，并示范“如何使用对话来分享想法、推理和发展共同理解”（p. 353）。教师能够利用问题来鼓励学生参与，为学生成对或分组讨论提供互动空间，并对（教学）事件进行临时组织。然而，尽管有这些话语行动，整个课堂讨论仍然以非常传统的方式由三元对话主导，无法发展互动对话（参见 Mortimer & Scott, 2003）。这些研究者提倡围绕有效利用对话进行更为外显的教师教育。洛克利(Loxley, 2009)就发展有效的教师话语提出了不同的观点。他的研究显示出发展说服性话语的重要性。该研究者指出，科学教育往往侧重于学生从实践经验中建构知识，但他们很少有背景知识能支持其参与意义生成的话语。通过对三个案例的研究，洛克利发现，尽管教师致力于发展具有说服力的话语，但他们还是陷入了一种标准模式，即专注于传达实践任务，并“像物体或事件的标签一样权威地”运用科学概念(p.1621)。怎样在小学学校情境中发展更强有力的对话是所有小学科学教师教育项目的核心议题(Mikeska, Anderson, & Schwarz, 2009)。该领域中的每一项研究都强调对话在教学和教师教育中的必要性，包括发展关于应用论证、建模和参与式探究课程的知识。

为理解如何在科学教师教育中改变语言的解释和使用，研究者需要记录当下相关的实践和语言的使用。由于科学教育改革提倡探究式教学法，于伦帕尔姆(Gyllenpalm)、维克曼(Wickman)和霍姆格伦(Holmgren)(2010)研究了瑞典中学教师如何使用与探究相关的两个关键术语:“假设”和“实验”。他们发现，教师经常把假设和实验的学术用法与其日常用法混为一谈，从而使学生无法了解科学的本质。这些术语的错误使用是由于没有区分教学方法和探究方法。这项研究表明，不仅科学概念的含义总是难以被准确地使用，科学实践应有的含义在教师话语中同样是模棱两可的，这限制了学生对探究和科学本质的理解。有趣的是，“假设”等术语在教师教育课程中发挥了重要作用，但却很少用于纯科学课程，即使在学生参与探究活动时也是如此(Gyllenpalm & Wickman, 2011)。

埃伦(Eylon)、贝尔热(Berger)和巴尼奥(Bagno)(2008)研究了专业化发展环境中教师的集体话语。这项研究很有趣，因为这项专业化发展的目标是加强以学生为中心的课堂话语。该研究聚焦于高中物理教师学习如何在教学中运用知识整合的方法教授学生。话语分析以教师对教学的集体反思为中心，这是持续的专业化发展项目的一部分。教师的反思性话语反映出他们的知识发生了变化。教师了解到学生向同伴学习、倾听学生想法以及开发各种评估策略的重要性。

科学教育的话语研究一般聚焦于教师话语和学生小组活动。教师教育中的话语研究或者说对教师教育的话语进行的研究都很少。然而，在本章所回顾的所有研究中，学生的许多学习机会是由教师的话语和话语使用的知识介导的。因此，在前面引用过的研究中早已提到，一个清晰的发展方向就是关注如何发展教师对教学法实践中话语重要性的认识，以及对评估学生知识和让学生参与推理过程的重要性的认识。理解话语过程中(话语)的用法和变化可以成为那些关心学生获取科学和教育机会的教师所关注的重要领域。

科学教育话语实践研究的新兴研究方向

本章主要关注从2007年到现在的科学教育背景下的话语研究，将其视为对上一版综述(Kelly, 2007)的更新。许多关键的研究主题也随之浮现出来，既涉及未来有关话语实践的研究，也涉及科学学习和教学的其他方面，例如，有关认知、课程开发和教师教育的研究。本文认为，未来以科学教育话语为重点的研究需要考虑社会文化学习理论，支持科学公平性(教育)项目的发展，学生主导的探究中语言的运用，科学教育中持续的争论，以及研究方法的改进。

第一个研究方向关注社会文化学习理论的发展及其日渐显露的重要性。这些理论重视文化知识、社会化、语言和社会化过程介导的学习。话语理论的运用至少在两方面是有用的。首先，话语可以被视为是一个规范的目标。我们可以设计科学教育项目发展教师和学生的能力，使其以新的方式参与话语实践，从而扩大他们各自的话语库并为他们接触多样化的新团体提供机会。其次，话语分析作为一套评估学习的方法论工具，可作为一种手段去评估教育事件和教育产品中语言的使用。话语分析为理解如何在教育环境中测试学习理论提供了独特的工具。这种分析与那些调查日常生活中人们在学校、博物馆和其他自然环境中学习科学的研究尤其相关。

第二个研究方向关注科学和知识的获取以及科学教育的公平性。基于对公平的研究，我们对通过社会化过程互动地实现知识的获取（或短缺）途径有了清晰的认识，每一种途径都嵌入了一套文化规范、假设和存在方式。教师和学生的身份认同及话语使用与参与社会化过程密切相关。一系列的研究揭示出，随着时间的推移，身份认同是如何通过话语过程和实践得以发展的。归属感和身份认同的发展聚焦于教师和学生是如何承担和看待其不同潜在身份的，在这一发展过程中（学生）参与和理解知识与实践的途径得以建立（Varelas, 2012）。由于这项工作大部分是用语言和通过语言构建的，因此在公平性研究中关注话语过程是非常必要的。对身份认同的关注凸显了学习者、教师和学生承担、认同或反对不同身份的多种方式。在社会化情境中，新浮现的身份和立场会对归属感、成就、情感幸福度、职业路径和社会地位产生影响（Kelly, 2012）。

第三个方向关注学生主导的实践探究和经历中语言的使用。科学实验室的经历和一般性实证证据（如演示、模拟）的使用往往没有考虑到科学的形成方式——即概念的构建和唤起方式，从而使实证证据可以被视为某些相关的现象。认识论和社会化实践的研究揭示了话语的重要性，即在某个时间点、在某个当地环境中，让学生以社会化的理解、行为和存在方式去定义科学。许多有趣的教学方法，如基于项目的学习或处理社会性科学议题，都对学生和教师提出了新的交流挑战。为理解和交流科学知识和实践，研究越来越依赖于图文的生成和解释。

第四个研究方向关注话语研究对解决有关科学教育研究主题的持续争论的作用，每一个话题都具有独特的语言特征，可以通过话语分析得以检验。例如，关于论证和解释的本质仍在持续讨论中（Berland & McNeill, 2012; Osborne & Patterson, 2011）。要想清晰地运用这两种实践，论证和解释中的语言性质以及每一种语言的受众所承担的重要作用都是非常关键的。同样，科学本质的定义、解释和评价等议题仍是需要弄清楚的重要问题（Abd-El-Khalick, 2012; Allchin, 2011; Irzik & Nola, 2011）。尽管此类争论需要从科学教育和科学研究（如哲学、社会学、科学史）发展的视角来看，但还是需要考虑对语言在评价工具和访谈中的作用进行分析（Russ et al., 2012）。

除了关注这些新兴研究方向之外，话语研究还为研究方法提供了启示。首先，话语研究表明将特定过程置于时间、空间和社会实践中的重要性。话语总是情境化的，不能孤立于社会背景、参与者的历史、内容主题的次序、语言能力和事件认知框架之外进行解释。因此，对话语过程的研究需要使用不同的分析单元来检验一系列的互动语境（Kelly, 2014）。其次，越来越多的廉价且无处不在的视频记录和编录库的出现为数据的收集、分析、表征、存档和共享提供了新的途径。数字化记录为这一领域开发话语分析方法和以新方式分享结果提供了新的可能性。最后，话语分析人员需要考虑本研究相关受众的范围。新兴的数字化技术为扩大受众范围提供了机会，使他们能够获取研究结果和话语研究。为了与研究人员以外的众多受众交流，分析人员需要创建知识的交流途径，以便与学生、教师和政策分析人员交流关于教育活动和实践的知识。

致谢

我要感谢贝丝·胡夫纳格尔(Beth Hufnagel)和简·范德里尔(Jan H. van Driel)对本章早期草稿提出的有益评论。

参考文献

Abd-El-Khalick, F. (2012). Examining the sources for our understandings about science: Enduring conflations and critical issues in research on nature of science in science education. *International Journal of Science Education, 34*, 353–374.

Airey, J., & Linder, C. (2009). A disciplinary discourse perspective on university science learning: Achieving fluency in a critical constellation of modes. *Journal of Research in Science Teaching, 46*, 27–49.

Albe, V. (2008). When scientific knowledge, daily life experience, epistemological and social considerations intersect: Students' argumentation in group discussions on a socio-scientific issue. *Research in Science Education, 38*, 67–90.

Allchin, D. (2011). Evaluating knowledge of the nature of (whole) science. *Science Education, 95*, 518–542.

Alozie, N.M., Moje, E.B., & Krajcik, J.S. (2010). An analysis of the supports and constraints for scientific discussion in high school project-based science. *Science Education, 94*, 395–427.

Ash, D. (2008). Thematic continuities? Talking and thinking about adaptation in a socially complex classroom. *Journal of Research in Science Teaching, 45*, 1–30.

Bakhtin, M.M. (1981). *The dialogic imagination* (C. Emerson & M. Holquist, Trans.). Austin: University of Texas Press.

Barton, A.C., & Tan, E. (2009). Funds of knowledge and discourses and hybrid space. *Journal of Research in Science Teaching, 46*, 50–73.

Barton, A.C., & Tan, E. (2010). We be burnin'! Agency, identity, and sci-ence learning. *Journal of the Learning Sciences, 19*, 187–229.

Barton, A.C., Tan, E., & Rivet, A. (2008). Creating hybrid spaces for engaging school science among urban middle school girls. *American Educational Research Journal, 45*, 68–103.

Bazerman, C. (1988). *Shaping written knowledge: The genre and activity of the experimental article in science.* Madison: University of Wisconsin Press.

Bellocchi, A., & Ritchie, S.M. (2011). Investigating and theorizing discourse during analogy writing in chemistry. *Journal of Research in Science Teaching, 48*, 771–792.

Bennett, J., Hogarth, S., Lubben, F., Campbell, B., & Robinson, A. (2010). Talking science: The research evidence on the use of small group discussions in science teaching. *International Journal of Science Education, 32*, 69–95.

Berland, L.K., & Hammer, D. (2012). Framing for scientific argumentation. *Journal of Research in Science Teaching, 49*, 68–94.

Berland, L.K., & McNeill, K.L. (2010). A learning progression for scientific argumentation: Understanding student work and designing supportive instructional contexts. *Science Education, 94*, 765–793.

Berland, L.K., & McNeill, K.L. (2012). For whom is argument and explanation a necessary distinction? A response to Osborne and Patterson. *Science Education, 96*, 808–813.

Berland, L.K., & Reiser, B.J. (2009). Making sense of argumentation and explanation. *Science Education, 93*, 26–55.

Berland, L.K., & Reiser, B.J. (2011). Classroom communities' adaptations of the practice of scientific argumentation. *Science Education, 95*, 191–216.

Böttcher, F., & Meisert, A. (2011). Argumentation in science education: A model-based framework. *Science &*

Education, 20, 103–140.

Bricker, L.A., & Bell, P. (2008). Conceptualizations of argumentation from science studies and the learning sciences and their implications for the practices of science education. *Science Education, 92*, 473–498.

Brown, B.A. (2006). "It isn't no slang that can be said about this stuff": Language, identity, and appropriating science discourse. *Journal of Research in Science Teaching, 43*, 96–126.

Brown, B.A., Reveles, J.M., & Kelly, G.J. (2005). Scientific literacy and discursive identity: A theoretical framework for understanding science learning. *Science Education, 89*, 779–802.

Brown, B.A., & Spang, E. (2008). Double talk: Synthesizing everyday and science language in the classroom. *Science Education, 92*, 708–732.

Cameron, D. (2001). *Working with spoken discourse*. Thousand Oaks, CA: Sage.

Carlsen, W.S. (1991). Questioning in classrooms: A sociolinguistic per-spective. *Review of Educational Research, 61*, 157–178.

Cavagnetto, A.R. (2010). Argument to foster scientific literacy: A review of argument interventions in K–12 science contexts. *Review of Educational Research, 80*, 336–371.

Chin, C. (2007). Teacher questioning in science classrooms? Approaches that stimulate productive thinking. *Journal of Research in Science Teaching, 44*, 815–843.

Chin, C., & Osborne, J. (2010a). Journal of the learning supporting argumentation through students' questions: Case studies in science classrooms. *Journal of the Learning Sciences, 19*, 230–284.

Chin, C., & Osborne, J. (2010b). Students' questions and discursive interaction: Their impact on argumentation during collaborative group discussions in science. *Journal of Research in Science Teaching, 47*, 883–908.

Choi, A., Notebaert, A., Diaz, J., & Hand, B. (2010). Examining arguments generated by year 5, 7, and 10 students in science classrooms. *Research in Science Education, 40*, 149–169.

Clark, D.B., & Sampson, V.D. (2007). Personally-seeded discussions to scaffold online argumentation. *International Journal of Science Education, 29*, 253–277.

Clark, D.B., & Sampson, V. (2008). Assessing dialogic argumentation in online environments to relate structure, grounds, and conceptual quality. *Journal of Research in Science Teaching, 45*, 293–321.

Crawford, T. (2005). What counts as knowing: Constructing a communicative repertoire for student demonstration of knowledge in science. *Journal of Research in Science Teaching, 42*, 139–165.

Danish, J.A., & Phelps, D. (2011). Representational practices by the numbers: How kindergarten and first-grade students create, evaluate, and modify their science representations. *International Journal of Science Education, 33*, 2069–2094.

DeWitt, J., & Hohenstein, J. (2010). School trips and classroom lessons: An investigation into teacher–student talk in two settings. *Journal of Research in Science Teaching, 47*, 454–473.

Duran, R.A. (2008). Assessing English-language learners' achievement. *Review of Research in Education, 32*, 292–327.

Duschl, R.A. (2008). Science education in 3 part harmony: Balancing conceptual, epistemic and social learning goals. *Review of Research in Education, 32*, 1–25.

Erduran, S., & Jimenez-Aleixandre, M.P. (Eds.). (2008). *Argumentation in science education: Recent developments and future directions*. New York: Springer.

Evagorou, M., Jimenez-Aleixandre, M.-P., & Osborne, J. (2012). "Should we kill the grey squirrels?" A study exploring students' justifications and decision-making. *International Journal of Science Education, 34*, 401–428.

Eylon, B., Berger, H., & Bagno, E. (2008). An evidence-based continuous professional development programme on knowledge integration in physics: A study of teachers' collective discourse. *International Journal of Science Education, 30*, 619–641.

Fairclough, N. (1992). *Discourse and social change*. Boston: Blackwell Publishing.

Fairclough, N. (1995). *Critical discourse analysis: The critical study of language*. London: Longman.

Ford, M.J., & Wargo, B.M. (2012). Dialogic framing of scientific content for conceptual and epistemic understanding. *Science Education, 96*, 369–391.

Gee, J.P. (2001). Literacy, discourse, and linguistics: Introduction and what is literacy? In E. Cushman, E.R. Kintgen, B.M. Kroll, & M. Rose (Eds.), *Literacy: A critical sourcebook* (pp. 525–544). Boston: Bedford St. Martin's.

Gee, J.P., & Green, J.L. (1998). Discourse analysis, learning, and social practice: A methodological study. *Review of Research in Education, 23*, 119–169.

Givry, D., & Roth, W. (2006). Toward a new conception of conceptions? Interplay of talk, gestures, and structures in the setting. *Journal of Research in Science Teaching, 43*, 1086–1109.

Gomes, M.D. C., Mortimer, E.F., & Kelly, G.J. (2011). Contrasting stories of inclusion/exclusion in the chemistry classroom. *International Journal of Science Education, 33*, 747–772.

Gumperz, J. (2001). Interactional sociolingustics: A personal perspective. In D. Schiffrin, D. Tannen, & H.E. Hamilton (Eds.), *The handbook of discourse analysis* (pp. 215–228). Malden, MA: Blackwell Publishing.

Gyllenpalm, J., & Wickman, P. (2011). The uses of the term hypothesis and the inquiry emphasis conflation in science teacher education. *Journal of Science Education, 33*, 1993–2015.

Gyllenpalm, J., Wickman, P.-O., & Holmgren, S.-O. (2010). Teachers' language on scientific inquiry: Methods of teaching or methods of inquiry? *International Journal of Science Education, 32*, 1151–1172.

Halliday, M.A. K., & Martin, J.R. (1993). *Writing science: Literacy and discursive power.* Pittsburgh, PA: University of Pittsburgh Press.

Hamza, K.M., & Wickman, P.-O. (2008). Describing and analyzing learning in action? An empirical study of the importance of misconceptions in learning science. *Science Education, 92*, 141–164.

Hanrahan, M.U. (2006). Highlighting hybridity: A critical discourse analysis of teacher talk in science classrooms. *Science Education, 90*, 8–43.

Ideland, M., Malmberg, C., & Winberg, M. (2011). Culturally equipped for socio-scientific issues? A comparative study on how teachers and students in mono- and multiethnic schools handle work with complex issues. *International Journal of Science Education, 33*, 1835–1859.

Irzik, G., & Nola, R. (2011). A family resemblance approach to the nature of science for science education. *Science & Education, 20*, 591–607.

Jaipal, K. (2010). Meaning making through multiple modalities in a biology classroom: A multimodal semiotics discourse analysis. *Science Education, 94*, 48–72.

Jakobsson, A., Mäkitalo, A., & Säljö, R. (2009). Conceptions of knowledge in research on students' understanding of the greenhouse effect: Methodological positions and their consequences for representations and knowing. *Science Education, 93*, 978–995.

Jaworski, A., & Coupland, N. (Eds.). (1999). *The discourse reader.* New York: Routledge.

Kamberelis, G., & Wehunt, M.D. (2012). Hybrid discourse practice and science learning. *Cultural Studies of Science Education, 7*, 505–534.

Kelly, G., Regev, J., & Prothero, W.A. (2008). Analysis of lines of reasoning in written argumentation. In S. Erduran & M.P. Jiménez-Aleixandre (Eds.), *Argumentation in science education: Recent developments and future directions* (pp. 137–157). New York: Springer.

Kelly, G.J. (in press). Inquiry teaching and learning: Philosophical considerations. In M. Matthews (Ed.), *International Handbook of Research in History, Philosophy and Science Teaching*. Springer.

Kelly, G.J. (2007). Discourse in science classrooms. In S.K. Abell & N.G. Lederman (Eds.), *Handbook of research on science education* (pp. 443–469). Mahwah, NJ: Lawrence Erlbaum Associates.

Kelly, G.J. (2008). Inquiry, activity, and epistemic practice. In R.A. Duschl & R.E. Grandy (Eds.), *Teaching scientific inquiry: Recommendations for research and implementation* (pp. 99–117; 288–291). Rotterdam, the Netherlands: Sense Publishers.

Kelly, G.J. (2011). Scientific literacy, discourse, and epistemic practices. In C. Linder, L. Östman, D.A. Roberts, P. Wickman, G. Erikson, & A. McKinnon (Eds.), *Exploring the landscape of scientific literacy* (pp. 61–73). New York: Routledge.

Kelly, G.J. (2012). Developing critical conversations about identity research in science education. In M. Varelas (Ed.), *Identity construction and science education research: Learning, teaching, and being in multiple contexts* (pp. 185–192). Dordrecht, the Netherlands: Springer.

Kelly, G.J. (2014). Analysing classroom activities: Theoretical and methodological considerations. In C. Bruguière, A. Tiberghien, & P. Clément (Eds.), *Topics and Trends in Current Science Education: 9 th ESERA Conference Selected*

Contributions (pp. 353–368). Dordrecht: Springer.

Kelly, G.J., Carlsen, W.S., & Cunningham, C.M. (1993). Science education in sociocultural context: Perspectives from the sociology of science. *Science Education, 77*, 207–220.

Kelly, G.J., McDonald, S.P., & Wickman, P.-O. (2012). Science learning and epistemology. In B.J. Fraser, K. Tobin, & C.J. McRobbie (Eds.), *Second international handbook of science education* (pp. 281–291). Dordrecht, the Netherlands: Springer.

Khine, M.S. (Ed.). (2012). *Perspectives on scientific argumentation: Theory, practice and research*. Dordrecht, the Netherlands: Springer.

Knorr-Cetina, K. (1999). *Epistemic cultures: How the sciences make knowledge*. Cambridge, MA: Harvard University Press.

Kolstø S.D. (2006). Patterns in students' argumentation confronted with a risk-focused socio-scientific issue. *International Journal of Science Education, 28*, 1689–1716.

Latour, B., & Woolgar, S. (1986). An anthropologist visits the laboratory. In B. Latour & S. Woolgard (Eds.), *Laboratory life: The construction of scientific facts* (pp. 43–90). Princeton, NJ: Princeton University Press.

Lemke, J.L. (1990). *Talking science: Language, learning and values*. Norwood, NJ: Ablex.

Lemke, J.L., Kelly, G.J., & Roth, W.-M. (2006). Forum: Toward a phenomenology of interviews. *Cultural Studies of Science Education, 1*, 83–106.

Lidar, M., Almqvist, J., & Östman, L. (2010). A pragmatist approach to meaning making in children's discussions about gravity and the shape of the earth. *Science Education, 94*, 689–709.

Loxley, P.M. (2009). Evaluation of three primary teachers' approaches to teaching scientific concepts in persuasive ways. *International Journal of Science Education, 31*, 1607–1629.

Maeng, S., & Kim, C.-J. (2011). Variations in science teaching modalities and students' pedagogic subject positioning through the discourse register and language code. *Science Education, 95*, 431–457.

Manz, E. (2012). Understanding the codevelopment of modeling practice and ecological knowledge. *Science Education, 96*, 1071–1105.

McDonald, S., & Kelly, G.J. (2012). Beyond argumentation: Sense making discourse in the science classroom. In M.S. Khine (Ed.), *Perspectives on scientific argumentation: Theory, practice and research* (pp. 265–281). Dordrecht, the Netherlands: Springer.

Mehan, H. (1979). *Learning lessons: Social organization in the classroom*. Cambridge, MA: Harvard University Press.

Mercer, N., Dawes, L., & Staarman, J.K. (2009). Dialogic teaching in the primary science classroom. *Language and Education, 23*, 353–369.

Mikeska, J.N., Anderson, C.W., & Schwarz, C.V. (2009). Principled reasoning about problems of practice. *Science Education, 93*, 678–686.

Mishler, E.G. (1986). *Research interviewing: Context and narrative*. Cambridge, MA: Harvard University Press.

Mortimer, E.F., & Scott, P.H. (2003). *Meaning making in secondary science classrooms*. Maidenhead, UK: Open University Press.

National Research Council (NRC). (1996). *National science education standards*. Washington, DC: National Academies Press.

National Research Council (NRC). (2011). *A framework for K–12 science education: Practices, crosscutting concepts, and core ideas*. Washington, DC: National Academies Press.

Nielsen, J.A. (2012). Science in discussions: An analysis of the use of science content in socioscientific discussions. *Science Education, 96*, 428–456.

Olitsky, S., Flohr, L.L., Gardner, J., & Billups, M. (2010). Coherence, contradiction, and the development of school science identities. *Journal of Research in Science Teaching, 47*, 1209–1228.

Oliveira, A.W. (2010). Improving teacher questioning in science inquiry discussions through professional development. *Journal of Research in Science Teaching, 47*, 422–453.

Oliveira, A.W., Akerson, V.L., Colak, H., Pongsanon, K., & Genel, A. (2012). The implicit communication of nature of science and epistemology during inquiry discussion. *Science Education, 96*, 652–684.

Osborne, J.F., & Patterson, A. (2011). Scientific argument and explanation: A necessary distinction? *Science Education, 95*, 627–638.

Parsons, E., Tran, L.U., & Gomillion, C.T. (2008). An

investigation of student roles within small, racially mixed science groups: A racial perspective. *International Journal of Science Education, 30*, 1469–1489.

Reveles, J.M., & Brown, B.A. (2008). Contextual shifting: Teachers emphasizing students' academic identity to promote scientific literacy. *Science Education, 92*, 1015–1041.

Russ, R.S., Lee, V.R., & Sherin, B.L. (2012). Framing in cognitive clinical interviews about intuitive science knowledge: Dynamic student understandings of the discourse interaction. *Science Education, 96*, 573–599.

Sadler, T.D. (2006). Promoting discourse and argumentation in science teacher education. *Journal of Science Teacher Education, 17*, 323–346.

Sampson, V., & Clark, D.B. (2008). Assessment of the ways students generate arguments in science education: Current perspectives and recom-mendations for future directions. *Science Education, 92*, 447–472.

Schwab, J. (1960). The teaching of science as enquiry. In J. Schwab & P. Brandwein (Eds.), *The teaching of science* (pp. 3–103). Cambridge, MA: Harvard University Press.

Shaw, J.M., Bunch, G.C., & Geaney, E.R. (2010). Analyzing language demands facing English learners on science performance assessments: The SALD framework. *Journal of Research in Science Teaching, 47*, 909–928.

Siry, C., Ziegler, G., & Max, C. (2012). "Doing science" through discourse-in-interaction: Young children's science investigations at the early childhood level. *Science Education, 96*, 311–326.

Tang, X., Coffey, J.E., Elby, A., & Levin, D.M. (2010). The scientific method and scientific inquiry: Tensions in teaching and learning. *Science Education, 94*, 29–47.

Varelas, M. (Ed.). (2012). *Identity construction and science education research: Learning, teaching, and being in multiple contexts.* Dordrecht, the Netherlands: Springer.

Varelas, M., Kane, J.M., & Wylie, C.D. (2012). Young Black children and science: Chronotopes of narratives around their science journals. *Journal of Research in Science Teaching, 49*, 568–596.

Varelas, M., Pappas, C.C., Kane, J.M., Arsenault, A., Hankes, J., & Cowan, B.M. (2008). Urban primary-grade children think and talk science: Curricular and instructional practices that nurture participation and argumentation. *Science Education, 92*, 65–95.

von Aufschnaiter, C., Erduran, S., Osborne, J., Simon, S., Education, P., & Giessen, J. (2008). Arguing to learn and learning to argue: Case studies of how students' argumentation relates to their scientific knowledge. *Journal of Research in Science Teaching, 45*, 101–131.

Vygotsky, L.S. (1978). *Mind in society: The development of higher psychological processes* (M. Cole, V. John-Steiner, S. Scribner, & E. Souberman, Eds.). Cambridge, MA: Harvard University Press.

Walker, K.A., & Zeidler, D.L. (2007). Promoting discourse about socioscientific issues through scaffolded inquiry. *International Journal of Science Education, 29*, 1387–1410.

Wickman, P.O., & Östman, L. (2002). Learning as discourse change: A sociocultural mechanism. *Science Education, 86*, 601–623.

Windschitl, M., Thompson, J., & Braaten, M. (2008). How novice science teachers appropriate epistemic discourses around model-based inquiry for use in classrooms. *Cognition & Instruction, 26*, 310–376.

Zembal-Saul, C. (2009). Learning to teach elementary school science as argument. *Science Education, 93*, 687–719.

Zimmerman, H.T., Reeve, S., & Bell, P. (2010). Family sense-making practices in science center conversations. *Science Education, 94*, 478–505.

18

Promises and Challenges of Using Learning Technologies to Promote Student Learning of Science

JOSEPH S. KRAJCIK AND KONGJU MUN

第18章 利用学习技术促进学生学习科学的机遇与挑战

张春雷　译　　刘晟　审校

引言

我们为什么要用技术来支持学生学习科学？如何设计技术以促进学生在核心概念和科学实践两方面对科学的理解呢？有什么证据表明使用各种技术可以促进学生对科学的理解？

自20世纪80年代台式计算机首次出现以来，教师、设计者和研究人员的想象力就聚焦于在科学中使用各式各样的依赖于计算机的技术。交互式功能以及捕获、显示和分析数据的能力使计算机看起来非常适合让学生参与科学研究。学生可以使用技术探索科学各个复杂的方面，包括复杂分子的构建和可视化以及大型数据集的分析。可视化和交互功能越来越复杂，研究人员则利用脚手架让学习者参与复杂任务、解决问题和建构模型。但是，我们可能会问，是否有证据支持在科学教学和学习中使用技术。即使技术在进步，广泛使用计算机技术以改善科学教育的这一承诺也从未实现过。计算机技术即使带有全部的交互功能，也未被用作构建知识的工具。随着包括交互式平板电脑在内的便携式技术的出现，使用技术支持学生的学习再次激发了全球教师和研究人员的想象力。智能手机和平板电脑以及网络技术的便携性使设计人员和教育工作者能够开发出利用这些新工具的电子化学习环境。这些工具的功能允许学生分析数据、建立模型、使用针对看不见的世界的模拟器、解决复杂的问题，这冲击着世界范围内的各个教育系统。这些新型便携式设备的灵活性、交互式功能、网络功能、定制和多种表征功能可以帮助改变科学课堂的结构。学生可以通过建立模型和运用证据形成解释参与到知识建构中，而不是仅仅对信息进行接收。

即使有上述这些技术进步，只有当我们用其去支持那些没有它们就无法实现的概念学习时，学习技术可促进学生在校学习的这一潜力才有可能得以实现。本章将重点介绍学习技术在促进学生建构对学科核心概念及跨学科概念，以及科学实践的综合理解（美国国家研究理事会[National Research Council, NRC], 2012）方面所具有的潜力。我们会首先描述学习技术的含义，包括这些工具在支持学生构建综合理解方面的潜力。我们还会描述脚手架在支持学生使用技术完成挑战性任务时的核心作用。在整个章节中，我们会提供有关学习技术对促进学生学习的影响的研究和理论基础。

学习技术

学习技术涉及多媒体、基于网络的学习、计算机辅助学习、电子书和其他支持学生学习的新技术。但是，并非所有形式的计算机应用都是学习技术。例如，电子表格可以完成许多有挑战的任务，并且在技术熟练的教师手中，可用于实现教学目标并促进学生学习。但是，电子表格的设计初衷并非是为了促进学习，而是以表格的形式组织和分析数据，以完成大量的重复分析。只有当软件应用程序被设计用于促进学习时，才能被视为是一种学习技术（Krajcik, Blumenfeld, Marx, & Soloway, 2000）。因此，学习技术可作为强大的认知工具，帮助学习者实现重要学习目标并参与各种科学实践。“教育技术”可视为“学习技术”的同义词进行使用。这些术语都聚焦于使用技术来支持教学和学习的创新（Oliver, 2000）。

学习技术可以促进重要学习目标的实现，并有助于将科学课堂转变为学生积极建构知识的学习环境（Linn, 1998; Novak & Krajcik, 2005）。Zydeco项目（Quintana, 2012）使用iPad和其他移动设备，通过云技术无处不在地访问信息，以支持学生收集、组织和分析数据并形成科学解释。Zydeco为构建科学解释的实践学习提供支持，这使其成为一种学习技术（McNeill & Krajcik, 2011）。Zydeco项目支持学生列举一项个人主张，支持该主张的证据，以及为何学生所选证据可作为论证的科学推理。图18.1展示了Zydeco应用程序中的一幅画面，在这张图片中解释任务被分为个人主张、证据和推理三个部分。研究表明，Zydeco项目确实发挥了学习技术的作用（Kuhn et al., 2012; Quintana, 2012）。

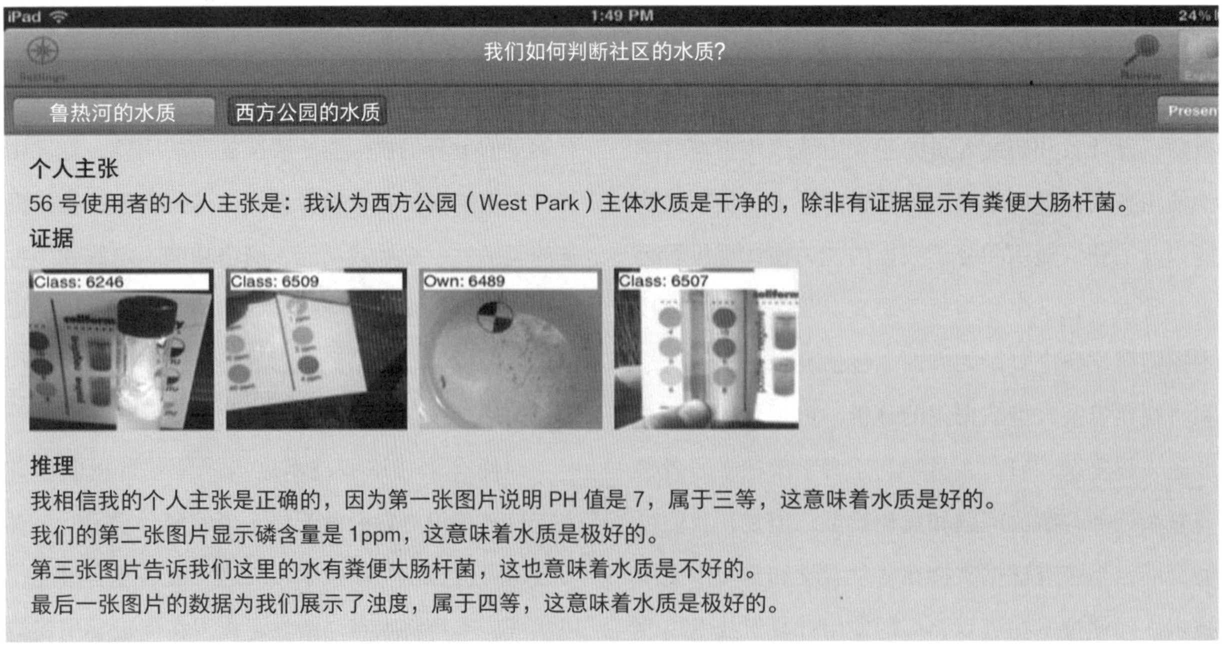

图18.1　Zydeco项目的主张、证据和推理窗口

学习技术可以帮助学生访问和收集一系列科学数据和信息。实现这一目标的方式是允许和支持学生：(1) 使用类似于科学家使用的可视化、交互式数据分析工具；(2) 跨远程站点协作和共享信息；(3) 计划、构建和测试模型；(4) 开发可阐明学生理解力的多媒体文件 (Novak & Krajcik, 2004)；(5) 在需要时访问信息和数据；以及 (6) 使用远程工具收集和分析数据。这些功能扩展了学生可以探究的问题范围，以及学生可以体验和解释的现象的种类和类型。在开始检视各项学习技术之前，我们先描述一下我们所说的综合理解的含义，并描述一下指导我们工作的几项学习原则。

形成综合理解

我们科学教学的目标是帮助学生形成综合理解。当学习者建立起概念间有意义的关系和连接时，就会形成综合理解 (Fortus & Krajcik, 2012; Krajcik & Czerniak, 2013; Linn & Eylon, 2011)。理解是知识积累和知识整合的函数 (Linn & Hsi, 2000)。学生可能会积累大量的彼此孤立的信息，却未在这些知识之间建立联系，因而无法使用这些信息来解决问题、做出决策和学习更多知识。就这点而言，学生并未展示出深度的、综合的理解。学生也可能会拥有非常有限的知识，但每个部分都很好地整合或连接其他知识点。我们的目标是让学生理解科学的核心概念，并在这些核心概念之间建立多种联系。林 (Linn) 和埃伦 (Eylon) (2006, 2011) 将知识整合定义为将学生带入课堂的观点与科学家所持有的更标准的科学观点联系起来。这正是利用了 (学习者) 先验知识这一基本原则的含义。因此，由于学生在先验知识和新观点之间形成了联系，综合理解就可用于解决问题、做出决策、解释现象和学习新概念。

最近的教育方法强调在学习者参与扩展探究的环境中使用技术，并在探究复杂、有意义问题的背景下发展知识和技能 (Blumenfeld, Fishman, Krajcik, Marx, & Soloway, 2000; Bransford, Brown, & Cocking, 2000; Linn, 1998; Linn & Eylon, 2011)。包括那些含有学习技术在内的所有学习环境，都应该让学习者参与到对有挑战的、开放性问题的探索之中，为学生提供获取观点和建立联系的机会。在这样的环境中，学生通过应用和使用这些观点来解释现象、解决问题和做出决策，从而形成对科学核心概念的综合理解。

指导我们工作的理论原则

K—12科学教育框架 (NRC, 2012) 利用已知的可促进科学教学和学习的方式，为美国科学教育提供了新的方向。该框架提出了科学教育的范式转变，以满足21世纪的社会需求。该框架侧重于让学生积极参与科学与工程实践，应用跨学科概念，并利用核心概念形成综合理解 (NRC, 2012)。因此，该框架为那些有兴趣支持学生形成概念理解的人提供了一个宝贵的愿景，而这些理解可用于解决问题、做出决策、解释现象和学习新信息。

科学和工程实践是科学家用来研究自然界与人工设计世界的多重认知方式和行动方式 (NRC, 2012)。这不仅包括知道如何从事科学，还包括了解什么是科学知识以及为这些知识提供证据都需要什么。表18.1汇总了美国国家研究理事会 (NRC, 2012) 确定的八项科学与工程学实践。虽然此表以清单的形式描绘了实践，但科学不是一个线性过程，而更多地是以网状形式发生的 (Krajcik & Czerniak, 2013)。例如，数据分析可能会产生一个新问题，而该问题可能会带来一种分析数据的新方法。

表18.1 科学与工程学实践(NRC, 2012)

- 提出(科学)问题和定义(工程学)难题
- 开发和使用模型
- 设计和展开探究
- 分析和解释数据
- 使用数学和计算思维
- 构建(科学)解释和设计(工程学)解决方案
- 根据证据参与论证
- 获取、评估和交流信息

核心概念对学科至关重要，并为许多现象提供了解释。因为核心概念是探索新现象和融入新概念所必需的，所以它是生成性的(NRC, 2012; Stevens, Sutherland, & Krajcik, 2009)。跨学科概念包括广泛的主题，如因果关系、模式、系统和系统模型。核心概念和跨学科概念为学生提供了思考和解释现象的概念化工具。了解核心概念与跨学科概念，并参与科学实践，有助于学生更广泛地理解更深层次的科学知识以及利用这些知识(Bybee, 2011; Krajcik, 2013; NRC, 2012)并形成综合理解。

根据情境认知(Brown, Collins, & Duguid, 1989; Lave & Wenger, 1991)，K—12科学教育框架(NRC, 2012)指出学生既运用实践学习科学内容(核心概念与跨学科概念)，也同样通过与科学内容的互动来学习科学实践。在缺乏科学与工程学实践的情况下，对科学内容的学习缺乏情境，而在缺乏内容的情况下学习科学与工程学实践，会使学生缺少可用的概念化工具。这两种情况都会导致学习者形成相互孤立的观点，无法支持问题解决和未来的学习(Krajcik & Shin, 2014)。为形成综合理解，理解与实践是不可分割的。学习技术有助于发展这样的环境，因为它们可以将学生置于主动运用概念的环境中。

学习技术可以为学生学习核心概念、跨学科概念和科学实践提供支持；然而，要做到这一点，学习技术需要设计适当的支撑并嵌入适当的课程之中(NRC, 2011)。接下来，我们将介绍学习技术的使用和设计方面的五项主要学习原则：(1)主动建构；(2)情境学习；(3)认知工具；(4)学习目标；(5)脚手架，这对于支持学生参与有挑战的任务是至关重要的。

主动建构。研究表明，当一个人基于他或她在世界上的经历和互动主动地构建意义时，就会形成综合理解，而当学习者被动地接收由教师、计算机或书籍呈现的信息时，就会出现浅层的学习(Sawyer, 2006)。理解的增长是一个持续的发展过程，这要求学生运用先前的知识和经历在新的经历和想法中构建和重塑他们的认知(NRC, 2007; Smith, Wiser, Anderson, & Krajcik, 2006)。学习不是一个被动的过程，而是学习者主动建构知识的过程。在这个过程中，学习者探索生活的世界、观察现象并与其互动、寻求额外的证据以支持他们的想法、接受新的想法和信息、在新的和原有的想法中寻找关联、与他人讨论和辩论某些想法。学习技术可以在此过程中为学习提供支持。例如，接下来将会讨论到的探针会让学习者收集到很难得到的、非常耗时的或者不使用探针就不可能得到的数据。使用电子探针，学生可以监测24小时内湖泊的温度变化，以及不同深度的温度变化或照射到该深度的阳光量。多重表征使得学生可以通过不同的呈现方式看待概念，帮助他们关联和连接自己原有的想法。

此外，学习复杂的概念需要时间，而且经常发生在学生处理一项有意义任务的过程中，该任务能迫使他们对概念进行综合并使用这些概念。在这一过程中，学习技术可能会有所帮助。学习技术可以让学生与科学概念的基础模型进行互动，并体验在没有学习技术支持的情况下无法看到的现象。例如，学习技术让学生看到原子和分子的世界，并观察在温度变化时会发生什么。学习技术还可以提供脚手架，以支持学生完成有挑战的任务，如开发和修改模型（参见Barab, Hay, Barnett, & Keating, 2000; Frederiksen, White, & Gutwill, 1999; Rouse & Morris, 1986; Model-it的示例，即将进行展示）以及构建解释（参见Zydeco的示例）。

让学习者参与科学实践，可以支持其开展主动的建构。各种学习技术，如探针软件、建模工具和交互可视化工具，都可支持学生参与到科学实践之中，并发展出相应的能力。

情境学习。研究表明，最有效的学习是发生于真实的、现实世界中的学习（Lave & Wenger, 1991; NRC, 2007, 2012; Rivet & Krajcik, 2008; Sawyer, 2006）。在一些科学学科中，科学家——诸如化学家和生物学某些分支领域内的生物学家等——在实验室进行实验。其他科学家，如天文学家和其他生物学领域的科学家，则观察自然界并从他们的观察中得出结论。同样，学习技术也可以发挥重要作用。各种探针可以帮助学生组织、收集和分析数据。学生可以使用便携式技术在现场记录信息，如数字化图片和影像。科学领域的情境学习是要让学习者体验科学现象，这种体验发生在其参与设计探究方案、构建解释、收集和分析数据、开发模型以及向他人展示其想法等各种科学实践过程之中。在这些方面，各种各样的学习技术都可以提供帮助。情境学习的好处之一是学生可以更容易地看到他们所参与的任务和活动的价值与意义。当学习者参与问题的建构，并设计他们自己的探究来回答问题，且这个问题对他们自身及其所在社区很重要时，他们就会了解到科学概念可用于解决问题并做出对他们来说很重要的决策。各种各样的技术可以帮助学生参与到这些真实的学习机会之中。

当学生在有意义的情境下获取信息（Blumenfeld et al., 1991; Krajcik & Czerniak, 2013）并将其与他们已有的知识和经历联系起来，他们可以在新信息和已有知识之间建立联系，以发展出深层次、全面的、相互关联的概念理解，这有助于形成综合理解能力。情境学习的基础是学生要探索真实的问题或议题。学生需要参与对其重要的且与科学家所面临的情况类似的、真实的、有意义的问题。开发出这些真实的环境将使学生更有可能参与到学习过程之中。这与科学和工程学实践是一致的（NRC, 2012）。学生需要提出和探索问题、根据证据提出解释、争论他们的想法、挑战他人的想法并检测新的想法。

各类研究人员（Krajcik & Czerniak, 2013; Linn & Eylon, 2011）利用驱动问题或关键问题来创造有意义的情境。一个驱动/关键问题包含有意义的内容，这些内容来源于真实世界的情境并具有重要意义。驱动问题还通过为学生提供可运用和探索核心概念和科学实践的情境，以及在整个项目中提供连续性和一致性来组织和推动学习活动。例如，面对“我怎样才能从房间另一头闻到东西的气味”这一驱动问题，中等水平的学生可以探索和发展有关物质粒子性的核心概念，该问题促使学生使用包括探针、可视化和建模工具在内的各种软件工具。与科学问题缺乏关联是阻碍女孩和少数族裔学生理解科学的一项重要因素（Calabrese Barton & Tan, 2010; Calabrese Barton, Tan & Rivet, 2008）。让学习者可以理解科学——这一想法与林和埃伦的研究（2006, 2011）有关，这是他们提出的知识整合框架的一个组成部分。将科学概念与学生在日常生活中可能遇到的任务联系起来，可以让学生理解科学，使其参与到相关的问题情境之中。不言而喻，如果任务不真实、没有意义，技术将无助于促进学生的学习。

学习技术可以提供问题解决所需的虚拟模拟器以及回答问题所需的真实数据，由此创建出真实的学习环境。例如，哈佛大学教育研究生院的研究人员就开发出了使用技术的情境学习环境。其中一个环境就是EcoMUVE。EcoMUVE是设计用来支持中等水平的学生学习科学实践的，它让学生在一个多用户的虚拟世界中解决问题，在该虚拟环境中有一个名为江城（River City）的3D现实图形世界（Metcalf, Dede, Grotzer, & Kamarainen, 2010）。江城是一个虚拟世界，其居民都生病了。学生需要担任科学家的角色，去探索导致这种疾病的原因。在江城里，学生们控制他们的虚拟身份在虚拟城镇中走动，与居民交谈，并使用数据收集工具调查和探索周围的环境（图18.2）。第二个环境是EcoMOBILE。EcoMOBILE将增强现实（AR）体验与探针相结合，以便在实地考察期间收集数据（Kamarainen et al., 2013；要了解EcoMUVE和EcoMOBILE的详情可参考哈佛大学的官网。这两个项目都展示了技术如何提供情境学习体验、促进学生使用科学实践，以及帮助学生形成综合理解。

认知工具。研究还揭示了认知工具在学习中的关键作用（Jonassen, 1995；Salomon, Perkins, & Globerson, 1991）。诸如数据库、电子表格、网络和多媒体/超媒体架构之类的计算机应用程序可作为基于计算机的认知工具，担任知识支持者的角色，用于促进认知过程。结合适当的支持和教学组件，认知工具可以放大和扩展学生在建构知识中可以从事的活动（Jonassen, 1995）。周期表是许多化学家的认知工具，因为它总结了化学家可以应用的一系列重要概念。化学家要理解周期表蕴含的基本概念以及如何应用这些概念。不幸的是，在学校里，周期表通常被视作是要记忆的内容。但是，对于以促进学习为目的的各种计算机应用程序而言，则需要围绕它们设计教学。

各种形式的计算机应用程序也可用作认知工具，因为它们让学习者完成相应的任务，而这些任务在没有应用程序的帮助和支持下是不可能完成的。例如，新形式的计算机软件允许复杂的数据集可视化，并与能解释现象的潜在机制进行可视化交互（Edelson & Reiser, 2006；Linn & Eylon, 2011）。此外，许多电子学习环境提供了可促使学生反思其学习过程的提示（参见下面的WISE项目示例）。

使技术与学习目标保持一致。指定学习目标对促进学习和学习环境的设计至关重要，学习环境还包括基于技术的学习环境。美国国家研究理事会“计算机游戏、模拟器和教育”科学学习委员会强调，设计计算机模拟器和游戏的第一步是制定明确的学习目标（NRC, 2011）。学生未达到预期目标的主要原因之一是学习目标不明确或不具体，导致任务与目标不一致（Kesidou & Roseman, 2002；Krajcik, Slotta, McNeill, & Reiser, 2008）。在创建好的教学材料——包括软件应用程序和学习技术——的融入过程中，学习目标具有重要作用，指导着材料、任务和指令的选择（Wilson & Berenthal, 2006）。

因为学习目标是让学生使用他们学到的东西来解决问题、解释现象、做出决定并学习更多的知识加以运用，所以研究人员建议通过融合核心概念与

图18.2　学生在软件中的人物形象及用于测量水中细菌的虚拟显微镜（Metcalf, Dede, Grotzer, & Kamarainen, 2010）

科学实践完成对学习目标的构建（Krajcik, McNeill, & Reiser, 2008; Krajcik et al., 2008; Wilson & Berenthal, 2006）。这种方法反映了K—12科学教育框架中关于制定标准的建议（NRC, 2012）。表18.2展示的是将核心概念与科学实践相结合的过程，通过构建学习目标明确学生的表现。该学习目标的导向是，让学生参与到运用有关不同物质具有不同属性的证据去建构解释的任务之中。

表18.2 融合科学实践和核心概念以制定学习目标

科学实践	核心概念	学习目标（明确学生的表现）
基于证据构建科学解释	每种纯净物（在给定条件下的任何数量）都具有可用于识别其特征的物理和化学性质。（物质科学核心概念1，NRC 2012）	形成科学解释，以说明不同物质具有不同的特性。

在学习技术中使用脚手架。开发学习技术的关键设计元素是对教育脚手架的整合。脚手架允许教师或更有学问的同行支持和协助学习者完成一项有挑战的任务——例如设计实验、分析数据或构建模型——否则学习者将无法完成该任务（Collins, Brown, & Newman, 1989; Palincscar, 1998; Wood, Bruner, & Ross, 1976）。脚手架与维果斯基（1978）提出的最近发展区（zone of proximal development [ZPD]）密切相关，该区域位于学习者可以独立完成的任务和他们通过协助可以完成的任务之间（Rogoff, 1990）。为学习者提供脚手架式的支持有助于他们完成最近发展区内的任务，而这些任务他们通常是无法（独立）完成的。软件中的脚手架可以帮助学生完成学习者在没有脚手架的情况下无法完成的任务（Sherin, Reiser, & Edelson, 2004），例如，教师可以通过设置适当的目标来帮助学习者，在一些指导、帮助下，或通过将任务分解为可处理的模块，这些目标是可以达成的。Zydeco项目（前文中有述）中的解释被细分为个人主张、证据和推理，这就是学习技术的一个例子，它提供了成功地参与有挑战的任务所需的支持。

昆塔纳（Quintana）及其同事（Quintana et al., 2004）和凯莉（Kali）及其同事（Kali, Fortus, & Ronen-Fuhrmann, 2008）认为，设计者需要明确外显的方法和指南，将脚手架融入软件设计之中，以支持复杂学习任务的不同方面。表18.3总结了昆塔纳及其同事（2004）为支持学生进行探究而提出的方针。

表18.3 为学生探究提供脚手架的方针（Quintana et al., 2004）

- 方针1：使用能够关联学习者理解的表征方式和语言
- 方针2：围绕该学科的语义架构工具和模型
- 方针3：运用多种表征方式，使学习者可以用不同的方式进行检视，从而揭示基础数据的重要属性
- 方针4：为复杂的任务和功能提供架构
- 方针5：嵌入有关科学实践的专家指导
- 方针6：自动处理不重要的常规任务
- 方针7：促进探究过程中的持续表述和反思

用一个例子来说明方针4“为复杂的任务和功能提供架构”，可能包括将科学解释的建构拆分为理论、证据和推理这三个组件（McNeill & Krajcik, 2011），并对这些组件的含义进行描述。这种架构支持学习者对解释的各个组件进行建构，这是大多数学习者在缺乏这种架构的情况下无法完成的任务。该脚手架通过将复杂的任务分解为易处理的组件，即任务分解，使得一种解释的发展所蕴含的潜在推理过程对学习者变得透明。昆塔纳及其同事（2004）认为，通过使潜在的思维对学习者而言

变得可视，学习者将更容易完成有挑战的任务。这一脚手架指南被用于Zydeco的设计，如前文所述(参见图18.1)。这一案例中的任务分解就是将解释分为个人主张、证据和推理，通过将撰写解释这一任务置入学习者的最近发展区之中，使得该任务对学习者来说是可以完成的。最终，与所有脚手架一样，它需要逐渐降低协助的水平，以使学生独立完成任务并促进其综合理解(McNeill, Lizotte, Krajcik, & Marx, 2006)。

有些研究展示出了多种脚手架的整合对支持学生学习的价值，也许其中最重要的一项就是将计算机作为实验室合作伙伴(Computer as Lab Partner [CLP]）项目(Linn, 1998; Linn & Eylon, 2011)。CLP课程通过让学生参与融入了实时数据采集工具(探针)和课堂讨论的实验，让学生学习热力学(热能和温度——重要的核心概念)。林及其同事使用CLP课程进行了10次设计实验。这些设计实验或课程改革为使用教学脚手架来支持学生的学习提供了重要见解。虽然课程的前3次重复显示出积极且有希望的结果，并且额外增加的让学生做出预测的内容表明学生的表现也有所提高，但直到第4次和第5次重复时，学生才在软件的提示下做出预测，并将这些预测与其观察结果进行协调，这才促进了学生理解上的重大改进。将这两个教学脚手架添加到学习环境中后，与第一个初始版本的课程相比，学生的后测分数提高了250%。这些结果提供了证据，表明学生的知识正在变得更加整合。

CLP课程的下一项重大改进发生在版本8和9中，在这两个版本中，计算机提示让学生拟定出可以解释他们实验结果的原理来描绘真实世界中的各种情况。前测与后测的结果以及学生访谈表明，运用恰当的脚手架可以对学习环境进行调整，使其支持学生发展综合理解。同样重要的是，林(Linn & Eylon, 2011)的工作说明学生是在学习重要科学概念的背景下参与各种科学实践的。做出预测、将观察与预测相协调以及提出可以解释数据的原理，这都是科学家参与探索和解释现象的重要科学实践。

这一系列的设计实验表明，如果我们希望学生发展出对重要科学概念的综合理解，那么至关重要的一点就是运用教学脚手架帮助学生理解数据意味着什么。昆塔纳及其同事(2004)提到了林及其同事提供的在科学实践中嵌入专家指导这一类脚手架，即表18.3中的方针5。虽然探针允许学生在课堂上收集一系列数据来探索各种现象，但课程脚手架是促进学习的必要条件。单纯依靠技术无法促进学习这一前提在本章中将会反复出现。

林及其同事所做的工作展示了根据研究证据反复凝炼课程材料和技术促进学生学习的价值。林的研究工作作为一种有价值的模型，向我们展示了如何设计包括学习技术在内的教学材料以促进综合理解。

应用软件促进科学学习

接下来，我们讨论支持学生学习科学的其他各种应用软件。在我们的讨论中，我们将解释这些软件工具是如何反映上述基本原则的。遗憾的是，本章的容量仅允许涵盖一些关键工具：电子探针、建模工具、可视化以及整合的电子化学习环境。

使用电子探针

也许科学课堂中最古老、最普遍和最有价值的技术应用之一就是使用探针——电子传感器和软件——收集和分析数据。自20世纪80年代初以来，探针在科学课堂上一直被用作实验工具。连接到计算机的电子探针以及相关软件使得学生可以收集、绘制和观察各种数据，包括pH值、力、光、距离和速度以及溶解氧，等等。更专业些的探针甚至可以让学生收集心率和血压的数据。因此，课堂上的探针使得学生在使用时可以有一套科学实验工具。尽管探针的使用并不新鲜，但现在已经开发出对用户更加友好的界面以及更加复杂的用于数据收集与绘图的软件。在许多方面，在课堂上使用探针可以让学习者参与一些对支持学生学习科学至关重要的科学实践。最突出的做法包括设计和实施探究、分析和解释数据，以及计算和数学思维。使用探针还可以帮助学生提出和凝炼问题并基于证据进行论证。图18.3展示的是两名中学生使用探针在当地溪流中收集水质数据。

图18.3 学生使用探针收集酸、碱数据

各种研究都支持在科学课堂中使用探针可以促进科学概念和关系思维的学习这一论断（Adams & Shrum, 1990; Kamarainen et al., 2013; Krajcik & Layman, 1992; Linn, Layman, & Nachmias, 1987; Metcalf & Tinker, 2004; Mokros & Tinker, 1987; Novak & Gleason, 2001）。诺瓦克（Novak）和格利森（Gleason）(2001) 展示了在基于项目的学习环境中使用探针是如何支持中学生学习水质、化学和生物学概念的。诺瓦克和格利森（2001）创建了一个基于项目的环境，让学生可以探索驱动问题“学校后面的溪流是否清洁”。学生们使用便携式手持探针来测量pH、温度、溶解氧和电导率（测量溶解物质的量）。学生们在一学年中的秋季、冬季和春季共收集了三次溪水的数据，并查找变量之间的模式、关系以及三次数据所反映出的整体趋势。为评估学生的理解，学生们创建了关于水质初始和最终的概念图。最终的概念图描绘了概念之间的丰富联系，这是综合理解的表现。与初始概念图对比以及前后测的结果都显示出实质性的学习成果以及对科学概念综合且深入的理解（Krajcik & Starr, 2001; Novak & Gleason, 2001）。诺瓦克和格利森的工作说明了使用探针支持学生参与科学实践和学习重要科学概念的价值。

使用探针进行科学实验也可以支持学生的绘图技巧、实验设计能力和问题解决能力（Linn, 1998; Linn et al., Layman, & Nachmias, 1987）。一个原因是探针的使用可以让学生将更多的时间用于解释和评估数据并重新设计他们的实验，因为他们可以花费更少的时间在更常规的任务上，例如收集和记录数据（Brasell, 1987; Thornton & Sokoloff, 1990）。探针及其配套软件可以处理数据记录这一常规任务，这使得学生有更多时间参与认知活动。就此而言，在科学课堂中使用探针为昆塔纳及其同事（2004）提出的脚手架方针6“自动处理不重要的常规任务（参见表18.3）”提供了应用示例。

与探针配套的绘图软件也具有许多优点。学生在收集数据时能够看到数据图表，这为学生提供了相互关联的多重表征——现象和图表的介入。有证据表明，当学生收集数据时，立即看到数据图表可以促进学习（Brasell, 1987）。此外，软件还可以向学生展示同一实验的多次实施结果，为数据分析和解释提供进一步的支持。

随着技术的进步，探针现在可以用在各种手持设备上。里德–格里芬（Reid-Griffin）和卡特（Carter）(2008）研究了选定的7、8年级学生的便携式数据采集设备的使用潜力。在数据收集期间，学生使用数据分析系统收集用于各种探究的数据，该系统包括一个图形计算器、一个温度探针、一个电压探针、一个光探针和一个运动探测仪。该学习环境使学生能够学习一些基本技能，从而使用工具进行数据收集、实施探究和参与科学话语。学生还学会了如何诊断和纠正错误并解决问题。研究人员认为使用探针可以让学生立即收集和分析结果，无须等待。当学生意识到探究方案设计或收集的数据有误时，可以缩短修改和重复探究所需的时间。还有另外一个例子，我们从中看到计算机技术处理常规任务的优势，其结果也促进了学习。使用探针收集数据的效率为学生提供了最大化的学习机会，也为学生提供了改变原始实验、控制变量以及调整其设计探究方案的机会。通过使用连接到手持设备的探针，学生可以收集数据、探索他们认为有价值的问题，并体验真实的科学（Nicaise, Gibney, & Crane, 2000)。使用便携式数据采集设备能够支持学生探究科学，而不仅仅是记忆孤立的科学事实（Novak, Gleason, Mahoney, & Krajcik, 2002)。

卡马拉宁（Kamarainen）及其同事（2013）也强调了在对本地池塘的实地考察中使用探针帮助学生理解与水质相关的科学概念的教育价值。他们将手持式探针和AR相结合，通过将数据收集活动置于更大、更有意义的关联了学生在现实世界的活动情境中，进一步支持学生的学习（Squire & Klopfer, 2007)。AR是物理环境的实时视图，通过计算机生成的感官输入——如声音、视频、图形或GPS数据和软件，使参与者能够与嵌入了现实世界的数字化信息进行互动，使得该环境中的元素得以增强（Dunleavy & Dede, 2014)。

就达到学习目标而言，在真实世界的情境中使用探针带来了挑战。例如，让学生到教室外收集数据，这通常是不可行的。学生面临的另一个挑战是决定如何分析和解释数据。AR界面可以通过将学习情境化，为学生主导的真实世界的数据收集提供即时指导，遵循基于学生表现所提供的反馈来解决这些困难（Kamarainen et al., 2013)。此外，AR可以帮助学生参与社交互动、促进认知且提供个性化的脚手架（Dunleavy & Dede, 2014; Klopfer, 2008; Klopfer & Squire, 2008)。具有AR应用的手持探针可以支持学生使用相关的科学探究工具和交流媒介（Kamarainen et al., 2013; Squire & Klopfer, 2007)。尽管探针及其软件为课堂教学和学习带来了许多优势，但在支持学生学习方面，课程与教学的作用至关重要（Linn, 1998; Linn & Hsi, 2000)。

动态建模工具

模型在获取、产生和传播科学知识以及在真实世界的现象与科学的理论解释之间建立联系等方面发挥着重要作用（Gilbert, 2004; Halloun, 2006; Koponen, 2007)。模型的构建使科学家和学习者能够看到微观世界和宇宙星系，并提供对复杂现象因果关系的解释。此外，科学模型可以提供对复杂现象的描述和简化（Pluta, Chinn, & Duncan, 2011; Rouse & Morris, 1986)，并允许科学家和学习者检验他们的预测。普卢塔（Pluta)、钦（Chinn）和邓肯（Duncan）(2011）回顾了科学教育中基于模型的学习的相关研究，并提出在科学学习中使用模型和建模可以支持认知、元认知、社会和认识论的改进。他们还建议建模工具要通过多种方式支持学习（Louca & Zacharia, 2012)。各类研究人员讨论了建模工具对加强科学学习的价值(例如Barab et al., 2000; Barnett, Barab, & Hay, 2001; Chang, Quintana, & Krajcik, 2010; Dede, Salzman, Loftin, & Sprague, 1999; Hansen, Barnett, Makinster, & Keating, 2004; Sabelli, 1994; Stratford, Krajcik, & Soloway, 1998)。基于证据构建模型也是K—12科学教育框架中八项科学实践之一(NRC, 2012)。动态建模工具使得学习者可以构建和修改模型，以提供对现象的解释并测试想法。

Model-It。Model-It允许学生对复杂的科学系统，如水质、生态系统和身体系统等创建动态的计算机模型(Metcalf-Jackson, Krajcik, & Soloway, 2000)。Model-It是专为学习者设计的，它为用户提供各种支持，也提供了一个易于使用的视觉定性界面，以支持学生的学习。Model-It使用以下脚手架(参见表18.3)来支持学生学习:(1)通过将任务分解为更易于处理的多个部分(方针4: 为复杂的任务和功能提供架构)降低任务的复杂性;(2)自动处理常规任务(方针6: 自动处理不重要的常规任务);(3)包含学习者可以检视的表征(方针3: 运用多种表征方式，使学习者可以用不同的方式进行检视，从而揭示基础数据的重要属性); 以及(4)使用能够关联学习者理解的语言(方针1: 使用能够关联学习者理解的表征方式和语言)。学生通过对已识别出的变量建立相互间的定量关系建构出模型去解释现象，在此过程中，学生使用定性语言并辅以解释这些变量关系的详细描述。使用定性语言建立变量间的关联就是遵循方针1的一个示例——使用能够关联学习者理解的表征方式和语言。

Model-It在初、高中科学课堂以及基于项目的课程中的应用都取得了成功(例如，Fretz et al., 2002; Metcalf-Jackson et al., 2000; Spitulnik, Stratford, Krajcik, & Soloway, 1997; Stratford et al., 1998; Zhang, 2012)。然而，Model-It成功的关键是教学单元和教师，他们创造了一个鼓励学生围绕模型设计展开对话的环境。研究(Fretz et al., 2002)表明，使用Model-It可以促进对有挑战的科学概念的学习。例如，章(Zhang, 2012)展示了使用与课程相结合的建模软件可支持学生发展重要的学习技能，例如规划、测试和评估。

Chemation。Chemation是一种在手持计算机设备上运行的软件应用程序，它允许学生构建、修改和评判二维分子模型和基于翻页式动画的化学反应动画(Chang et al., 2010)。学生可从有限的原子调色板中进行选择，用其绘制分子并展示分子在化学反应过程中如何重新排列以形成新分子。昌(Chang)及其同事(2010)展示了让中学生使用Chemation设计物质粒子性的动画，而后开展同伴评估，这比仅观看或构建动画更能有效地改进学生学习。降低复杂性并将Chemation嵌入基于项目的学习材料之中，可以为学生学习重要的科学概念提供支持。

虚拟太阳系(The Virtual Solar System [VSS])项目。VSS是面向本科生的实验性天文课程。在VSS课程中，学生使用虚拟现实建模语言(VRML)编辑器构建有关太阳系不同特征的3D模型。巴拉布(Barab)及其同事(2000)指出，VSS项目通过构建虚拟现实(VR)模型成功地实现了对天文学概念的学习。虚拟现实建模具有将学生置于多种不同情境的功能，而在没有这一技术时这些情境是无法可视化的。

计算机建模程序，例如Model-It、Chemation和VSS 项目，是强大的学习技术，因为它们通过创建动态模型为学生建构概念理解提供支持，而如果没有这些技术，学生在科学课堂中将无法做出这些动态模型。这些工具能够支持学生参与到建模的科学实践之中，并让学习者亲自动手进行建构。

交互式可视化——让学习者看到不可见的过程

技术可以为学生提供交互式可视化，使学习者能够探索他们通常在科学课堂上无法处理的一系列现象和潜在机制。林和埃伦（2011）将可视化描述为“包含模型和模拟器的科学现象，该科学现象是交互式的、基于计算机的动画”（p.12）。虽然动态可视化允许学习者看到动态过程，但交互式可视化和模拟器使学习者能够通过改变变量并观察结果与可视化进行互动。交互式可视化允许学习者检验和探索那些太小、太大、太快或太危险以至于无法探索的现象。交互式可视化可以邀请学生进入细胞和分子的世界或进入星系。他们还可以探索太危险的现象，如火山爆发；或太快的现象，如地震；或太慢的现象，如生命体随时间的流逝而变化等难以观察的现象。但交互式可视化能够呈现隐藏在现象之中的因果关系，让学习者可以探索当变量改变时会发生什么。学生可以改变一个变量并观察其结果。

分子工作台（Molecular Workbench）。康科德联合会（Concord Consortium）提供了多种开放源代码的交互式可视化和模型，教师可以将其融入课程中。图18.4展示了来自康科德分子工作台（Pallant & Tinker, 2004; Xie & Tinker, 2006）（http://mw.concord.org/modeler/）的两张图片，该工作台使学生能够探索物质浓度是如何影响进出细胞的物质的运动的。交互式可视化帮助学习者构建与扩展相关的概念。学生能够改变二氧化碳和氧气的浓度，然后在分子水平上观察细胞内、外的浓度变化发生了什么。图18.4中上方的图像显示了细胞外部和内部二氧化碳和氧气的初始浓度，下方的图像呈现的是模拟器运行一小段时间后的浓度。要注意学生是如何观察在分子水平上发生的情况，并读懂宏观层面上的度量的。这些相互关联的表征方式使得学习者可以进行检视以促进其理解（方针3：运用多种表征方式，使学习者可以用不同的方式进行检视，从而揭示基础数据的重要属性）。这种动态、多重、交互式可视化的联系可以帮助学生建立更深入的理解，因为分子表征和宏观表征之间的外显联系是学习者难以理解的一个典型的内容领域（Kozma & Russell, 1997, 2005; Stieff, 2011）。然而，在课堂上使用动态模拟器仍存在争议（Zhang & Linn, 2011），因此，我们需要更多的研究来探索上述工作对学生学习的影响。

NetLogo。NetLogo也提供多种模拟器和可视化，学习者可以对其进行操作并观察结果。作为一种可编程语言，NetLogo更像是一种教师可将其融入课程中的动态模拟器。这些交互式模拟器提供了探索生物学概念和物质科学概念独一无二的机会。图18.5显示的是NetLogo的图像（Novak & Wilensky, 2007; Wilensky, 1999）。在网址http://ccl.northwestern.edu/netlogo/中可以找到NetLogo模拟器列表。斯蒂夫（Stieff, 2011）在化学课中使用了来自NetLogo网站的一个名为“连通化学（Connected Chemistry）”的NetLogo模拟器，以提高学生在宏观世界（现象）和微观/分子世界之间进行切换的能力。尽管化学家们可以在宏观、微观和符号世界中自由切换，但对于学生来说这种切换是极具挑战的（Kozma & Russell, 1997; Krajcik, 1991）。斯蒂夫（2011）使用来自NetLogo和其他课程资源的模拟器来支持学生的表

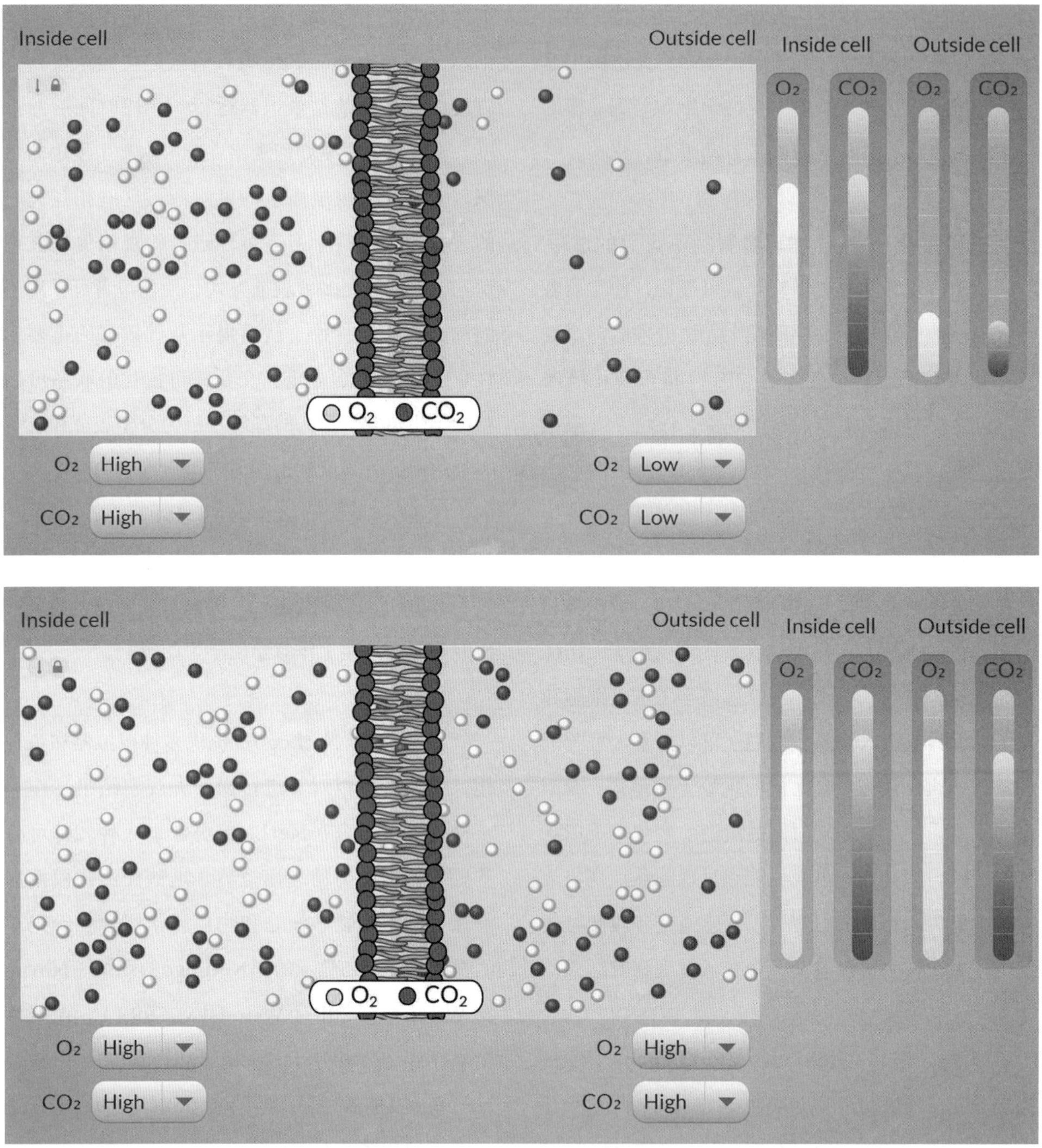

图18.4 细胞中扩散的交互式可视化。上方的图像显示细胞内部和外部的初始条件，下方的图像显示模拟器运行一段时间后的条件。

征能力——或者说是在微观、符号和宏观世界相互切换的能力。图18.5显示的是“连通化学”项目的屏幕图像。左边的图像显示了木炭与氧气反应的初始条件，而右边的图像显示了模拟器运行一段时间后的情况。请注意这些图像是如何包含相互关联的交互式可视化的。窗口右侧的分子图像与窗口左侧的图形表征是相互关联的。

尽管斯蒂夫(2011)发现，与对照组相比，在“连通化学”课程中使用交互式可视化的学生仅在总结性成绩测试中展示出小幅至中幅的提升，但这

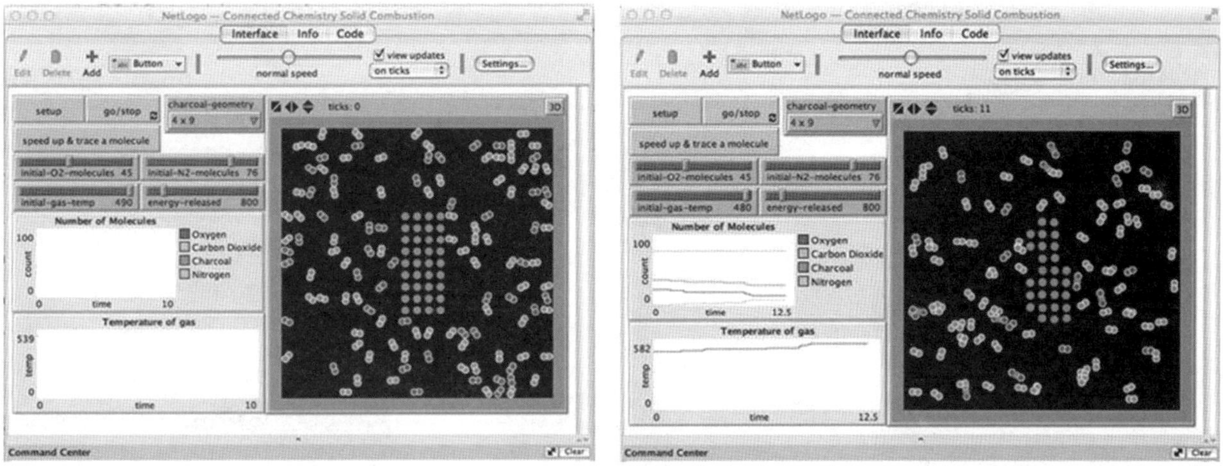

图18.5　来自“连通化学”项目的交互式可视化，显示了木炭与氧气反应的分子水平视图，并关联到该现象的某些图形表征。左侧的图像显示初始条件，右侧的图像显示模拟器运行一段时间后的条件。

一结果并不令人意外，因为测试材料并未评估学生运用知识表征的能力。然而，对“连通化学”课程的学生前、后测中对知识表征的运用情况的分析表明，相比于前测，他们在后测中明显地更倾向于使用化学体系的亚微观知识表征，这与教师和专家所用的表征方式是一致的。斯蒂夫(2011)的研究提供了证据，表明使用交互式可视化可以促进学生在化学中使用知识表征。需要指出的重要一点是，斯蒂夫的可视化嵌入到了化学课程序列之中，这包含在课堂上对(科学概念的)意义进行探讨。这正是我们所主张的，技术只有在支持学生达成重要学习目标时才有价值。

网上图书馆的PhET模拟器。网上图书馆的PhET模拟器(http://phet.colorado.edu)为物理学、化学、生物学和地球科学很多重要主题提供了方便使用的交互式模拟器。板块构造的可视化允许学习者探索板块如何在地球表面移动。与所讨论的其他可视化一样，这些模拟器可以免费获取，并且只需要接受最少的培训就能使用。学生可以改变板块的温度、成分和厚度，并观察由此产生的效果。图18.6显示了PhET中板块构造模拟器的图像。

PhET 模拟器可用于补充现有课程材料或引导学生参与到对现象的探索之中。但如何使用这些材料是由教师来决定的。这些材料与样本学生的学习目标和教师指南是一起提供的。

EcoMUVE。EcoMUVE(Multi-User Virtual Environments，多用户虚拟环境)是3D虚拟世界模拟器，可将学生置于模拟器之中并提供情境化的学习体验。学生利用化身去探索3D虚拟世界。EcoMUVE具备支持学生参与专家实践的潜力。EcoMUVE是一个以设计为中心的环境，提供了基于问题的学习平台，可以让学生参与到随着时间推移而出现的生态学问题之中。该环境为学生提供了从解决问题中学习的机会，而不是让其记住生态系统中的事件和相关概念(Grotzer, Tutwiler, Dede, Kamarainen, & Metcalf, 2011)。

“计算机游戏、模拟器和教育”科学学习委员会。美国科学学习委员会(NRC, 2011)得出结论，计算机模拟器具备促进学生参与各种科学实践的

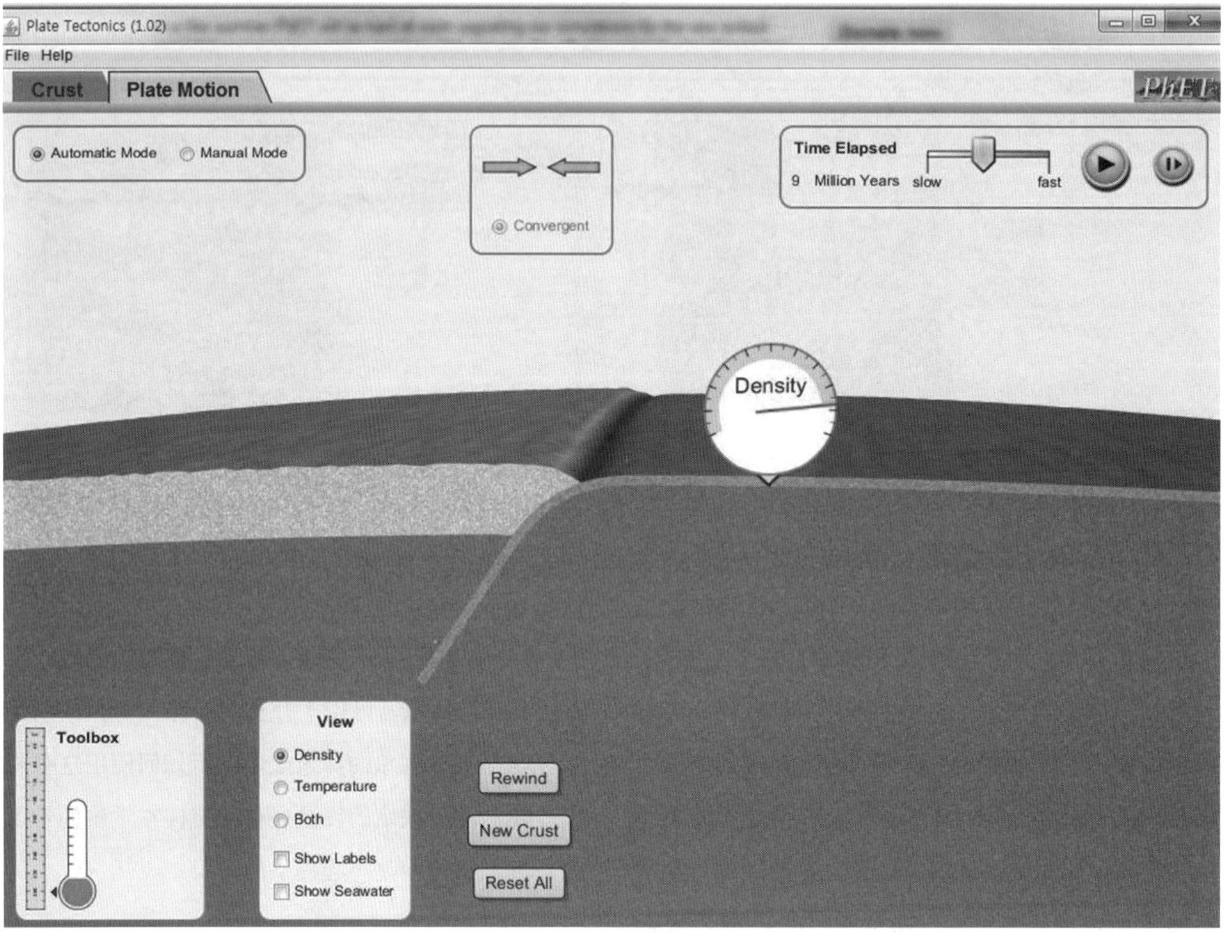

图18.6　PhET中的板块构造模拟器（http://phet.colorado.edu）

图18.7　EcoMUVE 池塘生态系统的屏幕截图

潜力，并能吸引K—12学习者，这是因为他们全天都沉浸在数字化技术之中，但委员会也报告了文献中存在许多空白，仍需对具有教育目的的模拟器和游戏开展进一步的探索。尽管关于使用模拟器来促进概念理解的研究具有很好的前景（Njoo & de Jong, 1993），但在促进学生理解科学实践方面的证据较少。使用模拟器的其他好处在文献中也有论述。研究人员报告说，与进行真实实验相比，使用虚拟实验模拟器具有很多优势，例如，可以节省时间和成本、降低实验过程中的事故风险（Kang, Kim, & Lee, 2011; Merrill, Hammons, Vincent, Reynolds, & Tolman, 1996）并让学生参与到科学实践之中（参见de Jong & van Joolingen, 1998; Kang, Kim, & Lee, 2011）。例如，康（Kang）及其同事（2011）在高中化学中使用了Gizmos模拟器（www.explorelearning.com），他们发现学生的制图能力和探究技能得到了提高。诺赫（Noh）、乍（Cha）和金（Kim）（1999）报告说，让学生参与到分子动画之中有助于学生在完成有挑战的学习任务时提高自主学习能力。

电子化学习环境

与纸质材料相比，电子化学习材料具有多项优点，包括提供相互关联的多种交互式知识表征、支持反思和清晰表达的脚手架、参与科学实践以及定制满足个人需求的学习序列。

斯蒂夫（2011）的研究展示了如何在课程材料中使用可视化。分子工作台、NetLogo和PhET提供了设计人员和教师可以在课堂上使用的模拟器。这些研究人员正在构建电子化学习系统，并在计算机平台上向学生展示学习材料。然而，与教师互动和操作实验室实验仍然被认为是重要的。我们对其中的四个环境进行综述：基于网络的探究科学环境（Web-Based Inquiry Science Environment [WISE]; Slotta & Linn, 2009），SimQuest（de Jong, 2006），以及科拉切克（Krajcik）帮助设计和开发的eIQWST和交互门户（Interactions Portal）两个环境。

基于网络的探究科学环境。基于网络的探究科学环境（The Web-Based Inquiry Science Environment [WISE]; Slotta & Linn, 2009）利用技术开发互动课程，以加强探究学习和知识整合。WISE在精心设计的教学模块中嵌入科学现象的交互式可视化，从而帮助学生整合他们的想法，同时通过关注学习目标来优先考虑教师的需求。WISE采用多种脚手架来支持学生学习，包括用于帮助指导学生完成探究任务的在线导览图和用于为学生和教师提供反馈的嵌入式评价。该导览图可帮助学生在项目中独立完成相关工作（Linn & his, 2000），并可根据学生已有的探究经历和对探究问题的理解程度进行定制（Choi & Shin, 2009; Rose & Meyer, 2002）。WISE中的交互式可视化通过呈现看不见的现象使科学可视化，例如，化学反应中发生的分子变化（Zhang & Linn, 2011）。WISE整合了多项提示以帮助学生反思和监控其探究进展，也包含证据页面帮助学生持续记录他们收集的证据。WISE通过提供脚手架促进学生参与科学实践，以便学生比较观点、形成筛选有效概念的标准、使用概念进行论证、收集证据以支持其立场，并批判其同伴提出的论点。由于具备上述多种支持，WISE能够使学习者进行开放式探究并在探究过程中获得指导。WISE是技术增强型科学学习（Technology-Enhanced Learning in Science [TELS]）中心的一部分（Linn, Lee, Tinker, Husic,

& Chiu, 2006；有关TELS的详细信息，请参见http://telscenter.org）。WISE单元可以在http://wise.berkeley.edu中找到。

WISE具有多项关键特征，这些特征在林的研究团队以前的研究中也展示过，包括前面讨论过的关于计算机作为学习合作伙伴项目（Computer as Learning Partner Project）的想法。每项WISE活动都会激发学生的想法，让学生进行预测，包括呈现差异观点的关键案例，并提供交互式可视化。WISE还包含用于构建解释和支持在线讨论的脚手架，并提供支持以引发学生反思。WISE单元展现了一个优秀的示例，即一套完整的技术整合包，其蕴含着目前已知的与促进科学学习有关的全部内容。

贝尔（Bell）（Bell, 2004; Linn, Davis, & Bell, 2004）使用WISE的前身——被称为Mildred——让学生参与辩论项目，例如，光能传播的距离、青蛙畸形率升高的原因以及疟疾的危害。贝尔的这一研究运用提示来支持学生参与辩论。该研究表明指导学生围绕他们认为有意义的主题展开辩论能使学生更深入地了解科学的本质。此外，当学生准备为双方的某一立场辩论时，他们会更成功地辨别出其中涉及的关键概念。

威廉斯（Williams）及其同事（Williams & Linn, 2002; Williams, Montgomery, & Manokore, 2012）开发了一个WISE系统，以支持学生对遗传、遗传特征以及细胞和繁殖等相关概念的理解。威廉斯（Williams et al., 2012）所开发的材料有一个独特特征，就是将学生进行的实验室实验与在线学习环境融合在一起。与其他WISE材料一样，在线探究导览图用于指导学生完成各种活动并支持交互式可视化。图18.8呈现的是WISE环境的屏幕截图。图像的左侧展示了用于指导学生完成活动的在线探究览导览图，图像的中心展示了一个交互式动画，使学生能够追踪各世代的基因型。在其中一项活动中，学生参与在线可视化互动，这使他们能够探索

图18.8　来自威廉斯遗传单元的图像展示了一个交互式动画，使学生能够追踪各世代的基因型（Williams et al., 2012）

无性和有性生殖，并能从一个或两个父本或母本那里创造出后代。在另一项活动中，学生通过检查威斯康星州快速生长植物的数据来确定它们的哪种性状是显性的，哪种是隐性的，并确定其基因型。中学生使用这些材料的研究结果显示，在理解复杂主题时，学生在后测中所展现出的学习成果比前测有了显著的提高；然而，一些学生在解释有丝分裂和减数分裂对传递遗传信息的重要性方面仍有困难。威廉斯及其同事正在根据这些研究结果修改上述材料。这是使用设计实验来改进学习材料的另一个例子。

章和林(2011)使用WISE系统和分子工作台的嵌入式动态可视化来支持学生学习化学反应，这是物质科学的核心概念。然而，像昌及其同事(Chang et al., 2010)一样，章和林(2011)在WISE中添加了一个结构特征，使得学生能够接受挑战，总结出氢气的燃烧是如何发生的这一概念。学生在探索过程中，分别于反应开始前、反应开始时、反应过程中和反应结束后绘制了四次图像。WISE具备促进知识整合的功能，例如，进行预测和反思进展。章和林对比了绘图的学生与那些花费更多时间进行可视化交互的学生的结果。他们使用了嵌入式的评估，其结果表明，相比于那些仅仅进行可视化互动的学生群体，绘制了过程图像的学生整合了更多关于化学反应的想法，并对可视化进行了更为精确的解释。这项研究表明，与昌及其同事(Chang et al., 2010)的发现一样，建构行为促进了学生的学习。

SimQuest。SimQuest提供了多种模拟器，用于理解科学概念知识和学习实验过程。许多学生在从事科学实践时遇到了困难(de Jong, 2006; de Jong & van Joolingen, 1998)。德容(De Jong, 2006)指出，学生需要支持设计实验(例如，选择哪些变量、要改变多少变量、如何陈述和检验假设)、实施实验(例如，做出预测、避免一定要出现预想的特定结果而非检验假设)，以及解释并呈现实验结果(例如，比较数据和数据可视化，然后恰当地呈现这些数据)。他的研究工作重点是学生日常生活中的问题，因为这是让学生参与探究性学习的重要因素。他运用聚焦于日常生活问题的计算机模拟程序来加强基于探究的学习。SimQuest应用程序允许学生改变变量和执行虚拟实验。像SimQuest这样的模拟程序为学生提供了设计并实施探究的机会。SimQuest提供了一个模拟器示例和一个创作系统，供教师和教育工作者创建计算机模拟(Van Joolingen & de Jong, 2003)。包含模拟器的电子化学习环境可以帮助学生探索假设情境、与某一过程或系统的简化版本进行交互、改变事件的时间尺度、在没有压力的真实环境中练习任务和解决问题(Van Berkum & de Jong, 1991)。这种在模拟环境中的探索、探究和预测可以支持学生发展概念性理解(Kang et al., Kim, & Lee, 2011; Windschitl & Andre, 1998)。图18.9展示的是SimQuest有关汽车运动模块的一个示例。每个模块提供与事件相关的数据、文本说明、图表说明、动画和评估问题。通过这一模块，学生可以学习时间、距离和速度之间的关系。

电子化学习IQWST（eIQWST）。在由密歇根大学的莉安·萨瑟兰（LeeAnn Sutherland）和南秀新（Namsoo Shin）以及特殊技术应用中心（the Center for Applied Special Technologies）的大卫·罗斯（David Rose）（Shin, Sutherland, & McCall, 2011; Sutherland & Krajcik, 2007）主导的研究工作中，我们将中学课程系列中的一个单元转化为电子化的学习材料，以吸引更多的

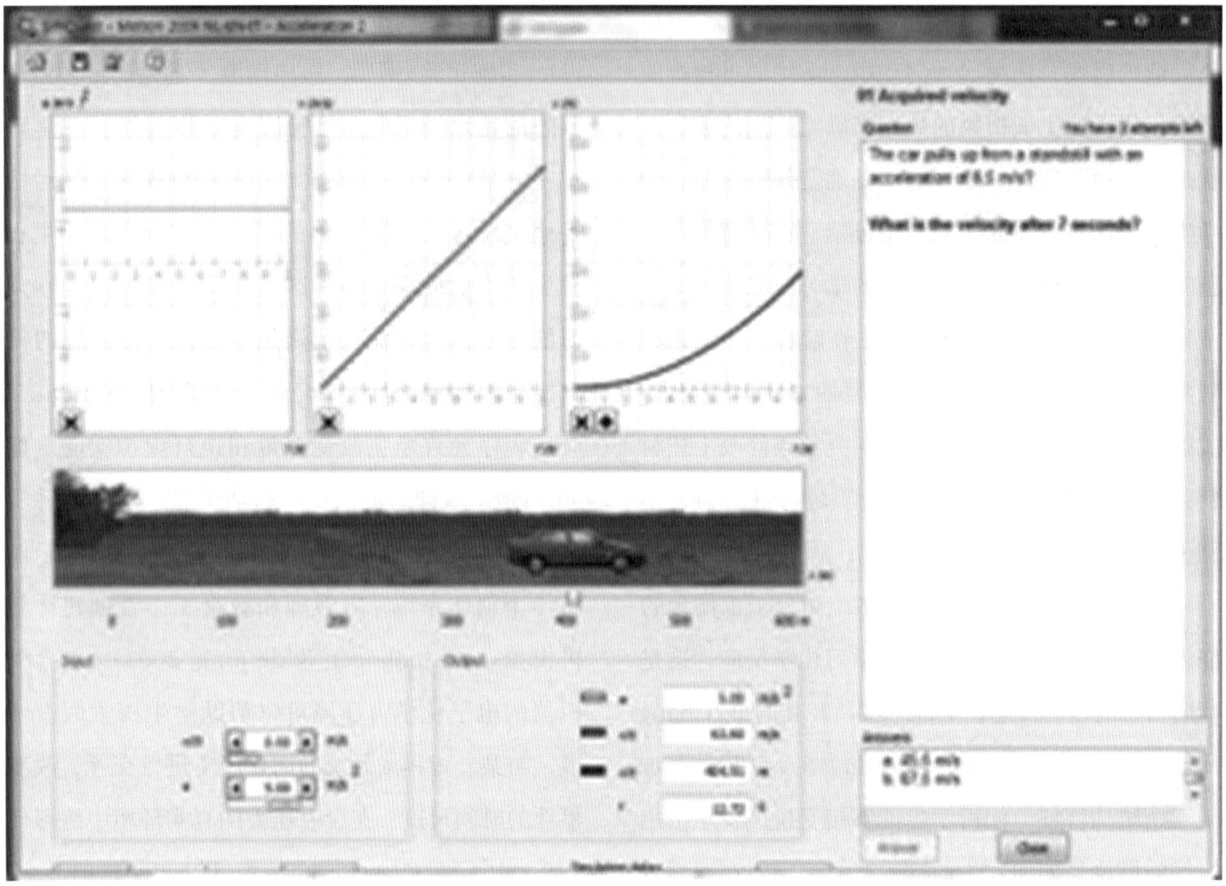

图18.9 SimQuest模块：用于理解速度和距离的模拟器、图形、数据和评估问题。

学生。有关物质粒子性的单元“我是如何从远处闻到气味的？”（Krajcik, Reiser, Sutherland, & Fortus, 2012; Merritt, Shwartz, Sutherland, Van de Kerkhof, & Krajcik, 2012），源自通过科学技术对我们的世界进行探究和提问项目（Investigating and Question our World through Science Technologies [IQWST]），IQWST可以适应交互式可视化的优势，也有利于整合多种支持功能和脚手架，而这些功能和脚手架符合支持学习的通用设计（Choi & Shin, 2009; Rose, Meyer, & Hitchcock, 2005）。

这是一个8—10周的单元教学，会让中学生回答驱动问题：“我是如何从远处闻到气味的”。该单元让学生体验并解释一系列现象，从而为学习科学核心概念“物质的粒子性”提供支持。该单元聚焦于闻气味这一常见现象，以便将化学概念和科学实践置于日常生活经历的情境之中。该单元还支持学生进行建模科学实践。随着学生体验越来越多的现象，他们可以通过作图或为作图提供书面解释去构建和修改他们关于物质的模型（Merritt & Krajcik, 2013）。

与纸质材料相比，电子化学习材料具有多项优点。这些功能包括提供相互关联的多重交互式表征，以及运用工具为学习者构建和表达理解创造互动机会，并通过提供能支持和挑战每一名学习者的学习资源和策略来满足所有学习者的需求。eIQWST允许学习者访问多媒体术语表、与学生所体验的现象有关的视频、文本朗读功能、句头和提示，以支持他们对嵌入式评估做出响应。学生还可以从绘图工具中受益，用其绘制模型以解释现象，同时学生也能从交互式可视化中受益，并且他们能够在线存储他们的作品以供将来访问和查看。图18.10呈现的是eIQWST 的交互式可视化界面。源自康科德联合会分子工作台的模拟器允许学生通过向下推动或向上拉动注射器来压缩或扩张注射器中的气体，然后观察微观水平上发生的变化。

在课堂上，作为一项动手实践活动，学生体验拉伸和压缩注射器。使用eIQWST的学生还能够观察模拟器并与其互动，在模拟器中他们可以压缩和扩张注射器并观察分子水平发生的变化。观察可视化界面并与其交互使得学习者可以检视基础模型，以用于解释何时推动活塞变得越来越难了(或扩张活塞；方针3：运用多种表征方式，使学习者可以用不同的方式进行检视，从而揭示基础数据的重要属性，源自表18.3)。

图18.11展示了eIQWST中用于支持学生阐述其想法的一些句头。句头是将专家指导嵌入系统的一个例子，即方针5：嵌入关于科学实践的专家指导，源自表18.3。

交互式门户网站。像威廉斯及其同事(Williams et al., 2012)一样，科拉切克及其同事(Damelin, Stevens, Choi, Russell, & Krajcik, 2013; Lee, McGee, Duck, Choi, & Krajcik, 2013)设计出

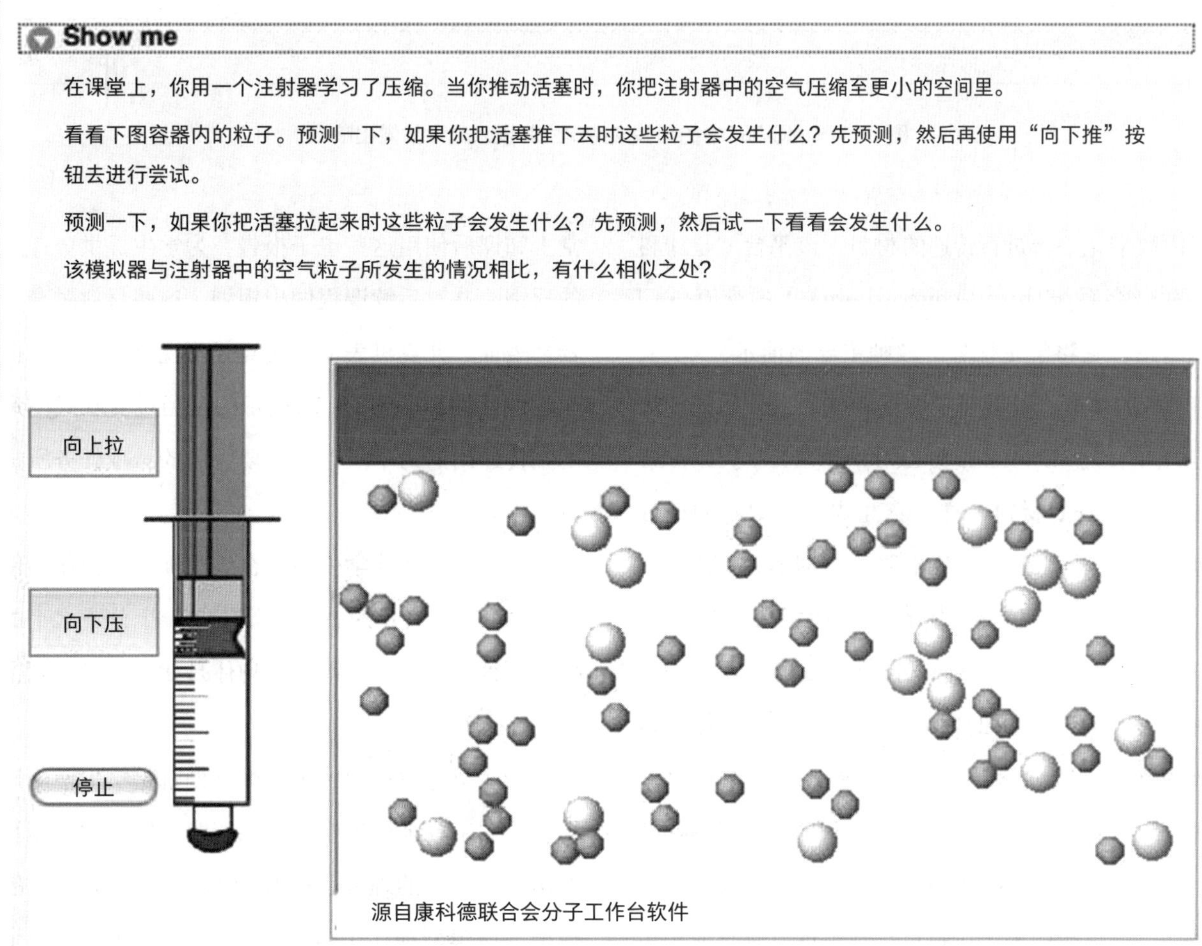

图18.10　eIQWST中的交互式可视化界面

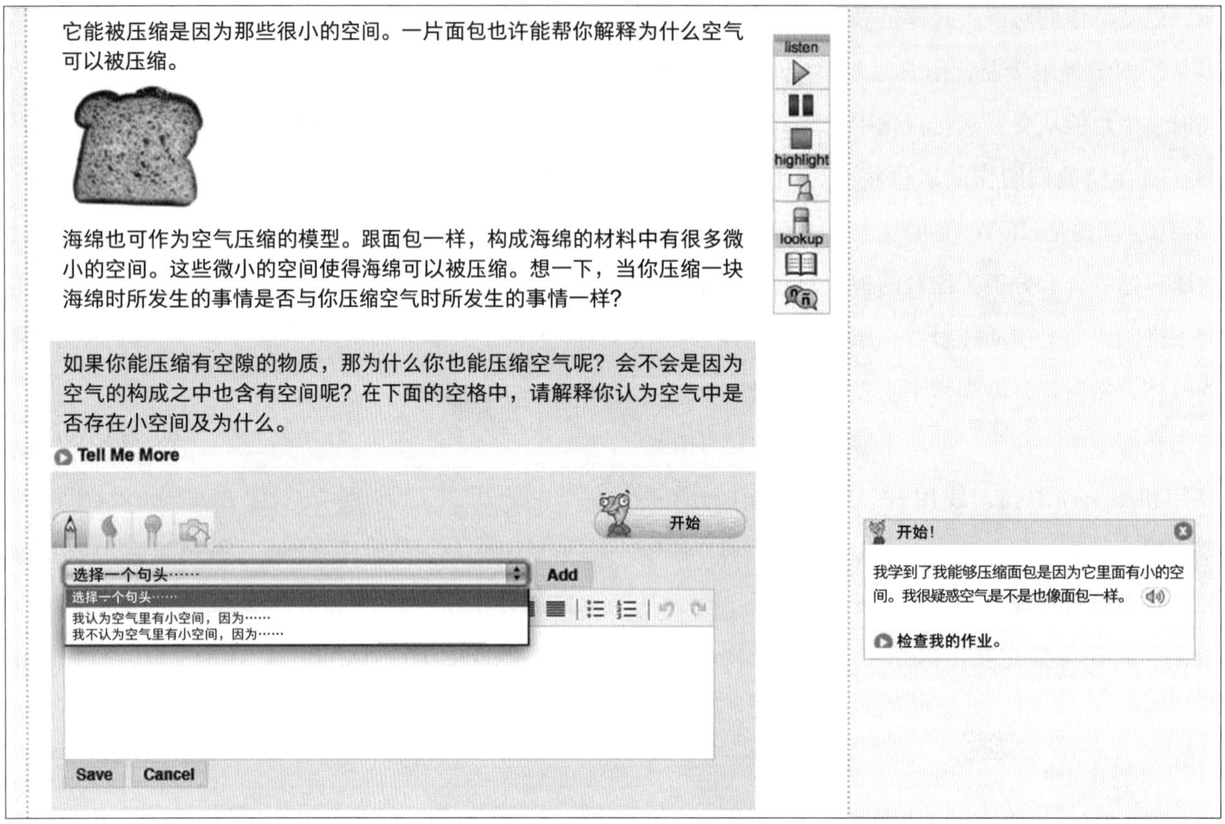

图18.11　eIQWST中的句头支持学生对嵌入式评估做出响应

了由数字化平台进行传递的材料，该平台就是康科德联合会系统(http://concord.org)上的交互式门户网站，它将学生任务、教师主导的演示、“实验室式”的体验、计算机模拟器和嵌入式评估的使用整合在一起(Damelin & Koile, 2011)。与IQWST和eIQWST的材料一样，交互式门户网站的设计也是基于项目的，并引导学生去回答驱动问题：“为什么有些物体能吸附在一起而另外一些物体不能？”这些材料聚焦于支持学生发展对物质间发生的静电相互作用的理解，从而为物质为什么能吸附在一起提供因果解释，这是《K—12科学教育框架》(NRC, 2012)和《新一代科学教育标准》(NGSS Lead States, 2013)中物质科学领域的核心概念。该系统的另一个特点是教师可以实时或稍后通过电子报告查看和评阅学生作业。教师可以在课堂上和课后使用这些电子报告，为学生提供更详细的反馈，并对后续课程做出规划。这些材料融合了物理表征、计算机表征和交互式可视化，用以支持学生建构理解。图18.12展示的是通过交互式门户网站传递出的为学生课堂上要完成的一项任务所提供的指导。

这些材料还让学生参与在线交互式可视化的使用。图18.13展示的就是让学生与一个分子水平的模型进行互动，以解释中性物体是如何被吸引到带电物体上的。

这些学习材料的一个关键之处就是学生使用计算机绘图工具来构建模型，以阐明他们对静电相互作用不断深入的理解。图18.14展示了一名学生的模型，该模型描述了带电物体(在该案例中是一个气球)是如何吸附在中性物体(墙壁)上的。该模型

1 Teacher notes

在不接触塑料瓶的情况下，怎样才能让它滚过桌子？（1）

让你的同伴拿着一个干燥的空塑料瓶的瓶盖部分，并且用毛皮搓一搓瓶子的表面。小心不要碰到瓶子的其他部分。一直拿着瓶盖，小心地把它放在光滑的平面上。
把你的手靠近瓶子的一边且不要碰到它（如图所示）
提示：如果你碰到了它，你需要重新再来一次。

1. 在下面写下你的观察结果。

图18.12　通过交互式门户网站提供的学生任务

在之前的一些实验中，你已经看到中性物质可以吸附到带正电或负电的物质上。这是怎么发生的呢？在本活动中，你将使用原子结构模型去解释一个气球是如何粘到墙上的。首先，探索下面的模拟器。

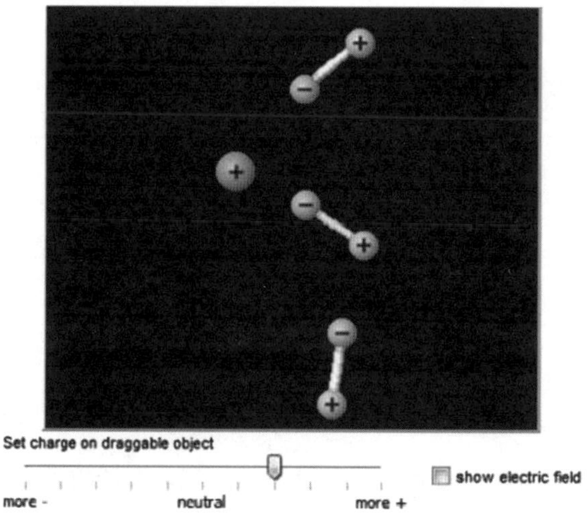

1. 整个小棒的带电性如何（一端带有正电，另一端带有负电）？请解释你的答案。

图18.13　交互式模拟器展示中性物体是如何带电的

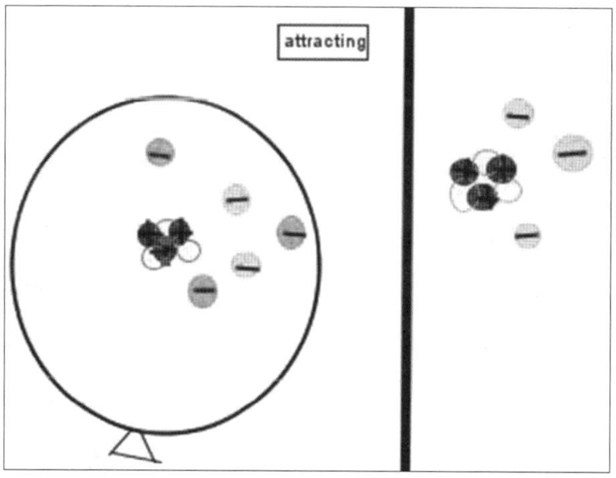

图18.14　来自交互项目的学生模型示例，呈现的是带电物体可吸附到新物体上的原因

还可以作为嵌入式评估，帮助教师追踪学生理解是如何随时间推移而变化的。

交互项目（Interaction Project）的材料仍处于开发和试验阶段，但我们在9年级科学课堂的初步研究表明，这些材料对教师和学生来说是有用的。此外，学生报告他们在使用这些材料时是能够参与其中的。实验数据表明，随着学生经历更多的现象并对相关概念展开讨论，他们的模型也变得更加复杂。

整合了交互式可视化、嵌入式评估、物理表征和学习任务的电子化学习环境——如交互式门户网站、eIQWST和威廉斯的遗传学模块——具备引导学生对科学与科学实践的核心概念展开学习的潜力。它们的互动性和多重表征形式是促进学生学习的两个关键特征。提供诸如SimQuest和其他电子化学习环境中使用的多重表征，可以帮助学生发展对有挑战性的概念的综合理解（Eylon & Linn, 2011; Spitulnik et al., 1997）。使用多重表征对学生更具吸引力，并且当概念通过多种方式表达时更容易促进学习。当学生在各种表征之间建立起深刻的联系时，他们就会形成综合理解（Ainsworth, 1999, 2008; Linn, 1998）。此外，曲线图、表格、图表、流程图、动画、模拟器和书面描述都是参与科学实践的形式之一（Jaipal, 2009）。然而，一个学习者获取科学意义的能力有赖于其将不同表征形式赋予意义的能力，这既包括某种表征的单独使用，也包括与文本相结合的使用。因此，在开发使用多种表征的电子化学习环境时，设计人员要确保学习者能够掌握各种表征之间的联系（Ainsworth, 1999, 2008）。展现多种表征之间是如何连接的脚手架对帮助学生在多种表征之间建立认知联系非常重要。

教师在电子化学习环境中发挥着重要作用，因为他们是学习的推动者，他们要帮助学生理解正在发生的事情（Barab, Squire, & Barnett, 1999）。使用互动式门户网站的遗憾是一些教师觉得他们在课堂上没有发挥应有的作用。威廉斯（2008）报告了一位老师的经验，他将WISE模块纳入其科学教学之中（经验丰富的小学教师，3年的案例研究），并在第2年和第3年增加了对该技术的综合运用。威廉斯认为多次使用WISE进行教学的经历使这位教师改变了他的教学法（Williams, 2008）。这些观察结果表明，教师们需要专业化发展来帮助自身获取使用这些新电子化资源的教学策略。

总结性评论

学习技术作为强大的工具，可以支持学生学习科学。跟任一教学材料一样，其基本目标是培养学生建立对核心概念、跨学科概念和科学实践的综合理解。学习技术可以让学生分析数据、建立模型、使用模拟器虚拟地与实际操作过于危险的现象进行交互并解决复杂问题，这些功能可以帮助学生构建综合理解。此外，新型便携式设备的灵活性、交互能力、网络功能、定制和多重表征能力有助于改变科学课堂的结构，并通过建立模型和运用证据形成解释让学生参与知识建构。但是，正如我们在本章中所论述的那样，计算机应用程序本身并不一定支持学习。我们需要设计计算机应用程序用于支持学习，并将其嵌入丰富的学习环境之中。如果要发挥技术的潜力，技术必须要嵌入课程之中，而该课程能够引导学习者回答有意义的问题，支持清晰且明确的学习目标，并且该课程包含支持学生完成挑战性任务的脚手架。因此，我们要仔细规划那些运用了学习技术的教学序列，以满足学习目标和学习情境的需求。虽然研究支持使用学习技术来帮助学习者形成综合理解，但还需进行更多的探索。不幸的是，这些技术的使用往往是短暂的，并且它们没有在整个科学教学和学习共同体中得以广泛传播，但是有一些例外，例如，使用传感器来收集数据。

我们描述了设计人员和教师在使用学习技术时可以用来指导教学设计的五个学习原则：(1) 主动建构；(2) 情境学习；(3) 认知工具；(4) 学习目标；(5) 提供脚手架，从而支持学生完成挑战性任务。这些学习原则为我们思考如何设计学习环境以提高学生的综合理解提供了建议。通过对科学教育中使用技术的研究文献和各种研究项目的综述，我们阐述了学习技术怎样支持对核心概念和科学实践进行更深入的概念性理解，例如收集和分析数据、构建模型以及运用证据形成解释。当教师和设计人员围绕这些学习原则开发和使用技术时，这些技术可以帮助学生将核心概念与科学实践联系起来（NRC, 2012）。

学习技术允许学生参与他们原本无法做到的各种科学实践，例如构建和测试动态模型，对看不见的现象使用交互式可视化技术，观察他们无法亲自体验的科学原理，以及分析和观察复杂的数据集。学习技术让学生可以询问和探索“如果……？”类的问题，并提供机会参与到这些“如果”类问题的多次探索之中，因为从费用或时间角度来看，进行多次探究并不需要太多成本。此外，与探索现实世界中一些有潜在危险的现象不同，模拟器和交互式可视化在安全性方面的风险较低。

我们还举例探讨了计算机应用程序和电子化学习环境，包括探针软件、建模工具、交互式可视化和集成套件。这些多样化的技术环境都允许学生使用工具，并参与到与科学家所开展的工作类似的活动之中。我们提供的示例可以为科学教育使用技术提供指导。但是，我们还需要考虑教师的角色和他们使用技术的能力。

学习技术将改变教师的角色，并要求他们展开新的教学实践，但这并未削弱教师在科学课堂中的作用。科学教师发挥着关键作用，学习技术的使用需要他们的积极参与。虽然设计人员可以在技术中嵌入脚手架，但教师可以在学生参与构建模型、分析和理解数据以及构建基于证据的解释这些有挑战的实践过程中为学生提供额外的实时支持。

为探索与完善高水平教学实践和有效支持学生在电子化学习环境中学习所需的能力，我们要开展相应的研究。回答这些问题的研究项目可以为科学教师教育项目——包括职前和在职项目——提供新的方向。不仅教师教育工作者和设计人员应开发嵌入了本章所述设计原则的新课程，教师也需要发展出能够共享机会的专业化网络，以丰富其在科学课程中有效使用技术的实践和策略。

我们希望本章展示了学习技术可以明确地满足特定的学习目标，从而支持学生形成综合理解。然而，技术只是这个故事的一部分。技术需要嵌入更大的框架——课程、学习目标和教师实践——之中。学习目标、教师指导和课程材料需要提供使用这些材料的情境。通过这种整合，学习技术将成为科学课堂中支持学生参与科学、体验现象和概念必不可少的工具，但如果不能促进学生发展综合理解用于解决问题、解释现象，并作为进一步学习的基础，那么这些支持都将无法实现。

参考文献

Adams, D., & Shrum, J.W. (1990). The effects of microcomputer-based laboratory exercises on the acquisition of line graph construction and interpretation skills by high school biology students. *Journal of Research in Science Teaching, 27* (8), 777–787.

Ainsworth, S. (1999). The functions of multiple representations. *Computers & Education, 33* (2/3), 131–152.

Ainsworth, S. (2008). The educational value of multiple-representations when learning complex scientific concepts. In J.K. Gilbert, M. Reiner, & M. Nakhleh (Eds.), *Visualization: Theory and practice in science education* (pp.191–208). London: Springer.

Barab, S.A., Hay, K.E., Barnett, M., & Keating, T. (2000). Virtual solar system project: Building understanding through model building. *Journal of Research in Science Teaching, 37* (7), 719–756.

Barab, S.A., Squire, K., & Barnett, M. (1999, May). *From teachers' fixed curricular objectives toward students' emergent practices.* Presented at the Annual Meeting of the American Educational Research Association, Montreal, Canada.

Barnett, M., Barab, S.A., & Hay, K.E. (2001). The virtual solar system project: Student modeling of the solar system. *Journal of College Science Teaching, 30* (5), 300–305.

Bell, P. (2004). Promoting students' argument construction and collaborative debate in the science classroom. In M.C. Linn, E.A. Davis, & P. Bell (Eds.), *Internet environments for science education* (pp.115–144). Mahwah, NJ: Erlbaum.

Blumenfeld, P., Fishman, B., Krajcik, J.S., Marx, R.W., & Soloway, E. (2000). Creating useable innovations in systemic reform: Scaling-up technology-embedded project-based science in urban schools. *Edu-cational Psychologist, 35* (3), 149–164.

Blumenfeld, P., Soloway, E., Marx, R., Krajcik, J.S., Guzdial, M., & Palincsar, A. (1991). Motivating project-based learning. *Educational Psychologist, 26* (3 & 4), 369–398.

Bransford, J., Brown, A.L., & Cocking, R. (2000). *How people learn: Brain, mind, experience and school.* Washington, DC: National Academies Press.

Brasell, H. (1987). The effect of real-time laboratory graphing on learning graphic representations of distance and velocity. *Journal of Research in Science Teaching, 24* (4), 385–395.

Brown, J.S., Collins, A., & Duguid, P. (1989). Situated cognition and the culture of learning. *Educational Researcher, 18* (1), 32–42.

Bybee, R.W. (2011). Scientific and engineering practices in K–12 classrooms: Understanding a framework for K–12 science education. *Science Teacher, 78* (9), 34–40.

Calabrese Barton, A., & Tan, E. (2010). We be burnin: Agency, identity and learning in a green energy program. *Journal of the Learning Sci-ences, 19* (2), 187–229.

Calabrese Barton, A., Tan, E., & Rivet, A. (2008). Creating hybrid spaces for engaging school science among urban middle school girls. *American Education Research Journal, 45* (1), 68–103.

Chang, H., Quintana, C., & Krajcik, J.S. (2010). The impact of designing and evaluating molecular animations on how well middle school students understand the particulate nature of matter. *Science Education, 94* (1), 73–94.

Choi, J., & Shin, N. (2009). Digital textbook design principles: Adapting the universal design for learning. *Journal of Educational Technology, 25* (1), 29–59.

Collins, A., Brown, J.S., & Newman, S.E. (1989). Cognitive apprenticeship: Teaching the crafts of reading, writing, and mathematics. In L.B. Resnick (Ed.), *Knowing, learning, and instruction: Essays in honor of Robert Glaser* (pp.453–494). Hillsdale, NJ: Lawrence Erlbaum Associates.

Damelin, D., & Koile, K. (2011). Technology-enabled formative assessment in the science classroom. In P.E. Noyce & D.T. Hickey (Eds.), *New frontiers in formative assessment* (pp.175–190). Cambridge, MA: Harvard Educational Publishing Group.

Damelin, D., Stevens, S.Y., Choi, S., Russell, R., & Krajcik, J.S. (2013, April). *Supporting student understanding of submicroscopic interactions using technology infused materials: A curriculum design study.* Paper session presented at the 86th annual international meeting of National Association for Research in Science Teaching, Rio Grande, Puerto Rico.

Dede, C., Salzman, M., Loftin, B., & Sprague, D. (1999). Multisensory immersion as a modeling environment for learning complex scientific concepts. In W. Feurzeig & N. Roberts (Eds.), *Computer modeling and simulation in science and mathematics education* (pp. 282–319). New York: Springer Verlag.

de Jong, T. (2006). Computer simulations: Technological advance in inquiry learning. *Science, 312*, 532–533.

de Jong, T., & van Joolingen, W. (1998). Scientific discovery learning with computer simulations of conceptual domains. *Review of Educational Research, 68* (2), 179 – 202.

Dunleavy, M., & Dede, C. (2014). Augmented reality teaching and learning. In M.J. Bishop & J. Elen (Eds.), *Handbook of research on educational communications and technology*, 4th ed., Vol. 2 (pp.735 – 746). New York: Macmillan.

Edelson, D.C., & Reiser, B. (2006). Making authentic practices accessible to learners: Design challenges and strategies. In R.K. Sawyer (Ed.), *Cambridge handbook of the learning sciences* (pp.335 – 354). New York: Cambridge University Press.

Fortus, D., & Krajcik, J.S. (2012). Curriculum coherence and learning progressions. In B.J. Fraser, K.G. Tobin, & C.J. McRobbie (Eds.), *Second international handbook of science education* (pp.783 – 798). Dordrecht, the Netherlands: Springer.

Frederiksen, J.R., White, B.Y., & Gutwill, J. (1999). Dynamic mental models in learning science: The importance of constructing derivational links among models. *Journal of Research in Science Teaching, 36* (7), 806 – 836.

Fretz, E.B., Wu, H., Zhang, B., Davis, E.A., Krajcik, J.S., & Soloway, E. (2002). An investigation of software scaffolds supporting modeling practices. *Research in Science Education, 32* (4), 567 – 589.

Gilbert, J.K. (2004). Models and modelling: Routes to more authentic science education. *International Journal of Science and Mathematics Education, 2* (2), 115 – 130.

Grotzer, T.A., Tutwiler, S., Dede, C., Kamarainen, A., & Metcalf, S. (2011, April). *Helping students learn more expert framing of complex causal dynamics in ecosystems using EcoMUVE.* Paper presented at the National Association of Research in Science Teaching (NARST) Conference, Orlando, Florida.

Halloun, I.A. (2006). *Modeling theory in science education.* Dordrecht, the Netherlands: Springer.

Hansen, J.A., Barnett, M., Makinster, J.G., & Keating, T. (2004). Thc impact of three dimensional computational modeling on students' understanding of astronomy concepts: A qualitative analysis. *International Journal of Science Education, 26* (11), 65 – 78.

Jaipal, K. (2009). Meaning making through multiple modalities in a biology classroom: A multimodal semiotics discourse analysis. *Science Education, 94* (1), 48 – 72.

Jonassen, D.H. (1995). Computers as cognitive tools: Learning with technology, not from technology. *Journal of Computing in Higher Education, 6* (2), 40 – 73.

Kali, Y., Fortus, D., & Ronen-Fuhrmann, T. (2008). Designing learning environments to support students constructing coherent understandings. In Y. Kali, M.C. Linn, & J.E. Roseman (Eds.), *Designing coherent science education* (pp.185 – 200). New York: Teachers College Press.

Kamarainen, A.M., Metcalf, S., Grotzer, T., Browne, A., Mazzuca, D.M. Tutwiler, S., & Dede, C. (2013). EcoMOBILE: Integrating augmented reality and probeware with environmental education field trips. *Computer & Education, 68*, 545 – 556.

Kang, M., Kim H.S., & Lee, J. (2011). The effects of flow and cognitive presence on learning outcomes in a middle school science class using Web-based simulation. *Journal of Educational Information and Media, 17* (1), 39 – 61.

Kesidou, S., & Roseman, J.E. (2002). How well do middle school science programs measure up? Findings from Project 2061's curriculum review. *Journal of Research in Science Teaching, 39* (6), 522 – 549.

Klopfer, E. (2008). *Augmented learning: Research and design of mobile educational games.* Cambridge: MIT Press.

Klopfer, E., & Squire, K.D. (2008). Environmental detectives—the development of an augmented reality platform for environmental simulations. *Education Technology Research and Development, 56*, 203 – 228.

Koponen, I. (2007). Models and modeling in physics education: A critical re-analysis of philosophical underpinnings and suggestions for revisions. *Science and Education, 16* (7 – 8), 751 – 773.

Kozma, R., & Russell, J. (1997). Multimedia and understanding: Expert and novice responses to different representations of chemical phenomena. *Journal of Research in Science Teaching, 34* (9), 949 – 968.

Kozma, R., & Russell, J. (2005). Students becoming chemists: Developing representational competence. In J.K. Gilbert (Ed.), *Visualization in science education* (pp.121 – 146). Dordrecht, the Netherlands: Springer.

Krajcik, J.S. (1991). Developing students' understandings

of chemical concepts. In S.H. Glynn, R.H. Yeany, & B.K. Britton (Eds.), *The psychology of learning science* (pp. 117–148). Hillsdale, NJ: Lawrence Erlbaum Associates.

Krajcik, J.S. (2013). The next generation science standards: A focus on physical science. *The Science Teacher, 80* (3), 13–24.

Krajcik, J., Blumenfeld, P., Marx, R., & Soloway. E. (2000). Instructional, curricular, and technological supports for inquiry in science classrooms. In J. Minstell & E. Van Zee (Eds.), *Inquiry into inquiry: Science learning and teaching* (pp. 283–315). Washington, DC: American Association for the Advancement of Science Press.

Krajcik, J.S., & Czerniak, C. (2013). *Teaching science in elementary and middle school classrooms: A project-based approach* (4th ed.). London: Taylor and Francis.

Krajcik, J.S., & Layman, J.W. (1992). *Research matters to the science teacher: Microcomputer-based laboratories in the science classroom.* Reston, VA: NARST.

Krajcik, J.S., McNeill, K.L., & Reiser, B.J. (2008). Learning-goals-driven design model: Developing curriculum materials that align with national standards and incorporate project-based pedagogy. *Science Education, 92* (1), 1–32.

Krajcik, J., Reiser, B., Sutherland, L., & Fortus, D. (2012). *IQWST: Investigating and questioning our world through science and technology (middle school science curriculum materials).* Sangari Global Education/Active Science.

Krajcik, J.S., & Shin, N. (2014). Project-based learning. In R.K. Sawyer (Ed.), *The Cambridge handbook of the learning sciences* (2nd ed.). New York: Cambridge.

Krajcik, J.S., Slotta, J., McNeill, K.L., & Reiser, B. (2008). Designing learning environments to support students constructing coherent understandings. In Y. Kali, M.C. Linn, & J.E. Roseman (Eds.), *Designing coherent science education* (pp. 39–64). New York: Teachers College Press.

Krajcik, J., & Starr, M. (2001). Learning science content in a project-based environment. In R. Tinker & J.S. Krajcik (Eds.), *Portable technologies: Science learning in context* (pp. 103–119). Dordrecht, the Netherlands: Springer.

Kuhn, A., McNally, B., Schmoll, S., Cahill, C., Lo, W., Quintana, C., & Delen, I. (2012). *How students find, evaluate, and utilize peer-collected annotated multimedia data in science inquiry with Zydeco.* Human Factors in Computing Systems: CHI 2012 Conference Proceedings, Austin, Texas.

Lave, J., & Wenger, E. (1991). *Situated learning: Legitimate peripheral participation.* New York: Cambridge University Press.

Lee, J., McGee, S., Duck, J., Choi, S., & Krajcik, J. (2013, April). *Using interactive materials to develop high school students' understandings of how objects interact.* Paper session presented at the 86th annual international meeting of National Association for Research in Science Teaching, Rio Grande, Puerto Rico.

Linn, M.C. (1998). The impact of technology on science instruction: Historical trends and current opportunities. In B. Fraser & K. Tobin (Eds.), *International handbook of science education, part two* (pp. 265–294). Dordrecht, the Netherlands: Kluwer Academic Publishers.

Linn, M.C., Davis, E.A., & Bell, P. (Eds.). (2004). *Internet environments for science education.* Mahwah, NJ: Lawrence Erlbaum Associates.

Linn, M.C., & Eylon, B.S. (2006). Science education: Integrating views of learning and instruction. In P.A. Alexander & P.H. Winne (Eds.), *Handbook of educational psychology* (2nd ed., pp. 511–544). Mahwah, NJ: Lawrence Erlbaum Associates.

Linn, M.C., & Eylon, B.S. (2011). *Science learning and instruction: Taking advantage of technology to promote knowledge integration.* New York and London: Routledge, Taylor and Francis Group.

Linn, M.C., & Hsi, S. (2000). *Computers, teachers, peers: Science learning partners.* Mahwah, NJ: Lawrence Erlbaum Associates.

Linn, M.C., Layman, J.W., & Nachmias, R. (1987). Cognitive consequences of microcomputer-based laboratories: Graphing skills development. *Contemporary Educational Psychology, 12* (3), 244–253.

Linn, M.C., Lee, H.S., Tinker, R., Husic, F., & Chiu, J.L. (2006). Teaching and assessing knowledge integration in science. *Science, 313* (5790), 1049–1050.

Louca, L.T., & Zacharia, Z.C. (2012). Modeling-based learning in science education: Cognitive, metacognitive, social, material and epistemological contributions. *Educational Review, 64* (4), 471–492.

McNeill, K.L., & Krajcik, J.S. (2011a, March). *Claim, evidence and reasoning: Supporting middle school students in evidence-based scientific explanations.* Workshop presented at the annual national meeting of National

Science Teachers Association. San Francisco, CA.

McNeill, K.L., & Krajcik, J.S. (2011b). *Supporting Grade 5-8 students in constructing explanations in science: The claim, evidence and reasoning framework for talk and writing.* New York: Pearson.

McNeill, K.L., Lizotte, D.J., Krajcik, J., & Marx, R.W. (2006). Supporting students' construction of scientific explanations by fading scaffolds in instructional materials. *Journal of the Learning Sciences, 15* (2), 153-191.

Merrill, P.F., Hammons, K., Vincent, B.R., Reynolds, P.L., & Tolman, M.N. (1996). *Computers in education.* Boston: Allyn & Bacon.

Merritt, J., & Krajcik, J.S. (2013). Supporting students in building a particle model of matter. In G. Tsaparlis & H. Sevian (Eds.), *Concepts of matter in science education* (pp.11-46). Dordrecht, the Netherlands: Springer.

Merritt, J., Shwartz, Y., Sutherland, L.M., Van de Kerkhof, M.H., & Krajcik, J.S. (2012). Introduction to chemistry. In J. Krajcik, B. Reiser, L. Sutherland, & D. Fortus (Eds.), *IQWST: Investigating and questioning our world through science and technology* (middle school science curriculum materials). Greenwich, CT: Sangari Global Education/ Active Science.

Metcalf, S.J., Dede, C.J., Grotzer, T.A., & Kamarainen, A. (2010, May). *EcoMUVE: Design of virtual environments to address science learning goals.* Paper session presented at American Educational Research Association (AERA) Conference, Denver, CO.

Metcalf, S.J., & Tinker, F.T. (2004). Probeware and handhelds in elementary and middle school science. *Journal of Science Education and Technology, 13* (1), 43-49.

Metcalf-Jackson, S., Krajcik, J.S., & Soloway, E. (2000). Model-it: A design retrospective. In M. Jacobson & R.B. Kozma (Eds.), *Innovations in science and mathematics education: Advanced designs for technologies and learning* (pp.77-116). New York: Lawrence Erlbaum.

Mokros, J., & Tinker, R.F. (1987). The impact of microcomputer-based labs on children's ability to interpret graphs. *Journal of Research in Science Teaching, 24* (4), 369-383.

National Research Council, Duschl, R.A., Schweingruber, H.A. & Shouse, A.W. (Eds.). (2007). Taking science to school: Learning and teaching science in grades K-8. Washington, DC: National Academies Press.

National Research Council, Committee on Science Learning: Computer Games, Simulations, and Education, Honey, M., & Hilton M. (Eds.). (2011). *Learning science through computer games and simulations.* Washington, DC: National Academies Press.

National Research Council. (2012). *A framework for K-12 science education: Practices, crosscutting concepts, and core ideas.* Washington, DC: National Academies Press.

NGSS Lead States. 2013. *Next Generation Science Standards: For States, By States.* Washington, DC: The National Academies Press.

Nicaise, M., Gibney, T., & Crane, M. (2000). Toward an understanding of authentic learning: Student perceptions of an authentic classroom. *Journal of Science Education and Technology, 9* (1), 79-94.

Njoo, M., & de Jong, T. (1993). Exploratory learning with a computer simulation for control theory: Learning processes and instructional support. *Journal of Research in Science Teaching, 30* (8), 821-844.

Noh, T., Cha, J., & Kim, C. (1999). The effect of computer-assisted instruction using molecular-level animation and worksheet in high school chemistry class. *Journal of the Korean* (此处指韩国——出版者注) *Association for Research in Science Education, 19* (1), 128-136.

Novak, A.M., & Gleason, C. (2001). Incorporating portable technology to enhance an inquiry: Project-based middle school science classroom. In R. Tinker & J.S. Krajcik (Eds.), *Portable technologies: Science learning in context* (pp.29-26). Dordrecht, the Netherlands: Kluwer Publishers.

Novak, A.M., Gleason, C., Mahoney, J., & Krajcik, J.S. (2002). Inquiry through portable technology. *Science Scope, 26* (3), 18-21.

Novak, A.M., & Krajcik, J.S. (2004). Using technology to support inquiry in middle school science. *Science & Technology Education Library, 25*, 75-101.

Novak, A.M., & Krajcik, J.S. (2005). Using learning technologies to support inquiry in middle school science. In L. Flick & N.G. Lederman (Eds.), *Scientific inquiry and nature of science: Implications for teaching, learning and teacher education* (pp.75-102). Dordrecht, the Netherlands: Kluwer Publishers.

Novak, M., & Wilensky, U. (2007). *NetLogo connected chemistry solid combustion model*. Evanston, IL: Center for Connected Learning and Computer-Based Modeling, Northwestern Institute on Complex Systems, Northwestern University.

Oliver, M. (2000). An introduction to the evaluation of learning technology. *Educational Technology & Society, 3* (4), 20 – 30.

Palincsar, S.A. (1998). Social constructivist perspectives on teaching and learning. *Annual Review of Psychology, 49* (1), 345 – 375.

Pallant, A., & Tinker, R. (2004). Reasoning with atomic-scale molecular dynamic models. *Journal of Science Education and Technology, 13* (1), 51 – 66.

Pluta, J.W., Chinn, A.C., & Duncan, R.G. (2011). Learners' epistemic criteria for good scientific models. *Journal of Research in Science Teaching, 48* (5), 486 – 511.

Quintana, C. (2012). Pervasive science: Using mobile devices and the cloud to support science education anytime, anyplace. *Interactions, 19* (4), 76 – 80.

Quintana, C., Reiser, B.J., Davis, E.A., Krajcik, J.S., Fretz, E., Duncan, R.D., Kyza, E., Edelson, D., & Soloway, E. (2004). A scaffolding design framework for software to support science inquiry. *Journal of the Learning Sciences, 13* (3), 337 – 386.

Reid-Griffin, A., & Carter, G. (2008). Uncovering the potential: The role of technologies on science learning of middle school students. *International Journal of Science and Mathematics Education, 6*(2), 329 – 350.

Rivet, A.E., & Krajcik, J.S. (2008). Contextualizing instruction: Leveraging students' prior knowledge and experiences to foster understanding of middle school science. *Journal of Research in Science Teaching, 45* (1), 79 – 100.

Rogoff, B. (1990). *Apprenticeship in thinking: Cognitive development in social context*. Oxford, UK: Oxford University Press.

Rose, D.H., & Meyer, A. (2002). *Teaching every student in the digital age: Universal design for learning*. Alexandria, VA: ASCD.

Rose, D.H., Meyer, A., & Hitchcock, C. (2005). *The universally designed classroom: Accessible curriculum and digital technologies*. Cambridge, MA: Harvard Education Press.

Rouse, W.B., & Morris, N.M. (1986). On looking into the black box: Prospects and limits in the search for mental models. *Psychological Bulletin, 100* (3), 349 – 363.

Sabelli, N. (1994). On using technology for understandings science. *Interactive Learning Environments, 4* (3), 195 – 198.

Salomon, G., Perkins, D.N., & Globerson, T. (1991). Partners in cognition: Extending human intelligence with intelligent technologies. *Educational Researcher, 20* (3), 2 – 9.

Sawyer, R.K. (2006). The new science of learning. In R.K. Sawyer (Ed.), *The Cambridge handbook of the learning sciences* (pp. 1 – 18). New York: Cambridge.

Sherin, B., Reiser, B., & Edelson, D. (2004). Scaffolding analysis: Extending the scaffolding metaphor to learning artifacts. *Journal of the Learning Sciences, 13* (3), 387 – 421.

Shin, N., Sutherland, L.M., & McCall, K. (April, 2011). *Design research of features in inquiry-based science materials*. Paper session presented at annual meeting of American Educational Research Asso-ciation, New Orleans, LA.

Slotta, J.D., & Linn, M.C. (2009). *WISE science: Web-based inquiry in the classroom. Technology, education*. New York: Teachers College Press.

Smith, C.L., Wiser, M., Anderson, C.W., & Krajcik, J.S. (2006). Implications of research on children's learning for standards and assessment: A proposed learning progression for matter and the atomic molecular theory. *Measurement: Interdisciplinary Research and Perspectives, 4* (1&2), 1 – 98.

Spitulnik, M., Stratford, S., Krajcik, J.S., & Soloway, E. (1997). Using technology to support students' artifact construction in science. In B. Fraser & K. Tobin (Eds.), *International handbook of science education, part two* (pp. 363 – 382). Dordrecht, the Netherlands: Kluwer Academic Publishers.

Squire, K.D., & Klopfer, E. (2007). Augmented reality simulations on handheld computers. *Journal of the Learning Sciences, 16*(3), 371 – 413.

Stevens, S., Sutherland, L., & Krajcik, J.S. (2009). *The big ideas of nanoscale science and engineering*. Arlington, VA: National Science Teachers Association Press.

Stieff, M. (2011), Improving representational competence

using molecular simulations embedded in inquiry activities. *Journal of Research in Science Teaching, 48* (10), 1137 – 1158.

Stratford, S.J., Krajcik, J., & Soloway, E. (1998). Secondary students' dynamic modeling processes: Analyzing, reasoning about, synthesizing, and testing models of stream ecosystems. *Journal of Science Education and Technology, 7* (3), 215 – 234.

Sutherland, L., & Krajcik, J.S. (2007). *Collaborative research: Universal design of inquiry-based middle and high school science curriculum* (NSF; DRL-0730348; 2007 – 2011); UM: LeeAnn Sutherland (PI) & Joe Krajcik (CoPI); CAST: David Rose (PI) & Boris Goldowsky (CoPI); EDC: Jackie Miller (PI) & June Foster (CoPI).

Thornton, R.K., & Sokoloff, D. (1990). Learning motion concepts using real-time microcomputer-based laboratory tools. *American Journal of Physics, 58* (9), 858 – 866.

Van Berkum, J.J. A., & de Jong, T. (1991). Instructional environments for simulations. *Education & Computing, 6* (3/4), 305 – 358.

Van Joolingen, W.R., & de Jong, T. (2003). SimQuest, authoring educational simulations. In T. Murray, S. Blessing, & S. Ainsworth (Eds.), *Authoring tools for advanced technology learning environments: Toward cost-effective adaptive, interactive, and intelligent educational software* (pp. 1 – 31). Dordrecht, the Netherlands: Kluwer.

Vygotsky, L.S. (1978). *Mind in society: The development of the higher psychological processes* (A. Kozulin, Trans.). Cambridge, MA: Harvard University Press.

Wilensky, U. (1999). *NetLogo*. Evanston, IL: Center for Connected Learning and Computer-Based Modeling, Northwestern Institute on Complex Systems, Northwestern University.

Williams, M. (2008). Moving technology to the center of instruction: How one experienced teacher incorporates a Web-based environment over time. *Journal of Science Education and Technology, 17*, 316 – 333.

Williams, M., & Linn, M.C. (2002). WISE inquiry in fifth grade biology. *Research in Science Education, 32* (4), 415 – 436.

Williams, M., Montgomery, B.L., & Manokore, V. (2012). From phenotype to genotype: Exploring middle school students' understanding of genetic inheritance in a web-based environment. *The American Biology Teacher, 74* (1), 35 – 40.

Wilson, M.R., & Berenthal, M.W. (2006). *Systems for state science assessment*. Washington, DC: National Academies Press.

Windschitl, M., & Andre, T. (1998). Using computer simulations to enhance conceptual change: The roles of constructivist instruction and student epistemological beliefs. *Journal of Research in Science Teaching, 35* (2), 145 – 160.

Wood, D., Bruner, J., & Ross, G. (1976). The role of tutoring in problemsolving. *Journal of Child Psychology and Psychiatry, 17* (2), 89 – 100.

Xie, Q., & Tinker, R. (2006). Molecular dynamics simulations of chemical reactions for use in education. *Journal of Chemical Education, 83*, 77.

Zhang, B.H. (2012). *Students' computer-based modeling practices and their changes: Classroom-based research with middle school science students*. Saarbrücken, Germany: LAP LAMBERT Academic Publishing.

Zhang, Z.H., & Linn, M.C. (2011). Can generating representations enhance learning with dynamic visualizations? *Journal of Research in Science Teaching, 48* (10), 1177 – 1198.

19

Elementary Science Teaching

KATHLEEN J. ROTH

第19章
小学科学教学

刘晟 译 杨文源 审校

本章综述的是2000—2012年前后十多年间关于小学科学教学的研究进展[1]。对这十年来的研究进行综述是令人兴奋的，因为这一阶段的研究取得了巨大的成就，揭示了在支持小学生科学推理与科学理解的发展方面都有哪些可能。例如，研究显示，即使是非常低年龄段的学生也能进行科学推理（而不仅是简单地描述他们的观察结果），并且可以对概念形成坚实的、初步的理解，而人们曾一度认为这些概念对小学生来说太过于抽象（Duschl, Schweingruber, & Shouse, 2007）。

这些关于低年龄段学生科学学习的研究与科学领域的研究工作一起，共同揭示了科学教育领域一个更为复杂的当代科学观（Barnes, Bloor, & Henry, 1996; Bricker & Bell, 2008; Simosi, 2003; Sismondo, 2004）。这一科学观与旧有的"科学方法"观不同，它所描绘的科学实践范畴更广，挑战了关于科学活动的固有印象——科学活动是一系列线性的步骤，这些步骤必然会导向科学解释。特别是这一当代科学观提出了科学课堂中极少体现的科学特征：构建基于证据的解释、以基于模型的推理为中心、开展聚焦于论证的对话、注重科学实践与科学观念和概念间的相互联系。

这些关于学生学习和科学实践的知识正推动着影响小学科学教学的政策的形成。美国科学教育的新愿景及其标准（美国国家研究理事会[NRC], 2012;《新一代科学教育标准》[*NGSS*], 2013）反映出了这一新的科学观，并对小学生的科学学习提出期望。在其他国家中也正在发生与此相似的转变，即更倾向于以探究为目的的科学教学（Kim, Tan, & Talaue, 2013; Ministry of Education, 1999; National Center for Educational Research and Development, 1997; National Curriculum Board, 2009）。

虽然我们在研究和政策方面取得了上述进展，但世界各地的研究资料反映出的情况却是当下典型的小学科学教学与我们研究中发现的种种可能以及*NGSS*所描绘的图景相去甚远。这些差距给小学科学教学提出了重要的有待研究的问题。本章将围绕这些话题，重点阐述以下问题：

I. 目前现状如何？当下典型的小学科学教学是怎样的？

II. 我们需要怎样的科学教学和科学学习？

III. 如何运用研究缩小现状与所需之间的差距？鉴别教学框架和高效教学策略对小学科学教学的转变有何作用？

IV. 研究显示小学科学教学具有哪些可能性？

V. 关于小学科学教学的研究存在哪些漏洞，需要哪些研究方向？

本综述的界限：讨论什么以及不讨论什么？

本章聚焦于幼儿园至6年级的科学教学与科学学习，主要包括5—11岁的学生。在某些国家，这一学段的学校被称为小学。在每个国家内或不同国家之间，小学所包括的年级是存在差异的。例如，在美国6年级有时属于小学，有时属于初中（6—8年级）；在德国的某些州1—4年级（6—9岁）属于小学，5—9年级则属于初中（*Sekundarstufe I*; Cortina, 2008）。

虽然科学教育改革者们呼吁将技术、工程和数学融入科学课程（STEM; NRC, 2012），但本章主要关注的仍是科学教学。少数运用技术或数学支持科学教学的研究会被纳入本章，但关于工程学的研究没有纳入，因为关于小学工程学教学的研究还较少，而且本书第36章还将专门探讨工程学教育。

在过去十年间，关于小学科学教学的研究数量非常庞大，因此我必须对其进行筛选。为避免与本书中其他章节的内容有重复，我仅关注那些明确聚焦于小学课堂教学的研究。由于篇幅的原因，我不得已删除了关于小学科学课程资源的部分[2]。在审读每一篇候选的研究报告时，我都会思考同一个关键问题——这一研究是否为小学科学教学实践及其对学生学习的影响提供了证据？我仅查阅研究报告，并重点关注同行评议期刊上发表的研究报告。我查看了美国和国际上的很多研究期刊，对《科学教学研究杂志》和《科学教育》这两个基于美国的期刊做了更为全面的回顾。即使这样，我也不可能完全综述这十年来在这两个期刊上发表的每一篇关于小学科学教学的研究报告。为在本章中对小学科学教学进行更为全面的描述，在筛选的过程中，我更关注那些大规模的长期研究项目。

我读了许多优秀的研究，但并未呈现在本章中。出于篇幅和连贯性的考虑，这是必须做出的艰难选择。

第I部分
现状如何？21世纪初典型的小学科学教学是什么样的？

一些得到广泛报道的关于小学科学教学的研究成果是关于小学科学教师的，而不是关于教学的。研究者们一致发现小学教师缺乏开展有效科学教学所需的科学领域的知识，几乎没有参加过专门针对学科教学知识（pedagogical content knowledge [PCK]）的培训，更缺乏针对所教科学学科的培训（Appleton, 2003; Dorph, Shields, Tiffany-Morales, Hartry, & McCaffrey, 2011; Fulp, 2002; Goodrum, Hackling, & Rennie, 2001; Harlen, 1997; Kidman, 2012; Smith & Neale, 1989, 1991; Smith, 1999; Stoddart, Connell, Stofflett, & Peck, 1993）。此外，小学教师也缺乏相应的知识去适应科学教学以及多样化的学生需求，尤其是英语学习者（English language learners [ELLs]）和来自科学领域中种族/文化弱势群体学生的需求（Lee, Luykx, Buxton, & Shaver, 2007）。

也许与教师科学背景匮乏有关，在小学中科学学科的教学时间远少于英文语言艺术学科（English language arts [ELA]）和数学（Banilower et al., 2013）。

小学课程中科学被边缘化可能与教师缺乏教科学的自信心有关，同时，英文语言艺术和数学日益强调高利害关系的考试，也对美国学校缩短科学教学时长带来了明显的影响(Banilower, Heck, & Weiss, 2007; Carlone, Haun-Frank, & Webb, 2011; Weiss, Pasley, Smith, Banilower, & Heck, 2003)。高利害关系的考试在其他国家的角色有些不同，但同样使得教师追求对科学内容的覆盖，而不是追求那些经研究显示能支持学生理解的高质量的科学教学(Abd-El-Khalick et al., 2004)。

小学开展的科学教学经常是低质的。"看向课堂内"(Weiss et al., 2003)这一研究项目观察了美国幼儿园至12年级的180个科学课堂样本，并运用为了理解而教学的框架进行质量判断，这些样本中包含了55个幼儿园至5年级的课堂(Banilower, Smith, Pasley, & Weiss, 2006; Weiss et al., 2003)。结果显示，在小学阶段，58%的课堂教学质量评分较低，仅有18%的课堂评分较高。总的来说，评分最低的课堂通常都会被归为两类——被动的学习方法或为了活动而活动。导致一节课评分低的因素包括：

(1)进行意义建构的时间和方式不恰当；

(2)进行小结的时机和方式不恰当；

(3)教学未能根据学生的理解水平做出相应的调整；

(4)教师的提问对学生的理解没有帮助；

(5)学生对重要科学概念缺乏思考；

(6)未能呈现科学是一个动态的知识体系。

考虑到《新一代科学教育标准》(2013)强调科学实践及科学概念与科学实践相互融合这一背景，该研究的一项特别重要的发现就是，仅有13%的小学科学课堂在为学生提供参与解释和论证等科学实践的机会方面得到了较高的评分。此外，韦斯(Weiss)和他的同事(2003)还描述了低质课堂的失败在于学生对重要科学内容学习的缺失。小学生经历的课堂学习总是未重点关注重要科学概念，或是为了活动而活动，很少或完全不关联科学概念。

"看向课堂内"这一研究揭示出小学科学教学中所存在的问题已在其他研究和其他国家中得到了印证(Osborne & Dillon, 2008)。与其他研究的关联包括以下几方面：

(1)教师提问与课堂对话关注正确答案，并且是教师主导的(Newton, Driver, & Osborne, 1999; Reinsvold & Cochran, 2012; Roth et al., 2006)。

(2)学生缺少机会参与重要科学概念的学习(Abrahams & Reiss, 2012; Mercer, Wegerif, & Dawes, 1999; Roth et al., 2006; Roth & Garnier, 2007)。

(3)许多小学教师优先选择帮助学生爱上科学，而不是形成概念理解(Furtak & Alonzo, 2010; Howes, Lim, & Campos, 2009)。

(4)在课堂上，即使教师使用了动手的科学活动和探究取向的课程资源，也极少能观察到复杂的科学思维活动(Aschbacher & Roth, 2002)，而且学生的学习也并非一定优于传统教科书取向的课堂(Pine et al., 2006)。

(5)小学科学教学存在不公平，导致了不同种族、文化、性别和社会经济群体间，以及城市、城郊和乡村地域间学生学业成绩的巨大差异(Harris & Williams, 2012; Tao, Oliver, & Venville, 2013; U.S. Department of Education, 2011)。

尽管有优秀的教学案例存在，但小学科学教学的整体情况堪忧。小学科学教学时长不足，且所开展的科学教学也未反映出我们从研究中获取的关于有效科学教学的特征。教师引导学生参与到动手的科学活动中，但未能有效地将这些活动关联到科学概念和科学实践上。我们只能期待小学教师将科学讲授得更加有趣，从而吸引学生参与，保持学生对科学的兴趣和认同，但这并无法满足社会对公民科学素养的需求。

第II部分
我们需要怎样的科学学习？

对低龄科学学习者来说什么是可能的？

小学科学教学的现状并不令人满意。但证据显示做出改进是可能的。2007年的一份研究报告《将科学带入学校》(*Taking Science to School* [*TSTS*]; Duschl et al., 2007)展示了对低龄儿童科学学习相关研究进行深度综述后得出的结果，以及对幼儿园至8年级科学教育的启示。这份报告对相关研究进行了开创性的综合分析，得出这样一个结论——低龄儿童进入科学课堂时已经有着对自然界及其运转规律的丰富认识，不过有时这些认识是一些内隐的知识，并且他们有能力进行更为复杂的科学思维，而其复杂程度超出了我们以前对他们认知水平的判断。“与30或40年前对认知发展的判断不同，低龄儿童既能进行具象思考也能进行抽象思考”(Duschl et al., 2007, pp. 2–3)。

*TSTS*报告(Duschl et al., 2007)强调经验和教师指导的重要性，这有助于小学生遵循科学的方式进行思考和推理，而这在以前被认为是无法达成的目标。学生不会自然发展出对科学核心概念和跨学科概念的理解，也不会自然发展出运用科学实践和认知方式去进行思考和推理的能力(Kuhn & Franklin, 2006; Roth, 2002)。要想以学生进入科学课堂时已带有的认识为基础支持他们的发展，在教师指导下的学习经历是至关重要的。

*TSTS*报告(Duschl et al., 2007)的作者找到了以下这些研究作为支撑性的证据，用于说明精心设计的科学教学能够在以下方面支持小学学段[3](幼儿园至6年级)的学生：

- 运用科学实践发展概念理解(Beeth & Hewson, 1999; Hennessey, 2003; Herrenkohl & Guerra, 1998; Lehrer, Schauble, Strom, & Pligge, 2001; Raghavan, Saroris, & Glaser, 1998; Roth, 1984; Roth, Peasley, & Hazelwood, 1992; White, 1993)；
- 参与科学论证(Cornelius & Herrenkohl, 2004; Herrenkohl & Guerra, 1998; Warren et al., 2001)；
- 呈现数据并构建模型以解释现象(Lehrer & Schauble, 2000, 2004)；
- 生成问题、设计并实施富有成效的探究(Metz, 2004; Smith, Maclin, Houghton, & Hennessey, 2000)；
- 理解科学工作的建构性并聚焦于知识的本质(Smith et al., 2000)。

这份报告强调，对于那些文化背景和世界观与科学的思维和认知截然不同的学生来说，外显的教学对他们至关重要(Delpit, 1988, 2006; Duschl et al., 2007; Grimberg & Gummer, 2013; Lee, 2003, 2005)。对所有学生来说，理解日常生活思维与科学思维的不同都是困难的，但“对于那些不了解美国中产阶级学校所特有的推理与对话形式的学生来说，这也许尤为困难”(Duschl et al., 2007, p. 190)。

因此，仅让学生参与到科学活动中，进行预测、观察和解释，这样是不够的。我们不仅要教给学生科学概念，也要让他们知道科学的思考方式与日常生活中的思考有何差异，并理解为什么这很重要。

*TSTS*报告的作者提供了关于幼儿园至8年级有效科学教学的6项结论。其中前2项是关于科学课程本身的：呼吁更加连贯一致和更加深入的课程；呼吁新的研究聚焦于揭示那些可以支持学生理解少数核心关键科学概念的学习与教学进阶过程。关于科学教学，为支持研究中揭示的关于小学生科学学习的美好前景，*TSTS*作者提出了以下四项结论（Duschl et al., 2007）：

- 让学生参与到科学实践与科学对话中。学生应在完成科学任务的过程中，运用对话、展示以及科学工具展开互动。
- 跳出单一的科学方法。科学应作为一系列过程被呈现，包括建构理论与模型、检验其内部的一致性、基于实证进行检测。科学有许多种方法。
- 运用一系列教学方法。将教师导向的教学与发现式学习人为对立起来是无效的。一系列教学方法的运用是必要的。
- 形成性评价是教学的重要组成部分。持续性评估应是教学的必要组成部分，恰当的设计和有规律地运用可以促进学生的学习。

*TSTS*报告中强调的这些课堂教学研究主要是小规模长期的干预，用以展示具备良好设计的、高质量的科学教学所能产生的深远的学习效果。这些研究表明，即使是非常低年龄段的小学生也能发展出复杂的科学推理和概念理解方式，而不是局限于我们以前所推测的认知水平。但是，涉及变量控制、准实验研究设计的研究少之又少，而且全都没有大范围的实施。本章所进行的综述以*TSTS*为基础展开，根据越来越多的综述研究结果，这其中的许多研究都是在*TSTS*报告发布之后才完成的。这些研究包括基于设计的研究、个案研究、准实验研究，以及一些大范围的、随机变量控制的实验研究。

帮助全体小学生发展对科学的丰富理解都需要什么？

科学研究挑战了传统的“科学方法”模型对科学学习的定义，这些科学研究与*TSTS*报告一起在打造美国最新一轮的国家科学教育改革成果——《幼儿园至12年级科学教育框架》（NRC, 2012）和《新一代科学教育标准》（2013）——的过程中发挥了重要作用。这两份文件描绘了科学教育新的愿景，即为帮助学生成长为21世纪具备科学素养的公民，我们需要怎样的科学教育。接下来将要突出强调是，在这一提升小学科学教学要求的新愿景中，有两项构成要素：

连贯一致

科学主题、事实和活动之间的教学缺乏关联，这是现在许多小学科学教学中都存在的共同问题，我们要在新愿景中尝试改善这一问题。小学生们通常都会有这样一种学习经历，即多个单元之间、多个章节之间或多个“学习包”之间都有着明显的区别，教师可以在同一年级内或跨年级间按任意次序使用这些“学习包”。这在实际操作时有许多优势，但研究显示这种方式仅能让学生获取碎片化的知识，而且学生几乎感受不到什么是对科学大概念的真正理解。在这种彼此孤立的主题方法下，学生错过了认识科学的机会，无法了解科学是随着时间的推移，获取概念与概念之间的联系，并用其构建出对自然界越来越满意的理解。

框架（NRC, 2012）描述了连贯一致的三个方面：第一，科学教学要帮学生随着时间的推移不断形成理解，使学生可以在其已有知识和能力的基础上建立新的理解，并修正其原有知识和能力。精心设计的学习进阶能够描绘一张图谱，呈现学生的理解与能力是如何随着年级的升高而发展的，它也能够为教学支持的发展提供指导以实现这些进阶。

第二，应聚焦于少数核心概念，而这些概念应与少数跨学科概念相关联。减少需要学生掌握的细节性知识的数量，留出更多的时间让学生参与到科学探究和论证中，从而建立更为深入的、彼此关联的理解。这种理解的形成过程不会像教师通常认为的那样迅速。学生需要时间和强有力的证据去改变他们个人头脑中已有的理论，他们需要时间消化新的概念并尝试在多种情景下应用这些新概念，而后才可能会真正理解其含义并将其融入自己理解自然现象的认知体系中（Duschl et al., 2007; Roth, 2002）。

框架中强调的连贯一致的第三个方面就是“在设计幼儿园至12年级科学教育学习内容时，知识与实践必须相互交融”（NRC, 2012, p.11）。学生不应在学习科学实践时缺少对重要科学概念的学习，也不应在学习科学概念时缺少对科学实践的使用。

科学实践

为了避免单纯地将科学看作是“探究”或“科学方法”，框架（NRC, 2012）运用可指导科学推理和意义建构的8项实践要素来定义科学，分别是：

1. 提出问题
2. 建立和使用模型
3. 设计并展开研究
4. 分析与解读数据
5. 使用数学和运算思维
6. 形成解释
7. 参与基于证据的论证
8. 获取、评价和交流信息

以前，人们一直认为低龄学生应主要参与观察和描述类的实践活动，而强调这8项实践要素则直接挑战了这一观点，提升了对小学科学教学的要求。为了形成深入的概念理解，各个年级的小学生都应学习如何参与基于证据的论证、建立与使用模型、设计研究计划，以及形成基于证据的解释。

第III部分
如何运用研究缩小现状与所需之间的差距？鉴别教学框架和高效教学策略，以改变小学科学教学现状

研究显示，采用比现有方式更有活力的方式教授科学及其他学科是可能的（Donovan & Bransford, 2005; Duschl et al., 2007; Lampert, Boerst, & Graziani, 2011; Lampert & Graziani, 2009; Thompson, Windschitl, & Braaten, 2013）。《幼儿园至12年级科学教育框架》（NRC, 2012）及其他科学教育改革文件阐述了这一科学教学的愿景并非仅仅是一种可能；而这一愿景也是必须的，因为在一个科学和技术飞速发展的世界中，我们要帮学生做好准备，从而可以进行决策并承担公民所必须承担的责任。但要将小学科学教学从现在的状态转变成更有活力的教学，以实现*NGSS*（及其他改革文件）中所提出的目标，这需要巨大的改变。如何才能支持小学教师开展这种更有活力的科学教学呢？研究是否有助于缩小现状与我们所需之间的差距？

鉴别高效的教学实践和框架

本文的立场是鉴别出一小部分有研究支持的、高效的科学教学实践，从而在缩小现状与我们所需之间的差距的过程中发挥重要的作用。相比于从大量教学策略中进行挑选，教师更倾向于去学习如何有效地实施少许的关键策略，以及随着时间的推移

怎样更加熟练地运用这些策略。

各学科领域的研究者们在鉴别高效教学实践方面已经有了令人信服的案例（Ball, Sleep, Boerst, & Bass, 2009；Franke, Grossman, Hatch, Richert, & Schultz, 2006；Grossman et al., 2009，Grossman, Hammerness, & McDonald, 2009；Kazemi, Lampert, & Ghousseini, 2007；Sleep, Boerst, & Ball, 2007；Thompson et al., 2013；Windschitl, Thompson, Braaten, & Stroupe, 2012；Windschitl & Calabrese Barton, in press）。高效教学实践定义如下：

> 在教学实践中，一名教师熟练的实操可能会让他的学生在学习上获得较大的提高。高效的实践就是，那些一旦很好地完成，就能赋予教师很多工作能力的实践。
>
> （Ball et al., 2009，pp. 460-461）

比高效实践这一概念更进一步，将这些核心的科学教学策略置于一个关于科学教学的概念体系、模型或理论中，将有助于教师在其教学设计和实施的过程中最有效地运用这些高效实践。为了能够发挥这样的作用，这一指导性的框架需要健全的理论，以研究为基础，并且足够简洁，以指导教师在制定计划、开展教学、评估和反思的过程中进行思考。随着教师在教学实践和多种专业化活动中对高效教学实践的运用，随着研究持续不断地改进和加深我们对某些特定教学实践的理解，这一指导框架应能不断地得到细化和完善。相比于拟定一份跨越整个职业生涯越来越长的候补教学策略清单，教师的指导性框架应能用于进行理性的决策，这些最新的“潮流”或研究结果可为框架提供重要的参考。通过这一过程，框架和高效教学策略就能够以一种理性的、系统的方式得到精致和修改。

本篇综述与寻找框架和高效科学教学策略之间的关联

本篇综述对于教学框架的提出和高效科学教学实践的鉴别有何帮助？我们还没有足够的、聚焦于特定教学框架和教学策略有效性的研究基础去提出这样一套高效的小学科学教学策略。伴随着科学教育领域中跨研究项目合作的开展，我们仍需开展进一步的研究和研究整合。因而，本篇综述并没有试图提出高效教学框架和策略。

作为替代，本文将详细描述一些有代表性的研究，从而突出呈现那些对学生学习已显示出积极作用的研究项目或教学干预的教学框架和某些特定教学策略。通过凸显这些科学教学框架和实践，我为读者提供一份高效教学框架和教学实践的潜在候选对象清单。因此，本篇综述将对那些已有证据显示可支持学生学习的实践和教学框架进行编录，通过这种方式为鉴别高效实践奠定基础。在本章第Ⅴ部分，针对研究者们如何基于这一编录开展日后的研究，我提供了相应的建议。

第Ⅳ部分
小学科学教学都有哪些可能性？

过去十年的研究揭示了小学科学教学都有哪些可能性？哪些教学框架和教学策略展现出了有助于学生形成对科学的深入理解和能力？这一部分是本章的核心内容，我将呈现关于小学科学教学研究一系列的发现。我将这些研究发现分成了7个类别，反映了过去十年小学科学教学研究最常见的研究方向。这些类别突出强调了我在第Ⅴ部分将要提到的一个要点：我见到的研究中很少有研究直接重点地聚焦于某些特定小学科学教学实践或策略。相反，对小学科学教学的描绘是嵌入其他重要选题中的，例如，识别学习进阶、研究课堂中的科学对话和论证、检测小学生的科学推理与科学实践的运用、将学生语言和读写能力的发展融入科学教学、找寻方法支持那些在科学领域处于弱势的学生、研究用来支持教师学习的项目、检测形成性评价在改进科学教学方面的作用。上述这些内容构成了我用来架构这一部分的7个方面。在每一方面中都描述了一些代表性的研究，重点聚焦于那些对学生学习具有积极影响的特定框架和教学策略，同时也引用了强调类似问题的其他研究。

1. 小学科学教学支持学生按学习进阶开展学习

过去十年出现了一个活跃的研究方向，即基于实证数据描绘幼儿园至12年级学生的学习进阶图谱。这类研究中的一个重要部分就是进行教学干预，当为学习者提供恰当的支持时，检测学习者所展现出的各种可能性。在小学阶段，这种科学教学的探索涉及对下列主题所开展的学习进阶的研究：

- 生态学和生物多样性（Songer & Gotwals, 2012; Songer, Kelcey, & Gotwals, 2009）
- 科学建模（Baek, Schwarz, Chen, Hokayem, & Zhan, 2011; Bamberger & Davis, 2013; Hokayem & Schwarz, 2013; Schwarz et al., 2009; Schwarz et al., 2012）
- 社会—生态系统中的碳循环（Mohan, Chen, & Anderson, 2009）
- 环境素养（Gunckel, Mohan, Covitt, & Anderson, 2012）
- 现代遗传学（Duncan, Rogat, & Yarden, 2009）
- 进化（Catley, Lehrer, & Reiser, 2005）
- 物质的本质（Liu & Lesniak, 2006; Smith, Wiser, Anderson, & Krajcik, 2006; Smith, Wiser, & Carraher, 2010; Stevens, Delgado, & Krajcik, 2009）
- 能量（Neumann, Viering, Boone, & Fischer, 2013）
- 天体运动（Plummer, 2009; Plummer & Krajcik, 2010）
- 浮力（Kennedy & Wilson, 2007）

我在描述这一类别的研究时，将基于模型的推理这一学习进阶的研发也纳入进来了，因为这一研究项目包含了可用于指导课堂教学的教学框架细节。接下来将首先呈现关于学生学习的研究结果，然后对用于达成这些学习成就的教学框架进行描述。

一系列的研究都在检测5年级和6年级学生的变化（教学前、中、后），这些变化包括使用模型的能力，在科学中运用模型的元知识以及运用模型探究对概念的理解（Baek et al., 2011; Bamberger & Davis, 2013; Hokayem & Schwarz, 2013; Schwarz et al., 2009）。结果显示，教学干预能够帮助5年级和6年级学生运用更复杂的模型，他们对建模形成的概念有更加深入的理解。在一项研究中，5年级学生从简单地展示他们对蒸发和冷凝的观察能力模式，转变为揭示这些现象是如何发生的更加复杂的模式（Schwarz et al., 2009）。学生们的模式显示出，随着时间的推移，他们会逐渐关注到那些不可观测的过程、机制或要素，例如看不见的水分子。有些学生的模式复杂度达到了第三级水平，能外显地运用已有模式去解释新的现象。班伯格（Bamberger）和戴维斯（Davis）（2013）发现6年级学生能够将他们的科学建模实践迁移到新的内容领域中。

从这些研究中，我们了解到哪些教学框架或策略可以支持学生发展其基于模型的推理。既然这些研究主要聚焦于评估学生的思维和学习，那么开发出一个支持学生学习模型的教学序列或框架这一想法就自然浮现出来了。如表19.1总结所示，教学序列是由一个锚定现象和关于这一现象的关键问题开始的。所选的现象要么是在学生日常生活中常见的，要么是对他们来说很有吸引力的。关键问题可以激发学生对将要探索的这一挑战的各种想法和假设。经过一系列的活动，让学生参与创建、修正和评估自己的模型，然后建立一个全班共同认可的模型，达成共识的这一模型会被用来预测或解释相关的现象，也用于评估该模型的优点和局限性。

表19.1 基于模型的推理教学框架

序列	建模实践	描述
锚定现象		引入核心问题和现象。
构建初始模型	模型建构	学生创建一个初始模型。 讨论模型的目的及本质。
检测 / 评价初始模型	模型评测	使用模型探索一个现象，并进行预测 / 解释。
引入科学概念		引入与现象相关的科学概念。
评测 / 修改初始模型	模型评测 模型修正	学生基于证据和新引入的科学概念评测并修改他们的模型。
实施同行评价	模型评测	学生分享模型，并给出评价式反馈。
建构共识模型	模型建构	学生比较多个模型，并建构一个可以达成共识的模型。
使用共识模型进行预测或解释新现象	模型使用	学生使用达成共识的模型对其他的相关现象做出预测或解释。

此表是在多篇文献（Table 2 in Schwarz et al., 2009; Table 9.1 in Baek et al., 2011; and Appendix I in Hokayem & Schwarz, 2013）的基础上创建的，我们对其进行了编辑，以便更加通用和简洁。

这些关于学习进阶的研究并未描述教师如何实施这些教学序列或教师如何运用特定的教学策略去影响学生的学习，但是学生的学习成果显示基于模型的推理这一教学模型是引导小学科学教学的良好候选框架。我们仍需后续研究来了解这一框架对教师的价值，从而鉴别高效的策略，用以引导基于模型的推理。

2. 小学科学教学支持学生的科学对话和论证

过去十年已有大量检测课堂中科学对话的研究。这些研究共同致力于改变课堂对话的主导模式，从以杂乱无序的启动—反应—评价式的单调对话模式为主导，向学生的发言、想法和推理发挥显著作用的课堂对话模式转变（Loucas, Zacharia, & Constantinou, 2011; Radinsky, Oliva, & Alamar, 2010; Roth, 2002; Shepardsom & Britsch, 2006）。

除了一致地认同创建以学生为中心的课堂对话是非常重要的，这些关于科学课堂对话的研究也包括了不同的理论视角，对如何组织教学才能支持更多学生对话有着不同看法，对学生参与“讨论式科学”的目的设定也不相同。关于教学方法，这些研究是一个连续变化体，从支持外显的教学和外显的学生对话结构的教学方法到支持沉浸式的教学方法，让学生参与到对科学语言的学习中并用其开展真实的探究，这更像是沉浸在新的语言文化中学习外语（Cavagnetto, 2008）。关于以学生为中心的对话的目的，一些研究专门聚焦于科学论证对话，而其他研究则探索了课堂对话的多重目标。

为呈现这一系列的研究，该部分将首先呈现那些从一般视角关注课堂对话的研究，而后再转向那些专门聚焦于论证式对话的研究。在所有的研究当中，我会凸显那些对支持学生学习的教学框架和教学策略。

课堂对话的多重目标以及科学课堂中关于对话交流的多种教学方式

有些研究者发现科学课堂中的对话能够以多种方式支持学生的科学学习。迈克尔斯（Michaels）及其同事（Chapin, O'Connor, & Anderson, 2009; Michaels, O'Connor, & Resnick, 2008; Michaels, O'Connor, Hall, with Resnick, 2002; Michaels, Shouse, & Schweingruber, 2008; Michaels, Sohmer, & O'Connor, 2004）主张课堂对话可以给学生提出挑战，让他们去思考并清晰地表达其想法，促进学生反思他们理解什么以及不理解什么，而这些目标贯穿于各学科主题。他们提出了一种“解释性对话®”的概念，以支持全体学生在所有学科领域内都参与到富有成效的学术性对话中。这一“解释性对话®”的教学实践显示它能引发多种类型的学生开展严谨的学术学习，这其中包括来自多种不同类型课堂、面对多个不同学科主题以及来自不同年级的学生。迈克尔斯及其同事强调，在科学课上，外显地与学生探讨某些词语的科学含义及日常含义，并让学生参与到科学论证中，这是非常重要的。表 19.2 呈现的就是对他们提出的“对话交流”的总结。

表 19.2　在解释性对话中对话交流的关键特征汇总

对话行动	描述	示例
帮助每个学生弄清并分享他们自己的想法		
多说一些	让每个学生进行详细阐述	你能在此基础上再扩展一些吗？
重新表达	让学生验证教师的解读	让我看看是否正确地理解了你的意思。你是说……？
帮助学生关注其他学生的思考		
重述	让学生重述其他人的推理。	你能用自己的话重复一下他刚才所说的吗？
帮助学生进行深入的推理		
导向推理	让学生解释他们的推理	你为什么会这么想？
帮助学生参与到其他人的推理中		
同意或不同意	让学生比较他们自己与其他人的推理	你同意还是不同意，为什么？
加入	让学生加入他们自己的想法	有人对此补充吗？
使用等待时间	给学生时间去思考和回答	慢慢来……我们等一等。

基于并改编自 Michaels, Shouse, & Schweingruber, 2008, p.91 以及 Chapin, O' Connor, & Anderson, 2009, pp.12–18

默瑟(Mercer)、道斯(Dawes)、韦杰里夫(Wegerif)和萨姆斯(Sams)(2004)设计并检测了一个名为“共同思考(Thinking Together)”的项目，旨在帮助英国小学生理解运用对话进行共同思考的重要性，以及运用语言作为思考工具发展自身能力的重要性。然后学生将会运用这种语言工具开展科学学习。这其中的重点是探索性对话，在这一过程中应(Mercer et al., 2004, p.362)：

- 分享所有相关信息；
- 邀请小组的全部成员都参与进来；
- 尊重和认真思考每一个想法和观点；
- 要求每个人都明确自己的理由；
- 将所面临的挑战和多种方案外显出来，并共同讨论协商；
- 小组要试图寻找并达成共识，而后进行决策或开展行动。

在这一研究中，109名5年级学生(9—10岁)体验了“共同思考”项目。最开始的5节课都聚焦于通用对话技能的教学，例如批判性提问、信息分享和协商形成决策。接下来的7节课鼓励学生运用这些技能参与到科学课程的学习中。得到对话策略支持的学生在推理性学习任务中比控制组的学生有更好的表现。相应的控制组的学生，在学习相同科学课程时并没有接受对话教学。研究者的结论是，外显地聚焦于对话和意义协商，可改善学生的推理和科学理解。与迈克尔斯及其同事的观点相似，这一方法强调通用的对话策略可在各学科领域中使用。

上述研究者面临的质疑是为学生提供对话的规则会限制其思考。相反，研究者认为，当学生认同基本规则并开始用其开展实践时，这本身就代表了一种自由。特别要指出的是，这些规则可以消除不同学生个体间社会地位的差别，从而创设一个更加平等的学习环境。这些研究者认为，外显地介绍集体推理过程中语言的运用，能够更好地支持学生开展个人和集体推理。

罗思(Roth, 2002)分析了来自一所面向工人阶级、成绩不佳的学校的一个5年级课堂中的师生对话。罗思作为教研员，在该所学校中使用概念转变模型开展教学，并检测当为学生提供支持获取对现象的理解，并对一学年内的多个概念建立相互联系时，小学科学教学可能有哪些收获。对所有学生一学年学习成绩的检测显示，学生的思维已形成了高水平的概念联结。例如，在学年末，以及在下一年即6年级末，80%的学生都能运用他们关于植物和光合作用(秋季单元)的知识去解释很多新的、真实世界中的情景。在学年末的访谈中，学生建构并解释了清晰且合理的概念图，图中显示了多个概念之间的联结，这些概念包括植物如何获得食物、人类如何消化并利用食物以及物质如何在生态系统中循环。

在对支持上述这种学习的教学进行检测的过程中，罗思鉴别出了在整个单元的每一教学阶段中教师对话交流的多个不同目的(表19.3)。

罗思强调除了探讨科学内容与他们所观察到的现象之外，学生外显地讨论下列内容的过程也能有所收获：(a)科学本质和科学对话；(b)学生的身份认同感和价值观；(c)来自社会文化视角对科学的批评。为支持围绕科学本质展开外显地讨论，罗思帮助学生展开了如何科学地进行交流的学习，并运用生物学课程研究所(BSCS)的“用科学的方式进行交流”的课堂海报(参见表19.4)中所展示的策略和句式完成这一学习过程。至于学生的身份认同感和价值观，她为学生提供机会帮助他们与科学取得联系并探索其价值观。例如，她会定期询问学生：“你对自己是一名科学学习者有何感想？”她也会鼓励学生应对来自社会文化视角对科学的批评。

表 19.3　科学课上各教学阶段中观察到的师生对话的目的（Roth, 2002）

教学阶段 （每一阶段可对应多节课）	观察到的教师话语 **黑体字标识出能更好地描述每个教学阶段不同目的的教师话语**
确定一个问题并引出学生初始的想法	• **引出学生的多种想法** • 鼓励学生倾听他人的观点 • 让学生弄清楚或进一步详细说明 • 使不同的观点外显出来
探索并挑战学生的初始想法：探究现象，收集证据去支持或挑战这些初始想法	• 框架：“我们试图要搞清楚的问题是什么？” • **提问学生探究中得到了哪些证据可以支持或挑战其初始想法** • 鼓励学生倾听他人的想法 • 让学生澄清或进一步详细说明 • 使多种不同的观点外显出来 • 鼓励提问并建议汇总额外的证据 • 强调突显那些由学生提出的可支持或挑战初始想法的要点 • 框架 / 小结：“我们目前有了哪些进展？我们接下来准备做什么？”
对比科学解释和初始想法	• 框架：“到目前为止，我们有何进展？我们试图要搞清楚的问题是什么？” • **提供科学解释** • **鼓励运用证据构建论证，从而支持或挑战科学解释，并与学生自己的想法进行比较** • 鼓励学生就科学解释进行提问和推理 • 鼓励学生挑战将自己的想法与科学概念整合协调 • 框架 / 小结：“到目前为止，我们有何进展？我们接下来准备做什么？”
在新情境中应用新概念	• 框架：“到目前为止，我们有何进展？我们还对什么感到困惑？” • **通过以下方式训练学生运用新知识：**聚焦于科学解释、要求学生澄清 / 进一步详细说明、挑战学生的想法、强调多种不同的观点和证据进行支撑 • 框架 / 小结：“到目前为止，我们有何进展？我们学到了什么？”

表 19.4　BSCS“用科学方式进行交流”

科学家做什么	符号标志	科学家说什么
1. 问“为什么”和“……怎么样”类的问题		为什么……？ 我想知道…… 你是怎样得知……的？
2. 观察		我注意到…… 我记录了……我测量了……
3. 组织数据和观察结果	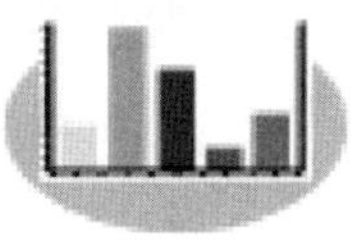	我看到一个规律…… 我认为我们可以做张图表……. 让我们绘制一张图表……

（续表）

科学家做什么	符号标志	科学家说什么
4. 思考一个想法、主张、预测或模型去解释你的数据和观察结果		我的想法是…… 我认为…… 我认为这看起来像是……（画一张图）
5. 为你的想法或主张提供证据		我的证据是…… 我认为这样的理由是……
6. 从证据或模型进行推理，解释你的数据和观察结果		我之所以认为我的证据支持我的主张是因为…… 模型显示……
7. 倾听他人的想法并帮助对方澄清想法		你是说……？ 当你说……时，你的意思是什么？ 你的证据是什么？
8. 同意或不同意他人的想法		我同意……的想法，因为…… 我不同意……的想法，因为……
9. 吸收其他人的想法		我想借用阿普丽尔（April）的想法。 我想补充耶利米（Jeremiah）刚才所说的。
10. 从其他来源找寻新的想法		我们可以从／借助……找到一些新的想法。
11. 思考新的想法是否有意义		这个想法对我来说是有意义的，因为…… 这个想法对我来说是没有意义的，因为……
12. 提议一项实验或活动以获取更多的证据或回答一个新的问题		如果我们……会怎样？ 如果我们……我们可以得到更好的证据。
13. 改变并扩展相应的想法		我想我要改变我的想法。 我要给我的想法增加一些内容。

Roth, 2002，修订于 2013

例如，让学生思考一个美国本土科学家的案例，这名科学家必须在其训练过程中解剖植物，但这违背了他的文化和宗教信仰，“那些将要成为科学家的人是否只能选择放弃？”

迈克尔斯及其同事（2002，2004，2008，2012）、默瑟及其同事（2004）以及罗思（2002）强调了科学课堂对话的多重不同目标。接下来我们将转向一种特定的课堂对话：科学论证。

科学课堂中的论证式对话

*TSTS*研究综述中强调了论证式对话的重要性，它是科学学习的中心。本部分将论证式对话的相关研究分成两类[4]（Cavagnetto, 2010），分别是：

（1）通过学习语言结构，从而学习并运用科学论证；

（2）通过沉浸于科学中，从而学习并理解科学论证。

为进行科学论证教给学生语言结构的教学干预

接下来将要综述的教学干预，通过外显地教给学生一个结构化的方式参与到科学解释的建构中，从而实现论证。最常用于支持解释和论证的教学结构是主张、证据、推理框架（Berland & Reiser, 2009；McNeill, 2011；Songer & Gotwals, 2012）。这一框架指导着"通过科学技术对我们的世界进行探索和提问（IQWST）"这一初中课程的开发和研究。在针对一个6年级IQWST单元"什么会幸存下来？"（Bruozas et al., 2004）的研究中，伯兰（Berland）和赖泽（Reiser）（2009）结合这一单元描述了主张、证据和推理框架（参见表19.5）。学生在这一持续8周的教学单元中使用这一框架，他们持续地建构解释并为此进行论证，而这些解释都是准确且与证据在逻辑上相关联的。学生成功清晰地表达出他们的想法，呈现了科学合理因果逻辑一致的思维链条。结果显示论证在说服力方面还不够有力，这提示我们要为教学创造更加真实的需求以增强说服力，例如让学生处于回应和质疑他人论证的角色。

麦克尼尔（McNeill, 2011）的一项研究聚焦于5年级学生在一学年的学习中所形成的关于解释、论证和证据的概念，调查了他们对主张、证据、推理框架的运用。在这一多样化的城市课堂中，教师试图通过以下方式将学生的日常生活与科学外显地关联起来：（a）运用主张、证据、推理框架使科学结构可视化；（b）通过为学生创设有意义的角色，让其主动地参与到学术对话中；（c）让学生参与到元认知水平的分析中，帮助其将日常知识与包含科学知识与对话的课程进行比较/对比。

在整个一学年中，该研究重点关注7节聚焦论证且与课堂探究有关的课程。在这些课程中观察到了下列教师行为：

表19.5　"什么会幸存下来？"单元中的主张、证据、推理框架

	定义	"什么会幸存下来？"单元中的示例
主张	对问题的回答；这是对发生了什么的描述或对关键原因的识别	引入海鳗后，当地鱼群发生了什么变化？当地鱼群数量减少是因为它们被海鳗吃掉了。
证据	支持主张的信息或数据	证据可以包括数值型数据（种群数量的改变），观察结果（在一次解剖中观察到海鳗可以产生数百万的卵），以及通过阅读/讨论获取的事实（看到海鳗捕食鲑鱼）。
推理	一种论证，通过包含相关的背景知识或科学理论，或描述证据与主张之间的逻辑关联展示为何数据可以作为证据支持主张	在解释某雀类种群数量波动时，学生可能会指出数据显示该雀类在某一特定年份死去，提出这些鸟死于饥饿的主张，并做出如下推理，一次干旱导致了大部分植物的死亡，因此鸟类没有种子可食用。

Berland & Reiser, 2009, pp.33–34

(1) 讨论主张、证据、推理框架；

(2) 建模并评论某些论证示例；

(3) 与日常论证形成关联；

(4) 对学生们的论证提供反馈；

(5) 让学生参与到同学间对论证的相互质询过程中；

(6) 全班一起对论证展开辩论。

教师使用了上述全部策略，但其中使用最频繁的就是策略(1)和策略(4)。在这样的教学支持下，从学生的写作中可以看出他们在这一学年的学习中不断提升对论证的关注程度，这具体表现为100％的学生在第7课中运用了解释，学年末88％的学生在写作中建构了论证。与此相对应的是，在学年刚开始时，大部分学生(55％)提供的是知识类文本，而仅有28％的学生进行了论证。

这些研究显示了关于主张、证据和推理结构的外显式教学对学生建构解释的影响。这一策略在面对多种不同类型的学生取得的成功使其成为对教师有用的概念框架的良好候选，也使其成为一系列高效教学实践的良好候选。

让学生沉浸于科学之中进行学习和理解科学论证的教学干预

在这一部分，我将重点呈现两项干预研究。在这两项研究中，学生沉浸于论证式对话中，但不强调关于如何对话以及如何科学地进行论证的外显结构。

罗斯伯里(Rosebery)、奥戈诺夫斯基(Ogonowski)、迪斯基诺(DiSchino)和沃伦(Warren)(2010)从社会文化视角对课堂对话进行了观察，强调将学生的不同生活经验视为科学学习的核心。他们并未用有失偏颇的视角去看待那些来自弱势群体的学生，而是认为课堂上一旦学生的经历、知识和文化异质性未得到认可，全体学生的学习就会受限。支持此观点的一个关键教学方式就是“科学对话(science talk)”。这不是一个用于向学生教授如何以科学的方式开展对话的框架。相反，它创造出了一个空间，让学生可以围绕想法展开思考、分享和探索，而不必担心对与错。在这一形式下，学生对讨论具有更多的控制权，可以决定想法的范围及其发展方向，并探索他们自己浮现出的对问题或现象的理解。

罗斯伯里及其同事在一项关于该方法的研究中揭示了学生多样化的生活经验是如何在城市3、4年级的课堂中成为核心的。在研究热传递和物质的粒子本质时，将科学对话整合到了连续的18节课中。该研究揭示了学生的想法和经验塑造其思维以及教学进程的多种途径。

对此项研究中的教学框架进行总结并不容易，因为此间的教学主要是对学生想法和课堂事件进行回应。这并不是说该研究中的教学单元缺乏预先设计。设计团队选择了清晰的关注点，即聚焦于与蒸发和融化相关的热传递及物质粒子本质的核心概念，以及对这些概念的科学理解进程，并用它们指导课程的决策。考虑到许多人都认为这是一个有挑战的内容主题，对如此低年龄段的学生来说是难以理解的，设计团队设计了特定的现象让学生进行观察和解释(装在袋子中的冰块、用冬装包裹着的冰块)，以及展现科学新概念的策略(张贴海报，上面写有热力学第二定律的陈述以及计算机模拟的分子运动方式)。但随着该单元教学的推进，教师会抓住机会以课堂上所发生的事件和科学对话中浮现出的学生想法为基础展开进一步的教学。

一个关键事件可以说明为何要将学生的经历看作是其理解科学概念的重要资源。在介绍过热力学第二定律之后，学生参与到科学对话中，提出了一个问题：“为什么冬天我们要穿外套？”最开始的时候，学生们无话可说，但他们被一个火警打断了，他们在寒冷的天气没穿外套就进入户外。有了这一经历后，学生们对“身体热量”从他们温暖的身体离开进入12月份寒冷的空气中有了具象化的认识，学生之间的对话也随之出现了。教师抓住学生们相互对话这一机会，强调了三条概念性的思路：(a)热量可以从一个物体流向另外一个物体；(b)热量会从温度相对较高的物体流向温度较低的物体；(c)阻止或极大地减少热量的流动是可能的，在这个例子中就是通过穿外套来实现。在该教学案例中，这凸显了对学生想法和经验进行回应所起到的关键作用。

在该研究中，学生所取得的学习成就是非凡的。学生回答了关于物质粒子本质和热传递的测验题目，这些题目有的是由课程设计团队编写的，有的则是标准成绩测试，其中包括选自马萨诸塞州综合评估系统(Massachusetts Comprehensive Assessment System)中8年级的题目。全部学生对所有问题作答的平均正确率为90%。有95%的学生正确地回答了3—4年级TIMSS题目(4年级的国际平均正确率为47%)，有80%的学生正确地回答了8年级的题目(马萨诸塞州8年级平均正确率为67%)。这些结果展现了为学生不同的想法和经验留出空间的教学所蕴含的力量，这也提示着我们这种学习可以发生在没有外显地教授如何建构科学解释的情况下。然而，这种教学对教师提出了更高的要求，在这一案例中教师得到了一个由研究者构成的设计团队的支持。

另一项关于对话的沉浸式策略是瓦雷拉斯(Varelas)及其同事(2008)研究了6名1—3年级的教师，他们在关于物质单元的教学过程中为论证提供了丰富的机会。与罗斯伯里及其同事(2010)的研究一样，该研究关注促进开放式对话的产生，这种对话“更像是解释和推理的狂欢，而不仅仅是‘正确答案’”(Varelas et al., 2008, p.70)。学生的想法是最重要的，知识是在学生与学生、学生与教师之间进行互动的过程中浮现出来的。

该物质单元具有清晰的学习目标，涉及物质的状态(固态、液态、气态)、状态的改变以及水循环，且该单元围绕7本“大声朗读”儿童知识读本展开。在大声朗读的间隙，学生会参与多种多样的动手探究活动。在整个单元中，学生也要在他们的科学日志上进行写作和绘画。他们关于物质不断发展的想法通过绘制班级板报的方式得以展现，他们还通过持续绘制班级语义图记录他们想法的发展历程。在本单元的最后，他们要针对自己所选的话题创建自己的解释性读本。显然，这是一个富含读写元素和语言元素的学习环境。那论证式对话是如何从这一情境中浮现出来的呢？

围绕第7课的分析这样展开，在这一课中，学生要将日常生活中的常见物品分别归类到固体、液体和气体中，并将他们的想法记录在一张数据图表中。该活动中分类较为模糊的物品(剃须膏、肥皂条)引发了学生之间的冲突和辩论，这在他们对这些物品进行分类的过程中激发了推理和论证。通过对这节课进行对话分析，教师全面了解了关于低龄学生对理论的建构，呈现不同来源想法的能力以及对观点论证和辩论参与的情况。在学生的论证中，他们既从阅读中获取了知识，也从探究中获取了证据。尽管不是所有学生在课程结束时都能将这些物品按照科学正确的方式进行归类，但研究者认为这些低年龄段的学生在这一过程中是围绕概念进行解释、推理、建立理论和展开辩论的。

关于有效的小学教学框架和策略，该研究为我们提供了哪些启示？在这一研究中教师在回应学生的思考时经常会使用下列教学策略：

- 总结学生说了什么；
- 复述或解释学生分享了什么；
- 鼓励学生思考他们做出某个选择的理由是什么；
- 鼓励学生互相辩论和解释；
- 以特定的方式调整要观察的物品，为学生提供一个新的观察方法；
- 挑战学生的想法。

这一教学策略列表与解释性对话®（表19.2；Michaels & O'Connor, 2012；Michaels et al., 2002；Michaels, Shouse, & Schweingruber, 2008）中的对话交流以及BSCS的“用科学方式进行交流”表格（表19.4；Roth, 2002；Roth et al., 2011）有相似之处。不同之处在于教师并没有外显地教给学生如何科学地思考和对话。相反，他们允许学生对话，而后通过提问和建议引导学生思考。学生可以自由地展开思考，无须担心对或错，可能也不会受限于科学语言规则。

3. 小学科学教学支持科学推理和科学实践的运用

《幼儿园至12年级科学教育框架》（NRC, 2012）和《新一代科学教育标准》（2013）强调学生参与运用科学推理和实践的重要性。关于小学科学教师是如何支持学生运用科学推理和实践去理解核心概念、跨学科概念以及科学本质的，我们有何了解？本部分将重点呈现三种不同的教学方法。第一种是通过将学生置于真实的科学活动中而不只是聚焦于特定的科学实践，从而让学生参与到科学推理中。第二种是超越特定的科学实践和思考，外显地对科学本质进行教学，引导学生思考暂时性、主观性，以及与社会和文化交融这些科学的本质特征。第三种则涉及对特定科学实践的外显教学。运用此种方式的典型案例是落实框架（NRC, 2012）所描述的8项科学实践要素中的6项，而且这些要素出现的顺序与框架报告中描述的顺序保持一致，但有1项例外。运用数学与计算思维的实践是伴随着发展与使用模型的实践共同出现的。虽然很少有研究检验小学科学教学中数学的运用，但在关于建模的一类研究中数学是非常重要的。此处省略了两项实践，这是因为本章的其他部分（参看第IV部分标题2中关于论证实践的研究和第IV部分标题4中关于科学知识的获取、评价和交流的实践研究）论述了这两项实践。

融入科学推理的小学科学教学

我们首先来看一系列研究，这些研究挑战了《幼儿园至12年级科学教育框架》中的某些预设。哈默（Hammer）及其同事（Hammer, Goldberg, & Fargason, 2012；Hammer, Russ, Mikeska, & Scherr, 2008）高度认同让学生参与到真实的科学推理和探究中这一以学生为中心的观点。他们并不提倡教给学生如何开展特定的科学实践或外显地开展科学本质的教学。相反，他们看重的是学生进入科学课堂时所具有的能力，并主张以这些能力为基础开展教学，而这可以通过引导学生参与并支持其追寻真实的科学探究予以实现。这一响应式的教学观点有两项最基本的要点，一是承认学生能力和经历的重要性，二是让学生参与真实科学探究的重要性。

这一响应式的教学方法与基于标准的课程不同，后者是由学习目标驱动的，从一系列明确界定的特定学习目标开始，按照一个绝大部分都已事先规划好的经验秩序组织教学，从而支持学生理解既定的概念和实践。哈默认为，这种计划难以让学生通过真正的探究参与到科学中来，而在真正的探究中，学生应能提出他们自己的问题，拥有自己的想法，并展开调查去探索这些想法。在真正的探究中，我们期待出现未预料的问题和想法。但如果学习次序是预设的，那么教师就没有机会去追寻那些有效的、但出乎意料的学生思维，学生也很快就会意识到学校中的科学不过是一场游戏，去找出教师希望你说什么，而不是试图去探索关于这个世界的各种问题的答案。

哈默及其同事（2012）以一名教师和她3年级的学生对能量与运动概念的探索为例，说明这一响应式教学方式的特征，以及在学生参与多种科学有效的思考与推理过程中所展示出的这种方法的优势。响应式教学由一个有效的导入问题或任务（“我们怎么能让这辆玩具车动起来？”）开始。教师的角色是支持学生参与到这一问题或任务中，认真倾听学生的想法，并找出可以支持学生进行科学思考的有效指导。

在这一教学方式中，教师承担了许多责任，哈默及其同事（2010）提出了支持教师开展响应式教学的途径。他们建议在课程资料中对学生的想法进行预设，即学生在面对特定导入问题时可能产生的各种想法。基于这些预期，可以创建一个可能的教学活动清单，以帮助教师根据他们从学生那里听到的想法选择和规划下一步教学活动。

支持学生理解科学本质的小学科学教学

另外一些研究关注小学科学教学如何支持学生理解科学工作的普遍特征。这包括但也超出了框架（NRC, 2012）和《新一代科学教育标准》（2013）中所界定的科学实践，即让学生理解科学的本质（NOS）：（a）科学知识是可靠的、但也是暂时的；（b）不存在唯一的科学方法，但这些方法之间存在共同的属性，例如科学解释是由实证支持的；（c）在形成科学知识的过程中创造力发挥了作用；（d）理论与定律是相关的；（e）观察和推测是相关的；（f）尽管科学致力于客观存在，但在科学知识的形成过程中总会包含主观性成分；以及（g）社会和文化背景在科学知识的形成过程中也发挥了作用（美国科学教师协会[National Science Teachers Association], 2000）。

文献中描述了关于科学本质教学的两种主要方法。外显式方法将关于科学本质的概念设定为学习目标开展教学，而内隐式方法则认为参与到科学探究实践中将会提升学生对NOS的理解。近期的研究为外显式方法提供了实证支持。在这些研究中，外显式方法中加入了对探究取向教学的反思成分（Akerson & Abd-El-Khalick, 2003; Akerson, Abd-El-Khalick, & Lederman, 2000）。基什费（Khishfe）和阿布德尔–哈利克（Abd-El-Khalick）（2002）在6年级学生参与探究活动后带领其反思关于NOS的某些特征。研究者发现这一外显式的、反思的方式在加强学生对科学本质的理解方面比内隐式的探究取向的方法更为有效。亚库比恩（Yacoubian）和布贾乌德（BouJaoude）（2010）在对6年级黎巴嫩学生的研究中也发现了类似的结果。在该教学设计的一个变式中，哈迪（Hardy）、克勒策尔（Kloetzer）、默勒（Moeller）和索迪安（Sodian）（2010）对比了德国4年级的两个班级。在一个班里，先进行关于科学本质的扩展单元学习，而后再开展“浮与沉”单元的学习；在另一个班里则不强调科学本质直接开展相同的“浮与沉”单元的学习。结果显示，经历过科学本质外显式教学的学生展示出更高水平的基于证据的推理能力。

这些关于科学本质的教学实例表明，结合了探究活动的反思性的、外显的NOS教学方法比内隐的教学方法更加有效。

支持学生运用特定科学实践的小学科学教学

提问

《幼儿园至12年级科学教育框架》(NRC, 2012)强调让学生发展提出科学问题的能力是很重要的。学生应理解科学能够回答和不能回答的问题的本质，在科学知识形成过程中问题的作用，在阅读资料、观察现象以及基于建模或科学探究得出结论的过程中提问的重要意义。

很少有小学科学教学研究是完全聚焦于提出科学问题的，但有一项研究专门聚焦于学生探究问题的提出，它检验了5年级课堂中教师与学生围绕将要探究的问题展开讨论的两种方式(Cavagnetto, Hand, & Norton-Meier, 2010)。在两个课堂中，学生都以小组形式对他们将要学习的大概念(一个课堂是光与颜色，另一个课堂是水生生物群落)开展头脑风暴，随后将这些问题归入“乐于知道”“需要知道”“对大概念来说必不可少”三个类别中。教师会到每个小组中，推动学生认识到为何他们的问题对学习大概念来说是必不可少的。一种方法是每个小组随后选择一个问题开展探究，制定并实施他们的研究计划。另一种方法是全班一起回顾所有小组提出的问题，选择一个问题由全班所有小组一起探究。

研究结果显示，这两种教学变式没有显著的差异。两种方法中所用的协商框架——“乐于知道”“需要知道”“对大概念来说必不可少”——可以有效地支持学生进行自我评估和同伴评议，进而选择与单元主题的核心概念一致的探究问题。这一研究为支持学生建构有助于发展知识恰当的科学问题贡献了一种教学策略。

发展与使用模型/运用数学与计算思维

基于模型的推理包括建构、修正、应用关于自然界的模型，并进行论证，这展现着科学工作的核心特征(Lehrer & Schauble, 2012)。课堂中的科学教学通常把科学看作“科学方法”——一种做出预测并检验预测直接的线性过程，通过总结数据中的模式得出结论，但并不提供解释(Windschitl, Thompson, & Braaten, 2008)。与此相反，基于模型的推理则通过“评估对某一潜在解释模型有意义的假设”(Windschitl et al., 2008, p. 948)对模型进行持续不断地检验和修正。模型是有助于形成解释的概念性工具，它们是用来“在探究中任意一点建构出合理的假设、新概念、新预测”的理论(Windschitl et al., 2008, p. 948)。与上述丰富的科学建模图景相反，学校科学中的模型通常仅限于静态的人工产物(图表、三维模型等)，用于以有趣的形式呈现科学概念，而不是将其作为思考的工具。

一些研究者对小学课堂中基于模型的推理的研究在第IV部分第一章(学习进阶)中提到。在本节中，我将重点介绍莱勒(Lehrer)和萧伯乐(Schauble)(2000, 2002, 2004, 2005, 2006, 2012)最近关于建模的一系列卓有成效的研究工作。他们的工作也很有趣，因为他们所采用的方式可让低年龄段学生在建模工作中运用数学和计算思维。

莱勒和萧伯乐的工作主要集中在让小学生参与到生命系统中生长、变化和变异的建模之中。莱勒和萧伯乐对1至5年级学生的研究为我们提供了重要的见解，即揭示了在得到适当的教学支持时，低年龄段与高年龄段的学生都能完成什么。这些教学支持的主要特征是什么？从广义层面来说，这些教学方法是以学生为中心的，为学生创造智力空间、资源和时间，让他们建构自己的问题和模型，并设计和实施探究以支持其模型的建立。基于数据的建模方法使学生能够克服挑战和混乱，找出理解现象和数据的最佳方法。但与这种支持学生自主探究的其他成功方法（例如Metz，2011）一样，这些方法都在教学设计和教学实施过程中搭建了经过深入研究的脚手架。

该脚手架的一个关键方面是一系列的活动，这些活动始于对真实系统的探索，以及与真实世界中的系统高度相似的初始模型（Lehrer & Schauble, 2004, 2012）。例如，学生们在操场上一个没人注意的区域，同时在研究与“真实事物”（例如一个玻璃缸或堆肥箱）非常相似的模型。随着时间的推移，学习目标逐渐转向帮助学生与越来越多的符号和数学模型展开互动。一年级的学生可能会参与到以下活动中：(a) 在植物生命周期的不同阶段进行绘图，(b) 创建对威斯康星州快速生长植物不同生长阶段轮廓的压片影像序列，(c) 对植物高度进行定量测量，以描述随着时间推移植物的生长，以及 (d) 绘制这些测量结果的图表（Lehrer & Schauble, 2000）。随着学生对连续数据的处理工作不断深入，与符号有关的挑战也随之增加。

六项教学设计原则指导着基于数据的建模活动（以下加粗的标题来自Lehrer and Schauble, 2012, pp. 716-720；相关的描述则是我的总结）：

1. **深入学习。**随着时间的推移，学生对一个系统（例如，一个特定的生态系统）进行反复的调查。他们对这个系统了解得越多，就越能促使他们提出越来越复杂的问题。

2. **提出问题。**学生提出可以研究的问题。教师支持学生对其进行修改，并将学生引向最有成效的问题。

3. **比较研究。**学生对相似的系统进行比较，而这会激发新的问题和研究。

4. **设定研究条件。**学生们设计探索问题的方法。

5. **开发测量方法。**学生开发测量方法。

6. **记录并表征自然。**学生通过缩减（选择要突出显示的特征）和放大（显示隐藏特征）创建出系统的表征。

这一教学方法不同于本章中强调的其他响应式教学示例（Hammer et al.，2012；Rosebery et al.，2010），它进行了仔细的排序，包括：涉及越来越多符号与数学的建模活动、学生开发测量方法、强调比较研究、反复探究与表征同一系统。与任何形式的响应式科学教学一样，基于模型的推理这一教学方法在实施时会遇到很大的挑战。对于许多小学教师来说，基于模型的推理这一教学方法与他们对科学是如何开展的理解是相互矛盾的。

设计并实施研究计划

让学生参与设计并实施他们自己的研究，这有助于他们理解科学探究是如何描述和解释自然界的。凯瑟琳·梅茨（Kathleen Metz, 2004, 2011）探索了低年龄段小学生设计并实施研究计划以探索他们自己所提问题的能力。她在对波里尔夫人（Ms. Poirier）所教授的两个一年级班级进行的一项研究中发现，到学年结束时，除了两名学生以外，所有的学生都能够描述他们自己的研究，包括他们做了什么以及为什么这么做，并能够找出其研究的局限性。在描述如何解决这些局限性时，一半的学生超越了单纯的基于现象的推理，转向了基于关系的推理。此外，许多学生超越了单一的因果关系，他们可以识别其他可能的因素，并能制定计划来研究这些因素。这些学生理解力的复杂程度出人意料，因为此前的研究表明年龄大一些的学生才会使用适度形式的基于关系的推理（Driver, Leach, Millar, & Scott, 1996），而7年级的学生则会有"试试看会发生什么"的倾向（Carey, Evans, Honda, Jay, & Unger, 1989）。

就可支持这种强大学习的教学指导而言，我们从这项研究中学到了什么？与莱勒和萧伯乐的课程设计类似，梅茨精心地将课程设计与以学生为中心的背景结合起来，在这一背景下，教师对学生新浮现出的研究问题和想法做出反应，同时在整个探索过程中提供大量深入的脚手架。在2011年的研究中，教师重点运用了梅茨设计的课程模块；每个模块针对一个内容领域，作为整个学年探究的重点（Metz, 2002a, 2002b）。第一学年的重点是植物学，第二学年的重点是动物行为。五项设计原则指导着学生科学探究的发展（加粗的标题来自Metz, 2011, pp. 58–62；相关的描述则是我的总结）：

1. 反映科学探究的良好目标结构，在应用背景下，将科学过程和方法作为工具展开教学。梅茨提到，在学生对问题或难题缺乏好奇心的情况下开展科学技能或实践的教学是"荒谬"的。她强调可以激发探究兴趣的问题是非常重要的，科学实践是驱动探究兴趣的工具。

2. 搭建关于某领域相对丰富的知识，注重超越内容领域的大概念。像莱勒和萧伯乐一样，梅茨强调学生深入理解所学领域知识的重要性。这不同于典型的从一个科学主题快速转移到下一个科学主题的做法。

3. 丰富的内容领域知识与科学探究相互促进。与《新一代科学教育标准》将内容知识与科学实践相结合的要求一致，梅茨（2011, p. 60）指出："良好的内容领域知识与良好的探究是密切相关的，反之亦然。事实上，只有从二者的结合中，人们才能认识科学知识的现状以及科学知识是如何发展的。"

4. 通过调整探究中的社会化结构单位以及探究的结构化程度满足认知需求。在教师的指导下，全班同学一起学习，学生个体的认知负荷较小，而在学生成对地开展独立学习时，学生个体的认知负荷最大。梅茨主张逐步从结构良好的、由教师指导的全班探究转变为不完全结构化的全班探究，并最终转变为学生独立设计与实施探究。

5. 为使学术上同质的二人组为自己的探究负责，应建立相应的知识与责任。梅茨提倡同质二人组，这允许协作和分享智力负荷，同时又能将每个孩子的责任和掌控最大化。

梅茨将波里尔夫人的课堂上学生所表现出的能力归因于学生为教学带来的知识和见解；支持学生进一步发展其初始想法的教学；以及"促使学生自我发展，将自己的想法、主张和方法作为重要思考对象"的课程设计。她特别强调了发展学生内容领域知识的重要性（Metz, 2011, p. 106）。

与梅茨的总体设计原则相反，哈里斯（Harris）、菲利普斯（Phillips）和佩努埃尔（Penuel）（2012）研究了在某一背景下教师的特定行为，该研究让5年级学生提出研究问题，并设计自己的研究方案，以确定等足目动物的最佳栖息地。在等足目动物栖息地挑战这一单元(12周)中，学生分享了他们对等足目动物的想法和问题，随后参与教师指导的探究，并在最后开展学生提出的探究，以回答他们自己提出的问题。本研究重点关注的是教师的具体行动：启发、重构、连接学生的科学想法和问题，并在此基础上进行建构。

案例研究所关注的三位教师均根据课程资料中的建议，成功地启发了学生的想法和问题。但他们的“下一步”行为有所不同。在提出可探究问题的能力测试中得分最低的学生的老师倾向于承认学生的贡献并继续开展下一步的教学。相反，一名更为成功的教师做了以下几件事情(Harris et al., 2012, p.780)：

a. 让学生明确自己的想法并探索他人的观点。

b. 邀请学生互相帮助，帮他人思考其想法和问题。

c. 鼓励学生互相提问。

d. 在认识到学生想法的同时给予明确的反馈。

e. 用学生们所说的内容构建她自己的思考。

第三位老师的学生最成功，除了这些策略以外，他还采用以下策略：

f. 让学生直接参与到对自己的想法和问题的完善中。

g. 把他们的发现和想法与其他人的联系起来。

h. 积极与学生合作，确保他们的问题和过程是可行的。

此研究表明开发工具和流程对支持教师回应学生想法是重要的。哈里斯及其同事(2012)指出，需要具体的话语动作来支持学生设计和实施探究。

分析和解释数据

很少有研究专门关注学生如何分析和解释数据。然而，有一项研究对学生预测、观察、解释和概括异常数据提供了有趣的见解。钦(Chinn)和马尔霍特拉(Malhotra)(2002)研究了4、5、6年级的学生，这些学生做了预测，观察了允许他们对实际所发生的事情进行不同评估的现象，并回答了与他们的解释和概括相关的问题。例如，学生预测并观察一个重物与一个同样大小的较轻的物体哪个会先落在地板上。做出正确的观察结果对学生来说存在困难，虽然我们通常认为学生会观察到他们预测会观察到的现象，但他们的错误模式并非如此。做出正确预测的学生能够做出正确的观察，但做出错误预测的学生能够做出与他们的预测相矛盾的观察。重要的是，做出正确观察的学生也很可能可以正确地解释他们的观察，而做出错误观察的学生则不行。研究人员认为，应该明确地教学生对观察形成以下认识(Chinn & Malhotra, 2002, p.342)：

a. 观察结果可能会有差异，应使用技术将差异最小化。

b. 即使事件是相同的，在测量上也可能有细微的差别。

c. 应期待效果与原因存在量化配比关系。

形成解释

解释是科学的核心。为了理解这个世界，科学家们建立了对一些现象的解释，这有助于预测未来的事件和理解过去的事件(NRC, 2012)。让学生参与对现象的解释有助于他们理解科学知识是如何产生的，同时也加深了他们对科学事实、概念和理论的理解(Beyer & Davis, 2008)。

一些研究者基于图尔明(Toulmin, 1958)的论证框架，研究了小学课堂中解释的建构，特别关注主张、证据和推理的结构在教学中是如何帮助学生构建解释的(Beyer & Davis, 2008; McNeill

& Krajcik, 2007, 2008; McNeill, Lizotte, Krajcik, & Marx, 2006; Songer & Gotwals, 2012; Zembal-Saul, 2009)。通过这一框架，教师帮助学生理解用证据支持主张、使用数据进行科学推理、根据证据对主张进行论证和评估以及解释反驳性证据的重要性(Abell, Anderson, & Chezem, 2000; McNeill & Krajcik, 2008)。本章第IV-2部分描述了使用这一框架支持论证式对话的研究。

在一项关于在城市4、5、6年级课堂上建构解释的研究中，学生们经历了与生态学相关的8周三个单元的课程学习，每个单元都包含一系列的活动，这些活动最终运用主张、证据、推理框架来指导解释的建构(参见表19.5; Songer & Gotwals, 2012)。三个年级的学生都有很好的内容和实践学习效果。即使是低年龄段的学生，在内容知识与解释建构的融合能力上也在前、后测中展现出了显著的进步。

在该领域的另一项研究中，索杰(Songer)、沙阿(Shah)和菲克(Fick)(2013年)更多地关注了与使用主张、证据、推理框架有关的教师谈话行为。对4年级和5年级教师的观察显示，对于证据的意义，他们使用了多达五种不同的口头描述，而这些描述被多次提到。研究者的结论是，通过明确含义和多次回顾关键定义，教师在支持学生建构解释的过程中发挥着关键作用。

参与基于证据的论证

参见本章第IV-2部分。

获取、评价和交流信息

《幼儿园至12年级科学教育框架》(NRC, 2012)重点关注帮助学生学习阅读科学文本和以多种书面形式清晰地交流科学想法的重要性。本章第IV-4部分介绍了重点关注发展这些语言和读写能力的研究。本章第IV-2部分则回顾了课堂话语交流的相关研究。

与获取和评估信息有关的另一个重要问题是：学生应在何时且如何获得规范的科学概念？人们普遍认为，可以通过多种来源和策略引入科学概念，包括儿童知识读本(Varelas & Pappas，2006)和模拟器(Schwarz，2009)。人们还一致认为，不应将新科学概念作为教学模式的第一步。大多数研究干预使用的教学模式，例如BSCS的5E教学模式(Bybee & Landes, 1988; Bybee et al., 2006)或其变体，重点是先激发学生的想法，然后让学生参与对现象的探索，在呈现任何科学概念之前先让学生测试自己的想法。除了这一明显的共识之外，对于何时“告之(新概念)”是存在不同观点的。倡导基于模型的推理方法的研究者认为应等到学生构建了初始模型，收集了实证，并根据研究修正了自己的模型之后(Schwarz, 2009)。那时学生们也就为接受新的想法并修改他们的模型做好了准备。在响应式教学模式(Hammer et al., 2012)中，教师决定何时引入新的科学概念，在此之前教师要等待学生在科学理念引入之前能自己做多少。相比之下，瓦雷拉斯、帕帕斯(Pappas)和赖夫(Rife)(2006; 见本章第IV-4部分)所描述的基于丰富文献的方法允许通过使用科学知识读本，在整个探究过程中为学生提供许多科学概念。

4. 小学科学教学支持学生语言和读写发展

将科学与语言和读写的发展相融合，这吸引着科学教育工作者。原因有二：首先，如第I部分所述，科学教学的时间是短缺的(Banilower et al., 2013)。将科学与读写教学相结合，是一种同时实现读写和科学学习目标，从而为科学创造更多教学时间的方法。其次，教师在课堂上面对着越来越多的英语学习者。将科学和读写结合起来这一方法，通过支持这些学生的语言学习需求，助其在科学上取得成功。

科学与读写的整合

关于如何在小学课堂上将阅读和写作整合为科学探究的一部分，这有着庞大的研究基础(Cervetti et al., 2012; Cervetti & Barber, 2008; Fang & Wei, 2010; Guthrie, Anderson, Alao, & Rinehart, 1999; Guthrie & Cox, 2001; Guthrie et al., 2004; Guthrie, McRae, Coddington, Klauda, Wigfield, & Barbosa, 2009; Guthrie, McRae, & Klauda, 2007; Hand, 2008; Howes et al., 2009; Palincsar & Magnusson, 2001; Pappas, Keifer, & Levstik, 2006; Romance & Vitale, 1992, 2001, 2011, 2012; Varelas & Pappas, 2006; Varelas, Pappas, & Rife, 2006; Varelas et al., 2008; Varelas et al., 2010; Yore, Bisanz, & Hand, 2003)。在对小学科学教学的研究中，将科学与读写进行整合有两种著名的方法(Stoddart, Pinal, Latzke, & Canaday, 2002 [5])：(a)跨学科方法，一个领域的内容/过程可用来支持另一个领域的学习；(b)整合式方法，两个领域完全交织在一起，这两个领域的学习目标得到同等的重视。瓦雷拉斯及其同事(2006)的工作代表着跨学科方法，而科学IDEAS方法(Romance & Vitale, 2011, 2012)则是一个完全整合式的项目示例。[6]

一种跨学科的方法：基于丰富文献的科学探究

瓦雷拉斯及其同事(2006)研究了一个2年级的城市课堂，在该课堂上学生体验了富含语言的科学教学。将文本大声朗读出来在科学教学中起到了显著的作用，但教师的目标并不是让学生成为更好的读者。相反，老师的目标是让学生成为自己科学思维的代理，使其可在各种“文本”之间不断转换。研究者对“文本”的定义是，它包括对现象的一手观察记录、在需大声朗读的书籍和其他资料中所呈现的观点、学生彼此间的写作/绘画、课堂上已发生的对话、学生在对话中提及的具体和普遍事件。

在一个为期6周的关于物质状态和水循环的单元中，学生们听老师朗读儿童知识读本，参与动手探究，写科学日志，使用其他知识读本参与小组的文献阅读，并将制作插图读本作为一项终极活动。在这个富含读写机会的环境中，学生们运用各种各样的文本，以科学的方式对蒸发、冷凝和沸腾进行思考、推理、交谈和写作/绘画。尽管他们的想法并不总是与规范的科学概念相匹配，但他们有多种复杂的，有时是推测性的和试探性的方法来理解现象，并且能够基于多个“文本”对这些过程建构出相应的理论。

在这种对话式、响应式、富含语言的科学教学中，教师在做什么？埃米(Amy)老师没有提供具体的框架、步骤、方针或规则中的任何一项来指导学生对各种“文本”的探索。相反，她“精心策划了协作性的、对话导向的话语实践，让孩子们有很多机会提出自己的想法、评论和问题，据此埃米和同伴可能偶尔会给出反馈”(Varelas et al., 2006, p.638)。学生通过“探究性的语言行为”参与到意义建构之中(Lindfors, 1999)。

进一步的深入分析显示，教师采取了具体的教学举措，她将自己定位为课堂中意义建构群体的一员(而不是典型的权威式教师)，是为激发、鼓励和引导学生思考的学习共同体的领导者：

- 她是动手探究与已有对话之间联系最频繁的发起者。

- 她外显地邀请学生进行理论建构:“关于为什么这个是雾，而另一个不是，你有什么想法？”“雾是怎么到罐子上的？”
- 她最常提到的是已有对话，为孩子们提供表达其理解的机会，并试图让学生获取正在发展中的概念的含义。
- 她给学生们读知识读本。
- 她重构学生们的想法。
- 她提出了一些建议，帮助孩子们以科学更容易接纳的方式看待现象。

埃米并没有试图在科学课上教学生阅读理解，尽管可以认为她的方法可能会支持这一目标。她的重点是利用知识读本、写作活动和课堂对话来支持学生对现象展开推理。

与其他教学方法相比，例如接下来将要描述的科学IDEAS法，埃米的教学既不太关注教给学生可指导其推理的外显化结构，也不太关注确保每名学生都能在学习结束时对蒸发、沸腾和冷凝具有准确而规范的理解。相反，她教学的重点是提供丰富的“文本”来激发学生的思考，并引导学生在这些文本之间建立越来越复杂的联系。

完全整合：科学IDEAS

与瓦雷拉斯及其同事的跨学科方法(2006)不同，科学IDEAS项目代表了读写与科学教学的全面融合。由罗曼塞(Romance)和维塔莱(Vitale)(2011)开发的这一方法有六项基本要素，其重点是深入理解核心的科学概念并提高阅读理解能力，这六项是:

(a)动手科学活动与其他科学IDEAS要素相关联；

(b)在阅读理解活动中运用基于知识的阅读理解策略，指导学生在阅读时获取先前的知识，并让其总结正在阅读的内容；

(c)通过概念图任务对学生提出挑战，要求其展示出概念之间的关系；

(d)学生进行写作是为了发展和组织他们从课堂活动中学到科学概念；

(e)通过应用类活动对学生提出挑战，要求其将科学概念与日常活动联系起来；

(f)通过先验知识/累积式回顾策略激活学生的先验知识，并总结正在形成的知识。

综合式科学/读写的教学时间段(每天1.5~2小时)包括了上述所列的六种活动。这些活动序列为学生提供了多种支持，帮助他们加深对某一核心科学概念或一系列相关概念的理解，并提高他们的阅读理解能力。该项目为每种活动类型制定了特定的教学策略或程序。例如，为激活先验知识，教师会询问学生他们知道什么，在白板上写下正确答案，并对错误回答进行口头回应。在累积式回顾中，教师会选择一些有代表性的活动来进行回顾，提醒学生注意这些活动，并向学生提问。

在佛罗里达州的一个大城市，科学IDEAS项目对小学3到8年级的学生进行了为期6年的纵向评估。12所学校采用科学IDEAS项目，每天教授90分钟的科学/阅读课程。12所同类型的学校分别使用当地学区的阅读和科学课程材料，分别教授阅读课和科学课。在对前测进行控制的基础上，分析结果显示，8年级末参与科学IDEAS项目的学生在科学和阅读理解两个方面的得分都有显著提高。

在科学IDEAS项目的一系列教学策略中，哪一种策略促成了这一提高？与许多研究一样，我们只能看到课程中嵌入的整套教学方法，并假定教师运用这一整套策略有助于提高学生的学习效果。然而，特定策略(例如，激活先验知识和指导累积式回顾的教学程序)是否比其他策略更能预测学生的学习情况，了解这一点将是有益的。再如，阅读理解策略对科学学习和阅读理解这二者都有贡献吗？

指导科学IDEAS项目的教学框架和教学策略与瓦雷拉斯及其同事的方法(2006)不同，科学IDEAS项目为教给学生改善其阅读理解的外显化策略提供了特定的框架结构，而瓦雷拉斯的方法(2006)则是让学生沉浸在丰富的语言环境中，并在这一环境中挑战他们，让其对科学探究问题展开探索。这些对比鲜明的案例导致了一个难题。这两种方法使用不同的教学框架和教学策略，但这两种情况都有良好的学生学习成果用来证明其有效性。这如何帮助我们鉴别高效的科学教学实践？这是否意味着需要更多的研究来更有效地比较这两种方法，或者是否承认可以有多种不同的有效方法？在后一种情况下，我们可能需要在不同的目标和理论立场的指导下发展出多套高效的实践。

支持英语学习者(ELLs)和学生

接下来让我们来看一看专门设计用来支持英语学习者的项目。拉腊-阿莱西奥(Lara-Alecio)及其同事(2012)专门制定并研究了一项干预措施，以提高得克萨斯州城区5年级英语学习者的科学和英语阅读成绩。干预措施包括一套教师专业化发展的次序，有详细文稿的教学设计以及在科学中教授语言和阅读的策略。

在一项准实验研究中，实验组的学生在多项测试上的表现都优于对照组接受同样教学时长的同龄人。实验干预使得学生在科学和阅读两方面都获得了更高的学业成就，这反映在地区范围内的基于标准的测验上，而且对科学的影响效果大于对阅读的影响效果。在标准化的州测试中，科学基准测试中实验组有五分之四的学生、阅读基准测试中实验组有四分之三的学生成绩高于州通过标准。研究结果表明，将读写与科学教学相结合，对英语学习者的科学和读写成就都有积极的影响。

这项研究告诉我们，对ELLs而言什么是潜在的高效教学策略。与许多干预研究一样，我们仅知道专业化发展、基于5E模式架构的教学设计以及教学策略作为一个整体是有效的。在这种情况下，我们有一个相当长的教学策略清单明确地呈现给教师(参见表19.6)。有趣的是，大多数脚本化的策略都集中于语言的发展上。在这一列表中，研究人员强调在面对ELLs时，将直接、显性的词汇表教学与内容领域教学结合在一起予以实施的重要性。我们还需要进一步的研究来鉴别这些策略是否符合高效科学教学实践的要求。

在过去十年间，李(Lee)及其同事进行了一系列研究，探索如何支持英语学习者及其教师。由于本章的重点是科学教学实践，因此这里最感兴趣

表19.6　支持英语学习者的教学策略

教学阶段	策略	脚本化的策略细节
热身	科学中的口语与写作语言(Daily Oral and Written Language in Science [DOWLS])。	DOWLS 方案：学生以书面和口头形式对科学相关的提示或情景做出反应。
引入活动	教师展示一个科学概念，并与之前的学习相联系。	
探索活动	学生通过动手的科学活动探索科学概念。	

（续表）

<table>
<tr><th>教学阶段</th><th>策略</th><th>脚本化的策略细节</th></tr>
<tr><td>解释活动</td><td>• 直接开展词汇教学；
• 开展科学内容领域的阅读，以习得英语读写与语言素养（Content Area Reading in Science for English Literacy and Language Acquisition [CRISELLA]）；
• 与科学软件展开互动，这些软件通过动画或模拟解释概念。</td><td rowspan="3">CRISELLA 方案：
• 阅读前，直接讲授词汇
• 搭档阅读；按照文本理解问题
• 学生重读以提高流利性和理解力
• 教师进行回顾并澄清错误概念
• 教师示范科学的学术语言
• 老师鼓励学生使用完整的句子
• 学生通过科学期刊词汇表接触词汇
WAVES 方案：在每天的科学期刊上，学生们：
• 记录预测和观察
• 进行图解并在图表上进行标记
• 使用二维图形组织信息
• 记录词汇表中的词汇
• 发展写作技能；开展基于观点的写作</td></tr>
<tr><td>评价活动</td><td>发展科学领域中的英语写作和学术口语词汇（Written and Academic oral language Vocabulary development in English in Science [WAVES]）。</td></tr>
<tr><td>精致活动</td><td>学生在新的活动中应用知识</td></tr>
</table>

的研究是那些包含对教师实践进行了分析的研究(Lee, Penfield, & Maerten-Rivera, 2009; Santau, Secada, Maerten-Rivera, Cone, & Lee, 2010)。

李及其同事在2009年开展了一项真正的实施层面的研究，希望帮助我们更好地理解科学教学在哪些方面可以预测学生的学习。该研究运用录像记录了35名3年级教师使用项目开发的课程材料教授秋季课程（测量单位）和春季课程（水循环）中的各一节课。该研究按5分制从四个方面对教师的教学改革实践进行了解码，这四个方面包括：(1) 教师内容知识的准确性；(2) 帮助学生理解科学的教学策略的运用；(3) 让学生参与科学探究的教学策略的运用；(4) 支持英语语言发展的教学策略的运用。遗憾的是，也许是由于测量方面的问题，没有一个与教师教学改革实践相关的变量能够预测学生的成绩。因此，本研究并未建立起学生学习与教学实践之间的联系。

李团队的另一项研究（Santau et al., 2010）考察了3、4、5年级教师在他们参加专业化发展项目第一年的秋季和春季使用项目开发的课程开展教学实践的情况。在秋季（前）和春季（后）对教师的授课进行录像，并从教师的内容知识、支持科学理解的教师实践以及支持英语语言发展的教师实践三个方面对录像进行5分制打分。教师实践的平均得分为“3”，在“可接受范围内”，但没有达到改革型实践的要求，且从秋季到春季几乎没有改变的迹象（Santau et al., 2010, p. 2024）。研究人员注意到，教师似乎单纯地将课程实施为写作课，并未补充专业化发展项目中强调的有助于培养学生推理和语言发展的策略。

与拉腊-阿莱西奥及其同事的研究（2012）一样，这项干预研究向教师介绍了一系列的教学策略，以支持英语学习者学习科学和英语。与拉腊-阿莱西奥及其同事详述的策略（2012）不同，李及其同事没有提供教师行为的具体方案（例如，拉腊-阿莱西奥及其同事[2012]在研究中提出的

DOWLS、CRISELLA和WAVES方案；参见表19.6）。相反，他们在专业化发展（professional development [PD]）中提出了调整教学以满足ELLs需求的哲学取向和理论基础，在课程材料中嵌入了具体的策略，并讨论了在教学过程中面向ELLs可使用的其他策略。但他们并未提供一个可帮助教师组织这些清单的框架，以运用这些清单来指导他们制定并实施教学计划。此外，本研究并未探讨教学与学生学习之间的关系。因此，这些对教师实践的研究很少能提供见解，让我们知道应如何鉴别支持科学学习和英语语言发展的关键（高效）策略。然而，李及其同事针对英语学习者学习的研究，为我们提供了更多关于潜在高效教学策略的启示（参见本章第Ⅳ部分-5a）。

5. 小学科学教学支持来自弱势群体的学生

过去十年的研究探索了"面向所有人的科学"这一口号及其对小学科学教学的影响。对这一领域的研究考察了科学教学是怎样常常忽视弱势群体学生的，这些学生来自在科学领域中未得到重视的文化、种族、社会经济和语言群体（例如Carlone et al., 2011; Kurth, Anderson, & Palincsar, 2002）。他们还探索了科学教学能够满足所有学生需求的方法，重点关注那些来自弱势群体的学生，这些学生经常远离科学，其科学学习也未达到白人、中产阶级和上层阶级学生所取得的科学成就水平。我们如何缩小优势群体和弱势群体之间的学习成就差距（美国教育部，2011）？如何让所有学生感到受欢迎并充分参与到科学课堂共同体之中？

这一领域的许多研究都深入探讨了学生在科学课堂上的经历，分析了传统和改革型探究式科学教学是怎样无意中造成不公平的（例如Carlone et al., 2011; Kurth et al., 2002），以及来自非主流文化和社区的学生如何能够在科学方面取得成功并认同科学（例如Hudicourt-Barnes, 2003; Radinsky et al., 2010; Rosebery et al., 2010; Tan & Barton, 2008b; Varelas, Kane, & Wylie, 2012）。就这篇综述的目的而言，对这些聚焦于学习的研究进行核查，可以为我们提供一些关于支持弱势群体学生的教学方法的见解。然而，特别令人感兴趣的是，那些聚焦于教学的研究，检测了教学中的哪些方面可以满足所有学生的需求（例如Barton & Tan, 2009; Grimberg & Gummer, 2013; Lee, Buxton, Lewis, & LeRoy, 2006; Reveles, Cordova, & Kelly, 2004; Upadhyay, 2006）。

纵观这些聚焦于学习和教学的研究，它们在理论框架和学习目标上是存在差异的。虽然所有这些框架都重视让学生参与科学探究，将学习经历建立在学生的家庭及文化知识与经验的基础之上，但有些框架将探究置于明显的中心位置，而另一些框架则将学生的主体性、知识储备以及身份认同等问题置于显著位置。这些突出强调探究的研究，其立场是提高探究导向的科学教学的质量，从而提高所有学生的科学学习水平。而另一些人则认为，好的探究式科学教学是不够的，需要结合其他重要方面的考虑。特别是，科学教学需要认真对待学生多元的文化、语言和经验，将其视作科学教学的中心和基础；除了支持科学概念和实践的学习外，科学教学还需要促进学生在科学中的主体性和认同感。这些研究在教学法的取向上也有所不同，从更结构化的以5E为导向的探究式教学模式到更偏向于响应式的教学模式。接下来所描述的研究将分为四个类别以突显理论框架和教学策略的共性与差异，而这些理论框架和教学策略则被认为能够成功地支持来自弱势群体的学生。

面向全体学生的探究式科学教学

在李及其同事进行的一项有关学生学习的研究(2006)中，聚焦于探究的框架和ELL的教学策略指导着教学干预的设计，该教学干预是在一所具有大量英语语言学习者的多民族和多种族的城市小学课堂上实施的。在前后测的访谈中，25名3年级和4年级学生被要求设计一项研究，以解决表面积与蒸发速率的关系这一问题。接受访谈的学生来自6所小学，使用探究框架课程材料；他们代表着不同的能力水平、英语语言能力和特定年龄群体。研究发现，来自所有特定年龄群体的学生在理解变量控制和提供证据支持其主张方面都表现出显著的前后测增长，且ELLs、女孩和成绩差的学生增长更为明显。

哪些教学框架和/或教学策略有助于取得这些学习成果？该项目的框架有两个主要的概念基础：(a)一个探究框架，包括了五个探究阶段(提问、制定计划、实施计划、得出结论、报告)；(b)从脚手架高度支持的、教师外显指导的探究平稳过渡到更多由学生发起的探究。开始时，更多的脚手架式的支持对帮助学生理解科学的语言、实践和规范很重要，特别是对那些来自弱势群体的学生来说更是如此。除了探究科学的上述基础之外，教学素材和专业化发展还提供了教学策略和活动，通过在课程中嵌入说明文写作活动和阅读理解段落来促进学生英语写作技能的发展(参见表19.7)。最后，该项目中的教学方法将学生先前的语言和文化经验作为基础。例如，除英语单元外，还开展了有关度量单位的单元教学，以多种小组活动形式开展学习，激活学生先前的知识，教师指南中包括了西班牙语和海地克里奥尔语的科学术语。在这方面，课程力求将学生的母语和文化融入科学教学之中。对课程材料和PD所支持的教学策略的总结参见表19.7。但我们没有数据来评估哪些做法可以被视为高效的实践。

表19.7 促进ELLs科学和语言学习的关键支持与策略

构成要素	科学的支持与策略	语言及读写的支持与策略
课程材料		
教师指导手册	• 从教师外显导向的科学探究转向学生发起的科学探究； • 将对重要科学概念的使用与对现象的解释联系起来； • 提供脚手架以支持学生的科学探究和理解。	• 提供英语、西班牙语、海地克里奥尔语词汇； • 为科学写作要点、大众图书、文学作品提供建议； • 提出促进读写素养发展的策略； • 提供框架。
学生手册	• 强调重要科学概念； • 每次探究活动后，提供相关的科学背景信息。	• 在开始时介绍关键词汇； • 提供在各种情境中使用词汇的机会； • 广泛使用图形素材； • 提供西班牙语和海地克里奥尔语的科学术语； • 强调培养常用读写技能的策略； • 在每节课中开展阅读理解活动； • 描述科学学术语言的功能。

（续表）

构成要素	科学的支持与策略	语言及读写的支持与策略
专业化发展		
面对面的 PD	• 检查每节课的科学内容、动手活动、学生常见的错误概念、潜在的学习困难； • 讨论如何从教师外显导向的教学转向更多由学生发起的活动。	• 发展全体学生常用读写技能的策略： 激活先验知识，理解解释性科学文本、学术语言的功能、科学写作的体裁、图形组织方式、多种表现形式、写作要点提示。 • 为 ELLs 提供语言支持的策略： 使用教具，使用动手活动，使用多种表达方式，在开始时介绍关键词汇，在各种语境中练习词汇的使用，在多种语境中使用语言。 • 为 ELLs 提供语言脚手架的策略： 识别熟练程度，调整语言负荷（放慢语速，清晰地发音），在匹配或略高于学生交流能力的水平上开展交流。

知识储备、混合式空间、异质性

研究证据表明，当学生多样化的经验、知识和文化在科学课堂上被忽视时，全体学生的学习效果都是有限的。相比之下，研究者认为，当教师跳出传统的科学教学范畴、倾听学生的想法，并将学生的认知方式和经验视作科学教学的核心时，面向全体学生的科学教学就会得到改善。这不仅仅是在一节课或一个单元开始时激发学生的先验知识，或承认学生的文化经历以使他们在科学领域感到受欢迎。相反，学生的文化、经验和语言的异质性是全体学生在课堂上开展科学学习的基础（Rosebery et al., 2010）。

巴顿（Barton）和坦（Tan）（2009）使用“知识储备”和“混合式空间”这两个词来描述6年级食品与营养单元的教学目标，以支持低收入、经济不景气的城市学校中非裔美国人（45%）和西班牙裔学生（55%）的学习。他们强调学生从校外环境各社会团体和经历中获得多样化知识储备的重要性。此处所说的知识储备，其定义是学生从家中带来的、经历史沉淀下来的文化知识、技能和资源（Moll, Amanti, Neff, & Gonzalez, 1992）。教师的核心任务是“动用”（p. 52）学生的这些知识储备，并在科学教学中以突出的、富有成效的方式加以利用。利用学生的这些知识储备，教师可以在课堂上创造一个混合式空间。在这个空间里，传统意义上的边缘化知识以及说话/思考的方式会与更学术化的科学知识和认知方式相结合，从而“打破并拓展学校官方话语的边界”（Barton & Tan, 2009, p. 52）。在这一框架中，赋予年轻人体验生活的权利并丰富其生活经验是得到优先考虑的；这与罗斯伯里及其同事（2010）提出的凸显科学学习目标形成了鲜明的对比。

在巴顿和坦的研究（2009）中，一个6年级小组的学生跟教师和研究人员一起参与了对科学课程的规划。学生们被问及食物和营养在他们的生活中有什么意义，他们对食物和营养的体验有哪些以及他们认为关于这个话题同龄人需要知道什么等问题。学生们提出了他们希望开展的教学活动，其中三项活动已在课程中实施：对比快餐店、参加2美元最健康零食竞赛、制作和分享健康的开胃菜。另一项由教师开发的活动证明了将“家庭话语”带入课堂的有效性。这是一项家庭作业，其目的是让学生采访一位家庭成员，了解他们最喜欢的家庭沙拉食谱。这些活动与国家研究理事会提出的框架（2012）倡导的科学探索不同。食品与营养单元已由M先生进行过教学，对该单元的分析聚焦于学生如何从家庭、社区、同龄人和大众文化中获得知识储备，以及课堂如何成为一个混合式空间，在这个空间中，这些知识储备发挥着与科学知识和认知方式同样重要的作用。

在M先生的课堂上，学生的参与程度、作业完成情况、单元作业成绩与其平时的典型表现相比，都有了显著的变化。M先生所有的学生（共五部分）以及格的成绩完成了两项主要的作业；这与其他单元的教学不同，在那些单元中，学生经常要完成的是不用交作业的任务。此外，有更多的学生参与了课堂讨论，包括那些以前不太参与或沉默的学生，而且学生在选择将哪些材料放入其六年级期末的个人档案时，他们从该单元中选择的项目数量比其他任何科学单元都多，这显示出他们对该单元学习成果的关心和认同。

在这一框架内，关于教学我们有何发现？巴顿和坦（2009）强调，该单元的内容和教学主要基于学生的非传统知识储备。在罗斯伯里及其同事（2010）的研究中，课程为计划外活动留出了空间，以吸引学生的异质体验。与罗斯伯里及其同事（2010）的研究不同的是，食品与营养单元事先规划好了一些超出可被明确识别为“科学”活动范畴的活动，包括那些通过与学生的家庭和社区生活及经历建立联系而拓展科学界限的活动。本单元的许多活动都是为了激发和引入各种谈话和体验，而这些谈话和体验在传统意义上可能会被视作是对一个单元科学故事线的干扰。

文化响应式教学

许多研究考察了以文化响应式框架为指导的科学教学（Grimberg & Gummer, 2013; Johnson, 2011; Morrison, Robbins, & Rose, 2008; Tsurusaki, Barton, Tan, Koch, & Contento, 2013）。文化响应式教学是一种“对不属于或未被同化为主流社会群体的学生有意义的”教学（Klug & Whitfield, 2003, p. 151）。在研究综述中，莫里森（Morrison）及其同事（2008）确定了文化响应式教学法的三个主要特征：（1）教师对学生有很高的学术期望，但不以损失其文化认同感为代价；（2）支持学生发展积极的民族和文化认同感；（3）培养学生理解与批判社会问题和不公平现象的能力。

格林贝格（Grimberg）和格默（Gummer）（2013）与教师一起研究了与文化相关的教学法，这些教师来自蒙大拿州美国印第安保留地及其附近的25所幼儿园至8年级的学校。在为期两年的专业化发展项目中，两位研究者让教师考察部落文化、科学课堂文化和科学文化三种文化的交融。三个相互交织的目标指导着教师的专业化发展：（1）加深教师对地域的认识；（2）塑造符合地域文化实践的教学方法；（3）夯实教师科学领域的内容知识。该项目建立在这样一个假设之上——教师需要通过确定科学与学生文化背景之间的交叉点，帮助学习者跨越他们各自分别所属不同文化的边界。

准实验研究的结果表明，实验组的教师改变了他们关于使用文化响应式方法能力的信念以及他们的教学实践，且对学生的学习产生了积极的影响。在对照组中，教师的实践或信念均未表现出显著变化。实验组的教师将更多的时间用在教学实践上，将科学主题、学生真实生活中的问题和动手活动联系起来，而这种实践可以预测学生的学习。例如，对加速运动的研究与箭的制作和投掷有关，而关于向量的概念则与社区的节日和当地老人讲的故事有关。值得注意的是，在本研究考察的六个变量中，只有两个变量与文化交集的概念密切相关，即教师对公平实践的信念和教师将科学与社区联系起来的实践，这两个变量可预测学生科学测验得分的增加。这提供了强有力的实证，表明将科学概念与学生文化背景相关联的教学实践可能是一系列高效的教学实践。

将主体性和身份认同作为学习目标

在文化响应式教学中，主体性和身份认同这两个概念具有重要意义。通过对科学教学的社会文化分析，研究者得出结论：仅仅让学生参与改革型的科学教学，培养出懂科学、能做科研的学生是不够的。为了满足所有学生的需求，科学教学还必须关注学生对其身份认同的发展（Archer, et al., 2010; Carlone et al., 2011）。此外，公平的课堂可以培养学生的主人翁意识及其主体性（Barton & Tan, 2009; Tan & Barton, 2008 a, 2008 b）。

一项针对4年级两个班级的改革型科学教学研究（Carlone et al., 2011）发现，虽然两个班级的学生所发展出的对科学的理解和态度相似，但学生对科学的归属感是不同的。在一个班级中，一组4年级的非裔美国人和拉丁美洲女孩表达了对科学归属感的明显缺失（“他们是研究科学的人，我们跟他们不一样”），尽管事实上他们展示了理解科学的证据，或者在一个案例中比他们的同学表现得更好。

是什么导致了这种归属感的缺失？这两个班的教学体现了基于改革的、探究取向的科学教学的许多方面。然而，教师们在如何引导学生分享科学想法上有不同的方式。在一个班里，学生通过轮流陈述他们的个人想法来分享想法，而在另一个班里，学生必须进行互动、交换想法并努力达成共同的理解。研究人员得出结论，轮流陈述的架构导致学生对科学缺乏归属感，提示着我们需要重新定义科学课堂中的内容，包括重新关注学生是否以及在多大程度上认同课堂中的科学活动（Cobb, Gresalfi, & Hodge, 2009; Gresalfi & Cobb, 2006）。

为支持科学理解和学术认同的共同发展，一位3年级教师科尔多瓦（Cordova）先生在他的跨学科课程中融入了一项针对不同学科中探究者行为持续性的元认知话语（Reveles et al., 2004）。年初，他让学生们探讨一些问题，比如：读者是做什么的？数学家是做什么的？科学家是做什么的？随着学生们对科学家做什么以及为什么这样做的理解越来越复杂，他们对这些问题的最初探索在这一年中也被不断地重新审视。这项工作有助于支持学生重塑他们对科学及其他学科领域的认同感。教师对学生进入课堂时自身所带有的认同感的有效认可也支持着学生认同感的重塑。从这一个案研究中，研究者总结出两个要点：

- 对课堂话语认知维度的分析需要结合对课堂中学生与教师认同感形成的考量；
- 如果所有学生……都应具有平等的机会获取科学知识，……就有必要创造与这些学生带入课堂的独特知识和理解相一致的科学学习机会（Reveles et al., 2004, pp. 1140–1141）。

6. 检验教师学习项目对促进科学教学的作用

那些致力于在职前、入职以及在职阶段支持教师学习的人，往往因为时间和体制的限制而被迫做出艰难的选择，以决定在与教师的合作中应强调科学教学的哪些方面。这导致一些研究检验科学教师的学习，并在特定的、集中的框架内进行实践。也就是说，他们不会试图进行“全方位的检测”，而是将注意力集中在一套关键想法和策略上。这与学者们对教师教育经历的建议是一致的，即围绕着连贯一致的概念框架精心规划教师的学习经历（Bransford, Darling-Hammond, & LePage, 2005; Darling-Hammond, Hammerness, Grossman, Rust, & Shulman, 2005）。

尽管许多科学专业化发展项目大都通过探究来支持教师开展科学教学（Czerniak, Beltyukova, Struble, Haney, & Lumpe, 2006; Johnson, Kahle, & Fargo, 2007; Lakshmanan, Heath, Perlmutter, & Elder, 2011; Lee, Deaktor, Enders, & Lambert, 2008[7]; Lumpe, Czerniak, Haney, & Beltyukova, 2012），且展现出了对教师和/或学生有积极影响的证据，但本综述要重点强调的教师学习项目是受更多限制性框架指导的，我称之为框架驱动的项目。这些框架驱动的项目可以为我们的思考做出重要贡献，帮助我们鉴别出一小部分的高效科学教学实践，并将它们组织成对教师有用和有意义的概念框架。这些框架驱动的项目可作为示例，展现出一些研究人员实际上是如何对高效框架和实践做出最佳选择并对其进行测试的。此处对基于探究的项目和框架驱动的项目的区分是有些故意为之的，但我希望这可以有助于读者考虑尝试定义框架的优势和困难，而该框架有助于解决小学科学教师教学实践中部分深层次的问题。

为与本章目标保持一致，我将重点描述职前或在职教师学习项目中教师学习使用的特定教学框架和策略。我不会具体地说明为了支持教师发展知识和能力以实施特定的教学策略每一个项目都是如何组织的。

框架1：像论证一样教科学

曾巴·索尔（Zembal Saul, 2009）开发并研究了一个项目，该项目围绕证据和论证对小学科学职前教师教育进行规划。这与《新一代科学教育标准》（2013年）所关注的重点一致，即让学生运用科学实践，而科学实践中有一点就是基于证据展开论证。

该框架明确界定了该项目要涵盖的内容，并重点聚焦于科学探究的某些方面：（a）使用论证结构指导课堂讨论，（b）针对从证据中形成观点和基于证据对观点进行评价这两方面进行公开推理，（c）真正接触科学语言。让科学概念变得有意义是该课程的核心，但有意义的理解是指以证据为基础的解释，这种解释是基于现象、已有科学知识和论证之间的互动形成的。

在该项目中，职前教师学习如何使用源自图尔明（1958）的论证结构——主张、证据和论证。教师使用图尔明框架的儿童版——KLEW图表——描绘出儿童论证的发展过程。在这一过程中，小学生们要清楚地表达他们认为从已有知识和经验中了解到了什么（know [K]），他们正在协商讨论的主张（即他们正在学习的内容learning [L]），支持该主张的证据（evidence [E]），以及他们感兴趣的、想要探索的新问题（即好奇的内容wonderings [W]）。在这一论证框架的指导下，职前教师通过六个计划阶段（见表19.8，左侧栏）对教学方案的设计与实施展开学习。这六个类别中的教学设计和教学策略与形成解释所需的主张、证据、论证这一论证框架紧密相关（见表19.8，右侧栏）。

框架2：以建模为中心的探究

施瓦茨（Schwarz, 2009）在她与职前教师的合作中，使用了另一种科学实践——模型的开发和

表19.8　像论证一样教科学：教学框架的聚焦点及教学策略

框架的聚焦点	教学设计与教学策略
科学概念：整体的解释	• 识别学生将要建构的科学解释。
先验知识	• 识别学生的先验知识，评估学生的想法如何有助于或干扰其对科学概念的理解。
数据收集：依次开展探究	• 让学生参与到现象互动和数据收集之中，以帮助他们建构主张。 • 依次开展探究以支持论证的建构。
数据表征：数据分析	• 让学生参与到组织和表征数据之中，以识别其模式。
协调主张与证据：权衡备选项，协商意义	• 通过提问帮助学生识别数据中的模式。 • 提供材料，帮助学生解决观察或解释中的不一致。 • 通过提问帮助学生比较 / 对比不同的主张。 • 通过提出问题帮助学生根据证据协商开展科学准确的论证。
可测试问题：预测	• 为学生提供机会，利用他们的解释来预测和测试与现象相关的互动活动。 • 为学生提供机会探索调查中出现的新问题。

使用——作为组织框架。她致力于加深职前教师对以建模为中心的探究的认识，重塑他们对有效科学教学（包括以建模为中心的探究）的看法，并利用技术模拟、框架和改革型课程材料等工具发展他们的教学内容和教学实践。

为支持职前教师将建模作为其科学教学的中心，施瓦茨开发了一个连贯、紧凑的教学框架，用以指导教师与学生的合作。该建模框架，EIMA（engage-investigation-model-apply，引入–探索–模型–运用）改编自BSCS的5E教学模型（Bybee & Landes, 1988; Bybee et al., 2006）。施瓦茨对该框架的各个阶段描述如下：

(a) 让学生参与到主题之中，并引发他们展示已有的想法；

(b) 帮助学生对主题、现象或想法展开探索，优先收集数据并分析出这些数据中所蕴含的模式；

(c) 帮助学生创建模型或构建解释，并将这些模型和解释与科学界的模型和解释进行比较和调和；

(d) 要求学生将这些模型或解释应用于新的情境之中。

施瓦茨在她科学方法课程的一个变体中使用了美国科学促进会（AAAS）《2061计划的教学分析标准》（Kesidou & Roseman, 2002; Stern & Roseman, 2004），并添加了一个课程分析焦点。她注意到，新增的这一部分使她的课程发生了变化，从注重以建模为中心的探究转向注重《2061计划》标准中更为普遍的有效教学原则。她发现，大量的课程分析标准弱化了课程的重点，职前教师使用这些标准分析和规划课程是令人失望的。这一发现支持了要深入关注一系列有限的高效教学实践这一观点。

框架3：学生思维和科学内容故事线视角

罗思及其同事（2011）为在职教师开发并研究了一个基于视频案例的、指向教学实践分析的专业化发展项目，该项目通过“学生思考”和“科学内容故事线”这两个视角将教师的注意力聚焦于分析、设计和教授科学上。为确定该项目的上述重点，“科学教师从课程分析中学习（Science Teachers Learning from Lesson Analysis [STeLLA]）”项目的开发人员从研究中汲取了一小部分想法，这些想法在一个为期一年的PD项目中展现出了提高教师学习、教学实践和学生学习的巨大潜力。该项目仅有一年的时间，这一限制条件显示小学教师在科学专业化发展方面时间有限，但仍为教师产生知识和实践上的重大变化提供了充足的时间（总计88.5小时的PD）。为了在这一年内对教和学产生重大影响，该项目假定其项目内容需集中、深入地探讨少量的想法和教学策略。

表19.9描述了指导STeLLA项目的概念框架。科学内容故事线视角关注的是在一节科学课或一个单元中，科学概念是如何排序并相互关联的，以及它是如何与课程活动相联系，以帮助学生构建一个连贯的、对他们来说有意义的“故事”。很多时候，教师呈现准确的科学内容，并让学生参与动手活动，但这些概念和活动并没有交织在一起形成一个可以用来讲述或展现的连贯故事（Roth et al., 2006）。STeLLA的科学内容故事线视角通过一套含有九种教学策略的方法为教师带来了福音，通过这套方法可以支持一个连贯故事线的开发（见表19.9）。

表19.9 STeLLA的概念框架：两个视角

学生思维视角	科学内容故事线视角
揭示、支持和挑战学生思维的教学策略：	创设一个连贯科学内容故事线的策略：
1. 提问以引出学生的想法和预测。	A. 确定一项主要的学习目标。
2. 提问以探查学生的想法和预测。	B. 用一个焦点问题和／或目标陈述设定目标。
3. 提问以挑战学生的思维。	C. 选择与学习目标相匹配的活动。
4. 让学生对数据和观察进行解释和推理。	D. 选择与学习目标相匹配的内容表征，并让学生参与到这一表征的运用之中。
5. 让学生参与解释和论证的建构。	E. 对关键科学概念和活动进行适当排序。
6. 让学生以不同的方式、在不同的背景下使用和应用新的科学概念。	F. 在科学概念和活动之间建立外显的联系。
7. 通过综合和总结关键的科学概念，让学生在概念间建立联系。	G. 将科学概念和其他科学概念联系起来。
8. 让学生以科学的方式进行交流。	H. 从始至终突出关键的科学概念和焦点问题。
	I. 总结关键的科学概念。

包括学生思考视角在内的这一决定是受大量研究影响的，这些研究探索了学生对自然现象的想法，学生的想法在教师的科学教学中可以发挥的作用，以及关注学生的想法和文化对支持来自科学弱势群体的学生学习科学的重要性，而这些研究表明，教师在设计、实施和分析其教学的过程中通常

都未关注学生的想法（van Es & Sherin, 2002）。在STeLLA概念框架中强调了有助于揭示、支持和挑战学生思维的八种教学策略。

该项目的一项基于准实验设计的初步研究（Roth et al., 2011）表明，科学教学的以下方面可预测学生的学习：（1）教师的科学内容知识；（2）教师分析科学教学中学生思维的能力；（3）教师在课堂上对四种科学内容故事线教学策略的运用：

（a）课程活动符合学习目标；

（b）学生使用、修改或创建与学习目标相匹配的内容表征；

（c）科学内容概念与活动展现出外显的联系；

（d）科学内容概念与其他内容概念相联系。

目前，一项针对更多教师的随机对照研究正在进行中（Roth, Taylor, Wilson, & Landes, 2013），初步结果显示，对教师的科学内容知识和教学内容知识的影响是相似的。在样本量较大的情况下，研究应该能够发现特定教学策略与学生学习之间的新关联。那些可预测学生学习的教学策略将成为潜在的高效科学教学实践优先的备选策略。

其他框架

在考虑支持小学科学教学的有效方法时，也应考虑其他重要的和创新的替代框架与理论方法。例如，有些框架侧重于利用学生多样化的话语和知识储备来开展文化响应式教学实践（Barton, Gunckel, Covitt, & McLaughlin, 2007；LaVan, 2006；Moore, 2008）。在一种方法中，穆尔（Moore, 2008）将主体性、身份认同和社会公正作为她与职前教师合作的框架。埃克森（Akerson）及其同事（Akerson, Buzzelli, & Donnelly, 2010；Akerson & Hanuscin, 2007；Akerson & Volrich, 2006）在与职前和在职小学教师合作时使用了科学本质框架。在一项研究（Akerson & Volrich, 2006）中，他们记录了一名职前教师在其实习期间，成功地在1年级课堂上开展了外显的关于科学本质的教学。其他富有成效的框架重点聚焦于发展教师的教学法设计能力（Davis & Smithey, 2009）或发展教师在使用特定教学模式方面的专业技能（Gunckel, 2011）。赫勒（Heller）等人（2012）研究了三个PD项目，它们共享同一个框架，该框架聚焦于加深教师对特定科学内容知识的理解，并结合了学习者对该内容思考的分析以及对有助于学习者理解该内容的教学策略的分析。在这一共同框架内，三个项目在支持教师探索该框架的活动类型上有所不同：（a）案例分析，（b）学生表现分析，或（c）元认知分析。在全部这三组中，教师和学生在科学测试中的得分都远远超过了对照组，且一年后此效果仍保持不变。在该研究实施的年度随访及此后的随访中，英语学习者的学习成绩也有显著提高，并且教学干预的效果并不因性别或种族/民族的不同而存在差异。除其他发现外，这项研究还提出了一个框架应具有的功效，即能够将对科学内容的学习和对与该内容相匹配的学生学习和教学策略分析结合在一起。

这些框架驱动的研究证据表明，深入关注科学教学的某些特定方面是具有潜在力量的。尤其令人感兴趣的是，那些学习过这些框架的职前和刚工作一年的教师，即使是初学者，也能够使用与改革型观点相一致的方式教授科学。阿夫拉阿米杜（Avraamidou）和曾巴·索尔（2010）记录了两位在其工作第一年中就取得了“良好开端的初学者”。这两位教师都让学生参与探究，并使用诸如预测、收集和记录数据、概括等实践技能。其中一位老师成功地支持了她的学生使用主张、证据、论证这一框架。冈克尔（Gunckel, 2011）报告了一项关于一名职前教师的案例研究，这名教师在其第一次科学教学经历中就成功地将探究应用教学模式（inquiry-application instructional model [I-AIM]）用于科学教学。埃克森和沃里奇（Volrich）（2006）成功地支持了一名职前教师让1年级学生思考科学本质的重要方面。这些研究的突出之处在于：（a）即使是新任教师也能够以有意义的方式实施改革型教学；（b）这些教师对自身教学实践的思考符合其实际情况。这可能表明以框架为中心的方法是具有效力的。

施瓦茨在她2009年的文章结尾提出了一个与寻找有效框架和高效实践非常相关的问题："所有这些基于研究的框架和理论方法，哪一种可能会对职前教师产生最大的影响？通过何种方式产生影响？"（p.741）。本章旨在促进对这个问题的思考。

7. 检测形成性评价在促进科学教学中的作用

鲁伊斯·普里莫（Ruiz Primo）和富尔塔克（Furtak）（2007）对教师非正式评价实践的研究是本章为数不多的几项仔细检验了教师对一套教学策略的运用情况并将这些具体的教师行为与学生学习联系在一起的研究之一。这项研究的重点是教师在教学过程中运用策略对学生的学习情况进行非正式评估，并利用这些知识来支持学生的学习。研究者提出了一个框架，从典型的师生互动的启动–反应–评价（initiation-response-evaluation [IRE]）模式（Cazden，2001）转变为促进评价对话的模式。他们提出的ESRU模型首先是教师引出（elicite [E]），而后是学生反应（student response [S]），然后教师识别（recognize [R]）学生的反应（重述、改述）并使用（use [U]）学生的反应帮助学生达成学习目标。表19.10提供了可用于引出、识别和使用学生反应的特定教师行为示例。

研究人员观察了三名教师（一名小学6年级教师和两名初中教师）在物质性质（质量、体积、密度、沉与浮）这一单元中前四项探究活动的教学。课程材料均以建构主义和探究为基础（《科学教学的基础方法》[Foundation Approaches to Science Teaching]；Pottenger & Young，1992）。研究人员对全部这些课程进行录像并编码，以确定教师是如何与学生互动的。同时他们也收集了学生学习的数据，以便分析所用教学策略与学生学习之间的关系。

表19.10 ESRU循环策略的选择性示例

引出	识别	使用
概念方面——教师要求学生： • 提供定义 • 应用、关联、比较、对比概念 • 比较 / 对比他人的想法 认知方面——教师要求学生： • 比较 / 对比观察结果、数据或步骤 • 使用和应用已知步骤 • 做出预测 • 解释数据、模式	教师： • 澄清 / 阐述学生的反应 • 重复 / 复述学生的话 • 重构学生的语言 • 捕捉 / 展示学生的回答 / 解释	教师： • 要求学生详细说明（为什么，如何做） • 比较 / 对比学生的回答，并促使学生提出其他可能的解释 • 促进学生想法之间的辩论和讨论 • 帮助学生达成共识 • 帮助学生将证据与解释联系起来 • 与先前的学习建立联系

根据 Ruiz-Primo & Furtak, 2007 改编

结果表明，小学6年级教师开展的评价对话多于两名初中教师，且其评价对话的特点也更符合ESRU模型。尽管所有学生在该单元的前测中表现相似，但来自评价对话最多的课堂（小学6年级）的学生比来自7、8年级初中课堂的学生表现得更好。这表明，好的非正式评价策略可以更好地支持学生的学习。有趣的是，初中教师的科学背景比小学教师强。这表明，仅仅拥有科学内容知识可能不足以成为教师开展有效的、非正式的形成性评价的先导。研究者认为ESRU的提问模式可能会有助于教师区分以背诵为目的的提问和以启发学生想法并促进其学习为目的的提问。

第V部分
关于小学科学教学的研究存在哪些漏洞，需要哪些研究方向？

为支持学生深入地、有意义地理解科学，未来的研究应如何缩小现有与所需之间的巨大鸿沟？这些研究如何为实践提供指导？本部分对小学科学教学的综述从行文架构上突出呈现了那些可有效支持学生科学学习或科学认同的科学教学框架和策略。如第III部分所述，对科学教学框架和教学实践进行编目是我们拟定的研究议程的第一步，该研究议程是要确定一小部分高效的实践和教学框架，用以指导小学教师。该研究议程认可小学教师的实际需要，他们通常具有有限的科学背景，要负责多个学科领域的教学，且用于改进其科学教学的时间也是有限的。此项议程的拟定也让我们认识到小学科学教学实践的现状与我们所期待的教学之间的鲜明差异，我们期望可以实现的教学是来自科学优势群体和弱势群体的学生都能够有意义地运用科学实践加深对科学概念的理解，能够理解和欣赏科学的认知与交流方式，并将自己视为合格的科学学习者。我认为，研究可以在改变小学科学教学中发挥重要作用，通过研究可以确定数量有限的高效科学教学策略，在紧凑的概念框架、模型或理论的指导下，将它们组成一个连贯的集合体，而这些概念框架、模型或理论则可以真正从实际上在设计与实施教学的过程中为教师决策提供指导。

本综述中对代表性研究的描述，着重呈现了科学教育研究共同体拥有的丰富知识，进而确定核心教学策略和框架。作为一个共同体，我们正在测试各种教学框架和教学策略，并了解更多关于学生学习的可能性。具有影响力的教学方法是围绕不同教学框架或模式组织展开具有挑战性的、生机勃勃的教学形式（Lampert, Beasley, Ghousseini, Kazemi, & Franke, 2010；Windschitl, Thompson, & Braaten, 2011）。其中的每一种方法都突出强调了一套特定的教学策略，例如关于构建科学解释、引发和回应学生的想法、构建和修改模型、将学生的文化体验带入科学课堂、培养学生的英语语言能力、促进语言艺术与科学的融合等策略。小学教师是如何理解我们探索的有时是相互竞争的模型的？他们如何从我们研究中得出的一长串的教学策略？作为一个研究共同体，我们下一步可以采取什么措施来确定一套高效的教学实践使小学教师能够面向所有学生有效地展开科学教学？我提出了下一步可以采取的五个措施，同时希望读者对我们如何推进科学教学有更多的想法。

首先，我们可以概览我们的研究（从这篇综述开始），找出研究中常见的教学实践或策略，即使是在不同理论或教学框架下进行的研究。例如，该领域似乎有一种共识，即教师启发学生的想法和经验非常重要，并至少将其作为探索新现象或新内容领域的起点。元分析对这一过程也有帮助（例如，

Schroeder, Scott, Tolson, Huang, & Lee, 2007)。

其次，我们可以清晰地阐明各自的框架和理论立场的差异，并设计研究来探索这些差异。例如，本篇综述指出，比起继续保持连贯的、学习目标驱动的教学序列(Krajcik, McNeill, & Reiser, 2008; Roth et al., 2011)，虽然大家都认可要引发和使用学生的想法，但对科学教学应在多大程度上回应学生的想法和理论却存有不同的看法(例如 Hammer, Russ, Mikeska, & Scherr, 2008; Hammer, Goldberg, & Fargason, 2012; Rosebery et al., 2010)。现实生活中的应用以及与学生家庭、文化和社区生活相联系这两方面的作用也存在不同。教学应该从学生生活中的应用开始(Barton & Tan, 2009)，还是从关注有趣或令人费解的现象开始？让学生在其生活中进行应用是让学生实践在新情境中应用科学概念的一种方式(Roth et al., 2011)，还是应该在所有学习单元中都强调让学生在其生活中进行应用(Barton & Tan, 2009)？我们还可以阐明我们对何时以及如何最有效地向学生展现新科学概念方面进行考量的差异。

第三，我们可以进一步探索如何帮助教师成为一名具有良好开端的新教师。阿夫拉阿米杜和曾巴·索尔(2010)、冈克尔(2011)、埃克森和沃里奇(2006)的研究表明，职前教师参与以框架为中心的教师教育项目可使他们在首次教学中就能开展改革型科学教学。作为一个研究领域，我们将受益于更多这样的研究——让职前或新任教师根据一个特定的框架思考科学教学，而该框架由经过深入探索的、数量有限的相关教学策略支持，随后在师范生的教学和实习经历，以及入职后最初的几年教学中予以实施。这类研究工作代表着我们对科学教师职业生涯中自身学习的发展过程的第一步探索。

第四，我们可以运用小学科学中教学视频图像的功能，在研究者之间达成更强烈的共识。例如，最近完成的有关概念证据的一项研究表明，将文字与科学教学图像联系起来(Tying Words to Images of Science Teaching [TWIST])，通过提供一个"从文字到图像"的工具，将文字(通过编码手册)与科学教学图像(通过已达成共识编码的课程视频)进行匹配，证明了运用研究共同体达成共识的建构过程来开发一种工具的可行性，该工具可以支持研究人员对课堂教学视频进行跨项目的、一致性的分析(Gardner, Stuhlsatz, & Roth, 2013)。

最后，我们将受益于更多的研究，这些研究旨在更好地理解特定教学策略和方法的影响。在准备这篇综述的过程中，我发现在许多研究中对教学的描述是宽泛、笼统的，通常这是因为研究重点是指向学生学习的。我现在的建议是，研究人员在其研究议程中增加一些研究，重点放在小范围的教学策略及其与学生学习的关系上。无论是定性的还是准实验/实验设计都将为我们寻求高效教学实践做出重要贡献。例如，本版综述中所描述的一些研究，其定性的研究结果强调了以下方面的重要性：

- 外显地教授学生科学论证、解释和话语结构(McNeill, 2011; McNeill et al., 2007, 2008; Michaels, O'Connor, & Resnick, 2008; Michaels, Shouse, & Schweingruber, 2008; Roth, 2002; Songer & Gotwals, 2012; Varelas et al., 2008; Zembal-Saul, 2009)
- 跨时间的连贯性(Krajcik et al., 2008; Lehrer & Schauble, 2012; Metz, 2011; Wiser, Smith, & Doubler, 2012)
- 以学生的背景、知识和经验为中心(Barton & Tan, 2009; Carlone et al., 2011; Grimberg & Gummer, 2013; Lee, Maerten-Rivera, Buxton, Penfield, &

Secada, 2009; Rosebery et al., 2010)

本文中引用的准实验和实验设计使用了多层线性模型(hierarchical linear modeling [HLM])这一分析方法，鉴别出了下列可预测学生学习的教学策略：

- 在科学主题、学生现实生活问题和动手活动之间建立联系(Grimberg & Gummer, 2013)
- 让学生通过自主探究以及让其参与探究前后的课堂讨论来完成活动，而非观看教师演示(Fogleman, McNeill, & Krajcik, 2011)
- 形成连贯的科学内容故事线，在这一过程中(Roth等人，2011)：
    - 课程活动应符合学习目标
    - 学生使用、修改或创建与学习目标相匹配的内容表征
    - 科学内容概念与活动形成外显的关联
    - 科学内容概念与其他内容概念相关联

在小学科学教学的研究中，也有很多被忽视的领域。最稀缺的就是工程学和在科学中运用数学这两方面的相关研究，而这两方面在美国国家研究理事会提出的框架(2012)和《新一代科学教育标准》(2013)中都进行了强调。有关小学科学教学系统化支持及制约因素的研究也不多。一些有关小学教师的案例研究表明，需要多关注与教师相关的更大范畴的制度与政策背景。例如，史密斯(Smith)和萨瑟兰(Southerland)(2007)指出，教师在与标准、必修课程和地区的结业水平测试的交互中获得的关于科学教育改革的信息有时是相互矛盾的。卡洛内(Carlone)、豪恩·弗朗克(Haun Frank)和基梅尔(Kimmel)(2010)着重指出了具备强烈科学热忱的小学教师所面临的困境，他们仍然会感受到联邦和地方问责制度的严重制约。如果我们希望改变小学科学教学的现状，就需要有相应的策略对教师进行有效的支持，使其科学教学目标与教学环境的现实要求相协调。

我们现有研究中的另一个不足是，研究小学科学教学实践的大型准实验研究和实验研究相对较少。这些研究不是万能的。有时这样的研究会显示对学生的学习没有任何影响，所以我们对整合在其中的特定教学策略所蕴含的潜力一无所知(Borman, Boydston, Lee, Lanehart, & Cotner, 2009; Borman, Gamoran, & Bowdon, 2008; Pine et al., 2006)。其他时候，我们只了解到对学生学习的积极影响，但并未从HLM分析中获益，以确定可预测学生学习的具体教学实践(Granger, Bevis, Saka, & Southerland, 2010)，或者对学生学习的评估与课程或专业化发展相距甚远(例如，高利害的学习成绩测试)，从而导致未能发现对学生学习的影响(Shymansky, Yore, & Anderson, 2004)。无论如何，当干预清晰地聚焦于一小部分选定的教学策略且研究设计旨在检验教学策略的使用与学生学习之间的关系时，我们就可以获得关于潜在高效教学实践的重要见解。

这篇综述提供了一张科研群体在过去十年中对小学科学教学这一研究领域进行探索的图谱。这张图谱中包含了充满前景的数据和多种可能的路径，可以引领我们从当下的小学科学教学实践现状向一个充满各种可能的新愿景前行。未来的研究可聚焦于对核心的、有效的小学科学教学实践形成更为系统的理解，这些教学实践可用于为小学教师提供一条清晰的道路，开始向更为充满希望的科学教学迈进。

注释

1. 上一版手册中的相关章节对小学科学教学更早

的研究历史进行了回顾(Appleton, 2007; Gabel, 1994)。

2. 被删除的关于小学科学课程资源的段落可直接向本章作者(kroth@bscs.org)获取。
3. 我删除了对7年级和8年级学生学习情况进行研究的文献。有趣的是，在*TSTS*所列的幼儿园至6年级的引文中，有超过一半是关于6年级学生的(Beeth, Hennessey, Khishfe, Raghavan, Smith, White)。赫伦科尔(Herrenkohl)、莱勒(Lehrer)、梅茨(Metz)、罗思(Roth)和沃伦(Warren)的引文都涉及低年龄段学生。
4. 卡瓦涅托(Cavagnetto)还鉴别出了第三类论证式对话——理解科学与社会的互动关系进而学习科学论证。但在这篇综述中并没有发现在小学课堂上使用这种方法的相关研究。
5. 这些作者报告了第三种类型的读写与科学整合，这种整合在课堂上很常见，但在研究文献中却没有出现：一种主题式的方法，科学和读写是分开教授的，但这二者由一个相关联的主题连接起来。
6. 另一种完全整合式的方法在《科学的种子，阅读的根》(Seeds of Science, Roots of Reading)这一课程材料中得以实施(Cervetti, Barber, Dorph, Pearson, & Goldschmidt, 2012)。关于这一课程项目的更多信息，可发邮件给本章作者(kroth@bscs.org)，索取本章早期草稿中关于课程材料的章节。
7. 李(Lee)及其同事开发和研究的专业化发展项目也可被视为是框架驱动的项目。由于该项目既包括广泛的科学探究要点，也包括对语言发展的关注，我们可以将语言与科学探究之间的关联视为教师用来指导教学的框架。另一方面，对科学探究和英语学习者的需求这两方面因素的关注，产生了一个相当长的教学策略列表(见表8)。因此，这一框架可以被看作是拓宽了要涵盖的领域(扩展至读写，而不仅仅是科学)，而不是深入关注领域内的某些部分。

参考文献

Abd-El-Khalick, F., BouJaoude, S., Duschl, R., Lederman, N.G., Mamlok-Naaman, R., Hofstein, A., Niaz, M., Treagust, D., & Tuan, H.-L. (2004). Inquiry in science education: International perspectives. *Science Education, 88*, 397–419.

Abell, S.K., Anderson, G., & Chezem, J. (2000). Science as argument and explanation: Exploring concepts of sound in third grade. In J. Minstrell & E. Van Zee (Eds.), *Inquiring into inquiry learning and teaching in science* (pp. 65–79). Washington, DC: American Association for the Advancement of Teaching.

Abrahams, I., & Reiss, M.J. (2012). Practical work: Effectiveness in primary and secondary schools in England. *Journal of Research in Science Teaching, 49* (8), 1035–1055.

Akerson, V.L., & Abd-El-Khalick, F. (2003). Teaching elements of nature of science: A yearlong case study of a fourth grade teacher. *Journal of Research in Science Teaching, 40*, 1025–1049.

Akerson, V.L., Abd-El-Khalick, F., & Lederman, N.G. (2000). Influence of a reflective explicit activity-based approach on elementary teachers' conceptions of nature of science. *Journal of Research in Science Teaching, 32*, 295–317.

Akerson, V.L., Buzzelli, C.A., & Donnelly, L.A. (2010). On the nature of teaching nature of science: Preservice early childhood teachers' instruction in preschool and elementary settings. *Journal of Research in Science Teaching, 47* (2), 213–233.

Akerson, V.L., & Hanuscin, D.L. (2007). Teaching nature of science through inquiry: Results of a 3-year professional development program. *Journal of Research in Science

Teaching, 44 (5), 653 – 680.

Akerson, V.L., & Volrich, M.L. (2006). Teaching nature of science explicitly in a first-grade internship setting. *Journal of Research in Science Teaching, 43* (4), 377 – 394.

Appleton, K. (2003). How do beginning primary school teachers cope with science? Toward an understanding of science teaching practice. *Research in Science Education, 33*, 1 – 25.

Appleton, K. (2007). Elementary science teaching. In S.K. Abell & N.G. Lederman (Eds.), *Handbook of research on science education* (pp.493 – 535). Mahwah, NJ: Lawrence Erlbaum Associates.

Archer, L., Dewitt, J., Osborne, J., Dillon, J., Willis, B., & Wong, B. (2010). "Doing" science versus "being" a scientist: Examining 10/11-year-old schoolchildren's constructions of science through the lens of identity. *Science Education, 94*, 617 – 639.

Aschbacher, P.R., & Roth, E.J. (2002). *What's happening in the elementary inquiry science classroom and why? Examining patterns of practice and district factors affecting science reforms.* Paper presented in a Symposium: Policy Levers for Urban Systemic Mathematics and Science Reform: Impact Studies From Four Sites at the Annual Meeting of the AERA, New Orleans, LA.

Avraamidou, L., & Zembal-Saul, C. (2010). In search of well-started beginning science teachers: Insights from two first-year elementary teachers. *Journal of Research in Science Teaching, 47* (6), 661 – 686.

Baek, H., Schwarz, C., Chen, J., Hokayem, H., & Zhan, L. (2011). Engaging elementary students in scientific modeling: The MoDeLS fifth-grade approach and findings. In M.S. Khine & I.M. Saleh (Eds.), *Models and modeling in science education* (pp.195 – 218). New York, NY: Springer.

Ball, D.L., Sleep, L., Boerst, T.A., & Bass, H. (2009). Combining the development of practice and the practice of development in teacher education. *The Elementary School Journal, 109* (5), 458 – 474.

Bamberger, Y.M., & Davis, E. (2013). Middle-school science students' scientific modeling performances across content areas and within a learning progression. *International Journal of Science Education, 35* (2), 213 – 238.

Banilower, E.R., Heck, D.J., & Weiss, I.R. (2007). Can professional development make the vision of the standards a reality? The impact of the National Science Foundations' local systemic change through teacher enhancement initiative. *Journal of Research in Science Teaching, 44*, 375 – 395.

Banilower, E.R., Smith, P.S., Pasley, J.D., & Weiss, I.R. (2006). The state of K12 science teaching in the United States: Results from a national observation survey. In D. Sunal & E. Wright (Eds.), *The impact of state and national standards on K–12 teaching.* Greenwich, CT: Information Age Publishing.

Banilower, E.R., Smith, P.S., Weiss, I.R., Malzahn, K.A., Campbell K.M., & Weis, A.M. (2013). *Report of the 2012 National Survey of Science and Mathematics Education.* Chapel Hill, NC: Horizon Research, Inc.

Barnes, B., Bloor, D., & Henry, J. (1996). *Scientific knowledge: A sociological analysis.* Chicago, IL: University of Chicago Press.

Barton, A., Gunckel, K., Covitt, B., & McLaughlin, D. (2007, July). *Considering students' strengths: Helping elementary preservice teachers take account of students' resources in planning and teaching science lessons.* Poster presented at the Center for Curriculum Materials in Science Knowledge Sharing Institute, Washington, DC.

Barton, A.C., & Tan, E. (2009). Funds of knowledge and discourses and hybrid space. *Journal of research in science teaching, 46* (1), 50 – 73.

Beeth, M.E., & Hewson, P.W. (1999). Learning goals in an exemplary science teacher's practice: Cognitive and social factors in teaching for conceptual change. *Science Education, 83* (6), 738 – 760.

Berland, L.K., & Reiser, B.J. (2009). Making sense of argumentation and explanation. *Science Education, 93* (1), 26 – 55.

Beyer, C., & Davis, E.A. (2008). Fostering second-graders' scientific explanations: A beginning elementary teacher's knowledge, beliefs, and practice. *Journal of the Learning Sciences, 17* (3), 381 – 414.

Borman, G., Gamoran, A., & Bowdon, J. (2008). A randomized trial of teacher development in elementary science: First-year achievement effects. *Journal of Research on Educational Effectiveness, 1*, 237 – 264.

Borman, K., Boydston, T., Lee, R., Lanehart, R., & Cotner, B. (2009, March). *Improving elementary science instruction and student achievement: The impact of a professional development program.* Paper presented at the annual meeting of the Society for Research on Educational Effectiveness, Washington, D.C.

Bransford, J., Darling-Hammond, L., & LePage, P. (2005). Introduction. In L. Darling-Hammond & J. Bransford (Eds.), *Preparing teachers for a changing world: What teachers should learn and be able to do* (pp. 1–39). San Francisco, CA: Jossey-Bass.

Bricker, L.A., & Bell, P. (2008). Conceptualizations of argumentation from science studies and the learning sciences and their implications for the practices of science education. *Science Education, 92*, 473–498.

Bruozas, M., Finn, L.E., Tzou, C., Hug, B., Kuhn, L., & Reiser, B.J. (2004). Struggle in natural environments: What will survive? In J. Krajcik & B.J. Reiser (Eds.), *IQWST: Investigating and questioning our world through science and technology.* Evanston, IL: Northwestern University.

Bybee, R.W., & Landes, N.M. (1988). What research says about the new science curriculum (BSCS). *Science and Children, 25*, 35–39.

Bybee, R.W., Taylor, J.A., Gardner, A., Van Scotter, P., Powell, J.C., Westbrook, A., et al. (2006). *The BSCS 5E instructional model: Origins and effectiveness.* Colorado Springs, CO: BSCS.

Carey, S., Evans, R., Honda, M., Jay, E., & Unger, C. (1989). "An experiment is when you try it and see if it works:" A study of junior high school students' understanding of the construction of scientific knowledge. *International Journal of Science Education, 11*, 514–529.

Carlone, H.B., Haun-Frank, J., & Kimmel, S.C. (2010). Tempered radicals: Elementary teachers' narratives of teaching science within and against prevailing meanings of schooling. *Cultural Studies of Science Education, 5*, 941–965.

Carlone, H.B., Haun-Frank, J., & Webb, A. (2011). Assessing equity beyond knowledge- and skills-based outcomes: A comparative ethnography of two fourth-grade reform-based science classrooms . *Journal of Research in Science Teaching, 48* (5), 459–485.

Catley, K., Lehrer, R., & Reiser, B. (2005). *Tracing a proposed learning progression for developing understanding of evolution.* Paper commissioned for the Committee on Test Design for K–12 Science Achievement. Center for Education, National Research Council. Washington, DC.

Cavagnetto, A.R. (2008). Factors influencing the implementation of the science writing heuristic in two elementary science classrooms. In B. Hand (Ed.), *Science inquiry, argument, and language: A case for the science writing heuristic* (pp. 37–52). Rotterdam, the Netherlands: Sense.

Cavagnetto, A.R. (2010). Argument to foster scientific literacy: A review of argument interventions in K–12 science contexts. *Review of Educational Research, 80*, 336–371.

Cavagnetto, A.R., Hand, B.M., & Norton-Meier, L. (2010). The nature of elementary science discourse in the context of the science writing heuristic approach. *International Journal of Science Education, 32* (4), 427–449.

Cazden, C.B. (2001). *Classroom discourse: The language of teaching and learning.* Portsmouth, NH: Heinemann.

Cervetti, G.N., & Barber, J. (2008). Text in hands-on science. In E.H. Hiebert & M. Sailors (Eds.), *Finding the right texts: What works for beginning and struggling readers* (pp. 89–108). New York, NY: Guilford.

Cervetti, G.N., Barber, J., Dorph, R., Pearson, P.D., & Goldschmidt, P.G. (2012). The impact of an integrated approach to science and literacy in elementary school classrooms. *Journal of Research in Science Teaching, 49* (5), 631–658.

Chapin, S.H., O'Connor, C., & Anderson, N.C. (2009). *Classroom discussions: Using math talk to help students learn.* Sausalito, CA: Scholastic Math Solutions.

Chinn, C.A., & Malhotra, B.A. (2002). Children's responses to anomalous scientific data: How is conceptual change impeded? *Journal of Educational Psychology, 94*, 327–343.

Cobb, P., Gresalfi, M., & Hodge, L.L. (2009). An interpretive scheme for analyzing the identities that students develop in mathematics classrooms. *Journal for Research in Mathematics Education, 40*, 40–68.

Cornelius, L.L., & Herrenkohl, L.R. (2004). Power in the classroom: How the classroom environment shapes students' relationships with each other and with concepts. *Cognition and Instruction, 22* (4), 389–392.

Cortina, A. (Ed.). (2008). *The education system of the Federal Republic of Germany.* Reinbek, Germany: Rowohlt Verlag.

Czerniak, C.M., Beltyukova, S., Struble, J., Haney, J.J.,

& Lumpe, A.T. (2006). Do you see what I see? The relationship between a professional development model and student achievement. In R.E. Yager (Ed.), *Exemplary science in Grades 5–8: Standards-based success stories* (pp. 13–43). Arlington, VA: NSTA Press.

Darling-Hammond, L., Hammerness, K., Grossman, P., Rust, F., & Shulman, L. (2005). The design of teacher education programs. In L. Darling-Hammond & J. Bransford (Eds.), *Preparing teachers for a changing world: What teachers should learn and be able to do* (pp. 390–441). San Francisco, CA: Jossey-Bass.

Davis, E., & Smithey, J. (2009). Beginning teachers moving toward effective elementary science teaching. *Science Education, 93* (4), 745–770.

Delpit, L.D. (1988). The silenced dialogue: Power and pedagogy in educating other people's children. *Harvard Educational Review, 28* (3), 280–299.

Delpit, L.D. (2006). *Other people's children: Cultural conflict in the classroom.* New York, NY: W.W. Norton.

Donovan, S., & Bransford, J.D. (2005). *How students learn: Science in the classroom.* Washington, DC: National Academies Press.

Dorph, R., Shields, P., Tiffany-Morales, J., Hartry, A., & McCaffrey, T. (2011). *High hopes—few opportunities: The status of elementary science education in California.* Sacramento, CA: Center for the Future of Teaching and Learning at WestEd.

Driver, R., Leach, J., Millar, R., & Scott, P. (1996). *Young people's images of science.* Buckingham, England: Open University Press.

Duncan, R., Rogat, A.D., & Yarden, A. (2009). A learning progression for deepening students' understandings of modern genetics across the 5th–10th grades. *Journal of Research in Science Teaching, 46* (6), 655–674.

Duschl, R., Schweingruber, H., & Shouse, A. (2007). *Taking science to school: Learning and teaching science in grades K–8.* Washington, DC: National Academies Press.

Fang, Z., & Wei, Y. (2010). Improving middle school students' science literacy through reading infusion. *Journal of Educational Research, 103*, 262–273.

Fogleman, J., McNeill, K.L., & Krajcik, J. (2011). Examining the effect of teachers' adaptations of a middle school science inquiry-oriented curriculum unit on student learning. *Journal of Research in Science Teaching, 48* (2), 149–169.

Franke, M., Grossman, P., Hatch, T., Richert, A., & Schultz, K. (2006, April). *Using representations of practice in teacher education.* Paper presented at the annual meeting of the American Educational Research Association, San Francisco, CA.

Fulp, S.L. (2002). *2000 national survey of science and mathematics education: Status of elementary school science teaching.* Chapel Hill, NC: Horizon Research.

Furtak, E.M., & Alonzo, A.C. (2010). The role of content in inquiry-based elementary science lessons: An analysis of teacher beliefs and enactment. *Research in Science Education, 40* (3), 425–449.

Gabel, D.L. (1994). *Handbook of research on science teaching and learning.* New York, NY: Macmillan.

Gardner, A., Stuhlsatz, M., & Roth, K.J. (2013, April). *Video analysis of science teaching: Developing a shared "words-to-images" analytical tool.* Paper presented at the annual international meeting of the National Association for Research in Science Teaching, San Juan, Puerto Rico.

Goodrum, D., Hackling, M., & Rennie, L. (2001). *The status and quality of teaching and learning of science in Australian schools.* Department of Education, Training, and Youth Affairs, Commonwealth of Australia, Canberra, Australia.

Granger, E.M., Bevis, T.H., Saka, Y., & Southerland, S.A. (2010, March). *Large scale, randomized cluster design study of the relative effectiveness of reform-based and traditional/verification curricula in supporting student science learning.* Paper presented at the annual meeting of the National Association for Research in Science Teaching, Philadelphia, PA.

Gresalfi, M.S., & Cobb, P. (2006). Cultivating discipline-specific dispositions as a critical goal for pedagogy and equity. *Pedagogies, 1*, 49–57.

Grimberg, B.I., & Gummer, E. (2013). Teaching science from cultural points of intersection. *Journal of Research in Science Teaching, 50* (1), 12–32.

Grossman, P., Compton, C., Igra, D., Ronfeldt, M., Shahan, E., & Williamson, P. (2009). Teaching practice: A cross-professional perspective. *Teachers College Record, 111* (9), 2055–2100.

Grossman, P., Hammerness, K., & McDonald, M. (2009). Redefining teaching, reimagining teacher education.

Teachers and Teaching: Theory and Practice, 15 (2), 273 - 289.

Gunckel, K.L. (2011). Mediators of a preservice teacher's use of the inquiry-application instructional model. *Journal of Science Teacher Education, 22* (1), 79 - 100.

Gunckel, K.L., Mohan, L., Covitt, B.A., & Anderson, C.W. (2012). Addressing challenges in developing learning progressions for environmental science literacy. In A.C. Alonzo & A.W. Gotwals (Eds.), *Learning progressions in science: Current challenges and future directions* (pp. 39 - 76). Boston, MA: Sense Publishers.

Guthrie, J.T., Anderson, E., Alao, S., & Rinehart, J. (1999). Influences of concept-oriented reading instruction on strategy use and conceptual learning from text. *Elementary School Journal, 99*, 343 - 366.

Guthrie, J.T., & Cox, K.E. (2001). Classroom conditions for motivation and engagement in reading. *Educational Psychology Review, 13*, 283 - 302.

Guthrie, J.T., McRae, A., Coddington, C.S., Klauda, S.L., Wigfield, A., & Barbosa, P. (2009). Impacts of comprehensive reading instruction on diverse outcomes of low- and high-achieving readers. *Journal of Learning Disabilities, 42*, 195 - 214.

Guthrie, J.T., McRae, A., & Klauda, S. (2007). Contributions of concept-oriented reading instruction to knowledge about interventions for motivation in reading. *Educational Psychologist, 43*, 237 - 250.

Guthrie, J.T., Wigfield, A., Barbosa, P., Perencevich, K.C., Taboada, A., Davis, M.H., et al. (2004). Increasing reading comprehension and engagement through concept-oriented reading instruction. *Journal of Educational Psychology, 96*, 403 - 423.

Hammer, D., Goldberg, F., & Fargason, S. (2012). Responsive teaching and the beginnings of energy in a third grade classroom. *Review of Science, Mathematics and ICT Education, 6* (1), 51 - 72.

Hammer, D., Russ, R., Mikeska, J., & Scherr, R. (2008). Identifying inquiry and conceptualizing students' abilities. In R. Duschl & R. Grandy (Eds.), *Teaching scientific inquiry: Recommendations for research and implementation* (pp. 138 - 156). Rotterdam, the Nether-lands: Sense Publishers.

Hand, B. (2008). *Science inquiry, argument, and language: A case for the science writing heuristic.* Rotterdam, the Netherlands: Sense.

Hardy, I., Kloetzer, B., Moeller, K., & Sodian, B. (2010). The analysis of classroom discourse: Elementary school science curricula advancing reasoning with evidence. *Educational Assessment, 15*, 197 - 221.

Harlen, W. (1997). Primary teachers' understanding in science and its impact in the classroom. *Research in Science Education, 27*, 323 - 337.

Harris, C.J., Phillips, R.S., & Penuel, W.R. (2012). Examining teachers' instructional moves aimed at developing students' ideas and questions in learner-centered science classrooms. *Journal of Science Teacher Education, 23*, 769 - 788.

Harris, D., & Williams, J. (2012). The association of classroom interactions, year group and social class. *British Educational Research Journal, 38* (3), 373 - 397.

Heller, J.I., Daehler, K.R., Wong, N., Shinohara, M., & Miratrix, L.W. (2012). Differential effects of three professional development models on teacher knowledge and student achievement in elementary science. *Journal of Research in Science Teaching, 49* (3), 333 - 362.

Hennessey, M.G. (2003). Probing the dimensions of metacognition: Implications for conceptual change teaching-learning. In G.M. Sinatra & P.R. Pintrich (Eds.), *Intentional conceptual change* (pp. 105 - 132). Mahwah, NJ: Lawrence Erlbaum Associates.

Herrenkohl, L.R., & Guerra, M.R. (1998). Participant structures, scien-tific discourse, and student engagement in fourth grade. *Cognition and Instruction, 16* (4), 433 - 475.

Hokayem, H., & Schwarz, C. (2013). Engaging fifth graders in scientific modeling to learn about evaporation and condensation. *International Journal of Science and Mathematics Education.* Published online first, January 16, 2013.

Howes, E.V., Lim, M., & Campos, J. (2009). Journeys into inquiry-based elementary science: Literacy practices, questioning, and empirical study. *Science Education 93* (2), 189 - 217.

Hudicourt-Barnes, J. (2003). The use of argumentation in Haitian Creole science classrooms. *Harvard Educational Review, 73* (1), 73 - 93.

Johnson, C.C. (2011). The road to culturally relevant science: Exploring how teachers navigate change in pedagogy. *Journal of Research in Science Teaching, 48* (2), 170 – 198.

Johnson, C.C., Kahle, J.B., & Fargo, J.D. (2007). A study of the effect of sustained, whole-school professional development on student achievement in science. *Journal of Research in Science Teaching, 44* (6), 775 – 786.

Kazemi, E., Lampert, M., & Ghousseini, H. (2007). *Conceptualizing and using routines of practice in mathematics teaching to advance professional education.* Report to the Spencer Foundation. Chicago, IL: Spencer Foundation.

Kennedy, C.A., & Wilson, M. (2007). *Using progress variables to interpret student achievement and progress.* BEAR Report Series, 2006 – 12 – 01. Berkeley, CA: University of California.

Kesidou, S., & Roseman, J.E. (2002). How well do middle school science programs measure up? Findings from Project 2061's curriculum review. *Journal of Research in Science Teaching, 39* (6), 522 – 549.

Khishfe, R., & Abd-El-Khalick, F. (2002). Influence of explicit and reflective versus implicit inquiry-oriented instruction on sixth graders' view of nature of science. *Journal of Research in Science Teaching, 39*, 551 – 578.

Kidman, G. (2012). Australia at the crossroads—A review of school science practical work . *EURASIA Journal of Mathematics, Science and Technology Education, 8* (1), 35 – 47.

Kim, M., Tan, A.L., & Talaue, F.T. (2013). New vision and challenges in inquiry-based curriculum change in Singapore. *International Journal of Science Education, 35* (2), 289 – 311.

Klug, B., & Whitfield, P. (2003). *Widening the circle: Culturally relevant pedagogy for American Indian children.* New York, NY: Routledge.

Kuhn, D., & Franklin, S. (2006). The second decade: What develops (and how) In W. Damon, R.M. Lerner, D. Kuhn, & R.S. Siegler (Eds.), *Handbook of child psychology, volume 2, cognition, perception, and language* (6th ed., pp. 954 – 994). Hoboken, NJ: Wiley.

Krajcik, J.S., McNeill, K.L., & Reiser, B.L. (2008). Learning-goals-driven design model: Developing curriculum materials that align with national standards and incorporate project-based pedagogy. *Science Education, 92* (1), 1 – 32.

Kurth, L.A., Anderson, C.W., & Palincsar, A.S. (2002). The case of Carla: Dilemmas of helping *all* students to understand science. *Science Education, 86* (3), 287 – 313.

Lakshmanan, A., Heath, B.P., Perlmutter, A., & Elder, M. (2011). The impact of science content and professional learning communities on science teaching efficacy and standards-based instruction . *Journal of Research in Science Teaching, 48* (5), 534 – 555.

Lampert, M., Beasley, H., Ghousseini, H., Kazemi, E., & Franke, M. (2010). Using designed instructional activities to enable novices to manage ambitious mathematics teaching. In M.K. Stein & L. Kucan (Eds.), *Instructional explanations in the disciplines* (pp. 129 – 144). New York, NY: Springer Science+Business Media.

Lampert, M., Boerst, T., & Graziani, F. (2011). Organization resources in the service of school-wide ambitious teaching practice. *Teachers College Record, 113* (7), 1361 – 1400.

Lampert, M., & Graziani, F. (2009). Instructional activities as a tool for teachers' and teacher educators' learning. *Elementary School Journal, 109* (5), 491 – 509.

Lara-Alecio, R., Tong, F., Irby, B.J., Guerrero, C., Huerta, M., & Fan, Y. (2012). The effect of an instructional intervention on middle school English learners' science and English reading achievement. *Journal of Research in Science Teaching, 49* (8), 987 – 1011.

LaVan, S.-K. (2006, April). *Culturally-adaptive practices.* Paper presented at the annual meeting of the National Association for Research in Science Teaching, San Francisco, CA.

Lee, O. (2003). Equity for linguistically and culturally diverse students in science education: A research agenda. *Teachers College Record, 105* (3), 465 – 489.

Lee, O. (2005). Science education with English language learners: Synthesis and research agenda. *Review of Educational Research, 75* (4), 491 – 530.

Lee, O., Buxton, C., Lewis, S., & LeRoy, K. (2006). Science inquiry and student diversity: Enhanced abilities and continuing difficulties after an instructional intervention. *Journal of Research in Science Teaching, 43*, 607 – 636.

Lee, O., Deaktor, R., Enders, C., & Lambert, J. (2008). Impact of a multiyear professional development intervention on science achievement of culturally and linguistically diverse elementary students. *Journal of Research in Science Teaching, 45* (6), 726 – 747.

Lee, O., Luykx, A., Buxton, C., & Shaver, A. (2007). The challenge of altering elementary school teachers' beliefs and practices regarding linguistic and cultural diversity in science education. *Journal of Research in Science Teaching, 44* (9), 1269–1291.

Lee, O., Maerten-Rivera, J., Buxton, C., Penfield, R., & Secada, W.G. (2009). Urban elementary teachers' perspectives on teaching science to English language learners. *Journal of Science Teacher Education, 20* (3), 263–286.

Lee, O., Penfield, R., & Maerten-Rivera, J. (2009). Effects of fidelity of implementation on science achievement gains among English language learners. *Journal of Research in Science Teaching, 46*(7), 836–859.

Lehrer, R., & Schauble, L. (2000). Model-based reasoning in mathematics and science. In R. Glaser (Ed.), *Advances in instructional psychology, Vol. 5* (pp.101–159). Mahwah, NJ: Erlbaum.

Lehrer, R., & Schauble, L. (Eds.). (2002). *Investigating real data in the classroom: Expanding children's understanding of math and science.* New York, NY: Teachers College Press.

Lehrer, R., & Schauble, L. (2004). Modeling natural variation through distribution. *American Educational Research Journal, 41* (3), 635–680.

Lehrer, R., & Schauble, L. (2005). Developing modeling and argument in elementary grades. In T. Romberg, T. Carpenter, & F. Dremock (Eds.), *Understanding mathematics and science matters* (pp.29–53). Mahwah, NJ: Erlbaum.

Lehrer, R., & Schauble, L. (2006). Cultivating model-based reasoning in science education. In R.K. Sawyer (Ed.), *Handbook of the learning sciences* (pp.371–387). New York, NY: Cambridge University Press.

Lehrer, R., & Schauble, L. (2012). Seeding evolutionary thinking by engaging children in modeling its foundations. *Science Education, 96* (94), 701–724.

Lehrer, R., Schauble, L., Strom, D., & Pligge, M. (2001). Similarity of form and substance: Modeling material kind. In D. Klahr and S. Carver (Eds.), *Cognition and instruction: 25 years of progress* (pp. 39–74). Mahwah, NJ: Lawrence Erlbaum Associates. Lindfors, J.W. (1999). *Children's inquiry: Using language to make sense of the world.* New York, NY: Teachers College Press.

Liu, X., & Lesniak, K. (2006). Progression in children's understanding of the matter concept from elementary to high school. *Journal of Research in Science Teaching, 43* (3), 320–347.

Loucas, T.L., Zacharia, Z.C., & Constantinou, C.P. (2011). In quest of productive modeling-based learning discourse in elementary school science. *Journal of Research in Science Teaching, 48* (8), 919–951.

Lumpe, A., Czerniak, C., Haney, J., & Beltyukova, S. (2012). Beliefs about teaching science: The relationship between elementary teachers' participation in professional development and student achievement. *International Journal of Science Education, 34* (2), 153–166.

McNeill, K.L. (2011). Elementary students' views of explanation, argumentation, and evidence, and their abilities to construct arguments over the school year. *Journal of Research in Science Teaching, 48*(7), 793–823.

McNeill, K.L., & Krajcik, J. (2007). Middle school students' use of appropriate and inappropriate evidence in writing scientific explanations. In M. Lovett & P. Shah (Eds.), *Thinking with data* (pp.233–265). New York, NY: Taylor & Francis.

McNeill, K.L., & Krajcik, J. (2008). Scientific explanations: Characterizing and evaluating the effects of teachers' instructional practices on student learning. *Journal of Research in Science Teaching, 45* (1), 53–78.

McNeill, K.L., Lizotte, D.J., Krajcik, J., & Marx, R.W. (2006). Supporting students' construction of scientific explanations by fading scaffolds in instructional materials. *Journal of the Learning Sciences, 15* (2), 153–191.

Mercer, N., Dawes, L., Wegerif, R., & Sams, C. (2004). Reasoning as a scientist: Ways of helping children to use language to learn science. *British Education Research Journal, 30*, 359–377.

Mercer, N., Wegerif, R., & Dawes, L. (1999). Children's talk and the development of reasoning in the classroom. *British Educational Research Journal, 25* (1), 95–111.

Metz, K.E. (2002a). *Children doing science: Investigation of animal behavior.* Unpublished science curriculum module for grades 1–3. University of California, Berkeley.

Metz, K.E. (2002b). *Children doing science: Investigation of plants.* Unpublished science curriculum module for grades 1–3. University of California, Berkeley.

Metz, K.E. (2004). Children's understanding of scientific

inquiry: Their conceptualization of uncertainty in investigations of their own design. *Cognition and Instruction, 22* (2), 219 – 290.

Metz, K.E. (2011). Disentangling robust developmental constraints from the instructionally mutable: Young children's reasoning about a study of their own design. *Journal of the Learning Sciences, 20*, 50 – 110.

Michaels, S., & O'Connor, C. (2012). *Talk science primer.* Cambridge, MA: TERC.

Michaels, S., O'Connor, C., Hall, M., with Resnick, L.B. (2002). *Accountable Talk: Classroom conversation that works.* (CD-ROM set). Pittsburgh, PA: University of Pittsburgh.

Michaels, S., O'Connor, C., & Resnick, L. (2008). Reasoned participation: Accountable Talk® in the classroom and in civic life. *Studies in Philosophy and Education, 27* (4), 283 – 297.

Michaels, S., Shouse, A.W., & Schweingruber, H.A. (2008). *Ready, set, science! Putting research to work in K– 8 science classrooms.* Washington, DC: National Academies Press.

Michaels, S., Sohmer, R.E., & O'Connor, M.C. (2004). Classroom discourse. In H. Ammon, N. Dittmar, K. Mattheier, & P. Trudgill (Eds.), *Sociolinguistics: An international handbook of the science of language and society* (2nd ed., pp. 2351 – 2366). New York, NY: Walter de Gruyter.

Mohan, L., Chen, J., & Anderson, C.W. (2009). Developing a multi-year learning progression for carbon cycling in socio-ecological systems. *Journal of Research in Science Teaching, 46* (6), 675 – 689.

Moll, L.C., Amanti, C., Neff, D., & Gonzalez, N. (1992). Funds of knowledge for teaching. *Theory Into Practice, 31*, 132 – 141.

Moore, F.M. (2008). Agency, identity and social justice education: Preservice teachers' thoughts on becoming agents of change in urban elementary science classrooms. *Research in Science Education, 38* (5), 589 – 610.

Morrison, K.A., Robbins, H.H., & Rose, D.G. (2008). Operationalizing culturally relevant pedagogy: A synthesis of classroom-based research. *Equity and Excellence in Education, 41* (4), 433 – 452.

National Center for Educational Research and Development. (1997). *Public educational curricula and goals.* Beirut, Lebanon: Author. (In Lebanese.)

National Curriculum Board. (2009). *Shape of the Australian Curriculum: Science.*

National Research Council. (2012). *A framework for K– 12 science education: Practices, crosscutting concepts, and core ideas.* Washington, DC: National Academies Press.

National Science Teachers Association. (2000). *NSTA position statement: The nature of science.*

Neumann, K., Viering, T., Boone, W.J., & Fischer, H.J. E. (2013). Towards a learning progression of energy . *Journal of Research in Science Teaching, 50* (2), 162 – 188.

Newton, P., Driver, R., & Osborne, J. (1999). The place of argumentation in the pedagogy of school science. *International Journal of Science Education, 21* (5), 553 – 576.

Osborne, J., & Dillon, J. (2008). *Science education in Europe: Critical reflections.* A report to the Nuffield Foundation. London, England: Kings College.

Palincsar, A.S., & Magnusson, S.J. (2001). The interplay of first-hand and second-hand (text-based) investigations to model and support the development of scientific knowledge and reasoning. In S.M. Carver & D. Klahr (Eds.), *Cognition and instruction: Twenty-five years of progress* (pp. 151 – 187). Mahwah, NJ: Erlbaum.

Pappas, C.C., Keifer, B.Z., & Levstik, L.S. (2006). *An integrated language perspective in the elementary school: An action approach.* Boston, MA: Pearson Education.

Pine, J., Aschbacher, P., Roth, E., Jones, M., McPhee, C., Martin, C., Phelps, S., Kyle, T., & Foley, B. (2006). Fifth graders' science inquiry abilities: A comparative study of students in hands-on and textbook curricula. *Journal of Research in Science Teaching, 43* (5), 467 – 484.

Plummer, J.D. (2009). Early elementary students' development of astronomy concepts in the planetarium. *Journal of Research in Science Teaching, 46* (2), 192 – 209.

Plummer, J.D., & Krajcik, J. (2010). Building a learning progression for celestial motion: Elementary levels from an earth-based perspective. *Journal of Research in Science Teaching, 47* (7), 768 – 787.

Pottenger, F., & Young, D. (1992). *FAST 1: The local environment.* Manoa, HI: Curriculum Research and Development Group, University of Hawaii.

Radinsky, J., Oliva, S., & Alamar, K. (2010). Camila, the earth, and the sun: Constructing an idea as shared intellectual property. *Journal of Research in Science Teaching, 47* (6),

619 - 642.

Raghavan, K., Sartoris, M., & Glaser, R. (1998). Why does it go up? The impact of the MARS curriculum as revealed through changes in student explanations of a helium balloon. *Journal of Research in Science Teaching, 35* (5), 547 - 567.

Reinsvold, L.A., & Cochran, K.R. (2012). Power dynamics and questioning in elementary science classrooms. *Journal of Science Teacher Education, 23*, 745 - 768.

Reveles, J.M., Cordova, R., & Kelly, G.J. (2004). Science literacy and academic identity formulation. *Journal of Research in Science Teaching, 41* (10), 1111 - 1144.

Romance, N., & Vitale, M. (1992). A curriculum strategy that expands time for in-depth elementary science instruction by using science-based reading strategies: Effects of a year-long study in Grade four . *Journal of Research in Science Teaching, 29* (6), 545 - 554.

Romance, N., & Vitale, M. (2001). Implementing an in-depth expanded science model in elementary schools: Multi-year findings, research issues, and policy implications. *International Journal of Science Education, 23*, 272 - 304.

Romance, N., & Vitale, M. (2011, March). *An interdisciplinary model for accelerating student achievement in science and reading comprehension across grades 3 - 8: Implications for research and practice.* Paper presented at the annual meeting of the Society for Research in Educational Effectiveness, Washington, DC.

Romance, N.R., & Vitale, M.R. (2012). Expanding the role of K- 5 science instruction in educational reform: Implications of an interdisciplinary model for integrating science and reading. *School Science and Mathematics, 112* (8), 506 - 515.

Rosebery, A.S., Ogonowski, M., DiSchino, M., & Warren, B. (2010). "The coat traps all your body heat": Heterogeneity as fundamental to learning. *Journal of the Learning Sciences, 19* (3), 322 - 357.

Roth, K. (1984). Using classroom observations to improve science teaching and curriculum materials. In C.W. Anderson (Ed.), *Observing science classrooms: Perspective from research and practice* (pp. 77 - 102). Columbus, OH: ERIC.

Roth, K.J. (2002). Talking to understand science. In J. Brophy (Ed.), *Social constructivist teaching: Affordances and constraints. Advances in research on teaching* (vol. 9, pp. 197 - 262). New York, NY: JAI Press.

Roth, K.J., Druker, S.D., Garnier, H.E., Lemmens, M., Chen, C., Kawanaka, T., Rasmussen, D., Trubacova, S., Warvi, D., Okamoto, Y., Gonzales, P., Stigler, J., & Gallimore, R. (2006). *Teaching science in five countries: Results from the TIMSS 1999 video study* (NCES 2006 - 011). Washington, DC: National Center for Education Statistics.

Roth, K.J., & Garnier, H. (2007). How five countries teach science. *Educational Leadership, 64* (4), 16 - 23.

Roth, K.J., Garnier, H., Chen, C., Lemmens, M., Schwille, K., & Wickler, N.I. Z. (2011). Videobased lesson analysis: Effective science PD for teacher and student learning. *Journal of Research in Science Teaching, 48* (2), 117 - 148.

Roth, K.J., Peasley, K., & Hazelwood, C. (1992). *Integration from the student perspective: Constructing meaning in science.* Elementary subjects series No. 63. East Lansing, MI: Center for Learning and Teaching for Elementary Subjects.

Roth, K.J., Taylor, J., Wilson, C., & Landes, N.M. (2013, April). *Scaleup study of a videocase-based lesson analysis PD program: Teacher and student science content learning.* Proceedings CD of the annual conference of the National Association for Research in Science Teaching, Rio Grande, Puerto Rico.

Ruiz-Primo, M.A., & Furtak, E.M. (2007). Exploring teachers' informal formative assessment practices and students' understanding in the context of scientific inquiry. *Journal of Research in Science Teaching, 44* (1), 57 - 84.

Santau, A.O., Secada, W., Maerten-Rivera, J., Cone, N., & Lee, O. (2010). US urban elementary teachers' knowledge and practices in teaching science to English language learners: Results from the first year of a professional development intervention. *International Journal of Science Education, 32* (15), 2007 - 2032.

Schroeder, C.M., Scott, T.P., Tolson, H., Huang, T.-Y., & Lee, Y.-H. (2007). A meta-analysis of national research: Effects of teaching strategies on student achievement in science in the United States . *Journal of Research in Science Teaching, 44* (10), 1436 - 1460.

Schwarz, C. (2009). Developing preservice elementary teachers' knowledge and practices through modeling centered scientific inquiry. *Science Education, 93* (4),

720-744.

Schwarz, C.V., Reiser, B.J., Acher, A., Kenyon, L., & Fortus, D. (2012). MoDeLS: Challenges in defining a learning progression for scientific modeling. In A. Alonzo & A.W. Gotwals (Eds.), *Learning progressions in science: Current challenges and future directions* (pp.101- 138). Rotterdam, the Netherlands: Sense Publishers.

Schwarz, C.V., Reiser, B.J., Davis, E.A., Kenyon, L., Acher, A., Fortus, D., Shwartz, Y.H., Hug, B., & Krajcik, J. (2009). Developing a learning progression for scientific modeling: Making scientific modeling accessible and meaningful for learners. *Journal of Research in Science Teaching, 46* (2), 141-165.

Shepardsom, D.P., & Britsch, S.J. (2006). Zones of interaction: Differential access to elementary science discourse. *Journal of Research in Science Teaching, 43* (5), 443-466.

Shymansky, J.A., Yore, L.D., & Anderson, J.O. (2004). Impact of a school district's science reform effort on the achievement and attitudes of third- and fourth-grade students. *Journal of Research in Science Teaching, 41* (8), 771-790.

Simosi, M. (2003). Using Toulmin's *Framework* for the analysis of everyday argumentation: Some methodological considerations. *Argumentation, 17,* 185-202.

Sismondo, S. (2004). *An introduction to science and technology studies.* Malden, MA: Blackwell.

Sleep, L., Boerst, T., & Ball, D. (2007). *Learning to do the work of teaching in a practice-based methods course.* Atlanta, GA: NCTM Research Pre-Session.

Smith, C., Maclin, D., Houghton, C., & Hennessey, M.G. (2000). Sixth-grade students' epistemologies of science: The impact of school science experiences on epistemological development . *Cognition and Instruction, 18* (3), 349-422.

Smith, C.L., Wiser, M., Anderson, C.W., & Krajcik, J. (2006). Implications of research on children's learning for standards and assessment: A proposed learning progression for matter and the atomic molecular theory. *Measurement: Interdisciplinary Research and Perspectives, 14* (1&2), 1-98.

Smith, C.L., Wiser, M., & Carraher, D.W. (2010). *Using a comparative, longitudinal study with upper elementary school students to test some assumptions of a learning progression for matter.* Paper presented at the annual conference of the National Association for Research in Science Teaching, Philadelphia, PA.

Smith, D., & Neale, D.C. (1989). The construction of subject matter knowledge in primary science teaching. *Teaching and Teacher Education, 5,* 1-20.

Smith, D., & Neale, D.C. (1991). The construction of subject matter knowledge in primary science teaching. *Advances in Research on Teaching, 2,* 187-243.

Smith, D.C. (1999). Changing our teaching: The role of pedagogical content knowledge in elementary science. In N. Lederman & J. Guess-Newsome (Eds.), *Examining pedagogical content knowledge* (pp.163-198). Dordrecht, the Netherlands: Kluwer.

Smith, L.K., & Southerland, S.A. (2007). Reforming practice or modifying reforms? Elementary teachers' response to the tools of reform. *Journal of Research in Science Teaching, 44* (3), 396-423.

Songer, N.B., & Gotwals, A.W. (2012). Guiding explanation construction by children at the entry points of learning progressions. *Journal of Research in Science Teaching, 49* (2), 141-165.

Songer, N.B., Kelcey, B., & Gotwals, A.W. (2009). How and when does complex reasoning occur? Empirically driven development of a learning progression focused on complex reasoning about biodiversity. *Journal of Research in Science Teaching, 46* (6), 610-631.

Songer, N.B., Shah, A.M., & Fick, S. (2013). Characterizing teachers' verbal scaffolds to guide elementary students' creation of scientific explanations. *School Science and Mathematics, 113* (7), 321-332.

Stern, L., & Roseman, J.E. (2004). Can middle-school science textbooks help students learn important ideas? Findings from Project 2061's curriculum evaluation study: Life science. *Journal of Research in Science Teaching, 41* (6), 538-568.

Stevens, S.Y., Delgado, C., & Krajcik, J.S. (2009). Developing a hypothetical multi-dimensional learning progression for the nature of matter. *Journal of Research in Science Teaching, 47* (6), 687-715.

Stoddart, T., Connell, M., Stofflett, R., & Peck, D. (1993). Reconstructing elementary teacher candidates' understanding of mathematics and science content. *Teaching and Teacher Education, 9,* 229-241.

Stoddart, T., Pinal, A., Latzke, M., & Canaday, D. (2002). Integrating inquiry science and language development for English language learners. *Journal of Research in Science Teaching, 39* (8), 664 – 687.

Tan, E., & Barton, A.C. (2008 a). From peripheral to central, the story of Melanie's metamorphosis in an urban middle school science class . *Science Education, 92* (4), 567 – 590.

Tan, E., & Barton, A.C. (2008 b). Unpacking science for all through the lens of identities-in-practice: The stories of Amelia and Ginny. *Cultural Studies of Science Education, 3*, 43 – 71.

Tao, Y., Oliver, M., & Venville, G. (2013). A comparison of approaches to the teaching and learning of science in Chinese and Australian elementary classrooms: Cultural and socioeconomic complexities. *Journal of Research in Science Teaching, 50* (1), 33 – 61.

Thompson, J., Windschitl, M., & Braaten, M. (2013). Developing a theory of ambitious early-career teacher practice. *American Educational Research Journal, 50* (3), 574 – 615.

Toulmin, S. (1958). *The uses of argument.* Cambridge, UK: Cambridge University Press.

Tsurusaki, B.K., Barton, A.C., Tan, E., Koch, P., & Contento, I. (2013). Using transformative boundary objects to create critical engagement in science: A case study. *Science Education, 97* (1), 1 – 31.

Upadhyay, B.R. (2006). Using students' lived experiences in an urban science classroom: An elementary school teacher's thinking. *Science Education, 90*, 94 – 110.

U.S. Department of Education. (2011). *Science 2009: National assessment of educational progress at grades 4, 8, and 12*. Washington, DC: Institute of Education Sciences, National Center for Education Statistics.

van Es, E.A., & Sherin, M.G. (2002). Learning to notice: Scaffolding new teachers' interpretations of classroom interactions. *Journal of Technology and Teacher Education, 10* (4), 571 – 596.

Varelas, M., Kane, J.M., & Wylie, C.D. (2012). Young black children and science: Chronotopes of narratives around their science journals. *Journal of Research in Science Teaching, 49* (5), 568 – 596.

Varelas, M., & Pappas, C.C. (2006). Intertextuality in read-alouds of integrated science-literacy units in primary classrooms: Opportunities for the development of thought and language. *Cognition and Instruction, 24*, 211 – 259.

Varelas, M., Pappas, C.C., Kane, J.M., Arsenault, A., Hankes, J., & Cowan, B.M. (2008). Urban primary-grade children think and talk science: Curricular and instructional practices that nurture participation and argumentation. *Science Education, 92* (1), 65 – 95.

Varelas, M., Pappas, C.C., & Rife, A. (2006). Exploring the role of intertextuality in concept construction: Urban second-graders make sense of evaporation, boiling, and condensation. *Journal of Research in Science Teaching, 43*, 637 – 666.

Varelas, M., Pappas, C.C., Tucker-Raymond, E., Kane, J., Hankes, J., Ortiz, I., Keblawe-Shamah, N. (2010). Drama activities as ideational resources for primary-grade children in urban science classrooms. *Journal of Research in Science Teaching, 47* (3), 302 – 325.

Warren, B., Ballenger, C., Ogonowski, M., Rosebery, A.S., & Hudicourt-Barnes, J. (2001). Rethinking diversity in learning science: The logic of everyday sense-making. *Journal of Research in Science Teaching, 38* (5), 529 – 552.

Weiss, I.R., Pasley, J.D., Smith, P.S., Banilower, E.R., & Heck, D.J. (2003). *Looking inside the classroom: A study of K– 12 mathematics and science education in the United States.* Chapel Hill, NC: Horizon Research, Inc.

White, B. (1993). Thinkertools: Causal models, conceptual change, and science instruction. *Cognition and Instruction, 10*, 1 – 100.

Windschitl, M., & Calabrese Barton, A. (in press). Rigor and equity by design: Locating a set of core practices for the science education community. *Handbook of research on teaching.* American Educational Research Association.

Windschitl, M., Thompson, J., & Braaten, M. (2008). Beyond the scientific method: Model-based inquiry as a new paradigm of preference for school science investigations. *Science Education, 92* (5), 941 – 967.

Windschitl, M., Thompson, J., & Braaten, M. (2011). Ambitious pedagogy by novice teachers? Who benefits from tool-supported collaborative inquiry into practice and why. *Teachers College Record, 113* (7), 1311 – 1318.

Windschitl, M., Thompson, J., Braaten, M., & Stroupe, D. (2012). Proposing a core set of instructional practices and tools for teachers of science. *Science Education, 96*, 878 – 903.

Wiser, M., Smith, C., & Doubler, S. (2012). Learning progressions as tool for curriculum development: Lessons from the Inquiry Project. In A. Alonzo & A. Gotwals (Eds.), *Learning progressions in science: Current challenges and future directions* (pp. 359 – 404). Rotterdam, the Netherlands: Sense Publishers.

Yacoubian, H.A., & BouJaoude, S. (2010). The effect of reflective discussions following inquiry-based laboratory activities on students' views of nature of science. *Journal of Research in Science Teaching, 47* (10), 1229 – 1252.

Yore, L., Bisanz, G.L., & Hand, B. (2003). Examining the literacy component of science literacy: 25 years of language arts and science research. *International Journal of Science Education, 25* (6), 689 – 725.

Zembal-Saul, C. (2009). Learning to teach elementary school science as argument. *Science Education, 93* (4), 687 – 719.

20 Interdisciplinary Science Teaching

CHARLENE M. CZERNIAK AND CARLA C. JOHNSON

第20章 跨学科科学教学

张超 译 刘晟 审校

虽然有关课程整合的话题已经持续了100多年，但其受到广泛关注却是源于近年来美国STEM（science, technology, engineering, and mathematics；科学、技术、工程和数学）教育的兴起以及关于科学、数学与阅读新标准的出台（例如，《共同核心联邦标准计划》[Common Core State Standards Initiative], 2012；《数学实践标准》[*Standards for Mathematical Practice*]和《K—12科学教育框架》[Framework for K–12 Science Education][National Research Council, 2012]）。“整合”是K—12科学教育框架的关键组成部分，它包括科学与工程学实践、跨学科概念和学科核心概念。科学与工程学实践支持科学和工程、技术和读写（例如，对话、阅读和写作）的整合。在科学领域框架范围内，将数学技能、技术素养和社会责任与科学进行有机整合。

美国在其他关键方面的改革，包括《共同核心联邦标准计划》（2012）、大学与职业准备（Achieve, 2013）和21世纪技能合作组织（日期不详），也都认为K—12教育运用跨学科的方法是必要的。也正因为如此，我们才发现此番“整合”倾向比以往更有政策保障。

常见的教育方法是以一种人为的方式组织起来的，就像在K—12学校里，学科内容像学术课程一样是单独教授的。相比之下，现实世界在本质上则是融合的，跨学科的方法为学习提供真实的情境（例如Petrie, 1992; Ronis, 2007; Roth, 1993）。因此，跨学科的教学方式对学习更有意义。

越来越多的人支持跨学科间知识的整合，因为跨学科的方法不但能够帮助学生获得批判性思维和解决问题的技能，而且还能助力学生培养其未来成功所必需的核心素养（Carnegie Council on Adolescent Development, 1989; Partnership for 21st Century Skills, 日期不详）。课程整合的倡导者认为，课程整合有许多好处，可以帮助学生形成更深刻的理解、看到更高层面的概念，使课程与学生相关、在核心概念之间建立联系，并让学生对在校学习更感兴趣、更有动力（Berlin, 1994; Berlin & White, 2012; George, 1996; Mason, 1996; Morrison & McDuffie, 2009; Venville, Rennie, & Wallace, 2004）。此外，随着可以在课堂上使用的技术工具迅速增多，国际上越来越希望将技术融入科学教育(Harrison, 2011; Jimoyiannis, 2010; Johnson & Saylor, 2013)。

课程整合的倡导者还认为，整合是建立在心理学和人类发展的基础之上的。在定义建构主义时，布鲁克斯(Brooks)和布鲁克斯(Brooks)(1993)说，当学生把先前的知识和新的经验联系起来时，就形成了深刻的理解。有意义的学习发生在他们发现概念相关联的时候。科恩(Cohen, 1995)使用了"主题教学"(thematic teaching)这一术语，他说这个现象是可以得到大脑研究支持的，比恩(Beane, 1996)说人们通过模式和联系来处理信息，而不是通过零散片段的拼凑。

近年来，国际上对STEM教育的各种教育形式有了广泛的关注(例如Breiner, Harkness, Johnson, & Koehler, 2012; Williams, 2011)，关于整合方法的文献也随之不断增多。然而，无论是在美国还是其他国家，试图实施课程整合的教育工作者在实施过程中仍然遇到了很多障碍(例如Lebeaume, 2011; Venville, Wallace, Rennie, & Malone, 2002)。本章简要介绍了跨学科科学教学的历史，重点是新标准和STEM教育计划的整合。本章讨论的主题包括：整合与STEM教育的定义、整合在学校课程中的角色、与整合相关的优势与劣势、实施整合式课程的潜在挑战。这些主题对于理解和实现整合至关重要，同时也为阐明整合方法的价值提供未来研究的方向。

争论：学科还是跨学科？

无论是将科学作为一门独立的学科，还是将科学与其他学科相结合，我们都能在文献中找到依据。传统上，学术界的学者们将知识结构化作为当今可识别的主要学科(科学、数学、社会科学和语言艺术)。一些学者认为学科是组织知识的有效方式。例如，加德纳(Gardner)和博伊克斯-曼西利亚(Boix-Mansilla)(1994)说，学术学科"构成了迄今为止最复杂的思考和探索问题的方法，这些问题长期以来一直困扰着有思想的人们……如果这些方法使用得当，它们会成为我们认识世界最为敏锐的视角"(pp.16–17)。

与此相反，其他人(例如Perkins, 1991)认为学术学科是"基于历史根源的，仅具有有限当代意义的人工划分"。梅森(Mason, 1996)将当下的学校课程描述为死气沉沉——退化成为工厂系统，学生们机械地沿着走廊一节一节地上课，毫无生气。梅森指出，虽然现在我们的工厂发生了变化，但我们的学校仍然与社会和现实生活不同步，而在社会和现实生活中知识和技能是分不开的。

最近，科学课程与其他学科整合的推动力，是研究者发现学生的批判性思维、解决问题的能力以及其他21世纪所需技能的下降，这些技能恰恰是未来竞争中所必需的。正如梅森(1996)所说，很多学校体系并没有让学生为未来的成功做好准备。许多国家报告也呼吁学校层面的课程改革要更加整合，包括卡内基基金会(Carnegie Foundation, 2009)的报告《机会方程式》(*Opportunity Equation*)，该报告建议将重点放在"学校和系统的新设计上，以便更有效地提供数学和科学的学习"。

目前，已有多个观点支持整合的需求，包括创建真实的学习情境以吸引更多的学习者以及提高学生在中学阶段的表现(Hargreaves, Earl, Moore, & Manning, 2001)。此外，麦克布赖德(McBride)和西尔弗曼(Silverman)(1991)总结了20世纪初有关科学与数学融合的文献，归纳出科学与数学融合的四个主要理由：

1. 科学和数学是密切相关的思想体系，在物理世界中本质上是相关的。

2. 科学可以为学生提供抽象数学概念的具体实例，可以改善数学概念的学习。

3. 通过提供量化和解释科学关系的方法，数学可以使学生更深入地理解科学概念。

4. 阐明数学概念的科学活动可以为学习数学提供相关性和动力(pp. 286 - 287)。

伦尼(Rennie)、文维尔(Venville)和华莱士(Wallace)(2012a)对STEM课程的本质和目的提出了四个概括。首先，它含有多种形式的整合。其次，整合需要大量投入，以摆脱传统的、以学科为中心的学校课程方法。第三，整合注重与学生个人兴趣和经历相关的现实世界的概念。最后，对整合的重视程度越高，学习环境就越以学生为中心。鉴于这些概括，很明显，要成功地采用整合的方法，传统学习环境必须发生相当大的改变。

历史背景

虽然学科知识已经发展了几个世纪，并形成了探索特定领域知识的基础，但学科领域的整合研究才进行了一百多年。伯林(Berlin, 1994)指出，自20世纪初以来，学校科学与数学学会(School Science and Mathematics Association)发表了许多有关这一主题的文章。1903年，穆尔(Moore)以美国数学学会(American Mathematical Society)会长的身份退休，他在其会长演讲中，将很大的篇幅放在中学数学教育上，为当时的改革工作提供了动力。他呼吁“纯数学和应用数学的统一”以及“不同学科之间进行关联”(Moore, 1967)。比恩(1996)总结了美国教育进步时期关于整合的几项历史参考，包括基尔帕特里克(Kilpatrick)在20世纪20年代的工作、霍普金斯(Hopkins)在1937年的工作以及约翰·杜威(John Dewey)在20世纪30年代的著作。在克雷明(Cremin, 1964)的书中，概述了一个1927年3年级综合单元研究纽约哈德逊河上船只的案例。“整合”一词于1936年首次出现在教育学索引中(Beane, 1996)。

赫尔利(Hurley, 1999)总结了美国历史上运用整合的其他几个时期：20世纪40年代和50年代的核心课程；20世纪60年代和70年代的课程改进项目；20世纪80年代和90年代的科学-技术-社会(science-technology-society [STS])运动；中学运动以及最近由各专业化组织制定的国家标准。

对于科学教育来说，后史普尼克(苏联人造卫星)时代的课程改进项目是历史上课程整合站稳脚跟的一个特别重要的时期。为了将科学和数学结合起来，人们开发了许多课程项目(Lehman, 1994)。通过项目(以及同一时代的衍生物)将课程进行整合的例子包括：明尼苏达数学与科学项目(Minnesota Mathematics and Science Project, 1970)、小学科学和数学结合项目(Unified Science and Mathematics for Elementary Schools Project, 1973)、纳菲尔德基金会科学教学项目(Nuffield Foundation Science Teaching Project, 1967)、劳伦斯科学堂(Lawrence Hall of Science, 1984)的数学与科学大探索项目(Great Explorations in Math and Science Project [GEMS])、夫勒斯诺市太平洋学院(Fresno Pacific College)融合数学与科学的活动(Activities That Integrate Mathematics and Science)(AIMSEducational Foundation, 1986, 1987)以及芝加哥大学(University of Chicago)数学与科学综合教学项目(Teaching Integrated Mathematics and Science Project [TIMS])(Institute for Mathematics and Science Education, 1995)。

中学和幼儿教育运动

课程整合是尝试创建专注于学生发展需求的学校的基石。国家幼儿教育协会(National Association for the Education of Young Children [NAEYC], 1987)和中学教育协会(Association for Middle Level Education)——其前身为全国中学学会(National Middle School Association [NMSA])——专门研究适合幼儿教育和青少年早期教育的教学组织，他们出版了大量的材料，这些材料可以引导教师进行选择和使用，以更好地对幼儿和青少年进行早期教育。NAEYC的各种报告都强调课程整合(Copple & Bradekamp, 2009)，NMSA的《中学课程:从修辞到现实》(*A Middle School Curriculum: From Rhetoric to Reality*, Beane, 1993，1997)一书主张围绕青少年和年轻人感兴趣的个人和社会问题进行整合。《这是我们相信的》(*This We Believe*, NMSA, 2010)主张形成可发展的响应式中学，在这类中学里，课程是有挑战的、整合的和具有探索性的。许多NMSA资源已为课程整合提供了支持(Beane, 1997; Brazee & Capelluti, 1995; Erb, 2001; Nesin & Lounsbury, 1999; Smith, 2001; Stevenson & Carr, 1993),《中学学报》中有关课程整合方面的文章也占了相当大的篇幅(例如，参见2009年1月期)。

标准背景下的整合

十多年来，几乎所有国家层面的改革都在强调学科领域之间的联系(National Council for the Social Studies [NCSS], 2010; National Council of Teachers of English, 1996; National Council of Teachers of Mathematics [NCTM], 2000; National Research Council [NRC], 2012; National Science Teachers Association [NSTA], 1996; Rutherford & Ahlgren, 1990)。德雷克(Drake)和伯恩斯(Burns)(2004)认为整合式课程有助于教师理解标准。但由于许多原因，包括美国各州自行制定和实施的学术标准在内，都未能以任一可协调的方式将整合纳入标准之中。随着2011年推出的《数学共同核心标准》(*Common Core Standards in Mathematics* [*CCSM*])和《英语语言艺术共同核心标准》(*Common Core Standards in English Language Arts* [*CCSE*])的采用，这种情况有望发生改变。例如，*CCSE*包含“读写综合模型”，其重点放在大学和职业准备领域的读写能力(p.4)。此外，*CCSM*还推荐了许多在科学中也有所涉及的实践，如问题解决、论证、推理和建模。海丁(Heitin, 2013)指出跨学科主题单元有助于教师理解共同核心标准的要求。

《K—12科学教育框架》(NRC, 2012)是《新一代科学教育标准》(2013)的系统架构文件。二十六个州带头制定了这些标准，预计美国大多数州将采用这一新的科学教育指南。该框架提出了一个更加外显和有目的性的整合方案，将科学、数学与工程学进行有机整合，从而在新的情境下学习科学、技术、数学技能和知识。科学和工程学实践也依附于该框架，包括提问、定义问题、建模、规划并实施探究、分析和解释数据、使用数学与计算思维、构建解释和解决方案、形成论证以及交流发现。显然，这些实践要求学生运用工程学、交流(读写)和数学方面的技能来从事科学探究。纳贡-乔希(Nargund-Joshi)和柳(Liu)(2013)认为,《新一代科学教育标准》应包括关注工程学和科学实践的整合、跨学科概念和学科核心概念，提供跨课程整合的机会，并围绕这些标准提出了跨学科的科学探究框架。

此外，美国标准中对整合的重视，无论在国家层面还是在国际上，都得到了越来越多的支持。魏(Wei, 009)认为，要实现中国科学素养的目标，科学学科之外的整合是必要的，科学教学中应该包括其他学科。中国的课程改革为了提高学校教育与儿童生活的相关性，强调探究性学习(Wei, 2009)。

整合，或称为主题教学，经常被用作学校改革的一个关键理念。生物学课程研究所(Biological Science Curriculum Study [BSCS], 1994)鉴别出10个共同的改革方向，主题教学是改革的共同要素之一。例如，克兰(Crane, 1991)描述了一个重新构建的高中科学课程，该课程重点放在四个主题上——变化、相互作用、能量和模式。同样，格林(Greene, 1991)描述了小学阶段以科学为中心的改革。

在20世纪90年代初，NSTA(1992)的“范围、顺序和协调”(Scope, Sequence and Coordination)项目建议用4年的整合式科学课程取代传统的高中学科课程。1996年，NSTA发布了一项有关学前至4年级(preK—4)跨学科学习的立场声明，该声明展示了不同专业组织(NCTM, NCTE, International Reading Association [IRA], NSTA, NCSS, Speech Communication Association, and Council for Elementary Science International)在制定整合式课程标准时的意见。这一立场声明强调了伯林和怀特(White)(1994)针对学习与认知的方式、过程和思维技能、内容知识、态度和感知以及教学策略等方面所提出的一些问题。

在美国目前的标准运动之前，人们就已经越来越重视整合的价值。《面向全体美国人的科学》(*Science for All Americans,* Rutherford & Ahlgren, 1990)指出，“科学与数学的联系有着悠久的历史，可以追溯到几个世纪前。科学为数学研究提供了有趣的问题，数学为科学分析这些问题提供了强大的工具”(pp.16–18)。《美国国家科学教育标准》(NRC, 1996)认为，“课程通常会整合不同学科领域的主题——如生命和物质科学；不同的内容标准——如个人与社会视角的生命科学和科学；不同的学校学科——如科学与数学、科学与语言艺术、科学与历史”(p.23)。其科学教学标准一章指出，“学校必须调整课程表，以便教师能够利用时间块、跨学科策略和实地经验，为学生提供许多从事严谨的科学研究的机会，并作为他们科学学习的一个必要组成部分”(p.44)。科学教育标准中的相关章节有以下描述：

> 关于整合的概念和过程的标准都是为K—12年级制定的，因为对概念的理解以及与主要概念和过程性认知有关的能力的培养需要贯穿于整个教育过程之中，而且，这些整合的概念和过程都超越了学科界限。
>
> (p.104)

NCTM(2000)说：“学校各年级的数学教学都应该包括通过研究数学以外的问题来学习数学的过程。这些联系可以来自其他领域和学科，也可以来自学生的日常生活”(p.65)。新的《共同核心联邦标准计划》(Common Core State Standards Initiative)(2012)也有类似的强调。

小学教育工作者把20世纪90年代的全语言运动看作是跨领域融合的一种方式(Willis, 1992)。有人主张使用语言艺术策略来帮助教师发展科学素养(Akerson, 2001; Dickinson & Young, 1998)。迪金森(Dickinson)和扬(Young)(1998)认为科学与语言艺术的目标是互补的，语言艺术可以为科学探究提供工具。

一些教育工作者声称技术是跨学科整合的催化

剂（Berger, 1994），最近的研究也表明，技术通过以下方式加强科学与数学之间的整合：促进合作、为问题解决提供真实世界的情境、取消对教学时间的限制以及为学生提供将知识应用于实际问题的机会（Fogarty, 1991; Pang & Good, 2000）。移动技术使用的增加也为教师提供了很多围绕现实问题整合课程的机会（Krajcik & Czerniak, 2014）。

正在转型的科学教师教育

通常，教师教育课程并未专注于整合式科学教学。赫尔利（2003）提到，虽然多年来一直呼吁采用课程整合的方式，但只在最近十年，大学才开设了整合式课程。赫尔利（2003）对大学开设整合科学与数学方法课程的现状、价值和背后原因等进行了研究，通过研究发现，大学课程的开设受国家标准、课程重组、建构主义改革和课程整合研究进展等多方面因素的影响。

教师教育项目采用课程整合的方法来培养未来的教师。埃克森（Akerson，2001）讨论了教育工作者如何将课程理念融入大学的方法课程中，以帮助教师达到国家标准要求。如今，整合式课程在大学课程甚至大学学位设置中都变得越来越普遍（例如Beane, 1996; Berlin & White, 2012）。

整合与STEM的定义

虽然我们寻求课程整合，但许多人认为，很少有实证研究支持这样的结论，即整合的方法比传统的、基于学科教学的方法更有效。1991年文斯布莱德（Wingspread）会议上，共发表了423篇关于课程整合的文章，其中99篇是理论研究的文章，只有22篇是有真正研究基础的文章（Berlin, 1994）。莱德曼（Lederman）和尼斯（Niess）（1997）表示当时的研究几乎不存在支持使用整合式教学或专题课程的证据。切尼亚克（Czerniak）、韦伯（Weber）、桑德曼（Sandmann）和埃亨（Ahern）（1999）总结了科学和数学与其他学科领域整合的文献，并得出结论——实证研究很少，更不要说支持整合课程比精心设计的传统课程更好这一观点的实证研究。

在基础层面，似乎没有一个可用作设计、实施和解释研究结果的关于整合公认的定义存在。斯廷森（Stinson）、哈克尼斯（Harkness）、迈耶（Meyer）和斯大尔沃思（Stallworth）（2009）调查了33名中学教师，让他们说出他们对整合的理解，结果发现，大家对整合的理解各不相同，很难找到关于整合的共同特征。

早些时候，戴维森（Davison）、米勒（Miller）和梅思尼（Metheny）（1995）曾呼吁为整合下一个定义，他们指出“很少有教育家会争论是否需要一个相互交叉、跨学科的课程，但对很多人来说，在许多跨学科项目中，整合的本质特征并不明显。一个普遍存在的问题是整合对不同的教育者意味着不同的东西”（p. 226）。几年前，赫尔利（2001，2003）也在经过全面研究后得出结论，无法找到一个关于整合大家都认同的定义。

尽管戴维森及其同事（1995）希望能够将整合的含义界定清楚，但在传达整合概念时仍旧难以区分以下这些词汇，如：跨学科的、多学科的、学科间的、主题的、整合的、有联系的、嵌套的、序列的、共享的、网络式的、贯穿式的、浸入式的、网络化的、混合的、统一的、协调的、融合的等等。莱德曼和尼斯（1997）在《学校科学和数学》期刊上发表评论解释说，许多教育工作者将综合的、跨学科的、主题的这样的术语同义化地使用，这只会加剧混淆并限制对整合含义的充分研究。

伯林和怀特（1992）曾报道称，在一次由美国国家科学基金会（National Science Foundation [NSF]）资助的会议上，六十多名科学家、数学家、科学与数学教育工作者、教师、课程开发人员、教育技术专家和心理学家等多个不同领域的专家团队，经过三天的协商，也没有达成统一的关于科学与数学整合的定义。该团体只是提出了一项操作性定义，即“将数学的方法融入科学，将科学的方法融入数学，使它们不再区分为单独的数学学科或科学学科”（p. 341）。

历史上关于整合的各种参考文献（Hopkins, 1937, as cited in Beane, 1996）将整合定义为以问题为中心的知识整合体。比恩（1996）用四个特征来定义整合：(a) 围绕在现实世界中具有个人与社会意义的问题展开架构的课程；(b) 在主题情境下使用相关知识，但不需要考虑学科本身；(c) 知识是用于研究现有问题的，而不是用于测试或评定等级的；(d) 在项目和活动中，强调实际应用知识和解决问题的能力。他认为，其他形式的综合课程（例如，并行学科或多学科课程）仍侧重于彼此孤立的内容领域，因此没有完全实现整合的价值。

德雷克（1998）将整合比作为一个连续体，包括多学科、跨学科和跨学科方法，每种形式都含有多个整合水平。福格蒂（Fogarty, 1991）提出了一个从学科内部到跨学科的十步连续体。阿普比（Applebee）、阿德勒（Adler）和弗利汉（Flihan）(2007) 认为整合包括相关性、共享以及重构形式。伦尼、文维尔和华莱士（2012）认为，对整合下定义需以学校中的具体学科教育为起点，逐渐发展到以解决现实问题为驱动的整合。换句话说，现今整合更多的是社会结构的驱动，而不是由学科来推动的。

为区分整合与其他名词术语，莱德曼和尼斯（1997）将整合（integration）定义为科学与数学的融合，特别强调二者的不可分割性。这个定义可以用西红柿汤这一比喻来形象地解释：西红柿不能与汤中的水或其他成分区分开来。他们将跨学科（interdisciplinary）定义为科学与数学的混合，这种混合虽然在科目间建立了联系，但仍然是可区分的两个部分。这种混合可以用鸡肉面条汤这一比喻来形象化地解释：在此汤中，你仍然可以区分出肉汤、鸡肉和面条。（早在1989年，雅各布斯 [Jacobs] 就将跨学科描述为“一种知识观和课程方法，它有意识地运用来自多个学科的方法和语言来研究一个中心主题、议题、难题、话题或经验”。）莱德曼和尼斯（1997）将主题（thematic）定义为用于超越传统学科边界的统一话题。

最近，伦尼及其同事（2012b）认为，我们可以从三个视角对整合式学习的理论框架进行探索：整合的视角、基于学科的视角以及知识来源的视角。整合的视角关注“技能，如学生从一个情境转变到另一个情境的概念迁移能力、将知识运用到实际情况中解决问题的能力以及学生的一般动机及其在学校学习的认知能力”。基于学科的视角关注的是传统的学科概念知识。知识来源视角则关注“学生如何获取知识以做出关键的学习决策”。

对一些人来说，STEM这一首字母缩写意味着四个学科的融合。事实上，许多人认为STEM只是用缩写来指代各个学科的一种简写方式。布赖纳（Breiner）及其同事（2012）在对一座大城市研究型大学的调查中发现，受访者更多持有的是第二个定义（即，STEM是用组合的方式表达多个独立的学科），而不是将STEM视作一种融合。

在最近的全球政策倡议中，STEM教育重新引起了人们的兴趣。威廉斯（Williams, 2011）回顾了STEM的发展历程，并提出了一个观点——谨慎地推进STEM运动，这是因为STEM运动的起源主要来自非教育的理论，而且通常与经济繁荣有关。STEM最初出现于政策领域和美国国家科学基金会的倡议，该基金会首次使用了SMET（science, mathematics, engineering, and technology，科学、数学、工程和技术）一词，随后选择了STEM作为集合式课程的缩写（Sanders, 2009；Teaching Institute for Excellence, 2010）。

自从STEM这一术语被创造出来，它就被不同层次的教育利益相关者采用（Breiner et al., 2012）。在世界范围内，有许多国家创设项目关注STEM教育，例如，英国和南非。跟美国一样，他们缺乏协调，但有大量的政府资金支持（Williams, 2011）。在美国，《在风暴中崛起》（*Rising Above the Gathering Storm*, Committee on Prospering in the Global Economy of the 21st Century, 2007）的出版以及白宫和其他下属委员会在大学、经济发展和国家安全的背景下对STEM的使用，使得STEM成为资金和关注的焦点。尽管得到了很多关注，但不同群体对STEM概念的界定却存在着很大的不同，这其中包括了教育、政治、社会和个人的影响（Breiner et al., 2012；Johnson, 2013a）。STEM是用来解决现实问题的整合学科（例如，Labov, Reid, & Yamamoto, 2010；Sanders, 2009），这就是通过新媒体联盟（New Media Consortium）参与STEM改革的大多数人所支持的定义。

可以辩证地说，缺乏对整合与STEM的通用定义是由于二者都分别有多种不同的方式，无法进行充分的思想交流，也很难相互协调。伦尼及其同事（2012b）将整合比喻成“一把庇护了大量相关实践的大伞”，以此来表示关于整合的研究采取了各种各样的形式。也正因为如此，由于整合的方法非常广泛，所以几乎不可能有一个通用的定义。基于这样的认识，我们就非常有必要进一步界定整合的形式（例如，多学科、跨学科），并针对每一种形式建立共同的理解。幸运的是，《新一代科学教育标准》（2013）包括了对工程与数学整合的关注。这与STEM项目国际的持续资助相结合，将为该领域提供多种机会，进一步定义和研究整合的有效性。

整合式课程的设计

支持整合的教育者提供了多种课程设计选择，从合并两个学科到创建以项目为基础的学校（Christensen, Horn, & Johnson, 2011；Venvilleet al., 2002）。比恩（1995）认为课程整合必须具有社会意义，因此，设计应始于“生活本身所带来的问题、议题和关注点”（p.616）。围绕项目架构科学与数学课程，通过项目将科学、数学与课外活动关联在一起，这一理念是在由国家科学基金会赞助的文斯布莱德（Wingspread）会议上达成的共识（Berlin & White, 1992）。

在澳大利亚，文维尔、华莱士、伦尼和马隆（Malone）（1998）将基于技术的项目、竞赛和当地社区项目确定为课程整合的形式。基于项目和基于问题的学习已成为常见的课程整合方式，因为它们的关键特征（驱动问题、学生参与探究、学习者交流协作的社团、技术的运用以及创造性工作）与科学家在现实世界中工作的方式是一致的（Krajcik & Czerniak, 2014），且可在多种课程设置中得以实现。拉科（Rakow）和瓦斯凯（Vasquez）（1998）指出：“基于项目的整合可能是跨课程整合最真实的形式，因为它涉及学生在真实世界的学习经历。在基于项目的整合中，学生在真实情境中探索真实的议题。”卡普拉罗（Capraro）和斯劳（Slough）（2008）以及巴沙姆（Basham）、凯勒（Koehler）和伊斯雷尔（Israel）（2011）认为，STEM学校必不可少的体系是跨学科的STEM课程，并利用基于问题和基于项目的策略来提供教学。对美国城市学校的很多研究表明，学生在以项目为基础的科学环境中更容易取得成就（Geier et al., 2008；Marx et al., 2004；Rivet & Krajcik, 2004；Schneider, Krajcik, Marx, & Soloway, 2002）。此外，布埃尔斯（Brears）、图托（Tutor）和麦金太尔（MacIntyre）（2011）研究了新西兰基于问题的学习的使用情况，并发现这种整合教学法能支持学生的“协作探究与反思实践”。

雅各布斯（1989）以其在科学与数学课程整合方面的工作而闻名。她提出了一系列的课程设计方案，从基于学科的到学科并行、多学科和跨学科的单元或课程、部分课程整合乃至全部课程整合。昂德希尔（Underhill, 1995）的评论阐述了六种关于科学与数学整合的观点，将雅各布斯（1989）所提设计方案中的部分选项展示出来，分别是：数学与科学是脱节的；科学与数学有一些重叠；数学与科学是一样的；数学是科学的一个分支；科学是数学的一个子集；科学与数学有很多重要的重叠。

戴维森及其同事（1995）鉴别出五种不同的整合模式：特定学科的整合（即两个或多个科学分支的整合，如生命科学与化学的整合）；特定内容的整合（将多个学科的相关内容进行整合，如数学与科学的整合）；过程的整合（运用收集数据、分析数据和报告结果等方法来检视真实生活环境）；方法论的整合（即利用学习环模型很好的解决科学问题）；主题的整合（选择一个主题，比如鲨鱼，并围绕这个主题教授相关的学术概念）。诸如AIMS和GEMS等项目是课程商业化的示例，这些课程通过使用观察、分类和分析等过程技能，将科学与数学进行整合（Roebuck & Warden, 1998）。

隆宁（Lonning）和德弗朗科（DeFranco）（1997）以及隆宁、德弗朗科和温兰（Weinland）（1998）开发出一个类似的科学与数学整合的系列课程，范围包括单独的数学、数学聚焦、数学与科学的平衡、科学聚焦以及单独的科学。他们建议读者在规划整合课程时应思考以下两个问题：“活动中要教授的主要数学与科学概念有哪些？”以及“这些概念是否具有价值？也就是说，它们对学生来说是课程中的关键要素吗？学习这些概念有意义吗？”（p.214）。同样，亨特利（Huntley, 1998）提出了一个数学与科学的连续体模型，这个模型的两端代表单一的学科领域教学，其中心代表两门学科的整合。事实上，亨特利的模型是在隆宁和德弗朗科模型的基础上扩展而来的，他强调，只有当科学与数学互相协同时，才会出现中心点，即整合。弗朗西斯（Francis, 1996）之前曾提出过一种关联矩阵模型，该模型将数学与科学标准相结合，以整合课程。

赫尔利（2001）进行了一项研究，对历史上曾经使用过的整合类型进行总结，发现了五种主要的整合类型：次序的（将科学与数学按照预先设定好的计划依次展开教学），平行的（将科学与数学放在一起进行规划和教学），部分的（对这些学科的教学既有分科又有整合），增强的（将某一门学科作为主要的教学科目，将另一门视为用于加强主要学科而开展的教学），总和的（对科学与数学进行平等的、整合的教学）。她发现，从20世纪40年代到90年代，没有任何一种类型的整合能够完全占据主导地位。

随着美国STEM政策的颁布及其随后的资助，STEM整合——将科学、技术、工程与数学纳入科学或跨多个内容领域的课程中——得到了极大的发展（Johnson, 2013a）。例如，STEMx是一个由美国13个州组成的联盟，共同参与到STEM教育中，它包括整合式STEM项目学校。很明显，这些STEM学校整合式课程的开发是很有意义的。

实证证据与STEM整合

过去到近些年关于整合的历史文献大多数都可被归为“鉴定书”“操作指引”或“单元/活动理念”。例如，在一个所有K—8学段班级都采用主题教学的研究中，教师们的报告反映出了学生的兴奋感和教师的合作精神（Peters, Schubeck, & Hopkins, 1995）。在职前与在职教师培训中，在本科教育的课程以及面向K—12学生的教学中，对整合式方法、单元以及过程的教学示例的描述比比皆是（例如Deeds, Allen, Callen, & Wood, 2000；Francis & Underhill, 1996；McDonald & Czerniak, 1998；Sandmann, Weber, Czerniak, & Ahern, 1999；Stuessy, 1993）。

在过去十年中，越来越多的以研究为基础的文献开始关注整合。由于缺乏支持科学与数学整合的实证证据，赫尔利（Hurley, 2001）使用混合方法回顾了1935年至1997年间进行的31项研究，并报告了结果。她运用研究效应元分析法对这些研究的定量部分进行了回顾，并运用扎根理论对定性部分进行了分析。赫尔利的综述发现了有利于整合的定量证据和揭示多种整合形式存在的定性证据。她的研究发现，大部分发表的关于整合的实证研究都支持整合。许多有关K—12的研究都支持这样一种观念，即整合有助于学生学习，能激励学生并帮助他们发展解决问题的能力。关于教师对整合的反应的研究，主要集中在教师的信念和态度、学科知识以及实施整合方法时所面临的障碍上。

学生成就与情感收益

迈耶（Meier）、尼科尔（Nicol）和科布斯（Cobbs）（1998）指出，“如果没有证据表明整合会提高学生在数学和科学方面的成绩，那我们就不应期待有太大的改变”（p.439）。在过去这几年中，这种通过整合提供学生表现的证据的研究得到了一定程度的满足。

格林（1991）报告说，经过一年将科学与所有学科领域联系起来的重组之后，学生的成绩有了显著的提高。在美国国家教育进展评估（National Assessment of Educational Progress）中，有78%的学生的分数得到了提高，这一成效超过了全国平均水平。教师和校长也报告了他们在教育弱势学生群体身上取得的成功，并指出对真实世界的整合加快了双语学生的语言习得速度。史蒂文森（Stevenson）和卡尔（Carr, 1993）报告说，学生对整合式教学的兴趣和成绩都有所提高。加拿大一项关于9年级科学整合的研究发现，科学整合课程对学生的学习产生了影响（Ross & Hogaboam-Gray, 1998）。同样，瓦尔（Vars, 1991）和比恩（1995）报告说，与单独的学科课程相比，跨学科课程可以帮助学生获得更高的标准化成绩。当然，这些研究者也承认，跨学科课程经常被嵌入其他改革之中，例如分模块调度和多年龄段分组等，因此，将整合的效果与其他改革策略的效果分开是有困难的。

麦吉（McGehee, 2001）描述了一个跨学科单元问题解决框架的开发，该框架用于亚利桑那北部暑期学院的少数族裔的学生，并从学生项目的成果中发现了学生取得成功的证据。比塔莱（Vitale）和罗曼塞（Romance）（2011）发现，在艾奥瓦州对1年级和2年级儿童的阅读和科学基本技能的测试中，采用整合式教学法教授出来的学生取得了更显著的成绩。罗曼塞和比塔莱（2012）报道了一个科学与阅读整合的项目，结果发现这样的整合提高了阅读与科学成绩。同样，约翰逊（Johnson）和法戈

(Fargo)(正在出版中)对面向英语学习者的科学与读写整合开展了纵向研究，结果发现这种整合方法使学生在州科学测评中取得了显著的进步。早些时候，兹维克(Zwick)和米勒(1996)发现，在加州成绩测试(California Achievement Test [CAT])中使用基于户外整合式科学课程的美国印第安学生比使用传统课程的同龄人表现更好。

研究发现，使用课程改进项目或商业整合式课程进行学习的学生，他们取得了积极成果。尚恩(Shann, 1977)考查了小学科学与数学联合项目的效果，发现学生的学科知识、问题解决能力以及学生的自我价值、社交能力和学习的兴奋性都有所提高。戈德堡(Goldberg)和瓦格赖希(Wagreich)(1989)报告了TIMS项目中学生学业成绩的提高。类似地，伯林和希伦(Hillen)(1994)报告了使用AIMS项目4年级、5年级和6年级学生在认知、动机和态度方面的提高。

最近，桑德格尔德(Sondergeld)、米尔纳(Milner)、科尔曼(Coleman)和萨瑟恩(Southern)(2011)对一个大城市学区的中学生STEM项目进行了研究。结果显示，与来自同一地区的学生相比，参加STEM整合式项目的学生在州科学和数学评估中实现了统计学意义上的显著增长。

一些较早的研究侧重于使用整合式课程过程中的情感收获。弗兰德(Friend, 1985)报告说，学生在整合式数学/科学课程中表现出对科学的喜爱。麦科马斯(McComas, 1993)以及布拉戈夫(Bragow)、格拉戈(Gragow)和史密斯(Smith)(1995)确认主题化单元教学对学生在校的学习兴趣与学习态度具有积极的影响。巴拉布(Barab)和兰达(Landa)(1997)指出，当关注学生认为值得解决的问题时，跨学科单元教学会激励学生主动学习。整合式科学与阅读的教学也被发现能够影响学生的学习动机(Guthrie, Wigfield, & VonSecker, 2000)。

在赫尔利(2001)对整合式课程的全面研究中，20世纪30年代至50年代的研究显示，整合式课程对学生科学和数学能力的提升影响很小。在20世纪60年代和70年代，整合式课程对学生科学和数学能力有中等水平的提升(主要是课程改进项目)。在20世纪80年代和90年代发表的研究中，整合式课程的影响也是较小的。整合式课程对学生科学成绩的影响要高于对数学成绩的影响，尤其是当数学被用来促进科学学习或当两门学科完全融合时。当数学按照科学所需的次序进行教学，但两门学科分开进行教学——先数学后科学时，整合式课程对学生数学成绩的影响则变得更大。定性分析发现了有关整合、出勤率、学生热情和学生参与度的积极证据。

赫尔利运用元分析法对每一种整合策略对学生成就的影响进行了研究，结果揭示出明显的差异。次序整合教学对科学和数学的影响都是正向的，但对数学的影响更大。平行(但分离)整合对科学和数学都有负面影响，这意味着学生在传统教学中取得比整合式课程更好的成绩。部分整合和部分分离整合对科学和数学的正向影响都很小。增强整合对科学的正向效应处于中等水平，对数学的正向效应则较小。科学与数学的整体整合对科学的影响较大，对数学的影响较小。

也许很难将整合式课程对大学生的影响效果具体化，这是因为大学中整合式项目非常有限，即便如此，麦科马斯和王(Wang)(1998)还是总结了一些针对大学生的研究，这些研究表明，当科学以整合式项目而不是传统的方式呈现时，学生对科学表现出了更多的兴趣，也取得了更大的成就。

教师知识与态度

许多研究都考察了教师对使用整合策略的认识和态度。莱曼（Lehman）和麦克唐纳（McDonald）（1988）研究了职前教师对数学与科学整合的认识，发现职前教师对整合的熟悉程度高于在职教师，而数学教师担心如果使用整合方法，很难全面覆盖数学课程的内容。针对大学阶段整合式教师教育方法课程的研究既包含面向职前教师的也包含面向在职教师的，但关于整合式教师学习有效性的研究结果五花八门。

职前教师。莫里森（Morrison）和麦克达菲（McDuffie）（2009）研究了科学与数学方法整合式课程的影响，其中学生要完成的项目任务既包括科学的内容，也包括数学的内容，还有常见的问题解决和其他必要技能。调查结果显示，46名职前参与者获得了所需的技能和内容领域知识，而这得益于课程整合性的本质。此外，有参与者明确表示计划在他们自己的课堂上实施整合式教学法。

尽管有一些新的研究侧重与整合相关的职前教师教育的学习成果，但该领域的大多数工作都是基于对传闻的检验，而不是基于对结果的测量。例如，伯林和怀特（2012）在整合式科学与数学教师教育项目中对职前教师的态度和看法进行了纵向研究，结果发现，参与者对实施科学和数学整合式教学方法的倾向表现出了显著的正向增长。

许多年前，隆宁和德弗朗科（1994）以及黑格（Haigh）和雷费尔德（Rehfeld）（1995）都报告了整合式科学与数学方法课程的研究结果，这些方法对那些对课程有热情的学生的态度有积极的影响。布里斯科（Briscoe）和斯托特（Stout）（1996）通过以问题为中心的方法，将数学与科学课程进行了整合。利用定性分析的数据，研究人员描述了职前教师在解决问题时遇到的困难，但尚不清楚这些困难是否或如何不同于职前教师在单独的数学和科学方法课程中遇到的困难。科塔（Kotar）、京特（Guenter）、梅茨格（Metzger）和奥弗霍特（Overholt）（1998）描述了他们在加州州立大学奇科分校（California State University, Chico）使用的教师教育课程整合模型，但没有提供关于该模型的有效性证据。相反，斯图埃西（Stuessy）和纳泽尔（Naizer）（1996）报告说，学生完成数学和科学方法的整合式课程后，在反思和问题解决方面有所收获。

柯伊拉腊（Koirala）和鲍曼（Bowman）（2003）在对一项团队授课的中级数学和科学方法课的研究中发现，职前教师重视整合，对整合有更好的理解。由于一些科学和数学概念不适合整合在一起，因此有时会导致整合的缺失。由此导致学生们对学科间这种紧张现象感到无所适从。此外，一些中学的职前教师在他们的教学中很少使用整合的教学方法来教授他们的学生，他们往往对整合不感兴趣。相比之下，哈特（Hart, 2002）对参加了一门整合式数学/科学方法课程的职前教师的教学理念和教学实践进行了研究，发现教师的教学理念及其课堂教学行为报告都显示与项目和改革目标一致。

弗吕克霍尔姆（Frykholm）和格拉森（Glasson）（2005）对参加整合式科学和数学方法课程的中学科学和数学职前教师进行了一项研究，该课程侧重于将这两个学科进行联系。该研究发现，那些对另一学科的知识内容不感兴趣的参与者往往不愿意将两个学科进行联系。然而，借助课程计划中的额外支持及相互合作的机会，参与者在教学过程中还是能够成功地实施整合式教学。

赫尔利（2003）研究了方法类课程的设置情况，发现大多数大学的整合式科学与数学方法课都是暑期课程、资金资助项目或是实验性的。结果显示，在该研究开展期间，很少有大学开设整合式课程，但有几所大学开设了科学和数学整合的硕士课程。赫尔利(2003)的研究发现，接受调查的大学报告称，开设整合式科学和数学方法课的成功之处包括：可以帮助教师获得科学与数学概念和推理，提高职前教师的态度和积极性，提高教师在科学中运用高阶思维的能力，提高教师的反思能力以及帮助他们成功地将理论与实践联系起来。而开设整合式科学和数学方法课所面临的挑战及失败之处在于：教师之间沟通困难、数学高阶思维能力低下、教师缺乏对知识内容进行整合的能力、督导教师对实践经验方面指导的影响、将对数学的态度迁移至科学课程、对课程覆盖度的关注以及实施改革的困难等。

在职教师：对在职教师教育的研究很少集中在教师知识或教学技能方面。更多的是关注教师的教学理念和教学态度。同样，关于整合策略有效性的研究结果也是五花八门的。

在针对教师知识和教学技能为数不多的研究中，巴西斯塔(Basista)、汤姆林(Tomlin)、彭宁顿(Pennington)和皮尤(Pugh)(2001)评估了一个整合的专业化发展项目，发现参与者对课程内容的理解有显著提高，并有信心在教学中实施科学与数学的整合。同样，巴西斯塔和马修斯(Mathews)(2002)发现，一个面向中级科学和数学教师的专业化发展项目(暑期集中学习、全年的学术支持以及教育管理者工作坊)增加了教师内容领域的知识和整合知识，增加了教学论知识和实施方法，增加了教育管理者对科学和数学标准的认识，还在学年期间为教师实施整合策略提供了支持。在一个运用语言艺术和技术展示将科学与数学结合起来的协作式专业化发展项目中，教师们在运用技术教授科学和数学方面表现出了更高的能力和信心(Cleland, Wetzel, Zambo, Buss, & Rillero, 1999)。

马巴赫(Marbach-Ad)和麦金尼斯(McGinnis)(2008)对小学和中学教师进行了一项研究，这些教师参加了一个专注于科学与数学整合的职前教师教育项目。该研究包括毕业后1至2年的随访调查。调查结果显示，几乎所有参与调查的教师(90%在第一轮，96%在第二轮)都表示，他们所用的教学方法中包括了在科学教学中建立与数学的联系。

整合也会对学生产生不同于上述结果的影响，这取决于教师是如何实施整合式课程与教学的。沃尔德里普(Waldrip, 2001)发现，小学教师会认为他们在自己的课堂上实施了整合式教学，但实际实施水平的高低对学生的学习有很大的影响。运用未与语言和数学紧密相连的科学主题展开教学，其效果较差，而与其他学科领域的紧密联系则有助于学生获得更深层次的理解。

我们对在职教师的研究在很大程度上集中在对他们的理念、态度和有关整合的可感知的障碍上。瓦塔纳贝(Watanabe)和亨特利(1998)报告说，在NSF资助的一个项目中，数学与科学教育者与其他课堂教师一样，对整合有许多相同的认识。中等水平的数学与科学教师认为，将数学与科学联系起来有助于学生接触到具体的数学实例，数学也可助力学生熟悉科学之间的关系，这样的联系让学生认识到了学科之间的相关性，并对学生的学习具有激励作用。参与马里兰州项目的教师发现了一些整合式教学带来的障碍，主要包括：学校每日的时间安排和教学内容的覆盖之间的矛盾；学生并不希望看到学科之间的联系；教师缺乏这两门学科的知识储备；以及教师对教授他们原本没有准备好或未被认可的课程信心不足等。

同样，基斯(Keys, 2003)报告说，尽管持有类似的信念，小学教师会使用整合策略来弥补科学教学知识的缺乏，而中学教师并未考虑整合，因为要覆盖全部课程内容他们的时间是有限的。威斯曼（Wieseman）和莫斯科维奇（Moscovici）（2003）以及文维尔（Venville）及其同事（2002）也描述了在美国和其他国家实施跨学科方法时在职教师所面临的挑战。

泽尔尼亚克、隆佩（Lumpe）和黑尼（Haney）（1999）发现K—12教师对主题式单元的使用普遍持积极态度，但对整合还是持有消极态度。总的来说，K—12教师认为课堂上的主题式单元能够培养学生对科学学习的热情和兴趣。尽管一些教师认为，由于学生看到了科学与其他学科领域之间的联系，整合可以使科学对学生而言变得更有意义，但也有人担心主题式单元会“淡化”课程本身。教师担心使用主题式单元开展教学会费时费力，尤其是当他们认为整合式课程材料并不丰富的时候。教师详细说明了有助于他们开展主题式单元教学所需的（但难以获取的）一系列变量（资源包括经费、课程材料、用品和设备；员工培训；减少对测试和评估的注重程度；团队教学；行政支持；以及强调整合的研究课程）。虽然这并不令人惊讶，但调查显示，低年级的教师比较高年级的教师更愿意在课堂上实施主题式单元教学。

早些年，对密苏里州400所学校进行的一项研究发现，乡村学校和社会经济地位（socioeconomic-status [SES]）较低的学校在课程整合方面存在差异（Arredondo & Rucinski, 1996）。研究人员发现，农村社会经济地位低的学校很大比例没有参与任何类型的课程整合。在充分使用整合式课程的学校中，教师报告说他们会更多地参与决策过程，这也许意味着，他们参与到了学校的改革之中。

教育工作者认识到，有必要为在职教师提供专业化发展的支持，以帮助他们实施整合式课程。李（Lee）、肖沃（Chauvot）、普兰基斯（Plankis）、沃威尔（Vowel）和卡尔佩珀（Culpepper）（2011）报道了得克萨斯州的一个在线硕士项目的开发，该项目采用了iSMART（Integration of Science, Mathematics, and Reflective Teaching，科学、数学和反思式教学的整合）。这些研究者认为，为使在线课程有效地支持整合，需要具备三项独有的特征，它们是：

1. 群体策略。科学与数学教师一起开展工作，共同参与意义建构过程，共同讨论实践层面科学与数学整合的定义（或重新定义）。

2. 课程的设计既包含同步教学形式，也包含异步教学形式，且二者数量相当。

3. 教师教育者与被培训的教师群体拥有相似的经历，都是教学实践共同体的成员。

课程整合的障碍

如前所述，课程整合的批评者声称，很难找到足够多的证据支持整合的方法比传统的分科更有效这一论断。有多项研究也支持这一说法。圣克莱尔（St. Clair）和霍夫（Hough）（1992）曾指出，当时很少有研究支持跨学科课程能够帮助学生提高其成绩。后来，梅里尔（Merrill, 2001）的研究发现，接受整合式技术、数学与科学课程的高中生，他们的成绩没有显著提高。然而，庞（Pang）和古德（Good）（2000）认为，整合的实施受多方面环境因素的影响，这些环境因素可以直接影响教师和学生的学习成果。

乔治（George, 1996）总结了一些关于整合的论断，在当时这些论断并没有得到研究的证实，这些论断包括：

1. 比传统课程更关注学生真实生活中的问题；

2. 为问题解决提供了更多的机会；

3. 促进学生的独立学习；

4. 更有效地参与到环境和社会之中；

5. 为学生提供更多的机会，与教师一起进行课程规划；

6. 让教师有更多机会成为“学习的促进者”；

7. 可以产生更深入的学习，建立更深层的联系；

8. 使学生有机会更有效地利用先前的学习；

9. 将更多的课程学习成果应用于现实生活中；

10. 为较慢的学习者提供更具象的体验，或为更有能力的学生提供更多、更丰富的机会；

11. 鼓励将所学的知识进行迁移或保留更长时间；

12. 通过新的体验，更有效地为职业教师注入活力；

13. 帮助个人获得更大的成就，得到更多个人发展，或形成和谐团队。

此后的研究补充了一些1996年时所缺乏的证据。例如，当科学与文学进行整合时，学生在这两方面都可取得成功（Romance & Vitale, 2012; Vitale & Romance, 2011）。与此相似，对基于项目的任务进行研究时，我们发现，课程整合有助于标准化测试成绩的提高（Krajcik & Czerniak, 2014）。

在澳大利亚，由于学校结构和强调以学科为基础的学校教育等因素，课程整合存在很大的挑战（Venvilleet al., 2002）。莱德曼和尼斯（1997）从理论的角度评论说，当时对整合式教学的研究似乎表明，科学与数学教学均受到了严格的限制，因为整合式教学策略使得各学科所包含的概念都被缩小到了一个特定的框架中。他们指出，STS方法令人失望的结果恰恰就是证明这一点的证据。他们认为，每一门学科都有其独特的概念、程序和认识论的差异，而这些差异并不能通过整合的方法解决，因此，他们建议在各领域内容主题之间建立联系，而每个领域内容主题都保留其自身的属性。

罗思（Roth, 1994）开展了一个以1492为主题的5年级单元教学，这一教学经验支持莱德曼和尼斯的主张。罗斯的体验是令人沮丧的，因为科学内容受限于主题，而且试图将科学融入主题的尝试往往会使她所希望教授的科学内容受到干扰和削弱。戴维森及其同事（1995）提出了下列有关数学与科学整合的问题：

1. 这些整合工作在多大程度上代表了科学与数学的真正整合？

2. 科学与数学的整合在多大程度上仅仅是一种修饰？（p. 226）。

梅森（1996）列出了一些逻辑问题，这些问题被认为是使用整合式策略的缺点。例如，数学概念是连贯有序的，如果学生缺乏必要的知识和技能，那么在课程中添加数学概念作为零散的知识点会使他们感到困惑。换句话说，为了整合而在各处零散地添加数学知识，很可能使学生的学科知识和理解出现很大的漏洞。此外，梅森还描述了一个典型的小学阶段的整合案例，该例子以“热带雨林”作为主题，让学生用曲线图绘制濒危物种的数量。他对让学生制作几十张图表是否有价值表示怀疑。梅森还认为，许多教师在强行开展整合课程的同时将知识内容碎片化了。例如，“一首关于光合作用的诗可能无法帮助学生理解光合作用是一个过程，也无法理解诗歌是一种文学体裁”(p.266)。加德纳和博伊克斯–曼西利亚(1994)先前的工作支持梅森的观点。他们指出，学生往往需要先获取一些必要的技能才有能力参与整合式课程，而学校通常没时间既教授这些技能又将其纳入整合式课程中。

因此，如果整合是人为的，且围绕零散的主题展开，学生可能并不具备所需的背景知识与技能。罗巴克(Roebuck)和沃登(Warden)(1998)声明，当时很少有课程材料使用科学或数学内容作为整合的焦点。洛宁和德弗兰科斯(1997)认为只有当科学概念和数学概念之间的联系能够增进对学科领域的理解时，才能证明整合是合理的。为避免缺乏意义的浅显课程，他们建议一些概念和技能最好分开教授。他们建议教师应避免被迫整合。

实施整合式单元的障碍

任何教育理念的真正考验之一，是它能否在学校成功实施。麦克布赖德和西尔弗曼(1991)提醒大家在普及整合式教学之前，必须解决一些问题：

1. 在大多数学校，学生正式接触科学和数学课程时，是以单独的学科进行组织和教学的。
2. 通过科学概念来教授数学概念需要更多的教学时间。
3. 当学生进行整合式科学与数学活动时，课堂管理可能比全班仅开展数学教学更为复杂。
4. 许多教师缺乏开展数学教学的科学素材。
5. 很少有教师能够接触或了解科学与数学相结合的课程材料。

迈耶及其同事(1998)也指出了有关整合的一些障碍：内容障碍(科学和数学主题并不总能很好地结合在一起，有时会漏下某一学科的教学内容)；教师知识障碍(中学教师往往是按单一学科教师培养的；教师资格证往往不是整合的；小学教师的学科知识有限，不知道应如何整合)；教师信念障碍(在职教师认为课程已经太多了；职前教师不了解整合式课程；数学老师比科学老师更不愿意进行课程整合)；学校结构障碍(课程排课；教师们没有共同的时间一起进行教学规划；追踪学生的进展；供应/材料)；评估和课程障碍(标准化考试覆盖分科的科目，但并不检测与整合相关的高阶思维技能)。

莱曼(1994)发现，尽管教师对整合有积极的看法，但他们的观点并没有贯彻到实践中。教师常常认为，他们没有时间在本已拥挤不堪的课程中加入整合的想法，他们也不知道有哪些整合资源。与此相似，瓦塔纳贝和亨特利(1998)报告说，尽管马里兰州教师预备协会(Maryland Collaborative for Teacher Preparation)的教师对科学与数学之间的关联持积极态度，但不少教师在课程实施中遇到了问题。一些老师担心将整合融入早已拥挤不堪的课程之中会消耗大量的时间。为解决内容覆盖的问题，比恩(1995)认为，分科课程内容很多，而且也并未覆盖所有的内容。他认为，课程整合可以让学科中最重要、最有力的概念得以凸显。庞和古德(2000)提到，目前美国的课程是碎片化的且没有重点，因此，任何尝试整合出连贯一致的内容都很困难。

对课时的担忧可能与学校课时结构有关，特别是高中，高中的课程安排很难给整合留出时间和空间(Jacobs, 1989; Morrison & McDuffie, 2009; Venville et al., 1998)。除非采用教师团队教学的方式(在中学很流行的一种方法)，否则他们很少有机会与其他学科的教师合作(Mason, 1996)。分段排课的方式为整合等改革的实施提供了可能(Canady

& Rettig, 1996; Johnson, 2003)。

在总结林恩·斯蒂恩(Lynn A. Steen)在1991年的文斯布莱德会议上的发言时，伯林(1994)指出教师准备不足是整合缺乏的原因之一。斯蒂恩宣称，除了化学和物理教师，很少有科学教师有足够的数学背景把高等数学与科学结合起来，而且很少有数学教师能够教授某一个科学学科领域。同样，莱曼(1994)指出，在221名接受调查的职前和在职教师中，只有不到50%的人认为他们拥有足够的知识背景来整合科学和数学。梅森(1996)认为，许多教师不知道如何开设整合课程，因此，教师教育可能是限制实施整合式课程的一个重要原因(Roebuck & Warden, 1998)。一般来说，职前教师在他们的常规课中没有选修过整合式课程，他们也没有体验过整合的方法。因此，他们不知道如何进行课程整合(Mason, 1996)。即使现在，在大多数州，教师(特别是中学教师)也只是拥有特定学科的教师资格证，因此，他们无法整合其他学科领域的知识内容。

对学生的评价被视为是实施整合式课程的障碍，因为标准化考试在很大程度上考核的是学科知识(Berlin & White, 1992; Mason, 1996)。虽然标准化运动(NCSS, 2010; NCTE/IRA, 1996; NCTM, 2000; NRC, 1996)是沿着学科路线前行的，但也是鼓励整合的。例如，《共同核心》(Common Core)标准要求将阅读与科学结合起来，从而使整合向前迈出了一步。然而，标准化考试也需要融入整合的思想，否则关于整合的改革很难在全国范围内推行。

最后，一些研究表明，课程整合给教师带来了困难，可能会影响其教学质量。麦吉(2001)总结了教师在共同教学中会出现的问题，在共同教学过程中，教师需要努力协调他们之间的分工(如，某些学科占主导地位的讲座，对各自的学科领域做好分工)。赫尔利(2001)发现，科学与数学的整合需要更多的时间，这对教师来说是一个挑战，导致他们花在数学上的时间变少。她还发现，与商业化设计的课程材料相比，课程教师开发的整合式课程对学生成绩的影响较小。

最近，巴沙姆及其同事(2011)发现STEM学校在实施整合式STEM教学方面也遇到了障碍。最艰巨的挑战来自整个学区的课程安排指南，学校必须要按照这一指南进行教学，但指南中几乎未预留时间给设计好的基于项目和基于问题的整合式单元。除此以外，还存在其他的问题，包括教师之间没有足够的时间进行合作，以及需要为新教师提供专业化发展的支持等。

结论

从这篇文献综述中我们可以得到一些启发，这对课程整合的研究有一定的启示作用。此外，这些启发也为科学教育工作者提供了重点的研究方向，可以在弄清问题、挑战基本假设、解决与科学和其他学科领域整合相关的问题方面发挥引领作用。尽管有大量关于课程整合的益处的文献和一些支持此观点的研究，额外的研究仍将有助于验证这些益处，并确定这些结果是否可以用于学校实践之中。

关于课程整合需要进行更多的研究。我们引用了一些关于整合式学习(如，当读写/语言艺术与科学和基于项目的学习整合在一起时)会带来学习成果的研究。然而，我们却发现很少有促进教师实施课程整合教学的有效模式存在。随着对STEM学科间和其他学科领域如文学、社会研究以及艺术等整合要求的需要(例如，《新一代科学教育标准》和《共同核心》)，毫无疑问，在整合领域需要开展更多的研究。特别是，到目前为止，我们还没有找到关于工程学与科学整合的实证研究。将工程学实践纳入《新一代科学教育标准》(2012)将为课程整合的研究、教师的准备和课程整合提供许多机会。

关于整合的定义目前仍然缺乏共识。1998年10月的《学校科学和数学》特刊上提出的模型为这一讨论提供了催化剂，但争论一直延续到21世纪(Hurley 2001, 2003; Nargund-Joshi & Liu, 2013; Pang & Good, 2000)。阐明定义可以帮助科学教育者消除致力于整合式课程及相关教学方法时遇到的困惑。此外，一个清晰的理论框架可以刺激研究者进一步设计和完善关于整合式课程影响力的相关研究。

一些STS和基于项目的课程(例如Investigating & Questioning our World Through Science & Technology [IQWST])从关注议题入手，并将其作为一种跨课程整合的手段，使科学与现实生活相联系。IQWST将科学与数学、工程学和读写(探究、信息阅读和撰写结论过程中的话语)整合在一起。一些整合式课程，特别是商业课程，重视技能(如21世纪的技能)，但很少将科学或数学内容作为课程的中心焦点。因此，这就意味着教育工作者需要继续寻找能够提供充足、高质量的科学与数学内容的优秀课程材料。随着移动技术在学校的使用越来越多，教师有了更多的手段通过将科学课程与多个学科整合在一起，使科学课程与学生的生活相关联。我们还需要开展更多的研究，来探索如何更好地利用移动技术进行课程整合，并开发出更多有价值的整合式课程材料。

在学校普及整合之前，还需克服学校课程结构的障碍。在美国，学校开始采用分段排课的方式来为教师，特别是初、高中教师，提供更大块的教学时间(Canady, 1995; Canady & Rettig, 1996)。分段排课通常可以提供90分钟的课程时段，而不是传统的45或50分钟，这种形式可以让教师有充分的时间来进行课程整合。

赫尔利(2003)指出了教师教育模式的一些好处，这些模式旨在帮助教师更好地整合课程，但他同时也指出，这些整合式方法课程是非典型的，并不具备普遍意义。一些研究支持专业化发展模型中的课程整合(Basista et al., 2001; Basista & Mathews, 2002; Johnson & Saylor, 2013)。为更好地帮助职前和在职教师设计和实施整合式单元教学，他们必须熟悉州和联邦等改革建议，接受科学与数学整合方面的指导，学习整合式课程资源，并学习使用可支持课程整合的技术工具。同样重要的是，教师要体验团队教学课程，以便更好地理解实施整合式策略所需的协作过程(Lehman, 1994; Mason, 1996)。

高利害的标准化考试的压力仍是实施课程整合的一项限制因素，“不让一个孩子掉队(No Child Left Behind)”法案可能只会加剧这一问题。最近的一些研究表明，整合式课程既可以帮助教师实现标准的要求，也可以帮助他们达到测试要求(如Romance & Vitale, 2012)。然而，由于大多数标准化考试都是单独检查学科知识内容的，因此，教育工作者并不相信以整合式课程方式学习到的知识和技能能够迁移到这些考试中。也许可以得出这样一条结论：要使课程整合在标准环境中得到广泛接受，标准化考试就需要测试与整合式学习相关的知识和技能，或者商业开发的和由教师开发的整合式单元必须包含与标准和高利害考试要求相一致的评估。

尽管在过去的100年间，人们对课程整合很感兴趣，但今天每个学科的大多数标准仍然是相互独立的(例如NCSS, 2010; NCTE/IRA, 1996;

NCTM, 2000; NRC, 2011; Next Generation Science Standards, 2013)，这是自相矛盾的。如果想将整合式教学纳入主流，就需要专业组织的领导人展开讨论，以建立整合内容领域的标准。这一讨论始于《共同核心》(Common Core, 2012)，时间将告诉我们，数学与读写能力在科学领域的整合会有多么广泛。

最后，庞和古德(2000)的总结也许是围绕整个课程整合的尝试所带来的挑战以及对后续研究的需求最好的总结：

> 这些问题表明，数学与科学的整合是教育工作者面临的最艰巨的任务之一。要完成这项任务，没有什么灵丹妙药，只有各学科、各专业进行通力合作。关于整合成功和失败的交流越多，教师应该教什么以及学生应该通过整合式课程学习什么的进步就会越明显。帮助所有学生提高其科学和数学素养，这是大多数改革文件提倡的目标，为此我们要更加重视课程和教学的整合，这是非常必要的。(p.78)

致谢

感谢凯瑟琳·罗思(Kathleen Roth)和利奥妮·伦尼(Leonie J. Rennie)对本章的审读。

参考文献

Achieve. (2013). College and career readiness.

AIMS Educational Foundation. (1986). *Activities integrating math and science.* Fresno, CA: Author.

AIMS Educational Foundation. (1987). *Math + science: A solution.* Fresno, CA: Author.

Akerson, V.L. (2001). Teaching science when your principal says, "Teach language arts." *Science and Children, 38* (7), 42–47.

Applebee, A.N., Adler, M., & Flihan, S. (2007). Interdisciplinary curricula in middle and high school classrooms: Case studies of approaches to curriculum and instruction. *American Educational Research Journal, 44* (4), 1002–1039.

Arredondo, D.E., & Rucinski, T.T. (1996). Integrated curriculum: Its use, initiation and support in Midwestern schools. *Mid-Western Educational Researcher, 9* (2), 37–44.

Barab, S.A., & Landa, A. (1997). Designing effective interdisciplinary anchors. *Educational Leadership, 54* (6), 52–58.

Basham, J.D., Koehler, C.M., & Israel, M. (2011). Creating a "STEM for All" environment. In C.C. Johnson (Ed.), *Secondary STEM educational reform* (pp.1–24). New York, NY: Palgrave MacMillan.

Basista, B., & Mathews, S. (2002). Integrated science and mathematics professional development programs. *School Science and Mathematics, 102* (7), 360–370.

Basista, B., Tomlin, J., Pennington, K., & Pugh, D. (2001). Inquiry-based integrated science and mathematics professional development program. *Education, 121* (3), 615–624.

Beane, J. (1995). Curriculum integration and the disciplines of knowledge. *Phi Delta Kappan, 76*, 616–622.

Beane, J. (1996). On the shoulders of giants! The case for curriculum integration. *Middle School Journal, 28*, 6–11.

Beane, J.A. (1993). *A middle school curriculum: From rhetoric to reality.* Columbus, OH: National Middle School Association.

Beane, J.A. (1997). *Curriculum integration: Designing the core of democratic education.* New York, NY: Teachers College Press.

Berger, C.F. (1994). Breaking what barriers between science and mathematics? Six myths from a technological perspective. In D.F. Berlin (Ed.), *NSF/SSMA Wingspread conference: A network for integrated science and mathematics teaching and learning* (pp.23–27). Bowling Green, OH: School Science and Mathematics Association.

Berlin, D. (1994). The integration of science and mathematics education: Highlights from the NSF/SSMA Wingspread conference plenary papers. *School Science and Mathematics, 94* (1), 32 – 35.

Berlin, D., & White, A. (1992). Report from the NSF/SSMA Wingspread conference: A network for integrated science and mathematics teaching and learning. *School Science and Mathematics, 92* (6), 340 – 342.

Berlin, D., & White, A. (1994). The Berlin-White integrated science and mathematics model (BWISM). *School Science and Mathematics, 94* (1), 2 – 4.

Berlin, D., & White, A. (2012). A longitudinal look at attitudes and perceptions related to the integration of mathematics, science, and technology education. *School Science and Mathematics, 112* (1), 20 – 30.

Berlin, D.F., & Hillen, J.A. (1994). Making connections in math and science: Identifying student outcomes. *School Science and Mathematics, 94* (6), 283 – 290.

Bragow, D., Gragow, K.A., & Smith, E. (1995). Back to the future: Toward curriculum integration. *Middle School Journal, 27,* 39 – 46.

Brazee, E.N., & Capelluti, J. (1995). *Dissolving boundaries: Toward an integrative curriculum.* Columbus, OH: National Middle School Association.

Brears, L., Tutor, S., & MacIntyre, B. (2011). Preparing teachers for the 21st century using PBL as an integrating strategy in science and technology education. *Design and Technology Education, 16* (1), 36 – 46.

Breiner, J., Harkness, M., Johnson, C.C., & Koehler, C. (2012). What Is STEM? A discussion about conceptions of STEM in education and partnerships. *School Science and Mathematics, 112*, 3 – 11.

Briscoe, C., & Stout, D. (1996). Integrating math and science through problem centered learning in methods courses: Effects on prospective teachers' understanding of problem solving. *Journal of Elementary Science Education, 8* (2), 66 – 87.

Brooks, J.G., & Brooks, M.G. (1993). *In search of understanding: The case for constructivist classrooms.* Alexandria, VA: Association for Supervision and Curriculum Development.

BSCS. (1994). *Innovations in science education survey instrument.* Colorado, Springs, CO: Author.

Canady, R. (1995). *Block scheduling: A catalyst for change in high schools.* Princeton, NJ: Eye on Education.

Canady, R., & Rettig, M. (1996). *Teaching in the block: Strategies for engaging active learners.* Princeton, NJ: Eye on Education.

Capraro, R.M., & Slough, S.W. (2008). *Project-based learning: An integrated science, technology, engineering, and technology (STEM) approach.* Rotterdam, the Netherlands: Sense.

Carnegie Council on Adolescent Development, Task Force on Education of Young Adolescents. (1989). *Turning points: Preparing American youth for the 21st century: The report of the task force on education of young adolescents.* Washington, DC: Carnegie Council on Adolescent Development.

Carnegie Foundation. (2009). *The opportunity equation: Transforming mathematics and science education for citizenship and the global economy.* New York, NY: Institute for Advanced Study.

Christensen, C.M., Horn, M.B., & Johnson, C.W. (2011). *Disrupting class: How disruptive innovation will change the way the world learns* (Vol. 98). New York, NY: McGraw-Hill.

Cleland, J.V., Wetzel, K.A., Zambo, R., Buss, R.R., & Rillero, P. (1999). Science integrated with mathematics using language arts and technology: A model for collaborative professional development. *Journal of Computers in Mathematics and Science Teaching, 18* (2), 157 – 172.

Cohen, P. (1995). Understanding the brain: Educators seek to apply brain research. *ASCD Education Update, 37*(7), 1, 4 – 5.

Committee on Prospering in the Global Economy of the 21st Century. (2007). *Rising above the gathering storm.*

Common Core State Standards Initiative. (2012). *Standards for mathematical practice.*

Copple, C., & Bradekamp, S. 2009. *Developmentally appropriate practice in early childhood programs serving children from birth through age 8*. Washington, DC: National Association for the Education of Young Children.

Crane, S. (1991). Integrated science in a restructured high school. *Educational Leadership, 49* (2), 39 – 41.

Cremin, L. (1964). *The transformation of the school.* New York, NY: Vintage Press.

Czerniak, C.M., Lumpe, A.T., & Haney, J.J. (1999). Teachers' beliefs about thematic units in science. *Journal of Science Teacher Education, 10* (2), 123–145.

Czerniak, C.M., Weber, W., Sandmann, A., & Ahern, J. (1999). A literature review of science and mathematics integration. *School Science and Mathematics, 99* (8), 421–430.

Davison, D.M., Miller, K.W., & Metheny, D.L. (1995). What does integration of science and mathematics really mean? *School Science and Mathematics, 95* (5), 226–230.

Deeds, D.G., Allen, C.S., Callen, B.W., & Wood, M.W. (2000). A new paradigm in integrated math and science courses: Finding common ground across disciplines. *Journal of College Science Teaching, 30* (3), 178–183.

Dickinson, V.L., & Young, T.A. (1998). Elementary science and language arts: Should we blur the boundaries? *School Science and Mathematics, 98* (6), 334–339.

Drake, S.M. (1998). *Creating integrated curriculum: Proven ways to increase student learning.* Thousand Oaks, CA: Corwin.

Drake, S.M., & Burns, R.C. (2004). *Meeting standards through integrated curriculum.* Alexandria, VA: ASCD.

Erb, T.O. (2001). *This we believe . . . And now we must act.* Westerville, OH: National Middle School Association.

Fogarty, R. (1991). Ten ways to integrate curriculum. *Educational Leadership, 49* (2), 61–65.

Francis, R., & Underhill, R.G. (1996). A procedure for integrating math and science units. *School Science and Mathematics, 96*(3), 114–119.

Francis, R.W. (1996). Connecting the curriculum through the national mathematics and science standards. *Journal of Science Teacher Education, 7* (1), 75–81.

Friend, H. (1985). The effect of science and mathematics integration on selected seventh grade students' attitudes toward and achievement in science. *School Science and Mathematics, 85* (6), 453–461.

Frykholm, J., & Glasson, G. (2005). Connecting science and mathematics instruction: Pedagogical content knowledge for teachers. *School Science and Mathematics, 105* (3), 127–141.

Gardner, H., & Boix-Mansilla, V. (1994). Teaching for understanding within and across the disciplines. *Educational Leadership, 51*, 14–18.

Geier, R., Blumenfeld, P.C., Marx, R.W., Krajcik, J.S., Fishman, B., Soloway, E., & Clay-Chambers, J. (2008). Standardized test outcomes for students engaged in inquiry-based science curricula in the context of urban reform. *Journal of Research in Science Teaching, 45* (8), 922–939.

George, P.S. (1996). The integrated curriculum: A reality check. *Middle School Journal, 28*, 12–19.

Goldberg, H., & Wagreich, P. (1989). Focus on integrating science and math. *Science and Children, 26* (5), 22–24.

Greene, L.C. (1991). Science-centered curriculum in elementary school. *Educational Leadership, 49*, 42–51.

Guthrie, J.T., Wigfield, A., & VonSecker, C. (2000). Effects of integrated instruction on motivation and strategy use in reading. *Journal of Educational Psychology, 92* (2), 331–341.

Haigh, W., & Rehfeld, D. (1995). Integration of secondary mathematics and science methods courses: A model. *School Science and Mathematics, 95* (5), 240–247.

Hargreaves, A., Earl, L., Moore, S., & Manning, S. (2001). *Learning to change: Teaching beyond subjects and standards.* San Francisco, CA: Jossey-Bass.

Harrison, M. (2011). Supporting the T and the E in STEM: 2004–2010. *Design and Technology Education, 16* (1), 17–25.

Hart, L.C. (2002). Preservice teachers' beliefs and practice after participating in an integrated content/methods course. *School Science and Mathematics, 102*, 4–14.

Heitin, L. (2013). *In Common Core, teachers see interdisciplinary opportunities.*

Huntley, M.A. (1998). Design and implementation of a framework for defining integrated mathematics and science education. *School Science and Mathematics, 98* (6), 320–327.

Hurley, M.M. (1999). *Interdisciplinary mathematics and science: Characteristics, forms, and related effect sizes for student achievement and affective outcomes.* Unpublished doctoral dissertation. University at Albany, State University of New York.

Hurley, M.M. (2001). Reviewing integrated science and mathematics: The search for evidence and definitions from new perspectives. *School Science and Mathematics, 101* (5), 259–268.

Hurley, M.M. (2003). *The presence, value, and reasoning behind integrated science and mathematics methods courses.* A paper presented at the annual meeting of the

National Association for Research in Science Teaching, Philadelphia, PA.

Institute for Mathematics and Science Education. (1995). *Teaching integrated mathematics and science (TIMS).* Chicago, IL: Author.

Jacobs, H.H. (1989). *Interdisciplinary curriculum: Design and implementation.* Alexandria, VA: Association for Supervision and Curriculum Development.

Jimoyiannis, A. (2010). Designing and implementing an integrated technological pedagogical science knowledge framework for science teachers' professional development. *Computers & Education, 55*(3), 1259 – 1269. doi:10.1016/j.compedu.2010.05.022

Johnson, C. (2003). Bioterrorism is real-world science: Inquiry-based simulation mirrors real life. *Science Scope, 27*(3), 19 – 23.

Johnson, C.C. (2013a). Conceptualizing integrated STEM education – Editorial. *School Science and Mathematics Journal, 113*(8).

Johnson, C.C., & Fargo, J.D. (in press). A study of the impact of transformative professional development (TPD) on Hispanic student performance on state-mandated assessments of science. *Science Education.*

Johnson, C.C., & Saylor, L. (2013). Bring your own laptop (BYOL): The journey of a large middle school into the 21st century. *Journal for Computing Teachers, 9*(1), 1 – 7.

Keys, P. (2003). *Teachers bending the science curriculum.* Paper presented at the annual meeting of the National Association for Research in Science Teaching, Philadelphia, PA.

Koirala, H.P., & Bowman, J.K. (2003). Preparing middle level preservice teachers to integrate mathematics and science: Problems and possibilities. *School Science and Mathematics, 103*(3), 145 – 154.

Kotar, M., Guenter, C.E., Metzger, D., & Overholt, J.L. (1998). Curriculum integration: A teacher education model. *Science and Children, 35*(5), 40 – 43.

Krajcik, J., & Czerniak, C.M. (2014). *Teaching science to children: A project-based science approach.* New York, NY: Routledge.

Labov, J.B., Reid, A.H., & Yamamoto, K.R. (2010). Integrated biology and undergraduate science education: A new biology education for the twenty-first century? *CBE Life Science Education, 9,* 10 – 16.

Lawrence Hall of Science. (1984). *Great explorations in math and science (GEMS).* Berkeley, CA: Author.

Lebeaume, J. (2011). Integration of science, technology, engineering, and mathematics: Is this curricular revolution really possible in France? *Design and Technology Education, 16*(1), 47 – 52.

Lederman, N.G., & Niess, M.L. (1997). Integrated, interdisciplinary, or thematic instruction? Is this a question or is it questionable semantics? *School Science and Mathematics, 97*(2), 57 – 58.

Lee, M.M., Chauvot, J., Plankis, B., Vowell, J., & Culpepper, S. (2011). Integrating to learn and learning to integrate: A case study of an online master's program on science-mathematics integration for middle school teachers. *Internet and Higher Education, 14,* 191 – 200.

Lehman, J.R. (1994). Integrating science and mathematics: Perceptions of preservice and practicing elementary teachers. *School Science and Mathematics, 94*(2), 58 – 64.

Lehman, J.R., & McDonald, J.L. (1988). Teachers' perceptions of the integration of mathematics and science. *School Science and Mathematics, 88*(8), 642 – 649.

Lonning, R.A., & DeFranco, T.C. (1994). Development and implementation of an integrated mathematics/science preservice elementary methods course. *School Science and Mathematics, 94*(1), 18 – 25.

Lonning, R.A., & DeFranco, T.C. (1997). Integration of science and mathematics: A theoretical model. *School Science and Mathematics, 97*(4), 212 – 215.

Lonning, R.A., DeFranco, T.C., & Weinland, T.P. (1998). Development of theme-based, interdisciplinary, integrated curriculum: A theoretical model. *School Science and Mathematics, 98*(6), 312 – 319.

Marbach-Ad, G., & McGinnis, J.R. (2008). To what extent do reform prepared upper elementary and middle school science teachers maintain their beliefs and intended instructional actions as they are inducted into schools? *Journal of Science Teacher Education, 19,* 157 – 182.

Marx, R.W., Blumenfeld, P.C., Krajcik, J.S., Fishman, B., Soloway, E., Geier, R., & Tal, R.T. (2004). Inquiry-based science in the middle grades: Assessment of learning in urban systemic reform. *Journal of Research in Science Teaching, 41*(10), 1063 – 1080.

Mason, T.C. (1996). Integrated curricula: Potential and problems. *Journal of Teacher Education, 47*(4), 263 – 270.

McBride, J.W., & Silverman, F.L. (1991). Integrating elementary/middle school science and mathematics. *School Science and Mathematics, 91* (7), 285 – 292.

McComas, W.F. (1993). STS education and the affective domain. In R.E. Yager (Ed.), *What research says to the science teacher, 7: The science, technology, and society movement* (pp. 161 – 168). Washington, DC: National Science Teachers Association.

McComas, W.F., & Wang, H.A. (1998). Blended science: The rewards and challenges of integrating the science disciplines for instruction. *School Science and Mathematics, 98* (6), 340 – 348.

McDonald, J., & Czerniak, C.M. (1998). Scaling sharks. *School Science and Mathematics, 98* (7), 397 – 399.

McGehee, J.J. (2001). Developing interdisciplinary units: A strategy based on problem solving. *School Science and Mathematics, 101* (7), 380 – 389.

Meier, S.L., Nicol, M., & Cobbs, G. (1998). Potential benefits and barriers to integration. *School Science and Mathematics, 98* (8), 438 – 447.

Merrill, C. (2001). Integrating technology, mathematics, and science education: A quasi-experiment. *Journal of Industrial Teacher Education, 38* (3), 45 – 61.

Minnesota Mathematics and Science Project. (1970). Minneapolis: Minnesota School Mathematics and Science Center.

Moore, E.H. (1967). On the foundations of mathematics. *Mathematics Teacher, 60*, 360 – 374. A reprint of his 1902 retiring presidential address to the American Mathematical Society, originally published in *Science* (1903), 402 – 424.

Morrison, J., & McDuffie, A.R. (2009). Connecting science and mathematics: Using inquiry investigations to learn about data collection, analysis, and display. *School Science and Mathematics, 109* (1), 31 – 44.

Nargund-Joshi, V., & Liu, X. (2013). *Understanding meanings of interdisciplinary science inquiry in an era of Next Generation Science Standards.* A paper presented at the annual meeting of the National Association for Research in Science Teaching, Rio Grande, Puerto Rico.

National Association for the Education of Young Children. (1987). *Developmentally appropriate practice in early childhood programs serving children from birth through age 8*. Washington, DC: Author.

National Council for the Social Studies. (2010). *National curriculum and standards for social studies.* Washington, DC: Author.

National Council of Teachers of English and the International Reading Association. (1996). *Standards for the English language arts.* Urbana, IL: Author.

National Council of Teachers of Mathematics. (2000). *Principles and standards for school mathematics.* Reston, VA: Author.

National Middle School Association. (2010). *This we believe.* Columbus, OH: Author.

National Research Council. (1996). *National science education standards.* Washington, DC: National Academies Press.

National Research Council. (2012). *A framework for K–12 science education.* Washington, DC: National Academies Press.

National Science Teachers Association. (1992). *The content core.* Washington, DC: Author.

National Science Teachers Association. (1996). NSTA board endorses new position statement on interdisciplinary learning, PreK–grade 4. *NSTA Reports!, 6*, 8.

Nesin, G., & Lounsbury, J. (1999). *Curriculum integration: Twenty questions—with answers.* Atlanta: Georgia National Middle School Association.

Nuffield Foundation Science Teaching Project. (1967). London, England: Longmans.

Pang, J.S., & Good, R. (2000). A review of the integration of science and mathematics: Implications for further research. *School Science and Mathematics, 100* (2), 73 – 82.

Perkins, D. (1991). Educating for insight. *Educational Leadership, 49*, 4 – 8.

Peters, T., Schubeck, K., & Hopkins, K. (1995). A thematic approach: Theory and practice at the Aleknagik school. *Phi Delta Kappan, 76*, 633 – 636.

Petrie, H.G. (1992). Interdisciplinary education: Are we faced with insurmountable opportunities? *Review of Research in Education, 18*, 299 – 333.

Rakow, S.J., & Vasquez, J. (1998). Integrated instruction: A trio of strategies. *Science and Children, 35* (6), 18 – 22.

Rennie, L., Venville, G., & Wallace, J. (2012a). *Integrating science, technology, engineering, and mathematics.* New York, NY: Routledge.

Rennie, L., Venville, G., & Wallace, J. (2012b). *Knowledge that counts in a global community: Exploring the contribution of integrated curriculum.* New York, NY: Routledge.

Rivet, A.E., & Krajcik, J.S. (2004). Achieving standards in urban systemic reform: An example of a sixth grade project-based science curriculum. *Journal of Research in Science Teaching, 41* (7), 669 – 692.

Roebuck, K.I., & Warden, M.A. (1998). Searching for the center on the mathematics-science continuum. *School Science and Mathematics, 98* (6), 328 – 333.

Romance, N.R., & Vitale, M.R. (2012). Expanding the role of K– 5 science instruction in educational reform: Implications of an interdisciplinary model for integrating science and reading. *School Science and Mathematics, 112* (8), 506 – 515.

Ronis, D.L. (2007). *Problem-based learning for math and science: Integrating inquiry and the internet.* Thousand Oaks, CA: Corwin.

Ross, J.A., & Hogaboam-Gray, A. (1998). Integrated mathematics, science, and technology: Effects on students. *International Journal of Science Education, 20* (9), 1119 – 1135.

Roth, K.J. (1994). Second thoughts about interdisciplinary studies. *American Educator, 18* (1), 44 – 48.

Roth, W.M. (1993). Problem-centered learning for the integration of mathematics and science in a constructivist laboratory: A case study. *School Science and Mathematics, 93* (3), 113 – 122.

Rutherford, J., & Ahlgren. (1990). *Science for all Americans.* New York, NY: Oxford University Press.

Sanders, M. (2009). STEM, STEM education, STEM mania. *Technology Teacher, 68* (4), 20 – 26.

Sandmann, A., Weber, W., Czerniak, C., & Ahern, J. (1999). Coming full circuit: An integrated unit plan for intermediate and middle grade students. *Science Activities, 36* (3), 13 – 20.

Schneider, R.M., Krajcik, J., Marx, R.W., & Soloway, E. (2002). Performance of students in project-based science classrooms on a national measure of science achievement. *Journal of Research in Science Teaching, 39* (5), 410 – 422.

Shann, M.H. (1977). Evaluation of an interdisciplinary, problem-solving curriculum in elementary science and mathematics. *Science Education, 61* (4), 491 – 502.

Smith, C. (2001). Addressing standards through curriculum integration. *Middle School Journal, 33* (2), 5 – 6.

Sondergeld, T.A., Milner, A.R., Coleman, L.J., & Southern, T. (2011). Lessons from the field: Examining the challenges and successes of a mathematics and science program using acceleration and enrichment for gifted urban middle school students. In C.C. Johnson (Ed.), *Secondary STEM educational reform* (pp. 193 – 195). New York, NY: Palgrave MacMillan.

St. Clair, B., & Hough, D.L. (1992). *Interdisciplinary teaching: A review of the literature.* (ERIC Document Reproduction Service No. 373 056).

Stevenson, C., & Carr, J. (1993). *Integrated studies: Dancing through walls.* New York, NY: Teachers College Press.

Stinson, K., Harkness, S.S., Meyer, H., & Stallworth, J. (2009). Mathematics and science integration: Models and characterizations. *School Science and Mathematics, 109* (3), 153 – 161 .

Stuessy, C.L. (1993). Concept to application: Development of an integrated mathematics/science methods course for preservice elementary teachers. *School Science and Mathematics, 93* (2), 55 – 62.

Stuessy, C.L., & Naizer, G.L. (1996). Reflection and problem solving: Integrating methods of teaching mathematics and science. *School Science and Mathematics, 96* (4), 170 – 177.

Teaching Institute for Excellence in STEM. (2010). *What is STEM Education?*

Underhill, R. (1995). Editorial. *School Science and Mathematics, 95* (5), 225.

Unified Science and Mathematics for Elementary Schools Project. (1973). Newton, MA: Educational Development Center.

Vars, G.F. (1991). Integrated curriculum in historical perspective. *Educational Leadership, 49*, 14 – 15.

Venville, G., Rennie, L.J., & Wallace, J. (2004). Decision making and sources of knowledge: How students tackle integrated tasks in science, technology and mathematics. *Research in Science Education, 34* (2), 115 – 135. doi: 10.1023/B:RISE.0000033762.75329.9b

Venville, G., Wallace, J., Rennie, L.J., & Malone, J. (1998). The integration of science, mathematics, and technology in a discipline-based culture. *School Science and Mathematics, 98* (6), 294 – 302.

Venville, G.J., Wallace, J., Rennie, L.J., & Malone, J.A.

(2002). Curriculum integration: Eroding the high ground of science as a school subject? *Studies in Science Education, 37* (1), 43 – 83.

Vitale, M.R., & Romance, N.R. (2011). Adaptation of a knowledgebased instructional intervention to accelerate student learning in science and early literacy in grades one and two. *Journal of Curriculum and Instruction, 5* (2), 79 – 93.

Waldrip, B. (2001). Primary teachers' views about integrating science and literacy. *Investigating: Australian Primary & Junior Science Journal, 17* (1), 38 – 41.

Watanabe, T., & Huntley, M.A. (1998). Connecting mathematics and science in undergraduate teacher education programs: Faculty voices from the Maryland Collaborative for Teacher Preparation. *School Science and Mathematics, 98* (1), 19 – 25.

Wei, B. (2009). In search of meaningful integration: The experiences of developing integrated science curricula in junior secondary schools in China. *International Journal of Science Education, 31* (2), 259 – 277.

Wieseman, K.C., & Moscovici, H. (2003). Stories from the field: Challenges of science teacher education based on interdisciplinary approaches. *Journal of Science Teacher Education, 14* (2), 127 – 143.

Williams, P.J. (2011). STEM education: Proceed with caution. *Design and Technology Education, 16* (1), 26 – 35.

Willis, S. (1992, November). Interdisciplinary learning: Movement to link the disciplines gains momentum. *ASCD Curriculum Update,* 1 – 8.

Zwick, T., & Miller, K. (1996). A comparison of integrated outdoor education activities and traditional science learning with American Indian students. *Journal of American Indian Education, 35* (2), 1 – 9.

21

High School Biology Curricula Development

Implementation, Teaching, and Evaluation from the 20th to the 21st Century

REUVEN LAZAROWITZ

第21章

高中生物学课程发展：

从20世纪至21世纪的实施、教学与评价

付鑫　译　　刘晟　审校

本章分为两部分。第一部分描述了20世纪的高中生物学课程和课程的一些影响因素，依照作者的观点，这些因素影响了基于泰勒（Tyler, 1966）理论建立的不同学习项目。对过去一个世纪高中生物学课程的发展进行的描述建立在两个假设之上：第一，生物学研究、生物学内容结构与高中生物学课程之间具有很强的关联性；第二，新的高中生物学课程受社会生活、高中生群体、有关生物学的科学教育研究以及学习理论和教学法方面变革的影响。应对所有这些变革都需要对职前和在职生物教师进行教育培训，而这已超出本章的范畴。这一部分还包括一篇简短的研究报告，该报告基于所选的有关形成性和终结性评价的研究，调查了新项目在高中生物学教学中的实施情况。

第二部分包含一些关于生物学教学和学习的研究主题，涵盖影响学生认知、情感和身心状况等领域。因为新的生物学课程强调对概念和原理的教学，这些主题的选取是根据其与“生物学中的统一主题”（Schwab, 1963，p. 131）、生物学架构的7个水平（Schwab, 1963，pp. 15 – 17）以及《纳菲尔德生物学》（*Nuffield Biology*）中“基础专题”（Nuffield Foundation, 1996，p. 1）的相关性来选取的。这一部分总结了一些建议，指明我们需要什么样的生物学课程、学习材料以及我们需要做哪些研究来解决学校中学生的差异化问题，包括他们的需求、兴趣、能力，以使其掌握当下科学和技术高度发展的社会所需的知识和能力。

泰勒的课程开发原理

基于泰勒的课程开发原理，课程学习的概念可以被定义为一系列有计划的科学主题，面向特定年龄群体的学生，按照特定内容主题的关联进行教学，并伴有在教室或实验室中的授课建议。设计好的课程会推荐多套教材，都是依据课程架构编写的，包括了教学、学习、评价和对学生进行等级评

定的建议。

1960年，泰勒出版了一本名为《课程与教学的基本原理》(*Basic Principles of Curriculum and Instruction*)的专著，之后由马道斯(Madaus)和斯塔弗尔比姆(Stufflebeam)(1989)修订。该研究起源于大萧条时期带来的问题，其中一个就是进入高中的学生大幅增加(他们中很多人虽然更想参加工作，但是找不到工作；Tyler, 1966)。该研究的初衷是设法确定关于素质教育的三个关键问题：

1. 明确目的，包括(a)学习经历的选择，(b)这些经验的组织，(c)对学校目标实现过程的评价。
2. 一个项目的学习目标应通过对学习者和当代生活的研究来确定。
3. 目标应该从以下角度来审视：(a)学校的教育哲学，(b)学习理论，(c)学科专家的建议。

对课程的探索由以下四个方面的内容构成：

1. 学校应该寻求达成什么样的教育目标？
2. 达成这些目标需要提供哪些教育经历？
3. 如何有效地对教育经历进行组织？
4. 我们如何确定这些目标是否达成了？(Tyler, 1966)

泰勒的课程开发原理(1966)可以作为分析20世纪高中生物学课程发展的工具。

第I部分：20世纪高中生物学课程概述

内容导向的生物学课程

第一个科学学习项目，我们称之为“内容导向的课程(the content-oriented curriculum)”，从20世纪初到20世纪60年代都很盛行。它的特点在于其内容结构次序。它的科学主题次序反映的是大学教学的课程大纲(DeHart Hurd, 1961)，代表了当时科学研究的模式与过程以及任何已知的特定科学学科的内容知识结构(content knowledge structure [CKS])。

在生物学领域，知识的主体包含着多个主题，如动物学中的无脊椎动物和脊椎动物、植物学中的低等植物和高等植物、人体的结构等。每种生物都按照其形态学、解剖学、生理学、生长、发育和繁殖的次序依次呈现。这些生物与环境的多方面关系都是依据分类学方法一起进行介绍的。每种生物都由一篇关于细胞结构和功能的短文来予以介绍。这些信息会出现在每本教科书的开头。微生物学、遗传学、生态学和进化论是补充性的主题。主要的生物学研究都是为了学习某种生物及其分类，如果学生当下已有相关的化学和物理知识，课程还会包含一些生理学部分。这就是生物学课程反映在教科书中的CKS。教科书描绘了从单细胞生物到多细胞生物等一系列处于不同复杂程度的细胞。

影响CKS的生物学研究

例如，有关细胞理论的研究是建立在一系列技术发展基础之上的，起点是显微镜的发明以及人们利用显微镜看到的结构。扎凯厄斯·詹森(Zacharias Janssen)在1590年发明的第一台简单显微镜仅包含一块透镜。之后，1670年，安东尼·范·列文虎克(Anton van Leeuwenhoek)发明的显微镜可以将物体放大270倍，能够观察到细菌、原生动物、精子细胞、血红细胞和酵母细胞。1665年，物理学家罗伯特·胡克(Robert Hooke)将两块透镜组装起来，发明了复合显微镜。他观察了一小片薄木塞，发现了砖墙状的结构，并将这些空盒子似的结构命名为“细胞”。基于这些早期技术，1831年罗伯特·布朗（Robert Brown）发现活的植物细胞中有小圆球状的结构，将其命名为细胞核。1838年，马蒂亚斯·施莱登（Matthias Schleiden）总结出所有的植物都由细胞构成。在同一时期，特奥多尔·施万（Theodor Schwann）在研究动物组织的过程中，得到了动物也都由细胞组成的结论。显而易见，当时的技术发展与开展更为复杂的生物学研究息息相关。因此，在19世纪，科学研究与技术发展相互关联。此后，两者之间的任何分离都是人为的，仅仅是人类决策的产物。

另一个对生物学课程结构具有显著影响的因素是航海技术的进步，这使得两位科学家能够进行伟大的全球探险：(a) 瑞典植物与动物学家卡洛斯· 林 奈（Carolus Linnaeus）（1707—1778） 在18世纪50年代建立了植物双名命名法和动物系统命名法；(b) 自然学家查尔斯·达尔文（Charles Darwin, 1809—1882）于1831到1836年间在比格尔号进行环球航行的过程中，收集了大量的骨骼和生物标本。回到故乡后，他基于所收集到的资料出版了一本记录物种变化的著作。《物种起源》出版于1895年，对人类的认知具有巨大影响。它是19世纪最著名的书籍之一（Alexander, 1953，p.204）。最终，生物学家的研究帮助他们发展了一系列有关植物与动物进化以及分类、解剖、生理、生殖和遗传学的理论。我们可以说所有的这些研究都是基于林奈和达尔文里程碑式的工作完成的。这也促成生物学科学内容知识（sciences content knowledge [SCK]）结构的形成，一直延续到20世纪60年代。SCK是大学和高中科学课上所教内容的基础，学生们所用的教科书也反映着SCK。

内容导向的课程和教学法

在这种课程中使用的教学模式是第一代高中课程，主要是说明性的。教师讲解并提出问题，学生听讲，得到允许回答问题。学习过程中学生之间的交流或探究过程很少发生。有人可能会就此得出结论——这种教学强调听讲和记忆能力，而非学习或探索知识、交流想法和承担责任的能力，等等。这是一种以教师为中心的教学活动，在该过程中学生一直保持被动。在20世纪80年代末，舒尔曼（Shulman, 1987）将课程的主题定义为内容知识（content knowledge [CK]）。实验室活动的本质是为了给学生提供已经学习到的知识（Lazarowitz & Tamir, 1994）。评价和评定等级的过程是基于开放性问题的测验，学生写下他们的陈述性答案，很少有问题为多项选择题。问卷主要为了检测知识和理解的认知水平。较高的认知水平，如应用、分析、综合和评价几乎都被忽略了。大多数考试和测验都属于终结性评价，只是为了评定等级。

在图21.1中，跟许多国家的用法一样，内容导向的生物学课程结构提供了在高中（9—12年级）讲授各主题的建议次序，这在1900年到1965年是很常见的。在美国，生物学只在10年级开课，在11—12年级为选修课，而在欧洲和以色列，生物学在9—12年级均有开设，这取决于学校的课程安排、课程以及学生在大学录取考试中是否选择相应的学科。

探究导向的生物学课程

在20世纪60年代末，第二代高中课程得以发展，我们称其为“探究导向（inquiry-oriented）”。它以施瓦布（Schwab）和布兰德温（Brandwein）著作中提议并发展出的探究概念为基础（*The Teaching of Science as Enquiry*, 1962；也可参见 *Inquiry* by Gagne,

	年级
* 细胞学说	9年级
* 无脊椎动物：形态、解剖、生理、繁殖	9年级
* 脊椎动物：形态、解剖、生理、繁殖	10年级
* 人体：形态、解剖、生理、繁殖	10年级
* 植物学：低等植物和高等植物	9年级
* 微生物学	9—10年级
* 遗传学	11年级
* 生态学	11年级
* 进化论	11年级
* 植物和动物分类	11—12年级

周时间表

年级	教室	实验室
9、10年级	2节	1节
11、12年级	3节	2节

9、10年级的学生都学习生物学

11、12年级中只有那些在大学入学考试中选择生物学的学生学习生物

图21.1　1930—1970年间欧洲和以色列使用的生物学内容知识结构和高中生物学课程

1963; Rutherford, 1964)。这一方法起源于杜威(Dewey)(*The Theory of Inquiry*, 1938)和布鲁纳(Bruner)(*The Act of Discovery*, 1961)著作中发展出的教育和哲学原理。这些理论与施瓦布的著作《生物学教师手册》(*Biology Teachers' Handbook*, 1963)所提出的理论是相符的，可以认为是所有探究导向课程美国生物科学课程研究所(Biological Sciences Curriculum Study [BSCS])教科书和激发探究(Invitations to Inquiry)的基础。

新高中科学课程

是什么引发了这些新课程的开发？一直以来有一个趋势可以对此进行解释，那就是苏联在20世纪60年代初发射了人造卫星“史普尼克号”，美国为没有成为第一个发射卫星的国家而感到落后。因此，美国人开始思考他们在太空竞赛中落后的原因。他们发现，高中科学课程没有反映出20世纪60年代科学家们已掌握的科学的知识，没有像践行科学实践一样进行教学。科学工作者和教育工作者试图用缺乏新内容的课程和不恰当的教学方法来解释导致美国“落后”的原因，并因此导致高中毕业生中缺乏科学精英。确实，进入科学院系的学生人数不足，这导致科学家的匮乏。同时，研究经费的缺乏也导致了科学与应用技术领域研究人员的减少。政府官员和教育者呼吁彻底改变高中科学课程，美国联邦政府也划拨了充足的预算用于开发令人满意的新课程，以期解决这一问题。我们能否说苏联人造卫星就是第二代高中科学课程巨大变革背后唯一的原因？或许背后还有其他原因，问题的答案就藏在科学研究工作中。

科学课程、技术和社会问题

本章无法避免地要提及二战所带来的社会问题对美国人的影响。在美国，二战的余波见证着学生对科学和技术态度的变化，因为他们认为技术被错误地用于战争。在战后，他们认为在衰退的经济环境下，科学和技术的成果并未用于解决社会问题或提升人民生活水平。学生们的感受可能会对他们是否选择学习科学产生重大影响。

另一个问题是，19世纪60年代，科学家和科学教育工作者试图将科学与其技术应用割裂开。这一趋势对新的科学课程产生了重大影响，新课程中没有包含技术内容。这个问题在此后的第三代课程——问题导向的课程中得以解决，这种不合理的分割才得以纠正。

化学和物理学对生物学研究的影响

从19世纪40年代至60年代及此后，化学和物理学对生物学研究有着重要影响。两方面的重要发展使生物学的CKS发生了变革：一方面是生物学研究的发展，另一方面则是化学（放射性标记原子）和物理学（电子显微镜的发展）带来的先进技术的运用。直到19世纪30年代末期，放射性同位素还未被经常应用于探索大分子水平以下的生理过程。生物化学的发展使得科学家能够运用同位素标记追踪氨基酸、蛋白质、核酸、糖类等物质中原子的去向。生物学由此打开了一扇知识的新窗，奠定了分子生物学的基础。

一个植物生理学研究的例子可以说明使用同位素的作用。这个例子适用于高中课程，因为它运用历史的观点向学生展示了实验室中新技术的应用是如何推动研究的发展的。直到19世纪40年代，光合作用的过程都被描述成在有光能时，绿色植物的叶绿素能利用水和二氧化碳释放氧气并合成糖类。人们认为氧气的来源是二氧化碳，它裂解成游离的氧气和碳，后者与水分子结合形成糖分子的骨架。该化学方程式十分简单：

$$6CO_2 + 12H_2O \rightarrow C_6H_{12}O_6 + 6O_2 + 6H_2O$$

1939年，生物化学家向水和二氧化碳分子中加入O^{18}同位素标记的H_2O^{18}和$CO_2{}^{18}$，从而发现光合作用释放的氧气来自水分子，而合成的糖类中却包含着二氧化碳中的O。这一发现被希尔（Hill）反应所证实，希尔发现游离的叶绿体或者其碎片，在光下能够从水中释放出氧，同时将氢转移到加入该反应中的一些人工受体（如铁氰化物、醌和辅酶）上，而不是二氧化碳上：

$$2Fe^{3+}+H_2O \xrightarrow{\text{光，叶绿体}} 2Fe^{2}++2H^{+}+1/2O_2$$

（Harder, Schumacher, Firbas, & von Denffer, 1965, p. 256）

19世纪50年代，人们发现了光合作用的碳反应过程以及DNA的结构模型。电子显微镜使科学家可以观察到细胞的亚显微结构，对细胞器和膜结构的描述也进展到分子水平。

随之而来的是细胞中的蛋白质、氨基酸、糖类和脂肪的代谢途径也都被发现，紧接着，细胞中的生理过程都一一在分子水平上被揭示出来，以及细胞的亚显微结构在电子显微镜的帮助下得以发现。原子标记和电子显微镜两种技术相互结合，使复杂的生物学研究成为可能，改变了20世纪中叶生物学CKS的面貌。生物学研究中先进技术的应用，明确体现出科学与技术强有力的、不可分割的关联。在宏观水平，生态学的研究整合了对生态系统结构的数学建模方法，为野外调查提供了新的维度。

美国生物科学课程研究所（BSCS）的发展

逐渐累积而成的新知识体系引起了生物学CKS内容的变化，科学家开始使用生命系统的7个层次（levels of biological organization [LBO]）来

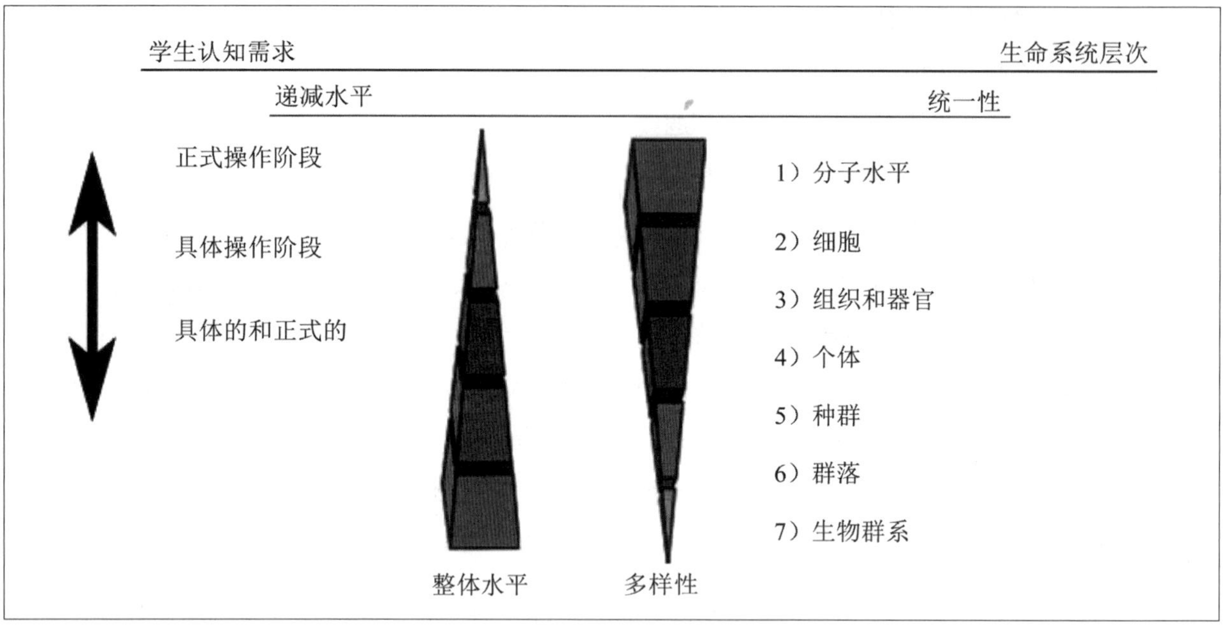

图21.2 探究导向课程的生物学内容知识结构

呈现生物学内容。LBO的7个层次包括：分子、细胞、组织和器官、个体、种群、群落和生物群系。统一性在分子水平上体现得最为明显，在该水平上所有的生物几乎都是普遍相似的，这种统一性自分子水平向最后一个层次——生物群系逐渐消减。相反，多样性在分子水平体现得最不明显，自该水平向更高的层次逐级递增，在生物群系水平达到最大。

图21.2呈现了根据19世纪60年代的科学研究制定的生物学新的CKS，同时也呈现了它与高中学生认知学习需求的关系。

生物学CKS的变化引起了课程的改变，生物学科学课程研究所（BSCS, 1968）三个版本的教材代表着第二代高中科学课程的经典示例。三个版本围绕着探究教学模式所需的LBO的7个层次进行开发。每个版本强调不同LBO的水平和复杂程度：

a. BSCS,《生物科学：探究生命——黄皮版》（*Biological Science: An Inquiry into Life – The yellow Version*, 1968）涉及生物学中发育和进化的部分。该部分的课程与内容导向的课程最为接近，因此也是美国及其他国家学校和教师选用最多的版本。

b. BSCS,《生物科学：从分子到人——蓝皮版》（*Biological Science: Molecules to Man – The Blue Version*, 1968）涉及分子生物学。这是当时最具革新性的课程。

c. BSCS,《高中生物学——绿皮版》（*High School Biology – The Green Version*, 1968）主要涉及生态学内容，主要被美国的乡村学校和其他国家的农业高中所选用。

图21.3展示了两代高中课程（内容导向课程和探究导向课程）CKS的比较数据。

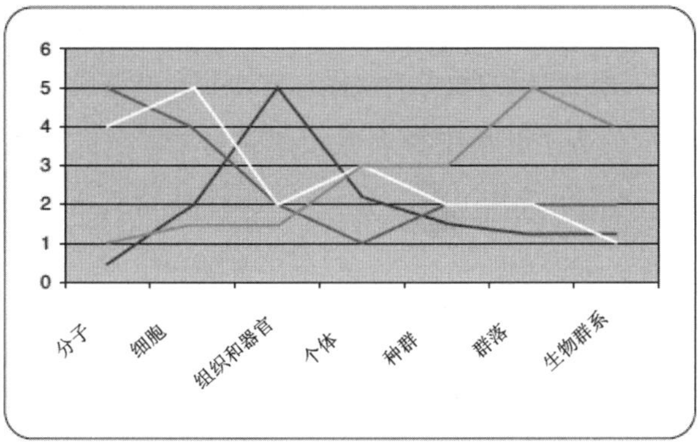

图21.3　BSCS探究课程中7个生命系统层次内容与传统内容导向课程的比较。(Schwab, 1963, p.15, 16, 17)

此外，还有其他教材得以开发：(a)为学业水平较低的学生开发的教科书《生物科学：模式与过程》(*Biological Science: Patterns and Processes*, 1966；文字量最少，实验整合到课本中)；(b)BSCS《实验与概念的相互关系》(*Interaction of Experiments and Ideas*, BSCS, 1970)，这版教科书完全按照探究模式编制，实验整合到课本中，呈现生物学研究问题以要求学生提出解决方案和观点，进而展开实验获得答案。该教科书适用于11和12年级。

BSCS教科书中的教学方法

BSCS教科书中的知识内容强调生物学概念和原理，包含新的概念和探究。教师需要创设课堂学习环境，学生从中“找寻”知识，在研究过程中运用科学家使用的推理方法和探究技巧。学生需要使用多种技能，如识别问题、形成假说、设计并实施实验、收集数据和结果、分析结果、基于结果设计并阅读图表。学生需要得出结论并形成推论，通过这种方法帮助他们发现新的研究问题。教育家和社会学家希望学生能够利用其获取的这些能力在日常生活中解决个人和社会问题。然而，没有研究结果表明他们所掌握的这些科学方法能够转移到实际生活中予以使用。

探究导向课程小结

在人造卫星危机和与日俱增的生物科学研究背景下，科学界提出了新的课程建议。包含诸多科学家、教育家、科学顾问和科学教师在内的国家委员会广泛地征求成员们的意见。他们希望新课程能够达成新的科学成就，委员会的成员们建议教与学的方式能够反映实践、研究和学习科学的方式。

学生并不需要进行真正的科学研究，而是利用探究技能完成学习(Rutherford, 1964; Schwab, 1963)。在实验室进行的探索中，学生并不需要发现科学未知的新知识，而是以探索性学习模式探究已有的知识。19世纪80年代末，舒尔曼(1987)将课程中的这一组成部分称为“学科教学知识”(PCK)，并加入内容知识部分。

三个BSCS版本所依据的生命系统的7个层次，如图20.2以及“生物学中统一的主题”(Schwab, 1963, p.31)所示：

1. 生命体随时间的变化：进化
2. 生命体类别的多样性和模式的统一性
3. 生物遗传的连续性
4. 生物与环境的互补性
5. 行为的生物学因素
6. 结构和功能的互补性
7. 调节与稳态：面对变化时生命的维系
8. 科学探究
9. 生物学概念的发展史

BSCS课程在美国的实施与评价研究

自19世纪50年代开始的生物学CKS变革对高中课程、生物学教育和教学策略产生了深远影响。这些变革需要正规的终结性评价研究，除了新的测试外，还需寻求新的评价与评级模式。这些测试旨在评估学术成就，以及认知、情感和心智方面的能力，还有学习态度与课堂环境等方面。1960至1975年间是美国生物学教育最为活跃的阶段。各大院校的生物学家、科学教育家、高中生物教师之间的通力合作达到了前所未有的高度。

新的生物学课程，包括BSCS所有的版本以及其他的学习资料、第二课堂以及生物教师手册，在美国学校被普遍采用。BSCS资料也被用于高中生物学教师的在职和职前教育。德哈特·赫德(DeHart Hurd, 1978)将这一阶段称为美国“生物教育的黄金时代”。1959至1975年间，一千五百万高中生通过BSCS的某一版本完成了生物学的学习。1970到1971年间，50%的高中生(学生物的学生总数为2,729,306)使用的都是BSCS的某一改编版(DeHart Hurd, 1978, p42)。美国与全世界的高校科学教育工作者及硕士和博士研究生都开展了相关的评价研究，以支持新课程的广泛实践。德哈特·赫德(1978)在其撰写的一个章节中，综述了大量有关BSCS课程实践的研究以及生物学教育的一般研究，并成功地将所有研究结果分成了若干部分。

本章限于篇幅，不可能将所有成果呈现出来，我们强烈建议大家阅读生物学教育黄金时代的原始文献，这些文章包括两部分。第一部分提供了与研究相关的信息，为读者做好准备，并由以下部分组成：新课程与招生，生物教育研究的增长，筛选研究以综述、分析和整理研究成果，生物教学的概念基础以及解释理论的发展。该部分为读者介绍了BSCS课程的发展过程和基本原理，以及相关研究是如何被选入综述的。

第二部分呈现了研究综述的核心，如参加BSCS课程的学生和参加传统生物学课程的学生学习成果的比较分析，学生的成就、态度的转变、获得的探究技巧，以及前后测反映出的内容主题知识的掌握程度。基本假设是，采用BSCS教科书并理解其理论目标的教师会接受这些内容，掌握所需的教学行为，并根据探究模式展开教学。然而，研究结果显示并非如此。加拉格尔(Gallagher, 1967)发现教师对生物学探究教学的个人解读决定着他们的课堂行为。第二部分综述中的其他研究比较了BSCS与其他生物学课程、探究教学、学生态度、BSCS教科书的使用、学生学习生物学、适宜开展生物学教学的年级、生物教师及其教育和行为、学习环境、实验室和探究方法的教学、实验室中的师生互动，以及BSCS在澳大利亚、以色列和其他国家实施的评估研究。研究结果并没有明确地表述一种课程或一种教学方法优于另一种课程和教学模式。基于热情，我们可以对新实施的BSCS课程中蕴含的教育理论有很高的预期。

这样的研究高潮有利有弊。积极的意义是，大量的研究成果有助于建立起有关开发与实施新课程与BSCS学习资料的知识体系，这包括了所有与此过程相关的议题。

BSCS课程、学术成就和探究能力的掌握

为什么关于BSCS课程实施的研究成果有相互矛盾的地方？第一，许多研究项目由研究生完成，他们为了获取学位，因此这些只是一次性的研究，没有连续性，无法关联诸多变量或将结果积累成为知识体系。对一系列相互关联的变量进行检验得出的一套完整研究结果也许可以描绘一种图景，即这些结果相互之间是互相吻合的。在多个地区零散地选择研究问题同时开展研究，这种方式抑制了每个科学研究中心专注于某一变量开展横向与深入研究的可能——例如，尚未从各种可能的角度和观点研究指向探究式教学的科学教师教育。新课程实施时，有待研究的变量会很多：学生的学习、学习成

绩和能力的掌握，等等。可确保比单一研究结果更可靠的重复研究也尚未开展。塔米尔（Tamir）和琼沃思（Jungwirth）（1975）认为比较研究需要纵向的研究工作。当只研究单一变量时，研究者可能会忽视其他变量对理解与解读结果所产生的横向影响。例如，研究某特定学校学生群体（包括学业水平高和低的学生）使用BSCS课程的学业成绩、技能的掌握和态度时，研究者可能忽略认知阶段、学习风格、学习环境以及学生的喜好、选择和需求等其他特征。

科学教育的比较研究

学生。 在比较研究中如何比较两组学生之间的学业成绩是一个有疑问的议题。例如，我们如何衡量一组学习BSCS课程的学生（*a*组）与另一组学习传统课程的学生（*b*组）？开始，*a*组处于劣势，他们需要通过新的方法学习新的主题；*b*组只需学习新的主题，因为他们已经习惯了传统的教学方法。假设认为利用探究方法学习新主题时，学生能够自发地掌握学习新主题所需的知识和技能，这一假设是站不住脚的，且并未在研究中发现。因此，不能期望*a*组做得比*b*组好。最佳情况下，两组可能会达到相同的水平。在《拼图教室》（*The Jigsaw Classroom*）一书中，阿伦森（Aronson）、斯蒂芬（Stephan）、赛克斯（Sikes）、布莱尼（Blaney）和斯纳普（Snapp）（1978）指出，当他们想比较通过小组合作方式学习的学生与通过讲解方式学习的学生之间的学业成绩时，他们必须保证学生具有互相帮助与合作学习的能力。这时学生才能完成新内容的学习，能够与传统学习方法的学生进行比较。

教师。 当研究教师对学生学习BSCS等新课程有何影响时，教师成了一个重要的变量。我们无法在传播关于教师态度的工具或调查他们的态度对学生成绩的影响时，忽略教师的以下因素：教育背景，关于科学的知识，性格（外向或内向），对新CKS及教、学、评价新理论和新策略的个人理解，以及对那些自己未经参与就被制定出来的新方法的态度。如果没有其他教师、校长、学校其他领导的合作，或没有参与教学时间表的制定，一名教师是不可能成为学校变革的推动者的。

教师在课堂中引入新课程或新教学策略之前，必须以某种方式参与课程开发，并（从教学、教育和行政的角度）参与到与实施过程本身有关的议题之中。自上而下地强迫教师实行新课程的危险在于会使他们从其职业发展的第三阶段——影响阶段，即根据学生的需求改变教学方式以适应他们的学习风格——倒退回之前的阶段。将新课程推向教师可能会让他们重新回到自我阶段（生存），他们将专注于他们的个人问题、课堂管理与纪律、教课以及师生互动。这种状况将导致对课程的反对、抵触、反抗和失败（Bethel & Hord, 1981; Fuller, 1969）。

在大多数研究中，教师对课堂学习环境（学习设置）和学生群体特点的认知都被忽略了，往往只研究一个变量。在形成解释和阐释的过程中，必须考虑到变量之间的相互关系，无论是常量、自变量、还是因变量。只有在一个科学教育中心对相关变量进行连续的研究，并根据一组研究结果构建出整体图景时，才能做到这一点。否则，我们会得到破碎且不相关的信息，这些信息无助于构建特定主题的知识体系。

英国诺菲尔德生物学项目（Nuffield Project in Biology）

由于英国学校体系中采用的哲学方法不同，诺菲尔德生物学课程具有其独特的特点（Nuffield Foundation, 1966）。英国学校系统包括3个部分：

初级阶段(1至5年级)、高级阶段(6至10年级)、中六低段和中六高段(11至12年级)。本章我们只涉及高级阶段。正如后来科学家所知道的那样，19世纪60年代和70年代的CKS更新了生物学课程。它具有多项主要特征：分为服务于高级阶段5个年级的5部分和面向中六学生(sixth-form)的2个附加高阶课程，选择这些高阶课程的学生选择了生物学作为其大学入学考试科目。每个年级所用的教科书如下所示：

诺菲尔德生物学

第一册：介绍生物(6年级)

第二册：生命和生命过程(7年级)

第三册：生命的维持(8年级)

第四册：运动中的生物(9年级)

第五册：生命的永恒(10年级)

课程的结构围绕11个基础性主题，在5年中循环往复(Nuffield Foundation, 1966, p.1)：

1. 物质和能量的循环
2. 结构和功能
3. 生物和环境的相互作用
4. 整合与稳态
5. 复制
6. 变异
7. 适应
8. 自然选择
9. 分类
10. 人体
11. 数学关系与实验

时间分配：前两年每周2个单独的课时，后三年每周3课时(1次2课时、1次1课时)。

教学策略

课程的大纲明确指出教科书分为五部分：前面两部分是介绍性的，后面三部分构成了下一中级阶段。导入部分是对主题的概览。中级阶段的教学内容更为量化，强调实验和推理。

学习材料是根据每个年级学生的认知水平编纂的。因此，材料的复杂程度随年级逐渐加深。另外，每章的课文中都穿插着实验。课文中包括生物学概念和原理、介绍性事实，并提出问题要求学生通过实验来解决。实验结果不仅提供了问题的答案，同时还能引出新的、亟待解决的问题。这种安排让所有人都不能跳过某些内容或者忽略实验，因为两个部分是彼此关联的。教师和学生都需遵循建议的教学顺序。

教科书中使用的教学方法保证了整个学习过程中都伴有探究式学习方法。每册学生用书都配有教师手册，每章都配有额外的科学信息、实验和教学建议供教师选用。这样教师就具备了针对某一特定专题的准确的科学知识，也鼓励教师在时间允许时在课程中融入更多的实验。教师可以选择符合学生需要、认识水平以及所教内容的教学策略。

中六低段和中六高段(11和12年级)

针对那些选择生物学作为大学入学考试科目的学生，课程为他们提供了基于2本教科书的高阶课程：《实验室教师指南》(*Teachers' Guide to the Laboratory Guide*)，卷I包括：(a)生物的维系，(b)生物个体与种群；卷II包括：(a)生物个体发育，(b)生物个体的控制与协调(Nuffield Advanced Science, 1970)。这些单元覆盖了生命系统的所有层次，阐述了生物学主要的概念和原理，如结构与功能、生物与环境、生理与行为、遗传与生命的进化延续、物质和能量循环、稳态、个体的发育与独特性。在两本教科书中，所有的生物学内容与问题都呈现给学生，让他们在实验室进行探究性实验。

每个专题都由4个部分按顺序构成：(a)原理，呈现信息引出生物学问题；(b)结合材料的教学过程；(c)与探究主题相关的实际问题；(d)生生间、师生间互动提问与解答。实验结果会引导学生阅读课文，发现更多待解决的问题。探究的学习方式与实验让课堂(中六班级不会多于12个学生)转化为学习小组，学生相互之间或与教师进行讨论。教师从不讲课，而是与学生进行思想交流并为他们提供咨询，在学生探究和学习过程中予以支持。

高阶课程的目标是学习而非讲授，是理解而非累积信息，是发现而非被动接受(Nuffield Advanced Science, 1970, p. VI)。

BSCS黄皮版的以色列本土化

在以色列，探究导向的课程实施于1964至1970年。由位于耶路撒冷的希伯来大学生物系的亚历山德拉·波利亚科夫–梅伯(Alexandra Poljakoff-Mayber)教授、克拉拉·陈(Clara Chen)教授和埃胡德·英格沃思(Ehud Yungwirth)教授，以及位于基里亚特·蒂冯的奥拉尼姆师范学院的哈伊姆·阿多米(Haim Adomi)教授共同领导的，由25名生物教师构成的团队对《BSCS：生物科学；探究生命》(*BSCS: Biological Science; An Inquiry into Life*)(BSCS, 1968)进行了翻译和本土化以适用于以色列高中。

那个时候，生物学CKS提出的生命系统的7个层次为教学法带来了一些问题。在美国，生物学在10年级只是一门介绍性学科，而在以色列和欧洲本土化时就遇到了问题，在这两个国家生物学是9至12年级都有的课程。在实施CKS之后，主要问题之一是高水平的学习材料，一方面来说，尤其是关于生物化学的知识，这是9年级学生必须要学习的。另一方面，11和12年级学生对更高水平学习材料的需求也日益明显。这里主要有两个问题：(a)鉴于所有9到10年级的学生都要学习生物学，而11至12年级则很少人继续学习高阶生物学课程，我们应该以怎样适宜的顺序分别安排面向9、10、11、12年级的LBO教学？(b)考虑到学生的认知阶段需要与学习材料所需的认知要求相匹配，特定年级应教授哪些LBO？限于本章的篇幅，我们无法展开这个问题，不过有事实说明认识水平处于具体运算阶段的学生认为生命系统中递减水平的内容是很难的。对于他们来说，最合适的水平可能是整体水平，而递减水平适合11到12年级这一阶段学生的认知。要想解决这一问题，需要针对如何将学习材料与学生认知发展、年龄、年级、学习理论以及学习风格相匹配展开独立讨论。

以色列BSCS课程的实施

在课堂上实施过BSCS课程的教师为这些内容的本土化修订提供了反馈。植物和动物的种类由以色列本地物种替代。塔米尔和琼沃思(1975)在实施过程中进行了为期2年的过程性评价。教师们提供的过程性评价及反馈可以为翻译的修订和学习材料的本地化提供参考。基于25名教师的实践经验，在当地4个实施新课程的地区举办了在职教师培训。这些课程的领导者包括大学生物学教授，他们的任务是更新参与者的生物学知识内容；还包括由25名生物教师组成的初创小组教师成员，他们的任务是分享他们在实施过程的前2年积累的教学方法和教学经验(教学方式，课堂学习与实验室实验、评估、评价及评级过程的表现的整合)，这些可以为新手提供实践指导。这种课程实践基于弗朗西斯·富勒(Francis Fuller)的研究(1969)，他发现新课程与新教学方法的实施要想取得成功，就需要由学校教师而非局外人担任改革的先行者。在有关教学、评估、评价和评级的策略以及学习理论上，教师们更愿意相信他们的同事，而非专家。

在职培训课程按照以下方式组织。第一次见面会上，教授和初创团队的教师介绍新课程，这时他们是积极的参与者，新手们显得比较被动。之后，新手们开始积极参与，准备BSCS单元的课程，开展同伴教学，进行实验，然后讨论他们在课堂上的实施过程。此外，他们还讨论了实验室操作以及评价、评估和评级的问题。在课程的最后，生物学教授和初创小组成员已走入幕后，参与学习的教师已经成为活动的主角。这个在职培训在暑假持续了2个月，只有参加了这一培训，并且在学年中再参加2次额外的各为期2周的短期课程学习(在光明节和逾越节假期)的教师才能加入生物学新课程，才能在他们的学校实施课程，并允许他们的学生参加12年级末的BSCS大学入学考试。此外，这些教师还可以参加每周的培训会(在5个不同地区)，聆听有关生物学新主题的演讲和对大学入学考试的反馈。教师们分享了经验，并参与了关于如何在生物学或任何其他议题上教授新主题的教学法讨论。教师很满意他们有机会丰富知识、交流观点、聆听报告，他们认为自己不是在孤军奋战。这能帮他们共同寻找答案。后来，教育和文化部发布了一项举措，根据教师参加的在职课程的数量，增加他们的工资来作为补偿。值得一提的是，经过8年，所有生物学教师都参与了BSCS课程，在这期间，2套高中生物学课程和2种大学入学考试被采用。这些生物学教师将探究课程引入自己课堂的前提条件是，他们要积极参与在职培训，并且学校领导同意提供足够的实验室安排、仪器配置、生物与化学材料以及实验员的帮助。这一漫长的过渡期确保了以色列生物学探究取向课程在塔米尔教授及其同事领导下的成功实施。这是一个过程，是教师的自我选择，并以学习、经验和支持为基础，并不是强加给他们的。

最后，为了供11和12年级学生使用，需要将《实验与概念的相互关系》(BSCS, 1970)的部分章节翻译出来。为9和10年级学业成绩低的学生准备的《生物科学：模式与过程》(BSCS, 1966)已经翻译好并完成了本土化。

以色列生物学探究式入学考试

新的探究导向的生物学课程需要新的方式来考查学生。相较于对事实和信息记忆的测试，更应该评价学生探究技能的应用和掌握，以及学习过程中诸如批判性思维、问题解决、责任感等情感技能的高阶认知能力。

入学考试分为4部分：

1. 教育部制定的笔试(3小时)，包括3个部分：
   a. 30道选择题，评价学生有关生命系统7个层次的知识，从6个认知水平来评估学生(Bloom, 1956)：知道和理解(低认知水平)，以及应用、分析、综合和评价(高认知水平)。
   b. 6至9道开放性题目，学生通过探究的方式展现其植物和动物生理学的相关知识。学生要在回答中展现他们的探究技能。
   c. 考试中有一个"不直观"的部分，学生利用他们在课堂和实验室实践活动所掌握的探究技能，分析一篇在以色列发表的真实研究论文中的部分内容。
2. 实验室工作。根据一个书面问题，学生需要开展一项陌生的实验。在这一过程中，他需要确定一个生物学的研究问题、提出一项假设，并设计实验来验证这一假设。在主考官的批准下，学生开展实验，收集数据并将其转化为图表，分析实验结果。之后学生需要写一篇实验总结，展示他们的生理学知识和对实验工作中的实践与探究技能的掌握。

3. 鉴别一种陌生的植物。学生需要描述花、茎、叶、根、果实和种子的结构，通过查询分类学书籍，确定植物的科、属、种。

4. 生态学项目。学生们选择一个生物学主题，在一年的野外观察中进行研究，并以文件夹的形式报告观察记录。预先设定学生在选择研究主题和野外研究过程中会产生责任感，培养观察和数据收集的能力，形成保护环境的观念。学生能够在这一过程中确定研究主题，锁定他们需要检测的数据。这能减少口头测试带来的焦虑，也期待这样可以增加学生们的动力，形成他们对自然和环境的积极态度。

探究导向课程的实施总结

内容导向的课程强调的是生物学知识的顺序，反映了生物学研究中的进化和分类。探究导向的课程强调的是基于生命系统7个层次的内容知识的进展，从分子到生物群系，反映了现代生物学中生物化学、生物物理学、生态学和生态系统的研究。另外，探究导向的课程还强调通过真实的探究进行学习，并推荐教师采用这一教学方法。

生物学研究引发了作为生物学内容主题的CKS的变化，进而触发了基于生物系统7个层次的生物课程结构变革。在CKS与生物学课程变化的同时，学生群体的特点与社会特征也在发生变革。这一变革也需要学习理论，教学策略以及学习、评价、评估方式的发展。这些都需要教师不仅检测学生的学业成就，还要考虑到他们对探究技能的掌握程度、对科学的态度、对科学过程的理解，以及他们的认知、情感、心智及社交能力，这些都可以在课堂与实验室活动中得到评估（Lazarowitz, 2000; Lazarowitz & Tamir, 1994; Tamir, 1994; Tamir & Glassman, 1971; Tamir & Jungwirth, 1975）。

探究课程与学生群体差异性

对于越来越差异化的学生群体，BSCS课程以及19世纪60年代至70年代的其他课程是否都适用呢？差异化的学生群体有何特征？我们知道学生的认知水平、能力、学习风格、喜好、选择、兴趣及需求都不尽相同。

虽然探究课程在学科内容方面有所更新，并在教学过程中运用了探究的教学方法，但它们并非设计用于适应差异化学生群体的。为了让所有学生都能在一个充满科学与技术的社会中体现出价值，我们必须从素养的角度保持公平，而不能基于偏见、无知与误解。同时必须承认的是，只有一小部分学生渴望从事学术事业，而绝大多数学生需要的是通过学历教育在职场中谋求一个职位。探究导向的课程并没有解决这个问题，要求课程改革的呼声响起，这带领着教育者和学生进入21世纪。19世纪60年代至70年代的科学课程是基于分界清晰的、具有良好界定的学科展开的。

耶格尔（Yager, 1982）在其文章《生物学教育的危机》（*The Crisis in Biology Education*）中指出，19世纪70年代BSCS多数课程项目的适用性受到了质疑，包括人类科学课程（Human Science Program [HSP], BSCS）、户外教学策略（Outdoor Biology Instructional Strategies [OBIS], Lawrence Hall of Science）、生物医学跨学科课程计划

(Biomedical Interdisciplinary Curriculum Project [BICP])等。公众关注的是包括性别、生殖、社会议题和进化等敏感话题，因为这些是与学生需求相关的议题。耶格尔(1982)指出，生物学教师习惯于主要依靠教科书来教学，这些教科书确定了课堂内容并指导教学。生物教师没有对课堂上的生物学内容做出相关的课程决策，选择教科书本身对他们来说就是一项重大的教育改革。

高中使用的生物学教科书

美国高中主要使用的生物学教科书包括:《现代生物学》(*Modern Biology*, Otto & Moon, 1965年的使用率为40%)以及BSCS的黄皮和绿皮版(BSCS,使用率也为40%)等。其他国家主要采用BSCS教科书的翻译和本土化版本，或当地编写的基于探究的教科书。针对课堂采用的教学策略，耶格尔(1982)指出，作为19世纪60年代BSCS提出的主要目标，利用探究进行科学教学并未在课堂中得到落实。在课堂上，教师更愿意强调术语和定义的相关内容，实验室活动只用来向学生演示，以此获得学生的认同，这与探索和探究的原则是相悖的。学校的生物学课程并没有与应用、当下的议题、学生个体需求以及职业导向相关联。教师担心的主要是学生的知识积累，而不是耶格尔和霍夫施泰因(Hofstein)(1986)此后所提及的方面。耶格尔(1982)在他的文章中指出，理想的生物学教育应该涵盖人的生存、探究过程、决策、价值观以及对生物学问题的伦理思考。他认为这些问题与学科知识同等重要。另外，他还提到一些其他方面，包括教学设计(个性化与合作学习)、新的测试与评价方式，以及利用生物学解决个人或社会问题。人类的福祉与进步也应该纳入生物学教学中。最后，耶格尔写道，人们必须用持续的眼光去看待生物学教育，就像看待科学本身一样。这些问题催生出“一种问题导向的、灵活的、人文的，同时在生物学上可行的课程”(Yager, 1982, p32)。这掀起了实施第三代生物学课程——问题导向课程的呼声。这一新的教学方法引领我们迈入新千年。

问题导向的生物学课程

自1990年代起，科学课程中已开始出现新的教学方法，我们现在举例说明耶格尔的思想是如何在以色列的第三代生物学课程中得以落实的。学生群体在学习风格、认知阶段、能力、选择、喜好和需求方面存在差异。就高中生群体而言，有两类显著不同的主要群体在学习生物学。10至12年级，只有15%的学生继续学习生物学，他们以大学入学考试为目的，期望达到3至5分的水平。在此之前，他们在初中7至8年级学习了一项基于主题的整合式课程，包含科学、技术、社会(STS)等方面。85%的学生不会在9年级继续学习任何与科学和技术相关的课程。针对这些学生，哈拉里(Harari, 1989)的观点是对那些在高中不选择科学课程的学生，要结合社会层面的话题培养其科学和技术素养。我们认为科学与技术是相互影响的，二者也都会影响人类生活与社会，计算机的应用就是一个例子。为培养公民的科学与技术素养，课程目标应该更关注社会议题，而不仅仅聚焦于学生的学业成绩。耶格尔和霍夫施泰因(1986)界定了满足学生需求的理想的科学课程所应具备的特征。他们在论文《高质量学校科学的特征》(*Features of a quality curriculum for school Science*)中指出了4个主要目标:

1. 重视科学，将其视作日后深入学习某一学科而做的准备，虽然学校中该学科课程聚焦的是过去。

2. 科学的主要聚焦点应该是面对和解决当代社会问题。

3. 具备满足学生个人需求的方法。

4. 具备提高科学、技术及相关领域职业愿景意识的方法，提出的目标要比传统的实现未来职业学术积累的目标更为重要。

（Yager & Hofstein, 1986, p. 134）

因此，问题导向的生物学课程需要一种不同的教学方法。首先，它需要更灵活的课程，这响应了耶格尔和霍夫施泰因（1986）论文中的第一个目标。课程应该包括很多独立的学习单元，教师可以选择那些与目标相一致的、他们愿意教的、满足学生的喜好、兴趣和需求的单元。有时，学生可以参与到选择的过程中。不论怎样的单元学习顺序都能为学生搭建完整的生物学图景。每个学习单元都能时不时地被替换和更新，因此不需要一次性地修改整个课程。这种方法主要针对在12年级末选择生物学作为考试科目的学生（约占高中生群体的15%）。第二，面向剩余85%学生的课程应实现耶格尔提出的另外三个目标：科学需要与社会问题、学生需求相关，需要在学习科学过程中形成职业愿景意识。该课程由独立的单元构成，以生物学、化学、物理学以及与社会相关的技术等为主题内容，符合STS理念。因此，该课程只选择了具有共同背景且可以被整合的科学与技术相关的内容。

大学入学考试与学习单元

以下课程适用于选择生物学作为大学入学考试科目的学生。10年级时，学习以下单元（被称为基础主题）：

1. 动植物的信号交流、调节与协调
2. 微生物
3. 植物、动物和人类的繁殖
4. 细胞的新陈代谢和反应过程
5. 生物与环境
6. 动植物体内的物质运输和调节
7. 达尔文及物种起源理论及进化

教师和学生可以在一学年内从上述7个单元中选择3个进行学习。

下列单元分别面向不同大学入学考试11至12年级的学生。与3分学业水平（基础主题）相匹配的学习单元为：

1. 遗传；
2. 生物中的能量转换；
3. 选择2个在10年级未选过的单元，使本阶段学习内容达到4个单元。

大学入学考试3分的学业水平是为了评价学生的以下方面：（a）数据的量化处理，（b）获得和使用探究实验技能，（c）植物与动物的分类识别以及对4个学习单元相关知识的掌握。适合5分学业水平（拓展主题）的学习单元包括：

1. 遗传
2. 植物发育的调节和机制
3. 光合作用
4. 微生物
5. 细胞信号传导
6. 动物生理：呼吸及泌尿系统

该水平的入学考试旨在评价学生的以下方面：

(a)数据的量化处理，(b)生态学项目，(c)植物鉴别与分类，(d)探究实验，(e)6个单元中3个单元相关知识的掌握情况，(f)10年级未选的2个学习单元。

面向未选科学相关学科学生的课程

该课程围绕学习单元设计，目的是培养学生的科学和技术素养，以及认知、情感、心智等方面的能力。单元依据主题确定，基于STS理念整合生物学、化学、物理学和社会问题(Bybee, 1987)。该课程共开发了20个单元，教师和学生在10、11和12年级选择其中的5个单元进行教学。每单元由30至45课时构成(其中每两节课配套一节实验课)。我们在此呈现其中4个单元。

人类健康与科学

这些学习单元由胡珀特(Huppert)、辛乔尼(Simchoni)和拉扎洛维茨(Lazarowitz)(1992)设计，包含健康科学相关内容。课程的学习基于高中学生(12至16岁，男生和女生)感兴趣的人体、日常生活、食物、健康及环境来展开(Baird, Lazarowitz, & Allman, 1984; Lazarowitz & Hertz-Lazarowitz, 1979; Bybee, 1987，拜比[Bybee]认为人类健康和疾病是最重要的社会议题之一)。

人体健康与科学的子单元基于STS理念编写，是为期2年的生物学课程，每周3课时，供全体高中学生使用。学习材料包括5个模块：(a)人体能量的消耗，(b)器官移植，(c)人类生殖，(d)现代社会中的疾病，(e)成瘾物质。每个模块包括相关的生物学内容和生理学过程，还有部分物理、化学和技术应用的内容，还包括了道德和伦理观念的讨论。学习方式很多，有实验室活动、演讲视频、重印科学杂志发表的论文、计算机模拟、课堂与小组讨论以及录像等。每个模块包含2个学习单元。

这里以来自于不同模块的2个单元为例，说明STS理念是如何融入其中的：

模块1：人体的能量消耗

学习单元B：脂肪与减肥

STS主题	描述
生物学：	消化和吸收，糖类代谢
化学：	糖类和脂肪的结构
物理学：	热与温度，食物中的能量
技术：	记录代谢速度，现代农业技术
社会：	肥胖，厌食症，饮食习惯，营养不良

模块2：器官移植

学习单元A：心脏

STS主题	描述
生物学：	心血管系统，心血管疾病
生物化学：	神经激素
物理学：	血压，心脏电生理
技术：	心电图，人造计步器，心脏手术，冠状动脉血管成形术，人造心脏
社会：	器官捐献，决定生死的宗教、伦理、道德和科学规则

胡珀特、辛乔尼和拉扎洛维茨(1992)的论著对模块、子单元、学习主题、学习活动、评价过程、形成性评价、问题的提出与实施都有详细的描述，也探讨了基于STS理念进行生物学教学的价值。

电离辐射：应用和生物学效应

“电离辐射：应用和生物学效应”学习单元(Nachshon, 2000)是根据STS理念以主题形式编写的，包括以下相关内容：(a)电离辐射的物理—

化学基础——α和β射线的粒子辐射、电磁辐射、γ和X射线放射性和本底辐射；(b) 生物学层面——射线对生物体不同层次的影响：分子 (DNA分子)、细胞器、细胞、组织及个体；(c) 技术层面——可以作为能量与放射源的放射性同位素、食品工业、科学研究、X射线显影与计算机断层扫描 (CT) 的医疗应用；(d) 社会层面——满足人类需要的电离辐射应用、放射性同位素在诊断与核医学治疗中的应用、核能在发电上的应用 (利与弊)、大规模杀伤性武器的应用、突变的过程、癌症与损伤修复机制的关系、可能会影响细胞周期的电离辐射所带来的当前和长远影响。课程在10至11年级的实践与评价结果显示，相比于单独学习，合作学习的学生对科学的熟练程度和对观点的阐述能力都更强。1/3的学生能够提出高水平的问题，其他学生的提问则主要处于了解和理解水平。一半学生对电离辐射相关的物理学内容及开发创造性思维活动感兴趣。学生更喜欢主题式、小组合作式的学习，大多数学生都提到教学策略多样化是很重要的。对照组学生按照分科方式学习化学和物理学内容，他们的学业成绩显著较低，而实验组那些以STS模式展开学习的孩子成绩更高。所有学生都表示，通过主题式和STS方式对核能和电离辐射进行学习，帮助他们克服了由缺乏知识和偏见带来的恐惧 (Nachshon & Lazarowitz, 2002)。

微生物学

该学习单元以STS的方式写成了阿拉伯语和希伯来语两种文字，针对9年级的阿拉伯和以色列学生 (Khalil, 2002 a, 2002 b, 2007; Khalil et al., 2009)。学习单元主要围绕两个重要的生物学原理展开：世界上生命的统一及结构与功能的关系。学习单元中提出的问题是关于健康、环境、微生物以及临近村落排水渠改造的。该单元能够帮助我们了解学生认知及情感方面的学习成果，还包括对保护环境以及相邻村庄的人们之间相互理解、和平相处的态度。该学习单元还包括以下话题：微生物及其结构、生理过程、食物网中微生物的作用、碳循环与氮循环、食品工业、环境以及社会健康水平。该单元培养学生实验室活动中的实践操作技能，发展其科学思考与问题解决的能力。学习任务包括各种个人与小组的教学设计，在教室和实验室的学习中运用了多种教学方法。学生阅读科学文献，观看视频，进行小组游戏，外出开展小组实地考察，参观食品工厂，并从不同的渠道 (如互联网和图书馆) 检索信息。学习单元通过激发学生的积极性进行导入。这与日常生活密切相关，面对的是社会议题，且具有很强的实践性。在这一过程中，体现出了科学、技术、环境和社会的关系。人们认为，学生能够形成积极的态度，能够理解生命循环中微生物的重要角色从而客观地判断环境保护的相关问题。认知和情感方面的学习成果是通过分析学生在课堂上、实验室内以及在完成作业期间所撰写的作品集获得的。结果显示，学生获得了良好的学业成绩，形成了对环境的积极态度，理解人类在保护自然环境中的角色以及环保与和平的关系 (Khalil & Lazarowitz, 2002)。

第II部分：生物学教科书和高中

耶格尔 (1982) 在其论文中指出，现有生物学课程是以教科书为核心的、僵化的、只考虑生物学科内涵的课程。其内容是按照学科逻辑和结构安排的。结合其他研究成果，耶格尔认为学校现有的生物学课程根本没有考虑到应用层面，没有关注学生的个性化需求以及当今的社会议题与职业意识(Harms & Yager, 1981; Yager, Hofstein, & Lunetta, 1981)。援引美国国家科学基金会(NSF)1976年的研究结果，耶格尔说:“现今学校的生物课程可以用一个词来概括——教科书。”生物学教科书决定了教学的内容、次序、案例和应用，也指导和控制了教学策略。教师对教科书无比虔诚，90%的时间都在使用它们。教师无法对生物学课程进行决策，除了“选择教科书”这件事。

耶格尔(1980)提出需要新的学习材料以满足当地教学情况的需要，如新的教学策略和实施方法。正如前文所提到的，耶格尔(1982)的观点主要是开发问题导向的生物学课程和学习单元，供那些将生物学作为大学入学考试的学生和急需发展科学与技术素养的学生使用。学习单元的材料按照实验的模式编写，以响应耶格尔(1982)以及他与霍夫施泰因(1986)提出的问题。学习单元(教科书)构成了灵活多样的生物学课程，可满足不同学生群体的需求。这些学习单元中含有“生物学中的统一主题”(Schwab, 1963)的相关内容，但在深度和复杂程度上有多个不同层次。教师和学生可以选择其中的学习单元，这其中包含了融合社会议题的科学与技术整合式主题，用以培养学生的学术与职业意识，帮助他们掌握所需的认知和情感能力。教师可以决定选用何种教学策略、学习设定、评价模式、评估和评分方法。教科书仍然是教师教学和学生学习的中心，我们将对问题导向课程中教师进行课程决策选择学习单元的理由的研究与过去有关教科书作用的研究进行比较，这是十分有意思的。

生物学教师对教科书作用的看法

罗森塔尔(Rosenthal, 1984)对22种高中生物学教科书的分析显示，1963至1983年间，书中对社会议题的关注减少了。然而，罗森塔尔发现BSCS的教科书与其他种类相比，从数量和质量上都呈现出对科学与社会的关注。她说，一般的教科书没有涉及伦理和价值观的问题，忽视了问题本身的跨学科本质。虽然19世纪60年代到70年代，考虑到学生个性化与社会需要的教科书快速发展，但对社会议题的强调却越来越少。理解科学与技术的相关性是十分重要的，这样公民才能用有效、创新的方式进行决策并解决问题，这在高度科学化和技术化的社会中尤为重要(Aikenhead, 1980)。生物学教师群体对应在多大程度上关注社会议题存在很大的分歧(Rosenthal, 1984)。迪吉西(DiGiSi)与威利特(Willett)(1995)研究发现生物教师根据所教班级的学业水平来改进其对教科书的使用方式。他们希望学业水平高的学生能够在课堂学习中有所收获并能进行独立阅读，同时他们也承认学业水平低的学生只能依靠课堂教学。两位研究者发现，“生物教师对阅读和探究活动都很重视，但他们不清楚如何将阅读理解策略融入他们的科学教学中”(DiGisi & Willett, 1995, p.123)。杰曼(German)、哈斯金斯(Haskins)和奥尔斯(Auls)(1996)开展了一项对生物学实验手册进行评估的研究，研究如何在科学探究中促进科学研究的基本技能和整合技能。他们发现一些手册尝试整合科学研究技能，而大部分手册都是让学生在提出问题、解决问题、探索自然现象、得出答案并进行概括的过程中运用他们的知识和经验。

因此，耶格尔(1982)提出的关于教科书的作用以及教师如何使用教科书开展教学的问题至今仍然是有意义的。斯特恩(Stern)和罗斯曼(Roseman)(2004)在他们的论文中提到他们所分析的教科书是根据科学内容知识进行更新的，并且充分说明了学习者要掌握的认知目标，但是教科书中极度缺乏对科学教育研究成果的吸收；换句话说，教科书需要增加如何在各种教学策略和学习环境中使用这些内容的教学法知识。由此引发的问题是，教师能否做出课程决策去选择学习单元和主题，能否决定采用何种教学策略以满足其自身和学生的教学需求。由于学校和教师“仍然将教科书作为课程的首要资源，这影响着教师的教学，从而极大地影响了学生的学习”，斯特恩和罗斯曼（2004）认为“课程材料能够且应该成为增进教学的重要资源”。在他们看来，根据他们的标准，高度符合学科教学知识（PCK）的教科书应该帮助教师选择内容并调整相关的教学法知识，并且这种识别和判断应在教学中得以呈现。

选择教科书的原因及选择情况

教师对教科书有何感受？他们因为什么原因为自己的课堂选择了某些教科书？有两项研究调查了教师为准备考试的学生选择学习单元的原因以及他们选择的标准。阿格雷斯特（Agrest, 2003）发现，针对大学入学考试，生物学教师倾向于从基础学习单元中选择内容，并按降序排列：生物及其环境，细胞，遗传，动植物体内的物质运输和调节，植物、动物和人类的繁殖，生物中的能量转换，进化，生物体的信号交流、调节和协调。所选择的扩展学习单元，按降序排列为：动物生理——呼吸和排泄系统，遗传，光合作用，微生物，植物发育的调节与机制，细胞信号传导。虽然科学家对学习单元的主要关注点是科学内容和科学思维方法，但大多数教师的关注点都集中在教学法方面。

在第二项研究中，瓦格纳–格什戈伦（Wagner-Gershgoren, 2004）将教师选择与评价生物学教科书的标准归为3类：

1. 科学内容：教师高度关注科学内容的质量（包括对知识是否更新的思考；准确、可靠、可信；信息的组织；清晰的解释；创新；与个人和日常生活相关；兴趣；研究和论文中的引用）。

2. 技术方面：教师高度关注教科书的呈现形式（语言、美观、资料的行文样式、文字的颜色和格式）。

3. 教学方面：教师高度关注数据的说明和组织（说明、图片、表格、流程图、计划表格）。

以上考虑因素按重要程度降序排列。

对生物学概念与原理的教学

生物学课程的一项重要目标就是强调概念和原理的教学。我们分析“生物学中的统一主题”（Schwab, 1963, p. 31）时会发现，在一系列生物学原理中蕴含着一系列的概念。任何有效的生物学教学的主要期望和终极目标都是让学生在学习中掌握和具备运用生物学概念和原理的能力。耶格尔（1982, p. 331）在研究中指出，“详细分析生物学教科书可以发现一些重要的普遍规律，典型的生物学教科书每页会强调30个新词或新概念”。根据德哈特·赫德、鲁宾逊（Robinson）、康奈尔（Connell）和罗斯（Ross）（1981）的研究，一本典型的生物学初中或高中教科书包含2500个新词汇。这个数量几乎是一个同等年龄段的学生所学外语词汇的2倍。在科学教育文献中，我们可以找到与概念形成、概念图、概念转变、错误概念等有关的研究。这些研究在其他章节中会有详述，本章只涉及生物学概念是如何教学和形成的。

概念与名称

概念的定义是什么？概念这个词与一个物体的

名称有何区别？新单词是否等同于新概念？我们何时可以将一个单词视为一个概念或一个原理？这些术语在使用时经常被混淆。当我们提及或讲授氨基酸、糖、淀粉、叶肉细胞中的叶绿体、线粒体、植物或动物特定的组织、细胞中的细胞器、器官、个体中的某个系统、某个生命体或人体时，这些对学生来说都是新名词，像是一门新语言。但是，我们能够通过显微镜、拍照或肉眼观察到这些词汇所代表的对象；我们能确定并测量它们；我们能够通过化学或其他实验来了解它们的特性。我们能通过感知来学习它们，因此我们能够赋予这些对象相应的名称，但这不是概念。我们能够学习这些对象，能够将其分类和分组，比如氨基酸、细胞器、细胞、物种分类，或者说出这些物体或物质发生的生理过程，如呼吸作用、光合作用、生殖等等，这才是要学习的概念，包含被研究对象的名称、它们的特定结构、属性、特征，以及经过鉴别、学习和归类确定的生理过程。每个类别可以根据其成员的共同特征定义一个名称，这是一种智力活动。同时，每个类别又都有别于其他类别，因为它们彼此之间的特征不同。事实是由辨别性智力活动引出的，由此在一个不同的背景下形成了一个新的类别，并被赋予一个不同的概念名称。因此，这不是具体或抽象的概念。它们是可研究的对象，它们的特征可以通过学习获取。有些对象需要我们借助技术的帮助才能观察和学习到，而有些则需要运用我们的感知，但它们在具体水平上仍是真实的。学生基于经验掌握新单词、新语言，同时会利用相关概念展开进一步的探索和学习。

生物学概念的教学模型

诺瓦克（Novak, 1965）指出，要想理解某一特定学科，仅仅记忆一个主题中总结概念的相关陈述是不够的。学生还必须找出概念的起源和演变，从而获得深入的理解，掌握该学科的结构。换句话说，诺瓦克认为概念是对生物群落某些方面的概括，包括独立的事实以及情感体验，例如渗透作用及进化的概念，代表了一系列知识的组合（Novak, 1965）。诺瓦克指出概念的形成经历了多个步骤：(a) 学生积累经验作为认知信息；(b) 情感信息的积累；(c) 对所有的信息进行加工。关于概念形成详细的心理学描述可参见诺瓦克（1965）的论文，推荐读者阅读这篇文章。

可兰（Koran, 1971）指出，在生物学中，概念表征着自然界的研究对象，例如哺乳动物、无脊椎动物、氨基酸和自养生物，以及脱氢、合成、氧化和还原等过程。我们还可以增加一些生理过程，如呼吸作用、光合作用和生殖。我们使用的“氨基酸”这一术语，指的不是单一的对象，而是一类或一组对象。可兰明确了指代所有氨基酸的概念和指代特定氨基酸两者之间的界限。每个氨基酸都在分子两端带有COOH和NH_2，在COOH和NH_2之间不同氨基酸则带有不同的基团。我们能在氨基酸的概念之下，根据这一结构对所有化合物进行归类；一个特定的氨基酸只是我们学习的一个事实或对象，它的特征可以被我们了解（Koran, 1971）。在概念形成过程中，发生了两种不同的活动。当我们对有机化合物进行分类，将所有两端带有COOH和NH_2基团的分子都归为氨基酸时，我们在进行归纳概括。但当我们分辨氨基酸分子与不带COOH和NH_2的糖分子时，我们进行的是一种辨别性的智力活动（Mechner, 1965）。归纳概括和辨别这两种智力活动是概念形成的主要过程。可兰（1971）认为，提供概念所包含的足够示例与提供不属于此概念的示例同等重要。

可兰、可兰、巴克（Baker）和穆迪（Moody）

(1978) 以及可兰和贝克(1980) 提供了生物学诸多领域概念形成的例子，并提出基于归纳和演绎的教学模式。

概念与生物学教学

所以，概念不代表具体的实体，而是人类在学习过程中由头脑创造的，因此它是抽象的。显而易见，我们作为教师经常在课堂一开始便呈现概念，这需要学生运用抽象的思维，会立即阻断教师与学生之间的沟通。我们与学生之间没有共同话语，因为就他们而言，我们说的是一种“新语言”，他们以前没有任何经验。在导入之后，我们接下来呈现物体或者演示实验，这是具体操作水平的活动。虽然(演绎法) 所描述的教学流程对于处于形式认知阶段并且能够应付这种教学模式的学生来说是适用的，但是大部分学生处于具体认知阶段，相反的教学流程可能更为适用。首先，我们要展示一个物体，学习其相关的特点，或者通过演示实验积累信息和知识。之后，我们才能介绍在特定概念统领之下的所有信息，这一概念表征了刚才发生的所有学习活动(归纳法)。位于生命系统层次中递减水平的主题，比如葡萄糖分子和构成淀粉的大分子，这些都是具体事物的名称，可以用归纳法展开教学。学生都能对淀粉(物体) 进行观察并学习它的特征，它是学生日常生活经验中所熟知的。之后我们可以将淀粉联系到其组分——葡萄糖(物体) 分子(概念)，这样之后再用演绎法才是可取的。这是科学家探索现象的方式。

例如，只有使用显微镜观察到所有生物都是由微小结构组成的，才能提出“细胞”这个概念的基本特征。显微结构，即细胞，代表了整个有机体，当细胞相互结合会形成一种结构，即生物体内的组织。完成这些观察之后，科学家发现每个单细胞生物或者组成组织的细胞群体都有特殊的结构并行使特定的生理功能，二者彼此关联。这一推论形成了生物学的结构与功能观。科学家互相之间就能使用“细胞”这个词，无须在讲述每个有关“细胞”概念的知识时一次又一次地重复解释，因为所有科学家都知道“细胞”这一概念所代表的含义。本质上，像细胞这种概念是经过一系列学习具有相似经历和知识背景的人之间的经济有效的沟通方式。

这种方式并不存在于师生之间。教师具有概念背后所有的知识，但对于学生来说这是一个新名词，他们必须先获得相关知识才能学会使用这个概念。因此，当教师首先呈现学生需要学习的概念，而不是创设学习情境让学生通过观察、测量、实验、感知和概念化来直接接触所学的对象，教师通常会失去他们的受众。然而，即使感知和概念化这两个步骤按正确的次序进行，学生也可能无法获得知识并掌握概念。他们必须经历第三个步骤——应用。学生需要在新的学习情境中运用新知识。只有这样，我们才能说学习真的发生了。下面呈现的就是这一学习步骤。

第一步：感知

此步骤是一个具象的学习过程。教师展示一个生物学问题，学生们可以通过观察对象和开展实验来解决该问题。学生通过收集信息和数据来建构知识。

第二步：概念化

这是一个形式(智力) 学习活动。师生开展课堂讨论，使用感知步骤中掌握的知识，通过辨别和归纳概括的智力活动，总结出包含所有信息的名词。例如，假设要探索的问题是植物如何获取营养，学生学习了叶片的结构，进行了叶绿素、蔗糖、葡萄糖、淀粉、光能等相关实验，他们将所有这些获取的知识归入光合作用这一概念之下。

第三步：应用

将带色斑的叶子(叶片部分有叶绿素呈绿色，部分无叶绿素呈现白化现象)发给学生。提出问题：在叶子的两个区域都能找到淀粉吗？为了找出答案，学生需要在新情境中使用叶绿素的功能、光能、淀粉的产生等知识。教师根据学生解决问题的方式来判断他们是否掌握了相关知识。

生物学学习中的困难

高中生物学课程的CKS基于LBO的7个层次。从进化的角度来看这种生物学内容的组织是合乎逻辑的，并且代表了研究和教学领域的观点。LBO中大部分的概念和原理需要学生形式运算水平的学习与思考才能成功掌握。约翰斯通(Johnstone)和马哈茂德(Mahmoud)(1980)，斯图尔德(Steward, 1982)，范宁利(Finely)、斯图尔德和雅罗赫(Yaroch)(1982)，以及弗里德勒(Friedler)、阿米尔(Amir)和塔米尔(1987)在他们的研究中称，根据教师教学的难度以及学生在学习这些内容时遇到的困难，他们确定了多个生物学主题。这些概念包括：生物体内水分的运输、渗透及调节、呼吸作用与光合作用中的化学、能量循环(ADP、ATP)、细胞呼吸、蛋白质合成、有丝分裂与减数分裂、酶的结构与功能、遗传的染色体学说、孟德尔遗传规律和复等位基因。克林克曼(Klinckman, 1970)指出这些内容对应的LBO是造成难度增大的原因。低龄学生以及学业水平较低的学生在学习个体、种群和群落水平的生物学主题(整体水平)时，能够表现得较好。相反，他们在学习分子、细胞、组织和器官水平的相关概念时会遇到很多困难。另外，他们难以理解的另外一个原因可能与诸如光合作用、呼吸作用、酶活性、显性与共显性和伴性遗传等概念的抽象水平有关。

生物学学习与学生认知水平

研究发现学生以有意义的方式处理形式概念的能力与其认知运算水平有关。谢梅什(Shemesh)与拉扎罗维茨(Lazarowitz)(1989)对学生(15至16岁)开展的一项研究支持该假设。研究者发现，在呼吸系统的学习中，学生认知水平与其学业成绩呈正相关，只停留在具象认知水平的学生会出错。劳森(Lawson)与汤姆森(Thompson)(1988)对学生关于自然现象的错误概念进行了研究。他们假设为了抛弃错误观念，学生必须掌握科学知识，并且在证据与替代性概念之间建立逻辑联系。研究通过让7年级学生写一篇关于遗传与自然选择的论文对其进行评价，研究结果显示他们的推理能力与错误概念数量显著相关。这两项研究证实生物学成绩与学生是否达到形式认知水平之间存在关联。处在具象认知水平的学生不能在问题情境中超出给定的数据，即使他们记住了全部所需知识，他们所做出的推断都是与他们的实际观察直接相关的。缺少形式推理似乎限制了学生理解形式化的概念和处理复杂信息的能力。只有一部分处于形式认知水平的学生能够达到高标准，做出相关的或扩展抽象的回答(Shemesh & Lazarowitz, 1989)。

由此，主要的问题在于我们能否对所有年龄的高中学生教授生物学概念。我们是否应该等待他们进入形式认知水平，直到我们判断他们能够处理这些概念时再开始教学？为回答这一问题，我们将关联几项研究。谢梅什和拉扎罗维茨(1992)开展了一项研究，给学生(17.5至18.5岁)做了一套由18道多项选择题构成的测试。为了确定生物学学习的难度以及学生在选择正确选项过程中遇到的错误，该测试要求学生写出判断依据。他们的判断依据会与研究人员提供的参考答案进行比对。这种方法为教师提供了补充教学的工具，帮助学生分析他们自己的作答并掌握正确的知识。这种测试结果如果能够反馈给学生，并且师生都遵循建构主义学习理论，就能实现补充教学。学生就能意识到测试不仅用于评分（惩罚的工具），也是一种师生双方受益的学习过程。同时，这也能帮助学生克服考试焦虑，在对他们的判断依据与标准答案进行比对的过程中，可以培养其对老师、内容主题乃至最终的学习过程的积极态度。有关研究过程的细节、问题的生物学内容、答案以及结果分析，请参阅研究者的论文（Penso & Lazarowitz, 1992）。

在另外一项研究中，劳森（Lawson）和沃斯诺普（Worsnop）（1992）发现在高中对学生进行进化与自然选择单元的教学产生了以下效果：教学没有完全产生进化观念的转变；反思性推理能力与学生初始的科学信念及其获取的陈述性知识显著相关，而与学生观点的改变没有显著关联。在高中开展进化教学的一个难点在于，我们在实验室中既不能阐明也无法具象地表征出进化的过程。为解决这一问题，罗恩（Ron）和拉扎罗维茨（1995）在12年级学生中进行了一项研究，这些学生以小组合作学习的方式完成进化单元的学习。学习主题涉及：拉马克、达尔文以及中性理论，间断平衡理论，遗传多样性，自然选择，适应性以及系统发育。研究显示学生的学业成绩高于对照组。造成这一现象的原因是，合作学习促进了学生间的言语互动，并基于小组的共同成果来建构知识。处于具体运算水平的9年级学生，他们能否学习需要形式运算能力的pH概念呢？维滕诺夫（Witenoff）和拉扎罗维茨（1993）的研究发现，当实验任务单根据法默（Farmer）和法雷尔（Farrell）（1980, p. 64）的建议进行修改，并让学生开展合作学习时，他们的成绩显著高于对照组。由此看来，在确定学生的认知运算水平之后，根据他们的认知水平和学习风格设计与之相适合的学习材料能够帮助他们取得成功。确定学生的认知水平不仅增加了自变量，还可以帮助教师分析学生遇到的学习困难，调整学习材料、教学方法以及学习环境以满足学生的需求，从而促进其成功地完成学习。除了以往在单元教学中采用的传统测验外，班级授课与实验授课都为生物学教学提供很多评价和打分的机会（Lazarowitz, 2000; Lazarowitz & Tamir, 1994）。

评价与打分

最后，我们讨论一下对学生的评价和打分的问题。这里呈现一项由韦里克（Welicker）和拉扎罗维茨（1995）完成的研究。10年级学生通过教室与实验室活动的方式，学习心血管系统与健康单元。在此期间，教师创建了多维学习环境，学生可以展示出多种不同的能力，教师通过观察和多维表现评价工具对学生的这些能力进行评价。该工具可以真实地评价学生的能力以及对探究、知识与团队合作技能的掌握。多维评价系统是一种定性和动态的评估工具，可用于常规课堂与实验室活动，可以在终结性测试之外为教师提供替代性表现评价。

生物学教育中的道德、伦理和人类价值观

拜比、哈姆斯（Harms）、沃德（Ward）和耶格尔（1980）以及安德森（Anderson）（2003）都提到生物学教学中需要涉及道德、伦理及价值观。1976年，戈特利布（Gottlieb）指出公立学校教师在进行科学教学时没有涉及这些方面的内容。教师除了教授诸如遗传学、基因工程、人类基因组、分子生物

学、生态学和人口问题等对当今社会具有重要意义的主题之外，是否还应强调伦理、道德和人类价值观的教学，并将其视作对社会有意义的一部分内容呢？没有科学知识不能将知识与道德、伦理以及人类价值相联系的公民，当他们从未参与过任何形式的基于证据的、无偏见的讨论，他们还能对民主社会中出现的这些问题做出反应吗？这些问题是德赖弗斯（Dreyfus, 1995, p.215）提出的，他说："教师必须以某些生物学原理中更广阔的视角，如行为学和生态学的研究，将事实呈现出来。这样将学生作为社会受教育者能培养他们兼容并蓄的价值观。"康纳（Conner, 2000, p.22）指出融入"生物伦理学话题，以便为学生提供机会参与有关科学与技术的个人、社会与伦理难题的讨论，从而为成人后将要面对相关问题做好准备"是十分重要的。在科学课堂中，除了推理以外，直觉与情感同样是有价值的（Bryant, 2002; Bryant & Baggott la Velle, 2003）。

在拉扎罗维茨和布洛克（Bloch）（2005）开展的一项研究中，道德、伦理及人类价值观是其研究的主要目标。当面向高中生开展遗传学、基因工程、分子遗传学、人类遗传和进化的教学时，应该考虑下面的问题：

1. 高中生物学教师在进行遗传学教学时是否意识到相关的社会难题？

2. 从教师看来，遗传学中哪些内容应该安排在高中学习？

3. 这些内容是否包含社会议题（价值观、道德和伦理）？

4. 教师支持或反对在遗传学、分子遗传学、基因工程与进化的教学中加入社会议题的原因有哪些？

5. 是否由于教学经验、性别和宗教信仰的差异，教师对这些问题的看法有所不同？

对结果的分析产生出四个主要类别的议题：（a）群体遗传，（b）分子遗传学，（c）基因工程，（d）社会议题——价值观、道德及伦理的应用。此外还包括应用问题、一般科学内容主题和教学法问题等类别。

与问题2有关的结果表明，在125份回答中，大部分属于科学类别。下列每一个类别后括号中的数字代表的是这一类别在回答中被提到的次数：群体遗传（76次，60%）；分子遗传学（24次，19%）；基因工程（18次，14%）；只有7次回答（6%）与社会应用类别有关。被主要提及的话题是基础遗传学中的遗传病、孟德尔定律、性别决定以及基础遗传中的血型和群体类别。在第二类中，主要提及的是基因工程、医药应用和农业。只有3位教师提到了社会应用类别中的7项内容。

愿意增加伦理学内容的教师，倾向于邀请专家进行遗传学咨询，或者讨论基因工程中可接受或禁止的相关限制性问题。在科学与实践内容上，他们准备在教学中增加主题；但是，仍存在将社会议题推向其他学科的倾向。

当要求教师在他们的课程中增加囊性纤维病（CFd）这一内容主题时，他们想要整合的教学内容中涉及了43项科学领域的相关内容，却只提及了5项有关社会领域的内容。该专题在他们的课程中本来没有，也没有出现在他们所使用的教科书中。大多数教师认为不需要或者干脆没有考虑社会领域内容在这一问题中的价值。到底是因为教师缺乏对社会议题的敏感性，还是他们认为囊括价值观和伦理方面的内容对科学教师来说没有意义，这仍有待研究。但人们也许会认为将这些内容纳入教师教育中是有必要的。

教师关注人类克隆中的科学内容和伦理问题，包括克隆多利的经验，以及那些期望利用生物技术达成其目的的骗子和独裁者。

上述四个类别的结果在最有经验的老师与其他老师之间存在显著差异。越有经验的教师越会更多地提及上面四个类别的内容。人们可能希望新手教师在基础遗传学、分子遗传学和基因工程方面能提出更多的建议，因为他们刚刚结束大学学习，但事实并非如此。

该研究的大致结果是，教师们对社会议题的认识程度处于中等或较低水平，他们教学的大部分焦点是纯科学内容主题，以应对大学入学考试。他们的课堂中并未有目的地加入社会议题，但如果有学生提及这些问题，教师们会予以强调。

在引用沃森（Watson, 2000, p.3）所写的“知识会使人类摆脱迷信”时，有人补充说：从无知、偏见和贫穷中解放出来，并不一定预示着过去的情况在未来不会重演。有人提出大学应该开设社会议题及生物伦理学（道德、伦理、价值观）课程，而且这些课程应不仅面向哲学院系，还应面向科学与技术相关院系。面向职前和在职教师的课程应为那些教授遗传学、进化和相关内容的科学教师提供机会参与这些问题的讨论（Muller-Hill, 1998）。各级教师的任务不应该局限于“干巴巴”的知识，还应组织学生围绕社会议题展开公开的讨论，从而为每名学生提供跟上科学与技术发展的机会。只有这样，我们才能说有关科学与技术的教育能够满足学生作为未来公民的需求。知识不是中立的，只由人定。

结论

在本章，我对20世纪后半叶世界各地高中生物学课程的开发、实施和教学方面所取得的成就进行了历史性的总结，并赞扬了那些对我们这一领域做出重要贡献的现代科学教育者。教与学的探究模式，认知能力和认知水平、概念转变与形成的研究，以及在20世纪发展起来的个人、合作、计算机辅助学习的学习环境等——这里仅是举几个例子——它们都是通向新世纪的里程碑。在21世纪，我们必须解决面向多样化的学生群体教授科学的问题，以便传播科学和技术素养，使这些年轻人能够适应不断发展的社会。我们只有通过欣赏和了解过去，才能展望未来。

依我看来，读者完成本章阅读后应该能基本了解到教育科学研究的现状和未来的发展方向。

话虽如此，我再次提醒读者有几篇综述介绍了生物学教学中关于探究的话题，其中有些综述呈现在本书的特定章节中，其他的我现在简要概括一下。感兴趣的读者可以关注劳森（1988）提及的致力于改进生物学教学的研究。劳森发现两大理论主导了这些研究。第一个是奥苏贝尔（Ausubel）提出的关于学生获得特定生物学概念的语言学习理论，第二个是皮亚杰（Piaget）提出的聚焦于学生如何获得并使用一般科学推理的发展理论。拉扎罗维茨和塔米尔（1994）总结了实验室实践活动的相关研究。拉扎罗维茨（1995）以及拉扎罗维茨和赫兹-拉扎罗维茨（Hertz-Lazarowitz）（1998）综述了小组合作式生物学教学的研究。

费希尔（Fisher）、温德西（Wandersee）和穆迪（Moody）（2000）的著作《绘制生物学知识》（*Mapping Biology Knowledge*）呈现了从不同角度绘制生物学概念图、生物学知识的本质、生物学中的错误概念、语言、类比以及生物、概念圈图作为知识映射工具等话题。

建议

随着我们进入21世纪，越来越清晰的是，生物学课程不仅应该服务于报考该专业的学生，还应该服务于其余大多数（大约85%）具有不同需求的学生。

我们必须采用不同的方法来开发生物学课程，才能解决学生群体需求差别很大的问题。必须将我们研究的所有成果更严谨地整合到科学教育、教科书、职前与在职课程中，从而保证教师能够利用支持教学过程的工具，帮助学生享有并受益于科学和技术的学习。如果我们希望能够满足学生的需求，使他们作为未来的公民在高度科技化的社会中发光发热，那么我们就应该开发、实施与评估一种新的教学方法以整合所要教授和学习的主题序列。新的教学方法应该包括多样化的教学策略和学习环境。伦理学和价值观议题不应被忽略，也应该整合进教科书以及生物学教师培训。拉扎罗维茨和布洛克（Bloch）(2005)的一项研究结果表明，教师在讲授遗传学、基因工程、分子生物学和进化主题时，主要关注的是CKS，而不是源于科学研究与日常生活的伦理学、道德、价值观以及社会议题。在这个充满问题的世界中，人们可能会问，从幼儿园到12年级再到大学，各级教师的作用难道不是在教授科学和技术时——尤其是在教授生物学时——强调上述问题吗？这些新的教学方式为21世纪科学教育研究开辟了新的领域，也越来越关注差异化的高中生群体。

致谢

感谢安东·劳森（Anton Lawson）、詹姆斯·万德西（James Wandersee）以及简·范德里尔（Jan H. van Driel）审读本章。

参考文献

Agrest, B. (2003). *How do biology teachers choose to teach certain topics in a high school biology curriculum without compulsory parts?* Unpublished Ph.D. dissertation, Hebrew University of Jerusalem, Israel.

Aikenhead, G. S. (1980). *Science in social issues: Implications for teaching.* Ottawa: Science Council of Canada.

Alexander, G. (1953). *General biology* (6th ed.). New York: Barnes & Noble.

Anderson, S. L. (2003). Teaching today's students how to examine ethical issues and be more actively involved in the learning process. *Journal of Academic Publishers, 1*(2), 189–198.

Aronson, E., Stephan, C., Sikes, J., Blaney, N., & Snapp, M. (1978). *The jigsaw classroom.* Beverly Hills, CA: Sage.

Baird, J. H., Lazarowitz, R., & Allman, V. (1984). Science choices and preferences of middle and secondary school students in Utah. *Journal of Research in Science Teaching, 21*(1), 47–54.

Bethel, J. L., & Hord, M. S. (1981). *The study of change: Inservice teachers in a National Science Foundation Environmental Science Education Program.* Paper presented at the American Research Association Conference, Los Angeles, CA.

Biological Sciences Curriculum Study (BSCS). (1966). *Biological science: Patterns and process.* New York: Rinehart & Winston.

Biological Sciences Curriculum Study (BSCS). (1968). *1. Biological science and inquiry into life* (Yellow version). New York: Harcourt, Brace & World; *2. Molecules to man* (Blue version), New York: Houghton-Mifflin; *3. High school biology* (Green version). New York: Rand McNally.

Biological Sciences Curriculum Study (BSCS). (1970). *Interaction of experiments and ideas* (2nd ed.). Englewood Cliffs, NJ: Prentice Hall.

Bloom, B. S. (1956). *Taxonomy of educational objectives: The classification of educational goals.* London: Longmans.

Bruner, J. S. (1961). The act of discovery. *Harvard educational review.*

Bryant, J. A. (2002, May 17). Why I believe that all biology degrees study should include a module in bioethics. *Times Higher Education Supplement,* 14.

Bryant, J. A., & Baggott la Velle, L. M. (2003). A bioethics course for biology and science education students. *Journal of Biological Education, 37*(2), 91–95.

Bybee, R. W. (1987). Science education and science-technology-society (STS) theme. *Science Education, 71*(5), 667–683.

Bybee, R. W., Harms, N., Ward, B., & Yager R. (1980). Science society and science education. *Science Education, 64*(3), 377–395.

Conner, N. L. (2000). Societal issues: Recommendations for teaching in science and technology. *Pacific Asian Education, 12*(1), 19–30.

DeHart Hurd, P. (1961). *Biological education in American secondary schools (1890–1960).* Baltimore, MD: Waverly Press.

DeHart Hurd, P. (1978). The golden age of biological education 1960–1975. In W. V. Mayer (Ed.), *BSCS, Biology teacher's handbook* (3rd ed., pp. 28–96). New York: John Wiley & Sons.

DeHart Hurd, P., Robinson, J. T., Connell, M. C., & Ross, N. R. (1981). *The status of middle and junior high school science: Vol. 2. Technical report.* Louisville, CO: Biological Sciences Curriculum Study.

Dewey, J. (1938). *The theory of inquiry.* New York: Holt, Rinehart & Wiston.

DiGisi, L. L., & Willett, J. B. (1995). What high school biology teachers say about their textbooks use: A descriptive study. *Journal of Research in Science Teaching, 32*(2), 123–142.

Dreyfus, A. (1995). Biological knowledge as a prerequisite for the development of values and attitudes. *Journal of Biological Education, 29*(3), 215–219.

Farmer, W. A., & Farrell, M. A. (1980). *Systematic instruction in science for the middle and high school years.* Reading, MA: Addison Wesley.

Finely, F., Steward, J., & Yaroch, L. (1982). Teachers' perception of important and difficult science content. *Science Education, 66*(4), 531–538.

Fisher, M. K., Wandersee, H. J., & Moody, E. D. (2000). *Mapping biology knowledge.* Dordrecht, the Netherlands: Kluwer Academic.

Friedler, Y., Amir, R., & Tamir, P. (1987). High school students' difficulties in understanding osmosis. *International Journal of Science Education, 9*(5), 541–551.

Fuller, F. F. (1969). Concerns of teachers: A development conception. *American Educational Research Journal, 6*(2), 207–226.

Gagne, R. M. (1963). The learning requirements for inquiry. *Journal of Research in Science Teaching, 1*, 144–153.

Gallagher, J. J. (1967). Teacher variation in concept presentation in BSCS curriculum program. *BSCS Newsletter,* January 8–19, pp. 1–39.

German, P. J., Haskins, S., & Auls, S. (1996). Analysis of nine high school biology laboratory manuals: Promoting scientific inquiry. *Journal of Research in Science Teaching, 33*(5), 475–499.

Gottlieb, S. F. (1976). Teaching ethical issues in biology. *The American Biology Teacher,* March, 148–149.

Harari, M. (1989). *Report #1, internationalization of higher education: Effecting institutional change in the curriculum and campus ethos.* Center for International Education, California State University, Long Beach, CA.

Harder, R., Schumacher, W., Firbas, F., & von Denffer, D. (1965). *Strasburger's textbook of botany.* London: Longmans.

Harms, N. C., & Yager, R. E. (1981). *What research says to the science teacher* (Vol. 3). Washington, DC: U.S. Government Printing Office.

Huppert, J., Simchoni, D., & Lazarowitz, R. (1992). Human health and science. A model for an STS high school biology course. *The American Biology Teacher, 54*(7), 395–400.

Johnstone, A. H., & Mahmoud, N. A. (1980). Isolating topics of high perceived difficulty in school biology. *Journal of Biological Education, 14*(2), 163–166.

Khalil, M. (2002a). *Microorganisms, a STS learning unit.* Haifa, Israel: Israel Science Teaching Center and the R&D Institute, IIT, Technion.

Khalil, M. (2002b). *a. Microorganisms, a STS learning unit. b. Teachers' handbook.* Haifa, Israel: Israel Science Teaching Center and the R&D Institute, IIT, Technion.

Khalil, M. (2007). Teaching the microorganisms learning unit: Academic achievements and attitudes toward environment and peace of 9th grade students. *Journal of Stellar Peacemaking, 2*(2), 1–26.

Khalil, M., & Lazarowitz, R. (2002, April). *Developing a learning unit on the science-technology-environment-peace-society mode. Students' cognitive achievements and attitudes toward peace.* Annual Meeting of the National Association of Research in Science Teaching (NARST), New Orleans, LA.

Khalil, M., Lazarowitz, R., & Hertz-Lazarowitz, R. (2009). A conceptual model, the six mirrors of the classroom and its application to teaching and learning about microorganisms. *Journal of Science Education and Technology, 18*, 85 – 100.

Klinckman, E. (1970). *Biology teachers' handbook.* New York: John Wiley & Sons.

Koran, J. J., Jr. (1971). Concepts and concept-formation in the teaching of biology. *The American Biology Teacher,* October, 405 – 408.

Koran, J. J., Jr., Koran, M. L., & Baker, S. D. (1980). Differential response to cueing and feedback in the acquisition of an inductively presented biological concept. *Journal of Research in Science Teaching, 17*(2), 167 – 172.

Koran, J. J., Jr., Koran, M. L., Baker, S. D., & Moody, K. W. (1978, October). *Concept formation in science instruction: What does research tell us?* The Science Council, Alberta Teachers Association and the National Science Teachers Association, Banff, Alberta, Canada.

Lawson, A. E. (1988). A better way to teach biology. *The American Biology Teacher, 50*(5), 266 – 277.

Lawson, A. E., & Thompson, L. D. (1988). Formal reasoning ability and misconceptions concerning genetics and natural selection. *Journal of Research in Science Teaching, 25*(9), 733 – 746.

Lawson, A. E., & Worsnop, W. A. (1992). Learning about evolution and rejecting a belief in special creation: Effects of reflective reasoning skill, prior knowledge, prior belief and religious commitment. *Journal of Research in Science Teaching, 29*(2), 143 – 166.

Lazarowitz, R. (1995a). Learning science in cooperative modes in juniorand senior-high school: Cognitive and affective outcomes. In E. J. Pedersen & D. A. Digby (Eds.), *Cooperative learning and secondary schools: Theory, models and strategies* (pp. 185 – 227). New York: Garland Press.

Lazarowitz, R. (1995b). Learning biology in cooperative investigative groups. In E. J. Pedersen & D. A. Digby (Eds.), *Cooperative learning and secondary schools: Theory, models and strategies* (pp. 341 – 363). New York: Garland Press.

Lazarowitz, R. (2000). Research in science, content knowledge structure and secondary school curricula. *Israel Journal of Plant Sciences, 48*(3), 229 – 238.

Lazarowitz, R., & Bloch, I. (2005). Awareness to societal issues among high school biology teachers teaching genetics. *Journal of Science Education and Technology, 14*(5/6), 437 – 457.

Lazarowitz, R., & Hertz-Lazarowitz, R. (1979). Choices and preferences of science subjects by junior high school students in Israel. *Journal of Research in Science Teaching, 16*(4), 317 – 323.

Lazarowitz, R., & Hertz-Lazarowitz, R. (1998). Cooperative learning in the science curriculum. In B. J. Fraser & K. G. Tobin (Eds.), *International handbook of science education* (pp. 449 – 471). Dordrecht, the Netherlands: Kluwer Academic.

Lazarowitz, R., & Penso, S. (1992). High school students' difficulties in learning biology concepts. *Journal of Biological Education, 26*(3), 215 – 223.

Lazarowitz, R., & Tamir, P. (1994). Research on using laboratory instruction in science. In D. Gabel (Ed.), *Handbook of research in science teaching and learning* (Vol. 3, pp. 94 – 128). New York: Macmillan.

Madaus, G. F., & Stufflebeam, D. L. (Eds.). (1989). *Tyler's rationale for curriculum development.* Boston: Kluwer Academic.

Mechner, F. (1965). Science education and behavioral technology. In R. Glaser (Ed.), *Teaching machines and programmed learning, 11: Data and directions* (pp. 441 – 507). Washington, DC: National Education Association.

Muller-Hill, B. (1998). *Murderous science, elimination by scientific selection of Jews, Gypsies and others in Germany, 1933 – 1945*. Plainview, NY: Cold Spring Harbor Laboratory Press.

Nachshon, M. (2000). *Ionizing radiation. The biological effects and uses.* Haifa, Israel: Israel Science Teaching Center and the R&D Institute, IIT, Technion.

Nachshon, M., & Lazarowitz, R. (2002, April). *Ionizing radiation, uses and effects. A thematic module for 11th grade students: Academic achievements and creativity.* Presented at the Annual Meeting of the National Association of Research in Science Teaching (NARST), New Orleans, LA.

Novak, J. D. (1965). A model for the interpretation and

analysis of concept formation. *Journal of Research in Science Education, 3*, 72–83.

Nuffield Advanced Science. (1970). *Biological science: 1. Teachers' guide to the laboratory guides Volume I. a). Maintenance of the organism; b) Organisms and populations; and Volume II. a) The developing organism; b) Control and co-ordination in organisms.* Harmondsworth, UK: Penguin Books.

Nuffield Foundation. (1966). *Synopsis of the Nuffield Biology Course.* London: Longmans/Penguin Books, Biological Science.

Otto, J. H., & Moon, T. J. (1965). *Modern biology.* Holt, Rinehart and Winston.

Ron, S., & Lazarowitz, R. (1995, April). *Learning environment and academic achievement of high school students who learned evolution in a cooperative mode.* Paper presented at the annual meeting of the National Association for Research in Science Teaching, NARST, San Francisco, CA.

Rosenthal, D. B. (1984). Social issues in high school biology textbooks: 1963–1983. *Journal of Re-search in Science Teaching, 21*(8), 819–831.

Rutherford, F. J. (1964). The role of inquiry in science teaching. *Journal of Research in Science Teaching, 2*, 80–84.

Schwab, J. J. (1963). *Biology teachers' handbook.* New York: John Wiley & Sons.

Schwab, J. J., & Brandwein, P. F. (1962). *The teaching of science as enquiry.* Cambridge, MA: Harvard University Press.

Shemesh, M., & Lazarowitz, R. (1989). Pupils' reasoning skills and their mastery of biological concepts. *Journal of Biological Education, 23*(1), 59–63.

Shulman, L. S. (1987). Knowledge and teaching: Foundation of the new reform. *Harvard Educational Review, 57*, 1–22.

Stern, L., & Roseman, E. J. (2004). Can middle school science textbooks help students learn important ideas? *Journal of Research in Science Teaching, 41*(6), 538–568.

Steward, J. H. (1982). Difficulties experienced by high school students when learning basic Mendelian genetics. *The American Biology Teacher, 44*(2), 80–84.

Tamir, P. (1974). An inquiry-oriented laboratory examination. *Journal of Educational Measurement, 11*, 23–25.

Tamir, P., & Glassman, F. (1971). A laboratory test for BSCS students—a progress report. *Journal of Research in Science Teaching, 8*, 332–341.

Tamir, P., & Jungwirth, E. (1975). Students' growth and trends developed as a result of studying BSCS biology for several years. *Journal of Research in Science Teaching, 12*, 263–280.

Tyler, R. W. (1966). Dimensions in curriculum development. *Phi Delta Kappan, 48*, 25–28.

Wagner-Gershgoren, I. (2004). *The development and validity of a model to set criteria for the choice and evaluation of biology textbooks.* Unpublished Ph.D. dissertation, Israel Institute of Technology, Technion, Haifa, Israel.

Watson, D. J. (2000). *A passion for DNA: Genes, genomes and society. Five days in Berlin.* Plainview, NY: Cold Spring Harbor Laboratory Press.

Welicker, M., & Lazarowitz, R. (1995, April). *Performance tasks and performance assessment of high school students studying primary prevention of cardiovascular diseases.* Paper presented at the Annual Meeting, NARST, San Francisco, CA.

Witenoff, S., & Lazarowitz, R. (1993). Restructuring laboratory worksheets for junior high school biology students in the heterogeneous classroom. *Research in Science and Technological Education, 11*(2), 225–239.

Yager, R. E. (1980). *Analysis of current accomplishments and needs in science education.* Columbus, OH: ERIC/SMEAC Clearinghouse for Science, Mathematical, and Environmental Education, Columbus State University.

Yager, R. E. (1982). The crisis in biology education. *The American Biology Teacher, 44*(6), 328–336, 368.

Yager, R. E., & Hofstein, A. (1986). Features of a quality curriculum for school science. *Journal of Curriculum Studies, 18*, 133–146.

Yager, R. E., Hofstein, A., & Lunetta, V. N. (1981). Science education attuned to social issues: Challenge for the 80 s. *The Science Teacher, 48*(9), 12–13.

Teaching Physics

REINDERS DUIT, HORST SCHECKER, DIETMAR HÖTTECKE, AND HANS NIEDDERER

22

第22章
物理学教学

王硕 译 刘晟 审校

本章采用专门针对具体学科内容主题的视角。我们尝试概述物理学教学和学习的相关研究，特别是物理与生物学、化学和地球科学相比有什么特别之处。在这部分导言中，我们想指出，物理学教育在以下两个问题上似乎是独特的。

首先，根据杜伊特（Duit, 2009）汇总的有关建构主义导向教与学科学研究文献目录，约53%的文献研究是在物理学领域进行的，18%是在生物学领域进行的，28%是在化学领域进行的。物理学在有关教与学的研究中占主导地位是有多种原因的。一个主要的原因似乎是物理学学习比较困难，这是由物理学知识的特殊性质导致的，此处我们指的是抽象和高度理想化的物理学（数学）建模。对学生概念的研究表明，从幼儿园至大学阶段，学生带入物理学教学中的大部分教学前的（日常生活）概念与其学习后所要达成的物理学概念和原则形成了鲜明的对比。学生的想法与物理学观点常常是不相容的（Wandersee, Mintzes, & Novak, 1994）。学生中普通的思维和推理模式也是如此（Arons, 1984）。

其次，物理学显然是科学领域中学生最不感兴趣的领域。女孩尤其如此（Sjøberg & Schreiner, 2010）。似乎是前面提到的物理学的性质在一定程度上造成了这些现象。学生们，尤其是女生，不仅认为物理学是非常抽象、复杂和困难的，而且认为其是反直觉和不可理解的。

这篇综述借鉴了欧洲对科学教育的观点，更准确地说，是欧洲大陆的观点——在一定程度上德国的观点占主导地位。一方面，有关科学素养议题（见第25章）的讨论就是从一个包含了德国教育（Bildung）思想的角度展开的，强调的不仅是“功能性”的科学素养（Bybee, 1997）。另一方面，欧洲有关教学法（Didaktik）的思想（Fischler, 2011; Westbury, Hopmann, & Riquarts, 2000）也被用于分析物理学教学内容结构的设计在触发学生的观点（如教学前的概念和兴趣）和达成教学目标方面的特定作用。

在描述了我们的分析框架之后，我们讨论了物理学教学的主要研究领域，重点是该领域内所特有的问题。在接下来的段落中，我们对三个内容领域——电路、力的概念和原子物理学——的研究进行了综述。围绕这三个主题，我们讨论了主要的学习困难和旨在提高物理学教学相关的学习效果的主要尝试。最后，我们总结了物理学教育研究的主要关注点和迫切需要解决的问题。

框架

作为一个研究领域，物理学教育的跨学科本质

如图22.1所示，物理学教育研究具有跨学科的本质特征。为探查和剖析物理学教与学的关键议题，我们需要参考多个领域的文献。首先，就像欧洲科学教育研究学会(European Science Education Research Organization [ESERA])所指出的那样，物理学、生物学、化学的教育是息息相关的。物理学史和物理哲学提供了框架，让我们可以从文献中识别出被称为“科学的本质”的相关内容(参见第28章)。因此，这些领域对于讨论物理学有何特殊性以及物理学教与学有何特殊性是很重要的。但社会科学，尤其是教学法及心理学，也是必不可少的参考领域。旨在改进实践的研究和开发不仅要聚焦于学习的一般问题，还必须将物理学视为一种特定的认知方式。这一观点是本篇综述的基本立场。

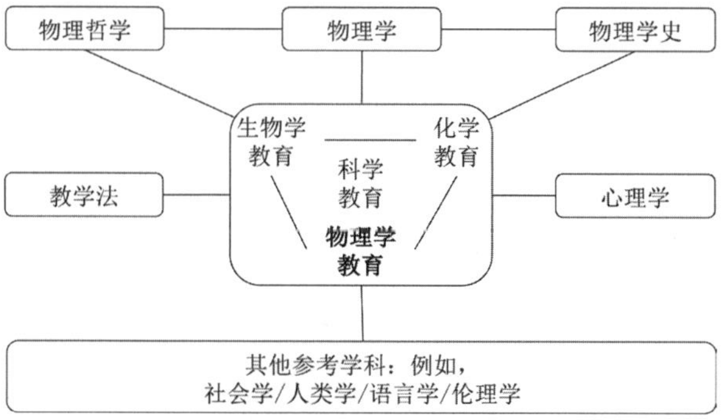

图22.1　物理学教育的参考及合作学科

德国Didaktik传统

ESERA在其章程中声明：在本文件中出现的“科学教育”这一英语词组，其含义等同于法语中的“科学教学(didactique des sciences)”、德语中的“自然科学教学(Didaktiken der Naturwissenschaften)”、西班牙语中的“科学教学(Didáctica de las Ciencias)”，或欧洲其他语言中的类似词组。至少在欧洲大陆Didaktik一词被广泛使用——然而，有一些稍微不同或显著不同的含义。至少在欧陆国家中，这一德语国家发展起来的传统是相当有影响力的。

德语词Didaktik的含义不应与盎格鲁-撒克逊(Anglo-Saxon)的“教学的(didactical)”的意思关联在一起。后者主要是指教育技术的议题，Didaktik则是建立在Bildung思想上的，代表着关于设计与实施教学的多方面的观点。这一专有名词具有科学素养的某些特征，但也包括了人们对学校教育和教学目标的特定看法(Westbury et al., 2000)。菲施勒(Fischler，2011, p.34)认为，“Bildung也宣称要帮学生应对未来生活的挑战，但这需要全面的准备，而非简单习得知识和技能”。此外，他宣称获取知识很明显是Bildung的一部分。而Bildung所构建的知识本就是用来支持个人发展、支持个人与世界关系的。

Bildung的一个字面翻译是长成(例如Westbury, 2000, p.24)。事实上Bildung被看作是一种过程，Bildung代表学生作为一个完整的人的长成过程，换言之，这关乎学习者人格的养成。Bildung因此不仅仅包括具体学科领域知识的成就，还包括被称作“跨课程能力(cross-curricular competencies)”(包括理性思考能力和多种不同的社会技能)的长成。有一种观点强调说，这些跨课程能力代表着一种拥有良好教养的人格。Didaktik的含义是建立在Bildung这一概念之上的。它涉及一种分析的过程，可将特定学科知识等人类知识(文化遗产)置换(转换)为学校教学知识，从而助力于年轻人的长成(或Bildung)。在法国Didactique

传统中，将人类知识置换为学校教学知识的观点也发挥了重要作用。法国人使用的术语是“转换教学法(Transposition Didactique)”(Chevallard, 2007)。需要注意的是，德语中“Didaktik”与法语中“Didactique”虽然具有共同的主要特征，但也有较大的差异(Hopmann 2007)。

在20世纪下半叶，Bildung的思想曾得到马丁·瓦根沙因(Martin Wagenschein)的强烈推崇(Jung, 2012)。受特奥多尔·利特(Theodor Litt)等教育哲学家的影响，瓦根沙因认为对自然的理解深深地根植于每个孩子的心中。他提出这样的理念：学生在认识自然现象时，会形成自己的想法和概念。学生应该认识到科学的建构性特征。根据这一观点，研究物理学不仅改变了自然观，而且也改变了学习者或物理学家的自我概念。因此，物理学学习涉及对自然和自身的批判性反思。

范森(Fensham，2001)声称，许多改进科学教学和学习的尝试(例如，基于建构主义的观点)强调了改进教科学的方法(即关注于改进教学方法和媒介)。他认为科学内容本身也应该被视作是有问题的——教学内容结构也应该受到重视。此外，他认为，Didaktik传统通过开发教学内容结构，使其满足学生学习需求、能力以及教学目标，从而改善教学质量。

简而言之，特定领域的内容结构(例如，能量概念)必须被转换为适合教学的内容结构。这两种结构本质上是不同的。如前所述，抽象的、高度理想化的物理模型和物理概念是造成特定教学和学习困难的原因。某些主题的物理学内容结构或许不能被直接转换为适合教学的内容结构。本章随后将通过分析(a)简单电路、(b)力的概念、(c)原子模型这三个主题中的教学和学习困难来探讨这一问题。需要说明的是，教学内容结构不仅要简化(以便于学生学习)，而且要把它放在对学习者有意义的语境中从而使其更丰富。这个过程可以分为两个阶段。第一阶段可以称为元素化。它引出了所考虑内容的一系列基本关键特征。对于能量概念，可能会产生以下几个基本概念：守恒、转化、转移和衰变。在这些基本概念的基础上，构建出教学内容结构。Didaktik传统的一个重要主张是，元素化和教学内容结构的建构这两个阶段是紧密相关的。杜伊特、格罗蓬吉(Gropengießer)、卡特曼(Kattmann)、科莫雷克(Komorek)和帕克曼(Parchmann)(2012)将这整个过程称作教育重构(Educational Reconstruction)(例如，模型的使用，参见Duit, Komorek, & Wilbers, 1997)。

图22.2中概述的内容分析的本质可以通过一组问题来予以说明，这些问题包括德国教育家克拉夫基(Klafki)提出的教学法分析(1969; 亦可参见Fensham, 2001)：

(1)那些有趣的内容所表征的更普遍的概念是什么？哪些基本现象或基本原则，哪些普适的定律、标准、方法、技术或态度能够以处理这些内容的典型方式得到呈现？

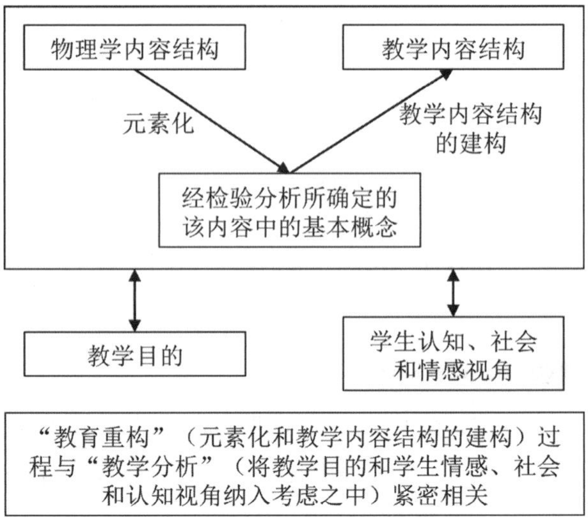

图22.2 物理学内容结构的教育重构

(2) 这些内容对学生的真实生活和未来生活有何意义？

(3) 由问题1和问题2所概述的教学法视角得出的内容结构是什么？

(4) 哪些特定的案例、现象、情况、实验可以使所选内容结构有趣、值得质疑、可获取且对学生来说是可以理解的？

图22.2中概述的教育重构概念向克拉夫基的系列问题中加入了一种想法，即教学目的、内容、教学和学习方法以及媒体等所有教学变量的基本相互作用，这也是德国Didaktik传统中的一个关键思想(Heimann, Otto, & Schulz, 1969)。在教学规划过程中，需考虑到这种基本的相互作用。学生的视角对于教学内容结构的构建以及教学阶段、所用方法、材料和媒体资源的开发都是一个重要的参考点，也应纳入考虑之中。

简而言之，德国Didaktik传统及其余欧洲国家的类似传统均严格地考量内容问题。这当中有一个关键的假定，即内容结构必须针对学生在教学前的观点进行开发。同时，学习环境应被设计成学生可以理解所学内容的形式。教学改进既包括批判性分析与内容重构，也包括对支持性学习环境的开发。

显然，舒尔曼(Shulman, 1987)提出的关于特定内容领域教学法知识的主要论点与欧洲的Didaktik传统是一致的。虽然舒尔曼非常强调教师能力，但Didaktik传统也制定了在教学规划中认真对待内容问题的策略(Pasanen, 2009)。

在结束对欧洲Didaktik传统的讨论时，简要概述一下盎格鲁-撒克逊课程传统与欧洲Didaktik传统的共性与差异。韦斯特伯里(Westbury, 2000)的结论是，这两种立场是互补的。课程传统根植于实用主义哲学的立场，这种传统的重点是如何实施，而Didaktik传统则主要聚焦于为什么。然而，科学教育研究与发展的迅速全球化似乎使国家的传统得以丰富(Duschl, Maeng, & Sezen, 2011)，但并没有显著地丧失关键的国家特征(Chiu & Duit, 2011)。

主要研究领域

如下所述，我们对主要研究领域进行简要的综述。我们从物理学教育研究人员正在研究的众多领域中选择了那些我们认为最重要的领域。许多论文并没有特别侧重于物理学教育，而是更广泛地关注科学教育。尽管如此，对科学教育一般领域的研究在许多方面对更狭窄的物理学教育领域也有重要的意义。因此，接下来的章节将重点关注物理学教育，但也不会忽略与物理学教育有关的科学教育研究。

教学目的

国际学校成就研究TIMSS(在1990年代称为第三次国际数学和科学研究；现在称为国际数学与科学教育成就趋势研究)和PISA(国际学生评估项目[Programme for International Student Assessment])对恰当的教学目标，特别是初中教育目标的讨论产生了强烈的影响(参见第26章中有关科学素养的讨论)。科学被视为影响个人日常生活以及以技术为基础的社会经济发展的主要因素(例如Beaton et al., 1996, p.7)。为明智地运用技术手段，在以技术为基础的经济中找到一席之地，并参与技术相关决策的政治进程，公民需要对物理学有一定的理解，因为物理学是信息技术和能源生产等领域的主要基础。

PISA联盟已经就科学素养的概念达成了共识，这个概念包括理解基本的科学概念，熟悉科学的思维和过程，以及具有在具体情境中运用知识的能力（经济合作与发展组织[OECD]，1999）。学生应能够应用科学知识来识别可以理解的议题，从科学探索中得出结论，并评估科学发现的适用范围。由于这些素养适用于所有公民，因此必须在科学教育的必修阶段针对这些素养进行教学。

纵观高中的物理学教育，主要是自愿参加高级物理课程，舍克尔（Schecker）、费希尔（Fischer）和维斯纳（Wiesner）（2004）认为物理学教学对高等教育目标的三大贡献是：

- 更深层次的通识教育（general education [Allgemeine Bildung]；例如，与其他世界观相比，反映世界现代物理学概念的特殊性）
- 高级科学实践导论（物理学作为一门范式的科学）
- 为在大学开展科学与技术研究做准备（例如，用于实验和建模中标准物理学实践的可实证的知识）

虽然像美国这样的一些国家科学教育标准有着悠久的传统，但一些欧洲国家，如德国，为应对PISA研究的结果开始着手规划预期的学习成果。伯尔尼霍尔特（Bernholt）、诺伊曼（Neumann）和恩特维格（Nentwig）（2012）概述了全球的情况。最近发布的框架和标准呼吁科学教学应在有限数量的基本概念上更加连贯一致。由美国国家研究理事会（National Research Council [NRC]，2012）设立的专家委员会提出了7个“跨学科概念”，如系统或尺度，以及物理学中的四个学科“核心概念”（物质、运动、能量和波）。然而，对于哪些基本概念应被选入标准，国际上并没有一个得到广泛认可的统一观点。德国国家物理学标准将能量、相互作用、物质和系统纳入初中课程之中（KMK, 2005）。虽然基本概念的选择只是部分重叠，但其呼吁的观点很明确：物理学不应该作为一个内容领域的序列来教授，而应该作为一个由广泛的概念和实践构成的整体来教授。内容领域保持其相关性，而基本概念和与物理相关的探究方式则可作为跨内容领域的指导思想。杜施尔（Duschl，2012）在类似的意义上谈到了“第二维度”。美国科学促进会（AAAS，1993）、美国国家研究理事会（NRC，1996）、德国州文化部长常务会议（KMK，2005）和美国国家研究理事会（NRC，2012）提出了课程开发的基础。与美国将科学视作一种社会进步手段的这一务实且乐观的传统看法相比（NRC拟定的K—12科学教育框架将“欣赏科学的神奇和美丽”作为一项总体目标；NRC, 2012, p. 1），前文所述的Didaktik观点则强调科学知识对学生个人人格形成的贡献。学生必须决定在多大程度上将科学思维融入他们的世界观。这属于“Bildung”的过程。它包括对科学事业中有问题的成果进行批判性反思。

关于物理学的本质和科学的本质的学习

科学教育研究人员就科学的本质（nature of science[NOS]）与科学教与学——尤其是与物理学教与学和科学素养的发展——的相关性达成了广泛的共识（例如Osborne, 2007；本手册第30章）。NOS这一缩写指代的是从历史、哲学和科学社会学中获得的见解。一些研究人员将NOS从科学探究中分离出来（Lederman & Lederman, 2011）。其中的第一个概念指向科学知识的特定特征，后一个概念则强调科学家用于创建科学知识的方法（认知论)。

在物理学教学中，有充分的理由将历史和认识论纳入考虑范畴(McComas, 1998)。从更好地理解物理学概念(例如Galili和Hazan)，到学生对社会性科学议题(SSI)批判性对话的参与，都应被纳入考虑范畴。柳(Liu)、林(Lin)和蔡(Tsai)(2011)表明，那些认为科学知识是暂定的和在变化中的学生更容易认识到SSI的复杂性。他们从多个角度出发，质疑决策过程中无所不知的权威。

恰当地理解NOS所需的一些关键要素包括(如Lederman & Lederman, 2011)：观察与推测的区别、理论和定律的区别、科学的实证基础和观察的重要作用、理论预设和科学知识的主观性、科学作为人类的事业以及科学知识的暂定性。然而直到今天也没有拟定出关于要教什么以及如何教授NOS的被广泛认可的列表。此外，还存在一种风险，任何NOS指南都很容易被教师误解为是以陈述的方式传递给学生的知识(Clough, 2007)。马修斯(Matthews，2012)指出，现有的各种清单都缺乏科学史的内容。与历史描述相比，这种对科学的歪曲可能是一个不可取的结果。奥尔欣(Allchin，2011)提到了专家的重要作用和他们在科学中的可信度，这是在教授理智的判断和做出决策时必须考虑的问题。因此，必须要考虑这样一个事实，物理学是来自于一个专家群体内外的专家之间的对话。在这一视角下，NOS的教学正从一个原则清单转向对专家可信度进行批判性评价这一能力的发展。

黑林(Heering)和赫特克(Höttecke)(2014)分析了最近关于历史、哲学和科学社会学的研究，重点聚焦于物理学上。他们得出结论认为，这些领域的发展尚未得到充分考虑。在学校物理中，教学知识仍然被误解为线性过程的结果，而不是多种不同知识生成的结果。例如，人们低估了物理学实验与理论思想之间的多重关系，及其与新仪器和新材料的结构之间的密切关系(另见本章中关于实践任务的段落)。

物理学与其他自然科学的区别在于它的高度抽象化、理想化和数学在其中所起的主导作用。为能够进行定量化的预测，自然或技术现象的复杂性被极大降低。为此，物理在实验室中所产生的典型现象，通常被称为“效应”。物理学的一个基本假设是，自然界本质上是有组织的，自然界的秩序本质上是人类可以了解到的。伽利略甚至断言，自然之书是用数学语言写成的(参见Galilei, 1832)。现实世界的现象往往受到复杂的多重参数的影响。而物理学现象必须是预制的、理想化的、简化的，甚至是“纯净的”，以便于对其进行有意识的操作。例如，计算叶子从树上落下的路径几乎是不可能的。另一方面，很容易测量或准确预测羽毛在真空管中自由下落的运动和路径。物理思维不是源于对我们周围世界的细微观察，而是从理论角度对这个世界的某些方面进行重构。数学的作用包括对模型的开发与预测。此外，在物理学的历史发展过程中，数学的运用改变了解释的意义(Gingras, 2001)。在17世纪和18世纪，解释指的是详细说明产生某种现象的力学原理，这一发展的后果是，数学和几何思想被认为已经足够了(例如，牛顿关于力的作用距离的概念不涉及力学原理的概念)。然而，物理学中这种高度的去语境化、抽象化、理想化和数学化是许多学生在学习物理时遇到困难的主要原因之一(另见本章关于学生兴趣和性别问题的段落)。

在过去的三四十年里，发表了大量关于NOS的文献。我们可以找到对相关研究的批判性综述，这包括关于学生和教师对NOS看法的研究(Hodson, 2009; Höttecke, 2001; Lederman, 1992)和对研究方法的探索(Deng, Chen, Tsai & Chai,

2011)。有证据表明，无论是学生还是科学教师都缺乏对NOS的恰当理解。学生的认识论信念可以被定性为天真的实证主义：他们倾向于将科学理论理解为永恒的真理，而这些真理来自精确的观察和不带有任何理论预设的实验。创造性的猜测和基于理论预设的建构并未纳入考虑(Köller, Baumert, & Neubrand, 2000)。此外，物理教师既未恰当地反映物理学的本质，也未恰当地反映数学在物理学中的作用(Mulhall & Gunstone, 2008)。克拉夫(Clough, 2006)指出，教师对NOS的恰当理解是学生在这一领域有所收获的必要条件，但不是充分条件。

教授和学习NOS必须被视为一种认知成果(Abd-El-Khalick, Bell, & Lederman, 1998)。因此，教师必须制定明确的教学活动，以支持学生对重要NOS问题的反思(例如Abd-El-Khalick & Lederman, 2000)。教师应让学习者面对其自身对科学，特别是对物理学的根深蒂固的信念。然而，教师感觉他们难以胜任NOS领域的教学(Abd-EI-Khalick et al., 1998)。即使他们对NOS有恰当的信念，也不一定会影响实际教学。教育标准和科学课程前言中所呈现的关于NOS的主要目标，与物理学在教科书和教学实践中实际呈现的方式之间存在差距(Kircher, Girwidz, & Häußler, 2000, p. 38)。NOS很难进行外显的教学(Widodo, 2004, pp. 121)，或者说很难被纳入评估和物理学考试之中。教师们并不认为NOS是他们教学的一个明确目标(Abd-EI-Khalick et al., 1998)，他们也缺乏这一领域的学科教学知识(Höttecke & Silva, 2011)。

因此，阿布勒–哈利克(Abd-El-Khalick)及其同事(1998)强烈主张在教师培训和教学中纳入更多的关于NOS的元素。麦科马斯(McComas)的书(1998)给出了如何将认识论问题介绍给学生和老师的示例。马修斯(1994)强调科学教学中的历史和哲学视角。物理学的学习可以得到各种活动的支持(Clough, 2006)。这其中就包括教师带来的能引出关于科学尤其是物理学问题的故事(例如Klassen, 2009)，历史片段和短篇叙述(Roach & Wandersee, 1995)，因历史仪器装置的复制而得以丰富的案例学习(例如Höttecke, Henke, & Rieß, 2012)，以及对当代研究、基于探究的学习、研究学徒项目或基于外显认识论的物理学课程的案例学习(Meyling, 1997)。黑箱活动可能会引起学生对NOS问题的关注，并使其对物理学中的知识生成展开批判性的反思。举个例子：一个装有几面镜子的木箱由老师密封好，然后，学生们用手电筒使光线通过木箱侧面的多个小孔照射到木箱中。木箱中镜子的摆放使其能以特定方式将光线反射出来。学生们最终要在不打开黑箱的情况下，猜测箱内的构造是怎样的。这种活动能促使学生对一些物理学本质进行反思，比如在原子物理学中，证据、推测和结论必须以连贯一致的方式相互协调，而原子本身是无法被直接观察到的。

概念转变

自20世纪80年代以来，概念转变的建构主义观点，包括社会建构主义观点，一直是科学教与学研究的主流观点(Duit, Treagust, & Widodo, 2013; Mintzes, Wandersee, & Novak, 1997; Vosniadou, 2012; 也参见第1章)。马洛尼(Maloney，1994)提出了一种关于教授和学习物理学的问题解决观点，强调了与建构主义有些许不同的方面。这两种研究视角对教与学新方法的开发都具有相当大的影响力，这些新方法有意将学生在教学前的观点、信念和概念都考虑在内(关于教授和学习物理学的建议，参见Arons, 1997; Redish, 2003; Viennot,

2001, 2003)。

如上所述，物理学是研究学生的概念和概念转变的主要领域。表22.1列出了在杜伊特(2009)整理的书目中所记录的研究数量。从中可以看出，研究者对力学和电学非常重视——重点关注的分别是力的概念或(简单)电路。显然，这些子领域在某种程度上被过度研究了。另一方面，现代物理学领域中关于概念转变的研究数量却相当有限。电学、力学和原子物理学领域中的研究发现将在随后的段落中详细展示。关于概念转变研究的一般结果在本手册的其他章节(第4章)中予以呈现。在物理学的学习过程中，概念转变存在困难，这似乎与学生对物理学概念和现象的教学前概念有关，这些教学前概念通常会深深植根于学生的日常经历中，且与物理学概念形成鲜明的对比。激进的理想化与去情境化，伴随着特定的数学建模而简化成纯现象，似乎是学生理解物理学概念和原理的一个主要障碍。此外，量子物理学和相对论中的物理学观点，基于日常生活的视角，是无法理解的。有趣的是，这也适用于经典粒子观，这种观点被引入学校教育中的低年级段。同样，粒子的世界与我们日常经历的世界有着根本的不同。

从科学素养的视角来看(如Osborne, 2007；参见第25章)，理解物理学包括两个方面，一是理解物理学的概念和原理，二是理解物理学的过程和人们对物理学本质的看法。正如前文所述，这些关于物理的看法不仅是科学素养的基本特征，对理解物理学概念与原理也是十分重要的。因此，从概念转变视角看待物理学教与学，既应包括概念和原理层面的概念转变，也应包括物理学过程和物理学本质观层面的概念转变。研究表明，学生对过程(如建模)的看法或对物理学本质的看法也是“幼稚的”，就像他们对现象和概念的看法一样(Treagust, Chittleborough, & Mamiala, 2002)。我们必须运用多种概念转变的视角。例如，特雷古斯特(Treagust)和杜伊特(2012)区分了认识论和本体论视角下的概念转变，也探讨了情感与社会方面以及学习者特征对概念转变的影响。

表22.1 在杜伊特(2009)整理的书目中，有关学生概念的出版物数量。括号内为主要概念。

生物学——总计	782
化学——总计	1271
物理学——总计	2379
力学(力)	813
电学(电路)	519
光学	245
粒子模型	249
热学(热/温度)	243
能量	187
天文学(空间中的地球)	126
量子物理学	81
声学	49
非线性系统(混沌)	30
磁学	26
相对论	8

学习进阶

学习进阶最近得到了很大的关注，最初是在美国的科学教育界，后来是在国际上。学习进阶被描述为“随着学生的学习，某一内容领域内的推理方式会变得越来越复杂”(Smith, Wiser, Anderson, Krajcik, & Coppola, 2004, p.5)。学习进阶描述了一名学习者的理解随时间推移向更专业的方向转变。但是，学习进阶的发展远远超出了仅仅关注识别高效的学习路径和基于实证检测高效的学习路径。它的驱动力还来自更为普遍的、对高效教与学次序的尝试。在某种意义上，一个正在开发中的框架，为科学教学和教师教育中更有效的通用策略的尝试指明了方向。学习进阶将学生知识的长期发展纳入考虑（Duschl et al., 2011），这与《教学与学习的顺序》（*Teaching and Learning Sequences*）（Méheut & Psillos, 2004）或《学习过程研究》（*Learning Process Studies*）（Duit, Goldberg, & Niedderer, 1992; Niedderer, Budde, Giry, Psillos, & Tiberghien, 2007）等其他方法的主要关注点是相同的。在物理学中，有大量关于学习过程的研究（或是教学与学习次序），从简单电路这样的“经典”主题到现代物理学的关键概念和理论（包括相对论、量子理论和非线性系统；参见Duit, 2009）。到目前为止，物理学主题的学习进阶研究数量有限。已发表的大多数研究聚焦于“力和运动”（Alonzo & Steedle, 2009）、“物质和原子-分子理论”（Smith, Wiser, Anderson, & Krajcik, 2006; Stevens, Delgado, & Krajcik, 2009）以及“能量”（Neumann, Viering, Boone, & Fischer, 2012）。

学生兴趣与性别议题

国际比较研究揭示，女生的物理学成就及其对物理学的兴趣比男生低很多（Keeves & Kotte, 1996; Sjøberg & Schreiner, 2010）。正如PISA 2006年的调查所显示的那样，这种性别差异并不适用于整体的科学领域。在总体的科学层面上，性别差异是很小的，特别是与性别内的差异相比时（OECD, 2009）。

然而，就学生未来成为科学家的兴趣而言，各个国家之间存在显著的性别差异。尽管成人与青少年对科技的态度主要是积极的，但在相对更加富裕的国家中，女生对于选择科学领域的职业的怀疑程度显著地高于男生（Sjøberg & Schreiner, 2010）。在科学领域中，物理学通常是学生们最不感兴趣的领域，尤其是对女生而言。

学生对物理学的看法在培养其对物理学的兴趣中似乎扮演着至关重要的角色。普遍意义上的科学，尤其是物理学，被视为是男性的领域（Baker, 1998; Harding, 1996）。斯塔德勒（Stadler）、本基（Benke）和杜伊特（2000）认为女生和男生对理解物理学意味着什么持有不同的（不言而喻的）观念。女生在将一个概念与更宽广的（甚至是不科学的）背景相关联之前，不会假定它是可以被理解的。男生，与此相反，似乎更加务实。他们倾向于认为物理学本身是有价值的，并且比女生更加欣赏物理学知识体系内在的连贯性。学生们通常会将物理学与困难、男子气概和他律联系在一起（Kessels, Rau, & Hannover, 2006）。与女生相比，男生对物理学的态度和对理解物理学意义的感知似乎更接近于我们赋予物理学高度抽象化、理想化甚至是去语境化的学科特征的方式。

研究已经表明，情感因素在科学学习中扮演着至关重要的作用。例如，如果仅仅基于“冷认知”，概念转变是不会成功的（Pintrich, Marx, & Boyle, 1992）。一项关于电学入门教学的研究（Laukenmann et al., 2003）证明了积极的情感能促进成就。克罗（Kroh）和汤姆森（Thomsen）（2005）认为教学与学习方法必须考虑学生的认知和情感变量。他们表示，让学生对自己的学习负责，这能对学生对于物理学的态度和他们的自我概念产生积极的影响。

学生对物理学的兴趣和职业选择的发展可能会受到他们自我感知和身份认同的影响。学生对物理学的认同（与物理学相关的自我感觉）受到他们在这一领域学习的兴趣和欲望、他们对能力的体会、他们关于处理物理学问题所需能力的信念，以及他人的认可的影响（Hazari, Sonnert, Sadler, & Shanahan, 2010）。对物理学的认同与通过学习物理来满足内在需求是正相关的。另一方面，对自由的个人时间和与他人合作的渴望与对物理学的认同是负相关的（Hazari et al., 2010, p.992）。像内在满足感这种积极的期望倾向于匹配男生对物理学的认同，消极的期望已被表明更接近于女生对物理学的认同。此外，与男生相比，女生在物理学领域具有更低的自我效能信念。

汉诺威（Hannover）和凯塞尔斯（Kessels）（2004）用自我–原型匹配理论解释了物理学中的性别差异：学生将自我观念与假定喜欢物理学（如“聪明的男生”，作为一个刻板印象）或不喜欢物理学（如“吸引人的女生”）的学生原型进行比较。这一理论假定，在学校中，像物理学这样的学科，其特征是由同龄人来描绘和代表的。如果一个学生的自我观念与他最喜欢的学科原型一致，这会导致其更偏爱物理学这一学科。

学生选择或远离物理学相关职业，往往源自其高中阶段学习物理学的经历。一项关于物理学中女性的国际研究（Ivie & Guo, 2006）表明，多数女性物理学家表示她们是在中学阶段被物理学吸引并做出相应职业选择的。高中物理学教师低估了物理学教学中的性别问题，这似乎是一个严重的问题。祖海尔（Zohar，2005）声称在她的研究中，将近三分之二的教师并没有将性别问题视为一个需要采取行动的问题。

为改善这一情况，研究人员开展了多项研究将物理学情境化以支持女生对物理学内容的意义建构。诸如人体和社会相关议题这样满足女生兴趣的教学材料显著地提高了女生的兴趣和成就（Baker, 1998; Häußler & Hoffmann, 2002; Reid & Skryabina, 2003）。这些方法已被证明对男生也是有效的。研究揭示出应该以一种令人鼓舞的方式展开物理学教学，以增加女生的自信。单一性别的小组合作学习提高了男生和女生的兴趣和成就（Baker, 1998; Häußler & Hoffmann, 2002）。此外，物理学教师可通过关注概念理解、建立与现实世界的多重联系、让学生在物理学教学中承担专家的角色（如，教其他人），以及削弱物理学是一种单维追求的刻板印象，从而正向影响学生对物理学的认同感（Hazari et al., 2010）。

实践任务

科学教育研究者普遍认同，实践任务在教学与学习中是很重要的，它有助于达成多项教育目标。学生学习科学内容，体验如何将科学理论与实践相联系。他们检验知识主张，发展问题解决能力、过程技能以及社交和科学推理技能。人们普遍认为，在物理学教育中开展实践任务能正向影响学生的动力、对科学的兴趣和人格发展。

另一方面，对通过实践任务增强学生概念理解、动力和兴趣的高期待，似乎缺乏正当的理由。卢内塔（Lunetta, 1998）声称，学校科学实验室中的目标、行为和学习成果之间存在相当大的不匹配。蒂贝尔吉安（Tiberghien）、韦亚尔（Veillard）、勒马雷沙尔（Le Maréchal）、比蒂（Buty）和米拉尔（Millar）（2001）分析了欧洲七个国家的实验室任务。高中和大学的实验室记录单表明，物理学、生物学和化学之间有显著的相似之处：与物体和可观察物的互动占据主要地位，而且在很大程度上与理论问题——比如，测试一个假说——无关。然而，物理学展现出了一些特有属性。几乎所有物理学任务的目的都是使用实验仪器、处理数据去找出或支持物理量间的关系。

霍普夫（Hopf, 2007）所呈现的证据表明，实践任务对学生物理学学习的影响是极其微弱的。一个至关重要的因素似乎是，物理学教学中的实验不应成为一堂课中的孤立事件，而应与学生一起展开恰当的准备和讨论。实验完成之后，必须要围绕结果和观察展开辩论，以支持学生对所做的实验进行意义建构（如Tesch & Duit, 2004）。

尽管如此，实践任务在物理课上扮演着重要的角色。相当多的时间被用于实验，特别是教师的演示实验（Tesch & Duit, 2004）。教师们通常会认可实验的作用，但经常会对学生进行严格的指导。对实验室活动的大力指导常常被批评为菜单式或验证式的实验（如Clough, 2006; Hofstein & Kind, 2012）。尼德尔（Niedderer）及其同事（2002）分析了实验室任务的录像，以评估学生在实验室任务中谈论物理学的情况。结果表明，学生们经常使用这种菜单式的实验室表格，但既不思考也不谈论物理学。一种关于物理学的纯粹归纳主义思想可能会通过这一方式传递给学生。

相反，学生们常常并不真的知道他们遵循实验程序的目的是什么，或者他们正在收集的数据真正意味着什么（如Hofstein & Kind, 2012）。教师常常不考虑学生在完成实践任务时是否理解自己在做什么（Gallagher & Tobin, 1987）。约纳斯–阿伦德（Jonas-Ahrend, 2004）报告，物理老师很少考虑学生实验与其学习之间的关系和相应的教育目的。所以我们就不奇怪为什么学生几乎不会从NOS的视角去反思他们的实验室任务了。因此，研究表明学生对科学实验的本质和目的仅有有限的理解。例如，所罗门（Solomon）、斯科特（Scott）和杜维恩（Duveen）（1996）指出，在他们的研究中，不到一半的学生能将他们所开展的实验与理论进行关联。比夫莱（Buffler）、鲁本（Lubben）和易卜拉欣（Ibrahim）（2009）指出，被NOS所描绘的、由“自然界的法则终将被发现”这一信念支配着的学生，更有可能认为科学测量的本质是追求“真实”。海尼克（Heinicke）和黑林（2012）报告了关于学习物理的学生如何理解测量的研究结果。在一项书面调查中，虽然在31名学生中有80%以上支持多次测量，但是在这些学生组成的13个学习小组中，只有4个小组在实践任务中真的进行了重复测量。那些认为科学理论是人类的发明，是从观察中建构出来的，而这些观察会在随后的进一步实验中得以验证的学生，更有可能持有以科学证据的不确定性本质为基础的观点。学习处理不确定性已被认为是达成科学素养的重要目标之一（如Ryder, 2001）。但就科学教学的现状而言，霍夫施泰因（Hofstein）和金德（Kind）（2012, p.192）得出结论：“实践任务意味着操作器材和材料，而不是思想。”

钦（Chinn）和马尔霍特拉（Malhotra）（2002）指出了一项事实，即学生进行实践任务时的认知操作和科学家在实验室中的认知操作是很不一样的。在科学研究中，实验是一项多方面的活动，一方面在实验与观察之间可能存在许多关联，另一方面也包含着推理和理论建构。因此，教学次序的设计应更加明确地以科学的认知实践为导向（如Duschl, 2000）。对于什么可以作为证据的讨论、辩论和争论理应发挥更加重要的作用。元认知活动的一般作用应得到更多的重视（Hofstein & Kind, 2012），这适用于一般的科学教学，也适用于特定的物理学教学。

学生在物理学实验室用真正的仪器完成实践任务。他们也会使用基于电脑的工具。这两种教学和学习物理的方法都使得学生可以积极地参与到对物理现象的探索之中。在现代教学策略中，这两种模式逐渐融为一体（Goldberg & Bendall, 1995; Laws, 1997; Schecker, 1998）。雷迪斯（Redish,

2003）描述了相关的教学方法以及可用的资源。

多媒体

用于物理学教学的认知工具（与数字资源不同，参见本手册第17章）可分为多种不同的类别：

- **基于微电脑的实验室**（Microcomputer-based laboratories [MBL]）：用于在线数据的获取、评估和绘图的探针、界面和软件（Sokoloff, Thornton, & Laws, 2012; Tinker, 1996）。
- **特定内容的交互工具**，如模拟程序，学习者可以改变参数，并根据给定的数学模型探索物理学系统的行为（有许多软件包可用于所有的物理学领域；例如，*physlets*; Christian & Belloni, 2003），或交互式屏幕实验，学生可与真实实验的数字化多媒体呈现形式展开互动（Kirstein & Nordmeier, 2007）。
- **微世界**：学习者可以在一个虚拟的光学工作台上，通过组合透镜、屏幕等给定物块设置他们自己的模拟环境（如，Goldberg & Bendall, 1995; Interactive Physics, 2014）。
- **模型建造系统**：学生通过填写一组等式（*Modellus*; Araujo, Veit, & Moreira, 2008）或者创建一张基于电脑的概念图并由软件生成等式（*Stella*; Schecker, 1998; van Borkulo, van Joolingen, Savelsbergh, & de Jong, 2012）的方式，创建出可描述一个系统（如，身体的运动）行为的量化模型。
- **常规工具**：有图和表的电子表格。
- **目标工具**：用于分析数字化运动视频的工具（Beichner, 1996）。

像*Coach*（Heck, Kedzierska, & Ellermeijer, 2009）这样的多媒体软件包整合了上述多种类别的工具。

多媒体工具在物理学教育中的有效性已经成为一个基于实证研究的主要领域。雷迪斯、索尔（Saul）和斯坦伯格（Steinburg）（1996）发现在教授力学时，基于MBL的指导具有显著的积极作用。舍克尔（1998）汇报，模型建造系统的使用对有关力与运动的半量化推理有积极影响。一篇关于使用计算机开展教学和学习的文献综述（Urhahne, Prenzel, Davier, Senkbeil, & Bleschke, 2000）为科学描绘了一幅积极的图景。然而，这些影响不应被高估（Sharma et al., 2010）。人们普遍认为，在科学教育中，多媒体的学习效果主要取决于有材料嵌入的教学方法（Bryan, 2006; Linn, Songer, Lewis, & Stern, 1993）。怀特（White）和弗雷德里克森（Frederiksen）（1998）将一个运动和力的微世界融入一个综合式的探究方法之中，该方法将力学的学习与元认知技能的获得结合起来。学生的探究会经历一个由问题、预测、实验、建模和应用构成的循环。微世界让他们能将自己的想法转变为模型，创造他们自己的实验，并在模拟世界中进行测量。

三个主题领域的物理学教学

正如前文中多处所讨论的那样，教授和学习物理学是相当困难的。接下来，我们将分析物理学教学的三个基本主题。我们将讨论所涉及的物理学概念，总结我们目前所知道的学生对这些概念的想法，并呈现文献中提供的教学设计。首先，我们将表明，即使是一个看似要求不高的主题，即简单电路，其中也会出现重大的学习困难，而这在教学环境中是相当难解决的。其次，我们将考察对一个基本的物理概念——力——的教学和学习。事实证明，这是一个直到大学水平都具有挑战性的概念。最后，我们转向原子物理学领域，重点讨论“现代”物理学的概念。

教授简单电路

电学这个物理学领域中有大量可用的研究，特别是对于简单电路(表22.1)。很明显，即使是简单电路，对于中小学生或大学生来说也不是简单的(Duit & von Rhöneck, 1998)。大部分关于简单电路中关键概念的教与学研究是在20世纪80年代和90年代进行的(Duit, 2009)。然而，目前对简单电路的研究仍在继续。通常，人们调查某些特定教学干预的效果，如使用“冲突地图”(Tsai, 2003)或“现实与虚拟实验”(Zacharia, 2007)。

物理学概念

其中最简单的电路如图22.3所示。一只灯泡与一个电池相连。同样的拓扑结构适用于所有类型的“电源”与“用电器”。

下列问题有助于对这个电路是否能正常工作进行推测。

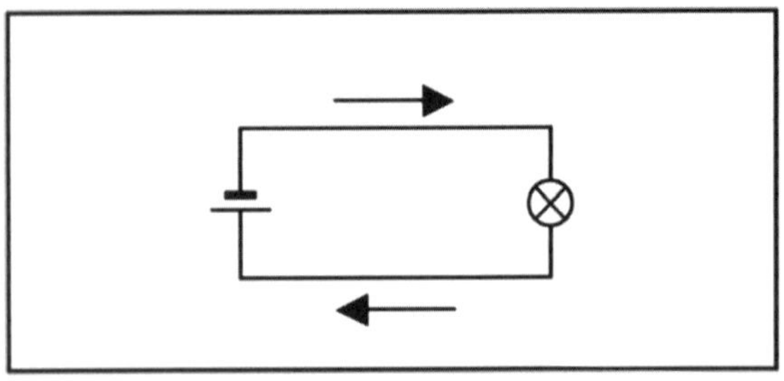

图22.3　简单电路

(1) **连接条件。**电源和用电器各有两个连接点，它们必须由导体相连接，连接时两根导线不能直接接触(不能短路)。印在电源和用电器上的电压数值必须(差不多)相同，否则用电器将无法正常工作或被烧掉。注意，电压只是一个连接条件。所有学生都需要知道两点：(a)电压越高，效能越强；(b)超过20伏的电压对人体是有危险的。值得注意的是，就日常生活中安全用电而言，了解连接条件就足够了。

(2) **电流。**通常，电流用如图22.3中的两个箭头来表示，电流被认为是构成电路理论框架的重要部分。有一种闭合电流，如带电粒子流。整个电路的电流强度是一样的。在物理导论教学中，关于电荷的特殊性质通常不做进一步讨论。这种限制是合适的，因为电流的强度只取决于电源和组成电路的各个元件的电阻。电流还有另一个重要特征需要在教学中加以注意。带电的流动粒子不能被看作是彼此独立运动的。相反，整个电路组成了一个耦合的系统，就像自行车链的连接一样(Härtel, 1982)。当电流在电路的某一点发生变化时，电流在其他任何一点也会发生变化。

(3) **电流和能量的同时流动。**用能量流的观点来丰富电流的观点是十分重要的。若图22.3所示的电路中有电流流经，灯泡就会发光。于是能量从电池转移到了灯泡。因此，电流伴随着能量的流动。电流能够流经整个电路，能量流的定位要求更高。这两种观点都是值得采纳的，即在导线周围或导线内部的电磁场中定位能量流。无论如何，能量流和电流有两点本质不同。首先，能量流很快(接近光速)，而带电粒子(如电子)的速度不到几毫米每秒。第二，电路中的电流是闭合的，而能量能够在整个电路中穿行。无论是在通往用电器的电路上还是在返回的电路上，能量与电流的方向都是相反的。

前面给出的简单电路的不同层次的理论框架表明，即使从物理学角度将简单电路概念化也没那么容易。简单电路的“基本概念”对物理学家们来说似乎很简单。然而，对学生概念及其学习过程的研究表明，过于简单的概念可能会在学生尝试理解电路的过程中极大地误导他们。

学生的概念

下面的概述在一定程度上借鉴了杜伊特和冯·罗内克(von Rhöneck)(1998)的综述。

(1) **日常意义的电流。**每天谈论的电与物理学所讨论的电有很大的不同。例如，“电流”这一词语的含义——至少在英语和大多数主要的欧洲语言中——比物理学中使用的“电流”更接近能量的含义。如果不考虑这些差异，课堂上可能会产生误解。

(2) **电流的消耗。**小学阶段的学生已经建立了电池和灯泡之间的因果关系，并能用有一种介质从电池移动到灯泡来解释，这种介质可以被称为电或电流。它可以储存在电池中，并在灯泡中被消耗。因此，孩子们很难从守恒的角度来考虑电流。相当多的孩子认为有一根导线在电池和灯泡之间就足够了，另一根导线的作用只是增加到灯泡的电流。一些学生认为有两种不同的电流，即“正”电流和“负”电流，从电池两侧流向灯泡。根据这一观点，灯泡中产生的两种电流发生了碰撞，从而产生了光(“碰撞电流”，Osborne, 1983)或某种化学反应(Duit & von Rhöneck, 1998)。即使是小学学段以上的学生也普遍持有这种电流被消耗的观念。研究表明，要改变这种观念是十分困难的；它几乎不受正式科学教育的影响。似乎“电流”的日常含义至少在一定程度上导致了这种电流被消耗的观念占据主导地位。

(3) **因果推理。**有几项研究(如Tiberghien, 1984)表明，学生在以下场合使用因果推理：电池提供了“一种能让灯泡亮起来的东西，这种东西被孩子们称为电或电流，它从电池移动到灯泡，并在灯泡上被消耗”(Tiberghien, 1984, p. 122)。

(4) **局部推理和顺序推理。**许多学生只关注电路的一个点，而忽略了其他位置正在发生的状况。如前所述，他们往往缺少对电流的系统化视角。这种局部推理的一个例子是，电池可以提供恒定的电流，与连接到电池的电路无关。局部推理的另一种变体可被称为顺序推理。许多学生根据电流通过某一点前后的情况来分析电路。例如，在图22.3中，如果将一个电阻插入到从电池正极到灯泡的这段电路中，学生们就能正确地预测灯泡的亮度会降低。但是，如果把电阻插入到另一条接回电池的电路中去，许多学生认为，在这种情况下，灯泡的亮度并不会发生改变，因为只有电流流回的电路受到了额外电阻的影响。

(5) **电流和电压。**对于不同年龄段的学生来说，电压已被证明是一个特别困难的概念。在接受这方面的教学之前，学生通常认为电压与“电池的强度”(或其他电源)有关，或将电压视为力或电流的强度。通常在接受指导之后这种观点仍不会有大的改变。许多学生在区分这两个概念上仍有巨大的困难。

(6) **学习过程。**许多研究(如Shipstone et al., 1988)表明，物理学教学在促进学生关于电路的想法向物理学概念转变上所取得的成就相当有限。这些数据大多是基于前后测研究设计获得的。然而，也有一些研究详细地按照学习过程进行。明显的是，学生所遵循的学习路径非常复杂。有人进步，有人退步，有人走出一条平行线，有人走进了死胡同(Duit & von Rhöneck, 1998; Niedderer & Goldberg, 1995; Scott, 1992)。

教学方法

目前已有大量研究探讨了引导学生从他们自己的想法转变为物理学电路概念的可能性。基本上，在其他科学领域中所采用的方法在这里也得到了应用。有人试图通过专门设计的多媒体学习环境和一些以建构主义为导向的教与学环境来支持概念转变。似乎这种尝试通常（但并非总是）会被证明比传统的物理学教学更好。令人失望的是，这些成果依然少得可怜。然而也有一个例外，经过恰当的电路实践之后，几乎所有学生都确定必须要有两根导线才能使电器工作。

如前文所指出的那样，学生对于电路的前概念与物理学概念形成了鲜明的对比。新的教学和学习策略通常从引出学生的想法并建立他们对问题的经验开始。学生进行实验（如，使用电池和灯泡）并发展和交流他们对正在探索的现象的看法。在此基础上，教师尝试引导学生转向物理学观点。挑战学生的想法往往是一个关键的阶段，因为认知冲突发挥着一定的作用。认知冲突策略虽然在许多情况下是成功的，但仍存在一些困难（Vosniadou & Ioannides, 1998）。最重要的是，学生往往很难经历这种冲突。对学生前概念的启发和长时间的讨论也有可能会进一步固化这些概念。因此，在电学的领域中也出现了各种试图避免认知冲突的方法。这些方法往往从学生具有的与物理学观点基本一致的概念出发，尝试通过一种连续路径让学生从这种一致的概念发展出物理学观点。其中的一种策略就是格雷森（Grayson, 1996）命名的“概念替换（concept substitution）”。她没有质疑学生关于电流消耗的看法，而是重新提供了如下解释：认为某样东西被消耗了，这一观点并没有错——如果从前文所述的能量视角来看的话，在电流流动时，能量实际上是从电池流向灯泡的。能量被“消耗”了，或者说转化为光和热（损失）了。

为理解电路的基本概念，大多数教学顺序始于介绍电流的概念（通常被概念化为电子或其他带电粒子的流动）。希洛斯（Psillos）、库马拉（Koumaras）和蒂贝尔吉安（1988）提出了一种可替代的教与学顺序。他们先向学生引入电压的概念（这通常被认为是一个相当难的概念）。

简而言之，理解简单电路对于中小学生和大学生来说都是相当困难的。看来，这些困难至少部分源于学生的概念深深扎根于某些日常经历（主要是日常生活中谈论到的电、电流和电路），而这些概念在教学中没有得到恰当的处理。教授和学习电路的例子也表明，教学可能会支持“错误”的想法。总的来说，概念转变方法的有限成功指出了一个问题，即教学的内容结构必须在一个被称为“教育重建”的过程中谨慎地发展（图22.2）。同样，看似简单的话题也需要对这个简单话题背后的物理学有深入的理解。

教授力学

在学校物理中，对学生概念的实证研究关注最多的就是力学（表22.1），有多种不同教学方法的提议和各式各样的多媒体工具。然而，力学仍然是最难教和最难学的领域之一。“力”和“速度”包含在日常对运动现象的解释中，这些现象与物理学概念有着本质的不同。

物理学概念

经典力学的概念是位移、速度、加速度、力和动量。机械能（动能和势能、功）属于力学与热力学的交叉。力学因牛顿三定律而倍受推崇。在物理学课堂上，它们经常以片段化的形式出现（参见1、2、3）。我们将这个版本与真正表达三定律概念核心的公式（1*、2*、3*）进行对比：

（1）如果物体不受外力，则物体保持其原有的运动状态——“惯性”。

（2）作用在物体上的合力与物体的质量和加速度成正比（$F=ma$）。

（3）施加在物体上的每一个力（“作用力[action]”），都有一个大小相等且方向相反的力（“反作用力[reaction]”）。

许多学生在没有真正理解牛顿定律的概念内容的情况下，就用类似的短语再现牛顿定律。$F=ma$可能是学校物理学中最著名但也是最不容易理解的方程。学生们经常认为$F=ma$（牛顿定律普适的合力）就和$F=mg$（重力这一特定的单一力）一样是一种力。

考虑到上面的公式所带来的学习困难，表达牛顿思想的一个合理方法是：

（1*）物体的运动状态只能靠外力来改变。如果没有发生运动状态变化，那么作用在物体上的所有力的矢量和为零，或者根本没有力。

（2*）一个物体的运动状态可用动量p来描述。为了改变动量，一个合力需要作用一段时间（$\Delta p = F \cdot \Delta t$）。

（3*）力是物体相互作用的结果。当物体A对物体B施加一个力时，B同时也会对A施加一个大小相等但方向相反的力（$F_{A\rightarrow B} = -F_{B\rightarrow A}$）。

虽然解决力学教学问题不能仅仅依靠恰当的措辞，但第二组定律更有助于学生的理解。公式1*反驳了一种误解，即牛顿第一定律只有在没有任何力的情况下才成立。公式2*强调力改变物体的运动状态需要一定的时间。公式3*强调物体之间的相互作用。它避免了“反作用力（reaction）”这个术语，学生们经常把它和物体A的“反作用力（counterforce）”混淆（例如Viennot, 1979）。

学生的概念

德赖弗（Driver）、斯夸尔斯（Squires）、拉什沃思（Rushworth）和伍德-鲁宾逊（Wood-Robinson）（1994, p.149）总结了关于学生对力和运动的概念的实证研究发现：

“• 如果有运动，就有一个力在作用；
- 如果没有运动，就没有作用力；
- 有力就一定有运动；
- 当一个物体在运动时，它一定受到一个方向与其运动方向相同的力；
- 在作用于物体上的力用完以后，这个物体就会停止运动；
- 运动物体的内部有一个维持其运动的力；
- 运动与力的作用成正比；
- 恒速产生于恒力。”

有人补充说：

- 摩擦力不是“真正”的力，而是对运动的阻碍。
- 处于静止状态或不处于运动状态的物体（如桌子或道路）不受力。
- 做圆周运动的物体“受到”一个离心力（独立于参考系）。

这些发现已在世界各地的实证研究中得到证实。它们构成了直觉力学的主体。

沃伦（Warren）1979年出版的《理解“力”》（*Understanding Force*）一书激发了人们对学生力学概念的研究。从物理学家的角度来看，沃伦找出了内在的困难和概念进阶的垫脚石——有时是由不准确的教学造成的。沃伦为大学新生开发了一组测试项目，这些测试项目也被用在对更低年龄段学生进行的几项后续研究中（参见图22.4中的实例）。他指出，许多学生未能解决看似简单的问题。

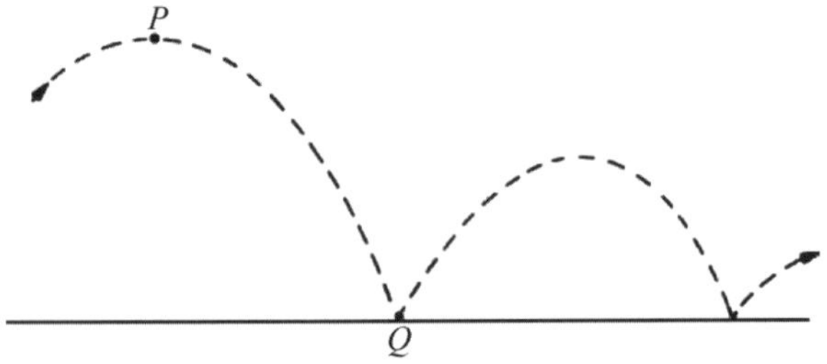

图22.4　此图来自对学生力的概念的辅导性测验（Warren, 1979, p. 34）。学生们要用箭头画出球在*P*和*Q*点的受力方向。大多数学生认为有一个力在物体的运动方向上，而不是有一个在运动变化方向上的（合）力（作用在*P*点，竖直向下）

维耶诺（Viennot, 1979）扩展了对学生是如何发展出替代性力学概念这一问题的认识。她声称学生的自发推理是一致的，可以形成一个直观的力的定律：力取决于速度v（而并非加速度a）。维耶诺发现，“将力看作是作用在一个物体上的相互作用力”和“物体内部存在可供给的力”这两种关于力的想法是共存的。

麦克洛斯基（McCloskey, 1983）将学生的“直觉物理学”与中世纪的动力理论进行了比较，中世纪动力理论的基础是，施加在物体上的力可以以某种方式储存在物体里，之后可以用来维持物体的运动状态。学生基于“动力”的推理与教学是对抗的。这会导致对物体运动路径的错误推测，比如“一个炮弹会沿直线运动，直到动力耗尽它才会垂直掉下来”。学生甚至会在边跑边将球扔向地面目标时使用“动力”的概念。

容（Jung）、维斯纳和恩格尔哈特（Engelhard）（1981）的研究表明，学生将“惯性”概念化为一种阻碍——一种必须用力来克服的对运动的阻碍。它常与静摩擦力有关。对学生来说，“力”是具有多元含义的，它综合了能量、动量和牛顿力等物理学概念的各个方面，这种认知相当于19世纪50年代中期以前物理学中“力”自相矛盾的概念。

一个有争议的问题是，学生的直觉物理是否形成了一个系统的、自洽的骗局——一种“可替代的理论”（如Viennot, 1979）。迪塞萨（diSessa, 1988）强烈反对这一看法。他认为，学生的知识是由单一的、链接松散的现象学原语组成，如“力产生运动”或“更大的力会产生更大的效果”。根据迪塞萨的说法，向科学理解的转变包括向系统化的重大结构的转变。相反，沃斯尼亚杜（Vosniadou, 2002）基于学生反应的模式认为，他们在力学上构建了自己狭窄但自洽的解释框架。季（Chi）、斯洛塔（Slotta）和德勒乌（de Leeuw）（1994）提出将学生的思维按本体论的范畴组织起来：在学生的头脑中，“力”属于“物质”范畴（某种可以被储存的东西），然而它应该被划分到“基于约束的交互”的范畴。容及其同事（1981）声称，解决学生通用推理类别的问题比解决特定的可替代概念更加有效。这样的类别有：

- 运动的功能性描述——与寻找运动原因相反
- 物体间关系与相互作用——与物体性质相反

关于学生对力学理解的研究在20世纪80年代达到高潮，自那时起人们在很大程度上取得了共识。有许多标准化的工具来评估学生的推理：

- 力学概念清单（Force Concept Inventory [FCI]; Hestenes, Wells, & Swackhamer, 1992; revised version in Mazur, 1997）
- 力与运动概念评估（Force and Motion Conceptual Evaluation [FMCE]; Thornton & Sokoloff, 1998）
- 运动学图形理解测试（Test of Understanding Graphs in Kinematics [TUGK]; Beichner, 1994）

FCI是应用最广泛的力学理解测试。它的修订版本包括30道题目。其中的多项选择题，除最佳选项外还有四个干扰选项，每个干扰选项都针对运动和力的特定错误概念。关于FCI诊断学生概念的可靠性已经讨论了很长时间（始于Huffman & Heller, 1995；也可参见Stewart, Griffin, & Stewart, 2007）。最近关于学习进阶的研究（见前文）试图通过分层次的多项选择题来界定和评估学生的力学理解水平。阿朗佐（Alonzo）和斯特德尔（Steedle）（2009）发现学生的答案缺乏一致性。它们随题目所嵌入的情景而变化。因此，很难获得对学习进阶水平的可靠估计（Alonzo & Steedle, 2009, p. 418）。

教学方法

对于力学的一般教学，特别是力的概念的教学，在文献中有许多视角不同的研究。下文将首先呈现内容主题视角的贡献，随后重点论述建立在对学生（替代性）概念的了解基础上的教学策略和经实证评估研究的课程。

20世纪80年代和90年代，随着课程开发项目的评估，揭示出学生对力和运动的理解存在根深蒂固的问题，关于力学教学新方法的讨论愈演愈烈。沃伦（1979, p. 13）指出，从物理学视角来看，牛顿力学体系应该根据“真实”的力充分发展。在可定义的相互作用中，一个“真实”的力可以归属于一个实际物体，它受一个可识别的定律支配，例如行星产生的引力或一个变形的球产生的弹力。像离心力这样的假想力（“伪”力）只会让学生感到困惑。

明斯特雷尔（Minstrell, 1992）报告了高中力学课程的积极影响，在这些课程中，学生被明确要求表达出他们对力和运动的直觉想法。接着，将学生们的想法与物理学概念一起展示出来。舍克尔和尼德尔（1996）使用“对比教学”一词提出了类似的策略。教师在向学生介绍了牛顿定律之后，提出一个开放式的问题，比如“研究碰撞中的力”。然后学生们提出诸如“一个力从物体A转移到物体B”的想法——即使他们知道关于力的牛顿式命名的定义。这种对学生自己想法的启发（Driver & Oldham, 1986）有助于将他们的直觉观念与科学上力的概念进行对比。克莱门特（Clement, 1993）展示了如何利用学生的直觉观念作为教学序列的起点（“锚”），从而通过“桥接类比”的方式导向对相关牛顿力学概念的恰当理解。坎普（Camp）和克莱门特（1994）展示了一系列帮助学生克服已知学习障碍的活动。

黑克（Hake, 1998）对FCI（涉及6000名学生）的研究进行了元分析。他发现所谓的互动参与式的课程比传统的以教师为中心的方法得分更高。互动参与可以得到多媒体的有效支持。索科洛夫（Sokoloff）及其同事（2012）开发了基于活动的力学课程，这些课程以基于计算机的实验室为中心，实验室中有一系列新的传感器、界面和软件。在协作学习环境中，该方法可以显著提高学生对运动学的理解（Thornton, 1992）。体育运动（如跳高）可以通过Videograph（参见Beichner, 1996）等数字化视频工具进行解析。从一组给定的物块（物体、弹簧、绳等）主动构建虚拟微世界是促使学生探索力学现象的另一种方法（软件包：*Interactive Physics*, 2014）。多尔（Doerr, 1997）呈现了一个课程单元，它将实验和基于*Interactive Physics*的模拟整合在一起。萨达吉亚尼（Sadaghiani, 2012）发现在大学的物理学导论课程中使用多媒体学习模块对力学的理解可以产生积极的影响。

以下两种课程教学方法是以设计研究作为基础的：在一个长期的项目中，威廉（Wilhelm）、托拜厄斯（Tobias）、瓦尔特钠（Waltner）、霍普夫和维斯纳（2012）构建、评估和提炼了一套面向初中的教学序列。该课程考虑了有关学生概念的研究，以及力学的一个替代性内容结构。从一开始就讨论二维运动，介绍的牛顿第二定律与公式2*相似（见前文），有实证的证据表明学习效果显著。蒂贝尔吉安、文斯（Vince）和盖迪奥兹（Gaidioz）（2009）也强调了设计能与实践者共享的可用教学方法的重要性。在一项研究人员和教师合作的项目中，开发了一套高中的教学序列，重点对物体和事件的世界（例如，力的测量）与理论和模型的世界（例如，牛顿三定律）这二者进行区分和关联。

教授原子物理学

原子物理的教学涉及对微观世界各种观点的介绍，从简单的粒子模型到量子力学的观点。关于粒子模型的学生概念和概念转变过程的研究有很多。此外，对量子观点也开展了大量的研究（参见表22.1）。结果表明，在这两个领域，学生的日常概念与科学概念形成了鲜明的对比。对每一门物理学导论课中都包含的简单粒子模型来说也是如此。粒子的微观世界与日常生活中的物体世界是不同的。试图运用日常生活世界的特征进行类比，使微观世界变得可理解，这种做法通常会导致重大的误解。例如，学生们倾向于把粒子看作是日常生活世界中的物体，因此把日常生活世界的特征，如颜色和温度，附加到粒子上（Duit, 1992; Scott, 1992）。

对于微观世界的量子观来说，日常世界观与物理学概念之间的冲突甚至更为基础。从日常生活世界的视角来看，量子的许多特性原则上似乎是不可思议的。例如，波粒二象性（玻尔的互补原理）和海森堡的不确定性原理，导致了这样的结果，即不可能同时以无限的精度知道一个粒子的速度和位置。

关于原子模型，低年龄段的学生往往拥有天真的现实主义观点。大多数人认为模型或多或少是现实的复制品（Harrison & Treagust, 1996; Treagust et al., 2002）。似乎在初中的科学教学中，学生对原子模型特征的这种认识并没有太多的发展（Knote, 1975）。然而，高中的物理学教学似乎有所进步。贝特格（Bethge, 1992）发现，在大学物理先修课程中，许多学生可以区分（原子）模型和现实。对科学概念和原理的学习应包括发展学生关于NOS的观念（见前文）。只有恰当地认识到物理学模型的一般特性，才能发展出对粒子模型和原子模型恰当的理解（Mikelkis-Seifert & Fischler, 2003）。

物理学中的原子模型和学生的概念

粒子观与连续体观这两种不同观点之间的相互作用反映了有关物质与原子的科学概念的特征。希腊哲学家已持有关于物质构成的两种观点（Samburski, 1975，概要性介绍）。物质要么被看作是由称为原子的微小颗粒组成的，要么被看作是充满空间的连续的“某物”，并且可以被无限地分割。基本粒子观在18和19世纪得到了进一步的阐述，并在统计力学中达到了巅峰。1900年以后，各种各样的原子模型被开发出来，用不同结构的正电荷和负电荷分别对应粒子和连续体。关于原子的科学观点已经发展了几个世纪。

接下来，我们将探讨原子物理学发展的关键阶段，以及学生的理解或误解。

(1) 将原子视作小球。1808年，道尔顿（Dalton）出版了他的著作《化学哲学新体系》(*A New System of Chemical Philosophy*)，在书中，他将原子视为小球（节选自再版书，Samburski, 1975）。每种元素都有自己的原子。这一假说适用于解释化学反应中有关重量的基础实证定律。19世纪后期，玻尔兹曼（Boltzmann）统计力学理论的基础也是将原子视作小球。然而，在这种情况下，原子只是被概念化为没有任何其他特征的质点。

学生们也有类似的想法。哈里森（Harrison）和特雷古斯特（1996）对48名学生（8—10年级）进行的一项研究发现，超过50%的学生认为原子的形状是“球或球体”，而且原子的结构“最像一个硬聚苯乙烯球”。

(2) 原子的行星模型。玻尔建立了一个最具影响力的模型，该模型类比行星绕太阳公转的系统。电子（行星）在围绕原子核的轨道上运动。轨道是在量子假设下推导出来的。

科学教学中仍然讲授行星模型。通常，它是学生学习所谓现代原子物理学的唯一模型。大约一半的初中生以及大多数高中生和大学生实际上将原子视作是一个行星系统，原子核被运动的电子包围着（Fischler & Lichtfeldt, 1992; Harrison & Treagust, 1996; Knote, 1975）。通过与太阳系进行类比，电子围绕在原子核周围的这一想法提供了一个强大的思维模型，它被证实阻碍了更为先进模型的教学（Bethge, 1992; Fischer & Lichtfeldt, 1992; Mashhadi, 1995; Müller & Wiesner, 2002; Taber, 2001）。

(3) 原子的概率密度概念。这一模型基于玻恩（Born）对薛定谔（Schrödinger）方程的解释。在这个概念中，薛定谔Ψ函数可以用来预测在距原子核一定距离范围内找到电子的概率：距离越大，概率越小。研究表明，学生很难理解这一观点（Bethge, 1992; Mashhadi, 1995）。

至少在英国和德国，有一个传统是在高中教授超越玻尔模型的量子原子物理学。在这些教学方法中，学生通常会构造出量子原子模型的中间过渡概念（Bethge, 1992; Mashhadi, 1995; Petri & Niedderer, 1998）。其中一个模型将概率概念化为模糊轨道（图22.5）。一些大学生似乎也持有这样的想法（Müller & Wiesner, 2002）。

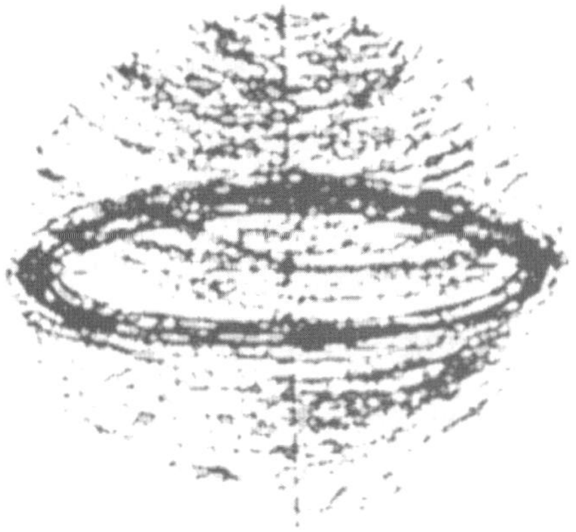

图22.5　模糊轨道模型（Petri & Niedderer, 1998）

赫尔曼（Herrmann, 1995）的电子云模型对概率密度模型给出了更为具体的解释。这个模型由一个原子核和一个电子云组成，电子云是环绕在原子核周围的电荷云，它的密度可由薛定谔Ψ函数计算出来。当测量或给电子定位的时候，电子云会坍缩。研究(Budde, Niedderer, Scott, & Leach, 2002; Niedderer & Deylitz, 1999)表明电子云模型(赫尔曼谈及电素[electronium]; Herrmann & Job, 2006)比概率密度的概念更容易学习。如果同时提供这两种模型，学生更喜欢电子云模型，而且大约90%的学生在后测和访谈中使用它。这个结果与哈里森和特雷古斯特(1996)一致，他们发现76%的学生更喜欢空间填充模型。

教学方法

在教学方法的讨论上，我们聚焦于高等原子物理的大学预科教学和一些已被评价过的方法。思想实验或计算机模拟能够引入量子物理学概念，如等粒子样品的"制备"或关于"测量"的新观点，这在许多方法中起着重要作用。在下文中，我们将进行简要的概述。

菲施勒(1999)的方法从电子衍射实验及其解释开始。这些实验让学生们大吃一惊，不但引起了他们的注意，还避免了对电子的机械解释。在一组实验–对照研究中，菲施勒和利希菲尔德(Lichtfeldt)(1992)发现，在实验组中，大约20%的学生对量子原理有了令人满意的概念，而在对照组中(从光子实验开始)，没有一个学生能达到这个水平。此外，穆勒(Müller, 2003)发现，引入更现代的原子量子模型和放弃行星模型，可以对学生的理解产生积极的影响。

许多方法把重点放在了解释量子物理的基本现象和有趣的技术应用上。尼德尔的方法(Niedderer & Deylitz, 1999)旨在了解原子的大小和光谱、化学键以及固体的光谱。一项评估研究(Niedderer & Deylitz, 1999)表明，除了理解薛定谔方程中的数学有困难外，大多数概念理解的目标都可合理地成功实现。如前所述，大多数学生更喜欢"电子云"模型而不是"概率密度"模型。

埃斯卡拉达(Escalada)、雷贝洛(Rebello)和措尔曼(Zollman)(2004)分析了LED、荧光灯、荧光以及磷光材料、隧穿式显微镜等物品。势能图被用来解释这些材料。"可视化量子力学"方法强调的是概念的理解和可视化，而不是数学的形式。措尔曼、雷贝洛和霍格(Hogg)(2002)发现，动手活动、计算机可视化程序和建构主义教学法使学生能够建立思维模型，从而解释他们的观察结果。

盖(Ke)、蒙(Monk)和杜施尔(2005)与中国台湾不同层次的大学生一起研究量子物理学导论的教学。在回顾以前的方法(Budde et al., 2002; Fischler & Lichtfeldt, 1992)之后，他们建议区分早期的量子模型、过渡波动力学和概率波动力学。在他们的研究中，更有能力的学生同时持有这三种观点，并能够根据不同的背景在它们之间切换。这些学生也能区分这些观点。

在一项关于一所希腊高中高年级学生的研究中，沙巴利(Tsaparlis)和帕帕佛提斯(Papaphotis)(2009)试图实现从早期量子理论到现代原子轨道观念的概念转变，他们遵循了卡尔卡尼斯(Kalkanis)、哈齐达基(Hadzidaki)和斯塔夫鲁(Stavrou)(2003)早先关于彻底改变量子力学概念的建议。这两篇论文都假设，错误的概念或混合概念"产生的原因是许多学生无法将经典物理学和量子物理学的概念框架区分开，因此造成认知障碍，难以获取所需知识"(Tsaparlis & Papaphotis, 2009)。结果表明，在中学毕业后和开展教学访谈前的笔试中，玻尔模型对很多学生来说仍然占据主导位置。然而，在教学访谈之后，学生对原子模型的想法已经转变为更偏向中间过渡模型(17人中有

6人）和量子力学模型（17人中有11人）。所以，概念转变是部分成功的。

简而言之，研究表明，学生对粒子模型和原子量子模型的理解，可通过教与学观点中以建构主义的概念转变为导向的策略得到实质性的提高。然而，成功率依然有限。这两个领域都需要更多基于研究的发展。看来Didaktik传统（见图22.2中教育重构的观点）可能有助于进一步改进现有的方法。教学的内容结构——从此角度来看——通过考虑以下要素必定会得到发展：（a）粒子和原子的物理学观点；（b）粒子和原子本质的物理学观点；（c）学生对粒子和原子以及所提供模型的本质的看法；以及（d）教授粒子和原子的目的。似乎依照Didaktik传统来看，教授和学习粒子观——特别是，原子的量子物理学观点——的目的，也应从科学素养的角度得到进一步明确。

展望：物理学教育研究的方向

为改善物理学的教学和学习，有必要对目前的实践状况做出多方面的改变。大多数改变不仅与物理学教学有关，而且也与一般的科学教学有关。然而，它们必须针对物理学教学的特定内容结构和特定内容的教学法问题进行专门的设计。其他一些必要的改变是针对物理学教学的，特别是关于教学内容重点的改变。下面将概述我们认为在物理学教育领域特别引人关注的主要问题。

一般关注点

教师对教学的思考及其教学实践

当然，教师是教育改革的关键参与者（Anderson & Helms, 2001）。研究表明：（a）许多教师并不是很了解关于教学和学习的研究成果；（b）他们对“好”的物理学教学的看法是聚焦于主题的，对教学和学习的信念是传递式而非建构式的；以及（c）在教学实践中，以教师为中心的教学似乎仍占据主导地位。教师对教学的思考必须包括Didaktik传统中所涉及的方方面面（图22.2）。依据舒尔曼（1987）的观点，教师的思维应在内容方面和特定内容的教学法问题之间取得平衡。教学计划应考虑内容和学生如何能学习特定的内容这两方面的问题。

尤其需要对以下两个议题进行更多的研究（更多细节参见第44章教师专业化发展）：

- 调查教师如何对研究结果产生兴趣并让自己熟悉这些研究结果，他们对教授与学习物理学的看法如何得到改善（Gräsel & Parchmann, 2004），以及他们的教学实践是否会相应地得到改善（Bertram & Loughran, 2012）。在这里，前文讨论过的概念转变议题要发挥作用。事实证明，改变根深蒂固的观点（这里指教师的观点）是一个长期的过程。
- 为提高物理学教育的教学效果，需要更多关于当前物理学教学实践的证据。直至今日，只有少数研究深入探索了物理课堂（例如，通过分析视频；Brückmann & Knierim, 2008; Roth & Garnier, 2006; Seidel & Prenzel, 2006）。需要对物理学日常教学实践进行更多研究。

目的与标准

目前关于科学素养的讨论主要集中于，从大的方面来说，利用物理学知识来增强公民积极参与的意识，从小的方面来说，理解日常生活的问题以及在社会性科学议题上做出更好和更明智的决定。Bildung的概念中加入了培养学习者人格的思想。科学素养的实际概念是否健全以及能否付诸实践还有待进一步研究。否则，它们仍将只是雄心勃勃的愿景。必须采用广泛的研究方法，包括对不同领域(包括物理学)和不同文化环境中的各种科学素养观点进行历史和解释学研究。关于物理学内容与过程知识对理解日常生活议题和积极的公民意识所产生的影响，相关证据仍然有限。对学生养成科学素养所应具备的各方面能力的实证研究也是如此。

标准明确了科学素养的一般概念。自1990年代以来，这一直是一些国家(例如，美国和加拿大)所关心的关键问题；在其他国家(如德国；Schecker & Parchmann, 2007)，近期才得到关注。沃丁顿(Waddington)、恩特维格和尚策(Schanze)(2007)基于18个国家的报告对国际科学形势进行了全面的概述。德博尔(DeBoer, 2011)总结了当前的实践，并建议制定具有共同核心的全球化素养标准，同时也为每个国家制定具体目标留出空间。

标准通常有两个相关的功能：提供一个框架来定义科学素养的关键问题，并促进测试标准的构建，从而能够确定所陈述的各种素养在实践中达到的程度。学习结果的评估与监督和责任方面的标准话语密切相关(参见Bernholt et al., 2012)。

标准以及对学习结果的评估应该建立在明确的能力结构和发展模型的基础上。例如，瑞士的HarmoS项目在开发标准时(Labudde, Nidegger, Adamina, & Gingings, 2012)以及德国的国家科学标准评估(Kremer et al., 2012)都使用了这种模型。

我们需要在这些领域进行更多的实证研究：

- 从纵向角度对学生素养结构的发展进行建模。
- 开发场景，评估复杂需求下的素养，不局限于多项选择题——即使这在大规模评估中不可行。

关于NOS的内容、过程和观点

如前所述，物理学过程技能、对物理学知识产成的认识以及对NOS特别是物理学本质的恰当看法，对物理学教师的教学观念的影响是有限的。教师是任何课程改革的“守门员”。物理学教学是一种过程，NOS的关注点也是如此。因此，如何鼓励和支持物理学教师实现这些课程目标，就成为一个必须要考虑的问题。既然我们知道科学教师对NOS的看法往往与学生的看法一样有问题，那么我们就必须对物理学教师的内容知识以及他们在该领域的学科教学知识的发展方式进行设计和评估。

对于理解物理学内容与过程技能和NOS观之间的相互作用，还需进行更多的研究。尽管科学教育研究人员都认同理解NOS对理性公民是非常必要的，但其影响却几乎没有被详细探讨过。我们仍然缺乏证据来证明，在何种背景下，何种NOS知识能够支持公民进行理性的决策。尽管有一些证据表明，足够的认识论信念与学习策略有关，但这种关系在物理学领域几乎未得到过仔细的审查。最后，关于科学史和科学哲学对物理学教学的影响以及基于探究的学习对理解NOS的影响，都应得到更为详尽的研究。

整体研发

研究表明，教学的结果(例如，成绩和兴趣)不仅仅由教学安排中单一的、彼此孤立的因素导致，而是多个因素相互作用的结果(Baumert & Köller, 2000; Oser & Baeriswyl, 2001)。仅仅改变一个因素来改进物理学教学是没有多大意义的(例如，引入多媒体学习环境、新的实验或创新的教学方法)。教育重构的概念(图22.2)可以为设计教学提供一个框架，更系统地考虑决定教学成果的核心因素之间的基本相互作用。基于设计的研究，就像威廉及其同事(2012)的工作一样，似乎是将广泛的基于研究得到的概念应用于物理学教学的恰当策略。为了设计和测试有效的教学策略，需要更多的长期项目来评估物理学许多子领域关于教学和学习的大量具体发现(如李恩塞[Lijnse, 1995]已提出的)。到目前为止，"碎片化的研究"数量多于连贯一致的课程研发项目。

物理学的特定关注点

学校物理学教学涵盖了一套经典内容，这些内容在世界范围内是很相似的。有趣的是，这些经典内容的大部分主题都是相当"古老"的物理学，即19世纪的物理学。20世纪物理学乃至当今的研究只在高中阶段有一定的涉及。关于量子物理学和相对论的大多数教学方法(表22.1)只适合相当有天赋的大学生。为了让低年龄段或天赋不高的学生也能接触到有关物质、空间和时间的近代物理学思想，我们必须加紧努力。非线性系统领域的一些研究表明，这是可能的(Duit et al., 1997; Stavrou, Duit, & Komorek, 2008)。具有一定讽刺意味的是，学校似乎不愿意处理这个问题，而关于现代物理学的科普书籍却在蓬勃发展。关于现代物理学的基础化有一些好的想法(参见"原子物理教学[Teaching Atomic Physics]")，但是对于这些方法的学习结果果还需开展更多的研究(例如Zhu & Singh, 2012)。

致谢

我们要感谢安德烈·蒂贝尔吉安(Andrée Tiberghien)和奥诺·德容(Onno de Jong)，他们仔细、批判性地审读了这一章。

参考文献

AAAS—American Association for the Advancement of Science. (1993). *Project 2061—Benchmarks for scientific literacy.* New York: Oxford University Press.

Abd-El-Khalick, F., Bell, R.L., & Lederman, N.G. (1998). The nature of science and instructional practice: Making the unnatural natural. *Science Education, 82*, 417–436.

Abd-El-Khalick, F., & Lederman, N.G. (2000). Improving science teachers' conceptions of nature of science: A critical review of the literature. *International Journal of Science Education, 22* (7), 665–701.

Allchin, D. (2011). Evaluating knowledge of the nature of (whole) science. *Science Education, 95* (3), 518–542.

Alonzo, A.C., & Steedle, J.T. (2009). Developing and assessing a force and motion learning progression. *Science Education, 93* (3), 389–421.

Anderson, R.D., & Helms, J.V. (2001). The ideal of standards and the reality of schools: Needed research. *Journal of Research in Science Teaching, 38*, 3–16.

Araujo, I.S., Veit, E.A., & Moreira, M.A. (2008). Physics students' performance using computational modelling activities to improve kinematics graphs interpretation. *Computers & Education, 50* (4), 1128–1140.

Arons, A. (1984). Students' patterns of thinking and reasoning. *The Physics Teacher, 22*, 21–26; 89–93; 576–581. Arons, A. (1997). *Teaching introductory physics.* New York: Wiley.

Baker, D.R. (1998). Equity issues in science education. In B.J. Fraser & K. G. Tobin (Eds.), *International handbook of science education* (pp. 869–895). Dordrecht, the Netherlands: Kluwer Academic Publishers.

Baumert, J., & Köller, O. (2000). Unterrichtsgestaltung,

verständnisvolles Lernen und multiple Zielerreichung im Mathematik- und Physikunterricht der gymnasialen Oberstufe [Instructional planning, mindful learning and the achievement of multiple goals in mathematics and physics instruction at upper secondary level]. In J. Baumert & O. Köler (Eds.), *TIMSS/III. Dritte Internationale Mathematik- und Naturwissenschaftsstudie. Volume 2* (pp. 271 – 315). Opladen, Germany: Leske+Budrich.

Beaton, A.E., Martin, M.O., Mullis, I.V. S., Gonzalez, E.J., Smith, T.A., & Kelly, D.A. (1996). *Science achievement in the middle school years. IEA's Third International Mathematics and Science Study (TIMSS).* Boston: Boston College—Center for the Study of Testing, Evaluation, and Educational Policy.

Beichner, R.J. (1994). Testing student interpretation of kinematik graphs. *American Journal of Physics, 62*, 750 – 762.

Beichner, R.J. (1996). The impact of video motion analysis on kinematics graph interpretation skills. *American Journal of Physics, 64*, 1272 – 1278.

Bernholt, S., Neumann, K., & Nentwig, P. (Eds.). (2012). *Making it tangible—learning outcomes in science education.* Münster: Waxmann.

Bertram, A., & Loughran, J. (2012). Science teachers' views on CoRes and PaPeRs as a framework for articulating and developing pedagogical content knowledge. *Research in Science Education, 42*, 1027 – 1047.

Bethge, T. (1992). Vorstellungen von Schülerinnen und Schülern zu Begriffen der Atomphysik [Students' ideas about concepts of atomic physics]. In H. Fischler (Ed.), *Quantenphysik in der Schule* (pp. 88 – 113). Kiel, Germany: IPN—Leibniz Institute for Science Education.

Brückmann, M., & Knierim, B. (2008). Teaching and learning processes in physics instruction—chances of videotape classroom studies. In S. Mikelskis-Seifert, U. Ringelband, & M. Brückmann (Eds.), *Four decades of research in science education—from curriculum development to quality improvement* (pp. 191 – 219). Münster: Waxmann.

Bryan, J. (2006). Technology for physics instruction. *Contemporary Issues in Technology and Teacher Education, 6* (2), 230 – 245.

Budde, M., Niedderer, H., Scott, P., & Leach, J. (2002). The quantum atomic model 'Electronium': A successful teaching tool. *Physics Education, 37* (3), 204 – 210.

Buffler, A., Lubben, F., & Ibrahim, B. (2009). The relationship between students' views of the nature of science and their views of the nature of scientific measurement. *International Journal of Science Education, 31* (9), 1137 – 1156.

Bybee, R. (1997). *Achieving scientific literacy: From purposes to practices.* Portsmouth, NH: Heinemann Publishing.

Camp, C., & Clement, J. (1994). *Preconceptions in mechanics. Lessons dealing with students' conceptual difficulties.* Dubuque, IA: Kendall/Hunt.

Chevallard, Y. (2007). Readjusting didactics to changing epistemology. *European Educational Research Journal, 6* (2), 131 – 134.

Chi, M.T. H., Slotta, J.D., & de Leeuw, N. (1994). From things to processes: A theory of conceptual change for learning science concepts. *Learning and Instruction, 4*, 27 – 43.

Chinn, C.A., & Malhotra, B.A. (2002). Epistemologically authentic inquiry in schools: A theoretical framework for evaluating inquiry tasks. *Science Education, 86* (2), 175 – 218.

Chiu, M.-H., & Duit, R. (2011). Globalization: Science education from a global perspective—Editorial. *Journal of Research in Science Teaching, 48* (6), 553 – 566.

Christian, W., & Belloni, M. (Eds.). (2003). *Physlet? Physics: Interactive illustrations, explorations, and problems for introductory physics.* Prentice Hall, NJ: Addison-Wesley.

Clement, J. (1993). Using bridging analogies and anchoring intuitions to deal with students' preconceptions in physics. *Journal of Research in Science Teaching, 30*, 1241 – 1257.

Clough, M.P. (2006). Learners' responses to the demands of conceptual change: Considerations for effective nature of science instruction. *Science Education, 15*, 463 – 494.

Clough, M.P. (2007). Teaching the nature of science to secondary and post-secondary students: Questions rather than tenets. *The Pantaneto Forum*, Issue 25, January.

DeBoer, G.E. (2011). The globalization of science education. *Journal of Research in Science Teaching, 48* (6), 567 – 591.

Deng, F., Chen, D.-T., Tsai, C.-C., & Chai, C.S. (2011). Students' views of the nature of science: A critical review of research. *Science Education, 95* (6), 961 – 999.

diSessa, A.A. (1988). Knowledge in pieces. In G. Forman

& P.B. Pufall (Eds.), *Constructivism in the computer age* (pp. 49 – 90). Hillsdale, NJ: Erlbaum.

Doerr, H.M. (1997). Experiment, simulation and analysis: An integrated instructional approach to the concept of force. *International Journal of Science Education, 19* (3), 265 – 282.

Driver, R., & Oldham, V. (1986). A constructivist approach to curriculum development in science. *Studies in Science Education, 13*, 105 – 122.

Driver, R., Squires, A., Rushworth, P., & Wood-Robinson, V. (1994). *Making sense of secondary science—Research into children's ideas.* London, UK: Routledge.

Duit, R. (1992). Teilchen- und Atomvorstellungen [Conceptions of particles and atoms]. In H. Fischler (Ed.), *Quantenphysik in der Schule* (pp. 201 – 204) Kiel, Germany: IPN—Leibniz Institute for Science Education.

Duit, R. (2009). *Bibliography—STCSE (students' and teachers' conceptions and science education).* Kiel: Leibniz Institute for Science and Mathematics Education.

Duit, R., Goldberg, F., & Niedderer, H. (1992). *Research in physics learning: Theoretical issues and empirical studies.* Kiel: IPN—Leibniz Institute for Science Education.

Duit R., Gropengießer H., Kattmann U., Komorek M., & Parchmann, I. (2012). The model of educational reconstruction—A framework for improving teaching and learning science. In D. Jorde & J. Dillon (Eds.), *The world of science education: Science education research and practice in Europe* (pp. 13 – 47). Rotterdam, the Netherlands: Sense Publishers.

Duit, R., Komorek, M., & Wilbers, J. (1997). Studies on educational reconstruction of chaos theory. *Research in Science Education, 27*, 339 – 357.

Duit, R., Treagust, D., & Widodo, A. (2013). Teaching science for conceptual change: Theory and practice. In S. Vosniadou (Ed.), *International handbook of research on conceptual change* (pp. 487 – 503). New York, London: Routledge.

Duit, R., & von Rhöneck, Ch. (1998). Learning and understanding key concepts of electricity. In A. Tiberghien, E.L. Jossem, & J. Barojas (Eds.), *Connecting research in physics education.* Boise, Ohio: ICPE—International Commission on Physics Education, ICPE Books.

Duschl, R. (2000). Making the nature of science explicit. In R. Millar, J. Leach, & J. Osborne (Eds.), *Improving science education. The contribution of research* (pp. 187 – 206). Buckingham, Philadelphia: Open University Press.

Duschl, R. (2012). The second dimension—Crosscutting concepts. *The Science Teacher, 79* (2), 34 – 38.

Duschl, R., Maeng, S., & Sezen, A. (2011). Learning progressions and teaching sequences: A review and analysis. *Studies in Science Education, 47*, 123 – 182.

Escalada, L.T., Rebello, S., & Zollman, D.A. (2004). Student explorations of quantum effects in LEDs and luminescent devices. *The Physics Teacher, 42*, 173 – 179.

Fensham, P. (2001). Science content as problematic—issues for research. In H. Behrendt, H. Dahncke, R. Duit, W. Gräber, M. Komorek, A. Kross, & P. Reiska (Eds.), *Research in science education—past, present, and future* (pp. 27 – 41). Dordrecht, the Netherlands: Kluwer Academic Publishers.

Fischler, H. (1999, March). Introduction to quantum physics—development and evaluation of a new course. In D. Zollman (Ed.), *Research on teaching and learning quantum mechanics* (pp. 32 – 40). Papers presented at the annual meeting of the National Association for Research in Science Teaching. Retrieved from http://web.phys.ksu.edu/papers/narst/QM_papers.pdf (Jan. 2014)

Fischler, H. (2011). Didaktik—An appropriate framework for the professional work of science teachers? In D. Corrigan, J. Dillon, & R. Gunstone (Eds.), *The professional knowledge base of science teaching* (pp. 31 – 50). Dordrecht, the Netherlands: Springer.

Fischler, H., & Lichtfeldt, M. (1992). Modern physics and students' conceptions. *International Journal of Science Education, 14*, 181 – 190.

Galilei, G. (1832, reprint). Il Saggiatore. In *Opere di Galileo Galilei,* Vol. 2 (p. 13). Milano: Bettoni.

Galili, I., & Hazan, A. (2000). The influence of an historically oriented course on students' content knowledge in optics evaluated by means of facets-schemes analysis. *American Journal of Physics Supplement, 68* (7), 3 – 14.

Gallagher, J.J., & Tobin, K. (1987). Teacher management and student engagement in high school science. *Science Education, 71*, 535 – 555.

Gingras, Y. (2001). What did mathematics do to physics? *History of Science, 29*, 383 – 416.

Goldberg, F., & Bendall, S. (1995). Making the invisible

visible: A teaching and learning environment that builds on a new view of the physics learner. *American Journal of Physics, 63*, 978 – 991.

Gräsel, C., & Parchmann, I. (2004). Implementations-forschung—oder: der steinige Weg Unterricht zu verädern [Implementation research—the stony path towards changing instruction]. *Unterrichtswissenschaft, 32* (3), 196 – 214.

Grayson, D. (1996). Improving science and mathematics learning by concept substitution. In D. Treagust, R. Duit, & B. Fraser (Eds.), *Improving teaching and learning in science and mathematics* (pp. 152 – 161). New York: Teachers College Press.

Hake, R.R. (1998). Interactive-engagement versus traditional methods: A six-thousand-student survey of mechanics test data for introductory physics courses. *American Journal of Physics, 66*, 64 – 74.

Hannover, B., & Kessels, U. (2004). Self-to-prototype matching as a strategy for making academic choices. Why high school students do not like math and science. *Learning and Instruction, 14*, 51 – 67.

Harding, J. (1996). Science as a masculine strait-jacket. In L.H. Parker, L.J. Rennie, & B. Fraser (Eds.), *Gender, science and mathematics* (pp. 3 – 16). Dordrecht, the Netherlands: Kluwer Academic Publishers.

Harrison, A.G., & Treagust, D.F. (1996). Secondary students' mental models of atoms and molecules: Implications for teaching chemistry. *Science Education, 80*, 509 – 534.

Härtel, H. (1982). The electric circuit as a system. A new approach. *European Journal of Science Education, 4* (1), 45 – 55.

Häußler, P., & Hoffmann, L. (2002). An intervention study to enhance girls' interest, self-concept and achievement in physics classes. *Journal of Research in Science Teaching, 39* (9), 870 – 888.

Hazari, Z., Sonnert, G., Sadler, P.M., & Shanahan, M.-C. (2010). Connecting high school physics experiences, outcome expectations, physics identity, and physics career choice: A gender study. *Journal of Research in Science Teaching, 47* (8), 978 – 1003.

Heck, A., Kedzierska, E., & Ellermeijer, T. (2009). Design and implementation of an integrated computer working environment for doing mathematics and science. *Journal of Computers in Mathematics and Science Teaching, 28* (2), 147 – 161.

Heering, P., & Höttecke, D. (2014). Historical-investigative approaches in science teaching. In M.R. Matthews (Ed.), *International handbook of research in history, philosophy and science teaching* (pp. 1473 – 1502). Dordrecht, the Netherlands: Springer.

Heimann, P., Otto, G., & Schulz, W. (1969). *Unterricht, Analyse und Planung* [Instruction: Analysis and planning]. Hannover, Germany: Schroedel.

Heinicke, S., & Heering, P. (2012). Discovering randomness, recovering expertise: The different approaches to the quality in measurement of Coulomb and Gauss and of today's students. *Science & Education, 22*, 483 – 503.

Herrmann, F. (1995). A critical analysis of the language of modern physics. In C. Bernardini, C. Tarsitani, & M. Vicentini (Eds.), *Thinking physics for teaching* (pp. 287 – 294). New York: Plenum Press.

Herrmann, F., & Job, G. (2006). *The Karlsruhe physics course, Vol. 3, reactions, waves, atoms, 134*.

Hestenes, D., Wells, M., & Swackhamer, G. (1992). Force concept inventory. *The Physics Teacher, 30*, 141 – 158.

Hodson, D. (2009). *Teaching and learning about science. Language, theories, methods, history, traditions and values.* Rotterdam, the Netherlands: Sense Publishes.

Hofstein, A., & Kind, P.M. (2012). Learning in and from science laboratories. In B.J. Fraser, K.G. Tobin, & C.J. McRobbie (Eds.), *Second international handbook of science education* (pp. 189 – 207). Dordrecht, the Netherlands: Springer.

Hopf, M. (2007). *Problemorientierte Schülerexperimente* [Problem-based practical work of students]. Berlin: Logos-Verlag.

Hopmann, S. (2007). Restrained teaching: The common core of Didaktik. *European Educational Research Journal, 6* (2), 109 – 124.

Höttecke, D. (2001). Die Vorstellungen von Schülern und Schülerinnen von der "Natur der Naturwissenschaften" [Students' beliefs on the nature of science]. *Zeitschrift für Didaktik der Naturwissenschaften, 7*, 7 – 23.

Höttecke, D., Henke, A., & Rieß, F. (2012). Implementing history and philosophy in science teaching—strategies, methods, results and experiences from the European Project HIPST. *Science & Education, 21* (9), 1233 – 1261.

Höttecke, D., & Silva, C.C. (2011). Why implementing history and philosophy in school science education is a challenge—an analysis of obstacles. *Science & Education, 20* (3-4), 293-316.

Huffman, D., & Heller, P. (1995). What does the force concept inventory actually measure? *The Physics Teacher, 33*, 138-143.

Interactive Physics. (2014). Canton, MI: Design Simulation Technologies.

Ivie, R., & Guo, S. (2006). Women physicists speak again. American Institute of Physics Report. Retrieved from www.aip.org/statistics/reports/women-physicists-speak-again (Jan. 2014)

Jonas-Ahrend, G. (2004). *Physiklehrervorstellungen zum Experiment im Physikunterricht* [Teachers' beliefs about practical work in physics teaching]. Berlin: Logos.

Jung, W. (2012). Philosophy of science and education. *Science & Education.* doi:10.1007/s11191-012-9497-x

Jung, W., Wiesner, H., & Engelhard, P. (1981). *Vorstellungen von Schülern über Begriffe der Newtonschen Mechanik* [Students' ideas about concepts of Newtonian Mechanics]. Bad Salzdetfurth, Germany: Franzbecker.

Kalkanis, G., Hadzidaki, P., & Stavrou, D. (2003). An instructional model for a radical conceptual change towards quantum mechanics concepts. *Science Education, 87* (2), 257-280.

Ke, J.-L., Monk, M., & Duschl, R. (2005). Learning introductory quantum physics: Sensori-motor experiences and mental models. *International Journal of Science Education, 27* (13), 1571-1594.

Keeves, J.P., & Kotte, D. (1996). Patterns of science achievement: International comparisons. In L.H. Parker, L.J. Rennie, & B. Fraser (Eds.), *Gender, science and mathematics* (pp.77-94). Dordrecht, The Netherlands: Kluwer Academic Publishers.

Kessels, U., Rau, M., & Hannover, B. (2006). What goes well with physics? Measuring and altering the image of science. *British Journal of Educational Psychology, 76* (4), 761-780.

Kircher, E., Girwidz, R., & Häußler, P. (2000). *Physikdidaktik* [Didactics of physics]. Braunschweig/Wiesbaden, Germany: Friedrich Vieweg & Sohn.

Kirstein, J., & Nordmeier, V. (2007). Multimedia representation of experiments in physics. *European Journal of Physics, 28* (3), S115-S126.

Klafki, W. (1969). Didaktische Analyse als Kern der Unterrichtsvorbereitung [Educational analysis as core issue of instructional planning]. In H. Roth & A. Blumental (Eds.), *Auswahl, Didaktische Analyse* (pp.5-34). Hannover, Germany: Schroedel.

Klassen, S. (2009). The construction and analysis of a science story: A proposed methodology. *Science & Education, 18*, 401-423.

KMK—Ständige Konferenz der Kultusminister der Länder in der Bundesrepublik Deutschland (Hrsg.). (2005). *Bildungsstandards im Fach Physik für den Mittleren Bildungsabschluss.* Köln: Wolters Kluwer.

Knote, H. (1975). Zur Atomvorstellung bei Dreizehn- bis Fünfzehnjährigen [Thirteen to fifteen year old students' conceptions of the atom]. *Der Physikunterricht, 4*, 86-96.

Köller, O., Baumert, J., & Neubrand, J. (2000). Epistemologische Überzeugungen und Fachverstädnis im Mathematik- und Physikunterricht [Epistemological beliefs and content knowledge in mathematics and physics instruction]. In J. Baumert et al. (Eds.), *TIMSS—Mathematisch-naturwissenschaftliche Bildung am Ende der Sekundarstufe II* [TIMSS—mathematics and science literacy at the end of upper secondary school] (pp.229-270). Opladen, Germany: Leske & Budrich.

Kremer, K., Fischer, H.E., Kauertz, A., Mayer, J., Sumfleth, E., & Walpuski, M. (2012). Assessment of standards-based learning outcomes in science education: Perspectives from the German project ESNaS. In S. Bernholt, K. Neumann, & P. Nentwig (Eds.), *Making it tangible—learning outcomes in science education* (pp.201-218). Münster: Waxmann.

Kroh, L.B., & Thomsen, P.V. (2005). Studying students' attitudes towards science from a cultural perspective but with a quantitative methodology: Border crossing into the physics classroom. *International Journal of Science Education, 27*, 281-302.

Labudde, P., Nidegger, C., Adamina, M., & Gingings, F. (2012). The development, validation, and implementation of standards in science education: Chances and difficulties in the Swiss project HarmoS. In S. Bernholt, K. Neumann, & P. Nentwig (Eds.), *Making it tangible—learning outcomes in science education* (pp.255-280).

Münster: Waxmann.

Laukenmann, M., Bleicher, M., Fuß, S., Gläser-Zikuda, M., Mayring, P., & v. Rhöneck, C. (2003). An investigation of the influence of emotional factors on learning in physics instruction. *International Journal of Science Education, 25*, 489 – 507.

Laws, P.W. (1997). Promoting active learning based on physics education research in introductory physics courses (Millikan Lecture 1996). *American Journal of Physics, 65*, 14 – 21.

Lederman, N.G. (1992). Students' and teachers' conceptions of the nature of science: A review of research. *Journal of Research in Science Teaching, 29* (4), 331 – 359.

Lederman, N.G., & Lederman, J.S. (2011). The development of scientific literacy. A function of interactions and distinctions among subject matter, nature of science, scientific inquiry, and knowledge about scientific inquiry. In C. Linder, L. Östman, D.A. Robert, P.-O. Wickman, G. Erickson, & A. MacKinnon (Eds.), *Exploring the landscape of scientific literacy* (pp.127 – 144). New York, London: Routledge.

Lijnse, P.L. (1995). "Developmental research" as a way to an empirically based "didactical structure" of science. *Science Education, 79*(2), 189 – 199.

Linn, M.C., Songer, N.B., Lewis, E.L., & Stern, J. (1993). Using technology to teach thermodynamics: Achieving integrated understanding. In D.L. Ferguson (Ed.), *Advanced educational technologies for mathematics and science* (pp. 5 – 60). Berlin: Springer.

Liu, S.-Y., Lin, C.-S., & Tsai, C.-C. (2011). College students' scientific epistemological views and thinking patterns in socioscientific decision making. *Science Education, 95* (3), 597 – 517.

Lunetta, V.N. (1998). The school science laboratory: Historical perspectives and contexts for contemporary teaching. In K. Tobin & B. Fraser (Eds.), *International handbook of science education. Part I* (pp. 249 – 264). Dordrecht, the Netherlands: Kluwer Academic Publishers.

Maloney, D.P. (1994). Research on problem solving: Physics. In D. Gabel (Ed.), *Handbook of research on science teaching and learning* (pp.327 – 354). New York: Macmillan Publishing Company.

Mashhadi, A. (1995). Students' conceptions of quantum physics. In G. Welford, J. Osborne, & P. Scott (Eds.), *Research in science education in Europe* (pp.254 – 266). London, UK: Falmer.

Matthews, M.R. (1994). *Science teaching—the role of history and philosophy of science.* London: Routledge.

Matthews, M.R. (2012). Changing the focus: From nature of science to features of science. In M.S. Khine (Ed.), *Advances in nature of science research* (pp. 3 – 26). Dordrecht, the Netherlands: Springer.

Mazur, E. (1997). *Peer instruction: A user's manual.* Upper Saddle River, NJ: Prentice Hall.

McCloskey, M. (1983). Intuitive physics. *Scientific American, 284*(4), 114 – 122.

McComas, W.F. (Ed.). (1998). *The nature of science in science education rationales and strategies.* Dordrecht, the Netherlands: Kluwer Academic Publishers.

Méheut, M., & Psillos, D. (2004). Teaching-learning sequences. Aims and tools for science education research. *International Journal of Science Education, 26* (5), 515 – 535.

Meyling, H. (1997). How to change students' conceptions of the epistemology of science. *Science & Education, 6*, 397 – 416.

Mikelkis-Seifert, S., & Fischler, H. (2003). Die Bedeutung des Denkens in Modellen bei der Entwicklung von Teilchenvorstellungen—Stand der Forschung und Entwurf einer Unterrichtskonzeption [On the role of thinking in terms of models when developing particle ideas—state of research and a draft of an instructional approach]. *Zeitschrift für Didaktik der Naturwissenschaften, 9*, 75 – 88.

Minstrell, J. (1992). Facets of students' knowledge and relevant instruction. In R. Duit, F. Goldberg, & H. Niedderer (Eds.), *Research in physics learning: Theoretical issues and empirical studies* (pp. 110 – 128). Kiel, Germany: IPN—Institute for Science Education.

Mintzes, J.J., Wandersee, J.H., & Novak, J.D. (Eds.). (1997). *Teaching science for understanding—a human constructivist view.* San Diego, CA: Academic Press.

Mulhall, P., & Gunstone, R. (2008). Views about physics held by physics teachers with differing approaches to teaching physics. *Research in Science Education, 38*, 435 – 462.

Müller, R. (2003). *Quantenphysik in der Schule* [Quantum

physics in high school]. Berlin: Logos.

Müller, R., & Wiesner, H. (2002). Teaching quantum mechanics on an introductory level. *American Journal of Physics, 70*, 200 – 209.

Neumann, K., Viering, T., Boone, W.J., & Fischer, H.E. (2012). Towards a learning progression of energy. *Journal of Research in Science Teaching.* doi:10.1002/tea.21061

Niedderer, H., Budde, M., Giry, D., Psillos, D., & Tiberghien, A. (2007). Learning process studies. In R. Pintó & D. Couso (Eds.), *Contributions from science education research* (pp.451 – 463). Dordrecht, the Netherlands: Springer.

Niedderer, H., Buty, C., Haller, K., Hucke, L., Sander, F., Fischer, H.E., v. Aufschnaiter, S., & Tiberghien, A. (2002). Talking physics in labwork contexts—a category based analysis of videotapes. In D. Psillos & H. Niedderer (Eds.), *Teaching and learning in the science laboratory* (pp. 31 – 40). Dordrecht, the Netherlands: Kluwer Academic Publishers.

Niedderer, H., & Deylitz, S. (1999, March). Evaluation of a new approach in quantum atomic physics in high school. In D. Zollman (Ed.), *Research on teaching and learning quantum mechanics* (pp. 23 – 27). Papers presented at the annual meeting of the National Association for Research in Science Teaching (NARST). Retrieved from http://web.phys.ksu.edu/papers/narst/QM_papers.pdf) (The textbook is available from www.idn.uni-bremen.de/pubs/Niedderer/1998-QAP-Skript-engl.pdf [Jun. 2013]).

Niedderer, H., & Goldberg, F. (1995). Lernprozesse beim elektrischen Stromkreis [Learning processes in case of the electric circuit]. *Zeitschrift für Didaktik der Naturwissenschaften, 1*, 73 – 86.

NRC—National Research Council. (1996). *National science education standards.* Washington, DC: National Academies Press.

NRC—National Research Council. (2012). *A framework for K-12 science education: Practices, crosscutting concepts, and core ideas.* Washington, DC: National Academies Press.

OECD—Organization for Economic Cooperation and Development. (1999). *Measuring student knowledge and skills—a new framework for assessment.* Paris: OECD Publications.

OECD—Organization for Economic Coordination and Development. (2009). *Equally prepared for life? How 15-year-old boys and girls perform in school.* Retrieved from www.oecd-ilibrary.org/education/equally-prepared-for-life_9789264064072-en (Feb. 2014).

Osborne, J. (2007). Science education for the twenty first century. *Eurasia Journal of Mathematics, Science, and Technology Education, 3* (3), 173 – 184.

Osborne, R. (1983). Towards modifying children's ideas about electric current. *Research in Science and Technology Education, 1*, 73 – 82.

Oser, F.K., & Baeriswyl, F.J. (2001). Choreographies of teaching: Bridging instruction to learning. In V. Richardson (Ed.), *Handbook of research on teaching* (pp. 1031 – 1065). Washington, DC: American Educational Research Association.

Pasanen, P. (2009). Subject matter didactics as a central knowledge base for teachers, or should it be called pedagogical content knowledge? *Pedagogy, Culture & Society, 17* (1), 29 – 39.

Petri, J., & Niedderer, H. (1998). A learning pathway in high-school level quantum physics. *International Journal of Science Education, 20*, 1075 – 1088.

Pintrich, P.R., Marx, R.W., & Boyle, R.A. (1992). Beyond cold conceptual change: The role of motivational beliefs and classroom contextual factors in the process of conceptual change. *Review of Educational Research, 63*, 167 – 199.

Psillos, D., Koumaras, P., & Tiberghien, A. (1988). Voltage presented as a primary concept in an introductory teaching sequence on DC circuits. *International Journal of Science Education, 10* (1), 29 – 43.

Redish, E.F. (2003). *Teaching physics.* New York: Wiley.

Redish, E.F., Saul, J.M., & Steinberg, R.N. (1996). On the effectiveness of active-engagement microcomputer-based laboratories. *American Journal of Physics, 65*, 45 – 54.

Reid, N., & Skryabina, E.A. (2003). Gender and physics. *International Journal of Science Education, 25*, 509 – 536.

Roach, L.E., & Wandersee, J.H. (1995). Putting people back into science: Using historical vignettes. *School Science and Mathematics, 95* (7), 365 – 370.

Roth, K., & Garnier, H. (2006). What science teaching looks like: An international perspective. *Science in the Spotlight, 64* (4), 16 – 23.

Ryder, J. (2001). Identifying science understanding for

functional scientific literacy. *Studies in Science Education, 36*, 1–44.

Sadaghiani, H.R. (2012). Controlled study on the effectiveness of multimedia learning modules for teaching mechanics. *Physical Review Special Topics—Physics Education Research, 8*. doi:10.1103/PhysRevSTPER.8.010103

Samburski, S. (1975). *Physical thought. From the pre-Socratics to the quantum physicists—an anthology.* New York: Pica Press.

Schecker, H. (1998). Integration of experimenting and modeling by advanced educational technology: Examples from nuclear physics. In K. Tobin & B. Fraser (Eds.), *International handbook of science education. Part I* (pp. 383–398). Dordrecht, the Netherlands: Kluwer Academic Publishers.

Schecker, H., Fischer, H.E., & Wiesner, H. (2004). Physikunterricht in der gymnasialen Oberstufe [Physics instruction in upper secondary]. In H.E. Tenorth (Ed.), *Kerncurriculum Oberstufe* (pp. 148–234). Weinheim, Germany: Beltz.

Schecker, H., & Niedderer, H. (1996). Contrastive teaching: A strategy to promote qualitative conceptual understanding of science. In D. Treagust, R. Duit, & B. Fraser (Eds.), *Improving teaching and learning in science and mathematics* (pp. 141–151). New York: Teachers College Press.

Schecker, H., & Parchmann, I. (2007). Standards and competence models—the German situation. In D. Waddington, P. Nentwig, & S. Schanze (Eds.), *Making it comparable—standards in science education* (pp. 147–164). Münster: Waxmann.

Scott, P.H. (1992). Pathways in learning science: A case study of the development of one student's ideas relating to the structure of matter. In R. Duit, F. Goldberg, & H. Niedderer (Eds.), *Research in physics learning: Theoretical issues and empirical studies* (pp. 203–224). Kiel, Germany: IPN—Leibniz-Institute for Science Education.

Seidel, T., & Prenzel, M. (2006). Stability of teaching patterns in physics instruction: Findings from a video study. *Learning and Instruction, 16* (3), 228–240.

Sharma, M.D., Johnston, I.D., Johnston, H., Varvell, K., Robertson, G., Hopkins, A., Stewart, C., Cooper, I., & Thornton, R. (2010). Use of interactive lecture demonstrations: A ten year study. *Physical Review Special Topics—Physics Education Research, 6*. doi:10.1103/PhysRevSTPER.6.020119

Shipstone, D.M., von Rhöeck, C., Jung, W., Karrqvist, C., Dupin, J.J., Joshua, S., & Licht, P. (1988). A study of secondary students' understanding of electricity in five European countries. *International Journal of Science Education, 10*, 303–316.

Shulman, L.S. (1987). Knowledge and teaching: Foundations of a new reform. *Harvard Educational Review, 57* (1), 1–22.

Sjøberg, S., & Schreiner, C. (2010). *The ROSE project. An overview and key findings.* Oslo: University of Oslo. Retrieved from www.ils.uio.no/english/rose/publications/english-pub.html (Dec. 2010)

Smith, C., Wiser, M., Anderson, C., Krajcik, J., & Coppola, B. (2004). *Implications of research on children's learning for assessment: Matter and atomic molecular theory.* Paper commissioned by the Committee on Test Design for K–12 Science Achievement. Washington, DC: Center for Education. National Research Council.

Smith, C.L., Wiser, M., Anderson, C.W., & Krajcik, J. (2006). Implications of research on children's learning for standards and assessment: A proposed learning progression for matter and the atomic molecular theory. *Measurement: Interdisciplinary Research and Perspectives, 4* (1–2), 1–98.

Sokoloff, D.R., Thornton, R.K., & Laws, P.W. (2012). *RealTime physics. Active learning laboratories. Module 1 Mechanics.* Hoboken, NJ: Wiley.

Solomon, J., Scott, L., & Duveen, J. (1996). Large-scale exploration of pupils' understanding of the nature of science. *Science Education, 80* (5), 493–508.

Stadler, H., Benke, G., & Duit, R. (2000). Do boys and girls understand physics differently? *Physics Education, 35* (6), 417–422.

Stavrou, D., Duit, R., & Komorek, M. (2008). A teaching and learning sequence about the interplay of chance and determinism in nonlinear systems. *Physics Education, 43*, 417–422.

Stevens, S.Y., Delgado, C., & Krajcik, J. (2009). Developing a hypothetical multi-dimensional progression for the nature of matter. *Journal of Research in Science Teaching, 47* (6), 687–715.

Stewart, J., Griffin, H., & Stewart, G. (2007). Context

sensitivity in the force concept inventory. *Physical Review Special Topics—Physics Education Research, 3.* doi:10.1103/PhysRevSTPER.3.010102

Taber, K.S. (2001). When the analogy breaks down: Modeling the atom on the solar system. *Physics Education, 36*, 222 – 226.

Tesch, M., & Duit, R. (2004). Experimentieren im Physikunterricht—Ergebnisse einer Videostudie [Experiments in physics education—results of a video-study]. *Zeitschrift für Didaktik der Naturwissenschaften, 10*, 51 – 69.

Thornton, R.K. (1992). Enhancing and evaluating students' learning of motion concepts. In A. Tiberghien & H. Mandl (Eds.), *Physics and learning environments* (pp. 265 – 283). Berlin, Germany: Springer.

Thornton, R.K., & Sokoloff, D.R. (1998). Assessing student learning of Newton's laws: The force and motion conceptual evaluation and the evaluation of active learning laboratory and lecture curricula. *American Journal of Physics, 66* (4), 338 – 351.

Tiberghien, A. (1984). Critical review on the research aimed at elucidating the sense that notions of temperature and heat have for the students aged 10 to 16. *Twenty years of research on physics education. Proceedings of the first international workshop.* La Londe les Maures.

Tiberghien, A., Veillard, L., Le Maréchal, J.-F., Buty, C., & Millar, R. (2001). An analysis of labwork tasks used in science teaching at upper secondary school and university levels in several European countries. *Science Education, 85* (5), 483 – 508.

Tiberghien, A., Vince, J., & Gaidioz, P. (2009). Design-based research: Case of a teaching sequence on mechanics. *International Journal of Science Education, 31* (17), 2275 – 2314.

Tinker, R. (Ed.). (1996). *Microcomputer based labs: Educational research and standards.* New York: Springer.

Treagust, D., Chittleborough, G., & Mamiala, T.L. (2002). Students' understanding of the role of scientific models in learning science. *International Journal of Science Education, 24*, 357 – 368.

Treagust, D., & Duit, R. (2012). Conceptual change learning and teaching. In G. Venville & V. Dawson (Eds.), *The art of teaching science* (pp. 41 – 59). Sydney: Allen & Unwin.

Tsai, C.C. (2003). Using a conflict map as an instructional tool to change student alternative conceptions in simple series electric circuits. *International Journal of Science Education, 25* (3), 307 – 327.

Tsaparlis, G., & Papaphotis, G. (2009). High-school students' conceptual difficulties and attempts at conceptual change: The case of basic quantum chemical concepts. *International Journal of Science Education, 31* (7), 895 – 930.

Urhahne, D., Prenzel, M., Davier, M.V., Senkbeil, M., & Bleschke, M. (2000). Computereinsatz im naturwissenschaftlichen Unterricht—Ein Überblick über die pädagogisch-psychologischen Grundlagen und ihre Anwendung [Computers in science education—an overview of pedagogical and psychological foundations and their applications]. *Zeitschrift für Didaktik der Naturwissenschaften, 6*, 157 – 186.

van Borkulo, S.P., van Joolingen, W.R., Savelsbergh, E.R., & de Jong, T. (2012). What can be learned from computer modeling? Comparing expository and modeling approaches to teaching dynamic systems behavior. *Journal of Science Education and Technology, 21*, 267 – 275.

Viennot, L. (1979). Spontaneous reasoning in elementary dynamics. *European Journal of Science Education, 1*, 205 – 221.

Viennot, L. (2001). *Reasoning in physics. The part of common sense.* Dordrecht, the Netherlands: Kluwer Academic Publishers.

Viennot, L. (2003). *Teaching physics.* Dordrecht, the Netherlands: Kluwer Academic Publishers.

Vosniadou, S. (2002). On the nature of naïve physics. In M. Limon & L. Mason (Eds.), *Reconsidering conceptual change: Issues in theory and practice* (pp. 61 – 76). Dordrecht, the Netherlands: Kluwer Academic Publishers.

Vosniadou, S. (2012). Reframing the classical approach to conceptual change: Preconceptions, misconceptions and synthetic models. In B. Fraser, K. Tobin, & C. McRobbie (Eds.), *Second international handbook of science education* (pp. 119 – 130). Dordrecht, the Netherlands: Springer.

Vosniadou, S., & Ioannides, C. (1998). From conceptual change to science education: A psychological point of view. *International Journal of Science Education, 20*, 1213 – 1230.

Waddington, D., Nentwig, P., & Schanze, S. (Eds.). (2007). *Making it comparable—standards in science education.* Münster: Waxmann.

Wandersee, J.H., Mintzes, J.J., & Novak, J.D. (1994). Research on alternative conceptions in science. In D. Gabel (Ed.), *Handbook of research on science teaching and learning* (pp. 177 – 210). New York: Macmillan.

Warren, J.W. (1979). *Understanding force.* London, UK: Murray.

Westbury, I. (2000). Teaching as reflective practice: What might Didaktik teach Curriculum? In I. Westbury, S. Hopmann, & K. Riquarts (Eds.), *Teaching as reflective practice: The German Didaktik tradition* (pp. 15 – 39). New York, London: Routledge.

Westbury, I., Hopmann, S., & Riquarts, K. (Eds.). (2000). *Teaching as reflective practice: The German Didaktik tradition.* Mahwah, NJ: Erlbaum.

White, B.Y., & Frederiksen, J. (1998). Inquiry, modeling, and metacognition: Making science accessible to all students. *Cognition and Instruction, 16* (1), 3 – 118.

Widodo, A. (2004). *Constructivist oriented lessons.* Frankfurt: Peter Lang.

Wilhelm, T., Tobias, V., Waltner, C., Hopf, M., & Wiesner, H. (2012). Einfluss der Sachstruktur auf das Lernen Newtonscher Mechanik [The influence of content structure on learning Newtonian mechanics]. In H. Bayrhuber et al. (Eds.), *Formate Fachdidaktischer Forschung* (pp. 237 – 258). Münster: Waxmann.

Zacharia, Z.C. (2007). Comparing and combining real and virtual experimentation—an effort to enhance students' conceptual understanding of electric circuits. *Journal of Computer Assisted Learning, 23* (2), 120 – 132.

Zhu, G., & Singh, C. (2012). Improving students' understanding of quantum measurement. ii. Development of research-based learning tools. *Physical Review Special Topics—Physics Education Research, 8.* doi: 10.1103/PhysRevSTPER.8.010118

Zohar, A. (2005). Physics teachers' knowledge and beliefs regarding girls' low participation rates in advanced physics classes. *International Journal of Science Education, 27* (1), 61 – 77.

Zollman, D.A., Rebello, N.S., & Hogg, K. (2002). Quantum mechanics for everyone: Hands-on activities integrated with technology. *American Journal of Physics, 70*, 252 – 259.

The Many Faces of High School Chemistry

ONNO DE JONG AND KEITH S. TABER

第23章
高中化学多面观

周瀚洋　译　　刘晟　审校

本章第一部分将探讨现代高中化学教育的两大常规主题。首先，我们会探讨尝试通过运用“情境”使化学对学生更有意义的相关研究。这些情境可能来自学生的兴趣、社会或专业化实践。其次，我们会讨论关于化学和化学教学中模型特征的研究，特别是宏观、亚微观和符号这三个相互关联的视角模型的呈现。

本章第二部分会围绕学校教学中难以理解的两个核心主题——化学反应(特别是在初中阶段)和化学键(特别是在高中阶段)——进一步阐述有关模型的主题。关于这两个主题，本文将讨论学生主要的概念学习困难。这些困难被归纳为三个相互关联的因素：学生、化学内容、教师/教科书。本章还综述了那些设计某种方法以帮助学生克服学习困难的相关研究。

本章的最后部分是展望“化学教育的未来”，简要介绍了化学教育的新研究方向和相关的创新。本章在多处提出了需优先开展进一步研究和课程开发的领域。

化学教学中的“情境”

起源的范畴

在打破课程内容碎片化的各种尝试中，最有前景的是在化学教学中运用具有意义的相关情境(Bennett & Holman, 2002)。“情境”是一个“容器”的概念——可以从多个角度对其进行定义。总体而言，情境常被认为是一类有助于与学生交流化学或其他科学概念、过程等的背景环境。这一定义可以进一步拓展，因为情境也可以描述为有助于学生理解高中实验室活动含义的实践，比如探究和设计。吉尔伯特(Gilbert, 2007)阐述了化学教学中情境的本质，建议情境的使用应基于实体环境，考虑文化的影响，他建议从社会文化的学习视角展开教学。情境可以根据其来自哪一范畴进行分类(参见Van Aalsvoort, 2004)。区分方式如下：

i)来自“个人范畴”的情境很重要，因为高中应致力于通过将科学技术与日常生活相结合使学生实现个人发展。例如，“衣物及制衣材料”这一话题可以关联到纤维、纺线、织物、这些材料的应用，以及材料性质、材料结构与化学组成的关系(Campbell et al., 1994)。

ii)来自“社会范畴”的情境很重要，因为高中应当培养学生成为有担当的公民，让他们有能力参与关于科学和技术及其对社会议题影响的探讨。例如，“公众讨论低脂低糖饮食”这一情境可以推动化学中碳水化合物和脂肪的学习，并培养学生在日常生活中反思和应用化学相关信息的能力(Marks, Bertram, & Eilks, 2008)。

iii)来自“专业实践范畴”的情境也是相关的，因为高中应为学生成为公共或私营领域的专业人员打下基础。例如，(生物)化学分析员的实践有可能与地表水的水质调查相关联，包括(生物)化学概念的应用以及鉴定(不)可接受物质的程序(Van Aalsvoort, 2004)。

iv)来自“科学技术范畴”的情境也是相关的，因为高中应致力于发展学生的科技素养。例如，为饮用水处理过程建模的情境可以培养学生对模型和建模的认知(Prins, Bulte, & Pilot, 2011)。

情境与概念的关系

情境与概念以多种方式相互关联。例如，“温室效应”情境可关联化学的气体反应、物理学的红外辐射和热等多个概念。反之亦然，一个概念可以关联多个情境，例如“自来水”概念可关联到某个个人/社会情境中，也可关联到某个化学情境中。值得注意的是，一个概念的内涵会随相关情境的变化而有所不同。例如，在个人/社会情境中，自来水被认为是“纯净”的，因为它看起来很清澈并且(按照法律要求)可直接饮用；但在化学情境中，则因为它含有其他物质而不能称之为纯净。

情境与概念的另一种关联是教学中的呈现顺序。这种顺序是可变的，因此情境的功能也是可变的(参见表23.1)。在较为传统的基于情境的化学教学法中，情境有两个主要功能：第一，展示对已教过的概念——特别是抽象概念——的示例性说明；第二，为学生提供可能性，使其应用关于某一概念的知识。例如，在“酸与碱”系列课程的最后，学生会被问到如果被黄蜂蜇伤可以用家里的什么东西进行处理(George & Lubben, 2002)。在较为现代的方法中，情境的另外两种功能得到强调：其一，将情境作为概念教学的起点或理由，例如，在刚开始某一主题的教学时，可以让学生将跟此主题有关的个人经历写成小故事(George & Lubben, 2002)；其二，这些情境不仅起到导向作用，还能增强学生学习新概念的动力。在一些最新的方式中，关于情境的这两种呈现次序得到了结合。例如，通过“尿布的吸水性能”情境可引出相关的有机化学概念，此后所学的知识可被应用到“防火材料”这一新情境中(Stolk, De Jong, Bulte, & Pilot, 2011)。

表23.1 基于情境的方式和情境功能的发展趋势

基于情境的方式	情境的主要功能
较传统的方式 * 情境跟随概念	* 说明概念 * 概念性知识的应用
较现代的方式 * 情境引领概念	* 引出主题 * 增强对该主题的学习动力
最新的方式 * 情境引领概念，再辅以(其他)情境跟随概念	* 以上所有功能

教师对基于情境的化学教学的看法

几乎所有化学教师都对基于情境的教学有个人的见解，但只有少量研究系统地探索了教师的观点。以下段落将对其中的部分研究进行回顾。

本内特(Bennett)、格拉塞尔(Gräsel)、帕尔希曼(Parchmann)和沃丁顿(Waddington)(2005)通过对比两组英国化学教师呈现教师的观点。第一组教师具备一门特定的基于情境的课程的教学经验，该课程名为索尔特高级化学(Salters Adcanced Chemistry [SAC])。另一组教师则只有传统化学课程的教学经验，但据了解，他们大多熟悉SAC的课程材料。研究结果表明，总体上两个组都认为基于情境的教学对学生的学习动力和兴趣有积极影响，并且这种教学方式会让学生更愿意进入大学学习化学。两个组还一致认为，参与基于情境的教学课程的学生具有更好的独立学习能力，但会发现化学学习的要求更高。然而，研究结果也指出了两组教师的不同观点。传统课程的教师不相信基于情境的教学课程可以足够深入地传达概念。相反，SAC课程教师相信他们的课程确实充分涵盖了这些概念，并且这种方式的显著优势在于可以为学生在大学的深入学习打下良好基础。

在另一项关于教师观点的研究中，马克斯(Marks)及其同事(2008)发现，德国化学教师报告说他们参与的基于情境的教学所营造出的学习氛围是非常活跃和积极的。这与米勒(Millar, 2006)报告的在英国开展的一项类似研究的结果一致。

总体而言，关于教师观点的研究表明，化学教师认为基于情境的教学对学生的学习兴趣有积极影响，但他们对学习效果方面的影响却有不同看法。关于这一影响的研究将在之后的段落进行讨论。

课堂小片段

在一个高中课堂中，学生们对一次性尿布的吸水能力进行实验。这个实验是了解聚合物结构与性能关系的一个引入情境。随后，在一项在职教师课程中，教师谈到对这个情境的应用时说道：“那个尿布吸满了水（……）。我没法把水弄出来。但是有一个非常强壮的男孩试着将水拧出来。他拧得特别用力，连填充物都喷了出来。然而，他还是没能把水弄出来。从那一刻起，尿布从一个人传到另一个人，孩子们完全投入了情境之中。”

对这一课堂事件的观察来自斯托尔克（Stolk）、德容（De Jong）、布尔特（Bulte）和皮洛特（Pilot）（2011）的研究，它展示了引入情境的激励效果。

基于情境的化学教学对学生的理解和学习动机的影响

基于情境的化学教学对学生学习成果和动机的影响不容易得到一致的判断。

有些研究指出，在促进学生理解方面，基于情境的课程并没有优势。例如，拉姆斯登(Ramsden, 1997)对比了基于情境的课程和相对传统的课程对英国高中生理解关键化学概念的影响。她的研究指出，学生对元素与化合物、化学反应和元素周期表等概念的理解水平没有差别。然而，其他研究报告了在基于情境的课程中学生在理解方面具备一些优势。例如巴克(Barker)和米勒(2000)对英国高中生在基于情境的课程和普通课程中的表现进行了比较研究。他们发现前者课程中学生对化学键和热力学的理解有些许优势。尽管如此，他们也报告了两组学生都执着于一些错误的理解。

有的研究也探查了对学生动机的影响。拉姆斯登(1997)对学习化学的英国高中生的比较研究表明，基于情境的方式有益于激发学生对化学的兴趣。瓦伊诺(Vaino)、霍尔布鲁克(Holbrook)和兰尼克迈耶(Rannikmäe)(2012)报告,相比于传统素材,爱沙尼亚高中生更愿意参与基于情境的化学模块的学习。

本内特、吕本(Lubben)和霍格思(Hogarth)(2007)报告了对8个不同国家的17项研究的元分析,这些研究都在探索基于情境的(以及科学、技术、社会[STS])方法所产生的影响。他们回顾了一系列研究,这些研究运用多种方法以情境为起点发展科学概念。他们深入、系统的回顾结果表明,基于情境/STS的方法可以增强学生的动力并培养他们对科学的积极态度。回顾结果还表明该方法发展的对科学思想的理解与传统方式不相上下。

综上所述,从情感发展的角度看,基于情境的科学教学的效果是积极的,但从认知发展的角度看,效果有些令人失望。基于情境的方法和传统方法之间的比较有方法上的局限性。基于情境的方法的概念学习成果可能有质的不同,例如学生可以更深入地学习概念。另一个潜在的因素可能是难以有效地实现情境和对学生有意义的基本概念之间的联系。例如,帕尔希曼及其同事(2006)发现,尽管学生开始意识到化学在日常生活和社会议题中的重要性,但他们有时会在情境中感到迷失。这一结果表明,情境若过于笼统和宽泛则无法有效地应用。

基于情境的化学教学的四阶段模式

基于情境的课程项目的两个相关范例分别是德国的"情境中的化学"(Chemie im Kontext [ChiK]; Gräsel, Nentwig, & Parchmann, 2005)项目和荷兰的"新化学"(New Chemistry [NC]; Driessen & Meinema, 2003)项目。在这两个项目中,大学专家和教师在学习共同体中开展合作,将专家开发的、源自理论和相关实证数据的课程框架转化为教与学实践。这类共同体专注一系列化学主题单元的开发、实施和评估。

在ChiK项目中,这些单元通常符合四阶段的教学模式(Parchmann et al., 2006)。在引入阶段,使用真实材料向学生介绍情境,这些材料通常来自报纸和电视剪辑等媒体。相关的情境可以是与不远的未来氢能源汽车开发有关的交通议题。这可能会符合学生的兴趣,并为其提供可能去以科学的方式从多个方面调查这一情境。在下一个好奇心和计划阶段,学生将确定他们想探索的跟该情境有关的问题,并制订解决这些问题的计划。这个阶段的重点是什么化学知识能让议题更加清晰。教师协助学生构建问题并就如何进行调研提出建议。随后,在精致阶段,教师引导学生开展必要的调查以找到他们所研究问题的答案,例如探索燃料电池的类型和功能。调查结果要进行展示和讨论。最终,在深化和关联阶段,学生也许可以通过讨论未来的可能性来对展示的结果进行反思,并可通过研究能量在其他情境中的使用对所学的知识进行应用。

NC项目采用了一种非常类似的多阶段教学模式(Bulte, Westbroek, De Jong, & Pilot, 2006)。在引导和激励的引入阶段,使用一个情境来激发学生参与单元学习,例如对一次性尿布吸水能力的探索。在下一阶段中,学生意识到他们现有的知识不足以回答该情境下引出的问题,例如解释尿布惊人的吸水量。随后,在知识拓展阶段,学生通过学习化学课本和其他信息来源中的相关基本概念来寻找答案。例如,学生可以寻找关于吸水材料结构的信息和其聚合物成分性质的信息。教师则指导结论的展示和讨论。最后,在反思和应用的阶段,学生反思他们所学的知识,并运用他们刚习得的化学概念,例如研究高吸水性聚合物在耐火材料情境中的应用。

以上两种教学模式虽有细微差别,但其核心是可以整合到一起的。整合的结果可参见表23.2。

表23.2　基于情境的化学教学的四阶段模式

基于情境的教学阶段	阶段目标
第一阶段	
* 提供一个引入情境	* 引导学生进入单元学习
	* 激励学生参与学习
第二阶段	
* 构建有意义的问题	* 引起求知欲
* 建议探索路径	* 让学生做好解决问题的准备
第三阶段	
* 指导学生的探究	* 拓展学生的化学知识
* 指导学生展示和讨论	* 交流所学知识
第四阶段	
* 支持学生反思	* 加深学生对知识的理解
* 给出后续情境	* 引出应用需求

模型：化学现象、化学概念和分子领域

有关化学教与学的模型有很多种（Harrison & Treagust, 2000b）。构建模型是科学事业的重要组成部分（Develaki, 2007; Rosenblueth & Wiener, 1945）。在开发化学课程（或编写教科书）时，通常有一个选择和简化科学模型的过程，这些模型在教育层面上被认为是重要且可理解的，化学课程/教科书中模型的呈现一直因未能提供真实的当下或历史科学模型而受到批评（Justi & Gilbert, 2000）。

此外，人们普遍认识到，预期的课程并不总能最终得以实施（Keys, 2005）。教师会为学生提供失真的课程模型，这可能是无意识发生的（可能是由于教师学科知识有限），或是遗憾导致的（例如在有限的时间内完成教学计划的压力），又或是有意为之的——例如当教师认定某一正式模型对于某个特定班级而言过于困难时，教师认为需要在该模型和有可能适合这些学生的目标知识之间进行协调（参见图23.1）。

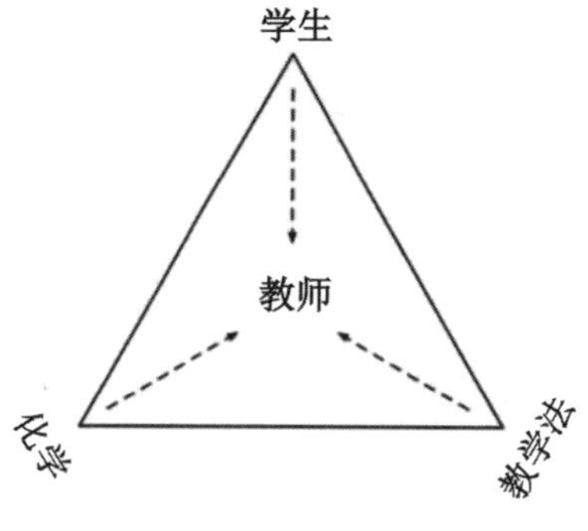

图23.1　教学决策基于教师对内容主题、学习者和教学法原理的理解（Taber, 2000）

教师使用包括实体模型在内的一系列教学模型：计算机模拟、简化图表以及各种修辞方式，例如明喻和类比。

通常，面对亚微观实体相当陌生的特性，教师会用社交世界作为学生熟悉的比较来源（Dagher & Cossman, 1992; Talanquer, 2007）。原子之间可以说成“共享”电子；分子可以被描述为“想要”在蒸发过程中脱离集体获得个体空间；电子可以比喻成公共汽车上的人——尽可能坐在空座位旁边，而不是坐在另一个电子旁边。甚至一些技术术语也保留了拟人的痕迹：“亲电体”“亲核取代”“疏水性”“化学亲和力”等等。明喻或类比对于化学家和化学教师来说如此地习以为常，以至于有时我们根本没有注意到正在使用它们。共价键中的“共享”电子就是一个例子；电子“自旋”概念是另一个例子。

模型的本质

科学模型的发展可以作为科学工作本身进展的一部分，至少最初可作为思维工具得以发展，并且

它们如果能为实证工作提出富有成效的假设和发展路径，从而带来进一步的发展，那么就可以视为成功。无论是在科学家的头脑中进行思想实验（Brown, 1991；Gilbert, 2007），还是基于某种（模拟的或数字化的）计算机建模，模拟也可以起到类似的作用。

教学通常是把一些陌生的东西或想法带到学习者面前，通过呈现它们在某些方面与我们熟悉之物的相似之处来介绍它们。也就是说，教师研发出（或采用其他教师的）教学模型，认为这些模型可以作为一种方法有效协调正式课程模型与学生已有的知识和理解（Harrison, 2001）。

学习者的模型和建模概念

这种试图让不熟悉变为熟悉的通用策略非常符合建构主义对教与学的看法。然而，学生可能缺乏足够的认知水平，无法理解我们在教学中常用的模型、类比和明喻的本质。因此，当向学习者展示分子的结构模型或晶体中原子的排列时，很可能学生会认为“真实”的情况就是如此，只是小很多。这可能是我们在对物质的亚微观尺度建模时遇到的特有问题，因为我们的实物模型试图呈现分子世界的一些关键方面，而分子世界与我们能体验到的日常经历截然不同。

在教学中，我们经常提出一系列完全不相容的模型，如果从字面上推敲（学生经常这样做），这些模型不可能都是有效的，这会造成困扰并产生一种观点：我们知道我们在化学课上教的东西是错误的，只不过它们可以在学生后续的学习过程中被抛弃和取代。这类例子包括我们所理解的“酸”或“氧化”或“金属”，特别是当我们讲授原子结构、分子结构和化学键的时候（下文将详细讨论）。这可能会让学习者感到沮丧，如果我们要通过模型来教学（这在化学中是不可避免的），我们还必须教授什么是模型和建模，这样学习者才能理解模型的目的、本质和局限性。在课程开发和改革中，人们越来越认识到向学生传授建模的本质和作用是科学教育的重要部分，如在美国（National Research Council [NRC], 2012）、英格兰（Qualifications and Curriculum Authority [QCA], 2007）和澳大利亚（Australian Curriculum, Assessment and Reporting Authority [ACARA], 2012）。

现在有大量的研究在探索运用类比进行教与学（Haglund & Jeppsson, 2012；Harrison & Coll, 2008；Mozzer & Justi, 2011）。重要的是，要指出类比物的哪些特征不能用于类比目标（Taber, 2001b）以及强调哪些可以。从多方面来看，这一建议在我们使用其他类型的模型开展化学教学时也同样适用。

化学学习中的拟人化

在化学教学中，人们倾向于将原子和分子这样的实体描述成一个微小的社会世界中的演员。教师常常发现这是一个成功的策略：学习者往往会记住原子舞池中令人心碎的故事，并将之关联到一种观念上，即原子需要填满其电子层，可通过合作（即共享电子）和更具侵略性（即电子转移）的方式实现。

这种故事性的描述似乎能有效地让学习者理解分子和离子的抽象世界，但很多时候，学生在学习过更抽象的正式模型之后，仍会长时间保留这种对分子行为的社会性描述，这种社会性解释往往是最容易进入学生头脑的。关键问题是，教师使用“弱”拟人化（作为帮助学生初步了解抽象概念的一种手段）是否会以及何时会引发更强的拟人化形式，进而导致学习者将其视为满意的解释而不愿意接纳之后接触到的更为真实的科学解释(Taber & Watts, 1996)。克莱门特(Clement, 2008)认为，最有用的模型具有解释力，明智的做法是教师向学生清楚地说明这些仅仅是引导性的类比，并尽快推动学生继续进行思考。

物质的核心地位与粒子的认知意义

在一门学科中，某些概念是整个知识领域结构的基础，被认为处于核心地位，范森(Fensham, 1975)称之为“大概念”。从教学法的角度来看，其他概念也是重要的，因为它们属于“门槛式”概念(Park & Light, 2008)，学习者必须掌握这些概念，才能在理解学科的大概念方面取得进展。为了让学生开始领会一些关键的(大的)化学概念(如化学反应和化学键)——这些关键的化学概念可用于理解大部分主题——学生需要提前理解基本的粒子理论，例如，看上去连续的物质其实是量子化的，由无数微小的“粒子”组成，这明显不符合直觉。

化学是一门主要以物质为研究对象的科学，只有在这门学科的框架内才能充分理解这一概念。物质通常被认为是构成物体的基本类型，原则上可得到纯样品。就学科的内在逻辑而言，如图23.2所示，讲授这种物质与混合物的区别应先于元素和化合物。然而在化学课堂之外的日常生活中，年轻人所熟悉的几乎所有材料都比纯净物复杂，通常是各种混合物(如合金、空气、果汁)或复合物(如木材、牛奶、岩石)。

实际上，在这里有一个“概念模型”，它被假定为化学和许多化学教学的基础：我们在日常生活

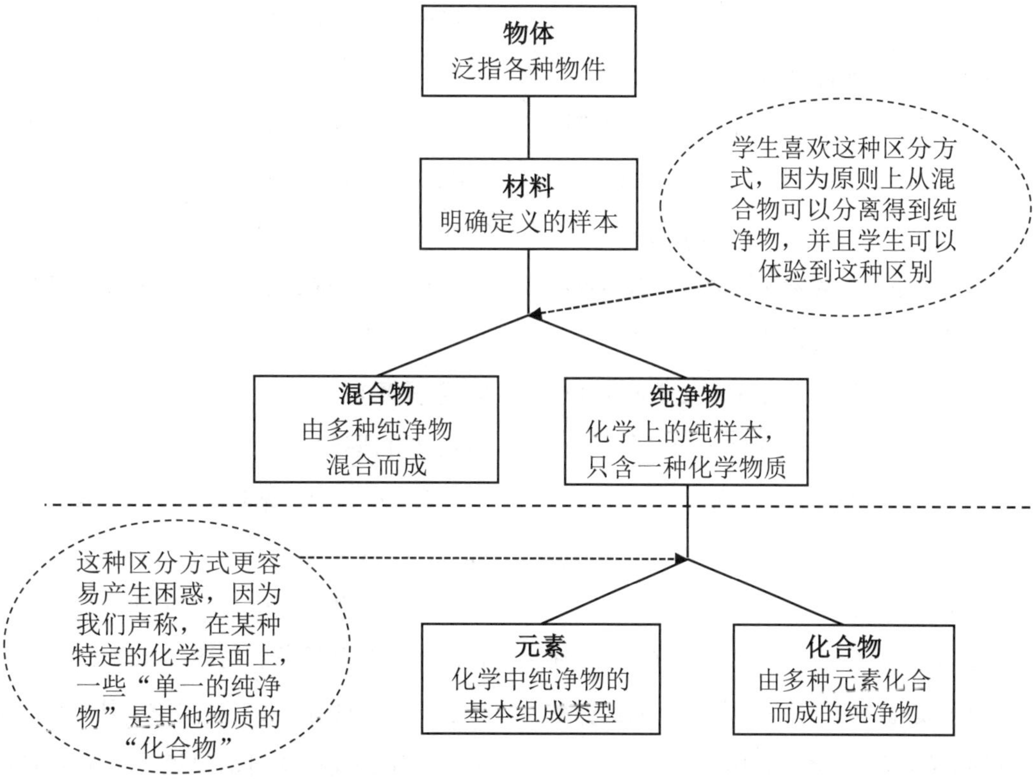

图23.2　化学教学中重要的基本区别(Taber, 2012b)

中见到的材料可以被视为由被称为物质的更为基本的特定类型的材料组成的混合物或复合物。这一概念模型支撑着本学科的教学，许多课程最初都忽略了学习者在实验室外日常生活中遇到的大多数材料，而要求学生学习大多数人从不会在实验室以外的地方接触到的物质。

物质是一个“门槛式”的概念，在此基础上才能将化学反应（见本章下文）理解为某些物质转变为其他不同物质的变化。在某种意义上，化合物水含有氢元素，但它并不包含氢气这种物质，因为氢气一旦发生反应生成水就不再存在了。氢元素的某些本质特征会保留在它的所有化合物中，使氢元素能够成为许多物质的一部分，而每种物质都有其独特的化学和物理性质。物质的“粒子”模型在化学教学中普遍存在，它对于理解这个学科最基本的概念（物质和化学变化）至关重要。

化学学习中粒子模型的核心地位

有关分子、离子和电子的亚微观尺度的模型为化学家提供了有意义的解释，因为可以认为这些“粒子”（即分子、离子、电子等）的性质相互作用，从而产生了现象学上的宏观结构，进而导致可观察的表观性质。这曾经是化学学科的一个形而上学的假设，但随着纳米科学的出现，实证研究逐渐证明了这一点（Sadownik & Ulijn, 2010; Stoddart, 2012）。在这一解释性框架中，相互作用是非常重要的，因此化学键的概念（在本章后面讨论）及其重要性成为化学专业课程的一部分。

举例来说，固体通常很硬，这是“粒子”系统在宏观现象层面所展现出的一种表观性质，而这一系统是“粒子”相互作用时呈现的结构。将单个亚微观粒子视为“硬”粒子既没有帮助也没有意义。粒子理论是有用的，因为它可以推测构成物质的亚微观粒子，并从这些粒子所具有的明显不同于宏观性质的特性出发，为宏观层面的现象提供合理的解释。

作为类比的“粒子”

粒子理论中的“粒子”是一个类比的名称，与日常现象中的粒子以及经常作为类比物的台球不同，它们在空间上不一定有精确的位置或边界。因此，我们可以根据概率分布和电子密度图“绘制”出电子的“位置”，考虑到原子的重叠，两个这样的“粒子”有可能占据同一空间（两个台球则不能）。分子和离子并不具有有边界的表面（即使为了简单起见，我们有时会把它们表示为有边界的表面），而是随着距离增大它们的分布越来越稀薄。

这些特征与我们熟悉的盐粒、糖粒、沙粒等形成鲜明反差，而这些颗粒是学习者所共有的经验，因此当化学家思考分子尺度上的粒子时，这些实物颗粒提供了一个与理论实在的本质非常不符的模型。尽管学生通常能接受我们所教的所有物体都由微小粒子构成，但他们往往对粒子模型存在误解（Adbo & Taber, 2009; Johnson & Papageorgiou, 2010）——正如建构主义的观点所指出的，新的有意义的学习只能通过基于已有理解的建构来实现。

常见误解1：对尺度的误判

教学中一个常见的误解是，将探讨的粒子当作可以直接感知的斑点、谷粒和颗粒。这也许不是一个严重的迷思概念（除了它可能会加强二次学习困难，这会在之后予以描述），因为如果学生能够接受这一普遍原则，我们就只需要从颗粒大小方面向学生说明，我们探讨的尺度比最强大的（光学）显微镜的极限还要小很多。

常见误解2：对类型的误判

更严重的常见误解是，学生普遍认为化学课上呈现的粒子与熟悉的粒子完全一样，只不过小很多而已。这可能是一个有用的出发点(即可以将新想法“锚定”到学习者现有的概念结构中)，但是学生可能会认为他们已经理解了所教的内容，而完全忽略了最重要的一点——这些“粒子”的性质与我们在表观现象层面上所熟悉的性质截然不同。

持有这一概念的学习者在使用粒子模型解释现象时，往往会使用循环推理(Taber, 2001a)，如图23.3所示。例如，如果一个学习者认为黄油是由许多柔软的“黄油”颗粒组成的(因为黄油是柔软的)，那么她可能会试图指出黄油柔软是因为它由柔软的颗粒组成。这忽略了科学模型的关键特征(宏观属性是由具有完全不同属性的粒子的相互作用产生的)，并产生同义反复式的解释，例如玻璃由透明颗粒组成、蜡颗粒容易熔化、铜粒子是导体等等。在许多这样的情况下，亚微观个体之间的化学键是科学解释宏观性质是如何出现的这一问题的核心，但学习

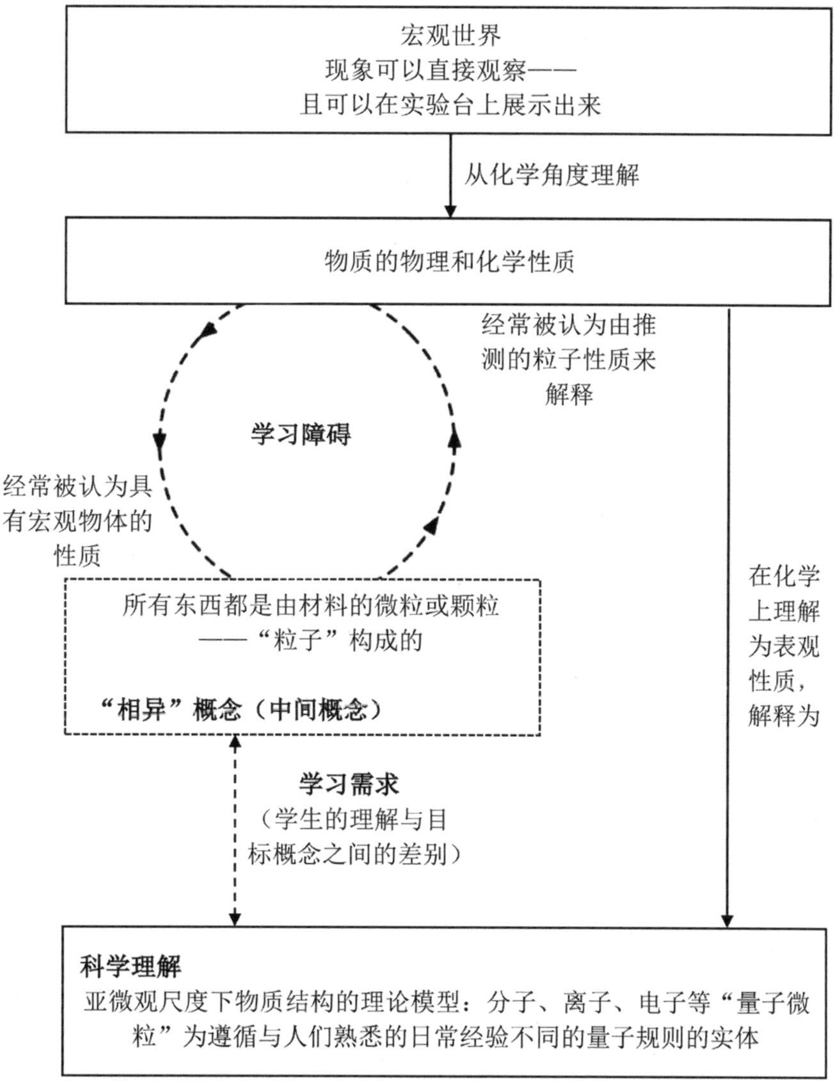

图23.3　学生对化学课中提到的亚微观粒子性质的普遍误解

者的解释完全忽略了这一点，他们认为大块材料的性质只是简单反映了组成它的粒子个体的性质。

大量关于学生“迷思概念”的文献(Duit, 2009; Taber, 2009c）表明教–学很容易出错(Gilbert, Osborne, & Fensham, 1982)，这是一个容易发生“学习障碍”的复杂系统(参考Bachelard, 1940/1968)。事实上，对旨在理解的有效教学所涉及内容的分析表明，当教学没有很好地匹配学习者自设的现有概念框架时，可能会出现一系列不同类型的学习障碍(Taber, 2005)——在任何课堂上，每名学习者都有其独特的已有知识。下面这一案例综合了潜在困难的几种情形(见图23.4)。

协调化学中的多重含义

约翰斯通(Johnstone, 1991)在几十年前提出，科学对学生来说难以理解的一个原因在于，学生

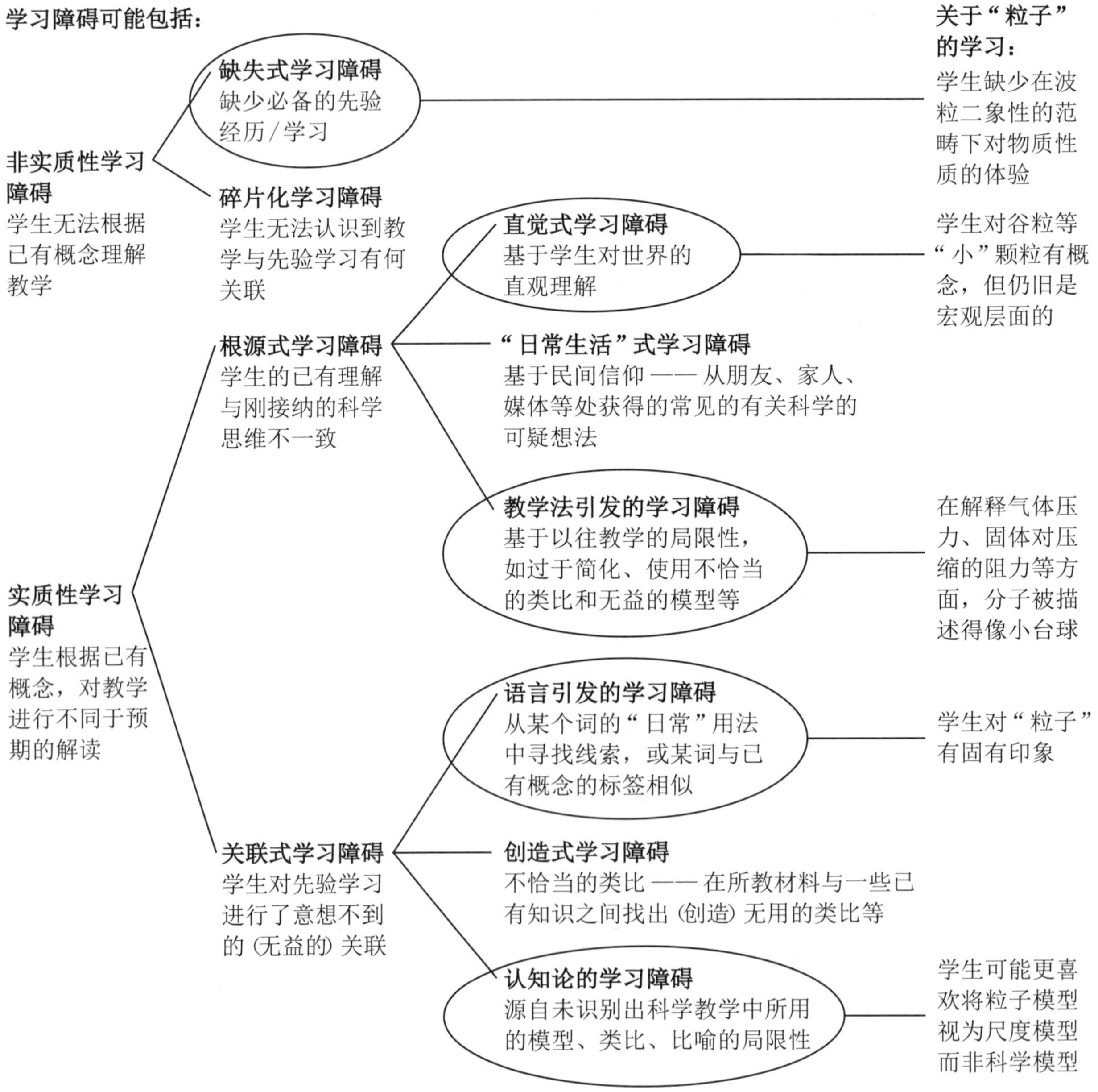

图23.4 学生学习粒子时容易产生的相异概念

通常会被要求同时思考不同类型的事物。他提到化学课会要求学生思考宏观(有形和可见的“宏观现象”)、亚微观(分子和离子)和符号(如化学方程式)。约翰斯通用一个简单图形来说明他的观点:在一个三角形上,将三个顶点标记为“宏观”、“亚微观”和“符号”(图23.8的基础),并认为教学并不是集中在一个顶点或是三角形的一边,而是经常发生在三角形内部,学生需要同时进行所有三个领域含义的思考。詹森(Jensen, 1995)提出了一个类似的观点,但区分了在分子层面和电子层面的亚微观结构,并考虑了组成与结构、能量、时间三个维度(见图23.5)。

		维度		
		组成与结构	能量	时间
层面	宏观			
	分子			
	电子			

图23.5　詹森的网格呈现了化学的逻辑结构

(根据Jensen, 1995, p.680)

约翰斯通(1989)提出的关键点与教学时要求学习者同时思考的三个领域有关,这考虑到了人类认知系统中信息处理的局限性。化学教学通常从一个可观察的现象出发,然后用原子结构、分子间相互作用来解释这一现象,最后用化学方程式或其他符号表征来总结这一过程。因此,学习者要同时记住现象、理论模型和正式表征,这可能会导致工作记忆过载(Baddeley, 2003; Tsaparlis, 1994)。

许多更为先进的教学都需要这样:留出一些时间,让学习者可以将信息“分块”,这样更容易将复杂的材料作为一个单一的信息块进行处理。然而,在引入阶段,先教给学生一系列可观察、可系统化的化学现象,然后再引入粒子理论,这是合理的。这反映了学科的历史发展,相当于化学教学的“自然史阶段”(Driver & Erickson, 1983),在这个阶段,我们将重点放在对物质及其反应的分类上,并为所发现的类别引入合适的概念,如金属、酸等等。正如约翰斯通(1991)指出的,有相当多的化学知识可以从宏观层面教授和学习。

在引入粒子模型之前,应该给学生留出时间去学习和巩固与现象(宏观)层面相关的化学概念,因此也应提出多种待解释之物,以激发他们对普适解释方案的价值的认识。科学课的教学往往向学生提供了对那些他们无法自己提出的问题的解释,而花一些时间在宏观层面探索化学,可为他们接下来在亚微观层面上思考物质理论提供动力。我们如果想要使用本学科中专门的表征方式来交流宏观层面的化学,那么就需要用符号来表示。所以,我们需要表示物质的专业术语(“氨”“盐酸”等),我们用方程式来表示物质发生反应(或溶解、熔化等)时所观察到的变化。化学中使用的符号表征还表现在许多其他方面,例如仪器装置的标准示意图和图表。在化学学科中,有一套关键的符号表征子集使我们能够在宏观现象和亚微观尺度的理论模型之间架起桥梁(见图23.6)。因此,当化学老师写H_2O或NaCl这样的化学式时,其表征上的模糊性具有一定价值。这种表征既能指代实验台上(即宏观尺度上)可观察、可操作的物质,也能指代亚微观物质理论模型中的分子和离子。

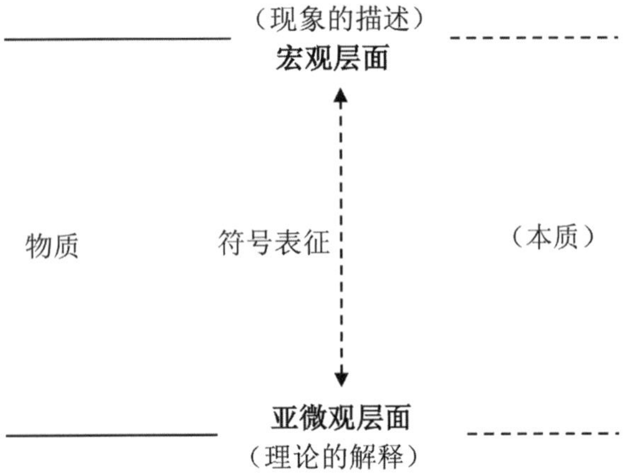

图23.6 协调化学话语的多重意义

这种模糊性在探讨化学时发挥了重要作用，因为我们经常将这些符号表征作为一种桥连工具来协调宏观描述与亚微观解释（Taber, 2009b）。因此，“氢”既可以指这种物质，也可以指组成这种物质的分子，这甚至可以让我们误以为一种元素可以在化合物中保留其特性——也就是说，虽然氢存在于水这种化合物中，但它是一种与水具有不同性质、完全不同的物质。

这一议题在其他地方有更详细的讨论（Taber, 2009b），但关键是：

i) 我们在化学中使用的正式符号表征，大多数既可以表示某种物质，也可以表示某种“量子微粒”（如分子等亚微观实体）。

ii) 这是有价值的，因为它使化学家和化学教师可以在他们所研究的物质变化和用于解释这些变化的亚微观模型之间便捷地转换。

iii) 但是这也给学习者带来了潜在的困扰，学习者可能不确定一个表征什么时候代表一种物质，什么时候代表一个分子（或离子等）。

iv) 因此在教学中我们应该非常明确地说明我们是在讨论宏观层面的物质还是亚微观层面的理论模型，这让学习者能够发现我们是如何使用这种专业化的语言在不同指代对象之间进行切换的。

用多种方式来呈现信息是能够支持学习的。化学中所用的符号表征形式应教给学生，因为它们在真实的化学教育中很重要，而且最终会有助于学习使用化学概念。然而重要的是，要在较长的时间内逐步引入新材料，这样才能巩固新学习的内容，以便支撑后续的学习（见图23.7）。

介绍化学反应的多重意义

多重意义

许多化学主题都可以从三个相互关联的潜在角度来看待或教学（图23.8）。宏观视角（下文中称宏观领域）主要关注通过看、闻等方式可以感受到的物质和现象。亚微观视角（下文中称亚微观领域）主要关注用于描述、解释和预测物质性质和过程特征的粒子模型。符号视角主要聚焦于符号、化学式、方程、符号图示等方面。与其他自然科学学科相比，意义领域的这种三角关系的应用（Johnstone, 1993）在化学中发挥了更显著的主导作用。意义领域三角已经被许多化学教育家、课程设计者和研究者所采用，它也有多种不同的适用方式。根据对化学教育文献的回顾，塔兰克尔（Talanquer, 2011）概述了多种适用方式。例如，宏观意义可以分为所观察到的现象的意义和关于这些现象的宏观模型——如pH值和浓度的概念——的意义。亚微观意义可分为单粒子意义和多粒子簇意义。最后，符号意义可特指符号系统（如元素字母和文字方程式）的意义，以及代数系统（如公式和图形）的意义。尽管存在这些可能的改进，但本节仍将使用约翰斯通的基本三角形呈现化学的教与学问题。

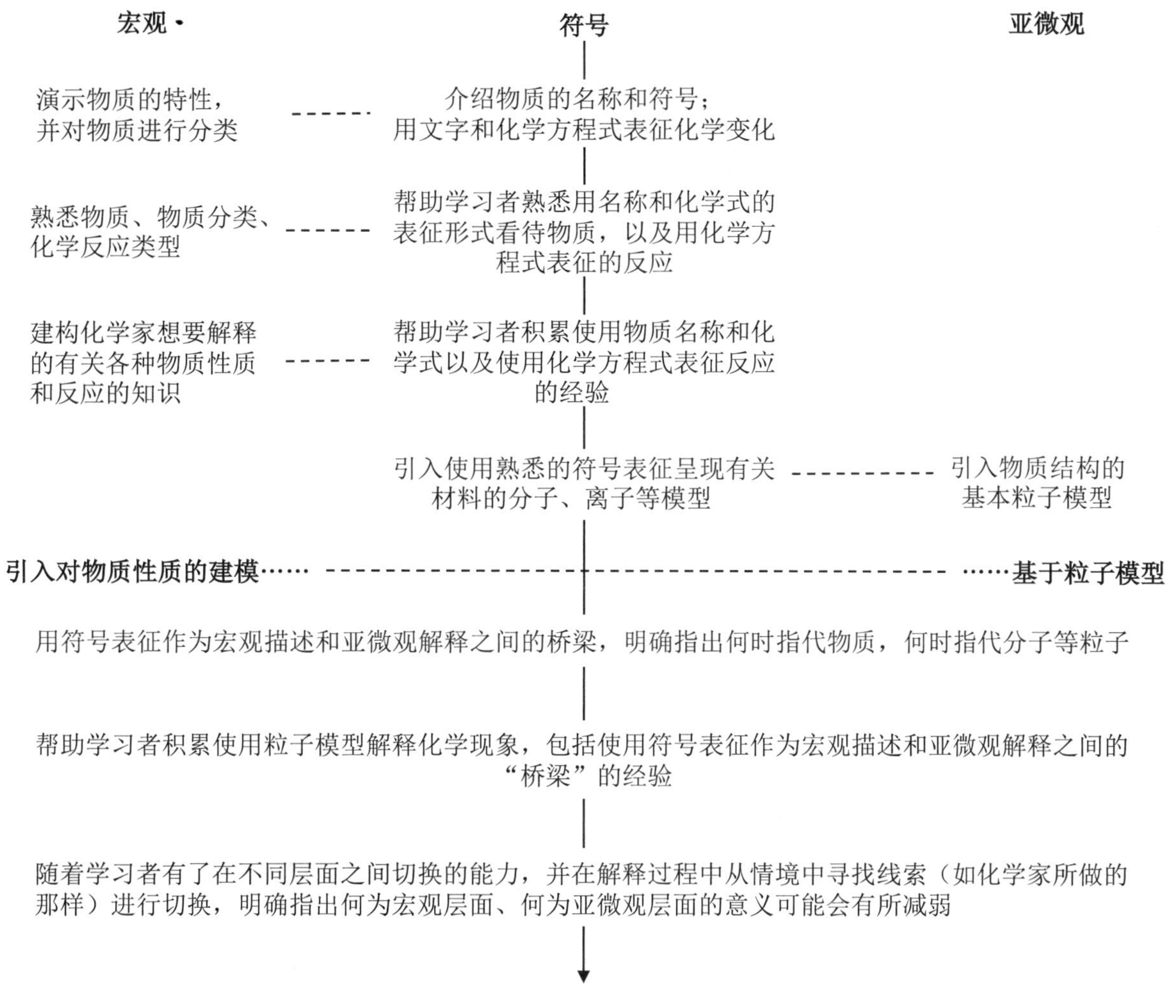

图23.7　让学生像化学家一样思考的教学进程

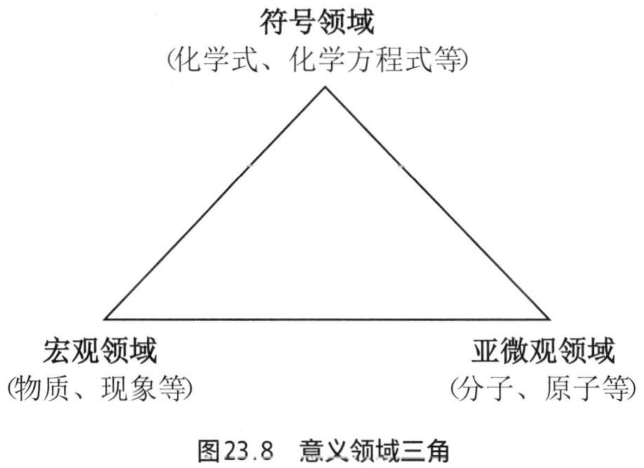

图23.8　意义领域三角

化学反应是化学教育最基础的核心内容。如果在小学引入这个话题，学生只需要学习物质转化的宏观意义。而高中生还应从粒子(分子、原子、离子)的重排视角学习亚微观意义，以及从反应方程(文字、符号图示、化学式)视角学习符号表征的特定意义。这些学生也应能够灵活、合理地在这些意义之间进行思维转换。

本节讨论的是有关学生对化学反应理解困难的研究，这些反应在向一个方向进行时被认为是可以完成的。对可逆反应类型的理解困难在其他地方也有讨论，包括难以理解平衡反应的性质和影响平衡位置的因素(van Driel & Graeber, 2002)，以及诸如酸碱反应(Drechsler & Schmidt, 2005)和氧化还原反应(De Jong & Treagust, 2002)等特定的反应类型。本节还通过分析学生、化学知识、教师/

教科书这三个相互关联的因素来解释这些研究中所报告的学习困难。对旨在预防和应对学生困难的课程也进行了讨论。此外还将呈现对化学反应教学的改进建议。

学生的学习困难

过去二十年里有许多文章报道了学生在理解化学反应多重内涵时遇到的困难。下列重要的、反复出现的学习困难清单是根据阿赫泰(Ahtee)和瓦尔约拉(Varjola)(1998)、钱德拉斯加兰(Chandrasegaran)、特雷古斯特(Treagust)和莫切里诺(Mocerino)(2007)、章(Cheng)和吉尔伯特(Gilbert)(2009)、克恩(Kern)、伍德(Wood)、勒里希(Roehrig)和尼亚赫瓦亚(Nyachwaya)(2010)、勒夫格伦(Lőfgren)和赫尔登(Helldén)(2009)以及克涅尔(Krnel)、沃森(Watson)和格拉扎尔(Glazar)(1998)的研究和综述编汇而成的。

关于“宏观意义”反复出现的学习困难有:

- 学生由于缺乏对物质特性的充分了解，可能难以将某一过程理解为化学变化。例如，学生可能会将化学变化的产物视为一种原始物质仍存在于其中的混合物。
- 学生可能会认为，在化学变化时物质发生转移但性质未变。学生认为燃烧的木材会有一部分以烟的形式离开就说明了这一点。
- 学生倾向于将化学反应视为一种修饰过程，也就是说，化学变化被视为物理或生物变化，例如，铁生锈被认为是铁的衰老。物质的性质被认为是变化的，而物质本身是保持不变的。例如，学生可能认为仅仅是颜色发生了变化，或者认为金属铜片在加热过程中形成的黑色涂层代表黑色的或烧焦的铜。
- 学生可能会把化学变化理解为一种特定物质转变成另一种物质或能量。学生相信燃烧过的钢丝绒变成了碳，就证明了这一点。
- 学生有时似乎没有意识到“看不见的”(气态)反应物或产物的相互作用。例如，学生可能认为生锈前后铁钉的质量是相同的。
- 学生可能认为化学变化总是意味着两种物质结合在一起形成第三种物质。例如，他们不认为已经变成葡萄酒的葡萄汁是化学变化的一个示例。

关于“宏观意义↔亚微观意义”反复出现的学习困难有:

- 学生往往认为物质中的分子或原子就像葡萄干蛋糕中的葡萄干，而不认为物质是由分子或原子组成的。换句话说，他们认为粒子是物质的附加物。
- 学生往往把宏观领域的许多特征归因于单个分子或原子，但这忽略了大量分子或原子是如何通过相互作用产生宏观特征的(见前文)。如，他们可能将物质的颜色归因于粒子，如铜的单个原子是红棕色的，水溶液中的单个铜离子是蓝色的。他们也可能会认为铁粉加入稀盐酸后铁原子和氯原子就变成了绿色。
- 另一方面，学生可能会把微观领域的特征归因于物质，认为物质与粒子是一样的。例如，他们可能认为镁物质(而不是粒子)的电荷为+2，可以使用“物质形成化学键”和“物质得失电子”等表达方式。
- 即使学生掌握了原子和分子的知识，他们可能也无法调用原子和分子概念来解释观察到的化学现象。例如，学生可能会用直观的想法来解释燃烧着的蜡烛中蜡的“消失”，而不是用学校里学过的粒子概念。

关于“亚微观意义↔符号意义”反复出现的学习困难有：

- 学生可能难以理解化学计量系数和化学式下标的含义。典型的例子是学生可能会认为 $3H_2$ 是六个线性连接的原子。
- 学生倾向于从简单相加而不是相互作用视角来解释化合物的化学式。例如学生能够以正确的方式配平反应式 $N_2 + H_2 \rightarrow NH_3$，但在画这个方程式所代表的反应过程时却画出一个双原子氮分子并间隔一定距离画出了一连串的六个氢原子。
- 学生可能认为配平反应方程式主要是对符号的数学运算，而不太了解其亚微观意义。例如，学生倾向于改变反应物或产物化学式中下标的值，而不是改变系数的值。
- 即使学生能够正确配平简单的化学方程式，他们可能也无法提供与这些方程式的符号相一致的微粒图，特别是难以正确理解化学式下标和系数的意义。
- 当化学方程式全部用分子式表示时，学生可能无法正确理解溶液中离子反应的方程式。例如，关于稀硝酸和氢氧化钠水溶液之间的反应，学生倾向于认为钠离子和硝酸根离子反应生成硝酸钠分子。

总之，学生的主要学习困难在于将可观察到的化学现象理解为物质的变化。其他学习困难包括用粒子的重组来描述和解释这些转化，以及理解和书写反应方程式。学生整体上的学习困难在于三个意义领域之间的思维转换。

课堂小片段

在一个初中课堂上，一位化学老师把一块正在燃烧的木头放入一个装有水的玻璃杯，燃烧停止了。

老师问道：“这是怎么回事？”

第一位学生回答：“我们不明白，木头应该继续燃烧，因为水中有氧气，鱼就可以在水中生活。”

老师回答：“但是水中没有充足的氧气啊。”

第二位学生争辩道：“我们知道水是 H_2O，所以，水里边有三分之一是氧，空气里才只有五分之一……所以，老师，这又是怎么回事呢？”

在这个小片段里，第二位学生将水和空气视为燃烧过程的氧气提供者对它们进行比较。然而，学生用简单相加而不是相互作用的方式解读水的化学式，H_2O 被视为 H_2 和 O。这种推理方式显示了理解符号表征的常见困难。

对学生概念理解困难的解释性分析

已揭示的对化学变化的理解困难可通过分析三个相互关联的因素来解释：学生、化学内容、教师/教科书。下面简要介绍这一分析。

i) 学生因素：学生的初步知识以日常生活经验为基础并用日常语言表达，将其用于解释化学现象往往没有什么效果。例如，学生可能会有这样的想法：燃烧的木材有一部分以烟雾的形式排出，加热铜片时形成的黑色涂层是黑色或燃焦的铜。学生认为深深植根于他们日常生活中的已有观念比新观念更可靠。他们更喜欢用肤浅的日常生活事件来解释化学变化，而不是使用化学模型（Hesse & Anderson, 1992）。此外，学生也缺乏对不同现象足够的、真实的体验，无法判断某一特定现象是否可以归为化学变化（Nelson, 2002）。最后，学生往往很少关注亚微观模型为复杂的化学符号体系赋予了意义。这使学生对化学式下标和系数产生了相异概念，并将配平反应方程式当作对符号的数学运算。

ii) 化学内容因素：学校教授的许多化学概念是抽象的，不符合学生的直觉观念。这类概念很难理解，因为它们需要形式推理和模型来表征现象和物质微粒的性质。这对许多学生来说并不容易，例如他们倾向于将分子和原子视为“极小的自然成分”，即亚里士多德氏理论中的小实物粒子，而不是现代理论模型中的概念（De Vos & Verdonk, 1985）。化学反应不仅被定义为物质的转化，还被定义为原子的重排，包括化学键的断裂和形成。然而许多学生在思维上很难从化学反应的宏观意义跳转到亚微观意义，也不能从亚微观意义跳转到宏观意义，因为他们认为这些意义领域之间是没有关联的（Solsona, Izquierdo, & De Jong, 2003）。

iii) 教师/教科书因素：在许多教学实践和教科书中，化学反应这一主题往往主要以亚微观意义和符号意义来呈现（参考De Jong & Van Driel, 2004）。这会阻碍学生恰当地将这些意义与宏观领域的意义联系起来，也会导致学生将化学反应视为非常形式化的过程。教师并不总能注意到学生的相异概念。例如，德容、阿赫特、古德温（Goodwin）、哈齐尼基塔（Hatzinikita）和库拉季斯（Koulaidis）（1999）发现，化学职前教师并不十分熟悉当前学生从宏观领域理解燃烧遇到的困难。教科书作者也不总能关注到学生的相异概念。例如，许多教科书展示了像黄色硫原子这样的彩色图片，强化了学生关于物质颜色与粒子颜色相对应的直觉观念。教师和教科书作者在学科内容方面的专业水平也可能会成为学生学习困难的根源。教师作为学校里的化学专家，思维很容易自动地在这三个意义领域之间转换，因此，在教学过程中他们往往不太重视明确和反复强调它们之间的相互关系（Gabel, 1999）。然而，学生作为初学者，对这种关系一点也不熟悉，在关联这三个领域时会遇到困难。此外，教师在化学课堂上往往使用简称等专业语言，这可能会让学生困惑，比如使用“生成铜”这样的表达，但没有明确指出是铜物质、铜原子，还是铜离子（De Jong, Acampo, & Verdonk, 1995）。

综上所述，对这三个相关因素的分析有助于深入了解学生在理解化学反应以及高中化学的很多其他主题时遇到困难的复杂背景。

关于化学反应的现代教学方法

已揭示出的学生概念学习困难是在以接受传统化学课程为主的学生身上发现的。为预防和应对这些困难人们付出了很多努力，由此产生了基于现代化学教与学观念的一系列化学课程。接下来，我们将呈现五个以化学反应为主题的课程案例的研究。

- 卡瓦略（Cavallo）、麦克尼利（McNeely）和马雷克（Marek）（2003）研究了一门课程，其中包含“学习周期”的三个阶段——解释、概念引入和概念应用。他们报告了60名初中生对化学反应三个意义领域理解的发展情况。研究结果表明学生的理解发生了显著的好转，然而少数学生（约20%）在概念学习上表现出持续的困难，特别是关于化学变化与物理变化的区别以及原子和物质之间的关系。
- 尼斯万特（Nieswandt, 2001）研究了一门课程，该课程引入了基于“概念转变视角”的教学策略，让学生面对一些与其日常概念有认知冲突的“化学事件”。她报告了81名初中生对物质宏观特征和化学反应(特别是燃烧)的理解的发展情况。结果表明学生的日常观念明显受到科学概念的“侵蚀”。然而少数学生(约25%)只形成了由日常观念和化学解释组成的“混合”概念。

- 巴克和米勒(1999)研究的课程运用了一种“基于情境”的教学方法，即在日常生活事件中呈现化学概念。他们报告了250名高中生对封闭系统和开放系统中化学反应质量守恒的理解的发展情况。数据表明，随着课程的推进，学生的推理能力稳步提高。然而，少数学生仍然对封闭系统(23%)和开放系统(29%)中的质量守恒存在误解，特别是对有气体参与的反应。
- 贾比尔(Jaber)和布贾乌德(Boujaoude)(2012)研究的课程包含“建构主义学习观”，将学生已有的概念考虑在内。他们报告了46名初中生对化学反应宏观、亚微观和符号意义的理解的发展情况。该研究包括实验组/对照组的设计。对照组(22名学生)接受为概念理解而教授的课程，但没有外显地关注化学的认知论本质。反之，实验组(24名学生)使用内容相同的课程材料，同时外显地引入认知论话语以关注宏观-亚微观-符号意义之间的相互关系。研究结果表明，大多数实验组的学生对化学反应形成了足够的概念性和关联性理解，相比之下对照组仅有大约一半学生如此。尽管实验组的学习成果相对较好，但该组的少数人(21%)并没有获得对化学反应的充分理解。
- 所罗门尼杜(Solomonidou)和斯塔夫里杜(Stavridou)(2000)研究了一门包含概念转变、情境导向和建构主义的混合视角的课程。他们报告了168名初中生对物质的宏观特征和各种化学反应的理解的发展情况。结果显示学生的理解有显著的积极转变。然而少数学生(未给出百分比)并没有将他们“具体物质”的概念转变为“未知物质和其属性”的概念，也未将“惰性混合物”的概念转变为“物质之间相互作用”的概念。

在已报告的研究中，有些只关注化学反应的宏观特征(Barker & Millar, 1999; Nieswandt, 2001; Solomonidou & Stavridou, 2000)，另一些则同时关注了亚微观和符号特征(Cavallo et al., 2003; Jaber & BouJaoude, 2012)。所有研究都报告学生的理解得到了积极的发展，但是，尽管使用了现代课程设计和教学策略，所有研究也都指出了概念学习上的困难。这引出一个问题：是什么导致已揭示出的学习困难仍持续存在于这些课程之中？

对课堂中教与学过程的了解可能有助于回答这一问题。不幸的是，这些已报告的研究只关注学习成果，其研究方式是在前/(重复)后测设计中使用书面问卷，偶尔结合访谈，因此无法对相关学习过程进行审视。但莱弗蒂(Laverty)和麦加维(McGarvey)(1991)在对建构主义课程的研究中，不仅使用了前/后测设计和问卷，还使用了课程音频记录和课堂观察等其他工具。该研究为解读学生的理解困难提供了更好的视角。研究人员报告了学生是如何设计他们自己的图表来表征加热对碳酸铜的影响，为什么有些学生将这种分解误以为是在空气中燃烧，以及他们是如何为寻找分解反应的最佳表征方法而展开辩论的。在有关建构主义课程的一项较早但仍具影响力的研究中，德沃斯（De Vos）和维登克（Verdonk）（1985）还分析了课堂讨论的录音记录。他们发现，初中学生能够在化学反应的背景下建立物质的原始粒子模型，例如当硝酸铅和碘化钾被放在一个装满水的培养皿的两端时会呈现出明亮的黄色线条，他们将其解释为这些线条由连续运动的闪烁的微小晶体组成。

综上所述，为更好地从“生态”上有效地洞察阻碍或促进学生对化学反应多重意义的概念发展的因素和条件，需要开展更多的深入调查和纵向研究。

课程困境：较早或较晚引入化学反应的亚微观意义

已报告的五项有关课程的研究探讨了对某一特定的一般教学策略的选择，但对较早或较晚引入粒子模型来理解化学反应的亚微观意义这一问题几乎没有讨论。这一课程问题是化学教育中一个由来已久但仍争论不休的话题。

一些学者提出延迟引入分子和原子的概念，因为根据他们的观点，学生应首先通过探索各种现象积累适当的实践经验（例如 Ahtee & Varjola, 1998; Tsaparlis, Kolioulis, & Pappa, 2010）。然而其他研究表明，学生不会“自然地”形成关于物质特性的概念，使他们能够以适当的方式科学地识别化学变化（例如 Johnson, 2000; Stavridou & Solomonidou, 1998）。例如，尽管许多课程在较早阶段就引入了物质的燃烧，但学生们在认识和理解这属于化学反应时遇到了许多困难（Watson, Prieto, & Dillon, 1997）。约翰逊（Johnson, 2002）甚至发现只有在引入原子的教学单元之后学生才开始接受物质转变成其他物质的想法。原子模型和键的变化不是对化学变化的解释，而是看待化学变化的方式。但从另一方面来说，也不建议过早地引入分子和原子的概念，因为这可能难以让学生将粒子视为解释化学反应的有用概念，并可能引发许多对亚微观领域的理解困难。例如，加西亚·佛朗哥（Garcìa Franco）和泰伯（Taber）（2009）探索了初中生如何解释学校科学课中常见的物理变化和化学变化。他们发现学生经常使用粒子概念进行解释，即便大多数基于粒子的解释都反映出已有研究揭示的相异概念（见前文中的几个段落）。

综上所述，较早引入和定期应用化学反应的亚微观意义这一课程策略并不足以支持粒子模型的思维发展到预期水平。本小节所呈现的研究提出了这样一个问题：化学教育如何才能摆脱课程结构中的这种内容关联困境？

一种可能的“出路”：引入意义的中观区域

梅杰（Meijer, 2011）最近报告了一种“摆脱”课程结构中内容关联困境的可能的“出路”。他从文献中得出结论，思维在宏观领域和亚微观领域之间跳跃对许多学生来说都是非常困难的。他提到米勒（1990）曾指出，将宏观–亚微观之间的跳转解构为更小的步骤能帮助学生理解。换言之，引入中观区域可能会有助于培养宏观–亚微观思维。这个想法可以理解为，将通常的意义领域三角延伸，变成一个意义领域四面体（见图23.9）。梅杰（2011）详细阐述了这一视角，他报告了基于结构–性质关联与中观领域尺度的对宏观–亚微观思维的概念性分析。他以面包为例阐明了这一议题。这种材料可以定义为面团的最终稳定结构。通过深入到面团之中放大，就可以分辨出某些中观结构，如气孔壁、线、嵌入网络中的颗粒和相互纠缠的长分子。这些中观结构与气孔的弹性等性质有关。一种材料具有一种特殊的性质，一般来说，这种特性不是由单一结构引起的，而是由所有次级结构在更低尺度上的相互作用引起的。

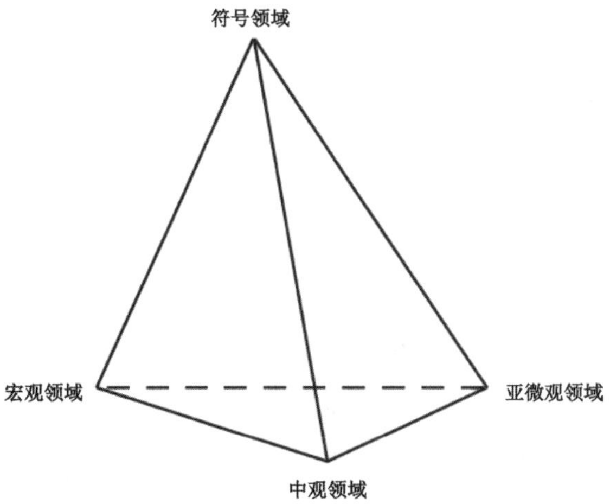

图23.9　意义领域四面体

这一概念框架被用于指导面向高中生的情境导向的建构主义模块设计。学生需要探索三种材料的结构–性能关系：无麸质有机材料（面包）、耐火材料（防弹夹克）和不易碎陶瓷材料（陶器；Meijer, Bulte, & Pilot, 2009, 2013）。在开展模块教学的同时，对学生的学习情况进行探索性研究（Meijer, 2011）。结果表明学生能够利用结构–性能关系获取宏观–亚微观思维。然而，学生不能很轻松地掌握10^{-5}米以下的中观尺度。主要有两个原因：(1) 比喻——在学生的学习材料和话语中，都有与宏观领域相关的比喻，作为增加学生对亚微观领域理解的工具——阻碍了学生的概念发展；(2) 结构的尺度化也是学生面临的一个难题。

综上所述，为了使学生真正理解化学反应宏观意义和亚微观意义之间的关系，需要对最有效的内容/情境相关的课程结构进行更为深入的研究。

介绍化学键的多重内涵

化学键的（“假想”）本质

化学键一直被认为是化学学科中的一个“大”概念（Fensham, 1975）。化学键可以算作化学教学和学习中常见困难的典型案例，因为学习化学键需要接触和理解一系列科学模型，其中每一个都涉及理论实体（原子、电子、分子、离子、轨道等），这些理论实体存在的尺度比学习者可以直接观察到的尺度低很多个数量级。与前文所讨论的化学反应主题不同，化学键与宏观上可观察到的各种特定化学现象无关；相反，化学键是解释性框架的核心，这种框架可唤起对真实现象许多不同特征（如熔化温度或溶剂中的溶解度）的解释。

这使得化学键更加抽象，因此对许多学习者来说也就更加难以理解。只有学习者熟悉了我们想用化学键模型去解释的宏观化学现象，才应该引入这些模型（见图23.7）。表23.3提供了一个示例，阐述了我们如何从观察熔点管中的白色物质到将该物质归类为“具有”离子键的物质。

我们可以说这片金属有金属键，或者那粒盐有

表23.3　通过观察现象推断化学键：以测熔点为例

步骤	描述	注释
观察	白色不透明/半透明颗粒变得透明并失去形状，附着在管壁的内表面上。	对熔点仪中的少量样品进行加热。
化学描述	样品熔化。	与标准（理论）反应类别相关联的观察。

（续表）

步骤	描述	注释
评价	该物质具有较高的熔化温度。	这有赖于对仪器和对可定量解释的（基于温度计的）辅助观测结果的理解。该样品被假定为某一物质的纯净物（即观察结果是可归纳的）。
推论	该物质可能含有离子键（基于其初始的外观和高熔化温度判断）。	结合宏观层面的观察和解释，根据理论模型中提出的亚微观结构特征，将物质归入相应的类别。

离子键，但这么说的时候我们就忽视了宏观/亚微观的区别，例如我们在谈论金属键时，就好像它是金属的一种属性，而实际上它是一种理论上的构造，是对所观察到的属性的解释。教师需要注意的是，不要在表23.3所示的过程中走捷径，而是要帮助学习者完成从观察到概念化的各个步骤——首先是描述，然后是解释性的概念。

随着模型的发展开展化学键的教学

学习者通常会遇到一系列复杂度不断提高的化学键模型，这些模型有时候可能会彼此不一致。因此，重要的是，我们应将它们仅仅视为模型，而不是"事物的本来面目"(参见前面关于模型的部分)。当第一次讲授粒子模型时可以引入这一观点，其基础是：要描述的东西是如此之小，以至于我们无法直接看到正在发生的事情，因此我们必须建立模型来尽可能地解释我们所知道的，并提出可以通过实验来检验的假设。随着学习的不断深入，引入的模型越来越复杂，在学生学习这些模型时，也可以展现对"模型"这一概念的本质的越来越复杂的理解。由于这一主题的教学不可避免地要探索物质结构的多种模型，因此可将其作为科学本质相关要点的教学情境。

现在已经有相当多的研究探查了学生对化学键的学习，也有很多这方面的综述(Levy Nahum, Mamlok-Naaman, Hofstein, & Taber, 2010; Özmen, 2004; Ünal, Çalik, Ayas, & Coll, 2006)，以及对这一主题的教学建议(Levy Nahum, Mamlok-Naaman, Hofstein, & Krajcik, 2007; Taber, 2001a, 2012a)。在此，我们将展现这些研究提出的一些关键议题。

化学键的非物质性

化学键的一个关键特征是，它被理解为是由不同"量子微粒"之间的作用力产生的：原子结合为分子，离子结合为晶格，分子结合为固体和液体等等。要想让学习者体会这一点，在第一次引入基本粒子理论时，必须将"粒子"呈现为具有某种固有的(但不绝对)彼此相互吸引的能力(Johnson, 2012)。有研究表明，学生可能会认为粒子之间的成键就像是由胶水造成的。这种说法某种程度上可能只是由于学生可用语言的局限性，而在某些情况下，这具有了比喻的意思。然而，有时学生确实会明确提出化学键是由可连接粒子的"某种材料"组成的。很可能是多种因素造成了这种情况：

- 我们的教学模型通常由近似于球体的物体构成，这些球体要么(明显地)粘在一起，要么用棍子或弹簧连接在一起。如果对模型的解释太过字面化，可能会被理解为暗示着亚微观层面上发生了类似的事情(即物质连接)。

- 不熟悉物质在亚微观尺度上的本质意味着学习者要依赖他们在熟悉尺度上对事物的理解——通常情况下，我们需要将材料粘合、铆接、焊接在一起。(在一些例子中，我们利用材料固有的黏性来“粘合”材料，这可能提供了更合适的类比。)
- 有文献记载(Andersson, 1990)，学生在学习物质的粒子模型时通常会经历一个阶段，在这个阶段中，他们会将粒子(也就是相应尺度下所展现的物质)概念化为嵌入物体的粒子——嵌入材料本身或在粒子之间存有空气，因此，学生在这个阶段很可能会想到可用于形成化学键的其他材料。
- 提到“键”可能意味着物质实体，而不是相互作用或过程(成键)，有人建议避免用“键”这个术语，这恐怕难以实现，因为它在化学中无处不在(Pauling, 1960)。当学生学到“一切物质都由微粒构成”的时候，这似乎意味着，键也一定是由粒子组成的，就像一切其他物质一样。

从一开始就告诉学生构成物质的“粒子”的尺度远小于直接可见的尺度，这些粒子具有内在的黏性，会引出关于其机理的疑问，但这也许可以帮助学生避免形成将键视为物质连接这一相异概念。对大多数中学生而言，将成键理解为主要是电磁(“电”)作用就足够了。研究发现许多学习者可能无法理解这一点，这表明它在教学中应予以加强。

原子结构的本质

原子结构这一概念的引入，代表了在亚微观层面上物质建模的一个重大转变。曾被认为很像滚珠或台球的无定形粒子现在被描述成一种完全不同的结构，实际上有大范围“真空区”——几乎所有质量都集中在位于中心的微小体积即原子核中，稀疏的电子在离核(相对)很远的轨道上运行着。不可分割的基本的“原子”曾被视为构成物质的“粒子”，现在看来它不仅是有内部结构的实体，而且其自身就由更为基本的粒子(原子核、电子)组成，这一转变呈现出了化学教学上的一个重大挑战(Taber, 2003)。一个显而易见的问题是，学生是会将这种新说法视作对以前教学的补充，还是会将其视作对此前有缺陷的教学的“替代”。如果学生在学习原子结构之前已经接触过热膨胀这一主题，那么这一复杂的问题可能就会出现。通常情况下，教师会先让学生知道固体的一些关键性质(例如硬度和规则外形)取决于微粒的紧密堆积，然后再讲授固体的热膨胀是这些微粒相互间距的增大。这些刚性固体现在被说成由具有一定间距的微粒组成，这些微粒相互不能接触，因为它们在晶格位置上振动。

从专家角度来看，这里并不存在真正的矛盾，因为亚微观尺度上的接触和我们熟悉的日常意义不同。这种接触应当理解为基于电场(和量子规则)的，而不是两个彼此毗邻的表面。然而，学习者被要求使用这些看似相反的解释，他们无法立即产生这种专家角度的理解，他们中的许多人都保留了球状粒子的概念，会引用粒子本身的热膨胀来解释宏观尺度上的变化(参见图23.3)。

支撑化学键(以及其他一些重要主题，如分子形状、电离能模式、反应机理等)教学的原子结构模型的一个基本特征是：原子受带正电荷的原子核和带负电荷的电子之间的静电引力的束缚，而电子之间是相互排斥的。然而这种程度的描述有着明显的局限性。在电学上，中子没有理由会被束缚在原子核之中，但却有充分的理由反驳所有带正电的质子聚集在同一位置的观点。学习者通常不会提出这一反对意见，这表明他们并不是主要靠电学术语来对原子结构进行概念化的。

基本的电学模型也无法解释为什么电子是在“壳层”中被发现的，而且不管核电荷如何，电子的最大占有率都是相同的，或者解释为什么电子通常是成对的(成键电子对、非成键电子对)。量子法则的重要性引发我们思考一个问题：我们是否应该在化学教育的早期就教授这一思想的某些内容？量子力学一直以来被视作一个高阶主题，在学校层面的基础化学中以任何形式引入该主题显然都只能呈现对这一思想极其有限的一部分解释。然而，这其中还存有潜在的研究主题，包括：(1)涉及原子/分子系统中电子排布的量子规则与已经教给学生的其他概念相比难了多少或抽象了多少；(2)在这一阶段的学习中引入更多的抽象概念，从而增加了一种可能性，即使得原本显得武断的原理被纳入一种更加连贯一致的解释之中，在这种情况下，是否可以认为引入更多抽象概念带来的内容难度提升是合理的。

化学键的基本模型

如果我们采用一个基本模型来描述物质的结构，即在亚微观尺度上主要由电(或电磁)相互作用而形成各种物质结构，那么我们就可以用原子核(原子核及其“内层”电子)和保持电中性的充足价电子的排列来描述大多数类型的化学键(Taber, 2012a)。我们可以用这个模型来描述复杂度逐渐增加的各类成键相互作用。例如，在有关固体结构的教学中，主要的结构类型(复杂度逐渐增加，可以认为是一个合理的教学顺序)是：

- 金属：同种原子核的晶格排布，非定域电子绕晶格运动
- 共价晶体：原子核的周期性排布，在特定的原子核周围或原子核之间伴有定域电子对
- 离子晶格：价电子围绕原子核排布，原子核由于其净电荷被吸引形成有规律的晶格
- 分子固体(也包括液体)：原子核离散排布，少量原子核周围或原子核(即分子)之间伴有定域电子对，通过这些离散分子内部电荷的次级相互作用被吸引到一起

这一顺序反映出化学学科视角下复杂度的增加，但研究表明需要从学生的角度来探索这一排序对“学习需求”的影响(Leach & Scott, 2002)。然而，这里所描述的方法与利维·内厄姆(Levy Nahum)、马姆洛克-纳曼(Mamlok-Naaman)、霍夫施泰因(Hofstein)和克拉伊契克(Krajcik)(2007)所描述的基于研究的方案大体一致，即从“所有类型的化学键的通用原则”开始。

这种方法给出了四种主要的成键类型：在非定域电子和阳离子(原子核)晶格之间的键合，或称金属键；负电性电子在正电性原子核之间配对，或称共价键；异种电荷的离子之间的吸引，或称离子键；中性分子由于其内部不对称的电荷分布而相互吸引，通常称分子间作用力。当用这些术语描述时，最后一类分子间作用力往往比其他类型弱，这似乎并不奇怪。然而，所有这些相互作用都可以理解为主要是静电吸引，因此从根本上来说是同一种相互作用。同样重要的是，尽管我们倾向于把成键看作与引力有关，但斥力也同样重要，因为实际的结构展现了一种平衡状态，在这种状态下各种力的作用是平衡的。

这些对不同成键类型的描述涉及我们如何理解“粒子”排布方式的模型，实际上大多数物质似

乎与这些理想情况不一致。没有化合物是由我们认为的“纯”离子键构成的，其结构中的实际电子分布被认为反映了未极化的离散离子被吸引在一起。虽然人们认为纯粹的共价键是存在的（例如在元素中），但由于诱导效应，即便是同一种元素的原子核之间的化学键也不一定是完全共价性的（例如CH_3COOH中的C—C键）。许多化合物都有极性键，其成键电子在原子核之间的分布是不对称的。从完全对称的共价键到不对称的极性键，到存在离子间极化作用的离子键，再到纯离子晶体的理想情况，这是一个连续体。大多数金属被认为在其成键中也表现出一定程度的共价性质，而在以苯为代表的芳香族“共价化合物”中，电子的离域程度会随着原子核数量的增加而增加，最终形成石墨这种导体，其结构是在共价（σ）键结构平面上有金属（离域π）键。图23.10呈现了这一情况，大多数实际化学键都位于三角形内，而不是顶点处。

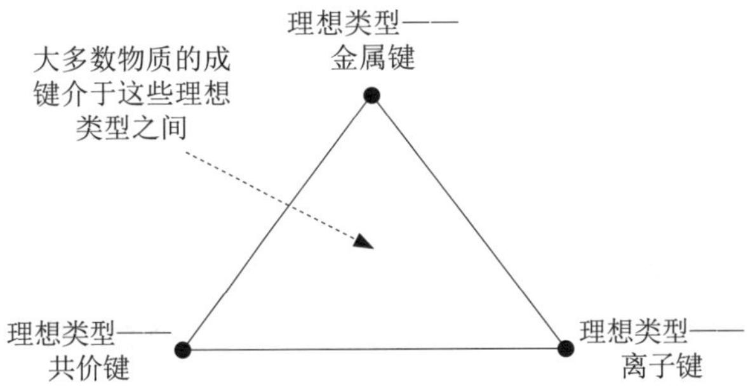

图23.10　教学中常见成键模型所表征的理想类型通常在自然界中是见不到的

对成键类型的细节特征的理解超越了基本的“原子核 + 价电子”模型（以及相关的原子结构的壳层模型），需要考虑原子、分子和离子的轨道模型，这可能只适合那些已经熟悉并适应基本结构和成键模型的学习者。轨道水平的模型不一定会与之前的教学产生冲突，只要前期的教学将不太复杂的概念作为模型呈现，而不仅仅用它来描述物质实际上“是什么”。

学生的学习困难

正如前文所提到的那样，在这一主题下已经揭示出许多学习困难，这些困难已在其他地方进行了综述（Levy Nahum et al., 2010; Özmen, 2004; Ünal et al., 2006）。在此，我们将详细讨论两个例子，并以一些一般性的观察作为开端。很可能常见的教学方法，包括特定教学模型的使用（尤其是在没有明确呈现教学模型的情况下），至少应被视为已揭示出的普遍存在的学习问题的促成因素。在更普遍的科学教育中，我们发现学生的相异概念往往与课堂外的经历和学习直接相关。然而，就化学键这一主题而言，学习者显然无法在课堂外形成直觉理解（这不是他们能直接体验到的）并将其带入课堂，而且许多孩子不太可能会在家庭和社会生活中接触到大量关于化学键的课外讨论。

这并不是说该主题的学习困难仅仅是由于教学存在问题，因为人们相信，对复杂抽象概念的理解至少间接地借鉴了我们对世界如何运作的直觉，而这些直觉本身就是基于我们对世界的直接经验。学习者不可避免地会根据现有的、对他们有意义的想法去理解新的教学内容，教师提供的模型和比喻尤其可能会产生影响。

八隅体框架

虽然有研究报告了与成键概念有关的一系列常见相异概念，但学生许多常见的想法都源自一个特定的相异概念框架，即八隅体框架（Taber, 1998a）。其核心特征是一个相异概念——原子试图填满它的电子层（或达到八电子结构）。这似乎源于对“八隅体规则”不恰当的过度解释。该规则的本意是在最稳定的离子和分子结构中，原子

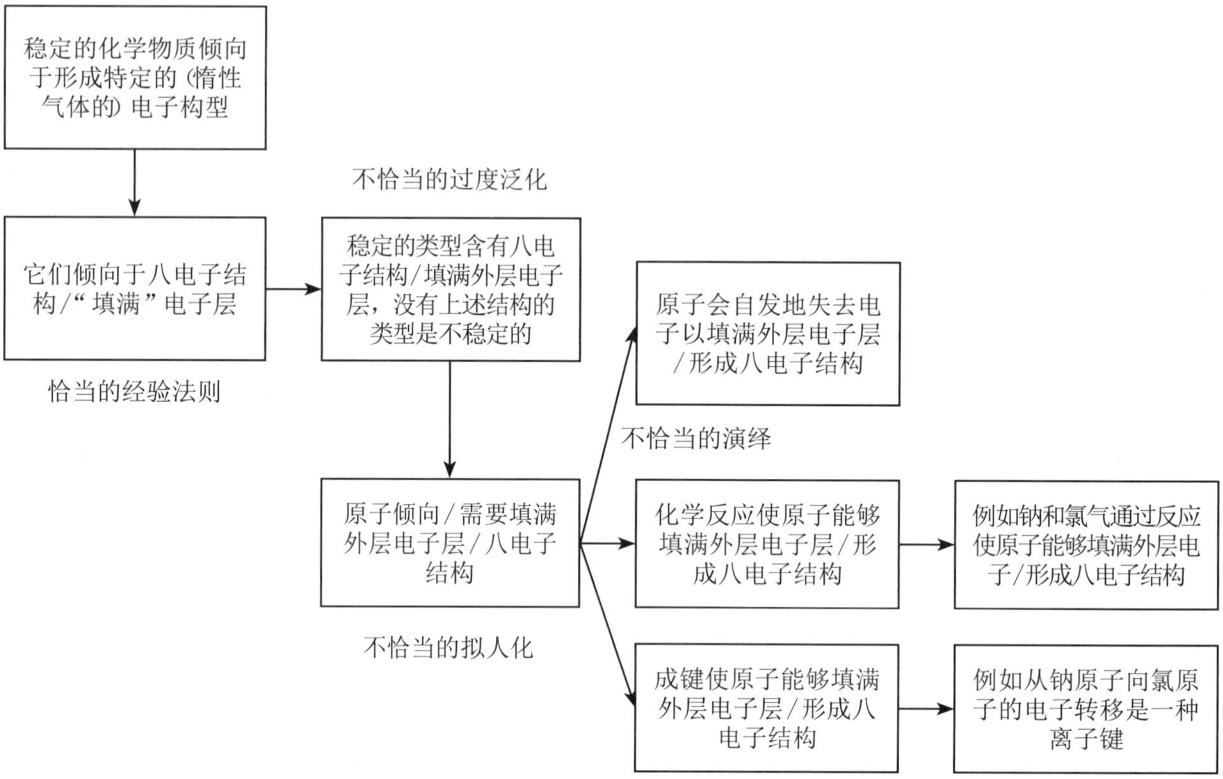

图23.11 “八隅体”相异概念框架的形成

核被在惰性气体中发现的电子构型所包围着（见图23.11）。尽管作为“经验法则”的八隅体规则有许多例外，但它是一种有用的启发，在不考虑情境的情况下，可以提示原子/分子结构本身是否稳定。然而，稳定性是一个相对的概念。因此，钠离子在晶格中或水合时可以被认为是相对稳定的，但是，相比于外层电子被拉走而与离子分离的情况，一个孤立的钠原子作为一个中性原子是更为稳定的。然而，对于许多学生来说，拥有八电子结构或完整的外层电子结构就意味着是一种稳定的状态，包括Na^{+}、C^{4+}、Na^{7-}、Cl^{11-}等结构，甚至一个内层电子被激发到外层使其填满的激发态氯原子（Taber, 2009a）。

有了这种认识后，很多学生不仅认为原子会自发电离以获得填满的外层电子层，而且会发生化学反应，使原子能够通过成键来填充外层电子层。通常会假设物质初始状态是原子形式，所以甲烷比初始原子形式的碳和氢更稳定，因为形成甲烷能使初始原子填满它们的电子层——也就是说，假设反应物是孤立的碳原子和氢原子，而不是具备惰性气体的电子结构。

将共价键比作“共用”电子的说法支持这种思维方式（两个原子都可以将共用电子计作自己的电子），而离子键的形成通常假设为电子从孤立的金属原子转移到孤立的非金属原子。这强化了离子晶体的“分子”概念，即离子晶体中的离子对由离子键（电子转移）结合形成，并且仅仅由于电荷产生的“力”在离子晶格中相互吸引。这与提倡的教学方法不一致，后者认为应将成键主要描述为静电吸引。许多学校的教科书都体现了这样一种误解，即离子键是原子间电子转移的结果。这一看法似乎并未受到学习者的质疑，即使他们自己通过中和和蒸发制备了氯化钠，而所用的试剂中已经明显包含了形成产物所需的离子。

八隅体框架不仅在科学上有误，而且也阻碍了学习进程。从为使原子填满电子层而共用或转移电子来成键这一概念开始，学习者的相异概念进一步发展(例如盐溶解时离子对仍保持结合)，并对进一步学习高阶概念形成了障碍(参见图23.4)。学生们要么想办法将金属键和氢键结合到框架之中，要么忽略它们真正的成键形式。键的极性可以视为次级效应，可被看作共价键的一个子类型而不是中间类型(与图23.10不同)。诸如SF_6或更为常见的硫酸盐等化合物会因为不符合八隅体规则而引出问题(Taber, 1998 a)。

与八隅体框架相关的想法和原子主动寻求填满电子层的概念似乎被学习者普遍采用，一旦形成就根深蒂固(Coll & Treagast, 2003)。此外，至少教师的思维中还残留着这种思想的痕迹(Taber & Tan，2011)，这表明当他们中的一些人成为教师时，相异概念框架实际上是代代相传的。

采用轨道模型

第二个特定的困难领域似乎是采用原子和分子结构的轨道模型。在这一领域中也出现了各种相异概念和学习困难(Taber, 2005)。一个明显的问题就是采用原子结构的“壳层”模型作为精确的描述，而不是将其视为一个简化模型。学习者通常会遇到一系列有关原子和分子结构的描述方法和模型构建方法(原子和分子轨道、能级、电子密度分布等)，除非将它们视为从不同角度反映复杂和抽象事物的模型，否则它们相互之间会存在冲突。研究表明理解这些概念的过程可能是缓慢的(Harrison & Treagust, 2000 a; Petri & Niedderer, 1998)，而前期的学习可能会阻碍这一过程。

即使是一些化学家和化学教育家(Sánchez Gómez & Martín, 2003；Scerri, 2000)也对课程中一些轨道模型和相关模型的准确性提出了质疑，因而在教学中将这些模型视作对物质实际结构的描述而非化学家为理解实验工作中得到的证据而建构出来的模型是不恰当的。

展望化学教育的近期未来

新研究方向

有关化学教与学的研究是一个充满活力的领域(Gilbert, De Jong, Justi, Treagust, & Van Driel, 2002)，近期可能诞生丰硕成果的研究方向有：

- 研发精心设计的多媒体素材，并将其适当地嵌入整个教学方法之中。托尔托萨(Tortosa, 2012)以及邱(Chiu)和吴(Wu)(2009)都对现状进行了综述。
- 研究和开发更多“绿色”化学教学，如注重环境问题和可持续发展的化学教学。卡普德万(Karpudewan)、伊斯梅尔(Ismael)和罗思(Roth)(2012)以及法伊尔阿本德(Feierabend)、乔克明(Jokmin)和埃克斯(Eilks)(2011)对现状进行了概述。
- 研究学生学习的进阶(Alonzo & Gotwals, 2012)，最好在不同课程背景下以可比较的方式进行。
- 探索支持化学学习与物理学、生物学和技术学习之间概念整合的潜力——例如纳米化学和纳米技术领域(参考 Ambrogi, Caselli, Montalti, & Venturi, 2008; Blonder & Sakhnini, 2012)。
- 开发用于探索化学教与学的更广泛的研

究视角和技术——例如更多的现象学研究、课堂研究的使用(Allen, Donham, & Tanner, 2004)或基于设计的研究(Kortland & Klaassen, 2010),以及目录网格式技术的应用(Taber, 1994)。

现在,许多研究都将化学教育作为研究重点,关注"能够并且确实可以解决当前课程、教学和学习在化学概念方面的不足"的研究(Gilbert, Justi, Van Driel, De Jong, & Treagust, 2004, p.12)。许多重要的主题在科学教学中是常见的,但越来越多的研究者将化学教育研究(chemistry education research [CER])视为一个独特的子领域,并研究与特定的化学学科本质(经常可能是微粒)有关的具体主题。本章重点介绍了其中一些具体的主题。我们仍需探索如何能最好地协调模型与建模教学,使其支持科学模型和课程模型的学习。

化学教育的一个特别之处在于,学习者是在没有直接的个人经验的领域中发展出相异概念的。如果常见的学生相异概念不是源自直接体验相关现象,也不是来自于社会话语中广泛流传的"民间理论",那么很可能这些概念的形成取决于我们的教学以何种方式与学习者的认知进行互动。

有趣的是,关于概念如何从内隐的一般学科领域知识要素——一种"知识碎片"的观点(Smith, diSessa, & Roschelle, 1993)——中衍生出来的研究,在物理教育研究(physics education research [PER])中是相当常见的,而在CER中却未得到较大发展,因为后者有基于现象本源(phenomenological primitives [p-prims]; diSessa, 2008; Hammer, 1996)的良好研究工作。作为内隐知识要素,这些现象本源并不涉及特定的思想领域,而是作为一般工具的一部分,引导我们把对世界的感知进行分类并使它们产生意义。

这一观点在CER中并没有得到太多的关注,但在应用它的地方,它似乎是有潜力取得丰硕成果的(Taber & Tan, 2007)。根据知识碎片的观点,学生的概念是基于其现有的内隐知识要素构建的:教学中呈现的一种新现象或新概念会激活看起来最合适的现有(内隐知识)要素,让学生据此产生相应的理解。

例如,通常情况下,在思考原子失去一个电子会如何改变系统时(例如在研究电离能的模式时),学生会运用(1)一个不恰当的"分出"概念,即原子核"给出"的力将由更少的电子分享,导致它们被结合得更牢固,因此更难被移除(Taber, 1998b),以及(2)"越近越强"的模式来考虑原子丢失处于不同电子层的电子的难易程度——这确实有助于科学模型的学习。知识碎片的视角在引导学生构建概念方面具有更大的潜力,因为这有助于形成教学顺序,并采用能使学生参与到最有效现象本源之中的语言和教学模式,以支持其建构特定的化学概念。

连贯一致的化学教育创新

发展和实施化学教育创新应采用比现在更连贯一致的方式。这要求至少对以下创新成分进行微调:

i) 基于对化学主题教与学的新见解,尤其是关于引入许多化学概念的多重含义的内容结构方面,开发和实施实验教学材料和学生课程。

ii) 开发和实施面向化学教师的课程,帮助他们获得有关新话题的足够的知识和恰当的能力以采用适合新方法的方式进行教学(参考Stolk, Bulte, De Jong, & Pilot, 2012)。

iii) 设计和执行深度研究和纵向研究。这种研究的目的有两个：从理论的角度来看，更好地理解特定化学内容的教与学过程及结果；从实践的角度来看，为高中和大学课程以及职前化学教师课程研发指导方针。

这三个创新步骤暗示化学教育的近期未来将面临重要的挑战。

参考文献

ACARA. (2012). *Chemistry.* Sydney: Australian Curriculum, Assessment and Reporting Authority.

Adbo, K., & Taber, K.S. (2009). Learners' mental models of the particle nature of matter: A study of 16-year-old Swedish science students. *International Journal of Science Education, 31*, 757–786.

Ahtee, M., & Varjola, I. (1998). Students' understanding of chemical reaction. *International Journal of Science Education, 20*, 305–316.

Allen, D., Donham, R., & Tanner, K. (2004). Approaches to biology teaching and learning: Lesson study—building communities of learning among educators. *Cell Biology Education, 3*, 1–7.

Alonzo, A.C., & Gotwals, A.W. (Eds.). (2012). *Learning progressions in science: Current challenges and future directions.* Rotterdam, the Netherlands: Sense Publishers.

Ambrogi, P., Caselli, M., Montalti, M., & Venturi, M. (2008). Make sense of nanochemistry and nanotechnology. *Chemistry Education Research & Practice, 9*, 5–10.

Andersson, B. (1990). Pupils' conceptions of matter and its transformations (age 12–16). *Studies in Science Education, 18*, 53–85.

Bachelard, G. (1940/1968). *The philosophy of no: A philosophy of the scientific mind.* New York: Orion Press.

Baddeley, A. (2003). Working memory: Looking back and looking forward. *Nature Reviews Neuroscience, 4*, 829–839.

Barker, V., & Millar, R. (1999). Students' reasoning about chemical reactions: What changes occur during a context-based post-16 chemistry course? *International Journal of Science Education, 21*, 645–665.

Barker, V., & Millar, R. (2000). Students' reasoning about basic chemical thermodynamics and chemical bonding: What changes occur during a context-based post-16 chemistry course? *International Journal of Science Education, 22*, 1171–1200.

Bennett, J., Gräsel, C., Parchmann, I., & Waddington, D. (2005). Context-based and conventional approaches to teaching chemistry: Comparing teachers' views. *International Journal of Science Education, 27*, 1521–1547.

Bennett, J., & Holman, J. (2002). Context-based approaches to the teaching of chemistry: What are they and what are their effects? In J.K. Gilbert, O. De Jong, R. Justi, D.F. Treagust, & J.H. Van Driel (Eds.), *Chemical education: Towards research-based practice* (pp. 165–184). Dordrecht, the Netherlands: Kluwer Academic Publishers.

Bennett, J., Lubben, F., & Hogarth, S. (2007). Bringing science to life: A synthesis of the research evidence on the effects of context-based and STS approaches to science teaching. *Science Education, 91*, 347–370.

Blonder, R., & Sakhnini, S. (2012). Teaching two basic nanotechnology concepts in secondary schools by using a variety of teaching methods. *Chemistry Education Research & Practice, 13*, 500–516.

Brown, J.R. (1991). *The Laboratory of the mind: Thought experiments in the natural sciences.* London: Routledge.

Bulte, A., Westbroek, H., De Jong, O., & Pilot, A. (2006). A research approach to designing chemistry education using authentic practices as contexts. *International Journal of Science Education, 28*, 1063–1086.

Campbell, B., Lazonby, J., Millar, R., Nicolson, P., Ramsden, J., & Waddington, D. (1994). Science: The Salters' approach—a case study of the process of large scale curriculum development. *Science Education, 78*, 415–447.

Cavallo, A.M. L., McNeely, J.C., & Marek, E.A. (2003). Eliciting students' understanding of chemical reactions using two forms of essay questions during a learning cycle. *International Journal of Science Education, 25*, 583–603.

Chandrasegaran, A.L., Treagust, D.F., & Mocerino, M. (2007). The development of a two-tier multiple-choice diagnostic instrument for evaluating secondary school students' ability to describe and explain chemical reactions using multiple levels of representation. *Chemistry Education Research and Practice, 8*, 293–307.

Cheng, M., & Gilbert, J.K. (2009). Towards a better utilization of diagrams in research into the use of representative levels in chemical education. In J. Gilbert & D. Treagust (Eds.), *Multiple representations in chemical education* (pp. 55–73). Dordrecht, the Netherlands: Springer.

Chiu, M.-H., & Wu, H.-K. (2009). The roles of multimedia in the teaching and learning of the triplet relationship in chemistry. In J.K. Gilbert & D. Treagust (Eds.), *Multiple representations in chemical education* (pp. 251–283). Dordrecht, the Netherlands: Springer.

Clement, J. (2008). The role of explanatory models in teaching for conceptual change. In S. Vosniadou (Ed.), *International handbook of research on conceptual change* (pp. 417–452). New York: Routledge.

Coll, R.K., & Treagust, D.F. (2003). Investigation of secondary school, undergraduate, and graduate learners' mental models of ionic bonding. *Journal of Research in Science Teaching, 40*, 464–486.

Dagher, Z., & Cossman, G. (1992). Verbal explanations given by science teachers: Their nature and implications. *Journal of Research in Science Teaching, 29*, 361–374.

De Jong, O., Acampo, J., & Verdonk, A.H. (1995). Problems in teaching the topic of redox reactions: Actions and conceptions of chemistry teachers. *Journal of Research in Science Teaching, 32*, 1097–1110.

De Jong, O., Ahtee, M., Goodwin, A., Hatzinikita, V., & Koulaidis, V. (1999). An international study of prospective teachers' initial teaching conceptions and concerns: The case of teaching "combustion." *European Journal of Teacher Education, 22*, 45–59.

De Jong, O., & Treagust, D.F. (2002). The teaching and learning of electrochemistry. In J.K. Gilbert, O. De Jong, R. Justi, D.F. Treagust, & J.H. Van Driel (Eds.), *Chemical education: Towards research-based practice* (pp. 317–337). Dordrecht, the Netherlands: Kluwer Academic Publishers.

De Jong, O., & Van Driel, J. (2004). Exploring the development of student teachers' PCK of multiple meanings of chemistry topics. *International Journal of Science and Mathematics Education, 2*, 477–491.

De Vos, W., & Verdonk, A.H. (1985). A new road to reactions, part 1. *Journal of Chemical Education, 62*, 238–240.

Develaki, M. (2007). The model-based view of scientific theories and the structuring of school science programmes. *Science & Education, 16*, 725–749.

diSessa, A.A. (2008). A bird's-eye view of the "pieces" vs. "coherence" controversy (from the "pieces" side of the fence). In S. Vosniadou (Ed.), *International handbook of research on conceptual change* (pp. 35–60). New York: Routledge.

Drechsler, M., & Schmidt, H.-J. (2005). Upper secondary school students' understanding of models used in chemistry to define acids and bases. *Science Education International, 16*, 39–53.

Driessen, H.P. W., & Meinema, H.A. (2003). *Chemistry between context and concept: Designing for renewal.* Enschede, the Netherlands: SLO.

Driver, R., & Erickson, G. (1983). Theories-in-action: Some theoretical and empirical issues in the study of students' conceptual frameworks in science. *Studies in Science Education, 10*, 37–60.

Duit, R. (2009). *Bibliography—students' and teachers' conceptions and science education.* Kiel, Germany: Leibnitz Institute for Science and Mathematics Education. Retrieved from www.ipn.uni-kiel.de/aktuell/ stcse/stcse.html

Feierabend, T., Jokmin, S., & Eilks, I. (2011). Chemistry teachers' views on teaching "climate change"—An interview case study from research-oriented learning in teacher education. *Chemistry Education: Research & Practice, 11*, 85–91.

Fensham, P.J. (1975). Concept formation. In D.J. Daniels (Ed.), *New movements in the study and teaching of chemistry* (pp. 199–217). London: Temple Smith.

Gabel, D. (1999). Improving teaching and learning through chemistry education research: A look to the future, *Journal of Chemical Education, 76*, 548–554.

Garcia Franco, A., & Taber, K. (2009). Secondary students' thinking about familiar phenomena: Learners' explanations from a curriculum context where "particles" is a key idea for organizing teaching and learning. *International Journal of Science Education, 31*, 1917–1952.

George, J., & Lubben, F. (2002). Facilitating teachers' professional growth through their involvement in creating context-based materials in science. *International*

Journal of Educational Development, 22, 659 – 672.

Gilbert, J.K. (2007). Visualization: A metacognitive skill in science and science education. In J.K. Gilbert (Ed.), *Visualization in science education* (pp. 9 – 27). Dordrecht, the Netherlands: Kluwer Academic Publishers.

Gilbert, J.K., De Jong, O., Justi, R., Treagust, D.F., & Van Driel, J.H. (Eds.). (2002). *Chemical education: Research-based practice.* Dordrecht, the Netherlands: Kluwer Academic Publishers.

Gilbert, J.K., Justi, R., Van Driel, J.H., De Jong, O., & Treagust, D.F. (2004). Securing a future for chemical education. *Chemistry Education: Research & Practice, 5*, 5 – 14.

Gilbert, J.K., Osborne, R.J., & Fensham, P.J. (1982). Children's science and its consequences for teaching. *Science Education, 66*, 623 – 633.

Gräsel, D., Nentwig, P., & Parchmann, I. (2005). Chemie im Kontext: Curriculum development and evaluation strategies. In J. Bennett, J. Holman, R. Millar, & D. Waddington (Eds.), *Evaluation as a tool for improving science education* (pp. 53 – 66). Münster, Germany: Waxmann.

Haglund, J., & Jeppsson, F. (2012). Using self-generated analogies in teaching of thermodynamics. *Journal of Research in Science Teaching, 49*, 898 – 921.

Hammer, D. (1996). Misconceptions or p-prims: How may alternative perspectives of cognitive structure influence instructional perceptions and intentions? *Journal of the Learning Sciences, 5*, 97 – 127.

Harrison, A.G. (2001). How do teachers and textbook writers model scientific ideas for students? *Research in Science Education, 31*, 401 – 435.

Harrison, A.G., & Coll, R.K. (Eds.). (2008). *Using analogies in middle and secondary science classrooms.* Thousand Oaks, CA: Corwin Press.

Harrison, A.G., & Treagust, D.F. (2000 a). Learning about atoms, molecules, and chemical bonds: A case study of multiple-model use in grade 11 chemistry. *Science Education, 84*, 352 – 381.

Harrison, A.G., & Treagust, D.F. (2000 b). A typology of school science models. *International Journal of Science Education, 22*, 1011 – 1026.

Hesse, J.J., & Anderson, C.W. (1992). Students' conceptions of chemical change. *Journal of Research in Science Teaching, 29*, 277 – 299.

Jaber, L., & BouJaoude, S. (2012). A macro-micro-symbolic teaching to promote relational understanding of chemical reactions. *International Journal of Science Education, 34*, 973 – 998.

Jensen, W.B. (1995). *Logic, history and the teaching of chemistry.* Keynote lecture, given at the 57th Annual Summer Conference of the New England Association of Chemistry Teachers. Monograph. Sacred Heart University, Fairfield, CT.

Johnson, P.M. (2000). Children's understanding of substances, part 1: Recognizing chemical change. *International Journal of Science Education, 22*, 719 – 737.

Johnson, P.M. (2002). Children's understanding of substances, part 2: Explaining chemical change. *International Journal of Science Education, 24*, 1037 – 1054.

Johnson, P.M. (2012). Introducing particle theory. In K.S. Taber (Ed.), *Teaching secondary chemistry* (2nd ed., pp. 49 – 73). London: Association for Science Education/Hodder Education.

Johnson, P., & Papageorgiou, G. (2010). Rethinking the introduction of particle theory: A substance-based framework. *Journal of Research in Science Teaching, 47*, 130 – 150.

Johnstone, A.H. (1989). Some messages for teachers and examiners: An information processing model. In Assessment Subject Group Trust (Ed.). *Assessment of chemistry in schools* (Vol. Research in Assessment VII, pp. 23 – 39). London: Royal Society of Chemistry Education Division.

Johnstone, A.H. (1991). Why is science difficult to learn? Things are seldom what they seem. *Journal of Computer Assisted Learning, 7*, 75 – 83.

Johnstone, A.H. (1993). The development of chemistry teaching. *Journal of Chemical Education, 70*, 701 – 705.

Justi, R., & Gilbert, J.K. (2000). History and philosophy of science through models: Some challenges in the case of "the atom." *International Journal of Science Education, 22*, 993 – 1009.

Karpudewan, M., Ismael, Z., & Roth, W.-M. (2012). The efficacy of a green chemistry laboratory-based pedagogy: Changes in environmental values of Malaysia pre-service teachers. *International Journal of Science and Mathematics, 10*, 497 – 529.

Kern, A.L., Wood, N.B., Roehrig, G.H., & Nyachwaya, J. (2010). A qualitative report of the ways high school chemistry students attempt to represent a chemical reaction at the atomic/molecular level. *Chemistry Education Research and Practice, 11*, 165–172.

Keys, P.M. (2005). Are teachers walking the walk or just talking the talk in science education? *Teachers and Teaching, 11*, 499–516.

Kortland, K., & Klaassen, K. (Eds.). (2010). *Designing theory-based teaching-learning sequences for science education*. Utrecht, The Netherlands: CDBeta Press.

Krnel, D., Watson, R., & Glazar, S.A. (1998). Survey of research related to the development of the concept of "matter." *International Journal of Science Education, 20*, 257–289.

Laverty, D.T., & McGarvey, J.E. B. (1991). A "constructivist" approach to learning. *Education in Chemistry, 28*, 99–102.

Leach, J., & Scott, P. (2002). Designing and evaluating science teaching sequences: An approach drawing upon the concept of learning demand and a social constructivist perspective on learning. *Studies in Science Education, 38*, 115–142.

Levy Nahum, T., Mamlok-Naaman, R., Hofstein, A., & Krajcik, J. (2007). Developing a new teaching approach for the chemical bonding concept aligned with current scientific and pedagogical knowledge. *Science Education, 91*, 579–603.

Levy Nahum, T., Mamlok-Naaman, R., Hofstein, A., & Taber, K.S. (2010). Teaching and learning the concept of chemical bonding. *Studies in Science Education, 46*, 179–207.

Lőfgren, L., & Helldén, G. (2009). A longitudinal study showing how students use a molecule concept when explaining everyday situations. *International Journal of Science Education, 31*, 1631–1655.

Marks, R., Bertram, S., & Eilks, I. (2008). Learning chemistry and beyond with a lesson plan on potato crisps, which follows a socio-critical and problem-oriented approach to chemistry lessons—a case study. *Chemistry Education Research and Practice, 9*, 267–276.

Meijer, M. (2011). *Macro-meso-micro thinking with structure-property relations for chemistry education—an explorative design-based study*. Utrecht, Netherlands: Utrecht University (Ph.D. thesis). Retrieved from igitur-archive.library.uu.nl/dissertations/2011-0627-200510/Uindex.html

Meijer, M., Bulte, A., & Pilot, A. (2009). Structure-property relations between macro and micro representations: Relevant meso-levels in authentic tasks. In J. Gilbert & D. Treagust (Eds.), *Multiple representations in chemical education* (pp.195–213). Dordrecht, the Netherlands: Springer.

Meijer, M., Bulte, A., & Pilot, A. (2013). Macro-micro thinking with structure-property relations: Integrating "meso-levels" in secondary education. In G. Tsaparlis & H. Sevian (Eds.), *Concepts of matter in science education* (pp.419–436). Dordrecht, the Netherlands: Springer.

Millar, R. (1990). Making sense: What use are particles to children? In P. Lijnse, P. Licht, W. de Vos, & A. Waarlo (Eds.), *Relating macroscopic phenomena to microscopic particles* (pp.283–293). Utrecht, the Netherlands: CDß Press.

Millar, R. (2006). Twenty-first-century science: Insights from the design and implementation of a scientific literacy approach in school science. *International Journal of Science Education, 28*, 1499–1521.

Mozzer, N.B., & Justi, R. (2011). Students' pre- and post-teaching analogical reasoning when they draw their analogies. *International Journal of Science Education, 34*, 429–458.

Nelson, P. (2002). Teaching chemistry progressively: From substances, to atoms and molecules, to electrons and nuclei. *Chemistry Education Research and Practice, 3*, 215–228.

Nieswandt, M. (2001). Problems and possibilities for learning in an introductory chemistry course from a conceptual change perspective. *Science Education, 85*, 158–179.

NRC (National Research Council Committee on Conceptual Framework for the New K-12 Science Education Standards). (2012). *A framework for K-12 science education: Practices, crosscutting concepts, and core ideas*. Washington, DC: National Academies Press.

Özmen, H. (2004). Some student misconceptions in chemistry: A literature review of chemical bonding. *Journal of Science Education and Technology, 13*, 147–159.

Parchmann, I., Gräsel, D., Baer, A., Nentwig, P., Demuth, R.,

Ralle, B., & the ChiK Project Group. (2006). "Chemie im Kontext": A symbiotic implementation of a context-based teaching and learning approach. *International Journal of Science Education, 28*, 1041 – 1062.

Park, E.J., & Light, G. (2008). Identifying atomic structure as a threshold concept: Student mental models and troublesomeness. *International Journal of Science Education, 31*, 233 – 258.

Pauling, L. (1960). *The nature of the chemical bond and the structure of molecules and crystals: An introduction to modern structural chemistry* (3rd ed.). Ithaca, NY: Cornell University Press.

Petri, J., & Niedderer, H. (1998). A learning pathway in high school-level quantum atomic physics. *International Journal of Science Education, 20*, 1075 – 1088.

Prins, G., Bulte, A., & Pilot, A. (2011). Evaluation of a design principle for fostering students' epistemological views on models and modeling using authentic practices as contexts for learning in chemistry education. *International Journal of Science Education, 33*, 1539 – 1569.

QCA. (2007). *Science: Programme of study for key stage 3 and attainment targets.* London: Qualifications and Curriculum Authority.

Ramsden, J.M. (1997). How does a context-based approach influence understanding of key chemical ideas at 16 +? *International Journal of Science Education, 19*, 697 – 710.

Rosenblueth, A., & Wiener, N. (1945). The role of models in science. *Philosophy of Science, 12*, 316 – 321.

Sadownik, J.W., & Ulijn, R.V. (2010). Dynamic covalent chemistry in aid of peptide self-assembly. *Current Opinion in Biotechnology, 21*, 401 – 411.

Sánchez Gómez, P.J., & Martín, F. (2003). Quantum versus "classical" chemistry in university chemistry education: A case study of the role of history in thinking the curriculum. *Chemistry Education: Research & Practice, 4*, 131 – 148.

Scerri, E.R. (2000). Have orbitals really been observed? *Journal of Chemical Education, 77*, 1492 – 1494.

Smith, J.P., diSessa, A.A., & Roschelle, J. (1993). Misconceptions reconceived: A constructivist analysis of knowledge in transition. *Journal of the Learning Sciences, 3*, 115 – 163.

Solomonidou, C., & Stavridou, H. (2000). From inert object to chemical substance: Students' initial conceptions and conceptual development during an introductory experimental chemistry sequence. *Science Education, 84*, 382 – 400.

Solsona, N., Izquierdo, M., & De Jong, O. (2003). Exploring the development of students' conceptual profiles of chemical change. *International Journal of Science Education, 25*, 3 – 12.

Stavridou, H., & Solomonidou, C. (1998). Conceptual reorganization and the construction of the chemical reaction concept during secondary education. *International Journal of Science Education, 20*, 205 – 221.

Stoddart, J.F. (2012). Editorial: From supramolecular to systems chemistry: Complexity emerging out of simplicity. *Angewandte Chemie International Edition, 51*, 12902 – 12903.

Stolk, M., Bulte, A., De Jong, O., & Pilot, A. (2012). Evaluating a professional development framework to empower chemistry teachers to design context-based education. *International Journal of Science Education, 34*, 1487 – 1508.

Stolk, M., De Jong, O., Bulte, A., & Pilot, A. (2011). Exploring a framework for professional development in curriculum innovation: Empowering teachers for designing context-based chemistry education. *Research in Science Education, 41*, 369 – 388.

Taber, K.S. (1994). *Can Kelly's triads be used to elicit aspects of chemistry students' conceptual frameworks?* Paper presented at the British Educational Research Association Annual Conference, Oxford. Retrieved from www.leeds.ac.uk/educol/documents/00001482.htm

Taber, K.S. (1998a). An alternative conceptual framework from chemistry education. *International Journal of Science Education, 20*, 597 – 608.

Taber, K.S. (1998b). The sharing-out of nuclear attraction: Or I can't think about physics in chemistry. *International Journal of Science Education, 20*, 1001 – 1014.

Taber, K.S. (2000). *The CERG lecture 2000: Molar and molecular conceptions of research into learning chemistry: Towards a synthesis.* Paper presented at the Variety in Chemistry Teaching 2000. Retrieved from www.leeds.ac.uk/educol/documents/00001551.htm

Taber, K.S. (2001a). Building the structural concepts of chemistry: Some considerations from educational research. *Chemistry Education: Research and Practice in Europe, 2*, 123 – 158.

Taber, K.S. (2001b). When the analogy breaks down: Modelling the atom on the solar system. *Physics Education, 36*, 222–226.

Taber, K.S. (2003). The atom in the chemistry curriculum: Fundamental concept, teaching model or epistemological obstacle? *Foundations of Chemistry, 5*, 43–84.

Taber, K.S. (2005). Learning quanta: Barriers to stimulating transitions in student understanding of orbital ideas. *Science Education, 89*, 94–116.

Taber, K.S. (2009a). College students' conceptions of chemical stability: The widespread adoption of a heuristic rule out of context and beyond its range of application. *International Journal of Science Education, 31*, 1333–1358.

Taber, K.S. (2009b). Learning at the symbolic level. In J.K. Gilbert & D.F. Treagust (Eds.), *Multiple representations in chemical education* (pp. 75–108). Dordrecht, the Netherlands: Springer.

Taber, K.S. (2009c). Progressing Science Education: Constructing the scientific research programme into the contingent nature of learning science. Dordrecht, the Netherlands: Springer.

Taber, K.S. (2012a). Developing models of chemical bonding. In K.S. Taber (Ed.), *Teaching secondary chemistry* (2nd ed., pp. 103–136). London: Association for Science Education/ Hodder Education.

Taber, K.S. (2012b). Key concepts in chemistry. In K.S. Taber (Ed.), *Teaching secondary chemistry* (2nd ed., pp. 1–47). London: Association for Science Education/ Hodder Education.

Taber, K.S., & Tan, K.C. D. (2007). Exploring learners' conceptual resources: Singapore A level students' explanations in the topic of ionization energy. *International Journal of Science and Mathematics Education, 5*, 375–392.

Taber, K.S., & Tan, K.C. D. (2011). The insidious nature of "hard core" alternative conceptions: Implications for the constructivist research programme of patterns in high school students' and pre-service teachers' thinking about ionization energy. *International Journal of Science Education, 33*, 259–297.

Taber, K.S., & Watts, M. (1996). The secret life of the chemical bond: Students' anthropomorphic and animistic references to bonding. *International Journal of Science Education, 18*, 557–568.

Talanquer, V. (2007). Explanations and teleology in chemistry education. *International Journal of Science Education, 29*, 853–870.

Talanquer, V. (2011). Macro, submicro, and symbolic: The many faces of the chemistry "triplet." *International Journal of Science Education, 33*, 179–195.

Tortosa, M. (2012). The use of microcomputer based laboratories in chemistry secondary education: Present state of the art and ideas for research-based practice. *Chemistry Education: Research & Practice, 13*, 161–171.

Tsaparlis, G. (1994). Blocking mechanisms in problem solving from the Pascual-Leone's M-space perspective. In H.-J. Schmidt (Ed.), *Problem solving and misconceptions in chemistry and physics* (pp. 211–226). Dortmund, Germany: International Council of Associations for Science Education.

Tsaparlis, G., Kolioulis, D., & Pappa, E. (2010). Lower-secondary introductory chemistry course: A novel approach based on science-education theories, with emphasis on the macroscopic approach, and the delayed meaningful teaching of the concepts of molecule and atom. *Chemistry Education Research and Practice, 11*, 107–117.

Ünal, S., Çalik, M., Ayas, A., & Coll, R.K. (2006). A review of chemical bonding studies: Needs, aims, methods of exploring students' conceptions, general knowledge claims and students' alternative conceptions. *Research in Science & Technological Education, 24*, 141–172.

Vaino, K., Holbrook, J., & Rannikmäe, M. (2012). Stimulating students' intrinsic motivation for learning chemistry through the use of context-based learning modules. *Chemistry Education Research and Practice, 13*, 410–419.

Van Aalsvoort, J. (2004). Activity theory as a tool to address the problem of chemistry's lack of relevance in secondary school chemical education. *International Journal of Science Education, 26*, 1635–1651.

Van Driel, J.H., & Graeber, W. (2002). The teaching and learning of chemical equilibrium. In J.K. Gilbert, O. De Jong, R. Justi, D.F. Treagust, & J.H. Van Driel (Eds.), *Chemical education: Towards research-based practice* (pp. 271–292). Dordrecht, the Netherlands: Kluwer Academic Publishers.

Watson, R., Prieto, T., & Dillon, J.S. (1997). Consistency of students' explanations about combustion. *Science Education, 81*, 425–443.

Earth System Science Education

NIR ORION AND JULIE LIBARKIN

第24章
地球系统科学教育[1]

杨洁　译　　刘晟　审校

绪论

地球系统科学(Earth System Science [ESS])包含了致力于理解地球系统——包括大气圈、水圈、生物圈和岩石圈——如何运作和相互作用的一系列学科。ESS教育面临的挑战是帮助学生认识到发生在地球上的过程如何相互作用从而塑造出地球独有的自然与生物多样性。更具挑战的是，学生必须在不同的空间和时间尺度上理解这一点。

奥赖恩(Orion)和奥尔特(Ault)(2007)提出了多项有说服力的论点说明地球科学的独特性和在学校开设地球科学教学的价值。地球科学的本质特征与其有形的、贴近现实生活的特点相结合，使得地球科学特别有助于科学探究的教学，并可将其迁移到其他科学学科之中。与此同时，地球与空间科学特别关注时间的作用，既包括对未来的预测性探究，也包括对地球历史的追溯性探究。奥赖恩和奥尔特(2007)认识到地球科学在科学课堂以外的价值，他们提出，对环境的深入理解对所有公民都非常重要，他们需要对与不断变化的地球交织在一起的生活和政策做出决定。本章是这一早期工作的自然延伸，扩大了讨论范围，以获取更为全面的视角，去理解影响地球及其居民的相互作用的过程。

地球科学与其他科学学科既有相似的特点，又有不同之处。地球科学提供了一种更好地理解物理学、化学和生物学基本概念的具体情境，因此，所有科学都面临着许多共同的挑战。例如，操作性定义的运用，用正比和反比进行思考，以及克服学生关于能量、运动、微粒物质、遗传和适应性普遍存在的迷思概念，这些都是各科学领域的共同点(Driver, Guesne, & Tiberghien, 1985; Driver, Squires, Rushworth, & Wood-Robinson, 1994; Wandersee, Mintzes, & Novak, 1994)。关于地球的情境易于理解，有助于向青少年介绍科学推理的特征，例如观察、假设和从证据中得出结论。与此同时，对地球科学的学习也展现出其他科学学科所没有的独特挑战和机遇。这些挑战包括：长期地质记录的不连续性、地球系统在许多时间和空间尺度上运行的动态复杂性，以及在预测地球未来性质时不可避免的不确定性。

本章重点介绍地球科学中的ESS。ESS将地球视为一个系统进行研究，包括理解各个系统(例如岩石圈、大气圈或水圈）以及这些系统之间如何相互作用和相互影响。ESS认为，地球系统是不断变化的，应从时间和空间两个尺度上理解这些系统，而影响着地球系统的各种过程确实跨越了从微观级别到行星级别的多个尺度，也跨越了从几毫秒至数千年的时间尺度。总之，ESS致力于更全面地了解地球和地球过程。科学家们越来越认识到在许多被归为"物质的""生物的"或"化学的"现象的发展进程中地球科学和环境所发挥的作用。例如，遗传学家正在了解到，物质世界的特性可以启动和关闭基因，这对于理解进化等过程具有重要意义。同样，物理学家也不能在那些明确地结合了地球系统的跨学科研究（如地球物理学、生物物理学）中忽视他们所研究的星球。不同的科学领域正越来越紧密地联系在一起，地球为所有其他科学在计算机模型和实验室之外提供了能够发挥其作用的情境。生物地球化学和气候科学等跨学科领域的运转都基于一个基本的认识，即地球有自己的一套运行规则，而人类社会与地球过程密不可分。

ESS认为跨学科的学术研究对于解决基本环境问题是必要的。正如地球物理学为我们对板块构造的现代理解提供了跨学科的基础一样，ESS为人们看待地球系统提供了复杂而细致的视角，这正是我们的社会成功走向未来所需要的。ESS认为地球是由许多相互作用的系统组成的——这其中也包括人类系统（生物圈的一部分）——这些系统通过地球过程从根本上产生相互影响，而这些地球过程将曾经相互孤立的地球、海洋和大气科学领域关联在一起。随着我们进入一个气候变化、近岸海域富营养化和自然灾害对人类生活和社会的影响日益重要的世界，了解这些系统如何相互作用是至关重要的。因此，了解地球系统是如何运作的及其与人类社会之间是如何相互作用的就变得越来越重要。

本章的目的是向读者介绍ESS教育的概况。自本手册上一次出版已经过去了7年，这期间我们密切关注着相关的英文出版文献，希望能够从中提供一些国际研究范例。本章的组织依照逆向设计的思路（Wiggins & McTighe, 2005），首先介绍ESS教学的目标，然后综述对ESS教学的评估与研究现状，再对课程进行讨论——这包括独特的挑战和一个经过深入研究的案例。随后，我们将讨论ESS教学所面临的挑战，以及那些我们认为当前迫切需要和已有研究为空白的研究议程。

地球系统科学教育的目标

在过去十年中，地球科学的学习目标已成为学界讨论和论文发表的热点主题（例如LaDue & Clark, 2012）。与地球科学"素养"相关的文件聚焦于概念、态度和技能，其目的往往是为了界定什么架构是受过教育的公民进行有效决策所必需的。地球系统教育的理论背景及其对学校的影响是二十多年前首次提出的（Mayer, 1991；Mayer & Fortner, 1995）。然而，直至最近公布的《新一代科学教育标准》（*The Next Generation Science Standards* [*NGSS*]; Achieve, Inc., 2013），"地球系统科学"才被明确列为一个重要概念纳入其中。虽然之前的文件也包括地球系统的概念，但标准中对概念的理解要求一般都是指某个具体的系统，例如大气圈或海洋，或指人类对地球系统的影响。我们在这里的讨论包括了目前所使用的各种标准文件中与ESS相关的目标。

小学、中学和公众理解的标准

全球大多数国家都有科学教育标准。在美国，最近的改革使得科学教育标准中外显地包含了ESS的内容和哲学基础。*NGSS*的开发工作已经结束（Achieve, Inc., 2013）；*NGSS*不仅以某种形式保留着1996年制定的科学标准（National Research Council [NRC]，1996）所阐述的基本思想，还外显地将ESS视为一个学科核心概念。ESS的其他重要方面，如因果关系，也在美国国家层面得以明确地呈现和重视。这些标准主要来自那些研究大学前教育的科学教育团体，然而也明确地邀请了科学家对标准的草稿和出版版本进行评论。从多方面来看，这些标准代表了科学家和科学教育者之间合作的最佳实践。

美国科学标准框架阐明的七个跨学科主题都与ESS教学密切相关。该框架还阐述了三条概念，它们被认为是地球与空间科学的核心概念，此外还有一系列相关概念。围绕一个或多个较大的跨学科主题，我们架构出适合ESS的相关核心概念/主要概念，也提出了一些其他的大概念，这些概念或许应在全球ESS教学中得到更为外显的考虑（见表24.1）。

美国的科学教育界已经制定了四份与地球系统素养有关的文件，具体关注学生理解地球科学、海洋科学、大气科学和气候科学所必需的基本原则（四份文件的链接可在大学大气研究公司[University Corporation for Atmospheric Research, UCAR]的网站上找到）。这些文件主要来自那些经常参与大学、中小学（K—12）、教师或公众对科学理解事务的科学界成员。这些文件对地球系统或整体观点的反映程度各不相同；有些文件会针对单一领域中非常具体的概念进行描述，如地球科学素养原则，

表24.1　*NGSS*和纲领性文件中与ESS教学相关的重要概念汇总

*NGSS*中地球系统的学科核心概念和跨学科主题*	相关的*NGSS*跨学科主题*	纲领性文件中的相关主题**
ESS2.A 地球资源与系统	地球资源的位置分布和发展模式；地球系统在空间和时间上的稳定性和变化。	地球系统涉及岩石、水、空气和生命之间复杂的相互作用；地球系统在不断地变化。
ESS2.B 板块运动与大尺度的地球系统相互作用	构造过程中的模式；地球系统之间相互作用的模式；板块构造在空间和时间上的稳定性和变化。	地球系统在不断变化。
ESS2.C 水在地表过程中的作用	水的分布模式及相关的景观变化模式；地球表面的淡水和咸水在空间和时间上的稳定性和变化。	地球系统在不断变化。
ESS2.D 天气与气候	天气和气候模式，包括天气与气候的关系；天气与气候在空间和时间上的稳定性和变化。	地球系统在不断变化。
ESS2.D 全球气候变化	气候模式，包括气候与人类活动的关系；气候在空间和时间上的稳定性和变化。	地球系统在不断变化；人类与岩石圈、水圈和大气圈有着千丝万缕的联系。

表中的概念来自 **NGSS* 以及 ** LaDue and Clark（2012）

而有些文件则会对整个地球系统的相互作用关系进行广泛的讨论，如气候素养原则。

拉杜(LaDue)和克拉克(Clark)(2012)对这四套素养原则进行了概括，以确定这些文件中的共同主题。有五个概念至少在三份素养原则中出现过，这些概念可能就是我们所说的ESS素养的核心概念。这份概念清单应被视作一份可持续变更的文件，为响应新的挑战和研究，ESS领域不断发展，这份概念清单也应随之发生变化。

1. 对地球系统的探索是通过观察、科学推理和建模进行的。

2. 地球系统涉及岩石、水、空气和生命之间复杂的相互作用。

3. 地球系统在不断变化。

4. 人类与岩石圈、水圈和大气圈有千丝万缕的联系。

5. 生物圈依赖水圈、大气圈和岩石圈而存在，也对这些圈层产生影响。

其中一些概念类似于*NGSS*中提出的概念，*NGSS*将其视作学生进入大学前必须理解的重要概念。请注意，第一条概念涉及地球系统科学的实践，其余四条概念涉及地球系统科学的本质。这五条概念与*NGSS*(Achieve, Inc., 2013)中所提出的概念一起，为ESS教育的发展提供了一个有益的基础(见表24.1)。

地球系统科学教育的研究与评价现状

尽管研究者曾将地球科学概念孤立地而不是作为一个整体来考虑，但关于人们对ESS的理解程度、经验和教学对ESS素养会产生怎样的影响的研究由来已久(例如Francek, 2013)。这方面的研究最初源于科学教育界，但在地球科学、环境科学、传播学、心理学、学习科学和其他科学团体中浮现出的一个新的、涉及面广的研究团体也在研究ESS教育中的问题。因此，要全面掌握ESS教育的研究和评价情况，就需要考量大量跨学科的文献。这对ESS教育研究者来说，既是一件幸事，也是一种诅咒；研究者可以借鉴多个领域的研究成果，产出对学习的丰富理解，这是孤立的单一领域的研究无法实现的，但与此同时，从多种不同的期刊中识别出相关的研究文章是很困难的。我们在此尝试提供与ESS教育相关的文献综述，旨在呈现自本手册上一版之后所发表的最新研究成果。我们不仅对过去五年发表的研究进行简要回顾，也引用了对更早期研究的综述，以帮助读者关联那些重要的已有研究文献。为简单起见，我们将讨论的重点放在三个方面：概念理解、情感领域和ESS教育评价。我们将在本节结束时讨论从研究到实践所需的后续步骤。

概念理解

在过去十年中，对关于地球圈层的学生相异概念的研究激增，因此出现了一些独特的研究模式。对学生相异概念的研究已有较长的历史，有许多研究者对此进行过综述，我们鼓励读者参考这些综述工作(Ault, 1994; Cheek, 2010; Francek, 2013; King, 2008; Orion & Ault, 2007)。接下来将要呈现的概要并不是针对地球圈层具体相异概念的，而是侧重于从地球某一个圈层内部以及地球圈层之间发生的相互作用过程——即与ESS有关的概念——这一视角出发，从整体上呈现众多研究所揭示出的共性。

对ESS材料、情境和过程的概念理解，可以使我们深入了解学生带入课堂的相异概念。研究表明，学生在小学阶段展现出来的相异概念可以持续到中学阶段，甚至直至大学课堂中，这意味着有些相异概念对教学来说是非常“顽固”的，或者说ESS教学不足以改变这些相异概念。最近，弗兰采克(Francek，2013)回顾了数百篇关于地球科学相异概念的文章，其中就包括对那些存在于各年龄段学生中的顽固的相异概念的讨论。例如，对许多人——从低龄学生到教师——来说，绝对时间和“深时”(地球历史的漫长时间尺度)是非常难理解的概念。有趣的是，明确针对系统理解的研究很少，这表明，为加强学生对ESS的理解，我们需要开展更多工作。这篇综述和早期的研究(如Ault, 1994；Cheek, 2010；King, 2008；Orion & Ault, 2007)都表明，ESS共同体在第一阶段的基础工作——识别学生的想法——中已取得了很好的成果，现在已准备好转向概念的起源、特征、与教学的相关性以及如何将概念整合到学生个人的ESS模型中，从而进行更为全面的分析。我们强烈建议对地球和相关概念理解现状研究感兴趣的读者参阅弗兰采克(Francek, 2013)的文章和更早的研究综述。

一些ESS教育研究者对相异概念的思考不仅局限于非科学概念的简单存在和这些概念在地球相关教学中的持续性。他们的研究指向本体论的理解，即学生对现象进行分类的方式。这些研究表明，位于不同层次的学生不一定能认识到地球本身就是一个不断变化的系统(例如Libarkin & Kurdziel, 2006；Raia, 2008)。同样，对学生在系统水平进行思考，即认识到过程的相互作用会形成复杂的模式的能力进行研究，常常会发现许多大学学前和大学水平的学生都缺少这种能力(Ben-Zvi-Assaraf & Orion, 2010a; McNeal, Miller, & Herbert, 2008；Sibley, 2005)。这项工作直接说出了科学教育工作者和科学家们所阐述的ESS教学目标，即理解地球是可变的——这是ESS最重要的概念之一——并认识到地球发生变化是由非常特殊的原因引起的，以及地球是一个包含无数复杂过程的复杂系统。

与其他科学相比，ESS的独特性体现在两个方面——ESS不仅需要预测活动过程的结果，还需要追溯那些导致现今所观测到的形态的古代过程。对地球的追溯性推理与系统思维密切相关(Kali, Orion, & Eylon, 2003；Lawton, 2001)，要求学生认识到多个事件之间的相互作用往往能产生令人惊讶的结果。可能是由于在其他科学中的效用有限，追溯性思维常常被遗忘，未纳入科学推理的讨论之中(Sibley, 2009)。同时，尽管能够让学生参与追溯性推理的课程相对较少，但学者们一致认为追溯性推理是有效ESS教学的必要组成部分(Pyle, 2008)。当然，大学学前阶段的学生能够对复杂的进化和地质数据进行追溯性推理(Libarkin & Schneps, 2012；Thomson & Chapman Beall, 2008)，也能对复杂的全球系统进行追溯性推理(Sunderlin, 2009)。简单的追溯性推理可以帮助学生更好地理解整个地球系统(Sunderlin, 2009)。

研究人员还发现，与其他学科一样，在学生认知中可以同时存在关于ESS概念的多种相异概念，通常这时学生也会持有对概念的科学理解（例如Clark, Libarkin, Kortz, & Jordan, 2011；Dickerson, Callahan, Van Sickle, & Hay, 2005；Sexton, 2012）。这种科学和非科学概念的二分法本身可能与传统地球科学教学（关注孤立的概念）和ESS教学（关注较大领域之间的相互作用）之间的差异相似。

一些学者认为，对于那些由于大的空间范围(例如板块运动)或长时间范围(例如恐龙的宏观演化)而无法直接观察到的现象来说，与其有关的相异概念可能不是学生自己产生的，而是我们的教学材料本身产生的。例如，克拉克等(Clark, et al., 2011)提供的证据表明，地球科学中最常见的可视化材料——美国地质调查局(U.S. Geological Surveys)提供的关于板块构造的教学示意图——包含混淆和强化有关岩石圈的相异概念的要素。与地质事件相关的巨大时间范围增加了理解ESS现象的复杂性，许多人根本无法形成概念框架去理解同时影响着地球多个圈层的“深时”事件(Catley & Novick, 2009; Teed & Slattery, 2011)。

情感领域

最近的研究表明，地球科学家认识到对地球的理解、重视以及负责任地对待是同等重要的。这些研究包括：开展态度类的调查(例如Jolley, Lane, Kennedy, & Frappé-Sénéclauze, 2012; Libarkin, 2001)，调查学生对野外工作的看法(例如Boyle et al., 2007; Kern & Carpenter, 1984; Orion & Ault, 2007; Stokes & Boyle, 2009; Yunker, Orion, & Lernau, 2011)，以及关于情感领域在地球科学教学中重要性的一般性讨论(McConnell & Van Der Hoeven Kraft, 2011)。

利巴金(Libarkin, 2001)和乔利(Jolley)及其同事(2012)都开展了关于大学生对科学本质的理解和态度的研究，他们在研究中设计了新的问题，并改编了用于测试学生对科学与科学本质理解的态度测试工具。两项研究都发现，针对课堂教学中的特定主题(例如地球或海洋)设计问题是一种衡量学生情感的有效方法。这方面的研究揭示出某些课程要素——如探究——似乎与学生更积极的态度有关，但这还需要更多的研究去考量课程设计在影响学生对地球和ESS的情感中所发挥的作用。

其他学者(例如Boyle et al., 2007; Stokes & Boyle, 2009)对野外考察在培养学生情感中所起的作用产生了疑问。野外考察可能是ESS的标志之一，当然也是地质教学的重要组成部分，并且被认为是建立学生——尤其是未来的地球科学家——对地球和相关科学积极态度的重要环节。整体上说，关于野外考察对学生影响的研究表明，野外考察可以强化学生已有的积极态度，并减弱其消极态度，特别是对未知领域的消极态度。有趣的是，斯托克斯(Stokes)和博伊尔(Boyle)(2009)发现，与所学领域相关但不一定与科学事业有关的跨学科经历对学生的态度有着强烈而积极的影响。这表明ESS教学不应仅聚焦于孤立的科学学科领域(例如地质学)，特别是应将个人的想法与更大的、结合更加紧密的人与地球这一系统关联在一起，这也许可以同时改善概念和情感特征。

认知与情感之间的二元论源自众多学者对地球系统教育的研究，这些研究包括小学阶段(Ben-Zvi-Assaraf & Orion, 2010a; Yunker, Orion & Lernau, 2011)、初中阶段(Ben-Zvi-Assaraf & Orion, 2009; Orion, Ben-Menacham, & Shur, 2008)和高中阶段的研究(Orion & Bassis, 2008; Orion & Cohen, 2007)。奥赖恩(Orion, 2007)认为地球系统的教育方法应该同时强调思维技能和情感反应(情商)的发展。在考虑思维过程发展的同时，还要考虑学生和他们所在客观环境(自然的和非自然的)之间的关系。学生与周围环境的关系始于与学生切身相关的真实问题，这能帮助学生提高对环境的认识和观察力。之后，学生可以通过各种感官刺激的活动体验他们的环境。奥赖恩(2007)提出，地球系统模式可以作为“面向所有人的科学”的整体框架，并声称科学教育中真正的改革还应包括另外两个“整体”要素：一个是整体学习环境(户外、实验室、计算机和教室)，另一个是整体的认知与情感学习。

麦康奈尔（McConnell）和范德胡芬克拉夫特（Van Der Hoeven Kraft）（2011）提出了一个有说服力的论点，即在研究教学对学生理解地球和嵌入式系统的影响时，需更好地将情感研究纳入研究之中。例如，他们指出，我们向大众教授地球知识的原因之一是为了让学生更好地进行决策，而决策的制定在一定程度上取决于一个人的感受。这一论点，再加上围绕ESS及相关领域展开的为数不多的对学生情感的研究，可以说明更好地理解情感和决策，尤其是理解教学对情感和决策的影响，将是对课程改革的有益补充。

ESS教育中的评价

对地球相关领域的素养评价，在中小学中有着悠久的历史，在过去十年间得到了大学水平教育研究者越来越多的关注。过去的素养评价主要将地球科学视为一个领域，而最近的发展则认识到，将地球视为一个系统意味着更广阔的背景。从最广义的角度来说，评价包括通过定性或定量的方法去测量个体能力。开放式的访谈可以深刻理解个体如何建构关于世界的意义。与开放式访谈相对的另一个极端是封闭式问卷，这种形式可以同时测量许多个体。为了保证有效性，每种方法都需要非常仔细地设计出一份与特定问题相一致的研究方案，并确认每种数据收集和相关分析技术的局限性。研究ESS教育的研究者具有跨学科的属性，这意味着在回答类似研究问题的时候会出现不同的研究范式。因此，这就需要ESS教育的研究人员必须能够熟悉不同研究团体所采用的信度和效度。

高利害的地球科学考试在美国尤其是纽约有着悠久的历史。从19世纪末开始，地球科学就是纽约高中毕业考试中的一科。高中毕业考试中所使用的题目是由教师和科学家组成的命题团队开发的。命题团队成员相互合作命制、审查、校订试题以形成高质量的题目。这确保了考试普遍具有高水平的信度和效度，因此可能是衡量学生ESS理解的良好工具，也是测量学生的ESS相关能力——如图形阅读能力——的良好工具。虽然考试最初的重点是传统的地球科学内容（如岩石循环），但现在高中毕业考试的内容已得以扩展，涉及了地球情境中系统思考的相关概念，包括反馈、追溯和气候变化等大尺度现象。

在高等教育阶段，除常规的学期测试外，关于学生理解的低利害考试越来越常见。这些低利害考试使用一种被称为概念清单（concept inventories [CIs]）的测试，题型为多项选择题，使用学生们常见的相异概念作为非正确选项干扰。这是源自科学学科的一种测试方法，用于测量在教师的教学下学生的学习和概念理解情况。虽然概念清单在高等教育阶段中广泛使用，但其首次使用其实是在中学阶段（Treagust, 1986）。现在，小学和中学课堂上使用的基于概念的学习测试正通过互联网得以广泛传播（例如http://assessment.aaas.org/）。其他科学领域已发展出许多概念清单，这些概念清单之间彼此无关，未必都得到了恰当的开发和验证。与此同时，在地球与空间科学领域，除教学质量的测评工具外，其他相关研究也正在得到越来越多的应用（例如Bardar, Prather, Brecher, & Slater, 2006; Libarkin & Anderson, 2006）。这其中就包括由学者团体合作开发的公共题库，该题库围绕地球的各主要圈层进行架构（Libarkin, Ward, Anderson, Kortemeyer, & Raeburn, 2011）。利巴金（Libarkin，2008）综述了许多科学概念清单。此外，利巴金、贾德莱扎（Jardeleza）和麦克尔希尼（McElhinny）（2014）讨论了概念清单在学习评估中的作用。我们注意到概念清单代表一个广泛的测试类别，具有多种不同的信度和效度，读者在选择用于研究的测量方法时，应该仔细考虑这些情况。

地球科学概念清单（Geoscience Concept Inventory [GCI]）是一个不断增长的测试题目库，开发者的人数也在不断增加（Libarkin et al., 2011）。该题目库现在包括由近20位作者开发的题目，这些题目是围绕地球科学主要圈层（岩石圈、生物圈、水圈、大气圈）进行架构的。虽然题目库的组建还不满十年，但学者们已经发表了许多使用GCI评价学习的研究。开展这些研究的学者中许多都是GCI的创始作者（例如Libarkin & Anderson, 2005, 2006）。其他研究则侧重于特定的主题，例如地质年代（Teed & Slattery, 2011），或考查不同类型的教学对学生学习的影响（例如McConnell et al., 2006）。研究人员使用GCI来调查实习教师（例如Petcovic和Ruhf，2008）和大学生的概念理解，调查范围很广，从传统课堂到野外实地考察，还被用于非英语母语的群体（例如西班牙语；Llerandi Roman, 2007）。GCI也被用作单纯的认知测量工具（例如Kelemen & Rosset, 2009），且已被证明与专家行为高度相关（Hambrick et al., 2012）。与其他多项选择测试工具一样，GCI也有其局限性，所有的题目必须要针对所研究的群体进行精心设计和验证。虽然良好的定量工具可以有效地进行大规模测试，但只有定性（即调查、访谈）方法才能了解每一个个体的思想起源和细微差别。

虽然已经开发出一些测量工具，但与概念理解的相关研究相比，与ESS相关的情感变量的测量方法并不成熟。利巴金（2001）开发了一份李克特量表以评价学生对地球科学的态度和观念。这一工具已被用于多个学科的情感研究中，例如大气科学（Parker, Krockover, Eichinger, & Lasher-Trapp, 2008）和小学职前教师教育（Bickmore, Thompson, Grandy, & Tomlin, 2009）。乔利、莱恩（Lane）、肯尼迪（Kennedy）和福瑞佩–塞内克劳泽（Frappé-Sénéclauze）（2012）开发了一份李克特量表以评价学生对地球和海洋科学课程的看法，这一工具已整合到其他学科类似的研究工作之中。使用这两个测量工具的研究揭示了学生的情感转变是教学的成果（例如Libarkin, 2001），而情感反应看起来并不受课堂经验的影响（Jolley, Lane, Kennedy, & Frappé-Sénéclauze, 2012）。未来研究者所面临的挑战是，找出那些似乎可以改变学生对ESS的态度和看法的经历，同时也要开发出有效和可信的测量工具以深入了解其他非认知变量，例如评估ESS的特定资源。

ESS教学的实践研究

虽然学术研究本身就是有价值和乐趣的，但从纯粹的求知性问题转向实际应用是我们最终需要实现的成果。在ESS教育中，这意味着要挖掘在正式课堂中、非正式教育环境里，以及思考怎样才能最好地与公众进行沟通时研究发现的实际意义。在这里，我们将回顾多项研究，这些研究已不再局限于基础的学术研究，进入了对培养ESS素养的实践探索。

科学教育界有一个发展趋势，就是将环境观的形成作为科学教育的核心目标之一。奥赖恩和福特纳（Fortner）（2003）认为，地球系统模式的实施可以作为建构这种环境观的有效学习工具。地球系统模式是一种针对地球科学和科学课程的整体框架，强调研究岩石圈、水圈、大气圈和生物圈这四个地球系统中的物质和能量转换的循环模式。对岩石循环、水循环、食物链和碳循环等循环的研究强调地球子系统之间基于守恒定律的物质与能量转换关系。对这些自然循环的研讨应将其置于它对人们日常生活的影响这一背景之中，而不是将其视为一个个彼此孤立的科学学科。地球系统模式还将自然世界与技术联系在一起：技术改变了源自地球系统的原材料。

地球系统模式教育效能的一项重要影响因素就是学习者的系统思维能力。系统思维是理解各种科学、技术和社会领域所需的一种高阶思维技能。在过去的二十年中，人们越来越关注对系统思维能力中认知要素的理解。对文献进行综述可以发现，在各学科中都出现了很多试图描绘系统思维特征的研究（参考Ben-Zvi-Assaraf & Orion, 2005 a; Ben-Zvi-Assaraf & Orion, 2010 b; Booth-Sweeney, 2000; Booth-Sweeney & Sterman, 2007; Draper, 1993; Emery, 1992; Faughnan & Elson, 1998; Fordyce, 1998; Frank, 2000; Goldstone & Wilensky, 2008; Graczyk, 1993; Hmelo-Silver, Marathe, & Liu, 2007; Hmelo-Silver & Pfeffer, 2004; Jacobson & Wilensky, 2006; Kim, 1999; Lesh, 2006; Lewis, 1998; Mandinach, 1989; Ossimitz, 2000; Senge, 1998; Steed, 1992; Ullmer, 1986; Verhoeff, Waarlo, & Boersma, 2008; Wilensky & Resnick, 1999）。从这些研究中可以发现，系统思维能力的共同特征包括动态化思维、网络化思维和时间维度上的思维，但这些研究也清晰地揭示出一些有差异的特征。这些差异主要来自特定系统（如技术系统、地球系统、社会系统、生物系统）所涉及的学科以及研究领域（如管理、培训、认知研究、教育）的不同焦点。

总之，所有ESS教学的一项核心特征就是必须认识到学习者的起点和学习场所影响着学习过程。明确以自然世界为焦点的领域，例如地球科学、生物科学和环境科学等领域尤其如此。这一点的关键在于，基于场所的教育要理解环境和文化是相互交织在一起的，并利用这种关联促使学生参与科学学习。与特定场所的互动可能会产生一种被称为“场所感”的情感连接，这种情感连接能够让学生产生更多的关注，令户外教学更加有效，最终使得个人的环保和可持续行为发生改变（例如Israel, 2012; Semken & Butler Freeman, 2008）。最有价值的是，基于场所的教学是多学科的，它鼓励社区的广泛参与，本质上是实践体验式的教学（Woodhouse & Knapp, 2000）。在地球科学领域，内容的获取既可以通过与景观的交互实现，也可以通过在特定场所中与人类的互动来完成（Rossbacher, 2002）。当前，教育界越来越推崇让学生深入地了解自然世界，基于场所的课程、教学和教师专业化发展在K—12教育阶段和正式教育情境中变得更加普及（Gruenewald & Smith, 2007; Sobel, 2004），在大学教育阶段也越来越普遍（Miele & Powell, 2010; Zeichner, 2010）。

ESS教育的现状

无论出于何种原因，地球科学在学校课程中的关注度通常都低于其他科学学科（物理、化学、生物）。近年来，随着全世界的公民都被要求正视那些影响着人类生活的环境问题（如气候变化、干旱、水污染），地球科学的重要性正逐渐得到认可。将地球视为一个系统，这是ESS教学中的要求，只有这样学生才能理解整个系统并使用系统思维。在本节中，我们将把一个致力于提高学生系统思维能力的长期研究项目作为ESS教育研究的一个范例来考量。

ESS独特的学习与教学挑战

不断变化的地球正在对人类社会产生巨大的影响，对这样的世界而言，ESS的教学和学习变得越来越重要。虽然随着技术的变革我们与地球的直接互动变得越来越少，但是我们无法完全逃离大规模自然灾害或全球气候变化。我们无法摆脱对地球上的食物、矿物资源和能源的依赖。

理解ESS需要认识到地球的所有圈层都是相互联系的，在地球表面发生的过程必然会紧密关联到大气和海洋，当时间跨度足够久时甚至与地球的内部构造密不可分。ESS的教学和学习的挑战在于学生要能考虑并跨越三个不同的时间段(过去、现在、未来)，认识到地球每一独特圈层的基本特征，同时也要认识到这些圈层在不同尺度上是如何相互作用和相互影响的，要探索非线性的过程和概念——包括系统中的正反馈和负反馈，还要根据地质记录中存在不确定性的证据和未来地球模型得出相关结论。

奥赖恩和奥尔特(2007)回顾了多个领域研究对地球科学教育的贡献，特别是对大学之前学段的研究。他们根据地球科学在课程设计、制定地球科学教学研究范畴和促进科学普及中的作用确定了地球科学的独特特征。例如，通过学习地球科学，学生可能会对地球历史上发生的变化和多个时间与空间尺度上的变化形成一种理性的、可靠的理解。发展出对尺度的理解是地球科学学习的一项显著特征。这里的“尺度”概念在心理学和认知学领域都有作用。在心理学上，尺度可能代表着感知和观念上的障碍。从认知学的角度来看，从时间和空间尺度对地球过程进行推断，是对地球过程进行深入思考的一个显著特征。地质年代表所包括的漫长地质时期和巨大变化远远超出人类生命的尺度，例如，预测全球气候变化必须设法解决采样和建模尺度的问题，这里的尺度就小至仅仅数米，大至行星水平。根据他们的分析，奥赖恩和奥尔特(2007)强调了地球科学的独特特征，这些特征在考虑ESS时都非常重要：

1. 查尔斯·赖尔(Charles Lyell)和查尔斯·达尔文开创的科学探究的历史方法。达尔文对太平洋珊瑚环礁周围岛礁的描述很好地展示了这种方法。这些岛礁可以作为一个跨越空间和时间的样本分布，反映出火山岛在漫长的、无目击者的地质时段内上升和下沉的过程中发生的变化。地球科学家必须追溯过去，寻找那些导致珊瑚礁成为今日样貌的形成过程。

2. 对这些复杂的系统作为一个整体在地球上发挥作用(例如水圈、岩石圈、大气圈及其与生物圈——包括人类圈——的相互作用)的认识，以及在更加局部和地区化的尺度上对地球各子系统进行的分析。

3. 跨越时间与空间，从原子到星球尺度的现象的概念化。例如，“深时”这一概念既是一个理论构想，又是对地质时间尺度进行建构的示例，是地球系统思维的核心。

4. 使用视觉表征来表达地球系统现象的需要以及空间推理的高要求。例如，地质图、等高线图以及洋流、风暴等地球动态过程的三维模型本身都会用到空间概念。

5. 对跨尺度问题解决方案的整合。要想深入了解地球科学，就必须认识到单一现象是如何在不同空间尺度产生影响的。收集小到矿物晶体、大到区域地形的跨尺度证据去验证流星撞击假说，这是一个反映出在多个尺度上同时开展研究的需要的良好示例。

6. 追溯性的科学思维和逆向推理是地球和空

间科学所独有的特点。为了揭开数百万年前发生的过程，地球和空间科学家发展出一种包含追溯的独特思维方式。地质调查就是使用当今地球过程的知识推测过去的材料、过程和环境的性质。

最近*NGSS*(Achieve, Inc., 2013) 的出版以及对各个地球系统和ESS整体关注度的提高，为我们修正课堂上的ESS教学方式奠定了基础，带来了希望。与此同时，标准并不总能产生所期望的影响；库马尔(Kumar, 2013) 注意到，为响应20世纪90年代制定的标准而对地球科学教学进行的改革从未完全实现。为确保K—12教育系统中ESS教学改革的成功，要面对的重大挑战包括：将ESS纳入各州科学评估之中、聘用具有较强ESS背景的教师、明确将一部分课时用于跨年级ESS教学。若想要实现*NGSS*中所描绘的ESS，科学家、教师教育者和学校系统之间的合作将是必不可少的。

课程研究案例 —— 以色列的ESS

以色列魏茨曼科学研究所(Weizmann Institute of Science) 的地球科学教育工作组在第一作者的带领下开展了一项深入的、纵向的课程研究。该课程在过去十年间鼓励学生系统思维技能的发展。该研究由三项面对不同年龄段学生的独立研究组成，分别针对8年级(13—14岁) 的初中生(Ben-Zvi-Assaraf & Orion, 2005a, 2005b, 2010b)、4年级(9—10岁) 的小学生(Ben-Zvi-Assaraf and Orion, 2010a)，以及11至12年级(16—18岁) 的高中生(Orion & Bassis, 2008)。对这套课程的广泛探索持续了多年，这是ESS教育和实践研究的一个良好范例，可供其他学者参考。

这三项研究基于同一个地球系统课程，该课程的开发和改进符合各年龄层次的特点和相应的国家标准要求。这三个研究项目均包含三个要素：以探究为基础；以学习者为中心；对实验室、户外、计算机和课堂学习环境的整合。小学和初中阶段的项目，除了实地考察以外，一共30至45学时，在实施时是“面向所有人的科学”课程的一部分，重点关注水循环和系统思维技能。高中阶段的项目大致为400学时，重点关注地球系统及相互作用的学习，例如板块构造情境中的生物地球化学循环、与循环和动态思维相关的高阶思维技能、地球系统情境下的环境问题以及对地球系统的独立调查。

这三个项目在目标学生年龄、内容、教学时长和对学生的认知要求方面存在差异，但也具有一些共同特征，即学生发展系统思维和认知ESS知识所具有的广泛的社会重要性。这些特征包括：使用学生可以探究的真实问题，激发学生在地球系统情境中处理抽象的化学或物理学概念，基于探究的学习，以及利用真实世界中的现象提供有意义的情境。项目鼓励学生在理解系统和循环机制的基础上建构环境观，而这些机制支配着我们的地球(Orion, 1993, 2002)；由此形成的环境观经常可应用于诸如概念图或绘图的知识整合活动中，这些活动要求学生识别系统、创建关联，并将概念置于相互连接的框架之中。

结合了来自学生和教师的定性与定量数据的混合研究法可以调查课程干预在多大程度上促进了系统思维技能的发展(表24.2)。

表24.2 关于学习目标和评估的示例性课程研究

学习目标	评估	数据类型	群体
动态思维能力	动态思维问卷	李克特量表	小学、初中、高中
循环思维能力	循环思维问卷	李克特量表	小学、初中、高中
提出有效问题，以制订基于证据的行动计划	工厂问题解决清单	开放式文本	初中、高中
认识到环境会影响行动计划	死海问题解决清单	开放式文本	高中
归纳和迁移能力	“我的系统”清单	绘图或概念图	高中
理解系统内部和系统之间的物质和能量流动	物质转化清单	开放式文本	高中
理解地表的过程和关系	隐藏维度清单	增强绘图和开放式文本	高中
理解地球系统	方格存储	访谈	小学、初中
理解自然界中的水	关于水的绘图	访谈	小学、初中
参与学习	放大观察	观察	小学、初中、高中
系统思维能力	实地考察报告	开放式文本和图像	小学、初中、高中
不适用	教师的看法	开放式文本	小学、初中、高中

定性数据可用于考查学生在自然情境中的学习表现，也能更好地理解学生的认知能力。定量数据可用于检验变量之间的相关性和因果关系。教师的看法，包括他们对活动的看法，可作为次要的数据来源。针对每个年龄段都开发和修正了一套相应的研究工具；这些工具的复杂性展示了ESS教育研究的复杂性(表24.2)。学生完成这些评估后，就可以测评出他们进行系统思维的能力、制订基于证据的行动计划的能力、对该计划受到环境影响的理解、归纳和迁移系统理解的能力，以及对系统内部和系统之间物质和能量流动的理解。关于学生对地表过程和关系的理解会通过一项详细的评估——向学生提出关于一张生态图像(图24.1)的问题——来进行考查。

图24.1 隐藏维度清单

这些研究也收集和分析了学生的实地考察报告，以衡量学生识别系统成分和系统过程的能力。

研究者在课堂学习之前、期间和之后都对学生进行访谈，以衡量他们所掌握的地球系统知识的变化，特别是小学和初中学生对“水”的理解。在课堂学习期间，研究者也观察了学生的表现，以测量学生的参与程度。最后，研究者每周对教师进行一次访谈，以获取关于学生参与程度和课程效果的额外意见。

总之，这些研究为探索传统与创新课程对学生理解ESS的影响提供了宝贵的意见。这项研究取得了两方面的重要成果：(1) 认识到传统的初中和高中科学教学对系统思维技能的发展影响极小，(2) 发展了系统思维层次（System Thinking Hierarchic [STH]）多层模型。

传统科学学习与系统思维技能的发展

参与这些研究的大多数学生在进入11年级时循环思维和动态思维技能的水平都很低。事实上，11年级学生（在学习ESS课程之前）的动态思维水平仅仅是略高于8年级学生，两个年龄组的循环思维能力非常相似。此外，4年级和8年级学生的系统思维能力也很相似。

这些数据表明，从4年级到11年级，这长达7年的学校科学课程对学生系统思维能力的发展几乎没有贡献。此外，考虑到这三项研究的样本分别都代表了大部分以色列学生，可以得出两个结论：第一，学生的成熟度是影响学生循环思维能力的一个变量，但其影响力是很小的；第二，K—12的传统学习对学生系统思维能力的发展贡献很小。特别是随着系统思维和ESS在学校教育标准（例如Achieve, Inc., 2013）中的重要性不断提升，第二个结论尤其值得进一步思考。

系统思维层次多层模型

在所有研究中，通过数据分析都能发现分层的、金字塔状的系统思维结构（Ben-Zvi-Assaraf & Orion, 2010a, 2010b; Orion & Bassis, 2008）。经过教学，几乎所有学生都能够分析系统的组成部分和过程，但很少有学生可以识别物质与能量循环、理解地表过程或展开追溯性和预测性思考（图24.2）。

学生们在成长为系统思考者的过程中似乎经历了三个阶段。第一个阶段是分析能力阶段，学生能够分辨一个系统中的组成成分和过程。接着学生进入第二个阶段，即综合能力阶段，会发展出相应的能力去识别少数变量之间的简单关系，也能将一个系统表征为由变量和过程组成的网络（循环思维）。第三个阶段是问题解决阶段，学生能够识别一个系统中的模式，对整个系统进行归纳概括，能将一个系统向前转换（追溯）或向后转换（预测）。这些阶段的划分与其他研究是非常一致的（例如Evagorou, Korfiatis, Nicolaou, & Constantinou, 2009）。此外，这里实现的学生学习成果与本章前面讨论的学习目标非常一致。虽然那些目标是面向美国国内制订的，但以色列学生的这些学习成果与美国所预期的成果是高度一致的，这表明这一课程或类似的课程是可以得到有效迁移的。例如，识别一个系统中的模式的能力，以及理解系统是如何随时间变化（预测和追溯）的能力，既是以色列课程确定的主题，也是*NGSS*确定的跨学科主题。ESS教育可能会成为建立更强大的国际合作与相互联系的理想领域。

但是，当前的STH模型忽略了系统思维的一个非常重要的组成部分——识别一个系统中反馈循环的能力（Ossimitz, 2000）。本篇综述并未涉及这一方面，因为没有研究关注这种能力，即使高中

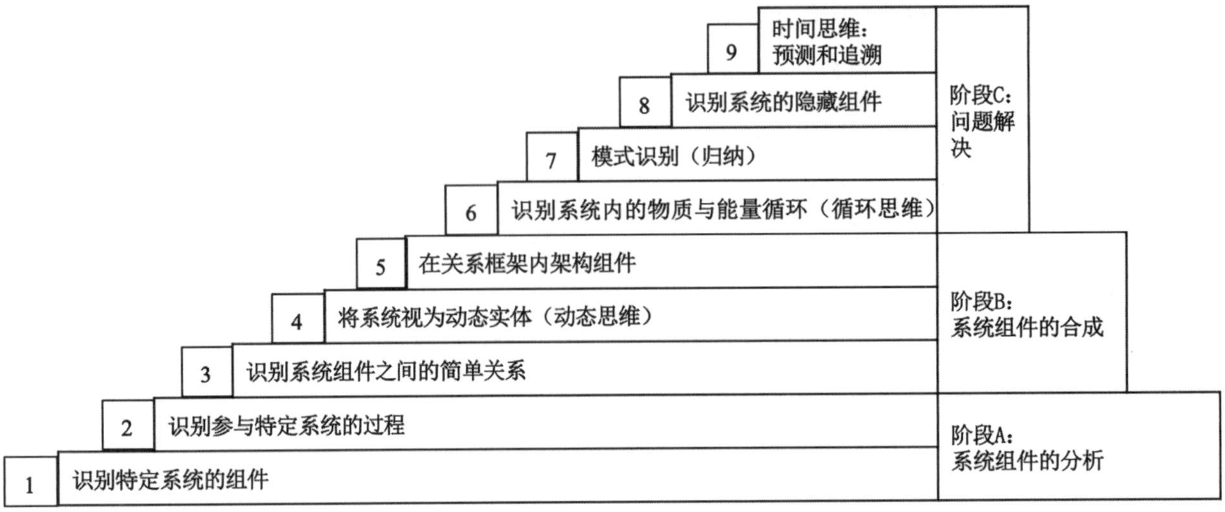

图24.2 系统思维层次模型

阶段的研究也没有涉及。这一重要能力应在日后的研究中加以检验。此外，它可以作为STH模型的预测，因为根据该模型的等级特性，反馈循环能力应位于能力金字塔中较高的层次。

发展系统思维技能的地球系统模式

对地球系统的探索能够显著提高学生的系统思维能力。此外，多项研究之间的三角验证(triangulation)揭示，当课程的各组分之间的联系像一个自然系统的具象模型那样发挥作用，当学生主动参与知识的组织并以图形的方式表征知识，当课堂教学重点关注ESS中特别重要的特定圈层(如水圈)和过程(如板块运动)时，学生的系统思维技能就会得到发展。上述条件中若缺失任何一个，都会妨碍系统思维的发展，无法产生有意义的学习。探究、户外学习和知识整合活动都在学生的发展中起到关键性作用；三者中任何单一要素都不足以引发有效学习。这三者一起共同为有意义的学习——具体表现为长期记忆片段——提供了机会(Orion, 1993; Yunker, Orion, & Lernau, 2011)。

对教师来说，为创建形成性教学，教师必须意识到他们作为教师和协调员的重要性。引发思维技能发展的教学要求教师能识别学习者的特点及其认知的弱点和长处，在有难度的任务中鼓励学生自己处理材料，并帮助学生从信息的吸收者转变为将信息变为知识的处理者。

这个ESS课程的案例经过多年的开发、实施、评估和修订，向那些需要获得系统思考能力的学习者展现了ESS教学在这方面的潜在价值。以色列实施这些活动所花费的大量课堂教学时间在其他地区可能会难以实现。我们想知道需要花多少时间让学生参与探究、户外体验和知识整合，才能观察到对系统思维的持久影响。

以技术为媒介的学习

除了刚刚描述的在以色列课程中得以大量使用的实验室和实地经历之外，技术在学生学习ESS的过程中发挥着重要作用。鉴于近年来重大技术进步对科学和教育领域所产生的影响，我们必须要考虑技术对学生学习的影响。我们将简要回顾以技术为媒介的ESS学习的相关研究；本篇综述旨在示例性地说明技术的潜力，而不是全面呈现所有的研究。

已有研究文献考虑了通过技术进行增强或完全嵌入虚拟世界的实验室：虚拟实地考察（例如Hurst, 1998; Stainfield, Fisher, Ford, & Solem, 2000）、模拟（例如Jackson, 1997; Wang & Reeves, 2006）、三维虚拟环境（Pettit & Wu, 2008; Russell, Davies, & Totten, 2008）以及特定技术（例如Google Earth; Patterson, 2007）。虽然这些已有研究表明地球科学学习正在以技术为媒介的环境中进行，然而大部分这方面的研究都缺乏详细的研究证据，难以得出关于技术在实验室环境中的价值的具体结论。

与此同时，一些研究提供的证据表明，某些技术可以改善学生的学习。拉塞尔（Russell）及其同事（2008）提供的证据表明，三维虚拟环境的使用为学生提供了关于自然界的社交媒介式的学习体验，这是许多学生尤其是城市环境中的学生无法获得的。该研究使用技术产生社交互动，这是已知的、能够在地球科学情境下增强学习的方法。帕特森（Patterson，2007）在7年级课堂中采用了基于地理信息系统（geographic information system [GIS]）的技术——具体来说就是谷歌地球——以提高学生对地质学和地理学问题进行批判性思考的能力。此项研究工作表明，当使用工具的技术壁垒较低时，也就是学习者可以足够快速地掌握技术的使用方法以使注意力主要聚焦于技术背后所蕴含的基本概念上，批判性思维可以得到增强。最后，桑切斯（Sanchez，2012）研究了视觉空间训练在学生对地球的学习中所发挥的作用。在该研究中，学生先玩电子游戏，然后参与板块运动的学习；其中一半的学生玩需要视觉空间技能的游戏，另一半玩不需视觉空间技能的游戏。研究结果表明，游戏对特定领域的影响是有趣的——与非视觉空间游戏组相比，视觉空间游戏组的学生的视觉空间技能得到提升，他们学习板块构造的能力也更强。这一研究表明，可增强各领域通用的技能，例如视觉空间技能的技术可能会对特定领域的学习产生影响。这对于ESS尤其重要，因为ESS中的许多领域和技能必须结合在一起以帮助学习者理解ESS过程的空间、时间和物理特性。

推进ESS教育所面临的挑战

如前所述，与物理学、化学和生命科学等传统科学学科相比，地球系统的概念在大学以前的学段中和本科课程中得到的关注很少，但社会所面临的主要挑战却与地球系统息息相关。教育需求与实践之间的这种脱节也许源自一种在允许学生独立思考之前注重为其提供坚实信息基础的教育制度。这也表现为课程标准更关注细节而不是原理，且在各个国家、各级教育中均存在。当然，目前社会没有做好充足的准备去解决威胁着我们的经济、农业和城市系统的环境问题。我们认为，在给予ESS公平的教育地位之前，社会在面对气候变化和可持续能源等议题时仍会毫无准备。

理解ESS需要综合的、系统的思维。系统水平的推理不是轻易可以培养的，也不是学校能够教授的。研究表明，学生经常将地球及其周围环境视为静止不变的，或者认为地球及其周围环境的变化是无目的和无原因的。造成这种情况的原因之一，可能是缺乏对概念的明确关注。这些概念对科学家来说几乎是直觉的，但对学生而言则是神秘的。虽然人们已经开始尝试建立课程干预，使地球现象的因果关系变得清晰，但大多数ESS教学仍只关注地球的特征而非其所蕴含的基本原则。库马尔（Kumar，2013）在描述美国学校进行有关地球教学改革所面临的挑战时，明确阐述了这一问题。此外，美国缺乏地球、海洋、太空或类似科学领域的教师教育，这是一个非常严重的问题。新的*NGSS*重点关注地球与空间科学，这可能会改变教师教育的图景，为K—12学校中的ESS教学创造新的机会。

我们为ESS教学开发最佳实践并以研究议程推进ESS教育研究时，需要认真考虑ESS教学所面临的政治挑战。也许与其他学科相比，ESS涉及的概念在经济、政治和社会方面有更广泛的社会影响。以水污染为例，ESS教学要求学生必须认识到基于科学提出的解决方案可能与基于经济计划提出的解决方案相矛盾。诸如气候变化这样的具有全球尺度和长时间尺度的议题，与人们如何应对和参与处于争议边缘的科学紧密相关。

最后，拥护"面向所有人的科学"的范式，就要求每个人都有接受科学教育的机会。这包括非传统意义上的学生，即至少包含那些残疾学生和来自传统意义上很少接触到教育的群体的学生。对于大学教学而言，大龄学生重返校园进行学习以应对不断变化的工作环境，这是早先几代人未曾遭遇过的独特挑战。尽管在确保所有人都拥有接受教育的机会方面已开展的工作较少，但发挥新技术优势的努力，以及地球科学界对教育平等的开放性，都让我们受到鼓舞（Atchison & Martinez-Frias, 2012）。

为未来十年提出的研究议程

21世纪第二个十年初的ESS教育研究有很多优势。我们对学生带入地球科学课堂的相异概念有着可靠的理解，并开始准确制定教学策略帮助学生开展最有效的学习。地球科学教育工作者认识到不同学习环境对学生的重要性，包括户外、实验室、课堂和计算机学习经历对培养明智的公民群体的价值。我们期待这些明智的公民群体在未来可以做出重大决策，决定人类应该和不应该以怎样的方式与地球系统互动，并决定人类必须采取哪些行动步骤以缓解人类活动导致的诸如气候变化的地球过程的严重改变。下一个十年的研究议程应侧重这一决策过程；目前地球科学教育研究人员所做的工作很少涉及概念学习之间的关系——但这往往是地球科学家的研究重点，也很少涉及基于人地关系做决策的能力。在此，我们也许可以考虑与环境教育界这一独特的、专注于研究人类活动对地球影响的领域进行更为密切的互动。ESS教育为这一对话增添了一层重要的含义，就是同时也要考虑地球对人类社会的影响。

未来将要开展的有效的ESS教育研究，应该考虑所有已知的对地球系统决策具有重要意义的变量。虽然已有一些研究考虑到教育干预在改变学生对复杂主题的决策中所发挥的作用（例如Grace, 2009），但ESS教育还未真正开始探索那些与真实世界带来的影响有关的问题。例如，我们知道人们关于环境的决策并不总是建立在理性科学理解的基础之上的（Bell & Lederman, 2003）。面对恶劣天气的决策，例如飓风来临时是否离开家园，会涉及知识、情感、经济和社会限制之间的复杂交互关系。通过互联网上近乎实时直播的新闻和视频的传播，自然灾害在全球话语体系中占据着越来越重要的地位，因此ESS教育变得越来越重要，但目前ESS教育明显不足。未来研究所面临的挑战是考虑如何提高ESS教学在正式教育系统和非正式教育中的地位，并探索在面对另一场卡特里娜飓风、太平洋海啸或海冰融化等气候变化带来的灾害时可推动全球行动的最佳实践方案。

鉴于这些日益增长的全球需求，我们建议学界的研究聚焦于将真实世界的决策制定关联到课堂或其他教学环境的学习活动之中。我们尤其鼓励针对以下内容展开基于有效、可信方法的高质量研究。

1. 环境观：如前所述，系统思维技能对环境观的发展至关重要。很少有研究关注系统思维能力与环境观的关系，这其中就包括那些能让学生成为更优秀的系统思考者的机制。因此，我们建议将探索系统思维对环境观发展的影响作为一项具有实际意义的研究议程。此外，成为一名具备环境观的公民往往意味着要具有环境素养和决策能力。成为一名环境议题的有效决策者意味着什么？对这一问题的概念建构是未来研究中颇具前景的领域。这可能会涉及将多学科（如ESS教育、地球科学教育、环境经济学等）的研究方法进行融合，以帮助公众建立对环境观更为深入和更加广泛的理解。

2. 对ESS教育研究人员的培训：ESS本质上是跨学科的，既包括自然科学也包括一部分社会科学，与此相似的是，探索教育和学习的研究者也来自多个学科。因此，最高效的ESS教育研究人员是那些能够跨越学科界限并在不同的研究领域中无缝切换的学者。例如，一位研究正式ESS教育对公众决策过程影响的学者需要熟悉ESS、正式科学教育、公众对科学的理解、决策制定等领域的概念和研究范式。这些领域本身就是跨学科的，可能需要地球科学、教育学、心理学、学习科学、社会科学、传播学等领域的学识。培养能够流畅地跨越学科边界的新研究者是一项涉及众多领域的巨大挑战，必然需要对ESS教育进行探索。至少，我们需要为学者们提供基于证据的培训机会以扩展我们对人们如何感知、学习和理解地球系统的认识，我们还需要考虑如何更有效地评估那些属于许多传统学科的跨学科学术研究的价值。如果我们想要满足构建可加强环境观和决策能力的学习经历这一迫切需要，那么训练有素的新一代学者是至关重要的。在实践层面上，我们建议探索大学以前学段的学生和大学生系统思维技能发展的影响因素，并探索在中小学和大学中实施ESS的路径。STH模型可作为该任务的一项有力的假说。该模型是以单一文化群体中使用特定学习材料的一组当地学生为样本开发的，我们迫切需要在更广泛的情境中测试和改进这一初始模型及其研究工具，并将其推广到大学生之中。

3. 概念理解：针对K—12中小学生和大学生、教师和一般公众的概念理解所开展的重要研究，为揭示其是否具备对地球及相关科学特定核心概念的理解提供了强有力的证据。与此同时，目前对ESS理解的研究相对较少，这为研究者指明了概念理解研究的新方向。如前所述，传统的地球科学教学侧重于孤立的概念。当我们转向*NGSS*和其他文件中所呼吁的ESS教学时，我们必须开始探索学习者对相互作用的过程和系统的理解和推理水平如何。当问及个人是否有足够的能力就人类对复杂的地球系统产生的影响做出决策时，这一点就变得特别重要。

4. 决策制定：关于人地关系的决策制定可能是推动当今科学发展的最重要的研究方向。关于环境的决策制定植根于从环境经济学到教育学等众多领域。虽然越来越多的研究开始关注人类面对地球现象如何决策，但迄今为止，关于ESS教育在决策制定中的作用的研究仍非常有限（例如Drost, 2013）。要了解如何在公民中形成有效的决策制定，就需要研究人们用于制定地球相关决策的机制，这体现在人类对地球的影响和地球对人类的影响两个方面。虽然正式教育系统重点关注内容理解（例如NRC, 1996），但科学教育的最终目标并不是只培养出新的科学家，而是也要培养具有科学素养，可以对世界做出明智决策的公民(例如Hazen & Trefil, 2009; Rutherford & Ahlgren, 1991)。这一建议与我们的观察结果——关于ESS教学所产生的情感效果的研究基础有限，而决策制定与情感反馈往往是联系在一起的——是一致的。

5. 专家研究：为了向ESS学生提供有效的教育经历，我们必须首先了解成为地球系统科学家意味着什么。这包括对地球科学和大气科学等传统领域中的地球系统科学家的研究，也包括对生物地球化学和气候变化学等前沿领域中科研工作者的研究。专家研究为反思培养新一代地球系统科学家的课程奠定了基础，甚至为反思ESS教育的整体目标做好了准备。此外，ESS本质上是跨学科的。这种跨学科的特性带来了一系列挑战，需要研究者个体能跨越学科边界，需要机构用新的方式评价研究工作，需要学术界认识到研究者提出非传统研究问题和借鉴其他领域的研究技术是有价值的，并给予奖励(American Association for the Advancement of Science, 2012; Andre & Frochot, 2013)。

6. 新技术：我们了解世界、与世界互动的技术正在发生势不可挡的进步，并且一直在变化。与地球的技术增强型互动正变得越来越普遍，从轻松实现广阔时空模式可视化的程序(例如谷歌地球)到智能手机的应用程序(例如谷歌手机实地考察应用程序)再到智能眼镜(例如谷歌眼镜)，都诠释着世界正在不断改变。在课堂中，大规模开放网络课程(即慕课，massive open online course [MOOC])已经席卷全球高等教育界。这些免费产品基本上向任何接入互联网的人开放，已经成为许多国际机构紧跟的新潮流。虽然对在线教育、自主选择学习、移动应用程序和通用技术的有效性研究可以为技术发展指明方向，但这些创新需要研究者开展高质量的研究，以探索学生如何使用这些旨在提升我们对地球的理解和决策水平的技术，并从中学习和取得进步。

注释

1. 谨以本章纪念地球系统科学教育的先驱者维克托·迈尔(Victor Mayer; 1933—2011)。

致谢

感谢我们实验室内外的许多同事多年来进行的成果丰硕的讨论与合作，这些讨论与合作积累形成了本篇所展现的观点。我们还要感谢卡伦·麦克尼尔(Karen McNeal)和克丽丝滕·约翰(Kristen St. John)对本章早期版本的评议。

参考文献

Achieve, Inc. on behalf of the twenty-six states and partners that collaborated on the *NGSS*. (2013). *The next generation science standards*. Retrieved June 15, 2013, from www.nextgenscience.org

American Association for the Advancement of Science. (2012). *Facilitating interdisciplinary research and education: A practical guide*. Retrieved June 15, 2013, from www.aaas.org/report/facilitating-interdisciplinary-research-and-education-practical-guide

Andre. J.C., & Frochot, C. (2013). Problems arising in evaluation of interdisciplinary scientific research for innovation. *International Journal of Innovation Science, 5* (2), 103–12.

Atchison, C., & Martinez-Frias, J. (2012). Inclusive geoscience instruction. *Nature Geoscience, 5* (6), 366–366.

Ault, C.R. (1994). Research on problem solving. In D.L.

Gabel (Ed.), *Handbook of research on science teaching and learning* (pp. 269 – 283). New York: MacMillian Publishing.

Bardar, E.M., Prather, E.E., Brecher, K., & Slater, T.F. (2006). Development and validation of the Light and Spectroscopy Concept Inventory. *Astronomy Education Review, 5* (2), 103.

Bell, R.L., & Lederman, N.G. (2003). Understandings of the nature of science and decision making on science and technology based issues. *Science Education, 87* (3), 352 – 377.

Ben-Zvi-Assaraf, O., & Orion, N. (2005 a). The development of system thinking skills in the context of Earth System education. *Journal of Research in Science Teaching, 42*, 1 – 43.

Ben-Zvi-Assaraf, O., & Orion, N. (2005 b). A study of junior high students' perceptions of the water cycle. *Journal of Geosciences Education, 53*, 366 – 373.

Ben-Zvi-Assaraf, O., & Orion, N. (2009). a design based research of an earth systems based environmental curriculum. *Eurasia Journal of Mathematics, Science & Technology Education, 5* (1), 47 – 62.

Ben-Zvi-Assaraf, O., & Orion, N. (2010 a). System thinking skills at the elementary school level. *Journal of Research in Science Teaching, 47*, 540 – 563.

Ben-Zvi-Assaraf, O., & Orion, N. (2010 b). Four case studies and six years later: Developing system thinking skills in junior high School and sustaining them over time. *Journal of Research in Science Teaching, 47*, 1253 – 1280.

Bickmore, B.R., Thompson, K.R., Grandy, D.A., & Tomlin, T. (2009). Science as storytelling for teaching the nature of science and the science-religion interface. *Journal of Geoscience Education, 57* (3), 178 – 190.

Booth-Sweeney, L. & Sterman, J.D. (2000). Bathtub dynamics: Initial results of a systems thinking inventory. *System Dynamics Review, 16*(4), 249 – 286. Retrieved February 28, 2014 from http://web.mit.edu/jsterman/www/Bathtub%20Dynamics.pdf

Booth-Sweeney, L., & Sterman, J.D. (2007). Thinking about systems: Student and teacher conceptions of natural and social systems. *System Dynamics Review, 23*, 285 312.

Boyle, A., Maguire, S., Martin, A., Milsom, C., Nash, R., Rawlinson, S., & Conchie, S. (2007). Fieldwork is good: The student perception and the affective domain. *Journal of Geography in Higher Education, 31* (2), 299 – 317.

Catley, K.M., & Novick, L.R. (2009). Digging deep: Exploring college students' knowledge of macroevolutionary time. *Journal of Research in Science Teaching, 46* (3), 311 – 332.

Cheek, K.A. (2010). Commentary: A summary and analysis of twenty-seven years of geoscience conceptions research. *Journal of Geoscience Education, 58* (3), 122 – 134.

Clark, S.K., Libarkin, J.C., Kortz, K.M., & Jordan, S.C. (2011). Alternative conceptions of plate tectonics held by nonscience undergraduates. *Journal of Geoscience Education, 59* (4), 251 – 262.

Dickerson, D., Callahan, T.J., Van Sickle, M., & Hay, G. (2005). Students' conceptions of scale regarding groundwater. *Journal of Geoscience Education, 53*, 374 – 380.

Draper, F. (1993). A proposed sequence for developing system thinking in a grades 4 – 12 curriculum. *System Dynamic Review, 9* (2), 207 – 214.

Driver, R., Guesne, E., & Tiberghien, A. (Eds.). (1985). *Children's ideas in Science*. Philadelphia: Open University Press.

Driver, R., Squires, A., Rushworth, P., & Wood-Robinson, V. (1994). Making sense of secondary science: Research into children's ideas. New York: Routledge.

Drost, R. (2013). Memory and decision making: Determining action when the sirens sound. *Weather, Climate, and Society, 5* (1), 43 – 54.

Emery, R.E. (1992). Parenting in context: Systemic thinking about parental conflict and its influence on children. *Journal of Consulting and Clinical Psychology, 60*, 909 – 912.

Evagorou, M., Korfiatis, K., Nicolaou, C., & Constantinou, C, (2009). An investigation of the potential of interactive simulations for developing system thinking skills in elementary school: A case study with fifth graders and sixth graders. *International Journal of Science Education, 31*, 655 – 674.

Faughnan, J.G., & Elson, R. (1998). Information technology and the clinical curriculum: Some predictions and their implications for the class of 2003. *Academic Medicine, 73*, 766 – 769.

Fordyce, D. (1998). The development of system thinking in engineering education: An interdisciplinary model. *European Journal of Engineering Education, 13*, 283 – 292.

Francek, M. (2013). A compilation and review of over 500 geoscience misconceptions. *International Journal of Science Education, 35* (1), 31 – 64.

Frank, M. (2000). Engineering systems thinking and

systems thinking. *Systems Engineering, 3*, 63–168.

Goldstone, R.L., & Wilensky, U. (2008). Promoting transfer complex systems principles. *Journal of the Learning Sciences, 17*, 465–516.

Grace, M. (2009). Developing high quality decision making discussions about biological conservation in a normal classroom setting. *International Journal of Science Education, 31* (4), 551–570.

Graczyk, S.L. (1993). Get with the system: General system theory for business officials. *School Business Affairs, 59*, 16–20.

Gruenewald, D.A., & Smith, G.A. (2007). *Place-based education in the global age: Local diversity.* Ann Arbor, MI: Lawrence Erlbaum Associates.

Hambrick, D.Z., Libarkin, J.C., Petcovic, H.L., Baker, K.M., Elkins, J., Callahan, C.N., Rench, T., Turner, S., & Ladue, N.D. (2012). A test of the circumvention-of-limits hypothesis in scientific problem solving: The case of geological bedrock mapping. *Journal of Experimental Psychology. General, 141*, 397–403.

Hazen, R.M., & Trefil, J. (2009). *Science matters: Achieving scientific literacy.* New York: Random House.

Hmelo-Silver, C.E., Marathe, S., & Liu, L. (2007). Fish swim, rocks sit, and lungs breathe: Expert–novice understanding of complex systems. *Journal of the Learning Sciences, 16*, 307–331.

Hmelo-Silver, C.E., & Pfeffer, M.G. (2004). Comparing expert and novice understanding of a complex system from the perspective of structures, behaviors, and functions. *Cognitive Science, 28*, 127–138.

Hurst, S.D. (1998). Use of "virtual" field trips in teaching introductory geology. *Computers and Geosciences, 24* (7), 653–658.

Israel, A.L. (2012). Putting geography education into place: What geography educators can learn from place-based education, and vice versa. *Journal of Geography, 111*(2), 76–81. doi:10.1080/00221341.2011.583264

Jackson, D.F. (1997). Case studies of microcomputer and interactive video simulations in middle school earth science teaching. *Journal of Science Education and Technology, 6* (2), 127–141.

Jacobson, M.J., & Wilensky, U. (2006). Complex systems in education: Scientific and educational importance and implications for the learning sciences. *Journal of the Learning Sciences, 15* (1), 11–34.

Jolley, A., Lane, E., Kennedy, B., & Frappé-Sénéclauze, T.-P. (2012). SPESS: A new instrument for measuring student perceptions in Earth and ocean science. *Journal of Geoscience Education, 60* (1), 83–91.

Kali, Y., Orion, N., & Eylon B. (2003). Effect of knowledge integration activities on students' perception of the Earth's crust as a cyclic system. *Journal of Research in Science Teaching, 40*, 545–565. doi:10.1002/tea.10096

Kelemen, D., & Rosset, E. (2009). The human function compunction: Teleological explanation in adults. *Cognition, 111* (1), 138–143.

Kern, E.L., & Carpenter, J.R. (1984). Enhancement of student values, interest and attitudes in earth science through a field-oriented approach. *Journal of Geological Education, 32* (5), 299–305.

Kim, D.H. (1999). Introduction to system thinking. Westford, MA: Pegasus Communications, Inc.

King, C. (2008). Geoscience education: An overview. *Studies in Science Education, 44* (2), 187–222.

Kumar, M. (2013). New K–12 science education standards may face implementation challenges. *EOS, 94* (18), 166–167.

LaDue, N.D., & Clark, S.K. (2012). Educator perspectives on earth system science literacy: Challenges and priorities. *Journal of Geoscience Education, 60* (4), 372–383.

Lawton, J. (2001). Earth system science. *Science, 292* (5524), 1965.

Lesh, R. (2006). Modeling students modeling abilities: The teaching and learning of complex systems in education. *The Journal of the Learning Sciences, 15*, 45–52.

Lewis, J.P. (1998). *Mastering project management: Applying advanced concepts of system thinking, control and evaluation, resource allocation.* New York: McGraw-Hill.

Libarkin, J. (2008). *Concept inventories in higher education science.* Commissioned paper for the Board on Science Education of the National Academies.

Libarkin, J.C. (2001). Development of an assessment of student conception of the nature of science. *Journal of Geoscience Education, 49* (5), 435–442.

Libarkin, J.C., & Anderson, S.W. (2005). Assessment of learning in entry-level geoscience courses: Results from the Geoscience Concept Inventory. *Journal of Geoscience Education, 53* (4), 394.

Libarkin, J.C., and Anderson, S.W. (2006). The geoscience concept inventory: application of Rasch analysis to concept inventory development in higher education. In X. Liu and W. Boone (Eds.), *Applications of Rasch measurement in science education* (pp.45–73). Maple Grove, MN: JAM Press.

Libarkin, J.C., Jardeleza, S.E., & McElhinny, T.L. (2014). The role of concept inventories in course assessment. In V. Tong (Ed.), *Geoscience: Research-enhanced education in universities* (pp.275–297), New York: Springer.

Libarkin, J.C., & Kurdziel, J.P. (2006). Ontology and the teaching of earth system science. *Journal of Geoscience Education, 54* (3), 408.

Libarkin, J.C., & Schneps, M.H. (2012). Elementary children's retrodictive reasoning about earth science. *International Electronic Journal of Elementary Education, 5* (1), 47–62.

Libarkin, J.C., Ward, E.M. G., Anderson, S.W., Kortemeyer, G., & Raeburn, S.P. (2011). Revisiting the Geoscience Concept Inventory: A call to the community. *GSA Today, 21*, 26–28.

Llerandi Roman, P.A. (2007). *The effects of a professional development geoscience education institute upon secondary school science teachers in Puerto Rico* (Ph.D.). Purdue University, United States— Indiana. Retrieved from http://search.proquest.com.proxy2.cl.msu.edu/docview/304840730/abstract/13C82EBE1B71CB667CC/15?ac countid=12598

Mandinach, E.B. (1989). Model-building and the use of computer simulation of dynamic systems. *Journal of Educational Computing Research, 5*, 221–243.

Mayer, V.J. (1991). Framework for earth systems. *Education Science Activities, 28*, 8–9.

Mayer, V.J., & Fortner, R.W. (Eds.). (1995). *Science is a study of earth: A resource guide for science curriculum restructure.* Columbus: Ohio State University Research Foundation.

McConnell, D.A., Steer, D.N., Owens, K.D., Borowski, W., Dick, J., Foos, A., & Heaney, P.J. (2006). Using concepts to assess and ımprove student conceptual understanding in introductory geoscience courses. *Journal of Geoscience Education, 54* (1), 61–68.

McConnell, D.A., & Van Der Hoeven Kraft, K.J. (2011). Affective domain and student learning in the geosciences. *Journal of Geoscience Education, 59*(3), 106–110. doi:10.5408/1.3604828

McNeal, K.S., Miller, H.R., & Herbert, B.E. (2008). The effect of using inquiry and multiple representations on introductory geology students' conceptual model development of coastal eutrophication. *Journal of Geoscience Education, 56* (3), 201–211.

Miele, E.A., & Powell, W.G. (2010). Science and the city: Community cultural and natural resources at the core of a place-based, science teacher preparation program. *Journal of College Science Teaching, 40* (2), 40–44.

National Research Council (NRC). (1996). *National science education standards.* Washington, DC: National Academies Press.

Orion, N. (1993). A model for the development and implementation of field trips as an integral part of the science curriculum. *School Science & Mathematics, 93*, 6.

Orion, N. (2002). An earth systems curriculum development model. In V. Mayer (Ed.), *Global science literacy* (pp.159–168). Dordrecht, the Netherlands: Kluwer.

Orion, N. (2007). A holistic approach for science education for all. *Eurasia journal for mathematics, science and technology education, 3*, 99–106.

Orion, N., & Ault, C. (2007). Learning earth sciences. In S. Abell & N.G. Lederman (Eds.), *Handbook of research on science teaching and learning* (pp.653–688). Mahwah, NJ: Lawrence Erlbaum Associates.

Orion, N., & Bassis, T. (2008). *Characterization of high school students' system thinking skills in the context of earth systems.* National Association for Research in Science Teaching, (NARST) Symposium, Baltimore, MD.

Orion, N., Ben-Menacham, O and Shur, Y. (2008). Raising scholastic achievement in minority-reached classes through earth systems teaching. *Journal of Geosciences Education*, 55, 469–477.

Orion, N. & Cohen, C. (2007). A design-based research of an oceanography module as a part of the Israeli high school earth sciences program. *Journal of Geographie und ihre Didaktik, 4*, 246–259.

Orion, N., & Fortner, R.W. (2003). Mediterranean models for integrating environmental education and earth sciences through earth systems education. *Mediterranean Journal of Educational Studies, 8* (1), 97–111.

Ossimitz, G. (2000). *Teaching system dynamics and systems thinking in Austria and Germany.* Proceedings of the

18th International Conference of the System Dynamics Society, Bergen, Norway.

Parker, L.C., Krockover, G.H., Eichinger, D.C., & Lasher-Trapp, S. (2008). Ideas about the nature of science held by undergraduate atmospheric science students. *Bulletin of the American Meteorological Society, 89* (11), 1681 – 1688.

Patterson, T.C. (2007). Google Earth as a (not just) geography education tool. *Journal of Geography, 106* (4), 145 – 152.

Petcovic, H., & Ruhf, R. (2008). Geoscience conceptual knowledge of preservice elementary teachers: Results from the Geoscience Concept Inventory. *Journal of Geoscience Education, 56* (3), 251 – 260.

Pettit, C., & Wu, Y. (2008). A virtual knowledge world for natural resource management. In C. Pettit, W. Cartwright, I. Bishop, K. Lowell, D. Pullar, & D. Duncan (Eds.), *Landscape analysis and visualisation* (pp. 533 – 550). Heidelberg: Springer Berlin. Retrieved from http://link.springer.com/chapter/ 10.1007/ 978 -3 -540 - 69168 – 6 _ 26

Pyle, E.J. (2008). A model of inquiry for teaching earth science. *Electronic Journal of Science Education, 12* (2). Retrieved from http://ejse.southwestern.edu/article/view/ 7770

Raia, F. (2008). Causality in complex dynamic systems: A challenge in earth systems science education. *Journal of Geoscience Education, 56*, 81 – 94.

Rossbacher, L. (2002). Geologic column: Knowing a place. *Geotimes, 47*, 48.

Russell, D., Davies, M., & Totten, I. (2008). GEOWORLDS: Utilizing Second Life to develop advanced geosciences knowledge. In *2008 Second IEEE International Conference on Digital Games and Intelligent Toys Based Education* (pp. 93 – 97). Presented at the 2008 Second IEEE International Conference on Digital Games and Intelligent Toys Based Education, Banff, AB, Canada. doi:10.1109/DIGI?.2008.50

Rutherford, F.J., & Ahlgren, A. (1991). *Science for all Americans* (2nd ed.). New York: Oxford University Press.

Sanchez, C.A. (2012). Enhancing visuospatial performance through video game training to increase learning in visuospatial science domains. *Psychonomic Bulletin & Review, 19* (1), 58 – 65.

Semken, S., & Butler Freeman, C.B. (2008). Sense of place in the practice and assessment of place-based science teaching. *Science Education, 92* (6), 1042 – 1057.

Senge, P.M. (1998). "Fifth discipline": Review and discussion. *System Practice and Action Research, 11* (3) 259 – 273.

Sexton, J.M. (2012). College students' conceptions of the role of rivers in canyon formation. *Journal of Geoscience Education, 60* (2), 168 – 178.

Sibley, D. (2009). A cognitive framework for reasoning with scientific models. *Journal of Geoscience Education, 57* (4), 255 – 263.

Sibley, D.F. (2005). Visual abilities and misconceptions about plate tectonics. *Journal of Geoscience Education, 53*, 471 – 477.

Sobel, D. (2004). *Place-based education: Connecting classrooms and communities.* Great Barrington, MA: The Orion Society.

Stainfield, J., Fisher, P., Ford, B., & Solem, M. (2000). International virtual field trips: A new direction? *Journal of Geography in Higher Education, 24* (2), 255 – 262.

Steed, M. (1992). Stella, a simulation construction kit: Cognitive processes and educational implications. *Journal of Computers in Mathematics and Science, 11*, 39 – 52.

Stokes, A., & Boyle, A.P. (2009). The undergraduate geoscience fieldwork experience: Influencing factors and implications for learning. *Geological Society of America Special Papers, 461*, 291 – 311.

Sunderlin, D. (2009). Integrative mapping of global-scale processes and patterns on "imaginary Earth" continental geometries: A teaching tool in an earth history course. *Journal of Geoscience Education, 57* (1), 73 – 81.

Teed, R., & Slattery, W. (2011). Changes in geologic time understanding in a class for preservice teachers. *Journal of Geoscience Education, 59* (3), 151 – 162.

Thomson, N., & Chapman Beall, S. (2008). An inquiry safari: What can we learn from skulls? *Evolution: Education and Outreach, 1* (2), 196 – 203.

Treagust, D.F. (1986). Evaluating students' misconceptions by means of diagnostic multiple choice items. *Research in Science Education, 16*, 199 – 207.

Ullmer, E.J. (1986). Work design in organizations: Comparing the organizational elements models and the ideal system approach. *Educational Technology, 26* (4), 12 – 18.

Verhoeff, R.P., Waarlo, A.J., & Boersma, K.T. (2008). Systems modeling and the development of coherent understanding of cell biology. *International Journal of Science Education, 30*, 543–568.

Wandersee, J.H., Mintzes, J.J., & Novak, J.D. (1994). Research on alternative conceptions in science. in D.L. Gabel (Ed.), *Handbook of research on science teaching and learning* (pp. 177–210). New York: MacMillian.

Wang, S.K., & Reeves, T.C. (2006). The effects of a web-based learning environment on student motivation in a high school earth science course. *Educational Technology Research and Development, 54*(6), 597–621.

Wiggins, G.P., & McTighe, J. (2005). *Understanding by design* (2nd ed.). Alexandria, VA: Association for Supervision & Curriculum Development.

Wilensky, U., & Resnick, M. (1999). Thinking in levels: A dynamic systems approach to making sense of the world. *Journal of Science Education and Technology, 8*, 3–19.

Woodhouse, J., & Knapp, C. (2000). *Place-based curriculum and instruction.* ERIC Document Reproduction Service No. EDO-RC-00-6.

Yunker, M., Orion, N., & Lernau, H. (2011). Merging playfulness with the formal science curriculum in an outdoor learning environment. *Children, Youth and Environments, 21* (2), 271–293.

Zeichner, K. (2010). Rethinking the connections between campus courses and field experiences in college- and university-based teacher education. *Journal of Teacher Education, 61* (1–2), 89–99.

Environmental Education

JUSTIN DILLON

第25章 环境教育

倪川 译 刘晟 审校

引言

《环境教育研究国际手册》(*International Handbook of Research on Environmental Education*, Stevenson, Brody, Dillon, & Wals, 2013)的首次出版是环境教育走向成熟的标志，尽管环境教育与科学教育密不可分，但现在我们应将其视作一个单独的领域。学者可以选择把研究成果发表在专门致力于刊发环境教育类文章的国内、国际期刊上，而此前很长时间内只有1本期刊能接收此类文章(《环境教育期刊》于1969年首次出版)。主流的科学教育期刊也越来越多地刊发环境教育类的研究文章(往往是单独的研究论文，但有时也会发行专刊；例如Russell & Dillon, 2010)。欧洲科学教育研究学会(European Science Education Research Association [ESERA])和美国国家科学教学研究学会(National Association for Research in Science Teaching [NARST])也都认识到该领域的价值，针对环境教育研究设立了专门的研究小组和会议专题。在本手册的第一版中，保罗·哈特(Paul Hart)提到该领域近年来得以迅速发展的原因之一可能是"越来越普遍的全球环境问题、不断改变的社会预期，以及教育改革"(2007, p.689)。本章的编写以哈特的一些观点为基础，结合了我和威廉·斯科特(William Scott)为《国际科学教育期刊》(*IJSE*)一期专刊撰写的编者按(Dillon & Scott, 2002)中对"展望科学教育中与环境教育相关的研究"的一系列思考。

环境教育在科学教育内外获得的强烈认同掩盖了这样一个事实，即环境教育这个词仍然存在争议，其界限相当模糊。从NARST对环境教育专题的核心内容的总结——"生态教育，实验教育，可持续发展教育，本土科学"(NARST, 2013)——中就可以看到这种模糊性的一些迹象。这些描述其实是认可了环境教育的历史，它与户外教育的联系，它与可持续发展和本土(或者称传统生态学)知识等议题间难以分割的联系。

在*IJSE*专刊的编者按中，我和斯科特提出科学教育关注的重点正在变化：

> 我们也许应该关注如何帮助学生面对环境的绝对复杂性和宏观性，并寻找一种方式

> 将本地环境作为载体，以促成一种对科学课程更日常实用化的理解。换句话讲，不再把“环境”视为一个个的科学概念，而是将其视作一个整体，以此来帮助学生从他们自己的生活情境出发去理解环境议题，也在环境议题的情境中理解他们自己的生活。
>
> （Dillon & Scott, 2002, p. 1112）

自我们写这篇编者按以来，如何改进科学教育以“帮助学生从他们的生活情境去理解环境议题”变得越来越清晰了。一部分原因在于，人们越来越认识到现有生活方式的不可持续性，这是一个涉及子孙后代和我们自己的议题。

本章所呈现的内容可从一系列关于环境教育研究的最新综述中看到（Dillon, 2003; Hart, 2003, 2007; Hart & Nolan, 1999; Hines, Hungerford, & Tomera, 1986/1987; Iozzi, 1981; Marcinkowski, 2003; Posch, 1993; Reid & Nikel, 2003; Rickinson, 2001, 2003; Sauvé & Berryman, 2003; Williams, 1996）。但是，还有一个背景议题值得在此处予以强调。这就是，几乎是不言而喻的，关于环境的讨论渗透于我们生活的方方面面。任何极端天气都会被我们自动地正确或错误地和全球变暖相关联；我们购买的各种产品可能会有本产品是“生态友好的”或“有机的”，或本产品的包装是可回收的之类的暗示；任何一个竞选政治职位的人都会公开表示他们对环境主义的态度，不论是支持还是批判。由此可以看出，环境教育是带有社会政治色彩的，因此，哈特在2007年指出：环境教育的研究不可避免地会或隐性或显性地含有政治维度。

“环境”的含义是什么？

在深入讨论环境教育的历史发展之前，我们最好先厘清“环境”这一核心概念。如果我们想要弄清环境教育和科学教育与可持续性（本章后面我们会讨论这一议题）的关系，“环境”与可持续发展之间的关系就尤为重要。正如我们将会看到的，这些议题影响着研究者和实践工作者。

露西·索韦（Lucie Sauvé，1996）总结了多种对环境概念的界定方式，并指出它们之间的关系（见表25.1）。索韦的分类让我们更容易看到：科学教师、地理教师、环境教育中心的领导，以及自然历史博物馆中教育部门主管可能会对环境有着完全不同的看法，这会影响到他们的教学内容和方式，尤其当涉及可持续性、价值和知识时。

表25.1　对环境的论述

环境作为大自然……	被欣赏、被尊重、被保护：二元论的，笛卡尔式的解读；人类被排除在自然之外
环境作为一种资源……	被管理：犹太教-基督教观点（创世纪之书）——这是我们共享的生物物质遗产，我们应当维护环境的可持续性，因为它在逐渐恶化和被消耗
环境作为一个问题……	被解决：生物物质的环境、生命支持系统受到污染的威胁且正在受到侵袭。我们必须学会保护和恢复环境质量（强调问题解决的技能）
环境作为我们生活的场所……	被学习和了解、被规划、被照料：日常环境——该环境的特征由其中居住的人、社会文化、科学技术和历史因素所决定
环境作为生物圈……	是我们共同生存的场所，未来的“地球飞船”（Fuller）和盖亚（Gaia）（Lovelock）——自我调节的有机体

（续表）

环境作为社区项目……	让我们参与其中
人类整体的环境……	是一个共享生活场所，涉及政治、批判性分析的焦点：通过团结、民主，以及个人与集体参与来促成社区的进化

（Sauvé, 1996）

索韦的分析提供给我们多个哲学视角，以理解为什么“环境教育”长久以来都是一个争议性的话题。这些不同的解读，在一定程度上也说明了为什么环境教育研究和实践，会涉及我们之前提到的政治维度。

历史维度

自20世纪60年代以来，环境教育得到了长足的发展。因此，将当前的发展置于历史的背景下是非常重要的。就像乔-安妮·费雷拉（Jo-Anne Ferreira, 2013）所强调的：

> 从历史维度检视我们今天在环境教育上的思考和做事方法，使我们能针对现有工作提出新的问题。然而，要想回答这些问题，我们不能把环境教育看作一种准宗教事业，而是将其视作一种知识体系，借助这一体系政府权力关系得以运作。教育工作者对世界和自身角色持有一些坚定而美好的信念，这是十分关键的。
>
> （pp.67–68）

正如手机一样，我们很难想象在过去，环境质量并不像今天这样被频繁关注。我们人类拥有一段长期的农耕历史，曾经的我们可能也很难想象今天有这么大比例的人口离开了农村，进入城镇化与工业化的洪流之中，这正是20世纪上半叶不少国家所经历的。这些变化给我们带来了与自然的关系、对自然的认知等方面的转变，并导致了一系列的后果，其中不少都成为环境教育研究者和实践者关注的焦点。

环境运动的源起（可以看作是对人们之间失去联系的一种回应）可以追溯到蕾切尔·卡森（Rachel Carson）《寂静的春天》（*Silent Spring*, Carson, 1962）一书的出版。在此后的50年里，一组新的词汇涌现出来，流行于讲英语的人群中，例如“污染”“臭氧层”“全球变暖”和“气候变化”。尽管这些人并不太熟悉“栖息地”和“生物多样性”。这种新的理解在多大程度上可以归因为正规或非正规的环境教育已很难界定。但是，该领域近期的研究聚焦于：人们知道什么，我们如何“增进”人们的理解，爱护环境的活动中人们所知和所做之间的联系，以及哪些政策能够促进公众更加频繁地关注身边的环境。正如哈特（2007）指出的，最近这些年，环境教育研究者正在着手解决的问题包括：身份认同、地点、文化、可持续发展和可持续性。

约翰·迪辛格（John Disinger）认为人们“第一次使用环境教育这一术语是在1948年的会议上”（1984, p.109），这一观点直到最近才作为正确的出处被广泛接受（例如McCrea, n.d.）。不过，迪辛格的解释中有些细节似乎是不对的。他把第一次使用环境教育这一术语，归为“时任威尔士自然保护协会的副会长托马斯·普理查德（Thomas Pritchard）”（Disinger, 1984, p.109；他的信息源自1983年12月13日与柯克[J. J. Kirk]

的个人通信)。然而该协会于1949年才在英国建立，所以普理查德不可能在1948年是该协会的副会长。

凯特·莫斯·冈布兰(Kate Moss Gamblin，2012)通过世界自然保护联盟(International Union for Conservation of Nature [IUCN])的图书馆发现，普理查德并不在那个会议的参会代表名单上，也不在《洞察环境教育》(*Insights into Environmental Education*, Martin & Wheeler, 1975)一书的重要贡献者之中，记录显示普理查德于1967年加入自然保护协会。实际上，普理查德自己于1975年写到，“早年间，这叫作保护教育(直到60年代中期才开始使用环境教育这一术语)”(Pritchard, 1975, p. 177)。

或许比迪辛格更可靠的资料来自基思·惠勒(Keith Wheeler)，他在写到“环境教育的起源”时提到了多位先驱者，包括：达尔文、鲁索(Rousseau)、勒普莱(Le Play)和格迪斯(Geddes)(Wheeler, 1975)。惠勒指出，“环境教育的历史反映着现在和过去在社会中对‘环境’和‘教育’的各种不同态度”(p. 2)。此观点在1975年时是有效的，直至今天亦是如此。

至少，在英国第一次使用“环境教育”这一术语是在1965年基尔大学举办的一场教育会议中(Wheeler, 1975)。在英国莱斯特举办的另一场教育会议的参与者们呼吁建立一个环境教育协会，“以让多个发展初期的相关团体共同协作，为改善环境而教学，尽管他们在使用‘环境学习’的方法上观点并不一致”(p. 9)。

惠勒深入思考了为什么环境这一话题进入人们的日常讨论花了那么久的时间。他的答案是“就像所有的革命，环境革命也是直到大量不可控的寻求改变的力量积聚到临界点时才爆发的”(1975, p. 13)。惠勒认为英国环境革命的导火索可以追溯到生态学家弗兰克·弗拉泽·达林(Frank Fraser Darling)爵士在BBC(英国广播公司)的一系列讲座，讲座主题为“荒蛮和富足”。这场讲座播出后，“几乎是一夜之间，环境就变成了一个话题，开始在电视访谈、流行明星的发言，甚至电视剧《末日守望》(*Doomwatch*)中受到了热烈的讨论”(p. 13)。

在美国，早在20世纪前期，对环境的关注就开始成为人们争论的议题。詹姆斯·斯旺(James Swan，2010)回忆环境教育在美国兴起的历程：

> 1969年，受到要在1970年建立世界地球日的国际运动影响，密歇根大学的一些教师和学生就为了在教育政策中开辟环境议题这个新方向而组织了学术讨论。这场新的教育推动被命名为“环境教育。”
>
> (p. 3)

这个团体把环境教育的目的定义为：“培养出具有足够知识的公民，从生物物理的角度关注环境和相关问题，知晓如何帮助解决这些问题，并有足够的行动力去这样做”(Stapp et al., 1970, p. 30)。

1970年，美国成为第一个通过环境教育法案的国家。理查德·尼克松(Richard Nixon)总统签署了《美国国家环境教育法案》(National Environmental Educational Act)，并建立了环境教育办公室。不过，对这项法案的资金支持仅持续到1975年，到1981年这项法案则因属于预算协调法案的一部分而被废除。美国国会于1990年重新开始关注环境教育，同年晚些时候乔治·布什总统(George H. W. Bush)再次签署《美国国家环境教育法案》。这项法案授权环境保护署把环境教育作为优先的工作内容。

环境教育都发生了什么，以及此后早期环境教育研究又是怎样的，对此我们可以从斯旺（2010）的评论中找到线索：

> 接下来的近40年里，人们对环境教育和采取行动的必要性几乎没有争论。那时和现在最大的问题都是：如何更有效地教育和动员人们去关心生态，并使这种关心转化为合适的行动力。在创造生态和谐的过程中，心理学的地位显然是十分重要的，不过从那时到现在，我们都还没有像我们希望的那样把心理学研究清楚。
>
> （p.3）

转向全球化的行动

环境问题有着全球性的内在本质，这使得联合国（United Nations [UN]）为了更广泛的国际社会的利益提出了很多倡议。以“人类与环境”为题的联合国会议最早于1972年在瑞典的斯德哥尔摩举办。接下来发表的《斯德哥尔摩宣言》（Stockholm Declaration）中提出了21项原则，其中有一项就专门指出了教育的角色：

> 为了拓展群众基础，让个体、企业和社区站在全人类的维度上，就保护和改善环境提出开明的意见和做出负责任的行为，适当考虑弱势群体，这样的环境教育是十分必要的。这与我们的下一代，和我们自己都息息相关。大众传播媒介也应当注意避免传播破坏环境的行为，而是从保护和改善环境的需求中，发掘和传播教育意义，让人类全面发展和进步。
>
> （UNEP, 1972）

三年后，一场国际环境教育研讨会在贝尔格莱德（那时属于南斯拉夫）召开。接下来的《贝尔格莱德宪章》（Belgrade Charter）填补了《斯德哥尔摩宣言》缺失的细节，该宪章把环境教育的目标描述为：

> 要教育全世界的人们，了解并关心环境和相关问题，让大家有足够的知识、技能、态度、动力和决心，通过个人或合作努力解决现有问题并防止新问题的产生。
>
> （UNESCO, 1975）

人们还设定了6个目标：觉察、知识、态度、技能、评价能力和参与。其中参与被解释为“能帮助个体和社会群体发展出对环境问题的责任感和紧迫感，以保证能产生合适的行动去解决问题”（UNESCO, 1975）。

两年后，在第比利斯（那时属于苏联）召开了之后的会议，会议中形成了另外一份宣言，即1977联合国教育科学文化组织/联合国环境规划署（UNESCO/UNEP）跨政府环境教育会议《第比利斯宣言》（Tbilisi Declaration）。该宣言“结合会议委员会的两项建议，形成了框架、原则，以及面向各个层次——地区、国家、区域和全球——的环境教育指导方针，针对各个年龄段的人群，覆盖正规学校系统的内部和外部两个方面”（UNESCO, 1978）。

关于环境教育的目标和哲学思想，《第比利斯宣言》中有更多细节，并提到了其基本目标之一：

> 要让个体和社区了解自然界的复杂性本质，以及理解环境是在这种本质下，由生物、物理、社会、经济和文化等方面共同作用而

> 形成的；要让个体和社区获得知识、价值观、态度和实践技能，从而用一种负责任和有效的途径预测和解决环境问题，以及管控环境质量。
>
> （UNESCO, 1978）

尽管“使得”人们“理解”这一理念可能与现代的一些教学观念相悖，但宣言对环境教育的全局观仍然与当今世界各地正在进行的多项环境教育实践产生了共鸣。

接下来的基本目标是给环境教育制定一种更切合社会实际的操作方法：

> 不同国家的行为和决策会产生国际影响，环境教育的下一步基本目标就是要清晰地呈现当代世界在经济、政治、生态上的相互依赖性。出于这方面的考虑，环境教育应当努力在不同的国家和地区间促成团结和责任观念的形成，成为新型国际秩序的基础，这将可以对保护和改善环境提供保障。
>
> （UNESCO, 1978）

像《第比利斯宣言》这样的文件，总是由一群拥有不同观点的人起草的——“不论现在还是过去，社会上对于‘环境’和‘教育’都有很多种不同观念”（Wheeler, 1975, p.2），所以如果在文件中看到了不协调或者相互割裂的元素，我们也无须惊讶。

《第比利斯宣言》还说明了发展与环境间的联系，其中就说到“社会-经济发展和环境改善之间有着复杂的关联，我们应当给予特别的关注”（UNESCO, 1978）。宣言强调仅凭借教育活动，将不能有效地（解决环境问题）：

> 要让教育活动为改善环境做出有效的贡献，必须将其与政府关于人类与环境采取的法规、政策、防治措施和决策联系起来。
>
> （UNESCO, 1978）

这些版本的宣言和倡议中所描绘的环境教育，跟更早期的源自更偏重科学属性的会议的观念相比可能已经有了显著区别，比如源自1968年UNESCO生物圈会议（Goodson, 1983）以及1970年澳大利亚科学院会议（Evans & Boyden, 1970）的观念。

我们之前讨论了斯旺的评论，评论回顾了早年环境教育的样子，与《第比利斯宣言》中的陈述相比视野相当狭隘。斯旺（2010）认为“大问题”是“如何有效地教育和促进人们关心生态，并使这种关心转化为合适的行动”（p.3）。虽然斯旺看到心理学在“创建生态和谐”（p.3）中所处的地位，但是《第比利斯宣言》的起草者则似乎更多看到了社会科学所处的地位。

研究环境教育发展史的安妮特·高夫（Annette Gough）提到，“环境教育的基本话语，从至少两个方面来看是‘男性制造’的——因为表达方式中缺乏对女性的提及，也因为现代科学将‘男性’与‘大自然’区分开来，而将‘女性’与‘大自然’关联在一起”（Gough, 2013a, p.16）。这些话语持续存在了一段时间，并仍然影响着环境教育的研究和实践。斯旺的观点描绘了一对相互联系的话语，即将人视作问题而将教育视为解决方案——只要我们能找到正确的知识，去改变人们的态度和由此带来的行为。在接下来的段落中，我们会讨论这种话语对环境教育研究的影响。

追溯环境教育研究的发展历程

高夫(2013a)提到“环境教育的关键目标是要促成对环境负责任的行为，以此为前提，美国最早的环境教育研究采取了实证主义的研究方式”(p.17；例如参见Hungerford & Volk, 1990; Ramsey, Hungerford, & Volk, 1992)。高夫还认为，研究者将行为和社会心理学作为研究的基础(例如参见Marcinkowski, 1993)。这类研究方法持续到20世纪90年代早期，一直都占据主导地位，直到伊恩·罗博托姆(Ian Robottom)和保罗·哈特尖锐地抨击这类方法是不合理的，属于简化论(Robottom & Hart, 1993)。有一项指标可以反映出定量的方法对环境教育研究领域的影响力，那就是，该领域内引用率最高的论文仍然是发表在《环境教育期刊》上的《对负责任的环境行为研究的分析与汇总：元分析》(*Analysis and Synthesis of Research on Responsible Environmental Behavior: A Meta-Analysis*, Hines, Hungerford, & Tomera, 1987)——这表明该领域内行为和社会心理学方法的研究传统仍然存在。

罗博托姆和其他学者一直在批判这种传统研究方式。罗博托姆(2003)发现了用实证主义方法研究环境教育的一个关键问题在于：

> 环境议题从根本上来说并非是由科学和科学教育所关注的客观存在的事实构成的。如果认识到环境议题实际上是由人类对某些环境行为的恰当性的不同见解构成的，那么就可以看出，环境议题最好是被置于社会话语中进行理解，而不是在科学话语中进行理解。
>
> (p.34)

为在一定程度上改变实证主义研究占主导这一情况，一些学者提出了新的方法和方法论，用于研究关于“什么是恰当的研究”的多种不同视角：

> 仅聚焦于行为转变的环境教育研究，存在多个不同的视角。他们认为行为转变，反映的是非线性的，而不是线性的知识理论。线性的认识论力求形成一个一致的知识理论，并以知识具有普遍性、基础性、同质性、单调性和明确性，视未知或矛盾的现象为“尚-未-解-决-但-原-则-上-可-解-决”的不完美的假设为基础(Bauman, 1993, p.8)。与此相反，要实现行为转变则更依靠非线性的知识理论，这些理论“接纳未知事物，多元性、有异议或矛盾的知识，作为建构、解构和重构过程中核心的且不可避免的元素”(Ward, 2002, p.29)。
>
> (Gough, 2013a, p.18)

该领域内最有代表性的高引用率文章是安雅·科尔穆斯(Anja Kollmuss)和朱利安·阿杰曼(Julian Agyeman)(2002)的《留心缺失：为什么人们要采取环保行动？做出环境友好行为的障碍是什么？》(*Mind the Gap: Why Do People Act Environmentally and What Are the Barriers to Pro-Environmental Behavior?*)。作者调查了包括早期美国线性发展模型在内的，最有影响力、使用最广泛的分析框架，并认可了这些分析都有一定的有效性，但也认为“什么促成了环境友好行为这个问题是如此复杂，没办法通过单一一种框架或范式进行揭示”(Kollmuss & Agyeman, 2002, p.239)。两位作者接下来又：

> 分析了已被发现对环境友好行为有积极或消极影响的因素，例如人口因素、外部因素（如制度、经济、社会和文化）和内部因素（如动机、环境友好知识、意识、价值观、态度、情感、控制点、责任感和优先性）。
>
> （p.239）

科尔穆斯和阿杰曼（2002）指出想要发展出一个模型去整合大量的影响因素恐怕既不可行，也不具实用性。他们找到了影响环境友好行为的可能障碍，认为“旧有习惯源自一种强烈阻碍，即研究文献往往对环境友好行为有所忽略”（p. 257）。

环境教育研究的关键方法

20世纪最后几十年中，积累的大量研究证据已被用来为一些干预措施——包括政策和课程材料——提供参考。雷古拉·凯伯兹-格雷伯（Regula Kyburz-Graber）总结了一些针对环境问题的教育对策，例如：

> - 通过改进教育策略和研究，促进个体的行为转变（例如Hungerford & Volk, 1990; Sia, Hungerford, & Tomera, 1985 / 1986; Zelezny, 1999）
> - 通过增强环境素养——常常与科学素养密切相关，强化环境意识（例如Volk & McBeth, 1997）
> - 通过在自然界中的体验，增强人与自然的联系，以及生态意识（例如Bögeholz, 2006; Chawla, 1998）
> - 通过以行动为导向的学习，增强行动能力（例如Bolscho & Michelsen, 1999; Jensen & Schnack, 1997）
> - 促进伦理反思，以及对文化背景和多元化的意识（例如Greenwood & McKenzie, 2009; Jickling, 2004 a, 2004 b）
> - 通过变革性、批判性的教育，培养批判性（例如O'Donoghue & McNaught, 1991; Robottom, 1987; Robottom & Hart, 1993; Stapp, 1974; Wals, 1993）
>
> （改编自Kyburz-Graber, 2013, pp. 23-24）

凯伯兹-格雷伯与科尔穆斯和阿杰曼的观点类似，她指出，基于自然科学去改变人们的环境行为和态度，因“过于简化且不能产生有效方法去应对环境问题的多层次挑战”而受到批评（p. 24）。她提倡采用社会生态学的方法，对涉及社会科学和自然科学相互联系的现实生活情境进行批判性反思（Kyburz-Graber, Rigendinger, Hirsch Hadorn, & Werner Zentner, 1997 a, 1997 b）。这种社会-生态学方法的关键方面是：

> - 质疑自然和社会科学的本质及相互联系
> - 质疑知识的生成、映射、传播和不断阐释的过程
> - 探究科学问题和社会问题之间的相互联系
>
> （1997 b, p. 25）

这种批判性环境教育方式，被设计用于鼓励：

> 年轻人通过质疑价值观、观念、条件和意见去探索真实世界中的社会问题。一边这样做，一边回顾和跳出社会所界定的规范，质疑那些通常被理解为“客观”的科学事实。
>
> （Kyburz-Graber, 1999, pp. 416）

这种环境教育的“批判性”方法，已经成为该领域的主流范式之一(例如参见Tseverini, 2011)。本手册的上一版中，哈特提到这种批判性方法在美国以外的地区尤其有影响力，不过他也提到在世纪之交时一些学者的批评，这些学者认为这种批判性方法可能只是提供了另一种观念。哈特(2007)认为：

> 如果环境教育被视作一种自省的手段以及无休止的社会审查，那么环境教育研究者可能实质上会卷入方法论的争辩，比起批判性的教育研究，这种争辩更具有后结构主义特征，涉及社会科学研究中社会建构的更为复杂的哲学争论。
>
> (p.699)

该领域的最新趋势和发展

哈特(2007)从地理多样性和方法论多样性的角度，对环境教育研究的状况做了全面的总结。他还就为什么科学教育研究者应当参与环境教育的研究，给出了一个强有力的论证。自从本手册第一版出版以来，在主流的科学教育期刊上又发表了大量的环境教育研究文章，这表明从本体论和认识论上来看，科学教育和环境教育之间正在拥有越来越多的交叉。从一种本体论的视角来看，最常见的三个主题是：社会性科学议题、环境科学素养和气候变化。

社会性科学议题

在许多论文的研究中，环境议题都为社会文化议题的讨论提供了情境。奥利韦拉(Oliveira)及其同事(2012)写到“尽管有关环境话题的争论最近受到科学教育工作者的大量关注，却少有人关注个人认同和社会关系是如何支持或制约学生进行论证的”(p. 896)。通过对口头对话进行修辞学和社会文化的分析，研究者分析了学生是如何应对涉及动物和环境问题的场景的。奥利韦拉及其同事(2012)的研究主要意义在于：

> 强调教育工作者在设计有关环境的两难问题时，需要仔细审视特定的文字要素(所使用的提示类型、决策者的身份、对意向和结果的陈述、道德的复杂性、自然价值，以及动物的社会表征或文化形象)，以形成一种恰当有效的社会文化课堂情境，从而让学生摆脱未预期到的社会复杂性的约束，围绕环境议题开展有理有据的论证。
>
> (p. 896)

莱文·罗斯(Levine Rose)和卡拉布雷泽·巴顿(Calabrese Barton)(2012)调查了参加课后项目的两名中学生的体验。在为期13周的项目里，学生面对的议题是他们所居住的城市是否该修建一个新的混合能源发电厂。该研究对学生的学习情况和定性案例研究采用了批判性的社会文化视角。研究者发现影响学生对该议题参与方式的因素不仅是学生的科学知识，“而是学生的知识与一系列个人和公共话语密切关联，这进而影响了学生对议题的具体定义，以及为何该议题对他们很重要”(Levine Rose & Calabrese Barton, 2012)：

> 尤其是，只有通过对自己已有的知识和经验进行架构，学生才能认识到环境问题的多维度本质，并依托于他们所理解的科学知识提出复杂的解决方法。
>
> (p. 541)

托马斯（Tomas）及其同事（2011）研究了以社会性科学议题为主题的混合式写作对学生态度的影响。他们使用三角定位的混合式方法，研究了152名14—15岁的参与网上科学写作项目的学生对生物安全的认识是如何发展的。学生的任务是要创作出一系列结合了科学的叙事作品（“生物故事”）。该研究的结论是，这些学生产生了“对科学和科学学习更加积极的态度，尤其是在兴趣和乐趣方面”（Tomas et al., 2011, p. 878）。

卡斯塔诺（Castano, 2008）检验了在增进9—10岁哥伦比亚女学生对物种与环境间关系的理解方面，使用社会性科学讨论的效果。卡斯塔诺（2008）使用混合式研究方法，发现“比起其他未参与的学生，参与了社会性科学困境讨论的学生，能够更好地界定科学概念，更好地建立她们、生活和自然之间的联系”（p. 565）。该研究的结论是，学生不应只是简单地建构科学知识，而是应通过参与“真实世界中应用科学时涉及的、关乎社会与道德的研讨与决策”而得到更多收获（p. 565；另见Evagorou, Jimenez-Aleixandre, & Osborne, 2012；Ideland, Malmberg, & Winberg, 2011）。

卡斯塔诺还倡议，对学生参与社会性科学议题的研究，应在一系列不同的文化情境下进行。李（Lee）和格雷斯（Grace）（2012）报告了一项跨背景的研究，该研究对比了一些12—13岁中国学生面对禽流感话题时的决策。学生具有两种不同的背景，而研究者规定他们使用一种指定的决策制定框架。李和格雷斯（2012）发现，这两组学生在“推理视角、对收集有用证据的感知、决策标准和后续行动的决策”方面展现出差异（p. 787）。

环境科学素养

冈克尔（Gunckel）及其同事（2012）的研究反映出了科学教育的最新趋势，他们概述了环境系统中水这一主题从小学到高中的学习进阶。通过研究学生对“水和其他物质在大气、地表和土壤/地下水系统——包括这些系统中人类工程要素——中的流动”的解释（Gunckel et al., p. 843），研究者提出了学生的推理能力的四个等级：

> 第1级和第2级为动态描述，将水的运动解释为水的自然倾向与反作用力之间的相互作用。第3级是不完整的学校科学描述，将事件按顺序排列，并沿着包含隐藏和不可见要素的多条途径追寻水和物质的运动。只有第4级才能给出定性的、基于模型的、包括驱动力和限制因素的描述，解释或预测在给定情境下水流过程中水和物质的位置。大部分高中生给出的描述，平均位于第2和第3级之间。
>
> （p. 843）

博兹恩（Bodzin, 2011）将环境作为培养学生思维的情境，调查了基于地理空间信息技术（GIT）的科学课程对学生的影响。通过研究一所城市中学面向13—14岁（8年级）学生的5堂地球与空间科学课，博兹恩（2011）发现：

> 所有学生与LUC（土地利用分类）相关环境议题的内容知识和涉及航空与遥感（RS）图像的空间思维能力都有所提升。在大多数内容和技能领域内，中低水平学生提升的效果高于高水平学生。所有水平的学生在空间思维能力题目上的表现都有提升。
>
> （p. 281）

巴斯孔塞洛斯(Vasconcelos, 2012)报告了在环境教育项目中使用基于问题的学习理念(Problem-Based Learning)所取得的一些成功。

从学校课程和研究者的视角来看，人们对科学、环境和健康教育之间的联系有了越来越多的兴趣。马利亚(Mallya)及其同事(2012)研究了一组居住在纽约市贫困街区的12—13岁学生，他们参加了一个创新项目——选择(Choice)、控制(Control)和改变(Change)(简称C3)科学课程。研究者报告说，参与案例研究的8名学生“开始以更具批判性的思维模式看待世界，更加愿意为改善自身和他人的‘生活’而寻求方法”(Mallya et al., 2012, p.244)。研究者还特别使用了“科学代理人”一词反映出学生能“(1)批判性地分析他们的食品环境条件，(2)有目的地做出更健康的选择，(3)为自己和他人扩展食物和活动的选项”(p.244)。

许多研究者对生态学校的发展，特别是在欧洲的发展进行了研究。伯文-德波夫(Boeve-de Pauw)和范皮特格姆(Van Petegem)(2011)调查了弗莱米什(Flemish)地区的生态学校对学生环境知识、态度、情感的影响。他们的研究对象为来自59所学校(其中38所是生态学校，21所是用于对照的学校)的1287名10—12岁学生。通过多变量多水平回归分析，伯文-德波夫和范皮特格姆(2011)发现“生态学校主要影响学生的环境知识，但没能影响学生对环境的情感”(p.1513)。

让学生参与长期的、基于社区的环境科学项目正变得越来越普遍。埃比尼泽(Ebenezer)及其同事(2011)用3年时间跟踪研究了125名学生从9年级到12年级的学习情况研究结果发现学生使用新科技的熟练度有所提升。研究者认为该研究“指出，应用信息技术的熟练程度与基于相应能力开展科学探究的能力水平是相互关联的”(Ebenezer et al., 2011, p.94)。

在指出“社会公正教育在科学教育中理论化程度较低”(Dimick, 2012, p.990)的同时，迪米克(Dimick, 2012)描述了一名学生赋权框架，从而将课堂环境中社会公正科学教育的教学和学习概念化。研究者使用这一框架，对一项关于一堂美国高中环境科学课的案例研究进行了分析，在该案例中学生和教师共同就保护他们的社区环境设计了环境行动项目(另见Ruiz-Mallen, Barraza, Bodenhorn, de la Paz Ceja-Adame, & Reyes-García, 2010)。

气候变化

关于人类活动对气候变化影响的科学共识并未体现在许多国家的公众意见中。在一些地区，这一议题由于公众对科学家和政策制定者的信任问题变得更加复杂了。教育被认为是一种可能的解决办法，研究者已提供证据，可能有助于制定恰当的战略。

柯克比·汉森(Kirkeby Hansen, 2010)于1989、1993和2005年调查了已完成挪威义务教育的学生所掌握的与温室效应和臭氧层所带来的影响有关的知识。该研究的主要发现是“很多小学生混淆了温室效应和臭氧层的影响。但同时，他们所掌握的关于温室效应的详细知识在不断增长”(Kirkeby Hansen, 2010, p.397)。截至目前，研究已经调查了中小学和大学的学生，也调查了职前和在职教师。

斯特恩(Sternäng)和伦德霍尔姆(Lundholm)(2011)调查了14岁的中国学生从道德层面对气候变化的解读。参与调查的对象都是在北京的“绿色学校”学习的学生。该研究使用了半结构化的小组访谈，并考虑到了认知和情境两个方面，研究者发现：

> 对于减缓气候变化的影响，学生以两种不同的立场去构思他们的解决方案，即他们通过描述个体而把问题和解决方案置于背景中，此处的个体指的是“我自己”或“其他某人”。学生对个体的不同定义变得重要，因为学生对环境和社会的关心和观点在不同的背景下发生着变化。从道德的角度看，学生似乎并没意识到他们对他人、环境和社会的关心是在不断变化的。
>
> （Sternäng & Lundholm, 2011, p. 1131）

在前人研究发现的基础上，斯维拉（Svihla）和林（Linn）（2012）设计了一项面向中学的基于交互式可视化的探究干预研究，旨在让学生准备做出明智的决策，并培养学生发展出他们对全球气候变化的理解。基于一名学生的前测结果，该研究的焦点主要放在能量传递和转换上。研究者报告指出，“学生对可视化内容的理解得到了改善，从而对能量传递的理解也变得更好了（$n = 67$）”。第二版迭代改进“通过补充关键案例、减少具有迷惑性的解释，以及强调对概念的辨析，学生对能量转换也有了更好的理解（$n = 109$）”（Svihla & Linn, 2012, p. 651）。斯维拉和林（2012）认为：

> 聚焦于第二版改进后的学生探索活动可使学生就能源的使用做出更规范的、与个人相关的决策。这些迭代改进体现了知识整合的原则，为探究活动单元的设计者提供了指导。
>
> （p. 651）

麦克尼尔（McNeill）和霍尔·沃恩（Houle Vaughn）（2012）调查了一项为期4—6周的城市生态课程对3所美国城市高中学生的影响。该研究使用了混合式的研究方法，研究者发现：

> 在课程开始时，绝大部分学生都认为气候变化正在发生，然而他们对气候变化的概念理解十分有限，也几乎没参与过相关的环境行动。当课程临近结束时，学生对气候变化的理解有了很大的提升，大部分学生都表示他们正在采取行动，减少自己对气候变化的影响。
>
> （McNeill & Houle Vaughn, 2012, p. 373）

麦克尼尔和霍尔·沃恩（2012）认为“这些发现表明，仅仅相信一个科学理论（如气候变化）并不足以支撑批判性科学，反而是概念理解和对个人行为的理解影响着学生的选择”（p. 373）。

在一项比较研究中，斯坎普（Skamp）及其同事（2013）对比了澳大利亚（$n = 500$）和英国（$n = 785$）的高中生。学生被问及他们对各种特定行动在减少全球变暖有效性的看法，以及他们自己对采取这些行动的意愿。两个国家的学生都是“对行动有效性的认同大于他们采取实际行动的意愿，这种差异的程度因行动不同而不同”（Skamp et al., 2013, p. 191）。

雅各布松（Jakobsson）及其同事（2009）提出了一个相反的方法论注解，他们认为：

> 传统问卷形式可能不适合测试学生对复杂的、多学科的知识的理解（例如全球变暖）。当长期追踪学生在学校中的项目作业时，文献中报告的许多错误理解并没有出现，（因为）用恰当、科学的语言去讨论复杂的社会性科学议题是个循序渐进的过程。当长期观察学

生所用的语言和协调方式时，学生明显能够在互动中识别出关键的差别并予以应用。

（p.978）

接下来我们看看对职前和在职教师的研究，兰伯特（Lambert）及其同事（2012）开发了"全球气候变化知识（KGCC）"测评工具，以评估小学科学课的学生关于科学概念和气候变化的知识。与美国的149名参与者合作，研究者检验了将气候变化教育融入其课程所带来的影响。同样，他们也探索了更为传统的教学模式，

学生被要求完成一个以气候变化为主题的研究项目。该项目的第一部分是观看和分析电影《难以忽视的真相》（*An Inconrenient Truth*）中阿尔·戈尔（Al Gore）用来支持自己对气候变化观点的证据。

（Lambert et al., 2012, p.1170）

兰伯特及其同事（2012）报告说，学生不仅增加了气候变化知识，增强了学习气候变化的兴趣和信心，他们还"在完成课程学习时，得到了对科学本质和气候变化本质更为积极的看法"（p.1170）。

阿尔斯兰（Arslan）及其同事（2012）也开发了一个三阶的、基于多项选择题的"大气层相关环境问题诊断性测验（AREPDiT）"，以评估职前教师在全球变暖、温室效应、臭氧层损耗、酸雨等主题上的错误概念。通过对256位职前教师的调研，研究者发现"对于有关大气的环境问题，大部分调查对象的理解都是很有限的，并且具有6个普遍存在的错误概念"（Arslan et al., 2012, p.1667）。

隆巴尔迪（Lombardi）和西纳特拉（Sinatra）（2012）检测了大学本科生对人类导致气候变化合理性的认知。这些学生都加入了一个关于全球环境变化的基础科学课程，他们（a）对天气与气候区别的理解、（b）与深时相关的知识、（c）对人类导致气候变化合理性的认知，在前测与后测中都得到了检测。该研究发现：

与深时有关知识的增多，以及对人类导致气候变化合理性的认知的增强，有效地解释了学生关于天气与气候区别上的理解差异。此外，即使只是进行初步介绍，学生对天气与气候的理解也得到了明显的增强。

（p.201）

拉蒂宁（Ratinen, 2013）使用混合式的研究方法，运用开放式和封闭式问卷，检测了芬兰小学职前教师对温室效应的理解。拉蒂宁（2013）发现这些职前教师的知识和理解是"不完整的甚至是有误导性的"（p.929），对这一结果拉蒂宁也许并不会感到惊讶。

隆巴尔迪和西纳特拉（2013）的研究不仅聚焦于职前和在职教师所掌握的天气和气候相关知识，还关注他们对人类导致气候变化的感受。研究发现：

教师在教学主题中所融入的情感（愤怒和绝望），是合理性认知的有效预测因素，事件合理性越低，愤怒越多；合理性越高，绝望越多。决断力——一种达到终结的迫切愿望——也跟合理性认知密切相关，较低的合理性关联着较强的决断性。

（p.167）

有趣的是，与正在进行气候变化教学的职前和

在职教师相比，当下没有教授气候变化的在职中学教师“表现出更多的愤怒和决断力”(p. 167)。

在自然环境中学习

许多综述都聚焦于环境教育的特定方面，即在自然环境中学习(在教室外学习)，这是与科学教育高度相关的研究方向。里金森(Rickinson)及其同事(2004)批判性地审视了1993至2003年之间发表的150篇有关户外学习的英文文献。这篇综述考察了三个领域的相关研究：小学、高中和本科阶段的学习者，实地考察和外出参观，户外探险教育和基于学校/社区的项目。作者总结道：

> 大量证据表明，实地考察、恰当的构思、充分的计划、良好的教学与有效的跟进，为学习者提供了发展知识与技能的机会，并为他们的日常课堂学习经历赋予了额外的价值。(p. 5)

大部分的文献综述倾向于把目标锁定在科学或地理教育中(参见Fields, 2009; Judson, 2011; Kim & Tan, 2013; Luehmann, 2009)。

里金森及其同事(2004)总结道，“实地考察可能因为对实地考察情境的深刻印象而对长期记忆产生积极影响”(p. 5)。另一个关键点在于情感体验与认知体验之间可能存在协同作用：

> 有效的实地考察，特别是居住经验，可以促进个人成长，社交技能上也有所提升。更重要的是，情感与认知之间可以相互加强，不断影响彼此并为更高阶的学习搭建桥梁。(p. 5)

类似的发现，为我们拓展科学教育教学法，以融入教室和实验室以外的学习经历，提供了有力的证据。尽管大量证据支持户外学习给教育的诸多方面都能带来潜在的益处，但是里金森及其同事(2004)注意到“有证据证明在英国和世界许多其他地区，实地考察的次数是被严格限制的，尤其是科学学科”(p. 5)。人们提出了很多理由来解释为什么教师不愿意将学生带去户外，这包括过度的卫生与安全程序、时间限制及拥挤的课程内容。里金森及其同事(2004)注意到有些方面的文献仍然有空缺，比如研究很少关注特定群体(比如女生)的需求和经历或有特殊教育需求的学生。

马隆(Malone, 2008)在“户外学习在儿童从出生到18岁的成长历程中所发挥的作用”的综述中总结到，“通过体验过教室外的世界，儿童”：

> - 在知识与技能获取方面，有更好的成果
> - 增强身体健康和运动技能
> - 以新的、不同的方式与同伴和成年人进行社交与互动
> - 改善注意力，增强自我认知、自尊与心理健康
> - 转变为积极的环保行为、价值观和态度，有韧性去应对周围环境中不断变化的条件(pp. 5–6)

在某种程度上，马隆(2008)的结论被主流研究范式——行为与社会心理学所左右了。如前所讨论的，多年以来，研究几乎完全聚焦于知识、态度和行为上，所以马隆(2008)的综述倾向于挑选反映这些焦点的研究发现。这样的研究还在继续(例如参见Boyes & Stanisstreet, 2012; Nisiforou & Charalambides, 2012; Oerke & Bogner, 2013;

Taskin 2009)。不过，马隆(2008)的综述回顾了一系列研究(超过100项研究)，涉及的范围很广：定量、定性、混合式方法、行动/参与式研究和文献综述。马隆(2008)总结到这篇综述支持了：

> 一个普遍的假设，即在教室外的学习对儿童的学习有显著影响，并且对儿童的健康成长有帮助，这包括：认知领域(儿童的学习)、体育领域(儿童的身体体验)、社交(儿童的社交互动)、情感(儿童情感的良好状态)和个人领域(儿童的反应)。
>
> (p.13)

惠廷顿(Whittington, 2006)利用了一种不同寻常的方法来评估户外经历的影响。她调查了一组参与23天独木舟探险的女孩，这个探险属于美国缅因州的女性荒野项目的一部分。女孩被访谈了两次，分别在探险后的4—5个月和15—18个月。惠廷顿(2006)使用了多种数据采集方法，包括"焦点小组、公开演讲、家长调查、日记和其他由参与者创作的书面材料"(p.205)。这一经历使参与者能够挑战惠廷顿(2006)所描述的"以多种方式展现女性特质的传统观念"，比如：

> 1)毅力、力量和决心，2)对女孩能力的挑战性假设，3)成就感和自豪感，4)质疑美的理想形象，5)提高了讲话能力和领导力，6)与其他女孩建立重要的关系。
>
> (p.205)

很多研究把重点放在学生经历和教室外学习之后的记忆上(例如参见Williams & Dixon, 2013)。迪尔金(Dierking)和福尔克(Falk)(1997)报告称，在一组儿童与成年人中(n=128)有96%能回忆起早年在学校参加的实地考察。一项面向高中生的研究，比较了两组学校，一组是采用注重环境教育课程方案的11所加州学校，另一组是采用标准课程方案的学校。结果显示，采用注重环境教育课程方案的学校，其学生在72%的学术评估中(阅读、科学、数学、出席率和平均绩点)拿到比其他学校的学生更高的分数(State Education and Environment Roundtable, 2000)。

许多研究者探索了实地考察对学生态度的影响。为了比较各种方法，伊顿(Eaton, 2000)将研究目标锁定在"与传统的教室环境相比，户外教育经历是否会对初中生的认知成就和对环境的态度产生更为积极的影响"(p. ii)。该研究的参与者来自6个班级，都参加过户外和环境教育中心为期半天的海狸生态学学习。对照组的6个班级在传统课堂上学习了类似的内容。伊顿报告称，"与教室课程相比，户外活动中心的学习对学生的认知学习做出了更大的贡献"(p. iii)。但令人惊奇的是，伊顿(2000)发现在学生对环境态度这项指标上，两种学习方式都没有产生影响。其他研究已经发现实地考察对态度的影响。农迪(Nundy, 1998, 1999a, 1999b)在研究住宅区的实地考察对英国小学生的作用和效果时，报告了认知与情感影响之间的相互作用：

> 住宅区的实地考察不仅可以对学生的认知与情感学习产生积极影响，而且与在教室实现的结果相比，这种影响还能得到显著地增强。
>
> (Nundy, 1999a, p.190)

澳大利亚也有类似的研究报告。马勒(Maller,

2005）的研究是对墨尔本市区500所小学的邮件调查，并对12所学校做了更为深入的研究，访谈了7名“关键行业信息提供者”（例如一名教育官员、一名建筑师和一名社区花园管理者）。马勒（2005）报告称“在小学亲身与大自然接触，无论哪种方式，对于构建孩子与自然的连接都有重要意义，对于培养良好的身心健康发挥着重要的作用”（p. 16）。马勒的核心观点是：

> 通过可持续性教育，与大自然亲身接触的体验不仅对保护环境重要，而且似乎也是一种发展社区、增进儿童及成人身心健康的方法。
>
> （Maller, 2005, pp. 21 - 22）

兰德勒（Randler）及其同事（2005）研究了两个班的学生，他们都是9—11岁，学习两栖动物。其中一半的学生参与了可以真正遇到两栖动物的自然保护户外工作。这一组学生“在学业成就测验中表现得明显更好”并且他们“表现出浓厚的兴趣和幸福感，很少出现愤怒、焦虑、无聊的情绪”（p. 43）。“无聊和焦虑与其余分数呈负相关”（p. 43）。研究者总结到，生物多样性教学应“（a）集中于少数物种，（b）从小学就开始，（c）在户外进行，（d）与课堂教学相联系”（p. 43；另见Tran, 2011）。

此处所呈现的大部分研究都提到了在自然环境中的学习可以带来积极的成果，几乎没有研究提到消极影响。不过，关于为什么有些学校和教师倾向于促进走出教室开展学习，而另外一些学校和教师不这样，这方面却没有任何深入的研究（参见Dillon & Dickie, 2012）。

环境教育、可持续发展和可持续性

回到20世纪70年代后期，环境教育者注意到我们需要考虑发展和环境之间的关联。如前文所述，30多年以前，《第比利斯宣言》的起草者提到“我们应该格外注意去理解社会—经济发展跟环境改善之间的复杂关系”（UNESCO, 1978）。从那时开始，可持续性和可持续发展的概念就时常被人们提及，本部分将会对聚焦于可持续发展教育（ESD）的学术研究进行批判性的讨论，以说明可持续发展与科学教育的关系。

可持续发展

可持续发展的想法可以追溯到本瑟姆（Bentham, 1789）和约翰·斯图尔特·米尔（John Stuart Mill, 1861）所支持的实用主义观点。第一次使用这一术语是在19世纪的林场管理中（Disinger 1990；Fettis & Ramsden; 1995；Rauch, 2002），早期意思是指一种育林方法——砍伐量永远不能超过森林自然恢复的量。1905年，通过建立美国国家森林事业部，平肖（Pinchot）把这种实用主义的可持续发展思想从欧洲带到了美国。

布伦特兰委员会（Brundtland Commission）发表的一份《我们共同的未来》（*Our Common Future*）的报告，将“可持续发展”的概念引入了公众视野（World Commission on Environment and Development, 1987）。布伦特兰委员会是这样定义这一术语的——“既满足当代人的需求，又不对后代人满足其自身需求的能力构成危害的发展”（出处同上）。《我们共同的未来》采用了一种二元的、笛卡尔式的观点，把环境视作可以被发展、被经营管理以获取可持续利益的全球资源，把自然视作为了人类的生存和幸福而应被尊重和敬畏的事物，因此：

> 环境并不是人类活动、理想和需求之外的一个独立概念，孤立了人文关怀而尝试保卫环境，使得“环境”这个词在某些政界被赋予了幼稚的内涵……
>
> (p.6)

《我们共同的未来》的主要成就之一是它正式承认了发展和环境之间的强烈关联：“环境是我们共同生活的地方，而发展是我们尝试改善居住环境所采取的行动，二者是不可分割的”(p.6)。

波利(Pawley, 2000)认为，矛盾的出现是因为对于一些人而言，可持续发展相当于一种政治上和稀泥的办法，即通过引入第三方而融合原本矛盾对立的双方立场。对于那些不喜欢实用主义框架的人而言，可持续发展也是有问题的。布伦特兰报告所聚焦的似乎更多偏向了如何让发展可持续，而不是非人类环境。正如萨克斯(Sachs, 1995)所说，“可持续发展号召我们保护好发展，而不是自然”(p.343)。《我们共同的未来》中的文字也许可以最好地诠释这种利益的冲突：“人们需要的是一个新的经济增长期——一边是强而有力的增长，一边还要在社会和环境上可持续”(WCED, 6)。

吉克林(Jickling, 1999)对“可持续发展”这一术语进行概念化时，将其内在的矛盾描述为“双重思想”。他注意到普通公民正越来越多地接受着同一术语的两个相悖的含义。根据吉克林的说法，可持续性这一概念的普遍性可以掩盖下列问题：文化认同、互相尊重、社会公正、自然关系，以及内在价值与工具价值间的矛盾。

尽管斯科特和高夫(2003)认为，只要教育者和其他人不会因为推崇自己喜欢的观点而疏远排斥其他观点，两种不同的视角反而可以带来独特的学习机会，但斯特布尔斯(Stables)则认为这样的术语是矛盾复杂的政治口号。不幸的是，环境教育和可持续性教育的历史中，支持一方观点而排斥其他观点才是常态。2005年，联合国发起了“ESD十年”的项目，并在2014年结束该项目。不得不说，即使在这十年的最后阶段，关于ESD在国家教育项目中的目的、角色和结构仍存在很多不确定性(例如参见Tal, 2008)。

围绕教育的目的，环境教育和ESD有一个主要的争论。很多环境教育学家认为，当可持续发展成为教育目标的一部分时，问题就出现了(例如参见 Tilbury, 1995)。例如，福斯特(Foster, 2001)认为：

> 教育和可持续性之间的关系不能只是一种外在的，更不能是一种工具性的关系……为理解自然界和人类在其中地位的学习只能是一种积极主动的过程，通过这一过程，我们对什么才是顺应自然的感受得以不断地建构和重建。这一过程本身就是有意义的，不能将其设定为遵从可持续标准。
>
> (2001, p.153)

在网络研讨会上(Online Colloquium, 1998)，索韦提出了对“为可持续发展而进行教育”这一术语的其他批判。索韦反对重塑教育的行动，例如，将可持续发展定为人类发展的最终目标，将教育作为实现可持续发展的工具——虽然这一观点与福斯特的视角不同，但它们是一脉相承的。虽然有像索韦和福斯特这样的批评存在，但是“可持续发展”这一术词现在已经扎根于国际对话中。

早年间，在促进环境教育方面发挥了重要

作用的UNESCO，似乎对ESD持不批判的态度，这招来了一些批评。1997年在塞萨洛尼基召开的UNESCO关于ESD的会议中，霍普金斯（Hopkins）提出了“决定论者”的立场，吉克林（1999）对此强烈反对。霍普金斯主张“教育应该能够确定并将这些广泛的（关于可持续性的）指导原则植入ESD的核心”（Hopkins, 1998, p.172），吉克林对此回应道：

> 当以这种方式予以强调时，大多数教育者会发现这样的陈述是对他们所承担的任务的惊人歪曲。教师知道可持续发展，甚至可持续性是规范性概念，仅代表着社会一部分人的观点。并且，教师也很清楚，自己的工作是教会学生如何思考，而不是思考什么。
>
> （p.469）

吉克林（1999）继续论述：“如果教育中存在可持续性的未来，我们必须开始认识到在可持续性进程的决定性展现中，教育本身也有很大的局限性”（p.470），他还警告说：

> 不幸的是，关于可持续性的颂歌已经让很多人习惯于相信这个术语承载着的无私的或积极的价值。然而，批判性思维依赖于日常语言中转瞬即逝的要素、那些揭示出假设和世界观的词语和想法，以及调和有争议的价值体系之间分歧的工具。
>
> （p.472）

吉克林（1999）还描述了他对另外两个问题的担忧，即人们对环境教育的核心哲学缺少分析，以及将教育作为促进可持续发展的工具，他说：“如果教育的目的是要让人们学会思考，那么‘为了’任何事物而进行的教育都是矛盾的而且应该被反对的”（Jickling, 1999 p.7）。

环境教育的末日？

自从布伦特兰委员会使“可持续发展”这一术语流行起来，环境教育作为一个研究领域，就一直在试图努力阐明它与可持续发展的关系和对可持续发展的贡献。《塞萨洛尼基宣言》（Thessaloniki Declaration, UNESCO-EPD, 1997）提倡“为可持续性进行教育”的概念（education for sustainability, EFS——不久后就变成“为可持续发展进行教育”[education for sustainable development，即ESD]，这是因为联合国决定关注可持续发展[过程]而不是可持续性[结果]），很多人（例如Knapp, 1998）质疑这一语言上的变化，好像是被一个重要的文化机构推动的，这是否敲响了环境教育作为一种理念和实践的结束丧钟，特别是以失去认同感的方式。在《塞萨洛尼基宣言》的29条中，仅有两条使用了“环境教育”这一术语。其中一条建议把环境教育认定成为环境与可持续性进行教育。支持这个想法的论证在政治上是有利的，但是这也说明了在UNESCO内部环境教育是多么容易被更加流行的语言替代。当了解到这些担忧时，史密斯（Smyth, 1998）认为：

> 如果环境教育……按最初的意图，能真正地从整体上看待环境问题，并且为人们展望出了能在更加富有、更少威胁和更可靠的世界中拥有更好生活的前景，那么环境教育可能只是临近其开始阶段的尾声，它已被用于描绘关于未来的一个更清晰的愿景，将会得以维持并继续向前发展。
>
> （p.15）

学术界对环境教育和可持续发展之间关系的本质有着广泛的关注（Ashley, 2005; Gurevitz, 2000; Hesselink, van Kempen, & Wals, 2000; Manjengwa et al., 1999; McKeown & Hopkins, 2003; Sauvé, Brunelle, & Berryman, 2005; Summers, Childs, & Corney, 2005; Summers, Corney, & Childs, 2003; Taylor, Nathan, & Coll, 2003; Wals & Jickling, 1999）。

其中两种对环境教育（EE）与可持续发展教育（ESD）之间关系的认识尤其有教育意义。海塞林克（Hesselink）及其同事（2000）调查了来自25个国家的50名专家的观点，并将这些观点总结为以下四类：

(i) EE —— 是ESD的一部分

(ii) ESD —— 是EE的一部分

(iii) ESD和EE —— 相互重叠

(iv) ESD是EE概念进化的一个阶段

海塞林克及其同事注释：最后一类（iv）是最流行的观点。上述这些观点从不同的出发点看，都有其合理性。

第二种认识来自麦基翁（McKeown）和霍普金斯（2003），他们研究分析了三份"重要历史文件"——其中有两份已经在前文讨论过：《贝尔格莱德宪章》（1975）、《第比利斯宣言》（1977）和《21世纪议程》（Agenda 21, 1992）。他们采访了制定前两份重要文件的领军人物，从而完成了分析。麦基翁和霍普金斯（2003）认为环境教育的本质是"聚焦于人类对自然环境的影响"以强调"环境保护和更好的资源使用"（较少强调社会、经济和政治因素；2003, p.199）。他们（p.119）认为，与环境教育不同，ESD是一种更为宽泛的概念，其特点是四种主要动力（来自《21世纪议程》第36章）：

- 改进基础教育的质量和可获得性
- 对现有的教育进行重新定向，以强调可持续发展
- 发展公众的理解和意识
- 培训

如果像麦基翁和霍普金斯（2003, pp.119–120）所描述的那样，这一更为宽泛的观点涉及"从环境保护……到解决环境与社会的需求"的焦点转变，那么这跟海塞林克及其同事（2000）的调查对象所持的最受欢迎的观点（iv）——认为ESD正进化为与环境教育颇有不同的事物——就不一致了。这似乎更支持其中的观点（i），即环境教育是广义ESD的一部分——这也是斯科特和高夫（2003, pp.53–55）在规划"9类兴趣，分别获取……支持和促进环境学习的一系列不同的焦点和目标"时所持有的一种观点。

从科学教育的视角出发，观点（i）的意义在于，它保留了科学课程在ESD中的作用，并认识到科学课程的作用显然不止于此；例如，学校中的儿童仍然需要学习碳循环，但如果一个学校只教这些科学知识——而不教理解和处理气候快速变化的复杂性和不确定性的社会科学——就会被认为没能担负起教育年轻人和面向未来的责任。有用的是，观点（i）反映了这样一个现实，即科学教育在可持续发展（从最广泛的意义上讲）教育方面可以发挥作用，但这不是科学教育的唯一作用。

然而，仅仅把环境教育视为ESD众多组分之一，就忽略了重要的一点，那就是，如果要真正理解这个世界和我们所教的东西，我们就必须在概念之间建立相互联系。例如，如果一个学校把气候快速变化的科学原理及其可能对社会造成的影响放在不同的课程类群里，从不把它们放在一起，那

么这所学校将会错失一个重要的机会，难以让学生在两者之间建立起贯通联系的观点(Greig, Pike, & Selby, 1987; Pike & Selby, 1995; Selby, 2001; Sterling, 2001, 2005)，学生也就很难获得对ESD的体验。以下是西蒙斯(Symons, 2000)认为自环境教育早期阶段开始就一直困扰着环境教育的一个突出示例：

> 在发达国家，环境运动主要是白人中产阶级的活动。这可能是因为环境运动聚焦于偏远岛屿上的濒危物种以及臭氧层破坏这种“看不见”的问题，而未能关联到正面临最迫切环境问题的人们所关心的：寒冷、糟糕的住房、被边缘化、吵闹的街道；无法使用到所需的基础设施；或者在某些情况下，害怕走出家门，以防受到欺凌或种族主义攻击。
>
> (p.24)

她呼吁，对环境教育要有更整体论的认识：

> 环境教育(学校层面和政府层面)经常聚焦于个体责任以及个人生活方式的转变，而不是去探究我们共同生活的(社会)结构，比起个人行为，后者对环境的影响才是更为深远的。
>
> (2000:25)

她提到的一段趣闻轶事很好地描述了教师的好意与学生的需求间存在的潜在鸿沟：

> 教师有时会建议，为了增强学生的能力，他们更愿意与学生一起探讨那类学生能通过做一些事情来改变的环境问题。我为来自几所不同学校的6年级学生举办了一个关于可持续性的研讨班。当研讨班结束时，他们组成小组，基于之前课上所学的内容，制订行动计划。有成年人参与的小组热衷于具体行动，如回收利用或开发野生动物区，但有趣的是学生却很抗拒这些建议。没有成年人参与的小组则决定回学校问教师——在“我们的星球”这门课的下一个话题中是否能学到更多有关塑料、铝制品、木制品等资源的由来及其所经历的处理过程。这些学生意识到，如果没有足够的信息解构真正问题所在，他们无法就长期解决方案所需的个人和结构性改变做出决策。
>
> (2000, pp. 24–25)

所以学生在发展其可持续性的相关知识时，可能会比他们的教师(也可能是课程设计者、教材编写者、教学光盘制作者)更加谨慎。

在世界可持续发展峰会(World Summit on Sustainable Development [WSSD])的报告中，教育被认为“对促进可持续发展至关重要”(United Nations, 2002, p. 61)。报告中有一个很简短的关于教育的章节，主要聚焦于基础设施建设问题、受教育机会、性别平等、卫生健康问题(尤其是艾滋病)、信息技术整合，以及所有社区的扫盲问题。UNESCO认为科学和可持续发展教育之间有五大鸿沟，科学教育在连接这些鸿沟时发挥了重要作用：

- 科学知道什么，以及这些知识在多大程度上被纳入决策过程
- 科学知道什么，以及全世界的小学、中学、大学课程所教的内容

- 通过科学可获得的知识和信息，以及通过大众媒体传达给人们的信息
- 由研究的时间框架和持续存在的科学不确定性所决定的（研究）进度，以及将可获取的最佳知识立即应用到政策制定、教育、公众信息的需求
- 科学家所使用的语言，以及作为人类社会中主要行动者的众多非专业团体可以理解和使用的语言

对环境教育研究的批判

诺埃尔·高夫（Noel Gough, 2013b）在援引瓦格纳（Wagner, 1993）的术语以批判“全球化思考，本土化行动”这一观点时，找到了一些“盲点和空白点”——他说“当我们努力制定合乎情理的全球思维方式时，适应西方文化的环境教育研究者则表现出‘集体性无知’”（Gough, 2013b, p.28）。高夫问道：“我们怎样在没有任何形式的认知论霸权的情况下，进行全球化思考”？高夫认为这可能涉及：

> 要构建跨文化的“空间”，让不同地区的学者合作起来，对他们自己的知识传统进行重组和去中心化，促进彼此相互合作，在这个过程中建立信任。对于我们这些在西方知识传统下做研究的人，一定要先呈现出我们自己构建知识的独特方法，而这些方法真实地反映出地域性。我们可能无法以欧洲中心主义之外的方式来表达或思考，但我们可以不断思考：特定的西方“本土化行动”（构建知识的方式），在其他地域的知识传统下如何实施？
>
> （Gough, 2013b, p.28）

高夫的观点是：通过参与跨文化空间中全球知识的共同创造过程，“我们称之为西方科学的本土化知识传统的优势和局限性，都（将会）变得更加明显”（另见Harvester & Blenkinsop, 2010）。

其他对环境教育的批判还包括萨伊兰（Saylan）和布卢姆斯坦（Blumstein）（2011），他们认为：

> 环境教育并没能带来必要的态度和行为的改变，以避免气候变化、生物多样性消失、环境退化的有害影响，我们的地球正以惊人的、不断加速的速度经历着这些影响。
>
> （p.1）

萨伊兰和布卢姆斯坦（2011）说道：环境教育的真正失败之处“就在于我们的政治机构屈服于说客、商业领袖……甚至我们自己的影响（和金钱），以致无法让我们形成合力去改变世界”（p.174）。

结论

证据表明，环境教育研究已经发生了转变，不再仅是以应用科学为主的、几乎完全专注于环境知识、态度和行为的实证主义导向的研究（Hart & Nolan, 1999; Rickinson, 2001）。人们普遍认为，专注于通过探寻特定的知识去改变个体行为，这并没有公正地看待人类的复杂性。正如斯特恩（Stern, 2000）所说，“具有环境意义的行为，无论是其多样性还是其因果影响，都是极其复杂的”（p.421）。

在澳大利亚、加拿大、英国、南非以及欧洲大陆的部分地区，新的范式正在出现。一种更具社会批判性的方法，开始关注那些影响着人们生活的情境和政治因素（Robottom, 1987）。在定义什么算是真正的“最佳”行为时，一些问题也随之浮现出

来。结果是，研究议程已转向包含对学习的关注(Rickinson, 2001)。现在的环境教育研究认为，个体的世界观和信念体系影响着他们对环境议题的理解和解读，并调节着他们的环境行为。一些研究者把焦点放在参与度的重要作用上，即个体在社会生态议题上的智力和情感参与的贡献。

在方法论上，环境教育研究已经摆脱了曾经占据支配地位的逻辑实证主义和于20世纪70、80年代涌现出的众多后实证主义方法论。该领域已经接受了一系列研究方法，包括实证主义、解释主义/建构主义、批判主义，以及女性主义/后现代主义视角，涉及叙事研究、参与性研究和后结构主义方法的定性研究方法正变得越来越普遍。该领域正因其多样性而变得更强大。

人们对世界观与个人认同之间的关系也越来越感兴趣。现在，人们认为身份认同不是被形成的；相反，身份认同会随着情境发生转变，是由我们的历史、地理、文化建构的。因此，基于场所的方法重新出现，为我们提供了新的研究路径(例如参见Duhn, 2012; Payne & Wattchow, 2009; Semken & Freeman, 2008)。

本章关于环境教育研究的综述是不全面的。其他作者可能会利用不同的资料来源，提出不同的观点，并得出不同的结论。不过，本章试图传达一种感受，那就是这个领域是值得我们去研究的，并且是能为科学教育做出贡献的。这是一个新兴的和发展中的领域，是备受关注的核心议题，正以几十年前我们许多人从未想象过的方式影响着我们的日常生活。

致谢

感谢尼尔·奥赖恩(Nir Orion)和简·范德里尔(Jan H. van Driel)帮助审阅本章内容。

参考文献

Arslan, H.O., Cigdemoglu, C., & Moseley, C. (2012). A three-tier diagnostic test to assess pre-service teachers' misconceptions about global warming, greenhouse effect, ozone layer depletion, and acid rain. *International Journal of Science Education, 34*(11), 1667–1686.

Ashley, M. (2005). Tensions between indoctrination and the develop ment of judgment: The case against early closure. *Environmental Education Research, 11* (2), 187–197.

Bauman, Z. (1993). *Postmodern ethics.* Oxford: Blackwell.

Bodzin, A.M. (2011). The implementation of a geospatial information technology (GIT)-supported land use change curriculum with urban middle school learners to promote spatial thinking. *Journal of Research in Science Teaching, 48*, 281–300.

Boeve-de Pauw, J., & Van Petegem, P. (2011). The effect of Flemish ecoschools on student environmental knowledge, attitudes, and affect. *International Journal of Science Education, 33* (11), 1513–1538.

Bögeholz, S. (2006). Nature experience and its importance for environmental knowledge, values and action: Recent German empirical contributions. *Environmental Education Research, 12* (1), 65–84.

Bolscho, D., & Michelsen, G. (Eds.). (1999). *Methoden der Umweltbildungsforschung.* Opladcn: Lcskc + Budrich.

Boyes, E., & Stanisstreet, M. (2012). Environmental education for behaviour change: Which actions should be targeted? *International Journal of Science Education, 34* (10), 1591–1614.

Carson, R. (1962). *Silent spring.* New York: Houghton-Mifflin.

Castano, C. (2008). Socio-scientific discussions as a way to improve the comprehension of science and the understanding of the interrelation between species and the environment. *Research in Science Education, 38* (5), 565–587.

Chawla, L. (1998). Significant life experiences: A review of research on sources of environmental sensitivity. *Journal of Environmental Education, 29* (3), 11–21.

Dierking, L.D., & Falk, J.H. (1997). School field trips: Assessing their long-term impact. *Curator, 40*, 211–218.

Dillon, J. (2003). On learners and learning in environmental education: Missing theories, ignored communities. *Environmental Education Research, 9* (2), 215–226.

Dillon, J., & Dickie, I. (2012). *Learning in the natural environment: Review of social and economic benefits and barriers.* Natural England Commissioned Reports, Number 092. London: Natural England. Retrieved from http://publications.naturalengland.org.uk/publication/1321181

Dillon, J., & Scott, W. (2002). Perspectives on environmental education-related research in science education. *International Journal of Science Education, 24*, 1111–1117.

Dimick, A.S. (2012). Student empowerment in an environmental science classroom: Toward a framework for social justice science education. *Science Education, 96*, 990–1012.

Disinger, J. (1984). Environmental education research news. *The Environmentalist, 4*, 109–112.

Disinger, J. (1990). Environmental education for sustainable development? *Journal of Environmental Education, 21* (4), 3–6.

Duhn, I. (2012). Making "place" for ecological sustainability in early childhood education. *Environmental Education Research, 18* (1), 19–29.

Eaton, D. (2000). Cognitive and affective learning in outdoor education. *Dissertation Abstracts International—Section A: Humanities and Social Sciences, 60*, 10-A, 3595.

Ebenezer, J., Kaya, O.N., & Ebenezer, D.L. (2011). Engaging students in environmental research projects: Perceptions of fluency with innovative technologies and levels of scientific inquiry abilities. *Journal of Research in Science Teaching, 48*, 94–116.

Evagorou, M., Jimenez-Aleixandre, M.P., & Osborne, J. (2012). Should we kill the grey squirrels? A study exploring students' justifications and decision-making. *International Journal of Science Education, 34* (3), 401–428.

Evans, J., & Boyden, S. (Eds.). (1970). *Education and the environmental crisis.* Canberra, Australia: Australian Academy of Science.

Ferreira, J.-A. (2013). Transformation, empowerment and the governing of environmental conduct: Insights to be gained from a "history of the present" approach. In R.B. Stevenson, M. Brody, J. Dillon, & A.E. J. Wals (Eds.), *International handbook of research in environmental education* (pp. 63–68). New York: Routledge.

Fettis, G.C., & Ramsden, M.J. (1995). Sustainability—what is it and how should it be taught? *ENTRÉE' 95 Proceedings*, 81–90.

Fields, D.A. (2009). What do students gain from a week at science camp? Youth perceptions and the design of an immersive, research-oriented astronomy camp. *International Journal of Science Education, 31* (2), 151–171.

Foster, J. (2001). Education as sustainability. *Environmental Education Research, 7* (2), 153–165.

Goodson, I.F. (1983). *School subjects and curriculum change.* London/Sydney: Croom Helm.

Gough, A. (2013a). The emergence of environmental education research. In R.B. Stevenson, M. Brody, J. Dillon, & A.E. J. Wals (Eds.), *International handbook of research in environmental education* (pp. 13–22). New York: Routledge.

Gough, N. (2013b). Thinking globally in environmental education. In R.B. Stevenson, M. Brody, J. Dillon, & A.E. J. Wals (Eds.), *International handbook of research in environmental education* (pp. 33–44). New York: Routledge.

Greenwood, D.A., & McKenzie, M. (Eds.). (2009). Context, experience and the socioecological: Inquiries into practice. *Canadian Journal of Environmental Education, 14* (1), n.p.

Greig, S., Pike, G., & Selby, D. (1987). *Earthrights education as if the planet really mattered.* London: World Wildlife Fund.

Gunckel, K.L., Covitt, B.A., Salinas, I., & Anderson, C.W. (2012). A learning progression for water in socio-ecological systems. *Journal of Research in Science Teaching, 49*, 843–868.

Gurevitz, R. (2000). Affective approaches to environmental education: Going beyond the imagined worlds of childhood? *International Journal of Science Education, 24*, 645–660.

Hart, P. (2003). Reflections on reviewing educational research: (Re) searching for value in environmental education. *Environmental Education Research, 9* (2), 241–256.

Hart, P. (2007). Environmental education. In S.K. Abell & N.G. Lederman (Eds.), *Handbook of research on science education* (pp. 689 – 726). New York: Routledge.

Hart, P., & Nolan, K. (1999). A critical analysis of research in environmental education. *Studies in Science Education, 34*, 1 – 69.

Harvester, L., & Blenkinsop, S. (2010). Environmental education and ecofeminist pedagogy: Bridging the environmental and the social. *Canadian Journal of Environmental Education, 15*, 120 – 134.

Hesselink, F., van Kempen, P.P., & Wals, A.E. J. (2000). *ESDebate: International on-line debate on education for sustainable development.* Gland, Switzerland: IUCN.

Hines, J.M., Hungerford, H.R., & Tomera, A.N. (1987). Analysis and synthesis of research on responsible environmental behavior: A meta-analysis. *Journal of Environmental Education, 18* (2), 1 – 8.

Hopkins, C. (1998). The content of education for sustainable development. In M.J. Scoullos (Ed.), *Environment and society: Education and public awareness for sustainability; proceedings of the Thessaloniki International Conference.* Paris: Unesco.

Hungerford, H.R., & Volk, T.L. (1990). Changing learner behavior through environmental education. *Journal of Environmental Education, 21* (3), 8 – 21.

Ideland, M., Malmberg, C., & Winberg, M. (2011). Culturally equipped for socio-scientific issues? A comparative study on how teachers and students in mono- and multiethnic schools handle work with complex issues. *International Journal of Science Education, 33* (13), 1835 – 1859.

Iozzi, L.A. (1981). *Research in environmental education 1971 – 1980* (ED 214762). Columbus, OH: ERIC Clearinghouse for Science, Mathematics, and Environmental Education.

Jakobsson, A., Mäitalo, Å, & Säjö R. (2009). Conceptions of knowledge in research on students' understanding of the greenhouse effect: Methodological positions and their consequences for representations of knowing. *Science Education, 93*, 978 – 995.

Jensen, B.B., & Schnack, K. (1997). The action competence approach in environmental education. *Environmental Education Research, 3* (2), 163 – 178.

Jickling, B. (1999). Education for sustainability: A seductive idea, but is it enough for my grandchildren? In Blanken, ir. H. (Ed.), *NME met een duurzaam perspectief, essaybundel bij de slotconferentie NME Extra Impuls 1996 – 1999* (pp. 34 – 38) *(EE in a sustainable perspective, a collection of essays in the context of the final conference of the program Extra Impulse EE 1996 – 1999)* . Amsterdam: NCDO .

Jickling, B. (2004 a). Making ethics an everyday activity: How can we reduce the barriers? *Canadian Journal of Environmental Education, 9* (1), 11 – 28.

Jickling, B. (Ed.). (2004 b). *Canadian Journal of Environmental Education, 9* (1).

Judson, E. (2011). The impact of field trips and family involvement on mental models of the desert environment. *International Journal of Science Education, 33* (13), 1455 – 1472.

Kim, M., & Tan, H.T. (2013). A collaborative problem-solving process through environmental field studies. *International Journal of Science Education, 35* (3), 357 – 387.

Kirkeby Hansen, P.J. (2010). Knowledge about the greenhouse effect and the effects of the ozone layer among Norwegian pupils finishing compulsory education in 1989, 1993, and 2005 —What now? *International Journal of Science Education, 32* (3), 397 – 419.

Knapp, D. (1998). The Thessaloniki Declaration—the beginning of the end for environmental education. *Environmental Communicator, 28* (2), 2 – 14.

Kollmuss, A., & Agyeman, J. (2002). Mind the gap: Why do people act environmentally and what are the barriers to pro-environmental behavior? *Environmental Education Research, 8* (3), 239 – 260.

Kyburz-Graber, R. (1999). Environmental education as critical education: How teachers and students handle the challenge. *Cambridge Journal of Education, 29* (3), 415 – 432.

Kyburz-Graber, R. (2013). Socio-ecological approaches to environmental education and research: A paradigmatic response to behavioral change orientations. In R.B. Stevenson, M. Brody, J. Dillon, & A.E. J. Wals (Eds.), *International handbook of research in environmental education* (pp. 23 – 32). New York: Routledge.

Kyburz-Graber, R., Rigendinger, L., Hirsch Hadorn, G., & Werner Zentner, K. (1997 a). *Sozio-ökologische Umweltbildung.* Hamburg: Kräer.

Kyburz-Graber, R., Rigendinger, L., Hirsch Hadorn, G., & Werner Zentner, K. (1997 b). A socio-ecological approach to interdisciplinary environmental education in senior high schools. *Environmental Education Research, 3* (1), 17 – 28.

Lambert, J.L., Lindgren, J., & Bleicher, R. (2012). Assessing elementary science methods students' understanding about global climate change. *International Journal of Science Education, 34* (8), 1167 – 1187.

Lee, Y.C., & Grace, M. (2012). Students' reasoning and decision making about a socioscientific issue: A cross-context comparison. *Science Education, 96*, 787 – 807.

Levine Rose, S., & Calabrese Barton, A. (2012). Should Great Lakes City build a new power plant? How youth navigate socioscientific issues. *Journal of Research in Science Teaching, 49*, 541 – 567.

Lombardi, D., & Sinatra, G.M. (2012). College students' perceptions about the plausibility of human-induced climate change. *Research in Science Education, 42* (2), 201 – 217.

Lombardi, D., & Sinatra, G.M. (2013). Emotions about teaching about human-induced climate change. *International Journal of Science Education, 35* (1), 167 – 191.

Luehmann, A.L. (2009). Students' perspectives of a science enrichment programme: Out-of-school inquiry as access. *International Journal of Science Education, 31* (13), 1831 – 1855.

Maller, C. (2005). Hands-on contact with nature in primary schools as a catalyst for developing a sense of community and cultivating mental health and wellbeing. *Eingana, 28*, 16 – 21.

Mallya, A., Mensah, F.M., Contento, I.R., Koch, P.A., & Barton, A.C. (2012). Extending science beyond the classroom door: Learning from students' experiences with the *Choice, Control and Change (C3)* curriculum. *Journal of Research in Science Teaching, 49*, 244 – 269.

Malone, K. (2008). *Every experience matters: An evidence based research report on the role of learning outside the classroom for children's whole development from birth to eighteen years.* Report commissioned by Farming and Countryside Education for UK Department Children, School and Families. Wollongong, Australia: University of Wollongong.

Manjengwa, J., et al. (1999). *Environmental education.* Harare, Zimbabwe: Open University Press.

Marcinkowski, T. (1993). A contextual review of the "quantitative paradigm" in EE research. In R. Mrazek (Ed.), *Alternative paradigms in environmental education research* (pp. 29 – 78). Troy, OH: North American Association for Environmental Education.

Marcinkowski, T. (2003). Commentary on Rickinson's "Learners and learning in environmental education: A critical review of the evidence" (*EER* 7(3)), *Environmental Education Research, 9* (2), 181 – 213.

Martin, G.C., & Wheeler, K. (Eds.). (1975). *Insights into environmental education.* London: Oliver and Boyd.

McCrea, E.J. (n.d.). *The roots of environmental education: How the past supports the future.* Retrieved from http://cms.eetap.org/repository/moderncms_documents/History. Final. 20060315. 1. 1.pdf

McKeown, R., & Hopkins, C. (2003). EE does not equal ESD: Defusing the worry. *Environmental Education Research, 9* (1), 118 – 128.

McNeill, K.L., & Houle Vaughn, M. (2012). Urban high school students' critical science agency: Conceptual understandings and environmental actions around climate change. *Research in Science Education, 42* (2), 373 – 399.

Moss Gamblin, K. (2012). Personal communication. July 9, 2012.

National Association for Research in Science Teaching (NARST). (2013). *NARST strand descriptions.* Retrieved from www.narst.org/about/strands.cfm

Nisiforou, O., & Charalambides, A.G. (2012). Assessing undergraduate university students' level of knowledge, attitudes and behaviour towards biodiversity: A case study in Cyprus. *International Journal of Science Education, 34* (7), 1027 – 1051.

Nundy, S. (1998). *The fieldwork effect: An exploration of fieldwork at KS2.* Unpublished PhD thesis, University of Southampton.

Nundy, S. (1999a). The fieldwork effect: The role and impact of fieldwork in the upper primary school. *International Research in Geographical and Environmental Education, 8*, 190 – 198.

Nundy, S. (1999b). Thoughts from the field: In their own words . . . *Horizons, 4*, 20 – 22.

O'Donoghue, R., & McNaught, C. (1991). Environmental education: The development of a curriculum through "grass-roots" reconstructive action. *International Journal of Science Education, 13* (4), 391 – 404.

Oerke, B., & Bogner, F.X. (2013). Social desirability, environmental attitudes, and general ecological behaviour in children . *International Journal of Science Education, 35*

(5), 713 – 730.

Oliveira, A.W., Akerson, V.L., & Oldfield, M. (2012). Environmental argumentation as sociocultural activity. *Journal of Research in Science Teaching, 49*, 869 – 897.

Online Colloquium. (1998). *The future of environmental education in a postmodern world*. Whitehorse, Canada: Yukon College.

Pawley, D. (2000). Sustainability: A big word with little meaning. *Independent*, 11 July. Retrieved from www.audacity.org/Resourcing% 20 the% 20 future.htm

Payne, P.G., & Wattchow, B. (2009). Phenomenological seconstruction, slow pedagogy, and the corporeal turn in wild environmental/outdoor education. *Canadian Journal of Environmental Education, 14*, 15 – 32.

Pike, G., & Selby, D. (1995). *Reconnecting: From national to global curriculum*. Guildford, UK: World Wide Fund for Nature UK.

Posch, P. (1993). Research issues in environmental education. *Studies in Science Education, 21*, 21 – 48.

Pritchard, T. (1975). World environmental education: The role of the IUCN. In G.C. Martin & K. Wheeler (Eds.), *Insights into environmental education* (pp. 177 – 194). London: Oliver and Boyd.

Ramsey, J.M., Hungerford, H.R., & Volk, T.L. (1992). Environmental education in the K– 12 curriculum: Finding a niche. *Journal of Environmental Education, 23* (2), 35 – 45.

Randler, C., Ilg, A., & Kern, J. (2005). Cognitive and emotional evaluation of an amphibian conservation program for elementary school students. *Journal of Environmental Education, 37*, 43 – 52.

Ratinen, I.J. (2013). Primary student-teachers' conceptual understanding of the greenhouse effect: A mixed methods study. *International Journal of Science Education, 35* (6), 929 – 955.

Rauch, F. (2002). The potential of education for sustainable development for reform in schools. *Environmental Education Research, 8* (1), 43 – 51.

Reid, A., & Nikel, J. (2003). Reading a critical review of evidence: Notes and queries on research programmes in environmental education. *Environmental Education Research, 9* (2), 149 – 165.

Rickinson, M. (2001). Special issue: Learners and learning in environmental education: A critical review of the evidence. *Environmental Education Research, 7* (3), 208 – 320.

Rickinson, M. (2003). Reviewing research evidence in environmental education: Some methodological reflections and challenges. *Environmental Education Research, 9* (2), 257 – 271.

Rickinson, M., Dillon, J., Teamey, K., Morris, M., Choi, M.Y., Sanders, D., & Benefield, P. (2004). *A review of research on outdoor learning*. Preston Montford, Shropshire, UK: Field Studies Council.

Robottom, I. (Ed.). (1987). *Environmental education: Practice and possibility*. Geelong, Victoria: Deakin University Press.

Robottom, I. (2003). Communities, environmental issues and environmental education research. *Education Relative A L'Environnement: Regards; Recherches; Reflexion, 4*, 77 – 97.

Robottom, I., & Hart, P. (1993). *Research in environmental education. Engaging the debate*. Geelong, Victoria: Deakin University Press.

Ruiz-Mallen, I., Barraza, L., Bodenhorn, B., de la Paz Ceja-Adame, M., & Reyes-García, V. (2010). Contextualising learning through the participatory construction of an environmental education programme. *International Journal of Science Education, 32* (13), 1755 – 1770.

Russell, C., & Dillon, J. (Eds.). (2010). *Canadian Journal of Science, Mathematics, and Technology Education, 10* (1). Special Issue on Environmental Education in Science, Mathematics, and Technology Education.

Sachs, W. (1995). Global ecology and the shadow of development. Retrieved from www.laucksfoundation.org/public_html/lauckswebpage/reprints/131.pdf

Sauvé, L. (1996). Environmental education and sustainable development. *Canadian Journal of Environmental Education, 1*, 7 – 35.

Sauvé, L., & Berryman, T. (2003). Researchers and research in environmental education: A critical review essay on Mark Rickinson's report on learners and learning. *Environmental Education Rcscarch, 9* (2), 167 – 180.

Sauvé, L., Brunelle, R., & Berryman, T. (2005). Influence of the globalized and globalizing sustainable development framework on national policies related to environmental education. *Policy Futures in Education, 3* (3), 271 – 283.

Saylan, C., & Blumstein, D.T. (2011). *The failure of*

environmental education [and how we can fix it]. Berkeley and Los Angeles: University of California Press.

Scott, W., & Gough, S. (2003). *Sustainable development and learning. Framing the issues*. London: RoutledgeFalmer.

Selby, D. (2001). The signature of the whole: Radical interconnectedness and its implications for global and environmental education. *Encounter. Education for Meaning and Social Justice, 14* (1), 5 – 16.

Semken, S., & Freeman, C.B. (2008). Sense of place in the practice and assessment of place-based science teaching. *Science Education, 92*, 1042 – 1057.

Sia, A.P., Hungerford, H.R., & Tomera, A.N. (1985/1986). Selected predictors of responsible environmental behaviour. *Journal of Environmental Education, 17* (2), 31 – 40.

Skamp, K., Boyes, E., & Stanisstreet, M. (2013). Beliefs and willingness to act about global warming: Where to focus science pedagogy? *Science Education, 97*, 191 – 217.

Smyth, J. (1998). Environmental education—the beginning of the end or the end of the beginning? *Environmental Communicator, 28* (4), 14 – 16.

Stapp, W. (1974). Historical setting of environmental education. In W.B. Stapp, A.E. J. Wals, & S.L. Stankorb (Eds.), *Environmental education for empowerment. Action research and community problem solving* (pp.41 – 49). Dubuque, IA: Kendall/Hunt Publishing Company.

Stapp, W., et al. (1970). The concept of environmental education. *Education Digest, 35* (7), 8 – 10.

State Education and Environment Roundtable (SEER). (2000). *The effects of environment-based education on student achievement* [online]. Retrieved from www.seer.org/pages/research/CSAPII 2005.pdf

Sterling, S. (2001). *Sustainable education: Re-visioning learning and change*. Dartington: Green Books Ltd.

Sterling, S. (2005). *LinkingThinking: New perspectives on thinking and learning for sustainability*. Perthshire, Scotland: WWF Scotland.

Stern, P. (2000). Toward a coherent theory of environmentally significant behavior. *Journal of Social Issues, 50* (3), 65 – 84.

Sternäng, L., & Lundholm, C. (2011). Climate change and morality: Students' perspectives on the individual and society. *International Journal of Science Education, 33* (8), 1131 – 1148.

Stevenson, R.B., Brody, M., Dillon, J., & Wals, A.E. J. (Eds.). (2013). *International handbook of research in environmental education*. New York: Routledge.

Summers, M., Childs, A., & Corney, G. (2005). Education for sustainable development in initial teacher training: Issues for interdisciplinary collaboration. *Environmental Education Research, 11* (5), 623 – 647.

Summers, M., Corney, G., & Childs, A. (2003). Teaching sustainable development in primary schools: An empirical study of issues for teachers. *Environmental Education Research, 9* (3), 327 – 346.

Svihla, V., & Linn, M.C. (2012). A design-based approach to fostering understanding of global climate change. *International Journal of Science Education, 34* (5), 651 – 676.

Swan, J.A. (2010). Transpersonal psychology and the ecological conscience. *Journal of Transpersonal Psychology, 42* (1), 2 – 25.

Symons, G. (2000). Commitment to sustainable development: A rationale for the curriculum? *Primary Teaching Studies, 11* (2), 23 – 29.

Tal, T. (2008). Learning about agriculture within the framework of education for sustainability. *Environmental Education Research, 14* (3), 273 – 290.

Taskin, O. (2009). The environmental attitudes of Turkish senior high school students in the context of postmaterialism and the new environmental paradigm. *International Journal of Science Education, 31* (4), 481 – 452.

Taylor, N., Nathan, S., & Coll, R.K. (2003). Education for sustainability in regional New South Wales, Australia: An exploratory study of some teachers' perceptions. *International Research in Geographical and Environmental Education, 12* (4), 291 – 311.

Tilbury, D. (1995). Environmental education for sustainability: Defining the new focus of environmental education in the 1990 s. *Environmental Education Research, 1* (2), 195 – 212.

Tomas, L., Ritchie, S.M., & Tones, M. (2011). Attitudinal impact of hybridized writing about a socioscientific issue. *Journal of Research in Science Teaching, 48*, 878 – 900.

Tran, N.E. (2011). The relationship between students' connections to out-of-school experiences and factors associated with science learning. *International Journal of Science Education, 33* (12), 1625 – 1651.

Tseverini, I. (2011). Towards an environmental education without scientific knowledge: An attempt to create an action model based on children's experiences, emotions and perceptions about their environment. *Environmental Education Research, 17* (1), 53 - 67.

UNESCO-EPD. (1997). *Declaration of Thessaloniki.* (UNESCO Publication No. EPD-97/CONF.401/CLD.Z). Paris: Author.

United Nations. (2002). *Report of the World Summit on Sustainable Development.* Johannesburg, South Africa, 26 August- 4 September 2002. New York: United Nations.

United Nations Educational, Scientific, and Cultural Organization (UNESCO). (1975). *The Belgrade Charter. A global framework for environmental education.* Retrieved from www.envir.ee/orb.aw/class=file/action=preview/id=1011467/The%2BBelgrade%2BCharter.pdf

United Nations Educational, Scientific, and Cultural Organization (UNESCO). (1978). *Intergovernmental Conference on Environmental Education: Tbilisi (USSR), 14 - 26 October 1977. Final Report.* Paris: Author.

United Nations Environment Program (UNEP). (1972). *Declaration of the United Nations Conference on the Human Environment.* Retrieved from www.unep.org/Documents.Multilingual/Default.Print.asp?documentid=97&articleid=1503

Vasconcelos, C. (2012). Teaching environmental education through PBL: Evaluation of a teaching intervention program. *Research in Science Education, 42* (2), 219 - 232.

Volk, T., & McBeth, W. (1997). *Environmental literacy in the United States.* Washington, DC: North American Association for Environmental Education.

Wagner, J. (1993). Ignorance in educational research: Or, how can you *not* know that? *Educational Researcher, 22* (5), 15 - 23.

Wals, A.E. J. (1993). Critical phenomenology and environmental education research. In R. Mrazek (Ed.), *Alternative paradigms in environmental education research* (pp. 153 - 174). Troy, OH: North American Association for Environmental Education.

Wals, A.E. J., & Jickling, B. (1999). Process-based environmental education: Setting standards without standardizing. In B.B. Jensen, K. Schnack, & V. Simovska (Eds.). *Critical environmental and health education.* Copenhagen: Royal School of Educational Studies.

Ward, M. (2002). Environmental management: Expertise, uncertainty, responsibility. In E. Janse van Rensburg, J. Hattingh, H. Lotz-Sisitka, & R. O'Donoghue (Eds.), *Environmental education, ethics and action in Southern Africa* (pp. 28 - 35). Pretoria, South Africa: Human Sciences Research Council.

Wheeler, K. (1975). The genesis of environmental education. In G.C. Martin & K. Wheeler (Eds.), *Insights into environmental education* (pp. 2 - 20). London: Oliver and Boyd.

Whittington, A. (2006). Challenging girls' constructions of femininity in the outdoors. *Journal of Experiential Education, 28*, 205 - 221.

Williams, D.R., & Dixon, P.S. (2013). Synthesis of research between 1990 and 2010: Impact of garden-based learning on academic outcomes. *Review of Educational Research, 83* (2), 211 - 235.

Williams, M. (Ed.). (1996). *Understanding geographical and environmental education: The role of research.* London: Cassell.

World Commission on Environment and Development (WCED). (1987). *Our common future.* Oxford, UK: Oxford University Press.

Zelezny, L. (1999). Educational interventions that improve environmental behaviors: A meta-analysis. *Journal of Environmental Education, 31* (1), 5 - 14.

26 From Inquiry to Scientific Practices in the Science Classroom

BARBARA A. CRAWFORD

第26章 科学课堂中从探究到科学实践

邵慧 译 刘晟 审校

概述

在编写科学课堂中的探究/科学实践这一章时，我们主要关注了最近发表的同行评议期刊的文章和手册中的章节，以及在科学教与学方面具有开创性的文献。最近的发现与历史上的工作共同帮助我们更好地了解：如何支持儿童去理解（a）怎样做探究，（b）如何运用探究发展出对科学概念更深的理解，（c）科学是什么和科学不是什么，以及（d）如何批判性地思考。本章首先讨论了科学课堂中围绕探究的含义产生的困惑，以及文献所反映出的课堂探究的多种变式。基于本章的目标，作者使用短语“探究式科学教学（teaching science as inquiry）”，含义既包括教学法又包括有关探究的学习成果，教学法是指让学生参与设计和开展研究的方法，学习成果是指通过参与研究来学习科学学科内容，以及学习“关于”科学探究的本质。学习“关于”科学探究的本质与学习者提高对科学本质的理解之间有重叠。

> 对于这种有关探究的观点，重要的是下列学生成果：欣赏科学家开展工作的多种方式；理解观察的力量；具备提出可测试的问题、做出假设的知识和能力；使用各种数据形式以发现其中的模式，证实或拒绝假设；构建和维护模型或论证；考虑替代性的解释，并理解科学的暂定性，包括科学的人文方面，如主观性和社会影响。
>
> （Crawford, 2007, p. 614）

将杜威（Dewey）和施瓦布（Schwab）的历史观点与新的美国K—12科学教育框架（美国国家研究理事会 [NRC], 2012）和《新一代科学教育标准》（*Next Generation Science Standards*, NGSS Lead States, 2013）制定者的现代观点相结合，得出了以下定义：探究式科学教学涵盖让学生运用批判性思维技能，包括提出问题、设计和实施研究、解读数据作为证据、产生论证、建立模型以及运用逻辑和关于自然世界的证据来交流研究发现，以加深他们的理解。

本章追溯了在美国以及世界其他国家和地区K—12科学课堂中强调探究的历史。此外，本章还探讨了课堂探究与科学家的探究是不同的还是相同的这一问题。本章呈现了与教师观点和知识以及课堂实践相关的实证证据，以及关于如何帮助职前和在职教师的模型。本章也探讨了探究式科学教学对学生的益处和给教师带来的挑战。本章最后给出了启示和今后的研究方向。

对课堂探究含义的困惑

探究在科学教育改革文献中有着悠久的研究历史，研究提倡教师运用探究策略让学生提出科学有效的问题、开展研究、收集和分析数据以及根据收集到的数据得出一些结论。基于改革的科学教学中的大多数会话都包含“探究”这一词语。然而，关于探究式教学究竟需要什么，存在着许多分歧。此外，“科学教育者一直在争论探究在科学教学中的地位”(Duschl, Schweingruber, & Shouse, 2007, p.12)。

在一个通过研究改善科学教与学的全球组织(美国国家科学教学研究学会[NARST])举办的一次会议上，一项关于探究式科学教学的早期研究得到了展示。该研究记录并分析了一名职前科学教师运用探究开展科学教学的历程(Crawford, 1999)。在展示结束后的提问环节，桑德拉·埃布尔(Sandra K. Abell)博士从椅子上跳起来，手指向空中，问道：“这到底是什么？你说的探究是什么意思？”接着，参会者们展开了热烈的讨论乃至辩论。这场辩论一直持续到21世纪。

20世纪90年代，美国的教育改革将探究作为科学教学的中心组织主题。(参见《美国国家科学教育标准》[*NSES*, NRC, 1996])。尽管人们对探究重新燃起了兴趣，但拜比(Bybee, 2000)说：

> 探究式科学教学的理念在科学教育中有相当悠久的历史，相关的困惑……以及……其在课堂上的实施也有同样漫长的历史。简而言之，我们赞成这一想法但并不进行实践。
>
> (p.20)

今天，科学课堂上的探究是被提倡和期待的，但它却极其罕见和神秘。进入21世纪后的十几年来，许多研究者声称，探究并不十分常见，而且肯定不是美国大多数科学课堂中的中心组织主题(例如Capps & Crawford, 2012)。其他国家和地区，如新加坡，也报告了类似的科学探究教学现状(例如Kim & Tan, 2011)。在观察者观察的许多科学课堂中，教师仍然主要通过讲课的模式来传授科学概念和原理，学生可能会(但并不总是)被动地听和做笔记。如果这堂课涉及实验，学生可能会在实验室一步一步地完成实验步骤，以验证一个已知的结果。实验课可能类似见于20世纪许多课堂中的那种结构严密的传统科学教学实践。许多科学教育者可以列出和描述什么不是探究，但是对于如何精确地描述什么是探究、什么是探究式科学教学及其所有的变式，仍然有很大的困惑。

20世纪90年代初，各方共同努力以明确界定探究这一概念。然而，在过去的二十年间，许多研究者遗憾地表示，对探究需要什么仍缺少共识(例如Barrow, 2006; Minstrell & van Zee, 2000)。多种含义和解释都被提出来，这使许多教师教育者、教师和研究者不知所措。与其他人一样，巴罗(Barrow, 2006)呼吁在教师教育者之间达成共识。明斯特尔(Minstrell, 2000)提供了一份探究式教学特点的列表，包括发展思维习惯、激励学生、利用动手和动脑的活动来研究特定的现象，以及由学生提出问题。

时至今日，有关课堂教学中探究的困惑依然存在。在21世纪初，惠勒(2000)指出了这些含义的矛盾之处，“探究”是一个富有“弹性”的词，可以通过被拉伸和扭转以反映人们不同的世界观(p.14)。安德森(2002)认识到“探究”一词的不同用法，并强调了*NSES*(NRC, 1996)中阐明的三种用法。几年后，安德森宣称，“探究是一个不精确的词……它在不同的情境中有不同的意思，很难猜出某一演讲人在使用这个词时脑子里想的是什么特定的含义”(2007, p.808)。本章将讨论科学课堂中“探究”的三种用法(改编自Anderson, 2002)：(1)科学探究(科学家研究自然界的各种各样的方式)，(2)探究式学习(儿童获取科学概念知识和学习科学本质的过程)，(3)探究式教学(宽泛地定义为教师引导学生参与探究的教学方法)。

对科学课堂中探究的误解

文献中揭示了大量的误解和错误概念。“探究”一词频繁出现在*NSES*(NRC, 1996, 2000)中，但对于这个词是什么含义仍然几乎没有解决方案。安德森认为第三种用法，即“探究式教学”，在三种用法中具有最糟糕的定义。

NSES(NRC, 1996)中关于探究的误解包括：

> 误解1：所有的科学学科内容都应通过探究来教授。
>
> 误解2：真正的探究只发生在学生自己提出问题并进行探索的时候。
>
> 误解3：通过动手操作或使用素材包形式的教学材料，探究式教学很容易进行。
>
> 误解4：学生参与动手活动就保证了探究式教学和学习的发生。
>
> 误解5：探究可以在不关注学科内容的情况下教授。
>
> (p.36)

显然，关于课堂探究最具误导性的概念之一是：探究的含义完全等同于学生动手的实践经历。这是课堂探究的一种错误简化，忽略了一个基本需求，即为一个驱动问题寻求解释的过程。此外，“动手实践经历很重要，但不保证有意义”（美国科学促进会[AAAS], 1993, p.319）。地平线课堂观察计划（Horizon Classroom Observation Protocol）将“以活动为目的而进行的动手实践活动”认定为不好的教学（Horizon Research Corporation, Inc., 1999）。教师错误地认为，如果学生拿着什么东西或者拿着蜡笔画画，这就构成了“动手科学”（personal communication, Czerniak, May 2013）。因此，有一种误解是，如果一名学生参与了动手活动，就证明探究式教学和学习正在进行。

第二个误解是，探究可以没有科学。换句话说，探究可以在不关注学科内容的情况下使用/教授(NRC, 2000, p.36)。第三个误解是，开放式探究是所有课堂的最终目标。“把开放式探究视为课堂探究最纯粹的形式，并认为它是科学教师应该为之奋斗的理想，这是一个误解”(Settlage, 2007, p.464)。对于研究者和教师教育者来说，认识和消除这些误解非常重要。

研究者对探究式科学教学的定义通常略有不同。富尔塔克(Furtak)等人(2012)注意到一个事实：“用于描述探究的不同术语有时指教师提供的指导(例如发现学习)，有时指学生的认知活动(例如基于模型的探究)”(p.324)。教师的指导程度和认知活动的质量这两个问题，在评估特定课堂中探究式科学教学经历的本质时，是很重要的考虑因素。许多研究者从争论探究“好不好”，转向研究课堂中探究式教学的特点。现在许多研究者都关注于怎样在各种各样的学校中成功地实施探究。在课堂上实施探究的外部障碍（课堂情境和学校文化）和内部障碍（教师知识、信念和观点）都得到了研究，这对职前和在职教师的教育都有启示。这些问题将在本章后面的部分中进行讨论。

现在，美国的研究者、教师教育者和政策制定者正努力更清楚地阐明，让儿童在科学课堂上参与探究意味着什么——换句话说，就是回答桑德拉·埃布尔博士的问题，“探究是什么？”。在本章中，作者使用“探究式科学教学”一词，可以囊括教师采用的支持学生学习科学探究的一种教学方法，并通过探究过程发展科学概念和科学本质的知识。学习科学探究既包括“实施”探究（实践），也包括学习“科学探究的本质”。教学生“实施”探究包括让学生提出科学问题、设计和实施研究、解释数据、构建模型和做出解释以及交流和运用论证来支持解释。在回答教师或同学提出的科学问题时，通过教师的专业指导，学生能够理解观察结果、书上的文字、电脑屏幕上的图像或研究中收集到的数据。学生自己想明白一些东西，并将其与科学观点联系起来。在探究式课堂中，学生参加科学实践和讨论的同时，产生和评估对自然界的科学解释。探究的核心是学习者处理数据、使用证据和逻辑来理解社会和协作环境中的某些事件或现象（NGSS Lead States, 2013; NRC, 1996, 2000）。通过探究式科学教学，教师可以帮助不同的学生学习如何科学地思考，而这些学生来自传统意义上在科学领域被忽视的群体。

科学课堂中探究的变式

在不断梳理关于探究的多种含义的过程中，似乎会产生一种直觉，即在任何情况下，都应该有一个中心问题引出研究和探索。除了问题的存在，探究式教学和学习的种类也有细微差别。一些不同的变式包括：(a) 基于项目的科学、(b) 基于问题的学习、(c) 真实的科学、(d) 公民科学和 (e) 基于模型的探究。如表26.1所示。下面是对这些变式的具体描述。

表26.1　探究式科学教学的变式

变式	关键组分	期望
基于项目的科学	驱动问题、合作、使用新技术、真实的人工制品	学生参与有意义的调查，作为学习科学事实和原理的途径
基于问题的学习	解决复杂的真实世界的问题	学生增强解决问题的能力，提升内在动机和自主学习能力
真实的科学	科学实践与科学家的工作紧密结合，为他人提供有意义的、真实的数据	学生理解科学探究的本质和科学本质的各个方面
公民科学	科学家与志愿者合作，教师帮助学生遵循收集科学数据的规范	学生为科学家提供数据，之后科学家再分析数据，作为真实的科学研究的一部分
基于模型的探究	生成、测试和修正科学模型	学生学习如何运用模型对数据和现象进行推理，创建、使用和评估模型

基于项目的科学。在20世纪90年代中期到末期，研究者描述了一种名为基于项目的科学（project-based science [PBS]）的教学方法。PBS指通过与他人合作进行研究，使学习者积极构建科学概念和原理。PBS强调四点："驱动问题"、研究、合作和使用技术工具（即Krajcik & Czerniak, 2014）。马克思（Marx）及其同事（1994）将PBS定义为"PBS关注由学生设计的探究，通过研究来回答驱动问题，包括学习者和其他人的合作、新技术的使用以及能够反映学生理解情况的真实人工制品的制造"（p. 341）。其中一个关键方面是强调学生为了学习科学而进行有意义的研究。在过去的20年里，与PBS相关的研究已经从基于认知心理学的理论框架（Blumenfeld et al., 1991），发展到关注教师的观点和通过专业化发展（professional development [PD]）得到的支持（Connor, Capps, Crawford, & Ross, 2013; Marx et al., 1994）、教师在课堂上的行为（例如Crawford, Krajcik, & Marx, 1999; Krajcik et al., 1998; Polman, 2000; Schneider, Krajcik, & Blumenfeld, 2005）、评估对学生学习的影响（Schneider, Krajcik, Marx, & Soloway, 2002）到最近关注评价和教育课程材料的设计（Krajcik, McNeill, & Reiser, 2007）。

基于问题的学习。对基于问题的学习（problem-based learning [PBL]），人们普遍持有的一个观点是，它是通过使用复杂的、真实世界的问题来促进科学课堂中的学习。PBL起源于医学教育（例如Schmidt, 1983）。学习者面临着一个需要解决的问题，在医学上可能是一位病人的疾病。在PBL课堂中，教师运用一个真实世界的问题向学生介绍相关的科学概念，并在一个积极合作的学习环境中激发学生学习科学的积极性。PBL经常是在学生掌握解决问题必需的深层知识之前，就把问题给学生（Drake & Long, 2009）。问题通常是复杂的，学生被要求以小组的形式一起找出解决方案。目的是期望学生解决问题的能力随着学科知识的增长而增强。科洛德纳（Kolodner）及其同事（2003）将PBL定义为"一种注重从解决问题的经历中学习，同时促进内容和实践学习的认知学徒制方法"（p. 497）。PBL通过解决真实世界中的问题、收集所需的科学信息并对经历进行反思，从而让学生学习科学概念。

真实的科学。与传统的学校科学实验室训练相比，真实的科学是一种与科学家的工作密切相关的探究式教学的变式。韦氏在线词典（Merriam-Webster Online Dictionary）对"authentic（真实）"一词的解释是：不是虚假的或仿制的，真实的、实际的、真正的。传统的科学实验室训练往往是人为设计的，学生已经知道答案。人们认为，通过让学生参与到真实的科学中，学生将会学到更多关于科学实践的知识（NRC, 2012）。罗思（Roth, 1995）在高中物理课堂上呈现了一个真实的科学案例。克劳福德（Crawford, 2000）提供的实证表明，学生们自己表示他们看重课堂探究的真实性。学生们意识到自己不是训练有素的科学家，但是相信他们可以为他人提供有意义的、真实的数据（Crawford, 2000）。有人可能认为科学家的实验室是关于科学探究的所有教学环境或开展科学研究的多种方式中最真实的。在将科学实践转化到课堂的过程中，希望学生理解科学探究的本质，了解科学本质的各个方面（Schwartz & Crawford, 2004）。伍尔诺（Woolnough, 2000）将学生的研究项目视为真实的科学，他发现有证据表明，项目培养了核心技能，特别是问题解决能力以及沟通和人际交往能力。罗思和卡拉布雷泽·巴顿(Calabrese Barton)(2004)将科学视为非专业人员在日常生活中运用知识的一种方式，他们提出了一种将科学素养和参与性行动联系起来的学习模型。布朗德(Braund)和赖斯(Reiss)(2006)提出了一个真实的科学的进化模型。他们主张校外经历可以补充学生真实的校内经历，还声称非正式的学习经历有助于加强传统的学校科学实验室活动。

公民科学。公民科学包括科学家和志愿者之间的合作，志愿者收集数据供科学家使用(Cohn, 2008)。有人认为，将这种方式用于课堂，通过参与公民科学项目，学生不但可以开展科学实践、学习科学探究的本质，还可以学习科学学科内容。在公民科学中，教师帮助学生遵循收集科学数据的规范。学生向科学家提供数据，科学家再分析这些数据，作为真实的科学研究的一部分。已有研究通过比较学生和专家收集的数据的准确性，来确定科学家实际使用学生收集的数据的可行性(即Galloway, Tudor, & Vanderhaegen, 2006)。我们还不清楚是不是所有基于课堂的公民科学项目实际上都为科学家提供了有用的数据。更重要的是，在学校科学教学中，学生和教师关注的焦点应该是公民科学探究经历，而不是为科学家收集的真实数据。虽然公民科学项目的数量在快速增长，但似乎关注公民科学对科学知识或态度的影响的相关研究数量仍很有限，尤其对课堂的关注更少(参见Brossard, Lewenstein, & Bonney, 2005)。

基于模型的探究。在基于模型的探究(model-based inquiry [MBI])中，学习者参与科学模型的生成、测试和修正(例如Passmore & Stewart, 2002; Passmore, Stewart, & Cartier, 2009; Schwarz, 2009)。参与MBI的学生通过使用模型来学习如何对数据和现象进行推理。MBI的一个版本包含了科学知识的五个认识论特征，即可测试、可修改、可解释、可推测和可生成(Windschitl, Thompson, & Braaten, 2008)。MBI在课堂上的目标是帮助学生学习如何对世界运转的方式做出可靠的解释。学生提出一个模型，并尝试通过观察自然界来检验它。通过参与MBI，学生应该能够理解科学概念，并开展建模和论证的实践活动。这种教学要求教师对科学学科内容有较深的理解，并能熟练地支持学生展开有关数据解释、模型构建和论证的讨论。

探究作为课堂教学中心焦点的理由

除了在科学教学中使用探究的相关困惑，一些研究者认为，探究式科学教学可能对学生没有好处，事实上，可能对他们的学习有害。在一项引起强烈争论的研究中，研究者声称探究对学习有负面影响(Kirschner, Sweller, & Clark, 2006)。研究者将探究式教学定义为：教师表现出一种“不干涉”的态度，学生完全自主地通过发现进行研究。基施纳(Kirschner)及其同事(2006)认为教师不应该在课堂上使用探究的方法。相反，教师应该使用引导性的教学方法，并结合类似于验证式实验室活动的结构化的探究。一些研究者反驳了基施纳团队主张的探究式教学不能促进学习的观点。“基施纳及其同事不加区分地将几种教学方法——建构主义、发现式、基于问题的、实验的和基于探究的——混为一谈，归为最低指导度的教学类别”(Hmelo-Silver, Duncan, & Chinn, 2007, p.99)。哈梅罗-西尔弗(Hmelo-Silver)等人(2007)认为基施纳及其同事将探究式学习(inquiry learning [IL])和PBL与发现式学习混为一谈，还认为基施纳的团队没有认识到这些方法本身都提供了大量的脚手架(指导学习)。在另一场权衡探究式教与学利弊的争论中，迈耶(Mayer, 2004)指出，“我的论文……有足够的研究证据使任何有理性的人怀疑发现式学习——以认知建构主义或社会建构主义为幌子进行实践——作为首选教学方法的好处”(p. 14)。迈耶指出了将建构主义教学(与探究有关)与纯粹的发现式方法混淆在一起的问题，并警告说，研究不支持让学生沉浸在“纯粹的发现”中，强调在提倡或否定一种教学方法胜过另一种教学方法时实证证据的重要性。

尽管有些人持怀疑态度并持续争论不休，但是许多科学教育者仍然坚定地主张在课堂中将探究作为一种核心的教学方法。总的来说，探究式科学教学作为一种方法，可有效地促进产生多项提倡的学习成果。但是，我们必须谨慎地接受这一结论，由于研究者采用不同的方法定义探究和评估学生的学习。我们必须批判性地看待特定研究者对探究的定义以及研究者评价和追踪学生学习的方式。在最近的一项元分析中，富尔塔克及其同事(2012)得出结论:“元分析的结果证明了一个观点，即与以传统课程或学生主导的非结构化活动为特色的对照组相比，让学生参与引导式探究情境确实能够促进学习”(p. 324)。明确各种教学方法的相关内容至关重要。倡导使用探究的人声称探究对学生有以下好处。

1. 探究与人们学习科学的方式是一致的。拜比和范·斯科特(Van Scotter)(2007)强调的探究对学习者的好处反映在下面这段节选中：

> 研究者对学生如何学习进行了研究……1)学生对世界如何运转持有前概念，2)科学能力包括事实性知识、概念框架和组织信息的方法，3)学生可以通过设定目标和监控自己的学习进度来控制自己的学习。
>
> (p.46)

认知科学的研究表明，学习是发生在学习者内部的主动过程，包括基于学习者先前的经验构建理解(例如Bransford, Brown, & Cocking, 1999; Driver, Squires, Rushworth, & Wood-Robinson, 1994)。让学生参与探究就是为他们提供得到错误答案的机会，这反过来又可促进学习。“因此，知道错误答案为什么是错的，可有助于更深入、更确信地理解正确答案为什么是对的”(NRC, 2012, p. 44)。

2. 国家需要探究者和工程师。20世纪60年代，施瓦布指出了培养学生成为有见识的科学消费者和潜在科学家的重要性。

> 我们的教师需要教什么，首先是由我们国家的需求决定的，而国家的需求是双重的。一方面需要越来越多的熟练探究者和创新工程师，另一方面还需要由理解科学家工作的非科学家团体进行投票和支持。这种双重需求反过来又在学校内创造了双重客户——潜在的科学知识的消费者，以及那些具备兴趣爱好和特殊能力的、潜在的知识创造者。
>
> (1960, p. 184)

从20世纪到今天，美国一直强调把培养更多的年轻科学家和工程师作为预期教育目标的重要性。同样重要的是让年轻人具备科学素养，成为科学的消费者。

3. 探究是理解怎样做科学的一种手段。几十年来，培养学生理解科学的核心概念并意识到科学是认识世界的一种方式，是科学教育工作者的长期目标。不幸的是，这些目标还没有在所有人，甚至都没有在大多数学习者身上达成。拜比和范·斯科特（2007）强调了儿童从事类似于科学家工作的重要性。

> 为了理解科学，学生需要通过参与活动、完成项目、探索问题的答案，以及讨论交互式读物来做科学。当他们模仿科学家的工作方式时，学生对科学探究的过程有了更好的理解。
>
> （p.46）

布兰斯福德（Bransford）、布朗（Brown）和科金（Cocking）（1999）认为，探究有助于学生获得（a）事实性知识的深层基础，（b）在概念框架的情境中对事实和概念的理解，（c）组织知识以检索信息的能力。此外，让学生参与到探究之中，能够帮助学生学会控制自己的学习，这可通过制定学习目标和监控实现目标的过程予以实现（pp.10–13）。

4. 探究是培养年轻人科学兴趣的一种手段。科学教育的一个重要目标是激励所有学生学习科学，并向他们植入学习更多科学内容和进一步参与探究的愿望。人们意识到，在某段成长期（10—14岁），许多美国学生对科学失去了兴趣。施瓦布（1960）认识到让儿童参与真实的研究对他们的动机可产生有益的影响。"紧密结合一手研究报告中不确定性、质疑和难点的课堂，最有可能唤起儿童的能力和兴趣"（pp.191–192）。近年来，美国国家科学基金会（National Science Foundation [NSF]）资助的项目旨在开发让不同学生参与探究的方法。例如，2008年，NSF资助了一个基于探究的化石发现者项目。该项目是一项真实的科学研究，它为教师和各种各样的学生提供了机会，让他们为解释泥盆纪化石数据贡献力量。科学研究的地点在纽约北部，由于化石被送往全国各地的课堂，所以师生没有必要赶往研究地点。反过来，古生物学家与学生合作，利用课堂中的数据来确定该研究地点古代环境的性质和泥盆纪生物种群的变化（Crawford, Ross, & Allmon, 2014）。教育研究提供的实证证据表明，10岁到14岁的学生，特别是那些属于在科学上代表比例不足群体的学生，高度重视化石鉴定和测量的真实性，这些学生显然想要帮助科学家并与真正的科学家一起工作（Conner et al., 2013; Goldfisher et al., 2014）。此外，化石发现者项目可以促进不同的学生认识到科学是一种认识世界的方式，并将课堂上的科学学习与在家的学习联系起来（Meyer & Crawford, 2011）。

5. 探究是理解科学在不断改变的重要手段。人们普遍认为，要了解所有新发现的科学内容其实是不可能的。随着21世纪的到来，我们正在经历一场新发现的大爆发。在这种情况下，人们需要学习如何成为批判性的科学消费者，这就需要理解科学探究是如何进行的。施瓦布（1958）多年前就阐明了这一基本原理。

> 当前科学教学方法发生变化的真正原因在于科学本身发生了变化。一种关于科学探

> 究本质的新观点目前正决定着研究方向。引用尤金·拉比诺维奇(Eugene Rabinowitch)的话:“科学发展得如此之快,本质上具有动态性。科学将事实、概念和定律视作是一个临时的、快速变化的规则,反映了事物当时的情况。”
>
> (p.374)

6. 探究满足了让公民能够对有争议的社会问题做出决策的需求。研究者(例如Duschl et al., 2007; Sadler, Barab, & Scott, 2007)指出,探究可以作为教授和学习科学的有用情境,发展学生在之后的生活中做出明智决策的能力。许多研究者指出,在目前的政治与日常生活前沿,存在许多有争议的、涉及科学的讨论。

> 在历史上任何时候,改进科学教育都从未像今天这样重要。与克隆、潜在的替代燃料以及利用生物信息对抗恐怖主义等议题有关的重大政策的辩论,比历史上任何时候都更需要科学的、明智的公民群体。
>
> (Duschl et al., 2007, p. 1)

社会成员作为一个整体,需要提高对科学概念和原理以及怎样做科学的理解,这就是为什么年轻人应该提高对科学探究的理解的原因。

文献中是如何界定探究的

追溯美国科学课堂中探究的历史

从杜威到探究再到科学实践。下面是从20世纪初到现在,美国科学课堂探究的简史。从过去100年的教育文献来看,课堂探究显然不是一个新概念。一个人对教育史的研究越深入,就越能看到教学一直在强调科学的两面性。100多年前,约翰·杜威(John Dewey)主张,如果科学仅仅作为一个既定的事实体系来教授,那么儿童就会错失机会去学习怎样科学地思考。杜威(1910)指出:“学习科学不仅要学习知识体系,还要学习过程或方法”(p. 14)。杜威(1910)警告说:“科学教学之所以经历挫败,是因为科学常常被呈现为大量准备好的知识,以及大量学科内容的事实和定律,未能呈现出探索某些学科内容的有效方法”(p. 124)。杜威认为,许多教师过于强调事实,对如何看待科学的工作方式缺乏足够的重视。因此,100多年前,杜威就建议将探究纳入科学课堂。

在《我们如何思考》(*How We Think*, 1910, 1937)一书中,杜威提出了与探究有关的学习者特征,他称之为反思性思维。这些特征包括:(1)定义问题,(2)注意与问题相关的条件,(3)系统地阐述用以解决问题的假设,(4)详细说明各种解决方案的价值,(5)检验这些想法以确定哪个是解决问题的最佳方案。杜威后来创造的一个六步模型,成为中学课程委员会(Commission on Secondary School Curriculum, 1937)发表的《中学教育中的科学》(*Science in Secondary Education*)的基础。在这个模型中,教师要(1)提供一种经历,让学生感到受挫并能感知到问题;(2)帮助学生识别和明确表达问题;(3)为学生提供机会以形成假设,并尝试建立令人困惑的情形与先前经历之间的关联;(4)允许学生尝试各种类型的实验,包括假想实验、纸笔实验和实体实验,以检验假设;(5)提议可能导致接受或拒绝假设的测试;(6)要求学生设计一段陈述,表达出他们的结论和可能采取的举措。

1957年10月,苏联成功发射了第一颗人造地球卫星，这是美国科学教育史上的一个转折点，许多美国政府官员和科学家呼吁改进科学教育。在“太空竞赛”期间，人造卫星升空的狂热导致了由NSF资助的新科学课程的大量涌现。这些课程旨在让儿童参与科学过程，以此作为教师教授科学的新方法。施瓦布（1960）建议通过探究来教授科学，因为这将对学习者的日后生活有用。

> 如果一名学生想在他不再是学生的时候仍能与不断变化的科学保持密切的关系，他必须尽可能地摆脱其自身对学校和学校教育的需求。
>
> （p.186）

施瓦布（1960）认为教师通过培养学生的思维习惯来帮助学生成为科学的学习者，使学生在长大成人后能够面向未来进行学习。

在20世纪60年代，一系列由以学科为基础的课程委员会（即生物科学课程研究[Biological Sciences Curriculum Study, BSCS]）设计的新课程，强调教师以某种方式支持学生使用探究来学习科学内容。这些20世纪60年代的课程比之前的课程包含了更多的实验训练。虽然这些实验训练的设计是开放式的和基于探究的，但它们是高度结构化的，以学习科学为目标。在这十年中，教科书推动了科学教学的进步（Yager, 2000），一些人将这一时期称为产生“照本宣科型（teacher-proof）”课程的十年。

20世纪60年代末至80年代，研究者对这些促进课堂探究的早期实践进行了研究。NSF资助的一项研究（被称为综合项目[Project Synthesis]）综合了关于科学教育现状的各种研究发现（Harms & Yager, 1981）。这其中就包括了一项特别关注教师对探究课程的反应的研究（Welch, Klopfer, Aikenhead, & Robinson, 1981）。该研究发现，教师和科学教育者对探究的含义缺乏明确的认识，教师对探究式科学教学的信念与其实际课堂实践之间存在差异。有证据表明，许多教师认为探究式科学教学是很难的。教师列举了各种限制因素，包括课堂管理、国家的要求、有限的资源和材料，以及一个事实，即教师不认为探究的方法比传统方法更有效（Welch et al., 1981）。多年前，很多教师根本不相信探究的方法对学生来说是最好的。现在，在思考如何支持当代教师实施与探究相关的新课程和新标准时，考虑这些与探究相关的历史发现是非常重要的。此外，将那些不成功的方法和那些看起来更有希望的方法进行比较和对比是很重要的。

在20世纪80年代末至90年代初，美国的政策文件将探究式科学教学提升到了一个高度可见的水平。《面向全体美国人的科学》（*Science for All Americans*, AAAS, 1989）倡导与探究相关的目标，即培养学生的思维习惯。这些思维习惯包括逻辑和数学思维的运用。《科学素养的导航图》（*Atlas of Scientific Literacy*, AAAS, 1993）用多条主线将《科学素养的基准》（*Benchmarks for Scientific Literacy*, AAAS, 1993）中提到的探究概念绘制成了导航图。AAAS指出，科学探究中涉及的想象力和创造性比很多人认为的要多。在《面向全体美国人的科学》中，作者们指出：在科学中，严密的逻辑和实证迟早会胜出（AAAS, 1989, chapter 1）。

> 此外，科学探究远远不是一套死板的步骤，它比教科书中通常称为“科学方法”的线性方法更加灵活。它不仅仅是“做实验”，而且也不局限于实验室。
>
> （AAAS, 1989, chapter 1）

不久后，*NSES*（NRC, 1996）明确提出，探究是美国科学教学的首要目标。“学习科学是学生要做的事，而不是别人做好了给他们”（NRC, 1996, p.20）。这些文件将探究描述为一种思维方式，而不仅仅是进行越来越多的观察并对这些观察进行组织。

1996年*NSES*增编的《探究和美国国家科学教育标准》（*Inquiry and the National Science Education Standards*, NRC, 2000）重申了对培养儿童科学思维习惯的关注。“探究在一定程度上是一种心态——好奇的心态”（NRC, 2000, p. xii）。这些标准文件针对的是特定的批判性思维技能，包括数学思维和逻辑思维能力，这些技能对正式和非正式学习以及当今社会中的任何参与者都是必不可少的。

随着21世纪的到来，安德森（2002）提出影响探究实施的困境主要有三个方面：技术困境、政治困境和文化困境。一些研究者探索了改善这种现状的方法。拜比在明斯特尔（Minstrell）和范齐（van Zee）（2000）编辑的书中提到了约翰·杜威。拜比指出，拉瑟福德（Rutherford）在1964年认识到教师需要理解科学的本质，“除非科学教师对他们所教授的科学的历史和哲学有相当全面的了解，否则他们无法理解科学的本质，在这种情况下，探究式科学教学不会有太大的进步”（p.84—found on p.28）。拜比还指出，综合项目（1981）表明，科学教育界以多种方式使用了“探究”一词，包括将探究作为内容和将探究作为设计教学的方法。”尽管教师对探究的价值给出了积极的回应，但他们往往觉得自己更有责任教授事实、“考试中出现的东西”、“基础”以及“结构和职业道德”（Bybee, 2000, p.29）。最后，惠勒（2000）描述了探究的三个方面（参见Minstrell & van Zee, 2000, pp.14–19）以及一名优秀的教师是如何运用探究的。

> 优秀的教师能够识别探究的材料与学生好奇心之间的联系，并帮助学生试探性地或有信心地将自己的问题与解决方法联系在一起。优秀的教师也会与学生一起，使他们的发现有意义，并构建能令科学团体内其他人信服的论证。
>
> （p.16）

一个重要的观点是，探究不仅应被视为一种教学方法，还应被视为要学习的内容。惠勒（2000）指出，“探究具有元内容的特征，即在学习其他内容时需要探究”（p.18）。

正如本章前面所说，20世纪80年代、90年代和21世纪初，许多以改革为基础的课程都将重点放在探究的材料上。开发以探究为基础的课程与支持教师参与探究式科学教学相辅相成。例如，BSCS提倡探究的方法有很长的历史。自20世纪80年代末以来，BSCS的5E教学模式一直是大多数BSCS文章和课程的核心特征（Bybee et al., 2006）。5E教学模式，通常称为5Es，由以下几个阶段组成：(1)引入、(2)探究、(3)解释、(4)精致和(5)评价。5E教学模式极大地影响了整个美国的科学教与学。虽然有许多论文和报告已经发表，但在同行评议期刊上发表的比较BSCS的5E教学模式与其他方法的实证研究文章并不多（例如Akar, 2005; Atay & Tekkaya, 2008）。

这并不奇怪，但值得注意的是，当学生参与学校实验室活动时，学生的主动性会随着教师的指导而发生很大的变化。施瓦布（1960）提出了实验室中三个可能的探究层次：(1)结构化探究，即教师提出问题，并提供用于研究问题的实验方法；(2)

引导式探究，即教师提出问题，但不提供探究的程序；(3) 开放式探究，即教师允许学生自行选择探究的问题和程序。从高度结构化到开放式探究之间的变化被视为是连续的（参见NRC, 2000）。萨德哈（Sadeh）和蔡恩（Zion）(2009) 认为，学生提出研究问题，并根据他们掌握的科学推理技能创建或选择实验方法，这种在学校的经历才是开放式探究。

随着教师实施基于探究的教学法重新得到关注，我们有必要开展研究来追踪课堂中探究教与学的过程。基斯（Keys）和布赖恩（Bryan）(2001) 认识到："当今的改革背景使得探究这一代表着科学教育本质的概念得以复活"（p.631）。基斯和布赖恩（2001）提出了教育研究的新方向，有四个方面：(a) 教师对探究的信念，(b) 教师实施探究的知识基础，(c) 教师自身的探究实践，(d) 学生在教师设计的、基于探究的教学中的科学学习。

从探究转向科学实践

如上文所述，科学课堂探究的历史观点揭示了科学课堂探究的三个方面——儿童实施探究、儿童通过探究学习核心的科学概念，以及儿童学习科学家探究的本质。追踪历史上的探究，美国课堂探究最近一次重现是在新K—12框架（NRC, 2012）和《新一代科学教育标准》(NGSS Lead States, 2013) 中。K—12框架的制定者讨论了过去各种探究观点之间的矛盾。在K—12框架中，"探究"一词实际上只出现了几次，涉及让学生参与探究、探究作为一种教学法，或者教授科学家所做的事情（科学探究）。为尝试重塑探究，该文件使用"科学实践"这一术语贯穿全文。

> 我们使用"实践"而不是"技能"这样的术语来强调参与科学研究不仅需要技能，还需要每一种实践所特有的知识……我们阐明维度1中的实践是为了能更好地说明科学探究的含义，及其所需的认知、社会和亲身实践的范围。
>
> （p.30）

号召学生参与科学实践与号召学生参与工程实践相结合（NRC, 2012）。

与20世纪的研究者和哲学家（例如约翰·杜威、约瑟夫·施瓦布）不同，21世纪K—12框架的制定者强调，让儿童沉浸于研究中是科学学习的核心。K—12框架十分强调学生要经历设计和实施研究的过程，以理解科学家在做什么和科学认识论（NRC, 2012）。

> 就像所有基于探究的科学教学方法一样，我们的期望是学生自己参与实践，而不仅仅是接受式地学习。
>
> （p.30）

当我们从历史的角度看21世纪的科学教育标准时，让学生参与做科学这一主张使我们想起20世纪哲学家、课程开发者和教育家所提出的观点。因此，我们可能会问，K—12框架和*NGSS*所使用的"科学实践"这一术语与*NSES*所提出的探究的"本质特征"有何不同？这仅仅是另一种重新思考什么是探究式科学教学的方式吗？

在K—12框架（NRC, 2012, p.3）前几页中提到的第一个维度，即科学和工程实践，包括八项实践：(1) 提出（科学）问题和界定（工程学）难题，(2) 开发和运用模型，(3) 规划和实施研究，(4) 分析和解释数据，(5) 运用数学与计算思维，(6) 构建（科学）解释和设计（工程学）解决方案，(7) 参与基于证据的论证，(8) 获取、评价和交流信息。

表26.2将这些科学实践与早期改革文件中的探究进行了对比。新K—12框架和*NGSS*的一个显著特征是更加强调科学建模和论证。新的文件提出了一种转变，即从简单地让学生形成和测试假设，转变为测试和修正基于理论的解释模型。这一理念涉及让学生解释和评估数据，以将其作为证据来发展论证、解释和模型，从而超越体验式探究。然而，这种对参与论证的强调并不完全是一个新的观点。例如，埃布尔及其同事(2000)设想了小学教师以这种方式支持学生学习科学："积极寻找信息和产生新的想法是基于探究的科学课堂的特征"(p.65)。埃布尔等人(2000)认识到，虽然小学课堂可能已经从传统教学转向了实践教学，但这并不一定意味着教学方式是探究式教学。十多年前，这些作者将探究描述为论证和解释。杜施尔(Duschl)等人指出课堂科学的目标是："让学生精通科学……(1)认识、运用和阐述对自然界的科学解释，(2)生成并评估科学证据和解释，(3)理解科学知识的本质及其发展，(4)参与科学实践和科学讨论并产出成果"(Duschl et al., 2007, p.2)。

表26.2 *NSES*中的探究与K—12框架中的实践的比较

NSES(NRC, 1996, 2000) 探究的本质特征	K—12框架(NRC, 2012) 科学和工程实践
学习者被具有科学导向的问题所吸引	提出（科学）问题和界定（工程学）难题
	开发和运用模型
	规划和实施研究
学习者优先考虑证据，这使他们能够发展和评价针对具有科学导向的问题的解释	分析和解释数据
	运用数学与计算思维
学习者优先考虑证据，这使他们能够发展和评价针对具有科学导向的问题的解释	构建（科学）解释和设计（工程学）解决方案
学习者通过思考替代性的解释，尤其是那些反映科学理解的解释，来评价自己的解释	参与基于证据的论证
学习者进行交流并为他们所提出来的解释进行辩护	获取、评价和交流信息

与历史上关于探究式科学教学的文献相比，K—12框架和*NGSS*的另一个显著特点就是注重整合。K—12框架强调，学习科学和工程学需要教师给学生提供机会，让学生学习"将有关科学解释的知识(即学科知识)与参与科学探究和工程学设计所需的实践进行整合"(NRC, p.11)。其愿景是，教师设计出一系列课堂中的学习环境，使科学核心概念、跨学科概念和科学实践相互交织在一起。

随着目标的转变，教师教育者有必要考虑改变培养新教师的方式。然而，重要的是要记住，正如20世纪60年代和70年代教师们所报告的那样，历史研究揭示出了探究式科学教学的局限性(Welch et al.，1981)。改变可能需要转变教师的经历。否则，我们可能会发现自己只是在夸夸其谈，而没能采取积极的行动转向真正的基于改革的课堂教学。转变要求科学教师具有不同的经历，对科学教师也有不同的期望。(参见本章后面对障碍的讨论)。

近年世界上关于探究的观点综述

在美国以外的国家及地区中，探究也是一个重要的主题(Hasson & Yarden, 2012)。

> 这种对真实的科学探究和开展研究的重视在欧洲（欧盟委员会[European Commission] 2007）、澳大利亚（澳大利亚课程评估和报告机构 [Australian Curriculum Assessment and Reporting Authority], ACARA, 2012）、以色列（例如以色列教育部[Israeli Ministry of Education], 2005, 2011）和其他地区的科学教育文件中也成为一个重要主题。(p. 1296)

在芬兰，拉沃宁(Lavonen)和拉克索宁(Laaksonen)(2009)分析了PISA(国际学生评估项目)2006年科学素养评估的数据，以确定芬兰学生取得高分的原因。由于芬兰学生在国际评估中得分一直处于或接近最高水平，因此探索其中教学方法的影响是很有趣的。取得成功的原因可能包括芬兰教师在课堂上提供的实践任务和学生得出结论的机会。值得注意的是，教师教育项目促成了这些学生的成功。

在一次国际科学教育研讨会上，来自几个国家的科学教育工作者回答了不同国家如何构建探究的问题。这些见解后来发表在一篇多人合著的文章中(Abd-El-Khalick et al., 2004)。该文在引言中提到，探究既是儿童学习科学概念的一种方法，也是手段和目的。

在黎巴嫩，布贾乌德(BouJaoude)评估了黎巴嫩政府1994年制定的新教育规划是否以及在多大程度上强调了探究。他对四个领域进行了评估：(a)科学知识，(b)科学的研究性本质，(c)科学作为一种思考方式，(d)科学、技术和社会的相互作用。结果表明，12%的黎巴嫩课程涉及科学的研究性本质。然而，尽管课程强调科学的研究性本质，但并不意味着这一立场正在得到落实。研究报告显示，由于各种因素，黎巴嫩的大多数教学与传统教学相似。

在美国，莱德曼(Lederman)指出，教师不仅应该注重学生实施探究，还应该帮助学生理解科学探究在内容方面的本质。有关探究的知识有助于培养学生的科学素养。莱德曼警告说，美国一些州没有将探究纳入其课程标准。总的来说，课堂中的探究目前得到了显著的关注。然而，仅仅通过实施探究，学生可能无法学习到关于探究的内容(关于探究的教学需要外显)。

在以色列，马姆洛克-纳曼(Mamlok-Naaman)和霍夫施泰因(Hofstein)研究了实验室活动——学生在课堂上经历探究的一种方式——的实施情况。教师反映PD(专业化发展)在支持他们开展这些活动方面的重要性。学生认为这些实验对他们是有益的。研究指出，成功地实施实验活动需要大量的资金和资源，政府和教师需要长期投入以实施这些活动。

在委内瑞拉，尼亚兹(Niaz)研究了探究、建构主义和科学本质(NoS)之间的关系。该研究发现：(a)在委内瑞拉相关的中学课程中，这些概念之间的关系常常存在分歧；(b)委内瑞拉目前的国家课程没有提出探究的概念，而是提供了一系列将探究、NoS和过程技能相结合的目标；(c)课程材料缺乏探究性的讨论(例如，有关原子结构的课程忽略了理论的历史发展)。

在澳大利亚，州政府文件中没有使用“探究(inquiry)”，而是使用了“研究(investigate)”一词，科学教与学主要集中在研究上。然而，这些研究大多仍是教师指导的。正如特雷古斯特(Treagust)所报告的那样(Abd-El-Khalick et al., 2004)，物质和人力似乎并没有妨碍教师在中学开展探究。相反，主要的约束似乎是教师对以这种方式教授科学缺乏信心。

在中国台湾地区，段(Tuan)解释道：“对当地人来说，科学的哲学就是道教；‘探究’是指人们对自然的体验，而不是对自然的主动探索”(Abd-El-Khalick et al., 2004, p.410)。中式思维(相对于西方思维)有广泛影响力。探究是对真理的探索，很少有当地教育者质疑这种探究定义。1999年，以美国*NSES*为基础的新课程改变了探究的定义。这些新课程从在科学实验室中应用探究转向在日常生活中应用探究。当地主管部门改变了标准化考试的性质，以呈现出更多的探究，而教师仍然会感受到压力——为了让学生在两种类型的考试中都取得好成绩而使用传统方式进行教学。当地教师反映的另一项约束是没有足够的时间。

综上所述，许多国家及地区都在政策文件中强调探究式科学教学，然而在定义上仍然存在分歧。一些国家通过探究式科学教学取得了成功的学习效果。然而，在世界各地的许多课堂中，由于种种原因(缺乏自信、由于高利害考试而采用传统教学方式的压力，以及更多PD的需求)，探究式科学教学并没有发生。

真实的科学探究与课堂探究的对比

我们必须要思考的问题是，课堂探究与受过专业训练的科学家所做的探究是否相同？许多研究者承认，发生在科学家的实验室中的探究，其本质在一定程度上不同于学校的科学探究(例如Abd-El-Khalick et al., 2004)。然而，学生可以学习如何构建模型，就像科学家在构建解释时的做法一样(Bybee, 2006; Driver et al., 1994; Passmore & Stewart, 2002)。科学探究(在*NSES*中)被描述为“科学家研究自然世界以及基于他们所收集到的证据提出解释的多种方式”(NRC, 1996, p.23)。科学探究也可以被认为是科学家所实践的科学(AAAS, 1993; Chinn, Malhotra, 2002)。探究包括系统而复杂的数据分析，以及参考基于复杂科学原理的大量文献得出结论的过程。科学方法因科学学科的不同而不同，这取决于科学家提出的问题。但科学探究有一些公认的构成要素(AAAS, 1989)。

> 科学探究比大家所普遍认为的概念要复杂得多。例如，与“进行大量仔细观察并将其组织起来”的幼稚想法相比，它是一个更微妙、更严苛的过程。
>
> (Chapter 1: “The Nature of Science”)

儿童可能永远无法在课堂上进行充分完整的科学探究。首先，儿童显然不具备专业科学家所掌握的专业的技术或深厚的学科知识。因此，在设计探究课程时，需要考虑与科学主题相关的儿童发展水平。其次，真实的科学研究和课堂探究分别具有不同的目的。

尽管在目标和复杂程度上存在差异，一些研究者声称：虽然有一些注意事项，但在科学课堂上进行真实的科学探究是完全可能的(例如Alberts, 2000; Bybee, 2006; Crawford, 2000; Roth, 1995)。美国新K—12框架和*NGSS*提倡学生参与科学家和工程师的实践活动，如建模、形成解释或提出解决方案，以及参与论证，就像科学家要检验和评估自己的想法与批评他人的想法一样，关注数据和证据。科学探究的有些目标与课堂目标有重合之处，这些重合的目标是需要考虑的重要方面。例如，拜比（2006）认为科学家工作和思考的方式非常适合科学课堂，这种方式是指“科学家认识和解释自然界的方式，以及他们所指的解释和知识的含义，都直接与他们提出和发展解释的过程、方法和策略有关”（p.2）。然而，科学教科书常常会助长一种错误概念，即做科学是以一种指定的、线性的方式进行的，是有指定步骤和顺序的（即科学方法）。正如《面向全体美国人的科学》（AAAS, 1989）中所述，探究式科学教学的一个目标是使用科学思维的模型来支持学生学习如何思考。科学思维的许多方面都是后天可以获取的，适合作为学生的课堂目标。科学思维包括运用证据和逻辑。杜施尔及其同事（2007）提出要培养儿童的这种思维。

其他科学教育方面的学者和科学家也对课堂探究和科学家探究之间的异同进行了探讨。例如，艾伯茨（Alberts, 2000）解释道，“我所说的探究式科学教学是指，至少允许学生构建出一个可以通过科学探索解决的问题，然后在他们被告知答案之前，让他们努力寻找这一问题的可能答案”（p.4）。艾伯茨（2000）阐述了培养儿童好奇心的可行性和重要性。“儿童的心理状态是好奇的，即有好奇心去问‘为什么’和‘怎么做’”（p.7）。艾伯茨（2000）的观点是：

> 要想维持儿童对世界最初的好奇心，就需要让他们对自己能够使用探究的方法来找到问题的答案充满信心……仅仅鼓励学生去探究是不够的。他们还必须有大量的机会获得在这种经历中不断取得成功所需的各种技能。
>
> （Alberts, 2000, p.8）

与让学生参与提出问题和回答问题的探究方法相比，传统的科学教学往往要求学生对事实死记硬背和机械重复。相反，探究为学生提供机会去处理数据和构建可能的答案。一方面，科学家所做的科学与课堂科学在复杂度、精密仪器的使用、范围和持续时间上并不完全相同。另一方面，课堂探究可以在许多方面类似于科学家所做的探究。课堂中，科学教师的一个切实可行的目标就是帮助学生学习怎样像科学家一样思考，做类似于科学家的工作，以及培养学生对科学本质原则的理解（参见NGSS Lead States, 2013）。

课堂探究相关研究的理论框架

理论学习是探究式科学教学的基础，其中就包括概念转变理论（Posner, Strike, Hewson, & Gertzog, 1982; Strike & Posner, 1982）。概念转变理论已被研究者用来设计适用于科学课堂的探究式教学，并用来构建与教师的观点、理解和课堂探究的实施有关的研究。该理论将与知识有关的概念、课程材料和学生的认识论联系起来。具体来说：（a）概念知识是在学校里教授和学习的；（b）课程材料可以影响教学，对学生概念的发展具有独特的作用；（c）学生的前概念与课程材料相互作用，促进新的学习和/或概念转变。

社会文化理论起源于教育心理学。这种学习观将学习过程的情境性视为一种决定性的特征。列夫·维果斯基（Lev Vygotsky）探索了人类心理的发展，他的工作是认知科学发展的重要组成部分。

维果斯基的著作为读者提供了一种在社会情境下学习的视角。维果斯基社会文化理论的核心是：学生在与更有能力的人进行社会化互动的过程中，将更高阶的认知功能进行内化（Vygotsky, 1978, pp.52–57）。换句话说，学习是一个以社会为媒介的过程。研究者运用社会文化理论，通过研究学生在课堂环境中如何与他人互动来解释探究活动。

实践共同体是研究者用来描述探究式科学教学的另一个理论框架，也是理解充满活力、富有成效的探究式课堂的一种方式（Lave & Wenger, 1991）。课堂是一个复杂、动态的环境，在这个环境中，学生和教师融入各种相互交叉的共同体之中，包括社会的、学校的和科学的共同体。运用实践共同体这一理论框架时，关注的焦点是儿童个体向学习者群体的转变，以及学习者怎样与他人互动。概念转变理论、社会文化理论和实践共同体理论框架将在专业化发展部分得到再次讨论。

总的来说，概念转变理论认识到个人先前经验和概念的重要性；社会文化理论认识到社交互动对学习的影响；实践共同体提供了一种思路去理解学习者群体是如何参与课堂学习的。这些学习理论有助于设计相关研究，以探索教师和学生是如何在课堂上使用探究的。

基于探究的课堂中教师和学生的角色

教师的角色

无论探究模式是结构化、引导式还是开放式，教师仍然是影响探究式课堂设计的核心因素。所有模式下，教师都在实现这些设计的过程中扮演着至关重要的角色。即使教学干预措施是由精心指定的课程材料组成的（例如Blumenfeld et al., 1991; Singer, Marx, Krajcik, & Clay Chambers, 2000），教师在这些教学材料的实际运用中也具有关键作用。德赖弗（Driver, 1989）认为教师的哲学观和学习观塑造了教师在课堂上所担当的角色。他承认"最低指导度的发现式学习"对儿童不起作用，真正的建构主义教师不会期待它在21世纪还能发挥作用。

在有效的课堂中，教师会对教学材料进行设计和调整，统筹课堂以使其支持学生学习如何开展科学实践，并理解科学探究的本质。基于探究的专家型教师的角色包括激励者、诊断者、指导者、创新者、体验者、研究者、建模者、导师、合作者和学习者。有关多重角色的详细信息可参见克劳福德（2000）的研究。

麦克尼尔（McNeil, 2009）研究了在为期8周的化学课程中教师所发挥的作用。该课程支持学生建构科学论证。基于录像、问卷和前后测资料，对6名教师和568名学生进行了案例研究。结果显示，教师对论证的定义影响着学生的学习成效，这说明教师教授创新型课程的方式是很重要的。

泰伯（Taber, 2010）认为，与其关注教师是采用以教师为中心的方法还是以学生为中心的方法，不如关注师生之间的互动。因此，教师可以在检查学生理解情况的同时组织活动和搭建学习的脚手架。开放式、最低指导度和发现式学习模式并不一定等同于现代建构主义方法。建构主义教学涉及引导学生以多种方式获得科学知识，同时考虑学生的前概念及学生理解科学的方式。

学生的角色

一个重要的问题是，不仅教师需要在改革型课堂中担当新的角色，学生的角色也需要被重新定位。探究式科学教学的一个目标是让学生掌握自己学习的主动权，并对自己的学习负责。从历史角度看，与教师导向的、讲授式的教学相一致的是，学生在许多课堂上都是被动的角色。学生在探究式课堂上应该做些什么？学生在其自身成长为独立的、批判性的思考者的过程中应扮演什么样的角色，承担怎样的责任？

施瓦布（1960）指出，让学生承担起“科学学习者”的角色和责任很重要，这是。施瓦布（1960）解释道：“学生需要培养自己阅读和学习所需的能力与习惯。这就要求我们检验教师所抱有的幻想——学生只有在教师的帮助下才能真正学到东西”（p.186）。

然而，许多在传统科学课堂上取得成功的学生，会在探究式课堂上承担新角色时感到威胁和不安。已有若干研究证实，学生扮演不同角色时会犹豫不决。例如，特劳特曼（Trautmann）及其同事（2004）发现，一些在传统教学中表现出色的学生可能不愿意在改革型教学中冒险或获得自主权。

元认知是一个人监控自己学习的能力。帮助学生成为具有元认知能力的人是探究式科学教学的一个重要目标。成为具有元认知能力的人依赖于学生在自己的学习中发挥积极的作用（White & Frederiksen, 2000）。寻求驱动问题的答案时，学生可以学会关注问题，并关联探究的各个方面——包括收集与解释数据、基于证据回答问题、评估替代性解释以及批判性地回顾这些要素。元认知可以帮助学生在研究过程中实现系统性和周密性（Blumenfeld et al., 1991）。研究者怀特（White）和弗雷德里克森（Frederiksen）（1998）认为，通过搭脚手架的方式进行探究、反思和概括来发展学生的元认知，可以使更广泛的学生——包括年纪小的和低学业成就的学生——都接触到科学探究。教师也可以通过使用探究、搭脚手架、元认知和反思来不断成长。

教师在课堂中使用探究

在*NSES*（NRC, 1996, 2000）出版后的一段时间内，研究者重新燃起了对课堂中探究式科学教学的研究兴趣。研究者设计了多项研究，分别聚焦于：教师知识、信念和探究观，教师怎样在课堂上进行探究实践，实施这种教学的挑战和限制，对学生的学习和科学观的影响。研究中有一个假设，即教师在没有深入理解科学探究本质的情况下，不会将当前的科学教学实践从事实的传递转变为探究式科学教学。

教师知识、信念和观点

关于教师知识、信念和观点之间的关系及其对课堂实践的影响的研究，在文献中是很突出的。虽然信念是复杂的，被许多人认为是一个混乱的结构（即Pajares, 1992），但信念可能在教师是否打算和/或是否实际上开展探究式科学教学实践方面发挥着重要的作用。菲利普（Philipp, 2007）认为，信念是：

> 心理上对世界所持有并信以为真的理解、前提或命题。信念比态度更具认知性，感觉不那么强烈，且更难改变。信念可以被认为是影响一个人对世界某些方面的看法的透镜，或是左右其行动的倾向。
>
> （p.259）

下面是一些关于教师信念对课堂实践——此处专指与探究相关的实践——影响的代表性研究。勒里希（Roehrig）和勒夫特（Luft）（2004）提出了影响教师实施探究式教学的约束条件，例如，学科内容知识、教学信念以及对管理和学生的关注。为了调查教师信念，华莱士（Wallace）和康（Kang）（2004）设计了一个针对6名有经验的高中教师的多重案例研究。他们调查了教师信念的三个方面，分别是：（1）什么是成功的科学学习，（2）科学教学中实验室活动的目的是什么，（3）课堂上如何进行探究。关于成功的科学学习的信念与使用学校实验室和教授探究的信念有关。例如，有两名教师认为成功的科学学习是一种深刻的概念理解，主要用于通过验证实验来解释这些概念，他们把探究作为一种孤立的解决问题的经验。另一名教师认为，成功的科学学习是适应科学实践的文化。这名教师大量使用基于探究的实验来教授科学实践。

康（2007）进行了一项现象学研究，以确定新手科学教师和那些来自替代性教师资格认证项目（ATCP）的教师培训者的观点和理解程度。参加者包括4名新手科学教师和2名教授科学方法课程的教员。数据来自半结构式访谈、课堂观察、现场笔记、书面材料以及对2名教员的访谈。结果表明，新手教师对基于探究的教学的认识不完整，与其培训者的认识存在一定的差异。

克劳福德（1999）考察了一名职前高中教师设计探究式课堂的能力，以研究新教师进行这种复杂教学的可行性。该案例研究调查了这名教师对科学和教学的信念，她怎样让学生参与探究，以及提升或阻碍她能力发展的因素。数据来自课堂观察和录像、课堂观察文字记录、对话录音、教案、手写反思和教师访谈。有证据表明，学生在某种程度上获得了对自己学习的自主权。促成成功的因素似乎有很多，包括先前的研究经验、参与以项目为导向的课堂的意愿、清晰的单元目标、与导师的良好关系、与课堂外专家的合作以及对实践的反思。带来的启示包括：探索教师信念的重要性、教师经历真实探究的必要性、有关教学探究的学习模式、对规划长期的教学单元的支持以及对教学实践的反思。

基斯和布赖恩（2001）提出了一个关于教师信念、知识和角色的研究程序，研究者“从教师设计的探究式教学中，特别是在多样化环境下的教学中，收集关于教师信念、知识、实践和学生学习的重要数据”（p. 642）。当然，教师可能持有与探究一致的信念，但并不一定意味着这位教师打算或能够成功地实施这种教学。

爱尔兰（Ireland）及其同事（2011）采用现象学研究方法，揭示了20名小学教师对探究式教学的概念理解。研究者将探究定义为让学生基于直接的一手经验以自己的方式进行学习，这些经验可以通过教师和积极参与探究获得。该研究通过访谈收集数据。研究者发现了三种概念：（a）以经验为中心的概念，即教师关注为学生提供有趣的感官经历；（b）以难题为中心的概念，即教师关注让学生参与有挑战性的难题；（c）以问题为中心的概念，即教师关注帮助学生提出并回答自己的问题。

阿塔尔（Atar, 2011）调查了三种教师对科学本质（NoS）的认知与探究教学实践之间的关系，他为此收集了“科学本质观-C问卷（Views of Nature of Science–form C [VNOS-C]）”、在线发帖、访谈材料、电子邮件、教案和探究性课程的视频。提高教师的NoS观念理解对探究实践的应用有积极的影响——对NoS观念理解越成熟的教师越少进行结构化的探究，越多进行以学生为中心的活动。而对NoS观念理解不成熟的教师，则不愿意改变他们的教学实践。

布雷斯林（Breslyn）和麦金尼斯（McGinnis）（2011）研究了这样一个问题：中学模范科学教师所教的学科（生物、化学、地球科学或物理）是如何影响他们的概念、实施和基于探究的教学目标的？参与者包括60名国家级的科学教师。研究者采用了混合式方法，使用文件夹文本和访谈来调查探究的实施和观点。研究发现教师所教授的学科对探究概念和实施有重要的影响。课堂环境的影响似乎没有学科结构那么重要。

在最近的一项研究中，温斯奇特尔(Windschitl)和汤普森(Thompson)(2012)研究了一个教师教育项目的有效性，该项目旨在发展职前教师与探究相关的知识，特别是他们对模型和建模的理解。数据来源于观察、学生作品、非正式访谈和问卷调查。样本包括21名职前中学科学教师，他们都有理学学士学位，都参加过中学研究方法课程。尽管他们可以对模型进行复杂的表述，但让他们自己创建模型却很困难。此外，这些职前教师认为模型是独立于探究过程之外的。

综上所述，继续探索教师知识和信念，并期望它们在增强教师进行探究式教学的意图和/或成功设计和实施探究式教学的能力中发挥重要作用，似乎是合理的。

来自实际课堂实践的证据

重要的是，不仅要确定教师关于探究的信念和知识，而且要确定教师关于探究的意向和实际课堂实践。*NSES*(NRC, 1996)发表之后，基斯和肯尼迪(Kennedy)(1999)研究了一位有11年经验的小学教师的教学实践。进行研究之前的两年，该教师参与了一个科学和数学教育改革项目。学校位于社会经济地位中低等的地区。研究的班级中有26名不同人口统计学特征的学生。研究采用了案例研究法和参与-观察者技术，数据来自上课期间的实地记录、非正式访谈和三次正式访谈的转录文件。研究揭露了四个主要议题:(1)教师设计教学以探索自然而然地产生于科学活动情境中的问题，(2)教师引导学生承担起相应的责任，(3)教师支持学生由数据构建解释和概念，(4)教师为学生提供运用科学知识的机会。主要的挑战包括时间不足、将问题交还给学生的挑战以及教授那些难以通过探究式教学完成的必学概念。

克劳福德(2000)记录并调查了一位经验丰富的农村公立高中科学教师的信念和实践，以确定这位教师是怎样创建一个基于探究的课堂环境的。研究者收集了一年多的数据。其报告聚焦于一个生态学课堂上的20名学生。数据来自教师访谈、非正式谈话的记录、课堂和实地考察的录像、随机选择的8名学生的访谈、学生产品和一份年终匿名学生问卷。该课堂的关键特征是:(a)将教学置于真实的问题中，(b)数据处理，(c)学生和教师之间的合作，(d)将学生与学习共同体联系起来，(e)教师模仿科学家的行为，(f)鼓励学生自主学习。克劳福德列举了10个不同的教师角色。学生的角色也各不相同，有些通常由教师担任的角色也被学生承担了。

鉴于上面所述的两个课堂的不同特点——一个是小学课堂、一个是中学课堂，以及每名教师的背景的独特性、特定的学校环境和学生群体，很难将两个案例研究的结果推广到美国及世界上其他国家的课堂上。环境是很重要的，不同的环境可能导致不同的结果。然而，诸如此类的描述性和解释性研究，对于理解教师基于高利害考试以及州和国家的要求，努力实施探究式科学教学时所涉及的所有复杂情况是至关重要的。大规模的定量研究可能无法为单一的课堂提供同样深入的视角。

在最近一项历时两年多的案例研究中，马斯基维奇(Maskiewicz)和温特斯(Winters)(2012)报告了一项对一名小学教师的5年级课堂(11—12岁的儿童)的纵向观察研究。研究者提供的实证证据表明，关注的焦点已从关注教师转向关注包括学生在内的课堂环境。研究结果表明，学生可以对教师在任何一年中所进行的探究的性质和形式产生实质性的和生成性的影响。环境是很重要的，学生每年的变化也是环境的一部分。

除了研究单个教师或单个课堂外，英国还开展了一项专门针对论证策略的研究(Osborne, Erduran, & Simon, 2004)。研究者对12名初中教师和学生进行了为期2年的课堂跟踪研究，以确定与论证相关的课堂话语的性质和质量。福格尔曼(Fogleman)、麦克尼尔和克拉西克(Krajcik)(2011)调查了19名教师开展探究导向的中学科学课程的情况。研究者使用分层线性模型，旨在确定教师所做的课程调整对学生学习的影响。数据来自1,234名学生的课程问卷、录像观察和前后测。教师经验和学生在教学过程中的主动性是预测学生学习效果的两个重要变量。以前教过探究导向课程的教师，他们的学生收获更大。完成了研究的学生比那些教师使用演示或由教师自己进行探究的学生有更大的学习收获。此项研究带来的启示是:(1)教师有效地实施创新科学课程需要时间，(2)学生积极参与探究式研究是十分重要的。

麦克尼尔(2009)研究了6名中等水平的教师对为期8周的化学单元教学的实施情况。该课程关注的是让学生运用一种改进后的图尔敏论证模型(Toulmin's model of argumentation)来构建论证。共有568名中学生参与了这项研究。数据来自课堂录像、学生的前后测和教师问卷。研究结果显示，教师对学生学习科学解释、证据、推理和学科内容知识有显著的影响。有些教师对科学解释的界定不同于该课程所给出的定义，他们的学生在科学解释方面的成绩最低。研究强调，不同的教师会以不同的方式实施改革型课程，这是课程设计者需要考虑到的。

综上所述，除了评估教师信念和知识外，通过几堂课甚至几年的课程来研究教师实际上所实施的探究实践也很重要。以上所讨论的研究说明了研究者进入课堂的重要性，这使得研究者可以确定正在发生的事情，以及学生个人能力与倾向、教室的布局、学校文化和共同体等因素的复杂性。不同的课堂所提供的环境也是非常不同的。

学生学习的证据

过去二十年的改革文件(AAAS, 1989, 1993; NGSS Lead States, 2013; NRC, 1996)明确指出，仅将科学作为事实来教授、主要使用讲授模式、强调词汇驱动的反复练习、只使用以教师为中心的方法而不是以学生为中心的方法，这样的教学实践对所有学生来说根本是无效的。很重要的一点是，科学教学要面向不同的学生，包括那些属于历史上在科学领域中代表比例不足群体的学生。"科学是面向全体学生的，学习科学是一个主动的过程，学校科学应反映出具有当代科学实践特点的知识和文化传统"(NRC, 1996, p.19)。

我们必须要对与学生学习相关的问题进行研究。探究式科学教学在哪些方面促进了学生的学习和对科学的看法？有什么证据表明学生在探究式课堂上比在传统课堂上学得更好？这些问题对于那些在传统科学课堂上未能取得学业成功的学生来说尤为重要。那么，学生到底做了什么，他们到底在探究式课堂上学到了什么？

两项有代表性的研究表明评估至关重要，这两项研究分别是尚帕涅(Champagne)及其同事(2000)的研究和杜施尔(2003)的研究。尚帕涅及其同事列出了探究的两种主要形式(科学家实施的科学探究，以及具备科学素养的成人和学生所进行的与科学相关的实践)，也提出了与科学相关的探究的三种方式(文献研究、实验法和实验室研究)。研究者提出表现标准必须通过教师和学区之间的对话来制定。杜施尔(2003)描述了一个框架，包括采取一些策略让学生思考科学知识的结构和表达。此外，对探究的评价应侧重于三个相互融合的方面:(1)认知方面，包括科学过程中涉及的能力，以及科学中用于做出批判性判断的知识结构和标准;(2)概念方面，包括期望学生形成的概念框架及替代性概念;(3)社会方面，指学生使用的表征方式和交流框架。

多种不同的研究可用于评估学生在探究式课堂中的学习，这些研究关注学生的性质(多样化的群体或有残疾的学生)、课堂所在地(城市、农村或郊区)、技术的使用、传统教学与各种形式探究的比较，或者这些要素中的一些组合。下面将介绍一些有代表性的研究。

在一项元分析中，希曼斯基(Shymansky)、凯尔(Kyle)和奥尔波特(Alport)(1983)分析了新的科学课程对学生表现的影响。这项研究包括105项实验研究，涉及45,000多名学生和27门不同的新科学课程。结果表明，置于新科学课程中的学生在整体成就、分析技能、过程技能和相关技能方面的表现均优于传统课程的学生。此外，这些学生对科学表现出更积极的态度。最近的一项研究聚焦于儿童的科学解释写作，以及写作质量与对学生表现的评估之间可能存在的关联(Ruiz-Primo, Li, Tsai, & Schneider, 2010)。研究者用一些证据表明两者之间是存在关联的，但同时也表明在课堂上开展科学解释写作的机会是很有限的。

有两项研究关注到PBL，分别是彼得森(Peterson)和特雷古斯特(1998)的研究以及德雷克(Drake)和隆(Long)(2009)的研究。彼得森和特雷古斯特(1998)对职前教师展开研究，并强调了教学推理过程的使用。参与者以小组为单位，用6周时间共同解决一个难题。在此期间，该研究随机选择两名参与者进行跟踪调查。结果显示，每名职前教师都围绕着自身对教与学的理解来考虑并发展他们的知识基础和教学推理。德雷克和隆(2009)对4年级儿童(9—10岁)进行了一项研究，通过PBL或直接/体验式教学，比较了学生对“电”的学习情况。数据来自学科内容知识的前后测、“画出1名科学家”测试、学生访谈和课堂观察。PBL课堂上的学生比对照组的学生展现出了明显更高的学习成果，对科学家的刻板印象也更少，他们把自己视为科学家，能够给出更多的策略和资源来解决问题。

在英国的一项研究中，学生在高中计算机课程上使用网络学习环境来寻找问题的答案(Hsu, Hwang, Chuang, & Chang, 2012)。在经过筛选的网络环境中，学生的学习成果远远大于完全开放的网络环境。在这项研究中，特别是低学业成就的学生，在问题解决能力方面得到了很好的发展。

卡尔(Kahle)、米斯(Meece)和斯坎特伯里(Scantlebury)(2000)以及马克思及其同事(2004)在城市背景下分别开展了两项研究。在第一项研究中，卡尔等人调查了俄亥俄州的全州系统化倡议(Statewide Systemic Initiative [SSI])之发现项目(Project Discovery)。数据来自为俄亥俄州SSI专门设计的群体执行问卷和成就测试。那些经常采用基于标准的教学实践的教师，对生活在城市的非裔美国学生的科学成就和态度产生了积极的影响，尤其是对男学生。此外，教师参与PD和开展基于标准的教学实践呈正相关。马克思及其同事在城市系统改革的背景下，评估了基于探究的科学倡议所带来的影响。该研究发现，从6年级到8年级，学生的成绩有所提高。由于这项研究没有报告与对照组有关的情况，因此，成绩的提高也可归因于学生自身的成熟。虽然这些研究结果为在城市环境中使用基于探究的方法提供了支持，但研究也揭示出了重要的注意事项，即这种教学并非没有障碍，尤其是在城市环境中。

萨马拉蓬万(Samarapungavan)、帕特里克(Patrick)和曼齐科普洛斯(Mantzicopoulos)(2011)对18名幼儿园儿童(5—6岁)进行了一项研究，重点关注科学素养项目(Science Literacy Project [SLP])这一情境。幼儿园每周上两次科学课。6个SLP单元(2个NoS单元、3个生物单元和一个运动单元)总共讲了20周。研究者测量了学生的知识增长和动机变化，并与一组对照组的学生进行了比较。结果表明，SLP课堂中的学生与对照组相比，在学科内容和探究过程方面取得了更大的进步，对科学的兴趣和参与能力也更强。研究者声称，这些结果驳斥了一些人认为“幼儿不能参与探究”的观点。

有关探究式教学对不同类型学习者和残障学习者影响的研究很少。搜集到的四项研究包括奎瓦斯(Cuevas)及其同事(2005)的研究、林奇(Lynch)及其同事(2005)的研究、麦格雷西(McCrathy, 2005)的研究，以及李(Lee)、巴克斯顿(Buxton)、刘易斯(Lewis)与勒罗伊(LeRoy)(2006)的研究。奎瓦斯等人(2005)调查了干预措施对小学生探究技能的影响。研究地点是美国东南部的一个大型城市学区，具有多样化的人口统计学群体。研究对象是根据科学教学成效选出的7名小学教师。教学单元为物质与测量(3年级)和水循环与天气(4年级)。接受教学后，学生在设计研究程序、记录结果和得出结论的能力上表现出了统计学意义上显著的提高。在建构问题陈述的能力或学生如何使用材料进行探究方面没有发现明显的差异。与高学业成就的学生相比，低学业成就的学生表现出了更显著的进步。该研究的局限性是样本量小、缺乏对照组以及与教学相关的细节很少。

林奇等人调查了美国密歇根州的课程对中等水平学生化学学习的影响。研究样本是10所学校(含对照组)的8年级教师。教师定期参加有关运用基于改革的策略的PD研讨。课程采用引导式探究，面向不同的学生。研究采用准实验设计，运用民族志的方法追踪了4名学生。数据来自课堂录像。教师要针对同样的课程标准进行教学。研究结果表明，在与成就、基本参与和目标导向有关的方面，该项目课堂中的学生的表现具有统计学意义上的显著提高。

麦格雷西(2005)比较了面向残障学生的动手科学教学(不完全是本章定义的探究)和基于课本的教学。人口统计学数据显示，这些学生来自不同的背景。2名特殊教育教师在8周内教授了大约16节关于物质的课。数据来自3份前后测，分别是1份多项选择测试、1份简答测试和1项动手测试。参与动手教学的学生在简答和动手后测中表现明显好于其他学生，而在多项选择测试中，两组学生的表现没有显著差异。这一发现是很重要的，它表明在探究式课堂中需选用适当的评价。

李及其同事(2006)研究了多样化背景的学生及其参与科学探究的能力。该研究依据教师对学生学业成就高低的感知来选择学生。干预措施对年龄比较大的学生和来自不同背景的学生的探究能力都有较大的影响。

施奈德(Schneider)及其同事(2002)和盖尔(Geier)及其同事(2008)的两项研究评估了课堂中学生运用PBS学习的情况。施奈德及其同事(2002)比较了全美范围内相似的中产阶级白人学生的课堂，他们提供的证据显示PBS学生可以取得与传统课堂的学生相同或更好的成绩。这一发现表明，教师对在高利害考试环境中使用探究的方法不应产生怀疑。盖尔等人(2008)研究了在大城市教育改革的尝试中，PBS课程对中等水平学生学习的影响。样本包括2组7年级和8年级的学生，与该地区的其他学生不同，他们接受了项目式单元教学。研究结果表明，与同龄人相比，他们对科学内容的理解和过程技能有所提高，在全州范围的考试中的通过率也显著提高。也有证据表明，城市中非裔美国男孩通常会经历的学业成就落后的情况有所改善。

萨德哈和蔡恩(2009)比较了开放式探究和引导式探究的影响，并将"动态探究"定义为注重变化、思维灵活性和批判性思维的教学方法。学生被分为两组，分别运用引导式和开放式探究的学习方法。每组追踪两年。数据来自访谈、学生探究报告、日志和反思。参与开放式探究学习的学生在"探究过程中的变化"和"过程性理解"方面表现出显著较高的水平。两组学生在"学习是一个过程"和"情感观点"方面没有显著的差异。

有几项研究旨在比较探究与传统教学对学生学习的影响。我们从中选择四项进行讨论，分别是特平(Turpin)与凯奇(Cage)(2004)的研究、派因(Pine)及其同事(2006)的研究、威尔逊(Wilson)及其同事(2010)的研究，以及布兰查德(Blanchard)及其同事(2010)的研究。

在第一项研究中，特平和凯奇(2004)研究了两种课堂并做比较。教师分别运用了整合式的、基于活动的科学教学与传统的科学教学。研究者选取美国路易斯安那州北部的三所学校作为实验组，另外四所学校作为对照组。使用整合式课程的教师让学生每周进行两次实验活动。该研究所使用的工具包括美国艾奥瓦州基本技能测试(ITBS)、科学过程技能测试和科学态度调查问卷。结果显示，来自整合式的、基于活动的课堂的学生在ITBS和科学过程技能后测中的得分明显更高。但在科学态度后测中两组学生并无显著差异。该研究没有提供反映两组课堂教学确切性质的信息。

在第二项研究中，派因及其同事(2006)比较了在课堂上使用动手课程和使用教科书课程的学生。这一大规模研究的样本包括41个班级的1000名5年级学生。评估包括一个含有65道简答题的认知能力测试，以确定在读写、数学和图形分析领域的基本能力倾向，以及一个含有25道题的测试，测试问题选自1995年第三次国际数学和科学研究(TIMSS)。研究者发现，使用动手课程的学生和使用教科书课程的学生在测试中没有显著差异。

在第三项研究中，威尔逊等人(2010)开展了一项随机的、实验设计的研究来比较针对同一单元的基于探究的教学(围绕*BSCS* 5E教学模式组织)和传统教学的有效性。58名学生(14—16岁)被随机分为两组。两组学生都由同一位教师教授，学习目标也相同。研究测量了三个方面的学习成果：科学知识、通过应用模型进行科学推理以及构建和批判科学解释。基于探究的教学小组中的学生在学业成就方面显著地高于传统课堂中的学生。接受基于探究的教学的学生，在科学知识、推理和论证的改革实践中所取得的成就显著高于传统课堂中的学生。这种效果在一系列学习目标(知识、推理和论证)和时间框架(紧随其后的教学和4周后)上保持一致。

在第四项研究中，布兰查德及其同事(2010)设计了一项定量研究，基于学习内容、过程和科学本质，比较引导式探究教学和更传统的验证性实验室教学的效果。样本包括12名初中教师和12名高中教师所教班级中的1700名学生。两组教学都包括为期一周的、基于实验室的法医单元。数据来自前测、后测和延迟后测，其结果通过多层线性模型（HLM）进行分析。与传统课堂的学生相比，学习过基于探究的实验单元的学生在高中和初中阶段的后测得分明显更高，包括更高的分数、更大的增长量和更长久的保持期。

明纳（Minner）、利维（Levy）和森特瑞（Century）(2010) 罕见地综合了有关探究的文献，分析了1984年至2002年发表的基于探究的研究。该研究的局限性在于没有包含2002年以后的研究。明纳及其同事（2010）报告说："对138项研究进行分析，各种结果表明，一个清晰的、积极的趋势是：基于探究的教学实践，特别是强调学生积极思考并从数据中得出结论的教学，更令人喜爱"(p. 474)。该研究选择文献的一个因素是，要有足够的信息来确定是否有符合该研究项目操作性定义中所界定的基于探究的科学教学。大多数研究的研究设计属于准实验研究、实验研究和定性研究。研究主要集中于有固定教师的K—12课堂；然而，对教师培训和准备的了解还很有限。51％的研究表明，基于探究的教学对内容学习和记忆有积极的影响。33％的研究表明有混合的影响，14％的研究显示没有影响。研究者指出，尽管证据并不都是正面的，但那些学习过提出问题、设计实验、收集数据和得出结论的学生展现出了更强的内容学习能力。

综上所述，有些关于学生学习的研究没有恰当地描述课堂教学的特征、情境、学生以及研究者如何在操作层面定义基于探究的科学教学。然而，似乎有充分的证据表明，探究式科学教学能够对学生学习科学概念和原理以及理解科学探究的本质产生积极的影响。

教师教育及专业化发展

如前一节所述，研究已揭示出教师要想成功实施与探究相结合的实践所面临的多项挑战。实施探究式科学教学的能力依赖于职前教师是否具有基于改革的教育经历，以及在职教师是否具有促进一种信念——这种教学是非常重要且可行的——形成的经历。此外，支持教师学习如何进行探究不能完全建立在理论的基础上。相反，对如何进行探究的模型建构必须清晰地基于：课堂现实，教师或教师们组成的复杂系统，不同学习者的背景、文化和已有知识，学校管理，以及家长和社区成员。此外，每个学校、学区、州和国家的期望各不相同，教师可能会认为这些期望与使用基于探究的方法存在直接冲突。如果要在科学课堂上实现基于改革的教学承诺，有必要联合学术界参与关于实际课堂的会议。

职前教师与教师教育

有关探究式科学教学实践的研究对职前教师教育具有重要意义。首先，对于新教师来说，谨慎地定义探究式教学法并提供将探究式教学法落实到课堂实践的多个示例是很重要的。所选取的示例应该针对职前教师所教年级的水平和学科特点。其次，有证据表明，职前教师可以从真实的科学经历中受益，从而对科学是什么以及科学是如何进行的有一个清晰的认识（例如Windschitl, 2003, 2004）。这些真实的经历需要与探究式科学教学内涵的反思相结合（Schwartz, Lederman, & Craw-ford, 2004; Zembal-Saul, Krajcik, & Blumenfeld, 2002）。基于改革的教师教育项目应帮助新教师在课堂上开展高质量的探究式教学，而不是简单地照搬过去的教师教育项目。当前的教师教育项目需要做出改变，但从文献中还不能完全清晰地看出哪些改变是最关键的。

有人可能会问，大多数职前教师是否有能力在科学课堂上实施复杂的基于探究的教学？教师教育者应在多大程度上期望职前教师设计并实施这种教学？克劳福德（1999）采用案例研究法检查了一名新入职的高中生物教师创建探究式课堂的能力。研究者承认，这名职前教师与同一项目中的其他硕士生相比有些特别，很少有其他职前教师会试着设计和实施基于探究的单元。这一案例研究为我们带来了希望，即如果关键因素和挑战能得到处理，有些职前教师是有能力开展这种教学的。基于探究的教学实施取决于多种因素。重要的是要检验教师信念，为他们参与真正的科学研究创造机会，提供探究式科学教学的模式，支持教师设计长期的教学单元，并为职前教师提供多种机会去反思他们的新实践。

随后的一项研究中，克劳福德（2007）探索了5名职前教师经过一年的实习之后，对基于探究的教学的看法和实施情况。该研究的一项假设是，所进行的教学实习的特性在很大程度上影响着职前教师能否成功地使用基于改革的教学法。这项研究是在一所注重实践的专业化发展学校（professional development school [PDS]）进行的。在该研究中，指导教师与大学教授共同讲授方法课程。指导教师对这个职前教师项目的基础——聚焦于探究的理念——非常熟悉，认为PDS所设置的环境是一种近乎最佳的场景。即便如此，5名实习生中只有1名在他的课堂上成功设计并实施了基于探究的课程。克劳福德总结道：影响职前教师试图开展探究式科学教学的最关键因素是（a）关于“科学是什么”的观点，（b）关于“这种教学是有效的和可能的”的信念。

福布斯（Forbes）和戴维斯（Davis）（2010）研究了职前教师在设计探究导向的科学课程时，对现有科学课程材料进行改编的能力。研究者利用探究的本质特征（NRC, 2000）定义基于探究的科学教学和教学设计能力（pedagogical design capacity [PDC]），将其作为框架去研究职前教师运用课程材料的能力。这项研究旨在填补有关职前教师是如何运用课程材料的这一研究空白，特别是与基于改革的探究式教学相关的课程材料。不足为奇的是，课程材料与基于探究的教学的一致性程度影响着职前教师改编这些材料并开发探究导向课程的能力。

温斯奇特尔和汤普森（2012）的研究反映了中学职前教师（共21人）对科学模型和基于模型的探究的理解。研究者试图探索怎样支持职前教师理解模型、理论和论证在探究中的认知作用，以及这与基于模型的课程设计能力之间有何关联。已有的经历塑造了这些职前教师运用理论模型作为研究基础的能力。虽然学生能以复杂的方式谈论模型，但他们很难去自行构建一个模型。此外，这些教师对“科学方法”的认识过于简单。这些发现指出了职前教师在将来教授关于科学家如何建立和使用模型时很有可能会遇到的挑战，而建立和使用模型是新K—12框架和*NGSS*的重要内容——科学探究中的一部分。

卢斯蒂克（Lustick, 2009）研究了真实的科学探究学习经历对15名初中职前教师理解探究的影响。研究者采用了混合式方法和行动研究法。真实的探究所聚焦的科学问题是：“如何确定新英格兰地区的秋季色彩达到峰值？”该项目旨在促进教师对探究的理解。不幸的是，作者得出的结论为干预措施未能达成学习目标。

最近伦纳德（Leonard）等人（2009）以及尹（Yoon）、郑（Joung）和金（Kim）（2011）分别开

展了对小学职前教师的研究。伦纳德等人(2009)确认了概念和支持性环境对幼儿园/小学职前教师开展探究式教学的能力的重要性。尹、郑和金(2011)在关于16名韩国小学职前教师的探究式教学知识的研究中，指出了职前教师在设计与实施探究式课程过程中所遇到的多项困难。这些困难包括：发展学生自己的想法、指导学生设计有效的实验，以及为学生解释和讨论数据提供脚手架。此外，这些职前教师对假设的理解不全面，并且对自身掌握科学内容知识的情况缺乏信心。

塔兰克尔(Talanquer)、托马内克(Tomanek)和诺沃德沃尔斯基(Novodvorsky)(2013)提供了关于怎样支持职前教师设计探究式课程从而让儿童像科学家一样思考的实证数据，并定性地分析了43名职前教师对评估证据的评价情况。总的来说，与分析数据和得出结论这些科学实践相比，职前教师更注重与研究设计相关的过程技能。考虑到*NGSS*对8项科学实践的重视，这些发现对重构职前科学教师的教育经历具有重要意义。在基于改革的科学教师培养项目中，通过关注学生的思维来评估学生的理解是教师所要学习的一项关键内容。

法齐奥(Fazio)、梅尔维尔(Melville)和巴特利(Bartley)(2010)研究了职前教师在实习经历的情境中是怎样感知探究的，他们共收集了34名参与者的数据。调查问卷和访谈的收集持续了三个学期。研究发现，许多职前教师都认为，他们在实习中并没有看到很多探究实例，但他们相信，如果情境不同，他们会教授探究的。被调查者在实习期间发现了许多障碍，他们声称大多数合作教师认为探究意味着“开放式探究”。在多数情况下，他们感觉不到指导教师的支持。研究者强调我们需要更好地理解实习环境和职前教师的信念。

从职前教师对探究式科学教学的理解和相关能力的研究中可以清楚地看到，我们仍面临着许多挑战和障碍。除了关注科学方法课程的特性、实习安排和实习生的教学，许多教师教育者还增加了对职前教师本科科学课程学习经历的关注。这些本科经历可能会与探究方法形成鲜明的对比。为解决这一问题，纽金特(Nugent)及其同事(2012)比较了两门地球科学本科课程。一门是传统的教育课程，另一门是基于实地考察的地球科学课程。在这项准实验设计研究中，研究者调查了地球科学实地考察对职前教师的学科内容知识、探究、态度和信心的影响。研究结果显示，使用探究方法的地球科学实地考察经历比传统的教育内容课程给学生的学习、探究技能和态度带来的提升更大。

在职教师及专业化发展

推广使用探究式教学法的新课程和政策文件的发展，就其本身而言，并不能保证教师一定会按照设计好的方式使用新课程材料或采用新的教学方法。有人可能会把探究式科学教学比作三条腿的凳子。第一条腿是创新的、基于探究的课程，第二条腿是基于探究的教学模式，第三条腿是有效的教师PD。教师PD仍然是影响科学课堂中教师在多大程度上实施基于探究的教学方法的关键因素。令人惊讶的是，最近的一项文献综述揭示出，截至该综述发表时，刊登在主要的同行评议期刊上的专门关注科学探究PD的实证研究很少(Capps, Crawford, & Constas, 2012)。

有两个关注低年级教师PD的代表性研究。布兰德(Brand)和穆尔(Moore)(2011)研究了为期3年的PD项目对30名K—5年级教师使用探究的影响。该PD项目旨在解决小学课堂中缺少探究的问题。数据来自访谈和语义图。参与该研究的教师按年级分组，阅读有关探究的内容和设计好的单元；他们实施了设计好的课程，并在实施过程中不断反思。研究者报告说，前期满足教师的需求（时间、支持、资源和所有权）能够让教师更多地投入到基于探究的教学中。该研究的一个关键要素是给教师足够的时间参与PD。

李（2011）研究了聚焦于探究的PD对中国香港小学教师的影响。PD在两所不同的学校进行。涉及的科学概念是电和空气的膨胀与收缩。研究者通过测量教师的学科教学知识（pedagogical content knowledge [PCK]）和学科内容知识（subject matter knowledge [SMK]）以表征教师的成长。数据来自课程设计和团队评估会议过程中的笔记、课堂观察、教师日志和教师问卷。教师们反映，尽管他们在这一领域的SMK似乎有所改善，但他们仍持续担心自己的SMK。这种担心导致教师缺乏信心去开展基于探究的课程。研究结论还包括关于探究的PCK的不清晰性。

有关更高年级教师的代表性研究包括施奈德及其同事（2005）的研究、魏（Wee）及其同事（2007）的研究、琼斯（Jones）和艾克（Eick）（2009）的研究、布雷斯林和麦金尼斯（2011）的研究，以及卡普斯（Capps）和克劳福德（2012）的研究。

施奈德等人（2005）指出了一个问题，即当教师通过实施基于改革的课程来努力开展探究式科学教学时，创新课程的保真度可能是一个问题。教师可以获取到精心设计的基于探究的材料（在此案例中是PBS），但不同的教师会以不同的方式实施教学。精心设计的课程材料是很重要的，但不足以支持教师实施探究式教学。该研究建议开展更具效力的PD。

魏及其同事（2007）研究了PD项目是否改变了4位教师对探究的看法及其教学。ENVISION是基于环境科学的议题。PD研讨会包括一个预研究工作坊、为期4周的暑期学习、实地考察和1学年的工作坊。探究以三种方式呈现：环境研究、环境监测/实地研究和研究性实验/模型。数据来自课程文档、开放式测评、实地考察的观察和报告，以及概念图。研究结果包括：(1) 在课堂上实施基于探究的活动对教师关于探究的观念影响不大或没有影响；(2) PD项目能帮助教师设计和实施基于探究的活动，提高他们对探究的理解，但课堂活动并没有反映出高水平的理解。总的来说，研究者宣称，这些PD研讨会可以提供知识和帮助，但协助教师使其课堂达到高水平的探究仍很困难。洛特（Lotter）及其同事（2007）在改变教师教学的核心概念方面也得到了相似的结果。

琼斯和艾克（2009）研究了两位6年级教师（学生年龄11—13岁），他们使用了两种不同的基于素材包的探究课程。每一种课程都被认为是优质的、与国家标准相联系的、能促进探究式科学教学的。数据来自访谈、参与者日志、一个重点关注小组和课堂观察。经历了最初的困难之后，两位教师都开始喜欢使用素材包，与学生一起学习学科内容，并尝试了新的教学策略。有趣的是，以前被归类为使用开放式探究的教师，现在更多地使用以教师为中心的教学。另一位教师从主要以教师为中心的教学转向了更多以学生为中心的教学。一位教师为了解决时间有限和学生水平的问题对课程进行了修改，因此可能改变了探究的质量和性质。该研究的启示是，教师可能需要更多的PD机会。

布雷斯林和麦金尼斯（2011）使用情境视角（Brown, Collins, & Duguid, 1989）研究了科学教师对探究的使用。结果表明，探究的使用依赖于科学学科的情境，较小程度上依赖于课堂情境。在对示范性中学科学教师的研究中，教师所教授的学科对概念和探究的实施有重要的影响。基于这些发现，布雷斯林和麦金尼斯(2011)建议，提供更多针对特定学科的探究示例可能是有效的。

卡普斯和克劳福德(2013)追踪了20名中小学高级教师的地球科学知识、探究观和科学本质观的发展情况。他们使用准实验设计研究了教师真实知识和观点的影响，对照组教师给相同年级的学生教授类似的概念，但这些教师不参加PD，也不使用项目课程或材料。与对照组的教师相比，项目组的教师在学科内容知识、探究观和科学本质观方面都有统计学意义上更为显著的增长。参与项目的教师经历了相对较为短期但高强度的PD(连续6天，10小时/天)课程、实地考察和小组讨论，该PD将科学探究和在真实研究背景下学习学科知识的机会相结合。参与项目的教师有多个机会在相互协作的环境中反思他们目前的实践和新的经历。该研究的这些发现是积极的，因为它们表明短期但高强度的PD可以支持教师发展学科内容知识和观念。该研究强调反思对促进教师转变的重要性。

总结这些有关PD的研究，我们发现关键因素包括与教师需求的联系、教师所教授的科学学科、反思的机会，以及教师学习怎样进行探究式科学教学所需的大量时间。

教师实施探究式教学的障碍

在过去的十年或更长的时间里，研究者报告了与教师教授探究的意图和阻碍教师实施探究式教学的限制有关的多项挑战。基斯和肯尼迪(1999)提到了时间不足、教师将问题抛回给学生的挑战，以及必须教授难以通过探究来学习的必学概念的限制。课堂管理问题经常被认为是障碍。哈里斯(Harris)和鲁克斯(Rooks)(2010)描述了管理一个探究导向的K—8科学课堂时需要解决的五个相互关联的管理领域。NSF资助的一个项目，即康奈尔科学探究伙伴计划(Cornell Science Inquiry Partnership Program)安排了博士研究生在美国纽约州的学校做助教(Trautmann, MaKinster, & Avery, 2004)。助教与课堂教师合作，创设和实施基于探究的课程。研究者揭示出经验丰富的教师发现的几项挑战:(1)州立课程和高利害考试，(2)时间的限制，(3)学生的期望和能力，(4)教师对未知的恐惧。助教对教师参与探究式课程的意愿有积极的影响。

尽管创新的PD项目旨在使用探究式教学法，尽管教师也许渴望让学生参与探究，但重要的是要认识到有一些可能无法逾越的障碍。本章并没有直接讨论政策问题，重要的是不要因为缺乏基于改革的课堂实践而指责教师。制度和社会障碍可能会阻碍教师尝试实施基于探究的教学。松格(Songer)、李和甘(Kam)(2001)探讨了城市科学课堂中使用富含技术的探究式教学法所面临的障碍。除了与技术有关的挑战，与探究式教学有关的挑战包括一些教师无法控制的因素——空间和材料不足、时间不足、班额大、学生和教师的流动性高、教学自由受限(Songer et al., 2001)。十年前，哈伯曼(Haberman, 1991)也发现了城市课堂中存在的类似障碍。

现实情况是，各种各样的障碍可能会抵消PD和创新的教师教育项目的积极影响。一所学校、一个学区、州和国家都存有特定的期望，包括当前的高利害考试热潮，教师可能会认为这与使用基于探究的方法存在直接冲突。学校管理者和地方、州和国家的政策可能会建立起权力关联，阻碍教师在教学中使用具有创造力的和创新的方法(Au, 2007)。对很多教师来说，这些环境因素可能使改变课堂实践变得几乎不可能。与收益相比，可以感知的风险可能过高。研究者应继续探讨政策问题和课堂情境的影响，并认真研究那些可能会阻碍将教学创新变为现实的课堂条件。此外，科学教育研究者需要更好地将研究成果传达给所有利益相关者，并助力于将研究成果与教学实践和政策联系起来。

文献中所反映出的长处、短板和缺口

本章指出了这样一个事实，即研究者对探究式科学教学的含义有不同的观点。本章试图追溯探究的历史，从而辨别各种不同的含义。然而，更彻底、更完整的综述会非常有用。旨在阐明和归类各种与探究式科学教学有关的研究，并综合各种不同探究观下发现的综述将是极其有帮助的。

许多研究者、教师教育者和课程设计者都倡导在课堂上开展探究式科学教学。然而，对这种教学方式的批评一直存在(例如Kirschner, Sweller, & Clark, 2006)。尽管存在着关于这种教学方式的批评和公认的困难，但似乎有足够有力的证据来支持在课堂上使用这种教学方法(例如Minner et al., 2010; Schroeder, Scott, Tolson, Huang, & Lee, 2007; Shymansky et al., 1983)。

正如本章回顾的多项实证研究所显示的那样，探究式科学教学对于高需求、低成就、低语言技能和来自科学领域中代表比例不足群体的儿童具有重要的价值。对大规模学生群体的研究表明，基于探究的方法是有效的(即Geier et al., 2008; Marx et al., 2004; Pine et al., 2006)。一些研究是在城市改革的背景下进行的，这些研究表明基于探究的技术已成功地得到了大规模的应用。基于探究的技术在满足各种教育目标方面的优势，已得到了许多涉及探究式课堂与传统课堂的研究结果的支持。很多研究表明，在教授各种特定的科学概念时，基于探究的教学比传统教学方法更有效(Lee et al., 2006; Thacker, Kim, Trefz, & Lea, 1994; Wilson et al., 2010)。也有实证证据表明，在缩小不同学生群体之间的成就差距方面，基于探究的方法比其他方法更有效(Cuevas et al., 2005; Lee et al., 2006; Lynch et al., 2005)。

一个受到持续关注的领域是，高引用期刊上缺少专门针对不同年级、不同情境、不同学科探究式学习和教学的有效PD和教师教育项目的实证研究(参见Capps & Crawford, 2012; Crawford et al., 2013)。研究需要超越对职前教师和在职教师PD项目的描述。研究者和教师教育者需要对关于不同PD特征的潜在成功或失败因素的数据和有效证据的系统分析有信心。此外，还需要在各种各样的课堂上对儿童如何学习以及如何认同科学学习者的身份展开更多的研究。随着*NGSS*(NGSS Lead States, 2013)的出版，美国进入了改革的新时代，这个时代注重教授科学与工程实践、学科核心概念、跨学科概念以及对它们的整合。需要实施更多的实证研究，以确定有效课程的组成及项目特点，这对在科学课堂实现这一愿景至关重要。实施这种复杂而综合的教学所需的教学方式超出了当下对教师的要求。现实情况是，过去所设想的(AAAS, 1989; Dewey, 1910; NRC, 1996; Schwab, 1960)目前在大多数科学课堂上还没有出现。

本章作者本着对专业科学教师的最大尊重，承认教师是变革的推动者。重要的是要清楚，在从以传统方式为主向更偏探究/实践导向的课堂转变的过程中强调教师的核心作用绝不意味着对教师的贬低。在当前的政治环境下，任何试图创建这类课堂的国家，比如美国——一个充斥着高利害标准化考试和由学校决定各种资源的问责制国家——都能够理解这种情况的复杂性。可能阻碍教师使用基于改革的教学方法的因素包括：州政府规定的与基于改革的教学背道而驰的课程，以及那些只根据高利害考试中学生的表现对教师进行评级的管理人员。影响教师是否有意并成功实施探究式科学教学的环境因素包括教师在社区、学校和课堂中所遇到的多种不同情况。“教师在日常工作中所面临的情况对教学实践和学生学习的影响很重要但不受重视”（Kennedy, 2010, p.593）。重新审视科学教师认为棘手的问题，这是有用的。

本章作者作为一名在3所不同公立学校任教17年的教师，对行政管理与家长压力、高利害考试，以及在面向不同能力、不同语言、不同文化的儿童进行教学时所面临的巨大挑战等情况都有切身的了解。然而同样明显的是，让儿童沉浸在提出和回答他们自己的科学问题中，允许儿童自由地犯错误、提问、处理数据并自己解决问题，这带来了切实的好处（例如Crawford et al., 1999）。

结论、启示和未来的研究

总之，本章的目的是帮助读者理清有关科学课堂中探究的问题和证据。大多数科学教育者都一致认为，改变科学教学方式的时机已经到来。然而事实仍是，我们的课堂几乎没有发生变化。研究表明，基于探究的科学教学具有使学习者向独立的、批判性的思维方向发展的潜力。但是，要想成功地使用这种方式进行教学面临着许多障碍，其中包括术语上的持续混乱。无论你把它称为探究、科学实践或者其他称呼，中心主题都是一样的：学习者基于逻辑和证据构建和表达的科学理解是未来科学课堂所要求的教育策略的关键组成部分。当然，应有一个目标关注于提供必要的动力和支持，包括政策的改变，以帮助教师成功地让学生在课堂上参与科学实践。

当然，仍然存在许多问题。惰性有利于保持现状。做出如此重大的改变将需要大量的资源。今后的研究将大力探索探究式教学，其目标是促进由讲授式教学向促进儿童智力发展以成为批判性思考者的课堂环境进行转变。

对未来研究问题的建议包括但不限于以下几点。怎样设计科学课程，以支持儿童切实可行地学习如何进行科学实践并学习科学家如何思考？什么样的真实科学研究在课堂上是可行的？如何重新设计本科科学课程，以帮助职前教师理解探究/实践和科学本质？是否有可能结构化地安排实习生的教学经历，使这些经历能够让职前教师关于教授科学实践、学科核心概念和跨学科概念的信念产生持久性的变化？在从教的最初几年中，教师信念通常会发生什么变化？什么样的培训项目对新教师创建充满探究的课堂最有效？关键的障碍是什么，教师如何克服这些障碍？支持在职教师教给儿童什么是科学，什么不是科学的有效PD项目的特点是什么？如何帮助教师和学生在科学学习和教学中形成元认知？什么样的策略对母语不是英语的儿童影响最大，可以帮助他们学习科学实践和科学本质？如何重新设计高利害的评估，以鼓励教师努力实施探究/实践式科学教学，而不是“应试教育”？探究式科学教学的研究成果如何左右未来的政策？

这篇与探究式科学教学有关的研究综述与回顾，对教师、课程设计者、教师教育者和政策制定者有重要的意义。教师报告说，学生似乎对学校漠不关心，尤其是高年级学生。有充分的证据表明，基于课堂的探究式科学有利于学生的学习和培养学生对终身科学学习的积极态度。它是具有潜力的，可以突破一切可能的界限。但是，教师需要了解如何为学生学习科学探究/实践的各个方面——包括学习怎样推理——搭建脚手架方式，并对此充满信心。探究可以激励学生，因为答案并不是一目了然的；它允许学生在未知的道路和方向上探索。许多人批评本科科学教学的特性，这样的教学造成了一种循环，即让新教师经历非探究式的科学课程，进而使得他们在其随后所教的K—12课堂中传递枯燥无味的教学。因此，许多人呼吁在大学层面进行改革。当前的改革也可以使那些将来不成为科学家但会成为见多识广、有贡献的公民和科学消费者的人受益。

随着最近*NGSS*在美国出版，我们正处于科学教育的一个重要十字路口。培养更多高素质教师的兴趣得以重燃。我们期望这些新教师能促进所有儿童学习和理解科学实践、学科核心概念、跨学科概念以及三者的整合。这些教学方法既复杂又有挑战。课堂是复杂的。在未来的几年里，教师将面临巨大的挑战。然而，帮助儿童学习怎样进行批判性思考，运用数据作为证据，以及发展论证、建立模型和根据证据对其进行评估的潜力同样巨大。支持教师（职前教师和在职教师）进行探究式科学教学需要大量的资源和对以研究为基础的有效项目的关注。我们需要回顾过去，认识到仅仅创建政策文件和新课程，而不重视对教师的大力支持，并不一定会改变我们传统的科学教学方式。科学教师教育项目也需要改变。针对在职教师的PD项目需要根据学校情境、教师的背景和信念、学生的年级和文化来进行设计。我们需要关注政策问题，消除阻挡变革的障碍。

通过将传统的科学课堂转变为以探究为中心的和以学生为中心的课堂，我们（研究者、教育工作者、课程开发者和政策制定者）就有机会让所有的儿童成为21世纪的批判性思考者和科学消费者。

致谢

感谢朱莉安娜·温纳（Julianne Wenner）在鉴别研究论文以及探讨课堂中的探究式科学教学方面提供的专业帮助。同时，感谢查伦·切尼亚克（Charlene Czerniak）和卡罗琳·华莱士（Carolyn Wallace）对本章的审阅。

参考文献

Abd-El-Khalick, F., BouJaoude, S., Duschl, R., Lederman, N.G., Mamlok-Naaman, R., Hofstein, A., Niaz, M., et al. (2004). Inquiry in science education: International perspectives. *Science Education, 88* (3), 397–419.

Abell, S.K., Anderson, G., & Chezem, J. (2000). Science as argument and explanation: Exploring concepts of sound in third grade. In J. Minstrell & E. van Zee (Eds.), *Inquiring into inquiry learning and teaching in science* (pp. 65–79). Washington, DC: American Association for the Advancement of Science.

Akar, E. (2005). Effectiveness of 5E Cycle on students' understanding of acid-based concepts. A thesis submitted to the graduate school of natural and applied science. Middle East Technical University. Ankara, Turkey. Retrieved from https://etd.lib.metu.edu.tr/upload/12605747/index

Alberts, B. (2000). Some thoughts of a scientist on inquiry. In J. Minstrell & E. van Zee (Eds.), *Inquiring into inquiry learning and teaching in science* (pp. 3–13). Washington, DC: American Association for the Advancement of Science.

American Association for the Advancement of Science (AAAS) . (1989). *Science for all Americans.* Washington, DC: Author. Retrieved from www.projcct2061.org/publications/bsl/online/index.php?chapter=1

American Association for the Advancement of Science (AAAS). (1993). *Project 2061 atlas of scientific literacy, Volumes 1 and 2*. Retrieved January 26, 2013, from www.project2061.org/publications/atlas/default.htm

Anderson, R.D. (2002). Reforming science teaching? What research says about inquiry. *Journal of Science Teacher Education, 13* (1), 1–12.

Anderson, R.D. (2007). Inquiry as an organizing theme for science curricula. In S.K. Abell & N.G. Lederman (Eds.), *Handbook of research on science education* (pp. 807–830). Mahwah, NJ: Lawrence Erlbaum Associates.

Atar, H.Y. (2011). Investigating the relationship between teachers' nature of science conceptions and their practice of inquiry science. *Asia-Pacific Forum on Science Learning and Teaching, 12* (2), 1–26.

Atay, D.P., & Tekkaya, C. (2008). Promoting students' learning in genetics with the learning cycle. *The Journal of Experimental Education, 76* (3), 259–280.

Au, W. (2007). High stakes testing and curricular control: A qualitative metasynthesis. *Educational Researcher, 36* (5), 258–267.

Barrow, L. (2006). A brief history of inquiry: From Dewey to standards. *Journal of Science Teacher Education, 17,* 265–278.

Blanchard, M.R., Southerland, S.A., Osborne, J.W., Sampson, V.D., Annetta, L.A., & Granger, E.M. (2010). Is inquiry possible in light of accountability? A quantitative comparison of the relative effectiveness of guided inquiry and verification laboratory instruction. *Science Education, 94,* 577–616.

Blumenfeld, P., Soloway, R., Marx, R., Krajcik, J., Guzdial, M., & Palincsar, A. (1991). Motivating project-based learning: Sustaining the doing, supporting the learning. *Educational Psychologist, 26,* 369, 398.

Brand, B.R., & Moore, S.J. (2011). Enhancing teachers' application of inquiry-based strategies using a constructivist sociocultural professional development model. *International Journal of Science Education, 33* (7), 889–913.

Bransford, J.D., Brown, A.L., & Cocking, R.R. (Eds.). (1999). *How people learn: Brain, mind, experience, and school.* Washington, DC: National Academies Press.

Braund, M., & Reiss, M. (2006). Towards a more authentic science curriculum: The contribution of out-of-school learning. *International Journal of Science Education. 28* (12), 1373–1388.

Breslyn, W., & McGinnis, J.R. (2011). A comparison of exemplary biology, chemistry, earth science, and physics teachers' conceptions and enactment of inquiry. *Science Education, 96,* 48–77.

Brossard, D., Lewenstein, B., & Bonney, R. (2005). Scientific knowledge and attitude change: The impact of a citizen science project. *International Journal of Science Education, 27* (9), 1099–1121.

Brown, J.S., Collins, A., & Duguid, P. (1989). Situated cognition and the culture of learning. *Educational Researcher, 18* (1), 32–42.

Bybee, R., Taylor, J., Gardner, A., Van Scotter, P., Powell, J., Westbrook, A., & Landes, N. (2006). *The BSCS 5E instructional model: Origins and effectiveness.* A Report prepared for the office of science education National Institutes of Health. Colorado Springs, CO: BSCS.

Bybee, R.W. (2000). Teaching science as inquiry. In J. Minstrell & E. van Zee (Eds.), *Inquiring into inquiry learning and teaching in science* (pp. 20–46). Washington, DC: American Association for the Advancement of Science.

Bybee, R.W. (2006). Scientific inquiry and science teaching. In L. Flick & N.G. Lederman (Eds.), *Scientific inquiry and nature of science* (pp. 1–14). Dordrecht, the Netherlands: Springer Publishers.

Bybee, R.W., & Van Scotter, P. (2007). Reinventing the science curriculum. *Educational Leadership, 64* (4), 43–47.

Capps, D.K., & Crawford, B.A. (2012). Inquiry-based instruction and teaching about nature of science: Are they happening? *Journal of Science Teacher Education.* doi:10.1007/s10972-012-9314-z

Capps, D.K., & Crawford, B.A. (2013). Inquiry-based professional development: What does it take to support teachers in learning about inquiry and nature of science? *International Journal of Science Education, 35* (12), 1947–1978.

Capps, D.K., Crawford, B.A., & Constas, M. (2012). A review of empirical literature on inquiry professional development: Alignment with best practices and a critique of the findings. *Journal of Science Teacher Education, 23* (3), 291–318.

Champagne, A.B., Kouba, V.L., & Hurley, M. (2000). Assessing inquiry. In J. Minstrell & E. van Zee (Eds.), *Inquiring into inquiry learning and teaching in science* (pp. 447–470). Washington, DC: American Association for the Advancement of Science.

Chinn, C., & Malhotra, B. (2002). Epistemologically authentic inquiry in schools: A theoretical framework for evaluating inquiry tasks. *Science Education, 86* (2), 175 – 218.

Cohn, J. (2008). Citizen science: Can volunteers do real research? *Bio-Science, 58* (3), 192 – 197.

Conner, T., Capps, D.K., Crawford, B.A., & Ross, R.M. (2013). Engage all of your students using project-based learning. *Science Scope, 36* (7), 62 – 67.

Crawford, B.A. (1999). Is it realistic to expect a preservice teacher to create an inquiry-based classroom? *Journal of Science Teacher Education, 10*, 175 – 194.

Crawford, B.A. (2000). Embracing the essence of inquiry: New roles for science teachers. *Journal of Research in Science Teaching, 37*, 916 – 937.

Crawford, B.A. (2007). Learning to teach science as inquiry in the rough and tumble of practice. *Journal of Research in Science Teaching, 44* (4), 613 – 642.

Crawford, B.A., Capps, D.K., van Driel, J., Lederman, N.G., Lederman, J., Luft, J., Wong, S., Tan, A., Lim, S., Loughran, J., & Smith, K. (2013). Learning to teach science as inquiry: Developing an evidence-based framework for effective teacher professional development. In C. Bruguiére, A. Tiberghien, & P. Clément (Eds.), *Topics and trends in current science education Vol. I.* (pp. 193 – 212). Dordrecht, the Netherlands: Springer.

Crawford, B.A., Krajcik, J.S., & Marx, R.W. (1999). Elements of a community of learners in a middle school science classroom. *Science Education, 83*, 701 – 723.

Crawford, B. A., Ross, R., & Allmon, W. (2014). Fossil finders: Using fossils to teach about evolution, inquiry and nature of science. Retrieved from http://fossilfinder.coe.uga.edu/

Cuevas, P., Lee, O., Hart, J., & Deaktor, R. (2005). Improving science inquiry with elementary students of diverse backgrounds. *Journal of Research in Science Teaching, 42*, 337 – 357.

Dewey, J. (1910). Science as subject matter and as method. *Science*, 121 – 127.

Dewey, J. (1971). *How we think*. Chicago: Henry Regnery Company. Originally published in 1910.

Drake, K.N., & Long, D. (2009). Rebecca's in the dark? A comparative study of problem-based learning and direct instruction/experiential learning in two 4th-grade classrooms. *Journal of Elementary Science Education, 21* (1), 1 – 16.

Driver, R. (1989). The construction of scientific knowledge in school classrooms. In R. Miller (Ed.), *Doing science: Images of science in education* (pp. 83 – 107). New York: Routledge.

Driver, R., Squires, A., Rushworth, P., & Wood-Robinson, V. (1994). *Making sense of secondary science: Children's ideas in science.* London and New York: Routledge.

Duschl, R.A. (2003). Assessment of inquiry . In J.M. Atkin & J.E. Coffey (Eds.), *Everyday assessment in the science classroom* (pp. 41 – 59). Arlington, VA: National Science Teachers Association Press.

Duschl, R.A., Schweingruber, H.A., & Shouse, A.W. (2007). *Taking science to school: Learning and teaching science in grades K– 8*. Washington, DC: National Academies Press.

Fazio, X., Melville, W., & Bartley, A. (2010). The problematic nature of the practicum: A key determinant of pre-service teachers' emerging inquiry-based science practices. *Journal of Science Teacher Education, 21* (6), 665 – 681.

Fogleman, J., McNeill, K.L., & Krajcik, J. (2011). Examining the effect of teachers' adaptations of a middle school science-oriented curriculum on student learning. *Journal of Research in Science Teaching, 48* (2), 149 – 169.

Forbes, C.T., & Davis, E. (2010). Curriculum design for inquiry: Preservice elementary teachers' mobilization and adaptation of science curriculum materials. *Journal of Research in Science Teaching, 47* (7), 820 – 839.

Furtak, E., Siedal, T., Iverson, H., & Briggs, D. (2012). Experimental and quasi-experimental studies of inquiry-based science teaching: A Meta-analysis. *Review of Educational Research, 82* (3), 300 – 329.

Galloway, A., Tudor, M., & Vanderhaegen. (2006). The reliability of citizen science: A case study of Oregon white oak stand surveys. *Wildlife Society Bulletin, 34* (5), 1425 – 1429.

Geier, R., Blumenfeld, P., Marx, R., Krajcik, J., Fishman, B., Soloway, E., & Clay-Chambers, J. (2008). Standardized test outcomes for students engaged in inquiry based science curriculum in the context of urban reform. *Journal of Research in Science Teaching, 45* (8), 922 – 939.

Goldfisher, D., Crawford, B.A., Capps, D., & Ross, R. (2014). Fossils, inquiry, and the English language learners. *Science Scope.*

Haberman, M. (1991). The pedagogy of poverty versus good teaching. *Phi Delta Kappan, 73*, 290–294.

Harms, M.C., & Yager, R.E. (1981). *What research says to the science teacher. Vol. 3*. Arlington, VA: National Science Teachers Association.

Harris, C., & Rooks, D. (2010). Managing inquiry-based science: Challenges in enacting complex science instruction in elementary and middle school. *Journal of Science Teacher Education, 21*(2), 227–240.

Hasson, E., & Yarden, A. (2012). Separating the research question from the laboratory techniques: Advancing high-school biology teachers' ability to ask research questions. *Journal of Research in Science Teaching, 49* (10), 1296–1320.

Hmelo-Silver, C., Duncan, R., & Chinn, C. (2007). Scaffolding and achievement in problem-based and inquiry learning: A response to Kirschner, Sweller, and Clark (2006). *Educational Psychologist, 42* (2), 99–107.

Horizon Research Corporation, Inc. (1999). *Local systemic change core evaluation data collection manual.* Chapel Hill, NC: Author.

Hsu, C.-K., Hwang, G.-J., Chuang, C.-W., & Chang, C.-K. (2012). Effects on learners' performance of using selected and open network resources in a problem-based learning activity. *Journal of Educational Technology, 43* (4), 606–623.

Ireland, J., Watters, J., Brownlee, J., & Lupton, M. (2011). Elementary teacher's conceptions of inquiry teaching: Messages for teacher development. *Journal of Science Teacher Education, 23* (2), 1–17.

Jones, M.T., & Eick, C.J. (2009). Implementing inquiry kit curriculum: Obstacles, adaptations, and practical knowledge development in two middle school science teachers. *Science Education, 91* (3), 492–513.

Kahle, J., Meece, J., & Scantlebury, K. (2000). Urban African-American middle school science students: Does standards-based teaching make a difference? *Journal of Research in Science Teaching, 37* (9), 1019–1041.

Kang, N.H. (2007). Learning to teach science: Personal epistemologies, teaching goals, and practices of teaching. *Teaching and Teacher Education, 24*, 478–498.

Kennedy, M.M. (2010). Attrition and the quest for teacher quality. *Educational Researcher, 39* (8), 591–598.

Keys, C.W., & Bryan, L. (2001). Co-constructing inquiry-based science with teachers: Essential research for lasting reform. *Journal of Research in Science Teaching, 38* (6), 631–645.

Keys, C.W., & Kennedy, V. (1999). Understanding inquiry science teaching in context: A case study of an elementary teacher. *Journal of Science Teacher Education, 10*, 315–333.

Kim, M., & Tan, A.-L. (2011). Rethinking difficulties of teaching inquiry-based practical work: Stories from elementary pre-service teachers. *International Journal of Science Education, 33* (4), 465–486.

Kirschner, P.A., Sweller, J., & Clark, R.E. (2006). Why minimal guidance during instruction does not work: An analysis of the failure of constructivist, discovery, problem-based, experiential, and inquiry-based teaching. *Educational Psychologist, 41*, 75–86.

Kolodner, J., Camp, P., Crismond, D., Fasse, B., Gray, J., Holbrook, J., Puntambekar, S., & Ryan, M. (2003). Problem-based learning meets case-based reasoning in the middle-school science classroom: Putting learning by design into practice. *Journal of the Learning Sciences, 12* (4), 495–547.

Krajcik, J., Blumenfeld, P., Marx, R., Bass, K., Fredricks, J., & Soloway, E. (1998). Inquiry in project-based science classrooms. *Journal of the Learning Sciences, 7* (3&4), 313–350.

Krajcik, J., & Czerniak, C. (2014). *Teaching science in elementary and middle school children science: A project-based science approach* (4th ed.). New York: Routledge.

Krajcik, J., McNeill, K., & Reiser, B. (2007). Learning-goals-driven design model: Developing curriculum materials that align with national standards and incorporate project-based pedagogy. *Science Education.* doi:10.1002/sce.20240

Lave, J., & Wenger, E. (1991). *Situated learning: Legitimate peripheral participation.* New York: Cambridge University Press.

Lavonen, J., & Laaksonen, S. (2009). Context of teaching and learning school science in Finland: Reflections on PISA 2006 results. *Journal of Research in Science Teaching, 46* (8), 922–944.

Lee, O., Buxton, C., Lewis, S., & LeRoy, K. (2006). Science inquiry and student diversity: Enhanced abilities and continuing difficulties after an instructional intervention.

Journal of Research in Science Teaching, 42, 921–946.

Lee, Y. (2011). Enhancing pedagogical content knowledge in a collaborative school-based PD program for inquiry-based science teaching. *Asia-Pacific Forum on Science Learning and Teaching, 12* (2), 1–30.

Leonard, J., Boakes, N., & Moore, C.M. (2009). Conducting science inquiry in primary classrooms? Case studies of two preservice teachers' inquiry-based practices. *Journal of Elementary Science Education, 21* (1), 27–50.

Lotter, C., Harwood, W.S., & Bonner, J.J. (2007). The influence of core teaching conceptions on teachers' use of inquiry teaching practices. *Journal of Research in Science Teaching, 44*, 1318–1347.

Lustick, D. (2009). The failure of inquiry: Preparing science teachers with an authentic investigation. *Journal of Science Teacher Education, 20* (6), 583–604.

Lynch, S., Kuipers, J., Pyke, C., & Szesze, M. (2005). Examining the effects of a highly rated science curriculum unit on diverse students: Results from a planning grant. *Journal of Research in Science Teaching, 42*, 921–946.

Marx, R., Blumenfeld, P., Krajcik, J., & Soloway, E. (1994). Enacting project-based science. *The Elementary School Journal, 97* (4), Special Issue: Science (Mar., 1994), 341–358.

Marx, R.W., Blumenfeld, P.C., Krajcik, J., Blunk, M., Crawford, B., Kelly, B., & Meyer, K. (1994). Enacting project-based science: Experiences of four middle grade teachers. *Elementary School Journal, 94* (5), 499–516.

Marx, R.W., Blumenfeld, P.C., Krajcik, J.S., Fishman, B., Soloway, E., Geier, R., & Revital, T.T. (2004). Inquiry-based science in the middle grades: Assessment of learning in urban systemic reform. *Journal of Research in Science Teaching, 41* (10), 1063–1080.

Maskiewicz, A.C., & Winters, V.A. (2012). Understanding the co-construction of inquiry practices: A case study of a responsive teaching environment. *Journal of Research in Science Teaching, 49*, 429–464.

Mayer, R.E. (2004). Should there be a three-strikes rule against pure discovery learning? The case for guided methods of instruction. *American Psychologist, 59*, 14–19. doi:10.1037/0003-066X.59.1.14

McCrathy, C. (2005). Effects of thematic based, hands on science teaching versus a textbook approach for students with disabilities. *Journal of Research in Science Teaching, 42*, 245–263.

McNeil, K. (2009). Teachers' use of curriculum to support students in writing scientific arguments to explain phenomena. *Science Education, 93* (2), 233–268.

Meyer, X.S., & Crawford, B.A. (2011). Teaching science as a cultural way of knowing: Merging authentic inquiry, nature of science, and multicultural strategies. *Cultural Studies in Science Education. 6*(3), 525–547. doi:10.1007/s11422-011-9318-6

Minner, D.D., Levy, A.J., & Century, J. (2010). Inquiry-based science instruction—what is it and does it matter? Results from a research synthesis years 1984 to 2002. *Journal of Research in Science Teaching, 47*, 474–496.

Minstrell, J. (2000). Implications for teaching and learning inquiry: A summary. In J. Minstrell & E. van Zee (Eds.), *Inquiring into inquiry learning and teaching in science* (pp.471–496). Washington, DC: American Association for the Advancement of Science.

Minstrell, J., & van Zee, E.H. (Eds.). (2000). *Inquiring into inquiry learning and teaching in science.* Washington, DC: American Association for the Advancement of Science.

National Research Council (NRC). (1996). *National science education standards.* Washington, DC: National Academies Press.

National Research Council (NRC). (2000). *Inquiry and the national science education standards.* Washington, DC: National Academies Press.

National Research Council (NRC). (2012). *A framework for K–12 science education: Practices, crosscutting concepts, and core ideas.* Washington, DC: National Academies Press.

NGSS Lead States. (2013). *Next generation science standards: For states, by states.* Washington, DC: National Academies Press.

Nugent, G., Toland, M., Levy, R., Kunz, G., Harwood, D., Green, D., & Kitts, K. (2012). The impact of an inquiry-based geoscience field course on preservice teachers. *Journal of Science Teacher Education, 23* (5), 503–529.

Osborne, J., Erduran, S., & Simon, S. (2004). Enhancing the quality of argumentation in school science. *Journal of Research in Science Teaching, 41* (10), 994–1020.

Pajares, F. (1992). Teachers' beliefs and educational research: Cleaning up a messy construct. *Review of Educational Research, 62* (3), 307–332.

Passmore, C.M., & Stewart, J. (2002). A modeling approach to teaching evolutionary biology in high schools. *Journal of Research in Science Teaching, 39*, 185 - 204.

Passmore, C.M., Stewart, J., & Cartier, J. (2009). Model-based inquiry and school science: Creating connections. *School Science and Mathematics, 109* (7), 394 - 402.

Peterson, R., & Treagust, D. (1998). Learning to teach primary science through problem-based learning. *Science Education, 82* (2), 215 - 237.

Philipp, R.A. (2007). Mathematics teachers' beliefs and affect. In F.K. Lester (Ed.), *Second handbook of research on mathematics teaching and learning* (Vol. 2, pp. 257 - 315). Charlotte, NC: Information Age Publishing.

Pine, J.P., Aschbacher, P.A., Roth, E., Jones, M., McPhee, C., Martin, C., Phelps, S., Kyle, T., & Foley, B. (2006). Fifth graders' science inquiry abilities: A comparative study of students in textbook and inquiry curricula. *Journal of Research in Science Teaching, 45* (5), 467 - 484.

Polman, J. (2000). *Designing project-based science: Connecting learners through guided inquiry.* Williston, VT: Teachers College Press.

Posner, G., Strike, K., Hewson, P., & Gertzog, W. (1982). Accommodation of a science concept: Toward a theory of conceptual change. *Science Education, 66* (2), 211 - 227.

Roehrig, G.H., & Luft, J. (2004). Constraints experienced by beginning secondary science teachers in implementing scientific inquiry lessons. *International Journal of Science Education, 26* (1), 3 - 24.

Roth, W.M. (1995). *Authentic school science: Knowing and learning in open-inquiry laboratories.* Dordrecht, the Netherlands, and Boston: Kluwer Academic Publishers.

Roth, W.M., & Calabrese Barton, A. (2004). *Rethinking scientific literacy.* New York: Routledge Falmer.

Ruiz-Primo, M.A., Li, M., Tsai, S.-P., & Schneider, J. (2010). Testing one premise of scientific inquiry in science classrooms: Examining students' scientific explanations and student learning. *Journal of Research in Science Teaching, 47* (5), 583 - 608.

Sadeh, I., & Zion, M. (2009). The development of dynamic inquiry performances within an open inquiry setting: A comparison to guided inquiry setting. *Journal of Research in Science Teaching, 46* (10), 1137 - 1160.

Sadler, T., Barab, S., & Scott, B. (2007). What do students gain by engaging in socioscientific inquiry? *Research in Science Education, 37* (4), 371 - 391.

Samarapungavan, A., Patrick, H., & Mantzicopoulos, P. (2011). What kindergarten students learn in inquiry-based science classrooms. *Cognition and Instruction, 29* (4), 416 - 470.

Schmidt, H.G. (1983). Problem based learning: Rationale and description. *Medical Education, 17*, 11 - 16.

Schneider, R., Krajcik, J., & Blumenfeld. (2005). Enacting reform-based science materials: The range of teacher enactments in reform classrooms. *Journal of Research in Science Teaching, 42* (3), 283 - 312.

Schneider R.M., Krajcik, J., Marx, R., & Soloway, E. (2002). Performance of students in project-based science classrooms on a national measure of science achievement. *Journal of Research in Science Teaching, 39* (5), 410 - 422.

Schroeder, C., Scott, T., Tolson, H., Huang, T.-Y., & Lee, Y.-H. (2007). A meta-analysis of national research: Effects of teaching strategies on student achievement in science in the United States. *Journal of Research in Science Teaching, 44* (10), 1136 - 1160.

Schwab, J.J. (1958). The teaching of science as inquiry. *Bulletin of the Atomic Scientists, 14*, 374 - 380.

Schwab, J.J. (1960). Inquiry, the science teacher, and the educator. *The School Review, 68* (2), 176 - 195.

Schwartz, R., & Crawford, B.A. (2004). Authentic scientific inquiry as a context for teaching nature of science: Identifying critical elements for success. In L. Flick & N.G. Lederman (Eds.), *Scientific inquiry and nature of science: Implications for teaching, learning, and teacher education* (pp. 331 - 356). Dordrecht, the Netherlands: Kluwer Publishing Co.

Schwartz, R.S., Lederman, N.G., & Crawford, B.A. (2004). Developing views of nature of science in an authentic context: An explicit approach to bridging the gap between nature of science and scientific inquiry. *Science Education, 88*, 610 - 645.

Schwarz, C. (2009). Developing preservice elementary teachers' knowledge and practices through modeling centered scientific inquiry . *Science Education, 93*, 720 - 744.

Settlage, J. (2007). Demythologizing science teacher education: Conquering the false ideal of open inquiry. *Journal of Science Teacher Education, 18* (4), 461 - 467.

Shymansky, J.A., Kyle, W.C., & Alport, J.M. (1983). The

effects of new science curricula on student performance. *Journal of Research in Science Teaching, 20* (5), 387 – 404.

Singer, J., Marx, R., Krajcik, J., & Clay-Chambers, J. (2000). Constructing extended inquiry projects: Curriculum projects for science education reform. *Educational Psychologist, 35* (3), 165 – 178.

Songer, N., Lee, H., & Kam, R. (2001, April). *Technology-rich inquiry science in urban classrooms: What are the barriers to inquiry pedagogy?* A paper presented at the 2001 Annual Meeting of the American Educational Research Association (AERA), Seattle, WA.

Strike, K., & Posner, G. (1982). Conceptual change and science teaching. *European Journal of Science Education, 4* (3), 231 – 240.

Taber, K.S. (2010). Constructivism and direct instruction as competing instructional paradigms: An essay review of Tobias and Duffy's constructivist instruction: Success or failure? *Education Review, 13*(8), 1 – 44. Retrieved from www.edrev.info/essays/v13n8index. html

Talanquer, V., Tomanek, D., & Novodvorsky, I. (2013). Assessing students' understanding of inquiry: What do prospective science teachers notice? *Journal of Research in Science Teaching, 50* (2), 189 – 208.

Thacker, B., Kim, E., Trefz, K., & Lea, S. (1994). Comparing problem solving performance of physics students in inquiry-based and traditional introductory physics courses. *American Journal of Physics, 62* (7), 627 – 633.

Trautmann, N., MaKinster, J., & Avery, L. (2004, April). *What makes inquiry so hard? (And why is it worth it?)* Paper presented at the annual meeting of the National Association for Research in Science Teaching, Vancouver, BC.

Turpin, T., & Cage, B.N. (2004). The effects of an integrated, activity-based science curriculum on student achievement, science process skills, and science attitudes. *Electronic Journal of Literacy through Science, 3*, 1 – 17. Retrieved from http://ejlts.ucdavis.edu/article/2004/3/3

Vygotsky, L. (1978). *Mind in society: The development of higher mental processes.* Cambridge, MA: Harvard University.

Wallace, C.W., & Kang, N. (2004). An investigation of experienced secondary science teachers' beliefs about inquiry: An examination of competing belief sets. *Journal of Research in Science Teaching, 41*, 936 – 960.

Wee, B., Shepardson, D., Fast, J., & Harbor, J. (2007). Teaching and learning about inquiry: Insights and challenges in professional development. *Journal of Science Teacher Education, 18* (1), 63 – 89.

Welch, W., Klopfer, L., Aikenhead, G., & Robinson, J. (1981). The role of inquiry in science education: Analysis and recommendations. *Science Education, 65*, 33 – 50.

Wheeler, G.F. (2000). In J. Minstrell & van Zee, E. (Eds.), *Inquiring into inquiry learning and teaching in science* (pp.471 – 496). Washington DC: American Association for the Advancement of Science.

White, B., & Frederiksen, J. (1998). Inquiry, modeling, and metacognition: Making science accessible to all students. *Cognition and Instruction, 16* (1), 3 – 118.

White, B., & Frederiksen, J. (2000). An approach to making scientific inquiry accessible to all. In J. Minstrell & E. van Zee (Eds.), *Inquiring into inquiry learning and teaching in science* (pp. 331 – 370). Washington, DC: American Association for the Advancement of Science.

Wilson, C.D., Taylor, J.A., Kowalski, S.M., & Carlson, J. (2010). The relative effects and equity of inquiry-based and commonplace science teaching on students' knowledge, reasoning, and argumentation. *Journal of Research in Science Teaching, 47* (3), 276 – 301.

Windschitl, M. (2003). Inquiry projects in science teacher education: What can investigative experiences reveal about teacher thinking and eventual classroom practice? *Science Education, 87* (1), 112 – 143.

Windschitl, M. (2004). Folk theories of "inquiry:" How preservice teachers reproduce the discourse and practices of an atheoretical scientific method. *Journal of Research in Science Teaching, 41* (5), 481 – 512.

Windschitl, M., & Thompson, J. (2012). Transcending simple forms of school science investigation? The impact of preservice instruction on teachers' understandings of model-based inquiry. *American Educational Research Journal, 43* (4), 783 – 835.

Windschitl, M., Thompson, J., & Braaten, M. (2008). Beyond the scientific method: Model-based inquiry as a new paradigm of preference for school science investigations. *Science Education, 92*, 941 – 967.

Woolnough, B. (2000). Authentic science in schools? An evidence-based rationale. *Physics Education, 35* (4), 293 – 300.

Yager, R. (2000). The history and future of science education reform. *The Clearing House, 74* (1), 51 – 54.

Yoon, H.-G., Joung, Y.J., & Kim, M. (2011). The challenges of science inquiry teaching for pre-service teachers in elementary classrooms: Difficulties on and under the scene. *Research in Science Education, 42* (3), 589 – 608.

Zembal-Saul, C., Krajcik, J., & Blumenfeld, P. (2002). Elementary student teachers' science content representations. *Journal of Research in Science Teaching, 39* (6) 443 – 463.